2026 최신판

합격자 수가 선택의 기준!

YES24 24년 1월 3주 주별 베스트 기준 베스트셀러 1위

YES24 수험서 자격증 한국철도공사 베스트셀러 1위

특별제공
무료특강 39강
(교재 연계 15강 포함)

eduwill

에듀윌 공기업
[2주완성] NCS 통합 기본서

❶권 | 유형필수편

한국철도공사, 국민건강보험공단, 한국전력공사 등 공기업·공공기관·금융권 필기 대비

[무료제공] 교재 연계 특강 15강 + 단기합격ZIP + 모바일 OMR 서비스
25~24년 기출유형 & 186개 TIP(모듈이론·시간관리) 수록

에듀윌 공기업
[2주완성] NCS 통합 기본서
실전모의고사 5회분+무료특강

에듀윌과 함께 시작하면,
당신도 합격할 수 있습니다!

처음 취업을 준비하며
공기업과 대기업 사이에서 길을 고민하는 첫 도전자.

강의 · 과제 · 아르바이트 틈새마다
필기시험 문제집을 풀어내는 졸업 앞둔 대학생.

퇴근 후에도 기출복원 문항으로 실력을 다지며
새로운 출발을 준비하는 재도전의 직장인.

합격의 길에 특별한 비결은 없습니다.
목표를 향해 꾸준히 나아가는 마음, 그 하나면 충분합니다.

이 책은 단순한 문제집이 아니라,
여러분의 노력을 결실로 이끄는 든든한 합격 파트너가 될 것입니다.

마지막 페이지를 덮으면,

에듀윌과 함께
취업 합격이 시작됩니다

누적 판매량 250만 부 돌파
베스트셀러 1위 3,775회 달성

공기업 NCS | 100% 찐기출 수록!

NCS 통합 기본서/실전모의고사
피듈형 | 휴노형 실전모의고사

매1N
매1N Ver.2

한국철도공사 | 서울교통공사
국민건강보험공단
부산시 통합채용+부산교통공사

한국전력공사
한국수자원공사
한국도로공사

NCS 6대 출제사 찐기출문제집
NCS 10개 영역 기출 600제

대기업 인적성 | 온라인 시험도 완벽 대비!

20대기업 인적성 통합 기본서

GSAT 삼성직무적성검사
통합 기본서 | 실전모의고사

LG그룹 온라인 인적성검사

SKCT SK그룹 종합역량검사
포스코 | 현대자동차/기아

농협은행
지역농협

영역별 & 전공

공기업 사무직 통합전공 800제
전기끝장 시리즈 ❶, ❷

59초의 기술(의사/수리/문제)
PSAT형 NCS 수문끝

취업상식 1위!

공기업기출 일반상식

기출 금융경제 상식

언론사 기출 최신 일반상식

* 에듀윌 취업 교재 누적 판매량 합산 기준(2012.05.14~2025.10.31)
* 온라인 4대 서점(YES24, 교보문고, 알라딘, 인터파크) 일간/주간/월간 13개 베스트셀러 합산 기준(2016.01.01~2025.11.02 공기업 NCS/직무적성/일반상식/시사상식/ROTC/군간부 교재, e-book 포함)
* YES24 각 카테고리별 일간/주간/월간 베스트셀러(동 기간 내 중복 포함) 기록

더 많은
에듀윌 취업 교재

취업 대세 에듀윌!
Why 에듀윌 취업 교재

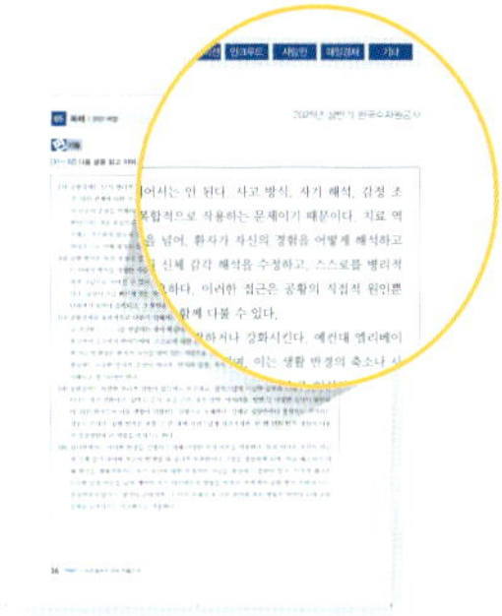

기출맛집 에듀윌!
100% 찐기출복원 수록

주요 공·대기업 기출복원 문제 수록
과목별 최신 기출부터 기출변형 문제 연습으로 단기 취업 성공!

공·대기업 온라인모의고사
+ 성적분석 서비스

실제 온라인 시험과 동일한 환경 구성
대기업 교재 기준 전 회차 온라인 시험 제공으로 실전 완벽 대비

합격을 위한
부가 자료

교재 연계 무료 특강
+ 교재 맞춤형 부가학습자료 특별 제공!

eduwill

취업 교육 1위
에듀윌 취업 무료 혜택

01 모바일 OMR 자동채점 & 성적분석 서비스

실시간 성적분석 방법

STEP 1 QR 코드 스캔 ▶ STEP 2 모바일 OMR 입력 ▶ STEP 3 자동채점 & 성적분석표 확인

※ 혜택 대상 교재는 본문 내 QR 코드를 제공하고 있으며, 교재별 서비스 유무는 다를 수 있습니다.
※ 응시내역 통합조회: 에듀윌 문풀훈련소 → 상단 '교재풀이' 클릭 → 메뉴에서 응시확인

02 1:1 학습관리 교재 연계 온라인스터디

참여 방법

STEP 1 신청서 작성 ▶ STEP 2 스터디 교재 구매 후 인증(선택) ▶ STEP 3 오픈채팅방 입장 및 스터디 학습 시작

※ 온라인스터디 진행 혜택은 교재 및 시기에 따라 다를 수 있습니다.
※ 오른쪽 QR 코드를 통해 신청하시면 스터디 모집 시기에 안내 메시지를 받으실 수 있습니다.

온라인스터디 신청

• 2023, 2022, 2021 대한민국 브랜드만족도 취업 교육 1위 (한경비즈니스)/2020, 2019 한국브랜드만족지수 취업 교육 1위 (주간동아, G밸리뉴스)

에듀윌이
너를
지지할게

ENERGY

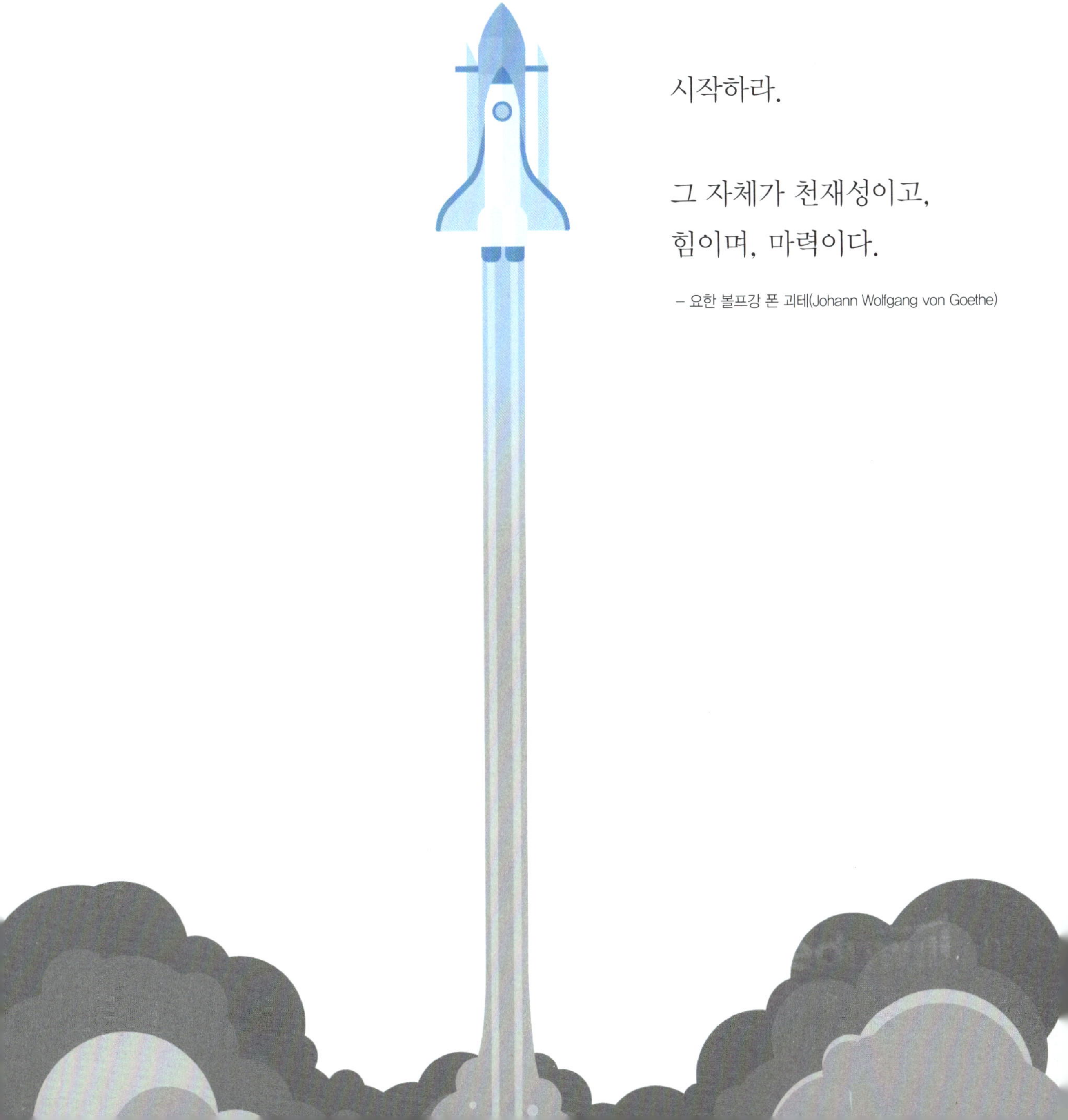

시작하라.

그 자체가 천재성이고,
힘이며, 마력이다.

– 요한 볼프강 폰 괴테(Johann Wolfgang von Goethe)

에듀윌 공기업
[2주완성]
NCS 통합 기본서

유형필수편

eduwill

PART 0

실력진단 테스트 [유형필수편]

PART 1

필수 개념&유형 학습 [유형필수편]

※ 10개 영역의 학습 순서는 주요 기업의 출제비중 순으로 구성되었습니다.

PART 2

영역별 문제풀이 [실전완성편]

PART 3

NCS 실전모의고사 [실전완성편]

별책

정답과 해설

필수 개념부터 실전까지 단계별 학습

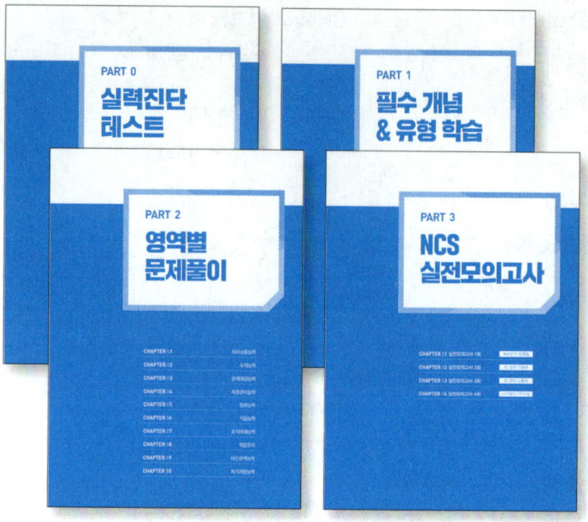

최대 7단계 학습으로
모듈형＋PSAT형＋피듈형 완벽 대비

'NCS 핵심이론 → 고득점 플러스 이론 → 대표 기출유형'으로 구성한 PART 1과 '적중 예상문제 → 고난도 실전문제'로 구성된 PART 2, 그리고 NCS 실전모의고사 4회분으로 구성된 PART 3을 통해 직업기초능력평가를 단계적으로 학습할 수 있도록 하였습니다. 또한 본격적인 학습에 앞서 PART 0 실력진단 테스트를 통해 본인의 취약점을 확인하고, 맞춤 학습플랜으로 NCS를 단기간에 완성할 수 있도록 하였습니다.

NCS 빈출 개념&유형 확인 [유형필수편]

1 PART 1 – NCS 핵심이론/고득점 플러스 이론

'NCS 핵심이론'에서는 한국산업인력공단의 학습자용 워크북 및 교수자용 매뉴얼을 기반으로 빈출 또는 출제 예상 핵심이론만을 엄선하였습니다. 한편 '고득점 플러스 이론'에서는 출제 가능성은 높지만 학습자용 워크북 및 교수자용 매뉴얼에는 없는 이론을 수록하여, 효과적인 맞춤 학습이 가능하도록 하였습니다.

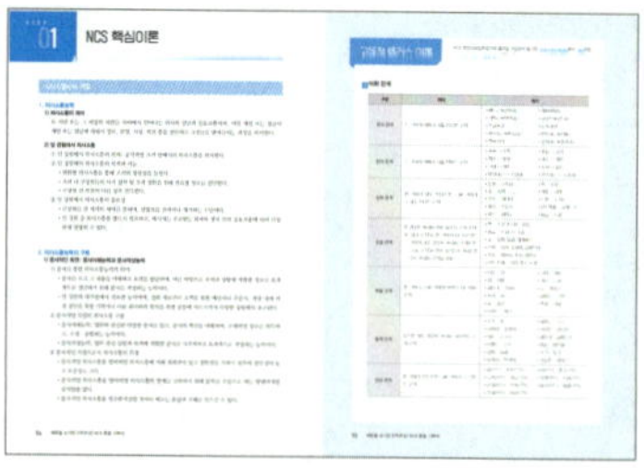

2 PART 1 – 대표 기출유형

영역별로 반드시 출제되는 기출유형의 특징과 풀이 전략, 오답풀이를 비롯한 상세해설을 수록하여 효율적인 NCS 학습이 가능하도록 하였습니다. 더불어 기출복원 문항별 실제 출제 시기와 기업을 함께 확인할 수 있도록 하였습니다.

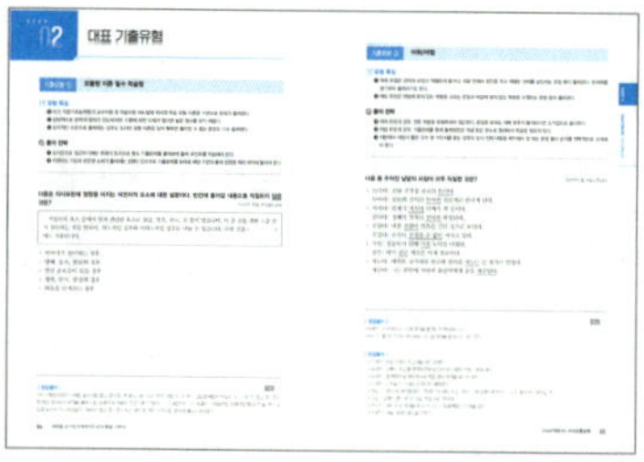

NCS 문제 적응력 향상 [실전완성편]

1 PART 2 – 적중예상문제

직업기초능력평가 10개 영역별 출제 가능성이 높은 문항을 수록하였습니다. 최신 출제 경향을 반영한 문항을 풀어보며 영역별로 자주 출제되는 유형을 파악하고, 난이도까지 한눈에 확인할 수 있어 보다 전략적인 학습이 가능하도록 하였습니다.

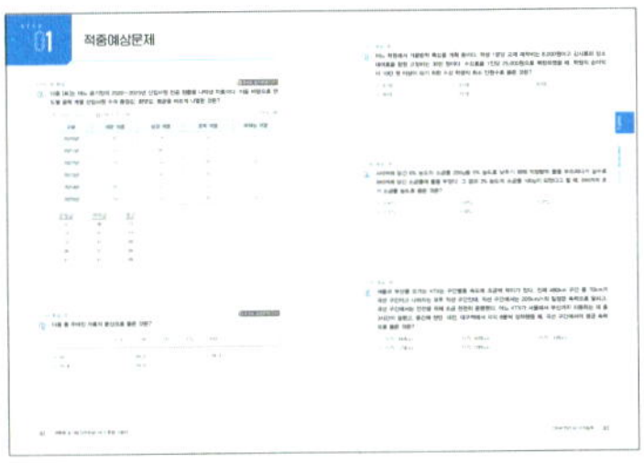

2 PART 2 – 고난도 실전문제

주요 4개 영역(의사소통/수리/문제해결/자원관리)에서 출제되는 고난도 PSAT형 문항을 수록하여 실전 감각을 한층 더 향상시킬 수 있도록 하였습니다. 또한, 난이도는 물론 유사한 유형의 적중예상문제도 함께 확인할 수 있어 보다 전략적으로 학습할 수 있도록 하였습니다.

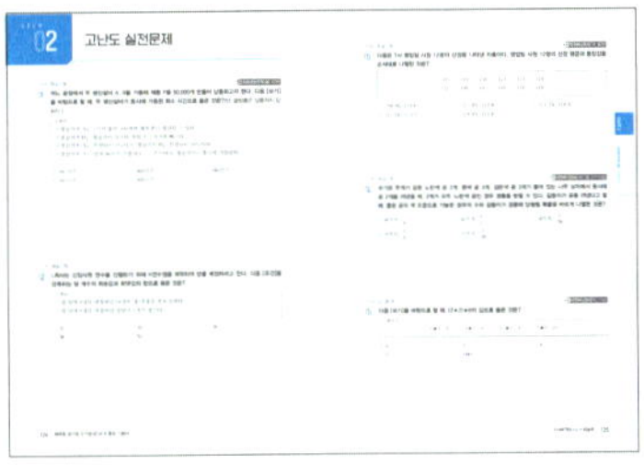

3 PART 3 – NCS 실전모의고사

주요 영역(의사소통/수리/문제해결/자원관리)으로 구성된 실전모의고사 2회분과 전 영역으로 구성된 실전모의고사 2회분, 총 4회분을 다양한 난이도와 유형으로 제공합니다. 기업별로 상이한 출제 영역 및 유형을 고려하여 준비하는 기업에 맞게 실전 대비를 할 수 있도록 하였습니다.

NCS란?

01 NCS(국가직무능력표준)의 정의

국가직무능력표준(NCS; National Competency Standards)은 산업 현장에서 직무를 수행하기 위해 요구되는 지식 · 기술 · 소양 등의 내용을 국가가 산업부문별 · 수준별로 체계화한 것입니다.

직무능력
- 능력=직업기초능력+직무수행능력
- 직업기초능력: 직업인으로서 기본적으로 갖추어야 할 공통 능력
- 직무수행능력: 해당 직무를 수행하는 데 필요한 역량(지식, 기술, 태도)

02 국가직무능력표준(NCS)의 특성

- 한 사람의 근로자가 해당 직업 내에서 소관업무를 성공적으로 수행하기 위하여 요구되는 실제적인 수행 능력을 의미합니다.

- 해당 직무를 수행하기 위한 모든 종류의 수행 능력을 포괄하여 제시합니다.
  - 작업능력: 특정 업무를 수행하기 위해 요구되는 능력
  - 작업관리능력: 다양한 다른 작업을 계획하고 조직화하는 능력
  - 돌발상황 대처능력: 일상적인 업무가 마비되거나 예상치 못한 일이 발생했을 때 대처하는 능력
  - 미래지향적 능력: 해당 산업 관련 기술적 및 환경적 변화를 예측하여 상황에 대처하는 능력

- 모듈(Module) 형태로 구성됩니다.
  - 한 직업 내에서 근로자가 수행하는 개별 역할인 직무능력을 능력단위(unit)화하여 개발
  - 국가직무능력표준은 여러 개의 능력단위 집합으로 구성

- 산업계 단체가 주도적으로 참여하여 개발합니다.
  - 해당 분야 산업별 인적자원개발위원회(ISC), 관련 단체 등이 참여하여 국가직무능력표준 개발
  - 산업 현장에서 우수한 성과를 내고 있는 근로자 또는 전문가가 국가직무능력표준 개발 단계마다 참여

03 NCS 직업기초능력평가 영역 분류

현장 수요를 기반으로 인력을 채용하고 인사관리의 기준으로 삼거나 근로자의 경력개발, 직무기술서 등의 도구로 활용되고 있습니다. 흔히 NCS 시험으로 불리며 총 10개 영역, 하위 34개 영역으로 구분됩니다.

의사소통능력
- 문서이해능력
- 문서작성능력
- 경청능력
- 의사표현능력
- 기초외국어능력

수리능력
- 기초연산능력
- 기초통계능력
- 도표분석능력
- 도표작성능력

문제해결능력
- 사고력
- 문제처리능력

자기개발능력
- 자아인식능력
- 자기관리능력
- 경력개발능력

자원관리능력
- 시간관리능력
- 예산관리능력
- 물적자원관리능력
- 인적자원관리능력

대인관계능력
- 팀워크능력
- 리더십능력
- 갈등관리능력
- 협상능력
- 고객서비스능력

정보능력
- 컴퓨터활용능력
- 정보처리능력

기술능력
- 기술이해능력
- 기술선택능력
- 기술적용능력

조직이해능력
- 경영이해능력
- 체제이해능력
- 업무이해능력
- 국제감각

직업윤리
- 근로윤리
- 공동체윤리

PSAT형+모듈형=피듈형

01 모듈형 NCS

국가직무능력표준 사이트(https://www.ncs.go.kr)에서 직업기초능력평가 10개 영역 학습모듈에 대해 학습자용 워크북과 교수자용 매뉴얼을 제공하고 있습니다.
모듈형 문제란, 해당 워크북 및 매뉴얼에 나와 있는 이론을 기반으로 출제되는 문제를 말합니다. 상식적인 수준으로 출제되는 경우도 있지만, 관련 이론을 숙지하지 못하면 풀이하기 어려운 문항도 다수 출제됩니다. 또한 해당 이론을 각 기업과 관련된 사례에 적용한 문제도 일부 출제되고 있으므로 학습모듈에 대한 이해가 필요합니다.

02 PSAT형 NCS

PSAT(Public Service Aptitude Test; 공직 적격성 시험)는 공직 수행에 필요한 기본적 지식과 소양, 자질 등을 종합적으로 평가하는 국가 시행 시험입니다.
PSAT형 문제란, NCS 학습모듈 중심의 단순 이론 암기형 문제에서 벗어나 문서의 작성과 처리, 수치 자료에 대한 분석 능력 등을 측정하는 적성검사형 문제를 말합니다. 제시된 지문이나 그래프, 표 등에 주어진 정보를 파악하고 분석하는 방식이 PSAT과 유사하여 'PSAT형'이라 불립니다. 특히 다수의 기업 NCS 시험에서 수리능력 · 문제해결능력 영역이 PSAT의 자료해석 · 상황판단 영역과 매우 유사한 소재와 유형(조건, 선택지, 풀이 방법)으로 출제되고 있습니다.

03 피듈형 NCS

피듈형 NCS는 응용모듈형이라고도 하며, PSAT형 문제와 모듈형 문제가 함께 출제되는 유형을 말합니다. PSAT형은 방대한 자료를 분석해 답을 도출하는 형태이고, 모듈형은 NCS 학습모듈의 이론을 바탕으로 풀이하는 형태입니다.
최근에는 이 두 가지 유형을 혼합한 피듈형의 비중이 꾸준히 증가하고 있습니다. 시험에 따라 모든 영역에서 PSAT형과 모듈형이 함께 출제되는 경우도 있고, 의사소통능력 · 수리능력 · 문제해결능력 · 자원관리능력은 PSAT형으로, 그 외 영역은 두 유형이 혼합되어 출제되기도 합니다.

04 이렇게 출제됩니다!

❓ 산인공 매뉴얼과 실제 NCS 기출문제 비교

교수자용 매뉴얼 문제해결능력 P. 60

60 J-1. 직업윤리 지도

직업윤리가 강조되는 것은 직업적 활동이 개인적 차원에만 머무르지 않고 사회 전체의 질서와 안정, 그리고 발전에 매우 중요한 역할을 수행하기 때문이다. 어느 나라의 직업윤리 수준이 낮을 경우 경제 행위에 근간이 되는 신뢰성이 결여되어 국가경쟁력을 가질 수 없으며 경제발전 또한 이룰 수 없게 될 것이다.

직업윤리는 개인 차원에서도 매우 중요하다. 분명한 비전과 바람직한 태도를 통하여 부와 명예를 획득했다 해도 그것이 곧 직업적 성공을 의미하지는 않기 때문에 진정한 직업적 성공은 부와 명예를 포함한 그 이상의 것이다. 도덕성이 결여된 부와 명예는 그 생명이 길지 않다. 무슨 일을 하든지 자신이 하는 일에 자부심과 긍지를 가지고 생활할 수 있다면 그것이 직업적 성공의 출발점이 된다.

일반적인 직업윤리는 다음 6가지를 말한다.

① 소명의식 : 자신이 맡은 일은 하늘에 의해 맡겨진 일이라고 생각하는 태도
② 천직의식 : 자신의 일이 자신의 능력과 적성에 꼭 맞는다 여기고 그 일에 열성을 가지고 성실히 임하는 태도
③ 직분의식 : 자신이 하고 있는 일이 사회나 기업을 위해 중요한 역할을 하고 있다고 믿고 자신의 활동을 수행하는 태도
④ 책임의식 : 직업에 대한 사회적 역할과 책무를 충실히 수행하고 책임을 다하는 태도
⑤ 전문가의식 : 자신의 일이 누구나 할 수 있는 것이 아니라 해당 분야의 지식과 교육을 밑바탕으로 성실히 수행해야만 가능한 것이라 믿고 수행하는 태도
⑥ 봉사의식 : 직업 활동을 통해 다른 사람과 공동체에 대하여 봉사하는 정신을 갖추고 실천하는 태도

2022년 서울교통공사 기출복원문제

73 D씨가 재직 중인 Z사에서는 직원들의 만족도 향상을 위해 주기적으로 직원 대상 인터뷰를 진행하고 있다. 다음 인터뷰 내용을 바탕으로 D씨가 지닌 직업의식이 아닌 것을 고르면?

인사팀: 직원들의 의견에 귀 기울여 회사를 더욱 발전시키는 기회를 만들고자 합니다. 먼저, 직무 만족도 평가를 진행하겠습니다. D씨는 현재 하고 있는 업무에 대해 어떻게 평가하십니까? 현재 담당하는 업무가 만족스러우신가요?

D씨: 저는 제 일이 제 능력과 적성에 꼭 맞다고 생각하지는 않지만, 제게 주어진 일은 하늘이 제게 맡긴 일과 다름없다고 생각합니다. 제가 하고 있는 업무가 우리 회사를 위한 중요한 일이라는 생각으로 항상 제 역할과 책무를 충실히 수행하고 책임을 다하고 있습니다. 디자인 업무는 아무나 할 수 있는 일이 아니라 디자인 프로그램 등 해당 분야의 지식을 밑바탕으로 성실히 임해야만 할 수 있는 업무이기 때문입니다.

① 직분의식 ② 천직의식 ③ 소명의식
④ 전문가의식 ⑤ 책임의식

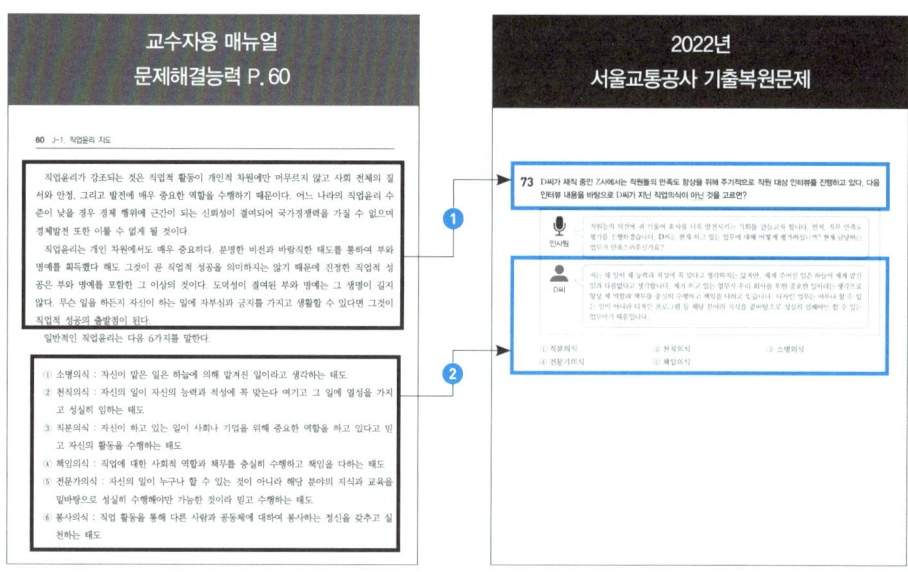

❓ PSAT 문제와 실제 NCS 기출문제 비교

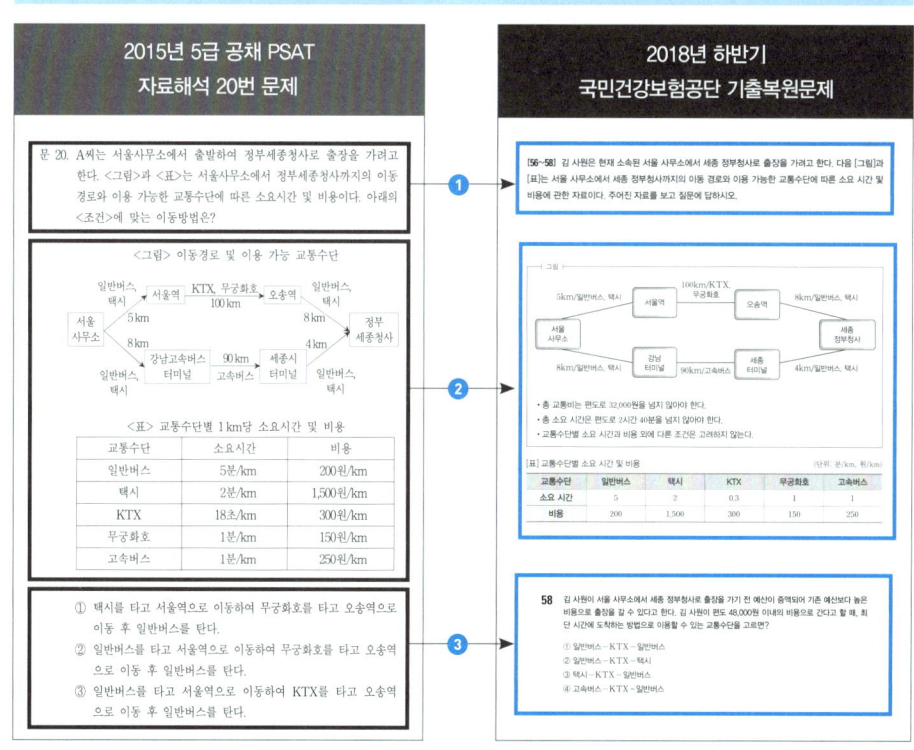

2015년 5급 공채 PSAT 자료해석 20번 문제

문 20. A씨는 서울사무소에서 출발하여 정부세종청사로 출장을 가려고 한다. <그림>과 <표>는 서울사무소에서 정부세종청사까지의 이동 경로와 이용 가능한 교통수단에 따른 소요시간 및 비용이다. 아래의 <조건>에 맞는 이동방법은?

<그림> 이동경로 및 이용 가능 교통수단

<표> 교통수단별 1 km당 소요시간 및 비용

교통수단	소요시간	비용
일반버스	5분/km	200원/km
택시	2분/km	1,500원/km
KTX	18초/km	300원/km
무궁화호	1분/km	150원/km
고속버스	1분/km	250원/km

① 택시를 타고 서울역으로 이동하여 무궁화호를 타고 오송역으로 이동 후 일반버스를 탄다.
② 일반버스를 타고 서울역으로 이동하여 무궁화호를 타고 오송역으로 이동 후 일반버스를 탄다.
③ 일반버스를 타고 서울역으로 이동하여 KTX를 타고 오송역으로 이동 후 일반버스를 탄다.

2018년 하반기 국민건강보험공단 기출복원문제

[56~58] 김 사원은 현재 소속된 서울 사무소에서 세종 정부청사로 출장을 가려고 한다. 다음 [그림]과 [표]는 서울 사무소에서 세종 정부청사까지의 이동 경로와 이용 가능한 교통수단에 따른 소요 시간 및 비용에 관한 자료이다. 주어진 자료를 보고 질문에 답하시오.

그림

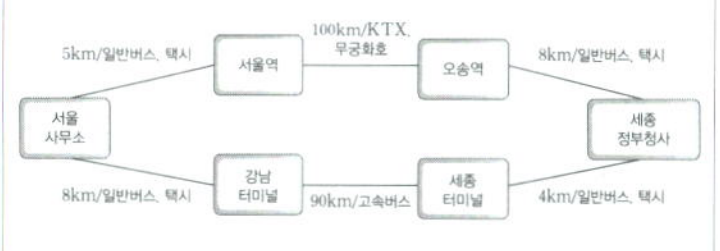

• 총 교통비는 편도로 32,000원을 넘지 않아야 한다.
• 총 소요 시간은 편도로 2시간 40분을 넘지 않아야 한다.
• 교통수단별 소요 시간과 비용 외에 다른 조건은 고려하지 않는다.

[표] 교통수단별 소요 시간 및 비용 (단위: 분/km, 원/km)

교통수단	일반버스	택시	KTX	무궁화호	고속버스
소요 시간	5	2	0.3	1	1
비용	200	1,500	300	150	250

58 김 사원이 서울 사무소에서 세종 정부청사로 출장을 가기 전 예산이 증액되어 기존 예산보다 높은 비용으로 출장을 갈 수 있다고 한다. 김 사원이 편도 48,000원 이내의 비용으로 간다고 할 때, 최단 시간에 도착하는 방법으로 이용할 수 있는 교통수단을 고르면?

① 일반버스 – KTX – 일반버스
② 일반버스 – KTX – 택시
③ 택시 – KTX – 일반버스
④ 고속버스 – KTX – 일반버스

NCS 직업기초능력평가 출제경향

01 주요 기업별 출제 영역

분야	기업명	의사소통능력	수리능력	문제해결능력	자기개발능력	자원관리능력	대인관계능력	정보능력	기술능력	조직이해능력	직업윤리
에너지	한국전력공사	○	○	○		△		△	△		
	한국수력원자력	○	○	○		○		△	△	△	
	한전KPS	○	○	○		△		△	△	△	
	한국중부발전	○	△	△		△		△	△	△	
	한국남부발전	○	○	○		○					○
	한국서부발전	○	○	○		○			○		
	한국동서발전	○	○	○		○					
	한전KDN	○	○	○	○	○	○	○	○	○	○
SOC	한국철도공사	○	○	○							
	서울교통공사	○	○	○	○	○	○	○	○	○	○
	부산교통공사	○	○	○		○		○			
	인천교통공사	○	△	○			△	△	△		
	대구교통공사	○	○	○			○	○			
	한국도로공사	○	○	○				○			
	한국수자원공사	○	○	○		○					
	한국공항공사	○	○	○		△		○	△		
	인천국제공항공사	○	○	○		○		○	△	△	
	한국도로교통공단	○	○	○				○			
	한국교통안전공단	○	○	○	△	○	△	△	△	△	△
	한국토지주택공사	○	○	○							
보건	국민건강보험공단	○	○	○							
	근로복지공단	○	○	○		○					
	한국산업인력공단	○	○	○		○				○	○
	건강보험심사평가원	○	○	○				○			
	국민연금공단	○	△	○		△		△		○	○
	공무원연금공단	○	○	○		○	○	○			
금융	IBK기업은행	○	○	○		○		○		○	
	신용보증기금	○	○	○		△					
	예금보험공사	○	○	○				△			
농림	한국농어촌공사	○	○	○		△		○	△		
	한국환경공단	○	○	○						○	
	한국마사회	○	△	○		○		○		○	
	국립공원공단	○		○		○			○	○	

※ 2025년 기준이므로, 변동사항이 있을 수 있음

※ △는 직군에 따라 출제되거나 출제되지 않을 수 있음을 의미함

02 주요 기업별 출제 유형

분야	기업명	출제 유형		
		모듈형	PSAT형	피듈(모듈+PSAT)형
에너지	한국전력공사		○	
	한국수력원자력		○	
	한전KPS			○
	한전KDN			○
	한국중부발전			○
	한국남부발전			○
SOC	한국철도공사			○
	서울교통공사			○
	부산교통공사			○
	한국수자원공사			○
	한국도로공사			○
	한국토지주택공사		○	
보건	국민건강보험공단			○
	근로복지공단		○	
	국민연금공단			○
	한국산업인력공단		○	
	건강보험심사평가원			○
금융	NH농협은행		○	
	IBK기업은행			○
	KDB산업은행			○
	신용보증기금			○
	기술보증기금		○	
농림	한국농어촌공사			○
	한국환경공단			○

※기업별 상황에 따라 출제유형이 달라질 수 있음

03 영역별 출제경향 및 학습 포인트

1 의사소통능력

의사소통능력은 NCS 직업기초능력 중 출제 비중이 가장 높은 핵심 영역으로, 거의 모든 공기업 필기시험에서 필수로 다뤄집니다. 주로 비문학 지문, 공문서, 업무보고서, 보도자료 등 실무형 자료를 읽고 핵심 정보를 추론 · 적용하는 문항이 출제됩니다. 단순한 독해력보다는 지문 속 논리 구조를 파악하고, 문서의 목적 · 내용 · 요지를 정확히 이해하는 능력을 평가합니다. 최근에는 의사소통과 문제해결, 정보능력 등 타 영역과의 융합형 문항이 증가하고 있으며, 기업의 현업 관련 지문이 활용되는 경향도 있습니다. 학습 시에는 긴 지문을 빠르게 읽으며 핵심어를 파악하는 훈련이 중요하고, 다양한 분야의 비문학 지문을 접해 배경지식을 넓히는 것이 도움이 됩니다. 또한, PSAT형 독해 문항에 대비한 훈련과 문서작성 이론 학습을 병행해야 고득점이 가능합니다.

2 수리능력

수리능력은 업무 수행에 필요한 수리적 사고력과 자료해석 능력을 평가하는 영역으로, 대부분의 공기업 필기시험에서 높은 비중을 차지합니다. 주로 사칙연산 · 비율 등의 응용수리형 문항과 표 · 그래프를 분석하는 자료해석형 문항이 출제됩니다. 최근에는 여러 자료를 종합해 추론해야 하는 문항이나, 평균 · 분산 등 통계 개념을 활용한 응용 문항이 늘어 수험생들의 체감 난이도가 높습니다. 따라서 정확한 계산 능력뿐 아니라 주어진 조건을 구조적으로 파악하는 능력이 중요합니다. 학습 시에는 기본 연산과 단위 변환, 비율 계산을 충분히 연습하고, 다양한 형태의 표 · 그래프를 빠르고 정확히 읽는 훈련이 필요합니다. 또한 PSAT형 문항 대비 학습과 함께, 기초통계 개념 및 실무형 계산 문항을 반복하여 연습하면 실전 대응력이 향상됩니다.

3 문제해결능력

문제해결능력은 업무 중 발생하는 다양한 문제상황을 논리적 · 창의적으로 분석하고 해결하는 능력을 평가하는 영역입니다. 최근 출제 경향은 모듈형보다는 PSAT형 중심으로 변화하고 있으며, 유형은 크게 언어추리(명제 · 조건 · 논리판단)와 자료해석(표 · 그래프 기반 추론)으로 나뉩니다. 언어추리 유형은 논리적 사고력과 판단력을, 자료해석 유형은 수리 및 의사소통능력의 통합적 사고를 요구합니다. 문항은 일정한 패턴 내에서 구성되므로 반복 학습과 유형별 풀이 전략 숙지가 필수입니다. 또한 모듈형에서는 브레인스토밍, 의사결정기법, SWOT 분석 등 실무형 문제해결 기법이 자주 출제되므로 개념 이해와 적용 연습이 필요합니다. 학습 시에는 다양한 논리 구조를 익히고, 조건 정리 → 경우 분류 → 검증 순으로 사고를 정리하는 습관을 들이면 고득점에 유리합니다.

4 자기개발능력

자기개발능력은 직업인으로서 자신의 역량을 지속적으로 관리 · 개발하는 능력을 평가합니다. 출제 비중은 높지 않지만 의사소통능력 · 직업윤리 등과 결합된 형태로 자주 출제됩니다. 주로 한국산업인력공단 NCS 학습모듈의 개념과 사례를 기반으로 하며, 경력개발 단계 · 목표 설정 · 평생학습 등의 이론이 핵심입니다. 난도는 높지 않으므로 개념 암기에 집중하고, 경력개발과 사회 변화의 연관성을 이해하면 응용형 문항에도 대응할 수 있습니다.

5 자원관리능력

자원관리능력은 업무 수행에 필요한 시간 · 예산 · 인력 · 자재 등의 자원을 효율적으로 계획 · 조정 · 활용하는 능력을 평가합니다. 의사소통능력, 수리능력, 문제해결능력 다음으로 출제 비중이 높은 영역입니다. 주어진 상황에서 제한된 자원을 어떻게 배분 · 활용할지 판단하는 유형으로, 상황판단형 사고력과 계산 능력이 함께 요구됩니다. 주요 출제 유형은 시간관리, 예산관리, 물적자원관리, 인적자원관리로 구분되며, 영역별로 접근 방식이 정형화되어 있는 편입니다. 따라서 다양한 문항을 반복 학습해 접근 패턴을 익히는 것이 중요합니다. 최근에는 실제 업무 상황을 기반으로 한 복합형 문항이 늘고 있어, 자원의 효율성과 우선순위를 종합적으로 판단하는 연습이 필요합니다.

6 대인관계능력

대인관계능력은 직장 내 협력적 관계 형성과 효과적 의사소통능력을 평가합니다. 출제 비중은 높지 않지만, 조직 내 갈등관리 · 리더십 · 고객응대 · 팀워크 관련 상황형 문항이 자주 등장합니다. 대부분 모듈형으로 출제되며, 협동 · 공감 · 의사소통 방식 등 실무 상황을 가정한 문항이 많습니다. 단순한 개념 암기보다 실제 직무 상황에서의 적절한 대처 방안을 논리적으로 선택하는 훈련이 중요합니다.

7 정보능력

정보능력은 업무 관련 정보를 수집 · 분석 · 활용하는 능력을 평가하며, 컴퓨터 활용 중심의 실무형 문항이 주로 출제됩니다. 엑셀, 한글 등 OA 기능과 정보 분석 · 관리 능력을 확인하는 문제가 많습니다. 최근에는 약간의 독해력을 요구하는 긴 지문형 문항이 증가하는 추세입니다. 기초 OA 실습과 정보처리 관련 개념 숙지, 그리고 단계별 접근 훈련을 통해 실전대응력을 강화해야 합니다.

8 기술능력

기술능력은 업무 수행에 필요한 도구 · 장비 · 공정 등 기술적 요소를 이해하고 적용하는 능력을 평가합니다. 주로 이공계 직군에서 해당 영역을 평가하며, 매뉴얼 · 장비 설명서 · 작업지침서를 해석하는 문항이 많습니다. 단순 이론보다는 실제 현장에서 기술을 선택 · 활용하는 능력을 주로 평가하기 때문에 NCS 학습모듈과 직무 관련 기술 자료를 함께 학습해야 합니다. 평소 지원 직무의 기본 기술 개념을 폭넓게 익혀두는 것이 고득점 달성에 유리합니다.

9 조직이해능력

조직이해능력은 조직의 구조와 경영 원리, 국제적 환경을 이해하고 이를 업무에 적용하는 능력을 평가합니다. 주로 사무직군 중심으로 해당 영역을 평가하며, 조직 구조 · 경영 전략 · 국제감각 관련 문항이 출제됩니다. 최근에는 경영학개론 수준의 이론형 문항이 늘어나고 있어, 추가적인 학습이 권장됩니다. 기업의 조직문화와 산업 구조를 이해하고, 지원 기관의 경영 목표 · 비전 · 산업 동향까지 파악해 두는 것이 좋습니다.

10 직업윤리

직업윤리는 직장생활에서 요구되는 윤리의식 · 태도 · 매너를 평가하는 영역으로, 특히 서비스 · 금융직군에서 출제 비중이 높습니다. 주로 직무 상황에서의 윤리적 판단과 올바른 행동 선택을 묻습니다. 명함 · 전화 예절 등 기본적인 직장 예절과 직업윤리의 덕목을 이해해야 하며, 개인윤리와 직업윤리의 차이를 구분하는 것이 중요합니다. 실무 상황에서 요구되는 상식적 판단력과 상황별 예절에 대한 학습이 필수입니다.

주요 공기업 채용 정보

1 | 에너지 공기업

대한민국에서 사용하는 에너지의 생성, 공급, 관리를 통해 고품질의 에너지를 안전하고 값싸게 사용할 수 있도록 지원하는 공기업입니다.

※ 2024~2025년 중 진행된 공개채용을 기준으로 정리하였으며, 해당 시기별 · 채용 직렬별 채용 규모와 목적에 따라 필기전형 방식이 상이하므로 상세 채용공고를 면밀히 확인하시기 바랍니다.

한국전력공사

- **채용 형태**: 정규직, 체험형 인턴
- **채용 직렬**: 사무직, 기술직[전기(배전, 송변전, 발전), ICT, 토목, 건축]
- **채용 전형**: 서류 → 필기시험 · 인성검사 → 자기소개서 제출 → 직무면접 · 경험면접 → 건강검진/입사
- **공통 제출서류**: 입사지원서, 공인외국어성적증명서, 증빙서류

[출제 영역] 사무: 직무능력검사 50문항 / 70분, 기술: 직무능력검사 40문항 + 전공 15문항 / 70분

채용 직렬	직업기초능력평가 출제 영역									
	의사소통 능력	수리 능력	문제해결 능력	자기개발 능력	자원관리 능력	대인관계 능력	정보 능력	기술 능력	조직이해 능력	직업 윤리
사무	○	○	○		○		○			
배전 송변전 발전	○	○	○		○			○ (전공)		
ICT 토목 건축	○	○	○				○	○ (전공)		

한국수력원자력

- **채용 형태**: 정규직, 체험형 인턴
- **채용 직렬**: 사무직, 기술직(원자력, 토건, ICT)
- **채용 전형**: 서류(적부) → 필기시험 · 인성검사 → 면접 → 신체검사/입사
- **공통 제출서류**: 입사지원서, 자기소개서, 공인외국어성적증명서

[출제 영역] 직업기초능력평가 + 직무수행능력평가 + 공통상식 통합 80문항 / 90분

- 직업기초능력평가 50문항

채용 직렬	직업기초능력평가 출제 영역									
	의사소통 능력	수리 능력	문제해결 능력	자기개발 능력	자원관리 능력	대인관계 능력	정보 능력	기술 능력	조직이해 능력	직업 윤리
사무직	○	○	○		○				○	
ICT	○	○	○		○		○			
그 외	○	○	○		○			○		

- 직무수행능력평가(전공/상식) 30문항

채용 직렬	출제 범위
사무직	법학, 행정학, 경제학, 경영학(회계학 포함)
기술직	선발 분야별 해당 전공지식
상식	회사상식, 한국사 등 일반상식

한국가스공사

- **채용 형태**: 정규직, 체험형 인턴
- **채용 직렬**: 사무직, 기술직
- **채용 전형**: 서류(적부) → 필기시험 · 인성검사 → 직무 PT 면접 및 직무기초면접 → 신체검사/입사
- **공통 제출서류**: 입사지원서, 자기소개서, 공인외국어성적증명서, 증빙서류

※ **서류전형 적격자 전원 필기전형 응시자격 부여**

[출제 영역] 직업기초능력평가 50문항 / 60분 + 직무수행능력평가 50문항 / 50분

채용 직렬	직업기초능력평가 출제 영역									
	의사소통 능력	수리 능력	문제해결 능력	자기개발 능력	자원관리 능력	대인관계 능력	정보 능력	기술 능력	조직이해 능력	직업 윤리
사무직	○	○	○		○				○	
기술직	○	○	○		○			○		

- 직무수행능력평가

채용 직렬	출제 범위
사무직	경영, 경제, 회계, 법학 등
기술직	기계, 전기, 자원, 지질, 전산, 화공 등 해당 전공분야 지식

한전KPS

- **채용 형태**: 정규직
- **채용 직렬**: 사무(상경, 전산 등)/기술(기계, 전기 등)
- **채용 전형**: 서류 → 필기시험 · 인성검사 → 면접 → 신체검사/입사
- **공통 제출서류**: 입사지원서, 자기소개서, 공인외국어성적증명서, 증빙서류

[출제 영역] 직업기초능력평가 50문항 / 50분 + 직무수행능력평가 50문항 / 50분

채용 직렬	직업기초능력평가 출제 영역									
	의사소통 능력	수리 능력	문제해결 능력	자기개발 능력	자원관리 능력	대인관계 능력	정보 능력	기술 능력	조직이해 능력	직업 윤리
사무직 (상경)	○	○	○		○		○			
사무직 (전산)	○	○	○				○		○	
기술직	○	○	○		○			○		

- 직무수행능력평가

채용 직렬	출제 범위
사무직	경영학, 회계학, 전산학
기술직	기계공학, 전기공학, 전자공학

한전KDN

- **채용 형태**: 정규직, 체험형인턴
- **채용 직렬**: 사무(사무일반, 건축일반, 건축설비), 기술(전산, 통신, 전기, 정보보호)
- **채용 전형**: 서류 → 필기시험 · 인성검사 → 자기소개서 제출 → 역량면접(PT), 실기평가(전산분야 한정), 종합면접 → 신체검사/신원조회/입사
- **공통 제출서류**: 입사지원서, 공인외국어성적증명서, 증빙서류

[출제 영역] 직업기초능력평가 50문항 / 50분 + 직무수행능력평가 50문항 / 50분

채용 직렬	직업기초능력평가 출제 영역									
	의사소통 능력	수리 능력	문제해결 능력	자기개발 능력	자원관리 능력	대인관계 능력	정보 능력	기술 능력	조직이해 능력	직업 윤리
공통	○	○	○	○	○	○	○	○	○	○

- 직무수행능력평가: 대졸(기사 자격증) 수준

채용 직렬	출제 범위
사무직	사무일반, 건축일반, 건축설비
기술직	전산, 통신, 전기, 정보보호

2 | 고용 · 보건 · 복지 공기업

국민의 생활 안정과 복지 증진에 기여하는 것을 목적으로, 고용 환경 관리, 인적 자원 개발, 보건 정책 평가 등 고용 · 보건 · 복지와 관련된 업무를 수행하는 공기업입니다.

※ 2024~2025년 중 진행된 공개채용을 기준으로 정리하였으며, 해당 시기별 · 채용 직렬별 채용 규모와 목적에 따라 필기전형 방식이 상이하므로 상세 채용공고를 면밀히 확인하시기 바랍니다.

국민건강보험공단

- **채용 형태**: 정규직, 청년인턴
- **채용 직렬**: 행정직, 건강직, 요양직, 기술직, 전산직 등
- **채용 전형**: 서류 → 필기시험 → 인성검사 → 면접 → 신체검사/신원조회/입사
- **공통 제출서류**: 입사지원서, 자기소개서, 공인외국어성적증명서, 증빙서류

[출제 영역] 직업기초능력평가 60문항 / 60분 + 법률 20문항 / 20분(준비시간 포함 전체 90분)

채용 직렬	직업기초능력평가 출제 영역									
	의사소통 능력	수리 능력	문제해결 능력	자기개발 능력	자원관리 능력	대인관계 능력	정보 능력	기술 능력	조직이해 능력	직업 윤리
공통	○	○	○							

※ 전산직: 직업기초능력평가 15문항 + 전산개발 기초능력 35문항

- 직무시험(법률)

채용 직렬	출제 범위
행정직, 건강직, 기술직, 전산직	국민건강보험법(시행령, 시행규칙 제외)
요양직	노인장기요양보험법(시행령, 시행규칙 제외)

국민연금공단

- **채용 형태**: 정규직, 체험형인턴
- **채용 직렬**: 일반직(사무 · 심사 · 전산), 기술직(전기, 기계, 건축) 등
- **채용 전형**: 서류 → 필기시험 및 인성검사 → 면접 → 신체검사/신원조회/입사
- **공통 제출서류**: 입사지원서, 자기소개서, 증빙서류(필기시험 후 등록)

[출제 영역] 직업기초능력평가 60문항 / 60분 + 종합직무지식평가 50문항 / 50분

채용 직렬	직업기초능력평가 출제 영역									
	의사소통 능력	수리 능력	문제해결 능력	자기개발 능력	자원관리 능력	대인관계 능력	정보 능력	기술 능력	조직이해 능력	직업 윤리
사무직	○	○	○				○		○	○
심사직	○	○	○		○				○	○
전산직	○		○		○		○		○	○
기술직	○		○		○			○	○	○

- 종합직무지식평가

채용 직렬	출제 범위
사무직	경영학, 경제학, 법학, 행정학, 국민연금법 등 사회보장론 관련 지식
심사직	기초의학, 국민연금법 등 사회보장론 관련 지식
전산직	전산학, 국민연금법 등 사회보장론 관련 지식
기술직	– 기계: 건축설비, 국민연금법 등 사회보장론 관련 지식 – 건축: 건축공학, 국민연금법 등 사회보장론 관련 지식 – 전기: 전기공학, 국민연금법 등 사회보장론 관련 지식

근로복지공단

- **채용 형태**: 정규직, 체험형인턴
- **채용 직렬**: 행정직, 심사직, 재활직, 전산직
- **채용 전형**: 서류 → 필기시험 → 직업성격검사(온라인) → 면접 → 신체검사/신원조회/입사
- **공통 제출서류**: 입사지원서, 자기소개서, 증빙서류

[출제 영역] 직업기초능력평가 70문항 / 70분 + 직무기초지식 30문항 / 30분

채용 직렬	직업기초능력평가 출제 영역									
	의사소통 능력	수리 능력	문제해결 능력	자기개발 능력	자원관리 능력	대인관계 능력	정보 능력	기술 능력	조직이해 능력	직업 윤리
공통	○	○	○		○					

- 직무기초지식

채용 직렬	출제 범위
행정직 6급	법학, 행정학, 경영학, 경제학, 사회복지학

※ 직무기초지식평가는 행정직(일반) 6급만 해당

한국산업인력공단

- **채용 형태**: 정규직, 체험형인턴
- **채용 직렬**: 일반행정, 데이터분석, 정보기술, 인쇄, 산업안전, 산업보건
- **채용 전형**: 서류 → 필기시험 → 인성검사 → 면접 → 입사
- **공통 제출서류**: 입사지원서, 증빙서류

[출제 영역] 직업능력(직업기초능력평가) + 한국사 + 기타 80문항 / 80분

채용 직렬	직업기초능력평가 출제 영역									
	의사소통 능력	수리 능력	문제해결 능력	자기개발 능력	자원관리 능력	대인관계 능력	정보 능력	기술 능력	조직이해 능력	직업 윤리
공통	○	○	○		○				○	○

- 직렬별 평가영역

구분	일반행정	정보기술	데이터분석	인쇄	산업안전	산업보건	시험시간
직업능력	40문항	20문항	20문항	20문항	20문항	20문항	80분
한국사	20문항	20문항	20문항	20문항	20문항	20문항	
기타	영어 20문항	전산학 40문항	데이터분석 40문항	인쇄 40문항	산업안전 40문항	산업보건 40문항	

※ 한국사: 전 범위
※ 데이터분석: 조사방법론, 통계학개론
※ 영어: 문법, 어휘, 독해, 비즈니스 영어 등
※ 인쇄: 인쇄일반, 제판 및 재료, 인쇄작업 및 기계
※ 전산학: 전산학개론(데이터베이스, 전자계산기구조, 운영체제, 소프트웨어공학, 데이터통신)
※ 산업안전: 안전관리론, 위험방지기술, 건설안전기술, 인간공학 및 시스템 안전 공학
※ 산업보건: 산업위생학개론, 작업환경측정 및 평가, 작업환경관리, 산업환기

건강보험심사평가원

- **채용 형태**: 정규직, 체험형인턴
- **채용 직렬**: 행정직, 심사직, 전산직, 연구직 등
- **채용 전형**: 서류 → 필기시험 및 인성검사 → 면접 → 신체검사/신원조회/입사
- **공통 제출서류**: 입사지원서, 증빙서류

[출제 영역] 직업기초능력평가 40문항 + 직무수행능력평가 40문항 / 100분

채용 직렬	직업기초능력평가 출제 영역									
	의사소통 능력	수리 능력	문제해결 능력	자기개발 능력	자원관리 능력	대인관계 능력	정보 능력	기술 능력	조직이해 능력	직업 윤리
공통	○	○	○				○			

- 직무수행능력평가

채용 직렬	출제 범위
행정직, 연구직	보건의료지식 10문항, 전공지식 30문항
심사직	보건의료지식 40문항
전산직	전공지식 40문항

※ 보건의료지식: 건강보험심사평가원 업무 및 역할, 국민건강보험법령

3 | SOC 공기업

도로, 항만, 철도 등 생산 활동에 직접적으로 사용되지는 않지만 경제 활동을 원활하게 하기 위해 꼭 필요한 사회기반시설을 설립, 유지, 관리하여 경제 성장과 지역 발전에 기여하고자 하는 공기업입니다.

※ 2024~2025년 중 진행된 공개채용을 기준으로 정리하였으며, 해당 시기별 · 채용 직렬별 채용 규모와 목적에 따라 필기전형 방식이 상이하므로 상세 채용공고를 면밀히 확인하시기 바랍니다.

한국철도공사

- **채용 형태**: 정규직, 채용형인턴
- **채용 직렬**: 사무영업, 열차승무, 차량, 운전, 토목, 건축, 전기통신 등
- **채용 전형**: 서류 → 필기시험 → 체력심사 · 실기시험 → 면접 · 인성검사 → 신체검사/교육/입사
  ※ 체력심사 · 실기시험의 경우 직렬별 상이함
- **공통 제출서류**: 입사지원서, 증빙서류

[출제 영역] 직업기초능력평가 30문항 + 전공과목 30문항 + 철도법령 10문항 / 70분

채용 직렬	직업기초능력평가 출제 영역									
	의사소통 능력	수리 능력	문제해결 능력	자기개발 능력	자원관리 능력	대인관계 능력	정보 능력	기술 능력	조직이해 능력	직업 윤리
공통	○	○	○							

※ 2024년 상반기: 직업기초능력평가 25문항 + 전공 25문항 / 60분

- 전공과목

채용 직렬		출제 범위			
사무영업	일반	경영학(재무관리, 회계학 미포함)	차량	기계	기계일반
	IT	컴퓨터일반(정보보호개론 포함)		전기	전기일반
	역무설비	경영학 · 건축설비	건축	일반	건축일반
	관제	철도관계법령		전기전자	전기전자
열차승무	일반	경영학	전기통신	일반	전기이론
운전	일반, 전동차	차량 분야 기계일반 · 전기일반 중 택1	토목	일반	토목일반

서울교통공사

- **채용 형태**: 정규직, 채용형인턴
- **채용 직렬**: 사무, 승무, 차량, 전기, 정보통신, 궤도, 토목, 신호, 기계, 건축, 승강장안전문, 지하철보안, 자동차운전, 보건관리
- **채용 전형**: 서류 → 필기시험 → 인성검사 → 체력검정 → 면접 → 신체검사/신원조회/입사
- **공통 제출서류**: 입사지원서, 자기소개서, 증빙서류(면접 이후 제출)

※ 체력검정의 경우 지하철보안 직종만 해당

[출제 영역] 직업기초능력평가 40문항 + 직무수행능력평가 40문항 / 90분

채용 직렬	직업기초능력평가 출제 영역										
	의사소통 능력	수리 능력	문제해결 능력	자기개발 능력	자원관리 능력	대인관계 능력	정보 능력	기술 능력	조직이해 능력	직업 윤리	전공 과목
공통	○	○	○	○	○	○	○	○	○	○	○

- 직무수행능력평가(직렬별 상이)

부산교통공사

- **채용 형태**: 정규직
- **채용 직렬**: 운영직, 운전직, 토목직, 건축직, 기계직, 전기직, 신호직, 통신직
- **채용 전형**: 서류 → 필기시험 → 인성검사 → 면접 → 서류심사 → 신체검사/신원조회/입사
- **공통 제출서류**: 입사지원서, 경력/경험기술서 및 자기소개서, 증빙서류

※ 부산시 통합채용 진행

[출제 영역] 직업기초능력평가 50문항 + 전공과목 40문항 + 관계법령 10문항 / 100분

채용 직렬	직업기초능력평가 출제 영역										
	의사소통 능력	수리 능력	문제해결 능력	자기개발 능력	자원관리 능력	대인관계 능력	정보 능력	기술 능력	조직이해 능력	직업 윤리	전공 과목
공통	○	○	○		○		○				○

- 직무수행능력평가(직렬별 상이)

대구교통공사

- **채용 형태**: 정규직, 체험형 인턴
- **채용 직렬**: 사무(일반, 전산), 차량검수, 차량운영, 전기, 기계, 신호, 통신, 전자, 토목, 건축
- **채용 전형**: 서류 → 필기시험 → 인성검사 → 면접 → 신체검사/입사
- **공통 제출서류**: 입사지원서, 자기소개서, 증빙서류(필기시험 후 제출)

[출제 영역] 직업기초능력평가 40문항 + 선택과목 40문항 / 80분

채용 직렬	직업기초능력평가 출제 영역									
	의사소통 능력	수리 능력	문제해결 능력	자기개발 능력	자원관리 능력	대인관계 능력	정보 능력	기술 능력	조직이해 능력	직업 윤리
공통	○	○	○			○	○			

- 선택과목(직렬별 상이)

한국수자원공사

- **채용 형태**: 정규직, 채용형인턴
- **채용 직렬**: 행정, 토목, 전기, 기계, 전자통신, 환경, 건축, 전산, 조경, 지질
- **채용 전형**: 서류 → 필기시험 → 직업성격검사 · 자기기술서 → 면접 → 자격요건 적부심사/입사
- **공통 제출서류**: 입사지원서, 증빙서류

[출제 영역] 직업기초능력평가 40문항 / 40분 + 직무능력평가 40문항 / 40분

채용 직렬	직업기초능력평가 출제 영역										
	의사소통 능력	수리 능력	문제해결 능력	자기개발 능력	자원관리 능력	대인관계 능력	정보 능력	기술 능력	조직이해 능력	직업 윤리	전공 과목
공통	○	○	○		○						○

- **직무수행능력평가(직렬별 상이)**

한국토지주택공사

- **채용 형태**: 정규직, 채용형인턴
- **채용 직렬**: 사무직, 기술직(토목, 건축)
- **채용 전형**: 서류 → 필기시험 → 자기소개서 및 사전 온라인검사 → 면접 → 신체검사/신원조회/입사
- **공통 제출서류**: 입사지원서, 어학성적표, 증빙서류

[출제 영역] 직업기초능력평가 40문항 / 60분 + 직무역량평가(전공) 60문항 / 80분

채용 직렬	직업기초능력평가 출제 영역										
	의사소통 능력	수리 능력	문제해결 능력	자기개발 능력	자원관리 능력	대인관계 능력	정보 능력	기술 능력	조직이해 능력	직업 윤리	전공 과목
공통	○	○	○								○

※ 기술직 전체 NCS에 공통으로 '안전' 분야 일부 출제, 기계 · 전기 분야는 '소방' 분야 추가

- **직무역량평가(직렬별 상이)**

4 | 금융 공기업

국민과 기업의 경제 활동에 필요한 자본을 지원해 주고, 국가 경제와 관련된 사업을 진행하여 민간 참여가 어려운 경제 영역에서의 위험 감수자 역할을 수행하는 공기업입니다.

※ 2024~2025년 중 진행된 공개채용을 기준으로 정리하였으며, 해당 시기별 · 채용 직렬별 채용 규모와 목적에 따라 필기전형 방식이 상이하므로 상세 채용공고를 면밀히 확인하시기 바랍니다.

NH농협은행(6급)

- **채용 형태**: 정규직
- **채용 직렬**: 일반
- **채용 전형**: 서류 → 필기시험 → 면접(토론, 세일즈, 문화적합성) → 신체검사/입사
- **공통 제출서류**: 입사지원서, 자기소개서, 증빙서류

[출제 영역] 직업기초능력평가 50문항 + 직무상식평가 30문항 / 95분

채용 직렬	직업기초능력평가 출제 영역									
	의사소통 능력	수리 능력	문제해결 능력	자기개발 능력	자원관리 능력	대인관계 능력	정보 능력	기술 능력	조직이해 능력	직업 윤리
공통	○	○	○		○		○			

- 직무상식평가

디지털상식, 금융 · 경제 분야 용어 · 상식

IBK기업은행

- **채용 형태**: 정규직, 체험형인턴
- **채용 직렬**: 금융일반, 디지털 · IT, 금융전문 · 글로벌
- **채용 전형**: 서류 → 필기시험 → 실기시험 → 면접 → 입사
- **공통 제출서류**: 입사지원서, 자기소개서, 증빙서류

[출제 영역] 직업기초능력평가 40문항 + 직무수행능력평가 35문항(객관식 30문항, 주관식 5문항) / 120분

채용 직렬	직업기초능력평가 출제 영역									
	의사소통 능력	수리 능력	문제해결 능력	자기개발 능력	자원관리 능력	대인관계 능력	정보 능력	기술 능력	조직이해 능력	직업 윤리
공통	○	○	○		○		○		○	

- 직무수행능력평가

채용 직렬	출제 범위
금융일반	경영, 경제, 시사
디지털	데이터베이스, 블록체인, 빅데이터, AI, 시사
IT	전산학, 시사
금융전문 · 글로벌	경영, 경제, 시사 ※ 일부 영문 출제

KDB산업은행

- **채용 형태**: 정규직, 청년인턴
- **채용 분야**: 경영학, 경제학, IT, AI, 공학(전기·전자, 재료 · 소재, 화학 등), 글로벌
- **채용 전형**: 서류 → 필기시험 → 1차 면접 → 2차 면접 → 신체검사/신원조회/입사
- **공통 제출서류**: 입사지원서 및 자기소개서, 공인외국어성적증명서, 증빙서류

[출제 영역] 직업기초능력평가 60문항 / 60분 + 직무지식시험 10문항(논술, 서술, 약술형) / 80분 + 일반시사논술 / 45분

채용 직렬	직업기초능력평가 출제 영역									
	의사소통 능력	수리 능력	문제해결 능력	자기개발 능력	자원관리 능력	대인관계 능력	정보 능력	기술 능력	조직이해 능력	직업 윤리
공통	○	○	○				○			

- 직무수행능력평가(직무별 상이)

신용보증기금

- **채용 형태**: 정규직, 체험형인턴
- **채용 직렬**: 전문자격, 상경계, 비상경계, 이공계, ICT 등(5급)
- **채용 전형**: 서류 → 필기시험 → 면접 → 신체검사/신원조회/입사
- **공통 제출서류**: 입사지원서 및 자기소개서, 증빙서류

[출제 영역] 직업기초능력평가 25문항 + 직무전공 40문항 / 80분 + 논술 / 70분

채용 직렬	직업기초능력평가 출제 영역									
	의사소통 능력	수리 능력	문제해결 능력	자기개발 능력	자원관리 능력	대인관계 능력	정보 능력	기술 능력	조직이해 능력	직업 윤리
상경계 등	○	○	○							
비상경계 등	○	○	○		○					

- 직무수행능력평가(직무별 상이)

기술보증기금

- **채용 형태**: 정규직, 체험형인턴
- **채용 직렬**: 기술보증 및 기술평가, 전산, 법무 · 채권 관리
- **채용 전형**: 서류 → 필기시험 → 1차 면접 → 2차 면접 → 신체검사/신원조회/입사
- **공통 제출서류**: 입사지원서 및 자기소개서, 공인외국어성적증명서, 증빙서류

[출제 영역] 직업기초능력평가 50문항 / 60분 + 직무수행능력평가 통합 60문항 / 90분

채용 직렬	직업기초능력평가 출제 영역									
	의사소통 능력	수리 능력	문제해결 능력	자기개발 능력	자원관리 능력	대인관계 능력	정보 능력	기술 능력	조직이해 능력	직업 윤리
공통	○	○	○				○		○	

※ 직업기초능력평가 배점(40점)의 50% 미만 득점 시 평가 합산 점수와 무관하게 선발 제외

- 직무수행능력평가(직렬별 상이)

5 | 공공기관 통합채용

공정한 기회 제공과 채용비리 근절을 위해 지방 공공기관이 함께 채용 과정을 진행합니다.

※ 2024~2025년 중 진행된 공개채용을 기준으로 정리하였으며, 해당 시기별 · 채용 직렬별 채용 규모와 목적에 따라 필기전형 방식이 상이하므로 상세 채용공고를 면밀히 확인하시기 바랍니다.

부산시 공공기관 통합채용

- **채용 형태**: 정규직, 공무직 등
- **채용 직렬**: 공공기관별 상이
- **채용 전형**: 서류 → 필기시험 → 인성검사 → 면접 → 신체검사/입사
- **공통 제출서류**: 입사지원서, 자기소개서, 증빙서류

[출제 영역] 직업기초능력평가 50문항 + 전공과목(직렬별 상이)

채용 직렬	직업기초능력평가 출제 영역										
	의사소통 능력	수리 능력	문제해결 능력	자기개발 능력	자원관리 능력	대인관계 능력	정보 능력	기술 능력	조직이해 능력	직업 윤리	전공 과목
공공기관별 상이	○	△	○		○				○		○

※ 부산시설공단 공무직(복지매니저 제외): 의사소통능력, 문제해결능력, 자원관리능력, 조직이해능력

- 전공과목(기관별, 직렬별 상이)

경기도 공공기관 통합채용

- **채용 형태**: 정규직, 공무직 등
- **채용 직렬**: 공공기관별 상이
- **채용 전형**: 서류 → 필기시험 → 인성검사 → 면접 → 신체검사/입사
- **공통 제출서류**: 입사지원서, 자기소개서, 증빙서류

[출제 영역] 직업기초능력평가 50문항 / 50분 + 전공과목(직렬별 상이)

채용 직렬	직업기초능력평가 출제 영역										
	의사소통 능력	수리 능력	문제해결 능력	자기개발 능력	자원관리 능력	대인관계 능력	정보 능력	기술 능력	조직이해 능력	직업 윤리	전공 과목
공공기관별 상이	○	○	○		○				○		○

※ 장애인 채용 직렬에 한하여 직업기초능력평가가 면제됨

- 전공과목(기관별, 직렬별 상이)

공기업 NCS | 직업기초능력평가

PART 0

실력진단 테스트

20문항 구성 / 25분 내 풀이 권장
맞춤 학습 가이드 + 학습플랜 제공

01 다음 글을 읽고 이끌어 낼 수 있는 주제로 가장 적절한 것은?

도쿄의 '오오타 크리에이티브 타운'은 오래된 공업 지역을 되살린 사례이다. 쇠퇴하는 공장 지역을 되살리려는 공장주들의 모임인 공업 협동조합에 오오타 관광 협회와 대학이 함께 힘을 모아 이루어 낸 성과이다. 2009년에 세 주체가 참여하는 연구회가 만들어졌고, 지역 주민과 공장주가 함께 연대하고 협력하여 '오오타 오픈 팩토리', 즉 공장 개방 이벤트라는 흥미로운 프로그램을 만들어 기운 빠진 공장 지대에 활기를 불어넣었다.

오픈 팩토리 행사를 하는 까닭은 크게 세 가지이다. 하나는 '마을 만들기'이다. 주민들이 스스로 공장과 마을을 살려 나간다는 취지이다. 그다음은 '관광 진흥'이다. 지역 주민들과 외부 방문객들을 마을과 공장으로 초대하여 마을에 생기를 되찾고자 하는 것이다. 마지막으로 '산업 진흥'이다. 공장 지대를 단순한 관광지로 만드는 것이 아니라 살아 있고 생명력 넘치는 산업 공간으로 키워 나가겠다는 포부가 담겨 있다.

공장 개방 행사에 참여하는 주최자들은 다양한 체험을 하게 된다. 어린이와 청소년들은 자기 마을에 대해 공부하고 새로운 가치를 발견할 수 있으며, 제조업에 종사하는 공장주와 직원들은 서로의 기술을 교류하면서 사업적 기회를 넓힐 수 있다. 주민들은 공장 지역이 애물단지가 아닌 보물단지임을 깨닫고 자기 마을에 대해 자부심을 느끼고, 젊은 디자이너와 예술가들은 자신의 아이디어를 제품으로 만들 기회를 얻게 된다.

슬로베니아의 수도 류블랴나에 있는 호스텔 첼리차는 도시의 낡고 오래된 것을 기막히게 되살린 최고의 반전 사례이다. 호스텔 첼리차는 방마다 각기 다른 건축가가 설계하여 2인용 객실의 디자인이 모두 다르다. 하지만 호스텔 첼리차는 디자인보다도 그 역사가 특별하다. 이 건물은 애초 군부대 안의 감옥이었다고 한다. 1883년 오스트리아-헝가리 제국의 군대 감옥으로 처음 지어졌으며, 그 뒤에는 유고 연방의 군대 감옥으로 사용되었다. 1991년 슬로베니아가 독립을 선언한 뒤 군인들이 물러난 이곳에 가난한 예술가들이 하나둘 모여들었는데, 그 때문에 군부대 시설을 철거하려는 류블랴나시 당국과 갈등을 겪어야 했다. 수도와 전기가 끊기는 상황에서도 예술가들은 끝까지 버텼고, 똘똘 뭉친 예술가와 시민운동가, 그리고 류블랴나 대학 학생들까지 나서 결국 철거 계획은 철회되었다. 그 덕분에 감옥과 군부대 시설은 청년들을 위한 문화 공간과 호텔로 바뀌게 되었고, 지금은 전 세계인들에게 사랑받는 명소가 되었다.

① 건물과 장소가 오래되었다고 없애면 안 된다.
② 도시에는 오래된 건물과 새로 지은 건물이 공존해야 한다.
③ 오래된 건물과 장소를 되살리는 일이 진정한 건축이고 도시 설계이다.
④ 기존 구조물을 다른 용도로 개조하여 새로운 문화 공간으로 바꾸어야 한다.
⑤ 도시 재개발이라는 사회적 문제 해결을 위해 다양한 도시 재생 사례를 참고해야 한다.

02 다음 글의 밑줄 친 부분에서 문법상 옳은 것만을 고른 것은?

컴퓨터 보안은 컴퓨터에 저장되어 있거나 전달 중인 정보를 보호하는 것이다. 우선 허락되지 않은 자가 정보의 내용을 알 수 없도록 하고, 허락되지 않은 자가 정보를 함부로 수정하던지 훼손할 수 없도록 해야 한다. 한편, 웬지 컴퓨터 보안이라고 하면 무조건 들어오는 것을 막는 것만 해당되는 것 같지만 허락된 자가 정보에 접근하고자 하는 바램이 있을 때, 이것이 방해받지 않도록 하는 것 역시 중요하다. 최근에는 사이버 공격 등을 통해 어떡게든 컴퓨터 보안을 뚫고 정보에 손상을 입히는 행위가 잦아졌다. 그래서 방화벽이라든지 침입탐지 시스템 같은 여러 가지 보안 시스템이 개발되고 있다. 하지만 컴퓨터 보안에 문제가 생기면 이를 복구하기 위해서는 몇 분에서 며칠까지 걸릴 수 있으므로 개개인이 컴퓨터 보안을 철저하게 해야 한다.

① 훼손, 바램, 어떡게든
② 수정하던지, 웬지, 어떡게든
③ 훼손, 방화벽이라든지, 며칠
④ 수정하던지, 훼손, 방화벽이라든지, 며칠
⑤ 웬지, 바램, 어떡게든, 며칠

[03~04] 다음 글을 읽고 이어지는 질문에 답하시오.

[가] 2007년까지는 결정질 실리콘 태양전지가 90% 이상의 시장 점유율을 나타내었으나 그 후 폴리실리콘 가격의 상승에 의한 박막 태양전지의 보급 확대로 인하여 결정질 실리콘 태양전지의 점유율은 80% 대로 감소한 바 있다. 하지만 2011년 들어 폴리실리콘 가격의 하락 및 수급 불균형에 따라 결정질 실리콘 태양전지/모듈의 가격이 급락하면서 박막 태양전지 시장 규모가 다시 축소되고 있는 상황이다. 그러나 이러한 현상은 2013년 하반기부터 시작된 폴리실리콘 가격의 안정화와 모듈 수급 불균형의 해소에 힘입어 안정되는 모습을 보이고 있고, 결정질 실리콘 태양전지를 중심으로 시장이 점차 안정적으로 성장하는 모습을 보이고 있다. 박막 태양전지가 결정질 실리콘 태양전지에 대한 경쟁력을 확보하기 위해서는 저가 및 고기능성, 틈새시장으로의 신규 진출이 필요하므로 박막 태양전지 시장은 2016년 이후부터 서서히 성장할 것으로 예측된다.

[나] 한편 2011년을 기점으로 한 시장 성장률 감소의 원인은 태양광 시장의 수요-공급 불일치에 따른 구조조정과 최근 발생한 유럽발 경제 위기이다. 공급량이 점진적으로 증가하는 반면 2011년부터 수요량은 감소되었는데, 이는 유럽발 재정위기에 기인하고 있다. 결국 수요와 공급의 불일치가 심화되면서 태양광 모듈의 가격이 급격히 하락하기 시작하였고, 태양광 기업들의 채산성 악화를 초래한 것이다. 그러나 이러한 수요-공급 불일치 현상은 2014년 들어 해소되는 조짐을 보이고 있다. 이는 모듈 가격 하락에 따른 그리드 패리티 조기 달성에 의한 보급량 증대와 원전사고 이후 조성된 재생에너지 보급 확대 정책에 기인한다고 볼 수 있다.

[다] 태양광 시장은 최근 폭발적인 연간 성장률(85% 이상)을 나타내며 급성장하여 왔고 2013년 들어 약 40GW의 시장규모에 이르렀다. 2012년의 일시적인 설치량 감소를 제외하고는 2006년부터 시작된 태양광발전 시스템의 설치량 증가 추세는 여전히 지속되고 있다. 특히 2011년 후쿠시마 원전사고 이후 일본 및 유럽 등에서 원전 설치계획을 축소 또는 폐지하였고, 일본, 미국, 중국, 인도 및 신흥 시장(동남아시아, 아프리카, 남미 등)에서 태양광 설치량을 확대하면서 향후 세계 태양광 시장은 꾸준히 증가할 것으로 예측된다.

[라] 2014년 이후 CIGS 박막 태양전지를 중심으로 박막의 점유율이 높아질 것으로 보인다. 박막 태양전지는 비정질 실리콘계, CIGS계, CdTe, DSSC, OPV 등으로 구분된다. CIGS 박막 태양전지의 경우, 효율이 높고 저가 생산이 가능하여 향후 박막 태양전지 시장을 주도할 것으로 예측되지만, 획기적인 성장을 위해서는 대량생산 체계 구축이라는 과제를 기술적으로 극복해야 한다. DSSC와 OPV 등은 아직 상용화 전 단계인 파일럿 연구개발 단계에 머물러 있고, 낮은 효율과 안정성 문제가 해결되지 않고 있어 이러한 문제점들을 극복해야 시장 점유율을 크게 높일 수 있을 것으로 전망된다.

[마] 기존의 발전용 태양광 시장뿐만 아니라 지역 및 환경 맞춤형 태양광발전 시스템(BIPV, 수상태양광 등), 틈새시장(개인용 휴대기기 등) 등이 점진적으로 확대되고 있어 신규시장의 창출도 확대될 것으로 예측되고 있다. 이는 세계 여러 국가가 신·재생에너지원의 확대를 정부정책의 중요한 기조로 삼고 있기 때문이며, 신·재생에너지원 중 특히 태양광이 친환경적이면서도 산업유발 효과가 큰 에너지원이라는 점이 부각되고 있기 때문이다.

03 다음 글의 문단 [가]~[마]를 문맥상 순서대로 바르게 배열한 것은?

① [나]－[다]－[마]－[라]－[가]
② [나]－[다]－[라]－[마]－[가]
③ [다]－[마]－[나]－[가]－[라]
④ [다]－[가]－[마]－[나]－[라]
⑤ [라]－[나]－[다]－[마]－[가]

04 주어진 글의 내용과 일치하지 않는 것은?

① 태양전지 모듈의 수급에서 수요－공급 불일치로 인해 시장 성장률이 감소하였다.
② 결정질 실리콘 태양전지가 전체 태양전지 시장을 주도하고 있다.
③ 박막 태양전지는 비정질 실리콘계, CIGS계, CdTe, DSSC, OPV 등으로 구분된다.
④ 태양광발전 시스템은 2012년을 제외하고 2006년부터 설치량 증가 추세가 지속되어 최근 태양광 시장은 연간 85% 이상의 연간 성장률을 달성했다.
⑤ 폴리실리콘 가격의 하락과 수급에서 불균형이 나타나면서 상대적으로 박막 태양전지 시장 규모가 확대되었다.

05 다음 글의 빈칸에 들어갈 내용으로 가장 적절한 것은?

사람들은 흔히 인간 사회에서 나타나는 경쟁 구도를 설명할 때 찰스 다윈의 '진화론'을 언급한다. 세상에 존재하는 모든 부조리와 불평등의 근원은 약육강식과 적자생존의 원리이고, 진화론은 이를 잘 뒷받침해 주는 논리라고 생각한다. 하지만 적자생존이나 약육강식이라는 말을 처음 쓴 사람은 다윈이 아니라 동시대의 철학자 스펜서였다.

사실 다윈이 주목한 지점은 생물체에 일어나는 '변이의 다양성'이었다. 특히 유성 생식을 하는 생물체는 암수 유전자를 섞어야만 후손을 낳을 수 있는 특성상 조금씩 다른 자손을 낳는다. 이 자손은 각자 환경에 기대어 살아가기 시작하는데, 그 가운데서 주변 환경에 조금 더 잘 적응한 개체는 살아남아 자신의 유전자를 후손에게 물려줄 가능성이 커진다.

다윈은 이러한 변이가 쌓여 점차 환경에 더 잘 적응된 방식으로 변화한다고 생각했다. 하지만 '더 잘 적응한 방식'이 오로지 '한 가지 방식'뿐이라고 말한 적은 없다. 오히려 자연 선택의 다양성에 대해 더 많은 주의를 기울였다.

다윈이 획일성보다는 다양성에 더욱 주목했음은 갈라파고스 핀치에 관한 연구에서 뚜렷이 드러난다. 갈라파고스 제도에는 모두 13종의 핀치가 서식하는데, 이들은 크기나 습성 등은 비슷하지만 부리의 모양은 천차만별이었다. 다윈은 다양한 핀치의 부리 모양과 먹이의 관계를 관찰한 결과, 13종의 핀치는 원래 하나의 종이었으나 오랜 세월 저마다 처한 환경에서 가장 능률적으로 구할 수 있는 먹잇감을 찾는 동안 다양하게 변화해 왔을 것이라고 생각했다. 여기서 흥미로운 것은 이들의 먹잇감이 구하기 쉽고 찾기 쉬운 한 종류로 모이지 않고, 다양하게 세분화되었다는 점이다. 만약 13종의 핀치가 모두 한 가지 먹잇감에만 집착했다면 어땠을까? 아마 먹잇감이 부족해져 갈라파고스 제도에 사는 핀치의 수는 훨씬 적었을 것이다. 그러나 13종의 핀치는 각자 처한 환경에 따라 종마다 다양한 먹잇감을 택하는 전략을 취했다. 그래서 같은 먹이 사슬 안에서 종끼리 경쟁할 필요 없이 제한된 서식지 안에서 더 많은 수의 핀치가 살아갈 수 있었다. 이처럼 (   )

① 경쟁보다는 공생이 진화의 원동력이다.
② 진화의 가장 큰 무기는 다양성의 증가이다.
③ 진화론은 공존의 논리에 바탕을 두고 있다.
④ 여러 생물 종은 경쟁해야 하는 일을 피할 수 없다.
⑤ 다윈은 진화론을 근거로 변이의 다양성을 설명하고 있다.

06 다음 [조건]과 같이 소금물을 만들었을 때, 네 번째 소금물의 농도로 옳은 것은?

조건

- 첫 번째 소금물의 양은 300g이며 농도는 25%이다.
- 두 번째 소금물은 첫 번째 소금물에서 물 50g을 증발시킨 것이다.
- 세 번째 소금물은 두 번째 소금물에 농도가 30%인 소금물 150g을 첨가한 것이다.
- 네 번째 소금물은 세 번째 소금물에 물 100g을 첨가한 것이다.

① 20% ② 24% ③ 28%
④ 32% ⑤ 36%

07 김 대리는 대전으로, 이 대리는 부산으로 출장을 갔다. 두 사람은 출장 후 업무 미팅 때문에 대전에서 남쪽으로 200km 떨어진 K지점에서 만났다. 이 대리가 자동차를 타고 K지점으로 이동한 평균 속력으로 옳은 것은?(단, 대전과 K지점, 부산은 일직선상에 위치한다.)

- 대전과 부산은 500km 떨어져 있다.
- 김 대리와 이 대리는 각각 대전과 부산에서 동시에 출발하였다.
- 김 대리가 탄 자동차의 속력은 평균 80km/h이었다.
- 이 대리는 김 대리보다 K지점에 30분 늦게 도착하였다.

① 80km/h ② 90km/h ③ 100km/h
④ 110km/h ⑤ 120km/h

[08~09] **다음은 2014~2018년 주요 스포츠 종목별 경기 관련 자료이다. 이를 바탕으로 이어지는 질문에 답하시오.**

[표] 주요 스포츠 종목별 경기 횟수 및 경기당 평균 관중 수 (단위: 경기, 명)

구분		2014년	2015년	2016년	2017년	2018년
야구	경기 횟수	593	591	736	720	720
	경기당 평균 관중 수	11,373	11,429	10,357	11,583	11,668
축구	경기 횟수	266	229	228	228	228
	경기당 평균 관중 수	7,656	8,115	7,720	7,854	6,502
농구(남)	경기 횟수	300	301	292	291	291
	경기당 평균 관중 수	4,092	4,458	3,953	3,543	3,188
농구(여)	경기 횟수	113	112	111	112	112
	경기당 평균 관중 수	1,237	1,417	1,480	1,425	1,097
배구	경기 횟수	210	227	227	229	229
	경기당 평균 관중 수	1,525	1,967	2,311	2,336	2,425

[그래프] 주요 스포츠 종목별 좌석점유율 (단위: %)

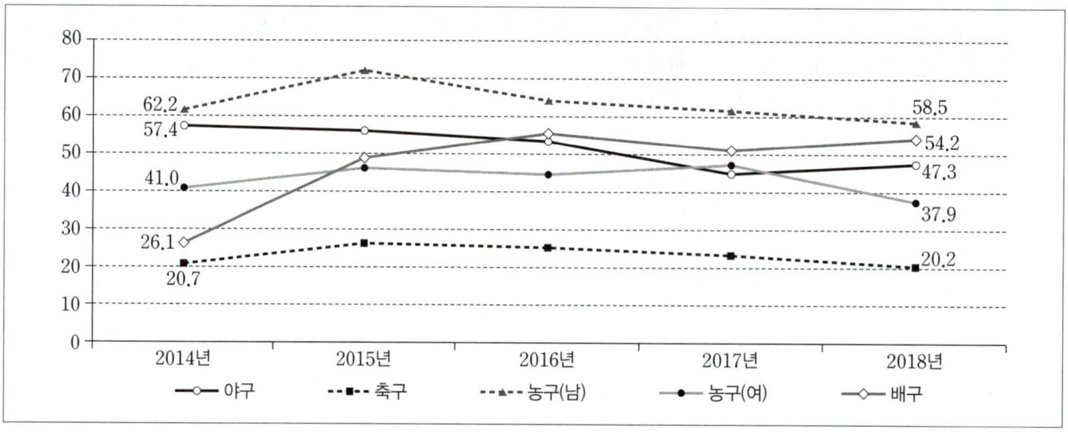

※ 좌석점유율(%)$=\dfrac{\text{경기당 평균 관중 수}}{\text{경기장당 평균 수용규모}}\times 100$

08 주어진 자료에 대한 설명으로 옳은 것은?

① 2018년 전체 관중 수가 100만 명을 넘는 종목은 3개 종목이다.
② 5년간 경기 횟수 합계가 가장 적은 두 종목은 농구(여)와 축구이다.
③ 2018년의 좌석점유율이 4년 전보다 낮아진 종목은 4개 종목이다.
④ 경기당 평균 관중 수가 매년 증가하거나 또는 감소하는 종목은 2개 종목이다.
⑤ 2018년 야구 종목의 경기장당 평균 수용규모는 농구(남) 종목에 비해 5배 이상 크다.

09 다음 중 2015~2018년 동안 경기당 평균 관중 수와 좌석점유율의 증감 추이가 동일한 종목을 고른 것은?

① 야구 ② 축구 ③ 농구(남) ④ 농구(여) ⑤ 배구

10 다음 [표]는 2016~2020년 가구원 수별 어업경영비 현황에 관한 자료이다. 이를 표현한 그래프로 옳지 않은 것은?

[표] 가구원 수별 어업경영비 현황 (단위: 천 원)

구분	2016년	2017년	2018년	2019년	2020년
전국 평균	28,174	28,372	46,955	48,589	53,596
2명 이하	20,553	21,020	36,786	36,955	41,847
3명	43,465	49,227	63,882	66,286	80,107
4명	58,389	57,025	109,740	101,955	124,099
5명 이상	70,154	62,913	65,252	127,334	98,296

① 연도별 전국 평균 어업경영비

(단위: 천 원)

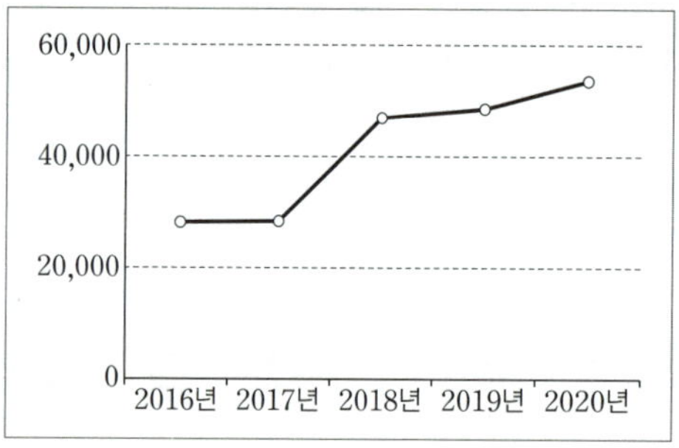

② 연도별 2명 이하 가구 어업경영비

(단위: 천 원)

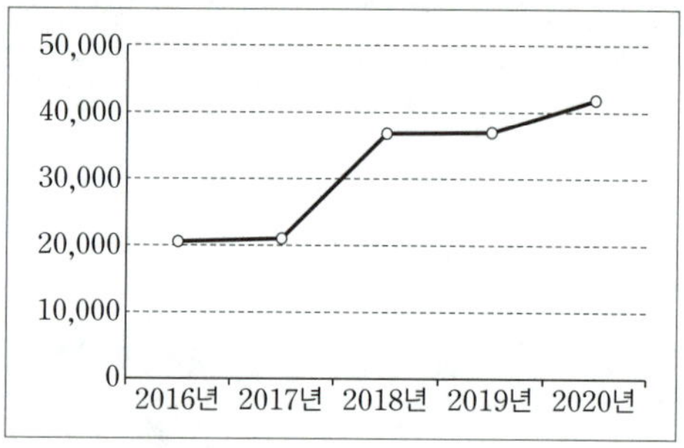

③ 연도별 3명 가구 어업경영비

(단위: 천 원)

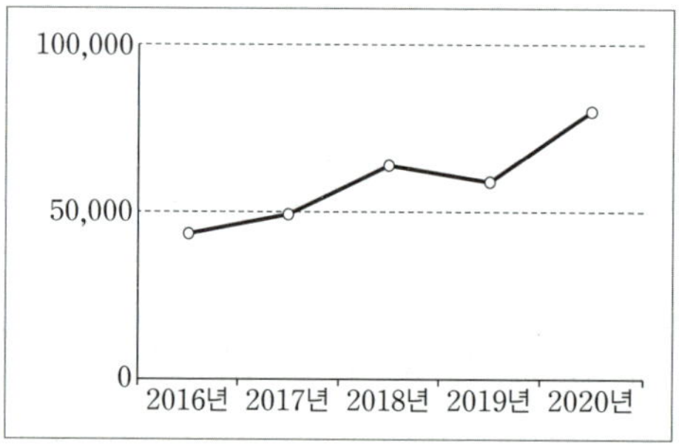

④ 연도별 4명 가구 어업경영비

(단위: 천 원)

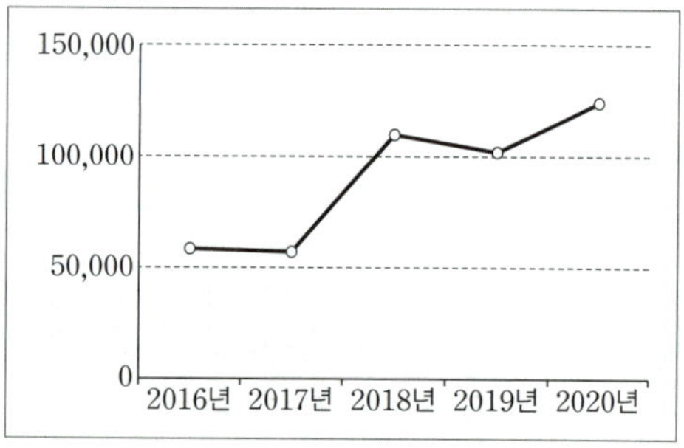

⑤ 연도별 5명 이상 가구 어업경영비

(단위: 천 원)

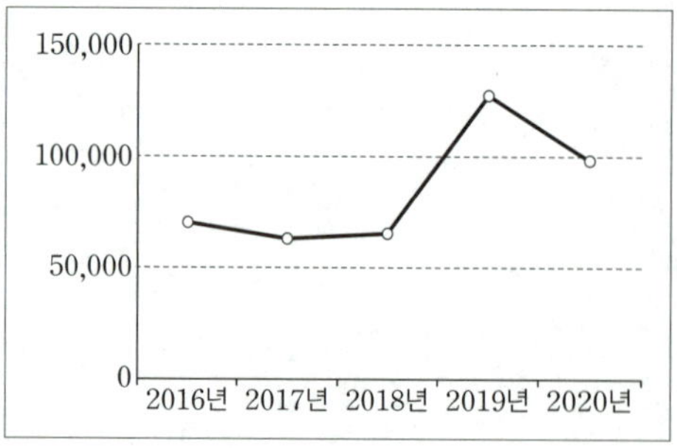

11 **다음 명제가 모두 참이라고 할 때, 결론이 반드시 참이 되도록 하는 전제2로 적절한 것은?**

전제1	내일 비가 온다면 A는 우산을 가지고 출근을 한다.
전제2	( )
전제3	A가 우산을 가지고 출근하는 날에는 B는 출근을 하지 않는다.
결론	A가 내일 출근을 하면 B는 내일 출근을 하지 않는다.

① A는 비가 오는 날에만 출근을 한다.
② A는 비가 오는 날에도 출근을 한다.
③ A는 비가 오지 않는 날에도 출근을 한다.
④ B는 비가 오는 날에는 출근을 하지 않는다.
⑤ B가 출근을 하지 않으면 A가 출근을 한다.

12 **A~E 5명의 사람들이 5층짜리 아파트의 서로 다른 층에 거주하고 있다. 3층 이상 거주자만이 엘리베이터를 이용하며, 다음 [조건]에서 2명은 반드시 거짓을 말하고 나머지 3명은 반드시 참을 말한다고 할 때, 4층에 거주하는 사람으로 옳은 것은?**(단, 거짓을 말하는 사람의 진술은 모두 거짓이다.)

조건

- A: 나는 1층에 살아.
- B: 나는 3층에 살아.
- C: 나는 엘리베이터를 타고, A보다 한 층 위에 살아.
- D: 나는 가장 높은 층에 살아.
- E: 나는 1층에 살고, 우리 집 한 층 위에는 B가 살아.

① A ② B ③ C
④ D ⑤ E

[13~14] 다음은 W병원 신경외과의 진료에 대한 안내문이다. 이를 바탕으로 이어지는 질문에 답하시오.

이번 달 담당의사별 진료시간 안내

구분	신경외과							
	A과장		B과장		C과장		D과장	
	오전	오후	오전	오후	오전	오후	오전	오후
월요일	진료	수술	진료	수술	수술	진료	진료	수술
화요일	수술	진료	진료	수술	진료	수술	진료	수술
수요일	진료	수술	수술	진료	진료	수술	진료	수술
목요일	수술	진료	진료	수술	수술	진료	진료	수술
금요일	진료	수술	수술	진료	진료	수술	진료	수술
토요일	진료 또는 수술		진료		진료 또는 수술		수술	
토요일 휴무	넷째 주		둘째 주		첫째 주		셋째 주	

※ 토요일 진료시간: 09:00~13:00

※ 평일 진료시간: 09:00~12:30/14:00~18:00(점심시간: 12:30~14:00)

※ 접수 가능 시간: 09:00~12:00/14:00~17:30

[기타 안내사항]

- 이번 달 15일(수)~18일(토)은 병원 내부 공사로 인해 외래 진료 및 수술, 신규 환자 접수는 불가합니다.
- MRI 및 CT 촬영은 최소 3일 전 예약을 하셔야 합니다.
- 외래 진료 시 MRI 등 영상 자료가 있어야 합니다(필요한 경우에 한함).
- 초진의 경우, 건강보험증을 지참하시고 원무과에서 접수를 하시기 바랍니다. 접수 후 진료실에서 진료를 마친 환자분께서는 다시 원무과로 오셔서 진료비를 수납 후 P창구에서 처방전을 받아 약을 받아 가시기 바랍니다. 예약 또는 재진하시는 환자분은 곧바로 진료실로 가셔서 진료 후 원무과에 수술 또는 영상 촬영 여부를 알려주시고 수술이신 경우 H창구에서 입원 수속을 하시고, 영상 촬영이 필요하신 분은 영상센터로 가시어 안내를 받으시기 바랍니다.

13 **주어진 안내문에 대한 설명으로 옳지 않은 것은?**

① 평일의 진료시간 및 접수 가능 시간은 모두 점심시간 전이 점심시간 후보다 각각 30분씩 짧다.
② 일주일 전 예약을 하고 찾아 온 환자는 원무과를 거치지 않고 곧장 진료를 받으면 된다.
③ 평일에 D과장을 제외한 세 명은 모두 오전 진료 일정이 오후 수술 일정보다 많다.
④ 이번 달 D과장의 토요일 휴무일은 병원 내부 공사 일정과 겹친다.
⑤ 이번 달 둘째 주 토요일 오전에는 진료 가능한 의사가 두 명이다.

14 **K씨는 평소 앓고 있던 허리 디스크를 고치기 위하여 이번 달에 수술을 하기로 결정하였다. W병원 신경외과의 A과장이나 C과장에게 가급적 오전에 수술받기를 원할 경우, K씨의 상황에 대한 설명으로 옳은 것은?**

① 이번 달에 수술을 받을 수 있는 토요일은 모두 두 번 있다.
② 수요일과 금요일에는 K씨가 원하는 시간에 수술을 받을 수 없다.
③ 평일 중 원하는 시간에 수술을 받을 수 있는 요일은 월요일과 목요일뿐이다.
④ 20일에 MRI 촬영 예약을 하여 23일에 MRI 촬영 및 진료 후 다음 날인 24일에 수술을 하면 된다.
⑤ 진료실에서 진료 후 원무과에 들러 P창구에서 입원 수속을 진행하면 된다.

15 다음은 창의적 사고력을 배양할 수 있는 방법의 하나인 SCAMPER에 대한 설명이다. 이를 바탕으로 할 때, 주어진 7가지 항목의 사례로 가장 적절하지 <u>않은</u> 것은?

스캠퍼(SCAMPER)는 7가지 항목에 해당하는 단어의 첫 글자를 따서 만든 발명 기법으로, 기존의 형태나 아이디어를 다양하게 변형시키는 발명 사고기법이다. 이는 아이디어가 쉽게 떠오르지 않을 때 상상력을 자극할 수 있도록 새로운 자극을 주는 방법으로, 다음과 같이 구성된다.

S	Substitute(대체하기)	방식, 원료, 제작과정 등이 대체될 수 있는가?
C	Combine(결합하기)	결합을 통해 가치 있는 새로운 것이 나올 수 있는가?
A	Adjust, Adapt(조절, 적용하기)	기능, 원료, 정도를 조절하거나 적용해 보면 어떤 결과가 나올까?
M	Modify, Magnify, Minify(변형하기)	기능, 모양, 소리, 색상 등을 변형할 수 있을까?
P	Put to other uses(용도 바꾸기)	현재의 용도가 아니라 새로운 용도로 바꿀 수 있는가?
E	Eliminate(제거하기)	특정 기능이나 색상 등을 제거할 수 있는가? 제거하면 어떻게 될까?
R	Reverse, Rearrange(재정리하기)	순서나 형식, 구성 등을 재배열하면 어떤 변화가 일어날까?

① S: 플라스틱 컵, 금속 젓가락 → 종이컵, 나무젓가락
② C: 티셔츠, 모자 → 후드티
③ A: 새가 나는 원리, 민들레 씨 낙하 모습 → 비행기, 낙하산
④ M: 계란판, 진흙 → 방음벽, 머드팩
⑤ R: 출퇴근 → 재택근무

16 다음 글에 언급된 직접비용과 간접비용의 구분이 적절한 것은?

> 어떤 활동이나 사업의 비용을 추정하거나 예산을 잡는 작업은 결코 생각하는 것만큼 그렇게 쉽지 않다. 무엇보다 추정해야 할 매우 많은 유형의 비용들이 존재하기 때문이다. 그리고 이러한 예산의 구성요소는 일반적으로 비목과 세목으로 구분할 수 있으며, 비목은 직접비용과 간접비용으로 구분된다. 직접비용은 제품 생산 또는 서비스를 창출하기 위해 직접 소비된 것으로 여겨지는 비용을 말한다. 반면 간접비용은 제품을 생산하거나 서비스를 창출하기 위해 소비된 비용 중에서 제품 생산에 직접 관련되지 않은 비용을 말한다. 간접비용은 과제에 따라 매우 다양하며, 과제가 수행되는 상황에 따라서도 다양하게 나타날 수 있어, 많은 사람들이 정확하게 예측하지 못해 어려움을 겪는 경우가 많다.

	직접비용	간접비용
①	재료비, 인건비	시설비, 광고비
②	시설비, 인건비	보험료, 광고비
③	재료비, 시설비	인건비, 통신비
④	보험료, 재료비	광고비, 공과금
⑤	통신비, 시설비	보험료, 공과금

17 **다음은 A~F 6곳의 매장 위치를 나타낸 지도이다. 갑 지역과 을 지역에 물류창고를 세울 경우에 대한 설명으로 옳은 것을 [보기]에서 모두 고른 것은?**

각 매장별로 물류창고까지의 이동경로는 지도상의 가로, 세로줄로만 가능하며, 가로는 1칸당 1의 이동비용이, 세로는 1칸당 2의 이동비용이 든다.

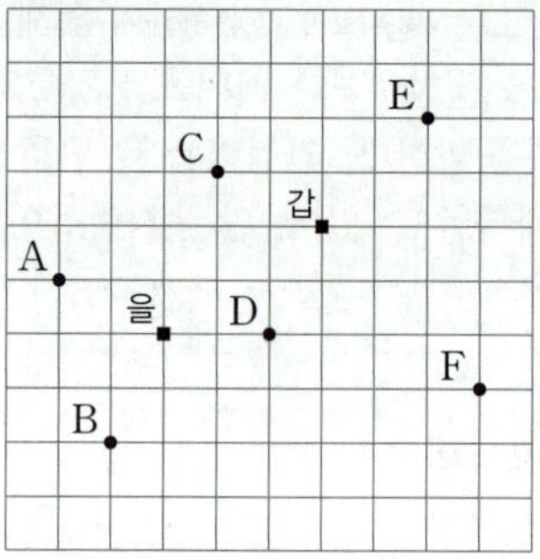

보기

㉠ A~F의 이동비용 총합은 갑 지역에 물류창고를 세울 때보다 을 지역에 물류창고를 세울 때 더 적다.

㉡ 갑 지역에 물류창고를 세울 경우 을 지역에 세우는 것보다 이동비용이 더 적게 드는 매장은 총 3곳이다.

㉢ 물류창고의 위치에 따른 매장별 최대 이동비용 차이는 7이다.

㉣ 갑 지역과 을 지역 각각에 물류창고를 세울 경우 A~C의 이동 비용의 합은 각각 20 이상이다.

① ㉠, ㉢ ② ㉡, ㉣ ③ ㉢, ㉣
④ ㉠, ㉡, ㉢ ⑤ ㉡, ㉢, ㉣

18 Z국에서는 다음과 같이 대학 기본역량 진단평가를 실시하였다. 우수 대학으로 선정되지 않는 곳으로 바르게 짝지어진 것은?

[대학 기본역량 진단 지표 및 배점]

진단 항목	배점
발전 계획의 성과, 교육 여건	24점
대학 운영의 책무성, 교육 성과	34점
수업 및 교육과정 운영, 학생 지원	42점

[우수 대학 선정 방식]

권역별로 해당 권역에서 각 진단 항목의 합산 점수가 높은 순으로 2개교씩 먼저 우수 대학으로 선정한다. 그다음, 남은 대학 중 전국 단위에서 각 진단 항목의 합산 점수가 높은 순으로 나머지 2개교를 선정한다. 이때 합산 점수가 동일한 경우 '수업 및 교육과정 운영, 학생 지원' 항목의 점수가 더 높은 대학이 선정된다.

[대학 평가결과]

대학		발전 계획의 성과, 교육 여건	대학 운영의 책무성, 교육 성과	수업 및 교육과정 운영, 학생 지원
갑 권역	A	20점	30점	31점
	B	18점	32점	38점
	C	16점	28점	34점
을 권역	D	22점	25점	37점
	E	19점	28점	40점
	F	24점	27점	41점
병 권역	G	18점	32점	40점
	H	20점	28점	37점
	I	19점	29점	36점
정 권역	J	20점	26점	38점
	K	21점	30점	39점
	L	24점	32점	37점

① A, C ② B, E ③ C, I ④ C, J ⑤ D, J

[19~20] 다음은 P회사의 직원근무평정 규정이다. 이를 바탕으로 이어지는 질문에 답하시오.

- 직원근무평정은 근태, 직무수행능력, 근무실적으로 나누어 평정한다.
- 평정요소와 평정요소별 배점 만점은 다음과 같다.

평정요소	근태		직무수행능력				근무실적		
	성실성	협조성	전문지식	기획력	창의력	판단력	직무의 질	직무의 양	실적
만점	10점	5점	5점	20점	10점	10점	10점	5점	15점

– 평정요소별로 A, B, C, D, E등급으로 평가한다. A등급은 각 요소가 만점, E등급은 각 요소의 만점에 5분의 1을 곱한 값을 부여하고, 등급 간의 배점 차이는 동일하도록 점수를 부여한다.

- 직원 가~아의 근무평정 결과 및 기본급, 승진 대상자 여부는 다음과 같다.

직원	근태		직무수행능력				근무실적			기본급(만 원)	승진대상 여부
	성실성	협조성	전문지식	기획력	창의력	판단력	직무의 질	직무의 양	실적		
가	A	B	C	B	D	B	A	B	C	380	○
나	A	A	B	D	C	A	A	B	C	420	
다	A	C	D	B	C	A	B	B	A	360	○
라	B	C	B	B	A	B	B	D	B	380	
마	C	B	B	C	A	A	C	A	B	400	○
바	C	A	E	B	B	A	D	B	C	410	
사	D	B	A	A	B	C	B	B	B	370	
아	A	B	B	B	A	C	B	C	A	350	○

19 P회사에서는 승진 대상자 중 평정요소의 총점이 75점 이상인 사람을 승진시킨다고 한다. 이때 승진을 한 사람의 수로 적절한 것은?

① 없음 ② 1명 ③ 2명 ④ 3명 ⑤ 4명

20 P회사에서는 근무평정점수의 순위가 1위인 직원에게 기본급의 3배, 2위와 3위인 직원에게 기본급의 2배, 4위와 5위인 직원에게 기본급의 1.5배, 6위 이하인 직원에게 기본급만큼의 성과급을 지급하려고 한다. 승진대상자가 아닌 직원들의 성과급의 합으로 옳은 것은?(단, 총점이 동일한 경우 근무실적, 직무수행능력, 근태 순으로 점수가 높은 직원의 순위가 더 높다.)

① 1,950만 원 ② 1,955만 원 ③ 2,140만 원
④ 2,325만 원 ⑤ 2,330만 원

맞춤 학습 가이드

실력진단 테스트를 풀이한 후, 다음 표에 영역별로 맞은 문제와 틀리거나 풀지 못한 문제의 개수를 기재해 보세요. 그리고 본인의 약점에 맞는 추천 학습플랜도 확인해 보세요.

☑ CHECK 영역별 실력 점검표

문항	영역	O/×	문항	영역	O/×	문항	영역	O/×	문항	영역	O/×	문항	영역	O/×
01	의사소통		02	의사소통		03	의사소통		04	의사소통		05	의사소통	
06	수리		07	수리		08	수리		09	수리		10	수리	
11	문제해결		12	문제해결		13	문제해결		14	문제해결		15	문제해결	
16	자원관리		17	자원관리		18	자원관리		19	자원관리		20	자원관리	

맞힌 개수: 의사소통능력 (　　개) / 수리능력 (　　개)

문제해결능력 (　　개) / 자원관리능력 (　　개)

18개 이상

맞은 문제의 합계가 18개 이상인 경우

NCS 직업기초능력의 개념 이해도와 문제 적용 능력이 모두 우수한 수준입니다. 기본기는 충분하므로 이제는 시간 단축과 실전 대응력 강화에 초점을 두어야 합니다. [PART2 영역별 문제풀이]에서 취약 영역을 중심으로 자주 출제되는 핵심 포인트를 확인하고, [PART3 NCS 실전모의고사]를 제한 시간 내에 풀이하며 실전 감각을 극대화해 보세요. 꾸준한 실전 연습과 오답 분석을 병행하면, 합격에 한층 더 가까워질 수 있습니다. → **1주 학습플랜 추천**

17~9개

맞은 문제의 합계가 17~9개인 경우

기본 개념은 익혔으나 응용력과 시간관리 능력의 향상이 필요한 단계입니다. 먼저 [PART1 필수 개념&유형 학습]으로 핵심이론을 다시 정리하고, [PART2 영역별 문제풀이]를 통해 유형별 접근법을 익히시길 바랍니다. 이후 [PART3 NCS 실전모의고사]를 활용해 권장 시간 내 풀이를 반복하면 문제해결력과 집중력이 함께 높아질 것입니다. 본 교재의 단계별 학습을 통해 NCS 고득점을 위한 실전 감각을 체계적으로 완성해 보세요. → **2주 학습플랜 추천**

8개 이하

맞은 문제의 합계가 8개 이하인 경우

직업기초능력의 기본 개념과 문제 접근방식 전반에서 보완이 필요한 단계입니다. [PART1 필수 개념&유형 학습]에서 영역별 이론과 대표 기출유형을 꼼꼼히 학습하고, [PART2 영역별 문제풀이]를 통해 문제 구조와 풀이 순서를 반복적으로 익히는 것이 좋습니다. 충분히 기초를 다진 후 [PART3 NCS 실전모의고사]로 학습을 확장하면 응용력과 시간관리 능력이 점차 향상될 것입니다. 단계별 복습을 통해 기본기와 자신감을 함께 키워 보세요. → **4주 학습플랜 추천**

'합격'을 위한 3종 학습플랜

1주 학습플랜

1주 학습플랜으로 약점 보완+실전 감각 업그레이드!

- 7일 동안 취약 영역 중심으로 출제 포인트 파악 및 실전 감각 극대화
- 영역별 대표 기출유형 → 영역별 문제풀이(적중예상문제+고난도 실전문제) → 실전모의고사로 실전 연습

1일 ☐	2일 ☐	3일 ☐	4일 ☐	5일 ☐	6일 ☐	7일 ☐
PART 0 실력진단 테스트 PART 1 대표 기출유형	PART 2 01 의사소통능력 02 수리능력	PART 2 03 문제해결능력 04 자원관리능력	PART 2 05 정보능력 06 기술능력 07 조직이해능력	PART 2 08 직업윤리 09 대인관계능력 10 자기개발능력	PART 3 실전모의고사 1, 2회	PART 3 실전모의고사 3, 4회

2주 학습플랜

2주 학습플랜으로 NCS 전 영역 개념부터 실전까지 단기 완성!

- 10개 영역의 필수 개념&유형 학습 후 익일에 해당 영역 적중예상문제 및 고난도 실전문제 순차 풀이
- 준비하는 기업에 맞게 실전모의고사로 최종 점검

1일 ☐	2일 ☐	3일 ☐	4일 ☐	5일 ☐	6일 ☐	7일 ☐
PART 0 실력진단 테스트 PART 1 01 의사소통능력 NCS 핵심이론 대표 기출유형	PART 1 02 수리능력 NCS 핵심이론 대표 기출유형 PART 2 01 의사소통능력 적중예상문제	PART 1 03 문제해결능력 NCS 핵심이론 대표 기출유형 PART 2 02 수리능력 적중예상문제	PART 1 04 자원관리능력 NCS 핵심이론 대표 기출유형 PART 2 03 문제해결능력 적중예상문제	PART 1 05 정보능력 NCS 핵심이론 대표 기출유형 PART 2 04 자원관리능력 적중예상문제	PART 1 06 기술능력 NCS 핵심이론 대표 기출유형 PART 2 05 정보능력 적중예상문제 01 의사소통능력 고난도 실전문제	PART 1 07 조직이해능력 NCS 핵심이론 대표 기출유형 PART 2 06 기술능력 적중예상문제 02 수리능력 고난도 실전문제

8일 ☐	9일 ☐	10일 ☐	11일 ☐	12일 ☐	13일 ☐	14일 ☐
PART 1 08 직업윤리 NCS 핵심이론 대표 기출유형 PART 2 07 조직이해능력 적중예상문제 03 문제해결능력 고난도 실전문제	PART 1 09 대인관계능력 NCS 핵심이론 대표 기출유형 PART 2 08 직업윤리 적중예상문제 04 자원관리능력 고난도 실전문제	PART 1 10 자기개발능력 NCS 핵심이론 대표 기출유형 PART 2 09 대인관계능력 적중예상문제 10 자기개발능력 적중예상문제	PART 3 실전모의고사 1회	PART 3 실전모의고사 2회	PART 3 실전모의고사 3회	PART 3 실전모의고사 4회

4주 학습플랜

4주 학습플랜으로 NCS 전 영역 단계별 완전 정복!

- NCS 핵심이론 & 대표 기출유형 → 적중예상문제 → 고난도 실전문제 → 실전모의고사로 체계적 학습
- 각 단계가 끝날 때마다 오답 문항 복습으로 학습 효과 상승

1일 ☐	2일 ☐	3일 ☐	4일 ☐	5일 ☐	6일 ☐	7일 ☐
PART 0 실력진단 테스트	PART 1 01 의사소통능력 NCS 핵심이론 대표 기출유형	PART 1 02 수리능력 NCS 핵심이론 대표 기출유형	PART 1 03 문제해결능력 NCS 핵심이론 대표 기출유형	PART 1 04 자원관리능력 NCS 핵심이론 대표 기출유형	PART 1 05 정보능력 NCS 핵심이론 대표 기출유형	PART 1 06 기술능력 NCS 핵심이론 대표 기출유형
8일 ☐	**9일 ☐**	**10일 ☐**	**11일 ☐**	**12일 ☐**	**13일 ☐**	**14일 ☐**
PART 1 07 조직이해능력 NCS 핵심이론 대표 기출유형	PART 1 08 직업윤리 NCS 핵심이론 대표 기출유형	PART 1 09 대인관계능력 NCS 핵심이론 대표 기출유형	PART 1 10 자기개발능력 NCS 핵심이론 대표 기출유형	오답노트 확인하기	PART 2 01 의사소통능력 적중예상문제	PART 2 02 수리능력 적중예상문제
15일 ☐	**16일 ☐**	**17일 ☐**	**18일 ☐**	**19일 ☐**	**20일 ☐**	**21일 ☐**
PART 2 03 문제해결능력 적중예상문제	PART 2 04 자원관리능력 적중예상문제	PART 2 05 정보능력 적중예상문제 06 기술능력 적중예상문제	PART 2 07 조직이해능력 적중예상문제 08 직업윤리 적중예상문제	PART 2 09 대인관계능력 적중예상문제 10 자기개발능력 적중예상문제	오답노트 확인하기	PART 2 01 의사소통능력 고난도 실전문제 02 수리능력 고난도 실전문제
22일 ☐	**23일 ☐**	**24일 ☐**	**25일 ☐**	**26일 ☐**	**27일 ☐**	**28일 ☐**
PART 2 03 문제해결능력 고난도 실전문제 04 자원관리능력 고난도 실전문제	오답노트 확인하기	PART 3 실전모의고사 1회	PART 3 실전모의고사 2회	PART 3 실전모의고사 3회	PART 3 실전모의고사 4회	오답노트 확인하기

공기업 NCS | 직업기초능력평가

PART 1

필수 개념 & 유형 학습

PART 1 필수 개념 & 유형 학습

대표 출제 기업

PSAT형	한국전력공사, 국민건강보험공단, 한국토지주택공사, 한국수자원공사, 한국수력원자력, 인천국제공항공사, 한국공항공사, 예금보험공사, 근로복지공단
피듈형	한국철도공사, 서울교통공사, 부산교통공사, 한국가스공사, 한국도로공사, 한국지역난방공사, 한국중부발전, 한국남부발전, 한국동서발전, 한국남동발전, 한국서부발전, 한국산업인력공단, 국민연금공단, 한국환경공단, 한전KPS, 한전KDN, 한국농어촌공사, 지역농협, 신용보증기금, NH농협은행, IBK기업은행, KDB산업은행, 한국수출입은행

CHAPTER 01

의사소통능력

STEP 1 NCS 핵심이론
STEP 2 대표 기출유형

STEP 01

NCS 핵심이론

의사소통능력 개요

1. 의사소통능력

1) 의사소통의 의미

두 사람 또는 그 이상의 사람들 사이에서 일어나는 의사의 전달과 상호교류이며, 어떤 개인 또는 집단이 개인 또는 집단에 대해서 정보, 감정, 사상, 의견 등을 전달하고 그것들을 받아들이는 과정을 의미한다.

2) 일 경험에서 의사소통

① 일 경험에서 의사소통의 의미: 공식적인 조직 안에서의 의사소통을 의미한다.

② 일 경험에서 의사소통의 목적과 기능

- 원활한 의사소통을 통해 조직의 생산성을 높인다.
- 조직 내 구성원들의 사기 진작 및 조직 생활을 위해 필요한 정보를 전달한다.
- 구성원 간 의견이 다를 경우 설득한다.

③ 일 경험에서 의사소통의 중요성

- 구성원들 간 지각의 차이를 좁히며, 선입견을 줄이거나 제거하는 수단이다.
- 일 경험 중 의사소통은 반드시 필요하고, 메시지는 주고받는 화자와 청자 간의 상호작용에 따라 다양하게 변형될 수 있다.

2. 의사소통능력의 구분

1) 문서적인 측면: 문서이해능력과 문서작성능력

① 문서를 통한 의사소통능력의 의미

- 문서를 보고 그 내용을 이해하고 요점을 판단하며, 이를 바탕으로 목적과 상황에 적합한 정보를 효과적으로 전달하기 위해 문서를 작성하는 능력이다.
- 일 경험의 대부분에서 필요한 능력이며, 전화 메모부터 고객을 위한 예산서나 주문서, 직장 내에 의견 전달을 위한 기획서나 다른 회사와의 협력을 위한 공문에 이르기까지 다양한 상황에서 요구된다.

② 문서적인 측면의 의사소통 구분

- 문서이해능력: 업무와 관련된 다양한 문서를 읽고, 문서의 핵심을 이해하며, 구체적인 정보를 획득하고, 수집 · 종합하는 능력이다.
- 문서작성능력: 업무 관련 상황과 목적에 적합한 문서를 시각적이고 효과적으로 작성하는 능력이다.

③ 문서적인 측면으로서 의사소통의 특징

- 문서적인 의사소통은 언어적인 의사소통에 비해 권위감이 있고 정확성을 기하기 쉬우며 전달성이 높고 보존성도 크다.
- 문서적인 의사소통은 언어적인 의사소통의 한계를 극복하기 위해 문자를 수단으로 하는 방법이지만 쉽지만은 않다.
- 문서적인 의사소통은 필수불가결한 것이나 때로는 혼란과 곡해를 일으킬 수 있다.

2) 언어적인 측면: 경청능력과 의사표현력

① 언어적인 의사소통능력의 의미: 언어를 통해서 의사소통하는 방법은 가장 오래된 것이다.

② 언어적인 의사소통능력의 구분

- 경청능력: 원활한 의사소통을 위해 상대방의 이야기에 주의를 기울여 집중하고 몰입하여 듣는 능력이다.
- 의사표현능력: 자신의 의사를 목적과 상황에 맞게 설득력을 가지고 표현하는 능력이다.

③ 언어적인 측면으로서 의사소통의 특징

- 언어적인 의사소통은 여타의 의사소통보다는 정확성을 기하기 어려운 경우가 있지만, 대화를 통해 상대방의 반응이나 감정을 살필 수 있고, 상대방을 설득시킬 수 있으므로 유동성이 있다.
- 모든 계층에서 관리자들이 많은 시간을 할애하는 의사소통 중에서도 듣고 말하는 시간이 상대적으로 많다는 점에서 경청능력과 의사표현능력은 매우 중요한 능력이다.

3) 일 경험에서 필요한 기초외국어능력의 의미

① 기초외국어능력: 외국어로 된 간단한 자료를 이해하거나, 외국인의 간단한 의사표현을 이해하고 자신의 의사를 기초외국어로 표현할 수 있는 능력이다.

② 일 경험에서 요구되는 기초외국어능력

- 국제화, 세계화 시대의 직업인에게 요구되는 의사소통능력으로서의 기초외국어능력은 문서이해나 문서작성, 의사표현, 경청 등 기초적인 의사소통을 기초적인 외국어로서 가능하게 하는 능력을 말한다.
- 일 경험 중 관련된 컴퓨터나 공장의 기계에 적힌 간단한 외국어 표시 등을 이해하는 것을 포함한다.

3. 의사소통능력 개발

의사소통능력을 개발하기 위해서는, 원활한 의사소통을 하지 못하게 하는 저해요인을 분명히 알고 이를 제거하기 위한 훈련이 필요하다. 스스로가 의사소통의 중요한 주체임을 인지하고, 자신의 문제점을 객관적으로 분석할 수 있어야 한다. 또한 타인을 이해하려는 노력과 구성원으로서 조직의 분위기를 개선하려는 노력이 필요하다.

1) 의사소통을 저해하는 요소 ★중요

① '일방적으로 말하고', '일방적으로 듣는' 무책임한 마음: 의사소통 과정에서의 상호작용 부족

② '그래서 하고 싶은 말이 정확히 뭐야?' 분명하지 않은 메시지: 복잡한 메시지, 경쟁적인 메시지

③ '말하지 않아도 아는 문화'에 안주하는 마음: 의사소통에 대한 잘못된 선입견

2) 의사소통능력 개발하기 ★중요

① 사후검토와 피드백(Feedback) 주고 받기

- 피드백: 상대방의 행동 결과에 대한 정보를 제공해 주는 것으로, 그의 행동이 어떤 영향을 미치고 있는가에 대하여 상대방에게 솔직하게 알려주는 것을 말한다.
- 사후검토와 피드백 활용: 의사소통의 왜곡에서 오는 오해와 부정확성을 줄이기 위해 말하는 사람은 메시지의 내용이 실제로 어떻게 해석되고 있는가를 조사할 수 있다.
- 사후검토와 피드백 시 유의점: 피드백은 상대방에게 행동을 개선할 기회를 제공해 줄 수 있으나, 부정적인 피드백이 계속되면 역효과가 우려되므로, 피드백 시 상대방의 긍정적인 면과 부정적인 면을 균형있게 전달해야 한다.

② 언어의 단순화

- 의사소통에서는 듣는 사람을 고려하여 명확하고 이해 가능한 어휘를 주의 깊게 선택하여 사용해야 한다.
- 상황에 따라 용어 선택이 달라질 수 있는데, 전문용어의 경우 그 언어를 사용하는 조직 밖에서 사용하면 의외의 문제를 야기할 수 있으므로 의사소통 시 단어 선택에 주의해야 한다.

③ 적극적인 경청

- 듣는 것은 수동적인 데 반해, 경청은 능동적인 의미의 탐색을 의미한다.
- 경청은 의사소통하는 양쪽 모두가 같은 주제에 대해 생각하고 있음을 의미하며, 지적인 노력과 집중을 필요로 한다.
- 상대방의 입장에서 생각하려고 노력하면서 감정을 이입할 때 더욱 용이하다.

④ 감정의 억제

- 어떤 문제에 대해 자신의 감정을 지나치게 몰입했을 때에는 침착하게 마음을 비우고, 평정을 어느 정도 찾을 때까지 의사소통을 연기하는 것이 가장 좋은 방법이다.
- 조직 내에서 의사소통의 무한정 연기는 불가능하므로 자신의 분위기와 조직의 분위기를 개선하도록 노력하는 등 적극적인 자세가 필요하다.

4. 바람직한 의사소통을 저해하는 요인 ☆중요

1) 일방적으로 말하고, 일방적으로 듣는 무책임한 마음

의사소통 기법의 미숙, 표현능력의 부족, 이해능력의 부족이 원인이다.

2) '전달했는데', '아는 줄 알았는데'라고 착각하는 마음

평가적이며 판단적인 태도, 잠재적 의도로 인해 나타난다.

3) 말하지 않아도 아는 문화에 안주하는 마음

과거의 경험, 선입견과 고정관념으로 생긴다.

하위능력 1 문서이해능력

1. 문서이해능력의 개념

1) 문서이해능력

다양한 종류의 문서에서 전달하고자 하는 핵심 내용을 요약, 정리하여 이해하며, 문서에서 전달하는 정보의 출처를 파악하고, 옳고 그름까지 판단하는 능력이다.

2) 일 경험 중 현장에서 요구되는 문서이해능력

① 적절한 업무 수행을 위해서는 문서의 내용을 이해하고, 요점을 파악하며 통합할 수 있는 능력이 필요하다.

② 직업 생활에서 사용하는 문서는 업무와 관련된 타인의 의사를 전달하고, 필요한 업무를 지시하며, 나아가 어떤 업무가 진행 중인지 기록으로 보존하는 역할을 한다.

2. 문서의 종류 ★중요

1) 공문서

정부 행정기관에서 대내외적 공무를 집행하기 위해 작성하는 문서이다. 정부기관이 일반 회사 또는 단체로부터 접수하는 문서 및 일반 회사에서 정부기관을 상대로 사업을 진행하려고 할 때 작성하는 문서도 포함한다. 엄격한 규격과 양식에 따라 정당한 권리를 가진 사람이 작성해야 하며, 최종 결재권자의 결재가 있어야 문서로서의 기능이 성립된다.

2) 기획서

적극적으로 아이디어를 내고 기획한 하나의 프로젝트를 문서 형태로 만들어, 상대방에게 그 내용을 전달하여 기획을 시행하도록 설득하는 문서이다.

3) 기안서

회사의 업무에 대한 협조를 구하거나 의견을 전달할 때 작성하는 문서로, 흔히 사내 공문서로 불린다.

4) 보고서

특정한 일에 관한 현황이나 그 진행 상황 또는 연구 · 검토 결과 등을 보고하고자 할 때 작성하는 문서이다.

① 영업보고서: 재무제표와 달리 영업 상황을 문장 형식으로 기재해 보고하는 문서

② 결산보고서: 진행했던 사안의 수입과 지출 결과를 보고하는 문서

③ 일일업무보고서: 매일의 업무를 보고하는 문서

④ 주간업무보고서: 한 주간에 진행된 업무를 보고하는 문서

⑤ 출장보고서: 회사 업무로 출장을 다녀와 외부 업무나 그 결과를 보고하는 문서

⑥ 회의보고서: 회의 결과를 정리해 보고하는 문서

5) 설명서

상품의 특성이나 사물의 성질과 가치, 작동 방법이나 과정을 소비자에게 설명하는 것을 목적으로 작성한 문서이다.

① 상품소개서: 일반인이 친근하게 읽고 내용을 쉽게 이해하도록 하는 문서로, 소비자에게 상품의 특징을 잘 전달해 상품을 구입하도록 유도하는 것이 목적이다.

② 제품설명서: 제품의 특징과 활용도에 대해 세부적으로 언급하는 문서로, 제품 구입도 유도하면서 제품의 사용법에 대해 자세히 알려 주는 것이 목적이다.

6) 보도자료

정부기관이나 기업체, 각종 단체 등이 언론을 상대로 자신들의 정보가 기사로 보도되도록 하기 위해 보내는 자료이다.

7) 자기소개서

개인의 가정환경과 성장 과정, 입사 동기와 근무 자세 등을 구체적으로 기술하여 자신을 소개하는 문서이다.

8) 비즈니스 레터(E-mail)

사업상의 이유로 고객이나 단체에 쓰는 편지로 비공식적 문서이나 제안서, 보고서 등의 문서를 전달할 때에도 사용된다.

9) 비즈니스 메모

업무상 중요한 일이나 앞으로 체크해야 할 일이 있을 때 필요한 내용을 메모 형식으로 작성하여 전달하는 글이다.

① 전화 메모: 업무 내용, 개인적인 전화의 전달 사항 등을 간단히 작성하여 당사자에게 전달하는 메모로, 휴대전화의 발달로 줄어들었다.

② 회의 메모: 회의에 참석하지 못한 상사나 동료에게 전달 사항이나 회의 내용에 대해 간략하게 적어 전달하는 메모로, 월말이나 연말에 업무 상황을 파악하거나 업무 추진에 대한 궁금증이 있을 때 핵심적인 자료 역할을 한다.

③ 업무 메모: 개인이 추진하는 업무나 상대의 업무 추진 상황을 적은 메모이다.

3. 문서이해 지침 중요

1) 문서이해를 위한 구체적인 절차

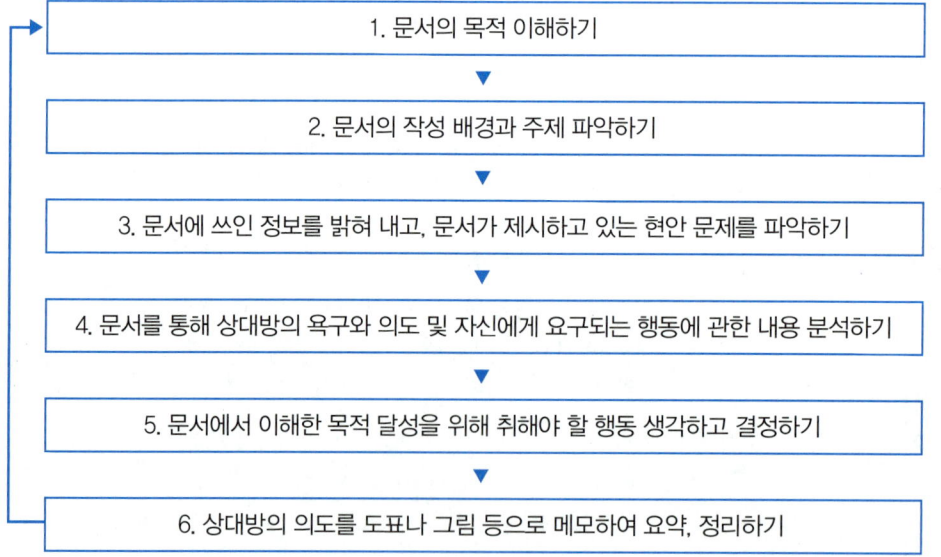

1. 문서의 목적 이해하기
2. 문서의 작성 배경과 주제 파악하기
3. 문서에 쓰인 정보를 밝혀 내고, 문서가 제시하고 있는 현안 문제를 파악하기
4. 문서를 통해 상대방의 욕구와 의도 및 자신에게 요구되는 행동에 관한 내용 분석하기
5. 문서에서 이해한 목적 달성을 위해 취해야 할 행동 생각하고 결정하기
6. 상대방의 의도를 도표나 그림 등으로 메모하여 요약, 정리하기

2) 문서이해를 위해 필요한 사항

① 꼭 알아야 하는 중요한 내용만 파악하여 정보를 획득, 종합하는 능력이 필요하다.

② 다독과 다작을 통해 문서이해능력과 내용종합능력을 키우는 노력이 필요하다.

③ 평소에 다양한 종류의 문서를 읽고, 구체적인 절차에 따라 이해하고, 정리하는 습관을 들이면서 본인에게 적합한 정리 방식을 찾는 노력이 필요하다.

메모의 기술

- 언제 어디서든 메모하기
- 주위 사람들을 관찰하기
- 기호와 암호를 활용하기
- 중요 사항은 한눈에 띄게 하기
- 메모하는 시간을 따로 마련하기
- 메모를 데이터베이스로 구축하기
- 메모를 재활용하기

하위능력 2 문서작성능력

1. 문서작성의 중요성

1) 문서작성의 의미

일 경험에서의 문서작성은 업무와 관련하여 조직의 비전을 실현시키는 과정으로, 조직의 생존을 위한 필수 행위를 의미한다.

2) 문서작성 시 고려사항 ☆중요

문서를 작성하는 목표, 즉 문서를 작성하는 이유와 문서를 통해 전달하려는 것을 명확히 한 후에 작성하고, 문서의 대상, 목적, 시기가 포함되어야 하며, 기획서나 제안서 등 경우에 따라 기대효과 등이 포함되어야 한다.

2. 상황에 따른 문서작성법

1) 요청이나 확인을 부탁하는 경우

① 문서 형태: 공문서

2) 정보 제공을 위한 경우

① 문서 형태: 홍보물, 보도 자료, 제품 관련 정보 제공 설명서, 안내서 등
② 시각적인 자료를 활용하는 것이 효과적이다.
③ 문서를 통한 정보 제공은 신속 · 정확하게 이루어져야 한다.

3) 명령이나 지시가 필요한 경우

① 문서 형태: 업무지시서
② 적합하고 명확하게 작성해야 하고, 즉각적으로 업무가 추진될 수 있어야 한다.

4) 제안이나 기획을 할 경우

① 문서 형태: 제안서, 기획서
② 업무를 어떻게 혁신적으로 개선할지, 어떤 방향으로 추진할지에 대한 의견을 제시하는 것이 목적이다.

5) 약속이나 추천을 위한 경우

① 문서 형태: 약속을 위한 문서, 추천서
② 고객이나 소비자에게 제품의 이용에 관한 정보 제공이 목적이다.
③ 추천서의 경우, 개인이 다른 회사에 지원하거나 이직을 하고자 할 때 일반적으로 상사가 작성해 준다.

3. 종류에 따른 문서작성법 ★중요

1) 공문서

회사 외부로 전달되는 문서이므로 누가, 언제, 어디서, 무엇을, 어떻게(왜)를 정확하게 기입한다.

① 날짜 작성 시 유의사항

- 연도와 월일을 반드시 함께 기입한다.
- 날짜 다음에 괄호를 사용할 경우 마침표를 표기하지 않는다.

② 내용 작성 시 유의사항

- 한 장에 담아내는 것이 원칙이다.
- 마지막에는 반드시 '끝'자로 마무리한다.
- 복잡한 내용은 항목별로 구분('-다음-', 또는 '-아래-')한다.
- 대외 문서이며 장기간 보관되는 문서이므로 정확하게 기술한다.

2) 설명서

① 명령문보다 평서형으로 작성한다.
② 상품이나 제품에 대해 설명하는 글의 성격에 맞춰 정확하게 기술한다.
③ 정확한 내용 전달을 위해 간결하게 작성한다.
④ 소비자들이 이해하기 어려운 전문용어는 가급적 사용을 삼간다.
⑤ 복잡한 내용은 도표를 통해 시각화하여 이해도를 높인다.
⑥ 동일한 문장의 반복을 피하고 다양하게 표현하도록 한다.

3) 기획서

① 기획서 작성 전 유의사항: 기획서의 목적을 달성할 수 있는 핵심 사항이 정확하게 기입되었는지 확인하며, 기획서는 설득력을 갖춰야 하므로, 상대가 요구하는 것을 고려하여 작성한다.
② 기획서 내용 작성 시 유의사항: 내용이 한눈에 파악되도록 체계적으로 목차를 구성하며, 핵심 내용의 표현에 신경 써야 한다. 또한 효과적인 내용 전달을 위해 적합한 표나 그래프를 활용하여 시각화한다.
③ 기획서 제출 시 유의사항: 충분한 검토 후 제출하며, 인용한 자료의 출처가 정확한지 확인하도록 한다.

4) 보고서

① 보고서 내용 작성 시 유의사항

- 업무 진행 과정에서 쓰는 보고서인 경우, 진행 과정에 대한 핵심 내용을 구체적으로 제시한다.
- 핵심 사항만을 산뜻하고 간결하게 작성하여 내용의 중복을 피하며, 복잡한 내용일 때에는 도표나 그림을 활용한다.

② 보고서 제출 시 유의사항

- 보고서는 개인의 능력을 평가하는 기본 요소이므로 제출하기 전에 반드시 최종 점검을 한다.
- 참고 자료는 정확하게 제시하며, 내용에 대한 예상 질문을 사전에 유추해 보고, 그에 대한 답을 미리 준비한다.

4. 문서작성의 원칙

1) 문장구성 시 주의사항

① 간단한 표제를 추가한다.

② 문서의 주요 내용을 먼저 작성한다.

③ 문장을 짧고 간결하게 작성하며, 불필요한 한자 사용을 배제한다.

④ 긍정문으로 작성한다.

2) 문서작성 시 주의사항

① 작성 시기를 정확하게 기입한다.

② 문서작성 후 반드시 내용을 검토한다.

③ 문서의 첨부 자료는 반드시 필요한 자료 외에는 첨부하지 않는다.

④ 문서 내용 중 금액, 수량, 일자 등은 정확하게 기재한다.

5. 문서표현의 시각화

1) 시각화의 목적

문서를 효과적으로 나타내기 위한 것으로 문서의 전반적인 내용을 쉽게 파악하고, 문서 내용의 논리적 관계를 더욱 쉽게 이해 가능하는 데 그 목적이 있다.

2) 시각화의 방식

① 차트 시각화: 데이터 정보를 쉽게 이해할 수 있도록 시각적으로 표현하는 것이다.

② 다이어그램 시각화: 개념이나 주제 등 중요한 정보를 도형, 선, 화살표 등 여러 상징을 사용하여 시각적으로 표현하는 것이다.

③ 이미지 시각화: 전달하고자 하는 내용을 관련 그림이나 사진 등으로 나타내는 것이다.

6. 문서표현을 시각화하는 방법

1) 차트 표현

개념이나 주제 등을 나타내는 문장표현, 통계적 수치 등을 한눈에 알아볼 수 있게 표현하는 것이다.

2) 데이터 표현

수치를 표로 나타내는 것이다.

3) 이미지 표현

전달하고자 하는 내용을 그림이나 사진 등으로 나타내는 것이다.

4) 문서표현의 시각화를 구성하는 요소

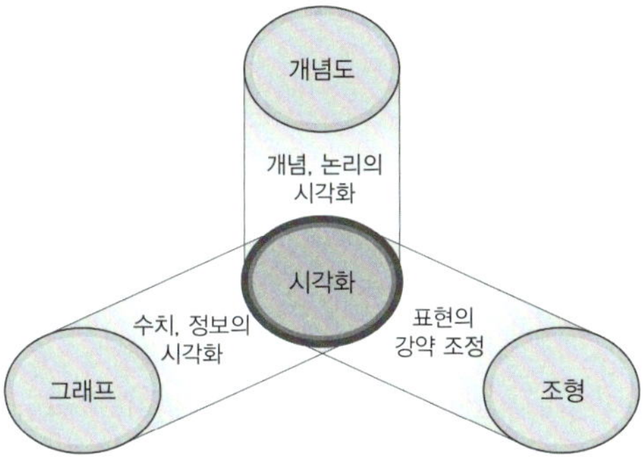

5) 문서를 시각화하는 4가지 포인트

① 보기 쉬워야 한다.

② 이해하기 쉬워야 한다.

③ 다채롭게 표현되어야 한다.

④ 숫자는 그래프로 표시한다.

7. 효과적인 문서작성 방법 빠졌지만 중요

1) 내용 이해

전달하고자 하는 내용과 핵심을 완벽히 파악한다.

2) 목표 설정

전달하고자 하는 목표를 정확히 설정한다.

3) 구성

효과적인 구성과 형식을 고려한다.

4) 자료 수집

목표를 뒷받침해 줄 자료를 수집한다.

5) 핵심 전달

단락별 핵심을 하위 목차로 요약한다.

6) 대상 파악

대상에 대해 철저히 이해 · 분석한다.

7) 보충 설명

예상 질문을 뽑아보고, 그에 대한 구체적인 답변을 준비한다.

하위능력 3 경청능력

1. 경청의 의미

상대방이 보내는 메시지 내용에 주의를 기울이고 이해하기 위해 노력하는 행동으로 상대방의 말에만 귀를 기울이는 것이 아니라 경청을 통해 상대방 역시 자신의 말에 귀를 기울이게 된다.

2. 경청의 중요성

상대방의 소통 내용에 관심과 흥미를 가지고 있음을 전달하며, 상대방으로 하여금 개방적이고 솔직한 의사소통을 하도록 촉진하는 기능이 있다. 또한, 상대방의 입장에 공감하며 이해하게 되는 효과가 있다.

3. 적극적 경청과 소극적 경청

1) 적극적 경청

행동을 통해 자신이 상대방의 이야기에 주의를 집중하고 있음을 외적으로 표현하며 듣는 것을 의미

2) 소극적 경청

상대방의 이야기에 특별한 반응을 표현하지 않고, 수동적으로 듣는 것을 의미

4. 경청을 위한 기본적 태도 ☆중요

1) 적극적 경청에 요구되는 태도

상대가 무엇을 느끼고 있는지를 상대의 입장에서 받아들이는 공감적 이해와 자신이 가지고 있는 고정관념을 버리고 상대의 태도를 받아들이는 수용의 정신 태도가 요구된다.

2) 적극적 경청 시 유의할 점

비판적 · 충고적인 태도를 버리고 상대방이 말하는 의미를 이해한다. 단어 이외의 보여지는 표현에도 신경쓰며, 상대방이 말하는 동안 경청하고 있다는 것을 표현한다.

5. 경청의 방해 요인

1) 짐작하기

상대방의 말을 듣고 받아들이기보다 자신의 생각에 들어맞는 단서들을 찾아 자신의 생각을 확인하는 것을 말한다.

2) 대답할 말 준비하기

상대방의 말을 듣고 곧 자신이 다음에 할 말을 생각하는 데 집중하여 상대방이 말하는 것을 잘 듣지 않는 것을 말한다.

3) 걸러내기

상대방의 말을 듣기는 하지만 상대방의 메시지를 온전하게 받아들이는 것이 아니라 듣고 싶지 않은 상대방의 메시지는 회피하는 것을 말한다.

4) 판단하기

상대방에 대한 부정적인 선입견 또는 상대방을 비판하기 위해 상대방의 말을 듣지 않는 것을 말한다.

5) 다른 생각하기

대화 도중에 상대방에게 관심을 기울이는 것이 어려워지고 상대방이 말하는 동안 자꾸 다른 생각을 한다면 이는 지금의 대화나 상황을 회피하고 있다는 것을 말한다.

6) 조언하기

상대방이 원하는 것이 공감과 위로일 경우 조언은 오히려 독이 될 수 있다.

7) 언쟁하기

언쟁은 단지 논쟁을 위해 상대방의 말에 귀를 기울이는 것으로, 상호 문제가 있는 관계에서 드러난다.

8) 자존심 세우기

자존심이 강한 사람은 자신의 자존심에 상처를 입힐 수 있는 내용에 대해 거부감이 강하기 때문에 자신의 부족한 점과 관련된 상대방의 이야기를 듣지 않는 것을 말한다.

9) 슬쩍 넘어가기

대화가 너무 사적이거나 위협적이면 주제를 바꾸거나 농담으로 넘기려 하는 것을 말한다.

10) 비위 맞추기

상대방을 위로하기 위해 또는 비위를 맞추기 위해 너무 빨리 동의하는 것을 말한다.

6. 경청의 올바른 자세 중요

1) 상대방을 정면으로 마주하는 자세

상대방과 함께 의논할 준비가 되었음을 알리는 자세이다.

2) 손이나 다리를 꼬지 않는 개방적 자세

상대방에게 마음을 열어놓고 있다는 표시이다.

3) 상대방을 향하여 상체를 기울여 다가앉은 자세

자신이 열심히 듣고 있다는 사실을 강조하는 것이다.

4) 우호적으로 눈을 맞추는 자세

자신이 관심을 가지고 있다는 사실을 알리는 것이다.

5) 비교적 편안한 자세

전문가다운 자신만만함과 아울러 편안한 마음을 상대에게 전하는 것이다.

7. 경청 훈련 중요

- 주의를 기울이고, 상대방의 경험을 인정하고 더 많은 정보 요청하기
- 정확성을 위해 요약하며, 개방적인 질문하기
- '왜?'라는 질문 피하기

8. 공감 반응 중요

- 상대방의 이야기를 자신의 관점이 아닌 상대방의 관점에서 이해하려는 태도 갖기
- 공감을 위해 상대방의 말 속에 담겨있는 감정과 생각에 민감하게 반응하며, 공감할 때는 대화를 통해 자신이 느낀 상대방의 감정을 전달하기

하위능력 4 의사표현능력

1. 의사표현

1) 의사표현의 의미

말하는 이가 자신의 감정, 사고, 욕구, 바람 등을 상대방에게 효과적으로 전달하는 기술이다.

2) 의사표현의 구분

① 음성 언어: 입말로 표현하는 구어

② 신체 언어: 신체를 사용하여 표정, 손짓, 발짓, 몸짓 따위로 표현하는 몸말

3) 의사표현의 종류 중요

① 공식적 말하기

- 연설: 말하는 이 혼자 여러 사람을 대상으로 자신의 사상이나 감정에 관하여 일방적으로 말하는 방식이다.
- 토의: 여러 사람이 모여서 공통의 문제에 대하여 가장 좋은 해답을 얻기 위해 협의하는 말하기이다.
- 토론: 어떤 논제에 관하여 찬성자와 반대자가 각기 논리적인 근거를 발표하고, 상대방의 논거가 부당하다는 것을 명백하게 하는 말하기이다.

② 의례적 말하기: 정치적 · 문화적 행사에서와 같이 의례 절차에 따라 하는 말하기이다.

③ 친교적 말하기: 매우 친근한 사람들 사이에 가장 자연스런 상태에서 떠오르는 대로 주고받는 말하기이다.

2. 의사표현의 중요성

성공적인 일 경험을 위해서는 자신의 의사표현을 상대방에게 정확히 전달해야 하며, 이는 일 경험을 넘어 전반적인 인간관계에서 필수적인 요소이다.

의사표현의 전략

- 다른 사람의 기분에 좌우되지 않기
- 당당하게 말하기
- 강박감에서 벗어나기
- 상대를 제풀에 지쳐 나가떨어지게 하기
- 화제를 바꿔보기
- 한마디로 받아치기
- 속셈을 쉽게 드러내지 않기
- 되물어서 독기를 빼기
- 마음의 균형을 잃게 하기
- 감정적으로 받아치지 않기
- 모욕적인 말은 저지하기
- 핵심을 명확하게 말하기

3. 의사표현에 영향을 미치는 요소

1) 연단공포증

면접이나 발표 등 청중 앞에서 이야기해야 하는 상황일 때 가슴이 두근거리고 입술이 타고 식은땀이 나며 얼굴이 달아오르는 생리적인 현상이다.

2) 말

① 장단: 목소리의 길이는 한 음절을 얼마나 오래 끌며 발음하느냐를 의미하며, 표기가 같은 말이라도 소리가 길고 짧음에 따라 전혀 다른 의미가 되므로 긴 소리와 짧은 소리를 구분하여 정확하게 발음한다.

② 발음: 발음을 정확하게 하기 위해서는 천천히 복식호흡을 하여 깊은 소리를 내며 침착하게 이야기하는 습관을 가져야 한다.

③ 속도: 청중의 반응을 감지하면서 분위기가 처질 경우 조금 더 빠르게, 내용상 중요한 부분을 짚고 넘어가고자 할 경우는 조금 여유 있게 말하는 기술을 더한다.

④ 쉼: 의도적인 경우와 비의도적인 경우로 구분하며, 의도적으로 쉼을 잘 활용하면 논리성, 감정 제고, 동질감 등을 확보할 수 있다.

3) 몸짓

손과 팔의 움직임으로 표현되는 중요한 비언어적 요소이다. 가장 흔한 유형은 몸동작으로, 화자가 말을 하면서 자연스럽게 동반하는 움직임을 의미한다.

① 몸의 방향: 말하는 이의 몸, 발 등이 듣는 이를 향하는지 피하는지 확인 가능하다.

② 자세: 언어적으로 표현하지 못하는 감정을 표현하는 효과적인 의사표현의 요소이다.

4) 유머

흥미 있는 이야기, 과장된 표현, 권위에 대한 도전, 자기 자신의 이유, 풍자 또는 비교, 반대표현, 모방, 예기치 못한 방향전환, 아이러니 등의 방법이 사용될 때 그 성과를 기대할 수 있다.

4. 효과적인 의사표현 방법

- 화자는 자신이 전달하고 싶은 의도, 생각, 감정이 무엇인지 분명하게 인식한다.
- 전달하고자 하는 내용을 적절한 메시지로 바꾼다.
- 메시지를 전달하는 매체와 경로를 신중하게 선택한다.
- 청자가 자신의 메시지를 어떻게 받아들였는지 피드백을 받는다.
- 효과적인 의사표현을 위해 비언어적 방식을 활용한다.

5. 상황과 대상에 따른 의사표현법 ★중요

1) 상대방의 잘못을 지적할 때

① 질책: 샌드위치 화법을 사용하면 듣는 사람이 반발하지 않고 부드럽게 수용 가능하다.

② 충고: 예를 들거나 비유법을 사용하는 것이 효과적이고, 은유는 가급적 최후의 수단으로 사용한다.

2) 상대방을 칭찬할 때

상대방에게 정말 칭찬해 주고 싶은 내용을 칭찬하거나, 대화 서두에 분위기 전환 용도로 간단하게 칭찬을 하는 것이 좋다.

3) 상대방에게 요구할 때

① 부탁하는 경우: 응하기 쉽게 구체적으로 부탁하고, 거절을 당해도 싫은 내색을 해서는 안 된다.

② 업무상 명령할 때: 강압적 표현보다는 청유식 표현이 훨씬 효과적이다.

4) 상대방의 요구를 거절할 때

먼저 사과를 한 후, 응해줄 수 없는 이유를 설명한다. 요구를 들어주는 것이 불가능하다고 여겨질 때에는 모호한 태도를 보이는 것보다 단호하게 거절하는 것이 좋다.

5) 설득할 때

상대방에게 자신의 태도와 의견을 수용하도록 하는 과정이며, 일방적인 강요는 금물이다.

하위능력 5 기초외국어능력

1. 기초외국어능력의 의미와 필요성

기초외국어능력은 영어로 한정되는 것은 아니고, 전화, 메일 등 의사소통을 위해 외국어를 사용하는 경우, 매뉴얼, 서류 등 외국어 문서를 이해해야 하는 경우 등 자신의 분야에서 주로 상대해야 하는 외국인 고객이나 외국 회사에 따라 요구되는 다양한 언어를 포함한다.

2. 기초외국어능력 함양을 위해 필요한 능력

자신이 전달하고 싶은 것을 생각하는 사고력과 생각한 내용을 어떤 형태로 표현할 것인가를 결정하는 표현력이 필요하다.

3. 기초외국어능력과 비언어적 의사소통

기초외국어능력이 부족하더라도 비언어적 의사소통의 특징을 충분히 알고 있다면 원활한 일 경험에 도움이 된다. 외국인과 협력 상황에서 성공적인 협력을 위해서는 기초외국어능력을 키우는 것뿐만 아니라 보디랭귀지를 포함한 그들만의 표현방식을 이해하는 능력을 키우는 것도 중요하다.

1) 표정으로 알아채기

웃는 표정은 행복과 만족, 친절을 표현하고, 눈살을 찌푸리는 표정은 불만족과 불쾌를 나타낸다. 눈맞춤의 경우 흥미와 관심이 있음을 의미하며, 반대의 경우에는 무관심하다는 것을 의미한다.

2) 음성으로 알아채기

음성의 높은 어조와 낮은 어조, 목소리 크기, 말의 속도가 의사소통의 수단이 될 수 있다.

4. 외국인과의 의사소통에서 피해야 할 행동

- 상대를 볼 때 흘겨보거나, 아예 보지 않는 행동
- 팔이나 다리를 꼬는 행동
- 표정 없이 말하는 것
- 대화에 집중하지 않고 다리를 흔들거나 펜을 돌리는 행동
- 맞장구를 치지 않거나, 고개를 끄덕이지 않는 것
- 자료만 보는 행동
- 바르지 못한 자세로 앉는 행동
- 한숨, 하품을 하는 것
- 다른 일을 하면서 듣는 것
- 상대방에게 이름이나 호칭을 어떻게 할지 먼저 묻지 않고 마음대로 부르는 것

MEMO

고득점 플러스 이론

NCS 직업기초능력평가에 출제될 가능성이 높지만 한국산업인력공단에서 제공하는 워크북에 없는 이론을 정리하였습니다.

1 어휘 관계

구분	의미	예시	
유의 관계	두 단어의 의미가 서로 비슷한 관계	• 빠르다≒신속하다 • 가멸다≒넉넉하다 • 얼굴≒낯 • 부드럽다≒매끄럽다 • 책≒서적	• 해박≒박학 • 하소연≒넋두리 • 강≒하천 • 분배하다≒나누다 • 좋아하다≒흠모하다
반의 관계	두 단어의 의미가 서로 반대인 관계	• 존속 ↔ 소멸 • 희소 ↔ 풍부 • 난해 ↔ 평이 • 대담하다 ↔ 소심하다	• 풍요 ↔ 궁핍 • 채용 ↔ 해고 • 참석 ↔ 불참 • 삼엄하다 ↔ 허술하다
상하 관계	한 단어가 상위 개념이고, 다른 단어가 그 하위 개념인 관계	• 동물 – 코끼리 • 꽃 – 장미 • 과일 – 바나나 • 탈것 – 자동차 • 악기 – 피아노	• 책 – 소설 • 의류 – 치마 • 건물 – 도서관 • 전자제품 – 스마트폰 • 음료 – 커피
포함 관계	한 범주에 속하는 여러 요소들 간의 관계 ※ '상하 관계'는 한 단어가 더 포괄적인 단어의 하위 범주에 속하는 관계이고, '포함 관계'는 여러 항목들이 특정 범주에 속하는 관계를 말함	• 책 – 소설, 에세이, 시집 • 음료 – 커피, 차, 주스 • 꽃 – 장미, 튤립, 해바라기 • 언어 – 영어, 중국어, 스페인어 • 과학 – 물리학, 화학, 생물학 • 자연 재해 – 지진, 홍수, 태풍	
부분 관계	한 단어가 다른 단어의 부분을 나타내는 관계	• 나무 – 잎 • 집 – 지붕 • 컴퓨터 – 키보드 • 사람 – 손 • 꽃 – 꽃잎 • 자전거 – 페달	• 시계 – 바늘 • 의자 – 다리 • 강 – 물줄기 • 피아노 – 건반 • 책상 – 서랍
동위 관계	동일한 상위 범주에 속하는 하위어들 간의 관계	• 사과 – 배 • 강아지 – 송아지 • 의사 – 간호사 • 비행기 – 기차 • 장미 – 튤립 • 청바지 – 반바지	• 피아노 – 기타 • 소나무 – 참나무 • 컴퓨터 – 스마트폰 • 물감 – 색연필 • 축구 – 농구 • 냉장고 – 세탁기
인과 관계	한 단어가 원인이고 다른 단어가 그 결과인 관계	• 불(원인) – 화재(결과) • 노력(원인) – 성공(결과) • 휴식(원인) – 회복(결과) • 과식(원인) – 비만(결과)	• 비(원인) – 홍수(결과) • 질병(원인) – 사망(결과) • 음주(원인) – 숙취(결과)

도구 – 용도 관계	한 단어가 도구이고 다른 단어가 그 도구의 용도인 관계	• 망치 – 못 • 빗 – 머리 • 붓 – 그림	• 주전자 – 물 • 열쇠 – 문 • 주사기 – 약물
제작 – 사용 관계	한 단어가 무언가를 만들고 다른 단어가 그것을 사용하는 관계	• 작가 – 책 • 목수 – 가구 • 프로그래머 – 소프트웨어	• 요리사 – 음식 • 화가 – 그림
순서 관계	두 단어가 시간적 또는 논리적 순서를 따르는 관계	• 준비 – 실행 • 처음 – 중간 – 끝	• 아침 – 점심 – 저녁 • 봄 – 여름 – 가을 – 겨울
고유어 – 한자어 관계	한국어의 고유어와 그것에 대응하는 한자어의 관계	• 손님(고유어)=고객(한자어) • 마을(고유어)=동리(한자어) • 사이(고유어)=간격(한자어) • 땅(고유어)=토지(한자어)	

2 다의어 및 동음이의어

단어	의미
머리	① 사람이나 동물의 목 위의 부분. 눈, 코, 입 따위가 있는 얼굴을 포함하며 머리털이 있는 부분을 이른다. 뇌와 중추 신경 따위가 들어 있다. 예 머리를 긁다. 머리에 모자를 쓰다. ② 생각하고 판단하는 능력 예 머리가 좋다. 좋은 머리를 썩히다. ③ 머리에 난 털 예 머리가 길다. 머리를 감다. 머리를 자르다 ④ 단체의 우두머리 예 그녀는 우리 동아리의 머리 역할을 하고 있다.
손	• 손[1](명사) ① 사람의 팔목 끝에 달린 부분. 손등, 손바닥, 손목으로 나뉘며 그 끝에 다섯 개의 손가락이 있어, 무엇을 만지거나 잡거나 한다. 예 손을 뻗다. 손이 곱다. 손을 내밀다. ② 일을 하는 사람 예 손이 부족하다. 손이 달리다. 일손. ③ 어떤 사람의 영향력이나 권한이 미치는 범위 예 손에 넣다. 그의 손에 미치다. 네 손에 맡기니 안심이다. ④ 사람의 수완이나 꾀 예 사기꾼의 손에 놀아나다. • 손[2](명사) 다른 곳에서 찾아온 사람. 손님 예 손을 맞다. 그 가게에는 손이 많다.
날	• 날[1](명사) ① 지구가 한 번 자전하는 동안. 24시간 예 어느 날. 오늘 같은 날. ② '경우'의 뜻을 나타내는 말 예 거짓말이 들통 나는 날에는 벌을 받을 거야. 일이 그릇되는 날에는 우리 모두 큰일 난다. ③ 그날그날의 기상 상태 예 날이 좋다. 날이 개다. 날이 차다. 날이 가물다. • 날[2](명사) 연장의 가장 얇고 날카로운 부분 예 날이 무디다. 부엌칼의 날을 갈다. 날이 날카롭다.
낫다	• 낫다[1](동사) 병이나 상처 따위가 고쳐서 본래대로 되다. 예 병이 낫다. 감기가 낫지 않는다. • 낫다[2](형용사) 보다 더 좋거나 앞서 있다. 예 형보다 동생이 낫다. 전보다 더 나은 대우를 받았다. 여름보다 가을이 낫다.

걷다	• 걷다[1](동사) 구름이나 안개 따위가 흩어져 없어지다. ㉠ 구름이 걷고 맑은 하늘이 보인다. • 걷다[2](동사) ① 다리를 움직여 바닥에서 발을 번갈아 떼어 옮기다. ㉠ 느릿느릿 걷다. 그는 너무 힘들어서 쉬다가 걸었다. ② 어떠한 방향으로 나아가다. ㉠ 파멸의 길을 걷다. 성공의 길을 걷고 있다. • 걷다[3](동사) ① 늘어진 것을 말아 올리거나 열어젖히다. ㉠ 모기장을 걷다. 소매를 걷어 올리다. ② 널거나 깐 것을 다른 곳으로 치우거나 한곳에 두다. ㉠ 빨래를 걷다. 돗자리를 걷다. ③ '거두다'의 준말 ㉠ 돈을 걷다. 곡식을 걷다.
잡다	① 손으로 움키고 놓지 않다. ㉠ 밧줄을 잡고 올라가다. 멱살을 잡고 싸우다. ② 붙들어 손에 넣다. ㉠ 고기를 잡는 어부. 도둑을 잡다. ③ 짐승을 죽이다. ㉠ 닭을 잡아 삶아 먹다. 할아버지는 돼지를 잡아 잔치를 베푸셨다. ④ 권한 따위를 차지하다. ㉠ 주도권을 잡다. 정권을 잡다. ⑤ 돈이나 재물을 얻어 가지다. ㉠ 한밑천을 잡다. ⑥ 실마리, 요점, 단점 따위를 찾아내거나 알아내다. ㉠ 사건의 단서를 잡다. 일의 실마리를 잡다. 감을 잡았다. ⑦ 자동차 따위를 타기 위하여 세우다. ㉠ 택시를 잡다. 버스를 잡기 위해 뛰었다. ⑧ 말 따위를 문제로 삼다. ㉠ 말꼬리를 잡다. ⑨ 어떤 상태를 유지하다. ㉠ 몸의 균형을 잡다. 중심을 잡다.
달다	• 달다[1](동사) ① 타지 않는 단단한 물체가 열로 몹시 뜨거워지다. ㉠ 쇠가 벌겋게 달았다. 다리미가 달다. ② 열이 나거나 부끄러워서 몸이나 몸의 일부가 뜨거워지다. ㉠ 얼굴이 화끈 달았다. • 달다[2](동사) ① 물건을 일정한 곳에 걸거나 매어 놓다. ㉠ 시계를 벽에 달았다. 배에 돛을 달다. ② 글이나 말에 설명 따위를 덧붙이거나 보태다. ㉠ 본문에 각주를 달다. ③ 장부에 적다. ㉠ 술값은 장부에 달아 두세요. ④ 어떤 기기를 설치하다. ㉠ 자동차에 에어컨을 달고 싶지만 돈이 없다. 안방에 전화를 달다. • 달다[3](형용사) ① 꿀이나 설탕의 맛과 같다. ㉠ 초콜릿이 달다. 커피를 너무 달게 탔다. ② 흡족하여 기분이 좋다. ㉠ 낮잠을 달게 자다. 꿈을 달게 꾸다 ③ 마땅하여 기껍다. ㉠ 벌을 달게 받다. 충고를 달게 받아들이다.

쓰다	• 쓰다[1](동사) 붓, 펜, 연필과 같이 선을 그을 수 있는 도구로 종이 따위에 획을 그어서 일정한 글자의 모양이 이루어지게 하다. 예 붓글씨를 쓰다. 방명록에 이름을 쓰다. • 쓰다[2](동사) ① 모자 따위를 머리에 얹어 덮다. 예 모자를 쓰다. 머리에 면사포를 쓴 신부가 입장했다. ② 먼지나 가루 따위를 몸이나 물체 따위에 덮은 상태가 되다. 예 광부들이 온몸에 석탄가루를 까맣게 쓰고 일을 한다. 희뿌옇게 먼지를 쓰고 있는 사람들 ③ 사람이 죄나 누명 따위를 가지거나 입게 되다. 예 충신이 반역죄를 쓰고 감옥에 갇혔다. 그는 억울하게 누명을 썼다. ④ 우산이나 양산 따위를 머리 위에 펴 들다. 예 밖에 비가 오니 우산을 쓰고 가거라. • 쓰다[3](동사) ① 어떤 일을 하는 데에 재료나 도구, 수단을 이용하다. 예 수염을 깎는 데 전기면도기를 쓴다. 마음의 병에는 쓸 약도 없다. ② 사람에게 어떤 일을 하게 하다. 예 하수도 공사에 인부를 쓴다. 회사에서는 그 자리에 경험자를 쓰기로 했다. ③ 어떤 일에 마음이나 관심을 기울이다. 예 마음 쓰지 마. 신경을 쓰게 되다. ④ 어떤 일을 하는 데 시간이나 돈을 들이다. 예 오늘 아이들에게 너무 많은 돈을 썼다. 공부하고 남는 시간을 명상 시간으로 쓰고 있다. ⑤ 힘이나 노력 따위를 들이다. 예 그는 회사를 살리려고 안간힘을 썼다. 오늘 상대 선수에게 너무 힘을 쓰지 못했다. ⑥ 몸의 일부분을 제대로 놀리거나 움직이다. 예 강한 볼을 던지려면 어깨도 강해야 하지만 허리를 잘 써야 한다. 그는 교통사고로 한쪽 다리를 쓰지 못한다. ⑦ 어떤 말이나 언어를 사용하다. 예 그는 시골에서 온 지 얼마 안 되었는데도 서울말을 유창하게 쓴다. 그는 아무에게나 반말을 쓴다. 그는 영어를 모국어로 쓰는 사람이다. ⑧ (주로 반어적인 표현에 쓰여) 도리에 맞는 바른 상태가 되다. 예 어른에게 대들면 쓰나? 그렇게 함부로 말을 해서 쓰겠니? • 쓰다[4](형용사) ① 혀로 느끼는 맛이 한약이나 소태, 씀바귀의 맛과 같다. 예 쓴 약. 이 커피는 향기도 없고 쓰기만 하다. ② 달갑지 않고 싫거나 괴롭다. 예 여러 번 실패를 경험했지만 언제나 그 맛은 썼다. ③ 몸이 좋지 않아서 입맛이 없다. 예 며칠을 앓았더니 입맛이 써서 맛있는 게 없다.
먹다	• 먹다[1](동사) 귀나 코가 막혀서 제 기능을 하지 못하게 되다. 또는 그렇게 되게 하다. 예 코 먹은 소리를 내다. 귀를 먹었는지 아무리 불러도 그냥 지나가더라. • 먹다[2](동사) ① 음식 따위를 입을 통하여 배 속에 들여보내다. 예 밥을 먹다. 음식을 배불리 먹다. ② 어떤 마음이나 감정을 품다. 예 한번 먹은 마음이 변하지 않도록 하자. 나는 마음을 독하게 먹었다. ③ 일정한 나이에 이르거나 나이를 더하다. 예 세 살 먹은 아이. 나이를 먹다. ④ 겁, 충격 따위를 느끼게 되다. 예 충격을 먹다. 겁을 먹다. ⑤ 물이나 습기 따위를 빨아들이다. 예 김이 습기를 먹어 눅눅해졌다. 솜이 물을 먹어 무겁다. ⑥ 어떤 등급을 차지하거나 점수를 따다. 예 체육 대회에서 우리 반이 일 등을 먹었다. ⑦ 구기 경기에서 점수를 잃다. 예 상대편에게 먼저 한 골을 먹었다.

삼다	• 삼다[1](동사) 짚신이나 미투리 따위를 결어서 만들다. 예 짚신을 삼다. • 삼다[2](동사) ① 어떤 대상과 인연을 맺어 자기와 관계있는 사람으로 만들다. 예 친구의 딸을 며느리로 삼다. ② 무엇을 무엇이 되게 하거나 여기다. 예 위기를 전화위복의 계기로 삼다. 이제 와서 그것을 굳이 문제 삼을 것까지는 없다. ③ 무엇을 무엇으로 가정하다. 예 그녀는 딸을 친구 삼아 이야기하곤 한다.
들다	• 들다[1](동사) ① 밖에서 속이나 안으로 향해 가거나 오거나 하다. 예 숲속에 드니 공기가 훨씬 맑았다. 안으로 드시지요. ② 방이나 집 따위에 있거나 거처를 정해 머무르게 되다. 예 어제 호텔에 든 손님. 하숙을 든 지도 벌써 삼 년이 지났다. ③ 어떤 일에 돈, 시간, 노력, 물자 따위가 쓰이다. 예 성공에는 시간이 좀 드는 법이다. 사업에는 돈이 많이 든다. ④ 물감, 색깔, 물기, 소금기가 스미거나 배다. 예 내장산에 단풍이 들다. 음식에 간이 제대로 들다. 속옷에 파란 물이 들었다. ⑤ 어떤 범위나 기준, 또는 일정한 기간 안에 속하거나 포함되다. 예 반에서 5등 안에 들다. 노래를 잘하는 축에 들다. 올해에는 윤달이 들어 있다. ⑥ 어떤 처지에 놓이다. 예 고생길에 들었구나. 함정에 들다. ⑦ 어떤 일이나 기상 현상이 일어나다. 예 남부 지방에 가뭄이 들다. 풍년이 들다. ⑧ 나이가 많아지다. 예 그는 요즘 부쩍 나이가 많이 들어 보인다. ⑨ 과일, 음식의 맛 따위가 익어서 알맞게 되다. 예 김치가 맛이 들다. 여름이 되자 복숭아가 맛이 알맞게 들었다. ⑩ 몸에 병이나 증상이 생기다. 예 아이가 감기가 들어 요즘 병원에 다닌다. ⑪ 버릇이나 습관이 몸에 배다. 예 거짓말을 하는 나쁜 버릇이 들었다. 일찍 일어나는 습관이 들었다. • 들다[2](동사) 날이 날카로워 물건이 잘 베어지다. 예 칼이 잘 들다. 낫이 안 들어 벼를 베는 데 힘이 든다. • 들다[3](동사) ① 손에 가지다. 예 꽃을 손에 든 신부. 가방을 들고 따라오시오. ② 아래에 있는 것을 위로 올리다. 예 손을 들다. 얼굴을 들어 나를 보아라. 장사가 바위를 머리 위로 번쩍 들었다. ③ 설명하거나 증명하기 위하여 사실을 가져다 대다. 예 예를 들다. 목격자의 증언을 증거로 들다. ④ '먹다'의 높임말 예 아침을 들다. 이 나물 반찬도 좀 들어 보세요. 기다리지 말고 먼저 저녁 들게나.

3 고사성어

단어	의미
가렴주구(苛斂誅求)	가혹하게 착취하고, 무리하게 재물을 빼앗음. 세금이나 물건을 가혹하게 거두어들이는 것.
각골난망(刻骨難忘)	뼈에 새길 만큼 은혜를 입어 잊기 어려움. 은혜를 깊이 새기어 잊지 않음.
간담상조(肝膽相照)	간과 쓸개를 내놓고 서로에게 보인다. 서로 마음을 터놓고 진심으로 사귐.
갈이천정(渴而穿井)	목이 말라야 우물을 판다. 평소에 준비 없이 있다가 일을 당해서야 허둥지둥 서두름.
감언이설(甘言利說)	달콤한 말과 이로운 이야기. 남의 비위를 맞추거나 이로운 조건을 내세워 남을 꾀는 말.
거자필반(去者必反)	떠난 자는 반드시 돌아옴. 떠난 사람은 언젠가 반드시 돌아옴.
난형난제(難兄難弟)	형이라 하기도 어렵고, 아우라 하기도 어려움. 두 사람의 우열을 가리기 어려움.
낭중지추(囊中之錐)	주머니 속의 송곳. 재능이 뛰어난 사람은 숨어 있어도 저절로 드러남.
내우외환(內憂外患)	내부의 근심과 외부의 재난. 국가나 조직 내부와 외부에 모두 문제가 있음.
논공행상(論功行賞)	공을 논하여 상을 줌. 공적을 평가하여 상을 주는 것.
누란지위(累卵之危)	포개놓은 알의 위태로움. 매우 위태로운 상태.
단사표음(簞食瓢飮)	대그릇에 담은 밥과 표주박에 든 물. 소박하고 청빈한 생활.
당구풍월(堂狗風月)	서당 개가 풍월을 읊음. 무식한 사람도 오래 들으면 자연히 알게 됨.
당랑거철(螳螂拒轍)	사마귀가 수레바퀴를 막음. 제 분수도 모르고 강자에게 반항함.
대기만성(大器晩成)	큰 그릇은 늦게 이루어짐. 큰 인물은 오랜 시간이 걸려 이루어짐.
도탄지고(塗炭之苦)	진흙과 숯불 속에 빠진 고통. 가혹한 정치로 말미암아 백성들이 받는 심한 고통.
동가홍상(同價紅裳)	같은 값이면 다홍치마. 같은 조건이라면 더 좋은 것을 선택함.
동족방뇨(凍足放尿)	언 발에 오줌 누기. 잠시 동안만 효력이 있을 뿐, 그 효력은 없어지고 마침내는 더 나쁘게 될 일을 함.
득롱망촉(得隴望蜀)	농을 얻고서 촉을 바라봄. 인간의 욕심은 끝이 없음.
등하불명(燈下不明)	등잔 밑이 어두움. 가까이 있는 것이 도리어 알아보기가 어려움.
마부위침(磨斧爲針)	도끼를 갈아 바늘을 만듦. 아무리 어려운 일이라도 끊임없이 노력하면 이룰 수 있음.
마이동풍(馬耳東風)	말 귀에 동풍. 남의 말을 귀담아듣지 아니하고 지나쳐 흘려버림.
망양지탄(望洋之嘆)	큰 바다를 바라보며 탄식함. 어떤 일에 자신의 힘이 미치지 못할 때에 하는 탄식.
망운지정(望雲之情)	구름을 바라보며 그리워함. 타향에서 고향에 계신 부모를 그리워하는 마음.
명경지수(明鏡止水)	맑은 거울과 고요한 물. 맑고 고요한 마음.
묘두현령(猫頭懸鈴)	고양이 목에 방울 달기. 실행할 수 없는 헛된 논의.
문경지교(刎頸之交)	목을 벨 수 있는 친구. 생사를 같이할 수 있는 매우 소중한 친구.
문일지십(聞一知十)	하나를 들으면 열을 앎. 아주 총명함.
미봉책(彌縫策)	임시변통. 근본적인 해결책이 아닌 임시로 문제를 덮어 두는 방책.
백척간두(百尺竿頭)	백 척 높은 장대 끝. 위태롭고 어려운 지경.
부화뇌동(附和雷同)	남의 의견에 무턱대고 따름. 자신의 주장이 없이 남의 의견에 무작정 따름.
불구대천(不俱戴天)	하늘 아래 함께 살 수 없음. 원한이 매우 깊어 용서할 수 없음.
붕우유신(朋友有信)	친구 사이에 믿음이 있음. 친구 사이의 믿음.

비분강개(悲憤慷慨)	슬프고 분하여 마음이 격함. 슬프고 분한 마음이 가득함.
사면초가(四面楚歌)	사방에서 초나라 노래가 들림. 적에게 포위되어 고립된 상태.
삼고초려(三顧草廬)	세 번이나 오두막을 찾아감. 인재를 맞아들이기 위해 참을성 있게 노력함.
삼라만상(森羅萬象)	우주에 존재하는 모든 것. 세상에 존재하는 모든 것.
삼매경(三昧境)	한 가지 일에만 몰두한 경지. 몰두하여 다른 생각이 없는 상태.
상전벽해(桑田碧海)	뽕밭이 푸른 바다가 됨. 세상이 몰라볼 정도로 변함.
새옹지마(塞翁之馬)	변방 노인의 말. 인생의 길흉화복은 변화가 많아 예측하기 어려움.
성동격서(聲東擊西)	동쪽에서 소리를 내고 서쪽을 침. 상대를 속여 공격함.
새옹지마(塞翁之馬)	인생의 길흉화복은 변화가 많아 예측하기 어려움.
소탐대실(小貪大失)	작은 것을 탐하다가 큰 것을 잃음.
수구초심(首丘初心)	여우가 죽을 때 머리를 고향 쪽으로 둠. 고향을 그리워하는 마음.
수어지교(水魚之交)	물과 물고기의 관계. 아주 친밀하여 떨어질 수 없는 사이.
순망치한(脣亡齒寒)	입술이 없으면 이가 시림. 서로 이해관계가 밀접하여 한쪽이 망하면 다른 한쪽도 망함.
시기상조(時機尙早)	때가 아직 이름. 시기가 아직 이름.
식자우환(識字憂患)	글자를 아는 것이 근심이 됨. 아는 것이 오히려 걱정거리가 됨.
신상필벌(信賞必罰)	상을 줄 만한 사람에게는 상을 주고 벌을 줄 만한 사람에게는 벌을 줌. 상벌을 공정하고 엄중하게 함.
아전인수(我田引水)	제 논에 물 대기. 자기에게만 이롭게 함.
안분지족(安分知足)	분수를 지키며 만족할 줄 앎. 자신의 처지에 만족하며 살아감.
양두구육(羊頭狗肉)	양의 머리를 걸어 놓고 개고기를 팖. 겉은 훌륭해 보이나 속은 그렇지 않음.
연목구어(緣木求魚)	나무에 올라가서 물고기를 구함. 불가능한 일을 하려 함.
염량세태(炎涼世態)	뜨겁고 차가운 세태. 세상의 무상함과 변덕스러움.
오리무중(五里霧中)	오 리나 되는 짙은 안개 속. 갈피를 잡을 수 없음.
와신상담(臥薪嘗膽)	땔나무에 누워 쓸개를 맛봄. 원수를 갚으려고 온갖 괴로움을 참고 견딤.
우공이산(愚公移山)	우공이 산을 옮김. 끊임없이 노력하면 성공함.
일엽지추(一葉知秋)	한 잎을 보고 가을을 앎. 조그마한 일을 보고 큰 변화를 짐작함.
정문일침(頂門一針)	정수리에 침을 놓음. 따끔한 충고나 교훈.
조령모개(朝令暮改)	아침에 명령을 내리고 저녁에 고침. 법령이나 명령을 자주 바꾸어 종잡을 수 없음.
지록위마(指鹿爲馬)	사슴을 가리켜 말이라 함. 윗사람을 농락하여 권세를 마음대로 함.
창해일속(滄海一粟)	넓은 바다에 떠 있는 좁쌀 하나. 지극히 작은 것.
타산지석(他山之石)	다른 산의 돌. 남의 하찮은 언행도 자기의 지식과 인격을 닦는 데 도움이 됨.
토사구팽(兎死狗烹)	토끼가 죽으면 사냥개를 삶는다. 필요할 때는 소중히 여기다가도 필요 없으면 홀대함.
풍수지탄(風樹之嘆)	바람과 나무의 탄식. 부모를 잃은 슬픔.
풍전등화(風前燈火)	바람 앞의 등불. 매우 위급한 상황.
한단지몽(邯鄲之夢)	한단에서 꾼 꿈. 인생의 덧없음.
한우충동(汗牛充棟)	소가 땀을 흘리고 대들보가 가득 찬다. 책이 많음.
화룡점정(畵龍點睛)	용을 그린 뒤 마지막으로 눈을 그려 넣음. 가장 중요한 부분을 완성함.

화사첨족(畫蛇添足)	뱀을 그린 뒤에 발을 덧붙임. 쓸데없는 짓을 덧붙여 도리어 실패함.
화이부동(和而不同)	남과 사이좋게 지내지만 무턱대고 어울리지는 않음. 조화를 이루되, 주관을 잃지 않음.
환골탈태(換骨奪胎)	뼈를 바꾸고 태를 빼앗음. 몰라보게 변하여 더 아름다워짐.
회자인구(膾炙人口)	회와 구운 고기가 사람들의 입에 오름. 사람들에게 널리 회자됨.

4 혼동하기 쉬운 어휘

구분	의미
가늠 가름 갈음	• 가늠: 사물을 어림잡아 헤아림 ㊒ 높이가 가늠이 안 된다. • 가름: 쪼개거나 나누어 따로따로 되게 하는 일 ㊒ 승패를 가름. • 갈음: 다른 것으로 바꾸어 대신함 ㊒ 이것으로 인사를 갈음합니다.
거치다 걷히다	• 거치다: 지나가거나 들르다. ㊒ 부산을 거쳐 서울로 가다. • 걷히다: 구름이나 안개 등이 사라지다. ㊒ 안개가 걷히다.
싸이다 쌓이다	• 싸이다: 물건이 보이지 않게 둘려 말리다. ㊒ 보자기에 싸인 음식 • 쌓이다: 겹겹이 포개다. ㊒ 책상에 먼지가 쌓이다.
드리다 들이다	• 드리다: '주다'의 존댓말 ㊒ 선물을 드리다. • 들이다: 안으로 들어오게 하다. ㊒ 손님을 들이다.
저리다 절이다	• 저리다: 몸의 일부가 이상하게 느껴지다. ㊒ 다리가 저리다. • 절이다: 소금이나 식초 등으로 처리하다. ㊒ 김치를 절이다.
좇다 쫓다	• 좇다: 목표, 이상, 행복 따위를 추구하다. ㊒ 명예를 좇는 젊은이 • 쫓다: 어떤 대상을 잡거나 만나기 위하여 뒤를 급히 따르다. ㊒ 경찰이 범인을 쫓다.
갱신 경신	• 갱신: 이미 있던 것을 고쳐 새롭게 함 ㊒ 면허를 갱신하다. • 경신: 기록경기 따위에서, 종전의 기록을 깨뜨림 ㊒ 세계 기록을 경신하다.
부치다 붙이다	• 부치다: 편지나 물건 따위를 보내다. ㊒ 택배를 부치다. • 붙이다: 맞닿아 떨어지지 않게 하다. ㊒ 봉투에 우표를 붙이다.
벌이다 벌리다	• 벌이다: 일을 계획하여 실행하다. ㊒ 사업을 벌이다. • 벌리다: 둘 사이를 넓히다. ㊒ 간격을 벌리다.
바치다 받치다 받히다	• 바치다: 정중하게 드리다. ㊒ 음식을 만들어 바치기로 했다. • 받치다: 물건의 밑이나 옆 따위에 다른 물체를 대다. ㊒ 쟁반에 커피를 받치고 조심히 들고 나왔다. • 받히다: 세차게 부딪히다. ㊒ 농부가 소에게 받혀서 앓아누웠다.
겉잡다 걷잡다	• 겉잡다: 겉으로 보고 대강 짐작하여 헤아리다. ㊒ 겉잡아도 일주일은 걸릴 일이다. • 걷잡다: 한 방향으로 치우쳐 흘러가는 형세 따위를 붙들어 잡다. ㊒ 걷잡을 수 없는 사태
욱이다 우기다	• 욱이다: 안쪽으로 조금 우그러지게 하다. ㊒ 밥을 입에 욱여넣다. • 우기다: 억지를 부리다. ㊒ 자신의 주장을 끝까지 우겼다.
–데 –대[1] –대[2]	• –데: 과거의 경험을 말함 ㊒ 그 녀석 말을 아주 잘하데. • –대[1]: 어떤 사실에 대한 의문 종결 어미 ㊒ 왜 이리 많대? 왜 이렇게 춥대? • –대[2]: '다고 해'의 준말 ㊒ 승준이도 오겠대?
부딪치다 부딪히다 부닥치다	• 부딪치다: '부딪다'를 강조하여 이르는 말 ㊒ 파도가 바위에 부딪쳤다. • 부딪히다: '부딪다'의 피동사 ㊒ 지나가는 행인에게 부딪혀 뒤로 넘어졌다. • 부닥치다: 세게 부딪치다. ㊒ 그들은 모퉁이에서 서로 부닥쳤다.

여위다 여의다	• 여위다: 살이 빠져 몸이 마르다. 예 얼굴은 홀쭉하게 여위고 두 눈만 퀭하였다. • 여의다: 부모나 사랑하는 사람이 죽어서 이별하다. 예 그는 일찍이 부모를 여의고 고아로 자랐다.
지긋이 지그시	• 지긋이: 나이가 비교적 많아 듬직하게 예 그는 나이가 지긋이 들어 보인다. • 지그시: 슬며시 힘을 주는 모양 예 입술을 지그시 깨물다.
너머 넘어	• 너머: 높이나 경계로 가로막은 사물의 저쪽 예 고개 너머 • 넘어: 넘어서 지나가다. 예 기한이 넘어 가다.
–(으)러 –(으)려	• –(으)러: 목적 예 공부하러 간다. • –(으)려: 의도 예 서울에 가려 한다.
–(으)로서 –(으)로써	• –(으)로서: 자격 예 사람으로서 그럴 수는 없다. • –(으)로써: 수단 예 닭으로써 꿩을 대신 했다.

5 한글 맞춤법

(1) 두음법칙

구분	내용
제10항	• 한자음 '녀, 뇨, 뉴, 니'가 단어의 첫머리에 올 적에는 '여, 요, 유, 이'로 적는다. 예 녀자(女子) → 여자, 년세(年歲) → 연세, 뉴대(紐帶) → 유대, 닉명(匿名) → 익명 • 다만, 다음과 같은 의존 명사에서는 '냐, 녀' 음을 인정한다. 예 냥(兩), 년(年) • 단어의 첫머리 이외의 경우에는 본음대로 적는다. 예 남녀(男女), 당뇨(糖尿) • 접두사처럼 쓰이는 한자가 붙어서 된 말이나 합성어에서, 뒷말의 첫소리가 'ㄴ' 소리로 나더라도 두음 법칙에 따라 적는다. 예 신여성(新女性), 공염불(空念佛), 남존여비(男尊女卑)
제11항	• 한자음 '랴, 려, 례, 료, 류, 리'가 단어의 첫머리에 올 적에는 '야, 여, 예, 요, 유, 이'로 적는다. 예 량심(良心) → 양심, 려행(旅行) → 여행, 례절(禮節) → 예절, 룡궁(龍宮) → 용궁, 류행(流行) → 유행 • 다만, 다음과 같은 의존 명사는 본음대로 적는다. 예 리(里): 몇 리냐, 리(理): 그럴 리가 없다. • 단어의 첫머리 이외의 경우에는 본음대로 적는다. 예 개량(改良), 선량(善良), 수력(水力) 다만, 모음이나 'ㄴ' 받침 뒤에 이어지는 '렬, 률'은 '열, 율'로 적는다. 예 치렬(齒列) → 치열, 비률(比率) → 비율, 진렬(陳列) → 진열 • 외자로 된 이름을 성에 붙여 쓸 경우에도 본음대로 적을 수 있다. 예 신립(申砬), 최린(崔麟), 채륜(蔡倫) • 준말에서 본음으로 소리 나는 것은 본음대로 적는다. 예 국련(국제 연합), 한시련(한국 시각 장애인 연합회) • 접두사처럼 쓰이는 한자가 붙어서 된 말이나 합성어에서, 뒷말의 첫소리가 'ㄴ' 또는 'ㄹ' 소리로 나더라도 두음 법칙에 따라 적는다. 예 역이용(逆利用), 연이율(年利率), 열역학(熱力學), 해외여행(海外旅行)
제12항	• 한자음 '라, 래, 로, 뢰, 루, 르'가 단어의 첫머리에 올 적에는 '나, 내, 노, 뇌, 누, 느'로 적는다. 예 락원(樂園) → 낙원, 래일(來日) → 내일, 로인(老人) → 노인, 루각(樓閣) → 누각 • 단어의 첫머리 이외의 경우에는 본음대로 적는다. 예 쾌락(快樂), 극락(極樂), 거래(去來), 지뢰(地雷), 광한루(廣寒樓), 왕래(往來) • 접두사처럼 쓰이는 한자가 붙어서 된 단어는 뒷말을 두음 법칙에 따라 적는다. 예 내내월(來來月), 상노인(上老人), 중노동(重勞動), 비논리적(非論理的)

(2) 접미사가 붙어서 된 말

구분	내용
제19항	• 어간에 '-이'나 '-음/ -ㅁ'이 붙어서 명사로 된 것과 '-이'나 '-히'가 붙어서 부사로 된 것은 그 어간의 원형을 밝히어 적는다. ① '-이'가 붙어서 명사로 된 것 예 길이, 먹이, 깊이, 미닫이, 높이, 벌이, 달맞이, 쇠붙이 ② '-음/ -ㅁ'이 붙어서 명사로 된 것 예 걸음, 묶음, 웃음, 졸음, 믿음, 울음, 죽음 ③ '-이'가 붙어서 부사로 된 것 예 같이, 굳이, 높이, 많이, 실없이 ④ '-히'가 붙어서 부사로 된 것 예 밝히, 익히, 작히 • 다만, 어간에 '-이'나 '-음'이 붙어서 명사로 바뀐 것이라도 그 어간의 뜻과 멀어진 것은 원형을 밝히어 적지 아니한다. 예 굽도리, 목거리, 무녀리, 코끼리, 거름, 고름, 노름 • 어간에 '-이'나 '-음' 이외의 모음으로 시작된 접미사가 붙어서 다른 품사로 바뀐 것은 그 어간의 원형을 밝히어 적지 아니한다. ① 명사로 바뀐 것 예 귀머거리, 까마귀, 너머, 마개, 마중, 무덤, 주검 ② 부사로 바뀐 것 예 거뭇거뭇, 너무, 도로, 바투, 비로소, 차마 ③ 조사로 바뀌어 뜻이 달라진 것 예 나마, 부터, 조차
제20항	• 명사 뒤에 '-이'가 붙어서 된 말은 그 명사의 원형을 밝히어 적는다. ① 부사로 된 것 예 곳곳이, 낱낱이, 몫몫이, 샅샅이, 앞앞이, 집집이 ② 명사로 된 것 예 곰배팔이, 바둑이, 삼발이, 애꾸눈이, 육손이, 절뚝발이/절름발이 • '-이' 이외의 모음으로 시작된 접미사가 붙어서 된 말은 그 명사의 원형을 밝히어 적지 아니한다. 예 꼬락서니, 끄트머리, 바가지, 바깥, 사타구니, 싸라기, 이파리, 지붕, 지푸라기
제21항	• 명사나 혹은 용언의 어간 뒤에 자음으로 시작된 접미사가 붙어서 된 말은 그 명사나 어간의 원형을 밝히어 적는다. ① 명사 뒤에 자음으로 시작된 접미사가 붙어서 된 것 예 값지다, 홑지다, 넋두리, 빛깔, 잎사귀 ② 어간 뒤에 자음으로 시작된 접미사가 붙어서 된 것 예 낚시, 늙정이, 덮개, 굵다랗다, 굵직하다, 깊숙하다, 넓적하다, 높다랗다 • 다만, 다음과 같은 말은 소리대로 적는다. ① 겹받침의 끝소리가 드러나지 아니하는 것 예 할짝거리다, 널따랗다, 널찍하다, 말끔하다, 말쑥하다, 말짱하다, 짤막하다, 실컷 ② 어원이 분명하지 아니하거나 본뜻에서 멀어진 것 예 넙치, 올무, 골막하다, 납작하다.

(3) 합성어 및 접두사가 붙은 말

구분	내용
제27항	• 둘 이상의 단어가 어울리거나 접두사가 붙어서 이루어진 말은 각각 그 원형을 밝히어 적는다. 예 국말이, 꺾꽂이, 꽃잎, 끝장, 물난리, 부엌일, 첫아들, 팥알, 헛웃음, 홀아비, 흙내, 맞먹다, 빗나가다, 새파랗다, 시꺼멓다, 엇나가다, 엿듣다, 짓이기다, 헛되다 • 어원은 분명하나 소리만 특이하게 변한 것은 변한 대로 적는다. 예 할아버지, 할아범 • 어원이 분명하지 아니한 것은 원형을 밝히어 적지 아니한다. 예 골병, 골탕, 끌탕, 며칠, 아재비, 오라비, 업신여기다, 부리나케 • '이(齒[치아], 虱[벌레])'가 합성어나 이에 준하는 말에서 '니' 또는 '리'로 소리 날 때에는 '니'로 적는다. 예 덧니, 사랑니, 송곳니, 앞니, 어금니, 틀니, 머릿니
제28항	끝소리가 'ㄹ'인 말과 딴 말이 어울릴 적에 'ㄹ' 소리가 나지 아니하는 것은 아니 나는 대로 적는다. 예 다달이(달-달-이), 따님(딸-님), 마소(말-소), 바느질(바늘-질), 여닫이(열-닫이), 소나무(솔-나무), 우짖다(울-짖다), 화살(활-살)

제29항	끝소리가 'ㄹ'인 말과 딴 말이 어울릴 적에 'ㄹ' 소리가 'ㄷ' 소리로 나는 것은 'ㄷ'으로 적는다. 예 반짇고리(바느질–), 이튿날(이틀–), 사흗날(사흘–), 숟가락(술–), 섣달(설–), 섣부르다(설–)
제30항	• 사이시옷은 다음과 같은 경우에 받치어 적는다. ① 순 우리말로 된 합성어로서 앞말이 모음으로 끝난 경우 ⓐ 뒷말의 첫소리가 된소리로 나는 것 예 귓밥, 나룻배, 나뭇가지, 냇가, 맷돌, 머릿기름, 못자리, 바닷가, 뱃길, 부싯돌, 쇳조각, 아랫집, 잇자국, 잿더미, 조갯살, 찻집, 핏대, 햇볕, 혓바늘 ⓑ 뒷말의 첫소리 'ㄴ, ㅁ' 앞에서 'ㄴ' 소리가 덧나는 것 예 아랫니, 텃마당, 뒷머리, 잇몸, 깻묵, 냇물, 빗물 ⓒ 뒷말의 첫소리 모음 앞에서 'ㄴㄴ' 소리가 덧나는 것 예 두렛일, 뒷일, 베갯잇, 깻잎, 나뭇잎, 댓잎 ② 순 우리말과 한자어로 된 합성어로서 앞말이 모음으로 끝난 경우 ⓐ 뒷말의 첫소리가 된소리로 나는 것 예 귓병, 머릿방, 샛강, 아랫방, 자릿세, 전셋집, 찻잔, 콧병, 탯줄, 텃세, 핏기, 햇수, 횟가루 ⓑ 뒷말의 첫소리 'ㄴ, ㅁ' 앞에서 'ㄴ' 소리가 덧나는 것 예 곗날, 제삿날, 훗날, 툇마루, 양칫물 ⓒ 뒷말의 첫소리 모음 앞에서 'ㄴㄴ' 소리가 덧나는 것 예 가욋일, 사삿일, 예삿일, 훗일 ③ 두 음절로 된 다음 한자어 예 곳간(庫間), 셋방(貰房), 숫자(數字), 찻간(車間), 툇간(退間), 횟수(回數)

(4) 준말

항	내용
제39항	어미 '–지' 뒤에 '않–'이 어울려 '–잖–'이 될 적과 '–하지' 뒤에 '않–'이 어울려 '–찮–'이 될 적에는 준 대로 적는다. 예 그렇지 않은(본말) → 그렇잖은(준말), 만만하지 않다(본말) → 만만찮다(준말), 적지 않은(본말) → 적잖은(준말), 변변하지 않다(본말) → 변변찮다(준말)
제40항	• 어간의 끝음절 '하'의 'ㅏ'가 줄고 'ㅎ'이 다음 음절의 첫소리와 어울려 거센소리로 될 적에는 거센소리로 적는다. 예 간편하게(본말) → 간편케(준말), 다정하다(본말) → 다정타(준말), 연구하도록(본말) → 연구토록(준말), 정결하다(본말) → 정결타(준말), 흔하다(본말) → 흔타(준말) • 'ㅎ'이 어간의 끝소리로 굳어진 것은 받침으로 적는다. 예 않다, 않고, 않지, 않든지, 그렇다, 그렇고, 그렇지, 어떻다, 어떻고, 이렇다, 저렇다 • 어간의 끝음절 '하'가 아주 줄 적에는 준 대로 적는다. 예 거북하지(본말) → 거북지(준말), 생각하건대(본말) → 생각건대(준말), 생각하다 못해(본말) → 생각다 못해(준말), 깨끗하지 않다(본말) → 깨끗지 않다(준말), 넉넉하지 않다(본말) → 넉넉지 않다(준말), 못하지 않다(본말) → 못지않다(준말), 섭섭하지 않다(본말) → 섭섭지 않다(준말), 익숙하지 않다(본말) → 익숙지 않다(준말) • 다음과 같은 부사는 소리대로 적는다. 예 결단코, 결코, 기필코, 무심코, 아무튼, 요컨대, 정녕코, 필연코, 하마터면, 하여튼, 한사코

(5) 띄어쓰기

항	내용
제43항	• 단위를 나타내는 명사는 띄어 쓴다. 예 한 개, 차 한 대, 금 서 돈, 소 한 마리, 옷 한 벌, 열 살, 조기 한 손, 연필 한 자루, 집 한 채, 신 두 켤레, 북어 한 쾌 • 다만, 순서를 나타내는 경우나 숫자와 어울리어 쓰이는 경우에는 붙여 쓸 수 있다. 예 삼학년, 육층, 7미터, 10개, 제1실습실, 80원
제44항	수를 적을 적에는 '만(萬)' 단위로 띄어 쓴다. 예 십이억 삼천사백오십육만 칠천팔백구십팔, 12억 3456만 7898
제45항	두 말을 이어 주거나 열거할 적에 쓰이는 말들은 띄어 쓴다. 예 국장 겸 과장, 열 내지 스물, 청군 대 백군, 이사장 및 이사들, 책상 · 걸상 등이 있다, 부산 · 광주 등지
제46항	단음절로 된 단어가 연이어 나타날 적에는 붙여 쓸 수 있다. 예 그때 그곳, 좀더 큰것, 이말 저말, 한잎 두잎

제48항	• 성과 이름, 성과 호 등은 붙여 쓰고, 이에 덧붙는 호칭어, 관직명 등은 띄어 쓴다. 예 서화담, 채영신 씨, 최치원 선생, 충무공 이순신 장군, 백범 김구 선생 • 다만, 성과 이름, 성과 호를 분명히 구분할 필요가 있을 경우에는 띄어 쓸 수 있다. 예 남궁억/남궁 억, 독고준/독고 준

6 외래어 표기법

(1) 외래어 표기 기본 원칙

① 외래어는 국어의 현용 24자모만으로 적는다.

- 외래어를 적을 때는 한글의 기본 자모 24자(자음 14개, 모음 10개)만을 사용한다.

② 외래어의 1음운은 원칙적으로 1기호로 적는다.

- 외래어의 각 음운(소리 단위)은 한글의 하나의 자모로 표기한다.

③ 받침에는 'ㄱ, ㄴ, ㄹ, ㅁ, ㅂ, ㅅ, ㅇ'만을 쓴다.

- 예 shop: 숍(숖 ×) / market: 마켓(마켙 ×) / block: 블록(블롴 ×)

④ 파열음 표기에는 된소리를 쓰지 않는 것을 원칙으로 한다.

- 외래어의 파열음을 표기할 때 된소리(ㄲ, ㄸ, ㅃ)를 사용하지 않는다.
- 예 cafe: 카페(까페 ×) / bus: 버스(뻐스 ×) / butter: 버터(뻐터 ×)

⑤ 이미 굳어진 외래어는 관용을 존중하되, 그 범위와 용례는 따로 정한다.

- 예 white shirt: 와이셔츠(화이트 셔츠 ×) / news: 뉴스(뉴즈 ×)

(2) 잘못된 외래어 표기와 규범 표기의 예

외래어	잘못된 표기(×)	규범 표기(○)
access	악세스	액세스
allergy	알러지	알레르기
badge	뺏지	배지
balance	발란스	밸런스
bourgeois	부르조아	부르주아
buffet	부페	뷔페
caesar	케사르	카이사르
cake	케익	케이크
carol	캐롤	캐럴
catalog	카달로그	카탈로그
catholic	카톨릭	가톨릭
chance	챤스	찬스
chocolate	초콜렛	초콜릿
christian	크리스찬	크리스천
clinic	크리닉	클리닉
comedy	코메디	코미디
compact	컴팩트	콤팩트

computer	콤퓨터	컴퓨터
container	콘테이너	컨테이너
control	콘트롤	컨트롤
cosmopolitan	코스모폴리탄	코즈모폴리탄
counselor	카운셀러	카운슬러
country	컨츄리	컨트리
credit	크레딧	크레디트
curtain	커텐	커튼
data	데이타	데이터
doughnut	도너츠	도넛
dry cleaning	드라이크리닝	드라이클리닝
dynamic	다이나믹	다이내믹
encore	앵콜	앙코르
endorphln	엔돌핀	엔도르핀
enquete	앙케이트	앙케트
fanfare	빵빠레	팡파르
fighting	화이팅	파이팅
file	화일	파일
frypan	후라이팬	프라이팬
gongfu[功夫]	쿵푸	쿵후
helmet	헬맷	헬멧
highlight	하일라이트	하이라이트
Hollywood	헐리우드	할리우드
jacket	자켓	재킷
jeep車	짚차	지프차
juice	쥬스	주스
kilogram	키로그람	킬로그램
kilometer	키로미터	킬로미터
lemonad	레몬에이드	레모네이드
mania	매니아	마니아
message	메세지	메시지
mystery	미스테리	미스터리
network	네트웍	네트워크
offset	옵셋	오프셋
original	오리지날	오리지널
outlet	아울렛	아웃렛

panel	판넬	패널
permanent	퍼머	파마
placard	프랭카드	플래카드
production	프로덕숀	프로덕션
propose	프로포즈	프러포즈
ringer	링겔	링거
running shirt	런닝셔츠	러닝셔츠
sausage	소세지	소시지
service	써비스	서비스
Singapore	싱가폴	싱가포르
siren	싸이렌	사이렌
snack	스넥	스낵
sofa	쇼파	소파
sonata	쏘나타	소나타
staff	스탭	스태프
stamina	스태미너	스태미나
step	스텦	스텝
symposium	심포지움	심포지엄
talent	탈렌트	탤런트
television	텔레비젼	텔레비전
Tibet	티벳	티베트
type	타잎	타입
window	윈도우	윈도
Zurich	쮜리히	취리히

STEP 02

대표 기출유형

기출유형 ① 모듈형 이론 필수 학습형

유형 특징

❶ NCS 직업기초능력평가 교수자용 및 학습자용 매뉴얼에 제시된 학습 모듈 이론을 기반으로 문제가 출제된다.
❷ 상대적으로 문제의 형태가 단순하지만, 이론에 대한 이해가 없다면 높은 점수를 받기 어렵다.
❸ 상식적인 수준으로 출제되는 경우도 있지만 모듈 이론을 알지 못하면 풀이할 수 없는 문항도 다수 출제된다.

풀이 전략

❶ 상식만으로 접근하기에는 무리가 있으므로 평소 기출문제를 풀어보며 출제 포인트를 학습해야 한다.
❷ 지원하는 기업과 관련된 소재가 출제되는 경향이 있으므로 기출문제를 토대로 해당 기업의 출제 경향을 미리 파악해 놓아야 한다.

다음은 의사표현에 영향을 미치는 비언어적 요소에 대한 설명이다. 빈칸에 들어갈 내용으로 적절하지 않은 것은?

2024년 10월 한국철도공사

> 비언어적 요소 중에서 말과 관련된 요소로 장단, 발음, 속도, 쉼 등이 있습니다. 이 중 쉼은 대화 도중 잠시 침묵하는 것을 말하며, 의도적인 경우와 비의도적인 경우로 나눌 수 있습니다. 또한 쉼은 (   ) 에도 사용됩니다.

① 이야기가 전이되는 경우
② 양해, 동조, 반문의 경우
③ 연단 공포증이 있을 경우
④ 생략, 암시, 반성의 경우
⑤ 여운을 남기려는 경우

| 정답풀이 |

정답 ③

의사표현에 영향을 미치는 요소에는 연단 공포증, 말, 몸짓, 유머 등이 있다. 쉼은 이 중 말과 관련된 비언어적 요소 중 하나이다. 연단 공포증이란 청중 앞에서 이야기를 해야 하는 상황일 때 가슴이 두근거리고 입술이 타고 식은땀이 나고 얼굴이 달아오르는 생리적인 현상이므로, 말과 관련된 요소에 속하지 않는다. 따라서 '연단 공포증이 있을 경우'는 쉼을 사용하는 경우에 해당하지 않는다.

기출유형 ② 어휘/어법

유형 특징

❶ 어휘 유형은 단어의 쓰임이 적절한지 묻거나, 지문 안에서 빈칸을 주고 적절한 단어를 삽입하는 유형 등이 출제된다. 한자어를 병기하여 출제하기도 한다.

❷ 어법 유형은 어법에 맞지 않는 부분을 고르는 문항과 어법에 맞지 않는 부분을 수정하는 문항 등이 출제된다.

풀이 전략

❶ 어휘 유형의 경우, 전후 부분을 발췌독하여 접근한다. 문장을 읽어도 의미 유추가 불가하다면 소거법으로 풀이한다.

❷ 어법 유형의 경우, 기출문제를 통해 출제되었던 개념 등은 필수로 정리하여 학습할 필요가 있다.

❸ 지문에서 어법이 틀린 곳이 몇 개인지를 묻는 경우와 같이 전체 내용을 파악해야 할 때는 문항 풀이 순서를 전략적으로 고려해야 한다.

다음 중 주어진 낱말의 쓰임이 모두 적절한 것은? 2025년 2월 서울교통공사

① 늘리다: 건물 주차장 규모를 늘리다.
늘이다: 선분의 길이를 늘이면 선분끼리 만나게 된다.

② 거치다: 안개가 거치면 날씨가 갤 것이다.
걷히다: 정해진 절차를 걷히면 완성된다.

③ 걷잡다: 대충 걷잡아 열흘은 걸릴 것으로 보인다.
겉잡다: 불길이 겉잡을 수 없이 커지고 있다.

④ 가진: 성공하기 위해 가진 노력을 다했다.
갖은: 내가 갖은 재산은 이게 전부이다.

⑤ 겨누다: 태권도 국가대표 선수와 실력을 겨누는 큰 경기가 열렸다.
겨루다: 그는 위험에 처하자 호랑이에게 총을 겨루었다.

| 정답풀이 |

정답 ①

- 늘리다: 물체의 넓이, 부피 따위를 본디보다 커지게 하다.
- 늘이다: 본디보다 더 길어지게 하다. 선 따위를 연장하여 계속 긋다.

| 오답풀이 |

② • 거치다: 어떤 과정이나 단계를 겪거나 밟다.
  • 걷히다: 구름이나 안개 따위가 흩어져 없어지다. 비가 그치고 맑게 개다.

③ • 걷잡다: 한 방향으로 치우쳐 흘러가는 형세 따위를 붙들어 잡다.
  • 겉잡다: 겉으로 보고 대강 짐작하여 헤아리다.

④ • 가진: (타동사의 활용형) 동사 '가지다'의 활용. 어간 '가지-'에 관형사형 어미 '-ㄴ'이 붙어서 이루어진 말.
  • 갖은: (관형사) 골고루 다 갖춘. 또는 여러 가지의.

⑤ • 겨누다: 활이나 총 따위를 쏠 때 목표물을 향해 방향과 거리를 잡다.
  • 겨루다: 서로 버티어 승부를 다투다.

기출유형 ③ 주제/제목 찾기

유형 특징

❶ 공공기관의 보도자료나 비문학 지문이 제시되며, 글의 내용을 함축하는 주제나 제목을 묻는 문제 또는 각 문단의 소주제를 묻는 문제가 출제된다.

❷ 필자의 주장 고르기, 필자의 주장을 반박하기 등의 유형도 글의 주제를 응용한 유형이다.

풀이 전략

❶ 주제/제목 찾기 유형이 아닌 경우에도 주제를 찾는 능력은 모든 유형에서 매우 중요하므로 평소에 글 전체의 내용이나 문단의 내용을 요약하는 연습을 한다.

❷ 글의 첫 부분과 마지막 부분을 자세하게 읽어야 한다. 또한 역접, 인과 등 접속어 전후의 문장을 집중하여 읽도록 한다.

❸ 정보 전달을 위한 글(보고서, 기사, 설명문 등)의 주제를 파악할 때 지엽적인 내용에 빠지지 않도록 주의한다.

다음 글의 주제로 가장 적절한 것은? 2025년 4월 국민건강보험공단

만성질환이란 오랜 시간에 걸쳐 병환이 진행되며 완치보다는 평생 동안 꾸준한 관리가 중요한 질환이다. 대표적인 만성질환으로는 고혈압, 당뇨병, 골다공증이 있으며, 이러한 질환은 약물 복용만으로는 관리가 어렵기 때문에 생활습관 개선이 병행되어야 한다. 특히 운동은 만성질환 관리의 핵심 요소 중 하나로, 각 질환의 특성에 맞는 올바른 운동 방법과 주의사항을 정확히 숙지하고 실천하는 것이 중요하다.

고혈압은 혈관 내 압력이 지속적으로 높은 상태를 말하며, 뇌졸중이나 심근경색과 같은 심혈관 질환으로 이어질 수 있다. 걷기, 자전거 타기, 수영 등 중등도 강도의 유산소 운동은 혈압을 낮추는 데 효과가 있으며, 주 5회 이상 운동 시간이 30분을 넘도록 꾸준히 운동하는 것이 권장된다. 단, 갑작스러운 고강도 운동은 오히려 혈압을 급상승시킬 수 있어 주의해야 하며, 운동 전후에는 반드시 스트레칭과 준비운동을 해주어야 한다. 만약 운동 중 어지럼증이나 가슴 통증이 발생하면 즉시 운동을 중단하고 의료진의 처치를 받아야 한다.

당뇨병은 인슐린 분비 또는 기능 이상으로 인해 혈당 조절이 어려운 질환이다. 적당한 운동은 혈당 조절을 돕고 일정량의 인슐린을 투여하였을 때의 혈당 저하도를 의미하는 인슐린 감수성을 높이는 데 큰 도움이 된다. 유산소 운동뿐 아니라 가벼운 근력 운동도 혈당 안정에 효과적이다. 한편 인슐린이나 혈당강하제를 복용 중인 환자는 운동 전후 혈당을 확인하는 것이 특히 중요하고, 저혈당에 대비해 사탕, 주스와 같은 간단한 당분을 준비해 두는 것이 좋다. 운동은 식후 1~2시간 동안 하는 것이 가장 적절하며, 발의 감각이 저하된 환자는 상처 예방을 위해 운동화 착용에 신경 써야 한다.

골다공증은 뼈의 밀도가 낮아져 뼈가 약해지고 쉽게 골절될 위험이 있는 질환이다. 특히 노년층 여성에게 흔하게 나타나며, 운동을 통해 뼈의 강도를 유지하고 근육을 강화해 낙상 위험을 줄이는 것이 중요하다. 골다공증 환자에게는 걷기나 계단 오르기와 같은 체중 부하 운동, 가벼운 근력 운동, 그리고 요가나 태극권처럼 균형감각을 높이는 운동이 효과적이다. 하지만 낙상 위험이 높은 격렬한 운동이나 무거운 중량을 드는 운동은 피해야 하며, 부상 위험이 큰 활동도 삼가는 것이 좋다. 또한 뼈 건강을 위해 칼슘과 비타민D 섭취도 함께 고려할 필요가 있다.

만성질환 환자에게 운동은 단순한 체력 증진을 넘어, 질병의 진행을 억제하고 삶의 질을 높이는 핵심 관리 수단이다. 하지만 무리한 운동이나 건강 상태를 고려하지 않은 활동은 오히려 건강을 해칠 수 있으므로, 운동을 시작하기 전에 전문 의료진과 상담하고 본인에게 맞는 맞춤형 운동 계획을 세우는 것이 바람직하다. 꾸준함이 무엇보다 중요하며, 운동을 일상의 일부로 자연스럽게 받아들이는 노력이 필요하다.

① 운동 전후 혈당 안정화를 위한 방안
② 골다공증의 이해와 맞춤형 운동 계획
③ 만성질환 관리를 위한 질환별 운동법
④ 만성질환 환자에게 고강도 운동이 위험한 이유

| 정답풀이 | 정답 ③

주어진 글은 대표적인 만성질환인 고혈압, 당뇨병, 골다공증에 대해 설명하고, 해당 질환의 진행을 억제하기 위한 각각의 운동방법을 소개하고 있다.

| 오답풀이 |

① 운동 전후 혈당 안정화를 위한 방안에 대한 설명은 나타나 있지 않다.
② 골다공증에 관한 내용은 주어진 글의 일부분이므로 주제로 보기 어렵다.
④ 고혈압 환자에게 고강도 운동이 위험한 이유는 언급되어 있으나 글 전체를 함축하는 주제로 볼 수 없다.

기출유형 ④ 일치/불일치

유형 특징

❶ 과학, 경제, 역사, 예술 등의 지문 또는 최근 사회적 현상에 대한 내용이 출제된다.
❷ 해당 기업에 관한 내용이 출제되기도 하며, 실제 사용되는 공고문이나 보도자료 등이 활용되기도 한다.
❸ 단일 문제로 주로 출제되는 유형이다.

풀이 전략

❶ 다소 생소한 분야의 지문이 출제되는 경향이 있으므로, 키워드를 중심으로 집중하여 독해해야 한다.
❷ 묶음 문항으로 출제되는 경우 발문과 선택지를 먼저 확인하고 지문을 읽는 것이 좋다. 선택지에서 언급되는 내용이 있다면 해당 내용은 따로 표시하고, 필요한 내용만 독해할 수 있도록 한다.
❸ 자신이 목표로 하는 기업이 있다면 해당 기업에 대한 내용은 미리 파악하여 관련 용어에 친숙해지도록 한다.

다음 글의 내용과 일치하는 것은? 2025년 3월 한국전력공사

중국의 은나라와 주나라에는 4마리의 말이 끄는 전차가 있었고 당시의 왕릉에서 말이 멍에에 매인 상태의 마차가 발굴되었다고 한다. 우리나라의 경우 삼국시대와 고조선시대에 수레와 마차가 널리 쓰였다. 당연히 도로도 잘 닦였으며, 폭 또한 넓었다고 한다. 고려와 조선으로 넘어오면서 마차는 점차 쇠퇴하고 대신 잘 닦인 수로를 통한 조창과 조운선이 발달하게 되는데, 특히 조선은 경강상인의 등장으로 민간 선박의 성능이 크게 향상되어 민간 상업 활동까지 선박을 통해 이루어져 마차는 점차 경제적인 수단으로서 의미를 잃게 되었다. 조정에서는 양마장을 설치하고 청의 품종 좋은 말을 들여 북방 평지지역인 평안도에 마차를 적극적으로 운용해보려 했지만, 그 역시 효율성이 떨어지고 경제적으로 큰 효과를 보지 못해 중단되었다는 기록이 있다.

마차가 경쟁력을 잃은 데에는 정치적인 영향 또한 있었는데, 마차 특성상 잘 닦인 큰 도로가 필요했고 평지에서만 운행이 가능했다. 문제는 전쟁이 일어났을 때 이런 도로는 적군의 기동 경로가 되고 평지 특성상 방어에도 매우 취약해진다. 때문에 침략전쟁을 주로 수행하는 나라에서는 도로를 잘 닦아 놓을 필요가 있었지만 작은 예방전쟁 이상의 국가 간 전쟁은 직접 일으키려 하지 않았던 고려와 조선에는 득보다 실이 더 많았다. 따라서 고려 때부터 모든 교통로는 보도를 중심으로 편제되었는데, 고구려같이 넓은 벌판이 있는 경우에 평시에도 마차의 이용이 꽤 있기는 했으나 신라나 백제는 이미 전시가 아닌 평상시에는 사용이 적었고, 고려 때부터는 의전용에 가깝게 변해 갔다. 조운선이 닿지 못하는 지역은 말이 끄는 마차 대신 소달구지나 수레 같은 우마차로 대체되었다. 그래도 도로가 아예 없지는 않아서 도로고 등의 관련 서적도 나온다.

특히 조선시대에는 말이 끄는 마차보다 소가 끄는 수레의 비중이 크게 증가한다. 수원화성 축성 때 소가 끄는 민간 수레가 동원되었고 속대전에서 민간 수레의 동원에 대한 기록이 발견되기도 한다. 특히 산지가 많은 함경도와 강원도 지역에서는 소달구지가 많이 쓰였다. 불교 문화의 영향으로 육식 문화가 쇠퇴하여 고려도경에서 소를 무식하게 잡는다고 표현했던 고려시대에는 소나 말이나 어차피 흔히 먹지 못하는 동물이라 둘 사이에 가치의 차이가 크게 없었으나, 조선시대에는 소뼈를 쌓아 놓고 먹을 정도로 소고기가 인기를 끌면서 육식의 가치가 있는 소를 키우는 사람이 많아졌기 때문이다. 또한 농사를 짓거나 산지를 이동할 때에도 소가 더 유용했기 때문에 말은 점차 마차를 끄는 짐말보다는 기병용 전투마로서 키우게 된다.

① 삼국시대와 고조선시대에는 도로는 정비되지 않았으나 수레와 마차가 널리 쓰였다.
② 조선시대에는 효율성이 높고 경제 가치가 높아 마차가 보편적인 운송 수단으로 정착되었다.
③ 신라와 백제에서는 전시를 제외하고는 마차의 사용이 적었다.
④ 조선시대에는 수레를 끄는 데 소보다 말이 더 많이 사용되었다.
⑤ 고려시대에는 소의 활용도가 말보다 높아 두 가축 간 가치의 차이가 컸다.

| 정답풀이 | 정답 ③

두 번째 문단에서 신라나 백제는 이미 전시가 아닌 평상시에는 사용이 적었다고 말하고 있다. 따라서 신라와 백제에서는 전시를 제외하고는 마차의 사용이 적었다는 내용은 적절하다.

| 오답풀이 |

① 첫 번째 문단에 따르면 우리나라의 경우 삼국시대와 고조선시대에는 수레와 마차가 널리 쓰였다. 당연히 도로도 잘 닦였으며, 폭 또한 넓었다고 말하고 있다. 따라서 삼국시대와 고조선시대에는 도로는 정비되지 않았으나 수레와 마차가 널리 쓰였다는 내용은 적절하지 않다.
② 첫 번째 문단에서 조정에서는 양마장을 설치하고 청의 품종 좋은 말을 들여 북방 평지지역인 평안도에 마차를 적극적으로 운용해보려 했지만 그 역시 효율성이 떨어지고 경제적으로 큰 효과를 보지 못해 중단된 기록이 있다고 말하고 있다. 따라서 조선시대에는 효율성이 높고 경제 가치가 높아 마차가 보편적인 운송 수단으로 정착되었다는 내용은 적절하지 않다.
④ 세 번째 문단에서 조선시대에는 말이 끄는 마차보다 소가 끄는 수레의 비중이 높아졌다고 말하고 있다. 따라서 조선시대에는 수레를 끄는 데 소보다 말이 더 많이 사용되었다는 내용은 적절하지 않다.
⑤ 세 번째 문단에서 고려시대에는 소나 말이나 어차피 흔히 먹지 못하는 동물이라 둘 사이에 가치의 차이가 크게 없었다고 말하고 있다. 따라서 고려시대에는 소의 활용도가 말보다 높아 두 가축 간 가치의 차이가 컸다는 내용은 적절하지 않다.

기출유형 ⑤ 내용 추론

유형 특징

❶ 일치/불일치 유형과 같이 다양한 소재로 문제가 출제되며, 기본적인 형태와 구조도 일치/불일치 유형과 유사하다.

❷ 발문에 '추론'이라는 용어가 명시된 경우가 일반적이지만, '바르게 이해한 것', '알 수 있는 것' 등 다양한 발문으로 출제되기도 한다.

❸ 단일문제로 주로 출제되는 유형이다.

풀이 전략

❶ 선택지를 통해 핵심 키워드를 파악하고 글을 읽어 나간다.

❷ 추론 문제는 선택지의 내용이 지문에 직접적으로 언급되지 않았을 수 있으므로 정오의 간접적인 근거를 지문에서 찾을 수 있어야 한다.

❸ 알 수 없는 내용을 선택지로 만드는 경우도 있으므로, 모든 선택지의 근거를 억지로 찾으려고 시간을 많이 소비하지 않도록 한다.

다음 글을 읽고 추론한 내용으로 가장 적절한 것은? 2024년 지역농협

국민 소득이 높아지면서 반려동물을 키우는 가구가 꾸준히 늘고 있다. 국내 반려동물 관련 산업 시장 규모는 2022년에 8조 6천억 원을 기록했고 2032년에는 21조 2천억 원으로 추산되며 연평균 9.5%의 성장세를 보일 것으로 예상된다. 반려동물 산업은 펫 푸드, 펫 헬스케어, 펫 서비스, 펫 테크 등 다양한 분야로 확장되고 있다.

현재 가장 급격한 성장세를 보이고 있는 펫 푸드는 단순한 사료 제조를 넘어 반려동물의 건강과 취향을 고려한 맞춤형 식사와 간식을 제공하는 산업으로 발전하고 있다. 수제, 유기농, 비건(Vegan) 등 선택의 폭도 넓어졌으며 반려동물 전용 영양제도 꾸준히 출시되고 있다. 2010년에는 반려동물 관련 시장에서 펫 푸드 시장의 점유 비중은 51.3%, 펫 용품 시장은 48.7%로 유사한 수준이었으나, 2022년에는 펫 푸드의 시장 규모가 빠르게 확대되면서 점유 비중이 60.3%로 확대되었다.

펫 헬스케어는 반려동물의 건강과 복지 향상을 위한 제품이나 서비스를 제공하는 산업으로 예방접종, 정기 검진 등 의료서비스와 펫보험이 대표적이다. 코로나19 발생 전후 시기인 2019~2020년에는 국내 반려동물 양육 규모가 크게 증가하지 않았음에도 관련 산업은 15.5% 성장했으며, 2028년에는 40% 이상 성장할 것으로 전망된다.

펫 서비스는 반려동물 위탁, 교육, 장묘 시설 관련 산업으로 소비자의 요구가 커지면서 성장세가 뚜렷하다. 펫 호텔과 같은 위탁시설은 장기 여행을 계획하는 반려인들에게 인기를 끌고 있으며, 반려동물 행동 교정을 위한 훈련·교육기관과 장례 서비스 등은 다각화된 펫 산업을 보여주고 있다.

펫 테크 산업은 사물인터넷(IoT), 인공지능(AI) 기술을 활용해 반려동물 양육을 돕는다. 펫 관련 앱(App)을 통해서는 반려동물의 건강과 움직임을 실시간 모니터링할 수 있으며, 가전과 연동되어 있다. 일부 로봇 청소기의 경우 원격 청소 기능으로 편리함을 더해준다. 펫 테크 제품은 반려동물의 안전, 건강, 놀이 등 다양한 측면에 기여해 반려동물을 키우는 가정의 삶의 질을 높이는 데 큰 역할을 하고 있다. 현재 시장규모는 미미하나, 다른 펫 관련 사업에 비해 가장 높은 성장세를 보이고 있어 2028년에는 시장규모가 17조 원가량으로 확대될 것으로 전망된다.

① 2032년에는 반려동물의 건강 및 수명 관련 의료 분야에 대한 시장 고급화가 두드러질 것이다.
② 펫 관련 산업에서 펫 용품 시장은 향후 10년 안에 감소세로 접어들 것이다.
③ 앞으로 펫 푸드 시장에서 프리미엄 푸드에 대한 수요가 점점 더 높아질 것이다.
④ 2028년에는 펫 관련 사업에서 푸드 분야보다 테크 분야가 크게 성장해 있을 것이다.

| 정답풀이 |

정답 ④

주어진 글에서는 반려동물 산업을 소개하고 이를 펫 푸드, 펫 헬스케어, 펫 서비스, 펫 테크로 구분하여 각 분야별 특징과 전망을 설명하고 있다. 마지막 문단을 보면 펫 테크 산업이 다른 펫 관련 산업에 비해 가장 높은 성장세를 유지하면서 2028년에 시장규모가 17조 원가량으로 크게 확대될 것으로 전망하고 있다고 하였다. 따라서 2028년에는 펫 관련 사업 중에서 테크 분야가 두드러진 성장세를 보일 것으로 추론할 수 있다.

| 오답풀이 |

① 2032년에는 반려동물 관련 시장 규모가 21조 2천억 원으로 연평균 9.5%의 성장세를 보일 것으로 예상한다는 내용을 찾을 수는 있으나, 반려동물의 건강 및 수명 관련 의료 분야에 대한 시장 고급화가 두드러질 것이라는 내용은 지문을 통해 추론할 수 없다.
② 펫 용품 시장은 펫 푸드 시장의 성장을 강조하기 위해 언급되어 있으나, 펫 관련 산업에서 펫 용품 시장이 향후 10년 안에 감소세로 접어들 것인지는 추론할 수 없다.
③ 펫 푸드 시장이 단순한 사료 제조를 넘어 반려동물의 건강과 취향을 고려한 맞춤형 식사와 간식을 제공하는 산업으로 발전하고 있음은 확인할 수 있으나, 앞으로 펫 푸드 시장에서 어떤 푸드에 대한 수요가 높아질 것인지는 추론할 수 없다.

기출유형 ⑥ 빈칸 추론

유형 특징

❶ 문장, 구, 단어, 접속어 등 빈칸에 들어갈 적합한 말을 고르는 유형의 문제이다.

❷ 주로 빈칸에 들어갈 말로 적절한 것을 고르는 문제가 출제되지만, 간혹 적절하지 않은 것을 고르는 문제가 출제되기도 한다.

❸ 빈칸에 들어갈 문장이나 구를 고르는 문제는 빈칸이 하나만 제시되는 경우가 많지만, 단어를 고르는 문제는 최소 2개에서 최대 5개의 빈칸이 제시되기도 한다.

풀이 전략

❶ 빈칸이 있는 문장을 먼저 읽고 난 뒤, 빈칸이 있는 문장의 앞과 뒤를 확인하여 빈칸에 들어갈 말을 추론한다.

❷ 빈칸이 있는 문장의 앞과 뒤를 읽었음에도 답을 알 수 없다면 빈칸이 있는 문단 전체를 읽으며 해당 문단의 주제를 고려하여 빈칸에 들어갈 말을 확인한다.

❸ 본 유형은 난도가 대체로 높지 않은 편이지만, 난도가 높게 출제될 경우 글 전체의 주제를 관통하는 문장을 빈칸으로 만들어 놓기도 한다. 따라서 ❶, ❷번의 풀이 전략으로 해결되지 않으면 글 전체의 주제를 파악하고 답을 골라야 한다.

다음 글의 빈칸에 들어갈 말로 적절한 것은? 2025년 9월 한국수자원공사

현대에 들어 공개 처벌이나 신체형 중심의 형벌은 점차 사라지고, 대신 장기 수감과 교정 중심의 제도가 자리 잡았다. 이에 따라 감옥과 정신병원 같은 교정시설은 단순한 건물이 아니라 '감시와 규율'을 실현하는 장치로 설계된다. 감옥은 방사형 구조와 중앙 감시실, 독거실과 복도를 통해 수용자의 움직임을 철저히 관리한다. 정신병원 역시 병동 분리, 채광과 환기, 간호 동선의 표준화를 통해 환자를 관찰하고 기록하는 체계를 강화한다. 이처럼 건축물은 권력 관계를 내면화하며, 누가 누구를 바라보고 기록하는지를 규정하는 구조가 반영된다.

푸코는 이러한 시설을 단순한 효율 설계가 아니라 권력이 작동하는 기계로 이해했다. 그는 위계적 관찰(감시), 규범적 판단(평가), 검사와 기록이 결합해 개인을 '사례'로 만들고, 신체와 습관을 세분화해 길들이는 방식을 '규율 권력'이라 불렀다. 특히 파놉티콘은 수감자가 언제나 감시당할 수 있다는 인식을 주어, 강제가 아닌 자기 감시와 규범의 내면화를 유도하는 장치로 보았다. 푸코에게 감옥의 작업장과 수감실, 교실의 시간표와 좌석표, 병원의 차트와 회진 등은 모두 동일한 기술의 변주이며, 합리와 효율의 이름으로 복종을 내면화시키는 미시적 권력의 장치이다.

반면 벤담은 교정시설의 운영 방식과 건축 양식을 공리주의 관점에서 긍정적으로 바라본다. 그는 교정시설을 단순한 구금 공간이 아니라 사회 질서를 유지하고 범죄를 예방하기 위한 제도적 장치로 본다. 그는 범죄를 완전히 없앨 수는 없지만, 그 피해와 위험을 최소화해야 한다고 주장했다. 따라서 처벌은 사회 구성원 전체의 안전을 위해 불가피하게 감수해야 하는 '최소한의 악'으로 규정된다. 다만 이 최소한의 악조차 무분별하게 확대되어서는 안 되며, 합리적으로 관리되어야 한다는 것이 벤담의 입장이다. 벤담은 형벌이 지나치게 잔혹하거나 불필요하게 장기화되면 오히려 사회적 비용이 커지고, 범죄자의 개선 가능성마저 빼앗게 된다고 비판했다. 따라서 교정시설은 단순히 범죄자를 격리하는 공간이 아니라, 재범을 막고 사회에 다시 적응할 수 있도록 돕는 제도로 설계되어야 한다고 강조한다.

이러한 시각을 바탕으로 벤담은 구체적인 운영 원리를 제시하였다. 그는 파놉티콘 구조를 통해 소수의 관리자가 다수를 효율적으로 감시할 수 있도록 하여 운영 비용을 줄이고, 수감자가 스스로 규율을 지키는 습관을 들이도록 했다. 또한 범죄자의 특성과 위험도를 고려해 분리 수용을 실시하고, 단순한 구금이 아니라 노동과 교육을 결합시켜 생산적 습관과 사회 적응력을 기를 수 있도록 설계했다. 여기에 상벌 제도와

인센티브를 도입하여 모범적인 행동에는 보상을, 위반에는 제재를 가함으로써 자발적인 개선을 유도했다. 더 나아가 단계적 석방과 사후 관리 제도를 통해 출소 이후 사회 복귀를 지원하고, 재범 위험을 낮추고자 했다. 그는 위생 · 채광 · 환기 · 식사 · 의료 같은 기본 생활 여건이 개선되어야 교정의 성과와 사회적 이익이 극대화된다고 보았다. 또한 장부 기록과 외부 점검 등의 '감시받는 감시' 장치를 마련해, 관리자의 권력 남용을 예방하고 교정시설의 신뢰성을 높이고자 했다.

푸코는 교정시설을 효율의 이름으로 복종을 길러내는 권력 장치로 비판했지만, 벤담은 같은 구조를 (　　　　　　)로 이해했다. 푸코에게 감시는 자유를 침식하는 기술이나, 벤담에게는 예측 가능성과 공공선을 보장하는 장치이다. 오늘날 디지털 감시, 의료 데이터, 교육 평가 등 다양한 영역에서 두 사람의 시각은 여전히 중요한 함의를 지닌다. 벤담의 논리는 효율성과 안전성을 높이는 제도 설계의 장점을 설명하지만, 푸코의 경고처럼 그 제도가 개인을 지속적으로 비교 · 감시하는 장치로 변질될 위험도 존재한다. 결국 현대 사회의 교정 · 의료 · 교육 공간은 효율과 권리, 안전과 자유 사이에서 균형을 어떻게 설계할지가 핵심 과제로 남아 있다.

① 전 사회적으로 확대되어야 할 기술
② 은밀한 폭력의 도구
③ 무조건적 격리 장치
④ 다수의 행복을 증진시키는 교화의 도구

| 정답풀이 |　　　　정답 ④

다섯 번째 문단에 따르면 푸코는 교정시설을 "효율의 이름으로 복종을 길러내는 권력 장치"라고 비판했으나, 벤담은 이를 "예측 가능성과 공공선을 보장하는 장치"로 보았다. 즉 푸코는 교정시설을 억압의 도구로 본 반면, 벤담은 효율적이고 합리적으로 운영할 경우 긍정적인 효과를 거둘 수 있는 필요악으로 이해했다. 따라서 빈칸에 들어갈 말로는 교정시설의 필요성이 드러난 "다수의 행복을 증진시키는 교화의 도구"가 적절하다.

| 오답풀이 |

① 세 번째 문단에 따르면 벤담은 처벌을 최소한의 악으로 규정한 후 "무분별하게 확대되어서는 안 되며, 합리적으로 관리되어야 한다"고 주장하였음을 알 수 있다. 따라서 벤담이 교정시설을 전 사회적으로 확대되어야 할 기술로 이해했다고 볼 수 없다.
②, ③ 모두 푸코의 시각을 반영한 표현으로, 교정시설을 부정적으로 규정하고 있다.

기출유형 ⑦ 비판적 독해

유형 특징

❶ 지문의 중심 내용 또는 세부 내용에 대해 적절하거나 적절하지 않은 비판 · 반론을 고르는 문제가 출제된다.
❷ 출제 빈도가 높은 편은 아니지만, 출제되면 난도가 높은 유형이다.

풀이 전략

❶ 내용 추론 유형과 유사한 형태의 문제 유형으로, 선택지를 통해 키워드를 먼저 파악하고 글을 읽어 나간다.
❷ 주어진 내용을 확실하게 비판하거나 반박하는 것을 골라야 하므로 지문의 핵심 내용을 정확하게 파악하는 것이 중요하다.

다음 주장을 반박할 수 있는 내용으로 가장 적절한 것은? 2022년 2월 한국토지주택공사

반려견을 키우면서 기대할 수 있는 우울증 예방 효과는 반려견에게 우호적일수록 더 크다. 서울에 살면서 반려견을 키우는 20~30대 654명을 대상으로 반려견에 대한 우호적 또는 비우호적인 태도가 우울증에 미치는 영향을 분석한 결과 이런 연관성이 관찰됐다.

반려견을 기르는 게 우울증 예방에 도움이 되는지에 대해서는 그동안 논란이 많았다. 반려견과의 상호작용으로 사람 체내의 옥시토신 호르몬이 활성화되면서 정신 건강에 유익한 역할을 한다는 연구 결과가 많이 제시되긴 했지만, 이와 반대로 사람의 정신 건강에 아무런 효과가 없다는 연구 결과도 적지 않았다. 여론 조사 기관에 의뢰해 반려견을 키우는 사람들이 반려견에게 우호적인지, 비우호적인지를 상대적으로 평가할 수 있는 각 7점 만점의 18가지 문항을 제시하고, 총점(18~126점)에 따라 우울증에 미치는 영향을 분석했다. 조사 당시 참여자들의 우울 증상 유병률은 54%(353명)였다. 설문 문항은 다음과 같았으며, 반려견을 얼마나 소중하게 여기는지에 대한 문항이 대부분이었다.

1) 집에서 반려견을 키우는 것을 좋아한다.
2) 반려견을 키우는 것은 돈 낭비라고 생각한다.
3) 반려견은 내 인생을 더 행복하게 한다.
4) 반려견과 함께 사는 것이 행복하지만 일상생활에서의 불편함을 감수할 정도는 아니다.

성별, 연령, 교육 수준, 소득 수준, 혼인 여부, 취직 여부, 가족 수 등의 요인을 모두 보정한 결과, 설문 중앙값(89점) 이하 점수대의 '비우호적 그룹'은 90점 이상 점수대의 '우호적 그룹'에 견주어 우울증 위험이 3.19배 더 높은 것으로 추산되었다.

① 주어진 연구 내용을 일반화할 수 없다.
② 1인 가구의 우울증과 외로움의 상관관계를 따져보아야 한다.
③ 반려견을 키우고 싶어도 형편이 되지 않는 사람들이 있다.
④ 반려견도 우울증에 걸릴 수 있다.
⑤ 외로움을 없앨 근본적인 해결책을 찾아야 한다.

| 정답풀이 | 정답 ①

서울에 거주하며 반려견을 키우는 20~30대 654명만을 대상으로 조사하였으므로 연구 내용을 일반화하기에는 표본이 적으며, 더 많은 표본을 대상으로 심층적인 조사가 필요하다.

| 오답풀이 |

② 가족 수의 요인을 보정하여 조사 결과에 따른 설문 점수를 추산하였으므로 적절하지 않다.
③, ④, ⑤ 주어진 글은 반려견에 대한 우호적인 태도가 우울증에 미치는 영향에 대해 주장하고 있으므로 관련이 없는 내용이다.

기출유형 ⑧ 글의 구조 – 문단 배열

유형 특징

❶ 4~5개 문단을 논리적 순서에 맞게 배열하는 유형의 문제이다.
❷ 기업에 따라 문장들의 순서를 배열하도록 하는 형태로 출제되기도 한다.
❸ 지문의 길이에 비례하여 풀이 시간이 늘어나거나 난도가 높아지는 유형은 아니다. 지문의 길이가 길면 문단의 관계를 파악할 수 있는 힌트가 많아지는 것이므로 오히려 빠르게 문제를 풀고 넘어갈 수 있다.

풀이 전략

❶ 지문을 확인하기 전에 선택지를 먼저 확인하여 첫 문단으로 올 수 있는 문단을 확인한다.
❷ 첫 문단을 찾기 어렵다면 마지막 문단을 먼저 찾는 것도 풀이 전략 중 하나이다. 마지막 문단에는 글 전체를 정리하거나 전망을 제시하는 등 마무리하는 내용이 포함되는 경우가 많기 때문이다.
❸ 각 문단의 첫 문장과 마지막 문장을 꼼꼼하게 읽으며 접속어, 지시어 등을 힌트로 삼아 문단 간의 유기적 관계를 파악한다.

다음 글의 문단 [가]~[마]를 논리적 순서에 맞게 배열한 것은? 2024년 부산시 통합채용

인간의 모든 행동과 사고, 감정은 뇌와 신경계를 통해 이루어진다. 이 과정에서 핵심적인 역할을 하는 것이 뉴런(neuron)이다. 뉴런은 신경계를 구성하는 기본 단위로, 전기적·화학적 신호를 이용해 정보를 전달한다. 일반적으로 뉴런은 신경세포체(soma), 수상돌기(dendrite), 축삭(axon)으로 구성되며, 각 부분은 신호의 수집, 처리, 전달이라는 기능을 수행한다.

[가] 그러나 뉴런의 기능이 정상적으로 작동하지 않으면 신경계 질환이 발생할 수 있다. 알츠하이머병과 같은 퇴행성 신경 질환은 뉴런의 손상으로 인해 기억력과 인지 기능이 저하되는 특징을 보인다. 또한, 파킨슨병은 도파민을 분비하는 특정 뉴런의 퇴행으로 인해 발생하는데, 근육 경직과 떨림 같은 증상이 나타난다.

[나] 뉴런은 인간의 모든 신경 활동을 조절하는 핵심 요소로, 그 기능과 구조를 이해하는 것은 신경과학뿐만 아니라 의학, 인공지능, 뇌공학 분야에서도 중요한 연구 주제가 되고 있다. 뉴런의 작동 원리와 복잡한 상호작용을 더욱 깊이 파악한다면, 향후 신경계 질환 치료뿐만 아니라 인지 기능 증진, 인간과 기계의 연결 기술 발전에도 큰 영향을 미칠 것이다.

[다] 뉴런은 기능에 따라 감각 뉴런, 운동 뉴런, 연합 뉴런으로 구분된다. 감각 뉴런은 외부 환경으로부터 정보를 받아들이고, 운동 뉴런은 신호를 근육이나 기관으로 보내 움직임을 조절한다. 연합 뉴런은 감각 뉴런과 운동 뉴런을 연결하며, 복잡한 정보 처리를 담당한다. 이처럼 뉴런은 단순한 신경 전달뿐만 아니라 고등 인지 기능까지 수행하는 중요한 역할을 한다.

[라] 신경 신호는 뉴런 간의 연결을 통해 이동하는데, 이 과정에서 중요한 것이 시냅스(synapse)이다. 시냅스는 한 뉴런의 축삭 말단과 다른 뉴런의 수상돌기 또는 세포체가 만나는 접합부로, 신경전달물질을 통해 정보를 전달한다. 예를 들어, 감각 뉴런이 뜨거운 물체를 감지하면 신경 신호가 척수를 거쳐 운동 뉴런으로 전달되고, 결국 근육이 반사적으로 반응하는 것이다.

[마] 뉴런의 손상을 줄이거나 회복하는 연구가 활발히 진행되고 있다. 신경 가소성(neuroplasticity)은 손상된 뉴런이 회복되거나 새로운 뉴런 연결망이 형성되는 능력을 의미한다. 예를 들어, 뇌졸중 환자는 재활 치료를 통해 뉴런의 새로운 연결을 유도하고 기능을 회복할 수 있다. 더 나아가, 줄기세포 치료와 뇌-기계 인터페이스(BCI, Brain-Computer Interface) 기술은 뉴런의 기능을 보완하거나 대체하는 방안으로 주목받고 있다.

① [가]－[다]－[마]－[나]－[라]
② [나]－[가]－[라]－[다]－[마]
③ [다]－[라]－[가]－[마]－[나]
④ [라]－[다]－[마]－[가]－[나]

| 정답풀이 |

정답 ③

각 문단의 주제는 다음과 같다.
[가] 뉴런 기능 장애와 신경계 질환
[나] 뉴런 연구의 중요성과 미래 전망
[다] 뉴런의 기능적 구분과 역할
[라] 뉴런의 기본 구조와 신호 전달 방식 설명
[마] 뉴런의 회복 가능성과 연구 동향
따라서 논리적 순서에 맞게 배열하면 [다]－[라]－[가]－[마]－[나]이다.

| 상세해설 |

[다] 첫 문단에서는 뉴런의 정의와 기본적인 구조를 설명하고 있다. 이는 이후 뉴런은 기능적으로 감각 뉴런, 운동 뉴런, 연합 뉴런으로 구분된다는 내용을 다루며 기본 개념을 제시하는 [다]로 이어지는 것이 가장 자연스럽다.
[라] 신경 신호가 뉴런 간의 연결을 통해 이동하는 방식(시냅스와 신경전달물질)에 대해 서술하고 있다. 즉, 신경 신호가 이동하는 원리를 설명하며 뉴런이 상호작용하는 과정을 구체적으로 설명한다.
[가] 뉴런의 기능이 정상적으로 작동하지 않을 경우 어떤 신경계 질환이 발생하는지를 다룬다. 이는 뉴런의 역할이 왜 중요한지, 그리고 뉴런의 손상이 어떤 문제를 초래하는지를 설명하기 위해 필요한 단계다.
[마] 앞에서 다룬 문제를 해결하기 위한 연구와 회복 가능성에 대한 논의가 이루어진다. 신경 가소성 개념, 줄기세포 치료, 뇌－기계 인터페이스(BCI) 같은 최신 연구 동향을 다루면서, 뉴런 손상을 극복할 방법을 설명하는 것이 논리적인 흐름이다.
[나] 마지막 문단에서는 뉴런 연구가 신경과학뿐만 아니라 인공지능, 뇌공학 등의 다양한 분야에서 중요하게 다루어진다는 점을 언급하며, 뉴런 연구가 단순한 의학적 문제를 넘어 광범위한 분야에 영향을 미친다는 점을 강조한다. 이는 앞서 논의한 뉴런의 역할과 연구 동향을 종합하며, 지문의 결론을 완성하는 역할을 한다.

기출유형 ⑨ 서술 방식

유형 특징

❶ 지문의 서술상 특징이나 논지 전개 방식, 표현 방식을 고르는 유형이다.
❷ 한국철도공사 등의 일부 기업에서는 필자가 글을 쓰기 위해 사용한 전략, 예상 독자, 목적 등을 전체적으로 파악해야 하는 형태로 출제하기도 한다.
❸ 최근 시 · 수필 · 소설 등 다양한 갈래의 문학작품이 출제되고 있다.

풀이 전략

❶ 선택지에 '서술 대상'이라는 말이 언급되면 지문의 내용을 통해 서술 대상이 무엇인지 명확하게 파악한다. 서술 대상이 무엇인지 잘못 파악하면 전혀 다른 답을 고를 수 있기 때문이다.
❷ 평소에 비교, 대조, 분류, 분석, 유추, 인과, 통념, 자문자답 등 서술 방식과 관련된 기본적인 용어의 개념과 이러한 서술 방식이 지문에 어떻게 적용되는지에 대한 학습이 선행되어야 한다.
❸ 긍정 발문의 경우 글 전체를 관통하는 서술 방식을 고르는 것이 적절하다. 반면 사용하지 않은 서술 방식을 골라야 하는 문제를 풀 때는 지문 내 다양한 서술 방식을 모두 꼼꼼하게 확인해야 한다.

다음 글에 대한 설명으로 옳지 않은 것은? 2025년 9월 한국철도공사

> 이제 어디를 가나 아리바바의 참깨주문 없이도 저절로 열리는
> 자동문 세상이다.
> 언제나 문 앞에 서기만 하면
> 어디선가 전가 감응 장치의 음흉한 혀끝이
> 날름날름 우리의 몸을 핥는다 순간
> 스르르 문이 열리고 스르르 우리들은 들어간다.
> 스르르 열리고 스르르 들어가고
> 스르르 열리고 스르르 나오고
> 그때마다 우리의 손은 조금씩 퇴화하여 간다.
> 하늘을 멀뚱멀뚱 쳐다만 봐야 하는
> 날개 없는 키위새
> 머지않아 우리들은 두 손을 잃고 말 것이다.
> 정작, 두 손으로 힘겹게 열어야 하는
> 그,
> 어떤, 문 앞에서는,
> 키위키위 울고만 있을 것이다.
>
> — 유하 「자동문 앞에서」

① 현대문명 발전에 대한 부정적 시각이 드러나 있다.
② 반복표현을 통한 대구법이 사용되었다.
③ 의성어를 사용하여 자동문이 열리고 닫히는 상황을 생생히 표현하였다.
④ 작중 화자는 키위새를 통해 주제를 강화하였다.
⑤ '음흉한 혀끝', '핥는다'는 표현을 통해 자동문의 편리성을 표현하였다.

| 정답풀이 | 정답 ⑤

'음흉한 혀끝', '핥는다'는 표현은 자동문의 비인간적 감각과 기계문명의 부정적 측면을 강조한 것으로, 편리성을 표현한 것이 아니다.

| 오답풀이 |

① 인간이 기계 문명에 지나치게 의존하면서 능력이 퇴화하고 불편함을 느끼는 모습을 드러내어 부정적 시각을 보여준다.
② "스르르 열리고 스르르 들어가고 / 스르르 열리고 스르르 나오고"와 같은 반복적 구문은 대구법의 예로, 자동문의 기계적 움직임과 인간의 수동성을 강조한다.
③ "스르르"는 자동문이 열리고 닫히는 소리를 생생하게 표현한 의성어이다.
④ 키위새는 날개가 없어 날지 못하는 새로, 두 손을 잃어버린 인간의 모습을 상징하며 주제를 강화한다.

반드시 출제되는 핵심이론

구분	정의	효과	예시
비유	두 대상을 빗대어 의미를 풍부하게 표현	표현의 생동감, 상상력 자극	인생은 바다다.
직유	'처럼', '같이' 등을 사용하여 직접 비유	비교가 명확해 이해가 쉬움	그의 얼굴은 달처럼 밝다.
은유	비교어 없이 동일시하는 비유	함축적이고 깊은 의미 전달	그의 눈은 별이다.
의인	사물에 사람의 감정 · 행동 부여	생명감과 정서적 공감 유도	바람이 속삭인다.
대구	비슷한 구조의 문장을 나란히 배열	운율 형성, 의미 강조	산에는 꽃 피네/들에는 꽃 피네
반복	같은 어구를 되풀이하는 표현	운율 형성, 감정 강조	또, 또 기다린다.
대조	반대되는 개념을 나란히 배치	대비를 통해 주제나 감정을 선명히 드러냄	밝음과 어둠이 교차한다.
역설	겉으론 모순되지만 속에 진리 존재	의미의 깊이와 사유 유도	죽음 속에서 삶을 찾는다.
풍자	사회의 모순이나 인간의 어리석음을 비꼬아 표현	웃음이나 아이러니를 통해 비판적 인식을 일깨움	이상 「날개」
해학	익살과 유머로 인간상 표현	웃음 속 교훈 · 공감 제공	작자미상 「흥부전」

PART 1 필수 개념 & 유형 학습

대표 출제 기업

PSAT형	한국철도공사, 한국전력공사, 국민건강보험공단, 한국토지주택공사, 인천국제공항공사, 한국공항공사, 한국도로공사, 한국수자원공사, 한국수력원자력, 예금보험공사, 근로복지공단, IBK기업은행
피듈형	서울교통공사, 부산교통공사, 한국가스공사, 한국지역난방공사, 한국도로공사, 한국수자원공사, 한국공항공사, 한국농어촌공사, 한전KPS, 한전KDN, 한국중부발전, 한국남부발전, 한국서부발전, 한국동서발전, 한국남동발전, 한국환경공단, 국민연금공단, 한국산업인력공단, 지역농협, IBK기업은행, NH농협은행, KDB산업은행, 한국수출입은행, 신용보증기금, 예금보험공사, 건강보험심사평가원

CHAPTER 02

수리능력

STEP 1 NCS 핵심이론

STEP 2 대표 기출유형

STEP 01

NCS 핵심이론

수리능력 개요

1. 수리능력의 의미

업무 상황에서 요구되는 사칙연산과 기초적인 통계를 이해하고, 도표 또는 자료(데이터)를 정리, 요약하여 의미를 파악하거나 도표를 이용해서 합리적인 의사결정을 위한 객관적인 판단 근거로 제시하는 능력을 의미한다.

2. 수리능력의 하위능력

1) 기초연산능력

업무 상황에서 필요한 기초적인 사칙연산과 계산 방법을 이해하고 활용하며, 업무 상황에서 여러 단계의 복잡한 사칙연산을 수행하고, 연산 결과의 오류를 판단하고 수정할 수 있는 능력이다.

2) 기초통계능력

업무 상황에서 평균, 합계, 빈도와 같은 기초적인 통계 기법을 활용하여 자료를 정리하고 요약하며, 업무 상황에서 여러 단계의 복잡한 통계 기법을 활용하여 결과의 오류를 수정할 수 있는 능력이다.

3) 도표분석능력

업무 상황에서 도표(그림, 표, 그래프 등)의 의미를 파악하고, 필요한 정보를 해석하여 자료의 특성을 규명하며, 업무 상황에서 접하는 다양한 도표를 분석하여 내용을 종합할 수 있는 능력이다.

4) 도표작성능력

업무 상황에서 자료(데이터)를 이용하여 도표를 효과적으로 제시하며, 업무 상황에서 다양한 도표를 활용하여 내용을 강조할 수 있는 능력이다.

3. 수리능력의 중요성

1) 수리능력이 필요한 이유

단순히 숫자를 계산하는 것만 배우는 것이 아니라 복잡하고 어려운 문제들을 계산하고 해결해 가는 과정을 통해 논리적으로 생각하는 방법과 문제해결력을 배울 수 있다. 또한, 수리능력을 통해 추리력, 분석적인 사고능력, 엄격한 논리체계 및 사물을 인식하고 이해하는 방법을 배우게 되는데, 이러한 수리능력은 모든 과학의 언어로서 자연과학, 공학, 인문학, 사회과학에 이르기까지 광범위하게 응용된다.

2) 일상생활 혹은 업무수행과정에서 수리능력이 중요한 이유

① 수학적 사고를 통한 문제해결

② 직업세계 변화에 적응

③ 실용적 가치의 구현

4. 도표

1) 도표의 의미

내용을 선, 그림, 원 등을 활용하여 시각적으로 표현한 것을 말한다.

2) 도표작성의 목적

① 보고·설명: 사내 회의 또는 상급자에게 보고할 때 대표적으로 사용되며, 현상분석을 통해 전체의 경향 또는 이상 수치를 발견하거나, 문제점을 명백히 밝혀 대책이나 계획을 세우기 위해 적극적으로 활용된다.

② 상황 분석: 도표를 더욱 적극 활용하는 경우로, 회사의 상품별 매출액의 경향 또는 거래처의 분포 등을 보는 경우 쓰인다.

③ 관리 목적: 도표가 지닌 성질을 유효하게 이용한 대표적인 예로, 진도관리 도표나 회수 상황 도표 등으로 전반적인 업무 상황을 관리하는 경우에 쓰인다.

5. 단위환산표 ☆중요

길이	1cm=10mm, 1m=100cm, 1km=1,000m
넓이	$1cm^2=100mm^2$, $1m^2=10,000cm^2$, $1km^2=1,000,000m^2$
부피	$1cm^3=1,000mm^3$, $1m^3=1,000,000cm^3$, $1km^3=1,000,000,000m^3$
들이	$1mL=1cm^3$, $1dL=100cm^3=100mL$, $1L=1,000cm^3=10dL$
무게	1kg=1,000g, 1t=1,000kg=1,000,000g
시간	1분=60초, 1시간=60분=3,600초
할푼리	1푼=0.1할, 1리=0.01할, 1모=0.001할

하위능력 1 **기초연산능력**

1. 기초연산능력이 요구되는 상황

- 업무상 계산을 수행하고 결과를 정리하는 경우
- 조직의 예산안을 작성하는 경우
- 업무비용을 측정하는 경우
- 업무수행 경비를 제시해야 하는 경우
- 고객과 소비자의 정보를 조사하고 결과를 종합하는 경우
- 다른 상품과 가격 비교를 하는 경우

2. 사칙연산

1) 사칙연산의 의미

수 또는 식은 '얼마만큼인가'를 나타내는 '양'을 표현하는 도구로서, 수 또는 식에 관한 덧셈(+), 뺄셈(−), 곱셈(×), 나눗셈(÷) 등 네 종류의 연산을 말하며, 일정한 원리(규칙 또는 방법)에 따라 계산한다.

2) 연산법칙

① 교환법칙: $a+b=b+a$, $a\times b=b\times a$가 성립한다.

② 결합법칙: $a+(b+c)=(a+b)+c$, $a\times(b\times c)=(a\times b)\times c$가 성립한다.

③ 분배법칙: $a\times(b+c)=a\times b+a\times c$, $(a+b)\times c=a\times c+b\times c$가 성립한다.

3. 효과적인 검산 방법 ☆중요

1) 역연산법

연산의 결과를 계산하기 전의 식으로 되돌아가는 검산법이다. 역연산법은 원래의 연산 순서를 거꾸로 계산하는 방법이므로 곱셈과 나눗셈보다 덧셈과 뺄셈을 먼저 계산한다.

2) 구거법

원래의 수와 각 자릿수의 합이 9로 나눈 나머지와 같다는 원리를 이용한 검산법이다. 수식에 사용된 각각의 수를 9로 나눈 나머지만 계산해서 좌변과 우변의 9로 나눈 나머지가 같은지 판단할 수 있다.

> 예 3,456+341=3,797의 좌변에서 3+4+5+6을 9로 나눈 나머지는 0, 3+4+1을 9로 나눈 나머지는 8이고, 우변에서 3+7+9+7을 9로 나눈 나머지는 8이므로 0+8=8이어서 등식이 성립하므로 계산을 제대로 했다고 생각할 수 있다.

1. 통계

1) 통계의 의미

어떤 현상의 상태를 양으로 반영하는 숫자로, 특히 사회집단의 상황을 숫자로 표현한 것이다.

2) 통계에 사용되는 자료

① 집중화 경향: 자료들이 어느 위치에 집중되어 있는가를 나타내는 것이다.

② 분산도: 자료들이 어느 정도로 흩어져 있는가를 나타내는 것이다.

③ 비대칭도: 자료들이 대칭에서 얼마나 벗어나 있는가를 나타내는 것이다.

3) 통계의 기능 ★중요

많은 수량적 자료를 처리 가능하게 하고, 쉽게 이해할 수 있는 형태로 축소한다. 표본을 통해 연구대상 집단의 특성을 유추하며, 관찰 가능한 자료를 통해 논리적으로 어떠한 결론을 추출·검증한다.

2. 기본적인 통계치 ★중요

1) 빈도와 백분율

① 빈도(도수): 어떤 사건이 일어나거나 증상이 나타나는 정도를 의미한다.

② 빈도분포(도수분포): 빈도를 표나 그래프로 종합적이면서도 일목요연하게 표시하는 것을 의미한다. 빈도수 또는 백분율로 나타내는 경우가 많으며, 상대적 빈도분포(상대도수)와 누가적 빈도분포(누적도수)로 나누어 표시하기도 한다.

③ 백분율: 전체의 수량을 100으로 하여, 나타내려는 수량이 그중 얼마나 되는가를 가리키는 수를 의미한다. 기호는 %(퍼센트)이며, 100분의 1은 1%에 해당한다.

2) 범위와 평균

① 범위: 관찰값의 흩어진 정도를 나타내는 도구로, 최고값과 최저값을 가지고 파악한다. 범위는 계산이 용이하다는 장점이 있으나 극단적인 끝값에 의해 좌우되는 단점이 있다.

② 평균: 모든 자료의 값을 합한 후 그 개수로 나눈 값을 의미한다. 평균에는 산술평균과 가중평균이 있는데, 산술평균은 전체 관찰값을 모두 더한 후 관찰값의 개수로 나눈 값을 의미하고, 가중평균은 각 관찰값에 자료의 상대적 중요도(가중치)를 곱하여 모두 더한 값을 가중치의 합계로 나눈 값을 의미한다. 한편, 평균은 극단적인 값이나 이질적인 값에 의해 쉽게 영향을 받아 전체를 바르게 대표하지 못할 가능성이 있다. 예를 들어 1, 2, 3, 4, 5의 평균은 3이지만, 1, 2, 3, 4, 100의 평균은 22이다.

3) 분산과 표준편차

① 분산: 각 관찰값과 평균과의 차이의 제곱을 모두 합한 값을 개체의 수로 나눈 값을 의미하며, 자료의 퍼져 있는 정도를 구체적인 수치로 알려주는 도구이다.

② 표준편차: 분산의 양의 제곱근 값으로, 평균으로부터 얼마나 떨어져 있는가를 나타낸다. 표준편차가 크면 자료들이 넓게 퍼져 있고 이질성이 크다는 것을 의미하고, 표준편차가 작으면 자료들이 집중하여 있고 동질성이 크다는 것을 의미한다.

> 예 집단의 관찰값이 1, 2, 8, 9일 때, 평균은 $(1+2+8+9)\div4=5$, 분산은 $(1-5)^2+(2-5)^2+(8-5)^2+(9-5)^2$의 값을 사례 수 4로 나눈 값인 12.5, 표준편차는 분산 12.5의 양의 제곱근인 $\sqrt{12.5}$이다.

3. 다섯숫자요약(Five Number Summary) ★중요

평균과 표준편차 외에 원자료의 전체적인 형태를 파악하는 요약값으로, 최솟값, 중앙값, 최댓값, 하위 25%값, 상위 25%값 등이 이에 해당한다.

1) 최솟값과 최댓값

① 최솟값: 원자료 중 값의 크기가 가장 작은 값을 의미한다.

② 최댓값: 원자료 중 값의 크기가 가장 큰 값을 의미한다.

2) 중앙값

관찰값을 최솟값부터 최댓값까지 크기순으로 배열하였을 때, 순서상 중앙에 위치하는 관찰값이다. 자료의 개수가 짝수 개인 경우, 중앙값은 가운데 두 관찰값의 평균이며, 자료 중 어느 하나가 너무 크거나 작은 경우, 자료의 특성을 잘 나타낸다.

3) 하위 25%값과 상위 25%값

원자료를 크기순으로 배열하여 4등분한 값을 의미한다. 백분위 수의 관점에서 제25백분위 수, 제75백분위 수로 표기할 수 있다.

하위능력 3 도표분석능력

1. 도표의 종류

구분	종류			
목적별	• 관리(계획 및 통제)	• 해설(분석)	• 보고	
용도별	• 경과 그래프 • 상관 그래프	• 내역 그래프 • 계산 그래프	• 비교 그래프 • 기타	• 분포 그래프
형상별	• 선(절선) 그래프 • 방사형 그래프	• 막대그래프 • 기타	• 원그래프	• 점그래프

2. 도표의 형상별 활용 ☆중요

선(절선) 그래프	시간적 추이(시계열 변화)를 표시하는 데 적합하다. 예 연도별 매출액 추이 변화 등
막대그래프	각 수량 간의 대소 관계를 나타내고자 할 때 가장 기본적으로 활용한다. 예 영업소별 매출액, 성적별 인원 분포 등
원그래프	내용의 구성비를 분할하여 나타내고자 할 때 활용한다. 예 제품별 매출액 구성비 등
점그래프	지역 분포 또는 도시, 지방, 기업, 상품 등의 평가나 위치, 성격을 표시하는 데 활용한다. 예 광고 비율과 이익률의 관계 등
방사형 그래프	다양한 요소를 비교하거나 경과를 나타낼 때 활용할 수 있는 그래프로, 레이더 차트 또는 거미줄 그래프라고도 한다. 예 월별 · 상품별 매출액 추이 등

3. 도표 해석상의 유의사항

1) 요구되는 지식의 수준

지식의 수준에 따라 이해 정도의 차이가 있을 수 있으므로 자신의 업무와 관련된 기본적인 지식 습득을 통하여 상식화할 필요가 있다.

2) 도표에 주어진 자료의 의미에 대한 정확한 숙지

주어진 도표를 무심코 해석하다 보면 자료가 지니고 있는 진정한 의미를 확대하여 해석할 수 있다.

3) 도표로부터 알 수 있는 것과 없는 것의 구별

주어진 도표로부터 알 수 있는 것과 알 수 없는 것을 완벽하게 구별할 필요가 있다. 도표의 의미를 확대하여 해석하지 않고, 주어진 도표를 토대로 자신의 주장을 충분히 추론할 수 있는 보편타당한 근거를 제시해야 한다.

4) 총량의 증가와 비율 증가의 구분

비율이 같다고 하더라도 총량에 있어서는 많은 차이가 있을 수 있다. 또한 비율에 차이가 있더라도 총량이 표시되어 있지 않은 경우, 비율 차이를 근거로 절대적 양의 크기를 평가할 수 없으므로 이에 대한 세심한 검토가 요구된다.

5) 백분위 수와 사분위 수의 이해

① 백분위 수: 크기순으로 배열한 자료를 100등분 하는 수의 값을 의미한다. 제 p백분위 수란 자료를 크기순으로 배열하였을 때 p%의 관찰값이 그 값보다 작거나 같고, (100−p)%의 관찰값이 그 값보다 크거나 같게 되는 값을 의미한다.

② 사분위 수: 자료를 4등분한 것으로 제1사분위 수는 제25백분위 수, 제2사분위 수는 제50백분위 수(중앙치), 제3사분위 수는 제75백분위 수에 해당한다.

하위능력 4 도표작성능력

1. 도표작성 절차 ★중요

1) 어떠한 도표로 작성할 것인지 결정
2) 가로축과 세로축에 나타낼 것을 결정
3) 가로축과 세로축의 눈금의 크기 결정
4) 자료를 가로축과 세로축이 만나는 곳에 표시
5) 표시된 점에 따라 도표 작성
6) 도표의 제목 및 단위 표시

2. 도표작성 시 유의사항 ★중요

구분	유의사항
선(절선) 그래프	• 세로축에 수량(금액, 매출액 등), 가로축에 명칭 구분(연, 월, 장소 등)을 제시한다. • 세로축의 눈금을 가로축의 눈금보다 크게 하는 것이 효과적이다. • 선이 두 종류 이상일 때는 반드시 무슨 선인지 그 명칭을 기입하고 그래프를 보기 쉽게 하기 위해서는 중요한 선을 다른 선보다 굵게 하거나 색을 다르게 하는 것이 좋다.
막대그래프	• 막대를 세로로 하는 것이 일반적이며, 막대의 폭은 모두 같게 한다. • 축은 L자형이 일반적이나, 가로 막대그래프는 사방을 틀로 싸는 것이 좋다. • 가로축은 명칭 구분(연, 월, 장소, 종류 등)으로, 세로축은 수량(금액, 매출액 등)으로 정하며, 막대 수가 많을 때는 눈금선을 기입하는 것이 좋다.
원그래프	• 정각 12시의 선을 시작선으로 하고, 이를 기점으로 하여 오른쪽으로 그리는 것이 일반적이다. • 분할선은 구성 비율이 큰 순서로 그리되, '기타' 항목은 구성 비율의 크기와 관계없이 가장 뒤에 그리는 것이 좋다. • 각 항목의 명칭은 같은 방향으로 기록하는 것이 일반적이지만, 만일 각도가 적어서 명칭을 기록하기 힘든 경우에는 지시선을 써서 외곽에 기록한다.
층별 그래프 빠졌지만 중요	• 층별을 세로로 할지, 가로로 할지는 기호나 여백에 따라 판단하나 구성 비율 그래프는 가로로 작성하는 것이 좋다. • 눈금선을 넣지 않아야 하며, 층별 색이나 모양이 모두 다른 것이어야 한다. • 같은 항목은 옆에 있는 층과 선으로 연결하여 보기 쉽도록 하고, 세로 방향일 경우 위로부터 아래로, 가로 방향일 경우 왼쪽에서 오른쪽으로 나열한다.

3. 엑셀 프로그램을 활용한 그래프 그리기

1) 자료의 입력
2) 삽입-차트 선택
3) 그래프의 종류 선택하고 그리기
4) 데이터의 범위와 계열 수정
5) 범례 수정
6) 제목 및 그래프 색 수정

STEP 02

대표 기출유형

기출유형 ① 응용수리 - 방정식의 활용

유형 특징

❶ 문제를 읽고, 주어진 조건을 바탕으로 방정식을 세워 미지수의 값을 구하는 유형이다.
❷ 거리/속력/시간, 농도, 일의 양, 인원수 계산, 금액 계산 등 이미 풀이 방법이 정형화되어 있는 문제 유형이다.
❸ 최근에는 문제해결능력의 조건추리처럼 박스 안에 여러 조건을 주고 식을 세워 풀이하는 유형이 자주 출제되고 있다. 이러한 유형은 발문만 제시되는 유형보다 고려해야 할 조건이 더 많아 난도가 높게 느껴지지만 생각보다 계산은 단순한 경우가 많다.

풀이 전략

❶ 문제의 조건을 꼼꼼히 확인하고 이를 바탕으로 미지수 x, y를 정해 식을 세운다.
❷ 기본적으로 많이 알려진 공식은 꼼꼼히 암기하고, 이를 적용하여 문제를 풀이하는 연습을 한다.

어느 회사의 채용에서 1차 시험에 합격한 사람은 모두 2차 시험에 응시한다. 1차 시험 합격자 중 남성과 여성의 비율은 1:2이다. 2차 시험 합격자 중 남성과 여성의 비율은 2:3이고, 2차 불합격자 중 남성과 여성의 비율은 2:5이다. 이때, 2차 불합격자 중 남성이 20명이라면, 1차 여성 합격자 수를 적절하게 구한 것은?

2025년 7월 한국도로공사

① 40명 ② 50명 ③ 60명
④ 70명 ⑤ 80명

| 정답풀이 | 정답 ⑤

1차 시험에 합격한 사람은 2차 시험에 모두 응시하므로, 2차 시험 합격자와 불합격자의 수를 합친 것과 동일하다. 1차 시험 합격한 사람의 남성과 여성의 비율은 1:2이다.

2차 시험 합격자 중 남성이 $2x$이면, 여성은 $3x$이다.

2차 불합격자 남성이 20명이고 2차 불합격자 중 남녀 비율은 2차 시험 불합격자 여성은 50명이다.

즉, $1:2=(2x+20):(3x+50)$이므로, $x=10$이다.

따라서 1차 여성 합격자 수는 $3\times10+50=80$(명)이다.

반드시 출제되는 핵심이론

① **거리 · 속력 · 시간**

- 거리 = 속력×시간
- 시간 = $\frac{\text{거리}}{\text{속력}}$
- 속력 = $\frac{\text{거리}}{\text{시간}}$

② **소금물**

- 농도(%) = $\frac{\text{소금의 양}}{\text{소금물의 양}} \times 100$
- 소금물의 양 = 소금의 양 + 물의 양

③ **일의 양**

- 전체 일의 양을 1이라고 할 때, n일이 걸려 일을 완성했다면 하루에 할 수 있는 일의 양은 $1 \div n = \frac{1}{n}$이다.

④ **최대공약수, 최소공배수**

- 최대공약수: 2개 이상의 자연수의 공약수 중 가장 큰 수
  예 18과 24의 최대공약수 → 6
- 최소공배수: 2개 이상의 자연수의 공배수 중 가장 작은 수
  예 18과 24의 최소공배수 → 72

⑤ **금액 계산**

- 이윤이 a%일 때의 정가: 원가 $\times \left(1 + \frac{a}{100}\right)$
- 할인율이 b%일 때의 할인가: 정가 $\times \left(1 - \frac{b}{100}\right)$
- 이익 = 정가 − 원가

기출유형 ②	경우의 수/확률

유형 특징

❶ 경우의 수/확률은 응용수리가 출제되는 기업의 시험에서 빠지지 않고 1~2문항씩 출제되는 유형이다.

❷ 난도가 높다고 생각하는 사람이 많고, 오답률도 높은 유형이지만 상황에 따른 풀이법이 충분히 연습되어 있다면 시간을 단축할 수 있는 유형이다.

풀이 전략

❶ 경우의 수와 확률에 관한 공식을 정확하게 암기하고, 어떤 조건에서 사용되는지 여러 문제를 풀면서 익숙해질 수 있도록 한다.

❷ 순서가 있도록 나열하는 경우의 수(수열), 순서가 없이 나열하는 경우의 수(조합)를 확실하게 구분할 수 있도록 하고, 원순열, 줄 세우기, 여사건 등의 기본 개념은 알아두도록 한다.

면접장에는 5개의 지정석 의자가 놓여 있고, 5명의 지원자 중 1명이 불참하였다. 면접에 온 4명의 지원자가 지정석을 모르고 무작위로 앉았다고 할 때, 본인의 지정석이 아닌 자리에 앉은 지원자 수가 2명 이하인 경우의 수로 옳은 것은?

2024년 2월 한국전력공사

① 23가지　② 25가지　③ 27가지
④ 29가지　⑤ 31가지

| 정답풀이 |　　　　정답 ①

자리를 A, B, C, D, E, 지원자를 a, b, c, d라고 하면(e는 오지 않은 상태라고만 가정), 본인 자리에 앉지 않은 지원자가 0명, 1명, 2명인 경우로 나누어 풀이할 수 있다.

- 0명인 경우: 지원자 4명 모두 제대로 지정석에 앉은 경우이므로 총 1가지이다.
- 1명인 경우: 지원자 3명은 제대로 지정석에 앉고, 1명만 자리 E에 잘못 앉은 경우로 총 4가지이다.
- 2명인 경우: 자리 A와 B에 각각 지원자 a, b까지만 앉고, c와 d에 대해서는 다음과 같은 경우를 고려한다.
  - c가 자리 D에, d가 자리 C에
  - c가 자리 D에, d가 자리 E에
  - c가 자리 E에, d가 자리 C에

  위 경우로 총 3가지이다. 이때 4명 중 2명을 고르는 경우의 수는 ${}_4C_2=\frac{4\times3}{2}=6$(가지)이므로, 총 $3\times6=18$(가지)이다.

따라서 잘못 앉은 지원자 수가 2명 이하인 경우의 수는 $1+4+18=23$(가지)이다.

반드시 출제되는 핵심이론

① 경우의 수: 한 번의 시행으로 발생하는 어떤 사건의 가짓수

사건 A와 사건 B가 발생하는 경우의 수를 각각 a, b라고 할 때

- 합의 법칙: 사건 A 또는 B가 발생하는 경우 $a+b$
- 곱의 법칙: 사건 A와 B가 동시에 일어나는 경우 $a \times b$

② 순열: 서로 다른 n개 중 r개를 골라 순서대로 나열하는 경우의 수

$$_nP_r = n \times (n-1) \times (n-2) \times (n-3) \times \cdots \times (n-r+1) = \frac{n!}{(n-r)!}$$

- 서로 다른 n개의 순서를 고려하여 일렬로 나열하는 경우의 수: n!
- 원순열: 서로 다른 n개를 원형으로 배열하는 경우의 수: (n − 1)!
- 중복순열: 서로 다른 n가지의 대상 중에서 중복을 허용하여 r개를 선택하여 순서대로 배열하는 방법의 수: $_n\pi_r = n^r$

③ 조합: 서로 다른 n개 중 순서를 고려하지 않고 r개를 택하는 경우의 수

$$_nC_r = \frac{n \times (n-1) \times (n-2) \times (n-3) \times \cdots \times (n-r+1)}{r!} = \frac{n!}{r!(n-r)!}$$

④ 확률: 모든 경우의 수에 대해 어떤 사건 A가 일어날 확률은 $\frac{\text{사건 A가 일어날 경우의 수}}{\text{모든 경우의 수}}$

- 여사건: 사건 A가 발생하지 않을 확률

$$P(A^C) = 1 - \frac{\text{사건 A가 일어날 경우의 수}}{\text{모든 경우의 수}}$$

- 조건부 확률: 두 사건 A, B에 대하여 사건 A가 일어났다고 가정했을 때 사건 B가 일어날 확률

$$P(B|A) = \frac{P(A \cap B)}{P(A)}$$

기출유형 ③ 수추리 – 수열

유형 특징

❶ 문자나 숫자가 나열된 규칙을 파악하여 문제에서 요구하는 값을 추론하는 유형이다.

풀이 전략

❶ 등차수열, 등비수열, 군수열, 피보나치 수열 등 대표적인 수열의 형태를 학습한다.
❷ 대표적인 수열의 형태만 출제되는 것은 아니므로 다양한 형태의 문제를 풀어보며, 유형을 파악한다.

다음과 같이 일정한 규칙으로 나열된 수에서 빈칸에 들어갈 수로 가장 적절한 것은? 2025년 9월 오전 한국철도공사

$$\frac{1}{4} \quad \frac{5}{9} \quad \frac{9}{16} \quad \frac{13}{25} \quad \frac{17}{36} \quad \frac{21}{49} \quad \frac{25}{64} \quad \frac{29}{81} \quad (\quad)$$

① $\frac{3}{10}$　　② 3　　③ $\frac{3}{100}$

④ 33　　⑤ $\frac{33}{100}$

| 정답풀이 |

정답 ⑤

주어진 수는 분자와 분모가 서로 다른 규칙이 적용되어 있다.

- 분자: 1, 5, 9, 13, 17, 21, 25, 29 … 이므로 초항이 1이고 공차는 4인 등차수열이다. n번째 항은 $(4n-3)$이다.
- 분모: 4, 9, 16, 25, 36, 49, 64, 81 … 이므로 n번째 항은 $(n+1)^2$이다.

따라서 빈칸에 들어갈 수는 $\frac{(4\times9-3)}{(9+1)^2}=\frac{33}{100}$이다.

반드시 출제되는 핵심이론

① 등차수열: 이전 항에 차례로 일정한 값을 더하여 이루어진 수열

1 4 7 10 13
+3 +3 +3 +3

② 등비수열: 이전 항에 차례로 일정한 수를 곱하여 이루어진 수열

1 3 9 27 81
×3 ×3 ×3 ×3

③ 피보나치 수열: 앞의 두 항의 합이 바로 다음 항이 되는 수열

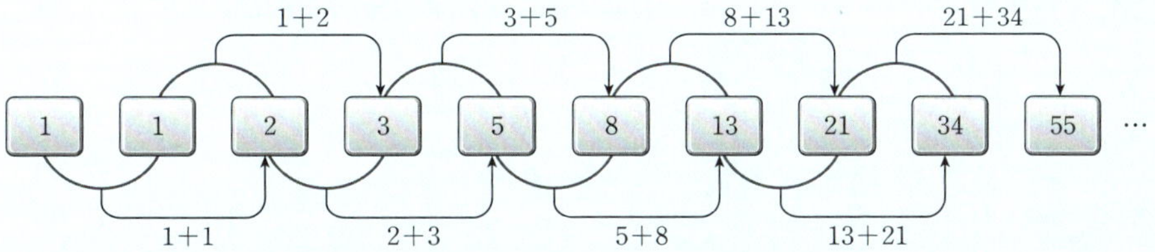

④ 계차수열: 이전 항과 다음 항의 차를 계차라고 하는데, 계차로 이루어진 수열

1 4 10 19 31 46 64
+3 +6 +9 +12 +15 +18
+3 +3 +3 +3 +3

⑤ 기타수열

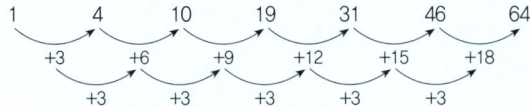

• 홀수 항과 짝수 항에 각각 다른 규칙이 적용되는 수열

×2 ×2 ×2
1 2 3 4 5 8 7 16
+2 +2 +2

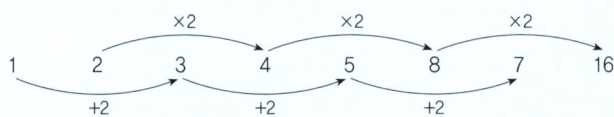

• 앞의 항에 일정한 연산이나 루틴을 적용하는 수열

1 2 6 21 88
×1+1 ×2+2 ×3+3 ×4+4

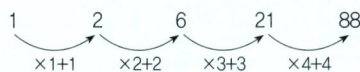

⑥ 문자를 활용한 수열: 한글 자음, 한글 모음, 알파벳 등 문자의 순서를 활용하는 수열

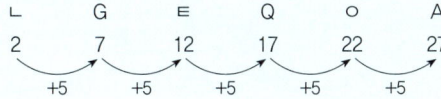

ㄴ G ㅌ Q ㅇ A
2 7 12 17 22 27
+5 +5 +5 +5 +5

기출유형 ④ 자료 계산 – 도표분석능력

유형 특징

❶ 단일 문항으로 출제되는 경우보다 묶음 문항으로 많이 출제되는 유형이다.

❷ 주어진 자료와 조건으로 주어진 식을 활용하여 원하는 값을 계산해야 한다.

풀이 전략

❶ 전체 자료를 이해할 필요 없이 문제에서 원하는 값을 골라 계산한다.

❷ 단위를 변환하여 계산해야 하는 경우가 많으므로 가장 먼저 확인하고 풀이를 시작한다.

다음은 2021년 7~11월 취업 및 실업 현황에 관한 자료이다. 이에 대한 설명으로 옳지 않은 것은?

2024년 2월 한국전력공사

[표] 2021년 7~11월 취업 및 실업 현황 (단위: 천 명, %)

구분	7월	8월	9월	10월	11월
취업자	27,083	26,907	27,055	27,090	27,184
전월 대비 취업자 증감	−43	−176	148	35	94
실업자	1,039	1,133	1,024	973	909
실업률	3.7	4.0	3.6	3.5	3.2
취업준비자	678	670	732	724	701
구직단념자	546	533	556	526	535

① 8~11월 동안 전월 대비 실업자 수와 실업률의 증감 추이는 일치한다.

② 7~11월 구직단념자 수의 평균은 54만 명 미만이다.

③ 7월 대비 11월 취업자 수는 10만 명 이상 증가했다.

④ 9월 취업준비자 수는 전월 대비 10% 이상 증가했다.

⑤ 7~11월 중 취업자 수가 전월 대비 가장 큰 폭으로 변화한 달은 8월이다.

| 정답풀이 | 정답 ④

9월 취업준비자 수는 전월 대비 $\frac{732-670}{670}\times100≒9.3(\%)$ 증가했으므로 10% 미만으로 증가했다.

| 오답풀이 |

① 실업자 수와 실업률의 증감 추이는 '증가－감소 －감소－감소'로 일치한다.

② 7~11월 구직단념자는 $546+533+556+526+535=2{,}696$(천 명)이다. 따라서 평균은 $2{,}696\div5=539.2$(천 명)이므로, 54만 명 미만이다.

③ 7월 취업자 수는 27,083천 명이고 11월에는 27,184천 명이므로 7월 대비 11월 취업자 수는 $27{,}184-27{,}083=101$(천 명) 증가했다. 즉, 10만 명 이상 증가했다.

⑤ 전월 대비 취업자 수가 가장 큰 폭으로 변화한 달은 176천 명 감소한 8월이다.

반드시 출제되는 핵심이론

① 비율: 기준이 되는 양에 대한 비교하는 양의 크기

$$비율(\%) = \frac{비교하는\ 양}{기준량}\times 100$$

② 변화량

(비교가 되는 값) – (기준이 되는 값)

③ 증가율

$$A\ 대비\ B의\ 증가율(\%) = \frac{B-A}{A}\times 100$$

④ 감소율

$$A\ 대비\ B의\ 감소율(\%) = \frac{A-B}{A}\times 100$$

⑤ 증감률(변화율)

$$A\ 대비\ B의\ 증감률(\%) = \left|\frac{B-A}{A}\times 100\right|$$

기출유형 ⑤ 자료 이해 – 도표분석능력

유형 특징

❶ 수리영역을 출제하는 기업의 필기시험에 절대 빠지지 않고 등장하는 유형으로 자료를 통해 주어진 문제를 풀이하는 유형이다.
❷ 비중, 증감률, 증감차, 증감추이, 평균 등에 대한 내용이 선택지로 등장하며, 최근에는 여러 개의 자료가 제시되고, 이를 복합적으로 활용하여 풀이해야 하는 유형이 출제되고 있다.

풀이 전략

❶ 여러 개의 자료가 출제되기도 하므로 항상 자료의 제목과 단위를 먼저 확인한다.
❷ 선택지를 읽고 필요한 내용만 선택적으로 접근하는 것도 시간을 단축하는 방법 중 하나이다.
❸ 비중, 증감률, 증감차, 증감추이, 평균 등 자주 출제되는 개념은 미리 학습한다.
❹ 선택지의 풀이 순서는 전략적으로 정한다.

다음은 교통카드를 이용한 A~D역의 이용자별 교통카드 사용 현황을 나타낸 자료이다. 이에 대한 설명으로 가장 적절한 것은?

2025년 9월 오전 한국철도공사

[표] A~D역 이용자별 교통카드 사용 현황 (단위: 명)

구분		A역	B역	C역	D역
후불카드	일반	103,276	215,189	57,921	65,492
	어린이	23,781	29,521	21,350	31,725
	중·고생	43,280	21,729	27,892	48,953
	청소년	36,215	37,572	24,857	12,381
선불카드	일반	50,178	42,384	78,620	85,792
	어린이	14,699	12,086	16,421	16,875
	중·고생	23,182	1,733	1,832	2,498
	청소년	11,057	24,089	18,967	16,374
정기권	일반	2,731	2,460	1,187	4,596
	중·고생	113	34	24	574
	청소년	307	135	16	221
	외국인	302	124	33	165
1회용 교통카드	일반	121	92	68	112
	청소년	15	72	34	47
	우대권	131	68	103	83
	외국인	408	518	394	427

① 네 개 역 모두 일반과 어린이의 후불카드의 사용이 선불카드 사용보다 많다.

② 우대권 이용자 수는 네 개 역에서 정기권을 사용하는 외국인 이용자 수보다 항상 적다.

③ 청소년은 네 개 역 모두 후불카드의 사용 비율이 가장 높다.

④ 선불카드 외국인 이용자는 정기권 외국인 이용자보다 많다.

⑤ 외국인이 가장 많이 사용하는 것은 네 개 역 모두 1회용 교통 카드이다.

| 정답풀이 | **정답** ⑤

외국인의 사용 현황이 나타난 교통카드는 정기권과 1회용 교통카드이다. 이 때 네 개 역에서 외국인이 가장 많이 사용한 것은 1회용 교통 카드이다.

| 오답풀이 |

① 각 역에서 일반과 어린이의 후불카드 이용자와 선불카드 이용자를 합산하면 다음과 같다.

구분	A역	B역	C역	D역
후불카드	103,276+23,781=127,057(명)	215,189+29,521=244,710(명)	57,921+21,350=79,271(명)	65,492+31,725=97,217(명)
선불카드	50,178+14,699=64,877(명)	42,384+12,086=54,470(명)	78,620+16,421=95,041(명)	85,792+16,875=102,667(명)

A역과 B역에서는 일반과 어린이의 후불카드 사용이 선불카드 사용보다 많지만, C역과 D역에서는 선불카드 사용이 더 많다.

② 우대권 이용자는 1회용 교통카드를 사용하며, 정기권을 사용하는 외국인과 비교하면 C역에서는 우대권 이용자 수가 정기권을 사용하는 외국인보다 많다.

③ 청소년은 후불카드, 선불카드, 정기권, 1회용 교통카드를 사용하며, 역별로 가장 많이 사용한 교통카드는 A역은 후불카드, B역은 후불카드, C역은 후불카드, D역은 선불카드이므로 네 개 역 모두 청소년의 후불카드 사용 비율이 가장 높은 것은 아니다.

④ 선불권은 외국인의 사용 현황이 제시되어 있지 않다.

반드시 출제되는 핵심이론

① **증가율이 가장 크다(작다):** 부호를 고려한 것 중 가장 큰(작은) 것

② **감소율이 가장 크다(작다):** 부호가 −인 것 중 숫자가 가장 큰(작은) 것 또는 부호가 +가 나오도록 계산했을 때 숫자가 가장 큰(작은) 것

③ **증감률이 가장 크다(작다):** 절댓값을 고려했을 때 가장 큰(작은) 것

기출유형 ⑥ 자료 변환 – 도표작성능력

유형 특징

❶ 제시된 자료가 표, 그래프 등으로 적절하게 변환되었는지 묻는 유형이다.

❷ 단일 문항보다 묶음 문항으로 출제되는 경우가 많으며, 계산을 통해 변환해야 하는 유형도 출제된다.

풀이 전략

❶ 계산이 필요 없는 자료부터 빨리 확인하여 선택지를 제거한다.

❷ 정확한 수치를 확인하기보다 어림값으로 풀이할 수 있도록 연습한다(예 자료의 높낮이 등).

다음은 2022~2023년 1인당 진료비 구간별 환자 수 및 총진료비에 관한 자료이다. 다음 중 2023년 환자 수 및 진료비의 구성비율을 나타낸 그래프로 옳은 것은? 2025년 4월 국민건강보험공단

[표] 2022~2023년 1인당 진료비 구간별 환자 수 및 총진료비 (단위: 천 명, 억 원)

구분	2022년				2023년			
	환자 수	비중	총진료비	비중	환자 수	비중	총진료비	비중
계	49,213	100%	1,058,586	100%	48,919	100%	1,108,029	100%
100만 원 이하	26,585	54.0%	116,064	11.0%	25,389	51.9%	109,473	9.9%
100만 원 초과 300만 원 이하	14,736	29.9%	257,363	24.3%	15,209	31.1%	267,073	24.1%
300만 원 초과 500만 원 이하	3,968	8.1%	152,022	14.4%	4,138	8.5%	158,467	14.3%
500만 원 초과 1,000만 원 이하	2,436	4.9%	164,530	15.5%	2,593	5.3%	175,487	15.8%
1,000만 원 초과 2,000만 원 이하	845	1.7%	115,921	11.0%	906	1.9%	124,278	11.2%
2,000만 원 초과 3,000만 원 이하	263	0.5%	64,504	6.1%	278	0.6%	67,898	6.1%
3,000만 원 초과 4,000만 원 이하	195	0.4%	66,445	6.3%	200	0.4%	68,459	6.2%
4,000만 원 초과 5,000만 원 이하	76	0.2%	33,683	3.2%	82	0.2%	36,443	3.3%
5,000만 원 초과 1억 원 이하	91	0.2%	60,342	5.7%	103	0.2%	68,406	6.2%
1억 원 초과	18	0.0	27,711	2.6%	21	0.0%	32,045	2.9%

① 2023년 1인당 진료비 구간별 환자 수 구성비율

(단위: %)

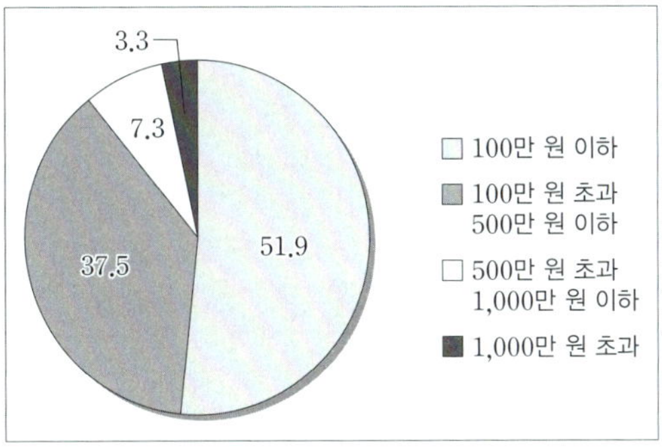

② 2023년 1인당 진료비 구간별 환자 수 구성비율

(단위: %)

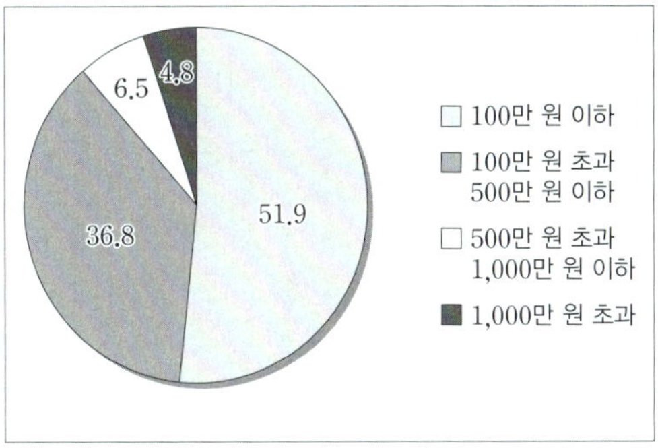

③ 2023년 1인당 진료비 구간별 총진료비 구성비율

(단위: %)

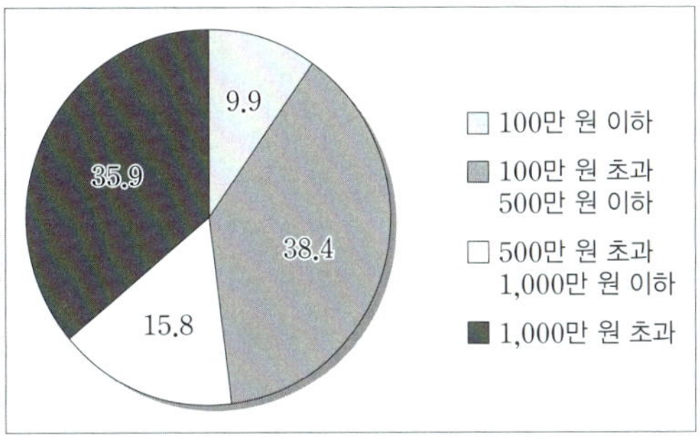

④ 2023년 1인당 진료비 구간별 총진료비 구성비율

(단위: %)

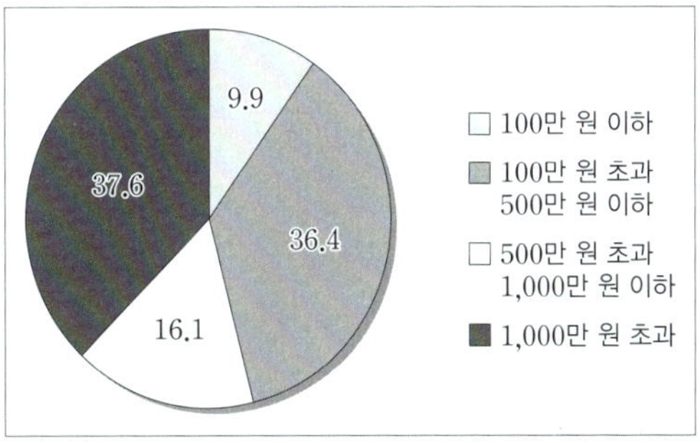

| 정답풀이 |

정답 ③

주어진 [표]를 통해 구간별로 2023년 1인당 진료비 구간별 환자 수 및 진료비의 구성비율을 확인해 보면 다음과 같다.

구분	환자 수	총진료비
100만 원 이하	51.9%	9.9%
100만 원 초과 500만 원 이하	31.1+8.5=39.6(%)	24.1+14.3=38.4(%)
500만 원 초과 1,000만 원 이하	5.3%	15.8%
1,000만 원 초과	1.9+0.6+0.4+0.2+0.2+0.0=3.3(%)	11.2+6.1+6.2+3.3+6.2+2.9=35.9(%)

따라서 주어진 [표]를 그래프로 바르게 나타낸 것은 ③이다.

PART 1 필수 개념 & 유형 학습

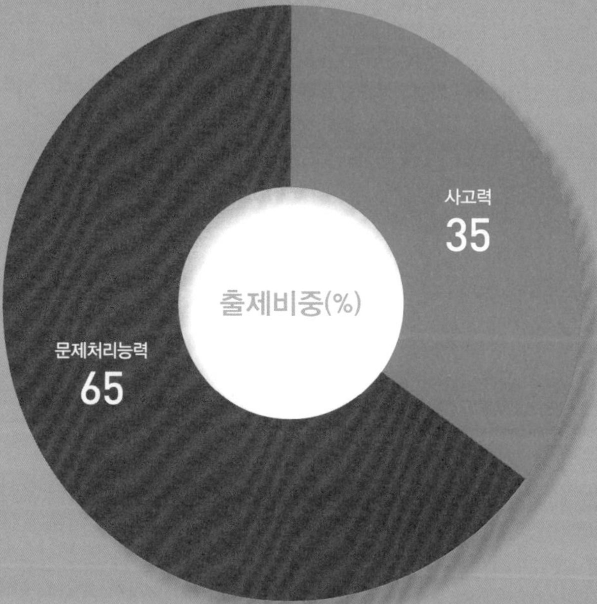

대표 출제 기업

PSAT형	한국전력공사, 국민건강보험공단, 한국토지주택공사, 인천국제공항공사, 한국공항공사, 한국도로공사, 한국수자원공사, 한국수력원자력, 예금보험공사, 근로복지공단, IBK기업은행
피듈형	한국철도공사, 서울교통공사, 부산교통공사, 한국가스공사, 한국지역난방공사, 한국도로공사, 한국수자원공사, 한국공항공사, 한국농어촌공사, 한전KPS, 한전KDN, 한국중부발전, 한국남부발전, 한국서부발전, 한국동서발전, 한국남동발전, 한국환경공단, 국민연금공단, 한국산업인력공단, 지역농협, IBK기업은행, NH농협은행, KDB산업은행, 한국수출입은행, 신용보증기금, 예금보험공사, 건강보험심사평가원

CHAPTER 03

문제해결능력

STEP 1 NCS 핵심이론

STEP 2 대표 기출유형

STEP 01

NCS 핵심이론

문제해결능력 개요

1. 문제의 의미

1) 문제

원활한 업무수행을 위해 해결해야 하는 질문이나 의논 대상을 의미하며, 해결하기를 원하지만 실제로 해결해야 하는 방법을 모르고 있는 상태이다.

2) 문제점

문제의 근본 원인이 되는 사항으로 문제해결에 필요한 열쇠인 핵심 사항이다.

2. 문제의 유형

1) 기능에 따른 문제 유형

제조 문제, 판매 문제, 자금 문제, 인사 문제, 정리 문제, 기술상 문제

2) 해결방법에 따른 문제 유형

논리적 문제, 창의적 문제

3) 시간에 따른 문제 유형

과거 문제, 현재 문제, 미래 문제

4) 업무수행 과정 중 발생한 문제 유형 ★중요

발생형 문제 (보이는 문제)	• 우리 눈앞에 발생되어 당장 걱정하고 해결하기 위해 고민하는 문제를 의미한다. • 어떤 기준을 일탈함으로써 생기는 일탈 문제와 기준에 미달하여 생기는 미달 문제로 대변되며 원상복귀가 필요하다. • 문제의 원인이 내재되어 있기 때문에 원인지향적 문제라고도 불린다.
탐색형 문제 (찾는 문제)	• 현재 상황을 개선하거나 효율을 높이기 위한 문제를 의미한다. • 탐색형 문제는 잠재 문제, 예측 문제, 발견 문제의 세 가지 형태로 구분된다. – 잠재 문제: 문제가 잠재되어 있어 인식하지 못하다가 결국은 확대되어 해결이 어려워진 문제를 의미한다. – 예측 문제: 지금 현재는 문제가 아니지만 계속해서 현재 상태로 진행할 경우를 가정하고 앞으로 일어날 수 있는 문제를 의미한다. – 발견 문제: 현재로서는 담당 업무에 아무런 문제가 없으나 유사한 타 기업의 업무 방식이나 선진 기업의 업무 방법 등의 정보를 얻음으로써 지금보다 좋은 제도나 기법, 기술을 발견하여 개선, 향상시킬 수 있는 문제를 의미한다.
설정형 문제 (미래 문제)	• 미래 상황에 대응하는 장래 경영전략의 문제로 '앞으로 어떻게 할 것인가'에 대한 문제를 의미한다. • 지금까지 해오던 것과 전혀 관계없이 미래 지향적으로 새로운 과제 또는 목표를 설정함에 따라 일어나는 문제로서, 목표 지향적 문제라고 할 수 있다. • 문제를 해결하는 데에는 많은 창조적인 노력이 요구되기 때문에 창조적 문제라고도 불린다.

3. 문제해결

1) 정의

목표와 현상을 분석하고 분석 결과를 토대로 주요 과제를 도출한 뒤, 바람직한 상태나 기대되는 결과가 나타나도록 최적의 해결안을 찾아 실행, 평가하는 활동을 의미한다.

2) 의의

① 조직 측면: 자신이 속한 조직의 관련 분야에서 세계 일류 수준을 지향하며, 경쟁사와 대비하여 탁월하게 우위를 확보하기 위해서 끊임없는 문제해결이 요구된다.

② 고객 측면: 고객이 불편하게 느끼는 부분을 찾아 개선과 고객 감동을 통한 고객 만족을 높이는 측면에서 문제해결이 요구된다.

③ 자기 자신 측면: 불필요한 업무를 제거하거나 단순화하여 업무를 효율적으로 처리하게 됨으로써 자신을 경쟁력 있는 사람으로 만들어 나가는 데 문제해결이 요구된다.

4. 문제해결의 필수요소

체계적인 교육훈련을 통해 일정 수준 이상의 문제해결능력을 발휘할 수 있도록 조직과 각 실무자가 노력한다. 개인은 사내외의 체계적인 교육훈련을 통해 문제해결을 위한 기본 지식뿐 아니라 본인이 담당하는 전문영역에 대한 지식도 습득해야 한다. 문제를 조직 전체의 관점과 각 기능 단위별 관점으로 구분하고, 스스로 해결할 수 있는 부분과 조직 전체의 노력을 통하여 해결할 수 있는 부분으로 나누어 체계적으로 접근해야 한다.

5. 문제해결을 위한 기본적 사고 ☆중요

전략적 사고	현재 당면하고 있는 문제와 그 해결 방법에만 집착하지 말고, 그 문제와 해결방안이 상위 시스템 또는 다른 문제와 어떻게 연결되어 있는지를 생각한다.
분석적 사고	전체를 각각의 요소로 나누어 그 요소의 의미를 도출한 다음 우선순위를 부여하고 구체적인 문제해결 방법을 실행하는 것이 요구된다. 문제의 성격에 따라 성과 지향의 문제, 가설 지향의 문제, 사실 지향의 문제의 세 가지 사고가 요구된다.
발상의 전환	사물과 세상을 바라보는 인식의 틀을 전환하여 새로운 관점에서 바로 보는 사고를 지향한다.
내·외부 자원 활용	문제해결 시 기술, 재료, 방법, 사람 등 필요한 자원 확보 계획을 수립하고 내·외부자원을 효과적으로 활용한다.

6. 문제해결의 장애요인

1) 문제를 철저하게 분석하지 않는 경우

문제의 본질을 명확하게 분석하지 않고 대책안을 수립, 실행함으로써 근본적으로 해결하지 못하거나 새로운 문제를 야기하는 결과를 초래할 수 있다.

2) 고정관념에 얽매이는 경우

상황이 무엇인지를 분석하기 전에 개인적인 편견이나 경험, 습관으로 증거와 논리에도 불구하고 정해진 규정과 틀에 얽매여서 새로운 아이디어와 가능성을 무시해 버릴 수 있다.

3) 쉽게 떠오르는 단순한 정보에 의지하는 경우

문제해결에 있어 종종 우리가 알고 있는 단순한 정보들에 의존하는 경향이 있다. 단순한 정보에 의지하면 문제를 해결하지 못하거나 오류를 범하게 된다.

4) 너무 많은 자료를 수집하려고 노력하는 경우

구체적인 절차를 무시하고 많은 자료를 얻으려는 노력에만 정열을 쏟는 경우가 있다. 무계획적인 자료 수집은 무엇이 제대로 된 자료인지를 알지 못하는 실수를 범할 우려가 크다.

7. 문제해결 방법

1) 소프트 어프로치에 의한 문제해결

① 대부분의 기업에서 볼 수 있는 전형적인 스타일로 조직 구성원들은 같은 문화적 토양을 가지고 이심전심으로 서로를 이해하는 상황을 가정한다.

② 코디네이터 역할을 하는 제3자는 결론으로 끌고 갈 지점을 미리 머릿속에 그려가면서 권위나 공감에 의지하여 의견을 중재하고, 타협과 조정을 통하여 해결을 도모한다.

③ 결론이 애매하게 끝나는 경우가 적지 않으나, 그것은 그것대로 이심전심을 유도하여 파악하면 된다.

④ 소프트 어프로치에서는 문제해결을 위해서 직접 표현하는 것이 바람직하지 않다고 여기며, 무언가를 시사하거나 암시를 통하여 의사를 전달하고 기분을 서로 통하게 함으로써 문제해결을 도모하려고 한다.

2) 하드 어프로치에 의한 문제해결

① 상이한 문화적 토양을 가지고 있는 구성원을 가정하여 서로의 생각을 직설적으로 주장하고 논쟁이나 협상을 통해 의견을 조정해 가는 방법이다.

② 이때 중심적 역할을 하는 것이 논리, 즉 사실과 원칙에 근거한 토론이다. 제3자는 논리를 기반으로 구성원에게 지도와 설득을 하고 전원이 합의하는 일치점을 찾아내려고 한다.

③ 이러한 방법은 합리적이지만, 잘못하면 단순한 이해관계의 조정에 그치고 말아서 그것만으로는 창조적인 아이디어나 높은 만족감을 이끌어 내기 어렵다.

3) 퍼실리테이션에 의한 문제해결 ☆중요

① 퍼실리테이션(Facilitation)이란 '촉진'을 의미하며, 어떤 그룹이나 집단이 의사결정을 잘하도록 도와주는 일을 의미한다.

② 최근 많은 조직에서는 보다 생산적인 결과를 가져올 수 있도록 그룹이 나아갈 방향을 알려 주고, 주제에 대한 공감을 이룰 수 있도록 능숙하게 도와주는 퍼실리테이터를 활용하고 있다.

③ 깊이 있는 커뮤니케이션을 통해 서로의 문제점을 이해하고 공감함으로써 창조적인 문제해결을 도모한다.

④ 소프트 어프로치나 하드 어프로치 방법은 타협점의 단순 조정에 그치지만, 퍼실리테이션에 의한 방법은 초기에 생각하지 못했던 창조적인 해결 방법을 도출할 수 있다. 동시에 구성원의 동기가 강화되고 팀워크도 한층 강화된다는 특징을 보인다.

⑤ 퍼실리테이션을 이용한 문제해결은 구성원이 자율적으로 실행하는 것이며, 제3자가 합의점이나 줄거리를 준비해 놓고 예정대로 결론이 도출되어 가도록 해서는 아니 된다.

하위능력 1 사고력

1. 창의적 사고

1) 창의적 사고의 의미

① 당면한 문제를 해결하기 위해 이미 알고 있는 경험과 지식을 해체하여 다시 새로운 정보로 결합함으로써 가치 있고 참신한 아이디어를 산출하는 사고를 의미한다.

② 창의적 사고가 포함하는 의미

- 발산적(확산적) 사고로서, 아이디어가 많고 다양하고 독특한 것을 의미한다.
- 새롭고 유용한 아이디어를 생산해 내는 정신적인 과정으로 유용하고 적절하며 가치가 있어야 한다.
- 통상적인 것이 아니라 기발하거나 신기하며 독창적인 것임을 의미한다.
- 기존의 정보(지식, 상상, 개념 등)들을 특정한 요구조건에 맞거나 유용하도록 새롭게 조합시킨 것을 의미한다.

2) 창의적 사고의 특징

① 정보와 정보의 조합

- 정보는 주변에서 발견할 수 있는 지식(내적 정보)과 책이나 밖에서 본 현상(외부 정보)의 두 가지 형태를 의미한다.
- 정보를 조합하여 최종적인 해답으로 통합하는 것이 창의적 사고의 출발이다.

② 새로운 가치의 창출

- 창의적 사고는 개인이 갖춘 창의적 사고와 사회적으로 새로운 가치를 가지는 창의적 사고 두 가지로 구분 가능하다.
- 모든 창의적 사고는 충분한 가치를 갖고 있으며, 개인이 발휘한 창의력은 경우에 따라 사회발전을 위한 원동력을 제공하기도 하고, 새로운 사회 시스템을 구축하는 데 쓰이기도 한다.

③ 교육훈련을 통한 개발

- 창의력 교육훈련을 통해서 개발할 수 있다.
- 모험심, 호기심, 적극적, 예술적, 집념과 끈기, 자유분방함 등이 보장될수록 높은 창의력을 보이기도 한다.

3) 창의적 사고를 개발하는 방법 ★중요

자유연상법	생각나는 대로 자유롭게 발상하는 것으로, 어떤 생각에서 다른 생각을 계속해서 떠올리는 작용을 통해 어떤 주제에서 생각나는 것을 계속해서 열거해 나가는 방법이다.	예 브레인스토밍
강제연상법	각종 힌트에서 강제로 연결 지어 발상하는 방법이다.	예 체크리스트
비교발상법	주제와 본질적으로 닮은 것을 힌트로 하여 새로운 생각을 얻는 방법이다.	예 NM법, 시네틱스(Synectics)

2. 논리적 사고

1) 논리적 사고의 의미

사고의 전개에서 전후 관계가 일치하고 있는가를 살피고, 아이디어를 평가하는 능력을 의미한다. 다른 사람을 공감시켜 움직일 수 있게 하며, 짧은 시간에 헤매지 않고 사고할 수 있게 하고, 행동하기 전에 생각하게 함으로써, 설득을 쉽게 할 수 있게 한다.

2) 논리적 사고의 구성 요소

① 생각하는 습관

- 논리적 사고의 가장 기본은 항상 생각하는 습관을 갖는 것이다.
- 일상적인 대화, 회사의 문서, 신문의 사설 등 접하는 모든 것들에 대해서 늘 생각하는 자세가 필요하다.

② 상대 논리의 구조화

- 다른 사람을 설득하는 과정에서 거부당할 경우, 상대의 논리를 구조화하는 것이 필요하다.
- 자신의 주장이 받아들여지지 않는 원인 중에 상대 주장에 대한 이해가 부족이 있을 수 있다.
- 상대의 논리에서 약점을 찾고, 자신의 생각을 재구축한다면 상대를 설득 가능하다.

③ 구체적인 생각

상대가 말하는 것을 잘 알 수 없는 경우에는 구체적인 이미지를 연상, 숫자를 활용하여 표현하는 등 다양한 방법을 활용하여 생각한다.

④ 타인에 대한 이해

상대의 주장에 반론할 때는 상대 주장 전부를 부정하지 않고, 동시에 상대의 인격을 존중해야 한다.

⑤ 설득

- 논리적인 사고는 고정된 견해나 자신의 사상을 강요하는 것이 아니다.
- 설득은 논쟁을 통하여 이루어지는 것이 아니라 논증을 통해 이루어진다.
- 설득의 과정은 나의 주장을 다른 사람에게 이해시켜 공감시키고 그 사람이 내가 원하는 행동을 하게 만드는 것이다.

3) 논리적 사고 개발 방법 ☆중요

① 피라미드 구조화 방법

- 하위의 사실이나 현상부터 사고하여 상위의 주장을 만들어가는 방법이다.
- 보조 메시지들을 통해 주요 메인 메시지를 얻고, 다시 메인 메시지를 종합하여 최종 결론을 도출하는 방법이다.

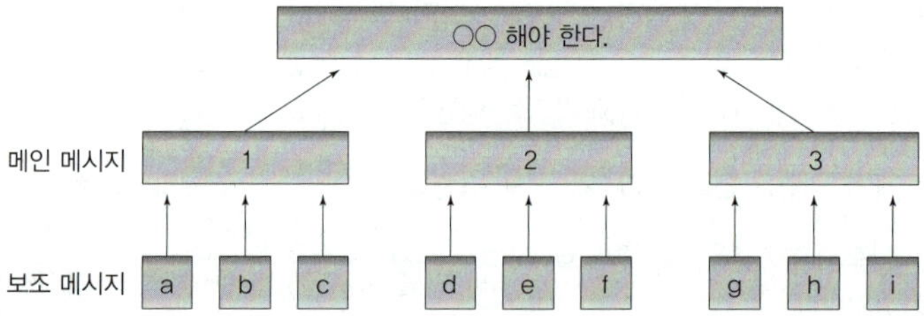

② So what 방법

- "그래서 무엇이지?" 하고 자문자답하는 의미로, 눈앞에 있는 정보로부터 의미를 찾아내어, 가치 있는 정보를 이끌어 내는 사고이다.
- 단어나 체언만으로 표현하는 것이 아니라, 주어와 술어가 있는 글로 표현함으로써 "어떻게 될 것인가?", "어떻게 해야 한다."라는 내용이 포함되어야 한다.

4) 논리적 사고 오류의 유형 ☆중요

① 권위에 의존한 오류: 논지와 직접적 관련이 없는 권위자의 견해를 들어 신뢰성을 높이려는 오류이다.

예 그 얘기는 서울대 박사님이 하신 것이므로 분명 맞을 것이다.

② 인신공격의 오류: 상대의 인품이나 성격 등을 비난함으로써 그 사람의 주장까지 잘못되었다고 하는 오류이다.

예 그 사람은 성격이 좋지 못하니, 말하는 것도 거짓일 거야.

③ 허수아비 공격의 오류: 상대의 주장과 전혀 관계없는 별개의 논리를 만들어 공격하는 경우 범하는 오류이다.

예 그 사람은 지난번에 저에게 커피를 사지 않았으니, 이번 출장에서 제외시켜야 합니다.

④ 무지의 오류: 어떤 주장이 거짓임을 증명할 수 없다는 점을 내세워 참이라고 하는 오류이다.

예 담배가 암을 일으킨다는 확실한 증거는 없다. 따라서 정부의 금연 정책은 잘못이다.

⑤ 결합의 오류: 부분의 성질이 참일 때, 전체 또한 참이라고 잘못 생각하는 오류이다.

예 머리카락 한두 가닥 또는 100가닥이 빠지더라도 대머리가 되지 않는다. 따라서 10만 가닥이 빠져도 대머리가 되지 않는다.

⑥ 분할의 오류: 전체의 성질이 참인 것을 전제로 부분의 성질 또한 그와 같을 것이라고 생각하는 오류이다.

예 트럭 한 대에 실린 모래가 무거우므로 모래 한 알도 무겁다.

⑦ 성급한 일반화의 오류: 부적합하거나 대표성이 결여된 내용을 바탕으로 성급하게 일반화하는 오류이다.

예 남자는 늑대다.

⑧ 복합 질문의 오류: 두 개 이상의 복합적 질문에 단순히 답할 때 범하는 오류이다.

예 "또 거짓말 할래?"라는 질문에 "예"나 "아니오" 중 어느 것으로 대답하더라도 결국 거짓말을 했다는 뜻이 된다.

⑨ 과대 해석의 오류: 문맥을 무시하고 과도하게 문구에 집착할 때 생기는 오류이다.

예 퇴근길 조심하라는 말을 들었을 때, 퇴근길 말고는 조심하지 않아도 된다고 생각한다.

⑩ 애매성의 오류: 두 가지 이상의 의미를 가진 말을 함으로써 의미를 잘못 전달하는 오류이다.

예 여자는 남자보다 약하다고 말할 때, '약하다'라는 표현이 애매하다(힘이 약하다는 것인지 병에 잘 걸린다는 것인지 다양한 해석이 가능).

⑪ 연역법의 오류: 연역법이란 'A=B, B=C이면 A=C이다.'와 같은 삼단논법을 말한다. 그런데 연역법에 해당하는 삼단논법에서도 오류가 생길 수 있다.

예 'TV를 자주 보면 눈이 나빠진다. 철수는 TV를 잘 안 본다. 따라서 철수는 눈이 나빠지지 않는다.'라는 삼단논법에서 'TV를 자주 보면 눈이 나빠진다.'라는 대전제와 'TV를 잘 안 보는 사람은 눈이 나빠지지 않는다.'라는 주장은 별개로 오류를 범하고 있다.

3. 비판적 사고

1) 비판적 사고의 의미

문제의 핵심을 중요한 대상으로 하며, 어떤 주제나 주장 등에 대해서 적극적으로 분석하고 종합하며 평가하는 능동적인 사고로 어떤 논증, 추론, 증거, 가치를 표현한 사례를 타당한 것으로 수용할 것인가 아니면 불합리한 것으로 거절할 것인가에 대한 결정에 필요한 사고이다.

2) 비판적 사고를 위한 태도

① 문제의식: 우리가 처한 상황이나 현상에 대한 문제의식을 가질 때 주변에서 발생하는 사소한 것에서도 정보를 수집하고 새로운 아이디어를 끊임없이 생산해 낼 수 있다.

② 고정관념 타파: 지각의 폭을 넓히는 일은 정보에 대한 개방성은 가지고 편견을 갖지 않는 것으로, 고정관념을 타파하는 일이 중요하다.

하위능력 2 문제처리능력

1. 문제처리 과정

문제 인식 ▶ 문제 도출 ▶ 원인 분석 ▶ 해결안 개발 ▶ 실행 및 평가

2. 문제 인식

- 해결해야 할 전체 문제를 파악하여 우선순위를 정하고, 선정 문제에 대한 목표를 명확히 하는 단계이다.
- 문제 인식을 위해 환경 분석, 주요 과제 도출, 과제 선정의 절차를 수행하는 과정이 필요하다.

절차	환경 분석	주요 과제 도출	과제 선정
내용	사업 시스템상 거시 환경 분석	분석 자료를 토대로 성과에 미치는 영향/의미를 검토하여 주요 과제 도출	후보 과제를 도출하고 효과 및 실행 가능성 측면에서 평가하여 과제 선정

1) 환경 분석

① 3C 분석: 사업환경을 구성하고 있는 요소인 자사(Company), 경쟁사(Competitor), 고객(Customer)을 3C라고 하며, 3C에 대한 체계적인 분석을 통해서 환경 분석을 수행한다.

자사	경쟁사	고객
자사의 달성 목표와 차이는 없는가?	경쟁 기업의 우수한 점과 차이는 없는가?	고객은 자사의 상품/서비스에 만족하고 있는가?

② SWOT 분석: 기업 내부의 강점과 약점, 외부 환경의 기회, 위협 요인을 분석 평가하고 이들을 서로 연관 지어 전략과 문제해결 방안을 개발하는 방법이다. ★중요

구분		내부 환경 요인	
		강점(Strengths)	약점(Weaknesses)
외부 환경 요인	기회(Opportunities)	SO 내부 강점과 외부 기회 요인을 극대화	WO 외부 기회를 이용하여 내부 약점을 강점으로 전환
	위협(Threats)	ST 외부 위협을 최소화하기 위해 내부 강점을 극대화	WT 내부 약점과 외부 위협을 최소화

- SO 전략: 외부 환경의 기회를 활용하기 위해 강점을 사용하는 전략을 선택한다.
- ST 전략: 외부 환경의 위협을 회피하기 위해 강점을 사용하는 전략을 선택한다.
- WO 전략: 자신의 약점을 극복함으로써 외부 환경의 기회를 활용하는 전략을 선택한다.
- WT 전략: 외부 환경의 위협을 회피하고 자신의 약점을 최소화하는 전략을 선택한다.

2) 주요 과제 도출

환경 분석을 통해 현상을 파악한 후 분석 결과를 검토하여 주요 과제를 도출해야 하며, 주요 과제 도출을 위한 과제안 작성 시, 과제안 간의 동일한 수준, 표현의 구체성, 기간 내 해결 가능성 등을 확인해야 한다.

3) 과제 선정

과제는 과제안 중 효과 및 실행 가능성 측면을 평가하여 가장 우선순위가 높은 안을 선정한다. 우선순위 평가 시에는 과제의 목적, 목표, 자원현황 등을 종합적으로 고려하여 평가해야 한다.

3. 문제 도출

- 선정된 문제를 분석하여 해결해야 할 것이 무엇인지를 명확히 하는 단계로, 현상에 대하여 문제를 분해하여 인과관계 및 구조를 파악하는 단계이다.
- 문제 도출은 문제 구조 파악, 핵심 문제 선정의 절차를 거쳐 수행된다.

절차	문제 구조 파악	핵심 문제 선정
내용	문제를 다룰 수 있는 작은 이슈들로 세분화	문제에 영향력이 큰 이슈를 핵심 이슈로 선정

1) 문제 구조 파악

전체 문제를 개별화된 세부 문제로 재구성하는 과정으로 문제의 내용 및 부정적인 영향 등을 파악하여 문제의 구조를 도출한다.

2) 로직 트리(Logic Tree)

문제의 원인을 깊이 파고든다든지 해결책을 구체화할 때 제한된 시간 속에 문제의 넓이와 깊이를 추구하는 데 도움이 되는 기술로 주요 과제를 나무 모양으로 분해, 정리하는 기술이다.

4. 원인 분석

- 파악된 핵심문제에 대한 분석을 통해 근본 원인을 도출해 내는 단계이다.
- 핵심이슈에 대한 가설을 설정한 후 가설 검증을 위해 필요한 데이터를 수집, 분석하여 문제의 근본 원인을 도출한다.

절차	이슈 분석	데이터 분석	원인 파악
내용	• 핵심이슈 설정 • 가설 설정 • Output 이미지 결정	• 데이터 수집 계획 수립 • 데이터 정리/가공 • 데이터 해석	• 근본 원인 파악 • 원인과 결과 도출

5. 해결안 개발

- 해결안 도출, 해결안 평가 및 최적안 선정의 절차로 진행된다.
- 문제로부터 도출된 근본 원인을 효과적으로 해결할 수 있는 최적의 해결방안을 수립하는 단계이다.

절차	해결안 도출	해결안 평가 및 최적안 선정
내용	열거된 근본 원인을 어떠한 시각과 방법으로 제거할 것인지에 대한 독창적이고 혁신적인 아이디어를 도출	문제(What), 원인(Why), 방법(How)을 고려해서 해결안을 평가하고 가장 효과적인 해결안을 선정

6. 실행 및 평가

- 해결안 개발을 통해 만들어진 실행계획을 실제 상황에 적용하는 활동으로, 당초 장애가 되는 문제의 원인들을 해결안을 사용하여 제거해 나가는 단계이다.
- 실행의 진행 절차는 다음과 같다.

절차	실행 계획 수립	실행	사후관리
내용	최종 해결안을 실행하기 위한 구체적인 계획 수립	실행 계획에 따른 실행 및 모니터링	실행 결과에 대한 평가

코칭

- 개인의 목표를 성취할 수 있도록 자신감과 의욕을 고취시키고, 실력과 잠재력을 최대한 발휘할 수 있도록 돕는 일을 의미
- 코칭은 일반적으로 계약관계로 맺어지고, 개인의 변화와 발전을 지원하는 수평적이고 협력적인 파트너십에 중점을 둠
- 성취를 이루려는 개인과 적극적으로 커뮤니케이션하며, 동기를 부여하고 믿음을 심어주며, 스스로 문제점을 찾아 해결할 수 있도록 돕는 일

멘토링(Mentoring)	풍부한 경험과 지식으로 지표를 제시하는 것
티칭(Teaching)	지식을 전달하는 것
카운슬링(Counseling)	상담 또는 조언하는 것

STEP

02 대표 기출유형

기출유형 ① 모듈형 이론 필수 학습형

유형 특징

❶ NCS 직업기초능력평가 교수자용 및 학습자용 매뉴얼에 제시된 학습 모듈 이론을 기반으로 문제가 출제된다.
❷ 상대적으로 문제의 형태가 단순하지만, 이론에 대한 이해가 없다면 높은 점수를 받기 어렵다.
❸ 상식적인 수준으로 출제되는 경우도 있지만 모듈 이론을 알지 못하면 풀이할 수 없는 문항도 다수 출제된다.

풀이 전략

❶ 상식만으로 접근하기에는 무리가 있으므로 평소 기출문제를 풀어보며 출제 포인트를 학습해야 한다.
❷ 지원하는 기업과 관련한 소재가 출제되는 경향이 있으므로 기출문제를 토대로 해당 기업의 출제 경향을 미리 파악해 놓아야 한다.

다음은 의사결정 과정의 방법 중 하나인 '퍼실리테이션'에 관한 내용이다. 이에 대한 설명으로 옳지 않은 것은?

2024년 1월 서울교통공사

> 퍼실리테이션이란 어떤 그룹이나 조직이 의사결정을 잘하도록 도와주는 것이다. 퍼실리테이터는 중립적인 위치에서 조직의 목표를 달성할 수 있도록 구성원 간의 소통과 협력을 촉진하고 독려하는 역할을 담당한다. 퍼실리테이션은 다음과 같은 대화에서 살펴볼 수 있다.
>
> 기획부장: "최근에 매출 악화가 두드러져 긴급회의를 개최하게 되었습니다. 당장 책임 소재를 살펴보기보다는, 무엇 때문에 이러한 상황이 발생하였고, 어떻게 해결할 수 있는지에 집중하여 다함께 논의해 보도록 합시다. 우선 영업부가 판단한 문제 상황의 원인은 무엇인가요?"
> 영업부장: "저렴한 가격을 앞세운 경쟁업체가 늘어나면서 시장 경쟁이 치열해졌습니다. 해외 시장에도 마찬가지 상황이지만 북미 시장에서 탄탄한 유통망을 갖추고 있기에 시장 점유율을 유지할 수 있을 것이라고 기대합니다."
> 기획부장: "그렇군요. 혹시 마케팅 측면에서 도입해 볼 수 있는 방안도 있을까요?"
> 마케팅부장: "소비층의 주축이 되는 은퇴세대가 자주 접하는 매체의 마케팅 비중을 높이고자 합니다."
> 기획부장: "좋은 생각이네요. 혹시 판매 증진을 위해 생산현장에서는 어떤 개선이 필요할까요?"
> 생산부장: "재고 소진을 위해 해외 시장 고객의 니즈에 맞추어 기 생산 제품의 사양을 변경하는 것을 제안하고자 합니다."
> 기획부장: "오늘 공유한 이야기는 모두 면밀히 검토했으면 좋겠군요."

① 특정 발언을 지지하며, 원활하게 결론이 도출될 수 있도록 유도한다.
② 긍정적인 분위기에서 대화를 이끌어 감으로써 활발히 논의가 진행되도록 해야 한다.
③ 공감을 통해 서로가 처한 문제 상황을 이해할 수 있도록 한다.
④ 자연스럽게 발언권을 분배하여 의견이 공유될 수 있도록 한다.
⑤ 서로의 문제점을 지적하기보다는 문제 상황을 해결하는 것에 집중하도록 한다.

| 정답풀이 |

정답 ①

퍼실리테이션을 이용한 문제해결은 구성원이 자율적으로 실행하는 것이며, 제3자가 합의점이나 줄거리를 준비해 놓고 예정대로 결론이 도출되어 가는 것이어서는 안 된다. 또한 퍼실리테이터가 특정인의 발언을 지지하거나 무게를 실어주어 원활한 의견 개진을 가로막아서는 안 되며, 모두의 의견을 경청하는 자세를 보여주어야 한다.

| 상세해설 |

퍼실리테이션(facilitation)이란 '촉진'을 의미하며, 어떤 그룹이나 집단이 의사결정을 잘 하도록 도와주는 일을 의미한다. 최근 많은 조직에서는 보다 생산적인 결과를 가져올 수 있도록 그룹이 어떤 방향으로 나아갈지 알려주고, 주제에 대한 공감을 이룰 수 있도록 능숙하게 도와주는 퍼실리테이터를 활용하고 있다.

따라서 퍼실리테이션에 의한 문제해결 방법은 깊이 있는 커뮤니케이션을 통해 서로의 문제점을 이해하고 공감함으로써 창조적인 문제해결을 도모한다. 퍼실리테이션에 의한 의사결정 방법은 초기에 생각하지 못했던 창조적인 해결 방법을 도출할 수 있다. 동시에 구성원의 동기가 강화되고 팀워크도 한층 강화된다는 특징을 보인다.

기출유형 ② 언어추리 – 명제

유형 특징

❶ 여러 명제를 조합하여 결론을 도출하는 문제가 출제된다. 결론이 주어지고 전제를 구해야 하는 경우도 있다.
❷ 명제는 가장 기본이 되는 유형으로 역, 이, 대우 등의 관계를 통해 문제를 풀이한다.

풀이 전략

❶ 명제는 주어진 조건을 단순하게 도식화하고, 역, 이, 대우 등의 개념을 학습하여 적용하는 연습이 필요하다.
❷ 주어진 모든 명제에 some 개념이 등장하지 않는다면 일반적으로 대우명제와 함께 삼단논법을 사용하여 풀이가 가능하며, 풀이 시간을 단축할 수 있다.
❸ 대우명제와 삼단논법을 사용하여 결론 또는 전제를 구하기 어려운 경우, 벤다이어그램을 활용해야 한다.

다음 명제가 모두 참일 때, 항상 참인 것은? 2024년 지역농협

- 운동을 규칙적으로 하는 사람은 건강하다.
- 비타민을 섭취하는 사람은 면역력이 강하다.
- 면역력이 강한 사람은 감기에 잘 걸리지 않는다.

① 운동을 규칙적으로 하지 않는 사람은 건강하지 않다.
② 비타민을 섭취하지 않는 사람은 면역력이 강하지 않다.
③ 운동을 규칙적으로 하는 사람은 비타민을 섭취한다.
④ 비타민을 섭취하는 사람은 감기에 잘 걸리지 않는다.

| 정답풀이 | 정답 ④

두 번째 명제와 세 번째 명제를 보면 삼단논법에 의해 '비타민을 섭취하는 사람은 면역력이 강하고, 면역력이 강한 사람은 감기에 잘 걸리지 않는다.'는 내용이 성립한다.

| 오답풀이 |

① 첫 번째 명제의 '이'이므로 항상 참은 아니다.
② 두 번째 명제의 '이'이므로 항상 참은 아니다.
③ 운동을 규칙적으로 한 사람과 비타민을 섭취하는 사람의 상관관계는 주어진 명제만으로는 알 수 없다.

반드시 출제되는 핵심이론

① **정언명제:** 조건이 붙지 않은 기본 명제

구분	명제	벤다이어그램	
전칭 (all 개념)	모든 S는 P이다.	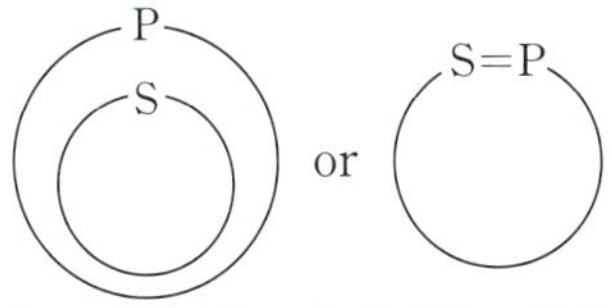	한 쪽이 다른 쪽에게 포함되거나 서로 동일한 관계
	모든 S는 P가 아니다.	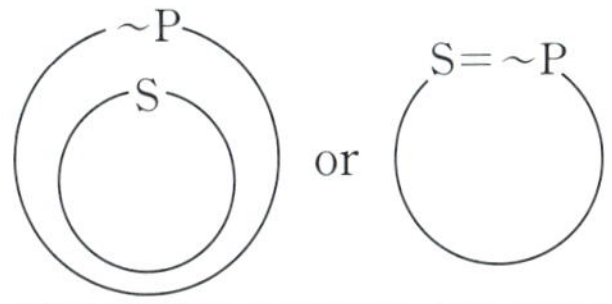	
특칭 (some 개념)	어떤 S는 P이다.	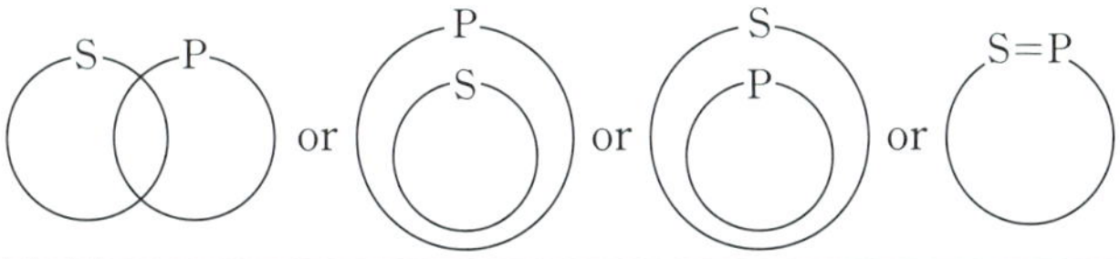	서로 공통 영역을 공유하는 관계
	어떤 S는 P가 아니다.	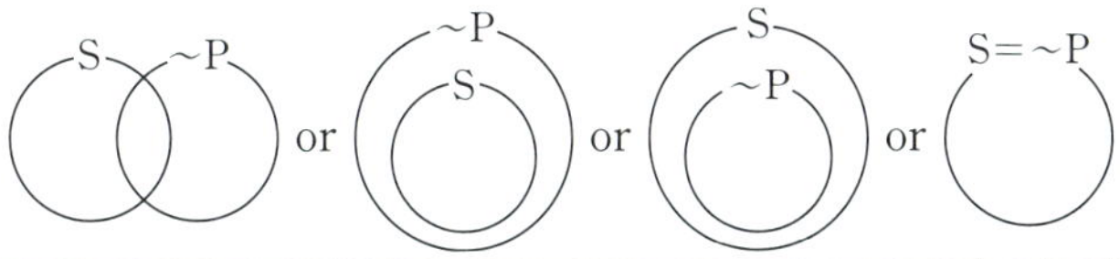	

- 전칭(all 개념)
  - 일반적으로 수식어가 붙지 않거나 '모든'이라는 수식어가 붙는다. 다만, "어떤 ~도 ~가 아니다."라는 표현은 '어떤'이 사용되지만 전칭(all 개념)임에 주의해야 한다.
  - "모든 A는 B이다."는 'a → b'처럼 간단한 기호로 나타낼 수 있다. "모든 A는 B가 아니다."는 'a → ~b'로 나타낸다.
  - A와 B가 완전히 동일한 경우에는 'a → b'와 'b → a'가 모두 성립한다.
- 특칭(some 개념)
  - 일반적으로 '어떤'이라는 수식어가 붙는다. 다만, "모든 ~가 ~인 것은 아니다."라는 표현은 '모든'이 사용되지만 특칭(some 개념)임에 주의해야 한다.
  - 특칭(some 개념)은 전칭(all 개념)을 포함하는, 좀 더 포괄적인 개념이다. 따라서 "어떤 S는 P이다."라는 명제에는 모든 S가 P인 경우와 모든 P가 S인 경우도 포함된다는 것에 주의해야 한다.
  - 특칭(some 개념) 명제는 'a → b' 형태의 간단한 기호로 나타내지 않는다.

② **명제 논리**

- 전칭(all 개념) 명제 's → p'의 역, 이, 대우는 다음과 같은 관계를 갖는다.

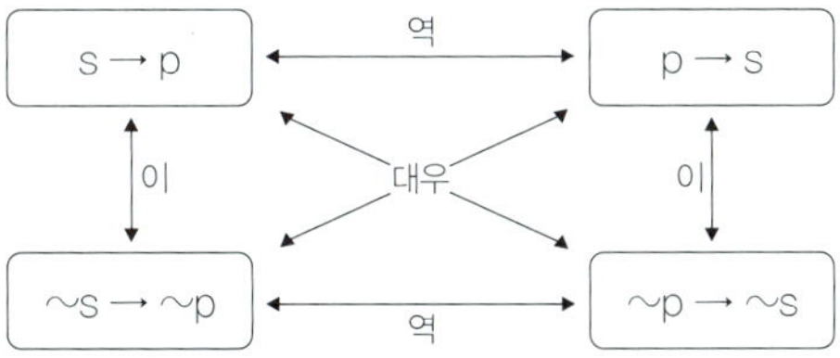

- 특칭(some 개념) 명제는 역, 이, 대우를 생각하지 않는다.
- 's → p'가 참일 때, 항상 참인 것은 대우명제뿐이다.
- 역과 이는 참일 수도, 거짓일 수도 있다. 즉, 항상 참은 아니다.

기출유형 ③ 조건추리 – 진실게임

유형 특징

❶ 주어진 조건을 통해 참/거짓을 판단하는 문제가 출제된다.
❷ 주어진 진술이 참인지 거짓인지 가려서 유추하는 유형과 주어진 진술을 통해 선택지가 참인지 거짓인지 판단하는 유형으로 구분할 수 있다.

풀이 전략

❶ 풀이 방식이 어느 정도 정형화되어 있기 때문에 익숙해진다면 빠른 풀이가 가능하다.
❷ 여러 조건 중 모순이 되는 조건을 기준으로 삼아 다른 조건의 진위 여부를 판단한다.

○○도청에서는 A, B지역의 각 4가지 농산물에 대한 안정성 조사를 시행하였다. 조사 결과는 적합 혹은 부적합으로만 판정된다. [보기]의 진술이 모두 거짓이라고 할 때, 참이 아닌 것은? 2025년 9월 한국수자원공사

보기

- A지역과 B지역의 농산물 적합 판정 개수는 다르다.
- 미나리 또는 대파는 A지역 생산품이다.
- 배추 또는 쑥갓은 B지역 생산품이 아니다.
- 상추는 미나리와 다른 판정을 받았다.
- 참다래는 배추와 같은 판정을 받았다.
- 부추 또는 깻잎은 적합 판정을 받았다.
- 미나리는 부적합 판정을 받았거나 배추와 같은 판정을 받았다.
- 상추가 적합 판정을 받았다면 쑥갓도 적합 판정을 받았다.

① 상추는 적합, 배추는 부적합 판정을 받았다.
② 참다래와 미나리는 부적합 판정을 받았다.
③ 깻잎은 대파와 다른 판정을 받았다.
④ 부추와 쑥갓은 같은 판정을 받았다.

| 정답풀이 | 정답 ②

주어진 진술이 모두 거짓이려면 조사 결과는 다음과 같아야 한다.

- A지역과 B지역의 농산물 적합 판정 개수는 같다.
- 배추와 쑥갓은 B지역 생산품이다.
- 참다래는 배추와 다른 판정을 받았다.
- 미나리는 부적합 판정을 받지 않았고 배추와 다른 판정을 받았다.
- 미나리와 대파는 A지역 생산품이 아니다.
- 상추는 미나리와 같은 판정을 받았다.
- 부추와 깻잎은 부적합 판정을 받았다.
- 상추가 적합 판정을 받았다면 쑥갓은 적합 판정을 받지 않았다.

이를 바탕으로 농산물의 지역과 적합 판정 여부를 정리하면 다음과 같다.

A지역				B지역			
상추	참다래	부추	깻잎	미나리	대파	배추	쑥갓
○	○	×	×	○	○	×	×

따라서 참다래와 미나리는 둘 다 적합 판정을 받았으므로 정답은 ②이다.

기출유형 ④ 조건추리 – 순서/위치

유형 특징

❶ 주어진 조건을 종합하여 순서를 정하거나 위치를 찾는 유형이다.
❷ 조건은 발문에 제시되기도 하므로 문제를 꼼꼼히 읽어야 한다.

풀이 전략

❶ 가장 포괄적으로 적용할 수 있는 조건을 기준으로 삼아 다른 조건을 정리해야 한다.
❷ 발생할 수 있는 경우의 수는 간단한 표나 그림으로 정리한다.

영업팀 김 대리는 거래처 A~F 6곳을 모두 방문하려고 한다. 다음 [조건]을 바탕으로 할 때, 네 번째로 방문하는 거래처로 옳은 것은?

2024년 10월 한국전력공사

조건

- 거래처 A는 거래처 E보다 앞서 방문한다.
- 거래처 B는 거래처 E 바로 다음에 방문한다.
- 거래처 D는 거래처 F보다 늦게 방문한다.
- 거래처 C보다 먼저 방문하는 거래처는 없다.
- 거래처 D는 가장 마지막에 방문하지 않는다.
- 거래처 F는 거래처 A를 방문하기 직전에 방문한다.

① A　② B　③ D
④ E　⑤ F

| 정답풀이 |

정답 ③

거래처 C보다 먼저 방문하는 거래처가 없으므로 거래처 C를 가장 먼저 방문한다. 또한 거래처 F는 거래처 A 직전에 방문하고, 거래처 B는 거래처 E 바로 다음에 방문하므로 [F → A], [E → B] 순서로 방문한다. 그리고 거래처 D는 가장 마지막에 방문하지 않고, 거래처 A는 거래처 E보다 앞서 방문하므로 [C → ( ) → F → A → E → B] 또는 [C → F → A → ( ) → E → B]의 순서로 방문하게 된다. 이때, 세 번째 조건에 따르면 거래처 D는 거래처 F보다 늦게 방문하였으므로 [C → F → A → D → E → B]의 순서로 방문한다.
따라서 네 번째로 방문하는 거래처는 D이다.

기출유형 ⑤ 상황판단 – 독해

유형 특징

❶ 업무 상황에서 마주할 수 있는 법령, 공문서, 또는 비문학 지문 등이 자료로 제시되는 경우가 많다.
❷ 지문에 제시된 특정 상황을 응용 · 적용하여 주어진 문제 상황을 해결하는 유형이 출제되고 있다.
❸ 주어진 정보를 바탕으로 상황에 적용할 수 있어야 하며, 대부분의 문제는 의사소통능력의 추론, 일치/불일치 유형과 동일한 방법으로 답을 도출할 수 있다.

풀이 전략

❶ 주어진 자료 또는 지문에서 핵심을 파악할 수 있어야 하므로, 항상 핵심 키워드를 확인하며 독해한다.
❷ 선택지 또는 [보기]의 키워드 등을 발췌한 후, 지문에서 해당 키워드가 있는 부분을 발췌독하여 풀이 시간을 단축해야 한다.
❸ 주어진 지문에서 단서 조항이 될 수 있는 내용은 더욱 집중해서 읽는다.
❹ 시간만 충분하다면 답을 찾을 수 있는 유형이기 때문에 해당 유형의 취약 여부를 확인하여 전략적으로 풀이할 수 있어야 한다.

다음은 디지털 혁신 중견기업 육성 사업에 관한 공고문의 일부이다. 이를 바탕으로 할 때, 옳지 않은 것은?

2024년 10월 한국전력공사

1. 개요

구분	내용
지원 규모	과제당 정부 지원 연구개발비 최대 2억 원
지원 과제	7개 과제 내외
공모 유형	자유공모
지원 기간	9개월(2025.4.1.~2025.12.31. 예정)
지원 조건	① DX 솔루션 수요기업과 DX 솔루션 공급기업이 컨소시엄을 구성하여 지원 ② 기업 유형에 따른 기관 부담 연구개발비 매칭 필요
기술료	비징수

2. 신청 자격

□ 주관 연구 개발기관(DX 솔루션 수요기업): 중견기업, 중견기업 후보기업
  ○ 제품 개발, 생산, 경영서비스 등 기업 활동 전반에 디지털 전환(DX) 수요가 있는 기업
  ○ 중견기업에 해당되는 경우, 한국중견기업연합회(www.mme.or.kr)로부터 '중견기업확인서'를 발급받아 제출하여야 함
  ○ 중견기업 후보기업에 해당되는 경우, 한국중견기업연합회(www.mme.or.kr)로부터 '중견기업 확인공문'을 발급받아 제출하여야 함
□ 공동 연구 개발기관(DX 솔루션 공급기업): 영리기업(중소기업, 중견기업, 대기업)
  ○ 디지털 전환(DX)을 위한 솔루션을 보유하고 있으며, 솔루션 적용 역량이 있는 기업
  ○ 중견기업에 해당되는 경우, 한국중견기업연합회(www.mme.or.kr)로부터 '중견기업확인서'를 발급받아 제출하여야 함

※ 중소기업: 「중소기업기본법」 제2조에 따른 기업
중견기업: 「중견기업 성장촉진 및 경쟁력 강화에 관한 특별법」 제2조 제1호에 따른 기업
대기업: 「중소기업기본법」 제2조에 따른 중소기업 및 「중견기업 성장촉진 및 경쟁력 강화에 관한 특별법」 제2조 제1호에 따른 중견기업이 아닌 기업

① 기업의 유형에 따라 연구개발비가 다르게 책정된다.
② DX 솔루션 수요기업과 공급기업이 하나의 조합을 이루어 지원해야 한다.
③ 지원 조건을 만족한 형태의 지원 기업이 4개 과제에 대하여 지원하였다면 받을 수 있는 정부 지원 연구개발비는 최대 8억 원이다.
④ 주관 연구 개발기관은 디지털 전환 수요가 있는 중견기업 또는 중견기업 후보기업이어야 하며, 확인서 또는 확인공문을 제출해야 한다.
⑤ 솔루션 적용 역량이 있는 기업이라면 기업 규모와 관계없이 DX 솔루션 수요기업으로 모두 지원 가능하다.

| 정답풀이 | 정답 ⑤

선택지 ⑤에서 설명하는 기업은 DX 솔루션 수요기업이 아닌, DX 솔루션 공급기업으로서 지원할 수 있다.

| 오답풀이 |

① [1. 개요]의 두 번째 지원 조건에서 기업 유형에 따라 기관 부담 연구개발비 매칭이 필요하다고 하였으므로, 기업의 유형에 따라 연구개발비가 다르게 책정됨을 알 수 있다.
② [1. 개요]의 첫 번째 지원 조건에서 'DX 솔루션 수요기업과 DX 솔루션 공급기업이 컨소시엄을 구성하여 지원'하라고 명시되어 있으므로, 수요기업과 공급기업이 하나의 조합을 이루어 지원해야 한다.
③ [1. 개요]의 지원 규모에서 과제당 정부 지원 연구개발비를 최대 2억 원을 지원한다고 하였으므로 4개 과제에 대하여 지원하였다면 정부 지원 연구개발비는 최대 8억 원이다.
④ [2. 신청 자격]에서 주관 연구 개발기관은 기업 활동 전반에 디지털 전환 수요가 있는 중견기업 또는 중견기업 후보기업이어야 함을 명시하고 있다. 또, 이를 증명하기 위해 중견기업에 해당되는 경우, 한국중견기업연합회(www.mme.or.kr)로부터 '중견기업확인서'를 발급받아 제출하여야 하고, 중견기업 후보기업에 해당되는 경우, '중견기업확인공문'를 발급받아 제출해야 함을 함께 언급하고 있다.

기출유형 ⑥ 상황판단 – 자료 해석

유형 특징

❶ 주어진 정보를 바탕으로 상황에 가장 최선인 대안을 선택하는 유형이다.
❷ 자원관리능력과 비슷하게 예산, 인력, 시간에 관한 문제가 출제되므로 명확하게 유형을 구분하기 어렵다.

풀이 전략

❶ 문제를 먼저 읽고 필요한 정보를 선택적으로 습득하는 능력이 필요하다.
❷ 선택지 전체를 계산하기 전에 확실하게 소거 가능한 선택지가 있는지를 우선 판단한다.

다음은 ○○공사에서 운영하는 짐 배송 및 보관 서비스 요금표이다. A씨는 인천공항에 입국하여 바로 홍대입구역까지 짐 배송 서비스를 이용한 후 8시간 동안 짐을 역에 보관하려고 한다. 이때 A씨가 지불해야 할 이용요금으로 적절한 것은?(단, 짐을 한 개만 맡길 때와 두 개를 맡길 때의 비용 차이가 1만 원 미만이면 두 개 모두 맡기고, 그렇지 않으면 더 큰 사이즈 하나만 보관한다.)

2025년 2월 서울교통공사

[표1] 배송 서비스 이용요금 (단위: 원)

구분	공항 당일배송(역 ↔ 인천공항)		서울 당일배송(A역 ↔ B역)	
	평일	주말	평일	주말
S~M(~23″)	20,000	29,000	17,000	27,000
L(23~27″)	26,000	38,000	26,000	38,000
XL(27~36″)	31,000	45,000	31,000	45,000

[표2] 보관 서비스 이용요금 (단위: 원)

구분	기본 4시간		추가요금 (주중/주말 동일)
	주중	주말	
S(~20″)	3,000	6,000	시간당 1,000
M(20~23″)	5,000	8,000	
L(23~27″)	7,000	12,000	
XL(27″~)	11,000	19,000	

※ 캐리어 한 개당 금액임
※ 캐리어 사이즈는 높이를 기준으로 하고 1인치는 2.54cm임

A씨는 12월 9일 토요일에 인천공항을 통해 한국에 입국하였다. A씨의 짐은 모두 두 개이며, 하나는 (가로×세로×높이)가 (36×24×57)cm 크기의 캐리어이고, 다른 하나는 (가로×세로×높이)가 (42×36×76)cm 크기의 캐리어이다.

① 35,000원　② 74,000원　③ 86,000원
④ 97,000원　⑤ 109,000원

| 정답풀이 | 정답 ④

A씨의 인천공항에서 홍대입구역까지 배송 서비스 이용 금액은 M 사이즈 캐리어 1개+XL 사이즈 캐리어 1개=29,000+45,000=74,000(원)이며, 짐 보관(8시간) 서비스 이용 금액은 M 사이즈 캐리어는 기본(4시간)+추가 4시간=8,000+4,000=12,000(원), XL 사이즈 캐리어는 기본(4시간)+추가 4시간=19,000+4,000=23,000(원)이다. 이때, 두 짐의 보관 서비스 비용의 차이가 1만 원 이상이므로 큰 짐(XL 사이즈)만 보관한다.
따라서 총비용은 74,000+23,000=97,000(원)이다.

| 상세해설 |

A씨의 캐리어 각각의 크기를 먼저 구한다. 캐리어 사이즈는 높이를 기준으로 구분한다. 첫 번째 캐리어는 (가로×세로×높이)가 (36×24×57)cm로 높이가 57cm이므로 57÷2.54≒22.4(인치), 즉 M 사이즈에 해당한다. 두 번째 캐리어는 (가로×세로×높이)가 (42×36×76)cm로 높이가 76cm이므로 76÷2.54≒29.9(인치), 즉 XL 사이즈에 해당한다.
A씨는 주말에 공항에서 홍대입구역까지 배송 서비스를 이용하므로 M, XL 사이즈 캐리어에 대해 각각 29,000원, 45,000원으로 총 74,000원의 비용이 든다.
홍대입구역에서 보관 서비스를 이용하는 경우, 이용요금은 M 사이즈의 짐은 주말(기본 4시간) 기준 8,000원이며 시간당 1,000원씩 추가되므로 8시간을 보관하면 총 12,000원이다. XL 사이즈의 짐은 주말(기본 4시간) 기준 19,000원이며 시간당 1,000원씩 추가되므로 8시간을 보관하면 총 23,000원이다. 두 짐의 보관비용 차이는 23,000−12,000=11,000(원)으로 1만 원을 초과하므로 큰 사이즈 짐만 보관 서비스를 이용하게 된다.
따라서 인천공항에서 홍대입구역으로 이동하여 홍대입구역에서 8시간 동안 보관 서비스를 이용하게 되면 총비용은 74,000+23,000=97,000(원)이다.

PART 1 필수 개념 & 유형 학습

대표 출제 기업

PSAT형	한국전력공사, 한국수자원공사, 한국수력원자력, 근로복지공단
피듈형	서울교통공사, 부산교통공사, 한국가스공사, 한전KPS, 한전KDN, 한국중부발전, 한국남부발전, 한국서부발전, 한국동서발전, 한국남동발전, 국민연금공단, 한국가스안전공사, 한국전기안전공사, 한국산업인력공단, 한국장애인고용공단, 한국농어촌공사, 지역농협
모듈형	경기도 통합채용, 부산시 통합채용, 경상북도 통합채용, 전라남도 통합채용

CHAPTER 04

자원관리능력

STEP 1 NCS 핵심이론

STEP 2 대표 기출유형

STEP 01

NCS 핵심이론

자원관리능력 개요

1. 자원의 개념

1) 자원의 의미

기업 활동을 위해 사용되는 기업 내의 모든 시간, 예산, 물적, 인적자원을 의미한다. 기업 활동에 있어서 자원은 더 높은 성과를 내고, 경쟁우위의 발판이 될 수 있는 노동력이나 기술을 통틀어 이른다.

2) 자원관리의 중요성

① 자원은 유한하기에 효과적으로 확보, 유지, 활용하는 자원관리가 매우 중요하다.

② 자원관리능력은 시간관리능력, 예산관리능력, 물적자원관리능력, 인적자원관리능력으로 구분되며, 직장인들의 업무 성과에 영향을 주는 매우 중요한 능력이다.

전사적 자원관리(ERP)

- 기업활동을 위해 사용되는 기업 내의 모든 인적 · 물적자원을 효율적으로 관리하여 궁극적으로 기업의 경쟁력을 강화시켜 주는 역할을 하는 통합정보시스템
- 인사 · 재무 · 생산 등 기업의 전 부문에 걸쳐 독립적으로 운영되던 인사정보시스템 · 재무정보시스템 · 생산관리시스템 등을 하나로 통합하여 기업 내의 인적 · 물적자원의 활용도를 극대화하고자 하는 경영 혁신 기법

2. 자원 낭비 요인 ★중요

1) 비계획적 행동

계획 없이 충동적이고 즉흥적으로 행동하기 때문에 자신이 활용할 수 있는 자원들을 낭비하게 된다.

2) 편리성 추구

자원을 활용할 때 자신의 편리함을 최우선적으로 추구하기 때문에 나타나는 현상으로, 일회용품의 잦은 사용, 할일 미루기, 약속 불이행 등이 있다.

3) 자원에 대한 인식 부재

자신이 가지고 있는 중요한 자원을 인식하지 못하는 것을 의미하며, 시간이 중요한 자원이라는 것을 의식하지 못하는 경우가 그 예이다.

4) 노하우 부족

경험이나 노하우가 부족하여 자원관리의 중요성을 인식하면서도 효과적인 방법을 활용할 줄 모르는 경우가 있다.

3. 효과적인 자원관리 과정 ★중요

1단계	▶	2단계	▶	3단계	▶	4단계
필요한 자원의 종류와 양 확인		이용 가능한 자원 수집하기		자원 활용 계획 세우기		계획대로 수행하기

1) 1단계: 필요한 자원의 종류와 양 확인

① 업무를 추진할 때 어떤 자원이 필요하며, 또 얼마만큼 필요한지를 파악하는 단계이다.

② 구체적으로 어떤 활동을 할 것이며, 이 활동에 어느 정도의 시간과 돈, 물적 · 인적자원이 필요한지를 파악한다.

2) 2단계: 이용 가능한 자원 수집(확보)하기

① 필요한 자원의 종류와 양을 파악하였다면, 실제 상황에서 그 자원을 확보해야 한다.

② 실제 준비나 활동을 할 때 계획과 차이를 보이는 경우가 빈번하므로 여유 있게 확보하는 것이 좋다.

3) 3단계: 자원 활용 계획 세우기

① 필요한 자원을 확보하였다면 활동의 우선순위를 정하여 그 자원을 실제 필요한 업무에 할당하여 계획을 세워야 한다.

② 확보한 자원이 실제 활동 추진에 비해 부족할 경우 우선순위가 높은 것에 중심을 두고 계획하는 것이 바람직하다.

4) 4단계: 계획대로 수행하기

① 계획에 얽매일 필요는 없지만, 되도록 계획에 맞게 업무를 수행하는 것이 바람직하다.

② 불가피하게 수정해야 하는 경우 전체 계획에 미칠 수 있는 영향을 고려해야 한다.

하위능력 1 시간관리능력

1. 시간과 시간관리의 효과

1) 시간의 특성

• 시간은 매일 주어지는 기적	• 시간은 빌리거나 저축할 수 없음
• 시간은 똑같은 속도로 흐름	• 시간은 어떻게 사용하느냐에 따라 가치가 달라짐
• 시간의 흐름은 멈추게 할 수 없음	• 시간은 시절에 따라 밀도도 다르고 가치도 다름

2) 시간관리의 효과

① 기업 입장에서의 효과: 작업 소요 시간 단축으로 인해 생산성 향상, 가격 인상, 위험 감소, 시장 점유율 증가 등의 효과를 볼 수 있다.

② 개인적 입장에서의 효과

- 스트레스 감소
- 생산성 향상
- 균형적인 삶 영위
- 목표 성취

2. 시간 낭비의 요인

1) 시간 낭비의 요인

① 외적 시간 낭비 요인

- 외부인이나 외부에서 일어나는 시간에 의한 것이다.
- 동료, 가족, 세일즈맨, 고객들, 문서, 교통 혼잡 등으로 인한 것으로 본인 스스로 조절하기 어려운 부분이다.

② 내적 시간 낭비 요인

- 자신의 내부에 있는 습관이다.
- 일정을 연기하는 것, 사회활동, 계획의 부족, 거절하지 못하는 우유부단함, 혼란된 생각 등이 해당한다.

2) 직장에서 발생할 수 있는 시간 낭비 요인 ★중요

• 불명확한 목적성	• 우선순위가 없이 일을 함
• 여러 가지 일을 한 번에 많이 다룸	• 장래의 일에 도움이 되지 않는 일을 함
• 불충분한 1일 계획	• 게으른 성격, 책상 위는 항상 번잡함
• 서류 정리를 하거나 서류를 숙독함	• 부적당한 파일링 시스템
• 스마트폰이나 컴퓨터의 불필요한 사용	• 일에 대한 의욕 부족, 무관심
• 조정 부족, 팀워크의 부족	• 전화를 너무 많이 함
• 예정 외의 방문자가 많음	• 'No'라고 말하지 못하는 성격
• 불완전한 정보, 정보의 지연	• 극기심의 결여
• 일을 끝내지 않고 남겨둠	• 소음이나 주의를 흩트리는 경우
• 긴 회의	• 회의나 타협에 대한 준비 불충분
• 커뮤니케이션 부족 또는 결여	• 잡담이 많음
• 일을 느긋하게 하는 성격	• 모든 것에 대해 사실을 알고 싶어함
• 기다리는 시간이 많음	• 초조하고 성질이 급함
• 권한위양을 충분히 하지 않고 있음	• 권한위양한 일에 대한 부적절한 관리

3) 시간관리에 대한 오해

① 시간관리에 대한 잘못된 오해: 회사에서 일을 잘하고 있으므로 시간관리는 상식에 불과하다고 생각한다. 시간에 쫓기면 일을 더 잘한다고 생각하여, 시간을 관리하게 되면 오히려 그러한 강점이 없어진다고 생각한다.

② 마감 기한에 대한 오해: 어떤 일을 할 때 마감 기한에 대한 관념보다는 결과의 질을 더 중요하게 생각하는 경향이 있다. 그러나 어떤 일이든 기한을 넘기는 것은 인정을 받기 어렵다.

3. 효과적인 시간계획

1) 시간계획의 의미

시간이라는 자원을 최대한 활용하기 위하여 가장 많이 반복되는 일에 가장 많은 시간을 분배하고, 최단 시간에 최선의 목표를 달성하는 것이다.

2) 효과적인 시간계획의 순서

① 명확한 목표 설정하기
② 일의 우위 정하기
③ 예상 소요시간 결정하기
④ 시간 계획서 작성하기

일의 우선순위 판단을 위한 매트릭스

	긴급함	긴급하지 않음
중요함	Ⅰ 긴급하면서 중요한 일 • 위기상황 • 급박한 문제 • 기간이 정해진 프로젝트	Ⅱ 긴급하지 않지만 중요한 일 • 예방 생산 능력 활동 • 인간관계 구축 • 새로운 기회 발굴 • 중장기 계획, 오락
중요하지 않음	Ⅲ 긴급하지만 중요하지 않은 일 • 잠깐의 급한 질문 • 일부 보고서 및 회의 • 눈앞의 급박한 상황 • 인기 있는 활동 등	Ⅳ 긴급하지 않고 중요하지 않은 일 • 바쁜 일, 하찮은 일 • 우편물, 전화 • 시간낭비거리 • 즐거운 활동 등

3) 시간계획의 기본 원리

시간계획의 기본 원리는 자신에게 주어진 시간 중 계획에 포함되는 행동(60%), 계획 외의 행동(20%, 예정 외의 행동에 대비한 시간), 자발적 행동(20%, 창조성을 발휘하는 시간)의 세 가지 범주로 구분할 수 있다.

4) 시간계획 시 유의사항 ☆중요

① 행동과 시간/저해요인의 분석: 어디에서 어떻게 시간을 사용하고 있는가를 확인한다.
② 일 · 행동의 리스트(List)화: 해당 기간에 예정된 행동을 모두 리스트화한다.
③ 규칙성–일관성: 시간계획을 정기적 · 체계적으로 체크하여 일관성 있게 마무리한다.
④ 현실적인 계획: 무리한 계획을 세우지 말고, 실현가능한 것만을 계획한다.
⑤ 유연성: 시간계획은 그 자체가 중요한 것이 아니고, 목표달성을 위해 필요하므로 유연해야 한다.
⑥ 시간의 손실: 발생된 시간 손실은 미루지 않고 가능한 즉시 보상해야 한다.
⑦ 기록: 체크리스트나 스케줄 표를 사용하여 계획을 반드시 기록하여 전체 상황을 파악한다.
⑧ 미완료의 일: 꼭 해야만 할 일을 끝내지 못했을 경우, 차기 계획에 반영한다.
⑨ 성과: 예정 행동만을 계획하는 것이 아니라 기대되는 성과나 행동의 목표도 기록한다.
⑩ 시간 프레임: 적절한 시간 프레임을 설정하고 특정의 일을 하는 데 소요되는 꼭 필요한 시간만을 계획에 삽입한다.
⑪ 우선순위: 여러 일 중에서 어느 일을 가장 우선적으로 처리해야 할 것인가를 결정한다.
⑫ 권한위임: 기업의 규모가 커질수록 그 업무활동은 점점 복잡해져서 관리자가 모든 것을 다스리기가 어려우므로 자기의 사무를 분할하여 일부를 부하에게 위임하고 그 수행 책임을 지운다.
⑬ 시간의 낭비 요인과 여유 시간: 예상 못한 방문객 접대, 전화 등의 사건으로 예정된 시간이 부족할 경우를 대비하여 여유 시간을 확보한다.
⑭ 여유 시간: 자유롭게 된 시간(이동시간 또는 기다리는 시간)도 계획에 삽입하여 활용한다.
⑮ 정리할 시간: 중요한 일에는 좀 더 시간을 할애하고 그렇지 않은 일에는 시간을 단축시켜 전체적인 계획을 정리한다.
⑯ 시간계획의 조정: 자기 외 다른 사람(비서, 부하, 상사)의 시간계획을 감안하여 계획을 수립한다.

하위능력 2 예산관리능력

1. 예산관리의 개념

1) 예산의 의미

필요한 비용을 미리 헤아려 계산하는 것 또는 그 비용을 의미한다. 넓은 범위에서는 민간기업 · 공공단체 및 기타 조직체는 물론이고 개인의 수입 · 지출에 관한 것도 포함한다.

2) 예산 책정 시 고려사항

예산을 책정할 때, 무조건 비용을 적게 들이는 것이 좋은 것은 아니며, 책정 비용과 실제 비용의 차이를 줄여 비슷한 상태가 가장 이상적인 상태이다.

3) 예산관리의 의미

예산을 수립하고 집행하는 모든 일을 의미한다. 활동이나 사업에 소요되는 비용을 산정하고, 예산을 편성하는 것뿐만 아니라 예산을 통제하는 것 모두를 포함한다.

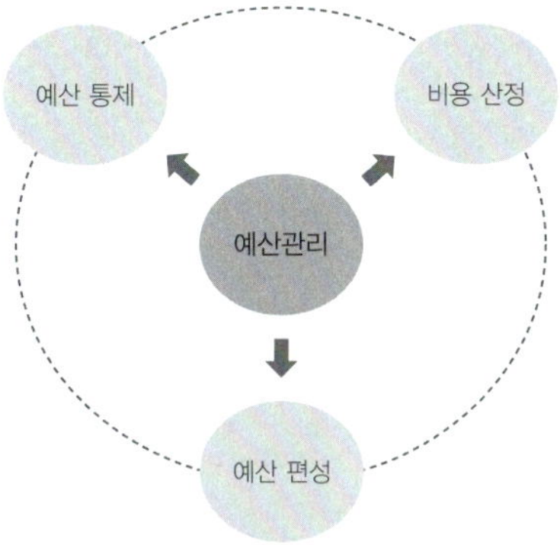

2. 예산을 구성하는 요소

1) 예산의 구성요소

① 일반적으로 비목과 세목으로 구분할 수 있다.

② 비목은 예산을 구성하는 모든 원가의 속성을 파악하여 유사한 군별로 묶어 표현한 대분류 원가항목으로 직접비용과 간접비용으로 구분되고, 세목은 비목의 구성요소를 비교적 상세하게 표현한 중분류 원가항목이다.

2) 직접비용 중요

제품 생산 또는 서비스를 창출하기 위해 직접 소비된 것으로 여겨지는 비용이며, 재료비, 원료와 장비, 시설비, 여행(출장) 및 잡비, 인건비 등이 있다.

3) 간접비용 중요

직접비용을 제외하고, 제품의 생산 및 서비스 창출을 위해 소비된 비용으로 제품 생산에 직접 관련되지 않은 비용이다. 보험료, 건물관리비, 광고비, 통신비, 사무 비품비, 각종 공과금 등이 있다.

4) 기본 예산서의 예시

예산의 구성요소를 바탕으로 예산서를 작성할 수 있다. 예산서는 계획된 일의 목표 달성을 위해서도 필요하지만, 사업 및 프로젝트 수주 시 중요한 평가항목 중 하나이다.

3. 효과적인 예산 수립과 집행

1) 예산 수립 절차

필요한 과업 및 활동 구명 ▶ 우선순위 결정 ▶ 예산 배정

2) 과업 세부도

① 과제 및 활동 계획을 수립할 때 가장 기본적인 수단으로 활용되는 그래프이다.

② 필요한 모든 일을 중요한 범주에 따라 체계화하여 구분해 놓은 형태이며, 구체성에 따라 2단계, 3단계, 4단계 등으로 구분할 수 있으며, 예산수립 절차에 맞게 작성한다.

③ 과업 세부도를 활용하면 과제에 필요한 활동이나 과업을 파악할 수 있고, 이를 비용과 매치시켜 놓음으로써 어떤 항목에 얼마만큼의 비용이 소요되는지를 정확하게 파악할 수 있다.

④ 과제 수행에 필요한 예산 항목을 빠뜨리지 않고 확인할 수 있으며, 이러한 항목을 통해 전체 예산을 정확하게 분배할 수 있다.

하위능력 3 물적자원관리능력

1. 물적자원

1) 물적자원의 종류

① 자연자원: 석유, 석탄, 나무 등 자연 상태에 있는 그대로의 자원
② 인공자원: 시설, 장비 등 사람들이 인위적으로 가공하여 만든 자원

2) 물적자원관리의 중요성

효과적으로 관리하면 경쟁력 향상, 과제 및 사업의 성공을 기대할 수 있으나, 관리가 부족할 경우 경제적 손실, 과제 및 사업의 실패로 이어질 수 있다.

2. 물적자원 활용의 방해 요인

- 보관 장소를 파악하지 못하는 경우
- 훼손된 경우
- 분실한 경우
- 분명한 목적 없이 구매한 경우

3. 효과적인 물적자원관리 과정과 기법 ★중요

1) 물적자원관리의 중요성

사용품과 보관 물품의 구분	▶	동일 및 유사 물품으로의 분류	▶	물품 특성에 맞는 보관 장소 선정
• 반복작업 방지 • 물품 활용의 편리성		• 동일성의 원칙 • 유사성의 원칙		• 물품의 형상 • 물품의 소재

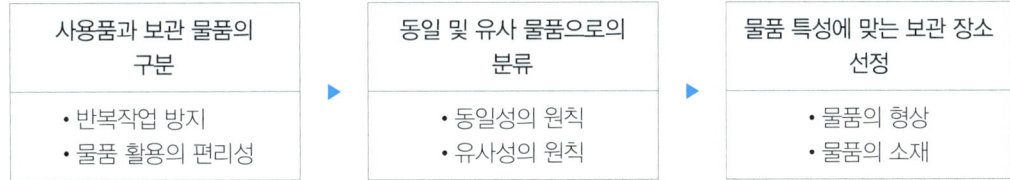

① 사용품과 보관 물품의 구분: 물품을 정리하고 보관하고자 할 때, 해당 물품을 앞으로 계속 사용할 것인지의 여부가 먼저 결정되어야 한다.
② 동일 및 유사 물품으로의 분류: 동일성의 원칙과 유사성의 원칙을 따른다. 동일성의 원칙은 '같은 품종은 같은 장소'에 보관한다는 것이며, 유사성의 원칙은 '유사품은 인접한 장소'에 보관한다는 것을 의미한다.
③ 물품 특성에 맞는 보관 장소 선정: 분류에 따라 일괄적으로 같은 장소에 보관하는 것이 아니라, 부피 또는 무게 등의 개별 물품의 특성을 고려하여 보관 장소를 선정해야 한다.

2) 물적자원관리의 기법

① 회전대응 보관의 원칙: 입 · 출하의 빈도가 높은 품목은 출입구와 가까운 곳에 보관한다.
② 다량의 물적자원관리 기법
- 바코드(Bar Code): 컴퓨터가 쉽게 판독하고 데이터를 빠르게 입력하기 위하여 굵기가 다른 검은 막대와 하얀 막대를 조합시켜 문자나 숫자를 코드화한 것이다.
- QR코드(Quick Response Code): 흑백 격자무늬 패턴으로 정보를 나타내는 매트릭스 형식의 바코드이다. 기존 바코드가 용량 제한에 따라 가격과 상품명 등 한정된 정보만 담는 데 비해 QR코드는 넉넉한 용량을 강점으로 다양한 정보를 담을 수 있다.
- 기호화를 통한 관리: 기호화된 물품 목록을 작성함으로써 자신이 현재 보유하고 있는 물품의 종류와 위치를 파악할 수 있다.

③ 물품관리 프로그램 사용: 큰 조직은 다량의 물품을 효과적으로 관리할 수 있다.

하위능력 4 인적자원관리능력

1. 인적자원

1) 인적자원관리의 의미

기업이 목적을 달성하기 위해 필요한 인적자원을 조달, 확보, 유지, 개발하여 경영조직 내에서 구성원들이 능력을 최고로 발휘하게 한다.

2) 효율적이고 합리적인 인사관리 원칙 ☆중요

① 적재적소 배치의 원리: 해당 직무수행에 가장 적합한 인재를 배치해야 한다.

② 공정 보상의 원칙: 근로자의 인권을 존중하고 공헌도에 따라 노동의 대가를 공정하게 지급해야 한다.

③ 공정 인사의 원칙: 직무 배당, 승진, 상벌, 근무 성적의 평가, 임금 등을 공정하게 처리해야 한다.

④ 종업원 안정의 원칙: 직장에서 신분이 보장되고 계속해서 근무할 수 있다는 믿음을 갖게 하여 근로자가 안정된 회사 생활을 할 수 있도록 해야 한다.

⑤ 창의력 계발의 원칙: 근로자가 창의력을 발휘할 수 있도록 새로운 제안, 건의 등의 기회를 마련하고, 적절한 보상을 하여 인센티브를 제공해야 한다.

⑥ 단결의 원칙: 직장 내에서 구성원들이 소외감을 갖지 않도록 배려하고, 서로 유대감을 가지고 협동, 단결하는 체제를 이루도록 한다.

3) 개인 차원에서의 인적자원관리

개인 차원에서 인적자원관리는 인맥관리를 의미하며, 개인이 인맥을 활용할 경우 각종 정보와 정보의 소스를 획득할 수 있다.

4) 조직 차원에서의 인적자원관리 특징

① 능동성: 인적자원에서 나타나는 성과는 인적자원의 욕구와 동기, 태도와 행동, 만족감 여하에 따라 결정한다. 인적자원의 행동동기와 만족감은 경영관리에 의해 조건화된다.

② 개발가능성: 인적자원은 자연적인 성장과 성숙은 물론 오랜 기간에 걸쳐서 개발될 수 있는 많은 잠재능력과 자질을 보유한다.

③ 전략적 중요성: 전략적 중요성은 조직의 성과가 인적자원, 물적자원 등을 효과적이고 능률적으로 활용하는 데 달려 있다.

2. 나의 인맥관리

1) 명함관리

① 특징: 서로 인사를 할 때 명함을 교환하는 것이 일반적이다. 보통 명함에는 이름과 소속, 연락처 등이 포함되어 있어 다른 사람들에게 자신이 어떤 일을 하는지를 알려주는 용도로 활용된다.

② 명함에 메모하면 좋은 정보

- 언제, 어디서, 무슨 일로 만났는지 등의 정보
- 학력이나 경력, 가족사항
- 전근, 전직 등의 변동 사항
- 거주지와 기타 연락처
- 소개자의 이름
- 상대의 업무내용 또는 취미, 기타 독특한 점
- 대화를 나누고 나서의 느낀 점이나 성향

2) 인맥관리카드

① 자신의 주변에 있는 인맥을 관리하기 위하여 작성하는 관리카드를 의미한다.

② 인맥관리카드에는 이름, 관계, 직장 및 부서, 학력, 출신지, 연락처, 친한 정도 등을 기입한다.

③ 인맥관리카드는 핵심인맥과 파생인맥을 구분하여 작성하는 것이 필요하며, 핵심인맥은 자신과 직접적인 관계를 가지는 사람, 파생인맥은 핵심인맥으로부터 파생된 사람들을 의미한다.

④ 인맥관리카드를 문서나 컴퓨터를 통해 작성하여 관리함으로써 자신의 주변에 어떠한 사람들이 있는지 파악할 수 있으며, 이를 통해 도움이 필요할 때 효율적으로 활용할 수 있다.

3) 소셜네트워크(SNS)

① 현대사회는 정보통신기술 발달에 따라 사람, 정보, 사물 등이 네트워크로 촘촘하게 연결된 초연결사회(Hyper-Connected Society)이다. 초연결사회에서는 직접 대면하지 않고 시간과 공간을 초월하여 네트워크상에서 인맥을 형성하고 관리한다.

② 특히 많이 활용되고 있는 기존의 소셜네트워크 서비스(SNS: Social Network Service)와 더불어 인맥구축과 채용에 도움이 되는 비즈니스 특화 인맥관리서비스(BNS: Business social Network Service)로 관심이 증대되고 있다.

③ '링크드인'이나 '링크트리' 등 다양한 프로그램을 이용하여 자신의 인맥을 관리할 수 있으며, 자신이 효과적으로 활용할 수 있는 방법을 사용하는 것이 바람직하다.

3. 팀원 관리

1) 인력배치의 원칙 ☆중요

적재적소주의	팀원의 능력이나 성격 등을 고려하여 가장 적합한 위치에 배치하여 팀원 개개인의 능력을 최대로 발휘해 줄 것을 기대하는 것이다. 배치는 작업이나 직무가 요구하는 요건과 개인이 보유하고 있는 조건이 서로 균형 있고, 적합하게 대응해야 한다.
능력주의	개인에게 능력을 발휘할 수 있는 기회와 장소를 부여한 뒤, 그 성과를 바르게 평가하고 평가된 능력과 실적에 대해 상응하는 보상을 하는 원칙이다. 능력주의는 적재적소주의 원칙의 상위개념이라고 할 수 있다. 여기서 말하는 능력은 개인의 현재 능력에만 한정하지 않고, 미래에 개발 가능한 능력도 고려해야 한다.
균형주의	모든 팀원에 대해 적재적소를 고려할 필요가 있다는 것이다. 팀 전체의 능력향상, 의식개혁, 사기양양 등을 도모하는 의미에서 전체와 개체가 균형을 이루어야 한다.

2) 인력배치의 유형

양적 배치	작업량과 조업도, 여유 또는 부족 인원을 감안하여 소요인원을 결정, 배치하는 것이다.
질적 배치	적재적소주의에 따라 배치하는 것이다.
적성 배치	팀원의 적성 및 흥미에 따라 배치하는 것이다. 적성에 맞고 흥미를 가질 때 성과가 높아진다는 것을 가정한다.

3) 과업세부도를 활용한 팀원 관리

① 할당된 과업에 따른 책임자와 참여자를 명시하여 관리하는 것을 의미한다.

② 과업세부도를 통한 팀원 관리를 통해 업무 추진에 차질이 생기는 것을 막을 수 있다.

STEP 02

대표 기출유형

기출유형 ① 모듈형 이론 필수 학습형

유형 특징

❶ NCS 직업기초능력평가 교수자용 및 학습자용 매뉴얼에 제시된 학습 모듈 이론을 기반으로 문제가 출제된다.
❷ 상대적으로 문제의 형태가 단순하지만, 이론에 대한 이해가 없다면 높은 점수를 받기 어렵다.
❸ 상식적인 수준으로 출제되는 경우도 있지만 모듈 이론을 알지 못하면 풀이할 수 없는 문항도 다수 출제된다.

풀이 전략

❶ 상식만으로 접근하기에는 무리가 있으므로 평소 기출문제를 풀어보며 출제 포인트를 학습해야 한다.
❷ 지원하는 기업과 관련된 소재가 출제되는 경향이 있으므로 기출문제를 토대로 해당 기업의 출제 경향을 미리 파악해 놓아야 한다.

다음 [보기] 중 자원 및 자원관리와 관련된 설명으로 옳지 않은 것의 개수는? 2024년 부산시 공공기관 통합채용

보기
- 자원이란 기업활동을 위해 사용되는 기업 내의 모든 시간, 예산, 물적 및 인적자원을 말한다.
- 자원은 한 사람이나 조직에게 제한적으로 주어지므로 어떻게 활용하느냐가 매우 중요하다.
- 자원관리능력은 모든 사람에게 필수적인 능력이며, 이러한 능력이 없으면 어떤 일도 진행할 수 없다.
- 효과적으로 자원관리를 하기 위한 4단계 과정 중, 첫 번째는 '자원 활용 계획 세우기'이다.

① 1개 ② 2개 ③ 3개 ④ 4개

| 정답풀이 | 정답 ①

효과적으로 자원관리를 하기 위한 4단계 과정 중 첫 번째는 '필요한 자원의 종류와 양 확인하기'이다.

| 상세해설 |

효과적으로 자원관리를 하기 위한 4단계 과정은 다음과 같다.
- 1단계: 필요한 자원의 종류와 양 확인하기
- 2단계: 이용 가능한 자원 수집(확보)하기
- 3단계: 자원 활용 계획 세우기
- 4단계: 계획대로 수행하기

기출유형 ② 시간 자료 해석

유형 특징

❶ 시간과 일정을 고려하여 가능한 일정을 찾거나, 일정에 소요되는 시간을 찾는 문제가 출제된다.
❷ 달력을 활용하거나, 시차를 이용한 문제가 높은 빈도로 출제된다.

풀이 전략

❶ 문제의 조건에 따라 주어진 일정에서 불가능한 일정을 순서대로 소거한다.
❷ 시차에 관한 문제는 문제에서 주어진 국가의 시각을 기준으로 설정하고, 시간이 빠르다/느리다의 개념을 이해한다.

다음은 ○○공장에서 하루 동안 생산한 제품의 출하량을 나타낸 자료이다. ○○공장은 월 1회 정기 시설 점검을 해야 하고, 점검 시에는 정전해야 한다. 출하 계획에 맞추어 필요한 제품을 사전에 생산한 후 정기 시설 점검을 하려고 할 때, 정전 가능한 시간대로 적절한 것은? 2025년 3월 한국전력공사

■ 시간대별 계획 출하량

(단위: 개)

시간대	계획 출하량
0~3시	1,700
3~6시	1,600
6~9시	1,700
9~12시	1,700
12~15시	1,500
15~18시	2,000
18~21시	1,400
21~24시	2,300

■ 조건

- 정전은 연속 3시간 동안 진행된다.
- 정전이 시작되기 전까지 해당 시간대의 계획 출하분을 모두 생산해야 한다.
- 출하 후 남은 생산품은 창고에 적재할 수 있다.
- 최대 적재량은 1,500개를 넘어설 수 없고, 초과분은 바로 폐기한다.
- 시간 당 700개를 생산하고, 정전 시에는 생산할 수 없다.
- 현재 창고에 적재된 생산품은 없다.

① 9~12시 ② 12~15시 ③ 15~18시
④ 18~21시 ⑤ 21~24시

| 정답풀이 |

정답 ②

시간당 700개를 생산하므로 3시간 동안 2,100개를 생산한다.

창고의 최대 적재량(1,500개)을 고려해 계산하면 다음과 같다.(생산량−출하량=창고 적재량)

(단위: 개)

시간대	생산량	계획 출하량	창고 적재량
0~3시	2,100	1,700	400
3~6시	2,100	1,600	900
6~9시	2,100	1,700	1,300
9~12시	2,100	1,700	최대 1,500
12~15시	2,100	1,500	최대 1,500
15~18시	2,100	2,000	최대 1,500
18~21시	2,100	1,400	최대 1,500
21~24시	2,100	2,300	1,300

창고의 최대 적재량은 1,500개이므로 정전 시간대에 확보할 수 있는 최대 출하량은 1,500개를 의미한다. 즉, 정전 시간대에는 출하량이 최대 적재량을 뛰어넘을 수 없다. 그러므로 12~15시 또는 18~21시 중에만 가능하다.

12~15시 또는 18~21시의 정전을 고려하면 다음과 같다.(정전 시간대 생산량=0)

1) 12~15시 정전일 때

(단위: 개)

시간대	생산량	출하량	창고 적재량
0~3시	2,100	1,700	400
3~6시	2,100	1,600	900
6~9시	2,100	1,700	1,300
9~12시	2,100	1,700	최대 1,500
12~15시	0	1,500	0
15~18시	2,100	2,000	100
18~21시	2,100	1,400	800
21~24시	2,100	2,300	600

→ 12~15시에 정전을 실시할 경우 모든 출하량을 맞출 수 있다.

2) 18~21시 정전일 때

(단위: 개)

시간대	생산량	출하량	창고 적재량
0~3시	2,100	1,700	400
3~6시	2,100	1,600	900
6~9시	2,100	1,700	1,300
9~12시	2,100	1,700	최대 1,500
12~15시	2,100	1,500	최대 1,500
15~18시	2,100	2,000	최대 1,500
18~21시	0	1,400	100
21~24시	2,100	2,300	−100

→ 18~21시 출하량을 맞출 순 있으나 21~24시 출하량을 맞출 수 없다.

따라서 정전 가능한 시간대는 12~15시이다.

기출유형 ③ 예산 자료 해석

유형 특징

❶ 실무에서 필요한 예산이나 이미 지출된 예산을 계산하는 문제와 가장 저렴한 예산이 드는 것을 찾는 문제가 주로 출제된다.

풀이 전략

❶ 단순한 사칙연산 수준에서 빠른 계산이 필요하므로, 실수하지 않도록 한다.
❷ 문제를 읽고 필요한 부분만 선택적으로 독해한다. 표가 제시되는 경우에는 표의 제목과 단위 항목 등을 반드시 확인한다.

다음 [표]는 제품 A~G의 구매 비용과 효용의 관계를 나타낸 것이다. 30억 원의 예산으로 서로 다른 3개의 제품을 구매할 때, 최대의 이익을 낼 수 있는 제품 조합으로 짝지어진 것은? 2025년 2월 서울교통공사

[표] 제품별 구매 비용 및 효용 (단위: 억 원)

구분	구매 비용	효용
A	5	10
B	5	10
C	6	12
D	9	18
E	10	20
F	10	20
G	11	22

* '이익=효용−구매 비용'이며, 남는 구매 비용은 이익으로 산정하지 않음

① A, C, D ② C, E, F ③ C, F, G
④ E, F, G ⑤ D, F, G

| 정답풀이 |

정답 ⑤

D, F, G를 구매할 경우 구매 비용은 총 30억 원이며, 주어진 산식에 의해 이익은 각각 9억 원, 10억 원, 11억 원으로 총 30억 원이다.

| 오답풀이 |

① 이익은 5억 원, 6억 원, 9억 원으로 총 20억 원이다.
② 이익은 6억 원, 10억 원, 10억 원으로 총 26억 원이다.
③ 이익은 6억 원, 10억 원, 11억 원으로 총 27억 원이다.
④ 이익은 10억 원, 10억 원, 11억 원으로 총 31억 원이나, 구매 비용이 31억 원이므로 예산을 초과한다.

반드시 출제되는 핵심이론

① 수익체계표

- (A회사 수익, B회사 수익)의 형태로 제시된다.
- ＋는 수익, －는 손해를 의미하며, 두 회사의 최대 이익이나, 최소 이익을 계산하는 문제로 출제된다.
- 사칙연산만 정확하게 하면 어렵지 않은 문제로, 실수하지 않도록 한다.

② 환율 계산하기

- 원화를 외화로 환전하거나, 외화를 원화로 환전하는 문제가 출제된다.
- 환율을 계산할 때는 단위에 집중한다. 만약 단위가 '원/달러'라면 1달러가 한화로 얼마인지 표시한 것이다. 때문에 달러 값이 주어진 경우에 한화로 환산하려면 원－달러 환율을 곱하여 계산해야 한다.

③ 물건(숙박) 금액 계산하기

- 물건 금액의 비교가 필요한 문제인지, 정확한 계산이 필요한 문제인지를 판단한다. 비교가 필요한 문제라면 대략적으로만 계산한다.
- 계산을 하지 않아도 되는 선택지를 선별하여 먼저 소거한다.
- 여러 가지 할인 조건이 주어져 있을 경우에는 우선적으로 적용해야 하는 조건을 반드시 확인한다.

기출유형 ④ 물적자원 자료 해석

유형 특징

❶ 실무 상황에서 필요한 물적자원의 양을 계산하거나 출장 시 이동 거리 등을 계산하는 문제가 출제되며, 단일 문항으로 출제되기보다는 인적자원관리능력이나 시간관리능력과 결합하여 출제된다.

❷ 업체/장소 선정이나 공정 과정에서의 생산량, 비품 보관 등에 관한 문제가 주로 출제된다.

풀이 전략

❶ 문제의 조건을 확인할 때, 추가적으로 붙는 조건을 반드시 고려한다.

❷ 모든 경우의 수를 전부 계산하는 것보다, 선택적으로 계산할 수 있도록 한다.

회의실 테이블을 새로 구매하라는 상사의 지시로 몇 개의 테이블 상품 정보를 수집하여 리스트를 작성하였다. 상사의 지시사항을 참고하여 최종적으로 구매할 테이블로 가장 적절한 것은? 2024년 10월 한국전력공사

[지시사항]

확장된 회의실 크기는 가로 4m, 세로 6m입니다. 예전보다 1m씩 넓어진 셈이죠. 새 회의실에 맞는 테이블을 구매하려고 하는데, 새로 구매하는 테이블은 8명이 앉을 수 있는 것으로 부탁해요. 그리고 벽에서 각각 1m씩 여유를 두고 테이블을 배치할 예정이라, 이에 맞는 테이블로 고르세요. 색상은 다른 가구들과 마찬가지로 흰색으로 통일하도록 하죠. 가격은 60만 원을 넘지 않도록 해주세요. 자, 그럼 좋은 제품으로 골라서 법인카드로 결제해 주세요.

[표] 상품 정보

제품명	규격(mm)	색상	판매가(원)
빅 회의 테이블 (8~10인용)	W: 3600 D: 2100 H: 720	회색/아이보리/흰색	510,000
컨포인 회의 테이블 (6~8인용)	W: 2400 D: 1100 H: 720	검정색/회색	340,000
무늬목 연결형 회의 테이블 (12인용)	W: 4200 D: 1500 H: 720	흰색/갈색	980,000
3000 대형 회의용 테이블 확장형 (8~10인용)	W: 3000 D: 1200 H: 750	월넛색/흰색	480,000
1200G 멀티 테이블 (10인용)	W: 3000 D: 1800 H: 720	검정색/회색/흰색	620,000

① 빅 회의 테이블
② 컨포인 회의 테이블
③ 무늬목 연결형 회의 테이블
④ 3000 대형 회의용 테이블 확장형
⑤ 1200G 멀티 테이블

| 정답풀이 |

정답 ④

상사의 조건을 정리하면 다음과 같다.
테이블은 벽에서부터 1m씩 여유가 있어야 하므로, 테이블 규격은 가로로 2m, 세로로 4m를 넘어서는 안 된다. 테이블은 8인용 이상이어야 하며, 색상은 흰색, 가격은 60만 원 이하여야 한다. 이 조건을 만족하는 규격, 색상, 가격을 표에 나타내면 다음과 같다.

구분	규격(mm)	색상	판매가(원)
빅 회의 테이블 (8~10인용)	W: 3600 D: 2100 H: 720	회색/아이보리/흰색	510,000
컨포인 회의 테이블 (6~8인용)	W: 2400 D: 1100 H: 720	검정색/회색	340,000
무늬목 연결형 회의 테이블 (12인용)	W: 4200 D: 1500 H: 720	흰색/갈색	980,000
3000 대형 회의용 테이블 확장형 (8~10인용)	W: 3000 D: 1200 H: 750	월넛색/흰색	480,000
1200G 멀티 테이블 (10인용)	W: 3000 D: 1800 H: 720	검정색/회색/흰색	620,000

따라서 조건을 모두 만족하는 테이블은 '3000 대형 회의용 테이블 확장형'이다.

반드시 출제되는 핵심이론

① 물품 선택하기

- 여러 개의 물품(장소)과 그에 대한 조건이 주어지고, 기준에 맞는 물품(장소)을 선택하는 유형의 문제가 출제된다.
- 조건을 확인하여 조건에 미달하는 물품(장소)은 소거한다.

② 제품 생산하기

- 필요한 원료의 양과 시간, 공정 과정 등이 주어지고 이를 바탕으로 생산할 수 있는 제품의 양을 계산하는 문제가 출제된다.
- 선행 공정이나, 묶음 생산 등의 조건을 확인하고 적용하여 정확하게 계산할 수 있도록 한다.

기출유형 ⑤ 인적자원 자료 해석

유형 특징

❶ 실무 상황에서 필요에 따라 알맞게 인력을 활용하는 유형으로, 직원을 채용하거나, 해당 상황에 필요한 인원 배치 등이 출제된다.

풀이 전략

❶ 채용 공고나 급여에 관해 묻는 유형이 다수 출제되므로 익숙해질 수 있도록 한다.
❷ 주어진 자료에 수식이 있다면 이를 활용하는 문제가 많이 출제되므로 유의한다.

다음은 총무팀 내 회의 일정 조정에 관한 자료와 3월 달력이다. 총무팀 6명이 모두 참석할 수 있는 회의 날짜로 옳은 것은?

2025년 9월 한국수자원공사

- 총무팀에는 총 6명이 근무한다.
- 회의는 반드시 평일 중에 진행해야 하며, 공휴일 및 주말은 제외한다.
- 모든 팀원이 근무 중이어야 하며, 원격(재택)근무 · 출장 · 교육 · 휴가 중인 인원은 참석할 수 없다.
- 오전 일정으로 출장 · 외근인 경우에는 13시에 복귀한다.
- 회의는 14시~16시에 사무실에서 대면 회의로 진행한다.
- 팀원의 3월 일정은 다음과 같다.

구분	일정 내용
김 팀장	3/7(월)~3/9(수) 출장, 매주 금요일 원격근무
이 과장	3/3(목), 10(목) 오후 외근, 3/17(목) 교육 참석, 3/22(화) 오전 외근
박 과장	3/14(월)~3/16(수) 출장, 3/24(목) 보고서 제출 준비로 회의 불가
정 대리	3/8(화)~3/10(목) 교육, 3/21(월) 출장
최 대리	3/11(금)~3/15(화) 출장, 3/17(목) 오전 외근, 3/28(월) 오후 출장
오 사원	매주 수요일 재택근무, 3/29(화)~3/31(목) 연차

일	월	화	수	목	금	토
		1(삼일절)	2	3	4	5
6	7	8	9	10	11	12
13	14	15	16	17	18	19
20	21	22	23	24	25	26
27	28	29	30	31		

① 12일 ② 17일 ③ 22일
④ 28일 ④ 30일

| 정답풀이 |

정답 ③

총무팀원이 3월 중 회의가 불가능한 날짜를 인원별로 정리하면 다음과 같다.

일	월	화	수	목	금	토
		1 삼일절	2 오 사원	3 이 과장	4 김 팀장	5
6	7 김 팀장	8 김 팀장, 정 대리	9 김 팀장, 정 대리, 오 사원	10 이 과장, 정 대리	11 김 팀장, 최 대리	12
13	14 박 과장, 최 대리	15 박 과장, 최 대리	16 박 과장, 오 사원	17 이 과장	18 김 팀장	19
20	21 정 대리	22	23 오 사원	24 박 과장	25 김 팀장	26
27	28 최 대리	29 오 사원	30 오 사원	31 오 사원		

따라서 모두 회의가 가능한 날짜는 22일이다.

반드시 출제되는 핵심이론

① 인력 배치하기

- 조건에 따라 필요한 부서 또는 날짜에 알맞은 인력을 배치하는 유형이다.
- 물적자원능력, 시간관리능력 등과 결합되어 출제되는 유형이다.

② 필요한 인원 수 계산하기

- 예산이나 시간에 맞춰 필요한 인원 수를 계산하는 유형이다.
- 조건에 따라 반드시 포함되거나 인력이나 포함되지 말아야 하는 인력이 있으므로 조건에 따라 단계적으로 풀이한다.

PART 1 필수 개념 & 유형 학습

대표 출제 기업

피듈형	서울교통공사, 부산교통공사, 한국도로공사, 한국지역난방공사, 국민연금공단, 한전KDN, 한전KPS, 한국전기안전공사, 한국가스안전공사, 한국교통안전공단, KDB산업은행
모듈형	대구교통공사, 대전광역시 공공기관 통합채용

CHAPTER 05

정보능력

STEP 1 NCS 핵심이론

STEP 2 대표 기출유형

STEP 01

NCS 핵심이론

정보능력 개요

1. 정보/자료/지식

1) 정보/자료/지식의 차이점 ☆중요

일반적으로 자료, 정보, 지식의 관계는 '자료⊇정보⊇지식'과 같은 포함 관계로 나타낼 수 있다.

자료	• 가공하기 전 순수한 상태의 수치 • 정보 작성을 위하여 필요한 데이터 • 아직 특정의 목적에 의하여 평가되지 않은 상태의 숫자나 문자들의 단순한 나열
정보	• 유의미하게 가공한 2차 자료 • 일정한 프로그램에 따라 컴퓨터가 처리·가공함으로써 특정한 목적을 달성하는 데 필요하거나, 특정한 의미를 가진 것으로 다시 생산된 것
지식	• 정보들 간의 관계를 통해 얻은 가치 있는 정보 • 어떤 특정의 목적을 달성하기 위해 과학적 또는 이론적으로 추상화되거나 정립되어 있는 일반화된 정보 • 어떤 대상에 대하여 원리적·통일적으로 조직되어 객관적 타당성을 요구할 수 있는 판단의 체계를 제시
정보처리	• 자료를 가공하여 이용 가능한 정보로 만드는 과정 • 자료처리(Data Processing)라고도 하며, 일반적으로 컴퓨터가 담당함

2) 정보의 가치

일반적으로 요구, 사용 목적, 그것이 활용되는 시기와 장소에 따라 다르게 평가된다.

① 적시성: 우리가 원하는 시간에 제공되어야 하고, 원하는 시간에 제공되지 못할 경우 정보로서의 가치가 없어진다.

② 독점성: 정보는 공개 이후 가치가 급격하게 떨어지므로 공개 정보와 비공개 정보를 적절히 구성함으로써 경제성과 경쟁성을 동시에 추구해야 한다.

2. 정보화 사회

1) 정보화 사회의 의미

① 세상에서 필요로 하는 정보가 사회의 중심이 되는 사회

② 컴퓨터 기술과 정보통신 기술을 활용하여 사회 각 분야에서 필요로 하는 가치 있는 정보를 창출하고, 보다 유익하고 윤택한 생활을 영위하도록 발전해 나가는 사회

③ 컴퓨터와 전자통신 기술의 결합인 정보통신 기술의 발전과 이와 관련된 다양한 소프트웨어의 개발로 네트워크화가 이루어져, 전 세계를 하나의 공간으로 여기는 수평적 네트워크 커뮤니케이션이 가능한 사회

④ 경제활동의 중심이 상품의 정보나 서비스, 지식의 생산으로 옮겨감으로 인해 지식정보와 관련된 산업이 부가가치를 높일 수 있는 사회

2) 정보화 사회의 특징

① 부가가치 창출 요인이 토지, 자본, 노동에서 지식 및 정보 생산요소로 전환

② 세계화의 진전

③ 지식의 폭발적인 증가

3) 정보화 사회에서 필수적으로 해야 할 일

① 정보 검색: 원하는 정보를 찾는 활동

② 정보 관리: 검색한 내용을 파일로 만들어 보관하고 프린터로 출력하는 등 필요할 때 언제든지 다시 볼 수 있도록 하는 것

③ 정보 전파: 전자우편 등을 사용하여 정보를 전파하는 것

3. 컴퓨터 활용 분야

기업 경영	경영정보시스템(MIS), 의사결정지원시스템(DSS), 사무자동화(OA), B2B(기업 간 거래), B2C(인터넷 소매업), B2G(기업과 정부 간 전자상거래)
행정 분야	사무자동화(OA)
산업 분야	컴퓨터 이용 설계(CAD), 컴퓨터 이용 생산(CAM), 상품의 판매시점 관리(POS)
기타 분야	교육, 연구소, 출판, 가정, 도서관, 예술 분야

4. IT기기를 활용한 정보처리 과정

1) 정보의 기획(1단계)

정보활동의 첫 단계로서 정보관리의 가장 중요한 단계이며, 5W2H에 맞게 기획한다.

① WHAT(무엇을): 어떠한 정보를 수집할 것인지 계획(예 중년층이 현재 사용하고 있는 세탁기 기종, 선호하는 디자인, 사용하면서 불편한 점, 부담 가능한 지불 액수 등)

② WHERE(어디에서): 정보원을 파악(예 기존의 고객 DB)

③ WHEN(언제): 정보의 수집 시점 고려(예 이번 주)

④ WHY(왜): 정보의 필요 목적 고려(예 다음 주까지 기획안을 제출해야 하는 것)

⑤ WHO(누가): 정보활동의 주체 확정(예 K씨)

⑥ HOW(어떻게): 정보의 수집 방법 검토(예 L씨에게 자료 요청)

⑦ HOW MUCH(얼마나): 정보수집의 비용성 중시(예 별도의 비용이 들지 않음)

2) 정보의 수집(2단계)

① 다양한 정보원으로부터 목적에 적합한 정보를 입수하는 것이다.

② 정보 수집의 최종 목적은 '예측'을 잘하는 것이다.

3) 정보의 관리(3단계)

① 수집된 다양한 형태의 정보를 어떤 문제해결이나 결론 도출에 사용하기 쉬운 형태로 바꾸는 일이다.

② 정보 관리의 3원칙

- 목적성: 사용 목적을 명확히 설명해야 한다.
- 용이성: 쉽게 작업할 수 있어야 한다.
- 유용성: 즉시 사용할 수 있어야 한다.

4) 정보의 활용(4단계)

① 정보가 필요하다는 문제 상황을 인지할 수 있는 능력이 수반되어야 한다.

② 문제해결에 적합한 정보를 찾고 선택할 수 있는 능력이 수반되어야 한다.

③ 찾은 정보를 문제해결에 적용할 수 있는 능력이 수반되어야 한다.

④ 윤리의식을 가지고 합법적으로 정보를 활용할 수 있는 능력이 수반되어야 한다.

1. 인터넷 서비스의 종류 및 특징

1) 이메일(E-mail)

① 인터넷을 통해 편지나 정보를 주고받는 서비스로 포털사이트, 웹사이트에 가입하여 이용할 수 있다.
② 회사나 학교와 같은 기관에서는 자체 도메인과 계정을 만들어 업무나 학습에 이메일을 활용한다.

2) 메신저(Messenger)

① 인터넷에서 실시간으로 대화나 데이터를 주고받을 수 있는 소프트웨어이다.
② 인터넷에 접속해 있는지를 확인할 수 있고, 응답이 즉각적이어서 전자우편보다 속도가 빠르다.
③ 컴퓨터로 작업하면서 메시지를 주고받을 수 있고, 다자 간의 문자채팅, 음성채팅을 지원하고, 대용량의 동영상 파일과 이동전화에 문자 메시지 전송도 가능하다.
④ 뉴스, 증권, 음악 정보 등의 서비스도 제공받을 수 있다.

3) 인터넷 디스크/웹하드

웹 서버에 대용량의 저장 기능을 갖추고 사용자가 개인용 컴퓨터(PC)의 하드디스크와 같은 기능을 인터넷을 통하여 이용할 수 있게 하는 서비스이다.

4) 클라우드

정보를 보관하기 위해 별도의 데이터 센터를 구축하지 않고도, 인터넷을 통해 제공되는 서버를 활용해 정보를 보관하고 있다가 필요할 때 꺼내 쓰는 기술이다.

5) SNS(Social Networking Service)

온라인 인맥 구축을 목적으로 개설된 커뮤니티형 웹사이트로 트위터, 페이스북, 인스타그램과 같은 1인 미디어와 정보 공유 등을 포괄하는 개념이다.

6) 전자상거래

인터넷이라는 전자 매체를 통하여 상품을 사고팔거나, 재화나 용역을 거래하는 사이버 비즈니스이다.

2. 인터넷을 이용한 정보검색

1) 정보검색의 의미

여러 곳에 분산되어 있는 수많은 정보 중에서 특정 목적에 적합한 정보만을 신속하고 정확하게 찾아내어 수집, 분류, 축적하는 과정을 의미한다.

2) 정보검색 단계

검색 주제 선정 ▶ 정보원 선택 ▶ 검색식 작성 ▶ 결과 출력

3) 검색 엔진의 유형

① 키워드 검색 방식: 찾고자 하는 정보와 관련된 핵심 언어인 키워드를 직접 입력하여 이를 검색 엔진에 보내어 검색 엔진이 키워드와 관련된 정보를 찾는 방식이다.
② 주제별 검색 방식: 인터넷상에 존재하는 웹 문서들을 주제별, 계층별로 정리하여 데이터베이스를 구축한 후 이용하는 방식이다.

③ 자연어 검색 방식: 검색 엔진에서 문장 형태인 질의어의 형태소 분석을 통해 언제(When), 어디서(Where), 누가(Who), 무엇을(What), 왜(Why), 어떻게(How), 얼마나(How much)에 해당하는 5W2H를 읽어 내고 분석하여 각 질문에 답이 들어 있는 사이트를 연결해 주는 검색 엔진이다.

④ 통합형 검색 방식: 키워드 검색 방식과 같이 검색 엔진이 자신만의 데이터베이스를 구축하여 관리하는 방식이 아니라, 사용자가 입력하는 검색어들이 연계된 다른 검색 엔진에 보내고, 이를 통하여 얻은 검색 결과를 사용자에게 보여 주는 방식이다.

4) 인터넷 검색 시 주의사항

① 키워드를 구체적이고 자세하게 하여 검색 엔진 내 재검색 기능을 통해 검색 결과의 범위를 좁힐 수 있다.

② 웹 검색이 정보 검색의 최선은 아니므로 각종 전자 게시판(BBS)이나 뉴스 그룹, 메일링 리스트, 도서관 자료 및 정보, 전자우편 등의 다른 방법을 통해 진행된다.

③ 웹 검색 결과로 검색 엔진이 제시하는 결과물의 가중치를 너무 신뢰해서는 안 된다.

3. 업무에 필요한 소프트웨어 활용

1) 워드프로세서

문서를 작성, 편집, 저장, 인쇄할 수 있는 프로그램이다.

2) 스프레드시트

전자 계산표 또는 표 계산 프로그램으로 워드프로세서와 같이 문서를 작성하고 편집하는 기능 이외에 수치나 공식을 입력하여 그 값을 계산해 내고, 계산 결과를 차트로 표시할 수 있는 기능을 가지고 있다.

3) 프레젠테이션

컴퓨터나 기타 멀티미디어를 이용하여 그 속에 담겨 있는 각종 정보를 사용자 또는 대상자에게 전달하는 프로그램이다. 보고, 회의, 상담, 교육 등에서 정보를 전달하는 데 널리 활용되고, 파워포인트, 프리랜스 그래픽스 등이 있다.

4) 데이터베이스

대량의 자료를 관리하고 내용을 구조화하여 검색이나 자료 관리 작업을 효과적으로 실행하는 프로그램으로 테이블, 질의, 폼, 보고서 등을 작성할 수 있는 기능을 가지고 있다.

5) 그래픽 소프트웨어

새로운 그림을 그리거나 그림 또는 사진 파일을 불러와 편집하는 프로그램으로 그림 확대, 그림 축소, 필터 기능을 가지고 있으며, 포토샵(Photoshop), 3DS MAX, 코렐드로(CorelDRAW) 등이 있다.

6) 유틸리티 프로그램

사용자가 컴퓨터를 좀 더 쉽게 사용할 수 있도록 도와주는 소프트웨어로 파일 압축 유틸리티, 바이러스 백신 프로그램, 화면 캡처 프로그램, 이미지 뷰어 프로그램, 재생 프로그램이 있다.

7) 화면 캡처 프로그램

모니터에 나타나는 것을 사용자가 원하는 크기, 모양 등을 선택하여 이미지 파일로 만드는 프로그램이다.

8) 이미지 뷰어 프로그램

그림 파일이나 디지털 카메라로 찍은 이미지 파일을 볼 수 있도록 도와주는 프로그램으로 bmp, jpg, tif, gif, wmf 등의 확장자를 가진 파일을 열 수 있다.

9) 재생 프로그램

각종 영화나 애니메이션을 감상하거나 음악을 즐길 수 있는 프로그램

4. 데이터베이스 ★중요

1) 데이터베이스의 의미

서로 연관된 여러 개의 파일을 의미하며, 데이터베이스 관리시스템은 데이터와 파일 또는 그들의 관계 등을 생성 · 유지하고 검색할 수 있게 해주는 소프트웨어이다.

2) 데이터베이스의 필요성

① 데이터의 중복을 줄인다.
② 데이터의 무결성을 높인다.
③ 검색을 쉽게 해 준다.
④ 데이터의 안정성을 높인다.
⑤ 프로그램의 개발 기간을 단축한다.

3) 데이터베이스의 기능

① 입력 기능: 형식화된 폼을 사용하여 내용을 편리하게 입력할 수 있다.
② 데이터 검색 기능: 필터나 쿼리 기능을 이용하여 데이터를 빠르게 검색하고 추출할 수 있다.
③ 데이터 관리 기능: 테이블을 사용하여 데이터를 관리하기 쉬우며, 많은 데이터를 종류별로 분류하여 일괄적으로 관리할 수 있다.
④ 보고서 기능: 데이터베이스에 있는 데이터로 청구서나 명세서 등의 서류를 손쉽게 작성 가능하다.

4) 데이터베이스의 작업 순서

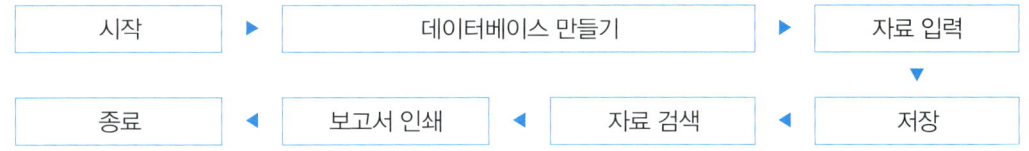

시작 ▶ 데이터베이스 만들기 ▶ 자료 입력
▼
종료 ◀ 보고서 인쇄 ◀ 자료 검색 ◀ 저장

하위능력 2 정보처리능력

1. 정보 수집

1) 정보의 필요성

정보의 활용은 의사결정을 하거나 문제의 답을 알아내고자 할 때, 가지고 있는 정보로는 부족하여 새로운 정보가 필요하다는 상황을 인식하는 순간부터 시작된다.

2) 정보 수집의 원천

필요한 정보를 수집할 수 있는 원천을 정보원(source)이라고 한다. 정보원은 공개된 것과 비공개된 것을 모두 포함하며, 1차 자료와 2차 자료로 구분할 수 있다.

1차 자료	연구 성과가 기록된 자료 예 단행본, 학술지, 학술회의자료, 연구보고서, 학위논문, 특허정보, 표준 및 규격자료, 레터, 출판 전 배포자료, 신문, 잡지, 웹 정보자원 등
2차 자료	1차 자료를 효과적으로 찾아보기 위한 자료 또는 1차 자료에 포함되어 있는 정보를 압축·정리해서 읽기 쉬운 형태로 제공하는 자료 예 사전, 백과사전, 편람, 연감, 서지데이터베이스 등

3) 정보 수집 시 고려사항

① 인포메이션 vs 인텔리전스: 인포메이션은 하나하나의 개별적인 정보를 의미하며, 인텔리전스는 무수히 많은 인포메이션 중 몇 가지를 선별한 뒤, 그것을 연결하여 판단하기 쉽게 도와주는 하나의 정보 덩어리를 의미한다.

② 선수필승(先手必勝): 새로운 정보를 먼저 포착하는 것이 유리하다.

③ 정보의 정리화: 머릿속 서랍을 만들어 정보 수집과 관리를 효과적으로 해야 한다.

④ 정보 수집용 하드웨어 활용: 세세한 정보들은 컴퓨터 파일 폴더, 정리 박스, 스크랩 등을 활용하여 수집하며, 향후 유용한 정보가 될 수 있는 것들은 물리적인 하드웨어를 활용하여 수집한다.

2. 정보 분석

1) 정보 분석의 의미

여러 정보를 상호 관련지어 새로운 정보를 생성하는 활동이다.

2) 정보 분석의 절차 ★중요

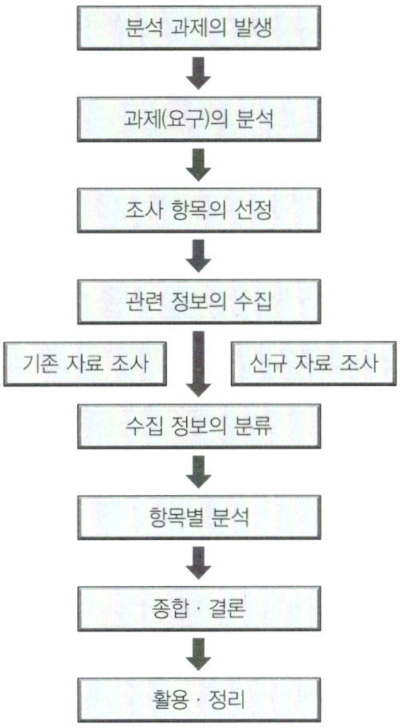

3) 정보의 가공

① 1차 정보를 분석하고 압축 · 가공하여 2차 정보를 작성한다.

② 1차 정보가 포함하는 내용을 몇 개의 설정된 카테고리로 분석하여 각 카테고리의 상관관계를 확정한다.

③ 1차 정보가 포함하는 주요 개념을 대표하는 용어(key word)를 추출하며, 이를 간결하게 서열화 및 구조화한다.

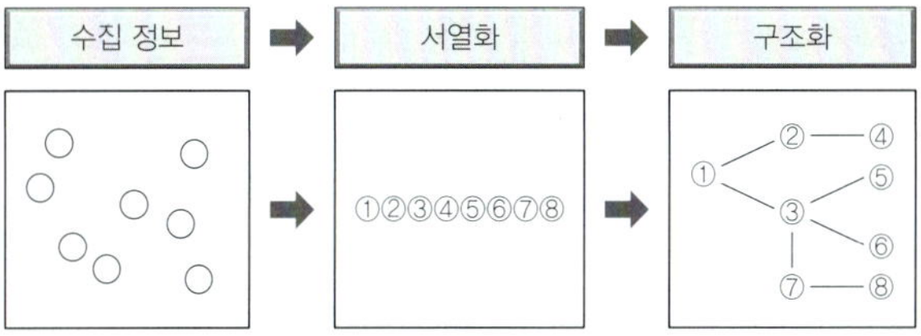

3. 정보관리 방법

1) 목록을 이용한 정보관리

① 검색 기능을 제공하는 소프트웨어를 이용하여 목록을 디지털 파일로 저장하는 방식이다.

② 목록 파일을 저장해 놓으면 이후 다른 정보를 찾았을 때 범례에 맞춰 추가할 수 있다.

2) 색인을 이용한 정보관리

① 주요 키워드나 주제어를 가지고 소장하고 있는 정보원을 관리하는 방식이다.

② 키워드나 단락과 같은 세부적인 요소나 정보의 주제, 사용했던 용도로 정보를 찾고자 할 때 목록으로 찾기 어려운 점을 해결할 수 있다.

③ 컴퓨터를 켜지 않고도 책이나 학술지를 읽다가 간단하게 내용을 기록할 수 있으며, 가지고 다니기도, 크기별로 정리하기도 쉽다.

3) 분류를 이용한 정보관리

유사한 정보를 모아 체계화하여 정리해 두는 방식으로 나중에 저장해 놓은 정보를 찾을 때 검색 시간을 단축하여 관련 정보를 한 번에 찾을 수 있다.

시간적 기준	정보의 발생 시간별로 분류
주체적 기준	정보의 내용에 따라 분류
기능적/용도별 기준	정보가 이용되는 기능이나 용도에 따라 분류
유형적 기준	정보의 유형에 따라 분류

4. 정보 활용

1) 정보 활용 형태

① 수집한 정보를 그대로 활용한다.
② 수집한 정보를 그대로 활용하되 일정한 형태로 표현하여 활용한다.
③ 수집한 정보를 정리, 분석, 가공하여 활용한다.
④ 수집한 정보를 정리, 가공하여 활용하되 일정한 형태로 표현하여 활용한다.
⑤ 생산된 정보를 일정한 형태로 재표현하여 활용한다.
⑥ 일정한 형태로 표현한 정보, 한 번 이용한 정보를 보존, 정리하여 장래에 활용한다.

2) 동적 정보와 정적 정보

동적 정보	시시각각으로 변하는 정보를 의미하며, 변화하는 정보이므로 유통기한이 있다. 예 신문, 텔레비전의 뉴스 등
정적 정보	보존되어 멈추어 있는 정보로, 저장 정보라고도 한다. 예 CD-ROM, USB 등

5. 사이버 공간에서 지켜야 할 예절 중요

1) 전자우편(E-mail)을 사용할 때의 네티켓

① 메시지는 가능한 한 짧게 요점만 작성한다.
② 메일을 보내기 전에 주소가 올바른지 다시 한번 확인한다.
③ 제목은 메시지 내용을 함축하여 간략하게 써야 하고, 가능한 한 메시지 끝에 서명(성명, 직위, 단체명, 메일 주소, 전화번호 등)을 포함하되, 너무 길지 않도록 한다.
④ 메일은 쉽게 전파될 수 있으므로 타인에 대해 말할 때는 정중함을 지켜야 한다.
⑤ 타인에게 피해를 주는 언어(비방이나 욕설)는 쓰지 않아야 한다.

2) 온라인 대화(채팅)를 할 때의 네티켓

① 마주 보고 이야기한다는 마음가짐으로 임해야 한다.
② 대화방에 들어가면 지금까지 진행된 대화의 내용과 분위기를 경청하도록 한다.
③ 메시지를 보내기 전에 한 번 더 생각해야 한다.
④ 광고, 홍보 등을 목적으로 악용하지 말아야 한다.
⑤ 유언비어와 속어, 욕설은 삼가고, 상호 비방의 내용은 금해야 한다.

3) 게시판을 사용할 때의 네티켓

① 글의 내용은 간결하게 요점만 작성한다.

② 제목에는 글의 내용을 파악할 수 있는 함축된 단어를 쓰며, 글의 내용 중 잘못된 점이 있으면 빨리 수정하거나 삭제한다.

③ 타인의 의견에 대한 무조건적인 비판 및 비방, 유언비어를 남기지 않아야 한다.

④ 게시판의 주제와 관련 없는 내용은 올리지 않아야 한다.

4) 공개 자료실에서의 네티켓

① 음란물 또는 상업용 소프트웨어를 올리지 않아야 한다.

② 공개 자료실에 등록한 자료는 가급적 압축하고, 프로그램을 올릴 때는 사전에 바이러스 감염 여부를 점검한다.

③ 유익한 자료를 받았을 때는 올린 사람에게 감사의 뜻을 전한다.

5) 인터넷 게임을 할 때의 네티켓

① 상대방을 존중하며, 경어를 사용한다.

② 인터넷 게임에 너무 집착하지 않아야 하고, 온라인 게임은 온라인상의 오락으로 끝나야 한다.

③ 게임 중에 일방적으로 퇴장하는 것은 무례한 일이다.

④ 게이머도 일종의 스포츠맨이므로 스포츠맨십을 가져야 하고, 이겼을 때는 상대를 위로하고, 졌을 때는 깨끗하게 물러서야 한다.

6. 인터넷의 역기능과 유의사항

1) 불건전 정보의 유통

음란 사이트, 엽기 사이트, 도박 사이트, 폭력 사이트, 반사회적 사이트 등 유해한 불건전 정보가 유통될 수 있다.

2) 컴퓨터 바이러스

컴퓨터 내부에 침투하여 자료를 손상시키거나 다른 프로그램들을 파괴하는 컴퓨터 프로그램의 일종으로, 호기심이나 악의를 가진 프로그래머에 의해 제작되어 사용자 몰래 유포된다.

[컴퓨터 바이러스 예방법]

- 출처가 불분명한 전자우편의 첨부 파일은 백신 프로그램으로 바이러스 검사 후 사용한다.
- 실시간 감시 기능이 있는 백신 프로그램을 설치하고 정기적으로 업데이트한다.
- 바이러스가 활동하는 날에는 시스템을 사전에 미리 검사한다.
- 정품 소프트웨어를 구입하여 사용한다.
- 중요한 파일은 습관적으로 별도의 보조 기억 장치에 미리 백업한다.
- 프로그램을 복사할 때는 바이러스 감염 여부를 확인한다.

3) 사이버 언어폭력

① 인터넷 공간에서는 서로 얼굴을 볼 수 없으므로 언어폭력이 많이 일어난다.

② 사이버 언어폭력의 유형으로는 욕설, 비방(명예 훼손), 도배, 성적 욕설(음담패설), 유언비어, 악성 댓글 등이 있다.

4) 사이버 성폭력

인터넷 채팅이나 게시판, SNS 등을 통해 성적으로 수치심을 주는 사이버 성폭력이 일어나고 있으며, 실제 성폭력으로 이어지는 경우도 있다.

5) 인터넷 중독

① 인터넷 이용이 보편화되면서 인터넷에 지나치게 빠져 생활의 곤란을 겪게 되는 경우가 많이 발생하고 있다.

② 특히 청소년은 온라인 게임이나 음란물에 지나치게 몰입하여 중독되는 경우가 많다.

6) 저작권 침해

불법으로 복제된 소프트웨어 파일 등을 배포하거나 저작권자의 동의 없이 공개되는 경우가 있다.

7) 해킹(Hacking) ☆중요

① 다른 시스템에 불법으로 침입하여 시스템에 저장된 정보를 임의로 변경, 삭제 또는 절취하는 행위이다.

② 자신의 실력을 자랑하기 위해 다른 시스템에 접근하는 행위로 네트워크의 보안을 지키는 역할을 하였으나, 점차 해킹의 기술이 발전하면서 크래킹(Cracking)과 동일한 의미로 사용되고 있다.

8) 개인정보 유출

① 해킹, 바이러스 감염 등으로 개인정보가 누출되어 사생활 침해를 받을 수 있다.

② 인터넷 환경에서 개인정보란 생존하는 개인에 관한 정보로서, 개인을 식별할 수 있는 이름과 주민등록번호 등의 정보를 말한다.

③ 다른 정보와 용이하게 결합하여 식별할 수 있는 것들도 모두 포함하여 개인정보라고 한다.

7. 개인정보

1) 개인정보의 종류

① 일반 정보: 이름, 주민등록번호, 운전면허정보, 주소, 전화번호, 성별, 국적 등이 해당한다.

② 가족 정보: 가족의 이름, 직업, 생년월일, 주민등록번호, 출생지 등이 해당한다.

③ 교육 및 훈련 정보: 최종 학력, 성적, 기술자격증/전문면허증, 이수훈련 프로그램, 상벌 사항 등이 해당한다.

④ 병역 정보: 군번 및 계급, 제대 유형, 주특기, 근무 부대 등이 해당한다.

⑤ 부동산 및 동산 정보: 소유 주택 및 토지, 자동차, 저축 현황, 현금카드, 주식 및 채권, 수집품 등이 해당한다.

⑥ 소득 정보: 연봉, 소득의 원천, 소득세 지불 현황 등이 해당한다.

⑦ 기타 수익 정보: 보험 가입 현황, 수익자, 회사의 판공비 등이 해당한다.

⑧ 신용 정보: 대부 상황, 저당, 신용카드, 담보 설정 여부 등이 해당한다.

⑨ 고용 정보: 고용주, 회사 주소, 상관의 이름, 직무수행평가 기록, 훈련 기록, 상벌 기록 등이 해당한다.

⑩ 법적 정보: 전과 기록, 구속 기록, 이혼 기록 등이 해당한다.

⑪ 의료 정보: 가족 병력 기록, 과거 의료 기록, 신체장애, 혈액형 등이 해당한다.

⑫ 조직 정보: 노조 가입, 정당 가입, 클럽 회원, 종교단체 활동 등이 해당한다.

2) 개인정보 유출 방지 방법

① 회원 가입 시 이용 약관 읽기

이용 약관에 기재된 항목 중 개인정보보호와 이용자 권리에 대한 조항은 유심히 읽어야 하며, 제3자에게 정보를 제공할 수 있다고 명시된 부분이 있는지 재확인해야 한다.

② 이용 목적에 부합하는 정보를 요구하는지 확인하기

정보를 수집할 때에는 수집 및 이용 목적을 제시해야 하며, 특별한 설명 없이 학력, 결혼 여부, 월급, 자동차 소유 여부 등을 요구한다면 가입 여부를 재고해 봐야 한다.

③ 비밀번호는 정기적으로 교체하기

동일한 ID와 비밀번호를 몇 년씩 사용하는 경우, 비밀번호와 ID가 노출되기 쉽다.

④ 정체불명의 사이트 멀리하기

정체가 불분명한 사이트에서 지나치게 개인정보를 요구하면 가입 여부를 고려하도록 한다.

⑤ 가입 해지 시 정보 파기 여부 확인하기

가입 해지 이후에 개인정보를 파기하는지 여부를 확인한다.

⑥ 뻔한 비밀번호 사용하지 않기

생년월일, 전화번호 등 남들이 쉽게 유추할 수 있는 비밀번호는 자제해야 한다. 동일한 번호를 연속으로 사용하는 것도 바람직하지 않다.

고득점 플러스 이론

NCS 직업기초능력평가에 출제될 가능성이 높지만 한국산업인력공단에서 제공하는 워크북에 없는 이론을 정리하였습니다.

1 정보검색 연산자

기호	연산자	의미
*, &	AND	두 단어가 모두 포함된 문서 검색 예 한국 and 올림픽, 한국 * 올림픽
|	OR	두 단어가 모두 포함되거나, 두 단어 중 하나만 포함된 문서 검색 예 한국 or 올림픽, 한국 | 올림픽
-, !	NOT	기호 뒤에 오는 단어는 포함하지 않는 문서 검색 예 한국 not 올림픽, 한국 ! 올림픽
~, near	인접 검색	앞뒤 단어에 인접해 있는 문서 검색 예 한국 near 올림픽, 한국 ~ 올림픽

2 주요 단축키

(1) 윈도우 단축키

구분	사용 키	기능
Alt +	Enter	선택한 파일 또는 폴더의 속성 대화상자 열기
	Esc	실행 중인 프로그램 창을 순서대로 전환
	Tab	활성화된 프로그램 창 전환
	Shift + Tab	활성화된 프로그램 창 역방향 전환
	Space Bar	활성화된 프로그램 창의 바로 가기 메뉴 표시
	D	탐색기 또는 인터넷에서 주소창 선택
	F4	사용 중인 프로그램 창 닫기, 프로그램 종료
	→	탐색기 또는 인터넷에서 다음 화면으로 전환
	←	탐색기 또는 인터넷에서 이전 화면으로 전환
Ctrl +	Esc	시작 메뉴 열기
	Shift + Esc	작업 관리자 실행
	Alt + Delete	작업 관리자 창 표시 또는 윈도우 재부팅
	Tab	탭 간 이동
	Alt + Tab	고정모드로 활성 프로그램 전환
	A	전체 선택
	C	선택영역 복사

	D	즐겨찾기 추가
	F	찾기 또는 바꾸기
	X	선택영역 잘라 내기
	V	붙여 넣기
Window(⊞) +	D	바탕 화면으로 이동
	E	탐색기 실행
	F	파일 또는 폴더 검색
	T	작업 표시줄의 프로그램 차례대로 선택
	↑	활성화된 창 최대화
	↓	활성화된 창 최소화
	Home	활성화된 창 외 모든 창 최소화
	Shift+S	화면 캡처
기타	Shift+Delete	폴더나 파일 바로 삭제(휴지통으로 이동X)
	Shift+F10	바로 가기 메뉴 표시
	F1	도움말
	F2	이름 변경
	F3	파일 또는 폴더 검색
	F5	최신 정보로 고침

※ Windows 11을 기준으로 하며, 운영체제에 따라 달라질 수 있음

(2) 업무에 필요한 소프트웨어 단축키

① 워드프로세서(한글)

구분		사용 키	기능
파일 메뉴	Alt +	N	새 문서
		O	불러오기
		F3	최근 문서 불러오기
		S	저장하기
		V	다른 이름으로 저장하기
		P	인쇄
		X	끝

	Ctrl +	O	불러오기
		S	저장하기
		F4	문서 닫기
		P	인쇄
	기타	F7	쪽 설정
서식 메뉴	Alt +	L	글자 모양
		T	문단 모양
		Shift + W	자간 넓게
	Alt +	Shift + N	자간 좁게
		Shift + U	밑줄
		Shift + B	진하게
		Shift + I	기울임
	Ctrl +	K + N	문단 번호
		Shift + Insert	문단 번호 매기기
		B	진하게
		I	기울임
		U	밑줄
편집 메뉴	Ctrl +	A	모두 선택
		C	복사하기
		V	붙이기
		Alt + V	골라 붙이기
		Z	되돌리기
		Shift + Z	다시 실행
		X	오려두기
		F	찾기
		H	찾아 바꾸기

② 스프레드시트(엑셀)

구분	사용 키	기능
Alt +	Enter	텍스트 줄 바꿈
	F2	다른 이름으로 저장
	F4	종료
Ctrl +	Home	워크시트의 시작 부분으로 이동
	Page Down	통합문서에서 다음 시트로 이동
	Page Up	통합문서에서 이전 시트로 이동
	D	위 셀의 내용과 형식을 아래로 채우기
	Z	최근 작업 취소
Shift +	Delete	잘라내기
	Insert	붙여넣기

③ 프레젠테이션(파워포인트)

구분	기능
F5	프레젠테이션 처음부터 시작
Shift+F5	현재 슬라이드부터 프레젠테이션 시작
N/Enter/Page Down	다음 애니메이션을 실행하거나 다음 슬라이드로 넘어가기
P/Back Space/Page Up	이전 애니메이션을 실행하거나 이전 슬라이드로 넘어가기
Ctrl+H	포인터 및 탐색 단추 숨김
B/.	검정색 빈 슬라이드 표시 또는 검정색 빈 슬라이드에서 프레젠테이션으로 돌아가기
W/,	흰색 빈 슬라이드 표시 또는 흰색 빈 슬라이드에서 프레젠테이션으로 돌아가기
Esc	프레젠테이션 종료

3 엑셀 주요 함수

함수명	함수식	의미
COUNT	=COUNT(지정 범위)	지정된 범위에서 숫자 포함 셀의 개수 및 인수 목록에 포함된 숫자 개수를 세는 함수 예 =COUNT(A1:A8) 셀 A1부터 A8까지의 범위에서 숫자가 포함된 셀의 개수 구하기
COUNTBLANK	=COUNTBLANK(지정 범위)	지정된 범위에서 빈 셀의 개수를 구하는 함수 예 =COUNTBLANK(A1:A8) 셀 A1부터 A8까지의 범위에서 빈 셀의 개수 구하기
COUNTIF	=COUNTIF(지정 범위, 조건)	지정된 범위에서 조건이 포함된 셀의 개수를 계산하는 함수 예 =COUNTIF(A1:A8, "공기업") 셀 A1부터 A8까지의 범위에서 '공기업'이라 적힌 셀의 개수 구하기
IF	=IF(조건, 참인 데이터, 거짓인 데이터)	조건에 부합하면 참인 데이터 출력, 부합하지 않으면 거짓인 데이터를 출력하는 함수 예 =IF(A1>70, "면접 진행", "서류 불합격") 셀 A1의 값이 70보다 클 경우 '면접 진행', 그렇지 않을 경우 '서류 불합격' 표시
SUM	=SUM(지정 범위)	지정 범위의 합계를 구하는 함수 예 =SUM(A1:A8) 셀 A1부터 A8까지의 합계 구하기
REPLACE	=REPLACE(변경할 문자열 위치, 문자 시작 위치, 변경할 문자 개수, 대체할 새 문자)	지정 범위 중 텍스트 내의 문자를 바꾸는 함수 예 =REPLACE(A1, 3, 4, "*") 셀 A1에 있는 12345678의 3번째 숫자(3)부터 4개의 숫자를 "*"로 바꾸기(결과: 12*78)
AVERAGE	=AVERAGE(지정 범위)	지정 범위의 평균을 구하는 함수 예 =SUM(A1:A8) 셀 A1부터 A8까지의 평균 구하기
AVERAGEIF	=AVERAGEIF(지정 범위, 조건, 평균을 구할 범위)	지정 범위 중 조건에 맞는 셀의 평균을 구하는 함수 예 =AVERAGEIF(A1:A8, >70, D1:D8) 셀 A1부터 A8의 범위에서 70보다 큰 셀에 대응되는 D1에서 D8 사이 값의 평균 구하기
ROUND	=ROUND(대상값, 소수점 자리수)	셀에 포함되어 있는 숫자를 지정한 소수점 이하의 자릿수로 반올림할 때 사용하는 함수 예 =ROUND(A1, 2) 셀 A1에 포함되어 있는 숫자가 24.5634라고 할 경우, 소수점 아래 두 자릿수로 반올림할 경우 24.56으로 표시됨
MAX	=MAX(지정 범위)	지정 범위 중 가장 큰 값을 구하는 함수 예 =MAX(A1:A8) 셀 A1부터 A8 범위에 있는 값 중 가장 큰 값 구하기

MIN	=MIN(지정 범위)	지정 범위 중 가장 작은 값을 구하는 함수 예) =MIN(A1:A8) 셀 A1부터 A8 범위에 있는 값 중 가장 작은 값 구하기
VLOOKUP	=VLOOKUP(찾으려 하는 값, 검색 범위, 열 번호, 옵션)	지정 범위에서 열 방향으로 값을 찾아야 할 때 사용하는 함수 예) =VLOOKUP("정수", A1:C8, 2, FALSE) A1:C8 범위의 두 번째 열에서 이름이 정확히 '정수'인 사람에 대응하는 값 나타내기 *옵션: 1 또는 TRUE(대략적 일치) / 0 또는 FALSE(정확히 일치)
HLOOKUP	=HLOOKUP(찾으려 하는 값, 검색 범위, 행 번호, 옵션)	지정 범위에서 행 방향으로 값을 찾아야 할 때 사용하는 함수 예) =HLOOKUP("예지", A1:C8, 2) A1:C8 범위의 두 번째 행에서 이름이 정확히 '예지'인 사람에 대응하는 값 나타내기 *옵션: 1 또는 TRUE(대략적 일치) / 0 또는 FALSE(정확히 일치)
LARGE	=LARGE(지정 범위, k)	지정 범위에서 k번째로 큰 값을 구하는 함수 예) =LARGE(A1:B8, 3) A1:B8 범위에서 세 번째로 큰 수 구하기
SMALL	=SMALL(지정 범위, k)	지정 범위 중 가장 작은 값을 구하는 함수 예) =SMALL(A1:B8, 3) A1:B8 범위에서 세 번째로 작은 수 구하기

더 알아보기 **엑셀 오류메시지**

- #DIV/0!: 셀 안의 값을 0으로 나누거나 비어 있는 셀을 수식이 참조할 경우
- #N/A: 사용할 수 있는 값이 없을 경우
- #NAME?: 수식에 오류가 있어 수정해야 할 사항이 있는 경우
- #NULL!: 수식에 잘못된 범위 연산자 사용 또는 교차되지 않는 영역 사이에 공백 문자를 사용한 경우
- #NUM!: 수식에 잘못된 값이 포함된 경우
- #REF!: 유효하지 않은 셀을 수식에 참조하는 경우
- #VALUE!: 수식 입력 오류 또는 참조하는 셀이 잘못된 경우

STEP 02

대표 기출유형

기출유형 ① 모듈형 이론 필수 학습형

유형 특징

❶ NCS 직업기초능력평가 교수자용 및 학습자용 매뉴얼에 제시된 학습 모듈 이론을 기반으로 문제가 출제된다.
❷ 상대적으로 문제의 형태가 단순하지만, 이론에 대한 이해가 없다면 높은 점수를 받기 어렵다.
❸ 상식적인 수준으로 출제되는 경우도 있지만 모듈 이론을 알지 못하면 풀이할 수 없는 문항도 다수 출제된다.

풀이 전략

❶ 상식만으로 접근하기에는 무리가 있으므로 평소 기출문제를 풀어보며 출제 포인트를 학습해야 한다.
❷ 지원하는 기업과 관련된 소재가 출제되는 경향이 있으므로 기출문제를 토대로 해당 기업의 출제 경향을 미리 파악해 놓아야 한다.

IT기기를 활용한 정보처리 과정은 '기획 → 수집 → 관리 → 활용'의 단계를 거친다. 다음 [보기]의 ㉠~㉣을 정보처리 과정의 각 단계에 부합하는 순서대로 배열한 것은? 2024년 2월 한국전력공사

보기

㉠ 5W2H의 요소들을 파악하여 이를 정보처리의 기준으로 활용한다.
㉡ 정보가 목적성, 용이성, 유용성의 원칙에 부합하는지를 고려한다.
㉢ 효과적인 예측을 위해 다양한 정보원으로부터 목적에 적합한 정보를 입수한다.
㉣ 문제해결에 적합한 정보를 찾고 선택할 수 있는 능력, 찾은 정보를 문제해결에 적용할 수 있는 능력 등 다양한 능력이 수반되어야 한다.

① ㉠－㉢－㉡－㉣ ② ㉠－㉣－㉡－㉢ ③ ㉡－㉠－㉣－㉢
④ ㉢－㉠－㉡－㉣ ⑤ ㉢－㉣－㉠－㉡

| 정답풀이 | 정답 ①

㉠~㉣을 정보처리 과정에 따라 구분하면 다음과 같다.
㉠ 기획: 5W2H에 맞게 기획을 하는 것을 정보의 전략적 기획이라 하며, 이는 정보활동의 첫 단계로서 정보관리의 가장 중요한 단계이다.
㉡ 관리: 정보의 관리란 수집된 다양한 형태의 정보를 어떤 문제해결이나 결론 도출에 사용하기 쉬운 형태로 바꾸는 일이다. 정보를 관리할 때에는 목적성(사용 목적을 명확히 설명해야 한다), 용이성(쉽게 작업할 수 있어야 한다), 유용성(즉시 사용할 수 있어야 한다)의 세 가지 원칙을 고려해야 한다.
㉢ 수집: 정보의 수집은 다양한 정보원으로부터 목적에 적합한 정보를 입수하는 것이라 할 수 있다. 정보 수집의 목적에는 여러 가지가 있지만, 최종 목적은 '예측'을 잘하는 것이다.
㉣ 활용: 정보활용능력은 정보기기에 대한 이해나 최신 정보기술이 제공하는 주요 기능, 특성에 대한 지식을 아는 능력만 포함되는 것이 아니라 정보가 필요하다는 문제 상황을 인지할 수 있는 능력, 문제해결에 적합한 정보를 찾고 선택할 수 있는 능력, 찾은 정보를 문제해결에 적용할 수 있는 능력, 윤리의식을 가지고 합법적으로 정보를 활용할 수 있는 능력 등 다양한 능력이 수반되어야 한다.
따라서 정보처리 과정의 단계에 맞는 순서는 ㉠－㉢－㉡－㉣이다.

기출유형 ② 엑셀 활용 방법

유형 특징

❶ 컴퓨터활용능력을 평가하기 위해 엑셀이나 파워포인트 같은 프로그램을 활용한 문제가 출제되는데, 특히 엑셀은 꾸준히 출제되는 편이다.

❷ 실제 업무에서 사용할 수 있는 서식이나 단축키, 함수에 대한 문제가 주로 출제된다.

풀이 전략

❶ 자주 출제되는 함수는 암기한다.

❷ 엑셀 문제에 나오는 함수식을 직접 입력해서 적용 방법을 확인한다.

시험 점수가 B2:B11 범위에 있고, 합격 여부를 C2:C11 범위에 표시하고자 한다. 점수가 70점 이상이면 '합격', 70점 미만이면 '불합격'으로 표시되도록 하고자 한다. C2 셀에 수식을 입력한 후 채우기 핸들을 이용해 아래로 채웠을 때, 다음 중 C2 셀에 입력할 수식으로 적절한 것은? 2025년 3월 한국전력공사

① =IF(B2<70,"합격","불합격")
② =IF(B2>=70,"합격","불합격")
③ =IF($B2<=70,"불합격","합격")
④ =IF(B2=70,"합격","불합격")
⑤ =IF(B2>=70,"합격","불합격")

| 정답풀이 | 정답 ②

IF 함수의 기본 구조는 '=IF(조건, 참일 때 결과, 거짓일 때 결과)'이다. B2:B11 범위의 값이 70 이상(>=)이면 '합격', 70 미만이면 '불합격'으로 표시되어야 하고 C2 셀에 입력된 수식이 채우기 핸들로 C11 셀까지 참조 위치를 자동으로 바꿔서 각 행의 점수를 비교하여 표시해야 한다. 따라서 =IF(B2>=70,"합격","불합격")를 입력해야 한다.

기출유형 ③ 코드 생성/부여 규칙

유형 특징

❶ 주어진 정보를 활용하여 규칙과 원리를 차례로 적용할 수 있는지를 묻는 유형이다.
❷ 단일 문항보다 연계 문항의 형태로 출제되는 경우가 많다.
❸ 보통 바코드, 상품 코드 등을 통해 알맞은 정보를 구하거나, 모니터 화면을 주고 출력 값을 묻는 내용이 출제된다.

풀이 전략

❶ 연계 문항으로 출제되는 경우 하나의 규칙이 동일하게 적용되므로 급하게 풀이를 시작하기보다는 처음 한 번 잘 이해하여 풀이할 수 있도록 한다.
❷ 복잡한 코드가 써 있는 것처럼 보이지만, 주어진 자료에서 찾을 수 있는 내용이므로 난이도는 높지 않은 편이다.

다음은 일부 역별 승하차 인원 정보를 엑셀로 정리한 자료이다. 주어진 역별 승하차 인원 정보에 다음 [보기]와 같이 코드를 부여하려고 할 때, 적절하지 않은 것은? 2025년 2월 서울교통공사

[표] 일부 역별 승하차 인원 정보

	A	B	C	D	E	F
1	사용일자	호선명	역명	승차 총승객수	하차 총승객수	등록일자
2	2024-05-23	8호선	강동구청	7409	7265	2024-05-28
3	2024-05-23	경의선	강매	2644	2465	2024-05-28
4	2024-05-23	9호선	개화	1884	1509	2024-05-28
5	2024-05-23	경의선	가산디지털단지	7780	7580	2024-05-28
6	2024-05-23	7호선	건대입구	13531	14542	2024-05-28

※ 등록일자는 사용일자 5일 후이며, 사용일자는 목요일임
※ A6의 셀서식은 "날짜"로 설정되어 있음

보기

호선명의 첫 글자, 역명의 첫 글자, 역명의 마지막 글자, (승차 총승객수−하차 총승객수)의 절댓값을 순서대로 나열하여 코드를 부여한다. 호선명의 첫 글자가 숫자가 아닐 경우 두 번째 글자를 사용한다.
예 5호선 광화문역 승차 총승객수 29,883명, 하차 총승객수 30,214명일 경우: 5광문331

① 8강청144　② 의강매179　③ 9개화375
④ 의가지200　⑤ 7건구101

| 정답풀이 |　정답 ⑤

주어진 [표]와 [보기]의 규칙을 바탕으로 6행의 7호선 건대입구역의 승하차 인원 정보에 코드를 부여하면 다음과 같다.

- 호선명의 첫 글자: 7
- 역명의 첫 글자: 건
- 역명의 마지막 글자: 구
- (승차 총승객수 − 하차 총승객수)의 절댓값: |13531−14542|=1011

따라서 이를 순서대로 결합하면 '7건구1011'이 된다.

기출유형 ④ 코딩

유형 특징

❶ 주어진 자료를 통해 기본적인 코딩 능력을 평가하는 유형이다.
❷ 간단한 스크립트 형태로 함수를 제시하고 빈칸에 들어갈 코드를 묻는 경우가 많다.
❸ 단일 문항보다 연계 문항의 형태로 출제될 가능성이 높다.

풀이 전략

❶ 이론상의 지식을 문제화하기보다는 실제 업무에서 활용 가능한 문제로 변형되어 출제되는 경향이 강하므로 이에 맞춰 학습할 필요가 있다.
❷ 연계 문항으로 출제되는 경우 하나의 규칙이 동일하게 적용되므로 급하게 풀이를 시작하기보다는 처음 한 번 잘 이해하여 풀이할 수 있도록 한다.

다음은 거듭제곱 함수에 대한 설명이다. 이를 바탕으로 함수를 완성하기 위해 (가)에 들어가야 하는 코드로 적절한 것은?

2023년 6월 서울교통공사

[거듭제곱 함수의 개요]
거듭제곱 함수는 a를 n회 반복하여 곱하는 함수, 즉 POWER(a, n)=a^n이다.
예를 들어, POWER(2, 4)=2*2*2*2=16이다. 거듭제곱 함수는 재귀 구조와 반복 구조로 구현할 수 있고, 다음은 수도 코드(pseudo code)로 작성된 거듭제곱 함수의 예시이다.

[재귀 구조]

```
function power(a, n)
  if n == 0 then
    return 1
  else if n == 1 then
    return a
  else
    (가)
  end if
end function
```

[반복 구조]

```
function power(a, n)
  x = 1
  for i from 1 to n do
  x = x * a
  end for
  return x
end function
```

① return n * power(a, n+1)
② return a * power(a, n)
③ return n * power(a, n−1)
④ return a * power(a, n+1)
⑤ return a * power(a, n−1)

| 정답풀이 |

정답 ⑤

n이 0 또는 1이 아닌 경우, a를 n번 곱한 결과를 만들기 위해서는, a를 (n−1)번 곱한 결과에 a를 곱하면 된다는 것을 재귀적으로 생각해 보면 알 수 있다.
따라서 (가)에 들어가야 하는 코드는 power(a, n−1)에 a를 한 번 더 곱한 것인 return a * power(a, n−1)이어야 한다.

기출유형 ⑤ 순서도

유형 특징

❶ 주어진 자료를 통해 규칙을 적용하고 답을 도출할 수 있는지 묻는 유형이다.
❷ 어떤 일을 처리하는 과정을 간단한 기호와 화살표로 도식화한 그림인 순서도를 제시한다.

풀이 전략

❶ 순서도에 활용된 주요 기호의 의미를 꼼꼼히 살펴 풀이한다. 보통 순서도 기호에 대한 설명을 함께 제시해 주므로, 난이도는 쉬운 편이다.

다음 [표]는 순서도 기호에 대한 설명이고, [그림]은 순서도 구조에 대한 설명이다. [그림]에서 출력되는 단어로 옳은 것은?

2024년 1월 서울교통공사

[표] 순서도 기호

	순서도의 시작과 끝을 표시한다.
	오름차순으로 정렬하는 기능을 수행한다
	모든 종류의 입/출력 기능을 표시한다.
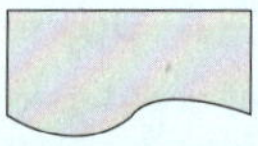	일반적인 출력을 표시한다.
	조건에 따라 몇 개의 경로로 분기함을 표시한다.
	화살표의 시작에서 끝 방향으로 진행되는 흐름을 표시한다.
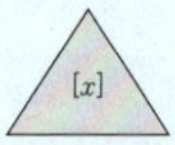	문장에서 단어의 개수가 x개 이상인지 판단한다.
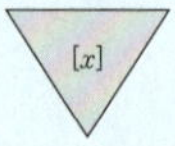	x번째 위치의 단어를 출력한다.

[그림] 순서도 구조

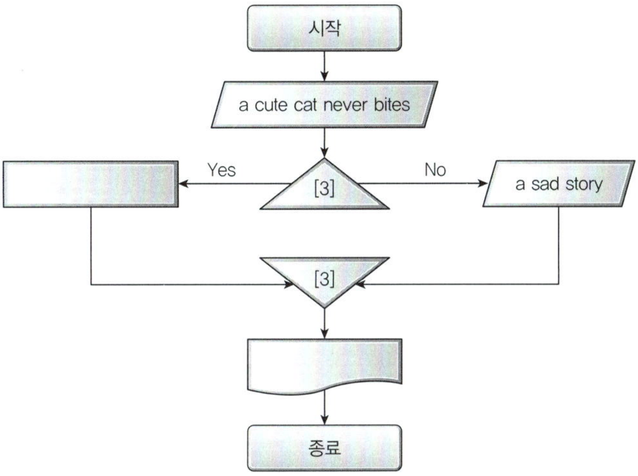

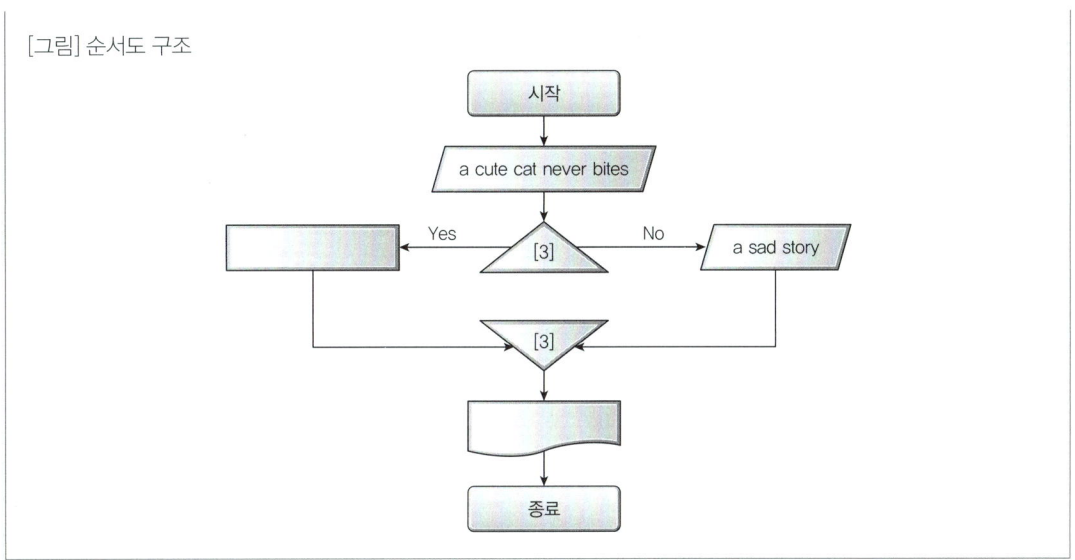

① a　　② cat　　③ story
④ bites　　⑤ sad

| 정답풀이 |　　정답 ②

순서도에 따르면, 주어진 문장은 3개 이상의 단어로 이루어져 있으므로 Yes 조건에 의해 오름차순 정렬이 이루어진다. 따라서 a bites cat cute never가 되므로, 마지막 프로세스에서 3번째 단어인 cat이 출력된다.

PART 1 필수 개념 & 유형 학습

대표 출제 기업

피듈형	서울교통공사, 한전KDN, 한전KPS, 한국중부발전, 한국서부발전, 국민연금공단, 한국가스안전공사, 한국교통안전공단
모듈형	대구교통공사

CHAPTER 06

기술능력

STEP 1 NCS 핵심이론

STEP 2 대표 기출유형

STEP 01

NCS 핵심이론

기술능력 개요

1. 기술

1) 기술의 의미

① 물리적인 것뿐만 아니라 사회적인 것으로서 지적인 도구를 특정한 목적에 사용하는 지식 체계
② 인간이 주위 환경에 대한 통제를 확대시키는 데 필요한 지식의 적용
③ 제품이나 용역을 생산하는 원료, 생산 공정, 생산 방법, 자본재 등에 관한 지식의 집합체

2) 노하우(Know-how)와 노와이(Know-why)

① 노하우(Know-how)
- 특허권을 수반하지 않는 과학자, 엔지니어 등이 가지고 있는 체화된 기술
- 경험적이고 반복적인 행위에 의해 얻어지는 것

② 노와이(Know-why)
- 어떻게 기술이 성립되고 작용하는가에 관한 원리적인 측면에 중심을 둔 개념
- 이론적인 지식으로서 과학적인 탐구에 의해 얻어지는 것

③ 예전에는 Know-how의 개념이 강하였으나 시대가 지남에 따라 Know-how와 Know-why가 결합하였으며, 현대적 기술은 주로 과학을 기반으로 하는 기술이 되었다.

3) 기술의 특징

① 하드웨어나 인간에 의해 만들어진 비자연적인 대상, 혹은 그 이상을 의미한다.
② 기술을 설계 · 생산하고, 사용하기 위해 필요한 정보 · 기술 · 절차를 갖는 데 노하우(Know-how)가 필요하다.
③ 하드웨어를 생산하는 과정이다.
④ 인간의 능력을 확장시키기 위한 하드웨어와 그것의 활용을 뜻한다.
⑤ 정의 가능한 문제를 해결하기 위해 순서화되고 이해 가능한 노력이다.

4) 기술의 중요성

① 기술 이전이 빠른 산업 분야에서는 기술의 변화 및 동향에 뒤처지지 않는 것이 중요하다.
② 4차 산업혁명을 이끄는 사물인터넷(IoT), 클라우드, 빅데이터, 인공지능(AI) 기술 등의 기술 발전에 따른 습득과 기술 향상, 스마트 기술을 활용할 수 있는 구성원의 확보가 중요하다.

5) 지속가능한 발전

① 지구촌의 현재와 미래를 포괄하는 개념으로 경제적 활력, 사회적 평등, 환경의 보존을 동시에 충족시키는 발전을 의미한다.
② 현재와 미래 세대의 발전과 환경적 요구를 충족하는 방향으로 이루어져야 하므로 환경보호가 발전의 중심적인 요소가 되어야 한다.

6) 지속가능한 기술

① 의미: 지속가능한 발전을 가능하게 하는 기술이다.

② 특징

- 이용 가능한 자원과 에너지를 고려한다.
- 자원이 사용되고 재생산되는 비율의 조화를 추구하며, 자원의 질을 생각한다.
- 자원이 생산적인 방식으로 사용되는가에 주의를 기울이는 기술이다.
- 고갈되지 않는 자연 에너지를 활용하고, 낭비적인 소비 형태를 지양한다.

2. 기술능력

1) 기술능력의 의미

① 직업에 종사하는 모든 사람들에게 필요한 능력이다.

② 넓은 의미에서 기술교양(Technical Literacy)으로 사용될 수 있으며, 해당 개념을 보다 구체화한 것이다.

2) 기술교양의 의미

기술을 사용하고 운영하고 이해하는 능력으로 모든 사람들이 광범위한 관점에서 기술의 특성과 기술적 행동, 기술의 힘, 기술의 결과에 대해 어느 정도의 지식을 가지는 것을 의미한다.

3) 기술교양을 지닌 사람

① 기술학의 특성과 역할을 이해하고, 기술체계가 설계되고, 기술을 사용하고, 통제하는 방법을 이해한다.

② 기술과 관련된 이익을 가치화하고 위험을 평가할 수 있고, 기술에 의한 윤리적 딜레마에 대해 합리적으로 반응할 수 있다.

4) 기술능력의 중요성

기술을 사회의 모든 체계에서 필요로 하는 분야라고 이해했을 때, 기술능력은 사회 모든 직업인이 지녀야 할 능력이다.

5) 기술능력이 뛰어난 사람

① 실질적 해결이 필요한 문제를 인식하고, 인식된 문제를 위해 다양한 해결책을 개발하고 평가한다.

② 실질적 문제를 해결하기 위해 지식이나 기타 자원을 선택하고 최적화하여 적용한다.

③ 주어진 한계 속에서 제한된 자원을 가지고 일하고, 기술적 해결에 대한 효용성을 평가한다.

3. 기술능력 향상을 위한 방법 ☆중요

1) 전문 연수원을 통한 기술과정 연수

① 전문적인 교육을 통해 양질의 인재양성 기회를 제공한다.

② 각 분야의 전문가가 진행하는 이론을 겸한 실무 중심의 교육이 가능하다.

③ 다년간에 걸친 연수 분야의 노하우를 통한 체계적이고 현장과 밀착된 교육이 가능하다.

④ 최신 실습 장비, 시청각 시설, 전산 시설 등 교육에 필요한 각종 부대시설을 활용할 수 있다.

⑤ 산학협력연수 및 국내외 우수연수기관과 협력한 연수도 가능하다.

⑥ 자체 교육보다 저렴하고, 고용보험환급을 받을 수 있어 교육비 부담이 적다.

2) e-Learning을 활용한 기술교육

① 시간 · 공간적 제약이 없다.

② 개개인의 요구에 맞게 개별화 · 맞춤화할 수 있어 학습자 스스로 학습을 조절 · 통제 가능하다.

③ 비디오, 사진, 텍스트, 소리, 동영상 등 멀티미디어를 이용한 학습이 가능하다.

④ 이메일, 토론방, 자료실 등을 통해 자유로운 의사교환과 상호작용이 가능하다.
⑤ 새로운 교육에 대한 요구나 내용을 신속하게 반영이 가능하다.
⑥ 교육에 소요되는 비용이 절감 가능하다.

3) 상급학교 진학을 통한 기술교육

① 학문적이면서 최신 기술의 흐름을 반영한 기술교육이 가능하다.
② 관련 산업체와 프로젝트 활동이 가능하기 때문에 실무 중심의 기술교육이 가능하다.
③ 관련 분야 종사자들과 함께 교육받기 때문에 인적 네트워크 형성에 도움이 되고, 경쟁을 통하여 학습효과를 향상시킬 수 있다.

4) OJT를 활용한 기술교육

① 교육자와 피교육자 사이에 친밀감 조성이 가능하다.
② 시간 낭비가 적고, 조직의 필요에 합치되는 교육훈련이 가능하다.

4. 산업 재해

1) 산업 재해의 의미

산업 활동 중 일어난 사고로 인해 사망 또는 부상을 당하거나 유해 물질에 의한 중독 등으로 직업성 질환에 걸리거나 신체적 장애를 갖게 되는 것을 말한다.

2) 산업 재해의 기본적 원인

교육적 원인	• 안전 지식의 불충분 • 경험 또는 훈련, 작업 관리자의 작업 방법의 교육 불충분	• 안전 수칙의 오해 • 유해 위험 작업 교육 불충분
기술적 원인	• 건물기계 장치의 설계 불량 • 재료의 부적합 • 점검 · 정비 · 보존의 불량	• 구조물의 불안정 • 생산 공정의 부적당
작업 관리상 원인	• 안전 관리 조직의 결함 • 작업 준비 불충분	• 안전 수칙 미지정 • 인원 배치 및 작업 지시 부적당

3) 산업 재해의 직접적 원인

불안전한 행동	• 위험 장소 접근 • 보호 장비 미착용 및 잘못 사용 • 기계 · 기구의 잘못된 사용 • 불안전한 자세와 동작	• 안전장치 기능 제거 • 운전 중인 기계의 속도 조작 • 위험물 취급 부주의 • 감독 및 연락 잘못 등
불안전한 상태	• 시설물 자체 결함 • 구조물의 불안정 • 안전 보호 장치 결함 • 시설물의 배치 및 장소 불량 • 생산 공정의 결함	• 전기 시설물의 누전 • 소방기구의 미확보 • 복장 · 보호구의 결함 • 작업 환경 결함 • 경계 표시 설비의 결함

4) 산업 재해가 끼치는 영향

개인에게 끼치는 영향	• 재해를 당한 본인 및 가족의 정신적 · 육체적 고통 • 일시적 또는 영구적인 노동력 상실 • 본인과 가족의 생계에 대한 막대한 손실
기업에 끼치는 영향	• 재해를 당한 근로자의 보상 부담 • 재해를 당한 노동 인력 결손으로 인한 작업 지연 • 재해로 인한 건물, 기계, 기구 등의 파손 • 재해로 인한 근로 의욕 침체와 생산성 저하

5) 산업 재해의 예방과 대책 중요

1단계 안전 관리 조직	경영자는 안전 목표를 설정하고, 안전 관리 책임자를 선정하며, 안전 계획을 수립하고, 이를 시행 · 감독해야 한다.
2단계 사실의 발견	사고 조사, 안전 점검, 현장 분석, 작업자의 제안 및 여론 조사, 관찰 및 보고서 연구 등을 통하여 사실을 발견한다.
3단계 원인 분석	재해의 발생 장소, 재해 형태, 재해 정도, 관련 인원, 직원 감독의 적절성, 공구 및 장비의 상태 등을 정확히 분석한다.
4단계 기술 공고화	원인 분석을 토대로 적절한 시정책, 즉 기술적 개선, 인사 조정 및 교체, 교육, 설득, 공학적 조치 등을 선정한다.
5단계 시정책 적용 및 뒤처리	안전에 대한 교육 및 훈련 실시, 안전시설과 장비의 결함 개선, 안전 감독 실시 등의 선정된 시정책을 적용한다.

6) 불안전한 행동 방지 및 상태 제거 방법

불안전한 행동 방지 방법	• 근로자의 불안전한 행동을 지적할 수 있는 안전 규칙 및 안전 수칙 제정 • 근로자 상호 간에 불안전한 행동을 지적하여 안전에 대한 이해 증진 • 정리 · 정돈, 조명, 환기 등을 잘 수행하여 쾌적한 작업 환경 조성
불안전한 상태 제거 방법	• 각종 기계 · 설비 등을 안전성이 보장되도록 제작 • 항상 양호한 상태로 작동되도록 유지 관리 철저히 함 • 기후, 조명, 소음, 환기 등의 환경 요인 관리 및 사고 요인 미리 제거

하위능력 1 기술이해능력

1. 기술시스템

1) 기술시스템의 의미

기술시스템(Technological System)은 인공물의 집합체만이 아니라 회사, 투자회사, 법적 제도, 정치, 과학, 자연자원을 모두 포함한다. 기술적인 것과 사회적인 것이 결합하여 공존하므로 사회기술시스템(Socio-technical System)으로 불리기도 한다.

2) 기술시스템의 발전 단계

1단계-발명, 개발, 혁신의 단계	기술시스템의 탄생과 성장
2단계-기술 이전의 단계	성공적인 기술이 다른 지역으로 이동
3단계-기술 경쟁의 단계	기술시스템 사이의 경쟁
4단계-기술 공고화 단계	경쟁에서 승리한 기술시스템의 관성화

- 1, 2단계: 시스템을 디자인하고 초기 발전을 추진하는 기술자들의 역할이 중요하다.
- 3단계: 기업가들의 역할이 중요하다.
- 4단계: 자문 엔지니어와 금융 전문가의 역할이 중요하다.

2. 기술 혁신

1) 기술 혁신의 특성

① 기술 혁신은 그 과정 자체가 매우 불확실하고 장기간의 시간을 필요로 한다.
② 지식 집약적인 활동이다.
③ 혁신 과정의 불확실성과 모호함은 기업 내에서 많은 논쟁과 갈등을 유발할 수 있다.
④ 조직의 경계를 넘나들기도 한다.

2) 기술 혁신의 과정과 역할 ★중요

기술 혁신 과정	혁신 활동	필요한 자질과 능력
아이디어 창안	• 아이디어 창출, 가능성 검증 • 일을 수행하는 새로운 방법 고안 • 혁신적인 진보를 위한 탐색	• 각 분야의 전문지식 • 추상화와 개념화 능력 • 새로운 분야의 일을 즐김
챔피언	• 아이디어 전파 • 혁신을 위한 자원 확보 • 아이디어 실현을 위한 헌신	• 정력적이고 위험을 감수함 • 아이디어의 응용에 관심
프로젝트 관리	• 리더십 발휘 • 프로젝트의 기획 및 조직 • 프로젝트의 효과적인 진행 감독	• 의사결정 능력 • 업무 수행 방법에 대한 지식
정보 수문장	• 내부 구성원들에게 조직 외부의 정보 전달 • 조직 내 정보원 기능	• 높은 수준의 기술적 역량 • 원만한 대인 관계 능력

후원	• 혁신에 대한 격려와 안내 • 불필요한 제약에서 프로젝트 보호 • 혁신에 대한 자원 획득 지원	조직의 주요 의사결정에 대한 영향력

3. 실패의 원인과 교훈

1) 실패의 원인

- 무지
- 부주의
- 차례 미준수
- 오만
- 조사, 검토 부족
- 조건의 변화
- 기획 불량
- 가치관 불량
- 조직 운영 불량
- 미지

2) 실패 관련 교훈

- 성공은 99%의 실패로부터 얻은 교훈과 1%의 영감으로 구성된다.
- 실패는 어떻게든 감추려는 속성이 있으며, 방치해 놓은 실패는 성장한다.
- 실패의 하인리히 법칙: 엄청난 실패는 29건의 작은 실패와 300건의 실수를 저지른 뒤에 발생한다.
- 실패는 전달되는 중에 항상 축소되고, 실패를 비난, 추궁할수록 더 큰 실패를 낳는다.
- 실패 정보는 모으는 것보다 고르는 것이 더 중요하다.
- 실패에는 필요한 실패와 일어나선 안 되는 실패가 있다.
- 실패는 숨길수록 병이 되고 드러낼수록 성공한다. 좁게 보면 성공인 것이 전체를 보면 실패일 수 있다.

4. 분야별 미래 사회 유망 기술

전기전자정보공학 분야	• 유망한 기술로 전망되는 것은 지능형 로봇 분야로 지능형 로봇은 최근 IT기술의 융복합화와 지능화 추세에 따라 네트워크를 통한 로봇의 기능 분산, 가상공간 내에서의 동작 등 IT와 융합한 '네트워크 기반 로봇'의 개념을 포함한다. • IT기술이 접목되는 지능형 로봇 시장 주도를 위해 국가 성장 동력산업으로 육성하고 있다.
기계공학 분야	• 친환경 자동차 기술이 유망할 것으로 전망된다. • 친환경 자동차 기술 중 대표적인 것이 하이브리드 기술과 연료전지 기술로, 2030년경에는 점차 하이브리드나 연료전지 자동차가 전체 시장의 주류를 이루게 될 것으로 보인다.
건설환경공학 분야	• 배출량 저감을 위한 지속 가능한 건축시스템 기술이 유망할 것으로 전망된다. • 해당 기술은 건축물의 구조 성능 향상, 리모델링 용이, 건물 해체 시 구조부재의 재사용이 가능하여 친환경적이고 에너지 절약이 가능한 건축시스템 기술이다.
화학생명공학 분야	각 개인의 유전적 특징을 고려한 맞춤 의학 및 신약 개발 기술이 주목받고 있다.

하위능력 2 기술선택능력

1. 기술선택

1) 기술선택의 의미

기업이 어떤 기술을 외부로부터 도입하거나 자체 개발하여 활용할 것인가를 결정하는 것으로 기술을 선택할 경우에는 주어진 시간과 자원의 제약하에서 선택한다.

2) 기술선택을 위한 의사결정

상향식 기술선택	• 기업 전체 차원에서 필요한 기술에 대한 체계적인 분석이나 검토 없이 연구자나 엔지니어들이 자율적으로 기술을 선택한다. • 기술 개발자들의 흥미를 유발하고, 창의적인 아이디어를 활용할 수 있다는 장점이 있다. • 지식과 흥미만을 고려하여 기술 선택 시, 고객수요 및 서비스 개발에 부적합하거나 기업 간 경쟁에서 승리할 수 없는 기술이 선택될 수 있는 단점이 있다.
하향식 기술선택	• 기술경영진과 기술기획담당자들이 체계적인 분석을 통해 기업이 획득해야 하는 대상 기술과 목표기술 수준을 결정하는 것이다. • 기업이 직면한 외부 환경과 보유 자원의 분석을 통해 중장기적인 목표 설정 → 핵심 고객층에게 제공하는 제품 및 서비스 결정 → 사업전략의 성공적인 수행을 위해 필요한 기술 열거 → 각각의 기술에 대한 획득의 우선순위 결정의 순으로 진행된다.

3) 기술선택을 위한 우선순위 결정 요소

① 제품의 성능이나 원가에 미치는 영향력이 큰 기술
② 기술을 활용한 제품의 매출과 이익 창출 잠재력이 큰 기술
③ 쉽게 구할 수 없는 기술
④ 기업 간에 모방이 어려운 기술
⑤ 기업이 생산하는 제품 및 서비스에 보다 광범위하게 활용할 수 있는 기술
⑥ 최신 기술로 진부화될 가능성이 적은 기술

4) 기술선택을 위한 절차

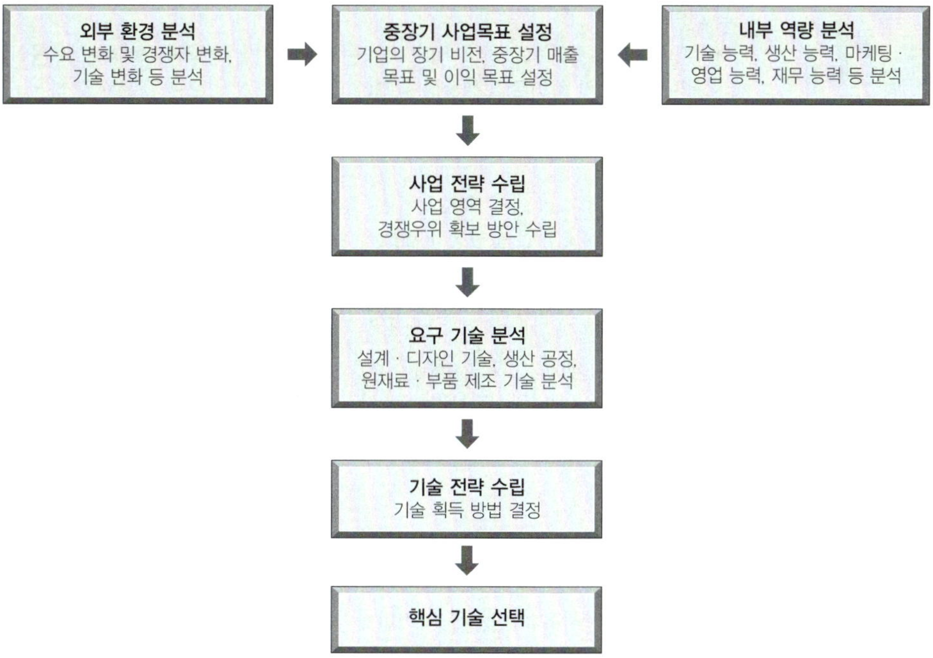

2. 벤치마킹 중요

1) 벤치마킹의 의미

특정 분야에서 뛰어난 업체나 상품, 기술, 경영 방식 등을 배워 합법적으로 응용하는 것을 의미한다. 단순한 모방과 달리 우수한 기업이나 성공한 상품, 기술, 경영 방식 등의 장점을 충분히 배우고 익힌 후 자사의 환경에 맞추어 재창조하는 것이다.

2) 벤치마킹의 종류

① 비교 대상에 따른 분류

내부적 벤치마킹	• 같은 기업 내 다른 지역, 타 부서, 국가 간의 유사한 활용을 비교 대상으로 한다. • 자료 수집이 용이하고 다각화된 우량 기업의 경우 효과가 크다. • 관점이 제한적일 수 있고 편중된 내부 시각에 대한 우려가 있다.
경쟁적 벤치마킹	• 동일 업종에서 고객을 직접적으로 공유하는 경쟁 기업을 대상으로 한다. • 경영 성과와 관련된 정보 입수가 가능하다. • 업무 · 기술에 대한 비교가 가능하나 윤리적 문제 발생 소지가 있다. • 대상의 적대적 태도로 인해 자료 수집이 어렵다.
비경쟁적 벤치마킹	• 제품, 서비스 및 프로세스의 단위 분야에 있어 가장 우수한 실무를 보이는 비경쟁적 기업 내의 유사 분야를 대상으로 한다. • 혁신적인 아이디어 창출의 가능성이 높다. • 다른 환경의 사례를 가공 없이 적용할 경우 효과가 없을 수 있다.

글로벌 벤치마킹	• 프로세스에 있어 최고로 우수한 성과를 보유한 동일 업종의 비경쟁적 기업을 대상으로 한다. • 접근 및 자료 수집이 용이하고, 비교 가능한 업무·기술 습득이 상대적으로 용이하다. • 문화 및 제도적인 차이로 발생하는 효과에 대한 검토가 없으면 잘못된 분석 결과가 발생할 가능성이 높다.

② 수행 방식에 따른 분류

직접적 벤치마킹	• 벤치마킹 대상을 직접 방문하여 수행하는 방법이다. • 정확도와 지속 가능성이 높다. • 벤치마킹 대상 선정이 어렵고, 수행 비용 및 시간이 과다 소요된다.
간접적 벤치마킹	• 인터넷 및 문서 형태의 자료를 통해 수행하는 방법이다. • 벤치마킹 대상 수가 다양하고, 비용 및 시간적 측면에서 상대적인 절감이 크다. • 벤치마킹 결과가 피상적이고 정확한 자료(핵심 자료)의 확보가 어렵다.

3. 매뉴얼

1) 매뉴얼의 의미

어떤 기계의 조작 방법을 설명해 놓은 사용 지침서를 의미한다.

2) 매뉴얼의 종류

제품 매뉴얼	• 사용자를 위해 제품의 특징이나 기능 설명, 사용 방법과 고장 조치 방법, 유지 보수 및 A/S, 폐기까지 제품에 관련된 모든 서비스에 대해 소비자가 알아야 할 모든 정보를 제공하는 것이다. • 제품 사용자의 유형과 사용 능력을 파악하고 혹시 모를 사용자의 오작동까지 고려하여 만들어야 한다. • 제품의 안전한 사용 방법과 사용 중 해야 할 일 또는 하지 말아야 할 일까지 담아야 한다.
업무 매뉴얼	어떤 일의 진행 방식, 지켜야 할 규칙, 관리상의 절차 등을 일관성 있게 표준화하여 설명하는 지침서이다. 예 편의점 운영 매뉴얼, 제품 진열 매뉴얼, 부서 운영 매뉴얼, 품질 경영 매뉴얼, 올림픽 운영 매뉴얼, 경기 운영 매뉴얼, 재난 대비 국민행동 매뉴얼 등

3) 매뉴얼 작성 Tip 중요

① 내용이 정확해야 한다.
- 단순하고 간결하게 서술하여 비전문가도 쉽게 이해할 수 있어야 한다.
- 모호한 단어 사용을 금지하고 추측성 기능을 서술해서는 안 된다.

② 사용자가 알기 쉬운 문장으로 써야 한다.
- 한 문장은 통상 하나의 명령, 또는 밀접하게 관련된 몇 가지 명령만을 포함해야 한다.
- 명확한 의미전달을 위해 수동태보다는 능동태의 동사를 사용하며, 추상적 명사보다는 행위 동사를 사용해야 한다.

③ 사용자에 대한 심리적 배려가 있어야 한다.
- "어디서? 누가? 무엇을? 언제? 어떻게? 왜?"라는 사용자의 질문들을 예상하여 답을 제공해야 한다.
- 한 번 본 후 더 이상 매뉴얼이 필요하지 않도록, 빨리 외울 수 있게 서술해야 한다.

④ 사용자가 찾고자 하는 정보를 쉽게 찾을 수 있어야 한다.
- 사용자가 필요한 정보를 찾기 쉽도록 구성해야 한다.
- 짧고 의미 있는 제목과 비고(note)는 원하는 정보의 위치를 파악하는 데 용이하다.

⑤ 사용하기 쉬워야 한다.
사용이 용이한 형태로 제작해야 한다.

4. 지식재산권

1) 지식재산권의 의미

인간의 창조적 활동 또는 경험 등을 통해 창출하거나 발견한 지식 · 정보 · 기술이나 표현, 표시 그 밖에 무형적인 것으로서 재산적 가치가 실현될 수 있는 지적 창작물에 부여된 권리로 지적 소유권이라고도 한다.

2) 지식재산권의 특징

① 국가 산업 발전 및 경쟁력을 결정짓는 '산업 자본'이다.
② 눈에 보이지 않는 무형의 재산이다.
③ 지식재산권을 활용한 다국적 기업화가 이루어지고 있다.
④ 연쇄적인 기술개발을 촉진하는 계기를 마련해 주고 있다.

3) 지식재산권의 체계

구분	분야	종류
산업재산권	산업 분야	• 특허: 기술적 창작인 원천 핵심 기술(대발명) • 실용신안: Life-Cycle이 짧고 실용적인 주변 개량 기술(소발명) • 외장: 심미감을 느낄 수 있는 물품의 형상, 모양 • 상표: 타 상품과 식별할 수 있는 기호, 문자, 도형
저작권	문화예술 분야	• 협의저작권: 문학, 예술 분야 창작물 • 저작인접권: 실연, 음반제작자, 방송사업자 권리
신지식재산권	사회 · 문화의 변화나 과학기술의 발전에 따른 새로운 분야	• 첨단산업저작권: 반도체집적회로배치설계, 생명공학, 식물신품종 • 산업저작권: 컴퓨터프로그램, 인공지능, 데이터베이스 • 정보재산권: 영업 비밀, 멀티미디어, 뉴미디어 등

5. 산업재산권

1) 산업재산권의 의미

① 특허권, 실용신안권, 디자인권 및 상표권을 총칭하며, 산업 활동과 관련된 사람의 정신적 창작물(연구결과)이나 창작된 방법에 대해 인정하는 독점적 권리이다.
② 새로운 발명과 고안에 대하여 창작자에게 일정 기간 동안 독점 배타적인 권리를 부여하며, 일반에게 공개해야 하고, 일정 기간이 지나면 이용 · 실시하도록 함으로써 기술 진보와 산업 발전을 추구한다.

2) 산업재산권의 종류

① 특허

- 특허권: 발명한 사람이 자기가 발명한 기술을 독점적으로 사용할 수 있는 권리이다.
- 특허는 설정등록일 후 출원일로부터 20년간 권리를 인정받을 수 있다.
- 특허 제도는 발명을 보호 · 장려하고 기술의 발전을 촉진하여 산업 발전에 이바지함을 목적으로 한다.
- 특허의 요건으로는 발명이 성립되어야 하고, 산업상 이용 가능, 새로운 것으로 진보적인 발명, 법적으로 특허를 받을 수 없는 사유에 해당되지 않아야 한다.

② 실용신안

- 기술적 창작 수준이 소발명 정도인 실용적인 창작(고안)을 보호하기 위한 제도이다.
- 발명처럼 고도하지 않은 것으로 물품의 형상, 구조 및 조합이 대상이 된다. 실용신안권 기간은 등록일로부터 출원 후 10년이다.

③ 디자인

- 산업재산권법에서 말하는 디자인이란 심미성을 가진 고안으로서 물품의 외관에 미적인 감각을 느낄 수 있게 하는 것을 의미한다.
- 디자인은 물품 자체에 표현되는 것으로, 물품을 떠나서는 존재할 수 없으므로 물품이 다르면 동일한 형상이라 하더라도 별개의 디자인이 된다.
- 디자인의 보호 기간은 설정 등록일로부터 15년이다.

④ 상표

- 제조회사가 자사 제품의 신용을 유지하기 위해 제품이나 포장 등에 표시하는 표장으로서의 상호나 마크를 의미한다.
- 현대 사회는 우수한 상표의 선택과 상표 관리가 광고보다 큰 효과를 나타낼 수 있으므로 상표는 기업의 꽃이라고도 한다. 상표의 배타적 권리 보장 기간은 등록 후 10년이다.

하위능력 3 기술적용능력

1. 기술적용

1) 기술적용 형태

선택한 기술을 그대로 적용하는 방법, 선택한 기술 중 불필요한 기술을 버리고 적용하는 방법, 선택한 기술을 분석 · 가공하여 활용하는 방법이 있다.

2) 기술적용 시 고려 사항

기술적용에 비용이 많이 드는가?	좋은 기술이란 자신의 직업 생활에 반드시 요구됨과 동시에 업무 프로세스의 효율성을 높이고 성과를 향상시키면서 기술을 적용하는 데 요구되는 비용이 합리적이어야 한다.
기술의 수명 주기는 얼마인가?	현재 자신이, 또는 회사에서 적용하고자 하는 기술의 수명 주기를 고려해야 한다.
기술의 전략적 중요도는 어느 정도인가?	새로운 기술의 도입은 대개의 경우 환경의 변화를 시도하거나 경영혁신을 꾀하기 위해 이루어지는 경우가 많기 때문에 회사의 전략과 얼마나 조합을 이루느냐를 판단해야 한다.
잠재적으로 응용 가능성이 있는가?	기술은 보다 발전된 방향으로 변화하고자 하는 특성이 있으므로, 현재 받아들이고자 하는 기술이 자신의 직장에 대한 특성과 회사의 비전과 전략에 맞추어 응용 가능한가를 고려해야 한다.

2. 기술경영자와 기술관리자의 능력

1) 기술경영자의 능력

- 기술개발이 결과 지향적으로 수행되도록 유도하는 능력
- 기술개발 과제의 세부 사항까지 파악할 수 있는 치밀한 능력
- 기술개발 과제의 전 과정을 전체적으로 조망할 수 있는 능력
- 기술을 기업의 전반적인 전략 목표에 통합하는 능력
- 빠르고 효과적으로 새로운 기술을 습득하고 기존의 기술에서 탈피하는 능력
- 효과적으로 평가할 수 있는 능력
- 기술 이전을 효과적으로 할 수 있는 능력
- 제품 개발 시간을 단축할 수 있는 능력
- 복잡하고 서로 다른 분야에 걸쳐 있는 프로젝트를 수행할 수 있는 능력
- 조직 내의 기술 이용을 수행할 수 있는 능력
- 기술 전문 인력을 운용할 수 있는 능력

2) 기술관리자의 능력

기술관리자는 중간급 매니저라고 할 수 있다. 기술관리자는 기술적인 능력 외에도 추가적으로 계획서 작성, 인력 관리, 예산 관리, 일정 관리 등을 포함하는 행정능력을 갖추어야 한다.

기술적인 능력	• 기술을 운용하거나 문제를 해결할 수 있는 능력 • 기술직과 의사소통을 할 수 있는 능력 • 혁신적인 환경을 조성할 수 있는 능력 • 기술적, 사업적, 인간적인 능력을 통합할 수 있는 능력 • 시스템적인 관점에서 인식하는 능력 • 공학적 도구나 지원 방식을 이해할 수 있는 능력 • 기술이나 추세를 이해할 수 있는 능력 • 기술팀을 통합할 수 있는 능력
행정적인 능력	• 다기능적인 프로그램을 계획하고 조직할 수 있는 능력 • 우수한 인력을 유인하고 확보할 수 있는 능력 • 자원을 측정하거나 협상할 수 있는 능력 • 타 조직과 협력할 수 있는 능력 • 업무의 상태, 진행 및 실적을 측정할 수 있는 능력 • 다양한 분야에 걸쳐 있는 업무를 계획할 수 있는 능력 • 정책이나 운영 절차를 이해할 수 있는 능력 • 권한 위임을 효과적으로 할 수 있는 능력 • 의사소통을 효과적으로 할 수 있는 능력

3. 네트워크 혁명

1) 네트워크 혁명의 특징

① 정보통신 네트워크가 전 지구적이므로 네트워크 혁명도 본질적으로 전 지구적이며, 네트워크 혁명의 사회는 연계와 상호의존으로 특징지어진다.

② 성숙한 사회에서는 '이타적 개인주의'라는 새로운 공동체 철학의 의미가 부각된다.

③ 원자화된 개인주의나 협동을 배제한 경쟁만으로 성공을 꿈꾸기 힘들다.

④ 기업과 기업 사이에, 개인과 공동체 사이에, 노동자와 기업가 사이에 새로운 창조적인 긴장 관계가 만들어진다.

2) 네트워크 혁명의 3가지 법칙 ☆중요

무어의 법칙	• 컴퓨터의 반도체 성능이 18개월마다 2배씩 증가한다는 법칙이다. • 인텔의 설립자 고든 무어(Gordon Moore)가 처음 주장하였다.
메트칼프의 법칙	• 네트워크의 가치는 사용자 수의 제곱에 비례한다는 법칙이다. • 근거리 통신망 이더넷(Ethernet)의 창시자 로버트 메트칼프(Robert Metcalfe)가 주장하였다.
카오의 법칙	• 창조성은 네트워크에 접속되어 있는 다양성에 지수함수로 비례한다는 법칙이다. • 다양한 사고를 가진 사람이 네트워크로 연결되면 그만큼 정보교환이 활발해져 창조성이 증가한다는 내용으로 법칙경영 컨설턴트 존 카오(John Kao)가 주장하였다.

3) 네트워크 혁명의 역기능

① 디지털 격차(Digital Divide)

② 정보화에 따른 실업의 문제

③ 인터넷 게임과 채팅 중독

④ 범죄 및 반사회적인 사이트의 활성화

⑤ 정보기술을 이용한 감시

4. 기술융합

1) 기술융합의 의미

나노기술(NT), 생명공학기술(BT), 정보기술(IT), 인지과학이 상호 의존적으로 결합되는 것(NBIC)을 융합기술(CT)이라 정의한다.

2) 4대 핵심 기술의 융합

① 제조, 건설, 교통, 의학, 과학기술 연구에서 사용되는 새로운 범주의 물질, 장치, 시스템: 미래의 산업은 생물학적 과정을 활용하여 신소재를 생산하므로 재료과학 연구가 수학, 물리학, 화학, 생물학에서 핵심이 된다.

② 나노 규모의 부품과 공정의 시스템을 가진 물질 중에서 가장 복잡한 생물 세포: 나노기술, 생명공학기술, 정보기술의 융합연구가 중요하고, 정보기술 중에서 가상현실(VR)과 증강현실(AR) 기법은 세포 연구에 큰 도움이 된다.

③ 유비쿼터스 및 글로벌 네트워크 요소를 통합하는 컴퓨터 및 통신시스템의 기본 원리: 나노기술이 컴퓨터 하드웨어의 신속한 향상을 위해 필요하며 인지과학은 인간에게 가장 효과적으로 정보를 제시하는 방법을 제공한다.

④ 사람의 뇌와 마음의 구조와 기능: 생명공학기술, 나노기술, 정보기술과 인지과학이 뇌와 마음의 연구에 새로운 기법을 제공한다.

STEP 02

대표 기출유형

기출유형 ① 모듈형 이론 필수 학습형

유형 특징

❶ NCS 직업기초능력평가 교수자용 및 학습자용 매뉴얼에 제시된 학습 모듈 이론을 기반으로 문제가 출제된다.
❷ 상대적으로 문제의 형태가 단순하지만, 이론에 대한 이해가 없다면 높은 점수를 받기 어렵다.
❸ 상식적인 수준으로 출제되는 경우도 있지만 모듈 이론을 알지 못하면 풀이할 수 없는 문항도 다수 출제된다.

풀이 전략

❶ 상식만으로 접근하기에는 무리가 있으므로 평소 기출문제를 풀어보며 출제 포인트를 학습해야 한다.
❷ 지원하는 기업과 관련된 소재가 출제되는 경향이 있으므로 기출문제를 토대로 해당 기업의 출제 경향을 미리 파악해 놓아야 한다.

다음 중 수행 방식에 따른 벤치마킹의 유형이 나머지와 다른 것은? 2024년 1월 서울교통공사

> 벤치마킹이란 특정 분야에서 뛰어난 업체나 상품, 기술, 경영 방식 등을 배워 합법적으로 응용하는 것을 의미한다. 단순한 모방과는 달리 우수한 기업이나 성공한 상품, 기술, 경영 방식 등의 장점을 충분히 배우고 익힌 후 자사의 환경에 맞추어 재창조하는 것이다. 아이디어를 얻어 신상품을 개발하거나 조직 개선을 위한 새로운 출발점의 기법으로 많이 이용되며, 그 수행 방식에 따라 분류할 수 있다.
>
> • **직접적 벤치마킹**: 벤치마킹 대상을 직접 방문하여 수행하는 방법으로, 정확한 자료의 입수 및 조사가 가능하며 Contact Point의 확보로 벤치마킹 이후에도 자료의 입수 및 조사가 지속 가능한 장점이 있다. 그러나 벤치마킹 수행과 관련된 비용 및 시간이 많이 소요되며 적절한 대상 선정에 한계가 있다.
> • **간접적 벤치마킹**: 인터넷 및 문서 형태의 자료를 활용하는 방법으로, 벤치마킹 대상을 많이 확보할 수 있고 비용과 시간을 상대적으로 많이 절감할 수 있다는 장점이 있다. 반면, 결과가 피상적이며 정확한 자료나 핵심 자료를 수집하기 어렵다는 단점이 있다.

① A사는 경쟁 기업들의 경영 노하우를 알아내기 위해 직접 일본에 건너가 기업들을 방문했다.
② B식품매장은 길 건너 경쟁 매장의 음식 맛을 확인하기 위하여 주방장이 직접 경쟁 매장을 방문하여 음식 맛을 분석하였다.
③ C사는 업계 선두권 기업의 판매 방식을 알아보고자 관련 보도자료를 검색하여 자료를 조사하였다.
④ D의류매장은 고객 응대 서비스를 배우기 위하여 점원들이 인근 대형 백화점을 방문하여 고객 응대 서비스 현장을 직접 관찰하였다.
⑤ E국은 대대적으로 사절단을 네덜란드에 파견하여 선진 영농기법을 교육받도록 하였다.

| 정답풀이 | 정답 ③

다른 선택지의 벤치마킹은 모두 직접 벤치마킹 대상을 방문하여 정보를 얻는 직접적 벤치마킹을 수행하였으나, C사의 경우는 보도자료를 통하여 정보를 얻은 것으로, 이는 간접적 벤치마킹에 해당한다.

기출유형 ② 첨단 기술 지식형

유형 특징

❶ 새롭게 화두에 오른 첨단 기술이나 지원 기업에서 적용했거나 적용할 예정인 기술을 묻는 유형이다.
❷ 해당 기술을 소재로 한 지문을 제시하고 이를 일컫는 용어가 무엇인지 묻는 경우가 많다.

풀이 전략

❶ 지원 기업에 대한 충분한 이해가 필요하며, 평소 관련 기사문을 관심 있게 읽어보아야 한다.

다음 중 패드나 태블릿에서 사용자의 손가락 또는 펜의 압력 강도에 따라 입력 세기를 감지하는 기술의 이름으로 옳은 것은? 2024년 4월 국민연금공단

① 정전식 터치
② 감압식 터치
③ 포스터치(Force Touch)
④ 스타일러스 터치

| 정답풀이 | 정답 ③

포스터치(Force Touch) 또는 3D 터치 기술은 압력의 강도를 감지하여 눌림의 세기에 따라 다른 동작을 수행할 수 있게 한다.

| 오답풀이 |

① 정전식은 전류 변화를 감지하지만 압력까지는 감지하지 못한다.
② 감압식은 압력으로 동작하지만 정밀한 세기 구분은 어렵다.
④ 스타일러스는 입력 도구일 뿐 기술명은 아니다.

기출유형 ③ 매뉴얼/사용설명서

유형 특징

❶ 매뉴얼을 바탕으로 문제를 해결해야 하는 상황이 출제되며, 특정 상황에 필요한 기술을 적용하는 능력을 파악한다.
❷ 기기 사용 매뉴얼, 업무 매뉴얼 등을 자료로 제시하며, 대부분 연계 문항으로 출제된다.

풀이 전략

❶ 자료가 복잡하지는 않지만 양이 많으므로, 전체를 기억하려고 하기보다 문제를 읽고 필요한 내용만 찾아서 독해한다.
❷ 주어진 자료에 그림이 있는 경우, 문제에 똑같이 출제되었을 확률이 높다. 복잡해 보이지만 예시가 주어져 난이도가 높은 편은 아니므로 편하게 접근한다.

다음은 청소기 사용 매뉴얼의 일부이다. 이에 대한 설명으로 옳지 않은 것은? 2025년 5월 한국서부발전

1. 전원 차단 후 세척 시작
   - 청소기를 세척하거나 부품을 분리하기 전에 반드시 전원을 끄고 전원 코드를 콘센트에서 분리하십시오.
   - 전원 코드가 뽑혀 있어도, 일부 부품에는 잔류 전기가 남아있을 수 있으므로, 내부 구성품에 손을 대기 전에 충분히 시간(약 10분 이상)을 두는 것이 안전합니다.
   - 내부에 물이 들어가면 감전, 화재, 제품 손상의 위험이 있으므로, 전원 연결 여부와 관계없이 다음과 같은 부품은 절대 물에 닿지 않도록 주의하십시오.
     - 모터, 팬, 회로 기판, 배터리(무선 청소기의 경우), 센서류

   ※ 특히 무선 청소기의 경우, 배터리 팩은 전기가 통하지 않아도 화학 반응에 의해 위험할 수 있습니다. 세척 전에 배터리 탈착 여부도 확인하세요.

2. 필터 관리 및 세척
   - 필터는 제품의 핵심 부품 중 하나로, 공기 정화 및 흡입 효율 유지에 매우 중요합니다.
   - 필터 종류에 따라 세척 가능 여부가 다릅니다.
     - HEPA 필터: 대부분 물세척 불가, 또는 물세척 가능하더라도 주의 필요
     - 스펀지/폼 필터: 대부분 물세척 가능
     - 종이 재질 필터: 물세척 금지
   - 세척 가능한 필터는 다음과 같은 순서로 관리하세요.
     1) 필터를 조심스럽게 분리합니다.
     2) 먼지나 이물질은 먼저 털어낸 후, 미지근한 물로 흐르는 물에 세척합니다.
     3) 세제가 필요한 경우 중성세제만 소량 사용하며, 절대 비벼서 세척하지 마십시오.
     4) 물기 제거 후 직사광선이 없는 그늘진 곳에서 최소 24시간 이상 완전 건조시키세요.
     5) 필터가 완전히 마르지 않은 상태에서 재장착하면 곰팡이 번식, 악취 발생, 내부 부품 부식 등의 문제가 발생할 수 있습니다.
     6) 완전히 건조된 필터만 장착하고, 전원을 연결하여 사용하세요.

   ※ 필터는 보통 3~6개월마다 교체하는 것이 권장되며, 사용 환경에 따라 주기를 단축해야 할 수도 있습니다.

3. 세척 가능/불가능 부품 구분 및 물 사용 주의사항
   - 청소기의 부품 중 일부는 물세척이 가능, 일부는 절대 금지입니다.
   - 세척 전 반드시 사용설명서에서 다음을 확인하세요.
     - 물세척 가능: 먼지통, 스펀지 필터, 브러시, 연장 노즐 일부
     - 물세척 금지: 모터부, 회로 기판, 배터리, 센서, 전원부, 버튼, 충전 단자

• 세척이 금지된 부품에 물이 닿으면 다음과 같은 사고 위험이 있습니다.
  – 감전 위험: 전원 차단 여부와 관계없이 잔류 전기가 있을 수 있음
  – 화재 위험: 세척 후 물기가 남아있는 상태에서 전원 투입 시 합선 가능성
  – 제품 고장: 회로 부식 또는 단기적인 오작동 발생 가능
• 특히 센서류(먼지 감지 센서, 장애물 인식 센서 등)에 물이 들어가면 제품 성능이 급격히 저하되며, 수리 시 비용도 많이 발생할 수 있습니다.
※ '물세척 가능'이라는 표시는 단지 세척이 물리적으로 가능하다는 뜻이지, 모든 상황에서 안전하다는 보장은 아닙니다. 반드시 건조와 재조립 순서까지 확인하세요.

① 스펀지 필터를 세척할 경우 절대 필터를 비비면 안 된다.
② 물 세척 후 필터는 바로 재장착해도 된다.
③ 전원 연결 여부와 관계없이 내부 구성품에 물이 닿는 것은 위험하다.
④ 물 세척 가능 여부는 반드시 매뉴얼로 확인해야 한다.

| 정답풀이 |

정답 ②

필터는 세척 후 완전히 건조된 상태에서만 재장착하라고 명시하고 있다.

| 오답풀이 |

① 스펀지 필터는 물 세척 가능하고, '2. 필터 관리 및 세척'에 따라 세제를 사용하여 세척할 때 절대 비벼서 세척하지 말라는 내용을 확인할 수 있다.
③ '1. 전원 차단 후 세척 시작'에서 전원 연결 여부와 상관없이 부품이 절대 물에 닿지 않도록 주의해야 한다고 강조하고 있다.
④ 물 세척 가능 여부와 관련하여 매뉴얼 확인의 중요성이 '3. 세척 가능/불가능 부품 구분 및 물 사용 주의사항'에 강조되어 있다.

기출유형 ④ 사례 적용형

유형 특징

❶ 현업에서 볼 수 있는 자료나 사례를 제시하고, NCS 직업기초능력평가 교수자용 및 학습자용 매뉴얼에 제시된 학습 모듈 이론을 결합한 문제를 출제한다.

❷ 모듈 이론을 바탕으로, 주어진 지문 및 자료를 파악하여 답을 구할 수 있어야 한다.

풀이 전략

❶ 평소 기출문제를 풀어보며 출제 포인트를 학습해야 한다.

❷ 난도가 높은 유형은 아니므로 모듈 이론을 숙지하고 시간을 전략적으로 활용한다.

다음은 △△공사의 사고 상황 발생 시 대응 흐름도이다. 이를 바탕으로 할 때, 다음 [보기]의 ㉠~㉣ 중 옳은 것을 모두 고른 것은?

2024년 1월 서울교통공사

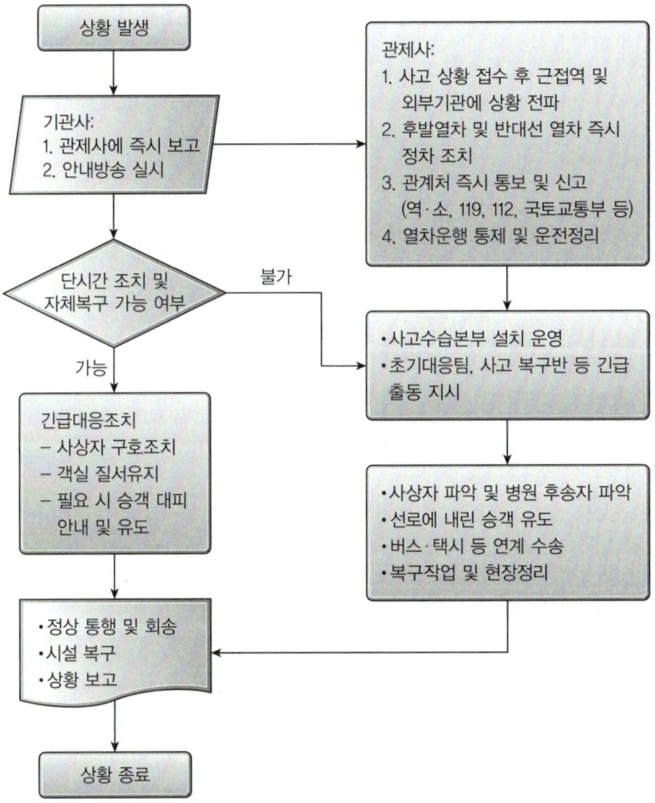

| 보기 |

㉠ 기관사는 사고 상황이 발생하면 관제사에 상황을 즉시 보고해야 한다.
㉡ 사고 상황이 접수되면 관제사는 후발열차의 운행을 통제해야 한다.
㉢ 사고 발생 시 승객이 안전하게 선로로 대피할 수 있도록 해야 한다.
㉣ 정상 통행 및 회송, 대응 조치 등을 보고한 후에 상황을 종료한다.

① ㉠, ㉡ ② ㉠, ㉢ ③ ㉡, ㉢
④ ㉠, ㉡, ㉣ ⑤ ㉡, ㉢, ㉣

| 정답풀이 |

정답 ④

㉠ 상황 발생 후 기관사가 첫 번째로 대응해야 할 행동이다.
㉡ 기관사에게 상황을 보고받은 관제사는 후발열차 및 반대선 열차를 즉시 정차 조치해야 하므로 옳은 설명이다.
㉣ 기관사는 긴급대응조치 이후 정상 통행 및 회송, 시설 복구, 상황 보고 후 상황을 종료하게 되어 있으므로 옳은 설명이다.

| 오답풀이 |

㉢ 기관사의 긴급대응조치 중 필요 시 승객 대피 안내 및 유도 항목이 있으나, 선로로 대피하게 한다는 내용은 없으므로 잘못된 설명이다. 승객이 선로에 내린 경우 이를 유도하는 절차만 있다.

PART 1 필수 개념 & 유형 학습

대표 출제 기업

피듈형	서울교통공사, 지역농협, 국민연금공단, 한전KDN, 한국산업인력공단, 한국지역난방공사, 한국전기안전공사, 한국가스안전공사, 한국환경공단
모듈형	경기도 공공기관 통합채용

CHAPTER 07

조직이해능력

STEP 1 NCS 핵심이론
STEP 2 대표 기출유형

STEP 01

NCS 핵심이론

조직이해능력 개요

1. 조직과 기업

1) 조직의 의미

두 사람 이상이 공동의 목표를 달성하기 위해 의식적으로 구성된 상호작용과 조정을 행하는 행동 집합체이다. 재화나 서비스의 생산이라는 경제적 기능과 조직 구성원들에게 만족감을 주고 협동을 지속시키는 사회적 기능을 가진다.

2) 기업의 의미

노동, 자본, 물자, 기술 등을 투입해 제품이나 서비스를 산출하는 기관으로 일 경험을 하는 대표적인 조직이다.

2. 조직이해능력의 필요성

자신의 업무를 효과적으로 수행하기 위해서는 조직의 체제와 경영원리를 이해하고, 국제적인 동향 등을 파악할 수 있어야 한다.

3. 조직의 유형 ☆중요

공식성	공식 조직	조직의 구조, 기능, 규정 등이 조직화되어 있는 집단
	비공식 조직	개인들의 협동과 상호작용에 따라 형성된 자발적인 집단
영리성	영리 조직	기업과 같이 이윤을 목적으로 하는 집단
	비영리 조직	정부, 병원, 대학, 시민단체와 같이 공익을 추구하는 집단
규모	소규모 조직	가족 소유의 상점 등
	대규모 조직	대기업, 글로벌 기업 등

4. 조직 체제의 구성 요소

조직 목표	• 달성하려는 장래의 상태로 조직이 존재하는 정당성과 합법성을 제공한다. • 전체 조직의 성과, 자원, 시장, 역량 개발, 혁신과 변화, 생산성에 대한 목표를 포함한다.
조직 구조	• 조직 내의 부문 사이에 형성된 관계로 조직 목표 달성을 위한 조직 구성원들의 상호작용을 보여준다. • 기계적 조직과 유기적 조직으로 구분된다. • 조직의 구조는 조직도를 통해 쉽게 파악할 수 있다.

업무 프로세스	• 조직에 유입된 인풋(Input) 요소들이 최종 산출물로 만들어지기까지 구성원 간의 업무 흐름이 어떻게 연결되는지를 보여 준다.
조직 문화	• 조직 구성원들이 공유하는 생활 양식이나 가치로 조직 구성원들의 사고와 행동에 영향을 미친다. • 조직 구성원들에게 일체성과 정체성을 부여하고, 조직이 안정적으로 유지되는 기능을 한다.
조직 규칙 및 규정	조직의 목표나 전략에 따라 수립되어 조직 구성원들의 활동 범위를 제약하고 일관성을 부여하는 기능을 한다.

5. 조직 변화의 과정

환경 변화 인지 ▶ 조직 변화 방향 수립 ▶ 조직 변화 실행 ▶ 변화 결과 평가

환경 변화 인지	해당 조직에 영향을 미치는 변화를 인식하는 것이다.
조직 변화 방향 수립	환경의 변화가 인지되면 이에 적응하기 위한 조직 변화 방향을 수립해야 한다. 조직의 세부 목표나 경영방식을 수정하거나, 규칙이나 규정 등을 새로 제정하며, 체계적으로 구체적인 추진 전략을 수립하고, 이에 따라 우선순위를 마련한다.
조직 변화 실행	수립한 조직 변화 방향에 따라 조직 변화를 실행한다.
변화 결과 평가	조직개혁의 진행 사항과 성과를 평가한다.

6. 조직 변화의 유형

제품 및 서비스의 변화	기존 제품이나 서비스의 문제점 인식 및 고객의 요구에 부응한다. 고객을 늘리거나 새로운 시장을 확대하기 위해 필요하다.
전략 및 구조의 변화	조직의 목적을 달성하고 효율성을 높이기 위해 조직 구조나 경영방식, 각종 시스템 등을 개선한다.
기술 변화	신기술 발명 또는 생산성을 높이기 위해 새로운 기술을 도입한다.
문화의 변화	구성원들의 사고방식 또는 가치 체계가 변화한다. 조직의 목적과 일치시키기 위해 새로운 문화를 유도한다.

1. 경영

1) 경영의 구성 요소

경영 목적	• 조직의 목적을 어떤 과정과 방법으로 수행할 것인지 구체적으로 제시한다. • 경영자는 조직의 목적이 얼마나 효과적으로, 효율적으로 달성되었는지에 대해 평가 받는다.
조직 구성원 (인적 자원)	• 조직에서 일하고 있는 임직원들을 의미하며, 조직 구성원이 어떠한 역량을 가지고 어떻게 직무를 수행했는지에 따라 경영성과가 달라진다. • 경영자는 조직의 목적과 필요에 부합하는 구성원을 채용하고 이를 적재적소에 배치·활용할 수 있어야 한다.
자금	경영활동에 사용할 수 있는 금전을 의미하며, 조직의 지속 가능성을 유지하기 위해 사기업에서의 자금은 재무적 기초가 된다.
전략	경영목적을 달성하기 위해 기업 내 모든 역량과 자원을 조직화하고, 이를 실행에 옮겨 경쟁 우위를 달성하는 일련의 방침 및 활동이다.

2) 경영의 과정

경영 계획
• 미래상 설정
• 대안 분석
• 실행 방안 선정

▶ **경영 실행**
• 조직 목적 달성
• 조직 구성원 관리

▶ **경영 평가**
• 수행 결과 감독
• 교정

(경영 평가 → 경영 계획: 피드백)

3) 경영활동

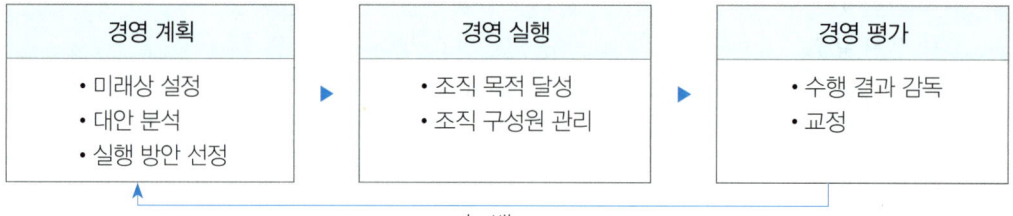

① 고객 가치를 높이고 비용과 원가를 낮추는 활동을 의미한다.

② 경영활동의 유형

외부 경영활동	조직 외부에서 조직의 효과성을 높이기 위해 이루어지는 활동
내부 경영활동	조직 내부에서 인적·물적자원, 생산 기술을 효율적으로 관리하는 활동

4) 경영참가 제도

① 의미: 협력적 노사관계가 중시됨에 따라 근로자 또는 노동조합을 경영의 파트너로 인정하여, 조직의 경영 의사결정 과정에 이들을 참여시키는 제도이다.

② 목적

• 경영의 민주성 제고 및 공동으로 어떤 문제를 해결하고, 노사 간의 세력 균형 유지
• 새로운 아이디어를 제시하거나 현장에 적합한 개선 방안을 마련함으로써 경영의 효율성 제고
• 노사 간 대화의 장을 마련하고 상호 신뢰를 증진

2. 의사결정

1) 의사결정의 과정

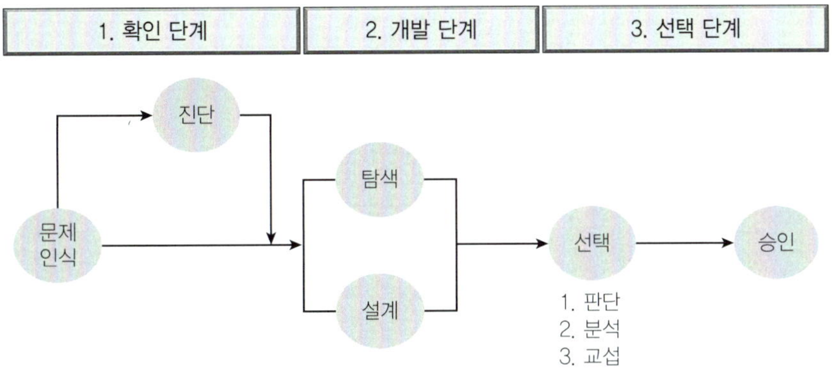

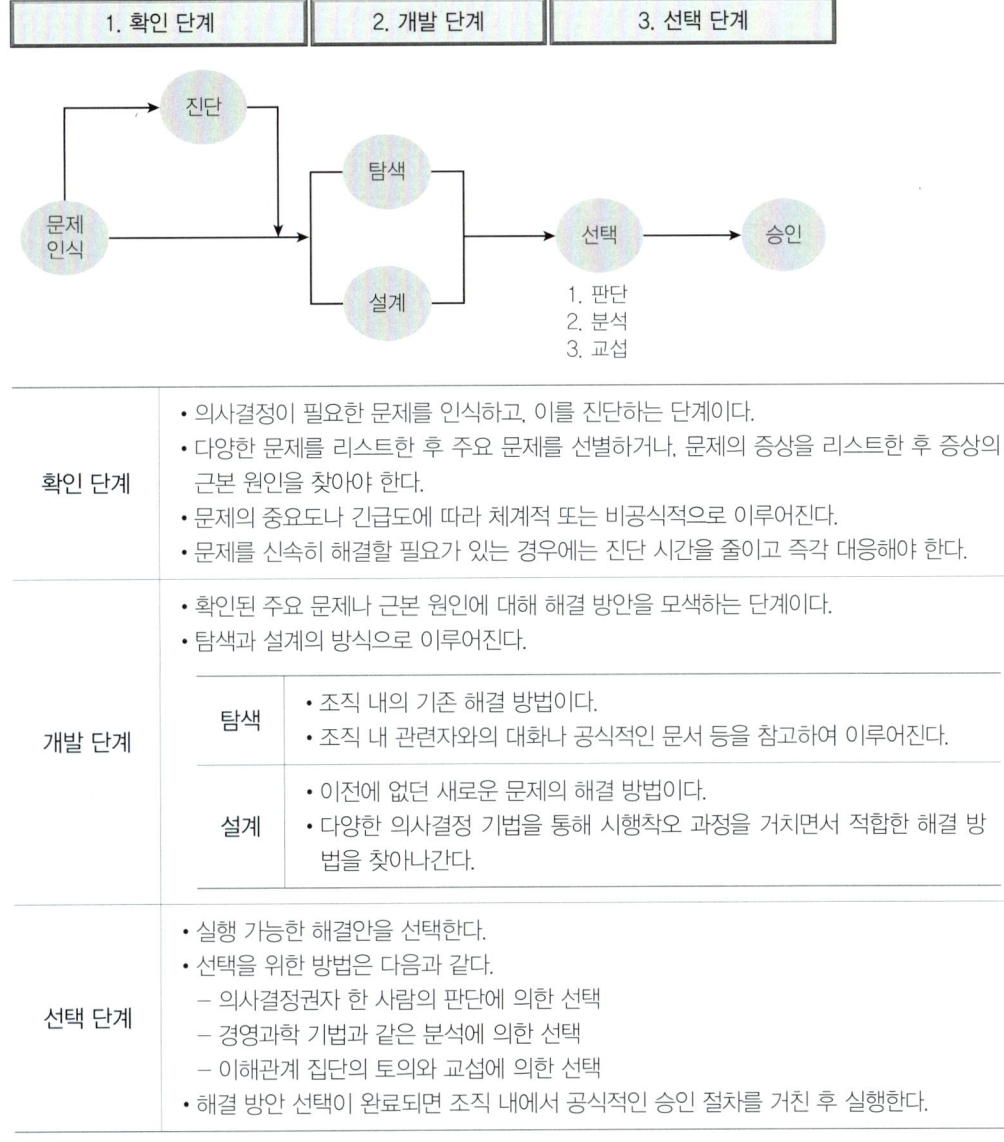

<table>
<tr><td>확인 단계</td><td colspan="2">• 의사결정이 필요한 문제를 인식하고, 이를 진단하는 단계이다.
• 다양한 문제를 리스트한 후 주요 문제를 선별하거나, 문제의 증상을 리스트한 후 증상의 근본 원인을 찾아야 한다.
• 문제의 중요도나 긴급도에 따라 체계적 또는 비공식적으로 이루어진다.
• 문제를 신속히 해결할 필요가 있는 경우에는 진단 시간을 줄이고 즉각 대응해야 한다.</td></tr>
<tr><td rowspan="3">개발 단계</td><td colspan="2">• 확인된 주요 문제나 근본 원인에 대해 해결 방안을 모색하는 단계이다.
• 탐색과 설계의 방식으로 이루어진다.</td></tr>
<tr><td>탐색</td><td>• 조직 내의 기존 해결 방법이다.
• 조직 내 관련자와의 대화나 공식적인 문서 등을 참고하여 이루어진다.</td></tr>
<tr><td>설계</td><td>• 이전에 없던 새로운 문제의 해결 방법이다.
• 다양한 의사결정 기법을 통해 시행착오 과정을 거치면서 적합한 해결 방법을 찾아나간다.</td></tr>
<tr><td>선택 단계</td><td colspan="2">• 실행 가능한 해결안을 선택한다.
• 선택을 위한 방법은 다음과 같다.
– 의사결정권자 한 사람의 판단에 의한 선택
– 경영과학 기법과 같은 분석에 의한 선택
– 이해관계 집단의 토의와 교섭에 의한 선택
• 해결 방안 선택이 완료되면 조직 내에서 공식적인 승인 절차를 거친 후 실행한다.</td></tr>
</table>

2) 집단의사결정

① 의미: 사람이 가진 지식보다 집단이 가진 지식과 정보를 활용하여 효과적인 결정을 내리는 방법이다.

② 장점 및 단점

장점	• 다양한 집단 구성원이 가진 능력이 각기 달라, 각자 다른 시각으로 문제를 볼 수 있으므로 다양한 견해를 가지고 접근할 수 있다. • 의사결정에 참여한 사람들이 결정 사항을 수월하게 수용하고, 의사소통의 기회가 향상된다.
단점	• 의견이 불일치하는 경우 의사결정을 내리는 데 시간이 많이 소요된다. • 특정 구성원에 의해 의사결정이 독점될 가능성이 있다.

3) 브레인스토밍 ☆중요

① 브레인스토밍의 의미: 여러 명이 한 가지의 문제를 놓고 아이디어를 비판 없이 제시하고 그중에서 최선책을 찾는 방법으로 집단에서 의사결정 시 사용하는 대표적인 방법이다.

② 브레인스토밍 시 준수 규칙

- 다른 사람이 아이디어를 제시할 때 비판하지 않는다.
- 문제에 대해 자유롭게 제안할 수 있어야 한다.
- 아이디어는 많이 나올수록 좋다.
- 모든 아이디어들이 제안되고 나면 이를 결합하여 해결책을 마련한다.

3. 경영 전략

1) 경영 전략의 추진 과정

전략 목표 설정		환경 분석		경영 전략 도출		경영 전략 실행		평가 및 피드백
• 비전 설정 • 미션 설정	▶	• 내부 환경 분석 • 외부 환경 분석(SWOT 분석)	▶	• 조직 전략 • 사업 전략 • 부문 전략	▶	경영 목적 달성	▶	• 결과 평가 • 전략 목표 및 경영 전략 재조정

SWOT 분석에서의 조직 환경 요인 빈출

내부 환경		외부 환경	
강점(Strength)	약점(Weakness)	기회(Opportunity)	위협(Threat)
조직이 우위를 점할 수 있는 요인	조직의 효과적인 성과를 방해하는 자원, 기술, 능력 면에서의 요인	조직 활동에 이점을 주는 환경 요인	조직 활동에 불이익을 주는 요인

2) 경영 전략의 유형 ★중요

원가우위 전략	• 원가 절감을 통해 해당 산업에서 우위를 점하는 전략 • 대량 생산을 통한 단위 원가 인하, 새로운 생산기술의 개발 등 예 온라인 소매 업체가 오프라인에 비해 저렴한 가격과 구매의 편의성을 내세워 시장 점유율을 넓히는 경우
차별화 전략	• 조직이 생산품이나 서비스를 차별화하여 고객에게 가치 있고 독특하게 인식되도록 하는 전략 • 연구 개발 또는 광고를 통한 기술, 품질, 서비스, 브랜드 이미지 개선 등 예 국내 주요 가전업체들이 경쟁 업체의 저가 전략에 맞서 고급 기술을 적용한 고품질의 프리미엄 제품으로 차별화를 하여, 고가 시장의 점유율을 높여 나가는 경우
집중화 전략	• 특정 시장이나 고객에게 한정된 전략 • 산업 전체를 대상으로 하는 원가우위 또는 차별화 전략과 달리 특정 산업을 대상으로 함 • 경쟁 조직들이 소홀히 하는 한정된 시장을 원가우위나 차별화 전략을 써서 집중 공략하는 방법 예 국내외 단거리 지역으로 비즈니스 출장, 여행을 매우 저렴하게 갈 수 있도록 하여 새로운 시장 수요를 만들어 내는 저가 항공사의 경우

1. 조직 목표

1) 조직 목표의 의미

조직이 달성하려는 장래의 상태를 의미한다.

2) 조직 목표의 기능

① 조직이 존재하는 정당성과 합법성 제공
② 조직이 나아갈 방향 제시
③ 조직 구성원 의사결정의 기준
④ 조직 구성원 행동 수행의 동기 유발
⑤ 수행 평가의 기준
⑥ 조직 설계의 기준

3) 조직 목표의 특징

① 공식 목표와 실제 목표가 다를 수 있다.
② 다수의 조직 목표를 추구할 수 있다.
③ 조직 목표 간 위계적 관계가 있다.
④ 가변적 속성이 있다.
⑤ 조직의 구성 요소와 상호 관계를 가진다.

4) 조직 목표의 분류

전체 성과	영리 조직의 수익성, 사회복지기관의 서비스 제공과 같은 조직의 목표
자원	조직에 필요한 재료와 재무 자원의 획득
시장	시장점유율이나 시장에서의 지위 향상과 관련된 목표
인력 개발	조직 구성원에 대한 교육 훈련, 승진, 성장 등과 관련된 목표
혁신과 변화	불확실한 환경 변화에 대한 적응 가능성 향상 및 내부의 유연성 향상을 위한 수립
생산성	투입된 자원 대비 산출량을 높이기 위한 목표 예 단위 생산 비용, 조직 구성원 1인당 생산량 및 투입 비용 등

2. 조직 구조

1) 조직 구조의 의미

조직 내의 부문 사이에 형성된 관계로, 조직 목표를 달성하기 위한 조직 구성원들의 유형화된 상호작용과 이에 영향을 미치는 매개체를 의미한다.

2) 조직 구조의 구분 ☆중요

기계적 조직	• 구성원들의 업무를 분명하게 규정한다. • 많은 규칙과 규제가 존재한다. • 공식적인 경로를 통해 상하 간 의사소통이 이루어진다. • 엄격한 위계질서가 존재한다.
유기적 조직	• 조직의 하부 구성원들에게 의사결정 권한을 많이 위임한다. • 업무가 고정되지 않아 업무 공유가 가능하다. • 비공식적인 상호 의사소통이 원활하게 이루어진다. • 규제나 통제의 정도가 낮아 변화에 맞춰 쉽게 대응할 수 있다.

3) 조직 구조의 결정 요인

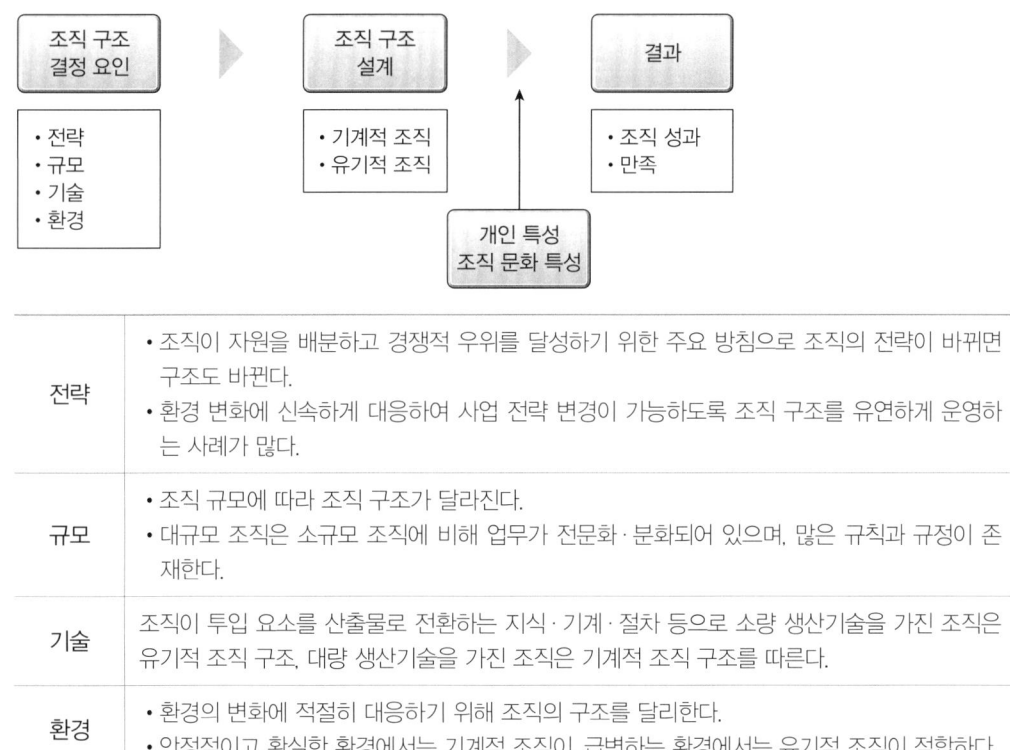

전략	• 조직이 자원을 배분하고 경쟁적 우위를 달성하기 위한 주요 방침으로 조직의 전략이 바뀌면 구조도 바뀐다. • 환경 변화에 신속하게 대응하여 사업 전략 변경이 가능하도록 조직 구조를 유연하게 운영하는 사례가 많다.
규모	• 조직 규모에 따라 조직 구조가 달라진다. • 대규모 조직은 소규모 조직에 비해 업무가 전문화·분화되어 있으며, 많은 규칙과 규정이 존재한다.
기술	조직이 투입 요소를 산출물로 전환하는 지식·기계·절차 등으로 소량 생산기술을 가진 조직은 유기적 조직 구조, 대량 생산기술을 가진 조직은 기계적 조직 구조를 따른다.
환경	• 환경의 변화에 적절히 대응하기 위해 조직의 구조를 달리한다. • 안정적이고 확실한 환경에서는 기계적 조직이, 급변하는 환경에서는 유기적 조직이 적합하다.

4) 조직 구조도(조직도)의 기능

조직도는 구성원들의 임무와 수행하는 과업, 일하는 장소를 알려주므로 한 조직을 이해하는 데 유용하다. 조직도를 통해 조직에서 하는 일과 조직 구성원들의 상호작용 방식을 파악할 수 있다.

5) 조직 구조의 형태

① 일반적인 형태

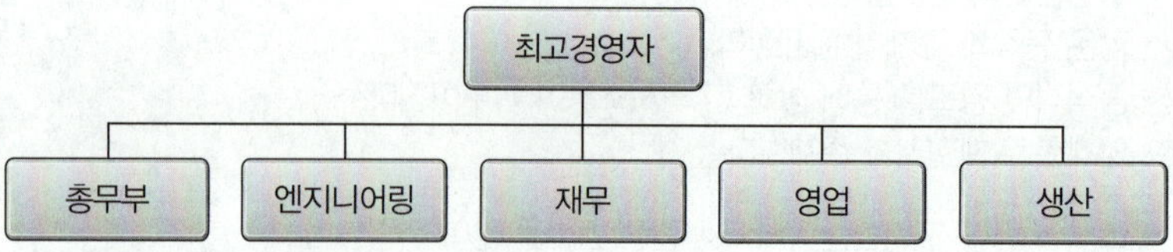

- 대부분의 조직은 CEO가 최상층에 있고, 조직 구성원들이 그 아래에 단계적으로 배열되는 구조이다.
- 안정적인 환경 또는 일상적인 기술과 조직의 내부 효율성을 중시한다.

② 사업별 형태

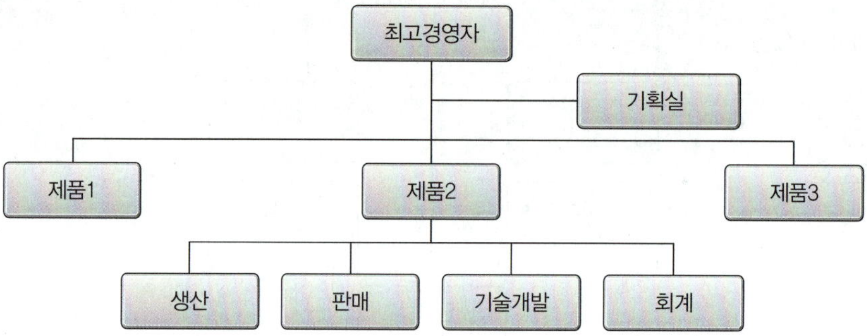

- 개별 제품, 서비스, 제품그룹, 주요 프로젝트나 프로그램 등에 따라 조직화한다.
- 분권화된 의사결정이 가능한 사업별 조직 구조 형태이다.

3. 집단

1) 집단의 유형

공식적인 집단	• 조직의 공식적인 목표를 추구하기 위해 의도적으로 만든 집단 • 목표나 임무가 비교적 명확하게 규정되며, 참여 구성원들이 인위적으로 결정되는 경우가 많다. 예 상설 혹은 임시위원회, 임무 수행을 위한 작업팀 등
비공식적인 집단	• 조직 구성원들의 요구에 따라 자발적으로 형성된 집단 • 공식적인 업무 수행 이외에 다양한 요구들에 의해 이루어진다. 예 업무 수행 능력 향상을 위해 자발적으로 형성된 스터디 모임, 봉사활동 동아리, 각종 친목회 등

2) 집단 간 관계

① 조직 내의 한정된 자원을 더 많이 가지려고 하거나 서로 상반되는 목표를 추구하여 집단 간 경쟁이 일어나기도 한다.

② 집단 간 경쟁 발생 시 집단 내부에서는 응집성이 강화되고 집단의 활동이 더욱 조직화되기도 하지만, 경쟁이 과열되면 공통된 목적을 추구하는 조직 내에서 자원의 낭비, 업무 방해, 비능률 등의 문제가 초래된다.

③ 집단 간 경쟁이 심화되어 조직 전체의 효율성을 저해하는 일이 없도록 관련 집단과 원활한 상호작용을 위해 노력해야 한다.

4. 팀

1) 팀의 의미

구성원들이 공동의 목표를 성취하기 위해 서로 기술을 공유하고 공동으로 책임을 지는 집단을 의미한다.

2) 팀의 특징

① 다른 집단들에 비해 구성원들의 개인적 기여를 강조한다.
② 개인적 책임뿐만 아니라 상호 공동 책임을 중시한다.
③ 공동 목표를 추구하기 위해 헌신해야 한다는 의식을 공유한다.
④ 다른 집단과 비교하여 자율성을 가지고 스스로 관리하려는 경향이 있다.

3) 팀의 종류

문제해결팀	특별한 문제해결을 위해 같은 부서 멤버 몇 명을 모아 구성한 팀의 형태이다.
자가경영직무팀	관리자 역할을 팀 단위에 맡긴 팀의 형태로 직무 관련 일상적 의사결정, 예산 집행, 인사권까지 부여받아 관리자의 역할을 대체한다.
테스크포스(위원회)	특별한 직무를 완수하기 위해 다양한 부서에서 멤버를 차출해 구성하는 팀의 형태이다.

하위능력 3 업무이해능력

1. 업무

1) 업무의 의미

조직이 개인에게 부여한 의무이자 책임을 의미한다.

2) 업무의 종류

조직의 목적이나 규모에 따라 업무는 다양하게 구성될 수 있고, 같은 규모의 조직이라도 업무의 종류와 범위가 다를 수 있다. 다음은 부서별 업무 예시이다.

총무부	주주총회 및 이사회 개최 관련 업무, 의전 및 비서 업무, 집기비품 및 소모품의 구입과 관리, 사무실 임차 및 관리, 차량 및 통신시설의 운영, 국내외 출장 업무 협조, 복리후생 업무, 법률자문과 소송관리, 사내외 홍보 광고 업무
인사부	조직기구의 개편 및 조정, 업무분장 및 조정, 직원수급계획 및 관리, 직무 및 정원의 조정 종합, 노사관리, 평가관리, 상벌관리, 인사발령, 교육체계 수립 및 관리, 임금제도, 복리후생제도, 지원업무, 복무관리, 퇴직관리
기획부	경영계획 및 전략 수립, 전사기획업무 종합 및 조정, 중장기 사업계획의 종합 및 조정, 경영정보 조사 및 기획보고, 경영진단 업무, 종합예산수립 및 실적관리, 단기사업계획 종합 및 조정, 사업계획, 손익추정, 실적관리 및 분석
회계부	회계제도의 유지 및 관리, 재무상태 및 경영실적 보고, 결산 관련 업무, 재무제표 분석 및 보고, 법인세, 부가가치세, 국세와 지방세 업무자문 및 지원, 보험가입 및 보상 업무, 고정자산 관련 업무
영업부	판매 계획, 판매 예산의 편성, 시장조사, 광고 선전, 견적 및 계약, 제조 지시서의 발행, 외상매출금의 청구 및 회수, 제품의 재고 조절, 거래처로부터의 불만 처리, 제품의 애프터서비스, 판매원가 및 판매가격의 조사 검토

3) 업무의 특성 ★중요

조직의 공통된 목적 지향	조직 내에서 업무는 조직의 목적을 보다 효과적으로 달성하기 위해 세분화된 것이므로 궁극적으로는 같은 목적을 지향해야 한다.
요구되는 지식, 기술, 도구의 다양성	업무는 요구되는 지식, 기술, 도구의 종류가 다르고 다양하게 이루어진다.
다른 업무와의 관계, 독립성	조직 내 다른 업무와 밀접한 관련성을 가지고 있다. 업무에 따라 일련의 과정을 거치기도, 상대적으로 독립되어 이뤄지기도 하며, 서로 정보를 주고받기도 한다.
업무 수행의 자율성, 재량권	개별 업무들은 요구되는 지식, 기술, 도구의 종류가 다르고, 이들 간의 다양성에도 차이가 있다.

2. 업무 수행 계획

업무 지침 확인		활용 자원 확인		업무 수행 시트 작성
• 조직의 업무 지침 • 개인의 업무 지침	▶	• 시간 • 예산 • 기술 • 인간관계	▶	• 간트 차트 • 워크 플로 시트 • 체크리스트

1) 업무 지침 확인

조직의 업무 지침은 개인이 임의로 업무를 수행하지 않고 조직의 목적에 부합할 수 있도록 안내해야 한다. 개인의 업무 지침은 조직의 업무 지침, 조직 구조, 규칙 및 규정 등을 고려하여 작성해야 한다.

2) 활용 자원 확인

업무와 관련된 자원으로는 시간, 예산, 기술 등의 물적 자원과 조직 내 · 외부에서 공동으로 일을 수행하는 구성원이 있으며, 자원과 구성원들은 한정적이므로 제한된 조건하에 효율적으로 활용해야 한다.

3) 업무 수행 시트 작성 ☆중요

① 업무 수행 시트를 통해 구체적인 업무 수행 계획을 수립할 수 있으며, 업무 수행 시트를 통해 단계별로 협조를 구해야 할 사항과 처리해야 할 사항을 체계적으로 알 수 있다.

② 문제 발생 시 발생 지점을 정확히 파악하여 시간과 비용을 절약할 수 있다.

③ 업무 시트의 예로는 간트 차트, 워크 플로 시트, 체크리스트가 있다.

3. 업무 방해 요인과 해결책

요인	해결책
방문, 인터넷, 전화, 메신저	• 시간을 정해 놓고 메일을 확인하거나 메신저에 접속한다. • 사적인 전화는 업무 시간 외에 통화한다.
갈등관리	• 갈등 상황을 받아들이고, 이를 객관적으로 평가한다. • 갈등을 유발한 원인과 장기적으로 조직에 이익이 될 수 있는 해결책이 무엇인지 생각한다. • 대화와 협상으로 의견 일치에 초점을 맞추고, 양측에 도움이 될 수 있는 해결 방법을 모색한다. • 직접적인 해결보다 일단 갈등 상황에서 벗어나는 회피 전략이 더욱 효과적인 경우도 있으므로 충분히 해결 시간을 가지고 서서히 접근한다.
스트레스	• 시간 관리를 통해 업무 과중을 극복하고 명상 등으로 긍정적인 사고를 하며 운동을 하거나 전문가로부터 도움을 받는다. • 조직 차원에서는 직무를 재설계하거나 역할을 재설정하고 심리적으로 안정을 찾을 수 있도록 학습동아리 활동과 같은 사회적 관계 형성을 장려한다. • 과중한 업무 스트레스는 개인과 조직에게 부정적인 결과를 가져오나, 적정 수준의 스트레스는 사람들을 자극하여 개인의 능력을 개선하고 최적의 성과를 내게 한다.

1. 글로벌화

1) 글로벌화의 의미

활동 범위가 세계로 확대되는 것을 의미한다. 다국적 · 초국적 기업이 등장하여 범지구적 시스템과 네트워크 안에서 기업 활동이 이루어지는 국제 경영이 중요시된다.

2) 국제적 식견 및 능력의 필요성

① 조직의 시장이 세계로 확대되는 것에 맞추어 조직 구성원들의 의식과 태도, 행동도 세계 수준에 이르러야 한다.

② 문화적 배경을 달리하는 다른 나라 사람과의 효과적인 커뮤니케이션을 위해 각국의 문화적 특징, 의식, 예절 등 세계 각국의 시장과 다양성에 적응할 수 있는 능력이 요구된다.

③ 자신의 업무와 관련하여 국제적인 동향을 파악하고 이를 적용할 수 있어야 한다.

3) 국제 동향 파악 방법 ☆중요

① 관련 분야의 해외 사이트를 방문하여 최신 이슈를 확인한다.

② 매일 신문의 국제면을 독서한다.

③ 업무와 관련된 국제 잡지를 정기 구독한다.

④ 고용노동부, 한국산업인력공단, 산업통상자원부, 중소벤처기업부, 상공회의소, 산업별인적자원개발협의체 등의 사이트를 확인한다.

⑤ 국제학술대회에 참석한다.

⑥ 업무와 관련된 주요 외국어를 학습한다.

⑦ 해외 서점 사이트를 방문해 최신 서적 목록과 주요 내용을 파악한다.

⑧ 외국인 친구를 사귀고 대화를 자주 나눈다.

2. 다른 문화의 이해와 소통

1) 문화충격

① 의미: 한 문화권에 속한 사람이 다른 문화를 접하게 되었을 때 체험하는 충격이다.

② 문화충격의 발생 이유: 개인이 자란 문화에서 체험된 방식이 아닌 다른 방식을 느끼게 되면 의식적 · 무의식적으로 상대 문화를 이질적으로 대하게 되며, 불일치 · 위화감 · 심리적 부적응 상태를 경험하게 된다.

③ 문화충격에 대한 대비

- 자신이 속한 문화를 기준으로 다른 문화를 평가하지 않아야 한다.
- 자신의 정체성은 유지하되 새롭고 다른 것을 경험하는 데 적극적이고 개방적인 자세를 취해야 한다.

2) 이문화 커뮤니케이션

① 이문화 커뮤니케이션이란 서로 상이한 문화 간의 커뮤니케이션을 의미한다.

② 국제 커뮤니케이션은 국가 간의 커뮤니케이션인 반면, 이문화 커뮤니케이션은 문화 배경이 다른 사람들과의 사이에서 이루어지는 커뮤니케이션을 의미한다.

③ 이문화 커뮤니케이션은 언어적 커뮤니케이션과 비언어적 커뮤니케이션으로 구분된다.

④ 국제 사회에서 성공적인 업무 성과를 내기 위해서는 상대국의 문화적 배경에 입각한 생활 양식, 행동 규범, 가치관 등을 이해하기 위해 노력해야 한다.

3. 대표적인 국제매너

1) 인사법

① 영미권

- 악수할 때는 일어서서, 상대방의 눈이나 얼굴을 보면서, 오른손으로 상대방의 오른손을 잠시 힘주어서 잡았다가 놓아야 한다.
- 이름이나 호칭을 부를 때는 마음대로 부르지 않고 어떻게 부를지 먼저 물어봐야 한다.
- 인사를 하거나 이야기할 때 너무 다가가서 말하지 않고 상대방의 개인 공간(Personal Space)을 지켜줘야 한다.
- 영미권의 명함은 사교용과 업무용으로 나뉘며, 업무용 명함에는 이름, 직장 주소, 직위가 표시된다.
- 업무용 명함은 악수를 한 후 교환해야 한다.
- 명함을 건넬 때에는 아랫사람이나 손님이 먼저 꺼내 오른손으로 상대방에게 주고, 받는 사람은 두 손으로 받아야 한다.
- 받은 명함은 한 번 보고 나서 탁자 위에 보이게 놓은 채로 대화를 하거나, 명함 지갑에 넣어야 한다.
- 명함을 구기거나 계속 만지지 않도록 주의해야 한다.

② 아프리카: 상대방과 시선을 마주보며 대화하면 실례이므로 코 끝 정도를 보며 대화해야 한다.

③ 러시아와 라틴아메리카: 친밀함의 표현으로 포옹을 주로 하며, 자연스럽게 받아주는 것이 좋다.

2) 시간 약속 지키기

① 영미권: 시간을 돈과 같이 생각하고, 시간 엄수를 매우 중요하게 여긴다.

② 라틴아메리카, 동부 유럽, 아랍 지역: 시간 약속은 형식적일 뿐이며, 상대방이 당연히 기다려 줄 것으로 생각하는 경향이 있다.

3) 식사예절

① 서양 요리에서 포크와 나이프는 바깥쪽에서 안쪽 순으로 사용한다.

② 수프는 소리 내면서 먹지 않고, 뜨거울 경우 입으로 불어서 식히지 않고 숟가락으로 저어서 식혀야 한다.

③ 빵은 수프를 먹고 난 후부터 먹으며, 디저트 직전부터 식사가 끝날 때까지 먹을 수 있다.

④ 빵은 칼이나 치아로 자르지 않고 손으로 떼어 먹어야 한다.

⑤ 생선 요리는 뒤집어 먹지 않아야 한다.

⑥ 스테이크는 처음에 다 잘라 놓지 않고 자르면서 먹는 것이 좋다.

고득점 플러스 이론

NCS 직업기초능력평가에 출제될 가능성이 높지만 한국산업인력공단에서 제공하는 워크북에 없는 이론을 정리하였습니다.

1 기업의 형태

형태	개요
합명회사	• 2인 이상의 무한책임사원으로 구성된 회사 • 사원이 경영에 직접 참여하여 소유와 경영이 일치한다. • 사단법인인 회사의 일종으로 규정되어 있으나, 그 실질은 민법상 조합에 가깝다.
합자회사	• 무한책임사원과 유한책임사원으로 구성된 회사 • 무한책임사원은 회사채무에 대해 직접 회사채권자에게 연대무한의 책임이 있다. • 유한책임사원은 일정 출자 의무를 부담할 뿐이고, 출자 가액 중 이미 이행한 부분을 공제한 가액의 한도에서 책임을 진다. • 무한책임사원은 회사의 업무를 집행할 권리 및 의무를 가지며, 유한책임사원은 회사의 업무와 재산 상태를 감시할 권한이 있다.
유한책임회사	• 1인 이상의 유한책임사원으로 구성된 회사 • 유한책임사원은 회사채권자에 대해 출자금액 한도로 간접 및 유한의 책임을 진다. • 내부적으로는 조합의 성격을 갖고 외부적으로는 사원의 유한책임이 확보되는 형태이다. • 업무집행자가 유한책임회사를 대표한다.
주식회사	• 1인 이상의 사원(주주)으로 구성된 회사 • 주주는 회사채권자에 대한 직접적인 책임이 없으며, 자신이 가진 주식의 인수가액 한도 내에서 간접 및 유한의 책임을 진다. • 주식을 단위로 자본이 구성되고, 주주는 유한책임을 부담하므로 사업실패에 대한 위험이 적어 공동기업의 형태로 주로 이용된다.
유한회사	• 1인 이상의 사원으로 구성된 회사 • 사원은 회사채권자에게 직접적인 책임이 없고, 자신이 출자한 금액의 한도 내에서 간접 및 유한의 책임을 진다. • 주식회사와 유사한 조직 형태이지만, 이사회가 없고, 사원총회에서 업무 집행 및 회사대표를 위한 이사를 선임한다. • 선임된 이사는 회사의 업무를 집행하고, 회사를 대표하는 권한을 가진다.

더 알아보기 **소유경영자와 전문경영자**

소유경영자	• 기업의 출자자이며 기업을 소유 및 지배하고 경영 성과에 대해 책임을 지는 경영자이다. • 초기의 중소기업 및 소유와 경영이 분리되지 않은 대기업에서 볼 수 있다.
전문경영자	• 대규모 기업을 효율적으로 경영하기 위해 전문적인 지식을 갖추고 기업을 경영하는 경영자이다. • 경영에 대한 포괄적인 권한이 부여된다.

2 기업의 경영전략 수립을 위한 도구

(1) BCG 매트릭스

자금의 투입 및 산출에 따라 사업의 현재 상황을 파악하고 현재 상황에서 가장 적합한 처방을 내리기 위해 사용하는 사업 포트폴리오 분석 기법

Question Mark (개발사업)	• 고성장, 저점유율 사업부, PLC(제품수명주기)상 도입기에 해당 • 시장점유율을 증가시키기 위하여 추가적인 시설과 많은 자금투자가 필요 • 경영자는 자금과 마케팅을 투입하여 Stars로 방향을 이전할 것인지, Dog로 시장을 포기할 것인지 신중한 검토가 필요
Stars (성장사업)	• 고성장, 고점유율 전략사업부, PLC상 성장기에 해당 • 현금흐름은 중립적(현금유입이 많으나 성장을 지원하기 위한 현금유출도 많음) • 집중적인 투자를 통한 시장점유율 극대화가 목표
Cash Cow (수익주종사업)	• 시장성장률은 낮으나 상대적 시장점유율은 높은 사업부문, PLC상 성숙기에 해당 • 기업의 자금줄 또는 자금 창출의 원천이라 할 수 있음 • 시장점유율 유지 및 이익 극대화를 해야 하므로 원가절감과 혁신적 마케팅 전략이 필요 • 현금흐름의 방향은 Question Mark에 자금을 공급해 줄 수 있음
Dog (사양사업)	• 상대적 시장점유율과 시장성장률이 낮은 PLC상 쇠퇴기에 해당 • 잔여 부분은 최대한 회수하고 매각 · 처분 · 퇴출 등의 조치

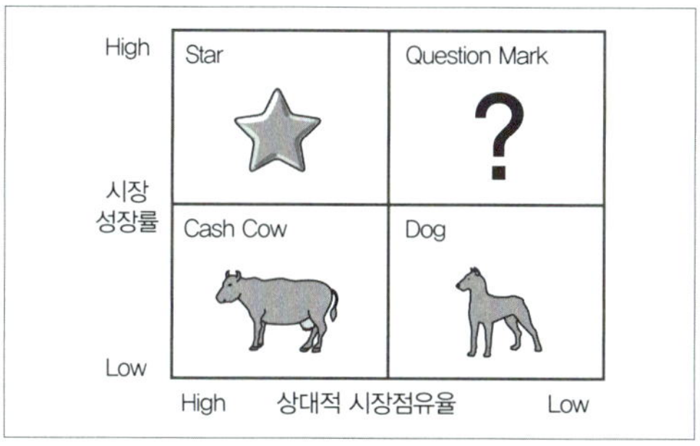

[그림] BCG 매트릭스

(2) 5-Forces model

아래와 같은 다섯 가지 경쟁 요인을 분석하여 진출하고자 하는 사업의 전망을 파악하는 산업구조분석 기법

경쟁 요인	개요
기존 기업 간의 경쟁	• 진출하고자 하는 산업 내의 경쟁 정도가 심할수록 해당 산업에 진출이 어려워진다. • 기존 기업은 철수하기 어렵고, 경쟁사가 다양하면 경쟁이 심화된다. • 경쟁력을 갖추기 위해서는 기존 기업에 비해 차별화를 가지거나, 비용 절감을 통해 이윤수준을 높이려는 노력이 필요하다. • 기존 기업 간의 경쟁이 심한 항공 산업의 경우 고객을 유치하기 위해 새로운 노선을 개발하고, 고객 경험 개선 등의 차별화를 통해 경쟁력을 높인다.
신규진입자(잠재적 경쟁자)의 위협	• 진입장벽이 높으면 기존 기업들은 신규진입자의 위협을 막을 수 있지만, 진입장벽이 낮으면 기존 기업들은 신규진입자의 위협을 더 많이 받는다. • 기존기업들은 규모의 경제, 제품차별화 등으로 신규진입자들에 대한 우위를 확보하여 진입장벽을 구축할 필요가 있다.

대체품의 위협	• 대체할 제품이나 서비스가 많으면 소비자 선호도가 갑자기 변화할 때 기업의 경쟁력이 취약해진다. • 음료시장의 경우 대체할 제품이 많아 음료회사들은 한정판 맛이나 패키지를 출시하여 차별화 하는 전략을 사용한다.
구매자의 교섭력	• 고객이 적고 공급자가 더 많은 상황에서 구매자의 교섭력은 커진다. • 구매자는 더 낮은 가격, 더 높은 품질 또는 서비스 향상을 원한다. • 구매자의 교섭력이 높은 경우, 기업은 우수 고객을 위한 서비스를 제공하거나 다른 기업과는 차별화된 새로운 경험을 제공하는 방식으로 더 많은 이익을 남긴다.
공급자의 교섭력	• 공급자가 가격에 대한 광범위한 통제력을 가질 때 기업의 이익 비율이 적어진다. • 공급업체가 적고, 특정 공급자의 제품에 대한 대체재가 없을 때 교섭력이 높아진다. • 반도체 칩과 같은 중요 부품을 만드는 회사들은 그 수가 적어 공급자의 교섭력이 강하다.

(3) SWOT 분석

기업 내부의 강점과 약점을 파악하여 기회 요인을 포착하고, 위협 요인을 회피하기 위한 전략수립 모형

구분	Opportunities(기회)	Threats(위협)
Strengths (강점)	SO 전략 강점을 가지고 기회를 살리는 전략	ST 전략 강점을 가지고 위협을 최소화하는 전략
Weaknesses (약점)	WO 전략 약점을 보완하며 기회를 살리는 전략	WT 전략 약점을 보완하며 위협을 최소화하는 전략

더 알아보기 **허츠버그의 2요인 이론**

인간에게는 상호 독립적인 두 종류의 욕구 범주가 존재하며, 이들이 인간의 행동에 각기 다른 방법으로 영향을 미친다는 이론이다. 위생 요인은 작업 환경과 관련이 있고, 동기 요인은 작업 내용과 관련이 있다.

위생 요인	회사규정, 감독 · 관리 · 통제, 동료 · 상사와의 관계, 연봉, 개인인생, 직업안정성, 작업환경 등
동기 요인	성취감, 인정, 일 그 자체, 성장 · 발전가능성, 책임감 등

3 주요 의사결정모형의 특징

종류	특징
합리적 의사결정모형	• 경제적 합리성(완전한 합리성)에 기초하여 사람들은 그들의 경제적 성과를 극대화하려고 한다는 개념이다. • 인간은 논리적이고 합리적인 존재로서 최적의 대안을 선택하여 목표를 달성하고 문제를 해결할 수 있다고 본다. • 바람직한 의사결정이 어떻게 이루어져야 하는지에 대해 설명한다.
관리적 의사결정모형	• 사이먼(Simon)은 인간이 인지능력, 정보, 시간 등의 한계 때문에 모든 대체 안을 인식할 수 없다고 전제하여 제한된 합리성 내에서 의사결정을 내린다고 주장하였다. • 최적의 대안보다는 만족할 만한 대안을 선택한다.
점진적 의사결정 모형	• 문제 발견부터 해결까지 일련의 구조화된 활동의 순서에 초점을 둔다. • 의사결정이 단계별로 발생한다. 확인 단계(문제 인식, 진단) → 개발 단계(해결방안 모색(탐색), 설계) → 선택 단계(판단에 의한 선택, 분석에 의한 선택, 토의와 교섭에 의한 선택) → 실행
쓰레기통 모형	• 조직 내 의사결정이 비체계적 · 불규칙적으로 이루어지고 의사결정이 생략된다고 본다. • 매우 높은 불확실성을 지니는 조직에서의 의사결정 유형을 설명하는 데 적합하다. • 문제점, 해결방안, 참여자, 선택기회라는 4가지의 개별적인 사건들의 흐름들이 조직 내부에서 흘러다니다가 뒤섞이는 과정에서 의사결정이 이루어진다.

4 조직 구조의 특징

종류	특징
기능 조직	• 유사성 · 관련성을 가진 업무에 따라 조직을 분류하고 결합한다. • 기본적으로 수평적 조정의 필요가 낮을 때 가장 효과적이다. • 중복과 낭비를 예방하고, 기능 내에서 규모의 경제를 구현할 수 있다. • 유사 기능을 수행하는 조직구성원 간에 분업을 통해 전문기술을 발전시킨다. • 각 기능부서들 간의 조정과 협력이 요구되는 환경에 적응하기 곤란하다. • 의사결정의 상위 집중화로 최고관리층의 업무 부담이 증가한다. • 기능전문화에 따른 비효율성이 나타난다.
사업부 조직	• 사업부 단위에 따라 각각의 독자적인 관리 권한을 부여한다. • 사업부서 내의 기능 간 조정이 용이하고 신속한 환경 변화에 적합하다. • 성과책임의 소재가 분명해 성과관리 체제에 유리하며, 의사결정의 분권화가 이루어진다. • 사업부서 내의 조정은 용이하지만, 사업부서 간 조정은 곤란하다. • 사업부서 간 경쟁이 심화될 경우 조직 전반적인 목표달성에 문제가 생긴다. • 특정 산출물별로 운영되기 때문에 고객만족도를 제고할 수 있지만, 산출물별 기능의 중복에 따른 규모의 불경제와 비효율성이 나타난다.
매트릭스 조직	• 기능 조직과 사업 조직의 화학적 결합을 시도하는 구조이다. • 기능부서 통제 권한의 계층은 수직적으로 흐르고, 사업부서 간 조정 권한의 계층은 수평적으로 흘러 이원적 권한체계를 갖는다. • 유기적 조직 구조로 불안정하고 변화가 빈번한 환경에서 적절한 대응과 복잡한 의사결정이 가능하다. • 신속한 의사소통, 효율적 자원 사용 등으로 전통적인 기능조직에서의 의사결정 지연이나 수비적 경영 등의 단점을 보완한다. • 이원적 권한체계로 인해 구성원 간 혼란이 발생할 수 있다.

네트워크 조직	• 경영자가 조직을 최소화하기 위해 선택하는 조직 구조이다. • 유기적 조직유형의 하나로 정보통신기술의 확산으로 채택된 새로운 조직 구조 접근법이다. • 각 사업부서가 독립적으로 기능을 수행함과 동시에 본사와의 계약에 의해 상호 연결되어 있어 필요한 경우 서로 협력한다. • 조직이 수평적으로 연결되어 있어, 각 구성원들의 정보와 지식의 공유가 잘 이루어져 새로운 지식창조나 가치창출이 용이하다. • 직원이나 업무에 대한 관리자들의 통제·관리가 수월하지 않다.

5 조직변화

(1) 레빈(Lewin, K.)의 조직변화 3단계

단계	특징
1단계 해빙 (Unfreezing)	• 조직 변화의 필요를 인식하며, 현재 상태로 유지하고자 하는 힘을 감소시키는 단계이다. • 조직 구성원들이 원하는 상황과 현재의 상황을 제공하고 협조를 유도하여, 변화의 저항을 최소화하기 위한 노력을 한다.
2단계 변화 (Moving)	• 조직을 변화시키기 위한 활동을 시작하는 단계이다. • 조직 구조 요소 변화, 조직 자원의 이동, 신기술 도입, 시스템상의 조치 등의 방법을 이용하여 변화시키고자 하는 방향으로 조직을 바꾸기 시작한다.
3단계 재동결 (Refreezing)	• 변화된 조직을 안정시키는 단계이다. • 조직의 변화를 정착하기 위해 조직의 새로운 가치, 행동, 정책 등을 공식화하며, 보상제도 등을 이용하여 변화가 유지되도록 해야 한다. • 재동결 단계를 거쳐야 조직이 변화되기 전으로 돌아가는 것을 막을 수 있다.

(2) 조직변화에 대한 저항 관리방법

기법	개요
교육과 커뮤니케이션	변화의 설계·실행 전 대상자에게 변화의 필요성 및 논리성을 설명한다.
참여와 몰입	변화의 설계·실행 과정에 대상자를 참여시켜 그들의 의견을 반영함으로써 변화에 대한 저항을 감소시킨다.
촉진과 지원	변화 과정에서 대상자가 느끼는 불편을 해소하기 위해 지원(재교육, 휴식제공, 정서적 지원 및 이해)한다.
협상과 동의	변화 대상자에 인센티브 제공하며 협상하고, 변화로 인해 영향을 받게 될 부서의 이해를 구한다.
조작과 협조	변화의 원만한 실행을 위해 상황을 조작하거나 영향력 있는 변화 대상자를 중요한 역할에 배치하여 변화를 원활하게 진행한다.
명시적·암시적 강요	변화를 따르지 않는 사람에 대하여 명시적·암시적 압력을 통해 변화를 수용하도록 강요한다.

6 환율

환율이란 자국 통화와 외국 통화 간의 교환 비율로, 두 나라 통화의 상대적 가치를 의미한다.

(1) 환율의 변동

외화 수요<공급	→	환율 하락 (원화가치 상승)	→	수출감소, 수입증가, 국내물가하락, 경상수지악화, 외채 상환 부담 감소
외화 수요>공급	→	환율 상승 (원화가치 하락)	→	수출증가, 수입감소, 국내물가상승, 경상수지개선, 외채 상환 부담 증가
외화 수요=공급 (균형환율)	→	대내외적 균형상태 (환율 결정)	→	국내물가안정, 국제수지 균형 유지

(2) 환율의 결정 요인

구분	요인
외화의 공급	수출, 외국인의 국내여행 증가, 외국인의 국내투자 증가, 국내로 외화 송금 등
외화의 수요	수입, 내국인의 해외여행 증가, 내국인의 해외투자 증가, 해외로 외화 송금 등

STEP 02

대표 기출유형

기출유형 ① 모듈형 이론 필수 학습형

유형 특징

❶ NCS 직업기초능력평가 교수자용 및 학습자용 매뉴얼에 제시된 학습 모듈 이론을 기반으로 문제가 출제된다.
❷ 상대적으로 문제의 형태가 단순하지만, 이론에 대한 이해가 없다면 높은 점수를 받기 어렵다.
❸ 상식적인 수준으로 출제되는 경우도 있지만 모듈 이론을 알지 못하면 풀이할 수 없는 문항도 다수 출제된다.

풀이 전략

❶ 상식만으로 접근하기에는 무리가 있으므로 평소 기출문제를 풀어보며 출제 포인트를 학습해야 한다.
❷ 지원하는 기업과 관련된 소재가 출제되는 경향이 있으므로 기출문제를 토대로 해당 기업의 출제 경향을 미리 파악해 놓아야 한다.

다음 중 명함 관리에 대한 설명으로 가장 적절하지 않은 것은? 2024년 지역농협

① 영미권에서는 업무용 명함을 교환하기 전에 악수를 먼저 하는 것이 좋다.
② 명함을 건넬 때는 일어서서 정중하게 인사한 뒤 회사명과 이름을 밝히는 것이 좋다.
③ 명함은 왼손으로 받치고 오른손으로 건네도록 하며, 자신의 이름이 상대방을 향하도록 하는 것이 좋다.
④ 영미권에서는 아랫사람이나 손님이 명함을 먼저 꺼내 오른손으로 상대방에게 건네는 것이 좋다.
⑤ 명함은 깔끔하게 보관하는 것이 예의이므로 명함에 상대방에 대한 정보를 메모하는 것은 결례이다.

| 정답풀이 | 정답 ⑤

상대에게 받은 명함에 상대의 개인 신상이나 특징 등 자신이 참고할 수 있는 정보를 메모하여 활용하는 것은 명함관리 방법 중 하나이다.

| 오답풀이 |

① 영미권에서는 악수를 한 이후 업무용 명함을 교환하는 것이 예절이므로 적절하다.
② 명함을 건넬 때는 일어서서 정중하게 인사한 뒤 회사명과 이름을 밝히는 것이 좋으므로 적절하다.
③ 명함은 왼손으로 받치고 오른손으로 건네도록 하며, 자신의 이름이 상대방을 향하도록 하는 것이 좋으므로 적절하다.
④ 영미권에서는 아랫사람이나 손님이 명함을 먼저 꺼내 오른손으로 상대방에게 건네는 것이 예절이므로 적절하다.

기출유형 ② 사례 적용형

유형 특징

❶ 현업에서 볼 수 있는 자료나 사례를 제시하고, NCS 직업기초능력평가 교수자용 및 학습자용 매뉴얼에 제시된 학습 모듈 이론을 결합한 문제를 출제한다.

❷ 모듈 이론도 알고 있어야 하지만, 주어진 지문 및 자료를 파악하여 답을 구할 수 있어야 한다.

풀이 전략

❶ 평소 기출문제를 풀어보며 기출문제의 출제 포인트를 학습해야 한다.

❷ 난도가 높은 유형은 아니므로 모듈 이론을 숙지하고 시간을 전략적으로 활용한다.

다음 글은 J그룹 회장이 새해를 맞아 경영 원칙 및 그룹 비전을 선포하는 자리에서 한 연설에 관한 내용이다. J그룹 회장이 경영의 구성요소 중 가장 높은 가치를 두고 있는 것은? 2024년 부산시 통합채용

> 최근 글로벌 유통기업으로 주목을 받고 있는 J그룹 김○○ 회장의 경영 원칙에 대한 연설이라 참석자 모두 귀를 기울였다. 김 회장은 "우리 회사에서 최우선으로 생각하는 사람은 우리의 고객, 그다음은 우리 회사의 구성원, 마지막이 주주입니다."라고 강조하였다.
>
> 연설이 끝나고 이 자리에 있던 글로벌 최대 증권사인 H회사의 투자 담당 임원 중 한 사람이 "김 회장님의 생각이 그렇다면 저희는 J그룹의 주식을 매입하지 않겠습니다."라고 말하였고, 그 말을 들은 김 회장은 H회사의 임원에게 "그렇다 하더라도 어쩔 수 없습니다."라고 답했다.
>
> 김 회장은 "우리 회사에 돈을 주는 사람은 주주가 아니라 고객이며, 그 고객을 위한 가치와 혁신, 변화를 만들어내는 사람은 우리 회사의 구성원들입니다. 주주자본주의를 중심으로 한 생각으로 인해 회사가 주주에게 끌려 다니는 것을 원하지 않습니다. 주주는 자신의 이익을 위해 지금이라도 떠날 수 있지만, 우리 회사에서는 고객을 먼저 생각하고 한 사람, 한 사람이 회사의 대표라고 생각하며 오늘도 혁신의 최전선에 서 있는 구성원들이 있습니다. 외부 투자에 의존하기보다는 구성원을 소중하게 생각하는 경영을 하려고 합니다."라고 소신을 밝혔다.

① 자금 ② 경영목적 ③ 인적자원 ④ 경영전략

| 정답풀이 | 정답 ③

경영의 구성요소는 경영목적, 인적자원, 자금, 경영전략의 4가지로 이루어진다. J그룹의 회장은 구성원을 소중히 생각하는 경영을 말하고 있으므로 네 가지 요소 중 조직의 구성원의 배치 및 활용과 관련한 인적자원에 높은 가치를 두고 있음을 알 수 있다.

기출유형 ③ 자료 이해형

유형 특징

❶ 법조문/결재 규정/조직도 등 다양한 자료를 제시하여 조직이해능력을 평가하는 유형이다.
❷ 문제해결능력, 자원관리능력과 결합하여 출제되는 경향이 있다.

풀이 전략

❶ 주어진 자료보다 조건을 우선 확인하고, 그에 맞게 자료를 하나하나 확인한다.
❷ 결재 규정 등에 관한 문제가 출제되면서 생소한 용어(전결, 대결 등)가 등장하므로 이에 대한 학습이 필요하다.
❸ 최근 다양한 형태의 조직 구조가 생겨나고 있으므로 이에 대한 추가적인 학습이 필요하다.

다음은 E조합의 내부 결재 규정이다. 이를 바탕으로 할 때, 결재가 적절하게 처리된 것은?

2024년 지역농협

○ 결재를 받으려면 해당 업무에 대해 최고결정권자를 포함한 이하 직책자의 결재를 받아야 한다.
  – 최고결재권자의 서명란에는 서명 날짜를 함께 표시한다.
○ '전결'이라 함은 조합의 경영활동이나 관리활동을 수행함에 있어 의사결정이나 판단을 요하는 일에 대하여 최고결재권자의 결재를 생략하고, 자신의 책임하에 최종적으로 의사결정이나 판단을 하는 행위를 말한다.
  – 전결 사항에 대해서도 위임받은 자를 포함한 이하 직책자의 결재를 받아야 한다.
  – 결재를 올리는 자는 최고결재권자로부터 전결 사항을 위임받은 자가 있는 경우 위임받은 자의 결재란에 '전결'이라고 표시하고 위임받은 자는 최고결재권자의 결재란에 서명한다.
  – 결재가 불필요한 직책자의 결재란은 설치하지 않는다.
○ '대결'이라 함은 결재권자가 휴가, 출장, 그 밖의 사유로 결재할 수 없을 때에 그 직무를 대리하는 자가 행하는 결재를 말한다.
  1) 위임전결 사항을 대결하는 경우
    – 위임전결 사항을 대결하는 경우 전결권자의 서명란에는 '전결' 표시를, 대결하는 사람의 서명란에는 '대결'이라고 표시하고 서명한다.
    – '전결' 표시를 하지 않거나 서명하지 않는 사람의 결재란은 설치하지 않는다.
  2) 위임전결 사항이 아닌 사항을 대결하는 경우
    – 대결하는 사람의 서명란에 '대결' 표시하고 서명한다.
    – 서명하지 않는 사람의 결재란은 설치하지 않는다.

① 결재권자가 이사인 경우

결재	담당	과장	팀장	이사
	이 사원	/	/	박 이사

② 위임전결 권한이 이사에게 있는 경우

결재	담당	팀장	이사	조합장
	양 대리	임 팀장		전결 25.01.08

③ 위임전결 권한이 이사에게 있고, 팀장이 임시로 대리하는 경우

결재	담당	과장	팀장	이사
	이 사원	안 과장	대결 25.03.11	

④ 결재권자가 조합장이고, 이사가 임시로 대리하는 경우

결재	담당	팀장	이사	조합장
	양 대리	황 팀장	조 이사	대결 25.02.21

⑤ 위임전결 권한이 이사에게 있는 경우

결재	담당	팀장	이사	조합장
	박 주임	이 팀장	전결	김 이사 25.04.12

| 정답풀이 | **정답** ⑤

결재를 올리는 자는 최고결재권자로부터 전결 사항을 위임받은 자가 있는 경우 위임받은 자의 결재란에 '전결'이라고 표시하고 위임받은 자는 최고결재권자의 결재란에 서명했으므로 결재가 적절하게 처리되었다.

| 오답풀이 |

① 결재권자 이하의 직책자의 결재를 받아야 하므로 옳지 않다.
② 결재를 올리는 자는 최고결재권자로부터 전결 사항을 위임받은 자가 있는 경우 위임받은 자의 결재란에 '전결'이라고 표시하고 위임받은 자는 최고 결재권자의 결재란에 서명해야 하므로 옳지 않다.
③ 대결하는 사람의 서명란에 '대결' 표시 후 서명하고, 전결권자의 서명란에는 '전결' 표시를 해야 하므로 옳지 않다.
④ 대결하는 사람의 서명란에 '대결' 표시 후 서명해야 하므로 옳지 않다.

기출유형 ④ 자료 계산형

유형 특징

❶ 자료에 포함된 정보를 토대로 계산하여 답을 도출하는 유형이다.
❷ 문제해결능력, 자원관리능력과 결합하여 출제되는 경향이 있다.

풀이 전략

❶ 주어진 자료보다 조건을 우선 확인하고, 그에 맞게 자료를 하나하나 확인한다.
❷ 특히 예외가 되는 조건에 유의하여 문제를 풀어야 한다.

다음은 직원 A~E의 정보 및 성과급 지급 체계에 관한 자료이다. 이를 바탕으로 할 때, 12월 말일에 받는 성과급의 액수가 가장 큰 직원을 고른 것은? 2022년 10월 서울교통공사

[표] 직원 A~E의 정보

직원	직급	평가 등급
A	부장	C등급
B	차장	B등급
C	과장	A등급
D	대리	A등급
E	사원	S등급

[성과급 지급 체계]
- 성과급은 직급별 기본급에 평가 등급별 성과급 비율을 곱하여 산출한다.
- 성과급은 12월 말일에 직급별 기본급과 함께 지급된다.
- 12월 말일에 직원들에게 지급되는 금액은 직급별 기본급과 성과급뿐이다.
- 직급별 기본급 및 평가 등급별 성과급 비율은 다음과 같다.

직급	부장	차장	과장	대리	사원
기본급	400만 원	350만 원	300만 원	280만 원	230만 원

평가 등급	S등급	A등급	B등급	C등급
성과급 비율	130%	100%	70%	0%

① A ② B ③ C
④ D ⑤ E

| 정답풀이 |

정답 ③

직원 A~E가 12월 말일에 받는 성과급의 액수는 다음과 같다.

- A: 400×0=0(원)
- B: 350×0.7=245(만 원)
- C: 300×1=300(만 원)
- D: 280×1=280(만 원)
- E: 230×1.3=299(만 원)

따라서 직원 C의 성과급 액수가 가장 크다.

PART 1 필수 개념 & 유형 학습

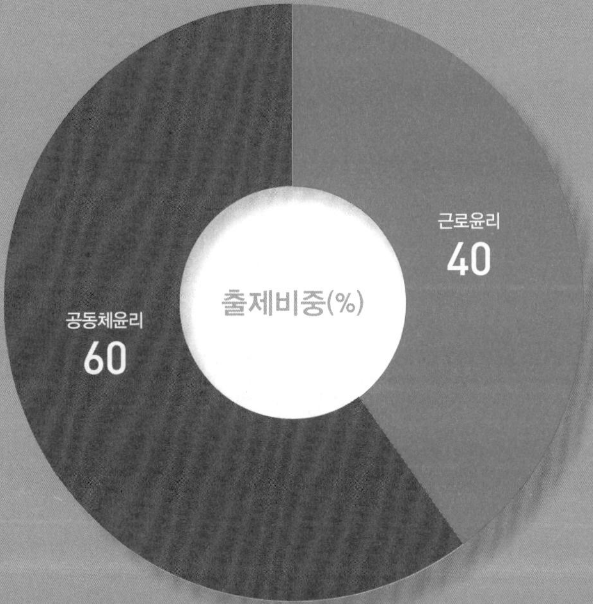

대표 출제 기업

피듈형	서울교통공사, 국민연금공단, 한전KDN, 한국남부발전, 한국서부발전, 한국산업인력공단, 한국마사회, 한국장애인고용공단
모듈형	대구교통공사, 수원시 공공기관 통합채용

CHAPTER 08

직업윤리

STEP 1 NCS 핵심이론

STEP 2 대표 기출유형

STEP 01

NCS 핵심이론

직업윤리 개요

1. 윤리

1) 윤리의 의미

'인간과 인간 사이에서 지켜져야 할 도리를 바르게 하는 것' 또는 '인간 사회에 필요한 올바른 질서'로, 살아가는 동안 해야 할 것과 하지 말아야 할 것, 삶의 목적과 방법, 책임과 의무 등과 관련된 것이다.

2) 윤리의 중요성

① 인간은 결코 혼자서는 살아갈 수 없는 사회적 동물이며, 윤리적으로 살 때 개인의 행복을 포함하여 모든 사람의 행복을 보장할 수 있으므로 윤리적 가치를 지키며 살아야 한다.

② 눈에 보이는 경제적 이득과 육신의 안락만을 추구하는 것이 아니고, 삶의 본질적 가치와 도덕적 신념을 존중하기 때문에 윤리적으로 행동해야 한다.

3) 윤리규범의 형성

① 윤리규범은 '공동생활'과 '협력'이 필요한 인간 생활에서 형성되는 '공동 행동의 룰'을 기반으로 형성된다.

② 모든 윤리적 가치는 시대와 사회 상황에 따라 조금씩 다르게 변화한다.

비윤리적 행위의 원인과 유형

1) 원인

① 무지: 사람들은 무엇이 옳거나 그른지 모르기 때문에 비윤리적 행위를 저지른다.

② 무관심: 자신의 행위가 비윤리적이라는 것은 알고 있지만, 윤리적인 기준에 따라 행동하는 것을 중요하게 여기지 않는 경우이다.

③ 무절제: 자신의 행위가 잘못이라는 것을 알고 그러한 행위를 하지 않으려고 하지만 자신의 통제를 벗어나는 어떤 요인으로 인하여 비윤리적 행위를 저지르는 것이다.

2) 유형

① 도덕적 타성: 윤리적인 문제에 대하여 제대로 인식하지 못하는 데에서 기인하여, 비윤리적인 행동이 미치는 영향에 대하여 별거 아니라고 생각하거나 저절로 좋아질 것으로 생각하는 데에도 원인이 있다.

② 도덕적 태만: 비윤리적인 결과를 피하고자 일반적으로 필요한 주의나 관심을 기울이지 않는 것이다.

③ 거짓말: 상대를 속이려는 의도로 표현하는 메시지로, 남에게 피해를 주기 위한 거짓말보다는 자신의 입장과 처지를 보호하기 위한 보호적 거짓말이다.

2. 직업

1) 인간의 삶과 일

인간은 일을 통해 경제적 욕구 충족, 원만한 인간관계, 건강, 자아실현 등을 성취할 수 있다.

2) 직업의 의미

① 생활에 필요한 경제적 보상을 주고, 평생에 걸쳐 물질적인 보수 외에 만족감, 명예 등 자아실현의 중요한 기반이 되는 것이다.

② 직업이 갖춰야 할 속성은 계속성, 경제성, 윤리성, 사회성, 자발성이 있다.

3) 우리 사회의 직업 의식

① 개인이 직업 활동을 통하여 얻고자 하는 내재적 · 외재적 목적을 달성하기 위하여 개인이 직업이나 일에 대하여 가지는 관념, 가치, 습관, 인식 등을 포괄적으로 이르는 가치의 체계를 직업 의식이라고 한다.

② 현대사회에서는 개인이 자기 능력을 자유롭게 표출하고, 이를 통해 공동체의 일원으로서 사회적 임무를 수행하며, 나아가 자아실현을 이루는 도구로 직업을 선택한다.

직업인의 기본 자세

① 소명의식과 천직의식을 가져야 한다.

② 봉사정신과 협동정신이 있어야 한다.

③ 책임의식과 전문가의식이 있어야 한다.

④ 공평무사한 자세가 필요하다.

3. 직업윤리 중요

1) 직업윤리의 의미

① 자신의 직무를 잘 수행하고 자신의 직업과 관련된 직업과 사회에서 요구하는 규범에 부응하여 개인이 갖추고 발달시키는 직업에 대한 신념, 태도, 행위이다.

② 개인윤리의 연장선이며, 개인윤리의 기본 덕목인 사랑, 자비 등과 방법론상의 이념인 공동발전의 추구, 장기적 상호이익 등의 기본은 직업윤리에서도 동일하다.

③ 일반적인 직업윤리로는 소명의식, 천직의식, 직분의식, 책임의식, 전문가의식, 봉사의식이 있다.

2) 개인윤리와 직업윤리의 조화

① 업무상 개인의 판단과 행동은 사회적 영향력이 큰 기업시스템을 통해 다수의 이해관계자와 관련을 맺게 된다.

② 수많은 사람이 관련되어 고도화된 공동의 협력을 요구하므로 맡은 역할에 대한 책임 완수가 필요하며, 정확하고 투명하게 일을 처리해야 한다.

③ 직장이라는 특수 상황에서의 집단적 인간관계는 가족관계나 개인적 선호에 의한 친분관계와는 다른 측면의 배려가 요구된다.

④ 기업이 경쟁을 통해 사회적 책임을 다하고 보다 강한 경쟁력을 키우기 위하여 조직원 개개인의 역할과 능력이 경쟁 상황에서 꾸준히 향상되도록 해야 한다.

직업윤리의 기본 원칙

① 객관성의 원칙: 업무의 공공성을 바탕으로 공사 구분을 명확히 하고, 모든 것을 숨김없이 투명하게 처리하는 원칙
② 고객 중심의 원칙: 고객에 대한 봉사를 최우선으로 생각하고 현장 중심, 실천 중심으로 일하는 원칙
③ 전문성의 원칙: 자기 업무에 전문가로서의 능력과 의식을 가지고 책임을 다하며, 능력을 연마하는 원칙
④ 정직과 신용의 원칙: 업무와 관련된 모든 것을 정직하게 수행하고, 본분과 약속을 지켜 신뢰를 유지하는 원칙
⑤ 공정 경쟁의 원칙: 법규를 준수하고, 경쟁 원리에 따라 공정하게 행동하는 원칙

하위능력 1 근로윤리

1. 근면한 태도

1) 근면의 특성

① 행위자가 환경과의 대립을 극복해 나가는 과정에서 발현된다.
② 비선호의 수용 차원에서 개인의 절제나 금욕을 반영한다.
③ 장기적이고 지속적인 행위 과정으로 인내를 요구한다.

2) 근면의 종류 ☆중요

① 외부로부터 강요당한 근면
- 생계를 유지하기 위해 외부 압력으로부터 강요된 근면이다.
- 기계적 · 수동적 · 소극적인 태도로 일하는 것이다.

② 스스로 자진해서 하는 근면
- 바람직한 직업윤리로서의 근면이다.
- 능동적이며 적극적인 태도가 우선시되어야 한다.

3) 우리 사회의 근면성

① 한국인의 의식 구조와 문화를 살펴보면, '근면'과 '일중독'이 한국인의 대표적인 생활 양식과 노동 양식의 이미지로 나타나며, 근면은 한국 사회 내부의 긍정적 측면과 부정적 측면을 함께 반영하고 있다.
② 근면은 해방 후 한국 사회의 근대화와 경제개발을 이끈 주요 동력으로 인식되는 반면, 국가와 공동체의 번영이 개인보다 중시되면서 노동이 극대화된 점과 과도한 자기 계발 및 노동 중독 등의 현상은 개인의 삶의 질을 저해하는 원인으로 지목되기도 한다.
③ 농업 기반의 사회에서 근면은 미덕이며 남보다 부지런하면 일을 잘하는 것이었고 남들이 일할 때 가만히 있으면 그 자체가 악덕이었으나 미래 사회에서는 창의성이 중요하다.
④ 조직이나 타인 등 외부로부터 요구되는 일과 노동을 수행하기 위한 근면보다 개인의 성장과 자아의 확립, 나아가 행복하고 자유로운 삶을 살기 위한 근면으로 구현될 필요가 있다.

2. 정직한 행동

1) 정직의 의미

① 신뢰를 형성하고 유지하는 데 가장 기본적이고 필수적인 규범이다.
② 사람과 사람 사이에 함께 살아가는 사회시스템은 정직을 기반으로 둔 신뢰가 있을 때 유지가 가능하다.

2) 우리 사회의 정직성

① 한국인의 92%가 자기의 종교와 상관없이 유교적인 방식으로 사고하고 행동한다는 연구 결과는, 우리 사회에서 '도덕'이나 '윤리'가 유교의 전통적 가치와 밀접하게 관련이 있음을 나타낸다.
② 우리 사회에서는 개인의 행위가 도덕적으로 옳은지 그른지를 판단할 때 유교의 영향으로 집단의 조화를 우선시하는 경향을 보인다.
③ 유교의 전통적 가치는 우리 사회에 덕행을 실천할 수 있는 규범적 틀을 마련했다는 점에서 긍정적 영향이 있지만, 관계에 기초한 가치를 강조함에 따라 가족주의와 연고주의, 집단주의의 배타적 이익 추구 행태, 부정부패와 비리 행위로 연결되기도 한다.

④ 유교의 전통적 가치는 '정직'이라는 규범적 의미를 이해하는 행위와 '정직 행동'을 선택하는 행위 사이에서 괴리를 발생시키는 요소로 작용할 수 있어 한국 사회는 현대사회에 필요한 도덕성을 제대로 육성하지 못한 채 근대적 가치 속에서 도덕적 위기에 직면하고 도덕적 발전 방향을 상실하였다는 평가가 있다.

⑤ 국제투명성기구(TI)에서 발표한 국가별 부패인식지수(CPI)에 따르면 우리나라의 국가별 순위는 2010년에 39위, 2011년 이후엔 줄곧 40위권에 머물렀고, 2019년 9년 만에 세계 180개국 중 39위를 회복하였다. 이는 우리나라의 도덕적 위기에 대한 심각성을 보여 준다.

3. 성실한 자세

1) 성실의 의미

정성스럽고 참된 성품으로 일관하는 마음과 정성의 덕이다.

2) 우리 사회의 성실성

① 창조, 변혁, 개혁, 혁신 등의 가치가 강조되는 현대사회에서 성실의 덕목은 자칫 시대정신에 뒤처지는 개인의 낡은 생활 방식으로, 다분히 도덕적 영역으로 그 범위가 위축되는 경향을 보인다.

② 현대사회의 주요한 사회적 자본으로 성실의 중요성을 부각하고 있다.

③ 성실은 개인으로 하여금 자신의 생각이 진리와 부합하려고 부단히 노력하고, 자신의 생각을 그대로 말로 표현하며, 이를 일상생활에서 행동으로 실천하도록 이끈다.

④ 성실의 결핍은 생각과 말, 행동의 불일치를 통해 드러나고, 구체적으로는 일상의 삶에서 위선과 거짓, 사기, 아첨, 음모 등의 행위로 나타나며, 결과적으로 우리 사회에서 위법행위로 이어지고 나아가 사회 전반에 악영향을 끼치게 된다.

하위능력 2 공동체윤리

1. 봉사와 책임의식

1) 봉사와 책임의식의 의미

① 봉사: 일 경험을 통해 다른 사람과 공동체에 대하여 봉사하는 정신을 갖추고 실천하는 태도를 의미하며, 나아가 고객의 가치를 최우선으로 하는 고객 서비스 개념으로도 설명할 수 있다.

② 책임의식: 직업에 대한 사회적 역할과 책무를 충실히 수행하고 책임지려는 태도이며, 맡은 업무를 어떠한 일이 있어도 수행하는 태도이다.

2) 기업의 사회적 책임 ☆중요

최근 기업도 단순히 이윤 추구를 하는 집단의 형태를 벗어나 자신들이 벌어들인 이익의 일부분을 사회로 환원하는 개념인 '기업의 사회적 책임(CSR; Corporate Social Responsibility)'을 강조하는 형태로 변화하고 있다.

2. 준법성

1) 준법의 의미

① 민주 시민으로서 지켜야 하는 기본 의무이며 생활 자세이다.

② 민주 사회의 법과 규칙을 준수하는 것은 시민으로서의 권리를 보장받고, 다른 사람의 권리를 보호하며 사회 질서를 유지하는 역할을 한다.

2) 우리나라 준법의식

① 민주주의와 시장경제는 구성원들에게 많은 자유와 권리를 부여하지만, 동시에 규율의 준수와 그에 따르는 책임을 요구한다.

② 선진국들과 경쟁하기 위해서는 개개인의 의식 변화와 함께 체계적 접근과 단계별 실행을 통한 제도와 시스템 확립이 필요하다.

3. 예절과 존중

1) 예절의 의미

① 일정한 생활 문화권에서 오랜 생활 습관을 통해 하나의 공통된 생활 방법으로 정립되어 관습적으로 행해지는 사회계약적인 생활 규범이다.

② 예절은 언어 문화권과 밀접한 관계를 갖기에, 같은 언어문화권이라도 지역에 따라 조금씩 다를 수 있다.

2) 일터에서의 예절

① 직장예절은 비즈니스의 에티켓과 매너를 총칭한다.

② 인사는 타인을 사귈 때 가장 기본이 되는 예절이므로 인사 예절은 정성과 감사하는 마음을 지니고, 예의 바르고 정중한 태도를 갖추어야 하며, 진실을 담은 자세를 보여야 한다.

3) 온라인 예절

① 네티켓은 네트워크(network)와 에티켓(etiquette)의 합성어로 통신상의 예절을 의미한다.

② 통신기술은 비즈니스의 업무 형태를 바꾸었으며, 빠르고 효율적인 업무가 가능한 인터넷과 이메일, SNS 등은 가장 많이 사용되는 매체가 되었지만, 워낙 쉽고 널리 보급되어 있다 보니 남용 또는 오용되는 경우가 많기에 네티켓이 필요하다.

4) 상호존중 문화 ☆중요

① 예절의 핵심은 상대를 존중하는 마음으로, 존중이란 우리 자신과 다른 사람을 소중히 여기고 그 권리를 배려해 주는 자세이며, 우리가 말하고 행동하고 서로를 대하는 태도 속에 반영되어 있다.

② 직장 내 괴롭힘은 업무와 관련된 상황에서 피해자에게 괴로움을 주는 모든 언행을 의미한다.

③ 성희롱은 업무와 관련하여 성적 언어나 행동 등으로 굴욕감을 느끼게 하거나 성적 언동 등을 조건으로 고용상 불이익을 주는 행위를 말한다.

④ 성희롱은 형사처벌 대상은 아니지만, 성희롱 행위에 대해 회사는 필요한 인사조치 또는 징계조치를 해야 하고, 피해자는 가해자에게 민사상 손해배상을 청구할 수 있으며, 어떤 행위가 성희롱이냐 하는 데 있어서 법률적인 기준의 특징은 가해자가 '의도적으로 성희롱을 했느냐'를 중시하는 것이 아니라, 피해자가 '성적 수치심이나 굴욕감을 느꼈는지 아닌지'를 중요한 기준으로 삼는다.

비즈니스 매너

1) 인사 예절

① 악수
- 오른손을 사용하고, 너무 강하게 쥐어짜듯이 잡지 않는다.
- 서로의 이름을 말하고 간단한 인사 몇 마디를 주고받는 정도의 시간 안에 끝내야 한다.
- 악수할 때는 상대방을 바라보며 미소를 짓는다.
- 악수는 윗사람이 아랫사람에게, 여성이 남성에게, 선배가 후배에게, 상급자가 하급자에게 청한다.

② 소개
- 소개할 때는 직장 내에서의 서열과 나이를 고려한다.
- 일반적으로 직장 내 서열과 직위를 고려한 소개의 순서는 나이 어린 사람을 연장자에게, 자신이 속해 있는 회사의 관계자를 타 회사의 관계자에게, 동료를 고객에게 소개한다.

③ 명함
- 명함은 반드시 명함지갑에 보관하되 넉넉하게 소지하는 것이 좋다.
- 명함을 건넬 때는 일어서서 정중하게 인사한 뒤 회사명과 이름을 밝힌다.
- 왼손으로 받치고 오른손으로 건네고, 자신의 이름이 상대방을 향하도록 한다.

2) 전화 예절

① 상냥한 목소리와 정확한 발음에 유의한다.

② 전화를 걸 때는 걸기 전 상대방의 전화번호·소속·직급·성명 등을 확인하고, 용건과 통화에 필요한 서류 등은 미리 준비한다.

③ 전화가 연결되면 담당자 확인 후 자신을 소개하고, 간결하고 정확하게 용건을 전달한다.

④ 전화를 끊기 전 내용을 정리해서 확인하고 담당자가 없을 때에는 전화번호를 남긴다.

⑤ 전화를 받을 때는 벨이 3~4번 울리기 전에 받는다.

⑥ 회사명과 부서명, 이름을 밝힌 뒤 상대방의 용건을 정확하게 확인한다.

⑦ 용건에 즉답하기 어려우면 양해를 구한 뒤 회신 가능한 시간을 약속한다.

⑧ 통화 담당자가 없을 때는 자리를 비운 이유를 간단히 설명하고 통화가 가능한 시간을 알려 준다.

⑨ 용건을 물어본 후 대신 처리할 수 있으면 처리하며, 전화를 끊으면 담당자에게 정확한 메모를 전달한다.

3) 이메일 예절

① 이메일을 쓸 때에는 서두에 소속과 이름을 밝힌다.

② 업무 성격에 맞는 형식을 갖추고 간결하면서도 명확하게 작성한다.

③ 메일 제목은 반드시 쓰고, 간결하면서 핵심을 알 수 있게 작성한다.

④ 내용 또한 간결하게 작성하여 수신자가 빨리 읽고 제대로 응답할 수 있도록 한다.

직장 내 괴롭힘

1) 행위자

① 근로기준법 제2조 제1항 제2호에 따른 사용자가 행위자에 해당한다.

② 파견 근로의 경우, 파견 사업주와 사용 사업주 모두 해당한다.

③ 근로자도 행위자가 될 수 있으며, 피해자와 같은 사용자와 근로 관계를 맺고 있는 근로자일 것이 원칙이다.

2) 피해자

사업장 내의 모든 근로자이다.

3) 행위 장소

사내는 물론 외근 출장지, 회식, 기업 행사, 사적 공간, 사내 메신저, SNS 등 온라인 공간의 경우에도 해당한다.

4) 행위 요건

① 직장에서의 지위 또는 관계 등의 우위를 이용

- 피해자가 저항 또는 거절하기 어려울 개연성이 높은 상태를 의미한다.
- 직급상 지위의 우위뿐만 아니라, 사실상 우위를 점하고 있는 모든 관계가 포함될 수 있다.
  ㉩ 개인 대 집단, 다수 대 소수, 연령, 학벌, 성별, 출신 지역의 우위 등
- 직장에서의 지위나 관계 등의 우위를 이용하여 행위한 것이 아니면 직장 내 괴롭힘에 해당하지 않는다.

② 업무상 적정 범위를 넘는 행위

- 지시나 주의, 명령 행위의 모습이 폭행이나 과도한 폭언을 수반하는 등 사회 통념상 상당성을 결여하였다면 업무상 적정 범위를 넘었다고 볼 수 있어 직장 내 괴롭힘에 해당한다.

- 문제가 되는 행위 자체가 업무상 필요하다고 볼 여지가 있더라도, 사업장 내 동종 또는 유사 업무를 수행하는 근로자에 비하여 합리적 이유 없이 대상 근로자에게 이루어진 것이라면, 사회 통념적으로 상당하지 않은 행위라고 볼 수 있다.

③ 신체적 · 정신적 고통을 주거나 근무 환경을 악화시키는 행위
- 그 행위로 인하여 피해자가 능력을 발휘하는 데 간과할 수 없을 정도의 지장이 발생하는 경우를 의미한다.
- 행위자의 의도가 없었더라도 그 행위로 신체적 · 정신적 고통을 받았거나 근무 환경이 악화되었다면 인정될 수 있다.

직장 내 성희롱

1) 직장 내 성희롱의 성립 요건

① 성희롱의 당사자 요건
② 지위를 이용하거나 업무와의 관련성이 있을 것
③ 성적인 언어나 행동, 또는 이를 조건으로 하는 행위일 것
④ 고용상의 불이익을 초래하거나 성적 굴욕감을 유발하여 고용 환경을 악화시키는 경우일 것

2) 성희롱의 당사자 요건

① 가해자
- 남녀고용평등법상 가해자(남녀 모두 가능)는 고용 및 근로조건에 관한 결정 권한을 가지고 있는 사업주나 직장 상사를 비롯하여 동료 근로자와 부하 직원까지 포함하지만, 거래처 관계자나 고객 등 제3자는 가해자의 범위에서 제외한다.
- 남녀차별금지 및 구제에 관한 법률에서는 '성희롱'의 가해자 범위에 대하여 공공기관 종사자(예 학교나 정부 각 부처 및 그 산하기관, 지방 행정기관의 공무원 및 일반 직원 등)뿐만 아니라 남녀고용평등법상 '직장 내 성희롱'의 가해자 범위에 포함될 수 없는 거래처 관계자나 고객도 '성희롱'의 가해자가 될 수 있다.

② 피해자
- 모든 남녀 근로자(협력업체 및 파견 근로자 포함)는 직장 내 성희롱의 피해자가 될 수 있다.
- 현재 고용 관계가 이루어지지 않았더라도 장래 고용 관계를 예정하고 있는 모집, 채용 과정의 채용 희망자(구직자)도 성희롱 피해자의 범위에 포함된다고 보고 있으나, 고객과 거래처 직원은 '직장 내 성희롱' 피해자 범위에서 제외한다.

3) 지위를 이용하거나 업무와의 관련성이 있을 것

① '지위를 이용하거나 업무와 관련성이 있을 것'이라는 요건 때문에 '성희롱' 또는 '직장 내 성희롱'이 단지 '직장 내'라는 장소에서 일어나야 한다는 것을 의미하는 것은 아니다.
② 업무와 관련한 출장 중, 회식 장소 등에서 발생하는 성희롱도 업무 관련성이 있다.
③ 사적인 만남이라고 할지라도 업무를 빙자하여 상대방을 불러내는 등 업무와 관련성이 있다고 판단할 만한 요소가 있다면 '직장 내 성희롱' 또는 '성희롱'이라고 볼 수 있다.

STEP 02

대표 기출유형

기출유형 ① 모듈형 이론 필수 학습형

유형 특징

❶ NCS 직업기초능력평가 교수자용 및 학습자용 매뉴얼에 제시된 학습 모듈 이론을 기반으로 문제가 출제된다.
❷ 상대적으로 문제의 형태가 단순하지만, 이론에 대한 이해가 없다면 높은 점수를 받기 어렵다.
❸ 상식적인 수준으로 출제되는 경우도 있지만 모듈 이론을 알지 못하면 풀이할 수 없는 문항도 다수 출제된다.

풀이 전략

❶ 상식만으로 접근하기에는 무리가 있으므로 평소 기출문제를 풀어보며 출제 포인트를 학습해야 한다.
❷ 지원하는 기업과 관련된 소재가 출제되는 경향이 있으므로 기출문제를 토대로 해당 기업의 출제 경향을 미리 파악해 놓아야 한다.

다음 중 명함예절로 옳지 않은 것은? 2025년 6월 한국도로공사서비스

① 명함을 건넬 때 자신의 이름이 상대방을 향하도록 건넨다.
② 반드시 명함 지갑에서 명함을 꺼내고 상대방에게 받은 명함도 명함 지갑에 보관한다.
③ 명함은 항상 새것을 사용하고, 상대방에게 명함을 받으면 간단한 언급을 한다.
④ 부가정보는 만남이 끝난 후에 명함에 적는다.
⑤ 상급자가 명함을 먼저 꺼내어 하급자에게 왼손으로 준다.

| 정답풀이 | 정답 ⑤

명함은 하급자가 먼저 꺼내어 상급자에게 건네는 것이 명함예절에 맞는다. 또한 명함을 전달할 때는 왼손으로 받치고 오른손으로 건네는 것이 적절하다.

| 오답풀이 |

① 명함을 건넬 때 자신의 이름이 상대방을 향하도록 건네는 것이 상대방을 배려한 행동이므로 적절하다.
② 나의 명함은 내 얼굴이고 상대방의 명함은 상대의 얼굴이다. 그러므로 반드시 명함 지갑에서 꺼내고 받은 명함도 명함 지갑에 보관하여 구겨지지 않도록 하는 것이 예절에 맞다.
③ 명함은 항상 새것을 사용하고 상대방에게 명함을 받으면 즉시 집어넣지 말고 간단한 언급을 하며 존중과 호의를 표시하는 것이 예절에 맞다.
④ 명함에 상대방이나 미팅에 대한 부가정보를 쓰는 것도 가능하다. 다만 만남이 끝난 후에 명함에 적는 것이 예절에 맞는 행동이다.

기출유형 ② 사례 적용형

유형 특징

❶ 현업에서 볼 수 있는 자료나 사례를 제시하고, NCS 직업기초능력평가 교수자용 및 학습자용 매뉴얼에 제시된 학습 모듈 이론을 결합한 문제를 출제한다.

❷ 모듈 이론을 바탕으로 주어진 지문 및 자료를 파악하여 답을 구할 수 있어야 한다.

풀이 전략

❶ 평소 기출문제를 풀어보며 출제 포인트를 학습해야 한다.

❷ 난도가 높은 유형은 아니므로 모듈 이론을 숙지하고 시간을 전략적으로 활용한다.

다음은 직업윤리와 근로윤리에 관한 설명이다. 이를 바르게 이해하지 못한 것은? 2025년 2월 서울교통공사

직업윤리란 '직업 활동을 하는 개인이 자신의 직무를 잘 수행하고 자신의 직업과 관련된 직업과 사회에서 요구하는 규범에 부응하여 개인이 갖추고 발달시키는 직업에 대한 신념, 태도, 행위'로 정의할 수 있다. 직업윤리의 자세란 다음과 같다.

첫째, 소명의식과 천직의식을 가져야 한다. 일을 통해 자신의 존재를 실현하고 사회적 역할을 담당하므로 자기의 직업을 사랑하며, 긍지와 자부심을 갖고 성실하게 임하는 마음가짐이 있어야 한다.

둘째, 봉사정신과 협동정신이 있어야 한다. 사람은 일정한 직업을 통하여 다른 사람에게 도움을 주고 사회적으로 기여하는 존재이므로 나의 일을 필요로 하는 사람에게 봉사한다는 마음자세가 필요하다. 또한 일은 반드시 다른 사람과의 긴밀한 협력이 필요하므로 직무를 수행하는 과정에서 협동정신이 요구된다. 관계된 사람과 상호신뢰하고 협력하며 원만한 관계를 유지해야 한다.

셋째, 책임의식과 전문의식이 있어야 한다. 협력체제에서 각자의 책임을 충실히 수행할 때 전체 시스템을 원만하게 가동할 수 있으며, 다른 사람에게 피해를 주지 않는다. 이러한 책임을 완벽하게 수행하기 위하여 자신이 맡은 분야에 대한 전문적인 능력과 역량을 갖추고 지속적인 자기계발을 해 나가야 한다.

넷째, 공평무사한 자세가 필요하다. 모든 일은 사회적 공공성을 갖는다. 법규를 준수하고 직무상 요구되는 윤리기준을 준수해야 하며, 공정하고 투명하게 업무를 처리해야 한다.

사전에서 근면(勤勉)은 '부지런히 일하며 힘씀'으로 풀이하고 있다. 근면은 장기적이고 지속적인 행위 과정으로 인내를 요구하므로, 끊임없이 달성이 유예되는 가치지향적인 목표 속에서 재생산된다고 볼 수 있다. 근면한 것만으로 성공할 수 있다는 얘기는 아니지만, 근면한 것은 성공을 이루게 하는 기본 조건이다.

사전에서 성실(誠實)은 '정성스럽고 참됨'으로 풀이하고 있다. '성(誠)'은 정성스럽고 순수하고 참됨을 의미하며, '실(實)'은 알차고 진실된 것을 의미한다. 따라서 성실은 그 단어의 본질을 살펴보았을 때, 그 의미가 근면함보다는 '충(忠)' 혹은 '신(信)'의 의미와 더 가깝다. 현대 사회에서 성실한 사람은 도덕적 차원에서는 바람직한 면이 있을 수 있으나, 사회적으로는 뭔가 진취성이 부족하거나 창조성이 결여된 사람으로, 심지어는 변화하는 시대에 요령 없이 기존의 방식을 반복적으로 되풀이하는 사람으로 치부되기도 한다.

사전에서 정직은 '마음에 거짓이나 꾸밈이 없이 바르고 곧음'으로 풀이하고 있다. 사회시스템은 구성원 서로의 신뢰가 있어야 운영이 가능한 것이며, 그 신뢰를 형성하고 유지하는 데 필요한 가장 기본적이고 필수적인 규범이 바로 정직이다. 물론, 정직이 신뢰를 형성하는 충분한 조건은 아니다. 신뢰를 얻기 위해서는 정직 이외에도 약속을 잘 지키거나 필요능력을 갖추는 등 다른 조건도 충족해야 하겠지만 정직이 신뢰를 위해 빠질 수 없는 요소인 것만은 틀림없다.

① 직원 A씨는 스크린 도어 설치 작업을 하러 갈 때 규정상 동료 R씨를 동행해야 하나, R씨의 일하는 방식이 마음에 들지 않아 혼자 일을 하였다. 이는 '협동정신'에 어긋난다.
② 직원 B씨는 지하철 탑승에 어려움을 겪는 승객에게 도움을 드렸다. 이는 '봉사정신'에 해당한다.
③ 정직하기만 하면 반드시 신뢰를 얻을 수 있다. 작은 실수도 모두 솔직하게 보고한다면 직원 C씨는 조직에 빠르게 적응할 것이다.
④ 직원 D씨는 상여금을 받기 위해 불철주야 일하고 있다. 이는 성실보다는 근면에 해당한다.
⑤ 지하철을 운행하는 기관사 E씨는 본인의 직업은 '시민의 발'이라고 생각하며 보람을 느끼고 있다. 이는 '천직의식'에 해당한다.

| 정답풀이 | 정답 ③

정직이 신뢰를 형성하는 충분한 조건은 아니므로 정직하기만 하면 반드시 신뢰를 얻을 수 있는 것은 아니다. 여덟 번째 문단을 보면 "신뢰를 얻기 위해서는 정직 이외에도 약속을 잘 지키거나 필요능력을 갖추는 등 다른 조건도 충족해야 하겠지만 정직이 신뢰를 위해 빠질 수 없는 요소인 것만은 틀림없다."라고 언급되어 있다.

| 오답풀이 |

① 다른 사람과 긴밀한 협력을 해야 하는 상황에서 적절한 협동정신을 보여주지 못했을 뿐 아니라 규정을 지키지 않았다.
② 다른 사람에게 도움을 주고 사회적으로 기여하고자 하는 봉사정신의 사례로 볼 수 있다.
④ 성실은 정성스럽고 참됨을 의미하며, 근면은 부지런히 일하며 힘쓴다는 것을 의미한다. 따라서 특정한 목적인 상여금을 위해 열심히 일을 한 것은 성실보다 근면의 모습으로 보는 것이 타당하다.
⑤ 자신의 직업이 자신의 능력과 적성에 꼭 맞는다 여기고 그 일에 열성을 가지고 성실히 임하는 태도가 천직의식이므로 적절한 설명이다.

PART 1 필수 개념 & 유형 학습

대표 출제 기업

피듈형	서울교통공사, 한전KDN, 공무원연금공단, 한국장애인고용공단
모듈형	대구교통공사, 대전광역시 공공기관 통합채용

CHAPTER 09

대인관계능력

STEP 1 NCS 핵심이론

STEP 2 대표 기출유형

STEP 01

NCS 핵심이론

대인관계능력 개요

1. 대인관계능력의 중요성

- 직업생활에서 사람들과 함께 일하는 것은 필수 불가결한 사항이다. 일의 규모가 커진 상황에서 혼자서 어떤 일을 수행하고 완료하기란 매우 힘들다.
- 수평적 네트워크 체제가 보편화됨에 따라 직업인에게 대인관계능력은 매우 중요한 요소이다.

2. 대인관계 향상의 의미

- 인간관계에서 구축하는 신뢰의 정도를 향상시키는 것이다.
- 나와 상대방을 모두 존중하고 배려할 때 대인관계를 향상시킬 수 있다.

3. 대인관계의 향상 방법

① 상대방에 대한 이해와 배려
② 사소한 일에 대한 관심
③ 약속 이행 및 언행일치
④ 칭찬하고 감사하는 마음
⑤ 진정성 있는 태도

4. 다양한 대인관계의 양식 ☆중요

① 지배형: 대인관계에 자신이 있으며 자기주장이 강하고 타인에게 주도권을 행사한다.
② 실리형: 대인관계에서 이해관계에 예민하고 치밀하며 성취 지향적이다.
③ 냉담형: 이성적이고 냉철하며 의지력이 강하고 타인과 거리를 두는 경향이 있다.
④ 고립형: 혼자 있거나, 혼자 일하는 것을 좋아하며 감정을 잘 드러내지 않는다.
⑤ 복종형: 대인관계에서 수동적 · 의존적이며 타인의 의견을 잘 따르고 주어진 일을 순종적으로 잘한다.
⑥ 순박형: 단순하고 솔직하며 대인관계에서 너그럽고 겸손한 경향이 있다.
⑦ 친화형: 인정이 많으며 대인관계에서 타인을 배려하여 도와주고 자기희생적인 태도를 취한다.
⑧ 사교형: 외향적이고 쾌활하며 타인과 대화하기를 좋아하고 타인으로부터 인정받고자 하는 욕구가 강하다.

하위능력 1 팀워크능력

1. 팀워크

1) 팀워크의 정의

팀 구성원이 공동의 목적을 달성하기 위해 상호관계성을 가지고 협력하여 일을 해 나가는 것을 의미한다. 성과를 내지 못하면서 분위기만 좋은 것은 응집력이 좋은 것이고, 목표 달성의 의지를 가지고 성과를 내는 것이 팀워크이다.

2) 훌륭한 팀워크 형성을 위한 기본 요소

① 팀원 간 공동의 목표 의식과 강한 도전 의식을 갖는다.
② 팀원 간 상호 신뢰하고 존중한다.
③ 협력을 통해 각자의 역할과 책임을 다한다.
④ 솔직한 대화로 서로를 이해한다.
⑤ 강한 자신감으로 상대방의 사기를 높인다.

3) 팀워크의 저해 요소

① 조직에 대한 이해 부족
② 자기중심적인 이기주의
③ '내가'라는 자의식의 과잉
④ 질투나 시기로 인한 파벌주의
⑤ 그릇된 우정과 인정
⑥ 사고방식 차이에 대한 무시

4) 효과적인 팀의 특성

① 팀의 사명과 목표를 명확하게 기술한다.
② 창조적으로 운영된다.
③ 결과에 초점을 맞춘다.
④ 역할과 책임을 명료화시킨다.
⑤ 조직화가 잘 되어 있다.
⑥ 개인의 강점을 활용한다.
⑦ 리더십 역량을 공유하며 구성원 상호 간에 지원을 아끼지 않는다.
⑧ 팀 풍토를 발전시킨다.
⑨ 의견의 불일치를 건설적으로 해결한다.
⑩ 개방적으로 의사소통한다.
⑪ 객관적인 결정을 내린다.
⑫ 팀 자체의 효과성을 평가한다.

5) 팀워크 촉진 방법

① 동료 피드백 장려하기
- 1단계: 간단하고 분명한 목표와 우선순위 설정
- 2단계: 행동과 수행 관찰

• 3단계: 즉각적인 피드백 제공
• 4단계: 뛰어난 수행 성과에 대한 인정

② 갈등 해결하기
• 팀원 간 갈등을 발견하면 제3자로서 재빨리 개입하여 중재한다.
• 갈등을 일으키는 구성원과의 비공개적인 미팅을 진행한다.

③ 창의력 조성을 위해 협력하기
• 상대방의 말에 흥미를 가지고 대한다.
• 상식에서 벗어난 아이디어에 대해 비판하지 않는다.
• 상대방이 제시하는 모든 아이디어를 기록한다.
• 아이디어를 개발하도록 팀원을 고무한다.
• 많은 양의 아이디어를 요구한다.
• 침묵을 지키는 것을 존중한다.
• 관점을 바꿔 본다.
• 일상적인 일에서 벗어나 본다.

④ 참여적으로 의사결정하기
• 개인에게 책임과 권한을 부여하고, 자신 있게 미래를 만들어 갈 수 있는 기회를 제공한다.
• 훌륭한 의사결정을 내리기 위해 의사결정의 질과 구성원 동참을 고려해야 한다.

2. 팔로워십

1) 팔로워십의 의미

팀원이 구성원으로서 자신의 역할을 충실하게 잘 수행해 내는 것으로 리더십과 팔로워십은 서로 다른 개념으로 각각의 역할을 가지며, 독립적인 관계가 아니라 상호 보완적이며 필수적인 관계이다.

2) 팔로워의 필요 능력

① 헌신, 전문성, 용기, 정직하고 현명한 평가 능력이 필요하다.
② 리더의 결점이 보일 때 이를 올바르게 지적하되 덮어주는 아량이 필요하다.

3) 팔로워십의 유형 ☆중요

구분	자아상	동료 · 리더의 시각	조직을 보는 시각
소외형	• 자립적인 사람 • 일부러 반대 의견 제시 • 조직의 양심	• 냉소적 • 부정적 • 고집이 셈	• 자신을 인정하지 않음 • 적절한 보상이 없음 • 불공정하고 문제가 있음
순응형	• 기쁜 마음으로 과업 수행 • 팀 플레이를 함 • 리더나 조직을 믿고 헌신함	• 아이디어가 없음 • 인기 없는 일은 하지 않음 • 조직을 위해 자신과 가족의 요구를 양보함	• 기존 질서를 따르는 것이 중요 • 리더의 의견을 거스르는 것이 어려움 • 획일적인 태도와 행동에 익숙함

실무형	• 조직 운영 방침에 민감함 • 사건을 균형 잡힌 시각으로 봄 • 규정과 규칙에 따라 행동함	• 개인의 이익을 극대화하기 위한 흥정에 능함 • 적당한 열의와 평범한 수완으로 업무 수행	• 규정 준수를 강조 • 명령과 계획의 빈번한 변경 • 리더와 부하 간 비인간적 풍토
수동형	• 판단 · 사고를 리더에 의존 • 지시가 있어야 행동	• 하는 일이 없음 • 제 몫을 하지 못함 • 업무 수행에는 감독관이 반드시 필요	• 조직이 나의 아이디어를 원하지 않음 • 노력과 공헌을 해도 소용이 없음 • 리더는 항상 자기 마음대로 함
주도형 (모범형)	• 팔로워십에서 이상적인 유형임 • 조직과 팀의 목적 달성을 위해 독립적 · 혁신적으로 사고하고 건설적인 비판을 함 • 자기 나름의 개성이 있고 창조적임 • 적극적으로 참여하고 솔선수범함 • 주인의식을 가지고 있으며, 기대 이상의 성과를 내려고 노력함		

1. 리더십

1) 리더십의 의미

조직의 공통 목적을 달성하기 위해 개인이 조직원들에게 영향을 미치는 과정이다.

2) 리더십의 특징

① 카리스마와는 관련이 없다.
② 타고난 성격과 무관하다.
③ 직위를 수반하지 않는다.
④ 선택받은 소수만이 가지는 특권이 아니다.

3) 리더와 관리자의 비교 ★중요

리더	관리자
• 새로운 상황 창조자 • 혁신 지향적 • 내일에 초점 • 동기 부여 • 사람을 중시 • 정신적 • 계산된 위험(Risk)을 취함 • '무엇을 할까'를 생각함	• 상황에 수동적 • 유지 지향적 • 오늘에 초점 • 사람을 관리함 • 체제나 기구를 중시 • 기계적 • 위험(Risk)을 회피함 • '어떻게 할까'를 생각함

4) 리더십의 발휘 구도

리더십의 발휘 구도는 산업사회에서 정보사회로 변하면서 수직적 구조에서 가능한 모든 방향에 영향을 끼치는 전방위적 구조 형태로 바뀌었다.

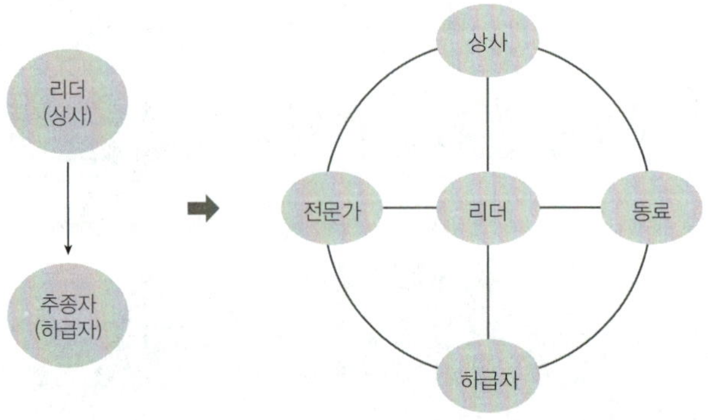

산업사회에서의 리더십 정보사회에서의 리더십

2. 리더십 유형 ★중요

1) 독재자 유형

① 특징

- 질문을 금지한다.
- 조직에 대한 핵심 정보를 독점하며, 다른 구성원들에게는 기본적 수준의 정보만 제공한다.
- 실수를 용납하지 않는다.

② 효과적인 상황: 집단이 통제 없이 방만한 상태에 있는 경우, 가시적인 성과물이 보이지 않는 경우

2) 민주주의에 근접한 유형

① 특징

- 한 사람도 소외 없이 모두를 참여시킨다.
- 토론을 장려한다.
- 민주적이지만, 최종 결정권은 리더에게만 있다.

② 효과적인 상황: 혁신적이고 탁월한 직원들을 거느리고 있고, 그러한 방향을 계속 지향하는 경우

3) 파트너십 유형

① 특징

- 리더는 조직 구성원 중 한 명일 뿐이다.
- 모든 집단구성원이 의사결정 및 팀의 방향을 설정하는 데 참여한다.
- 모든 집단구성원은 집단의 행동에 따른 결과 및 성과에 대해 책임을 공유한다.

② 효과적인 상황: 소규모 조직이나 성숙한 조직에서 구성원들이 풍부한 경험과 재능을 소유한 경우, 신뢰, 정직, 구성원들의 능력에 대한 믿음이 있는 경우

4) 변혁적 유형

① 특징

- 조직의 명확한 비전을 제시하고, 집단 구성원들에게 그 비전을 쉽게 전달하는 카리스마가 있다.
- 뛰어난 사업 수완과 자기 확신이 있다.
- 개개인에게 시간을 할애하여 그들 스스로가 중요한 존재임을 깨닫게 하고, 존경심과 충성심을 불어넣는다.
- 구성원이나 팀이 직무를 완벽히 수행했을 때 칭찬을 아끼지 않으며, 사범이 되어 구성원들이 해낼 수 없다고 생각하는 일들을 할 수 있도록 자극과 도움을 준다.

② 효과적인 상황: 개개인과 팀이 유지해 온 업무 수행 상태를 뛰어넘고자 하는 경우

3. 내적 동기 유발 방법

- 긍정적 강화법을 활용한다.
- 새로운 도전의 기회를 부여한다.
- 창의적인 문제해결법을 모색한다.
- 자신의 역할과 행동에 책임감을 가진다.
- 코칭을 한다.
- 변화를 두려워하지 않는다.
- 지속적으로 교육한다.

4. 코칭 ☆중요

1) 코칭의 의미

문제 및 진척 상황을 팀원들과 함께 자세하게 살피고 지원을 아끼지 않으며, 지도 및 격려를 하는 활동이다.

2) 코칭을 하는 리더의 역할

① 팀원 자신이 권한과 목적의식을 가지고 있는 중요한 사람이라는 사실을 느낄 수 있도록 이끌어 줘야 한다.

② 팀원들이 자신만의 장점과 성공 전략을 활용할 수 있도록 적극적으로 도와야 한다.

5. 임파워먼트(Empowerment), 권한위임 ☆중요

1) 임파워먼트의 의미

조직 구성원들을 신뢰하고 그들의 잠재력을 믿으며, 그 잠재력의 개발을 통해 성과 높은 조직이 되도록 하는 일련의 행위이다.

2) 임파워먼트의 효과

① 생산성이 향상된다.

② 좋은 기회에 대해 큰 기대를 하게 된다.

③ 진보적이고 성공적인 조직을 만들 수 있다.

3) 임파워먼트의 충족 기준

① 여건의 조성: 조직 구성원들이 자유롭게 참여하고 기여할 수 있는 일련의 여건들을 조성한다.

② 재능과 에너지의 극대화: 조직 구성원들의 재능과 욕망을 최대한으로 활용하고 확대할 수 있도록 하는 것이다.

③ 명확하고 의미 있는 목적에 초점: 조직 구성원들이 분명하고 의미 있는 목적과 사명을 위해 최대의 노력을 발휘하도록 해 주는 것이다.

4) 임파워먼트 환경의 특징

① 도전적이고 흥미 있는 일

② 학습과 성장의 기회

③ 높은 성과와 지속적인 개선을 가져오는 요인들에 대한 통제

④ 성과에 대한 지식

⑤ 긍정적인 인간관계

⑥ 개인들이 공헌하며 만족한다는 느낌

⑦ 상부로부터의 지원

5) 임파워먼트에 장애가 되는 요인

개인 차원	• 역량 부족 • 대응성 및 동기 부족 • 결의와 책임감 부족	• 성숙 수준의 전반적인 의존성 • 빈곤한 정신
대인 차원	• 다른 사람과의 성실성 결여 • 약속 불이행 • 성과를 제한하는 조직의 규범(Norm)	• 갈등 처리 능력의 결여 • 승패의 태도

관리 차원	• 통제적 리더십 스타일 • 효과적 리더십 발휘 능력 결여 • 경험 부족	• 정책 및 기획의 실행 능력 결여 • 비전의 효과적 전달 능력 결여
조직 차원	• 공감대 형성이 없는 구조와 시스템	• 제한된 정책과 절차

6. 변화관리

1) 변화 상황에 효과적으로 대처하기 위한 전략

① 우리의 생각을 명확히 할 '5가지 행동의 선택'에 관한 질문 활용
② 변화에 대처하는 속도를 높임
③ 신속한 의사결정
④ 업무 혁신
⑤ 자기 자신을 책임짐
⑥ 상황을 올바로 파악해 제어할 수 있고 타협할 수 있는 부분을 정함
⑦ 가치 추구
⑧ 고객 서비스 기법 연마
⑨ 빠른 변화 속에서 자신을 재충전할 시간 · 장소 마련
⑩ 스트레스 해소
⑪ 의사소통을 통해 목표 · 역할 · 직원에 대한 기대를 명확히 함
⑫ 주변 환경의 변화에 주목함

2) 변화관리의 3단계

1단계 변화 이해하기	리더는 변화와 관련한 몇 가지 공통 기반을 마련하고 변화 과정에 어떤 것들이 있는지를 파악해야 한다. • 변화가 왜 필요한가 • 무엇이 변화를 일으키는가 • 변화는 모두 좋은 것인가
2단계 변화 인식하기	변화에 저항하는 구성원들을 성공적으로 이끌기 위해 리더는 구성원들에게 변화와 관련된 상세한 정보를 제공해야 한다. • 개방적인 분위기 조성 • 객관적인 자세 유지 • 구성원의 감정을 세심하게 살핌 • 변화의 긍정적인 면을 강조 • 변화에 적응할 시간을 줌
3단계 변화 수용하기	리더는 구성원들이 변화를 받아들이도록 이끌어야 한다. • 왜 변화가 일어나야 하는지를 상세하게 설명하고, 변화를 위한 구성원의 노력에 아낌없이 지원 • 부정적인 행동을 보이는 구성원은 개별 면담을 통해, 늘 관심 있게 지켜보고 있고 언제든지 대화를 나눌 수 있다는 것을 주지시킴 • 변화에 스스로 대처하려는 구성원들에게 '인간은 자기실현적 예언자'라는 점을 인식시키며 도움을 줌 • 구성원과 수시로 커뮤니케이션

하위능력 3 갈등관리능력

1. 갈등의 의미와 원인

1) 갈등의 의미

당사자 간에 가치, 규범, 이해, 생각, 목표 등이 서로 불일치하여 충돌하는 상태이다.

2) 갈등과 조직 성과의 관계

없거나 낮음	조직 내부는 의욕을 상실하고 환경 변화에 대한 적응력도 떨어져 조직 성과가 낮아진다.
적절함	조직의 직무 성과가 가장 높아진다. 조직 내부에 생동감이 넘치고 변화 지향적이며 문제해결 능력이 발휘된다.
높음	조직 내부에 혼란과 분열이 생기고 조직에 비협조적이 된다. 조직 성과는 낮아지고, 갈등은 역기능을 한다.

3) 갈등의 단서

① 지나치게 감정적인 논평과 제안을 한다.
② 타인의 의견 발표가 끝나기도 전에 타인의 의견에 대해 공격한다.
③ 핵심을 이해하지 못하여 서로 비난한다.
④ 편을 가르고 타협을 거부한다.
⑤ 개인적인 수준에서 미묘한 방식으로 서로를 공격한다.

4) 갈등을 증폭시키는 원인

적대적 행동	• 승패의 관점으로 상대를 적대시한다. • 문제를 해결하기보다 승리하기를 원한다.
입장 고수	• 공동의 목표를 달성할 필요성을 느끼지 않는다. • 각자의 입장만을 고수하고 의사소통의 폭을 줄이며, 서로 접촉하는 것을 꺼린다.
감정적 관여	자신의 입장에 감정적으로 묶인다.

2. 갈등의 쟁점 및 유형

1) 갈등의 두 가지 쟁점

모든 갈등에는 핵심 문제와 감정적 문제가 서로 중복되거나 교차한다. 핵심 문제는 대부분 갈등의 밑바닥에 깔려 있는 반면, 감정적 문제는 갈등을 복잡하게 만든다.

핵심 문제	감정적 문제
• 역할 모호성 • 방법에 대한 불일치 • 목표에 대한 불일치 • 절차에 대한 불일치 • 책임에 대한 불일치 • 가치에 대한 불일치 • 사실에 대한 불일치	• 공존할 수 없는 개인적 스타일 • 통제나 권력 확보를 위한 싸움 • 자존심에 대한 위협 • 질투 • 분노

2) 갈등의 유형

① 불필요한 갈등: 리더들조차 해결하지 못하는 경우가 있는 갈등이다. 불필요한 갈등은 예방 및 통제할 수 있는 방법들을 반드시 찾아야 한다.

② 해결할 수 있는 갈등: 두 사람의 정반대되는 욕구, 목표, 가치, 이해 등으로 발생하는 갈등이다. 상대방을 먼저 이해하고, 서로가 원하는 것을 만족시키면 해결된다.

3. 갈등의 진행 과정

의견 불일치 ▶ 대결 국면 ▶ 격화 국면 ▶ 진정 국면 ▶ 갈등의 해소

의견 불일치	• 의견 불일치는 상대방의 생각과 동기를 설명하는 기회를 주며, 대화를 통해 오해를 풀고 더 좋은 관계로 발전이 가능하게 한다. • 사소한 오해와 갈등을 방치하면 심각한 갈등으로 발전한다.
대결 국면	• 의견 불일치가 해소되지 않으면 대결 국면으로 빠져든다. • 대결 국면에서는 상대방의 입장은 부정하면서 서로의 입장을 고수하려는 강도가 높아지고, 감정적인 대응이 더욱 격화된다.
격화 국면	• 상대방에게 더욱 적대적인 현상으로 발전한다. • 극단적인 경우 언어 또는 신체적 폭행으로 번진다. • 상대방의 생각 · 의견 · 제안을 부정하고, 자신의 반격을 정당하게 생각한다.
진정 국면	• 시간이 지나면서 정점으로 치닫던 갈등이 점차 감소한다. • 점차 흥분과 불안이 가라앉고 이성과 이해의 원상태로 돌아가려 하며, 협상이 시작된다. • 협상 과정을 통해 쟁점이 되는 주제를 논의하고 대안을 모색한다.
갈등의 해소	• 진정 국면에 들어서면 당사자들은 문제를 해결하지 않고는 자신들의 목표를 달성하기 어려움을 알게 된다. • 서로 간에 쌓인 갈등의 해소는 회피형, 지배 또는 강압형, 타협형, 순응형, 통합 또는 협력형 등의 방법으로 이루어진다.

4. 갈등 해소법의 유형

회피형	• 자신과 상대방에 대한 관심이 모두 낮고, 갈등 상황에 대해 상황이 나아질 때까지 문제를 덮어두거나 위협적인 상황을 피하고자 하는 경우 • 나도 지고, 너도 지는 방법(Lose-Lose)
경쟁형	• 자신에 대한 관심은 높고, 상대방에 대한 관심은 낮은 경우 • 나는 이기고, 너는 지는 방법(Win-Lose) • 상대방의 목표 달성을 희생시키면서 자신의 목표를 이루기 위해 전력을 다하는 전략(Zero-Sum)
수용형	• 자신에 대한 관심은 낮고, 상대방에 대한 관심은 높은 경우 • 나는 지고, 너는 이기는 방법(Lose-Win) • 상대방의 관심을 충족하기 위해 자신의 관심이나 요구를 희생함으로써 상대방의 의지에 따르는 경향이 있음
타협형	• 자신에 대한 관심과 상대방에 대한 관심이 중간 정도인 경우 • 서로가 받아들일 수 있는 결정을 하기 위해 타협적으로 주고받는 방식(Give and Take)
통합형	• 자신과 상대방에 대한 관심이 모두 높은 경우 • 나도 이기고, 너도 이기는 방법(Win-Win) • 문제해결을 위해 서로 간에 정보를 교환하면서 모두의 목표를 달성할 수 있는 해법을 찾음 • 가장 바람직한 갈등 해결 유형임

5. 갈등 해결 방법

- 다른 사람들의 입장을 이해하고자 노력해야 한다.
- 사람들이 당황하는 모습을 자세히 살펴야 한다.
- 어려운 문제는 피하지 말고 맞서야 한다.
- 자신의 의견을 명확하게 밝히고 지속적으로 강화해야 한다.
- 사람들과 눈을 자주 마주쳐야 한다.
- 마음을 열어 놓고 적극적으로 경청해야 한다.
- 타협하고자 노력해야 한다.
- 어느 한쪽으로 치우치지 않아야 한다.
- 논쟁하고 싶은 유혹을 떨쳐 내야 한다.
- 존중하는 자세로 사람들을 대해야 한다.

6. 윈-윈(Win-Win) 전략 ☆중요

1) 윈-윈 전략의 의미

문제의 본질을 근본적으로 해결하고자 하는 방법이며, 서로가 원하는 바를 얻을 수 있어 성공적인 업무 관계를 유지하는 데 효과적이다.

2) 윈-윈 전략의 단계

1단계 충실한 사전 준비	• 비판적인 패러다임 전환하기 • 자신의 위치와 관심사 확인하기 • 상대방의 입장과 드러내지 않은 관심사 연구하기
2단계 긍정적인 접근 방식	• 상대방이 필요로 하는 것에 대해 생각해 보았음을 인정하기 • 자신의 '윈-윈 의도' 명시하기 • 윈-윈 절차, 즉 협동적인 절차에 임할 자세가 되어 있는지 알아보기
3단계 두 사람의 입장을 명확히 하기	• 동의하는 부분 인정하기 • 기본적으로 다른 부분 인정하기 • 자신이 이해한 바 점검하기
4단계 윈-윈에 기초한 기준에 동의하기	• 상대방에게 중요한 기준을 명확히 하기 • 자신에게 어떤 기준이 중요한지 말하기
5단계 몇 가지 해결책 생각하기	해결책에 대해 함께 브레인스토밍하기
6단계 해결책 평가하기	5단계에서 생각해 낸 해결책 평가하기
7단계 해결책 선택 및 동의하기	최종 해결책을 선택하고, 실행하는 것에 동의하기

하위능력 4 협상능력

1. 협상의 의미 ★중요

갈등 상태에 있는 이해당사자들이 대화와 논쟁을 통해 서로를 설득하여 문제를 해결하려는 정보 전달 과정이자 의사결정 과정을 의미한다.

의사소통 차원	• 이해당사자들이 자신들의 욕구를 충족시키고, 상대방으로부터 최선의 것을 얻어내기 위해 상대방을 설득하는 커뮤니케이션 과정이다.
갈등 해결 차원	• 갈등 관계에 있는 이해당사자들이 갈등을 해결하고자 하는 상호작용 과정이다.
지식과 노력 차원	• 얻고자 하는 것을 가진 사람의 호의를 얻어내기 위한 것에 관한 지식이며 노력의 분야이다. • 협상이란 승진, 돈, 안전, 자유, 사랑, 지위, 명예, 정의, 애정 등을 어떻게 다른 사람들보다 더 우월한 지위를 점유하면서 얻을 수 있는지에 관련된 지식이며 노력의 장이다.
의사결정 차원	• 둘 이상의 이해당사자들이 여러 대안들 가운데서 이해당사자들 모두가 수용 가능한 대안을 찾기 위한 의사결정 과정이다. • 공통의 이익을 추구하지만 서로 입장의 충돌 때문에 이해당사자들 모두에게 수용 가능한 이익의 조합을 찾으려는 개인, 조직 또는 국가의 상호작용 과정이다.
교섭 차원	• 선호가 서로 다른 협상 당사자들이 합의에 도달하기 위해 공동으로 의사결정하는 과정이다. • 둘 이상의 이해당사자가 갈등 상태에 있는 쟁점에 대해 합의를 찾기 위한 과정이다.

2. 협상의 과정 ★중요

협상 시작 ▶ 상호 이해 ▶ 실질 이해 ▶ 해결 대안 ▶ 합의 문서

협상 시작	• 협상 당사자들 사이에 상호 친근감을 쌓는다. • 간접적인 방법으로 협상 의사를 전달한다. • 상대방의 협상 의지를 확인한다. • 협상 진행을 위한 체제를 구상한다.
상호 이해	• 갈등 문제의 진행 상황과 현재의 상황을 점검한다. • 적극적으로 경청하고 자기 주장을 제시한다. • 협상을 위한 협상 대상 안건을 결정한다.
실질 이해	• 겉으로 주장하는 것과 실제로 원하는 것을 구분하여 실제로 원하는 것을 찾아낸다. • 분할과 통합 기법을 활용하여 이해관계를 분석한다.
해결 대안	• 협상 안건마다 대안들을 평가하고, 개발한 대안들을 평가한다. • 최선의 대안에 대해 합의하고 선택한다. • 대안 이행을 위한 실행 계획을 수립한다.
합의 문서	• 합의문을 작성한다. • 합의문상의 합의 내용, 용어 등을 재점검한다. • 합의문에 서명한다.

3. 협상에서 주로 나타나는 실수와 대처 방안

준비되기도 전에 협상을 시작하는 것	• 아직 준비가 덜 되었다고 솔직히 언급하고 이를 상대방의 입장을 묻는 기회로 활용해야 한다. • 협상 준비가 되지 않았을 때에는 듣기만 해야 한다.
잘못된 사람과의 협상	• 협상 상대가 협상에 대해 책임을 질 수 있고 타결 권한을 가지고 있는 사람인지 확인하고 협상해야 한다. • 최고책임자는 협상의 세부 사항을 잘 모를 수 있으므로 상급자는 협상의 적절한 상대가 될 수 없다.
특정 입장만 고집하는 것	• 협상 한계를 설정하고 그다음 단계를 대안으로 제시해야 한다. • 상대방이 특정 입장만 내세우는 경우에는 조용히 그들의 준비를 도와주고 서로 의견을 교환하면서 상대의 마음을 열게 해야 한다.
협상의 통제권을 잃을까 두려워하는 것	• 통제권을 잃을까 염려되면 협상 자체를 고려해 봐야 한다. • 자신의 한계를 설정하고 고수하면 염려하지 않게 된다.
설정한 목표와 한계에서 벗어나는 것	• 한계와 목표를 잃지 않도록 기록하고, 기록된 노트를 협상의 길잡이로 삼아야 한다. • 더 많은 것을 얻기 위해 한계와 목표는 바꿀 수 있다.
상대방에 대해서 너무 많은 염려를 하는 것	• 협상을 타결 짓기 전에 자신과 상대방이 각기 만족할 만한 결과를 얻었는지 확인해야 한다. • 협상 결과가 현실적으로 효력이 있었는지 확인해야 한다. • 모두 만족할 만한 상황이 되었는지 확인해야 한다.
협상 타결에 초점을 맞추지 못하는 것	• 협상의 모든 단계에서 협상의 종결에 초점을 맞추고, 항상 종결을 염두에 두어야 한다. • 특정한 목적을 위해 협상을 하고 있으므로 목표가 가까이 왔을 때 쟁취해야 한다.

4. 협상 전략의 형태 ★중요

1) 협력 전략(문제해결 전략)

① 협상 참여자들이 협동과 통합으로 문제를 해결하고자 하는 협력적 문제해결 전략으로, 'Win-Win' 전략이다.

② 협상 당사자들은 자신들의 목적이나 우선순위에 대해 정보를 교환하고 통합하여 문제를 해결하고자 노력해야 하며, 신뢰에 기반을 둔 협력을 진행해야 한다.

③ 협력 전략의 전술에는 협동적 원인 탐색, 정보 수집과 제공, 쟁점의 구체화, 대안 개발, 개발된 대안들에 대한 공동 평가, 협동을 통한 최종안 선택 등이 있다.

2) 유화 전략(양보 전략)

① 양보 전략, 순응 전략, 화해 전략, 수용 전략, 굴복 전략, 'Lose-Win' 전략이다.

② 상대방이 제시하는 것을 일방적으로 수용하여 협상의 가능성을 높이려는 전략이다.

③ 협상으로 인해 돌아올 결과보다는 상대방과의 인간관계 유지를 선호하여 상대방과 충돌을 피하고자 할 때 사용하는 전략이다.

3) 회피 전략(무행동 전략)

① 무행동 전략, 협상철수 전략, 'Lose-Lose' 전략이다.
② 상대방이나 자신에게 돌아올 결과에 대해 전혀 관심을 가지지 않을 때 사용할 수 있다.
③ 자신이 얻게 되는 결과나 인간관계 모두에 대해 관심이 없을 때 상대방과의 협상을 거절할 수 있다.
④ 협상을 계속 진행하는 것이 자신에게 불리할 때, 협상 국면을 전환시키고자 할 때 사용하는 전략이다.
⑤ 회피 전략의 전술에는 회피, 무시, 상대방의 도전에 대한 무반응, 협상 안건을 타인에게 넘겨주기, 협상으로부터 철수 등이 있다.

4) 강압 전략(경쟁 전략)

① 공격적 전략, 경쟁 전략, 'Win-Lose' 전략이다.
② 자신이 상대방보다 힘에 있어 우위를 점유하고 있을 때 자신의 이익을 극대화하기 위한 공격적 전략이다.
③ 자신의 주장을 상대방에게 확실하게 제시하고, 상대방에게 이를 수용하지 않으면 보복이 있을 것이며, 협상이 결렬될 것이라는 등의 위협을 가하는 경우가 발생할 수 있다.
④ 상대방에 비해 자신의 힘이 강하고, 상대방과의 인간관계가 나쁘며, 상대방에 대한 신뢰가 전혀 없을 때, 자신의 실질적 결과를 극대화하고자 할 때 사용하는 전략이다.
⑤ 강압 전략의 전술로는 위압적인 입장 천명, 협박과 위협, 협박적 설득, 확고한 입장에 대한 논쟁, 협박적 회유와 설득, 상대방 입장에 대한 강압적 설명 요청 등이 있다.

5. 설득의 방법 ★중요

1) 'See-Feel-Change' 전략

'See(보고)-Feel(느끼고)-Change(변화한다)' 전략으로 갈등 관리를 순조롭게 하고, 협상의 목적을 성공적으로 달성할 수 있다.

See 전략	시각화하고 직접 보게 하여 이해시키는 전략
Feel 전략	스스로가 느끼게 하여 감동시키는 전략
Change 전략	변화시켜 설득에 성공한다는 전략

2) 상대방 이해 전략

① 협상 상대방을 설득하기 위해서는 설득에 장애가 되는 요인들을 제거해야 한다.
② 협상 전략에 있어서 상대방 이해란 갈등 해결을 위해 상대방에 대한 이해가 선행되어 있으면 갈등 해결이 용이하다.

3) 호혜 관계 형성 전략

① 호혜 관계란 협상 당사자 간에 어떤 혜택들을 주고받은 관계가 형성되어 있으면 그 협상 과정상의 갈등 해결에 용이함을 의미한다.
② 평소에 호혜 관계를 잘 형성해 놓으면 정책을 추진할 때 협조가 용이해진다.

4) 헌신과 일관성 전략

① 헌신과 일관성이란 협상 당사자 간에 기대하는 바에 일관성 있게 헌신적으로 부응하여 행동하면 협상 과정 상의 갈등 해결이 용이함을 의미한다.
② 사소한 습관에서부터 큰 것으로 지속적으로 진행해야 한다.

③ 도중에 나쁜 습관을 용인하면 헌신과 일관성의 법칙이 깨져 나쁜 버릇을 가질 수 있다.
④ 상사가 부하들에게 대하는 행동에도 적용된다.

5) 사회적 입증 전략

① 사회적 입증이란 어떤 과학적인 논리보다도 동료를 비롯한 사람들의 말과 행동으로 상대방을 설득하는 것이 협상 과정에서 생기는 갈등 해결에 용이해짐을 의미한다.
② '입소문'을 통한 설득이 광고를 내보내서 설득하는 것보다 더 효과가 있음을 의미한다.

6) 연결 전략

① 연결이란 협상 과정에서 갈등이 발생했을 때 갈등 문제와 갈등 관리자를 연결하는 것이 아니라, 그 갈등을 야기한 사람과 관리자를 연결하면 갈등 해결이 용이하다.
② 연결 기술을 효과적으로 사용하기 위해서는 우호적이거나 좋은 이미지, 협력적인 행정이나 정책들을 사용하여 다른 사람을 설득하는 것이 필요하다.

7) 권위 전략

권위란 직위, 전문성, 외모 등을 이용하면 협상 과정에서 생기는 갈등 해결에 도움이 됨을 의미한다.

8) 희소성 해결 전략

① 희소성이란 인적 · 물적 자원 등의 희소성을 해결하는 것이 협상 과정에서 생기는 갈등 해결에 용이함을 의미한다.
② 희소성의 문제는 희소한 것을 강력히 소유하고자 하는 사람 또는 집단들의 소유욕이 있을 때에 한해 통용된다.

9) 반항심 극복 전략

① 반항심이란 협상 과정상의 갈등 관리를 위해 자신의 행동을 통제하려는 상대방에게 반항하는 것과 관련이 있다.
② 비난하거나 부정하는 말 또는 행동으로 설득하면 상대방의 반항 심리를 유발시켜 설득에 실패할 확률이 높다.

하위능력 5 고객서비스능력

1. 고객서비스

1) 고객서비스의 의미

다양한 고객의 요구를 파악하고, 대응법을 마련하여 고객에게 양질의 서비스를 제공하는 것을 의미한다.

2) 고객서비스의 중요성

고객서비스를 제공하여 고객이 감동을 받으면 이로 인해 회사에 대한 충성도가 높아지고, 결과적으로 고객들 사이에 기업에 대한 선호도가 높아져 성장과 이익을 달성할 수 있다.

3) 고객중심 기업의 일반적 특성

① 내부 고객과 외부 고객 모두를 중시하며, 고객 만족에 중점을 둔다.
② 고객이 정보, 제품, 서비스 등에 쉽게 접근할 수 있다.
③ 보다 나은 서비스를 제공할 수 있도록 하는 기업 정책을 수립한다.
④ 전반적인 기업의 관리시스템이 고객서비스 업무를 지원한다.
⑤ 기업이 실행한 서비스에 대해 계속적인 재평가를 실시함으로써 고객에게 양질의 서비스를 제공하도록 서비스 자체를 끊임없이 변화시키고 업그레이드한다.

2. 고객 불만에 대한 대응 방안

1) 고객의 불만 표현 방식 및 대응 방안 ☆중요

거만형	특징	자신이 타인보다 우월하다고 생각하며, 과시적으로 자신이 가진 지식, 능력, 소유를 드러내고 싶어 한다. 일반적으로 제품을 폄하하는 사람들이 많다.
	대응 방안	• 정중하게 대하는 것이 좋다. • 과시욕이 충족될 수 있도록 그들의 언행을 제지하지 않고 인정해 준다. • 의외로 단순한 면이 있어 거만형에게 호감을 얻게 되면 여러 면으로 득이 될 경우가 많다.
의심형	특징	타인과 세상을 잘 신뢰하지 못하고, 직원의 설명이나 제품의 품질에 대해 의심이 많으며, 확신 있는 말이 아니면 잘 믿지 않는다.
	대응 방안	• 분명한 증거나 근거를 제시하여 스스로 확신을 갖도록 유도한다. • 때로는 책임자가 응대하는 것도 좋다.
트집형	특징	사소한 것으로 트집을 잡는다.
	대응 방안	• 이야기를 경청하고, 맞장구치며, 추켜세우고, 설득해 가는 방법이 효과적이다. • 고객의 의견을 경청하고 사과를 하는 응대가 바람직하다.
빨리빨리형	특징	매사에 성격이 급하며, 일처리가 늦어지는 것에 대해 특히나 불만을 갖 는다.
	대응 방안	• 애매한 화법을 사용하면 고객은 신경이 더욱 날카롭게 곤두서게 된다. • 일을 신속하게 처리하는 모습을 보이면 응대하기가 쉽다.

2) 고객 불평 대응 시 유의사항

① 불만족 고객 대부분은 불평하지 않는다. 불평하는 고객은 사업자를 도와주려는 생각에서 불평을 하는 경우가 많으므로 고객의 불평을 감사하게 생각해야 한다.

② 고객의 불평은 종종 거친 말로 표현되나, 그 내용이 꼭 공격적인 것은 아니다.

③ 대부분의 불평 고객은 단지 기업이 자신의 불평을 경청하고, 잘못된 내용을 설명하며, 제대로 고치겠다고 약속하면서 사과하기를 원한다.

④ 미리 들을 준비를 하고 침착하고 긍정적으로 고객을 대해야 한다. 대부분의 불평은 큰 심적 소진 없이 빠르게 해결된다.

3) 고객 불만 처리 프로세스 ★중요

1단계 경청	• 고객의 항의를 경청하고 끝까지 듣는다. • 선입견을 버리고 문제를 파악한다.
2단계 감사와 공감 표시	• 일부러 시간을 내서 해결의 기회를 준 것에 감사를 표시한다. • 고객의 항의에 공감을 표시한다.
3단계 사과	고객의 이야기를 듣고 문제점을 인정하며 잘못된 부분은 사과한다.
4단계 해결 약속	고객이 불만을 느낀 상황에 대해 관심과 공감을 보이며, 문제의 빠른 해결을 약속 한다.
5단계 정보 파악	• 문제 해결을 위해 꼭 필요한 질문만 하여 정보를 수집한다. • 최선의 해결 방법을 찾기 어려우면 고객에게 문의한다.
6단계 신속 처리	잘못된 부분을 신속하게 시정한다.
7단계 처리 확인과 사과	불만 처리 후 고객에게 처리 결과에 만족하는지를 물어본다.
8단계 피드백	고객 불만 사례를 회사 및 전 직원에게 알려 재발을 방지한다.

3. 고객만족 조사

1) 고객만족 조사의 목적

① 고객의 주요 요구를 파악하여 가장 중요한 고객 요구를 도출하기 위함이다.

② 자사가 보유한 자원을 바탕으로 경영 프로세스의 개선에 활용함으로써 경쟁력을 증대시키기 위함이다.

2) 고객만족 측정 시 발생할 수 있는 오류의 유형

① 고객이 원하는 것을 알고 있다고 생각

② 적절한 측정 프로세스 없이 조사 시작

③ 비전문가로부터의 도움

④ 포괄적인 가치만 질문

⑤ 중요도 척도의 오용

⑥ 모든 고객이 동일한 수준의 서비스를 원하고 필요로 한다고 가정

3) 고객만족 조사 계획의 프로세스

① 조사 분야 및 대상 결정

② 조사 목적 설정

③ 조사 방법 및 횟수 수립

④ 조사 결과 활용 계획 수립

STEP 02

대표 기출유형

기출유형 ① 팀워크능력

유형 특징

❶ NCS 직업기초능력평가 교수자용 및 학습자용 매뉴얼에 제시된 학습 모듈 이론을 기반으로 문제가 출제된다.
❷ 이론 자체를 묻는 유형과 상황을 주고 적용하는 유형이 모두 출제된다.
❸ 효과적인 팀의 특성, 팀워크의 저해 요소나 팔로워십 등에 관한 내용이 출제된다.

풀이 전략

❶ 평소 기출문제를 풀어보며 출제 포인트를 학습해야 한다.
❷ 모듈 이론을 알지 못하면 풀이할 수 없는 문항도 출제되므로, 모듈 이론의 내용을 정확하게 이해하고 중요한 용어는 꼼꼼히 암기해 두어야 한다.

다음 자료를 바탕으로 할 때, [보기]의 ㉠~㉦ 항목으로 알 수 있는 팀워크 구성요소가 바르게 짝지어진 것은?

2024년 1월 서울교통공사

팀워크의 정의를 이해하는 것이 팀워크를 향상시키는 첫 번째 단계라 할 수 있다. 팀워크는 다음과 같이 정의할 수 있다.

'팀워크(teamwork)'란 팀 구성원이 공동의 목적을 달성하기 위하여 상호관계성을 가지고 서로 협력하여 업무를 수행하는 것을 말한다. Teamwork=Team+Work에서 볼 수 있듯이 팀워크의 정의는 '팀(team)'과 '일(work)'이라는 키워드를 지니고 있다.

그렇다면 응집력과 팀워크에는 어떤 차이가 있을까?

우선, 응집력은 '사람들로 하여금 집단에 머물도록 만들고, 그 집단의 멤버로서 계속 남아 있기를 원하게 만드는 힘'이라 할 수 있다. 즉, 팀이 성과를 내지 못하면서 분위기만 좋은 것은 팀워크가 좋은 것이 아니고 응집력이 좋은 것이다. 단순히 모이는 것을 중요시하는 것이 아니라 목표달성의 의지를 가지고 성과를 내는 것이 바로 팀워크이다.

보기
㉠ 팀 구성원들이 서로 신뢰하는가? ㉡ 주어진 과제가 잘 연계되어 있는가? ㉢ 팀 구성원들이 단결하여 조직에 헌신하는가? ㉣ 조직 내 업무 분배가 잘 이루어지는가? ㉤ 팀 구성원들이 공동의 목표를 위해 협력하는가? ㉥ 조직 내의 의견 교류가 활발히 이루어지는가? ㉦ 팀 구성원들이 가지고 있는 정보를 서로 기꺼이 공유하는가?

	협업	업무조정	의사소통	응집력
①	㉠, ㉢	㉣	㉡, ㉦	㉤, ㉥
②	㉡	㉣, ㉥	㉠, ㉢	㉤, ㉦
③	㉢, ㉣	㉤, ㉦	㉠, ㉡	㉥
④	㉣, ㉤	㉠, ㉡	㉢, ㉦	㉥
⑤	㉤	㉡, ㉣	㉥, ㉦	㉠, ㉢

| 정답풀이 |

정답 ⑤

팀워크의 구성요소 중 협업이 제대로 이루어지고 있는지를 알아보기 위해서는 팀 구성원들이 공동의 목표를 위해 협력하는지를 확인해야 한다. 업무가 적절하게 조정되어 효율적인 팀워크가 유지되고 있는지 여부는 주어진 과제가 잘 연계되어 있는지 혹은 조직 내 업무 분배가 잘 이루어지고 있는지를 확인해야 한다. 또한 조직 내의 의견 교류가 활발히 이루어지고 있는지, 팀 구성원들이 가지고 있는 정보를 서로 기꺼이 공유하는지를 확인하여 원활한 의사소통이 이루어지고 있는지를 알 수 있다. 팀의 응집력은 팀 구성원들이 서로 얼마나 신뢰하고 있는지를 통해 알 수 있으며, 팀 구성원들이 단결하여 조직에 헌신하는 정도 역시 응집력의 척도가 될 수 있다.

기출유형 ② 리더십능력

유형 특징

❶ NCS 직업기초능력평가 교수자용 및 학습자용 매뉴얼에 제시된 학습 모듈 이론을 기반으로 문제가 출제된다.
❷ 이론 자체를 묻는 유형과 상황을 주고 적용하는 유형이 모두 출제된다.
❸ 리더십 유형, 리더의 역할과 동기부여에 대한 내용이 출제되며, 최근에는 코칭과 임파워먼트에 대한 내용도 빈번하게 출제된다.

풀이 전략

❶ 평소 기출문제를 풀어보며 출제 포인트를 학습해야 한다.
❷ 모듈 이론을 알지 못하면 풀이할 수 없는 문항도 출제되므로, 모듈 이론의 내용을 정확하게 이해하고 중요한 용어는 꼼꼼히 암기해 두어야 한다.

[01~02] 다음은 임파워먼트에 관한 설명이다. 이를 바탕으로 이어지는 질문에 답하시오.

2025년 2월 서울교통공사

1. 임파워먼트(empowerment)란

임파워먼트는 조직 구성원들을 신뢰하고 그들의 잠재력을 믿으며 그 잠재력의 개발을 통해 고성과 조직이 되도록 하는 일련의 행위를 의미한다. 임파워먼트의 장애요인은 개인 차원, 대인 차원, 관리 차원, 조직 차원으로 구분할 수 있다.

2. 임파워먼트 관련 사례

박 과장, 김 팀장, 최 대리는 지하철 좌석의 색과 선로의 색을 일치시키는 프로젝트를 진행하던 도중 일이 제대로 진행되지 않았다.

- 박 과장: "최 대리가 계약을 따내지 못해서 일이 진행되지 않았습니다."
- 김 팀장: "정책이 제한되어 있고 절차도 불분명해서 조직원들의 공감대가 잘 형성되지 못했어요."
- 최 대리: "이건 '관리 차원의 장애요인'에 해당합니다."

01 다음 중 박 과장과 김 팀장이 주장하는 임파워먼트의 장애요인을 바르게 짝지은 것은?

	박 과장	김 팀장
①	대인 차원	조직 차원
②	개인 차원	조직 차원
③	개인 차원	관리 차원
④	대인 차원	관리 차원
⑤	조직 차원	개인 차원

02 다음 중 최 대리가 언급한 '관리 차원의 장애요인'에 해당하지 않는 것은?

① 통제적 리더십 스타일
② 정책 및 기획의 실행능력 결여
③ 비전의 효과적 전달능력 결여
④ 주어진 일을 해내는 역량의 결여
⑤ 효과적 리더십 발휘능력 결여

01

| 정답풀이 | 정답 ②

박 과장은 최 대리가 계약을 따내지 못해서 일이 진행되지 않았다고 여긴다. 이는 주어진 일을 해내는 역량의 결여, 대응성 및 동기의 결여, 결의의 부족, 책임감 부족, 성숙 수준의 전반적인 의존성, 빈곤의 정신 등에 관련한 개인 차원의 장애요인에 해당한다. 한편 김 팀장은 제한된 정책과 불분명한 절차, 그리고 조직원들의 공감대가 잘 형성되지 못했기에 프로젝트가 진행되지 못한다고 하였다. 이는 공감대 형성이 없는 구조와 시스템, 제한된 정책과 절차 등에 관련한 조직 차원의 장애요인에 해당한다.

02

| 정답풀이 | 정답 ④

임파워먼트의 장애요인은 개인 차원, 대인 차원, 관리 차원, 조직 차원으로 구분할 수 있는데, 관리 차원의 장애요인은 통제적 리더십 스타일, 효과적 리더십 발휘능력 결여, 경험 부족, 정책 및 기획의 실행능력 결여, 비전의 효과적 전달능력 결여 등이 있다. 역량의 결여는 개인 차원의 장애요인에 해당한다.

기출유형 ③ 갈등관리능력

유형 특징

❶ NCS 직업기초능력평가 교수자용 및 학습자용 매뉴얼에 제시된 학습 모듈 이론을 기반으로 문제가 출제된다.
❷ 이론 자체를 묻는 유형과 상황을 주고 적용하는 유형이 모두 출제된다.
❸ 갈등 전개 과정과 해결방안이 출제될 가능성이 높으며, 최근 갈등 해소법의 유형과 윈-윈 전략을 소재로 다수 출제하고 있다.

풀이 전략

❶ 평소 기출문제를 풀어보며 출제 포인트를 학습해야 한다.
❷ 모듈 이론을 알지 못하면 풀이할 수 없는 문항도 출제되므로, 모듈 이론의 내용을 정확하게 이해하고 중요한 용어는 꼼꼼히 암기해야 한다.

다음 자료를 바탕으로 할 때, 박 과장과 김 팀장의 갈등 해결 모색 방안으로 가장 적절한 것은?

2025년 2월 서울교통공사

갈등 해결 모색 방안에는 회피형, 경쟁형, 수용형, 타협형, 통합형의 5가지가 있다. 회피형은 갈등상황으로부터 철회 또는 회피하는 것으로, 상대방의 욕구와 본인의 욕구를 모두 만족시킬 수 없게 된다. 경쟁형은 상대방의 목표 달성을 희생시키면서 자신의 목표를 이루기 위해 전력을 다하는 전략이다. 수용형은 상대방의 욕구를 충족하기 위하여 자신의 관심이나 목표는 희생함으로써 상대방의 요구에 따른다. 타협형은 서로가 받아들일 수 있는 결정을 하기 위하여 타협적으로 주고받는 방식을 말한다. 통합형은 문제해결을 위하여 서로 간에 정보를 교환하면서 모두의 목표를 달성할 수 있는 해법을 찾는다.

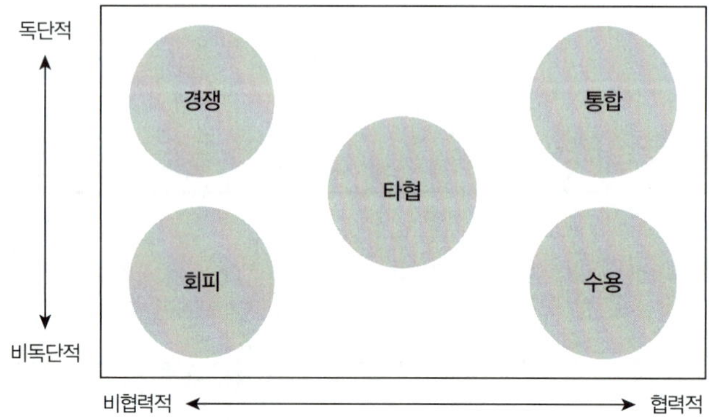

[사례 1]
박 과장은 최근 영업팀과 마케팅팀이 회사 차량을 누가 먼저 사용할지에 관해 지속적으로 갈등하는 상황을 목격하였다. 박 과장은 영업팀과 마케팅팀 중 어느 편도 들 수 없어 아예 이 상황에 대하여 언급하지 않기로 했다.

[사례 2]
김 팀장은 A회사와 계약을 하기로 하였으나 비용 절감 문제로 의견 충돌이 발생하였다. 김 팀장은 A회사와의 성공적인 계약이 더 중요하다고 생각했기 때문에 A회사가 원하는 방식을 따라 계약을 체결하기로 하였다.

	박 과장	김 팀장
①	경쟁	타협
②	회피	타협
③	회피	수용
④	타협	통합
⑤	통합	경쟁

| 정답풀이 |

정답 ③

박 과장은 영업팀과 마케팅팀 어느 쪽의 편도 들지 않고 갈등 상황에 대하여 언급하지 않았다. 즉, 회피형 방안을 선택하였다. 김 팀장은 A회사와 비용 절감 문제로 의견 충돌이 발생하였는데, A회사와의 성공적인 계약이 더 중요하다고 생각하여 A회사가 원하는 방식대로 계약을 체결하기로 하였으므로 자신의 입장보다는 상대의 욕구를 만족시키는 수용형 방안을 선택하였다.

기출유형 ④ 협상능력

유형 특징

❶ NCS 직업기초능력평가 교수자용 및 학습자용 매뉴얼에 제시된 학습 모듈 이론을 기반으로 문제가 출제된다.
❷ 이론 자체를 묻는 유형과 상황을 주고 적용하는 유형이 모두 출제된다.
❸ 합리적인 협상 과정과 협상 전략에 대한 문제가 주로 출제된다.

풀이 전략

❶ 평소 기출문제를 풀어보며 출제 포인트를 학습해야 한다.
❷ 모듈 이론을 알지 못하면 풀이할 수 없는 문항도 출제되므로, 모듈 이론의 내용을 정확하게 이해하고 중요한 용어는 꼼꼼히 암기해야 한다.
❸ 이론만 묻기보다는 갈등 상황과 같이 여러 상황과 함께 출제되는 경우가 많으므로, 복합적인 상황을 가정하여 적용하는 연습이 중요하다.

다음 A~E의 사례 중 협상에서 주로 나타나는 실수에 따른 대처방안으로 가장 적절하지 않은 것은?

2022년 10월 서울교통공사

구분	협상의 실수		대처방안
A	A사의 영업팀에서는 거래처와 거래할 판매 물품에 대한 협상 준비가 끝나지 않았으나, 거래처에서 미팅을 요구하여 협상을 시작하게 되었다.	→	"죄송하지만 저희가 아직 협상 준비를 완료하지 못했습니다. 혹시 이번 협상에 대해 어떤 입장이신지 말씀해 주실 수 있나요?"
B	B씨는 이번에 처음으로 협상을 맡아 진행하게 되었는데, 상대 회사의 담당자 K씨에게 협상의 통제권을 빼앗길까봐 불안한 상태이다.	→	'우리 회사와 상대 회사가 각기 만족할 만한 결과를 얻을 수 있도록 상황을 전반적으로 재점검해 보아야겠어.'
C	C씨는 거래처 공장과 ◇◇부품 독점 판매권에 대한 협상을 진행 중이었으나, 공장의 대표자는 ○○부품에 대한 내용만 계속해서 이야기하고 있다.	→	"저희가 협상하기로 한 주제에서 벗어난 내용인 것 같네요. 다시 주제로 돌아와서 협상하기로 한 ◇◇부품에 관해 이야기해 볼까요?"
D	D씨는 거래처의 물건을 구입하기 위해 협상을 진행하고 있으나 거래처에서 제시한 가격은 본인이 생각해 온 예산을 초과하는 상황이다.	→	'내가 예상하여 기록한 예산의 한계를 초과하는 상황이네. 하지만 이 물품은 우리 회사에 꼭 필요한 것이니 예산을 변경해 봐야겠어.'
E	노동자 대표인 E씨는 노동자들의 입장을 설명하고 사측과 대화하기 위해 회의에 참석하였으나, 사측 대표로 참석한 사람은 노동자들이 요구하는 방안에 대한 결정 권한이 없는 사람이었다.	→	"협상에 책임을 질 수 있는 사람과 대화를 하고 싶네요. 협상에 권한이 있는 분을 만나게 해주십시오."

① A ② B ③ C
④ D ⑤ E

| 정답풀이 | 정답 ②

협상은 통제권을 확보하는 것이 아니라 함께 의견 차이를 조정하면서 최선의 해결책을 찾는 것이므로, 협상의 통제권을 잃을까 두려운 경우라면 그 사람과의 협상 자체를 고려하는 것이 좋으며, 자신의 한계를 설정하고 그것을 고수하여 그런 염려를 하지 않게 하는 것도 좋은 대처방안이다.

| 오답풀이 |

① 준비되기도 전에 상대방이 먼저 협상을 요구하거나 재촉해 협상을 시작하게 된 경우 아직 준비가 덜 되었다고 솔직히 말하며, 상대방의 입장을 묻는 기회로 삼는 것이 적절하다.
③ 협상 타결에 초점을 맞추지 못하는 것을 주의하여 협상의 모든 단계에서 협상의 종결에 초점을 맞추고, 항상 종결을 염두에 두어야 하므로 적절하다.
④ 협상이 설정한 목표와 한계에서 벗어나지 않도록 한계와 목표를 기록하고, 기록된 노트를 협상의 길잡이로 삼는 것도 좋은 대처방안이며, 더 많은 것을 얻기 위해 한계와 목표를 바꾸기도 하므로 적절하다.
⑤ 협상을 할 때에는 잘못된 사람과 협상하지 않도록 협상 상대가 협상에 대하여 책임을 질 수 있고 타결권을 가지고 있는 사람인지 확인하고 협상을 시작해야 하므로 적절하다.

기출유형 ⑤ 대인 심리학

유형 특징

❶ 타인과 상호 작용하는 과정에서의 감정이나 행동을 연구하는 학문인 대인 심리학에 대한 내용이 출제된다.

❷ 상황을 주고 알맞은 심리학 용어를 바르게 연결하는 유형이 주로 출제된다.

풀이 전략

❶ 보통 문제에서 대인 심리학 개념에 대해 설명해 주므로 이를 꼼꼼히 읽고 풀이한다.

❷ 사회교환이론, 애착이론, 사회학습이론 등 대표적인 대인 심리학 이론을 학습하여 주요 심리학 용어에 익숙해질 수 있도록 한다.

다음 대인지각 오류에 관한 글을 바탕으로 할 때, 빈칸 ㉠~㉤에 들어갈 내용이 바르게 짝지어진 것은?

2023년 6월 서울교통공사

우리는 살아가면서 수많은 사람들을 만나며 그 사람을 판단하게 됩니다. 하지만 왜 우리는 다른 사람을 제대로 보지 못할까요? 그것은 타인을 객관적이고 타당한 방법으로 지각하는 것이 아니라 개인이 가진 틀 속에서 평가하는 경향이 많기 때문입니다. 대표적으로 다음과 같은 경우입니다.

첫째는 (㉠)입니다. 이것은 한 사회의 구성원들이 공유한다고 믿어지는 일련의 성격 특성입니다. 따라서 이것과 상반되는 특성에 대해서는 받아들일 준비를 하고 있지 않기 때문에 사람을 제대로 보지 못하게 됩니다. 가령 학생 부모의 직업이라든가 교육 수준, 생활환경 등 그 학생의 환경에 따라 이것을 형성하므로 실제로 그 학생이 가지지 않은 특성을 가진 것으로 생각하기도 하고, 가지지 않은 특성을 가진 것으로 생각하기도 합니다.

둘째는 (㉡)입니다. 이것은 어떤 특성이 좋으면 다른 특성도 좋을 것이라고 판단하는 것을 말합니다. 공부를 잘하는 학생은 인격도 좋고 교우관계도 좋고 봉사활동도 잘할 것이라고 생각하는 것입니다. 이것은 특히 외모와 같이 겉으로 타인을 평가할 때 강하게 영향을 미칩니다. 따라서 외모에 별 호감이 가지 않는 학생은 그렇지 않은 학생보다 불리한 평가를 받을 가능성이 큽니다.

셋째는 (㉢)입니다. 이것은 한편으로 학생들의 성취를 높이는 긍정적인 요인으로 작용하기도 하지만(피그말리온 효과), 이것에 어긋났을 때에는 성격 특성과는 무관하게 평가되기도 합니다.

넷째는 (㉣)입니다. 사람들은 '남이 하면 불륜, 내가 하면 로맨스'처럼 타인의 행동에 대해서는 그의 개인적인 원인을 과대 강조하고, 자신의 행동에 대해서는 그러한 원인을 강조하지 않는 경향이 있으며, 나쁜 일은 나쁜 사람에게 일어나며, 좋은 일은 좋은 사람에게 일어난다는 가정(공정한 세상 가설)을 하고 있습니다.

다섯 번째는 (㉤)입니다. 이것은 우리가 보고 싶은 것만 보고, 듣고 싶은 것만 듣는다는 것입니다. 그래서 전체를 바라보지 못하고 부분적인 것만 받아들여 타인에 대해 과대평가 혹은 과소평가를 하게 됩니다.

	㉠	㉡	㉢	㉣	㉤
①	확증편향	위약효과	신념	가치 오류	혼합 지각
②	인지부조화	피그말리온 효과	믿음	내적 귀인	로젠탈 효과
③	인지편향	노시보 효과	자아	외적 귀인	자율 지각
④	고정관념	후광효과	기대	귀인 착오	선택적 지각
⑤	필터 버블	플라시보 효과	칭찬	과대 평가	나선 이론

| 정답풀이 |

정답 ④

- 고정관념: 어떤 사람을 판단함에 있어 그 사람이 속한 집단에 대한 선입관을 바탕으로 판단을 하는 경우로 평가자가 피평가자가 속한 그룹의 속성을 통하여 그의 특성을 추론하고자 하는 것
- 후광효과: 일반적으로 발견되는 지각의 오류로 개인이 갖는 지능, 사교성, 용모 등과 같은 특성들 중 하나에 기초하여 그 개인에 대한 일반적 인상을 형성하는 것
- 기대: 어떤 일이나 대상이 원하는 대로 되기를 바라고 기다림
- 귀인 착오: 외집단으로부터 얻은 원인을 내부에서 찾고, 내집단으로부터 얻은 원인을 외부에서 찾는 원인 판단 오류의 행위(예: 지지 정당에서 범죄자가 나올 경우 이상한 한 명으로 보고, 반대 정당에서 범죄자가 나오면 싸잡아서 집단 자체를 모욕함)
- 선택적 지각: 외부 정보를 객관적으로 받아들이지 않고 자신의 기존 인지 체계와 일치하거나 자신에게 유리한 것을 선택하여 지각하는 일

기출유형 ⑥ 고객서비스능력

유형 특징

❶ NCS 직업기초능력평가 교수자용 및 학습자용 매뉴얼에 제시된 학습 모듈 이론을 기반으로 문제가 출제된다.
❷ 이론 자체를 묻는 유형과 상황을 주고 적용하는 유형이 모두 출제된다.
❸ 고객의 불만 표현 방식과 이에 맞는 대응 방안, 고객 불만 처리 프로세스 등에 대한 내용이 주로 출제된다.

풀이 전략

❶ 평소 기출문제를 풀어보며 출제 포인트를 학습해야 한다.
❷ 모듈 이론을 알지 못하면 풀이할 수 없는 문항도 출제되므로, 모듈 이론의 내용을 정확하게 이해하고 중요한 용어는 꼼꼼히 암기해야 한다.
❸ 고객 응대 프로세스에 대해 정확하게 알고, 사례와 결합하여 학습할 수 있도록 한다.

고객 불만이 발생한 경우 고객 불만 처리 프로세스를 바탕으로 대응하게 된다. 상황 A와 상황 B의 고객 불만을 처리한다고 할 때, 고객 불만 프로세스에 따른 각 상황의 처리 단계가 바르게 짝지어진 것은?

2022년 10월 서울교통공사

> 상황 A: 대형 마트에서 사과와 배를 구입한 고객이 며칠 뒤 다시 방문하여 과일이 물러 있다며 불만사항을 늘어놓고 있다. 이에 마트에서 근무 중인 H사원은 고객의 불만사항을 끝까지 들으며 문제를 파악하였다.
> 상황 B: 고객의 불만사항을 들은 H사원은 고객이 과일을 구매할 때 포인트 적립이 되지 않은 것에 대해 기분이 상하였다는 사실을 확인하였다. 이에 따라 H사원은 고객이 가지고 온 사과와 배를 새 과일로 교환해 주고, 구입한 과일에 대한 포인트 적립도 도와주었다.

	상황 A	상황 B
①	경청	신속처리
②	경청	해결약속
③	피드백	신속처리
④	피드백	해결약속
⑤	정보파악	처리 확인과 사과

| 정답풀이 | 정답 ①

고객 불만 처리 프로세스는 '1단계: 경청 → 2단계: 감사와 공감 표시 → 3단계: 사과 → 4단계: 해결약속 → 5단계: 정보파악 → 6단계: 신속처리 → 7단계: 처리 확인과 사과 → 8단계: 피드백'으로 이루어진다.

- 상황 A: H사원이 고객의 항의를 경청하고 끝까지 들으며 문제를 파악하고 있으므로 '1단계: 경청' 단계에 해당한다.
- 상황 B: H사원이 고객이 가지고 온 과일을 새 상품으로 교환해 주고 포인트 적립을 도와주는 등 잘못된 부분을 신속하게 시정하고 있으므로 '6단계: 신속처리' 단계에 해당한다.

길이 가깝다고 해도 가지 않으면 도달하지 못하며,
일이 작다고 해도 행하지 않으면 성취되지 않는다.

– 순자

PART 1 필수 개념 & 유형 학습

대표 출제 기업

피듈형	서울교통공사, 한전KDN
모듈형	한국석유공사, 대구시설공단

CHAPTER 10

자기개발능력

STEP 1 NCS 핵심이론

STEP 2 대표 기출유형

STEP 01

NCS 핵심이론

자기개발능력 개요

1. 자기개발의 의미와 특징

1) 자기개발의 의미

자신의 능력, 적성 및 특성 등에서 강점과 약점을 찾아 강점을 강화하고, 약점을 관리하여 성장을 위한 기회로 활용하는 것이다.

2) 자기개발의 필요성

① 변화하는 환경에 따른 적응
② 효과적인 업무 처리, 즉 업무의 성과 향상
③ 주변 사람들과의 긍정적인 인간관계 형성
④ 자신이 달성하고자 하는 목표의 성취
⑤ 개인적으로 보람된 삶의 영위

3) 자기개발의 특징

① 개발의 주체는 타인이 아니라 자기 자신이다.
② 개별적인 과정으로서 사람마다 지향하는 바와 선호하는 방법 등이 다르다.
③ 평생에 걸쳐서 이루어지는 과정이다.
④ 일과 관련하여 이루어지는 활동이다.
⑤ 생활 가운데 이루어져야 한다.
⑥ 모든 사람이 해야 하는 것이다.

2. 자기개발의 방법 ☆중요

1) 자아인식

① 직업생활과 관련하여 자신의 가치, 신념, 흥미, 적성, 성격 등 자신이 누구인지 파악하는 것이다.
② 자기개발의 첫 단계이며, 자신이 어떠한 특성을 가지고 있는지를 바르게 인식할 수 있어야 적절한 자기개발이 이루어질 수 있다.
③ 자신을 알아가는 방법으로는 내가 아는 나를 확인하는 방법, 다른 사람과의 대화를 통해 알아가는 방법, 표준화된 검사 척도를 이용하는 방법 등이 있다.

2) 자기관리

① 자신을 이해하고, 목표를 성취하기 위해 자신의 행동 및 업무 수행을 관리하고 조정하는 것이다.
② 자신에 대한 이해를 바탕으로 비전과 목표를 수립하며, 이에 대한 과제를 발견하고, 자신의 일정을 수립하고 조정하여 자기관리를 수행하고, 이를 반성하여 피드백하는 과정으로 이루어진다.

3) 경력개발

① 개인의 경력 목표와 전략을 수립하고 실행하며 피드백하는 과정이다.
② 직업인은 한 조직의 구성원으로서 자신의 조직과 함께 상호 작용하며 자신의 경력을 개발한다.

③ 자신과 상황을 인식하고 경력 관련 목표를 설정하여 그 목표를 달성하기 위한 과정인 경력계획과, 경력계획을 준비하고 실행하며 피드백하는 경력관리로 이루어진다.

3. 자기개발 계획 수립

1) 자기개발 설계 전략

① 장단기 목표를 수립한다.
② 인간관계를 고려한다.
③ 현재의 직무를 고려한다.
④ 구체적인 방법으로 계획한다.
⑤ 자신을 브랜드화한다.

2) 자기개발 계획 수립이 어려운 이유

① 자기 정보의 부족: 자신의 흥미, 장점, 가치, 라이프스타일을 충분히 이해하지 못한다.
② 내부 작업 정보 부족: 회사 내의 경력 기회 및 직무 가능성에 대해 충분히 알지 못한다.
③ 외부 작업 정보 부족: 다른 직업이나 회사 밖의 기회에 대해 충분히 알지 못한다.
④ 의사결정 시 자신감 부족: 자기개발과 관련된 결정을 내릴 때 자신감이 부족하다.
⑤ 일상생활의 요구사항: 개인의 자기개발 목표와 일상생활 간 갈등이 있다.
⑥ 주변 상황의 제약: 재정적 문제, 연령, 시간 등 장애요소가 있다.

매슬로우의 5단계 욕구이론 빠졌지만 중요

- 인간의 욕구는 1단계 생리적 욕구, 2단계 안정의 욕구, 3단계 사회적 욕구, 4단계 존경의 욕구, 5단계 자기실현의 욕구로 구성
- 생리적 욕구부터 시작하여 이전 단계의 욕구가 충족되어야 다음 단계가 충족되기를 원하므로, 이전 단계들의 욕구가 충족되지 않았으면 자기개발이 이루어지지 않을 수 있음
- 인간은 감정을 가지므로 긍정적 혹은 부정적 감정에 따라 적극적이거나 소극적인 태도를 보임

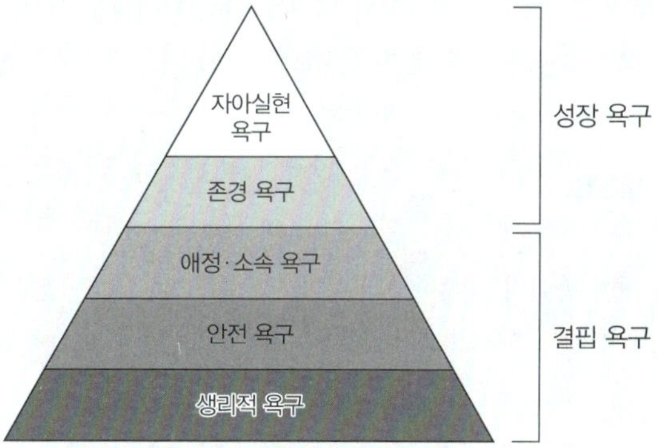

하위능력 1 자아인식능력

1. 자아인식

자아인식이란, 다양한 방법을 활용하여 자신이 어떤 분야에 흥미가 있고, 어떤 능력의 소유자이며, 어떤 행동을 좋아하는지를 종합적으로 분석하여 이해하는 것이다.

2. 자아 존중감

1) 자아 존중감의 의미

① 개인의 가치에 대한 주관적인 평가와 판단을 통해 자기 결정에 도달하는 과정이며, 스스로에 대한 긍정적 또는 부정적 평가를 통해 가치를 결정짓는 것이다.

② 주변의 의미 있는 타인에게 영향을 받으며, 환경에 적응할 수 있도록 도움을 줘서 긍정적인 자아 형성에 매우 중요하다.

2) 자아 존중감의 구분

가치 차원	다른 사람들이 자신을 가치 있게 여기며 좋아한다고 생각하는 정도
능력 차원	과제를 완수하고 목표를 달성할 수 있다는 신념
통제감 차원	자신이 세상에서 경험하는 일들과 거기에 영향을 미칠 수 있다고 느끼는 정도

3. 자아인식의 방법

1) 나를 알아내는 방법 3가지

① 스스로 질문하기: 객관성을 확보할 수 없다. 타인이 알 수 없는 자신의 내면이나 감정을 고려할 수 있다.

② 타인과 대화하기: 무심코 지나쳤던 부분들을 알 수 있다. 다른 사람들이 나에 대하여 어떻게 판단하는지 객관적으로 알 수 있다.

③ 표준화된 검사도구 활용: 자신을 다른 사람과 객관적으로 비교할 수 있는 척도를 제공한다. 진로를 계획하거나 직업을 탐색하고 결정하는 데 도움을 받을 수 있다.

4. 흥미와 적성의 개발 ☆중요

1) 흥미와 적성의 의미

① 흥미: 어떤 일에 대한 관심이나 재미를 의미한다.

② 적성: 개인이 잠재적으로 갖고 있는 재능으로, 사람마다 쉽게 잘 할 수 있는 일을 의미한다.

2) 흥미와 적성의 개발 방법

① 마인드 컨트롤

- 자신을 의식적으로 관리하는 방법을 깨닫게 되면 문제 상황을 해결할 수 있다.
- 자기암시를 하다 보면 자신도 모르는 사이에 자신감을 얻게 되어 흥미를 높일 수 있고 적성을 개발할 수 있다.

② 작은 성공 경험의 축적

- 너무 장기적인 목표나 추상적인 목표를 세우는 것이 아니라 단기적으로 이룰 수 있는 작은 단위로 시작하는 것이 좋다.
- 작은 성공의 경험들이 축적되어 조금씩 성취감을 느끼게 되면, 다음에 해야 할 일도 흥미를 갖게 되어 더 잘할 수 있다.

③ 기업의 문화 및 풍토 고려

- 일터에서의 조직문화, 조직풍토를 잘 이해할 수 있어야만 자신의 일에 잘 적응할 수 있고, 일에 대한 흥미를 높이고 적성을 개발할 수 있다.

5. 경험을 반성하는 방법

1) 성찰의 필요성

① 다른 일을 하는 데 필요한 노하우 축적

② 지속적인 성장 기회 제공

③ 신뢰감 형성의 원천 제공

④ 창의적인 사고 능력 개발의 기회 제공

2) 성찰을 연습하는 방법

① 성찰노트를 작성한다.

② 자신의 정체성에 대하여 끊임없이 질문한다.

하위능력 2 자기관리능력

1. 자기관리의 단계별 계획 수립 ★중요

1단계 비전 및 목적 정립	2단계 과제 발견	3단계 일정 수립	4단계 수행	5단계 반성 및 피드백
• 자신에게 가장 중요한 것 파악 • 삶의 의미 파악 • 가치관, 원칙, 삶의 목적 정립	• 현재 주어진 역할 및 능력 • 우선순위 설정 • 역할에 따른 활동목표 정립	하루, 주간, 월간 계획 수립	• 수행과 관련된 요소 분석 • 수행방법 찾기	• 수행결과 분석 • 피드백

1) 비전 및 목적 정립

어떤 행동을 하거나 일을 수행하기 위해서는 비전과 목적을 정립하여 방향성을 가지는 것이 중요하다. 비전과 목적은 모든 행동 혹은 업무의 기초가 되며, 의사결정에 있어서 가장 중요한 지침으로 적용한다.

2) 과제 발견

① 비전과 목표가 정립되면 현재 자신의 역할 및 능력을 다음 질문을 통해 검토하고, 할 일을 조정하여 자신이 수행해야 될 역할을 도출한다.

② 수행해야 될 역할들이 도출되고 이에 적합한 활동목표가 수립되면, 우선순위에 따라 구분한다. 우선순위를 구분하는 여러 방법들이 있지만 일반적으로 사용하는 방법은 가장 중요하고, 가장 긴급한 일일수록 우선순위가 높다고 판단하는 것이다.

3) 일정 수립

일의 우선순위에 따라 구체적인 일정을 수립한다. 일정은 '월간계획 → 주간계획 → 하루계획' 순으로 작성한다. 단, 빨리 해결해야 될 긴급한 문제라고 하여 우선순위를 높게 잡고 이를 중심으로 계획을 세우면 오히려 중요한 일을 놓치는 잘못을 저지르게 되므로 주의해야 한다.

4) 수행

지금 내가 하려는 일은 무엇인지, 이 일에 영향을 미치는 요소들은 무엇인지, 이를 관리하기 위한 어떤 방법이 있는지를 찾아 계획한 대로 바람직하게 수행될 수 있도록 한다.

5) 반성 및 피드백

일을 수행하고 나면 다음의 질문을 통해 분석하고, 결과를 피드백하여 다음 수행에 반영한다.

2. 합리적인 의사결정 방법

1) 합리적인 의사결정의 의미

자신의 목표를 정하여 몇 가지 대안을 찾아보고 실행 가능한 최선의 방법을 선택하여 행동하는 것이다.

2) 합리적인 의사결정 과정

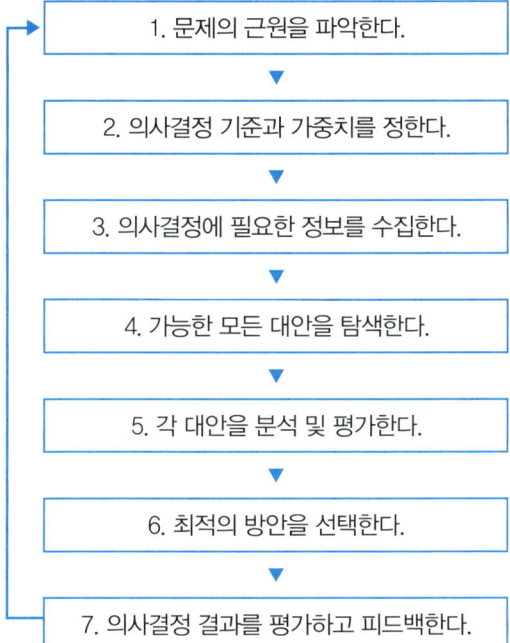

1. 문제의 근원을 파악한다.
2. 의사결정 기준과 가중치를 정한다.
3. 의사결정에 필요한 정보를 수집한다.
4. 가능한 모든 대안을 탐색한다.
5. 각 대안을 분석 및 평가한다.
6. 최적의 방안을 선택한다.
7. 의사결정 결과를 평가하고 피드백한다.

3. 거절의 의사결정과 거절하기

1) 거절의 의사결정

일을 거절함으로써 발생할 문제들과 거절하지 못하고 그 일을 수락했을 때의 기회비용을 따져 보고, 거절하기로 결정하였다면 이를 추진할 수 있는 의지가 필요하다.

2) 거절하기

① 상대방의 말을 들을 때, 주의하여 귀를 기울여서 문제의 본질을 파악해야 한다.
② 거절의 의사결정은 빠를수록 좋다.
③ 오래 지체될수록 상대방은 긍정의 대답을 기대하게 되고, 의사결정자는 거절하기가 더욱 어려워진다.
④ 거절을 할 때는 분명한 이유가 필요하다.
⑤ 대안을 제시해야 한다.

의사결정의 오류

1) 숭배에 의한 논증(동굴의 우상)
권위 있는 전문가의 말을 따르는 것이 옳다는 의사결정은 일반적으로 옳을 수 있지만, 고정 행동 유형으로 따라간다면 문제가 있다.

2) 상호성의 법칙
상대의 호의로 인한 부담으로 인해 부당한 요구를 거절하지 못한다면 문제가 있다.

3) 사회적 증거의 법칙
베스트셀러를 사는 것처럼 많은 사람들이 하는 것을 무의식적으로 따라간다면 문제가 있다.

4) 호감의 법칙
자신에게 호감을 주는 상대의 권유에 무의식적으로 따라간다면 문제가 있다.

5) 권위의 법칙
권위에 맹종하여 따라간다면 문제가 있다.

6) 희귀성의 법칙
'얼마 없습니다.', '이번이 마지막 기회입니다.'라는 유혹에 의해 꼭 필요하지 않은 것임에도 따라간다면 문제가 있다.

4. 내면을 관리하는 방법

1) 인내심 키우기

① 자신의 목표를 분명히 해야 한다.
② 새로운 시각으로 상황을 분석한다.

2) 긍정적인 마음 가지기

① 긍정적인 마음을 가지기 위해서는 먼저 자신을 긍정해야 한다.
② 자신의 능력과 가치를 신뢰하고 있는 그대로의 자신을 받아들여 건강한 자아상을 확립한다.
③ 고난이나 역경을 통하여 자신이 성장할 수 있다는 가능성을 믿고, 어려움 속에서 자신을 개발하는 법을 터득해야 한다.

5. 업무 수행 성과를 향상시키는 방법

1) 일을 미루지 않기

성공한 사람들의 가장 중요한 자기 경영 습관 중 하나는 일을 미루지 않고 가장 중요한 일을 먼저 처리하는 것이다.

2) 업무를 묶어서 처리하기

직업인들이 하는 일은 비슷한 속성을 가진 경우가 많으므로 한 번 움직일 때 여러 가지 일을 함께 처리하여, 같은 곳을 반복해서 가지 않도록 경로를 단축시킨다.

3) 다른 사람과 다른 방식으로 일하기

다른 사람이 일하는 방식과 다른 방식으로 생각하다 보면 의외로 다른 사람들이 발견하지 못한 더 좋은 해결책을 발견하는 경우가 있다.

4) 회사와 팀의 업무 지침 따르기

아무리 일을 열심히 하더라도 자신이 속한 회사나 팀의 업무 지침을 지키지 않으면 업무 수행 능력을 인정받을 수 없다.

5) 역할 모델 설정하기

자신이 설정한 역할 모델을 주의 깊게 살펴보고 따라 하면, 자신도 모르는 사이에 그 사람과 같이 업무 수행 성과를 내고 있는 자신을 발견할 수 있다.

1. 경력개발

1) 경력개발의 의미

① 경력: 개인의 평생에 걸친 작업이나 직무와 관련된 경험이다.

② 경력개발: 개인이 경력목표와 전략을 수립하고 실행하며 피드백하는 과정이다.

2) 경력계획과 경력관리

① 경력계획: 자신과 주변 환경 상황을 인식하고 분석하여 합당한 경력 관련 목표를 설정하는 과정이다.

② 경력관리: 경력계획을 준비하고 실행하며 피드백하는 것으로, 규칙적이고 지속적으로 이루어져야 한다.

3) 경력개발의 필요성 ★중요

환경 변화	조직 요구	개인 요구
• 지식 정보의 빠른 변화 • 인력난 심화 • 삶의 질 추구 • 중견사원의 이직 증가	• 경영 전략 변화 • 승진 적체 • 직무 환경 변화 • 능력주의 문화	• 발달 단계에 따른 가치관, 신념 변화 • 전문성 축적 및 성장 요구 증가 • 개인의 고용시장 가치 증대

2. 경력단계 ★중요

직업 선택 ▶ 조직 입사 ▶ 경력 초기 ▶ 경력 중기 ▶ 경력 말기

1) 직업 선택

① 자신에게 적합한 직업이 무엇인지 탐색하고 선택하여, 이에 필요한 능력을 키우는 과정이다.

② 자신의 장 · 단점, 흥미, 적성, 가치관 등의 탐색과 자신이 원하는 직업에서 요구하는 능력, 환경, 가능성, 보상 등 직업에 대한 탐색이 동시에 이루어져야 한다.

③ 탐색한 정보를 고려하여 자신에게 적합한 직업을 선택하고, 공공 혹은 민간의 교육 프로그램을 이수하거나, 자격증을 취득하는 등 직업역량을 배양한다.

④ 일반적으로 태어나면서부터 25세까지로 구분하지만, 사람에 따라 직업 선택은 일생 동안 여러 번 일어날 수도 있다.

2) 조직 입사

① 학교를 졸업하고 자신이 선택한 경력 분야의 일자리를 얻으며, 직무를 선택하는 과정이다.

② 직무를 선택할 때도 직업 선택 과정과 마찬가지로 자신과 주변 환경을 고려해야 하며, 특히 자신이 종사하게 될 조직의 특성을 알아보아야 한다.

③ 일반적으로 18~25세에 발생되나, 각각의 교육 정도나 상황에 따라 조직 입사 시기가 다를 수 있으므로 유동적이다.

3) 경력 초기

① 조직의 규칙, 규범, 분위기와 직무를 배우는 단계이다.

② 자신이 맡은 업무의 내용을 파악하고, 새로 들어간 조직의 규칙이나, 규범, 분위기를 알고 적응해 나가는 것이 중요한 과제이다.

③ 조직에서 자신의 입지를 확고히 다져나가 승진에 관심을 많이 가지는 시기이다. 일반적으로 25~40세까지의 성인 초기로 구분하지만, 성공 지향적인 행동을 언제까지 하느냐로 구분한다.

4) 경력 중기

① 자신의 업무 성과를 재평가하고, 생산성을 그대로 유지하는 단계이다.

② 직업 및 조직에서 어느 정도 위상과 입지를 굳히게 되어 더 이상의 수직적인 승진 가능성이 적은 경력 정체 시기이다.

③ 새로운 환경의 변화에 어려움을 겪고 현재에 불만을 느끼며, 반복적인 일상에 따분함을 느끼기도 한다.

④ 경력 초기의 생각을 재검토하고, 현재의 경력 경로와 관련 없는 다른 직업으로 이동하는 경력 변화가 일어나기도 한다.

⑤ 일반적으로 40~45세의 성인 중기를 말한다.

5) 경력 말기

① 조직에 생산적인 기여자로 남고 자신의 가치를 지속적으로 유지하기 위해 노력하며, 동시에 퇴직을 고려하는 단계이다.(퇴직은 경력 중기부터 준비하는 것이 바람직하다.)

② 경력 중기에 경험했던 새로운 환경 변화에 대처하는 데 어려움을 더 겪게 되며, 퇴직에 대한 조직의 압력을 받기도 한다.

③ 대부분 50대 중반에서 은퇴 시기까지를 말한다.

3. 경력개발 계획 수립

1단계 직무 정보 탐색	• 관심 직무에서 요구하는 능력 • 고용이나 승진 전망 • 직무 만족도 등 파악
2단계 자신과 환경 이해	• 자신의 능력, 흥미, 적성, 가치관 파악 • 직무 관련 환경의 기회와 장애요인 분석
3단계 경력목표 설정	• 장기 목표 수립: 5~7년 • 단기 목표 수립: 2~3년
4단계 경력 개발 전략 수립	• 현재 직무의 성공적 수행 • 역량 강화 • 인적 네트워크 강화
5단계 실행 및 평가	• 실행 • 경력 목표, 전략의 수정

4. 경력개발의 다양한 이슈

1) 평생학습 사회

① 지식과 정보의 폭발적인 증가로 새로운 기술이 개발됨에 따라 직업에서 요구되는 능력이 변화하고 있으며, 지속적인 능력개발이 필요한 시대가 되었다.

② 개인 각자가 자아실현, 생활향상 또는 직업적 지식 · 기술의 획득 등을 목적으로 생애에 걸쳐 자주적 · 주체적으로 학습을 계속할 수 있는 평생학습 사회가 도래하였으며, 이러한 사회에서는 개인이 현재 가지고 있는 능력보다 개인의 학습하는 능력과 이에 대한 자기개발 노력이 더욱 중요시 된다.

2) 투잡스(Two-Jobs)

지속적인 경기 불황에 따라 2개 혹은 그 이상의 직업을 가지는 사람이 늘고 있고, 특히 주 5일제가 시행되면서 이러한 투잡 현상은 더욱 확대되고 있다.

3) 청년 실업

경기 침체 시 대부분의 기업들은 우선적으로 신규 채용을 축소한다.

4) 창업 경력

① 전 세계적으로 인터넷 등을 통해 공간이나 시간의 제약 없이 창업이 증가하는 추세이다.

② 창업에 성공하기 위해서는 자신의 흥미나 재능, 가치, 라이프스타일을 철저히 이해하고 업무 환경에 대한 충분한 정보를 얻은 후에 구체적인 목표와 전략을 수립하여 실행해야 한다.

5) 독립근로자와 같은 새로운 노동 형태의 등장

① 긱 경제(Gig Economy)의 출현은 개별 근로자들에게 노동방식과 노동시간에 대한 결정권을 갖게 하였으며, 프리랜서, 계약근로자, 자유근로자, 포트폴리오 근로자와 같은 독립근로 형태 등 노동방식의 변화를 가져왔다.

② 이들은 지속적으로 특정 조직에 고용되는 것이 아니므로, 자신의 경력개발에 대한 책임이 오로지 개인에게 주어지는 경향이 있다.

6) 일과 생활의 균형(Work-Life Balance, WLB)

최근 경쟁력 있는 복리 후생 제도와 일과 삶의 균형에 대한 관심이 높아지면서 근로 환경이 개선되거나 유연근로제 등이 도입되고 있다.

STEP 02

대표 기출유형

기출유형 ① 모듈형 이론 필수 학습형

유형 특징

❶ NCS 직업기초능력평가 교수자용 및 학습자용 매뉴얼에 제시된 학습 모듈 이론을 기반으로 문제가 출제된다.
❷ 상대적으로 문제의 형태가 단순하지만, 이론에 대한 이해가 없다면 높은 점수를 받기 어렵다.
❸ 상식적인 수준으로 출제되는 경우도 있지만 모듈 이론을 알지 못하면 풀이할 수 없는 문항도 다수 출제된다.

풀이 전략

❶ 상식만으로 접근하기에는 무리가 있으므로 평소 기출문제를 풀어보며 출제 포인트를 학습해야 한다.
❷ 지원하는 기업과 관련된 소재가 출제되는 경향이 있으므로 기출문제를 토대로 해당 기업의 출제 경향을 미리 파악해 놓아야 한다.

다음 [보기]에서 설명하는 스트레스 중재 요인 중 빈칸 ㉠에 해당하는 것은? 2023년 6월 서울교통공사

보기

스트레스 중재 요인에는 다양한 것이 있는데, (㉠)은/는 스트레스성 사건이나 만성적 긴장으로 인해 야기되는 상황에 대처할 수 있는 원동력으로 분류된다. (㉠)은/는 평가/지각/대응을 활성화하는 역할을 하며, 자신이 행하고 있는 일로부터 소외되기보다는 쉽게 동조하는 경향이 있고, 환경 속에서 무기력함을 느끼기보다는 사건을 통제할 수 있다고 믿는다. 또한 변화를 위협으로 받아들이지 않고, 발전을 위한 도전으로 생각한다.

① 강인성 ② 자아존중감 ③ 사회적 지지
④ 대응 ⑤ 통제신념

| 정답풀이 | 정답 ①

주어진 글은 스트레스 중재 요인 중 강인성에 대한 설명이다.

| 오답풀이 |

② 자아존중감은 주변의 사람들의 평가에 영향을 받는 자아에 대한 내적 평가를 의미한다. 자아존중감이 높은 사람들은 적응력이 높고, 긍정적인 감정 상태를 체험하며 불안감을 덜 느낀다. 반면, 자아존중감이 낮은 사람은 자신의 능력에 대해 신뢰하지 못하여 성공적인 직무 및 역할 수행에 어려움을 겪는다.
③ 사회적 지지는 개인이 보호받고, 존경받고 있다고 믿을 수 있는 환경이 되는 정보를 제공해 주는 긍정적 감정의 표현이다. 정서적 지지, 평가적 지지, 정보 지지, 수단적 지지로 분류할 수 있다.
④ 대응은 삶의 긴장으로 인한 손상으로부터 극복할 수 있는 능력을 의미한다. 통제력, 방어, 적응과 유사 개념으로 사용된다.
⑤ 통제신념은 행위와 결과에 대한 일반적인 기대를 말한다. 크게 내적 통제신념과 외적 통제신념으로 나뉜다.

기출유형 ② 사례 적용형

유형 특징

❶ 현업에서 볼 수 있는 자료나 사례를 제시하고, NCS 직업기초능력평가 교수자용 및 학습자용 매뉴얼에 제시된 학습 모듈 이론을 결합한 문제를 출제한다.

❷ 모듈 이론을 바탕으로 주어진 지문 및 자료를 파악하여 답을 구할 수 있어야 한다.

풀이 전략

❶ 평소 기출문제를 풀어보며 출제 포인트를 학습해야 한다.

❷ 난도가 높은 유형은 아니므로 모듈 이론을 숙지하고 시간을 전략적으로 활용한다.

다음은 K공사의 성과 포인트제와 A과장의 경력개발에 관한 설명이다. 다음 중 A과장이 경력개발을 위해 한 일로 옳지 않은 것은?

2025년 2월 서울교통공사

> A과장은 현재 직무에는 만족하지만, 승진이 잘 되지 않아 고민이 많았다. 승진을 위한 방법을 조사해 보니 K공사 내에 성과 포인트제가 있다는 것을 알게 되었다. 이에 A과장은 국가기관에 공익을 위한 민원을 신청하여 해당 민원이 반영되었을 때 회사 내에서 포상을 받거나 승진할 수 있는 '적극행정 우수사례'에 지원하기로 하였다.
>
> A과장은 평소 출퇴근하는 ○○역의 엘리베이터 설치에 대한 지속적인 민원이 있음에도 불구하고 엘리베이터가 설치되지 않은 건을 떠올렸다. 그는 설치 불가 요인이었던 관련 규정이 개정될 수 있는 법적 근거를 제시했고, 시간이 흘러 마침내 엘리베이터가 설치되었다. 엘리베이터 설치로 인해 교통약자에게 1인 1통로를 마련하는 실크로드 격이 되어 '적극행정 우수사례'로 선정되었고, 우수한 성과를 인정받아 승진하게 되었다.

① 자기평가를 수행했다.
② 정보를 탐색하였다.
③ 새로운 직무를 탐색했다.
④ 정보를 바탕으로 실천할 수 있는 것을 실행하였다.
⑤ 자신에게 주어진 환경을 살펴보았다.

| 정답풀이 | 정답 ③

A과장은 자신의 경력개발을 위해 꾸준한 노력을 하였지만, 새로운 직무를 탐색하진 않았다.

| 오답풀이 |

① A과장은 자기평가를 통해, 현재 직무에는 만족하지만 승진이 되지 않음을 인지하였다.
② A과장은 경력개발을 위해 회사 내에 성과 포인트제가 있다는 정보를 탐색하였다.
④ A과장은 회사 내에 성과 포인트제가 있다는 정보를 탐색한 뒤, '적극행정 우수사례' 선정을 위해 관련 규정이 개정될 수 있는 법적 근거를 제시하는 등 실천할 수 있는 것을 실행하였다.
⑤ A과장은 평소 출퇴근하는 ○○역의 엘리베이터 설치에 대한 지속적인 민원이 있음에도 불구하고 엘리베이터가 설치되지 않은 건에 대해 고민하는 등 자신에게 주어진 환경을 살펴보았다.

끝이 좋아야 시작이 빛난다.

– 마리아노 리베라(Mariano Rivera)

여러분의 작은 소리
에듀윌은 크게 듣겠습니다.

본 교재에 대한 여러분의 목소리를 들려주세요.
공부하시면서 어려웠던 점, 궁금한 점,
칭찬하고 싶은 점, 개선할 점, 어떤 것이라도 좋습니다.

에듀윌은 여러분께서 나누어 주신 의견을
통해 끊임없이 발전하고 있습니다.

에듀윌 도서몰 book.eduwill.net
• 부가학습자료 및 정오표: 에듀윌 도서몰 → 도서자료실
• 교재 문의: 에듀윌 도서몰 → 문의하기 → 교재(내용,출간) / 주문 및 배송

최신판 에듀윌 공기업 NCS 통합 기본서

발 행 일	2026년 1월 4일 초판
편 저 자	에듀윌 취업연구소
펴 낸 이	양형남
개발책임	김기철, 윤은영
개 발	윤나라, 강유진
펴 낸 곳	(주)에듀윌
I S B N	979-11-360-4020-6
등록번호	제25100-2002-000052호
주 소	08378 서울특별시 구로구 디지털로34길 55 코오롱싸이언스밸리 2차 3층

www.eduwill.net
대표전화 1600-6700

업계 최초 대통령상 3관왕, 정부기관상 19관왕 달성!

2010 대통령상 | 2019 대통령상 | 2019 대통령상

대한민국 브랜드대상 국무총리상 | 국무총리상 | 문화체육관광부 장관상 | 농림축산식품부 장관상 | 과학기술정보통신부 장관상 | 여성가족부장관상

서울특별시장상 | 과학기술부장관상 | 정보통신부장관상 | 산업자원부장관상 | 고용노동부장관상 | 미래창조과학부장관상 | 법무부장관상

- 2004
  서울특별시장상 우수벤처기업 대상
- 2006
  부총리 겸 과학기술부장관 표창 국가 과학 기술 발전 유공
- 2007
  정보통신부장관상 디지털콘텐츠 대상
  산업자원부장관 표창 대한민국 e비즈니스대상
- 2010
  대통령 표창 대한민국 IT 이노베이션 대상
- 2013
  고용노동부장관 표창 일자리 창출 공로
- 2014
  미래창조과학부장관 표창 ICT Innovation 대상
- 2015
  법무부장관 표창 사회공헌 유공
- 2017
  여성가족부장관상 사회공헌 유공
  2016 합격자 수 최고 기록 KRI 한국기록원 공식 인증
- 2018
  2017 합격자 수 최고 기록 KRI 한국기록원 공식 인증
- 2019
  대통령 표창 범죄예방대상
  대통령 표창 일자리 창출 유공
  과학기술정보통신부장관상 대한민국 ICT 대상
- 2020
  국무총리상 대한민국 브랜드대상
  2019 합격자 수 최고 기록 KRI 한국기록원 공식 인증
- 2021
  고용노동부장관상 일·생활 균형 우수 기업 공모전 대상
  문화체육관광부장관 표창 근로자휴가지원사업 우수 참여 기업
  농림축산식품부장관상 대한민국 사회공헌 대상
  문화체육관광부장관 표창 여가친화기업 인증 우수 기업
- 2022
  국무총리 표창 일자리 창출 유공
  농림축산식품부장관상 대한민국 ESG 대상

베스트셀러 1위

·YES24 수험서 자격증 취업/상식/적성검사 공사 공단 NCS 한국철도공사 베스트셀러 1위
(2023년 12월 4주, 2024년 1월 2~3주 주별 베스트)

에듀윌 공기업
[2주완성] NCS 통합 기본서

실전모의고사 5회분+무료특강

교재 연계 PART1 대표 기출유형 무료특강(5강)

수강경로 에듀윌 도서몰(book.eduwill.net) ▶ 동영상강의실 ▶ '2026 공기업 NCS 통합 기본서' 검색

교재 연계 PART2 고난도 실전문제/PART3 실전모의고사 문제풀이 무료특강(10강)

수강경로 에듀윌 도서몰(book.eduwill.net) ▶ 동영상강의실 ▶ '2026 공기업 NCS 통합 기본서' 검색

NCS 주요영역 문제풀이 무료특강(20강)&수포자 부활 무료특강(4강)

수강경로 에듀윌 도서몰(book.eduwill.net) ▶ 동영상강의실 ▶ '2026 공기업 NCS 통합 기본서' 검색

- **NCS 실전모의고사&NCS 주요영역 260제(PDF)**
- **NCS 모듈이론 핵심요약 노트&계산연습 노트&공기업 인성검사·면접 대비 가이드(PDF)**

이용경로 에듀윌 도서몰 ▶ 도서자료실 ▶ 부가학습자료 ▶ '2026 공기업 NCS 통합 기본서' 검색

고객의 꿈, 직원의 꿈, 지역사회의 꿈을 실현한다

펴낸곳 (주)에듀윌 **펴낸이** 양형남 **출판총괄** 김기철 **에듀윌 대표번호** 1600-6700
주소 서울시 구로구 디지털로 34길 55 코오롱싸이언스밸리 2차 3층

에듀윌 도서몰
book.eduwill.net
· 부가학습자료 및 정오표: 에듀윌 도서몰 > 도서자료실
· 교재 문의: 에듀윌 도서몰 > 문의하기 > 교재(내용, 출간) / 주문 및 배송

2026 최신판

합격자 수가 선택의 기준!

YES24 24년 1월 3주 주별 베스트 기준
베스트셀러
1위

YES24 수험서 자격증
한국철도공사
베스트셀러 1위

특별제공
무료특강 39강
(교재 연계
15강 포함)

eduwill

에듀윌 공기업
[2주완성] NCS 통합 기본서

❷권 | 실전완성편

한국철도공사, 국민건강보험공단, 한국전력공사 등 공기업·공공기관·금융권 필기 대비

[무료제공] 교재 연계 특강 15강 + 단기합격ZIP + 모바일 OMR 서비스
25~24년 기출유형 & 186개 TIP(모듈이론·시간관리) 수록

에듀윌 공기업
[2주완성] NCS 통합 기본서

실전모의고사 5회분+무료특강

교재 구매자 특별제공

무료특강

· 교재 연계 PART1 대표 기출유형 무료특강(5강)
· 교재 연계 PART2 고난도 실전문제 문제풀이 무료특강(4강)
· 교재 연계 PART3 실전모의고사 문제풀이 무료특강(6강)
· NCS 주요영역 문제풀이 무료특강(20강)
· 수포자 부활 무료특강(4강)

부가학습자료

· NCS 실전모의고사(PDF)
· NCS 주요영역 260제(PDF)
· NCS 모듈이론 핵심요약 노트(PDF)
· 계산연습 노트(PDF)
· 공기업 인성검사·면접 대비 가이드(PDF)

※ QR 접속 후 [2026 공기업 NCS 통합 기본서]를 검색하면 확인하실 수 있습니다.

※ 2025년 12월 5일에 오픈될 예정이며, 콘텐츠명과 오픈 일자는 변경될 수 있습니다.

※ 본 이벤트는 예고 없이 변경되거나 종료될 수 있습니다.

세상을 움직이려면

먼저 나 자신을 움직여야 한다.

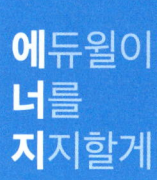

– 소크라테스(Socrates)

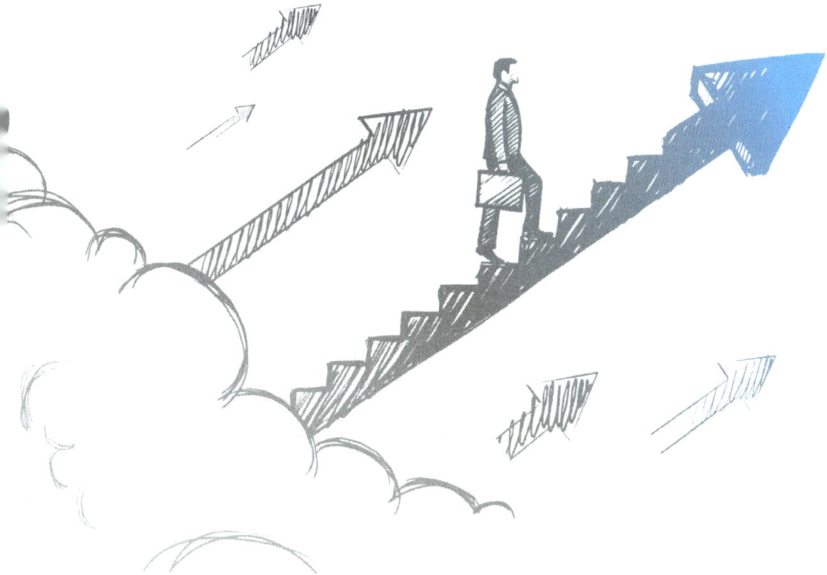

에듀윌 공기업
[2주완성]
NCS 통합 기본서

실전완성편

eduwill

PART 0

실력진단 테스트 [유형필수편]

PART 1

필수 개념&유형 학습 [유형필수편]

※ 10개 영역의 학습 순서는 주요 기업의 출제비중 순으로 구성되었습니다.

PART 2

영역별 문제풀이 [실전완성편]

PART 3

NCS 실전모의고사 [실전완성편]

별책

정답과 해설

필수 개념부터 실전까지 단계별 학습

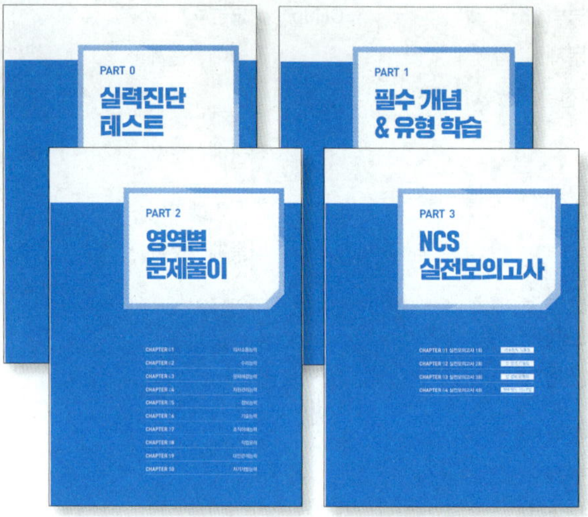

최대 7단계 학습으로
모듈형+PSAT형+피듈형 완벽 대비

'NCS 핵심이론 → 고득점 플러스 이론 → 대표 기출유형'으로 구성한 PART 1과 '적중 예상문제 → 고난도 실전문제'로 구성된 PART 2, 그리고 NCS 실전모의고사 4회분으로 구성된 PART 3을 통해 직업기초능력평가를 단계적으로 학습할 수 있도록 하였습니다. 또한 본격적인 학습에 앞서 PART 0 실력진단 테스트를 통해 본인의 취약점을 확인하고, 맞춤 학습플랜으로 NCS를 단기간에 완성할 수 있도록 하였습니다.

NCS 빈출 개념&유형 확인 [유형필수편]

1 PART 1 – NCS 핵심이론/고득점 플러스 이론

'NCS 핵심이론'에서는 한국산업인력공단의 학습자용 워크북 및 교수자용 매뉴얼을 기반으로 빈출 또는 출제 예상 핵심이론만을 엄선하였습니다. 한편 '고득점 플러스 이론'에서는 출제 가능성은 높지만 학습자용 워크북 및 교수자용 매뉴얼에는 없는 이론을 수록하여, 효과적인 맞춤 학습이 가능하도록 하였습니다.

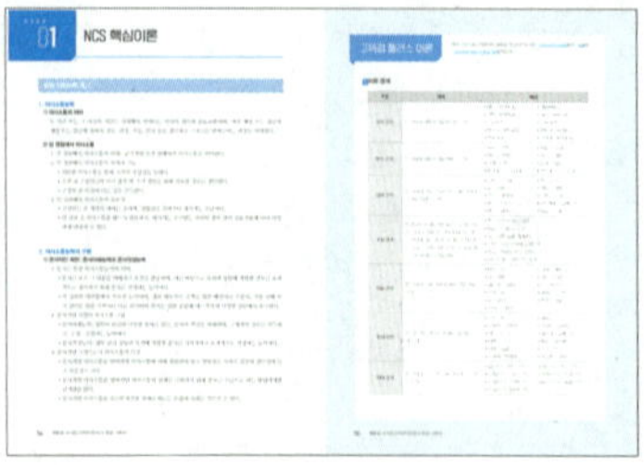

2 PART 1 – 대표 기출유형

영역별로 반드시 출제되는 기출유형의 특징과 풀이 전략, 오답풀이를 비롯한 상세해설을 수록하여 효율적인 NCS 학습이 가능하도록 하였습니다. 더불어 기출복원 문항별 실제 출제 시기와 기업을 함께 확인할 수 있도록 하였습니다.

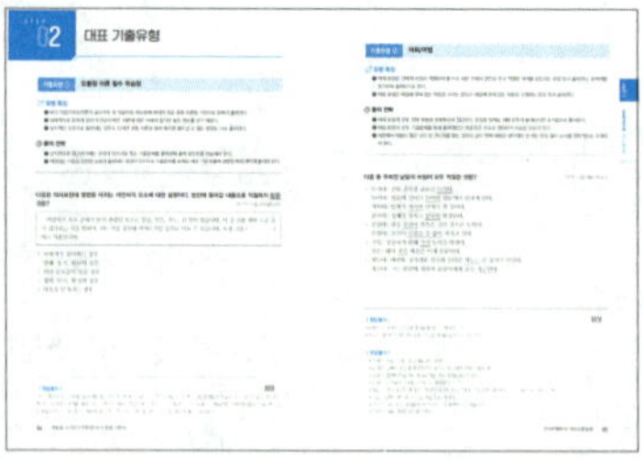

NCS 문제 적응력 향상 [실전완성편]

1 PART 2 – 적중예상문제

직업기초능력평가 10개 영역별 출제 가능성이 높은 문항을 수록하였습니다. 최신 출제 경향을 반영한 문항을 풀어보며 영역별로 자주 출제되는 유형을 파악하고, 난이도까지 한눈에 확인할 수 있어 보다 전략적인 학습이 가능하도록 하였습니다.

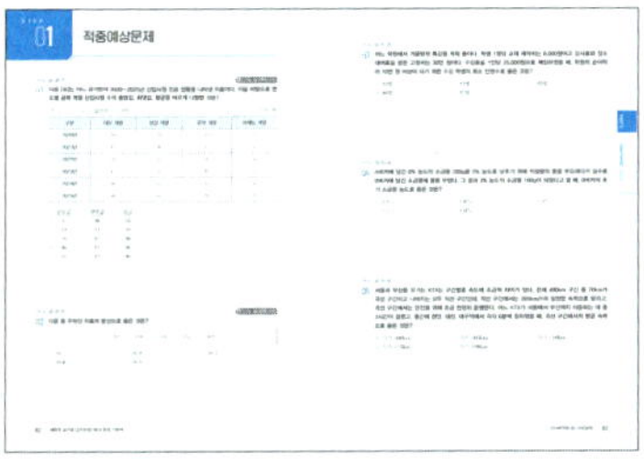

2 PART 2 – 고난도 실전문제

주요 4개 영역(의사소통/수리/문제해결/자원관리)에서 출제되는 고난도 PSAT형 문항을 수록하여 실전 감각을 한층 더 향상시킬 수 있도록 하였습니다. 또한, 난이도는 물론 유사한 유형의 적중예상문제도 함께 확인할 수 있어 보다 전략적으로 학습할 수 있도록 하였습니다.

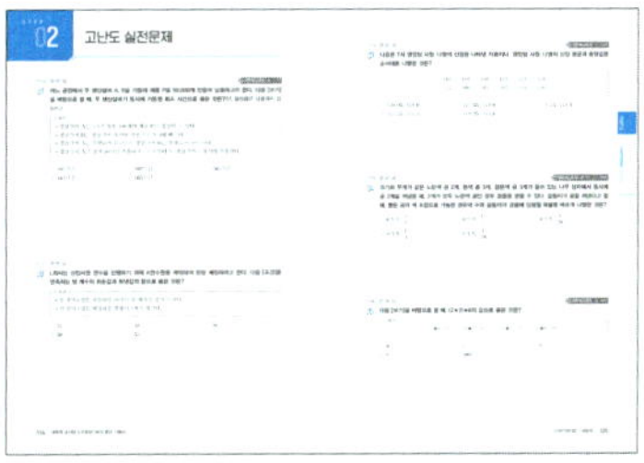

3 PART 3 – NCS 실전모의고사

주요 영역(의사소통/수리/문제해결/자원관리)으로 구성된 실전모의고사 2회분과 전 영역으로 구성된 실전모의고사 2회분, 총 4회분을 다양한 난이도와 유형으로 제공합니다. 기업별로 상이한 출제 영역 및 유형을 고려하여 준비하는 기업에 맞게 실전 대비를 할 수 있도록 하였습니다.

공기업 NCS | 직업기초능력평가

PART 2

영역별 문제풀이

PART 2 영역별 문제풀이

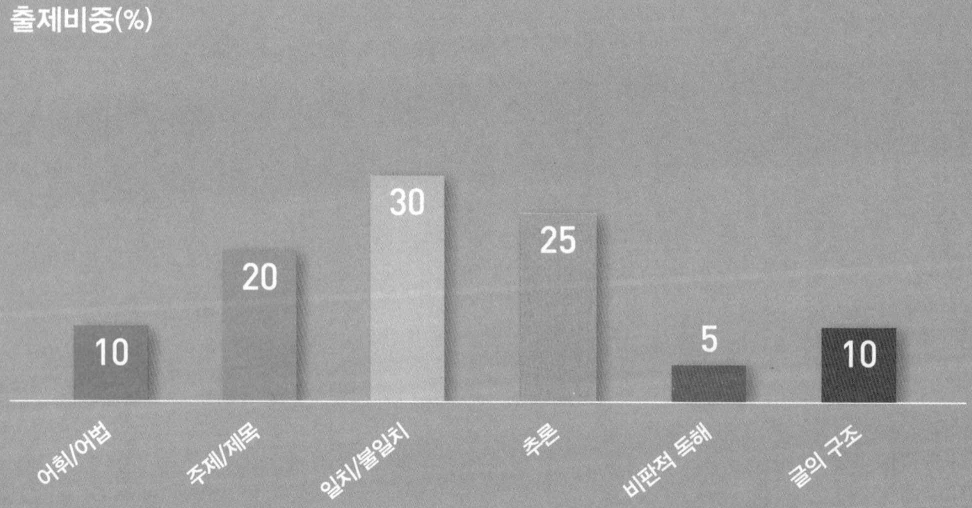

대표 출제 기업

PSAT형	한국전력공사, 국민건강보험공단, 한국토지주택공사, 한국수자원공사, 한국수력원자력, 인천국제공항공사, 한국공항공사, 예금보험공사, 근로복지공단
피듈형	한국철도공사, 서울교통공사, 부산교통공사, 한국가스공사, 한국도로공사, 한국지역난방공사, 한국중부발전, 한국남부발전, 한국동서발전, 한국남동발전, 한국서부발전, 한국산업인력공단, 국민연금공단, 한국환경공단, 한전KPS, 한전KDN, 한국농어촌공사, 지역농협, 신용보증기금, NH농협은행, IBK기업은행, KDB산업은행, 한국수출입은행

CHAPTER 01

의사소통능력

STEP 1 적중예상문제

STEP 2 고난도 실전문제

STEP 01

적중예상문제

난이도 상 중 하

01 다음 문서의 밑줄 친 ㉠~㉤을 수정한 내용으로 옳지 않은 것은?

> **중앙기획부**
>
> 수신: 행정-관리소장(관리총괄과장)
> (경유)
> 제목: 회의 장소 사용 및 통신장비 설치 협조
>
> ---
>
> 「기획안 평가 · 보고회」 개최에 따라 회의 장소 사용 및 통신장비 설치 등의 협조를 요청하오니 조치하여 주시기 바랍니다.
>
> ㉠
> I. 설명회 개요
> 가. 일시: ㉡ 2025년 3. 29(월) ㉢ 오전 11시~오후 6시
> 나. 장소: 중앙건물 3층 대회의실(308호)
> 다. 참석 인원: 20명
> 라. 예산: ㉣ 금1,150,000원
>
> II. 협조 요청 사항
> 가. 참석자용 책상 20개 및 의자 30개 배치
> 나. 강의 시설(마이크, 빔 프로젝트, 스크린, 현수막 등) 설치
>
> 붙임 ㉤ 「기획안 평가 · 보고회」 개정 설명회 개최 계획.
>
> 중앙기획부 김○○ 과장 전결 2025. 3. 22.

① ㉠: 1., 2.
② ㉡: 2025년 3. 29(월).
③ ㉢: 11:00~18:00
④ ㉣: 금1,150,000원(금일백일십오만원)
⑤ ㉤: 「기획안 평가 · 보고회」 개정 설명회 개최 계획. 끝.

난이도 상 중 하

02 **신입사원이 작성한 다음 보고서의 초안에 대해 할 수 있는 조언으로 적절하지 않은 것은?**

육아용품 A제품 마케팅 전략 보고서

1. 시장 규모

산업연구원이 2021년에 발표한 「국내 키즈콘텐츠시장의 현황과 시사점」 보고서에 따르면, 육아용품 시장은 2009년 1조 2,000억 원에서 2015년 약 2조 4,000억 원으로 두 배가량 성장했으며, 2021년에는 4조 원대로 성장할 것이라 전망했습니다. 더불어 많은 전문가들은 출산율 하락이 오히려 육아시장의 성장에 도움을 준다고 분석합니다. 가정 내 아이의 수가 줄어들면서 부모의 지원 쏠림 현상이 나타나고 있기 때문입니다. 예전에는 첫째 아이의 옷이나 육아용품을 둘째와 셋째가 물려받아서 쓰곤 했는데, 한 아이만 낳아 키우는 부모가 늘어나면서 더 좋고 더 비싼 프리미엄 육아용품을 사주려는 풍조 덕에 '골드키즈' 시대가 열린 것입니다.

2. 고객 분석

현재 육아용품 시장에서 가장 큰 영향력을 행사하는 것은 주 고객층인 엄마들의 양육 정보를 주고받는 온라인 커뮤니티로 나타나고 있습니다. 엄마들이 육아 관련 정보를 얻는 커뮤니티는 다음이나 네이버 등의 육아 카페가 가장 많은 것으로 나타났습니다. 반면 육아 블로그나 포털 사이트 이용률은 상대적으로 낮은 편입니다.

3. 시장 분석

엄마들이 육아용품 구매 시 주로 이용하는 채널은 오픈마켓으로, 88.4%가 이용 중입니다. 2순위는 대형마트입니다. 거의 10%p가량 차이를 보입니다. 이 때문에 온라인 직영몰을 운영하는 육아용품 제조사가 늘어나고 있지만, 주 구매 채널로 직영몰을 꼽는 비율은 매우 적은 편입니다. 심지어 중고거래 사이트나 앱보다도 적습니다. 현재 온라인 직영몰은 그 형태가 주 고객층의 니즈를 충분히 반영하지 못하고 있다고 분석할 수 있습니다.

중고에 대한 수요도 여전히 많은 편입니다. 10명 중 9명이 중고거래를 해 본 적이 있고, 주요 대상은 장난감이나 책이 가장 많았습니다. 아이 몸에 직접 닿는 옷이나 신발, 유모차에 대한 중고거래도 적지 않았습니다. 반면 렌탈 서비스에 대한 반응은 미온적입니다. 사용자는 10명 중 1명에 불과합니다. 그 이유에 대해 매번 대여하고 반납하는 것이 번거롭고, 위생이나 소독, 청결 등에서 걱정된다는 의견이 많았습니다.

4. 육아용품 A제품의 마케팅 전략

현재 우리 회사에서 주력으로 다루고 있는 육아용품인 A에 대한 판매처는 오픈마켓을 중심으로 하되, 브랜드 직영몰에 대한 관심을 끌 수 있도록 노력해야 한다고 생각합니다.

① 분석 자료에 대한 출처가 명확해야 합니다.
② 경쟁사와 자사 제품의 마케팅 비교 분석이 빠졌습니다.
③ 분석 내용이 담긴 마케팅 전략이 있어야 할 것 같습니다.
④ 반복적인 내용은 삭제하고 핵심 내용만 남기세요.
⑤ 복잡한 데이터는 줄글보다는 도표를 활용하는 것이 좋겠습니다.

난이도 상 중 하

03 문서작성의 원칙에 대한 설명으로 적절하지 않은 것을 [보기]에서 모두 고른 것은?

| 보기 |

㉠ 문서의 내용을 바로 파악하는 데 도움이 될 수 있도록 간단한 표제를 붙인다.
㉡ 문서의 형식상 긍정문과 부정문, 의문문을 적극적으로 사용하는 것을 권장한다.
㉢ 문서를 작성할 때는 문서의 주요 내용, 즉 결론을 먼저 제시하는 두괄식으로 작성한다.
㉣ 문서는 저작권을 고려하여 작성 시 참고한 자료는 사소한 것이라도 모두 첨부한다.
㉤ 문서 내용의 이해를 돕기 위해 문장은 육하원칙에 맞춰 최대한 짧고 간결하게 작성한다.
㉥ 문서를 작성할 때 내용의 의미 전달에 중요하지 않은 경우 한자의 사용은 자제한다.

① ㉠, ㉤
② ㉡, ㉣
③ ㉠, ㉡, ㉥
④ ㉠, ㉢, ㉥
⑤ ㉡, ㉢, ㉣, ㉤

난이도 상 중 하

04 다음 글에서 제시한 사자성어를 통해서 강조하고자 하는 바람직한 의사소통의 저해 요인으로 옳은 것은?

진시황이 숨을 거두자 환관 조고는 진시황의 유서를 날조해 어린 호해(진시황의 18번째 아들)를 황제로 내세워 일인자로 군림했다. 조고는 호해에게 사슴을 바치면서 "좋은 말 한 마리를 드린다." 라고 거짓말을 했고, 호해는 "어찌 사슴을 말이라고 하오."라며 주변 신하들에게 물었다. 하지만 조고의 권력이 두려웠던 신하들은 대부분 말이 맞다고 답했으며, 말이 아니라고 대답한 몇몇 신하들은 후에 모두 숙청을 당했다.

위와 같이 「진시황본기」에서 유래한 지록위마(指鹿爲馬)를 올해의 사자성어로 추천한 교수들은 "수많은 사슴이 말로 바뀐 한 해였다. 온갖 거짓이 진실인 양 우리 사회를 강타해 사회 어느 구석에서도 말의 진짜 모습을 볼 수 없었다. 정치권의 갈등이 대통령의 눈과 귀를 가렸고, 대통령 스스로 사슴을 가리켜 말이라고 일컫는 형국이다. 정부 스스로가 사건의 본질을 호도하고 있다."라고 그 이유를 설명했다.

① 정보의 과다
② 신뢰의 부족
③ 메시지의 복잡성
④ 폐쇄적인 의사소통 분위기
⑤ 잘못된 의사소통 매체의 선택

난이도 상 중 하

05 다음 글을 바탕으로 할 때, 비언어적 의사소통이 갖는 특성이 아닌 것은?

> 비언어적 의사소통 행위들은 인간의 학습되지 않은 행위들을 포함하고 있고, 일반화하기 어려워 체계적 연구가 쉽지 않으며 또한 반복 및 통제가 불가능하여 종종 언어와 상반된 의미를 전달하는 특성을 갖고 있기도 하다. 암시적 내용이나 모호한 언어적 메시지를 놓치는 경우 비언어적 의사소통 행위가 상대의 의미를 충분히 이해할 수 있게 하는 결정적 단서로서 기능을 한다. 결국 비언어적 의사소통은 의사 전달 기능이 있고 일정한 규칙이 적용된다는 점에서는 언어적 의사소통과 유사성이 있으나 상황에 따라 표현과 해석의 방법에 일관성을 기대하기 힘들다는 점이 특징이다.

① 상대방으로부터 특정 행동을 요구하기도 한다.
② 언어적 의사소통이 함께 수반되어야 의미가 있다.
③ 감정을 전달해 줄 수도 있다.
④ 정보 자체가 애매모호한 경우가 있다.
⑤ 문화적 영향을 크게 받는다.

난이도 상 중 하

06 다음 대화에 나타난 맞장구의 기능에 대한 설명으로 옳지 않은 것은?

> 박 대리: "부장님, 어제 아드님 시험 결과 발표는 어찌 되었나요?"
> 오 부장: "㉠ 아 그거, 다행히 1차에서는 합격이 되었더군."
> 박 대리: "㉡ 오 그래요? 그거 참 잘되었네요. 전 부장님이 걱정을 하셔서 ㉢ 좀…"
> 오 부장: "하지만 그리 좋아할 일만은 아닐세. 2차 시험은 통과하기가 더 어렵거든."
> 박 대리: "㉣ 네? 그게 무슨 말씀이세요? 1차만 통과하면 거의 최종 합격과 다름없는 것 아닌가요?"
> 오 부장: "나도 그런 줄 알았지. 그런데 2차 시험은 교수들이 직접 참관을 한다는군."
> 박 대리: "㉤ 어이구, 그렇군요. 그러면 2차 시험도 만만치 않겠네요."

① ㉠과 ㉡은 상대방의 말에 호응과 공감의 의미를 나타낸다.
② ㉡과 같은 맞장구로 상대방의 마음을 열어 대화를 편하게 진행할 수 있다.
③ ㉢은 말끝을 흐림으로써 우려와 걱정의 의미를 나타내는 반언어적 표현이다.
④ ㉣은 상대방의 말에 대한 동의를 표시할 수 있는 맞장구 방법이다.
⑤ ㉤에는 상대방의 말에 대한 납득의 의미가 포함되어 있다.

난이도 상 중 하

07 다음 [대화]의 밑줄 친 ㉠~㉤ 중 올바른 의사표현 방법에 관한 설명으로 적절하지 않은 것은?

| 대화 |

김 과장: "한 사원, 회사 생활은 좀 어때? 어려운 점은 없어?"
한 사원: "아무래도 저는 상대적으로 사회 경험이 부족하다 보니 의사표현하는 게 좀 어렵습니다. 과장님은 회사 생활을 오래 해보셨을 텐데 노하우가 있으신가요?"
김 과장: "말이라는 게 그냥 하면 되는 것 같지만, 얼마나 효과적으로 하는가가 중요하지. 한 사원이 하고자 하는 말의 의도, 생각, 감정을 전달하는 동시에 상대방의 메시지가 무엇인지도 전달받을 수 있어야 하거든. 그러기 위해서는 한 사원이 ㉠ 전달하고 싶은 의도, 생각, 감정이 무엇인지 분명하게 인식을 하고 있어야 해."
한 사원: "의사표현이라는 게 저만 생각하는 것이 아니라 상대방도 함께 고려해야 한다는 말씀이시군요."
김 과장: "그렇지. 또 얼굴을 보고 직접 이야기하다 보면 말실수를 하게 될 수도 있고, 대처하기 어려울 수 있으니 ㉡ 의사표현은 되도록 전화나 이메일로 하는 것이 좋아."
한 사원: "아, 그렇군요. 그럼 혹시 의사표현을 한 뒤에 저의 메시지를 들으시는 분이 어떻게 받아들였는지 피드백을 받는 것이 필요할까요?"
김 과장: "맞아. 한 사원이 ㉢ 전달한 내용이 듣는 사람에게 어떻게 해석되었는지를 확인해야 하기 때문에 피드백을 받는 것이 중요해. 만약 한 번으로 부족하다는 생각이 든다면 ㉣ 확실한 의사표현을 위해 반복적으로 전달하는 것도 좋은 방법이야."
한 사원: "네, 의사표현을 잘하는 것이 중요하다는 생각이 드네요. 의사표현능력을 키우기 위해 많이 연습해야겠어요."
김 과장: "그래, ㉤ 의사표현을 할 때 표정이나 음성적 특징, 몸짓 같은 비언어적인 방식을 활용하면 더욱 효과적으로 의사 전달을 할 수 있으니 함께 연습해 보도록 해."

① ㉠ ② ㉡ ③ ㉢
④ ㉣ ⑤ ㉤

난이도 상 중 하

08 다음 항목이 강조하는 직장 생활에서 중요한 의사소통 방법으로 옳은 것은?

1. 주의 기울이기(바라보기, 듣기, 따라하기)
2. 상대방의 경험을 인정하고 더 많은 정보 요청하기
3. 정확성을 위해 요약하기
4. 개방적인 질문 하기
5. '왜?'라는 질문 피하기('왜?'라는 말 삼가기)

① 의사표현 ② 논리적 사고 ③ 설득
④ 경청 ⑤ 문서의 이해

난이도 상 중 하

09 다음은 공기업 취업준비생인 K가 의사소통능력을 학습하면서 정리한 필기노트의 일부이다. 밑줄 친 ㉠~㉣ 중 수정이 필요한 부분을 모두 고른 것은?

> 경청은 언어적 의사소통 과정에서 상대방의 소통 내용에 관심과 흥미를 가지고 있음을 드러내며, 상대방으로 하여금 개방적이고 솔직한 의사소통을 하도록 촉진하는 기능을 한다. 의사소통은 내가 상대방에게 일방적으로 메시지를 전달하거나 상대방으로부터 일방적으로 메시지를 전달받는 것이 아니라, 상대방과 상호작용을 통해 메시지를 다루는 과정이다. 그러므로 ㉠ 성공적인 의사소통을 위해서는 상대방이 어떻게 받아들일 것인가에 대한 고려가 있어야 한다. 즉, 경청은 의사소통을 하기 위한 기본적이고 중요한 자세라고 볼 수 있다. 경청을 통해 상대방을 개인으로 존중하게 되는데, 이는 상대방을 인간적으로 존중할 뿐만 아니라 그의 감정, 사고, 행동을 평가하거나 비판·판단하지 않고 있는 그대로 받아들이게 됨을 의미한다. 또한, 경청은 상대방을 성실한 마음으로 대하게 되는 효과도 있다. ㉡ 경청은 상대방과의 관계에서 느낀 감정과 생각 등에서 긍정적인 부분만을 솔직하고 성실하게 표현하는 태도를 말한다. 이러한 감정의 표현은 상대방과의 솔직한 의사 및 감정의 교류를 가능하도록 도와준다. 마지막으로 경청함으로써 상대방의 입장에 공감하며 이해하게 된다. 이는 자신의 생각이나 느낌, 가치, 도덕관 등의 선입견이나 편견을 가지고 상대방을 이해하려 하지 않고, 상대방으로 하여금 자신이 이해받고 있다는 느낌을 갖도록 하는 것이다. ㉢ 적극적 경청은 상대방이 하는 말을 중간에 자르거나 다른 화제로 돌리지 않고, 특별한 반응을 표하지 않으며 상대방의 이야기를 따라가는 것을 의미한다. 적극적 경청을 위해서는 비판적·충고적인 태도를 버리고, 상대방이 말하는 의미를 이해해야 한다. 그리고 단어 이외의 보이는 표현에도 신경 쓰며, 상대방이 말하는 동안 경청하고 있다는 것을 표현해야 한다. 즉, ㉣ 적극적 경청은 공감적 이해, 수용의 정신, 성실한 태도가 필수적이다.

① ㉠, ㉡　② ㉠, ㉢　③ ㉡, ㉢
④ ㉡, ㉣　⑤ ㉢, ㉣

난이도 상 중 하

10 다음 [대화]에 나타난 이 과장의 잘못된 경청 습관으로 옳은 것은?

| 대화 |

이 과장: "최 대리, 김 대리가 말하기를 요즘 많이 힘들어한다던데? 맞아요?"
최 대리: "네, 과장님. 아무래도 부서 이동 후에 업무 숙련도 면에서 많이 부족함을 느낍니다. 최대한 업무 공백 없이 해내려 하다보니 야근이 많아져서 요즘 조금 힘든 편입니다."
이 과장: "부서 이동하는지 미리 알고 있지 않았어요?"
최 대리: "네, 알고 있었습니다."
이 과장: "그럼, 미리미리 업무 파악해서 준비했어야죠. 대리씩이나 달고 너무 힘든 내색을 보이면 안 됩니다. 팀 분위기에도 지장을 줄 수 있고요. 그 정도 눈치는 있잖아요? 앞으로는 이런 이야기 전해 듣지 않게 해주었으면 합니다. 아셨죠?"
최 대리: "네, 알겠습니다. 과장님. 시정하겠습니다."

① 걸러내기　② 조언하기　③ 비위 맞추기
④ 언쟁하기　⑤ 판단하기

난이도 상 중 하

11 다음 글의 밑줄 친 ㉠~㉤ 중 문맥상 쓰임이 적절하지 <u>않은</u> 것은?

> 경찰청과 도로교통공단이 전국 실시간 교통신호정보를 활용한 기술개발과 지자체의 현장 인프라 구축 및 지원을 통해, 내비게이션에서 신호등 ㉠ <u>잔여</u> 시간 정보를 확인할 수 있는 서비스 제공의 토대를 마련했다고 밝혔다. 경찰청과 도로교통공단은 실시간 교통신호정보를 활용하기 위해 지난 2017년부터 기술개발과 관련 규격들을 정비했다. 양 기관은 경찰청 도시교통정보센터에서 전국 교통신호정보를 실시간으로 수집 및 제공하기 위한 기반을 마련하고 이달 중순부터 본격적인 사업을 추진할 계획이다.
>
> 현재, 교통신호정보는 대구시 협조로 국가산업단지 내 자율주행차량 운행구간을 중심으로 도시교통정보센터에서 ㉡ <u>수집</u>하고 있다. 대구시는 2025년까지 시 전역에 대한 신호정보 개방을 목표로 도로교통공단과 함께 노력하고 있다. 경찰청과 도로교통공단은 실시간 교통신호정보 수집 및 활용을 위해 관련 기술지원과 지자체 협업체계를 바탕으로 전국으로 확대할 계획이다.
>
> 해당 시스템은 도로교통공단에서 개발하여 경찰청 규격으로 반영되어 있으며, C-ITS 인프라를 활용하지 않고도 자율주행차량과 ㉢ <u>결렬</u>하여 서비스 제공이 가능한 것이 장점이다. 또한 2021년 11월 대구 지능형자동차부품진흥원에서 공단 주관으로 개최한 합동시연회에서 해당 시스템을 이용하여 자율주행차 교차로 운행을 통해 신뢰성을 확보한 바 있다.
>
> 또한 카카오모빌리티는 도시교통정보센터로 수집된 교통신호정보를 이용해 내비게이션에서 신호정보를 ㉣ <u>표출</u>하는 서비스를 제공하기 위해 기술 테스트를 완료했다. 본 사업은 정식 서비스를 위한 절차를 밟아, 대구 지역을 시작으로 일반 이용자 대상 서비스를 제공할 예정이다. 카카오모빌리티는 안드로이드와 iOS 카카오내비 앱에서 동시에 서비스를 ㉤ <u>개시</u>하고, 우회전 후 보행자 횡단신호 점등 시 사전 안내 및 전방 교차로 신호등의 남은 시간 정보를 제공한다.
>
> 도로교통공단 이사장은 "미래 교통 시스템 변화와 기술 발전에 발맞춰, 도로 이용자를 위한 서비스를 활발히 개발하고 교통환경에 적용될 수 있도록 하겠다."라며, "공단은 급변하는 교통환경에 대응하는 혁신적인 미래교통 전문기관으로서, 자율주행 시대를 대비해 다양한 분야에 대한 선제적인 연구개발을 진행 중이다."라고 밝혔다.

① ㉠ ② ㉡ ③ ㉢
④ ㉣ ⑤ ㉤

난이도 상 중 하

12 다음 글의 밑줄 친 ㉠과 바꾸어 쓸 수 있는 단어로 가장 적절한 것은?

> 개인이 직접 살 수 있는 영양제는 일반의약품과 건강기능식품으로 나뉜다. 일반의약품으로 분류되는 영양제는 약국에서만 살 수 있고, 엄격한 생산기준과 임상 근거가 있기 때문에 '예방 및 치료'라는 효과를 포장에 표시할 수 있다. 반면, 건강기능식품은 인체에 유용한 기능성을 가진 원료나 성분을 사용하여 만든 '식품'이기 때문에, 의약품처럼 예방 및 치료 효과를 내세울 수 없다. 권장량을 복용하면 대개 안전하다고 여겨지지만 이는 과학기술로 판단할 수 있는 범위 내에서 안전하다고 인정된 것이지, 다른 음식이나 약물과의 영향이 완전히 다 ㉠ 밝혀진 것은 아니다.
>
> 영양제 포장에는 포함된 영양 성분과 함량이 적혀 있는데, 이때 표기된 '~%'라는 비율은 하루 영양 섭취 기준 대비 비율을 뜻한다. 영양 섭취 기준은 과학적 근거에 따라 건강한 사람이 질환을 예방하고 최적의 건강 상태를 유지하는 데 필요한 영양 섭취량이다. 따라서 여러 가지 영양제를 함께 먹을 때는 특정 영양소를 지나치게 많이 섭취하지 않도록 이 영양 섭취 기준을 참고할 수 있다.

① 폭로(暴露)된　② 구명(究明)된　③ 단정(斷定)된
④ 조명(照明)된　⑤ 한정(限定)된

난이도 상 중 하

13 다음 글을 바탕으로 할 때, 밑줄 친 부분이 어법상 옳지 않은 것은?

> 용언이 활용될 때 일정한 규칙으로 설명할 수 있는 경우를 '규칙 활용'이라 하고, 기본 형태가 유지되지 않을 뿐더러 그 현상을 일정한 규칙으로 설명할 수 없는 경우를 '불규칙 활용'이라고 한다. 예를 들어 '얻다'의 경우 '얻고, 얻으니, 얻어'와 같이 규칙적으로 활용한다. 그러나 '이르다'의 경우는 다르다. '이르다'는 일반적으로 '이르고, 이르니, 이르며'와 같이 규칙 활용을 하지만, 특정 어미 '-어'가 올 때는 '이르어'로 활용하지 않고 '이르러'로 활용한다. 즉 '어'가 '러'로 변하는 불규칙 활용을 하는 것이다.

① 반찬을 <u>퍼서</u> 그릇에 담아라.
② 어머니께서 햅쌀로 밥을 <u>지어</u> 주셨다.
③ 물이 댐에서 <u>흘러</u> 넘쳐 홍수가 나겠다.
④ 나뭇잎이 <u>누르러</u> 보이니 이제 겨울도 머지않다.
⑤ 그는 길에 떨어진 지갑을 <u>줏어</u> 주인을 찾아 주었다.

난이도 상 중 하

고난도 실전문제 01번

14 다음 글의 제목으로 가장 적절한 것은?

> 2025년 봄, 전국 곳곳에서 대규모 산불이 발생해 수십 명이 사망하고 수만 명이 대피하는 사태가 벌어졌다. 이처럼 산불을 비롯한 기후 재난은 단순한 자연현상이 아니라 사회적 · 경제적 위기로 이어지고 있다.
>
> 산불은 대기 건조, 고온, 강풍 등 기후 변화와 맞물려 더욱 빈번해지고 있으며, 피해 규모도 점차 커지고 있다. 특히 산림 훼손, 대기 오염, 지역 경제 침체와 같은 장기적 영향은 국가적 차원의 대응을 요구한다.
>
> 이에 따라 재난 대응 체계의 선진화가 과제로 떠오르고 있다. 위기 발생 시 신속한 대피와 피해 최소화를 위한 조기 경보 시스템, 소방 인력 · 장비 확충, 드론과 위성 모니터링을 통한 실시간 감시 체계가 필요하다. 또한 주민 교육과 훈련을 통해 대응 역량을 높이는 것도 중요한 과제이다.
>
> 더 나아가 기후 변화 자체를 완화하기 위한 근본적인 노력이 병행되어야 한다. 탄소 배출 저감, 산림 복원, 친환경 에너지 전환 등 장기적 정책이 추진되지 않는다면, 산불을 비롯한 기후 재난은 점점 더 심각해질 수밖에 없다. 또한 재난 이후의 복구 과정에서 지역 공동체의 회복력(resilience)을 높이는 방안도 필요하다. 피해 주민의 생활 재건과 심리적 지원은 단순한 구호를 넘어 지속적인 사회적 과제로 다루어져야 한다.
>
> 결국 산불과 같은 기후 재난은 앞으로 더 자주, 더 크게 찾아올 수 있는 현실적 위험이므로, 정부 · 지자체 · 지역사회가 협력하여 체계적이고 지속적인 대응 전략을 마련해야 한다.

① 산불, 기후 재난 시대의 지속적 대응 과제
② 산불이 지역 경제에 미치는 장기적 피해
③ 산불 발생 원인과 대기 오염의 관계
④ 드론과 위성 모니터링을 통한 산불 감시 기술
⑤ 산불로 인한 주민 대피와 교육의 필요성

고난도 실전문제 03번

15 다음 글의 주제로 가장 적절한 것은?

> 공간 컴퓨팅은 현실과 가상의 경계를 허물어 인간이 디지털 세계와 상호작용하는 방식을 혁신하는 기술이다. 증강현실(AR), 가상현실(VR), 혼합현실(MR)과 같은 기술을 통합해, 사용자는 물리적 공간 안에서 디지털 정보를 직관적으로 경험하고 활용할 수 있다.
>
> 이 기술은 산업 현장에서 설계와 시뮬레이션을 지원하고, 의료 분야에서는 원격 수술과 재활 훈련에 활용될 수 있다. 또한 교육 분야에서는 몰입형 학습 환경을 제공해 학습자의 이해도와 참여도를 높이는 데 기여한다.
>
> 공간 컴퓨팅의 강점은 사용자 중심 경험에 있다. 기존의 화면 기반 인터페이스를 넘어, 실제 환경과 가상의 데이터가 결합되면서 직관적이고 몰입감 있는 정보 전달이 가능하다. 이를 통해 사람들은 보다 효과적으로 정보를 습득하고, 복잡한 과업을 수행할 수 있다.
>
> 그러나 공간 컴퓨팅 기술의 확산을 위해서는 여전히 해결해야 할 과제가 많다. 고가의 장비, 콘텐츠 부족, 개인정보 보호와 같은 문제들이 대표적이다. 이러한 제약이 해소될 때 공간 컴퓨팅은 다양한 산업과 일상 속에서 본격적으로 자리 잡을 수 있을 것이다.
>
> 궁극적으로 공간 컴퓨팅은 인간과 디지털 세계의 경계를 더욱 자연스럽게 연결하며, 미래 사회의 핵심 인프라로 자리매김할 가능성이 크다. 이는 단순한 기술 발전을 넘어 사회 전반의 생활 양식과 일하는 방식을 근본적으로 바꾸는 변화를 의미한다.

① 공간 컴퓨팅은 현실과 가상을 융합해 새로운 경험을 제공하는 혁신적 기술이지만, 대중화에는 여러 과제가 뒤따른다.
② 공간 컴퓨팅은 교육 현장에서 몰입형 학습 환경을 구현하여 학습 효과를 높이는 기술이다.
③ 공간 컴퓨팅은 장비 비용과 개인정보 보호 문제 등으로 인해 활용 확산에 제약을 받는다.
④ 공간 컴퓨팅은 AR · VR · MR을 통합해 차세대 디지털 인터페이스를 구현하는 기술이다.
⑤ 공간 컴퓨팅은 의료 · 교육 · 산업 등 다양한 분야에서 점차 활용 범위를 넓혀가고 있는 기술이다.

난이도 상 중 하

고난도 실전문제 04번

16 다음 글의 내용과 일치하는 것은?

한국어 계통 연구 분야에서 널리 알려진 학설인 한국어의 알타이어족설은 한국어가 알타이 어군인 튀르크어, 몽고어, 만주·퉁구스어와 함께 알타이어족에 속한다는 것이다. 이 학설은 알타이 어군과 한국어 간에는 모음조화, 어두자음군의 제약, 관계 대명사와 접속사의 부재 등에서 공통점이 있다는 비교언어학 분석에 근거하고 있다. 하지만 기초 어휘와 음운 대응의 규칙성에서는 세 어군과 한국어 간에 차이가 있어 이 학설의 비교언어학적 근거는 한계를 가지고 있다. 이 때문에, 한국어의 알타이어족설은 알타이 어군과 한국어 사이의 친족 관계 및 공통 조상어로부터의 분화 과정을 설명하기 어렵다.

최근 한국어 계통 연구는 비교언어학 분석과 더불어, 한민족 형성 과정에 대한 유전학적 연구, 한반도에 공존했던 여러 유형의 건국 신화와 관련된 인류학적 연구를 이용하고 있다. 가령, 우리 민족의 유전 형질에는 북방계와 남방계의 특성이 모두 존재한다는 점과 북방계의 천손 신화와 남방계의 난생 신화가 한반도에서 모두 발견된다는 점은 한국어가 북방적 요소와 남방적 요소를 함께 지니고 있음을 시사해준다. 이런 연구들은 한국어 자료가 근본적으로 부족한 상황에서 비롯된 문제점을 극복하여 한국어의 조상어를 밝히는 데 일정한 실마리를 던져준다.

하지만 선사 시대의 한국어와 친족 관계를 맺고 있는 모든 어군들을 알 수는 없으며, 있다고 하더라도 그들과 한국어의 공통 조상어를 밝히기란 쉽지 않다. 지금까지의 연구에 따르면, 고대에는 고구려어, 백제어, 신라어로 나뉘어 있었다. 하지만 이들 세 언어가 서로 다른 언어인지, 아니면 방언적 차이만을 지닌 하나의 언어인지에 대해서는 이견이 있다. 고구려어가 원시 부여어에 소급되는 것과 달리 백제어와 신라어는 모두 원시 한어(韓語)로부터 왔다는 것은 이들 언어의 차이가 방언적 차이 이상이었음을 보여 준다. 이들 세 언어가 고려의 건국으로 하나의 한국어인 중세 국어로 수렴되었다는 것에 대해서는 남한과 북한의 학계가 대립된 입장을 보이지 않지만, 중세 국어가 신라어와 고구려어 중 어떤 언어로부터 분화된 것인지와 관련해서는 두 학계의 입장이 대립된다. 한편, 중세 국어가 조선 시대를 거쳐 근대 한국어로 변모하여 오늘날 우리가 사용하는 현대 한국어가 되는 과정에 대해서는 두 학계의 견해가 일치한다.

① 천손 신화 연구와 같은 한민족 형성 과정에 대한 유전학적 연구는 비교언어학 분석과 더불어 한국어의 조상어를 밝히는 데 실마리를 던져주고 있다.
② 비교언어학적 연구를 통해 한국어와 알타이어족의 공통 조상어 분화 과정을 밝힐 수 있었다.
③ 한국어는 튀르크어, 몽고어, 만주·퉁구스어와 음운 대응의 규칙성에서 공통점을 보인다.
④ 중세 국어의 수렴 시기에 대한 남북한 학계의 견해는 일치한다.
⑤ 고대 국어는 모두 한어로부터 파생되었다는 공통점을 지닌다.

17 다음 글의 내용과 일치하는 것은?

번개는 대기 중의 방전 현상이다. 공기는 절연체이므로 기본적으로 전기가 통하지 않는다. 그러나 양전하와 음전하를 띤 구름과 구름, 구름과 지면 사이에 전압이 높아지면 극히 짧은 시간 동안 전류가 흐르게 된다. 또 구름이 담고 있는 전하량의 한도가 넘게 되면 하늘에서 전하 덩어리가 떨어진다. 이것이 바로 구름과 땅 사이의 방전, 즉 번개이다.

번개가 칠 때 중요한 역할을 하는 구름의 전하 분포와 구름과 땅의 전하 분포는 어떤 원리로 설명할 수 있을까? 먼저 구름의 전하 분포를 살펴보자. '번개 구름'으로도 불리는 적란운은 습하고 두꺼우며 내부의 기온차가 심한 구름으로, 주로 물방울과 얼음 알갱이로 이루어져 있다. 구름 내부는 양전하(+), 외부는 음전하(−)를 띠는데, 강한 상승 기류와 와류에 의해 음전하를 띠고 있는 구름 외부가 뜯겨 나가면서 전하의 분리가 이루어진다. 이때 구름의 상부는 양전하, 하부는 음전하를 띠게 되는데, 매우 불안정한 공기의 영향으로 구름 상층의 양전하와 하층의 음전하가 충돌하면서 방전 현상이 발생한다.

이번에는 구름과 지면 사이에 번개가 치는 과정을 살펴보자. 물방울, 수증기, 얼음 등이 모여 있는 음전하가 강한 낮은 고도의 지역에서 전자들이 아래로 움직이기 시작한다. 이를 선도 낙뢰라고 한다. 이 번개는 밝지 않고 단계적으로 떨어지는 것이 특징이다. 이때 지표면은 양전하를 띤 상태이며, 아래쪽으로 내려온 음전하들이 지표면에 가까워지면 나무나 건물과 같이 높이 솟은 물질로부터 양전하를 끌어올린다. 하여 나무같이 뾰족한 것에는 양전하가 많이 모인다.

이렇게 해서 양전하와 음전하가 만나면 강력한 전류가 발생한다. 양전하와 음전하의 접촉이 일어나는 순간 엄청난 양전하의 흐름이 위로 치솟는데, 이를 귀환 낙뢰라 한다. 선도 낙뢰가 떨어지는 시간은 0.02초이지만, 귀환 낙뢰가 올라가는 시간은 0.00007초로 매우 짧다. 우리가 보는 번개는 이때의 양전하 흐름으로, 속도가 광속의 3분의 1에 해당하는 10만 km/초에 이른다. 이때 터놓은 길을 따라 순식간에(약 10만 분의 1초) 전하의 흐름이 몇 차례 반복된다.

우리가 눈으로 번개를 볼 때 나타나는 선은 전하가 이동하는 가장 짧은 경로를 나타낸다. 이 선은 대부분 삐뚤삐뚤한 형태를 띠고 있는데, 그 모양을 보고 대기 중에 전위차가 어떻게 형성되어 있는지 짐작할 수 있다. 즉, 대기 중에는 전위차가 고르게 분포되어 있지 않으며, 전하들은 전위차가 높은 곳을 따라 이동했다는 것을 알 수 있다. 또 곁가지의 번개들은 주변 공간에 중심부와 같은 전위차가 존재하여 전하가 이동할 수 있는 길을 만들어 준 것이라 할 수 있다.

한편 번개하면 빼놓을 수 없는 것이 천둥이다. 천둥소리의 근원은 무엇일까? 번개가 칠 때 공기 중에는 순간적으로 다량의 전류가 흐르면서 그 통로가 되는 곳에 태양 표면의 온도보다 약 4배 뜨거운 2만 7천℃의 열이 발생한다. 이 열에 의해 주변 공기가 급격히 팽창과 수축을 반복하면서 공기의 진동이 발생한다. 이 진동이 소리가 되어 들리는 것이 천둥이다.

① 선도 낙뢰와 귀환 낙뢰는 빛의 속도로 움직인다.
② 번개는 천둥으로 인한 공기의 진동 때문에 발생한다.
③ 강한 상승 기류와 와류가 발생하면 적란운의 상부와 하부가 띠는 전하가 달라진다.
④ 번개의 경로는 대기 중의 공기 온도 차에 따른 것이다.
⑤ 귀환 낙뢰는 구름에서 지면으로 전하가 이동하는 방전 현상이다.

18 다음 글의 내용과 일치하지 않는 것은?

> 자본 구조가 기업의 가치와 무관하다는 명제로 표현되는 '모딜리아니－밀러 이론'은 완전 자본 시장 가정, 곧 자본 시장에 불완전성을 가져올 수 있는 모든 마찰 요인이 전혀 없다는 가정에 기초한 자본 구조 이론이다. 이 이론에 따르면, 기업의 영업이익에 대한 법인세 등의 세금이 없고 거래 비용이 없으며 모든 기업이 완전히 동일한 정도로 위험에 처해 있다면, 기업의 가치는 기업 내부 여유 자금이나 주식 같은 자기 자본을 활용하든지 부채 같은 타인 자본을 활용하든지 간에 어떤 영향도 받지 않는다. 모딜리아니－밀러 이론은 현실적으로 타당한 이론을 제시했다기보다는 현대 자본 구조 이론의 출발점을 제시하였다는 데 중요한 의미가 있다.
>
> 모딜리아니－밀러 이론이 제시된 이후, 완전 자본 시장 가정의 비현실성에 주안점을 두어 파산 비용, 정보의 비대칭 등을 감안하는 자본 구조 이론들이 발전해 왔다. 불완전 자본 시장을 가정하는 이러한 이론들 중에는 '상충 이론'과 '자본 조달 순서 이론'이 있다.
>
> '상충 이론'이란 부채의 사용에 따른 편익과 비용을 비교하여 기업 최적의 자본 구조를 결정하는 이론이다. 이러한 편익과 비용을 구성하는 요인들에는 여러 가지가 있지만, 그중 편익으로는 법인세 감세 효과만을, 비용으로는 파산 비용만 있는 경우를 가정하여 이 이론을 설명해 볼 수 있다. 여기서 법인세 감세 효과란 부채에 대한 이자가 비용으로 처리됨으로써 얻게 되는 세금 이득을 가리킨다. 이렇게 가정할 경우 상충 이론은 부채의 사용이 증가함에 따라 법인세 감세 효과에 의해 기업의 가치가 증가하는 반면, 기대 파산 비용도 증가함으로써 기업의 가치가 감소하는 효과도 나타난다고 본다. 이 상반된 효과를 계산하여 기업의 가치를 가장 크게 하는 부채 비율, 곧 최적 부채 비율이 결정되는 것이다.
>
> 이와는 달리 '자본 조달 순서 이론'은 정보 비대칭의 정도가 작은 순서에 따라 자본 조달이 순차적으로 이루어진다고 설명한다. 이 이론에 따르면 기업들은 투자가 필요할 경우 내부 여유 자금을 우선적으로 쓰며, 그 자금이 투자액에 미달될 경우에 외부 자금을 조달하게 되고, 외부 자금을 조달해야 할 때도 정보 비대칭의 문제로 주식의 발행보다 부채의 사용을 선호한다는 것이다.

① 모딜리아니－밀러 이론은 현실적으로 적용되기 어렵다.
② 기업의 최적 부채 비율을 결정하는 것은 상충 이론을 기반으로 하고 있다.
③ 상충 이론에서 부채의 사용은 기업의 가치를 증가시키는 데 기여하기도 한다.
④ 자본 조달 순서 이론에서 기업은 투자가 필요할 경우 우선적으로 부채를 사용한다.
⑤ 상충 이론과 자본 조달 순서 이론은 모딜리아니－밀러 이론과 다르게 불완전 자본 시장을 가정하고 있다.

+고난도 실전문제 04번

19 다음 글의 내용과 일치하지 않는 것은?

거리 예술은 예술이 주로 공연장, 전시관 등 정형화된 장소에서 소수의 특권층에게만 전유되던 시기에 예술을 즐길 기회를 갖지 못하는 대중에게 예술을 제공한다는 명분으로 시작되었다. 거리는 대중을 쉽게 만날 수 있는 장소이지만 예술 행위를 하기에는 너무 소란스럽고 산만하다. 예술을 추구하자니 거리와 대중을 떠나야 할 것 같고, 거리의 대중을 좇자니 예술을 포기해야 할 것처럼 보인다. 하지만 거리 예술은 예술이 향유되는 장소가 다수의 사람을 만날 수 있는 거리라는 점에서 큰 의의를 갖는다.

거리 공연의 풍경은 우리에게 친숙하다. 보통은 도심의 광장 같은 데서 노래하거나 악기를 연주하는 버스킹을 떠올리기 쉽다. 그러나 실제로는 음악 이외에도 춤, 마임, 코미디, 마술 등 그 종류가 매우 다양하다. 공연자가 목재를 들고 사다리를 타면서 집 짓는 흉내를 내는 건축적 마임 등은 거리 공연의 재미있는 예다. 일상 공간을 무대로 삼는 거리 예술은 삶과 밀접한 소재를 다루며 사회적 메시지를 담아내기도 한다. 우리나라 거리극의 시초라 할 수 있는 마당극이 시대정신을 담은 것처럼 현대 거리 예술도 대중에게 삶과 사회에 대한 질문을 던진다.

야외에서 진행되는 작품일지라도 무대 세트를 그대로 옮겨와 극장과 같은 환경을 갖추어 진행하는 작품들은 거리 예술의 범주에 포함되지 않는다. 즉, 거리 예술에서 공간을 읽어내고 이에 작품을 반영하는 것이 무엇보다도 중요한 지점임을 알 수 있다. 이와 더불어 거리 예술은 극장처럼 객석이 완비된 환경과는 달리 밀집된 공간에서 군중을 상대하는 만큼, 예술가와 관객의 상호작용을 전제하므로 관객의 참여를 이끌어 내는 것이 매우 중요하다.

유럽의 경우 공간적, 문화적인 면에서 거리 예술이 발달하기 좋은 환경을 갖추고 있다. 거리 예술의 무대가 되는 유럽의 광장, 공원, 도로, 지하철역 등은 번잡하지 않고 그 터가 넓어 거리 예술을 하는 데 최적의 환경을 가지고 있다. 특히 영국과 프랑스를 비롯한 많은 유럽 국가의 지하철역은 역사가 오래되어 낡고 좁다는 단점을 지니고 있지만 사이사이 구역을 지정하여 지하철역에서 공연을 하도록 배려하여 삭막한 환경을 개선하는 효과를 누리고 있다.

오늘날 우리나라의 지하철역도 문화 예술의 공간으로 다양한 탈바꿈을 시도하고 있다. 정거장을 하나의 상설 무대로 인식하고 승객을 관람객으로 연결하려는 노력이 이어지고 있다. 사람들이 일상생활 속에서 자주 오가는 도심의 거리, 그리고 지하철역 등의 공공시설에서 거리 예술이 보편적으로 행해진다면 사람들에게 예술은 굳이 공연장이나 전시관을 찾지 않아도 쉽게 접할 수 있는 분야로 자리 잡을 수 있을 것이다.

① 거리에서 행해지더라도 거리 예술로 분류되지 않을 수 있다.
② 마당극은 관객에게 시대정신을 담은 사회적 메시지를 전달하기도 했다.
③ 거리 예술가들은 관객과 상호작용하며 참여를 유도해야 한다.
④ 유럽에서는 지하철역을 제외하고 거리 어느 곳에서나 거리 공연을 할 수 있다.
⑤ 거리 예술은 소수의 특권층이 예술을 전유하던 시기에 등장하였다.

난이도 상 중 하

고난도 실전문제 04번

20 다음 글의 내용과 일치하지 않는 것은?

대체 불가능한 토큰, 일명 NFT(Non Fungible Token)는 무한 복제되어 원본과 복제본의 구별이 불가능한 디지털 자산(이미지, 동영상, 음악 파일 등)에 일종의 '오리지널리티' 혹은 '원본 보증' 개념을 부여하여 거래가 가능할 수 있도록 해 주는 새로운 기술이다. 여기서 '대체 불가능'의 의미는 동일한 가치로 교환될 수 있는 무엇인가가 존재하지 않는다는 것이다. 대체 가능한 대표적 자산인 돈은 만 원권 지폐가 다른 만 원권 지폐로 그대로 대체될 수 있다. 비트코인 하나도 다른 비트코인 하나와 그대로 대체가 가능하다. 하지만 디지털 자산들은 동일하게 교환되거나 대체 가능한 다른 자산이 존재하지 않는 경우가 대부분이다. 예를 들어 자신이 좋아하는 스타를 직접 스마트폰으로 찍은 사진을 가지고 있다면, 그 사진을 다른 사람이 다른 장소나 시간에 찍은 사진으로 대체할 수 없다.

한편 '토큰'은 블록체인 기술을 활용하여 그런 대체 불가능한 자산에 발행되는 증명서를 의미한다. NFT는 기존에 존재하지 않았던 큰 시장이 새로 형성될 가능성을 열어 주었다. 트위터 창업자 잭 도시가 쓴 첫 번째 트윗, 르브론 제임스의 10초짜리 NBA 영상 등이 고가에 팔린 것은 그 가능성의 대표적인 사례들이다. 특히 암호화폐인 이더리움이 NFT 운영체계의 근간을 이룬다는 것은 NFT가 최근 주목을 받는 이유 중에 하나이다. 이른바 '스마트 계약' 기능을 내장한 이더리움은 그간 가장 효용성 높은 암호화폐로 주목을 받았지만 NFT 이전에는 대중들이 쉽게 이해할 수 있는 용처가 많지 않았다.

가뜩이나 암호화폐들의 가격이 급등한 상황에서 그 근간인 블록체인 기술이 잘 활용된 용처로 NFT가 급부상하니 더욱 관심을 끌 수밖에 없다. 장기적으로 메타버스 등과 연계되어 그 파급력이 폭발적일 수도 있다는 시각까지 있다. 하지만 한편에서는 왜곡된 소유욕과 신기술에 대한 집착이 만들어낸 일시적인 현상이라는 시각도 존재한다. 암호화폐 업계의 큰손들이 의도적으로 노이즈를 만들어내고, 미디어들이 이를 경쟁적으로 증폭시키고 있는 것이 아니냐는 의구심을 드러내는 것이다.

따라서 NFT가 장기적으로 어떻게 될 것인지 현 시점에서 판단하는 것은 적절하지 않아 보인다. 다만 현재의 일시적인 열풍은 언젠가 잠잠해질 것이고 동시에 NFT 기술 자체는 다양한 용처를 찾아 확산될 것으로 보인다. 장기적인 시각에서 NFT를 주목해야 하는 이유이다.

① 이더리움은 NFT 덕분에 비트코인보다 가격이 급등하였다.
② NFT는 기존에 존재하지 않았던 새로운 돈벌이가 될 가능성이 있다.
③ 디지털 자산은 복제가 쉽고 그 복제본과 원본의 구별이 사실상 불가능하다.
④ NFT 기술 자체는 확산될 것으로 전망되므로 장기적인 시각에서 NFT를 주목해야 한다.
⑤ NFT는 앞으로의 파급력이 더 커질 것이라는 의견과 그렇지 않을 것이라는 의견이 공존한다.

난이도 상 중 하

+고난도 실전문제 06번

21 다음 글을 이해한 내용으로 적절하지 않은 것은?

암 치료에 사용되는 항암제는 세포 독성 항암제와 표적 항암제로 나뉜다. 세포 독성 항암제는 세포 분열을 방해하여 세포가 증식하지 못해 사멸에 이르게 한다. 그러므로 세포 독성 항암제는 암세포뿐 아니라 정상 세포 중 빈번하게 세포 분열하는 종류의 세포도 손상시킨다. 반면에 표적 항암제는 암세포에 선택적으로 작용하도록 고안된 것이다.

암세포에서는 변형된 유전자가 만들어낸 비정상적인 단백질이 세포 분열을 위한 신호 전달 과정을 왜곡하여 과다한 세포 증식을 일으킨다. 암세포가 종양으로 자라려면 종양 속으로 연결되는 새로운 혈관의 생성이 필수적이다. 표적 항암제는 암세포가 증식하고 종양이 자라는 과정에서 어느 단계에 개입하느냐에 따라 신호 전달 억제제와 신생 혈관 억제제로 나뉜다.

신호 전달 억제제는 암세포의 증식을 유도하는 신호 전달 과정 중 특정 단계의 진행을 방해한다. 신호 전달 경로는 암의 종류에 따라 다르므로 신호 전달 억제제는 특정한 암에만 치료 효과를 나타낸다. 만성골수성백혈병(CML)의 치료제인 이마티닙이 그 예이다. 만성골수성백혈병은 골수의 조혈모 세포가 혈구로 분화하는 과정에서 발생하는 혈액암이다. 만성골수성백혈병 환자의 95% 정도는 조혈모 세포의 염색체에서 돌연변이 유전자가 형성되어 변형된 형태의 효소인 Bcr－Abl 단백질을 만들어낸다. 이 효소는 암세포 증식을 유도하는 신호 전달 경로를 활성화하여 암세포를 증식시킨다. 이러한 원리에 착안하여 Bcr－Abl 단백질에 달라붙어 그것의 작용을 방해하는 이마티닙이 개발되었다.

신생 혈관 억제제는 암세포가 새로운 혈관을 생성하는 것을 방해한다. 암세포가 증식하여 종양이 되고 그 종양이 자라려면 산소와 영양분이 계속 공급되어야 한다. 대부분의 암세포들은 혈관내피 성장인자(VEGF)를 분비하여 암세포 주변의 조직에서 혈관내피세포를 증식시킴으로써 새로운 혈관을 형성한다. 이러한 원리에 착안하여 종양의 혈관 생성을 저지할 수 있는 약제인 베바시주맙이 개발되었다. 이 약제는 인공적인 항체로서 혈관내피 성장인자를 항원으로 인식하여 결합함으로써 혈관 생성을 방해한다.

① 세포 독성 항암제는 부작용을 가지고 있다.
② 이마티닙은 Bcr－Abl 단백질뿐만 아니라 다른 종류의 단백질에도 작용한다.
③ 만성골수성백혈병 환자의 조혈모 세포는 특정 단백질을 만들어낸다.
④ 베바시주맙은 인공적인 항체로, 혈관내피 성장인자와 결합하여 혈관 생성을 방해한다.
⑤ 표적 항암제를 분류하는 기준은 암세포의 성장 과정에서 어느 단계에 개입하는가이다.

난이도 상 중 하

22 다음 [대화]의 밑줄 친 ㉠에 따라 [계획안]을 수정하였다고 할 때, 적절하지 않은 것은?

21년 7급

| 대화 |

갑: 나눠드린 ‘A시 공공 건축 교육 과정’ 계획안 다 보셨죠? 이제 계획안을 어떻게 수정하면 좋을지 각자의 의견을 자유롭게 말씀해 주십시오.

을: 코로나19 상황을 고려해 대면 교육보다 온라인 교육이 좋겠습니다. 그리고 방역 활동에 모범을 보이는 차원에서 온라인 강의로 진행한다는 점을 강조하는 것이 좋겠습니다. 온라인 강의는 편안한 시간에 접속하여 수강하게 하고, 수강 가능한 기간을 명시해야 합니다. 게다가 온라인으로 진행하면 교육 대상을 A시 시민만이 아닌 모든 희망자로 확대할 수 있다는 장점이 있습니다.

병: 좋은 의견입니다. 여기에 덧붙여 교육 과정을 공공 건축 업무 관련 공무원 대상과 일반 시민 대상으로 분리하는 것이 좋겠습니다. 관련 공무원과 일반 시민은 기반 지식의 차이가 커 같은 내용으로 교육하기에 적합하지 않습니다. 업무와 관련된 직무 교육 과정과 일반 시민 수준의 교양 교육 과정으로 따로 운영하는 것이 좋겠습니다.

을: 교육 과정 분리는 좋습니다만, 공무원의 직무 교육은 참고할 자료가 많아 온라인 교육이 비효율적입니다. 직무 교육 과정은 다음에 논의하고, 이번에는 시민 대상 교양 과정으로만 진행하는 것이 좋겠습니다. 그리고 A시의 유명 공공 건축물을 활용해서 A시를 홍보하고 관심을 끌 수 있는 주제의 강의가 추가되었으면 좋겠습니다.

병: 그게 좋겠네요. 마지막으로 덧붙이면 신청 방법이 너무 예전 방식입니다. 시 홈페이지에서 신청 게시판을 찾아가는 방법을 안내할 필요는 있지만, 요즘 같은 모바일 시대에 이것만으로는 부족합니다. A시 공식 애플리케이션에서 바로 신청서를 작성하고 제출할 수 있도록 하면 좋겠습니다.

갑: ㉠ <u>오늘 회의에서 나온 의견을 반영</u>하여 계획안을 수정하도록 하겠습니다. 감사합니다.

[계획안]

A시 공공 건축 교육 과정
- 강의 주제: 공공 건축의 미래 / A시의 조경
- 일시: 7. 12.(월) 19:00~21:00 / 7. 14.(수) 19:00~21:00
- 장소: A시 청사 본관 5층 대회의실
- 대상: A시 공공 건축에 관심 있는 A시 시민 누구나
- 신청 방법: A시 홈페이지 → ‘시민참여’ → ‘교육’ → ‘공공 건축 교육 신청 게시판’에서 신청서 작성

[수정 계획안]

A시 공공 건축 교육 과정
- 강의 주제: 건축가협회 선정 A시의 유명 공공 건축물 TOP 3 ········ ①
- 기간: 7. 12.(월) 06:00~7. 16.(금) 24:00 ········ ②
- 교육 방식: 코로나19 확산 방지를 위해 온라인 교육으로 진행 ········ ③
- 대상: A시 공공 건축에 관심 있는 사람 누구나 ········ ④
- 신청 방법: A시 홈페이지 → ‘시민참여’ → ‘교육’ → ‘공공 건축 교육 신청 게시판’에서 신청서 작성 및 A시 공식 애플리케이션을 통한 A시 공공 건축 교육 과정 간편 신청 ······ ⑤

난이도 상 중 하

⊕고난도 실전문제 05번

23 다음 글을 읽고 이해한 내용으로 적절한 것은?

인간은 제한된 자원을 활용하여 끊임없이 선택을 해야 한다. 그러나 자원은 희소하기 때문에, 어떤 선택을 하느냐에 따라 다른 선택의 기회가 사라지게 된다. 이때 포기한 선택에서 얻을 수 있었던 최대의 이익을 기회비용이라고 한다. 따라서 합리적인 의사결정을 위해서는 단순히 눈앞에 주어진 편익이나 비용만이 아니라, 기회비용까지 고려해야 한다. 예컨대 한 학생이 같은 시간에 독서를 할 수도 있고 운동을 할 수도 있다면, 독서를 선택했을 때의 기회비용은 운동을 통해 얻을 수 있었던 만족감이 된다. 이처럼 기회비용은 선택의 대가를 올바르게 인식하게 함으로써 합리적인 의사결정의 기초를 제공한다.

그러나 기회비용만으로는 모든 선택의 타당성을 충분히 평가하기 어렵다. 실제 의사결정에서는 선택을 조금씩 늘리거나 줄일 때 발생하는 추가적인 변화가 중요한 기준이 되기 때문이다. 이때 고려되는 것이 한계 비용과 한계 편익이다. 한계 비용은 재화나 활동을 한 단위 더 늘릴 때 추가적으로 드는 비용을 의미하고, 한계 편익은 한 단위를 더 소비하거나 수행할 때 얻는 추가적인 만족이나 이익을 뜻한다. 예를 들어 시험공부 시간을 늘릴수록 초기에는 성적 향상이라는 큰 편익을 얻지만, 시간이 지나면서 편익은 점차 줄어들고 피로로 인한 비용이 커질 수 있다.

합리적인 선택은 바로 이 한계 비용과 한계 편익의 비교를 통해 이루어진다. 일반적으로 한계 편익이 한계 비용보다 큰 경우에는 선택을 늘리는 것이 바람직하고, 그 반대의 경우에는 줄이는 것이 바람직하다. 즉, 한계 편익과 한계 비용이 같아지는 지점이 최적의 선택을 나타낸다. 이는 경제학에서 중요한 원리로, 다양한 상황에 적용될 수 있다. 기업은 생산량을 조절할 때, 개인은 여가와 노동을 배분할 때, 정부는 공공재의 제공 수준을 결정할 때 이 원리를 참고한다. 결국 한계적 사고는 자원의 효율적 활용을 가능하게 하는 핵심 도구라 할 수 있다.

이처럼 합리적 의사결정은 기회비용을 인식하고, 나아가 한계 비용과 한계 편익을 비교하는 과정을 통해 이루어진다. 단순히 총비용과 총편익만을 고려한다면 자원의 낭비나 과잉 투자에 빠질 수 있다. 반대로 한계적 분석을 적용하면 선택의 적정 수준을 구체적으로 파악할 수 있다. 따라서 개인은 물론 기업과 정부에 이르기까지 모든 경제 주체는 기회비용과 한계적 사고를 동시에 고려함으로써 제한된 자원을 가장 효율적으로 활용할 수 있다. 이는 경제적 합리성을 실현하는 기본 원리이자, 지속 가능한 사회를 구축하기 위한 필수적 조건이라고 할 수 있다.

① 기회비용은 선택을 통해 실제로 얻은 만족감으로 정의된다.
② 합리적 의사결정은 기회비용을 고려하는 것으로 충분하다.
③ 정부는 공공재의 제공 수준을 결정할 때 한계 비용만을 고려한다.
④ 한계 편익과 한계 비용이 일치할 때까지 선택을 늘리는 것이 바람직하다.
⑤ 한계 비용과 한계 편익은 총비용과 총편익을 단순히 합산한 값과 같다.

난이도 상 중 하

⊕고난도 실전문제 07번

24 다음 글을 읽고 추론할 수 있는 내용으로 적절하지 않은 것은?

밀의 낟알을 분쇄하여 만든 곡물가루를 밀가루라고 하는데 다당류 탄수화물로 이루어진 높은 비율의 전분을 함유하고 있다. 대부분의 빵과 페이스트리의 재료이기도 한 밀가루는 유럽과 미국권 문화에서 가장 중요한 식량 중의 하나이기 때문에 수급이 매우 중요하며, 밀 생산 과정에서 영양분이 소실되는 점이 주목받고 있다. 밀가루는 글루텐이라고 불리는 단백질을 함유하고 있는데, 반죽을 만들 때 이 글루텐 분자들이 그물망처럼 서로 결합하여 탄력 있는 반죽이 된다. 그런데 글루텐의 섭취로 인하여 일부 사람들은 소장 내벽이 파괴되는 소아 지방변증을 앓기도 한다. 이에 따라 글루텐이 포함되지 않은 밀가루로 만든 제품인 빵과 파스타가 생산되게 되었다.

글루텐의 함량이 높은 굳은밀(경질밀)로 만들어 차진 밀가루는 강력분으로 불리고, 글루텐 함량이 낮은 무른밀(연질밀)로 만들어 끈기가 적은 밀가루는 박력분으로 불린다. 강력분은 빵을 구울 때 모양을 유지할 수 있는 찰기를 가진 밀가루이고, 박력분은 입자가 곱다. 중력분은 박력분보다 글루텐 함량이 조금 높다.

그리고 밀의 낟알에서 밀기울을 완전히 제거하고 순수한 배유만 남은 것으로 만든 밀가루는 백밀가루라 부르며, 밀기울을 완전히 제거하지 않은 상태로 배유와 밀기울 일부가 섞여 있는 상태의 통밀로 만든 것은 통밀가루이다. 밀기울을 제거하지 않고 만들어 낸 밀가루는 전립분이다. 남아시아에서는 강력분 통밀가루와 박력분 백밀가루를 '아타'와 '마이다'로 구분한다.

브로민 함유 밀가루는 보통 브로민산염을 추가하여 글루텐이 발전하는 것을 돕고, 밀가루 표백제와 역할이 비슷하다. 대안으로 인산염, 아스코르빈산, 맥아 보리가 있다. 브로민산염이 첨가된 밀가루는 세계의 많은 나라에서 사용이 금지되어 있지만, 미국에서는 사용을 허가하고 있다.

케이크 밀가루는 연질밀을 곱게 갈아 만든 박력분 밀가루로, 글루텐 함량이 매우 낮아서 부드러운 케이크와 과자를 만드는 데 적합하다. 글루텐 함량이 더 높은 다른 종류의 밀가루도 케이크를 만드는 데 이용할 수는 있지만 추천하지 않는다. 페이스트리 밀가루는 이름에서처럼 페이스트리 제조에 적절한데 케이크 밀가루보다 글루텐 함량이 조금 더 높지만, 중력분보다는 낮다.

그레이엄 밀가루는 특별한 종류의 통밀가루이다. 내유는 흰 밀가루와 같이 세세하게 갈려 있지만 밀기울이나 미생물의 것은 거칠게 갈려 있다. 미국과 유럽 밖에서는 흔하지 않으며 그레이엄 크래커의 기본 재료이다. 시장에 팔리는 수많은 전맥 크래커는 실제로는 전맥 크레커나 완전 밀가루도 포함되지 않은 모방 전맥으로 되어 있다. 팽창제 혼합 밀가루는 흰 밀가루나 화학 발효 약품과 섞어 파는 완전 밀가루인데 인도 요리를 할 경우 다목적 밀가루로 대체할 수도 있다.

① 어떤 사람들은 밀가루로 인하여 소장 내벽이 파괴될 수도 있다.
② 빵이 주식인 문화권에서는 안정적인 밀가루 공급이 매우 중요하다.
③ 그레이엄 밀가루는 통밀가루로 그레이엄 크래커의 재료이다.
④ 케이크 밀가루는 연질밀을 곱게 갈아 만든 박력분 밀가루이다.
⑤ 브로민 함유 밀가루는 밀가루 개량제가 추가된 완전 밀가루이다.

25 다음 글을 읽고 추론할 수 있는 내용으로 가장 적절한 것은?

'우주물질'은 말 그대로 지구 밖 우주에서 온 물질을 말한다. 지구 중력에 의해 지구로 유입된 것과 아주 예외적으로 인류가 아폴로 미션과 같은 우주탐사를 통해 직접 지구로 가져온 것으로 나눌 수 있다. 지구 중력에 의해 유입되는 우주물질은 매년 약 3~10만 톤 정도인 것으로 알려져 있다. 이들 대부분은 대기권을 통과하면서 마찰열에 의해 증발해 사라지고, 약 2,500톤 정도가 지표면에 도달한다. 이렇게 지표면에 도달하는 것도 수십 마이크로미터 이하의 '행성 간 먼지'나 수십 마이크로미터에서 수 밀리미터 크기의 미운석이 대부분이고, 극히 일부가 센티미터 크기 이상의 운석으로 발견된다.

지구상의 모든 운석은 국제운석학회의 데이터베이스에 등록해서 정식으로 이름을 부여받아야 한다. 현재 약 7만 개의 운석이 등록되어 있으며 대부분은 화성과 목성 사이의 소행성대에서 온 것으로 알려져 있다. 달과 화성에서 기원한 운석도 각각 444개, 341개에 달한다. 1969년 일본 탐사대에 의해 남극에서 우연히 첫 운석이 발견된 이후 현재까지 4만여 개의 운석이 남극에서 발견되었다. 남극에서 특히 운석이 많이 발견되는 이유는 오랜 시간에 걸쳐 남극에 떨어진 운석들이 빙하와 함께 서서히 움직이다가 산맥에 막혀 빙하는 증발하고 운석이 군집하는 지역들이 있기 때문이다.

이렇게 지구로 유입되는 물질뿐만 아니라 인류는 우주탐사를 통해 직접 태양계 물질을 가져오고 있다. 1969년에서 1972년 사이 미국의 아폴로 미션에 의해 약 381kg의 월석을 지구로 가져왔으며, 1999년에 발사된 스타더스트 탐사선은 소행성 81P/Wild2에서 직접 먼지를 채집하여 2006년에 지구로 귀환하였다. 최근 일본과 미국은 물과 유기물이 풍부한 것으로 알려진 C형 소행성 '류구'와 '베누'로 각각 탐사선을 보내 시료 채취에 성공하였다.

① 남극은 지구상에서 운석이 가장 많이 떨어지는 지역이다.
② 지표면에 도달한 우주물질 중 행성 간 먼지보다 미운석의 비중이 높다.
③ 아폴로 미션 이전에 달에서 기원한 우주물질은 발견되지 않았을 것이다.
④ 지구상에서 발견된 센티미터 이상의 우주물질은 모두 고유의 이름을 갖는다.
⑤ 운석은 지표면에 도달하는 과정에서 대기권의 영향을 받지 않은 우주물질이다.

난이도 상 중 하

고난도 실전문제 08번

26 다음 글을 읽고 추론할 수 있는 내용으로 적절하지 않은 것은?

적혈구는 일정한 수명을 가지고 있어서 그 수와 관계없이 총적혈구의 약 0.8% 정도는 매일 몸 안에서 파괴된다. 파괴된 적혈구로부터 빌리루빈이라는 물질이 유리되고, 이 빌리루빈은 여러 생화학적 대사 과정을 통해 간과 소장에서 다른 물질로 변환된 후에 대변과 소변을 통해 배설된다.

적혈구로부터 유리된 빌리루빈은 강한 지용성 물질이어서 혈액의 주요 구성 물질인 물에 녹지 않는다. 이런 빌리루빈을 비결합 빌리루빈이라고 하며, 혈액 내에서 비결합 빌리루빈은 알부민이라는 혈액 단백질에 부착된 상태로 혈류를 따라 간으로 이동한다. 간에서 이 비결합 빌리루빈은 담즙을 만드는 간세포에 흡수되고 글루쿠론산과 결합하여 물에 잘 녹는 수용성 물질인 결합 빌리루빈으로 바뀌게 된다. 결합 빌리루빈의 대부분은 간세포에서 만들어져 담관을 통해 분비되는 담즙에 포함되어 소장으로 배출되지만 일부는 다시 혈액으로 되돌려 보내져 혈액 내에서 알부민과 결합하지 않고 혈류를 따라 순환한다.

간세포에서 분비된 담즙을 통해 소장으로 들어온 결합 빌리루빈의 절반은 장세균의 작용에 의해 소장에서 흡수되어 혈액으로 이동하는 유로빌리노겐으로 전환된다. 나머지 절반의 결합 빌리루빈은 소장에서 흡수되지 않고 대변에 포함되어 배설된다. 혈액으로 이동한 유로빌리노겐의 일부분은 혈액이 신장을 통과할 때 혈액으로부터 여과되어 신장으로 이동한 후 소변으로 배설된다. 하지만 대부분의 혈액 내 유로빌리노겐은 간으로 이동하여 간세포에서 만든 담즙을 통해 소장으로 배출되어 대변을 통해 배설된다.

빌리루빈의 대사와 배설에 장애가 있을 때 여러 임상 증상이 나타날 수 있다. 따라서 빌리루빈이나 빌리루빈 대사물의 양을 측정한 후, 그 값을 정상치와 비교하면 임상 증상을 일으키는 원인이 되는 질병이나 문제를 추측할 수 있다.

① 소변 내에도 유로빌리노겐이 포함되어 있을 것이다.
② 대변 내에 결합 빌리루빈이 발견되지 않으면 간에 이상이 있음을 의심해 볼 수 있다.
③ 혈액 내 비결합 빌리루빈의 양이 정상치보다 적을 경우 간 기능의 문제를 의심해 볼 수 있다.
④ 소변 내 유로빌리노겐의 양이 정상치보다 많을 경우 적혈구가 어떤 질병이나 병균에 의해 파괴되고 있음을 의심해 볼 수 있다.
⑤ 태어난 지 얼마 안 된 신생아의 혈액 내 빌리루빈 농도가 높은 것은 아직 신생아의 간 기능이 미성숙하여 잉여의 빌리루빈을 다 처리하지 못했기 때문으로 생각해 볼 수도 있다.

27 다음 글에 대한 반응으로 적절하지 않은 것은?

뱅크런(Bankrun)이란 은행을 뜻하는 'bank'와 달린다는 의미의 'run'이라는 두 단어가 합쳐져 만들어진 합성어이다. 문자 그대로 예금자들이 은행에서 예금을 인출하기 위해 몰려드는 현상을 일컫는 말이다. 예금을 맡긴 은행이 파산할지도 모른다고 생각하는 예금자들이 돈을 인출하기 위해 은행으로 뛰어가는 모습에서 유래되었다고 한다. 물론 뱅크런이 꼭 은행에서만 일어나는 것은 아니며, 저축은행, 신협, 새마을금고 등 예금자들의 돈을 받아서 운용하는 모든 금융회사에서 발생할 수 있다.

뱅크런은 은행의 경영 상태가 부실할 때 발생하는 것이 일반적이다. 그러나 과거의 사례를 살펴보면 부실이 그렇게 심각하지 않은 경우에도 뱅크런이 발생하기도 하였다. 뱅크런이 일어나면 당장 지급 가능한 현금이 없는 은행은 파산할 수도 있다. 왜냐하면 은행은 통상 예금자가 맡긴 예금 중에서 일정 비율(지급준비율)만큼만 예금 지급을 위해 남겨 놓고 나머지는 대출로 사용한다든가 주식·채권 등에 투자하고 있기 때문이다.

뱅크런의 무서운 점이 바로 여기에 있다. 은행이 부실해질지도 모른다는 소문만 돌아도 실제 부실 여부와 관계없이 뱅크런이 발생할 수 있다. 그리고 이러한 파산이 한 은행에 그치는 것이 아니라 많은 은행들이 한꺼번에 위기에 몰릴 수도 있다. 따라서 이러한 사태를 방지하기 위해 생겨난 제도가 두 가지가 있다. 하나는 중앙은행의 최종대부자 기능이고, 다른 하나는 예금보험제도이다.

한국은행은 시중 금융기관이 일시적으로 자금이 부족하여 예금을 내주기 어려운 경우에 긴급 자금을 빌려준다. 이를 중앙은행의 '최종대부자 기능'이라고 한다. 예금보험제도는 은행이 파산할 경우 예금보험기관에서 예금의 일정 금액을 예금자에게 지급해 주는 제도이다. 우리나라의 경우 예금보험공사가 은행이나 저축은행 등 예금을 받는 금융회사로부터 예금 중 일정 비율을 예금보험료로 받아 이들이 파산할 경우 예금자 1인당 5,000만 원 한도로 예금보험금을 지급해 준다. 물론 이러한 안전판이 마련되어 있다 하더라도 은행이 경영을 잘못해 부실해지면 뱅크런이 발생할 수 있고, 그렇게 되면 금융시스템이 붕괴되고 경제가 파국으로 치달을 수 있다. 따라서 은행의 건전경영은 매우 중요하다.

① 상현: "금융권에 대한 예금주들의 정보 부족이 뱅크런의 원인이 될 수 있겠어."
② 재희: "한꺼번에 많은 은행에 뱅크런이 발생하면 금융시장은 공황 상태에 빠질 수도 있겠어."
③ 지현: "은행이 대출금을 회수하거나 주식 또는 채권을 팔려면 일정 시간이 필요하겠어."
④ 정은: "최종대부자 기능과 예금보험제도는 예금자들의 불안을 해소해 주는 기능도 있겠어."
⑤ 은영: "예금자들이 예금보험공사에 예금보험을 들면 최소 5천만 원은 보장받을 수 있겠어."

난이도 상 중 하

28 다음 글을 바탕으로 [보기]를 바르게 이해한 것은?

17년 5급

조선 후기에 들어와 아들이 없어 대를 이을 수 없는 양반들은 가계의 단절을 막기 위해 양자를 적극적으로 입양하였다. 양자는 생부와 양부가 모두 생존해 있을 때 결정되기도 하지만, 양부 혹은 양부모가 모두 젊은 나이에 사망했을 때는 사후에 정해지기도 하였다. 어떤 형식이든 간에 목적은 아들이 없는 집의 가계 계승이었다.

양반가에서 입양이 일단 이루어지면 양부모와 양자의 부자 관계는 지속되었으며 세월이 흘러 세대가 바뀌어도 그 관계는 변하지 않았다. 그러나 입양이 일시적으로만 유지되는 경우도 있었는데, 이는 하층민에게서 나타나는 현상이었다. 호적을 보면 평민은 물론 노비층에도 양자가 존재했으며 때로는 양부와 양자의 성씨가 다른 경우도 있었다. 양자의 성씨가 다른 경우는 가계 계승을 목적으로 하는 입양에서는 있을 수 없는 일이었다. 그러므로 조선 후기에 다른 성씨의 양자가 보인다면 이는 양반가가 아닌 하층민에서 노동력 확보나 노후 봉양 등을 목적으로 한 입양이었다.

양반 남성에게 양자는 자신과 성씨가 같으며 부계 혈통을 나누어 가진 자여야만 했다. 더구나 가문 내에서 세대 간 순차적 연결을 위해, 입양하려는 사람은 입양 대상자를 자신의 아들 항렬에 해당하는 친족으로 한정하였다. 따라서 적당한 입양 대상자를 찾기 위하여 때로는 20~30촌이 넘는 부계 친족의 협조를 받아 입양하기도 하였다. 입양된 양자는 양부모의 재산을 물려받고, 그들을 위해 매년 제사를 지냈으며, 호적에도 생부가 아닌 양부가 친부로 기록되며 이는 결코 변경되지 않았다. 한편 적자와 서자의 차별이 강화되고 적자를 통해 가계를 계승해야 한다는 인식이 확산되면서, 적자는 없지만 서자가 있는 양반가에서도 양자를 들였다. 하층민들 또한 부계의 아들 항렬을 입양하기도 했는데, 양반과는 달리 입양의 목적이 반드시 가계 계승에 있지는 않았다. 가계 계승이 아닌 양부모 봉양 때문에 이루어진 하층민의 친족 입양은 그 목적이 사라지면 입양 관계가 종결되었다.

보기

조선 후기 호적에는 입양 사실을 보여 주는 여러 기록이 있다. 예를 들어 경상도 단성현 법물야면 호적에는 1750년에 변담이 큰아버지 변해석의 양자로 들어갔음이 기록되어 있는데, 1757년에 변해석이 사망한 후 1759년 호적에는 변담의 생부인 변해달이 변담의 친부로 기록되어 있다.

① 변해석은 노동력 확보를 위해 변담을 양자로 입양하였다.
② 변담은 가계 계승을 목적으로 변해석의 양자로 들어갔다.
③ 변담은 변해석의 재산을 물려받고, 매년 제사를 지내야 한다.
④ 변해석에게 서자가 있었더라도, 변담이 양자가 되었을 것이다.
⑤ 경상도 단성현 법물야면의 호적에는 하층민의 기록도 있었다.

⊕고난도 실전문제 12번

29 다음 글의 밑줄 친 ㉠에 대한 대답으로 가장 관련이 깊은 것은?

18년 5급

'인간'이란 말의 의미는 '호모 속(屬)에 속하는 동물'이고, 호모 속에는 사피엔스 외에도 여타의 종(種)이 존재하였다. 불을 가졌던 사피엔스는 선조들에 비해 치아와 턱이 작았고 뇌의 크기는 우리와 비슷한 수준이었다. 사피엔스는 7만 년 전 아라비아 반도로 퍼져 나갔고, 이후 다른 지역으로 급속히 퍼져 나가 번성하였다. 기술과 사회성이 뛰어난 사피엔스는 이미 그 지역에 정착해 있었던 다른 종의 인간들을 멸종시키기 시작하였다.

사피엔스의 확산은 인지혁명 덕분이었다. 이 혁명은 약 7만 년 전부터 3만 년 전 사이에 출현한 사고방식과 의사소통 방식의 변화를 가리킨다. 이와 같은 변화의 중심에는 그들의 언어가 있었다. 그렇다면 ㉠ 사피엔스의 언어에 어떤 특별한 점이 있었기에 그들이 세계를 정복할 수 있었을까?

사피엔스는 제한된 개수의 소리와 기호를 연결해 각기 다른 의미를 지닌 무한한 개수의 문장을 만들 수 있었다. 곧 그들의 언어는 유연성을 지녔다. 이로써 그들은 자기 주변 환경에 대한 막대한 양의 정보를 공유할 수 있었다. 사피엔스가 다른 종의 인간들을 내몰 수 있었던 까닭이 공유된 정보의 양 때문이었다는 이론이 널리 알려져 있기는 하다. 그러나 공유된 정보의 양이 성공의 직접적 원인은 아니라는 이론 또한 존재한다. 이에 따르면 사피엔스가 세계를 정복할 수 있었던 원인은 오히려 그들의 언어가 사회적 협력을 다른 언어보다 더 원활하게 해주었다는 데 있다. 사피엔스는 주변 환경에 대한 담화를 할 수 있었을 뿐 아니라 다른 사회 구성원에 대한 담화도 할 수 있었다. 그런 담화는 상호 간의 관계를 더욱 긴밀하게 했고 협력을 증진시켰다. 작은 무리의 사피엔스는 이렇게 더욱 긴밀한 협력 관계를 유지할 수 있었다.

위의 두 이론, 곧 유연성 이론과 담화 이론은 사피엔스의 정복을 부분적으로는 설명해 줄 수 있을 것이다. 하지만 그 직접적 원인은 그들이 사용한 언어만이 존재하지도 않는 것에 대한 정보를 공유할 수 있게끔 해 주었다는 데 있다. 직접 보거나 만지거나 냄새 맡지 못한 것에 대해 이야기할 수 있었던 존재는 사피엔스뿐이었다. 그들이 지닌 언어의 이와 같은 특성 때문에 사피엔스는 개인적인 상상을 집단적으로 공유할 수 있게 되었으며 공통의 신화들을 짜낼 수 있었다. 그 덕분에 그들의 사회는 서로 모르는 구성원들 사이에서도 협력 관계를 유지하고 복잡한 거대 사회로 발전될 수 있었다.

① 인간의 언어는 동물의 신호와 달리 제한된 기호로 무한대의 표현을 할 수 있다는 점에서 특별하다.
② 매체의 발전은 세계적인 기업이 등장할 수 있게 한 원동력으로 작용하였고, 이는 현재 진행 중이다.
③ 4대 문명의 특성 중 하나는 그 민족을 대표하는 신화가 지역을 중심으로 퍼져 나가 공유되고 전해졌다는 것이다.
④ 흥선대원군의 쇄국 정책이 없었다면, 조선은 생각보다 빠르게 근대화에 적응할 수 있었을 것이다.
⑤ 뛰어난 감독은 뛰어난 선수를 발굴하는 것보다 선수들의 협력 관계를 높이기 위한 수단에 더 많은 공을 들여야 한다.

[30~31] 다음 글을 읽고 이어지는 질문에 답하시오.

> 현대 사회에서 디지털 플랫폼은 단순한 정보 교환의 장을 넘어, 경제 활동 전반을 매개하는 핵심 구조로 자리 잡았다. 음식 배달, 차량 호출, 숙박 예약 등 다양한 서비스가 플랫폼을 통해 제공되며, 이에 따라 '플랫폼 노동'이라는 새로운 고용 형태가 등장하였다. 플랫폼 노동자는 기업과의 전통적 고용 계약 대신, 온라인 플랫폼을 매개로 업무를 수주하고 보수를 받는다. 이러한 구조는 노동의 유연성을 확대하는 동시에, 고용안정성과 사회적 보호의 문제를 야기한다.
>
> 플랫폼 노동의 가장 큰 특징은 시간과 장소의 자율성이 높다는 점이다. 노동자는 본인의 상황에 맞추어 일감을 선택하고, 근무 시간을 조정할 수 있다. 이는 전통적 정규직 노동이 제공하지 못했던 자유를 보장한다는 점에서 긍정적이다. 또한 플랫폼은 다수의 수요자와 공급자를 연결하므로, 개인이 시장에 쉽게 접근할 수 있는 기회를 확대한다. 실제로 일부 근로자는 플랫폼 노동을 부업이나 임시적 소득 보충 수단으로 활용하여 긍정적인 경험을 얻고 있다.
>
> 그러나 플랫폼 노동은 제도적 공백 속에 놓여 있다. 플랫폼 기업은 노동자와의 관계를 '고용'이 아닌 '위탁'으로 규정하는 경우가 많아, 전통적인 노동법과 사회보험 체계의 적용을 받지 않는다. 그 결과 산재 보상이나 고용보험과 같은 기본적인 사회적 안전망에서 배제되는 경우가 발생한다. 또한 노동자가 플랫폼의 알고리즘에 의해 일감 배정과 평가를 받으면서, 실질적으로는 기업의 통제를 받지만 법적으로는 자영업자로 간주되는 모순이 나타난다. 이러한 문제는 노동자 개인에게 불안정성과 불평등을 심화시키는 요인이 된다.
>
> 이에 따라 여러 국가에서는 플랫폼 노동을 제도적으로 규율하려는 시도를 하고 있다. 유럽연합은 플랫폼 노동자의 법적 지위를 명확히 하여, 일정 요건에 해당할 경우 근로자로 인정하는 방안을 추진하고 있다. 한국에서도 플랫폼 노동자의 산재보험 적용을 확대하고, 표준계약서를 도입하는 등 제도적 보완책을 마련하고 있다. 그러나 여전히 플랫폼 기업의 혁신성을 저해하지 않으면서도 노동자의 권익을 보호할 수 있는 균형점은 쉽게 찾기 어렵다.
>
> 결국 플랫폼 노동은 노동시장의 유연성과 불안정성이라는 양면을 동시에 보여준다. 이는 단순히 새로운 고용 형태의 문제를 넘어, 디지털 경제 시대의 사회적 규범을 어떻게 재정립할 것인가 하는 더 큰 과제를 제기한다. 따라서 플랫폼 노동을 둘러싼 논의는 기술 혁신을 수용하면서도 사회적 보호를 강화하는, 즉 경제 효율성과 사회 정의 사이의 균형을 모색하는 과정이라고 할 수 있다.

난이도 상 중 하

⊕고난도 실전문제 20번

30 다음 중 주어진 글의 문단별 주제로 적절하지 않은 것은?

① 1문단 – 플랫폼 노동의 정의와 등장 배경
② 2문단 – 플랫폼 노동의 장점인 자율성과 시장 접근 기회 확대
③ 3문단 – 플랫폼 노동자의 사회적 보호 강화와 안정성 확대
④ 4문단 – 각국의 제도적 대응 시도와 정책 보완 노력
⑤ 5문단 – 디지털 경제 시대의 사회적 규범 재정립의 필요성

난이도 상 중 하

⊕고난도 실전문제 10번

31 다음 중 주어진 글을 읽고 추론할 수 있는 내용으로 가장 적절한 것은?

① 플랫폼 노동의 제도적 보완은 이미 여러 국가에서 충분히 마련되어 사회적 논의가 필요하지 않다.
② 유럽연합과 한국은 모두 플랫폼 노동자를 원칙적으로 자영업자로 규정하며, 사회보험 확대는 고려하지 않고 있다.
③ 플랫폼 노동은 혁신성과 보호의 균형이 이미 달성된 사례로, 디지털 경제의 규범 논의와는 직접적인 연관이 없다.
④ 플랫폼 노동자가 겪는 불안정성은 개인의 선택 문제이므로, 제도적 보완보다는 노동자의 자율적 대응이 근본적 해결책이다.
⑤ 플랫폼 노동의 자율성은 기존 정규직 노동이 제공하지 못한 자유를 보장하지만, 동시에 알고리즘에 의한 통제 가능성도 내포한다.

난이도 상 중 하 ⊕고난도 실전문제 11번

32 다음은 국가철도공단 회의실 이용과 관련된 홈페이지의 자료이다. 고객 응대를 한 내용으로 적절하지 <u>않은</u> 것은?

■ 회의실 이용 안내

- 기본 임대 시간은 2시간이며, 1시간 단위로 연장할 수 있습니다.
- 결제 완료 후 계약을 취소하시는 경우 다음과 같이 취소 수수료가 발생합니다.
  - 이용일 기준 7일 이내: 취소 수수료 없음
  - 이용일 기준 3~6일 이내: 취소 수수료 10%
  - 이용일 기준 2일 이내: 취소 수수료 100%(환불 없음)
- 회의실에는 음식물을 반입하실 수 없습니다.
- 이용일 7일 전까지(7일 이내 예약 시에는 금일 중) 결제하셔야 합니다.
- 회의실 예약은 로그인 후 사용 가능합니다.
- 결제는 무통장입금으로만 가능합니다.
  - 본사(쌍둥이 빌딩): △△은행 025-574611-01-101 (국가철도공단 충청본부)
  - 시설장비사무소(오송 제1미래관): △△은행 1006-601-232173 (국가철도공단)
- 국가철도공단의 약관 및 운영 내규에 따라 회의실 임대 시 아래의 제한 사항을 위반하는 경우 사용 신청 제한 및 승인을 취소할 수 있습니다.
  - 법령 또는 사회적 통념을 위반하는 내용의 행사
  - 호화, 사치, 퇴폐풍조를 유발하여 사회적 문제 발생의 우려가 있는 행사
  - 공용시설의 시설 및 설비를 심각히 훼손할 우려가 있는 행사
  - 공사·공단의 업무에 지장을 초래할 우려가 있는 행사
  - 기타 회의실을 사용하기에 부적합하다고 판단되는 행사

    예 정당 및 정치 관련 행사, 종교 행사, 물품 판매, 기타 공공질서 및 미풍양속을 저해하는 행사

■ 회의실 예약 흐름도

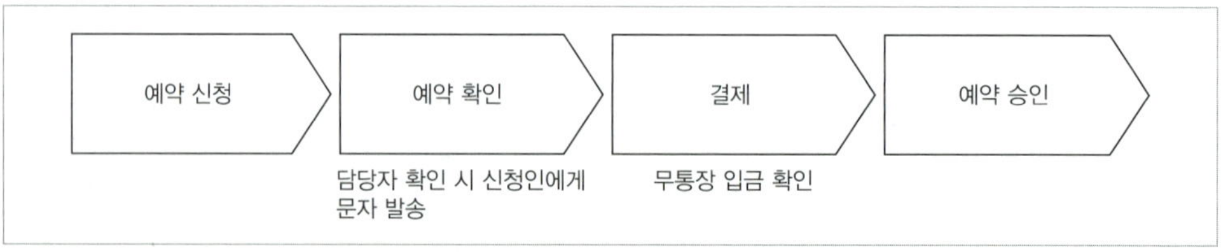

※ 2층 대강당, 3층 대회의실은 반드시 전화 예약 바랍니다.

■ 기타 사항(시설장비사무소만 해당 사항)

- 숙소 이용
  - 미래관 외부 임대는 1일 단위(8시간 이내)를 원칙으로 함
  - 2일 이상 교육, 행사로 숙소 이용 시 사전 협의
  - 숙소는 3인 1실의 경우 기본 4만 원
- 구내식당 이용
  - 구내식당을 이용하고자 하는 경우 교육일 이전에 구내식당 운영자와 직접 협의
  - 구내식당 운영자: 최현영 주임(010-5890-7723)

    (참고) 구내식당 운영상 교육생 식당 이용은 12:20부터 가능합니다.

• 견학 안내
  – 담당자: 유지호 과장(043-299-5123)

■ 사용료

[표1] 시설 사용료(VAT포함)

구분		호실	수용 인원	면적(m^2)	기본 임대료(원)		추가 임대료(원)	
					기본 시간	임대료	추가 시간	사용료
본사	2층	대강당	746	1,014	2시간	1,000,000	1시간당	500,000
	3층	대회의실	120	502	2시간	500,000	1시간당	250,000
오송 제1미래관		미래관	70	253	2시간	100,000	1시간당	50,000

[표2] 부대장비 사용료(VAT포함)

장비명			기본 임대료		추가 임대료		
			사용 단위	사용료(원)	추가 시간	사용료(원)	비고
공통	빔프로젝터	3층 대회의실	2시간	30,000	2~4시간	50,000	–
					4시간 초과	70,000	–
		2층 대강당	2시간	100,000	2~4시간	150,000	–
					4시간 초과	200,000	–
	노트북		1일(사용 시간 내)	10,000	–	–	–
	인터넷		회선 제공 불가				
오송 제1미래관	세미나(오송)		오송 제1미래관 사용 시간에 한하여 무료				
	잔디구장(오송)		2시간	30,000	1시간당	15,000	–
	테니스장, 족구장(오송)		2시간	20,000	1시간당	10,000	–

① Q: “이번에 행사를 철도공단 회의실에서 진행하려고 하는데, 이용 시간이 점심 시간이라서 간단히 다과를 먹을 수 있을까요?”

A: “고객님 죄송하게도 저희 국가철도공단 회의실에는 음식물 반입이 금지되어 있습니다. 번거로우시겠지만 회의 전후에 식사를 따로 하시면 좋을 것 같습니다.”

② Q: “저희 회사 기술 세미나를 철도공단 회의실에서 진행하고 싶습니다. 1박 2일 일정이고, 숙소와 구내식당도 가능하면 활용하고 싶습니다. 미리 견학하고 싶은데 어떻게 진행해야 할까요?”

A: “네 고객님. 1박 2일 일정이시고, 숙소와 구내식당을 활용하실 예정이시면 오송 제1미래관을 이용해 주셔야 할 것 같습니다. 견학은 유지호 과장과, 구내식당은 최현영 주임과 따로 협의하셔야 할 듯합니다. 연락처는 홈페이지를 통해 확인이 가능합니다.”

③ Q: “4일 뒤에 대전역 쌍둥이 빌딩 대회의실을 3시간 사용하기로 한 H물산 박○○입니다. 해외 이슈로 참석 인원 50명이 캔슬되어 예약을 취소해야 할 것 같은데, 수수료가 어떻게 될까요?”

A: “네, 고객님. 취소 수수료는 10%로 7만 5천 원입니다.”

④ Q: “안녕하세요. 지난주에 본사 대회의실과 미래관 테니스장 예약을 진행한 한○○입니다. △△은행 025－574611－01－101 계좌로 송금을 완료했는데도 예약 승인이 되지 않고 있습니다. 어떻게 된 일인지 확인 부탁드립니다.”

A: “네, 고객님. ‘한○○’님으로 입금된 내역을 확인한 결과 △△은행 025－574611－01－101 계좌로 송금하신 내역을 확인했습니다. 그런데 미래관 테니스장 예약은 해당 계좌가 아닌 다른 계좌로 보내주셔야 합니다. 해당 내용은 담당자에게 전달하여 다시 연락드리도록 하겠습니다.”

⑤ Q: “이번 주 수요일에 본사 2층 대강당 예약한 김○○입니다. 기존 예약 시간인 2시간에서 추가로 1시간 더 행사를 진행하려고 합니다. 진행 절차와 이용 요금 알려주시기 바랍니다.”

A: “네, 고객님. 1시간을 추가로 이용하실 경우 추가 임대료 50만 원을 오늘 내로 무통장 입금해 주셔야 합니다. 더불어 추가 예약이 가능한지는 홈페이지에서 로그인 후 예약 현황을 확인해 주셔야 할 것 같습니다.”

고난도 실전문제 17번

33 다음 글의 A와 B에 대한 분석으로 가장 적절한 것은?

18년 5급

A는 근대화란 곧 산업화이고, 산업화는 농촌을 벗어난 농민들이 도시의 임금노동자가 되어가는 과정이라고 생각했다. 토지에 얽매이지 않으며 노동력 말고는 팔 것이 없는 이들을 '자유로운 노동자'라고 불렀다. 이들 중에서 한 사람의 임금으로 가족 전부를 부양할 수 있을 만큼의 급여를 확보한 특권적인 노동자가 나타난다. 이 노동자가 한 집안의 가장 혹은 '빵을 벌어오는 사람'이다. 이렇게 자신과 가족의 생활을 유지할 만큼 급여를 받는 피고용자를 정규직이라 불러왔다. 그 급여 수준이 어느 정도인지, 일주일에 몇 시간을 노동해야 하는지에 대해서는 역사적으로 각 사회의 '건강하고 문화적인' 생활수준과 노사협의를 통해서 결정된다. A는 산업화가 지속적으로 진전되면 모든 사람들이 정규직 임금노동자가 된다고 예측했다.

이에 이의를 제기한 B는 산업화가 진전됨에 따라 노동자들이 크게 핵심부, 반주변부, 주변부로 나뉜다고 주장했다. 핵심부에 속하는 노동자들은 혼자 벌어 가정을 유지할 만큼의 급여를 확보하는 정규직 노동자들인데, 이들의 일자리는 사회적 희소재로서 앞으로는 늘어나지 않을 것으로 예측되었다. 그 대신에 반주변부에는 정규직보다 급여가 낮은 비정규직을 포함하는 일반 노동자들이, 그리고 시장 바깥의 주변부에는 실업자를 포함해서 반주변부보다 열악한 상황에 놓인 노동자들이 계속해서 남아돌게 될 것이라고 했다. 그의 예측은 적중했다.

산업화가 진전된 선진국에서는 고용의 파이가 더 이상 확대되지 않거나 축소되었다. 일반적으로 노조가 발달한 선진국에는 노동자에게 '선임자 특권'이라는 것이 있다. 이로 인해 이미 고용된 나이 많은 노동자를 해고하는 것이 어려워져 신규 채용을 회피하게 된다. 그 결과 국제적으로 정규직의 파이는 거의 모든 사회에서 축소되는 경향을 낳았다. 그러한 바탕 위에 노동시장에서 고용의 비정규직화는 지속적으로 강화되었으며 청년 실업률 또한 높아졌다.

① A는 정규직 노동자의 실질 급여 수준이 산업화가 진전됨에 따라 지속적으로 하락할 것으로 보았다.
② B는 산업화가 진전됨에 따라 기존의 주변부 노동자들과는 다른 새로운 형태의 주변부 노동자들이 계속해서 생겨날 것이라고 보았다.
③ A와 B는 모두 선임자 특권이 청년 실업률을 높이는 데 기여한다고 보았다.
④ A와 B는 모두 산업화가 진전되면 궁극적으로 한 사회의 노동자들의 급여가 다양한 수준에서 결정된다고 보았다.
⑤ A는 정규직 노동자가, B는 핵심부 노동자가 한 사람의 노동자 급여로 가족을 부양할 수 있다고 보았다.

난이도 상 중 하

⊕고난도 실전문제 15번

34 **다음 글의 빈칸 ㉠에 들어갈 말로 가장 적절한 것은?**

> 흔히들 과학적 이론이나 가설을 표현하는 엄밀한 물리학적 언어만을 과학의 언어라고 생각한다. 그러나 과학적 이론이나 가설을 검사하는 과정에는 이러한 물리학적 언어 외에 우리의 감각적 경험을 표현하는 일상적 언어도 사용될 수밖에 없다. 그런데 우리의 감각적 경험을 표현하는 일상적 언어에는 과학적 이론이나 가설을 표현하는 물리학적 언어와는 달리 매우 불명료하고 엄밀하게 정의될 수 없는 용어들이 포함되어 있다. 어떤 학자는 이러한 용어들을 '발룽엔'이라고 부른다.
>
> 과학적 이론이나 가설을 검사하는 과정에 발룽엔이 개입된다고 해보자. 이 경우 우리는 증거와 가설 사이의 논리적 관계가 무엇인지 결정할 수 없게 될 것이다. 즉, 증거가 가설을 논리적으로 뒷받침하고 있는지 아니면 논리적으로 반박하고 있는지에 관해 미결정적일 수밖에 없다는 것이다.
>
> 그 이유는 증거를 표현할 때 포함된 발룽엔을 어떻게 해석할 것인지에 따라 증거와 가설 사이의 논리적 관계에 대한 다양한 해석이 나오기 때문이다. 발룽엔은 본질적으로 불명료하다. 즉, 발룽엔을 아무리 상세하게 정의하더라도 그것의 의미를 정확하고 엄밀하게 규정할 수는 없다는 것이다.
>
> 논리실증주의자들이나 포퍼는 증거와 가설 사이의 관계를 논리적으로 정확하게 판단할 수 있고 이를 통해 가설을 정확히 검증할 수 있다고 생각했다. 그러나 증거와 가설이 상충하면 가설이 퇴출된다는 식의 생각은 너무 단순한 것이다. 증거와 가설의 논리적 관계에 대한 판단을 위해서는 증거가 의미하는 것이 무엇인지 파악하는 것이 선행되어야 하기 때문이다. 따라서 우리가 발룽엔의 존재를 염두에 둔다면, '(　　　　　㉠　　　　　)'라고 결론지을 수 있다.

① 과학적 가설과 증거의 논리적 관계를 정확하게 판단할 수 있다는 생각은 잘못된 것이다.
② 과학적 가설을 표현할 때에는 논리적으로 명확한 언어만 사용할 수 있다.
③ 과학적 가설과 증거를 검사하기 위해서는 감각적 경험이 불필요하다.
④ 과학적 증거의 표현은 물리학적 언어로만 구성할 수는 없다.
⑤ 발룽엔에 대한 명확한 정의가 필요하다.

+고난도 실전문제 15번

35 다음 글의 빈칸에 들어갈 내용으로 가장 적절한 것은?

> 유전자가위 기술은 정확한 위치파악 능력을 가진 생체 유래물질과 변형된 절단효소를 융합하여 질병이나 형질에 관여하는 DNA를 제거, 수정, 삽입함으로써 질병이나 형질의 변화를 일으키는 기술이다. 유전자가위는 이때 사용되는 도구를 일컫는데, 절단효소와 위치파악 능력이 있는 가이드 물질의 융합을 통해 특정 DNA 서열의 변화를 유도한다. 유전자가위는 DNA 이중나선의 절단을 유도하는데, 살아있는 세포는 이중나선의 절단을 심각한 손상으로 인식하고 이를 복구하기 위한 시스템을 가동한다.
>
> 유전자가위 기술은 크게 두 가지 방식으로 분류할 수 있다. 첫 번째는 DNA의 단백질을 절단효소와 융합하여 이를 조합하는 기술이다. 각각 절단효소로 어떤 단백질을 활용하느냐에 따라 기술의 명칭은 달라지지만, 기본적인 원리가 유사하고 과학자들의 설계를 통해 이루어졌다는 공통점을 지닌다. 두 번째는 미생물에 존재하는 면역시스템을 유전자가위로 응용한 것이다. 단세포 박테리아와 같은 생물체는 면역계를 통해 외래 병원체의 침입을 막아낸다. 이때 외래 병원체들과 관련된 분자들을 특이적으로 인지하는 기억세포를 형성해 침입에 대해 기억한다. 그리고 동일한 침입이 있을 때 이를 인식하여 방어를 하게 된다.
>
> 크리스퍼 유전자가위 기술은 면역시스템을 응용한 방식으로 최근 여러 작물의 품종 개발에 활용되고 있다. 크리스퍼 유전자가위 기술은 DNA의 일부 특징을 제거하거나 교정할 수 있는데, 다음과 같은 과정으로 진행된다. 우선, 어떤 작물의 특징 중에서 제거하려는 DNA가 무엇인지를 찾아 표적 DNA로 설정한다. 그리고 표적 DNA를 정확히 찾아갈 수 있는 가이드 RNA 분자와 절단효소인 Cas9 단백질 분자를 결합하여 복합체를 만들고, 이 복합체를 작물의 세포에 넣어준다. 복합체가 세포에 투입되면 Cas9 단백질 분자는 DNA 이중나선을 절단함으로써 제거하려는 작물의 특징을 제거하게 된다. DNA 이중나선이 절단되면 주변 DNA의 서열과 비슷한 DNA 틀을 절단 부위에 넣어 (   )

① 새로운 유전 정보를 도입할 수 있도록 재조합함으로써 절단된 DNA가 복구된다.
② 새로운 유전 정보가 들어간 DNA를 추가로 포함시킴으로써 작물의 특징을 변환한다.
③ 투입된 DNA 틀에 포함된 유전 정보를 추가시킴으로써 DNA의 본래 기능을 회복시킨다.
④ 새로운 복합체를 구성해서 절단된 DNA의 정보를 새롭게 재조합하여 같은 서열의 DNA를 만든다.
⑤ 절단된 크기만큼 작은 작물이 개발된다.

난이도 상 중 하

고난도 실전문제 14번

36 다음 글의 빈칸에 들어갈 내용으로 가장 적절한 것은?

21년 5급

> 요리에서 좋은 맛을 내는 조리 과정에는 수많은 분자를 만들어내는 화학 반응이 일어난다. 많은 화학 반응 중 가장 돋보이는 화학 반응은 '마이야르 반응'이다. 마이야르 반응은 온도가 약 섭씨 140도에 도달할 때 일어나기 시작한다. 이 온도에서는 당 분자가 단백질을 이루는 요소들 중 하나인 아미노산과 반응한다. 음식에 들어 있는 당 분자들은 흔히 서로 결합하여 둘씩 짝을 이루거나 긴 사슬 구조를 만든다. 마찬가지로 단백질도 수백 개의 아미노산이 서로 연결된 긴 사슬로 이루어져 있다. 마이야르 반응은 그 긴 사슬 끝에 있는 당이 다른 사슬 끝에 있는 아미노산과 만나 반응하며 시작된다. 당과 아미노산이 만나 새로운 화학 물질이 생겨나며, 반응한 화학 물질은 자연스럽게 재정렬된다.
>
> 초기 반응에 관여한 아미노산과 당의 특성에 따라 다음에 일어날 일이 달라진다. 마이야르 반응에 관여할 수 있는 당은 적어도 6가지이며, 아미노산은 20가지가 넘는다. 따라서 (   ) 또 주변의 산도와 온도, 수분의 양에 따라서도 반응이 달라지는데, 여러 조건에 따라 반응 속도뿐만 아니라 반응을 통해 생성되는 화학 물질이 달라진다. 마이야르 반응을 통해 생성되는 분자 중 일부는 사람이 섭취했을 때 흥미로운 맛을 낸다. 예를 들면 포도당이 아미노산의 한 종류인 시스테인과 반응할 때 생성되는 아크릴피리딜은 크래커와 유사한 맛을 내고, 아미노산의 한 종류인 아르기닌과 반응할 때 생성되는 아세틸피롤린은 팝콘향을 낸다. 여기에 더해 갈색빛을 띠는 멜라노이딘 계열 분자들도 생성되는데, 이들은 음식이 갈색을 띠게 만든다. 마이야르 반응을 통해 여러 맛 분자들뿐 아니라, 발암물질의 하나인 아세틸아미드와 같은 분자들도 소량이나마 생성된다.

① 같은 재료로 요리해도 온도와 환경에 따라 다르게 생성되며 다른 향미를 느끼게 한다.
② 반응에 참여하는 당과 아미노산의 종류에 따라 생성되는 화학 물질의 종류가 달라진다.
③ 마이야르 반응이 진행될수록 여러 복합적인 향 분자가 생성되며 색상이 갈색으로 변한다.
④ 마이야르 반응은 요리 과정에서 재료의 색깔 변화와 향기 생성에 가장 큰 영향을 미친다.
⑤ 당과 아미노산의 결합으로 일어나는 마이야르 반응은 사실상 모든 음식에서 일어날 수 있다.

난이도 상 중 하

⊕고난도 실전문제 13번

37 다음 글의 빈칸 ㉠~㉤에 들어갈 내용으로 적절하지 않은 것은?

> 동물의 행동을 선하다거나 악하다고 평가할 수 없는 이유는 동물이 단지 (㉠   )에 따라 행동할 뿐이기 때문이다. 오직 인간만이 욕구와 감정에 맞서서 행동할 수 있다. 인간만이 이성을 가지고 있다. 그러나 인간이 전적으로 이성적인 존재는 아니다. 다른 동물과 마찬가지로 인간 또한 감정과 욕구를 가진 존재다. 그래서 인간은 이성과 감정 사이에서 갈등을 겪게 된다.
>
> 그러한 갈등에도 불구하고 인간이 도덕적 행위를 할 수 있는 까닭은 이성이 우리에게 도덕적인 명령을 내리기 때문이다. 도덕적 명령에 따를 때에야 비로소 우리는 (㉡   )을(를) 한 것이다. 만약 어떤 행위가 이성의 명령에 따른 것이 아닐 경우 그것이 결과적으로 의무와 부합할지라도 의무에서 나온 행위는 아니다. 의무에서 나온 행위가 아니라면 심리적 성향에서 비롯한 행위가 되는데, 심리적 성향에서 비롯된 행위는 (㉢   ). 불쌍한 사람을 보고 마음이 아파서 도움을 주었다면 이는 결국 심리적 성향에 따라 행동한 것이다. 그것은 감정과 욕구에 따른 것이기 때문에 도덕적 행위일 수가 없다.
>
> 이와 같은 심리적 성향에 따른 행위가 도덕적일 수 없는 또 다른 이유는, 그것이 상대적이기 때문이다. 감정이나 욕구는 주관적이어서 사람마다 다르며, 같은 사람이라도 상황에 따라 변하기 마련이다. 때문에 이는 시공간을 넘어 모든 인간에게 적용될 수 있는 (㉣   )이(가) 될 수 없다. 감정이나 욕구가 어떠하든지 간에 이성의 명령에 따르는 것이 도덕이다. 이러한 입장이 사랑이나 연민과 같은 감정에서 나온 행위를 (㉤   ) 것은 아니다. 단지 사랑이나 연민은 도덕적 차원의 문제가 아닐 뿐이다.

① ㉠: 본능적 욕구
② ㉡: 의무에서 비롯된 행위
③ ㉢: 도덕성과 무관하다
④ ㉣: 보편적인 도덕의 원리
⑤ ㉤: 인정하는

난이도 상 중 하

고난도 실전문제 17번

38 다음 중 글쓴이의 주장을 반박하는 내용으로 가장 적절한 것은?

> 4차 산업혁명의 핵심 중 하나인 자동화 기술은 제조업뿐 아니라 서비스업, 농업, 물류 등 거의 모든 산업 영역에 빠르게 확산되고 있다. 로봇과 인공지능(AI)을 기반으로 한 자동화는 생산성을 비약적으로 향상시키며, 인건비 절감과 품질 안정성 확보라는 두 마리 토끼를 동시에 잡을 수 있는 혁신적 수단으로 평가된다. 특히 단순 반복적인 작업이나 위험한 환경에서의 노동을 자동화를 통해 대체하면 인간이 감수해야 할 부담을 크게 줄일 수 있다. 예를 들어 자동차 조립 라인에서 로봇이 용접과 도장을 담당하면, 사람은 보다 창의적이고 부가가치가 높은 업무에 집중할 수 있다.
>
> 또한 자동화 기술은 단순히 비용 절감의 차원을 넘어선다. 정밀한 데이터 수집과 분석을 기반으로 생산 과정에서 발생하는 미세한 오류를 즉시 수정할 수 있으며, 고객의 수요 변화에 맞추어 유연하게 생산량을 조절할 수 있다. 이러한 특성은 공급망의 효율성을 높이고, 글로벌 경쟁 속에서 기업이 생존하고 성장할 수 있는 발판을 마련해 준다. 나아가 고령화 사회로 진입하는 국가에서는 자동화가 노동력 부족 문제를 완화하는 역할도 수행한다. 다시 말해, 자동화는 단순한 '기계의 도입'이 아니라 미래 사회의 지속 가능성을 담보하는 전략적 선택이라 할 수 있다.
>
> 자동화가 일자리를 대량으로 대체할 것이라는 우려는 지나치게 단편적이다. 역사적으로 새로운 기술의 도입은 일시적으로 기존 일자리를 줄였지만, 장기적으로는 더 많은 새로운 직업을 창출해 왔다. 예컨대 산업혁명 당시 증기기관이 노동자의 자리를 빼앗을 것이라는 불안이 컸지만, 실제로는 철도, 조선, 금융 등 다양한 분야에서 새로운 고용이 생겨났다. 마찬가지로 자동화 역시 데이터 분석가, 로봇 유지보수 전문가, 인공지능 윤리 담당자 등 과거에는 존재하지 않았던 직종을 만들어 낼 것이다. 결국 자동화는 일자리의 '소멸'이 아니라 '전환'을 이끄는 과정으로 이해해야 한다.
>
> 따라서 자동화 기술은 미래 사회에 반드시 필요한 긍정적 변화이다. 자동화를 회피하거나 지연하려는 태도는 오히려 국가 경쟁력을 약화시키고, 새로운 일자리 기회를 놓치게 한다. 인간은 언제나 기술 발전에 적응하며 사회를 발전시켜 왔다. 자동화도 예외는 아니다. 자동화는 불가피한 흐름이며, 이를 적극적으로 수용하는 것이야말로 개인과 사회가 공존할 수 있는 유일한 길이라고 할 수 있다.

① 자동화 기술은 위험한 환경에서의 노동을 대체할 수 있고 인간의 창의적·고부가가치 노동 영역은 침범하지 않는다.

② 자동화 기술이 새로운 직종을 만들어낼 수 있지만, 이러한 일자리는 고도의 전문성을 요구하여 상당수 노동자가 실제로는 접근하기 어렵다.

③ 자동화 기술의 시스템 의존도가 커질수록 오히려 사이버 공격이나 기술 장애로 인한 위험이 증대될 수 있다.

④ 자동화 기술은 단순 반복 작업을 줄여 주지만, 인간이 반드시 개입해야 하는 관리·감독 업무를 남겨 두므로 결국 고용 감소 효과는 제한적이다.

⑤ 자동화는 일자리의 전환을 촉진한다는 주장과 달리, 실제로는 저숙련 노동자의 대규모 실업을 초래해 단기적 고용 충격을 완화하기 어렵다.

39 다음 글을 읽고 기본소득 제도를 비판한 것으로 옳지 않은 것은?

기본소득 제도는 모든 국민에게 각자의 소득이나 자산에 상관없이 일정 금액을 정기적으로 지급하는 복지 정책이다. 전 세계적으로 불평등 해소와 사회적 안전망 확보를 위해 효과적인 방안으로 주목받고 있다. 기본소득은 노동이나 소득 상태와 관계없이 지급되기 때문에 기존의 복잡한 복지 시스템을 간소화할 수 있다. 이는 사회적 혜택이 특정 계층에만 국한되는 것을 방지하고, 복지 사각지대에 놓인 사람들에게도 혜택이 골고루 돌아가게 한다.

이 제도의 가장 큰 장점은 안정적인 경제적 기반을 제공함으로써 사람들이 기본적인 생활을 유지할 수 있게 한다는 것이다. 기본소득을 통해 사람들은 생존을 위한 경제적 불안에서 벗어날 수 있게 된다. 이는 노동 시장의 유연성을 높여, 일자리를 잃거나 비정규직으로 일하는 사람들도 최소한의 생계를 보장받을 수 있는 환경을 만든다. 더 나아가, 기본소득은 복지 시스템을 간소화하여 행정 비용을 절감하고, 복지 혜택을 받기 위해 요구되는 자격 심사 등으로 인한 절차적 복잡성을 줄인다. 이를 통해 행정적인 효율성을 높이고, 더 많은 국민이 빠르고 쉽게 복지 혜택을 받을 수 있다.

특히 현대 사회에서는 기술 발전으로 인해 노동 시장의 구조가 변화하고 있다. 많은 직업이 자동화로 대체되면서 실업률이 증가할 가능성이 커지고 있으며, 이에 따른 사회적 불안정은 더욱 심화될 수 있다. 기본소득 제도는 이러한 위기 상황에서 경제적 안정성을 제공하고, 직업 상실의 충격을 완화하는 데 기여할 수 있다. 더불어, 기본소득이 도입되면 소득의 불평등이 완화되고, 소비가 촉진되어 경제 전체에도 긍정적인 영향을 미칠 수 있다.

여러 쟁점과 우려도 있지만 실제로는 기본적인 경제적 안정성이 보장될 경우, 사람들은 더 창의적이고 자발적인 노동 활동에 몰두할 가능성이 크다는 연구 결과도 있다. 노동 시장의 유연성을 높이는 한편, 불평등을 해소하고 더 나은 사회를 구축하는 데 기본소득 제도는 중요한 역할을 할 것이다.

① 근로 의욕이 저하되고 경제적 참여가 줄어들어 경제 성장에도 부정적인 영향을 미칠 수 있다.
② 기본소득 제도는 경제적 불평등 해소에 도움을 주나, 이로 인해 정부 재정 부담이 과도하게 증가할 수 있다.
③ 기본소득이 사회적 안전망을 제공하더라도, 그 혜택은 고소득층에게 불필요하게 돌아갈 수 있다.
④ 기본소득 제도를 통해 선별적인 복지에 따른 행정 비용을 축소할 수 있다.
⑤ 기본소득의 재원을 확보하기 위해 증세가 불가피할 수 있으며, 미래 세대에게 부담이 전가될 우려가 있다.

[40~41] 다음 글을 읽고 이어지는 질문에 답하시오.

최저임금 제도는 근로자의 생활 안정과 노동력의 질적 향상을 위해 국가가 임금의 최저 수준을 법으로 정하여 사용자에게 그 이상의 임금을 지급하도록 강제하는 제도이다. 이는 저임금 근로자의 소득을 보장하고, 노동시장에서의 불평등을 완화하는 효과가 있다. 또한 근로자의 구매력을 높여 내수를 확대하고, 사회 전체적으로는 빈곤 감소와 사회적 형평성 강화에 기여한다.

그러나 최저임금의 인상은 기업의 인건비 부담을 가중시킬 수 있으며, 특히 영세 자영업자나 중소기업에는 경영 압박으로 작용할 수 있다. 일부 연구에서는 최저임금 인상이 고용 감소로 이어질 가능성을 지적하기도 한다. 반면 다른 연구들은 일정 수준의 최저임금 인상은 노동자의 생산성을 높이고 이직률을 낮추어 오히려 기업에도 긍정적 영향을 줄 수 있다고 분석한다.

더 나아가, 최저임금 제도는 국가 경제 전반에도 파급 효과를 미친다. 임금 수준이 일정 기준 이상으로 유지되면 근로자의 소비 여력이 확대되고, 이는 내수 진작으로 이어져 경기 활성화에 기여할 수 있다. 그러나 동시에 물가 상승 압력을 가중시키거나, 고용주가 가격 인상으로 대응할 경우 소비자 부담이 커질 수 있다는 점도 함께 고려해야 한다.

국제적으로 보면, 선진국 대부분은 최저임금 제도를 시행하고 있으며, 각국은 경제 성장률·물가 수준·고용 구조 등을 종합적으로 고려해 매년 인상 여부와 수준을 결정한다. 한국의 경우 최저임금 인상은 정치·사회적으로 큰 논란이 되어 왔다. 노동계는 생활임금 보장을 위해 적극적인 인상을 요구하는 반면, 중소기업과 소상공인 단체는 인건비 부담으로 인한 경영 악화를 우려한다. 정부는 물가, 고용률, 경제 성장률을 종합적으로 고려하여 사회적 합의 기구를 통해 최저임금을 조정하고 있다.

결국 최저임금 제도는 긍정적·부정적 효과가 공존하는 정책으로, 경제 상황과 산업별 특성을 고려한 신중한 접근이 필요하다.

난이도 상 중 하

⊕고난도 실전문제 01번

40 주어진 글의 주제로 가장 적절한 것은?

① 최저임금 인상은 기업 경영에 부담을 주므로 폐지되어야 한다.
② 최저임금 제도는 선진국에서 시행되지 않는 독특한 제도이다.
③ 최저임금 제도의 긍정적 효과와 부작용을 충분히 고려해 정책을 결정해야 한다.
④ 최저임금 인상은 근로자의 소비 여력을 높여 경제 성장에 기여한다.
⑤ 최저임금 인상에 관한 노사 갈등이 사회적 문제로 대두되고 있다.

난이도 상 중 하

⊕고난도 실전문제 17번

41 주어진 글을 읽고 최저임금 제도를 비판한 내용으로 옳지 않은 것은?

① 최저임금의 인상은 영세 자영업자와 중소기업의 경영 부담을 심화시킬 수 있다.
② 최저임금이 오르면 고용이 줄어들어 실업이 확대될 수 있다는 우려가 제기된다.
③ 최저임금 인상은 물가 상승 압력으로 이어져 소비자 부담을 가중시킬 수 있다.
④ 최저임금 제도는 저임금 근로자의 소득을 보장하고 노동시장의 불평등을 완화하는 데 기여한다.
⑤ 최저임금 인상이 과도할 경우 생산성이 낮은 근로자가 해고될 위험이 커질 수 있다.

난이도 상 중 하 ⊕고난도 실전문제 17번

42 **다음 글의 밑줄 친 ㉠의 논지를 약화하는 진술로 가장 적절한 것은?**

> 배터리 기술은 전기차 및 재생 에너지 저장 시스템에서 매우 중요한 역할을 하고 있다. 현재 널리 사용되는 리튬이온 배터리는 높은 에너지 밀도와 긴 수명을 제공하기 때문에 전기차의 주된 배터리로 사용되고 있다. 그러나 리튬이온 배터리의 한계점은 명확하다. 첫째, 리튬 자원의 제한으로 장기적인 수급에 문제가 발생할 수 있으며, 둘째, 배터리 제조와 폐기 과정에서 발생하는 환경 오염 문제가 지속적으로 지적되고 있다. 이를 해결하기 위해 연구자들은 새로운 배터리 기술을 개발 중이며, 그중 리튬황 배터리와 고체 전해질 배터리가 주목받고 있다.
>
> 리튬황 배터리는 리튬이온 배터리보다 이론적으로 5배 더 높은 에너지 밀도를 제공할 수 있어 차세대 배터리로 기대되고 있다. 하지만 충전과 방전 과정에서 황이 분리되면서 전극이 부식되어 수명이 짧아지는 안정성 문제가 발생하고 있다. 반면, 고체 전해질 배터리는 액체 전해질 대신 고체를 사용함으로써 더 높은 안전성을 제공한다. 이 기술은 화재 위험을 줄이고, 배터리 수명을 연장할 가능성을 가지고 있지만, 고체 전해질 배터리 역시 상용화에 걸림돌이 있다. 복잡한 생산 공정과 높은 제조 비용으로 인해 대규모 생산이 어렵다는 이유 때문이다.
>
> 그럼에도 불구하고, ㉠ 배터리 기술의 혁신은 전기차 산업의 미래를 밝게 할 것이다. 전문가들은 차세대 배터리 기술이 전기차의 성능을 크게 향상시킬 것으로 기대하고 있으며, 이 기술이 에너지 효율성, 안정성 면에서 현재의 리튬이온 배터리를 대체할 수 있을 것이라 보고 있다. 또한, 이러한 기술들은 대규모 에너지 저장 시스템에도 적용되어 재생 에너지를 효율적으로 활용하는 데 중요한 역할을 할 것으로 기대된다. 향후 몇 년 안에 리튬황 배터리와 고체 전해질 배터리의 기술적 문제가 해결된다면, 이들은 전기차뿐만 아니라 다양한 산업에서도 필수적인 요소로 자리 잡을 것이다.

① 리튬황 배터리는 현재 전기차 산업에서 실험적으로 사용되고 있고, 상용화를 위한 안전성 검증 실험이 진행 중이다.
② 고체 전해질 배터리는 현재 복잡한 생산 공정으로 인해 상용화까지 최소 10년 이상 걸릴 것으로 예상된다.
③ 리튬이온 배터리는 성능이 꾸준히 개선되고 있어 당분간 전기차 산업의 주류 배터리로 계속 활용될 전망이다.
④ 전기차 제작 업체에서는 차세대 배터리 연구에 막대한 자금을 투입하고 있다.
⑤ 차세대 배터리 기술은 상용화가 가까워지고 있으며, 기존 리튬이온 배터리를 대체할 것으로 보인다.

⊕고난도 실전문제 20번

43 다음 글의 문단 [가]~[마]를 논리적 순서에 맞게 배열한 것은?

[가] 나아가 이제 세상은 코로나19에서 보듯 과거에는 의미가 없던 미세한 확률의 불확실한 사건이 자꾸 등장하는 쪽으로 바뀌고 있다. 이에 국제결제은행(BIS)은 새로운 불확실성으로 기후변화를 꼽고 이를 '녹색백조', 즉 '그린스완'이라고 명명했다. 이 불확실성에 대비하기 위해 이미 195개국이 참여하는 신기후체제가 시작됐다.

[나] 그린스완은 물리적 위험과 이행 위험으로 나뉜다. 이상 기후로 침수, 화재 등이 발생하면 이는 금융권의 담보자산 가치 하락으로 이어질 수 있다. 또 사회적 물적 피해가 늘어나면 보험금이 준비금을 넘어설 수도 있다. 이는 모두 물리적 위험에 해당한다. 이행 위험은 고탄소 기업의 채무상환능력 저하에 따른 부도율, 손실률 상승이 대표적이다. 다른 측면에서 주목받는 것은 좌초자산인데, 탄소 배출의 주범인 석탄과 원유 등의 생산 제한에 따라 관련 자원과 산업 설비가 무용지물이 되는 것이다.

[다] 2008년 금융위기를 겪고 나서 블랙스완은 우리 사회 곳곳에 드리운 갑작스러운 사고나 경제충격을 지칭하는 단어로 통용되고 있다. 피자 한 판 가격이던 비트코인 한 개가 수천만 원을 호가하는 화폐 패러다임 전환, 첨단 IT기술을 등에 업은 기업의 대약진 등은 모두 블랙스완의 대표적인 사례로 꼽을 수 있다.

[라] 도저히 일어날 것 같지 않은 일이 일어나는 것을 '블랙스완'이라고 부른다. 월가 투자전문가인 나심 니콜라스 탈레브가 자신의 저서 『블랙스완』에서 서브 프라임 모기지 사태를 예언하며 널리 쓰이기 시작했다. 당시에 어떤 누구도 예상하지 못한 수순이었으나, 2000년대 초반 미국이 경기부양책으로 펼친 초저금리정책이 결국 2008년 세계 금융위기를 촉발한 것이다.

[마] 한국도 그린스완의 위험국이다. 무엇보다 철강, 화학 등 고탄소산업의 비중이 높아 이러한 이행 위험이 다른 나라에 비해 클 것이라는 게 금융권의 해석이다. BIS는 블랙스완은 발생 후에야 알 수 있지만, 그린스완은 발생 가능성을 사전에 어느 정도 예견할 수 있다는 점에서 차이가 있다고 설명했다. 또 블랙스완은 충격이 있을 수 있으나 해결할 수 있고 그린스완은 되돌릴 수 없는 성격을 갖고 있다고 진단했다.

① [가]－[다]－[마]－[나]－[라]
② [가]－[라]－[다]－[나]－[마]
③ [라]－[가]－[다]－[마]－[나]
④ [라]－[다]－[가]－[나]－[마]
⑤ [라]－[다]－[마]－[가]－[나]

난이도 상 중 하

⊕고난도 실전문제 20번

44 다음 글의 문단 [가]~[라]를 논리적 순서에 맞게 배열한 것은?

[가] 인공지능은 산업뿐 아니라 일상 전반으로 빠르게 확산되고 있다. 금융거래 분석, 의료 판독, 국방 운용 등 핵심 분야에서도 AI의 활용이 늘면서, 잘못된 의사결정으로 인한 피해 우려가 커지고 있다. 금융 시스템 오류는 대규모 거래 혼란으로, 의료 현장 오류는 생명과 직결될 수 있다. AI 확산의 효과와 위험이 동시에 부각되는 상황이다.

[나] 이 같은 위험에 대응해 각국은 AI 안전성 확보를 위한 제도적 장치를 강화하고 있다. 유럽연합은 'AI 규제법'을 도입했고, 미국은 검증 체계와 윤리 기준을 마련했다. 한국 역시 알고리즘 투명성 검증, 신뢰성 확보를 위한 제도를 논의 중이다. 또한 국제 협력과 공동 협약을 통해 국가 간 협력 체계가 확대되고 있다.

[다] 전문가들은 AI가 인간의 가치와 윤리를 벗어나지 않도록 하기 위해 법적 · 제도적 · 기술적 노력이 병행되어야 한다고 강조한다. 이를 위해 설명 가능성과 데이터 검증 체계, 오남용 방지 장치 마련이 핵심 과제로 제시된다. 기술자 · 정책가 · 윤리학자가 함께 참여하는 협력도 필요하다.

[라] 최근 초거대 AI 모델이 등장하면서 위험 논의는 더욱 심화되었다. 단순 오류가 아니라 인간의 예측을 벗어나는 통제 불가능성이 문제로 떠오른 것이다. 가짜 뉴스나 해킹 같은 악용 사례가 현실화되며, AI 안전성은 기술 발전과 반드시 함께 고려해야 할 과제가 되었다.

① [가]－[라]－[다]－[나]
② [가]－[다]－[라]－[나]
③ [나]－[라]－[가]－[다]
④ [라]－[나]－[다]－[가]
⑤ [라]－[다]－[나]－[가]

45 다음 글의 문단 [가]~[마]를 논리적 순서에 맞게 배열한 것은?

[가] 감응력을 도덕적 지위의 조건으로 삼는 윤리학자들도 모든 동물들의 도덕적 지위를 인정해야 한다고 주장하는 것은 아니다. 동물 중에는 고통의 느낌을 동반하지 않는 특이한 유해 수용 체계를 갖는 경우가 있다. 동물의 유해 수용 체계는 자신에게 유해한 자극을 신경 말단에서 중추 신경계로 전달하는 체계인데, 회피 반사를 하는 무척추동물의 경우에 해로운 자극에 대한 유해 수용기의 활동만이 있을 뿐 그런 자극에 따른 고통이 동반되지는 않는다. 고통을 못 느낀다면 고유한 존재 가치를 지닌다고 볼 수 없으므로 이들에게까지 도덕적 지위를 부여할 필요는 없다는 것이 윤리학자들의 일반적 견해이다.

[나] 어떤 존재가 도덕적 지위를 갖는다는 것은 우리가 그 존재를 도덕적으로 고려하고 그 존재에 대한 도덕적 의무를 진다는 것을 뜻한다. 기계나 인형에게 도덕적 지위가 없고 인간에게 도덕적 지위가 있다는 것은 분명하지만, 동물에 대해서는 도덕적 지위를 갖기 위한 조건을 어떻게 보느냐에 따라 입장이 다르다.

[다] 또한, 플루하르는 종과 무관하게 도덕적 지위를 부여하기 위한 조건으로 고통을 느낄 수 있는 능력인 '감응력'을 제시하였다. 이때 감응력은 고통을 느끼는 순간순간의 감정과 관련되므로 합리적 의사능력과 무관하다. 그에 따르면 고통을 느낄 수 있는 존재가 자신에게 일어나는 일에 대해 갖는 좋고 싫음의 느낌은 다른 존재의 느낌으로 대체할 수 없는 고유한 것이다. 이는 감응력을 가진 존재가 고유한 존재적 가치를 지닌다는 것을 의미하는 것이므로 동물이더라도 감응력을 가진다면 도덕적 고려의 대상에 포함해야 한다는 것이다.

[라] 근대의 사회 계약설에 기초한 계약론적 도덕관에 따르면 도덕은 합리적 인간들이 합의한 묵시적인 계약에서 나온다. 타인에게 어떤 도덕적 요구를 하려면 나도 같은 요구에 도덕적 의무를 져야 하는데, 합리적 개인들은 이러한 묵시적 계약이 자신에게 도움이 된다고 생각하기에 그에 동의하게 된다. 이 입장에 따르면 동물들은 도덕적 지위를 갖지 못한다. 대표적으로 캐루더스는 동물은 계약에 합의할 의사 능력을 지닌 합리적 존재가 아니므로 도덕 관념을 형성할 수 없으며 인간이 동물을 대할 때도 도덕적 고려를 할 필요가 없다고 주장하였다.

[마] 그러나 윤리학자 플루하르는, 계약론적 도덕관이 갓난아기나 중증 환자처럼 합리적 의사 능력이 없는 '가장자리 인간'의 도덕적 지위까지 인정하지 않는 결과를 초래한다고 비판하였다. 가장자리 인간은 합리적 의사 능력이 없어서 계약의 당사자가 될 수 없는데, 그렇다고 계약의 수혜자로도 인정하지 않아 도덕적 지위를 부여하지 않는 것은 우리의 도덕적 직관에 어긋난다는 것이다. 이에 계약론자들은 '영역 성질'의 개념을 도입하여 이 비판에 대응하였다. 그들은 어떤 원의 내부에 있는 점이면 그것이 중심에 가깝게 있든 가장자리에 있든 모두 같은 성질을 갖는 것으로 간주하듯이, 인간 종이라는 동일한 영역 성질에 있는 존재는 도덕적으로 평등하게 대우할 수 있다고 주장하였다. 그러나 플루하르는 영역 성질 개념은 특정 영역을 구분하고 영역 밖의 존재에 대해 도덕적 차별을 하는 인종차별주의나 성차별주의를 용인할 위험이 있다고 비판하였다.

① [가]－[다]－[마]－[나]－[라]
② [가]－[마]－[다]－[라]－[나]
③ [나]－[가]－[다]－[마]－[라]
④ [나]－[라]－[마]－[다]－[가]
⑤ [나]－[마]－[다]－[가]－[라]

46 다음 글의 문단 [가]~[마]를 논리적 순서에 맞게 배열한 것은?

[가] 사실적이고 극적인 면을 추구하고자 했던 카라바조는 17세기 이탈리아의 혁신적 미술가로 평가된다. 그는 인간적이고 종교적인 경험을 이상적으로 표현하는 것을 거부하였으며, 모든 사람이나 상황을 있는 그대로 바라보는 세속적이고 현실적인 미술 세계를 창조하여 사실주의의 새로운 지평을 열었다. 그는 이상화된 인간상을 경멸하였으며, 종교화를 그릴 때에도 성자들을 보통 사람처럼 묘사하고자 하였다. 또한 신성한 장면도 평범한 일상으로 이해하는 것을 바탕으로 극적인 순간이 효과적으로 표현되어야 한다고 생각했다.

[나] 사도들이 부활한 예수를 만나 놀라는 장면을 묘사한 작품인 「엠마오의 저녁 식사」에서는 하나의 장면으로 극적인 순간을 표현하고자 한 그의 노력이 잘 드러난다. 예수를 보고 놀라서 뒤로 밀려 난 의자에 앉아 팔을 크게 벌린 사도, 양손으로 탁자를 잡고 몸을 일으키며 앞으로 바짝 기울인 사도의 모습, 탁자 밖으로 떨어질 것 같은 과일 접시 등의 사실적 묘사는 보는 이에게 긴장감을 느끼게 하며 한 명의 사도가 되어 해당 그림 속에 있는 듯한 착각을 하게 한다. 이렇듯 그는 하나의 장면을 있는 그대로 묘사하려 하였으며, 그 안에서 인상적인 순간을 표현하고자 하였다.

[다] 카라바조의 작품에서 주목해야 할 또 다른 요소는 '빛'이다. 그는 선과 색 못지않게 '빛'에 주목하면서 '테너브리즘'이라고 불리는 명암 대조법을 처음으로 사용하였다. 테너브리즘은 극단적인 명암 대비를 사용하여 작품의 극적인 효과를 높이는 기법으로, 인물의 배경은 종종 짙은 어둠으로 나타내면서 인물 자체는 밝은 빛으로 표현하여 입체감이 강조되었다. 카라바조는 빛과 어둠을 대비시켜 공간에 깊이를 더해 주고, 인물의 부피나 무게에 대한 느낌을 자연스럽게 드러내 주었다. 이 혁신적인 명암법은 르네상스의 원근법만큼이나 중요한 것으로 공간을 회화적으로 재현하는 데 크게 기여하였다. 또한 감상자로 하여금 더욱 그림에 집중하게 하였으며, 어두운 무대에 강렬하게 비추는 한줄기 조명과 같이 긴장감과 감동을 주었다.

[라] 이후 카라바조가 사용한 명암법은 17세기 후반에 등장하는 바로크 미술의 중요한 특징이 되었으며, 그를 초기 바로크 미술의 대표적인 화가로 만들었다. 그는 17세기 유럽 사실주의 회화의 선구자로 인정받게 되었고 훗날 루벤스와 렘브란트 등에게 많은 영향을 주며 미술의 역사가 새롭게 변화하는 계기를 제공하였다.

[마] 카라바조의 작품 세계는 당시로서는 매우 혁신적인 것으로, 이상적이고 안정감 있는 아름다움을 선호하고 추구했던 기존의 르네상스 미술과는 큰 차이점을 보였다. 그의 작품 중 「동정녀 마리아의 죽음」은 동정녀에 대한 지나친 사실적 묘사로 인해 당시 상당한 반발을 불러일으키며 수도사들에게 항의를 받기도 했는데, 이렇듯 대중들은 자신들이 원하는 이상화된 성자의 모습을 보여주지 않는 카라바조를 이해하지 못했다. 하지만 그는 계속해서 현실감 넘치는 인물 유형을 그려내고자 하는 노력을 그의 작품에 반영하였다.

① [가]-[나]-[다]-[라]-[마]
② [가]-[다]-[나]-[라]-[마]
③ [가]-[마]-[나]-[다]-[라]
④ [나]-[가]-[다]-[라]-[마]
⑤ [나]-[다]-[가]-[라]-[마]

난이도 상 중 하 ⊕고난도 실전문제 19번

47 다음 글의 서술상 특징으로 가장 적절한 것은?

일제 강점기 조선인들에게 철도를 '체험'한다는 것은 어떠한 의미였을까? 우리나라 근대 문학사에서 기차는 많은 작품 속에 등장하면서 중요한 역할을 해 왔다. 이광수는 소설『무정』에서 "도회의 소리? 그러나 그것이 문명의 소리다. 그 소리가 요란할수록 그 나라는 소리가 합하여서 비로소 찬란한 문명을 낳는다. 그 소리가 요란할수록 그 나라는 잘된다."라며 철도 문명에 감복했다.『무정』에서 기차는 이른바 근대적 주체가 새롭게 태어나는 공간, 그 새로운 주체의 이념과 실천이 수행되는 공간으로 그려지고 있다.

그러나 최명익, 이태준, 채만식은 기차에 대한 인식을 달리했다. 한반도에 부설된 철도는 대륙으로 야망을 실어 나르는 일본 제국주의의 가장 핵심적 도구였다. 그들은 이 사실에 주목한 것이다. 식민지로 전락한 한반도에 거주하는 한국인은 철저한 이등 국민이자 착취 대상으로서의 삶을 살았다. 대다수의 농민이 소작농으로 전락하였고 남부여대(男負女戴)하여 고향을 떠났다. 피눈물을 흘리는 심정으로 고향을 떠나는 이들을 만주로, 간도로 실어 나른 것이 기차였다.

최명익과 이태준은 이렇게 떠나가는 농민과 여러 군상의 모습, 서러움, 고통을 소설 속에 그렸다. 최명익의 소설『장삼이사』에서 기차는 '전진', '발전'을 상징하거나, 근대를 선취한 성공한 사람들의 공간이 아니었다. 최명익은『장삼이사』를 통해 타자로서 같은 식민지 동포를 바라보았다면, 이태준은 소설『철로』를 통해 작은 어촌에서 답답한 식민지 현실을 살아가는 청년의 희망과 좌절을 보여 주었다. 채만식은 소설『탁류』에서 삼등 객차에 탄 재호를 통해 기차는 양극화의 현주소라고 고발한다. 근대는 새로운 문물로 사람들을 유혹했지만, 모든 이에게 동일한 권리가 주어진 것은 아니었다. 돈에 따라 사람을 구별했고, 공간을 분리했다.

그렇다면 외국은 어땠을까? 기차로 인해 새로운 공간과 문화를 경험한 작가들은 다양한 주제 의식을 갖고 새롭고 독특한 형식의 글을 쓰기 시작했다. 대표적인 것이 바로 추리 소설이다. 사람을 낯선 곳으로 실어 나르는 기차는 로맨스와 호기심, 스릴 등 온갖 재미난 상상을 하기에 알맞은 곳이었다. 밀폐되고 한정된 공간이 주는 특유의 긴장감, 언제 터질지 모르는 위태로움은 범죄의 시발점으로 설정하기에도 적합하여 추리 소설에 빈번하게 활용되었다. 일례로 애거사 크리스티는 소설『오리엔트 특급 살인』에서 기차라는 공간을 아주 적절하게 활용했다. 추리 소설 외에도 기차를 배경으로 활용한 문학 작품은 셀 수 없이 많다.

기차는 첫 개통 이후 지금까지 수많은 작가들에게 영향을 미쳤다. 신문명과 산업화의 상징, 낭만적 로맨스의 배경, 죽음이나 비극적 운명을 암시하는 잔인한 공간 등 기차는 여러 문학 작품 속에서 다양한 모습으로 그려지며 문학 발달의 한 축을 담당하고 있다.

① 예시를 통해 서술 대상에 관한 다양한 인식을 제시하고 있다.
② 전문가의 의견을 인용하여 서술 대상의 개념을 설명하고 있다.
③ 일반적인 통념을 반박하며 서술 대상의 개념을 재정립하고 있다.
④ 객관적인 자료를 활용하여 서술 대상에 대한 신뢰도를 높이고 있다.
⑤ 상반되는 입장을 각각 밝혀 서술 대상이 가지는 단순함을 부각하고 있다.

[48~49] 다음 글을 읽고 이어지는 질문에 답하시오.

서기 2054년을 배경으로 전개되는 영화 「마이너리티 리포트」는 미래의 이야기답게 갖가지 최첨단 과학 기술이 등장한다. 이 중에서도 관객의 눈길을 사로잡는 장면은 등장인물의 안구를 이용한 홍채 인식 부분으로 영화 속에서 인공 지능 카메라가 자동으로 움직이면서 사람들의 홍채를 촬영하는 것이다. 눈빛 하나로 신분이 적나라하게 드러나는 미래 사회에서 주인공은 신분을 위장하기 위해 자신의 안구를 뽑아 다른 사람의 것으로 바꾸고, 홍채 인식 보안 시스템에는 이미 뽑아둔 자신의 안구를 이용해 통과한다. 홍채 인식처럼 인간의 생체적 특성을 이용해 본인임을 식별해 내는 기술을 생체 인식 시스템이라고 하는데, 생체 인식 기술로는 홍채 인식, 지문 인식, 정맥 인식 등이 있다.

홍채 인식은 사람의 눈에서 중앙의 검은 동공을 둘러싸고 있는 홍채의 무늬 패턴을 이용해 본인을 식별하는 기술이다. 색소가 들어 있는 얇은 막인 홍채는 동공의 개폐를 조절하는 근육으로 구성되어 있고, 근육이 수축하거나 이완하면 눈동자가 커지거나 작아져서 외부로부터 안구 내에 입사하는 빛의 양을 조절한다. 홍채의 모양은 다른 생체 인식 요소인 지문이나 얼굴보다 신뢰성이 높은데, 한 사람의 홍채는 측정 가능한 266개의 특징을 갖고 있기 때문이다. 홍채 무늬 패턴의 세부 구조가 매우 다양하게 형성되어 있으므로 동일인이라도 좌우의 홍채 패턴이 각각 다르고 일란성 쌍둥이의 경우라도 서로 다른 소유성을 갖는 것이다. 또한 홍채 인식은 다른 생체 인식 검사와 다르게 접촉식 인증 시스템이 아닌 비접촉 방식으로 근거리 인증을 거칠 수 있으므로 공공장소에서의 출입 시스템에 적합한 기술이라고 할 수 있다.

인체를 이용한 또 다른 식별 기술로는 지문 인식이 있다. 땀샘이 융기돼 일정한 흐름이 형성됨으로써 만들어지는 지문은 그 형태가 개인마다 다르고 평생 변치 않는다는 특징이 있다. 지문 인식 방식은 빛을 이용한 인증이 일반적이다. 지문의 선과 골이 각기 다른 각도로 반사되는 원리를 이용한 것이다. 선과 골에서 얻어진 반사율 데이터를 이용해 바이너리 파일(Binary File)을 만든 후 컴퓨터에 저장하면 지문 식별을 위한 정보로 활용할 수 있다.

정맥 인식은 지문 인식의 뒤를 이어 최근 정보 보안이 대두되는 장소나 고급형 빌라를 중심으로 각광받고 있는 생체 보안 기술이다. 눈에 보이지는 않지만, 손등의 정맥 패턴도 사람마다 차이가 있다. 정맥 인식 시스템은 인증 장치 아래 손등을 갖다 대면 적외선 카메라가 손등의 정맥 모양을 찍어 정맥 분포를 촬영함으로써 본인 여부를 판단한다.

그렇다면 영화에서처럼 눈알을 뺀 후 갖고 다니면서 홍채 인식을 시도하는 경우나 손을 잘라 지문을 인식시키는 일이 가능할까? 먼저 안구를 뽑아내는 엽기적인 행동은 아무런 득이 없다. 홍채 반응은 살아 있는 눈만 가능하기 때문이다. 즉, 안구를 뽑으면 시신경이 끊어져 홍채가 제 역할을 하지 못하므로 뽑은 안구를 급속 냉동 상태로 잘 보관하더라도 홍채 인식 시스템 앞에선 무용지물이다. 지문의 경우는 어떨까? 최근 일본의 한 연구팀이 젤라틴을 이용해 가짜 지문을 만들고, 지문 인식 시스템을 속이는 실험에 성공했다는 소식이 영국 BBC 방송에 보도된 바 있다. 지문 인식 시스템의 허점을 드러내는 소식이기는 하지만 살아 있는 손의 지문에서만 볼 수 있는 부가적인 정보를 정교하게 감지해 내는 기술도 지속적으로 연구되고 있다.

난이도 상 중 하

⊕고난도 실전문제 19번

48 주어진 글의 논지 전개 방식으로 가장 적절한 것은?

① 일반적인 특성을 언급한 다음, 대상의 문제점을 구체적으로 살피고 있다.
② 일정한 시간 내에 일어나는 대상의 변화 과정을 차례로 보여 주고 있다.
③ 여러 가지 구체적 사례를 제시한 후, 이를 통해 보편적 원리를 이끌어 내고 있다.
④ 대상의 개념을 포괄적으로 언급한 다음, 이를 세부 개념으로 나누어 설명하고 있다.
⑤ 대상을 덜 중요한 것에서부터 중요성이 큰 것의 순서로 배열하여 내용을 강조하고 있다.

난이도 상 중 하

⊕고난도 실전문제 08번

49 주어진 글을 읽고 추론한 내용으로 적절하지 않은 것은?

① 지문 인식 기술은 일란성 쌍둥이를 대상으로는 무용지물이다.
② 정맥 인식 기술은 정맥을 촬영하는 방식으로 운용된다.
③ 생체 검사가 개인의 신분증을 대신하는 시대가 조만간 도래할 수도 있다.
④ 홍채 인식 시스템은 동공의 축소·확대를 감지하여 살아 있는 눈임을 알아챌 수 있다.
⑤ 지문 인식 기술은 위조 지문을 만들 수 있는 문제점을 지니고 있으나, 이를 해결하기 위한 기술을 연구 중에 있다.

난이도 상 중 하

고난도 실전문제 19번

50 다음 글의 문단 [가]~[마]의 서술상 특징으로 적절하지 않은 것은?

[가] 선거철이 되면 점쟁이와 여론조사 회사가 바빠진다. 이들은 선거 결과를 예측한다는 점에서 동일하지만, 점쟁이는 사주나 관상 등을 통해 판단하고 여론조사 회사는 민심을 파악해 선거 결과를 예측한다. 점쟁이는 미신으로 치부되지만 여론조사 회사의 예측은 신뢰를 얻는다. 그러나 과연 여론조사는 과학적이라 평가받을 정도로 높은 정확도를 지녔을까?

[나] 1948년 미국의 대통령 선거를 앞두고 갤럽과 엘모 로퍼 등의 여론조사 회사들은 듀이 후보가 트루먼 후보를 누르고 당선될 것이라 예측했고, 언론은 이를 대대적으로 보도했다. 그러나 예측은 빗나가 트루먼이 대통령으로 당선되었고 여론조사 회사에 대한 신뢰도는 땅에 떨어졌다. 이를 회복하는 데 무려 12년이 걸렸다. 1960년 닉슨과 케네디 후보 간 박빙의 대결을 두고 여론조사 회사들은 케네디 후보의 근소한 승리를 정확히 예측했다. 1948년의 일을 교훈 삼아 기회로 만든 것이다.

[다] 그러나 우리나라의 상황은 좀 다르다. 선거에 대한 예측이 빗나가더라도 오보를 낼망정 다른 언론사보다 먼저 보도하는 게 낫다는 생각으로 무분별하게 여론조사 결과를 보도한다. 그렇기에 여론조사 회사마다 그 결과치가 다르고, 신뢰도 역시 떨어질 수밖에 없는 악순환이 반복되고 있다.

[라] 그렇다면 왜 우리나라의 여론조사는 정확도가 낮은 것일까? 현재 우리나라에서 여론 조사의 결과가 부정확한 이유는 무응답 비율이 너무 높다는 것에서 찾는다. 아무리 대표 표본 집단을 확보하고 조사를 성실히 수행했더라도 지지 후보에 대한 물음에 전체 응답자의 40~50%가 무응답한다면 결과를 정확하게 예측하기 어렵다. 여러 기관의 조사 결과가 서로 다른 것도 높은 무응답 비율 때문이다.

[마] 이러한 무응답을 줄일 수 있는 방법은 우선 투표 참여 여부를 정확히 예측하는 일에서부터 시작한다. 투표에 참여하지 않은 사람일수록 무응답 비율이 높아지기 때문에 이들을 제외한다면 예측의 정확도를 높일 수 있다. 두 번째로는 지지 후보가 누구인지를 묻는 1차 질문에서 모르겠다거나 응답을 거부한 사람들에게는 여러 가지 추가 질문을 통해 지지 후보를 밝혀내어 무응답 비율을 줄일 수 있다.

① [가]: 일반적인 통념에 의문을 제기하며 독자의 호기심을 유발하고 있다.
② [나]: 사례를 들어 자신이 제기한 의문의 신뢰를 높이고 있다.
③ [다]: 문제의 실제 현황을 설명하고 있다.
④ [라]: 문제의 원인을 여러 각도에서 분석하고 있다.
⑤ [마]: 분석한 문제의 원인을 토대로 해결 방안을 소개하고 있다.

MEMO

STEP 02

고난도 실전문제

난이도 상 중 하

⊕적중예상문제 14, 40번

01 다음 글에서 글쓴이가 주장하는 바로 가장 적절한 것은?

> 최근 대규모 개인정보 유출 사고가 발생하며 수천만 명의 이용자가 피해를 입었다. 이는 단순한 기업 차원의 관리 부실을 넘어, 국가적 차원의 보안 시스템 전반이 취약하다는 점을 드러낸 사건이었다. 개인정보는 한번 유출되면 회수하기 어렵고, 2차 · 3차 범죄로 악용될 가능성이 높다. 따라서 기업의 자발적 개선 노력만으로는 한계가 있다. 정부는 엄격한 규제와 처벌을 통해 기업의 보안 책임을 강화해야 하며, 동시에 이용자 보호 장치를 마련해야 한다. 나아가 개인정보 보호에 대한 사회 전반의 인식 수준을 높이는 것이 필수적이다.
>
> 무엇보다 기업은 비용 절감을 이유로 보안 투자를 소홀히 해서는 안 된다. 보안은 단순한 비용이 아니라 신뢰를 지키는 핵심 자산이기 때문이다. 또한 정부는 대규모 유출 사고에 대해 신속하고 투명한 조사 체계를 마련해야 한다. 피해자에 대한 보상 절차 역시 현실적으로 작동할 수 있도록 제도화되어야 한다. 더불어 인공지능, 클라우드, 사물인터넷 등 신기술 환경에 맞는 보안 기준을 지속적으로 강화해야 한다. 결국 개인정보 보호는 기업 · 정부 · 개인 모두가 협력해야 하는 공동의 과제이다.
>
> 또한 국제적 차원에서도 개인정보 보호 협력이 중요하다. 사이버 범죄는 국경을 초월해 발생하기 때문에 국제 규범의 마련과 공조가 필수적이다. 개인정보 보호는 더 이상 선택이 아니라, 안전한 디지털 사회를 위한 기본 조건이다.

① 개인정보 유출은 기업 내부의 관리 강화만으로 충분히 해결할 수 있다.
② 개인정보 보호는 국제적 공조가 필요하며, 기업 · 정부 · 개인이 함께 책임져야 한다.
③ 개인정보는 유출되더라도 피해자들의 주의와 노력으로 회수할 수 있다.
④ 개인정보 유출은 불가피한 문제이므로 정부 규제보다 개인의 자기 관리가 더 중요하다.
⑤ 개인정보 보호에 대한 투자 비용은 기업의 경영 효율성 차원에서 최소화되어야 한다.

난이도 상 중 하

02 다음 [대화]에 대한 분석으로 적절한 것을 [보기]에서 모두 고른 것은?

대화

갑: "우리는 예전에 몰랐던 많은 과학 지식을 가지고 있다. 예를 들어, 과거에는 물이 산소와 수소로 구성된다는 것을 몰랐지만 현재는 그 사실을 알고 있다. 과거에는 어떤 기준 좌표에서 관찰하더라도 빛의 속도가 일정하다는 것을 몰랐지만 현재의 우리는 그 사실을 알고 있다. 이처럼 우리가 알게 된 과학 지식의 수는 누적적으로 증가하고 있으며, 이 점에서 과학은 성장한다고 말할 수 있다."

을: "과학의 역사에서 과거에 과학 지식이었던 것이 더 이상 과학 지식이 아닌 것으로 판정된 사례는 많다. 예를 들어, 과거에 우리는 플로지스톤 이론이 옳다고 생각했지만 현재 그 이론이 옳다고 생각하는 사람은 아무도 없다. 이런 점에서 과학 지식의 수는 누적적으로 증가하고 있지 않다."

병: "그렇다고 해서 과학이 성장한다고 말할 수 없는 것은 아니다. 과학에서 해결해야 할 문제들은 정해져 있으며, 그중 해결된 문제의 수는 증가하고 있다. 예를 들어 과거의 뉴턴 역학은 수성의 근일점 이동을 정확하게 예측할 수 없었지만 현재의 상대성 이론은 정확하게 예측할 수 있다. 따라서 해결된 문제의 수가 증가하고 있다는 점에서 과학은 성장한다고 말할 수 있다."

정: "그 점에는 동의할 수 없다. 우리가 어떤 과학 이론을 받아들이냐에 따라서 해결해야 할 문제가 달라지고, 해결된 문제의 수가 증가했는지 판단할 수도 없기 때문이다. 서로 다른 이론을 받아들이는 사람들이 해결한 문제의 수는 서로 비교할 수 없다."

보기

㉠ 갑과 병은 과학이 성장한다는 결론은 동일하지만 근거는 다르다.
㉡ 을은 과학 지식의 불변성을 근거로 갑의 결론에 반대하고 있다.
㉢ 정은 병이 제시한 결론의 근거에 대해 판단할 수 없다는 점을 들어 병을 비판한다.

① ㉠　② ㉠, ㉡　③ ㉠, ㉢
④ ㉡, ㉢　⑤ ㉠, ㉡, ㉢

PART 2 CHAPTER 01 의사소통능력

난이도 상 중 하

⊕적중예상문제 15번

03 다음 글의 주제로 가장 적절한 것은?

감정은 우리에게 내 삶의 환경이 어떠한지에 대해 일차적인 정보를 주기 위해 존재한다. 만약 살아가는 데 별다른 문제가 없다면 평온함 같은 긍정적 정서가 주가 되지만, 뭔가 문제가 있다면 화나 불안 등의 부정적 정서가 생겨난다. 이때 부정적 정서는 슬프다면 슬픔을 줄이기 위해, 화가 난다면 화를 해소하기 위해, 불안하다면 불안을 줄이기 위해 필요한 행동을 하게끔 유도하는 내적 경보기와 같은 역할을 한다. 생존에 필수불가결한 역할을 하는 것이다. 그러나 문제는 생존에 중요한 정보를 전달하는 만큼 부정적 정서는 과장된 경우가 많다는 것이다. 실제 위험을 놓치는 것보다 오경보가 많은 편이 더 생존에 유리하기 때문이다.

따라서 부정적 정서를 대할 때는 반드시 지금 내가 느끼는 정서가 실제 위험의 정도를 잘 반영한 것인지 아니면 쓸데없이 과장되어 있는 것은 아닌지 확인할 필요가 있다. 대부분의 정서는 위험 소재를 파악하고 나면 사그라지는 성질을 가지고 있다. 자신이 느끼는 감정의 종류를 분류해 보는 등 구체적으로 감정을 파악해 보는 것만으로도 감정이 크게 수그러든다는 연구들이 있다. 감정의 목적은 우리들에게 어떤 메시지를 전달하는 것이므로 감정을 충분히 이해하면 그것만으로도 감정은 목적을 완수하고 곧 증발하는 것이다.

감정의 종류와 그 원인을 이해했다면 다음은 행동할 차례이다. 다가올 발표가 두렵다면 열심히 연습을 하면 되고, 어떤 사람과 관계가 어긋나서 슬프다면 오해를 풀기 위해 먼저 한 발짝 다가갈 수 있다. 이와 달리 미래에 대한 막연한 불안같이 도무지 해결할 수 없을 것 같은 불안이라면, 우선 인간이라면 그 누구도 미래는 예측할 수 없고 따라서 미래에 대한 불안을 완전히 제거한다는 것은 불가능한 일이라는 사실을 인정하는 것이 좋다. 의외로 거대한 불안 밑에는 구체적인 문제들이 자리 잡고 있는 경우가 많다. 따라서 이들은 당장 오늘, 내일, 가까운 미래에 내가 가장 하고 싶은 것이 무엇인지 따져보는 것만으로 쉽게 파악할 수 있고 해소할 수 있는 문제들이다.

① 부정적 정서는 습관적으로 형성되는 거짓된 감정이다.
② 인간은 자신에게 유리한 방향으로 현실을 지각하는 편향된 존재이다.
③ 감정 파악과 행동하기는 과장된 부정적 정서를 해소하는 핵심이다.
④ 부정적 정서는 원인이 구체적인 문제일수록 강하게 유발될 수 있다.
⑤ 부정적 정서는 생존적 가치를 가지므로 굳이 극복하지 않아도 된다.

04 다음 글의 내용과 일치하는 것은?

1859년 프랑스의 수학자인 르베리에는 태양과 수성 사이에 미지의 행성인 '불칸'이 존재한다는 가설을 세웠다. 당시의 천문학자들은 르베리에를 따라 불칸의 존재를 확신하고 그 첫 번째 관찰자가 되기 위해서 노력했다. 이렇게 확신한 이유는 르베리에가 불칸을 예측하는 데 사용한 방식이 해왕성을 성공적으로 예측하는 데 사용한 방식과 동일했기 때문이다. 해왕성 예측의 성공으로 인해 르베리에에 대한, 그리고 불칸의 예측 방법에 대한 신뢰가 높았던 것이다.

르베리에 또한 죽을 때까지 불칸의 존재를 확신했는데, 이 역시 해왕성 예측의 성공 덕분이었다. 1781년에 천왕성이 처음 발견된 뒤, 천문학자들은 천왕성보다 더 먼 위치에 다른 행성이 존재할 경우에만 천왕성의 궤도에 대한 관찰 결과가 뉴턴의 중력 법칙에 따라 설명될 수 있다고 생각했다. 이에 르베리에는 관찰을 통해 얻은 천왕성의 궤도와 뉴턴의 중력 법칙에 따라 산출한 궤도 사이의 차이를 수학적으로 계산하여 해왕성의 위치를 예측했다. 천문학자인 갈레는 베를린 천문대에서 르베리에가 예측한 바로 그 위치에 해왕성이 존재한다는 사실을 확인하였다.

르베리에는 수성의 운동에 대해서도 일찍부터 관심을 가지고 있었다. 르베리에는 수성의 궤도 역시 뉴턴의 중력 법칙으로 예측한 궤도와 차이가 있음을 제일 먼저 밝힌 뒤, 1859년에 그 이유를 천왕성－해왕성의 경우와 마찬가지로 수성의 궤도에 미지의 행성이 영향을 끼치기 때문이라는 가설을 세운다. 르베리에는 이 미지의 행성에 '불칸'이라는 이름까지 미리 붙였던 것이며, 마침 르베리에의 가설에 따라 이 행성을 발견했다고 주장하는 천문학자까지 나타났던 것이다. 하지만 불칸의 존재에 대해 의심하는 천문학자들 또한 있었고, 이후 아인슈타인의 상대성이론을 이용해 수성의 궤도를 정확하게 설명하는 데 성공함으로써 가상의 행성인 불칸을 상정해야 할 이유는 사라졌다.

① 불칸은 르베리에가 사망한 이후 발견되었다.
② 대부분의 천문학자들은 당시 불칸의 존재를 부정하였다.
③ 르베리에는 불칸이 수성의 궤도에 영향을 미친다고 보았다.
④ 르베리에에 따르면 불칸은 지구와 수성 사이에 위치한다.
⑤ 갈레는 천왕성의 궤도와 중력 법칙에 따라 해왕성의 위치를 예측했다.

난이도 상 중 하 ⊕적중예상문제 23번

05 다음 글을 통해 알 수 <u>없는</u> 것은?

21년 7급

> 우리나라 국기인 태극기에는 태극 문양과 4괘가 그려져 있는데, 중앙에 있는 태극 문양은 만물이 음양 조화로 생장한다는 것을 상징한다. 또 태극 문양의 좌측 하단에 있는 이괘는 불, 우측 상단에 있는 감괘는 물, 좌측 상단에 있는 건괘는 하늘, 우측 하단에 있는 곤괘는 땅을 각각 상징한다. 4괘가 상징하는 바는 그것이 처음 만들어질 때부터 오늘날까지 변함이 없다.
>
> 태극 문양을 그린 기는 개항 이전에도 조선 수군이 사용한 깃발 등 여러 개가 있는데, 태극 문양과 4괘만 사용한 기는 개항 후에 처음 나타났다. 1882년 5월 조미수호조규 체결을 위한 전권대신으로 임명된 이응준은 회담 장소에 내걸 국기가 없어 곤란해하다가 회담 직전 태극 문양을 활용해 기를 만들고 그것을 회담장에 걸어두었다. 그 기에 어떤 문양이 담겼는지는 오랫동안 알려지지 않았다. 그런데 2004년 1월 미국 어느 고서점에서 미국 해군부가 조미수호조규 체결 한 달 후에 만든 『해상 국가들의 깃발들』이라는 책이 발견되었다. 이 책에는 이응준이 그린 것으로 짐작되는 '조선의 기'라는 이름의 기가 실려 있다. 그 기의 중앙에는 태극 문양이 있으며 네 모서리에 괘가 하나씩 있는데, 좌측 상단에 감괘, 우측 상단에 건괘, 좌측 하단에 곤괘, 우측 하단에 이괘가 있다.
>
> 조선이 국기를 공식적으로 처음 정한 것은 1883년의 일이다. 1882년 9월에 고종은 박영효를 수신사로 삼아 일본에 보내면서, 그에게 조선을 상징하는 기를 만들어 사용해 본 다음 귀국하는 즉시 제출하게 했다. 이에 박영효는 태극 문양이 가운데 있고 4개의 모서리에 각각 하나씩 괘가 있는 기를 만들어 사용한 후 그것을 고종에게 바쳤다. 고종은 이를 조선 국기로 채택하고 통리교섭사무아문으로 하여금 각국 공사관에 배포하게 했다. 이 기는 일본에 의해 강제 병합되기까지 국기로 사용되었는데, 언뜻 보기에 『해상 국가들의 깃발들』에 실린 '조선의 기'와 비슷하다. 하지만 자세히 보면 두 기는 서로 다르다. 조선 국기 좌측 상단에 있는 괘가 '조선의 기'에는 우측 상단에 있고, '조선의 기'의 좌측 상단에 있는 괘는 조선 국기의 우측 상단에 있다. 또 조선 국기의 좌측 하단에 있는 괘는 '조선의 기'의 우측 하단에 있고, '조선의 기'의 좌측 하단에 있는 괘는 조선 국기의 우측 하단에 있다.

① 조선이 국기를 공식적으로 처음 정한 것은 조미수호조규 이후의 일이다.
② 개항 전에는 4괘 없이 태극 문양만 그려진 기를 조선 수군 등 여러 곳에서 사용하였다.
③ 『해상 국가들의 깃발들』에 실린 '조선의 기'와 고종이 국기로 채택한 기는 괘의 위치가 서로 다르다.
④ 오늘날 태극기의 좌측 하단에 있는 괘와 고종이 조선 국기로 채택한 기의 좌측 하단에 있는 괘는 모두 불을 상징한다.
⑤ 이응준은 조미수호조규 체결을 위한 회담장에 중앙에는 태극 문양, 네 모서리에는 감건곤리의 괘를 그려 넣은 기를 걸어 놓았다.

난이도 상 중 하

⊕적중예상문제 21번

06 다음 글의 관점 A~C를 지닌 사람들이 나눈 대화 내용으로 적절하지 않은 것은?

위험은 우리의 안전을 위태롭게 하는 실제 사건의 발생과 진행의 총체라고 할 수 있다. 위험에 대해 사람들이 취하는 태도에 대해서는 여러 관점이 존재한다.

관점 A에 따르면, 위험 요소들은 보편타당한 기준에 따라 계산 가능하고 예측 가능하기 때문에 객관적이고 중립적인 것으로 인식될 수 있다. 그 결과, 각각의 위험에 대해 개인이나 집단이 취하게 될 태도 역시 사고의 확률에 대한 객관적인 정보에 의해서만 결정된다. 하지만 이 관점은 객관적으로 발생 가능성이 높지 않은 위험을 민감하게 받아들이는 개인이나 사회가 있다는 것을 설명하지 못한다.

한편 관점 B는 위험에 대한 태도가 객관적 요소뿐만 아니라 위험에 대한 주관적 인지와 평가에 의해 좌우된다고 본다. 예를 들어 위험이 발생할 객관적인 가능성은 크지 않더라도, 그 위험의 발생을 스스로 통제할 수 없는 경우에 사람들은 더욱 민감하게 반응한다. 그뿐만 아니라 위험을 야기하는 사건이 자신에게 생소한 것이어서 그에 대한 지식이 부족할수록 사람들은 그 사건을 더 위험한 것으로 인식하는 경향이 있다. 하지만 이것은 동일한 위험에 대해 서로 다른 문화와 가치관을 가지고 있는 사회 또는 집단들이 다른 태도를 보이는 이유를 설명하지 못한다.

이와 관련해 관점 C는 위험에 대한 태도가 개인의 심리적인 과정에 의해서만 결정되는 것이 아니라, 개인이 속한 집단의 문화적 배경에도 의존한다고 주장한다. 예를 들어 숙명론이 만연한 집단은 위험을 통제 밖의 일로 여겨 위험에 대해서 둔감한 태도를 보이게 되며, 구성원의 안전 문제를 다른 무엇보다도 우선시하는 집단은 그렇지 않은 집단보다 위험에 더 민감한 태도를 보이게 될 것이다.

① A: "위험 요소들은 보편타당한 기준에 따라 계산과 예측이 가능하죠."

② A: "그렇기 때문에 사람들은 객관적으로 발생 가능성이 높은 위험에 더 민감하게 반응하기 마련이에요."

③ B: "하지만 객관적으로 발생 가능성이 높지 않은 위험에 대해서 민감하게 받아들이는 사람들도 있잖아요. 그런 걸 보면 위험에 대한 태도는 객관적 요소와는 상관없이 주관적 인지와 평가에 의해서 좌우된다고 볼 수 있죠."

④ B: "예를 들어 길을 가다가 벼락을 맞아 사고를 당하는 것은 자동차에 치이는 사고를 당하는 것보다 발생 확률이 적지만, 사람들은 이 위험의 발생을 스스로 통제할 수 없다고 생각하기 때문에 더욱 민감하게 반응하죠."

⑤ C: "저는 위험에 대한 태도는 개인의 심리적인 과정에 의해서만 결정되는 것이 아니라 개인이 속한 집단의 문화적 배경에도 의존한다고 생각해요. 동일한 위험에 대해 서로 다른 문화와 가치관을 가지고 있는 집단이 다른 태도를 보이는 것에서 알 수 있죠."

난이도 상 중 하

⊕적중예상문제 24번

07 다음 글을 읽고 추론할 수 있는 내용으로 가장 적절하지 않은 것은?

21년 5급

우리나라에서 주먹도끼가 처음 발견된 곳은 경기도 연천이다. 첫 발견 이후 대대적인 발굴조사를 통해 연천의 전곡리 유적이 세상에 그 존재를 드러내게 되었고 그렇게 발견된 주먹도끼는 단숨에 세계 학자들의 주목 대상이 되었다. 그동안 동아시아에서는 찍개만 발견되었을 뿐 전기 구석기의 대표적인 석기인 주먹도끼는 발견되지 않았기 때문이다.

찍개는 초기 인류부터 사용했으며 세계 곳곳에서 발견되었다. 반면 프랑스의 아슐에서 처음 발견된 주먹도끼는 양쪽 면을 갈아 만든 거의 완벽에 가까운 좌우대칭 형태의 타원형 도구이다. 사냥감의 가죽을 벗겨 내고, 구멍을 뚫고, 빻거나 자르는 등 다양한 작업에 사용된 다용도 도구였다. 학계가 주먹도끼에 주목했던 것은 그것이 찍개에 비해 복잡한 가공작업을 거쳐 만든 것이므로 인류의 진화 과정을 풀 열쇠라고 보았기 때문이다. 주먹도끼를 만들기 위해서는 만들 대상을 결정하고 그에 따른 모양을 설계한 뒤, 적합한 재료를 선택해 제작하는 복잡한 과정을 거쳐야 했다. 이는 구석기인들의 지적 수준이 계획과 실행이 가능한 수준으로 도약했다는 것을 확인해 주는 부분이다. 아동 심리발달 단계에 따르면 12세 정도가 되면 형식적 조작기에 도달하게 되는데, 주먹도끼처럼 3차원적이며 대칭적인 물건을 만들 수 있으려면 이런 형식적 조작기 수준의 인지 능력, 즉 추상적 개념에 대하여 논리적·체계적·연역적으로 사고할 수 있을 정도의 인지 능력을 갖추어야 한다. 더 나아가 형식적 조작 능력을 갖추었을 때 비로소 언어적 지능이 발달하게 된다. 즉 주먹도끼를 제작할 수 있다는 것은 추상적 사고를 할 수 있으며 그런 추상적 개념을 언어로 표현하고 대화할 수 있다는 것을 의미한다.

전곡리에서 주먹도끼가 발견되었을 당시 학계는 모비우스 학설이 지배하고 있었다. 이 학설은 주먹도끼가 발견되지 않은 인도 동부를 기준으로 모비우스 라인이라는 가상선을 긋고, 그 서쪽 지역인 유럽이나 아프리카는 주먹도끼 문화권으로, 그 동쪽인 동아시아는 찍개 문화권으로 구분하였다. 더불어 모비우스 라인 동쪽 지역은 서쪽 지역보다 인류의 지적·문화적 발전 속도가 뒤떨어졌다고 추측하였다.

① 주먹도끼를 사용했던 인류는 언어적 의사소통을 했을 가능성이 높다.
② 구석기인들의 지적 수준은 그들이 사용한 도구를 바탕으로 추측이 가능하다.
③ 우리나라 연천 전곡리의 주먹도끼 발견을 통해 모비우스 이론은 폐기되었다.
④ 주먹도끼는 한쪽은 둥글게, 반대쪽은 뾰족하게 날을 세워 좌우대칭을 이룬 도구였을 것이다.
⑤ 모비우스 학설은 동아시아 지역이 문화적, 인종적으로 열등하였다는 주장의 근거로 활용되었다.

08 다음 글을 읽고 블록체인의 활용 방법에 대해 추론한 내용으로 적절하지 않은 것은?

블록체인은 여러 블록에 데이터들이 있고 그 블록들이 체인처럼 연결되어 있어 중앙에서 데이터를 변조하거나 조작할 수 없도록 하는 탈중앙 정보 기술이다. 대중에게는 2018년 즈음 블록체인을 이용해 개발된 암호화폐가 널리 알려지면서 기술 그 자체가 주는 다양한 활용 가치보다는 탐욕의 수단으로서 블록체인이 부각되었다. 거기에 암호화폐 거래소와 ICO를 통한 무분별한 블록체인 스타트업의 코인 발행이 난립하면서 '블록체인=암호화폐'라는 인식이 지배적이게 되었다. 그러나 고삐 풀린 망아지처럼 질주하던 암호화폐의 가격 상승과 가치에 대한 냉정한 심판이 이루어지면서 블록체인도 같이 추락했다.

그렇게 2년의 나락을 겪고 난 이후 블록체인에 대한 재평가가 이루어지고 있다. 즉 블록체인을 실제 비즈니스 솔루션으로 현장에 적용해 의미 있는 성과를 도출한 사례들이 늘어가고 제도권에서도 이 가능성에 손을 들어주는 분위기가 형성되고 있다. 블록체인이 다시 부활하게 된 이유는 크게 2가지로 해석할 수 있다.

첫째, 블록체인의 운영을 위한 보상 기제로 작동되는 암호화폐가 글로벌 금융 서비스를 구현하는 데 본격적으로 이용되기 시작했다. 소위 디파인 코인은 탈중앙화된 인터넷 금융 서비스로서 기존의 은행을 경유하지 않고 송금, 예금 그리고 대출 등을 할 수 있는 탈중앙화된 금융 서비스의 구현을 가능하게 해 준다. 또한 NFT는 암호화폐에 자신을 결부해 유일무이한 코인을 만들어 자산과 함께 거래할 수 있도록 해 준다. 이렇게 기존의 화폐로는 도저히 상상할 수조차 없는 다양한 금융 서비스들이 블록체인 기반으로 개발한 코인을 통해 운영되는 실증 사례가 나오면서 기존 금융기관이나 제도권에서 관심을 가지고 투자와 동참에 나서고 있다.

둘째, 블록체인의 기존 시스템과 차별화된 기능의 핵심인 분산원장이 암호화폐의 거래를 기록하기 위한 수단을 넘어 다양한 정보와 가치 거래를 저장하는 수단으로 사용되고 있다. 즉 암호화폐 그 자체의 거래 목적이 아닌 부동산 거래, 무역 거래, 환경 보호나 탄소 저감 등의 사회공헌 내역 등에 대해 기록을 함으로써 투명성과 신뢰성을 확보하는 데 이용되고 있다.

사실 블록체인 기반의 다양한 서비스들이 확대되기 위해서는 표준화된 플랫폼이 필요하다. 그런 면에서 그간 블록체인의 메인넷은 춘추전국시대나 다를 바 없었다. 하지만 암호화폐에 대한 냉혹한 비판과 함께 이들 메인넷도 옥석이 가려졌다. 그 과정에서 블록체인의 표준은 자리 잡고 탈중앙화라는 블록체인만이 갖는 고유한 기술적 특장점을 이용해야만 하는 서비스와 사업으로 인해 블록체인 기술에 대한 재평가가 이루어질 것이다.

① NBA 카드나 MLB 카드를 NFT화하여 온라인상에서 거래할 수 있다.
② 식품의 원산지와 유통 정보 등을 확인할 수 있는 식품 안전망 시스템을 사용할 수 있다.
③ 특정 지역에서만 쓸 수 있는 지역 화폐를 만들어서 활용할 수 있다.
④ 과거에 블록체인의 가치는 암호화폐와 함께 평가되어 왔으나, 앞으로는 암호화폐와 별개로 재평가가 될 것이다.
⑤ 병원 보험금을 청구할 때 사용자가 종이 서류를 사진 찍어서 앱에 업로드하면 보험금을 받을 수 있다.

난이도 상 중 하

적중예상문제 27번

09 다음 글을 읽고 난 후의 반응으로 적절하지 않은 것은?

21년 5급

화원(畵員)이란 조선 시대의 관청인 도화서 소속의 직업 화가를 말한다. 화원은 임금의 초상화인 어진과 공신초상, 의궤와 같은 궁중 기록화, 궁중 장식화, 각종 지도, 청화백자의 그림, 왕실 행사를 장식하는 단청 등 왕실 및 조정이 필요로 하는 모든 종류의 회화를 제작하고 여러 도화(圖畵) 작업을 담당하였다. 그림과 관련된 온갖 일을 한 화원들은 사실상 거의 막노동에 가까운 일을 했던 사람들이다.

고된 노역과 적은 녹봉에도 불구하고 이들은 왜 어려서부터 그림 공부를 하여 도화서에 들어가려고 한 것일까? 그림에 재능이 있는 사람이 화원이 되려고 한 이유는 생각보다 간단하다. 화원이 된다는 것은 국가가 인정한 20~30명의 최상급 화가 중 한 사람이 된다는 것을 의미한다. 비록 중인이지만 화원이 되면 종9품에서 종6품 사이의 벼슬을 받는 하급 관료가 되는 것이다. 따라서 화원이 된 사람은 국가가 인정한 최상급 화가라는 자격과 함께 관료라는 지위를 갖게 된다.

실상 화원은 국가가 주는 녹봉으로 생활했던 사람들이 아니었다. 이들은 낮에는 국가를 위해 일했으나 퇴근 후에는 사적으로 주문을 받아 작품을 제작하였다. 화원들은 벌어들이는 돈의 대부분을 사적 주문에 의한 그림 제작을 통해 획득하였다. 국가 관료라는 지위와 최상급 화가라는 명예는 그림 시장에서 그들의 작품에 더욱 높은 가치를 부여하였고, 녹봉에만 의지하는 다른 하급 관료보다 경제적으로 풍요롭게 만들었다. 반면 도화서에 들어가지 못한 일반 화가들은 경제적으로 곤궁하였다. 이들은 일정한 수입이 없었으며 그때그때 값싼 그림을 팔아 생활하였다. 따라서 화원과 비교해 볼 때 시정(市井) 직업 화가들의 경제 여건은 늘 불안정하였다. 이런 이유로 화원 집안에서는 대대로 화원을 배출하려고 노력했고, 조선 후기에는 몇몇 가문이 도화서 화원 직을 거의 독점하게 되었다.

① 화원이 되면 녹봉을 통해 경제적 풍요를 누릴 수 있었군.
② 도화서에 소속된 화원의 정원은 20~30명 정도였겠군.
③ 민간의 그림 수요로 화원들의 개인적인 도화 활동이 빈번했군.
④ 화원들은 적은 인원으로 왕실과 조정의 모든 그림을 담당했군.
⑤ 대체로 몇 개의 화원 가문이 화단을 주름잡았겠군.

10 다음 글을 읽고 추론할 수 있는 내용으로 적절하지 않은 것은?

'계획적 진부화'는 의도적으로 수명이 짧은 제품이나 서비스를 생산함으로써 소비자들이 새로운 제품을 구매하도록 유도하는 마케팅 전략 중 하나이다. 여기에는 단순히 부품만 교체하는 것이 가능함에도 새로운 제품을 구매하도록 유도하는 것도 포함된다.

기업들이 계획적 진부화를 활용하는 이유는 먼저 기업이 기존 제품의 가격을 인상하기 곤란한 경우, 신제품을 출시한 뒤 여기에 인상된 가격을 매길 수 있기 때문이다. 특히 제품의 기능은 거의 변함없이 디자인만 약간 개선한 신제품을 내놓고 가격을 인상하는 경우도 쉽게 볼 수 있다. 또한 계획적 진부화를 통해 중고품 시장에서 거래되는 기존 제품과의 경쟁을 피할 수 있다. 자동차처럼 사용 기간이 긴 제품의 경우, 기업은 동일 유형의 제품을 팔고 있는 중고품 판매 업체와 경쟁해야 한다. 그러나 새로운 제품을 출시하면, 중고품 시장에서 판매되는 기존 제품은 진부화되고 그 경쟁력도 하락한다. 마지막으로 소비자들의 취향이 급속히 변화하는 상황에서 계획적 진부화로 소비자들의 만족도를 높일 수 있다. 전통적으로 제품의 사용 기간을 결정짓는 요인은 기능적 특성이나 노후화·손상 등 물리적 특성이 주를 이루었지만, 최근에는 심리적 특성에도 많은 영향을 받고 있다. 소비자들의 요구가 다양해지고 그 변화 속도도 빨라지고 있어, 기업들은 이에 대응하기 위해 계획적 진부화를 수행하기도 한다.

계획적 진부화는 기업의 매출과 이익 증대에 기여한다. 기존 제품이 사용 가능한 상황에서도 신제품에 대한 소비자들의 수요를 자극하면 구매 의사가 커지기 때문이다. 반면, 기존 제품을 사용하는 소비자 입장에서는 크게 다를 것 없는 신제품 구입으로 불필요한 지출과 실질적인 손실이 발생할 수 있다는 점에서 계획적 진부화는 부정적으로 인식된다. 또한 환경이나 생태를 고려하는 거시적 관점에서도, 계획적 진부화는 소비자들에게 제공하는 가치에 비해 에너지나 자원의 낭비가 심하다는 비판을 받고 있다.

① 기능적으로 변화가 없는 신제품의 출시도 계획적 진부화에 포함된다.
② 계획적 진부화와 소비자의 심리적 특성은 서로 영향을 주고받는다.
③ 수명이 긴 전자제품일수록 계획적 진부화의 대상이 될 확률이 높을 것이다.
④ 계획적 진부화에는 제품의 수명을 의도적으로 조절하는 행위가 포함된다.
⑤ 계획적 진부화가 잦은 제품일수록 중고품 시장에서 기존 제품과의 경쟁은 치열해질 것이다.

난이도 상 중 하 ⊕적중예상문제 32번

11 다음은 S교통공사의 운임 제도 중 승차권 안내에 관한 내용이다. 이에 대한 설명으로 옳지 않은 것을 [보기]에서 모두 고른 것은?

◎ 우대용 교통카드

수도권 도시철도 무임승차 대상자(만 65세 이상 경로 우대자, 장애인, 유공자)가 이용하는 반영구적 교통카드

[표1] 우대용 교통카드 적용 대상자 및 카드 발급처

구분	적용 대상자 및 카드 발급처
경로자	[적용 대상] 노인복지법 제26조에 정한 노인(만 65세 이상 어르신) [카드 발급] 동 주민센터(단순 무임), ○○은행(신용/체크카드)
장애인	[적용 대상] • 장애인복지법 제2조에 정한 장애인(지체/청각/언어/정신 지체 장애 등으로 신분 확인 가능한 증명서를 발급받은 사람) • 장애의 정도가 심한 장애인(중증 장애인)의 동승 보호자 1인 [카드 발급] 동 주민센터(단순 무임/신용/체크카드)
유공자	[적용 대상] • 독립유공자 예우에 관한 법률 시행령 제14조, 국가유공자 등 예우 및 지원에 관한 법률 시행령 제85조 제1항 및 5·18 민주유공자 예우에 관한 법률 시행령 제51조 제2항에 정한 사람 • 독립유공자, 전상 군경, 공상 군경, 4·19 혁명 부상자, 공상 공무원, 특별 공로 상이자로서 1~7급까지 해당자 및 상이 등급 1급의 동승 보호자 • 5·18 민주화 운동 부상자로서 1~14급까지 해당자 및 장해 등급 1급의 동승 보호자 1인 [카드 발급] 관할 보훈지청(신용/체크카드)

◎ 정기권

정기권 카드를 구입(판매 가격 2,500원)하여 원하는 종류의 정기권 운임을 충전한 후, 충전일부터 30일 이내 60회까지 사용

※ 사용 기간: 30일이 경과하였거나 60회를 모두 사용한 경우, 기간이나 횟수가 남아 있더라도 사용 불가

[표2] 정기권 운임 및 사용 구간

구분	운임 및 사용 구간
서울 전용	[운임] 55,000원 균일(교통카드 기본 운임 1,250원×44회) [사용 구간] 서울 지하철 1~9호선, 우이 신설 경전철, 공항 철도 구간 중 서울~김포공항 구간 및 한국철도공사 구간 중 서울~금천구청, 구로~온수, 회기~도봉산, 가좌~양원, 왕십리~복정, 서울~수색, 상봉~신내 구간 ※ '서울 전용 정기권'으로 서울 전용 사용 구간 외(서울 시계 외)의 역에서는 승차 불가, 7호선 연장 구간 까치울~부평구청 및 한국철도공사 「분당선」 '모란역'은 서울 전용 사용 구간이 아님
거리 비례용 (14종)	[운임] 종별 교통카드 운임×44회×15% 할인한 금액으로 발행, 1,250~1,450원 구간은 1,250원×44회가 적용 [사용 구간] 수도권 전철 전 구간에서 종별 운임 수준에 따라 사용(단, 공항 철도 독립 구간인 청라국제도시~인천공항2터미널 구간은 사용 불가)

보기

㉠ 모든 우대용 카드는 관할 동 주민센터에서 발급받을 수 있다.
㉡ 경우에 따라 우대용 카드 적용 대상자의 동승 보호자 1인은 무임승차가 가능하다.
㉢ 서울 전용 정기권을 충전한 경우 한 달(30일) 동안 총 60회 이용이 가능하다.
㉣ 충전 후 30일이 경과한 거리 비례용 정기권에 횟수가 남아 있으면 사용이 가능하다.
㉤ 거리 비례용 정기권은 공항 철도 독립 구간을 제외한 수도권 전철 전 구간에서 사용이 가능하다.

① ㉠, ㉢ ② ㉠, ㉣ ③ ㉡, ㉣
④ ㉡, ㉤ ⑤ ㉢, ㉤

난이도 상 중 하

⊕적중예상문제 29번

12 다음 중 밑줄 친 ㉠에 해당하는 사례로 적절하지 않은 것은?

㉠카르텔(담합)은 두 개 이상의 사업체가 가격담합, 입찰담합, 시장공유, 재화 및 서비스 생산제한 등의 행위를 통해 경쟁하지 않기로 합의하는 것을 말하며, 소비자 및 사업체로부터 공정한 거래를 박탈하는 행위이다. 그리하여 가격이 상승하고 소비자 선택의 폭과 제품의 질이 감소하게 된다. 사업체와 개인이 카르텔에 개입하는 경우, 상업에 따라 막대한 금융 제재를 받을 수 있으며 회사를 운영하지 못할 수도 있다.

가격담합이란 두 개 이상의 사업체가 서로 경쟁하지 않기 위해 가격을 합의하는 것을 말하는데, 재화나 서비스의 가격을 정하는 경쟁업체 간 합의에만 국한되지 않으며, 여기에는 가격의 일부를 정하거나 합의된 공식에 따라 가격을 책정하는 행위도 포함된다.

입찰담합은 일부 또는 모든 입찰자들 사이에 낙찰자에 대한 합의가 이루어질 때 발생한다. 미리 정해놓은 낙찰자에게 상품을 제공하기 위해 다른 소비자가 고의로 입찰에 참여하지 않거나 입찰 가격에 동의할 경우, 이는 입찰담합에 해당한다. 입찰담합이 발생하면 공개적이고 효과적인 경쟁이 방해받으므로 입찰자는 사업이나 고객 또는 납세자를 대상으로 가격 대비 효율적인 가치를 제공하기 어렵다.

시장공유는 동일한 고객을 둔 사업체가 경쟁하지 않고 시장을 분할하려고 할 때 발생하는데, 일부 제품, 지리적 요인, 특정 고객과 연관되어 발생할 수 있다.

생산제한은 둘 이상의 경쟁 구매자 또는 판매자가 구매하거나 판매하는 재화 및 서비스, 또는 구매 및 판매될 가능성이 높은 재화 또는 서비스를 공급하지 않고 제한하기로 합의하는 것을 말한다.

이러한 행위가 문제가 되는 까닭은 무엇일까? 기업들이 시장에서 자유롭고 공정하게 경쟁하여 가격과 물량을 결정할 때, 유한한 자원이 가장 효율적으로 분배된다는 것이 시장경제 질서의 기본 원칙이라 할 수 있다. 그런데 카르텔은 공급자 또는 수요자가 공모를 통해 이러한 시장원리의 작동을 근원적으로 봉쇄하는 행위이다. 즉, 다수의 기업이 존재하지만, 공모를 통해 하나의 기업처럼 행동함으로써 시장경제에서 가장 비효율적인 독점시장으로 변모하게 되는 것이다.

결국 카르텔은 자원 배분의 비효율성을 초래하고, 불법적인 독점이윤을 창출하여 소비자에게 막대한 피해를 발생시킨다. 또한 카르텔 참여기업 스스로도 원가절감이나 경영합리화의 요인이 사라져 경쟁력을 잃게 되고, 궁극적으로 국가경제에도 악영향을 미치게 된다.

① 드라이아이스를 제조·판매하는 6개 기업이 12년간 시장 점유율을 정해 서로 사고 팔며, 각종 빙과류 회사에 납품하는 드라이아이스 가격을 공동 결정해 왔다.

② 대한제분, CJ, 동아제분, 한국제분, 대선제분, 삼화제분, 영남제분 등 밀가루를 제조·판매하는 7개사는 2000년 1월부터 밀가루 내수 반출량을 기준 비율대로 정하기로 합의하였다.

③ 국내 5개 정유사는 담합하여 국방부 납품 군항공유 및 경유를 9차례나 유찰시켜 전시 비축유의 20%까지 사용해야 하는 비상상황을 초래하였다.

④ 글로벌 온라인 여행사(OTA)인 아고다, 부킹닷컴, 익스피아 등은 국내 숙박 업체와 계약을 맺으면서 '최저가 보장 조항'을 삽입했다는 혐의에 의해 제재를 받았다.

⑤ 스프링 철강 판매 10개사는 원자재 가격이 오르면 철강선 가격을 함께 올리고, 원자재 가격이 떨어지면 철강선 가격 인하 최소화를 고려하여 영업팀장 모임 및 전화 등으로 13차례에 걸쳐 동시에 가격 결정을 내렸다.

13 다음 글의 빈칸 ㉠~㉤에 들어갈 내용으로 적절하지 않은 것은?

배움은 인간이 살아가는 데 있어 (　　　㉠　　　) 행위이다. 우리는 배움을 통해서 세계와 관계하고 그 세계에서 무언가를 성취하고자 하는 능력을 형성하고, 다양한 사람들과 함께 살아가는 사회를 만들고, 한 사람 한 사람이 둘도 없이 소중한 존재로서 살아가는 의미를 확실하게 한다. 반면 '공부'라는 단어에는 원래 학습이라는 의미가 (　　　㉡　　　). 예로, 중국어에도 공부라는 말이 있지만 사전에서 그 의미를 찾아보면 '무리하는 일'과 '원래 무리가 있는 일'의 의미밖에 없다. 그 '무리'가 어느새 당연하게 되어 버린 것이 공부로 상징되는 우리의 학교 문화가 아닌가 싶다.

그렇다면, '공부'와 '배움'의 차이는 무엇일까? 이 질문을 중학생들에게 던진 적이 있다. 이에 '공부는 시켜서 억지로 하는 것'이고 '배움은 스스로 알아서 하는 것' 그리고 '배움은 다른 사람과 함께 하는 것', '공부는 싫은데 배우는 것은 좋다'는 등의 답이 돌아왔다. 그렇다면 앞으로 우리가 나아가야 할 방향은 분명해진다. (　　　㉢　　　) 것이다. 20세기 최고의 교육철학자로 불리는 미국의 존 듀이는 배움을 '기지(旣知)의 세계에서 미지(未知)의 세계로 떠나는 여행'으로 정의하고 있다. 이 (　　　㉣　　　)에서 우리는 새로운 세상을 만나고 새로운 친구를 만나고 새로운 자신을 만난다. 배움이란 새로운 세상, 새로운 사물, 새로운 대상 세계와의 만남과 대화를 통해 세계를 넓히고 세계를 만들어 가는 일이다. 타자와의 만남과 대화를 통해 친구를 만들어 가는 일인 동시에 자기 자신과의 만남과 대화를 통해 자기 자신을 성찰하고 자신을 스스로 반듯하게 세워 가는 일이다.

오늘날 교육의 최대 위기는 (　　　㉤　　　). 이는 배울 대상을 상실하고 함께 배울 친구를 상실하고 배우는 의미를 상실하는 데 기인한다. 21세기 평생학습사회에서 이 문제를 극복하려면 우리 모두가 스스로 탐구할 수 있는 능력, 다른 이와 협동할 수 있는 의사소통능력 등을 지닌 배움의 주체가 되어야 할 것이다.

① ㉠: 가장 근원이 되는
② ㉡: 포함되어 있다
③ ㉢: 공부가 아닌 배움에 매진하는
④ ㉣: 미지의 세계
⑤ ㉤: 배움으로부터 소외된 것이다

난이도 상 중 하

⊕적중예상문제 36번

14 다음 글의 빈칸 ㉠과 ㉡에 들어갈 내용으로 바르게 짝지어진 것은?

> 우주론자들에 따르면 우주는 빅뱅으로부터 시작되었다고 한다. 빅뱅이란 엄청난 에너지를 가진 아주 작은 점으로부터 우주가 폭발하듯 갑자기 생겨난 사건을 말한다. 그게 사실이라면 빅뱅 이전에는 무엇이 있었느냐는 질문이 나오는 게 당연하다. 아마 아무것도 없었을 것이다. 하지만 빅뱅 이전에 아무것도 없었다는 말은 무슨 뜻일까? 영겁의 시간 동안 단지 진공이었다는 뜻이다. 움직이는 것도, 변화하는 것도 없었다는 것이다.
>
> 그런데 이런 식으로 사고하려면, 아무 일도 일어나지 않고 시간만 존재하는 것을 상상할 수 있어야 한다. 그것은 곧 시간을 일종의 그릇처럼 상상하고 그 그릇 안에 담긴 것과 무관하게 여긴다는 뜻이다. 시간을 이렇게 본다면 변화는 일어날 수 없다. 여기서 변화는 시간의 경과가 아니라 사물의 변화를 가리킨다. 이런 전제하에서 우리가 마주하는 문제는 이것이다. 어떤 변화가 생겨나기도 전에 영겁의 시간이 있었다면, (　　㉠　　) 설명할 수 없다. 단지 지금 설명할 수 없다는 뜻이 아니라 설명 자체가 있을 수 없다는 뜻이다. 어떻게 설명이 가능하겠는가? 수도관이 터진 이유는 그 전에 닥쳐온 추위로 설명할 수 있다. 공룡이 멸종한 이유는 그 전에 지구와 운석이 충돌했을 가능성으로 설명하면 된다. 바꿔 말해서, 우리는 한 사건을 설명하기 위해 그 사건 이전에 일어났던 사건에서 원인을 찾는다. 그러나 빅뱅의 경우에는 그 이전에 아무것도 없었으므로 어떠한 설명도 찾을 수 없는 것이다.
>
> '빅뱅 이전에 아무 일도 없었다'는 말을 달리 해석하는 방법도 있다. 그것은 바로 (　　㉡　　)고 해석하는 것이다. 그 경우 '빅뱅 이전'이라는 개념 자체가 성립하지 않으므로 그 이전에 아무 일도 없었던 것은 당연하다. 그렇게 해석한다면 빅뱅이 일어난 이유도 설명할 수 있게 된다. 즉 빅뱅은 '0년'을 나타내는 것이다. 시간의 시작은 빅뱅의 시작으로 정의되기 때문에 우주가 그 이전이든 이후이든 왜 탄생했느냐고 묻는 것은 이치에 닿지 않는다.

① ㉠: 왜 우주가 탄생하게 되었는지를
　㉡: 시간은 변화와 무관하다
② ㉠: 왜 우주가 탄생하게 되었는지를
　㉡: 빅뱅 이전에는 시간도 없었다
③ ㉠: 사물의 변화가 어떻게 시간의 경과를 가져왔는지를
　㉡: 시간은 변화와 무관하다
④ ㉠: 사물의 변화가 어떻게 시간의 경과를 가져왔는지를
　㉡: 빅뱅 이전에는 시간도 없었다
⑤ ㉠: 왜 그토록 긴 시간이 지난 후에야 빅뱅이 생겨났는지를
　㉡: 시간은 변화와 무관하다

난이도 상 중 하 ⊕적중예상문제 34, 35번

15 다음 글의 빈칸에 들어갈 내용으로 가장 적절한 것은?

20년 민간

텔레비전이라는 단어는 '멀리'라는 뜻의 그리스어 '텔레'와 '시야'를 뜻하는 라틴어 '비지오'에서 왔다. 원래 텔레비전은 우리가 멀리서도 볼 수 있도록 해 주는 기기로 인식됐다. 하지만 조만간 텔레비전은 멀리에서 우리를 보이게 해 줄 것이다. 오웰의 『1984』에서 상상한 것처럼, 우리가 텔레비전을 보는 동안 텔레비전이 우리를 감시할 것이다. 우리는 텔레비전에서 본 내용을 대부분 잊어버리겠지만, 텔레비전에 영상을 공급하는 기업은 우리가 만들어 낸 데이터를 기반으로 하여 알고리즘을 통해 우리 입맛에 맞는 영화를 골라 줄 것이다. 나아가 인생에서 중요한 것들, 이를테면 어디서 일해야 하는지, 누구와 결혼해야 하는지도 대신 결정해 줄 것이다.

그러나 그들의 답이 늘 옳지는 않을 것이다. 그것은 불가능하다. 데이터 부족, 프로그램 오류, 삶의 근본적인 무질서 때문에 알고리즘은 실수를 범할 수밖에 없다. 하지만 완벽해야 할 필요는 없다. 평균적으로 우리 인간보다 낫기만 하면 된다. 그 정도는 그리 어려운 일이 아니다. 왜냐하면 대부분의 사람은 자신을 잘 모르기 때문이다. 사람들은 인생의 중요한 결정을 내리면서도 끔찍한 실수를 저지를 때가 많다. 데이터 부족, 프로그램 오류, 삶의 근본적인 무질서로 인한 고충도 인간이 알고리즘보다 훨씬 더 크게 겪는다.

우리는 알고리즘을 둘러싼 많은 문제를 열거하고 나서, 그렇기 때문에 사람들은 결코 알고리즘을 신뢰하지 않을 거라고 결론 내릴 수도 있다. 하지만 그것은 민주주의의 모든 결점을 나열한 후에 '제정신인 사람이라면 그런 체제는 지지하려 들지 않을 것'이라고 결론짓는 것과 비슷하다. 처칠의 유명한 말이 있지 않은가? "민주주의는 세상에서 가장 나쁜 정치 체제이다. 다른 모든 체제를 제외하면." 알고리즘에 대해서도 마찬가지로 다음과 같은 결론을 내릴 수 있다. (   )

① 알고리즘에 대한 두려움을 버린다면 최상의 선택을 할 수 있을 것이다.
② 알고리즘이 모르는 사항이라면 인간 역시 알 수 없는 내용일 것이다.
③ 알고리즘은 완벽하지 않지만 상대적으로 신뢰할 만한 대안을 제시할 수 있다.
④ 알고리즘은 여러 결점을 가진 선택지이기에 다른 선택지와의 비교가 필수적이다.
⑤ 알고리즘은 끔찍한 실수를 대비하기 위한 최소한의 보호 장치로 기능할 것이다.

난이도 상 중 하

16 다음 글의 빈칸 ㉠~㉢에 들어갈 내용이 바르게 짝지어진 것은?

21년 5급

퇸 현상은 바람이 높은 산을 넘을 때 고온 건조하게 변하는 것을 의미한다. 공기가 상승하게 되면 기압이 낮아져 공기가 팽창하는 단열팽창 현상 때문에 공기 온도가 내려간다. 공기가 상승할 때 고도에 따른 온도 하강률을 기온감률이라 한다. 공기는 수증기를 포함하고 있는데, 공기가 최대한 가질 수 있는 수증기량은 온도가 내려갈수록 줄어들고, 공기의 수증기가 포화 상태에 이르는 온도인 이슬점 온도보다 더 낮은 온도에서는 수증기가 응결하여 구름이 생성되거나 비가 내리게 된다. 공기의 수증기가 포화 상태일 경우에는 습윤 기온감률이 적용되고, 불포화 상태일 경우에는 건조 기온감률이 적용되는데, 건조 기온감률은 습윤 기온감률에 비해 고도 차이에 따라 온도가 더 크게 변한다. 이러한 기온감률의 차이 때문에 푄 현상이 발생하는 것이다.

가령, 높은 산이 있는 지역의 해수면 고도에서부터 어떤 공기 덩어리가 이 산을 넘는다고 할 때, 이 공기의 온도는 건조 기온감률에 따라 (㉠) 공기가 일정 높이까지 상승하여 온도가 이슬점 온도에 도달한 후에는 공기 내 수증기가 포화하면 습윤 기온감률에 따라 온도가 (㉡). 공기가 상승하면서 공기 속 수증기는 구름을 형성하거나 비를 내리며 소모되고, 이는 산 정상에 이를 때까지 계속된다. 이 공기가 산을 넘어 건너편 사면을 타고 하강할 때는 공기가 건조하기 때문에 건조 기온감률에 따라 온도가 (㉢) 된다. 따라서 산을 넘은 공기가 다시 해수면 고도에 도달하면 산을 넘기 전보다 더 뜨겁고 건조해진다. 이 건조한 공기가 푄 현상의 결과물이다.

우리나라에도 대표적인 푄 현상으로 높새바람이 있다. 이는 강원도 영동지방에 부는 북동풍과 같은 동풍류의 바람에 의해 푄 현상이 일어나 영서지방에 고온 건조한 바람이 부는 것을 의미한다. 늦은 봄에서 초여름에 한랭 다습한 오호츠크해 고기압에서 불어오는 북동풍이 태백산맥을 넘을 때 푄 현상을 일으키게 된다. 이 높새바람의 고온 건조한 성질은 영서지방의 농작물에 피해를 주기도 하고 산불을 일으키기도 한다.

	㉠	㉡	㉢
①	내려가다가	올라간다	올라가게
②	내려가다가	올라간다	내려가게
③	내려가다가	내려간다	올라가게
④	올라가다가	내려간다	내려가게
⑤	올라가다가	올라간다	내려가게

+적중예상문제 33, 38, 39, 41, 42번

17 다음 글에 나타난 A와 B의 주장을 반대하는 내용으로 적절하지 않은 것은?

21년 5급

역사적으로 사회에서 여러 가지 종류의 불리함을 겪어온 인종, 계층, 민족과 같은 소수집단을 우대하는 정책은 공정성이라는 미국인들의 신성한 믿음에 도전을 제기한다. 예를 들어 이 정책의 옹호론자들은 대학 입학 심사에서 소수집단을 고려하는 것이 공정하다고 주장한다. 그러나 왜 그것을 공정하다고 말할 수 있는가에 대해서는 소수집단 우대 정책 옹호론자들 사이에서도 A와 B라는 서로 다른 두 가지 견해가 있다.

이 중 A를 지지하는 이들은 소수집단 우대 정책을 과거의 잘못을 보상하고 바로잡는 행위로 본다. 소수집단 학생들을 불리한 처지로 몰아넣은 역사적 차별을 보상하는 의미에서 그들을 우대하는 것이 공정하다고 주장한다. 이 논리는 입학 허가를 중요한 혜택으로 보고, 과거의 차별을 보상하는 차원에서 그 혜택을 나누어 주려고 한다.

B는 다른 측면에 주목한다. 이러한 주장을 펴는 사람들은, 입학 허가가 수혜자에 대한 보상이 아니라 사회적으로 가치 있는 목적을 실현하기 위한 수단이라고 여긴다. 이들은 학교에 여러 인종, 계층, 민족이 섞여 있는 것이 출신 배경이 비슷한 학생들이 모여 있을 때보다 서로에게서 많은 것을 배울 수 있어 바람직하다고 말한다. 그리고 소수집단 학생들을 교육하여 이들이 주요 공직이나 전문직에서 리더십을 발휘하도록 한다면, 이것은 대학의 시민사회적 목적을 실현하고 공동선에 기여하는 일이라고 말한다.

다양성 논리가 지닌 도덕적 힘은 입학 허가를 개인이 누리는 영광에서 분리하고 공공선과 연결하는 것에 있다. 이는 정치적 공격에 취약한 측면이기도 하다. 일자리와 기회가 '그것을 얻을 자격이 있는 사람에게 돌아가는 보상'이란 믿음은 미국인의 사고방식에 깊이 박혀 있다.

① A를 반대하는 이들은 보상하는 사람이 과거의 잘못에 대한 책임이 없는 사람인 경우가 많으며 보상받는 사람에게 대학 입학은 너무 가벼운 보상이라는 점을 지적한다.
② A를 반대하는 이들은 소수집단 우대 정책의 수혜자 가운데 많은 수가 중산층 학생들이고 그들은 도시 빈민가의 흑인과 히스패닉 학생들이 겪는 고통을 경험하지 않을 수 있음을 지적한다.
③ B를 반대하는 이들은 학교의 다양성 증대라는 목적을 위해, 인종이나 계층과 같은 특정 배경을 갖추지 못했다는 이유로 학생의 입학을 불허하는 일은 공정하지 않다고 주장한다.
④ B를 반대하는 이들은 높은 성적과 뛰어난 가능성을 가진 학생이 부모가 부유하다는 이유로 입학을 허가받을 자격이 없다는 것을 불공정하다고 주장한다.
⑤ A와 B를 반대하는 이들은 대학 입학 심사에서 개인의 인종이나 민족과 같은 특성을 고려하는 일이 공정하지 않다고 본다.

[18~19] 다음 글을 읽고 이어지는 질문에 답하시오.

심리학에서 자기통제력은 개인이 충동이나 욕구를 억제하고 장기적인 목표에 맞는 행동을 선택하는 능력을 의미한다. 자기통제력은 단순한 의지의 문제가 아니라, 주의 집중, 감정 조절, 미래 계획 능력 등 다양한 인지적 과정이 결합된 결과이다.대표적인 연구로 '마시멜로 실험'이 있다. 아이들에게 눈앞의 마시멜로를 지금 먹으면 하나만 주고, 일정 시간을 참으면 두 개를 주겠다고 했을 때, 기다린 아이들은 훗날 학업 성취도와 사회적 적응에서 더 높은 결과를 보였다. 이는 자기통제력이 삶의 여러 영역에서 긍정적 영향을 미친다는 점을 보여준다. 그러나 자기통제력은 무한하지 않다. '자기 고갈 이론'에 따르면, 사람이 충동을 억제하거나 의사결정을 반복할수록 심리적 자원이 소모되어 이후의 자기통제력이 약해질 수 있다. 다이어트를 하던 사람이 스트레스 후 폭식을 하는 현상도 이런 맥락에서 설명된다. 최근 연구는 자기통제력을 단순히 '억제'로만 보지 않고, 상황을 바꾸는 전략으로 이해한다. 예컨대 유혹을 피하기 위해 간식을 눈에 보이지 않는 곳에 두는 행동은 (㉠)보다 효율적인 자기통제 전략이다. 또한 자기통제력은 개인의 노력뿐 아니라 (㉡)에 의해 크게 영향을 받는다. 사회적 지지, 안정적인 생활 환경, 긍정적인 정서 경험이 있을 때 자기통제력이 강화되지만, 불안정한 환경이나 과도한 스트레스 상황에서는 약화되기 쉽다. 결국 자기통제력은 선천적 특성이 아니라, 학습과 경험을 통해 발달하고 변화할 수 있는 능력이다. 따라서 자기통제력을 높이기 위해서는 단순한 의지 훈련이 아니라, 환경 조성, 스트레스 관리, 장기적 목표 설정이 함께 이루어져야 한다.

난이도 상 중 하

18 주어진 글의 빈칸 ㉠, ㉡에 들어갈 말로 가장 적절한 것은?

	㉠	㉡
①	충동 억제	환경적 요인
②	감정 억압	선천적 기질
③	단기적 보상	무조건적 의지
④	욕구 충족	긍정적 사고
⑤	스트레스 회피	개인적 취향

난이도 상 중 하

➕적중예상문제 47, 48, 50번

19 주어진 글의 논지 전개 방식으로 가장 적절한 것은?

① 대상을 정의하고 사례 · 이론 · 요인을 거쳐 결론을 제시하는 방식이다.
② 대상의 장점과 단점을 비교 · 대조하며 논쟁적 시각을 제시하는 방식이다.
③ 학자들의 서로 다른 견해를 나열하며 관점을 대조하는 방식이다.
④ 대상의 문제점을 중심으로 생활 속 사례를 들어 비판적으로 설명하는 방식이다.
⑤ 일상적 사례를 먼저 제시하고 이를 통해 일반적 결론을 도출하는 귀납적 방식이다.

난이도 상 중 하

⊕적중예상문제 30, 43~46번

20 다음 글의 문단 [가]~[마]를 논리적 순서에 따라 바르게 배열한 것은?

[가] 재생에너지는 그간 상대적으로 높은 발전 비용으로 인해 본격적인 개발과 활용이 비현실적이라는 비판을 받아 왔다. 하지만 풍력과 태양에너지 분야는 지난 10년간 연 30%가 넘게 성장하면서 발전 비용도 크게 낮아져 이제는 전통적인 에너지원들과의 비용 격차가 근소해졌고 일부는 비용이 더 낮아졌다. 원자력에너지와 재생에너지를 비교해 보면, 백만 가구에 전기 공급이 가능한 발전소의 경우 원전 건설에는 20~60억 달러의 초기 자본이 소요되고, 풍력 및 지열 발전소 건설에는 20억 달러 미만, 태양에너지 발전소 건설에는 50~100억 달러의 비용이 필요하다.

[나] 재생에너지 개발 사업은 비용 측면에서 기존 화석에너지와의 경쟁이 어려워 주로 조세 감면이나 보조금 지급을 통해 실행되어 왔다. 따라서 최근 세계 최대 인터넷 검색 기업인 구글(Google)이 재생에너지를 활용한 1GW급 발전소의 건설 계획을 발표했다는 소식은 큰 관심을 불러일으켰다. 구글은 수년 내로 화력발전보다 비용이 낮은 재생에너지를 실현할 것이라고 발표했다. 구글이 재생에너지 산업에 직접 참여한다는 것은 재생에너지가 경쟁력 있는 사업 분야가 될 수 있다는 것을 의미한다.

[다] 재생에너지에 대한 관심은 선진국에만 국한된 것이 아니다. 화석에너지의 새로운 거대 수요 국가인 중국은 독일에 이어 두 번째로 큰 규모의 풍력에너지 투자 시장을 가지고 있다. 현재 재생에너지의 비율이 8%인 중국은 2020년까지 이 비율을 15%까지 올릴 계획이며, EU는 20%를 재생에너지로 충당할 계획이다. 이제 재생에너지는 단순히 친환경이라는 이유로 에너지 산업의 구색을 갖추기 위한 존재가 아니라 경쟁원칙에 의해 당당히 기존 화석에너지원들을 대체해 나가게 될 것이다.

[라] 나아가 풍력 발전은 전 세계 에너지 소비량의 절반 이상을 충당할 수 있을 것으로 추정된다. 발전용 풍차는 설치 후 3개월 이내에 제작, 운반, 설치, 폐기 등에 사용된 모든 비용과 맞먹는 에너지를 생산할 수 있다. 또 지구로 유입되는 태양에너지 양은 전 세계 에너지 소비량의 약 7,000배에 달하며, 이는 가로세로 길이가 각각 468km인 정사각형 태양전지판을 열대지역에 설치하면 현재 필요한 모든 에너지를 충당할 수 있음을 의미한다.

① [가]–[나]–[다]–[라]
② [나]–[가]–[라]–[다]
③ [나]–[다]–[라]–[가]
④ [나]–[라]–[가]–[다]
⑤ [다]–[라]–[나]–[가]

PART 2 영역별 문제풀이

출제비중(%)

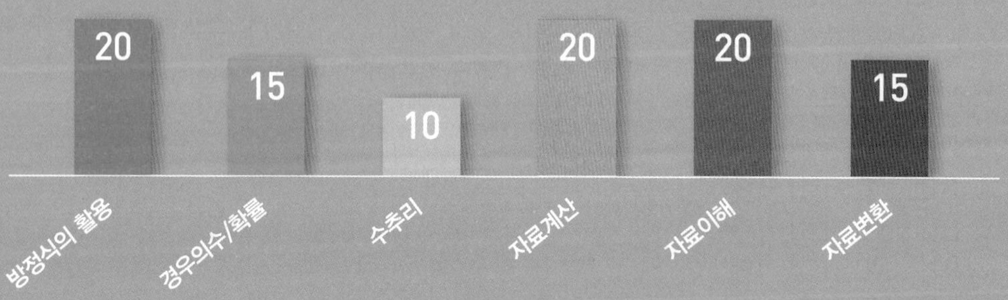

대표 출제 기업

PSAT형	한국철도공사, 한국전력공사, 국민건강보험공단, 한국토지주택공사, 인천국제공항공사, 한국공항공사, 한국도로공사, 한국수자원공사, 한국수력원자력, 예금보험공사, 근로복지공단, IBK기업은행
피듈형	서울교통공사, 부산교통공사, 한국가스공사, 한국지역난방공사, 한국도로공사, 한국수자원공사, 한국공항공사, 한국농어촌공사, 한전KPS, 한전KDN, 한국중부발전, 한국남부발전, 한국서부발전, 한국동서발전, 한국남동발전, 한국환경공단, 국민연금공단, 한국산업인력공단, 지역농협, IBK기업은행, NH농협은행, KDB산업은행, 한국수출입은행, 신용보증기금, 예금보험공사, 건강보험심사평가원

CHAPTER 02

수리능력

STEP 1 적중예상문제

STEP 2 고난도 실전문제

STEP 01

적중예상문제

난이도 상 중 하

고난도 실전문제 03번

01 다음 [표]는 어느 공기업의 2020~2025년 신입사원 전공 현황을 나타낸 자료이다. 이를 바탕으로 연도별 공학 계열 신입사원 수의 중앙값, 최댓값, 평균을 바르게 나열한 것은?

[표] 2020~2025년 신입사원 전공 현황 (단위: 명)

구분	어문 계열	상경 계열	공학 계열	예체능 계열
2020년	24	12	18	9
2021년	19	20	19	7
2022년	12	15	24	8
2023년	19	8	21	9
2024년	20	13	17	5
2025년	16	15	21	8

	중앙값	최댓값	평균
①	8	20	15
②	12	24	19
③	19	24	20
④	20	24	20
⑤	21	24	20

난이도 상 중 하

고난도 실전문제 03번

02 다음 중 주어진 자료의 분산으로 옳은 것은?

142	148	151	157	162

① 48　② 48.2　③ 48.4
④ 48.6　⑤ 48.8

난이도 상 중 하

03 어느 학원에서 겨울방학 특강을 계획 중이다. 학생 1명당 교재 제작비는 8,000원이고 강사료와 장소 대여료를 합한 고정비는 30만 원이다. 수강료를 1인당 25,000원으로 책정하였을 때, 학원의 순이익이 10만 원 이상이 되기 위한 수강 학생의 최소 인원수로 옳은 것은?

① 23명 ② 24명 ③ 25명
④ 26명 ⑤ 27명

난이도 상 중 하

04 A비커에 담긴 6% 농도의 소금물 200g을 5% 농도로 낮추기 위해 적정량의 물을 부으려다가 실수로 B비커에 담긴 소금물에 물을 부었다. 그 결과 3% 농도의 소금물 160g이 되었다고 할 때, B비커의 초기 소금물 농도로 옳은 것은?

① 3.8% ② 4.0% ③ 4.2%
④ 4.4% ⑤ 4.6%

난이도 상 중 하

05 서울과 부산을 오가는 KTX는 구간별로 속도에 조금씩 차이가 있다. 전체 480km 구간 중 70km가 곡선 구간이고 나머지는 모두 직선 구간인데, 직선 구간에서는 205km/h의 일정한 속력으로 달리고, 곡선 구간에서는 안전을 위해 조금 천천히 운행한다. 어느 KTX가 서울에서 부산까지 이동하는 데 총 3시간이 걸렸고, 중간에 천안, 대전, 대구역에서 각각 6분씩 정차했을 때, 곡선 구간에서의 평균 속력으로 옳은 것은?

① 시속 100km ② 시속 105km ③ 시속 110km
④ 시속 115km ⑤ 시속 120km

난이도 상 중 하

⊕고난도 실전문제 01번

06 **통조림을 제조하는 ○○업체에서는 참치 통조림과 햄 통조림으로 가, 나 2가지의 명절 선물세트를 만들어 판매하기로 하였다. 명절 선물세트에 사용된 참치 통조림의 개수는 총 2,600개, 햄 통조림의 개수는 총 5,800개라고 할 때, 명절 선물세트를 모두 판매한 매출액으로 옳은 것은?**

[표] 명절 선물세트 구성 및 판매 가격

구분	가 선물세트	나 선물세트
참치 통조림	2개	3개
햄 통조림	6개	5개
판매 가격	28,000원	25,000원

① 2,775만 원 ② 2,790만 원 ③ 2,815만 원
④ 2,820만 원 ⑤ 2,835만 원

난이도 상 중 하

⊕고난도 실전문제 01번

07 **A회사에서 총무팀과 인사팀을 대상으로 구입한 지 5년 이상인 오래된 책상 중 일부를 새로운 책상으로 바꿔주려고 한다. 주어진 [표]를 바탕으로 5년 이상인 책상과 5년 미만인 책상의 전체 비율이 각각 20%, 80%가 되도록 책상을 교체할 때, 책상 교체 후 총무팀의 5년 미만인 책상 개수로 옳은 것은?**(단, 오래된 책상은 버리고, 새로운 책상을 버린 개수만큼 구입한다. 새로 구입한 책상은 5년 미만인 책상 개수가 현재 비율(총무팀:인사팀)을 유지하도록 각 팀에 분배한다.)

[표] A회사 책상 현황 (단위: 개)

구분	총무팀	인사팀
5년 이상인 책상	12	18
5년 미만인 책상	33	12

① 36개 ② 40개 ③ 44개
④ 48개 ⑤ 50개

난이도 상 중 하

08 어느 해의 달력을 보니 다음 [조건]을 만족했다. 같은 해에 크리스마스의 요일로 옳은 것은?

조건

- 1월 1일은 월요일이었다.
- 이 해의 화요일의 수를 세어 보니 53번이었다.

① 월요일 ② 화요일 ③ 수요일
④ 목요일 ⑤ 금요일

난이도 상 중 하

+고난도 실전문제 04번

09 각각 남자 직원 1명, 여자 직원 4명으로 구성된 4개의 팀이 있다. 각 팀에서 2명씩 대표 선수를 뽑아 팀 대항전 운동 시합을 할 예정이다. 이때, 팀 대항전 운동 시합에 남자 직원이 2명만 출전하는 경우의 수로 옳은 것은?

① 1,536가지 ② 2,304가지 ③ 3,456가지
④ 5,184가지 ⑤ 7,776가지

난이도 상 중 하

+고난도 실전문제 04번

10 1부터 50까지의 자연수가 각각 하나씩 적힌 50장의 숫자 카드가 있다. 숫자 카드를 뒤집어 놓고 무작위로 한 장을 선택하였을 때, 3의 배수 또는 5의 배수가 적힌 숫자 카드를 뽑는 경우의 수로 옳은 것은?

① 23가지 ② 24가지 ③ 25가지
④ 26가지 ⑤ 27가지

난이도 상 중 하

11 **다음 [조건]을 참고할 때, 대회에서 열린 총경기 횟수로 옳은 것은?**(단, 한 팀은 부전승으로 결승에 진출하였다.)

조건
• 대회에는 총 20개의 팀이 참여했으며, 1차 예선에서 4팀씩 5개의 조로 나누었다. • 1차 예선은 리그전을 통해 각 조별로 경기를 하여 2팀씩 본 경기에 진출하였다. • 본 경기는 토너먼트로 진행되었다. • 리그전과 토너먼트에서 비기거나 재경기를 진행한 경우는 없었다.

① 20회 ② 30회 ③ 39회
④ 48회 ⑤ 56회

난이도 상 중 하 ⊕고난도 실전문제 04번

12 **주머니 안에 빨간색 공이 5개, 노란색 공이 a개, 파란색 공이 b개 들어 있다. 주머니에서 임의로 공을 하나 꺼낼 때 노란색 공을 꺼낼 확률이 $\frac{1}{3}$이고 파란색 공을 꺼낼 확률이 $\frac{1}{2}$일 경우, a×b의 값으로 옳은 것은?**

① 75 ② 150 ③ 300
④ 450 ⑤ 500

난이도 상 중 하 ⊕고난도 실전문제 04번

13 **다음은 어떤 시험의 회차별 응시 인원을 나타낸 자료이다. 총 5번의 시험에서 평균 응시 인원이 4.2명 이하일 확률로 옳은 것은?**(단, 회차별 응시 가능한 최대 인원수는 5명이며, 모든 회차에 1명 이상은 반드시 응시하였다.)

[표] 회차별 응시 인원 (단위: 명)

구분	1차	2차	3차	4차	5차
응시 인원	5	5	( )	( )	( )

① $\frac{3}{5}$ ② $\frac{17}{25}$ ③ $\frac{19}{25}$
④ $\frac{21}{25}$ ⑤ $\frac{23}{25}$

난이도 상 중 하 ⊕고난도 실전문제 04번

14 어느 퀴즈 대회에 김 씨가 참가하였다. 그는 1라운드에서 총 세 문제를 풀게 되는데, 한 문제를 맞힐 때마다 난이도가 조절되어 다음 문제가 제시된다. 다음 [조건]을 바탕으로 할 때, 김 씨가 1라운드에서 첫 번째 문제와 세 번째 문제를 맞힐 확률로 옳은 것은?

조건

- 첫 번째 문제를 맞힐 확률은 $\frac{1}{2}$이다.
- 두 번째 문제를 틀렸을 때, 세 번째 문제를 맞힐 확률은 첫 번째 문제를 맞힐 확률과 같다.
- 바로 앞의 문제를 맞혔을 때, 그다음 문제를 맞힐 확률은 바로 앞 문제를 맞힐 확률의 $\frac{2}{3}$이다.

① $\frac{5}{27}$　② $\frac{11}{54}$　③ $\frac{2}{9}$
④ $\frac{13}{54}$　⑤ $\frac{7}{27}$

난이도 상 중 하 ⊕고난도 실전문제 05번

15 다음은 일정한 규칙에 따라 수를 나열한 것이다. 빈칸에 들어갈 수로 알맞은 것은?

12　8　2　(　)　−16　−28　−42

① −1　② −2　③ −4
④ −6　⑤ −8

난이도 상 중 하 ⊕고난도 실전문제 05번

16 다음 두 수열의 빈칸에 공통으로 들어갈 수로 알맞은 것은?

- 수열1:　7　8　12　(　)　37　62　98
- 수열2:　21　16　16　(　)　31　46　66

① 19　② 21　③ 23
④ 25　⑤ 27

난이도 상 중 하

⊕고난도 실전문제 09번

17 다음 [표]는 2021~2024년 3대 회사 매출 현황을 나타낸 자료이다. 주어진 [조건]을 바탕으로 (가)~(다)에 해당하는 회사를 바르게 나열한 것은?

[표] 3대 회사 매출 현황

(단위: 억 원)

구분	(가)				(나)				(다)			
	2021년	2022년	2023년	2024년	2021년	2022년	2023년	2024년	2021년	2022년	2023년	2024년
매출액	2,000	2,080	2,040	2,120	3,120	3,210	3,180	3,350	4,810	5,150	5,540	5,860
매출 원가	1,570	1,620	1,480	1,520	2,150	2,230	2,050	2,200	3,200	3,550	3,640	3,800
영업 비용	250	270	300	310	400	450	520	580	880	850	950	1,100

※ 영업이익=매출액−매출원가−영업비용

※ 영업이익률(%)$=\frac{\text{영업이익}}{\text{매출액}}\times 100$

조건

- 영업이익률이 매년 10% 이상인 회사는 B회사와 C회사이다.
- 영업이익이 동일한 연도가 있는 회사는 B회사이다.
- 주어진 기간 동안 영업이익의 증감 추이가 동일한 회사는 A회사와 C회사이다.

	(가)	(나)	(다)
①	A회사	B회사	C회사
②	A회사	C회사	B회사
③	B회사	A회사	C회사
④	B회사	C회사	A회사
⑤	C회사	B회사	A회사

18 **다음 [표]는 2021년 하반기 A~E 5개 시설의 발전 수입 및 지출에 관한 자료이다. 이에 대한 설명으로 옳은 것은?**(단, 수익은 '수입−지출'이다.)

[표1] 2021년 하반기 시설별 발전 수입 (단위: 천 원)

구분	A시설	B시설	C시설	D시설	E시설
7월	1,200,700	980,700	578,000	1,152,400	876,500
8월	1,315,000	1,034,500	654,100	1,098,500	892,000
9월	1,250,100	965,200	670,800	1,083,600	860,100
10월	1,300,900	980,000	704,200	1,100,600	848,300
11월	1,189,500	1,005,300	676,900	1,140,700	802,900
12월	1,204,800	968,300	685,600	1,205,900	842,800

[표2] 2021년 하반기 시설별 발전 지출 (단위: 천 원)

구분	A시설	B시설	C시설	D시설	E시설
월 평균 통신비	212,600	10,500	−	100,400	28,400
월 평균 전력비	10,400	9,800	12,500	102,700	10,200
월 평균 보험료	304,800	10,400	19,100	231,800	78,900
하반기 관리비	32,800	20,000	1,800	47,900	30,300
하반기 기타	50,600	168,900	324,000	107,900	120,500

① A시설의 2021년 하반기 발전 수입은 75억 원 이상이다.
② 2021년 하반기 발전 수익이 가장 큰 곳은 B시설이다.
③ 2021년 하반기 발전 수입이 가장 많은 곳은 D시설이다.
④ E시설의 2021년 하반기 발전 지출은 10억 원 이상이다.
⑤ C시설의 2021년 하반기 발전 수익은 30억 원 미만이다.

난이도 상 중 하 고난도 실전문제 11번

19 **다음 [그래프]는 A~H국가의 GDP 및 에너지 사용량에 관한 자료이다. 이에 대한 설명으로 옳지 않은 것은?**

[그래프] A~H국가의 GDP 및 에너지 사용량

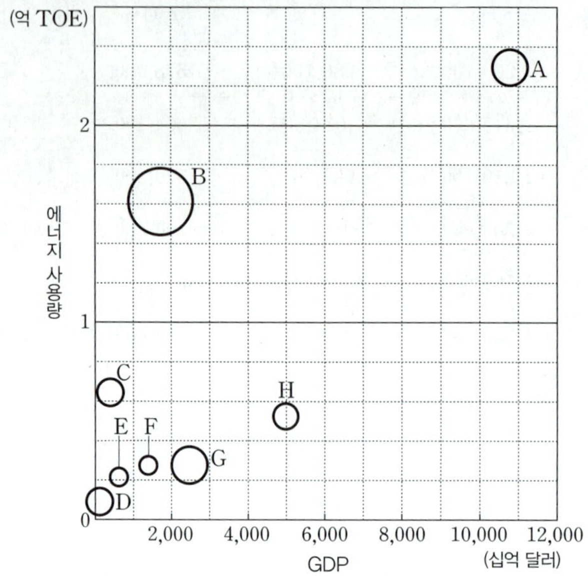

※ 원의 면적은 각 국가 인구수에 정비례하며, E와 F의 원의 면적은 동일하다고 가정함

※ 각 원의 중심 좌표는 각 국가의 GDP와 에너지 사용량을 나타냄

① GDP가 가장 높은 국가는 A국이고, 가장 낮은 국가는 D국이다.

② 에너지 사용량 대비 GDP는 A국이 B국보다 높다.

③ 1인당 에너지 사용량은 E국이 F국보다 많다.

④ G국은 C국보다 에너지 사용량이 적고 GDP는 높다.

⑤ 1인당 GDP는 G국이 B국보다 높다.

난이도 상 중 하

⊕고난도 실전문제 06번

20 다음 [표]는 2014~2021년 자전거 도로 현황에 관한 자료이다. 이에 대한 설명으로 옳지 않은 것은?

[표] 2014~2021년 자전거 도로 현황

(단위: 개소, km)

구분	전체		자전거 전용도로		자전거·보행자 겸용도로		자전거 전용차로		자전거 우선도로	
	노선 수	길이	노선 수	길이	노선 수	길이	노선 수	길이	노선 수	길이
2014년	9,374	19,717	1,001	3,099	7,936	14,912	251	613	186	1,093
2015년	11,169	20,789	977	2,971	9,545	15,833	313	792	334	1,193
2016년	13,356	21,179	1,182	2,705	11,398	16,368	361	885	415	1,221
2017년	13,337	22,316	1,291	3,198	11,156	16,901	392	896	498	1,321
2018년	15,172	23,000	1,292	3,205	12,968	17,479	392	799	520	1,517
2019년	15,338	23,851	1,434	3,443	13,054	18,226	369	820	481	1,362
2020년	15,878	24,484	1,640	3,588	13,225	18,570	414	804	599	1,522
2021년	16,143	25,250	1,772	3,684	13,145	18,955	527	868	699	1,743

① 2015년 이후 자전거 도로 전체 길이는 매년 전년 대비 증가하였다.
② 2014년 자전거 우선도로의 노선 1개소당 길이는 6km 이상이다.
③ 2021년 자전거 전용차로의 노선 수는 5년 전 대비 45% 이상 증가하였다.
④ 2020년 자전거 전용도로의 노선 수는 전체 노선 수의 10% 이상이다.
⑤ 2014~2021년 동안 매년 자전거·보행자 겸용도로 길이는 자전거 전용도로 길이의 4배 이상이다.

난이도 상 중 하

고난도 실전문제 06번

21 **다음 [표]는 2021~2024년 국내 주요 산업별 고용 현황을 나타낸 자료이다. 이에 대한 설명으로 옳지 않은 것은?**

[표] 2021~2024년 국내 주요 산업별 고용 현황

(단위: 천 명, %)

구분	2021년	2022년	2023년	2024년	4년간 고용 증감률
전체	27,108	27,341	27,340	27,640	2.0
자동차	512	523	530	548	7.0
반도체	142	151	150	158	( )
전자	234	235	237	236	0.9
철강	108	107	108	108	0
의약품	100	102	103	104	4.0
기타 제조업	4,520	4,532	4,579	4,610	2.0

※ 4년간 고용 증감률은 2021년 대비 2024년의 고용 인원수 증감률을 의미함

① 주어진 항목 중 4년간 고용 증감률이 가장 높은 항목은 반도체이다.
② 2024년 자동차 고용 인원수는 반도체, 전자, 철강 고용 인원수의 합보다 많다.
③ 2023년 기타 제조업 고용 인원수는 2년 전 대비 5.5만 명 이상 증가하였다.
④ '전체'를 제외하고 고용 인원수가 해마다 꾸준히 증가한 항목의 수는 3개이다.
⑤ 2022년 기타 제조업 고용 인원수가 전체 산업 고용 인원수에서 차지하는 비중은 15% 미만이다.

22 다음 [표]는 2016~2021년 범죄피해구조금 지급 현황에 관한 자료이다. 이에 대한 설명으로 옳은 것을 [보기]에서 모두 고른 것은?

[표] 2016~2021년 범죄피해구조금 지급 현황 (단위: 건, 천 원)

구분		2016년	2017년	2018년	2019년	2020년	2021년
합계	건수	279	264	248	305	206	191
	지급액	9,257,268	9,289,429	10,175,045	11,516,296	9,567,057	9,792,147
유족 구조금	건수	198	186	188	185	145	144
	지급액	8,080,208	8,014,256	9,234,467	9,278,850	8,214,365	8,894,672
장해 구조금	건수	26	21	24	34	27	25
	지급액	760,835	854,778	736,133	1,140,317	985,276	639,389
중상해 구조금	건수	55	57	36	86	34	22
	지급액	416,225	420,395	204,445	1,097,129	367,416	258,086

보기

㉠ 2016~2021년 중상해구조금 지급건수는 평균 60건 이상이다.
㉡ 2018년 유족구조금 1건당 지급액은 50,000천 원 이상이다.
㉢ 2021년 전체 범죄피해구조금 지급액은 전년 대비 225,090천 원 증가하였다.
㉣ 2017년 이후 장해구조금 지급액과 중상해구조금 지급액의 전년 대비 증감 추이는 동일하다.

① ㉠ ② ㉣ ③ ㉠, ㉡
④ ㉡, ㉢ ⑤ ㉢, ㉣

고난도 실전문제 12번

23 다음 [표]는 2016~2019년 A~D국가의 연구개발 인력과 첨단 기술 수출액에 관한 자료이다. 이에 대한 설명으로 옳지 않은 것을 [보기]에서 모두 고른 것은?

[표1] 국가별 인구 백만 명당 연구개발 인력 (단위: 명)

국가 \ 연도	2016년	2017년	2018년	2019년
A	2,193	2,245	2,009	2,160
B	459	479	391	424
C	4,909	4,962	5,160	5,196
D	3,863	4,099	5,012	5,318

[표2] 국가별 첨단 기술 수출액 (단위: 백만 달러)

국가 \ 연도	2016년	2017년	2018년	2019년
A	27,416	31,182	30,645	41,081
B	15,295	19,788	24,195	28,849
C	100,165	103,159	94,011	108,202
D	140,250	163,944	172,013	181,203

보기

㉠ 인구 백만 명당 연구개발 인력의 수가 가장 많은 국가는 2018년까지 C국가였으나 2019년에는 D국가로 바뀌었다.

㉡ 연도별로 보면 인구 백만 명당 연구개발 인력의 수가 많은 국가 순으로 첨단 기술의 수출액도 많다.

㉢ C국가와 D국가는 A국가와 B국가보다 첨단 기술 수출액이 많다.

㉣ 조사 기간 동안 A국가와 C국가의 첨단 기술 수출액은 계속해서 증가하였다.

㉤ 2016년 대비 2019년 첨단 기술 수출액 증가율은 B국가가 가장 높다.

① ㉠, ㉡　② ㉡, ㉢　③ ㉡, ㉣
④ ㉢, ㉤　⑤ ㉣, ㉤

24 **다음 [표]는 제습기 A~E의 습도별 연간 소비전력량을 측정한 자료이다. 이에 대한 설명으로 옳은 것을 [보기]에서 모두 고른 것은?**(단, 소비전력량은 매월 동일하게 발생하였다고 가정한다.)

[표] 제습기 A~E의 습도별 연간 소비전력량 (단위: kWh)

제습기 \ 습도	40%	50%	60%	70%	80%
A	550	620	680	790	840
B	560	640	740	810	890
C	580	650	730	800	880
D	600	700	810	880	950
E	660	730	800	920	970

보기

㉠ 각 습도에서 연간 소비전력량이 가장 많은 제습기는 항상 E이다.
㉡ 습도가 40%에서 80%로 높아졌을 때 연간 소비전력량이 가장 큰 폭으로 증가하는 제습기는 D이다.
㉢ 9월 한 달 중 10일 동안은 습도가 50%, 다른 10일 동안은 습도가 60%, 나머지 10일 동안은 습도가 70%였다면, 9월 소비전력량이 가장 적은 제습기는 A이다.
㉣ 각 습도에서 연간 소비전력량이 많은 제습기부터 순서대로 나열하면, 습도 60%일 때와 습도 70%일 때의 순서는 동일하다.

① ㉠, ㉣　② ㉡, ㉢　③ ㉢, ㉣
④ ㉠, ㉡, ㉢　⑤ ㉡, ㉢, ㉣

고난도 실전문제 11번

25 **다음 [그래프]는 2021~2025년 제품 A~C의 판매량 및 선호도 지수를 나타낸 자료이다. 이에 대한 설명으로 옳은 것을 [보기]에서 모두 고른 것은?**

[그래프1] 2021~2025년 제품 A~C 판매량 (단위: 천 개)

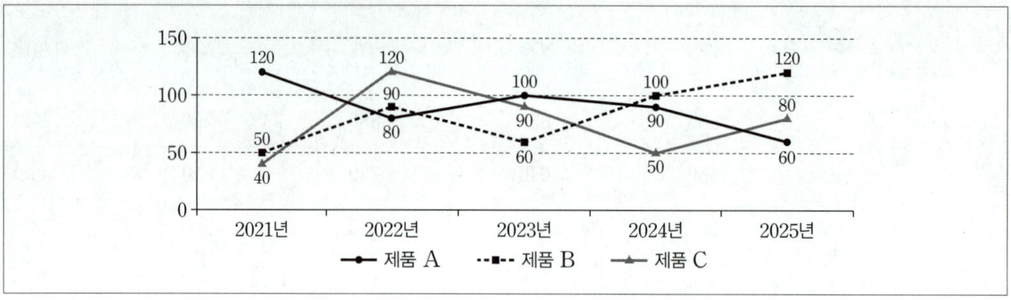

[그래프2] 2021~2025년 제품 A~C 선호도 지수

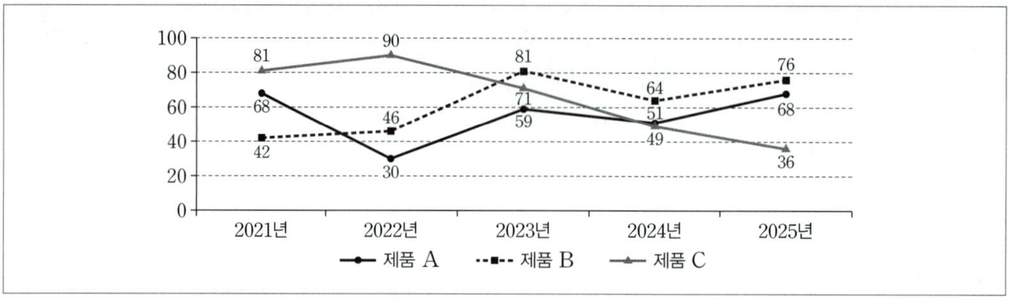

보기

㉠ 5년간 제품 C의 평균 판매량은 75,000개이다.
㉡ 2025년 제품 A의 판매량은 3년 전 대비 25% 감소하였다.
㉢ 제품 B는 선호도 지수가 가장 낮을 때 판매량 또한 가장 낮다.
㉣ 세 제품 모두 선호도 지수가 높다고 해서 판매량이 많은 것은 아니다.

① ㉡, ㉢
② ㉡, ㉣
③ ㉠, ㉢, ㉣
④ ㉡, ㉢, ㉣
⑤ ㉠, ㉡, ㉢, ㉣

난이도 상 중 하

⊕고난도 실전문제 11번

26 다음 [그래프]는 20××년 장애인 활동 지원사업 이용자 수 및 이용액에 관한 자료이다. 이를 바탕으로 작성한 [보고서]의 내용 중 옳지 않은 것을 모두 고른 것은?

[그래프] 20××년 장애인 활동 지원사업 이용자 수 및 이용액

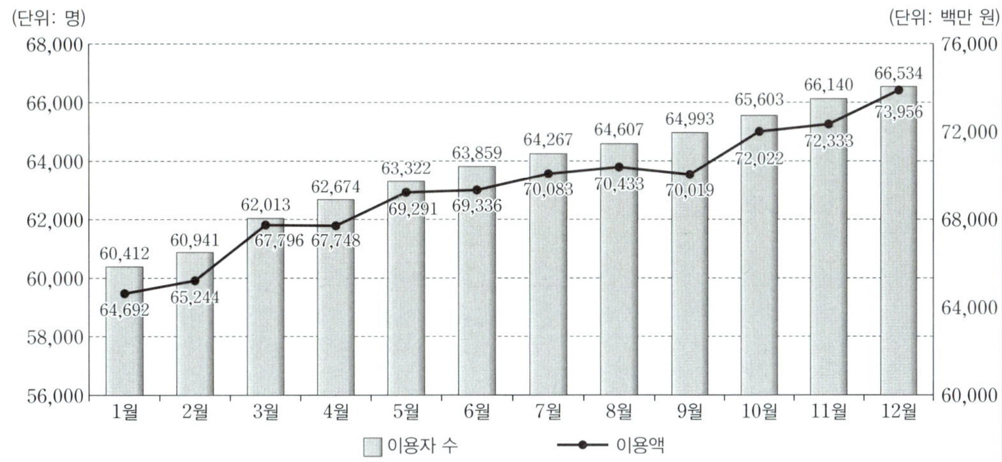

[보고서]

20××년 장애인의 활동에 관한 지원사업 내용을 월별로 확인하였을 때 전반적으로 우상향을 나타내며, 이용자 수 및 이용액이 증가 추세인 것을 확인할 수 있었다. ㉠ 처음으로 이용액이 700억 원을 넘어선 것은 7월부터이며, 12월 이용액은 7월보다 약 4.7% 증가한 740억 원에 육박하였다. 또, ㉡ 1월과 비교하면 12월 이용자 수는 10% 미만으로 증가하였고, ㉢ 이용액은 약 18% 증가한 수치라는 것을 알 수 있다.

㉣ 이용자 수가 가장 많이 증가한 달은 2월과 3월 사이인데, 이때 이용자 수는 1,000명을 초과하여 증가하였고, 이용자 수 증가량에 맞게 이용액 또한 가장 많이 증가하였다. 그리고 ㉤ 한 해 동안 전월 대비 이용자 수는 한 번도 감소하지 않았으나, 전월 대비 이용액은 세 번 감소하였다.

① ㉠, ㉢　② ㉠, ㉡, ㉤　③ ㉡, ㉣, ㉤
④ ㉠, ㉡, ㉢, ㉤　⑤ ㉡, ㉢, ㉣, ㉤

27 18년 민간

다음 [표]는 1930~1934년 A지역의 곡물 재배면적 및 생산량을 정리한 자료이다. 이에 대한 설명으로 옳은 것은?

[표] 1930~1934년 A지역의 곡물 재배면적 및 생산량 (단위: 천 정보, 천 석)

구분 \ 연도		1930년	1931년	1932년	1933년	1934년
미곡	재배면적	1,148	1,100	998	1,118	1,164
	생산량	15,276	14,145	13,057	15,553	18,585
맥류	재배면적	1,146	773	829	963	1,034
	생산량	7,347	4,407	4,407	6,339	7,795
두류	재배면적	450	283	301	317	339
	생산량	1,940	1,140	1,143	1,215	1,362
잡곡	재배면적	334	224	264	215	208
	생산량	1,136	600	750	633	772
서류	재배면적	59	88	87	101	138
	생산량	821	1,093	1,228	1,436	2,612
전체	재배면적	3,137	2,468	2,479	2,714	2,883
	생산량	26,520	21,385	20,585	25,176	31,126

① 1930~1934년 동안 전체 재배면적에서 미곡 재배면적이 차지하는 비율은 항상 50% 이상이다.
② 1930~1934년 동안 미곡의 재배면적당 생산량은 전체 재배면적당 생산량보다 항상 크다.
③ 1930~1934년 동안 서류 생산량이 전체 생산량에서 차지하는 비율은 계속해서 증가한다.
④ 1930~1934년 동안 두류 생산량은 계속해서 감소한다.
⑤ 1930~1934년 동안 맥류 생산량은 항상 잡곡 생산량의 10배 이하이다.

고난도 실전문제 07번

28 21년 5급

다음 [표]는 2019~2020년 대학 교원 유형별 강의 담당 학점 현황에 관한 자료이다. 이에 대한 설명으로 옳은 것을 [보기]에서 모두 고른 것은?

[표] 2019~2020년 교원 유형별 강의 담당 학점 현황

(단위: 학점, %)

구분		연도 / 교원 유형	2020년 전임교원	2020년 비전임교원	2020년 강사	2019년 전임교원	2019년 비전임교원	2019년 강사
전체 (196개교)		담당 학점	479,876	239,394	152,898	476,551	225,955	121,265
		비율	66.7	33.3	21.3	67.8	32.2	17.3
설립 주체	국공립 (40개교)	담당 학점	108,237	62,934	47,504	107,793	59,980	42,824
		비율	63.2	36.8	27.8	64.2	35.8	25.5
	사립 (156개교)	담당 학점	371,639	176,460	105,394	368,758	165,975	78,441
		비율	67.8	32.2	19.2	69.0	31.0	14.7
소재지	수도권 (73개교)	담당 학점	173,383	106,403	64,019	171,439	101,864	50,696
		비율	62.0	38.0	22.9	62.7	37.3	18.5
	비수도권 (123개교)	담당 학점	306,493	132,991	88,879	305,112	124,091	70,569
		비율	69.7	30.3	20.2	71.1	28.9	16.4

※ 비율(%) $=\frac{\text{교원 유형별 담당 학점}}{\text{전임교원 담당 학점}+\text{비전임교원 담당 학점}}\times 100$

※ 단, 학교 수는 2019년과 2020년이 동일함

보기

㉠ 2020년 수도권 대학 대비 비수도권 대학의 비전임교원 담당 학점은 전년 대비 증가하였다.

㉡ 2020년 국공립 대학의 1개교당 전체 교원(전임교원+비전임교원) 담당 학점은 사립 대학의 1개교당 전체 교원 담당 학점보다 많다.

㉢ 2020년 국공립 대학의 비전임교원 담당 학점 중 강사 담당 학점의 비중은 사립 대학의 비전임교원 담당 학점 중 강사 담당 학점의 비중보다 20%p 이상 높다.

㉣ 2020년 전체 비전임교원의 담당 학점 중 수도권 비전임교원의 담당 학점 비중은 전년 대비 증가하였다.

① ㉠, ㉡ ② ㉠, ㉣ ③ ㉢, ㉣
④ ㉠, ㉡, ㉢ ⑤ ㉡, ㉢, ㉣

고난도 실전문제 08번

29 다음 [표]는 2016년 10월, 2017년 10월 순위 기준 상위 11개국의 축구 국가대표팀 순위 변동에 관한 자료이다. 이에 대한 설명으로 옳은 것은?

18년 5급

[표] 2016년 10월 → 2017년 10월 상위 11개국 축구 국가대표팀 순위 변동

순위＼구분	2016년 10월			2017년 10월		
	국가	점수	등락	국가	점수	등락
1	아르헨티나	1,621	–	독일	1,606	↑1
2	독일	1,465	↑1	브라질	1,590	↓1
3	브라질	1,410	↑1	포르투갈	1,386	↑3
4	벨기에	1,382	↓2	아르헨티나	1,325	↓1
5	콜롬비아	1,361	–	벨기에	1,265	↑4
6	칠레	1,273	–	폴란드	1,250	↓1
7	프랑스	1,271	↑1	스위스	1,210	↓3
8	포르투갈	1,231	↓1	프랑스	1,208	↑2
9	우루과이	1,175	–	칠레	1,195	↓2
10	스페인	1,168	↑1	콜롬비아	1,191	↓2
11	웨일스	1,113	↑1	스페인	1,184	–

※ 축구 국가대표팀 순위는 매월 발표됨

※ 등락에서 ↑, ↓, –는 전월 순위보다 각각 상승, 하락, 변동 없음을 의미하고, 옆의 숫자는 전월 대비 순위의 상승폭 혹은 하락폭을 의미함

① 2016년 10월과 2017년 10월에 순위가 모두 상위 10위 이내인 국가 수는 9개이다.

② 2017년 10월 상위 10개 국가 중, 2017년 9월 순위가 2016년 10월 순위보다 낮은 국가는 높은 국가보다 많다.

③ 2017년 10월 상위 5개 국가의 점수 평균이 2016년 10월 상위 5개 국가의 점수 평균보다 높다.

④ 2017년 10월 상위 11개 국가 중 전년 동월 대비 점수가 상승한 국가는 전년 동월 대비 순위도 상승하였다.

⑤ 2017년 10월 상위 11개 국가 중 2017년 10월 순위가 전월 대비 상승한 국가는 전년 동월 대비 상승한 국가보다 많다.

[30~31] 다음은 어느 국가의 2019~2023년 수출입 현황에 관한 자료이다. 이를 바탕으로 이어지는 질문에 답하시오.

[그래프] 2019~2023년 수출입 건수 (단위: 건)

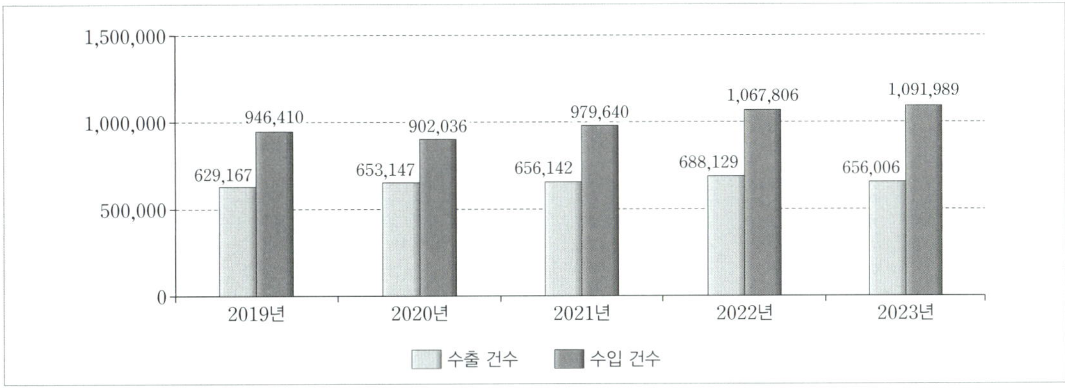

[표] 2019~2023년 수출입액 (단위: 천 달러)

구분	수출액	수입액
2019년	39,679,706	68,320,170
2020년	38,796,057	64,363,080
2021년	34,662,290	60,029,355
2022년	32,183,788	
2023년	25,576,507	

※ 무역수지=수출액−수입액

난이도 상 중 하 ⊕고난도 실전문제 16번

30 주어진 자료에 대한 설명으로 옳은 것은?

① 2021년의 수출 건수는 전년 대비 0.5% 이상 증가하였다.
② 2019~2021년의 무역수지는 매년 200억 달러 이상의 적자이다.
③ 2019~2022년의 수출 건수와 수입 건수는 매년 꾸준히 증가하였다.
④ 2020~2023년에 전년 대비 수출액이 두 번째로 많이 감소한 해는 2022년이다.
⑤ 2019~2022년에서 수입 건수가 가장 많은 연도와 가장 적은 연도의 수출액 차는 70억 달러 이상이다.

난이도 상 중 하 ⊕고난도 실전문제 15번

31 2022년 수입액은 전년 대비 10.4% 감소하였고 2023년에는 전년 대비 14.7% 감소하였다고 할 때, 2023년 수입액으로 옳은 것은?(단, 모든 계산은 십만 달러에서 반올림한다.)

① 458억 7,900만 달러 ② 459억 1,600만 달러 ③ 459억 5,700만 달러
④ 460억 1,200만 달러 ⑤ 460억 4,800만 달러

[32~33] 다음 [표]는 2014~2020년 계절별 산불 발생 현황에 관한 자료이다. 이를 바탕으로 이어지는 질문에 답하시오.

[표] 2014~2020년 계절별 산불 발생 현황 (단위: 건)

구분	기간별	2014년	2015년	2016년	2017년	2018년	2019년	2020년
봄 (3~5월)	금년	322	377	223	418	174	392	381
	10년 평균	230.0	235.0	232.0	254.0	253.0	254.0	280.1
여름 (6~8월)	금년	24	100	43	89	106	34	39
	10년 평균	15.0	24.0	29.0	36.0	46.0	48.0	49.5
가을 (9~11월)	금년	39	82	15	58	25	30	83
	10년 평균	40.0	44.0	40.0	44.0	38.0	35.0	38.6
겨울 (12, 1~2월)	금년	107	64	110	127	191	197	117
	10년 평균	100.0	92.0	93.0	87.0	95.0	103.0	105.5

난이도 상 중 하 ⊕고난도 실전문제 14번

32 다음 [보기]의 A~D에 해당하는 계절이 바르게 짝지어진 것은?

보기

- A: 2016년부터 2019년까지 전년 대비 금년 산불 발생 건수는 계속 증가하였다.
- B: 2014년부터 2020년까지 금년 산불 발생 건수가 10년 평균 발생 건수보다 적은 연도가 가장 많다.
- C: 2016년 대비 2017년 금년 산불 발생 건수의 증가율이 두 번째로 높다.
- D: 조사 기간 동안 10년 평균 산불 발생 건수가 매년 가장 많다.

	A	B	C	D
①	봄	가을	겨울	여름
②	가을	겨울	여름	봄
③	여름	가을	봄	겨울
④	겨울	가을	여름	봄
⑤	겨울	봄	가을	여름

난이도 상 중 하 고난도 실전문제 15번

33 **다음 [보기]의 ㉠, ㉡에 들어갈 수치가 바르게 짝지어진 것은?**(단, 계산 시 소수점 이하 둘째 자리에서 반올림한다.)

보기

• 2018년 금년 산불 발생 월평균 건수는 (㉠)건이다.
• 2014년부터 2017년까지 금년 전체 산불 발생 건수가 가장 적은 연도의 10년 평균 산불 발생 월평균 건수는 (㉡)건이다.

	㉠	㉡
①	41.3	30.2
②	41.3	32.8
③	40.4	32.8
④	40.4	30.2
⑤	42.5	31.2

난이도 상 중 하 ⊕고난도 실전문제 13번

34 다음은 2025년 8월 국토교통부에서 발표한 보도자료의 일부이다. 밑줄 친 ⓐ~ⓔ 중 [보기]의 통계 자료와 일치하지 않는 것은?

보도자료

보도시점: 2025. 8. 29.(금) 06:00 이후(8. 29.(금) 석간) / 배포: 2025. 8. 28.(목)

'25년 7월 주택통계

□ 국토교통부는 '25년 7월 기준 주택 통계를 공표하였다.

❶ (건설) '25년 7월 주택 인허가, 착공, 분양, 준공 실적은 아래와 같다.

- ○ ⓐ 7월 수도권 인허가 누적 실적은 83,838호로 전년 동기(69,467호) 대비 20.7% 증가하였다.
  - ― ⓑ 서울 지역 7월 누적 실적은 26,987호로 전년 동기(16,549호) 대비 63.1% 증가하였고, 비수도권은 70,733호로 전년 동기(102,210호) 대비 30.8% 감소하였다.
- ○ 7월 수도권 착공 누적 실적은 76,339호로 전년 동기(79,336호) 대비 3.8% 감소하였다.
  - ― ⓒ 서울 지역 7월 착공 누적 실적은 13,508호로 전년 동기(15,056호) 대비 10.3% 감소하였고, 비수도권은 48,208호로 전년 동기(63,937호) 대비 24.6% 감소하였다.
- ○ 7월 수도권 분양은 11,939호로 전년 동기(6,973호) 대비 71.2% 증가, 7월 누적 실적은 52,925호로 전년 동기(57,173호) 대비 7.4% 감소하였다.
  - ― 서울 지역 7월 누적 실적은 6,909호로 전년 동기(11,187호) 대비 38.2% 감소하였고, 비수도권은 37,792호로 전년 동기(68,303호) 대비 44.7% 감소하였다.
- ○ 7월 수도권 준공 누적 실적은 116,159호로 전년 동기(102,870호) 대비 12.9% 증가하였다.
  - ― 서울 지역 7월 누적 실적은 36,904호로 전년 동기(20,513호) 대비 79.9% 증가하였고, 비수도권은 115,013호로 전년 동기(145,735호) 대비 21.1% 감소하였다.

❷ (미분양) ⓓ 7월 말 미분양 주택은 62,244호로 전월(63,734호) 대비 2.3% 감소, 그중 준공후 미분양은 27,057호로 전월(26,716호) 대비 1.3% 증가하였다.

❸ (거래량) ⓔ 7월 주택 매매 거래는 63,235건으로 전월(73,838건) 대비 13.0% 감소, 전월세 거래는 242,883건으로 전월(242,305건) 대비 0.7% 증가하였다.

보기

㉠ **전국 미분양 현황**(7월 말 기준)

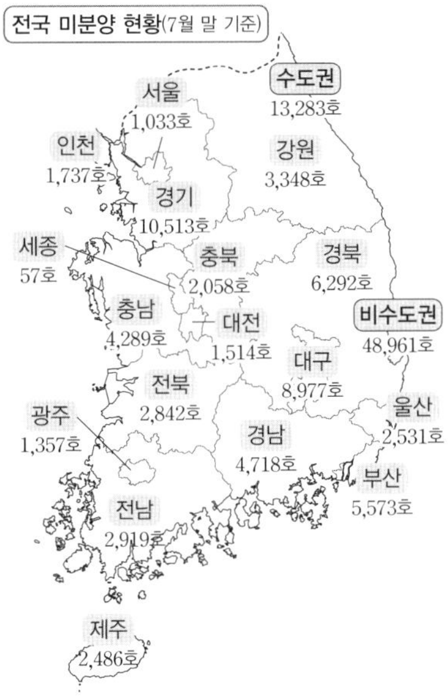

㉡ **전국 주택 거래 현황**(7월 기준)

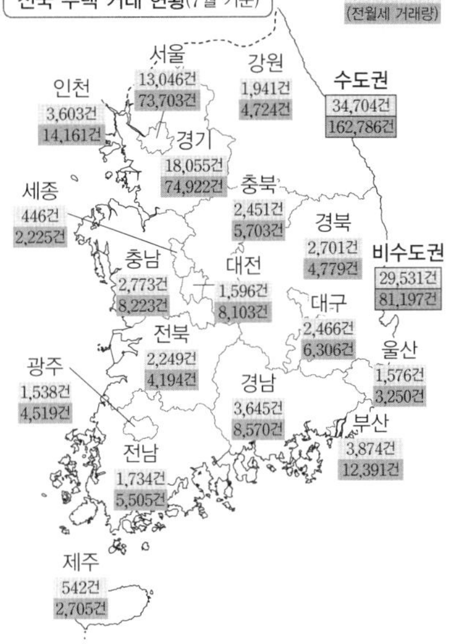

* 준공후 미분양 주택: 수도권 4,468호, 비수도권 22,589호

㉢ **단계별 주택 건설 실적**(7월 누계)

(단위: 호)

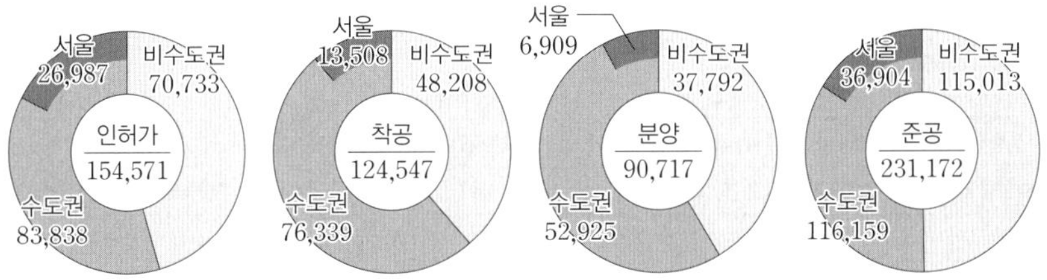

① ⓐ ② ⓑ ③ ⓒ

④ ⓓ ⑤ ⓔ

35 **다음은 국내 광고 산업에 관한 문화체육관광부의 보도자료이다. 밑줄 친 ㉠~㉤ 중 [보기]의 통계 자료와 일치하지 않는 것은?**

보도자료

보도일시	배포 즉시 보도해 주시기 바랍니다.		
배포일시	2020. 2. ××.	담당부서	□□□□국
담당과장	○○○ (044－203－○○○○)	담당자	사무관 △△△ (044－203－○○○○)

2018년 국내 광고 산업 성장세 지속

- 문화체육관광부는 국내 광고사업체의 현황과 동향을 조사한 '2019년 광고산업조사(2018년 기준)' 결과를 발표했다.
- 이번 조사 결과에 따르면 2018년 기준 광고 산업 규모는 17조 2,119억 원(광고사업체 취급액* 기준)으로, 전년 대비 4.5% 이상 증가했고, 광고사업체당 취급액 역시 증가했다.
  - * 광고사업체 취급액은 광고주가 매체(방송국, 신문사 등)와 매체 외 서비스에 지불하는 비용 전체(수수료 포함)임
  - – 업종별로 살펴보면 ㉠ 광고대행업이 6조 6,239억 원으로 전체 취급액의 38% 이상을 차지했으나, 취급액의 전년 대비 증가율은 온라인 광고대행업이 18% 이상으로 가장 높다.
- ㉡ 2018년 기준 광고사업체의 매체 광고비* 규모는 11조 362억 원(64.1%), 매체 외 서비스 취급액은 6조 1,757억 원(35.9%)으로 조사됐다.
  - * 매체 광고비는 방송매체, 인터넷매체, 옥외광고매체, 인쇄매체 취급액의 합임
  - – ㉢ 매체 광고비 중 방송매체 취급액은 4조 266억 원으로 가장 큰 비중을 차지하고 있으며, 그 다음으로 인터넷매체, 옥외광고매체, 인쇄매체 순으로 나타났다.
  - – ㉣ 인터넷매체 취급액은 3조 8,804억 원으로 전년 대비 6% 이상 증가했다. 특히, 모바일 취급액은 전년 대비 20% 이상 증가하여 인터넷 광고시장의 성장세를 이끌었다.
  - – 한편, ㉤ 간접광고(PPL) 취급액은 전년 대비 14% 이상 증가하여 1,270억 원으로 나타났으며, 그중 지상파TV와 케이블TV 간 비중의 격차는 5%p 이상으로 조사됐다.

보기

(1) 광고사업체 취급액 현황(2018년 기준)

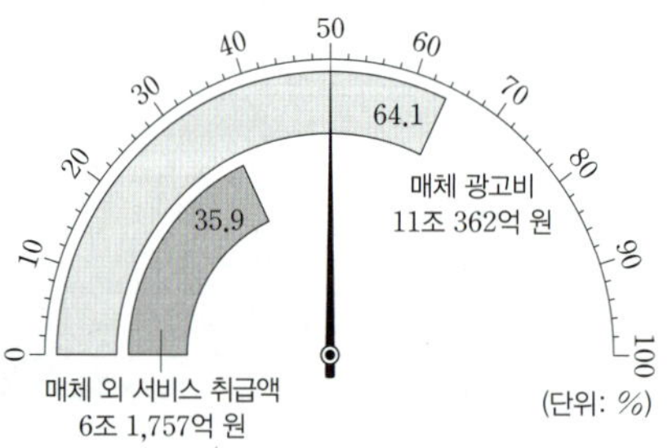

(2) 간접광고(PPL) 취급액 현황

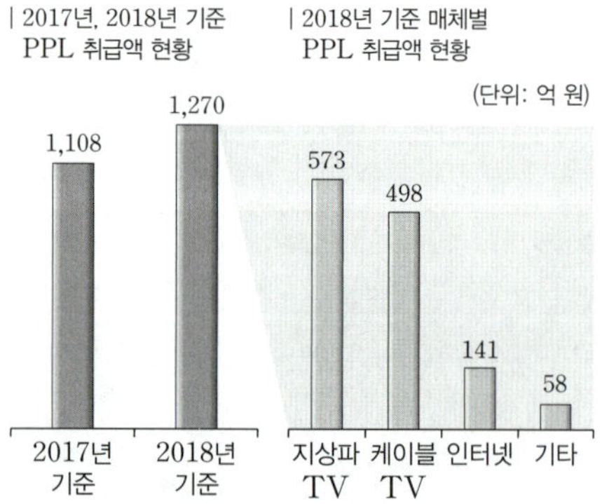

(3) 인터넷매체(PC, 모바일) 취급액 현황

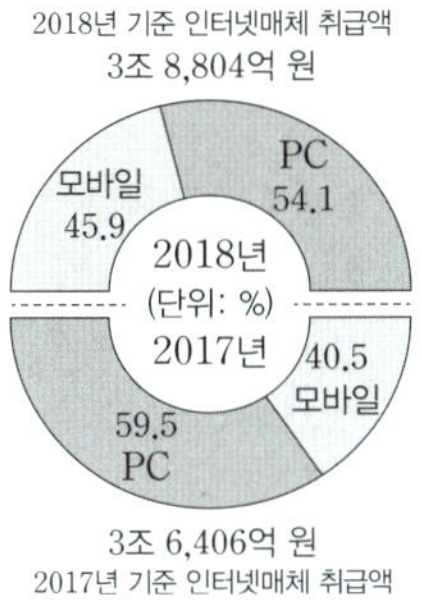

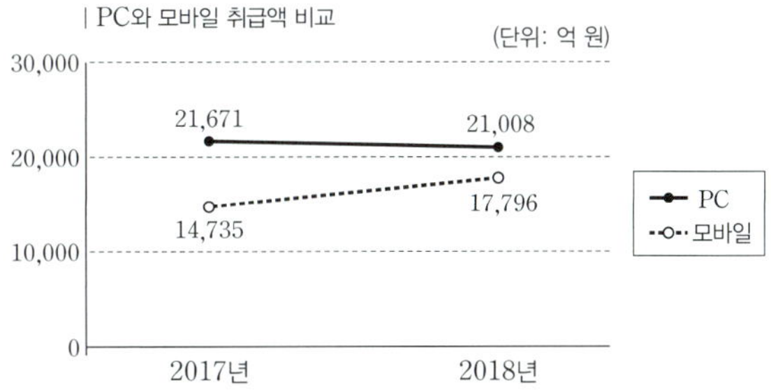

(4) 매체별 광고사업체 취급액 현황(2018년 기준)

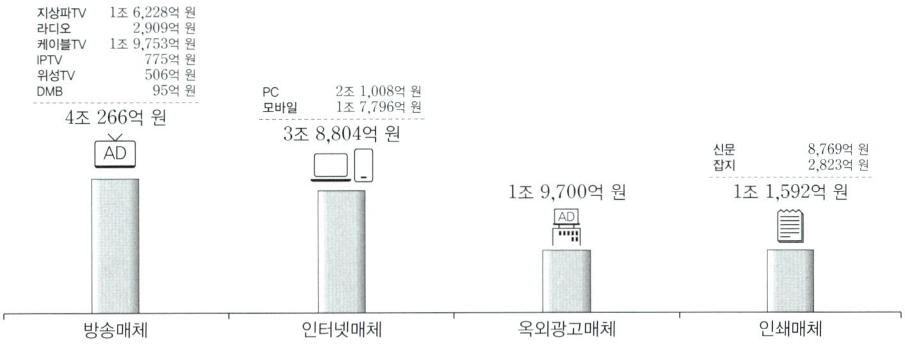

(5) 업종별 광고사업체 취급액 현황

(단위: 개소, 억 원)

업종 \ 구분	2018년 조사(2017년 기준)		2019년 조사(2018년 기준)	
	사업체 수	취급액	사업체 수	취급액
전체	7,234	164,133	7,256	172,119
광고대행업	1,910	64,050	1,887	66,239
광고제작업	1,374	20,102	1,388	20,434
광고전문서비스업	1,558	31,535	1,553	33,267
인쇄업	921	7,374	921	8,057
온라인 광고대행업	780	27,335	900	31,953
옥외광고업	691	13,737	607	12,169

① ㉠ ② ㉡ ③ ㉢
④ ㉣ ⑤ ㉤

[36~37] 다음은 2020~2024년 청년 취업 현황에 관한 자료이다. 이를 바탕으로 이어지는 질문에 답하시오.

1. 배경 및 목적

청년층(15~29세)의 고용은 국가 경제 성장과 사회 안정에 중요한 영향을 미친다. 최근 산업구조 변화와 경기 침체 등으로 인해 청년층의 취업난이 사회 문제로 대두되고 있다. 정부는 청년 일자리 창출 및 고용 안정화를 위해 다양한 지원 정책을 추진하고 있으며, 청년 고용률 제고 및 실업률 분석을 중요한 과제로 삼고 있다. 청년 취업 현황에 대한 이해는 정책 방향 설정과 대책 마련에 필수적이다.

2. 청년 취업 현황

[표] 2020~2024년 청년 인구 및 취업자 수 (단위: 천 명)

구분	2020년	2021년	2022년	2023년	2024년
청년 인구	9,000	8,500	8,450	8,400	8,250
청년 취업자 수	3,840	4,077	4,048	3,864	3,750

[그래프] 2020~2024년 청년 실업률 및 고용률 (단위: %)

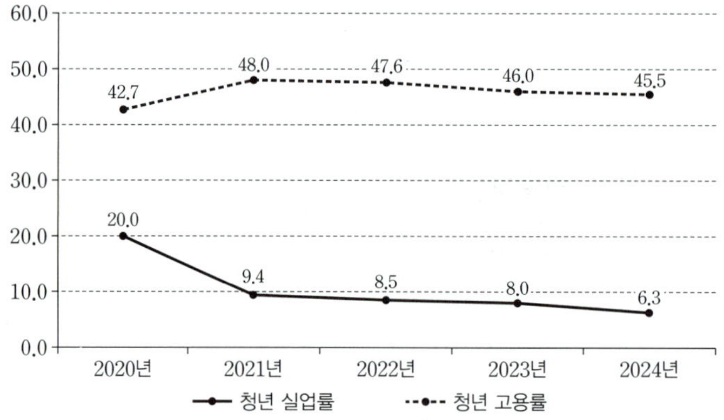

※ 청년 경제활동인구=청년 취업자 수+청년 실업자 수

※ 청년 고용률(%)$=\frac{\text{청년 취업자 수}}{\text{청년 인구}}\times100$

※ 청년 실업률(%)$=\frac{\text{청년 실업자 수}}{\text{청년 경제활동인구}}\times100$

난이도 상 중 하

⊕고난도 실전문제 17번

36 주어진 자료에 대한 설명으로 옳은 것을 [보기]에서 모두 고른 것은?

보기

㉠ 2020~2022년 동안 청년 실업자 수는 지속적으로 감소했다.
㉡ 주어진 기간 동안 청년 인구가 많아질수록 청년 고용률은 감소한다.
㉢ 주어진 기간 동안 청년 실업률이 낮아질수록 청년 취업자 수는 증가한다.
㉣ 청년 취업자 수가 가장 적은 해에 청년 고용률 역시 가장 낮았다.

① ㉠
② ㉠, ㉡
③ ㉠, ㉢
④ ㉡, ㉢
⑤ ㉡, ㉢, ㉣

난이도 상 중 하

⊕고난도 실전문제 15번

37 다음 중 2023년 청년 경제활동인구를 바르게 계산한 것은?

① 4,000천 명
② 4,150천 명
③ 4,180천 명
④ 4,200천 명
⑤ 4,250천 명

[38~39] 다음 [표]는 2019~2021년 청소년 수면시간 현황에 관한 자료이다. 이를 바탕으로 이어지는 질문에 답하시오.

[표1] 2019년 청소년 수면시간 현황

구분		5시간 미만(%)	5~6시간(%)	6~7시간(%)	7~8시간(%)	8~9시간(%)	9시간 이상(%)	평균 수면시간(시간)
전체		6.4	14.0	18.2	20.9	22.3	18.2	7.3
성별	남자	5.0	11.7	17.6	21.8	24.6	19.3	7.5
	여자	7.8	16.5	18.9	20.0	19.8	17.0	7.2
학교급	초등학교	0.3	1.0	3.5	13.0	34.8	47.4	8.7
	중학교	2.6	8.1	19.4	33.2	28.8	7.9	7.4
	고등학교	15.1	30.8	30.4	17.3	5.3	1.1	6.0

※ 5~6시간은 5시간 이상 6시간 미만을 뜻함

[표2] 2020년 청소년 수면시간 현황

구분		5시간 미만(%)	5~6시간(%)	6~7시간(%)	7~8시간(%)	8~9시간(%)	9시간 이상(%)	평균 수면시간(시간)
전체		5.5	11.0	17.1	18.8	20.4	27.2	7.2
성별	남자	4.0	8.3	15.9	19.6	21.9	30.3	7.4
	여자	7.2	14.0	18.3	18.0	18.7	23.8	7.0
학교급	초등학교	0.5	0.7	2.5	7.4	24.4	64.5	8.7
	중학교	4.3	8.3	16.4	27.1	28.5	15.4	7.0
	고등학교	11.4	23.3	31.5	21.9	9.1	2.8	5.9

[표3] 2021년 청소년 수면시간 현황

구분		5시간 미만(%)	5~6시간(%)	6~7시간(%)	7~8시간(%)	8~9시간(%)	9시간 이상(%)	평균 수면시간(시간)
전체		9.6	15.1	17.9	19.0	20.4	18.0	7.2
성별	남자	7.3	13.5	17.8	19.4	22.2	19.8	7.3
	여자	12.2	16.9	18.0	18.6	18.3	16.0	7.0
학교급	초등학교	0.7	1.8	4.3	14.0	33.5	45.7	8.7
	중학교	6.2	12.2	22.1	30.0	22.7	6.8	7.1
	고등학교	22.0	31.5	27.4	13.2	4.7	1.2	5.8

난이도 상 중 하

⊕고난도 실전문제 18번

38 주어진 자료에 대한 설명으로 옳지 않은 것은?

① 2020~2021년 고등학생의 평균 수면시간은 매년 감소하는 추세이다.
② 조사 기간 동안 매년 남자는 여자보다 평균 수면시간이 18분 이상 많다.
③ 매년 조사 인원수가 같을 때, 전체 청소년 중 8시간 이상 수면하는 인원수가 가장 많은 연도의 초등학생 평균 수면시간은 고등학생의 1.3배 이상이다.
④ 조사 기간 동안 학교급별로 수면시간 비율이 가장 높은 시간대는 매년 동일하다.
⑤ 2021년 전체 청소년의 수면시간 비율이 가장 낮은 시간대의 고등학생 수면시간 비율은 초등학생의 30배 이상이다.

난이도 상 중 하

⊕고난도 실전문제 19번

39 조사 기간 동안 남자 청소년의 조사 인원수가 매년 5천 명일 때, 2020년과 2021년 여자 청소년의 조사 인원수가 바르게 짝지어진 것은?(단, 수면시간이 5시간 미만에 해당하는 백분율을 이용하여 계산하며, 소수점 이하 첫째 자리에서 반올림한다.)

	2020년	2021년
①	4,312명	4,323명
②	4,312명	4,423명
③	4,402명	4,323명
④	4,412명	4,323명
⑤	4,412명	4,423명

40 **다음 [그래프]는 어느 기업에서 운영하는 공장 갑~정 네 곳을 조사한 자료이다. 이에 대한 설명으로 옳은 것은?**

[그래프1] 공장별 직원 수 및 불량품 개수 (단위: 명, 개)

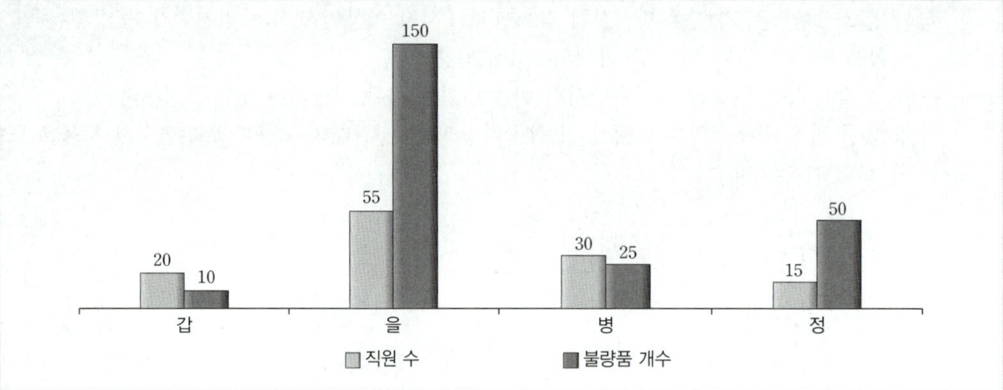

[그래프2] 전체 직원 구성 비율 (단위: %)

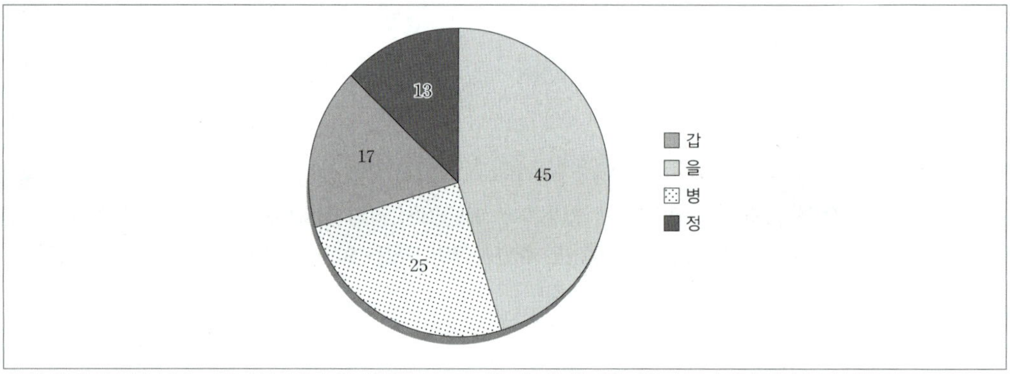

① 직원 수 대비 불량품 개수가 가장 많은 곳은 을 공장이다.
② [그래프1]과 같은 경우 막대를 가로 방향으로 하는 것이 일반적이다.
③ 을 공장에서 불량품 개수가 많은 것은 공장 직원 수가 가장 많기 때문이다.
④ [그래프2]와 같은 그래프는 두 가지 요소를 기준으로, 보고자 하는 것의 위치를 확인할 때 사용한다.
⑤ [그래프1]과 같은 그래프를 작성할 때 막대의 수가 많다면 눈금선을 기입하는 것이 좋다.

난이도 상 중 하

41 **다음 [그래프]는 65세 이상의 인구수와 연간 진료비를 비교한 자료이다. 이 그래프의 형식에 대해 지적한 내용으로 적절하지 않은 것은?**

[그래프] 65세 이상 인구수 및 연간 진료비

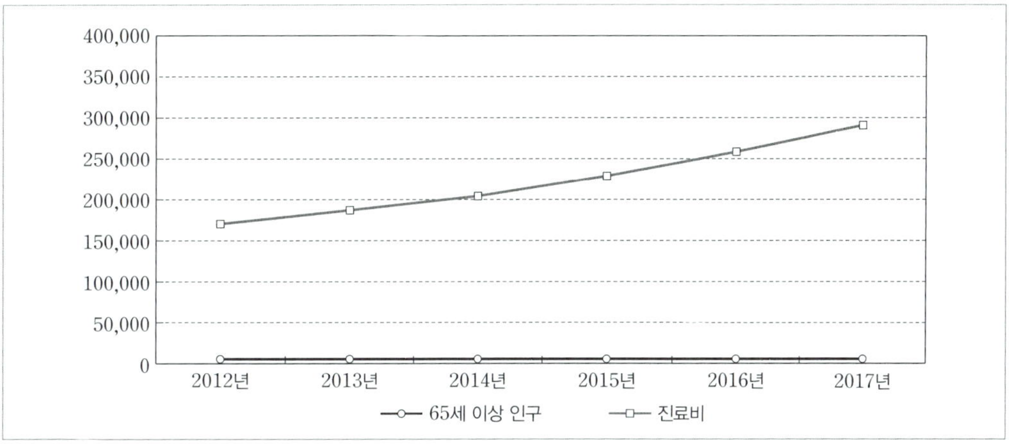

① 단위가 표시되어 있지 않다.
② 좌측의 축값이 과도한 범위로 설정되어 있다.
③ 막대그래프로 작성하는 것이 더 적절한 표현 방법이다.
④ 인구수와 비용을 구분하여 두 개의 축에 표현해야 한다.
⑤ 데이터 값을 표기하지 않아 연도별 정확한 수치를 알 수 없다.

난이도 상 중 하

42 **도수분포표는 자료의 범위가 넓고 변수가 연속적인 경우에 사용하는 것으로, 각 계급을 중복되지 않는 일정한 구간으로 정하여 그 구간에 속하는 자료의 개수를 정리한 것을 의미한다. 다음 중 도수분포표를 작성하기 위한 절차 또는 지침에 대한 설명으로 옳지 않은 것은?**

① 도수분포표를 작성하는 절대적 원칙은 없다.
② 계급의 수를 잠정적으로 결정한 뒤에 계급의 폭을 조정한다.
③ 계급의 수는 6개 이상 15개 미만 정도로 하는 것이 바람직하다.
④ 자료의 최댓값과 최솟값을 고려하여 계급을 항상 명확한 값으로 정해야 한다.
⑤ 도수를 계산하거나 기입하는 것은 도수분포표의 일반적 작성 절차 중 가장 마지막에 한다.

난이도 상 중 하

⊕고난도 실전문제 13번

43 다음은 에너지 소비 구조 변화에 관한 자료 중 일부이다. 이를 뒷받침하는 참고 자료로 옳지 않은 것은?

최근 환경문제에 대한 관심이 높아지면서, 가정의 에너지 소비 구조와 연령대별 절약 의식에도 뚜렷한 변화가 나타나고 있다.

특히 전기·가스·수도와 같은 공공요금 지출은 연령대별 생활 패턴에 따라 차이를 보이는데, 고령층일수록 사용량이 일정한 반면, 젊은 세대는 계절·생활 방식에 따라 변동성이 큰 것으로 조사되었다.

2024년 기준 전국 1인 가구의 월평균 에너지비 지출액은 약 15만 원이었으며, 이 중 60대 이상은 18만 원으로 가장 높았다. 반면 20~30대는 평균 13만 원 수준이었다.

이러한 차이는 주거 형태와 생활 패턴의 차이에서 비롯된 것으로, 젊은 세대는 원룸·오피스텔 거주 비율이 높아 상대적으로 에너지 사용량이 적었고, 고령층은 주택 또는 단독주택 비중이 커 난방과 전기 사용량이 많았기 때문이다.

연령대별 1인 가구의 에너지 절약 실천율(전기·수도 절약, 대중교통 이용 등)은 2020년 이후 꾸준히 증가하였다. 그러나 60대 이상에서는 오히려 실천율이 감소했는데, 이는 생활 패턴의 변화가 크지 않고, 냉난방 사용에 의존도가 높으며, 절약에 대한 필요성은 인식하면서도 실제 행동으로 이어지지 못하는 경우가 많았기 때문으로 분석된다. 반면 20~30대는 절약 실천율이 크게 향상되었는데, 특히 50% 이상이 친환경 가치소비에 대한 관심 확대, 30% 이상이 정부의 에너지 절약 캠페인 및 교통 인프라 개선의 효과가 반영된 것으로 해석된다.

또한 2024년 기준 60대 이상 1인 가구의 취업 현황을 보면, 전업 은퇴자가 절반 이상을 차지하고 있으며, 사무직 종사자에 비해 서비스업이나 단순 노무직 종사자의 비중이 상대적으로 높게 나타났다. 이는 일정한 소득 기반이 부족한 상황에서 생활비 절감을 위해 에너지 사용을 줄이기 어려운 현실을 반영하는 것이다.

① 2024년 연령대별 1인 가구 주거 형태 비중

(단위: %)

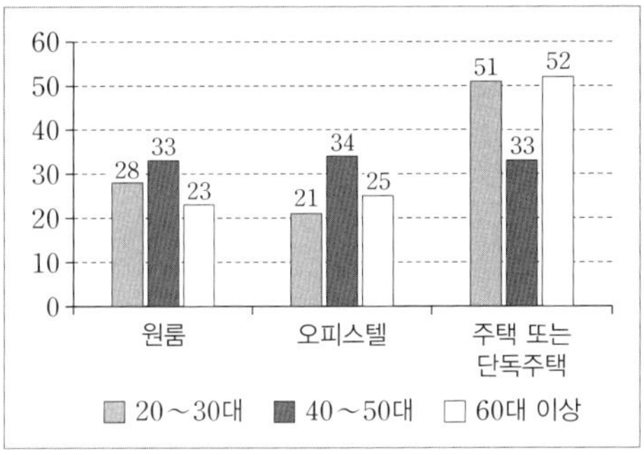

② 2024년 기준 전국 1인 가구의 월평균 에너지비 지출액

(단위: 원)

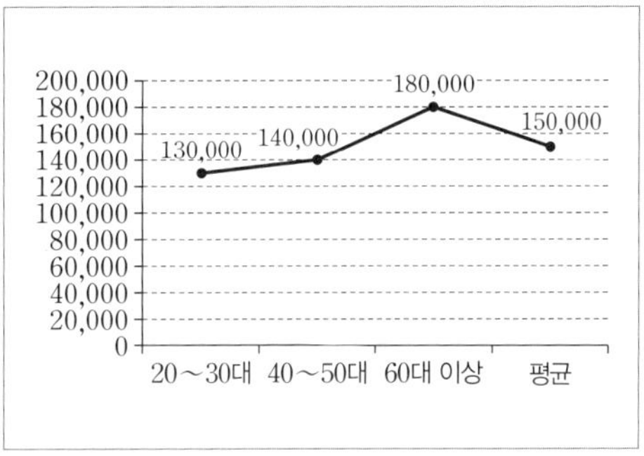

③ 2024년 20~30대 에너지 절약 실천 사유 비중

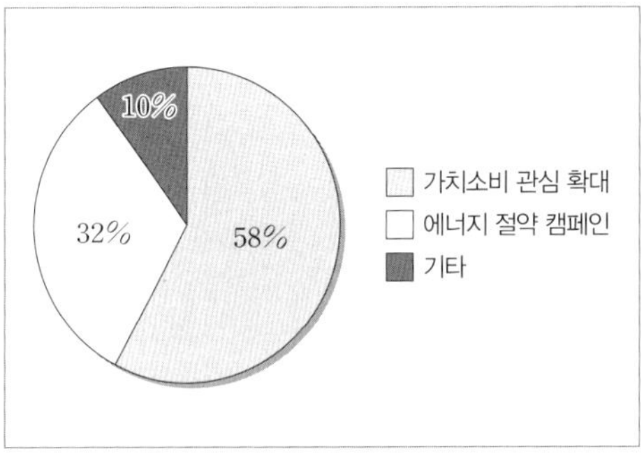

④ 연령대별 1인 가구 에너지 절약 실천율

(단위: %)

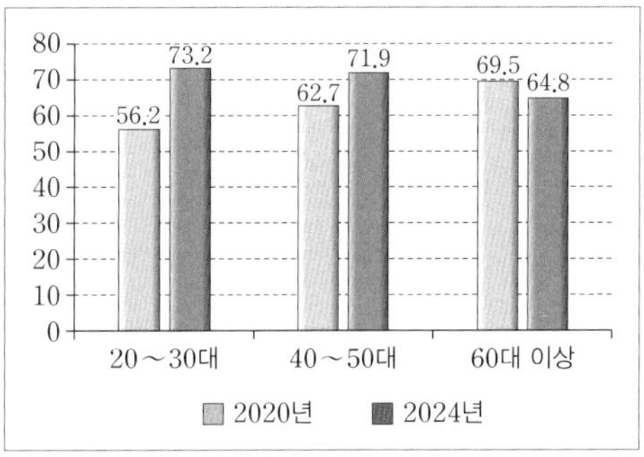

⑤ 2024년 60대 이상 1인 가구 취업 현황

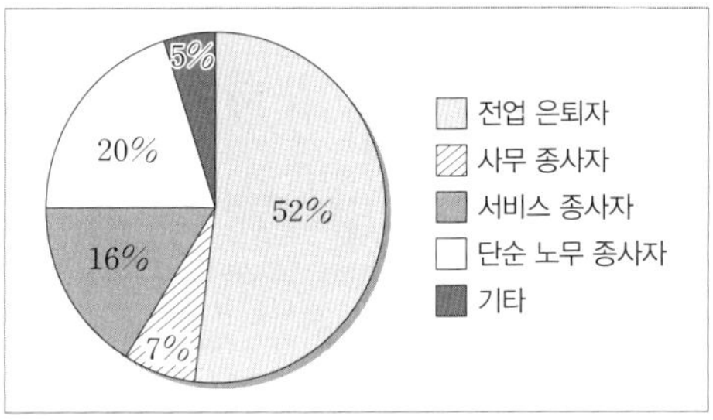

난이도 상 중 하 ⊕고난도 실전문제 13번

44 다음 [표]는 4개 지역 A~D의 고용률과 15세 이상의 인구밀도 및 면적을 나타낸 자료이다. 이를 바탕으로 할 때, 네 지역의 취업자 수와 15세 이상 인구수를 나타낸 그래프로 적절한 것은?

[표] 4개 지역 A~D의 고용률과 15세 이상의 인구밀도 및 면적 (단위: %, 명/km^2, km^2)

구분	A	B	C	D
고용률	60	80	75	70
15세 이상의 인구밀도	100	80	40	120
면적	50	100	60	80

※ (고용률)=(취업자 수)÷(15세 이상 인구수)×100

※ (15세 이상의 인구밀도)=(15세 이상 인구수)÷(면적)

① (단위: 백 명)

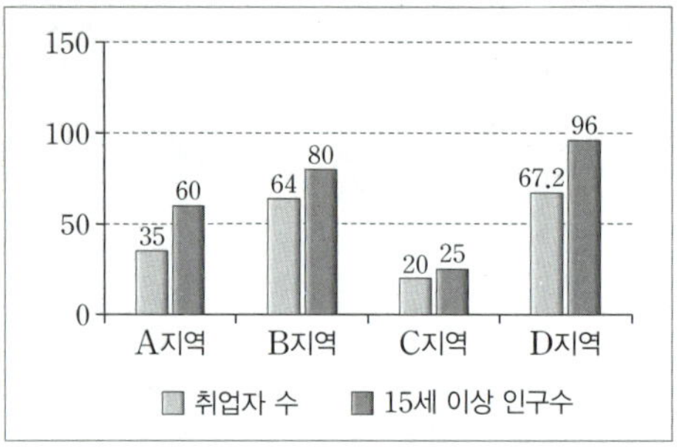

② (단위: 백 명)

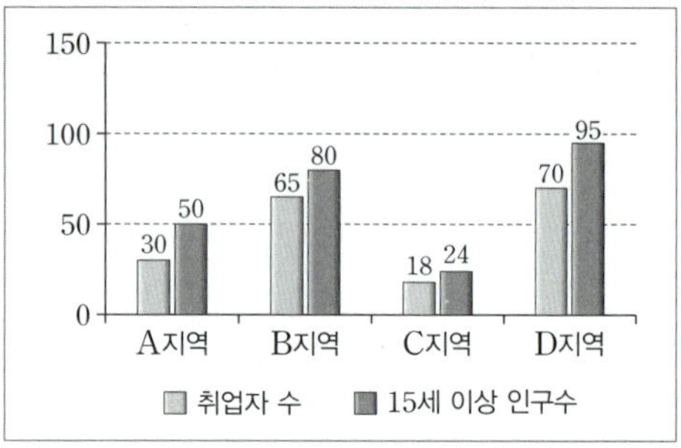

③ (단위: 백 명)

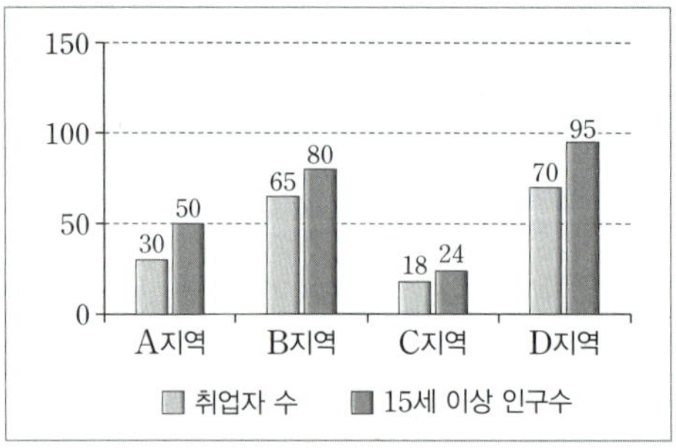

④ (단위: 백 명)

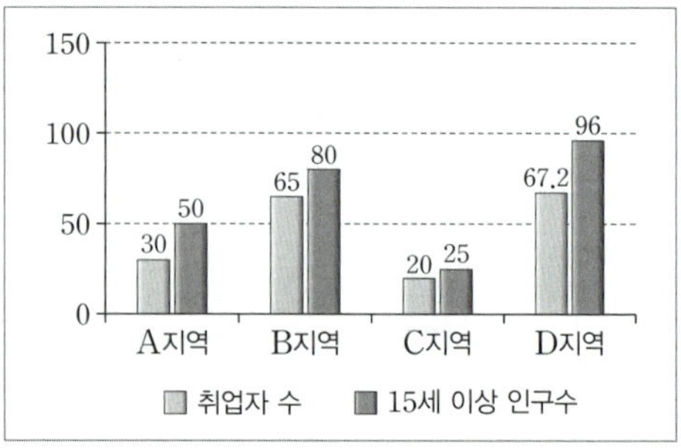

⑤ (단위: 백 명)

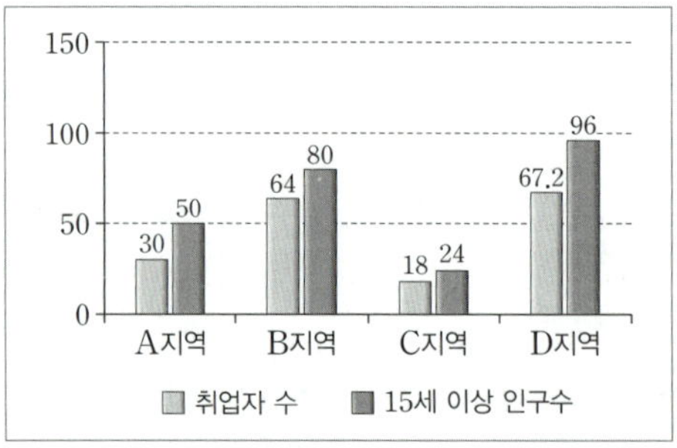

[45~46] 다음 [표]는 2024~2025년 상품군별 온라인쇼핑 거래액에 관한 자료이다. 이를 바탕으로 이어지는 질문에 답하시오.

[표] 2024~2025년 상품군별 온라인쇼핑 거래액 (단위: 억 원)

구분		2024년		2025년	
		연간	7월	6월	7월
합계		2,594,319	214,622	219,353	230,335
가전 분야		308,537	27,021	24,537	28,546
	컴퓨터 및 주변기기	85,108	6,353	5,937	6,513
	가전 · 전자	163,010	15,235	14,951	16,651
	통신기기	60,418	5,432	3,648	5,383
도서 분야		46,267	3,816	3,223	3,849
	서적	25,940	2,296	1,742	2,241
	사무 · 문구	20,327	1,520	1,481	1,608
패션 분야		562,775	44,386	47,467	45,539
	의복	219,961	16,606	18,475	16,601
	신발	37,935	3,160	3,384	3,053
	가방	27,163	2,261	1,905	1,949
	패션용품 및 액세서리	40,372	3,580	3,459	3,714
	스포츠 · 레저용품	56,235	4,652	4,587	4,873
	화장품	128,250	10,064	11,455	10,896
	아동 · 유아용품	52,860	4,063	4,203	4,453
식품 분야		473,563	38,400	41,250	43,666
	음 · 식료품	345,269	28,579	30,183	32,193
	농축수산물	128,294	9,821	11,067	11,473
생활 분야		332,519	28,158	31,429	31,829
	생활용품	189,996	16,587	16,871	17,543
	자동차 및 자동차용품	58,046	4,715	7,596	7,300
	가구	56,670	4,498	4,500	4,453
	애완용품	27,807	2,358	2,462	2,533
서비스 분야		841,770	70,545	69,050	74,635
	여행 및 교통 서비스	324,647	28,360	26,459	29,479
	문화 및 레저 서비스	31,617	2,740	2,489	3,127
	e-쿠폰 서비스	86,518	5,271	4,582	5,125
	음식 서비스	369,891	32,102	34,228	35,619
	기타 서비스	29,096	2,072	1,291	1,285
기타			2,297	2,396	2,269

난이도 상 중 하

⊕고난도 실전문제 18번

45 주어진 자료에 대한 설명으로 옳은 것은?

① 2025년 7월 전체 온라인쇼핑 거래액은 전년 동월 대비 7% 이상 증가하였다.
② 2025년 7월 전체 온라인쇼핑 거래액 중 식품 분야가 차지하는 비중은 20% 이상이다.
③ 2025년 7월 생활 분야의 항목에 해당하는 온라인쇼핑 거래액은 전년 동월 대비 모두 증가하였다.
④ 2024년 7월 전체 온라인쇼핑 거래액 중 여행 및 교통 서비스 항목이 차지하는 비중은 가전 분야가 차지하는 비중보다 낮다.
⑤ 2025년 7월 패션 분야의 온라인쇼핑 거래액은 전년 동월 대비 1,000억 원 이상 증가하였지만, 전월 대비 2,000억 원 이상 감소하였다.

46 주어진 자료를 변환한 그래프로 옳지 않은 것은?

① 2025년 7월 분야별 온라인쇼핑 거래액의 전년 대비 증감률

(단위: %)

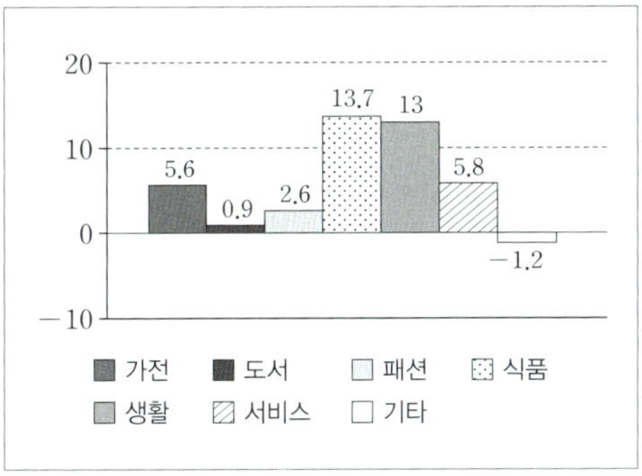

② 2025년 6~7월 식품 분야 온라인쇼핑 거래액 추이

(단위: 억 원)

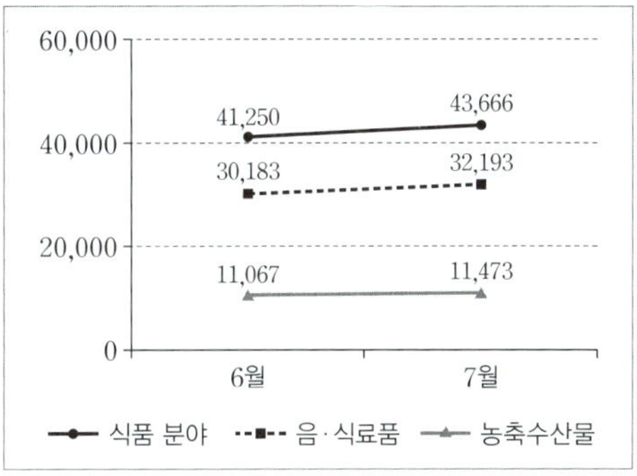

③ 2025년 7월 생활 분야 온라인쇼핑 거래액 비중

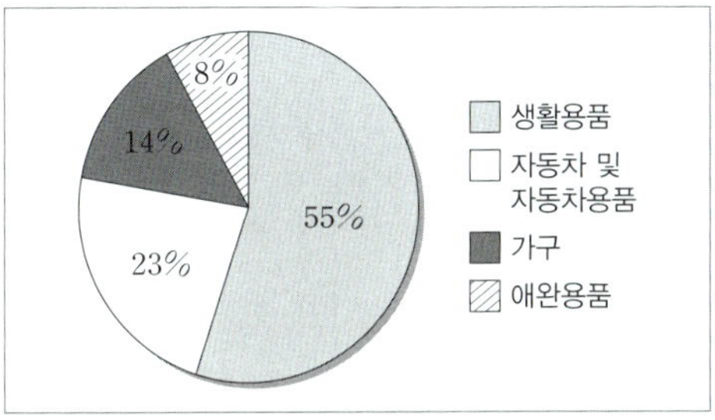

④ 2024년 도서 분야 온라인쇼핑 거래액 비중

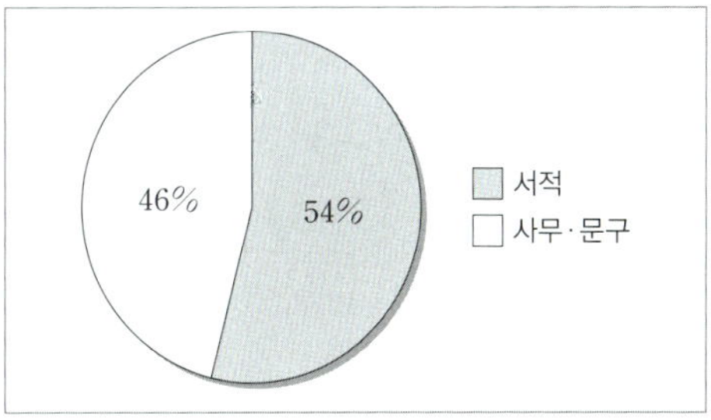

⑤ 연도별 7월 가전 분야 온라인쇼핑 거래액

(단위: 십억 원)

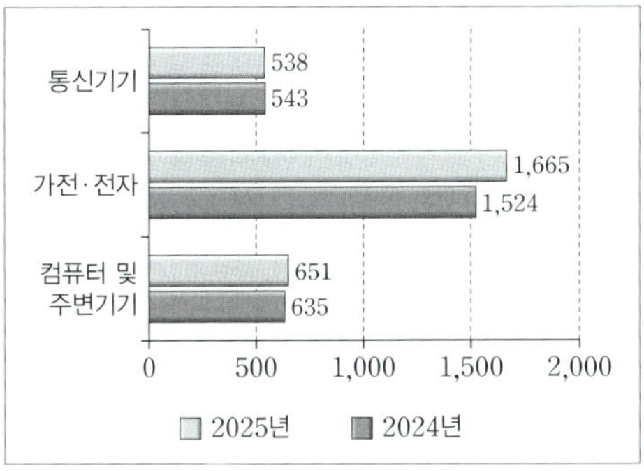

[47~48] **다음 [표]는 2019년 세목별 · 지역별 직접세 및 간접세 납세 인원 현황에 관한 자료이다. 이를 바탕으로 이어지는 질문에 답하시오.**

[표1] 2019년 세목별 · 지역별 직접세 납세 인원 현황 (단위: 명)

구분	중부청 · 인천청	대전청	광주청	대구청	부산청
소계	4,275,261	1,092,681	942,939	956,954	1,672,699
종합소득세	2,857,880	708,649	593,333	622,954	1,108,336
양도소득세	191,802	(　)	(　)	63,093	89,462
법인세	272,444	80,644	89,982	64,069	111,568
상속세	2,531	637	319	608	1,011
증여세	53,223	14,245	11,700	12,340	22,270
종합부동산세	159,230	25,818	16,926	29,381	47,156
원천세	738,151	195,618	159,434	164,509	292,896

[표2] 2019년 세목별 · 지역별 간접세 납세 인원 현황 (단위: 명)

구분	중부청 · 인천청	대전청	광주청	대구청	부산청
소계	2,359,869	693,196	634,994	628,690	1,077,332
부가가치세	2,323,275	682,620	622,850	619,987	1,063,971
개별소비세	1,372	858	806	1,095	522
주세	605	701	471	296	289
증권거래세	34,617	9,017	10,867	7,312	12,550

난이도 상 중 하

⊕고난도 실전문제 14번

47 주어진 자료에 대한 설명으로 옳은 것은?

① 대전청의 양도소득세 납세 인원은 광주청의 양도소득세 납세 인원보다 많다.
② 대구청의 직접세 납세 인원 대비 간접세 납세 인원은 대전청보다 많다.
③ 개별소비세 총납세 인원은 상속세의 총납세 인원보다 많다.
④ 모든 지역에서 부가가치세의 납세액은 전체 간접세의 95% 이상이다.
⑤ 중부청 · 인천청의 원천세 납세 인원은 전체 원천세 납세 인원의 절반 이상이다.

난이도 상 중 하

⊕고난도 실전문제 20번

48 주어진 자료를 변환한 그래프로 옳지 않은 것은?

① 중부청·인천청의 직접세 세목별 납세 인원 비율

(단위: %)

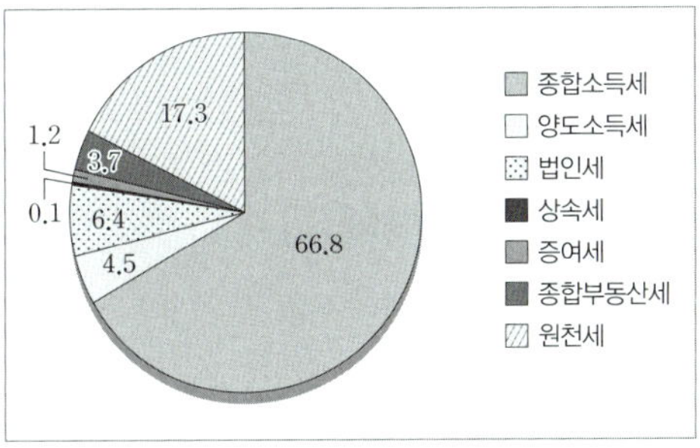

② 지역별 직접세, 간접세 납세 인원 비율

(단위: %)

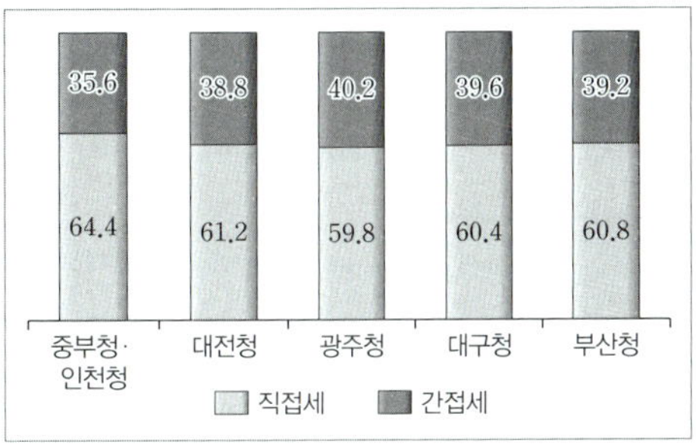

③ 지역별 전체 납세 인원

(단위: 명)

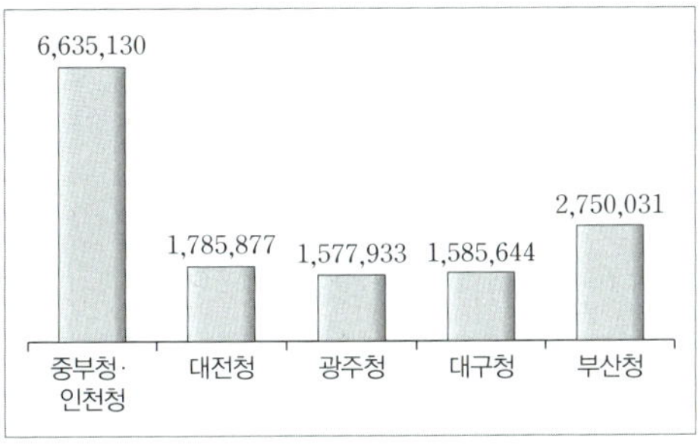

④ 증권거래세의 지역별 납세 인원 비율

(단위: %)

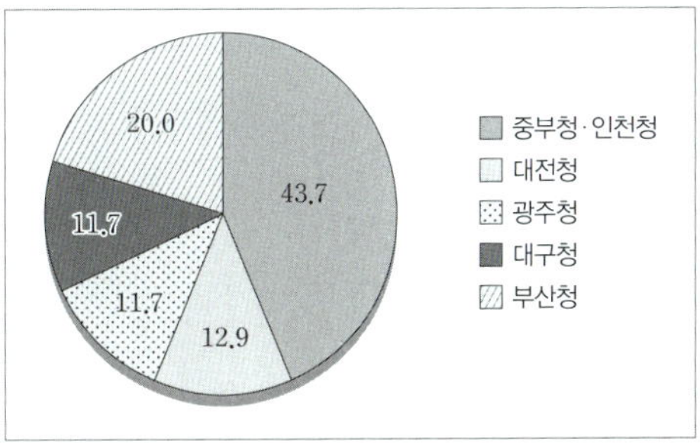

⑤ 지역별 간접세 세목별 납세 인원 비율

(단위: %)

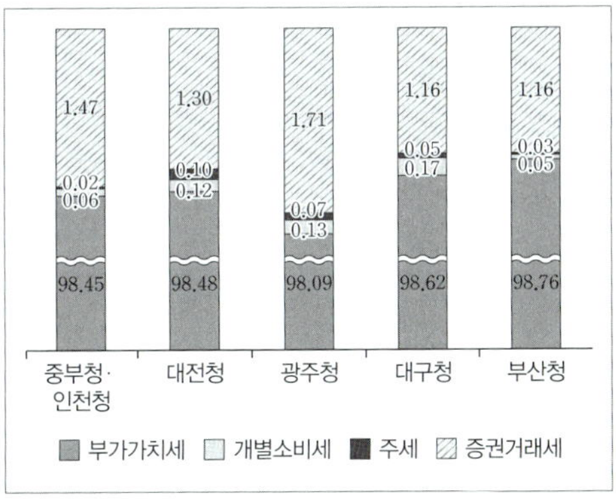

[49~50] 다음 [표]는 2017년 공공·문화·체육 시설 현황에 관한 자료이다. 이를 바탕으로 이어지는 질문에 답하시오.

[표] 2017년 공공·문화·체육 시설 현황 (단위: 개, m^2)

구분	학교		공공청사		문화 시설		체육 시설	
	시설 수	면적	시설 수	면적	시설 수	면적	시설 수	면적
전국	12,991	355,613,750	4,431	55,432,848	944	20,553,953	1,198	469,793,169
서울	1,282	34,866,631	524	3,851,964	107	692,343	48	1,145,522
부산	649	16,662,862	264	2,938,886	37	383,574	24	9,696,597
대구	496	11,833,179	104	1,402,229	12	55,071	12	707,853
인천	614	12,024,616	221	1,199,998	58	493,294	50	4,699,599
광주	309	9,930,434	92	1,041,096	20	476,315	14	2,341,830
대전	354	11,154,387	93	1,134,075	16	97,140	15	1,122,681
울산	289	6,783,245	88	818,454	18	155,470	36	7,300,827
세종	140	5,819,058	126	1,324,981	15	817,652	9	2,156,906
경기	2,865	66,202,473	1,109	9,414,807	218	4,189,192	327	152,018,085
강원	703	23,123,927	185	2,459,588	59	1,977,165	102	39,193,569
충북	534	18,355,512	229	3,815,604	31	581,145	78	44,018,107
충남	733	25,380,607	228	10,979,219	45	1,660,908	49	18,513,462
전북	801	21,195,288	176	2,567,760	43	805,164	64	19,749,294
전남	914	24,366,494	274	5,352,241	77	1,372,770	90	31,822,913
경북	1,017	35,335,049	261	3,359,627	108	3,401,014	109	60,670,227
경남	1,090	26,522,271	415	3,258,775	69	1,255,434	143	61,188,463
제주	201	6,057,717	42	513,544	11	2,140,302	28	13,447,234

※ 공공·문화·체육 시설은 학교, 공공청사, 문화 시설, 체육 시설만 있다고 가정함

난이도 상 중 하

⊕고난도 실전문제 18번

49 주어진 자료에 대한 설명으로 옳은 것은?

① 학교 수가 많은 지역일수록 학교 면적도 넓다.

② 전국에서 학교 면적이 가장 넓은 지역의 비중은 전체 학교 면적의 20% 이상이다.

③ 서울의 문화 시설 1개당 면적은 7,000m^2 미만이다.

④ 광주의 학교 1개당 면적은 인천의 공공청사 1개당 면적보다 좁다.

⑤ 공공청사 수가 두 번째로 많은 지역의 체육 시설 수가 전국에서 차지하는 비중은 5% 이상이다.

난이도 상 중 하 · ⊕고난도 실전문제 20번

50 주어진 자료를 변환한 그래프로 옳지 않은 것은?

① 전국의 공공 · 문화 · 체육 시설 개수

(단위: 개)

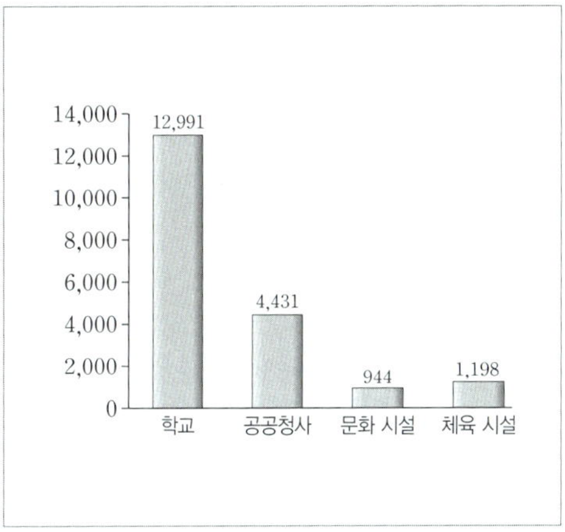

② 시도별 문화 시설 면적

(단위: m^2)

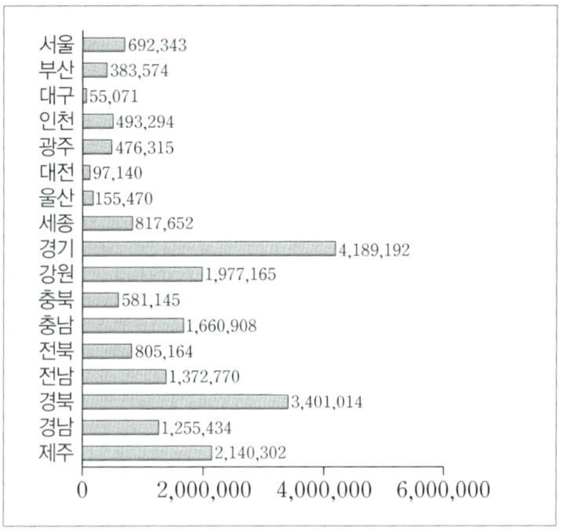

③ 대전의 공공 · 문화 · 체육 시설 수의 비중 현황

(단위: %)

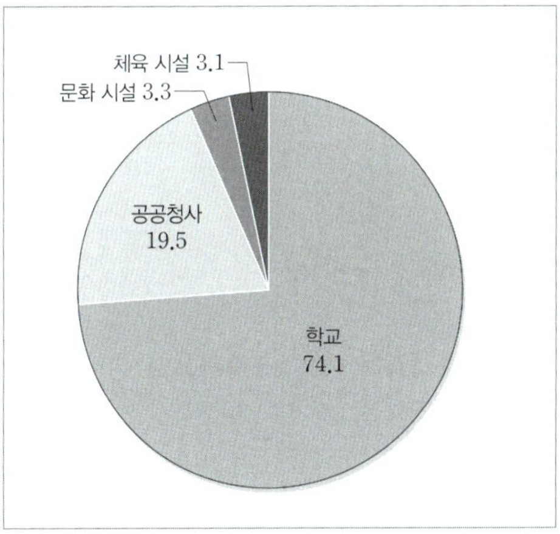

④ 광역시별 공공 · 문화 · 체육 시설 개수

(단위: 개)

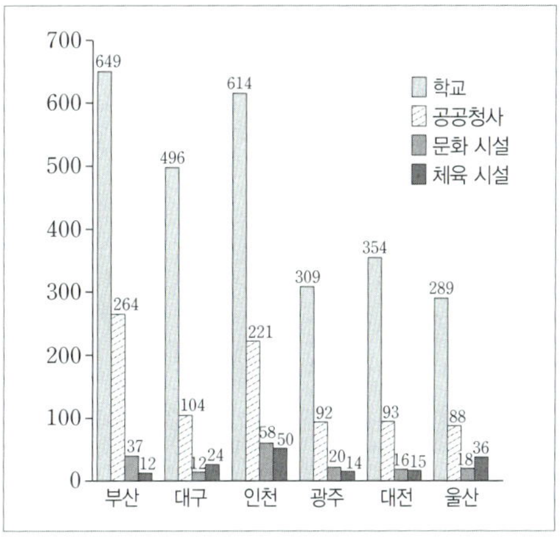

⑤ 경기의 공공 · 문화 · 체육 시설 현황

(단위: 개, m^2)

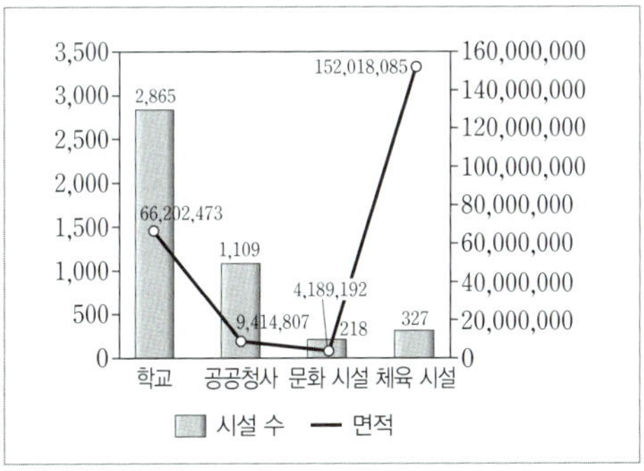

STEP 02

고난도 실전문제

난이도 상 중 하 　　　　⊕적중예상문제 06, 07번

01 **어느 공장에서 두 생산설비 A, B를 가동해 제품 P를 50,000개 만들어 납품하고자 한다. 다음 [보기]를 바탕으로 할 때, 두 생산설비가 동시에 가동된 최소 시간으로 옳은 것은?**(단, 불량품은 납품하지 않는다.)

보기

- 생산설비 A는 1시간 동안 100개의 제품 P를 생산할 수 있다.
- 생산설비 B는 생산설비 A보다 작업 속도가 2배 빠르다.
- 생산설비 A는 불량률이 3%이고, 생산설비 B는 불량률이 10%이다.
- 생산설비 A를 먼저 50시간 가동하고, 그 후부터 두 생산설비를 동시에 가동한다.

① 161시간　② 162시간　③ 163시간　④ 164시간　⑤ 165시간

난이도 상 중 하

02 **L회사는 신입사원 연수를 진행하기 위해 K연수원을 예약하여 반을 배정하려고 한다. 다음 [조건]을 만족하는 방 개수의 최솟값과 최댓값의 합으로 옳은 것은?**

조건

- 한 방에 6명을 배정하면 18명이 방 배정을 받지 못한다.
- 한 방에 8명을 배정하면 빈방이 4개가 생긴다.

① 37　② 39　③ 40　④ 50　⑤ 53

난이도 상 중 하 ⊕적중예상문제 01, 02번

03 다음은 T사 영업팀 사원 12명의 신장을 나타낸 자료이다. 영업팀 사원 12명의 신장 평균과 중앙값을 순서대로 나열한 것은?

165	182	159	173	172	179
177	160	161	185	178	170

① 170.95, 172.0
② 171.55, 172.0
③ 171.75, 172.5
④ 171.75, 173.5
⑤ 172.25, 173.0

난이도 상 중 하 ⊕적중예상문제 09, 10, 12~14번

04 크기와 무게가 같은 노란색 공 2개, 흰색 공 3개, 검은색 공 3개가 들어 있는 나무 상자에서 동시에 공 2개를 꺼냈을 때, 2개가 모두 노란색 공인 경우 경품을 받을 수 있다. 길동이가 공을 꺼낸다고 할 때, 뽑은 공의 색 조합으로 가능한 경우의 수와 길동이가 경품에 당첨될 확률을 바르게 나열한 것은?

① 6가지, $\frac{1}{4}$
② 6가지, $\frac{1}{7}$
③ 6가지, $\frac{1}{28}$
④ 9가지, $\frac{1}{4}$
⑤ 9가지, $\frac{1}{28}$

난이도 상 중 하 ⊕적중예상문제 15, 16번

05 다음 [보기]를 바탕으로 할 때, (2★2)★6의 값으로 옳은 것은?

보기

1★3=2　　5★4=8　　11★1=4　　7★9=24

① 6
② 7
③ 8
④ 9
⑤ 1001

난이도 상 중 하

⊕적중예상문제 20, 21, 27번

06 다음 [표]는 A시에서 지역 내 감염병 확산을 막고자 의료진 2,000명을 대상으로 결성한 TF팀의 인적 구성 현황을 나타낸 자료이다. 이에 대한 설명으로 옳은 것은?

[표] 의료진 TF팀 인적 구성 현황 (단위: %)

구분		예방의학과	감염내과	호흡기내과	피부과	계
성	남자	10.0	61.4	24.6	4.0	100.0
	여자	32.3	32.5	31.2	4.0	100.0
연령	30세 이하	14.5	51.7	28.5	5.3	100.0
	31~35세	20.9	48.0	27.2	3.9	100.0
	36~40세	27.7	44.3	24.8	3.2	100.0
	41~45세	35.5	33.9	27.9	2.7	100.0
	45세 이상	32.2	21.8	42.8	3.2	100.0
의료진 구성	의사	21.9	43.5	30.4	4.2	100.0
	간호사	26.8	48.0	21.8	3.4	100.0

① 전체 의료진의 남녀 비율이 3:1이라면 피부과 의료진은 100명 이상이다.
② 예방의학과 의료진 중에는 41~45세 연령대가 가장 많다.
③ 감염내과의 의료진은 호흡기내과의 의료진보다 많다.
④ 감염내과와 호흡기내과 간호사는 전체 TF팀의 절반 이상이다.
⑤ 예방의학과와 호흡기내과만 여자 의사 수가 남자 의사 수보다 많다.

난이도 상 중 하

⊕적중예상문제 28번

07 다음 [표]는 A사에서 시행한 철근 강도 평가에 관한 자료이다. 이에 대한 설명으로 옳은 것은?

20년 7급

[표] 철근 강도 평가 샘플 수 및 합격률 (단위: 개, %)

구분 \ 종류		SD400	SD500	SD600	전체
샘플 수		35	(　　)	25	(　　)
평가항목별 합격률	항복강도	100.0	95.0	92.0	96.0
	인장강도	100.0	100.0	88.0	(　　)
최종 합격률		100.0	(　　)	84.0	(　　)

※ 평가한 철근 종류는 SD400, SD500, SD600뿐임
※ 평가 결과는 합격 또는 불합격이며, 항복강도와 인장강도 평가에서 모두 합격한 샘플만 최종 합격임
※ 합격률(%)= $\frac{\text{합격한 샘플 수}}{\text{샘플 수}} \times 100$

① 전체 샘플 수는 100개 미만이다.
② 인장강도 평가에서 합격한 SD600 샘플은 항복강도 평가에서도 모두 합격하였다.
③ SD500의 최종 합격 샘플 수는 40개 이상이다.
④ 최종 불합격한 샘플은 전체 샘플의 5% 이하이다.
⑤ 항복강도 평가에서 합격한 전체 샘플의 수보다 인장강도 평가에서 합격한 전체 샘플의 수가 많다.

+적중예상문제 24, 29번

08 23년 7급

다음 [표]는 조선왕조실록에 기록된 1401~1418년의 이상 기상 및 자연재해 발생 건수에 관한 자료이다. 이에 대한 설명으로 옳은 것을 [보기]에서 모두 고른 것은?

[표] 1401~1418년 이상 기상 및 자연재해 발생 건수 (단위: 건)

구분	천둥 번개	큰 비	벼락	폭설	큰 바람	우박	한파 및 이상 고온	서리	짙은 안개	황충 피해	가뭄 및 홍수	지진 및 해일	전체
1401년	2	1	6	0	2	8	3	7	5	1	3	1	39
1402년	3	0	5	3	1	3	5	0	( )	2	2	2	41
1403년	7	13	12	3	1	3	2	3	9	0	4	0	57
1404년	1	18	0	0	1	4	2	0	3	0	0	0	29
1405년	8	27	0	6	7	9	5	4	0	5	1	2	74
1406년	4	( )	11	3	1	3	3	10	1	0	2	0	59
1407년	4	14	8	4	1	3	4	2	2	3	4	0	49
1408년	0	4	3	1	1	3	1	0	( )	3	0	0	23
1409년	4	7	6	5	2	8	3	2	4	0	2	0	43
1410년	14	14	5	1	2	6	1	1	5	2	6	1	58
1411년	3	11	6	1	2	6	1	3	1	0	9	1	44
1412년	4	8	4	2	5	6	2	0	3	2	2	0	38
1413년	5	20	4	3	6	1	0	2	1	5	5	0	52
1414년	5	21	7	3	3	3	5	5	0	0	6	0	58
1415년	9	18	9	1	3	2	3	2	3	3	2	2	57
1416년	5	11	5	1	5	2	0	3	4	1	3	0	40
1417년	0	9	5	1	7	4	3	6	1	7	3	0	46
1418년	5	17	0	0	6	2	0	2	0	3	3	1	39
합	83	( )	96	38	56	76	43	52	64	37	57	10	846

보기

ㄱ 연도별 전체 발생 건수 상위 2개 연도의 발생 건수 합은 하위 2개 연도의 발생 건수 합의 3배 이상이다.

ㄴ '큰 비'가 가장 많이 발생한 해에는 '우박'도 가장 많이 발생했다.

ㄷ 1401~1418년 동안의 발생 건수 합 상위 5개 유형은 '천둥번개', '큰 비', '벼락', '우박', '짙은 안개'이다.

ㄹ 1402년에 가장 많이 발생한 유형은 1408년에도 가장 많이 발생했다.

① ㄱ, ㄴ
② ㄱ, ㄷ
③ ㄴ, ㄹ
④ ㄷ, ㄹ
⑤ ㄴ, ㄷ, ㄹ

09 21년 7급

다음 [표]와 [정보]는 A~J지역의 지역 발전 지표에 관한 자료이다. 이를 바탕으로 (가)~(라)에 들어갈 수 있는 값을 바르게 나열한 것은?

[표] A~J지역의 지역 발전 지표 (단위: %, 개)

지표 / 지역	재정 자립도	시가화 면적 비율	10만 명당 문화 시설 수	10만 명당 체육 시설 수	주택 노후화율	주택 보급률	도로 포장률
A	83.8	61.2	4.1	111.1	17.6	105.9	92.0
B	58.5	24.8	3.1	117.1	22.8	93.6	98.3
C	65.7	(나)	3.5	103.4	13.5	91.2	97.4
D	48.3	25.3	4.3	(다)	15.8	96.6	100.0
E	65.2	20.7	3.7	133.8	12.2	100.3	99.0
F	69.5	22.6	4.1	114.0	8.5	91.0	98.1
G	(가)	22.9	7.2	110.2	20.5	103.8	91.7
H	38.7	28.8	7.8	102.5	19.9	92.6	(라)
I	26.1	20.3	6.9	119.2	33.7	102.5	89.6
J	32.6	21.3	7.5	113.0	26.9	106.1	87.9

정보

- 재정자립도가 G보다 낮은 지역은 도로 포장률이 90%에 못 미친다.
- 10만 명당 문화 시설 수가 가장 적은 2개 지역 중 한 곳은 시가화 면적 비율이 두 번째로 높은 지역이다.
- 주택 노후화율이 10~20%인 지역 중 10만 명당 체육 시설 수가 125개 이상인 지역은 2곳이다.
- A~J 10개 지역의 평균 도로 포장률은 94.65%이다.

	(가)	(나)	(다)	(라)
①	36.5	30.7	128	91.2
②	36.5	26.7	128	92.5
③	36.5	31.3	123	92.5
④	37.1	28.2	126	92.5
⑤	37.1	35.7	128	92.5

적중예상문제 22번

10 21년 5급

다음 [표]는 갑국의 2021년 중등교사 임용시험 과목별 접수 현황에 관한 자료이다. 이에 대한 설명으로 옳은 것을 [보기]에서 모두 고른 것은?

[표] 2021년 중등교사 임용시험 과목별 접수 현황

과목 \ 구분	모집 정원(명)	접수 인원(명)	경쟁률	2020년 경쟁률
국어	383	6,493	16.95	19.55
영어	(　)	4,235	15.92	19.10
중국어	31	819	26.42	23.98
도덕윤리	297	1,396	4.70	5.08
일반사회	230	1,557	6.77	7.06
지리	150	1,047	(　)	6.83
역사	229	3,268	14.27	15.22
수학	(　)	4,452	12.54	14.20
물리	133	(　)	7.46	7.10
화학	142	1,122	7.90	8.10
생물	159	1,535	(　)	11.14
지구과학	115	795	6.91	7.25
가정	141	1,048	7.43	8.03
기술	144	424	(　)	2.65
정보컴퓨터	145	(　)	6.26	5.88
음악	193	2,574	(　)	11.33
미술	209	1,998	9.56	10.62
체육	425	4,046	9.52	9.46

※ 경쟁률 $= \frac{\text{접수 인원}}{\text{모집 정원}}$

보기

㉠ 2020년 경쟁률이 15.0 이상인 과목은 2021년 경쟁률도 15.0 이상이다.
㉡ 2020년 경쟁률이 일곱 번째로 높은 과목은 2021년 경쟁률도 일곱 번째로 높다.
㉢ 2021년 모집 정원이 가장 많은 과목의 경쟁률은 모집 정원이 두 번째로 적은 과목의 경쟁률보다 높다.
㉣ 2021년 접수 인원이 1,000명 미만인 과목의 경쟁률은 10.0 미만이다.

① ㉠, ㉡　② ㉠, ㉢　③ ㉠, ㉣
④ ㉡, ㉢　⑤ ㉡, ㉣

난이도 상 중 하 　　　 ⊕적중예상문제 19, 25, 26, 40번

11 18년 민간

다음 [표]와 [그래프]는 2016년 A지역 주요 버섯의 도·소매가와 주요 버섯 소매가의 전년 동분기 대비 등락액을 나타낸 자료이다. 이에 대한 설명으로 옳은 것을 [보기]에서 모두 고른 것은?

[표] 2016년 A지역 주요 버섯의 도·소매가 (단위: 원/kg)

버섯 종류	구분 \ 분기	1분기	2분기	3분기	4분기
느타리	도매	5,779	6,752	7,505	7,088
	소매	9,393	9,237	10,007	10,027
새송이	도매	4,235	4,201	4,231	4,423
	소매	5,233	5,267	5,357	5,363
팽이	도매	1,886	1,727	1,798	2,116
	소매	3,136	3,080	3,080	3,516

[그래프] 2016년 주요 버섯 소매가의 전년 동분기 대비 등락액

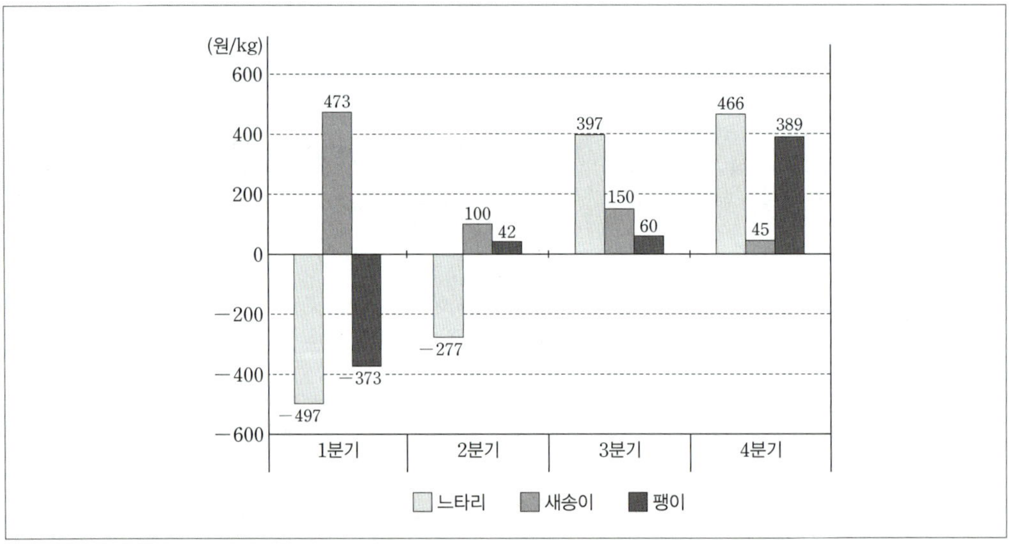

보기

㉠ 2016년에는 주요 버섯의 소매가가 직전 분기 대비 증가하면 도매가도 직전 분기 대비 증가하고, 소매가가 직전 분기 대비 감소하면 도매가도 직전 분기 대비 감소했다.
㉡ 2016년에 팽이의 도매가와 소매가가 가장 크게 벌어진 시기는 4분기이다.
㉢ 새송이의 소매가는 2015년 2분기부터 2016년 4분기까지 매 분기마다 증가했다.
㉣ 2015년에 느타리의 소매가는 10,000원/kg을 넘지 않았다.

① ㉠, ㉡　　② ㉡, ㉢　　③ ㉡, ㉣
④ ㉢, ㉣　　⑤ ㉠, ㉡, ㉢

12 **다음 [표]는 컨테이너 화물을 부산항에서 서울까지 운송하는 데 드는 요금 및 소요시간, 분담률에 관한 자료이다. 이에 대한 설명으로 옳지 않은 것은?**(단, 1TEU는 20FT 컨테이너 1개, 2TEU는 20FT 컨테이너 2개 또는 40FT 컨테이너 1개를 의미한다.)

[표1] 도로운송과 연안해상운송의 요금 구조 (단위: 원)

도로운송			연안해상운송		
구성요소	20FT	40FT	구성요소	20FT	40FT
기본료	44,000	64,000	기본료	44,000	64,000
마샬링	9,400	14,600	마샬링	9,400	14,600
선내	34,600	49,400	선내	34,600	49,400
트럭운임	446,000	496,000	해상운임	249,000	298,000
하역비	—	—	하역비	27,000	48,000
요금	490,000	560,000	요금	320,000	410,000

[표2] 운송수단별 소요시간 (단위: 시간)

구분	도로운송		연안해상운송
	직송	의왕IDC 경유	
소요시간	12	32	62

[표3] 부산항 컨테이너 화물의 운송수단별 분담률 (단위: 천 TEU, %)

구분	도로	철도	연안해상	합계
운송량	4,500	650	120	5,270
비중	85.4	12.3	2.3	100.0

① 1TEU의 화물을 운송할 때 도로운송(의왕IDC 경유)의 시간당 요금은 연안해상운송의 2.7배 이상이다.

② 2TEU의 화물을 도로로 운송할 때, 20FT 컨테이너를 사용하면 40FT 컨테이너를 사용할 때보다 1.75배의 요금이 발생한다.

③ 1TEU의 화물을 연안해상운송 대신 도로운송(직송)으로 운송하는 경우, 절감되는 1시간당 3,400원의 요금이 추가 지불된다.

④ 분담률에 따라 모든 화물을 20FT 컨테이너로 운송할 때, 운송량과 순수운임(기본료 및 하역비 제외)을 곱한 금액의 규모는 도로운송이 연안해상운송의 60배 미만이다.

⑤ 연안해상운송으로 운송할 때, 20FT의 요금에서 해상운임이 차지하는 비중과 40FT의 요금에서 해상운임이 차지하는 비중의 차이는 5%p 이상이다.

적중예상문제 34, 35, 43, 44번

13 다음 [표]는 연간 시가총액 규모별 주가지수 변동 및 종목 수와 거래활동에 관한 자료이다. 이를 바탕으로 작성한 그래프 중 옳지 않은 것은?

[표1] 2014~2021년 연간 시가총액 규모별 주가지수 변동 및 종목 수

구분	시가총액 규모별 주가지수 변동			전체 종목 수 (개)
	대형주 (상위 100위 종목)	중형주 (상위 101~300위 종목)	소형주 (상위 300위 미만 종목)	
2014년	−520	−570	−470	902
2015년	170	220	30	884
2016년	−30	−110	−190	861
2017년	190	160	30	856
2018년	80	130	40	844
2019년	470	750	560	858
2020년	60	90	−20	885
2021년	420	780	380	906

※ 연간 주가지수 변동=당해 연말 주가지수−전년 말 주가지수

※ 2013년 말 대형주, 중형주, 소형주 주가지수는 각 1,000임

[표2] 2021년 시가총액 규모별 거래활동 (단위: 개, 조 원, 억 주)

시가총액 규모	회사 수	시가총액	거래대금	거래량
10조 원 이상	22	470	957	140
5조 원 이상 10조 원 미만	31	210	602	190
1조 원 이상 5조 원 미만	74	167	678	360
1조 원 미만	630	102	487	1,104
전체	757	949	2,724	1,794

※ 우선주 등의 존재로 인해 전체 종목 수와 회사 수가 일치하지 않음

① 2021년 시가총액 규모별 시가총액 회전율

(단위: %)

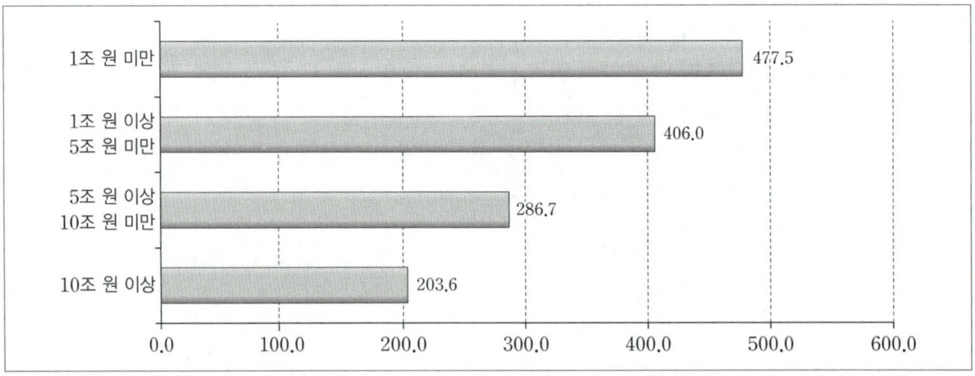

※ 시가총액 회전율(%)=$\frac{\text{거래대금}}{\text{시가총액}}\times 100$

② 전체 종목 수 대비 소형주 종목 수의 비중

(단위: %)

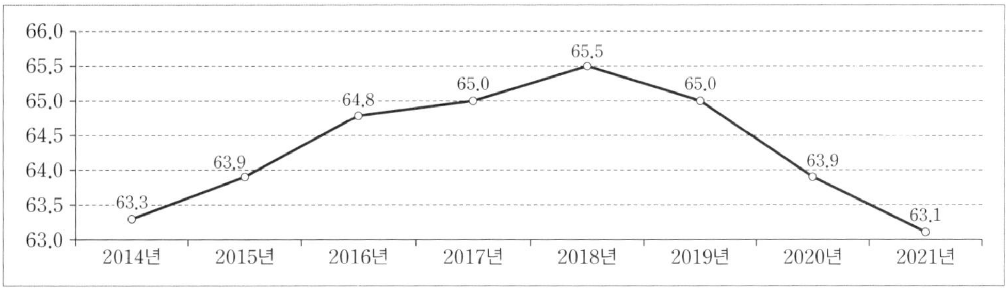

③ 2015~2018년 말 시가총액 규모별 주가지수

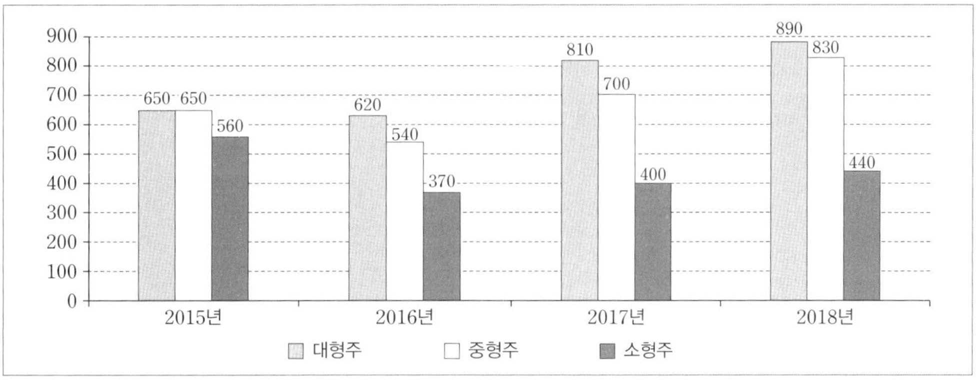

④ 대형주의 연간 주가지수 변동률

(단위: %)

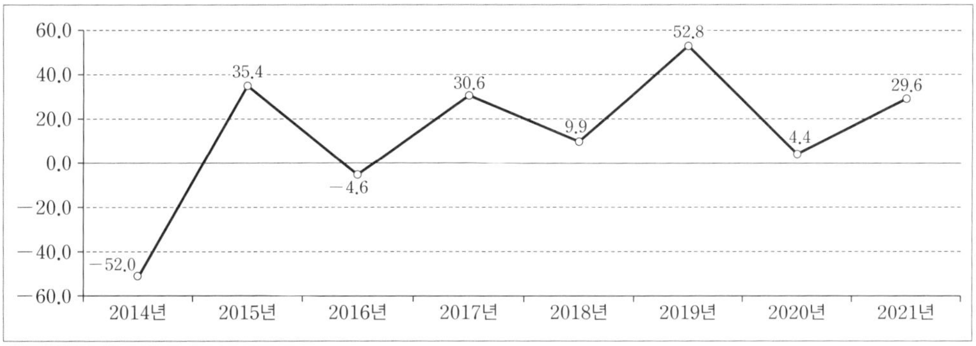

※ 연간 주가지수 변동률(%)$=\frac{\text{연간 주가지수 변동}}{\text{전년 말 주가지수}}\times 100$

⑤ 2021년 시가총액 규모별 거래량 비중

(단위: %)

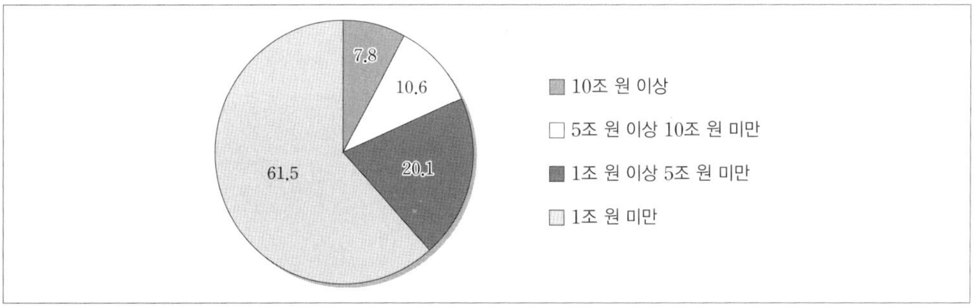

[14~15] **다음 [표]는 2016~2017년 사업체 수와 종사자 수에 관한 자료이다. 이를 바탕으로 이어지는 질문에 답하시오.**

[표1] 2016~2017년 종사자 규모별 사업체 수 및 종사자 수 (단위: 개, 명, %)

구분	사업체 수			종사자 수		
	2016년	2017년	증감률	2016년	2017년	증감률
합계	3,950,192	4,020,477	1.8	21,259,243	21,591,398	1.6
1~4인	3,173,203	3,224,683	1.6	5,705,551	5,834,290	2.3
5~99인	758,333	776,922	2.5	10,211,699	10,281,826	0.7
100~299인	14,710	14,846	0.9	2,292,599	2,318,203	1.1
300인 이상	3,946	4,026	2.0	3,049,394	3,157,079	3.5

[표2] 2016~2017년 대표자 연령대별 사업체 수 및 구성비 (단위: 개, %)

구분	사업체 수			구성비	
	2016년	2017년	증감률	2016년	2017년
합계	3,950,192	4,020,477	1.8	100.0	100.0
29세 이하	91,941	101,706	10.6	2.3	2.5
30~39세	515,704	519,733	0.8	13.1	12.9
40~49세	1,127,376	1,127,456	0.0	28.5	28.0
50~59세	1,391,870	1,396,283	0.3	35.2	34.7
60세 이상	823,301	875,299	6.3	20.8	21.8

※ 단, 증감률 및 구성비는 소수점 이하 둘째 자리에서 반올림한 값임

난이도 상 중 하

적중예상문제 32, 45번

14 주어진 자료에 대한 설명으로 옳지 않은 것은?

① 2017년 대표자가 30~49세인 사업체의 전년 대비 증가 수는 5,000개 미만이다.
② 2017년 기준 종사자의 규모가 큰 사업체일수록 사업체 수는 전년보다 더 적게 증가했다.
③ 2017년에 전년 대비 사업체 수가 가장 많이 증가한 사업체의 대표자 연령대는 60세 이상이다.
④ 종사자 규모가 큰 사업체일수록 전년 대비 종사자 수가 반드시 더 많이 증가한 것은 아니다.
⑤ 2017년에 종사자 100인 이상 규모의 사업체에 근무하는 종사자 수가 전체에서 차지하는 구성비는 전년보다 감소했다.

난이도 상 중 하

적중예상문제 31, 33, 37번

15 주어진 자료에 근거한 각 지표의 대소 비교로 옳은 것은?

① 종사자 규모 1~4인 사업체 수 구성비: 2016년 < 2017년
② 종사자 규모 1~4인 사업체의 종사자 수 구성비: 2016년 > 2017년
③ 종사자 규모 5~99인 사업체 수 구성비: 2016년 > 2017년
④ 1개 사업체당 평균 종사자 수: 2016년 < 2017년
⑤ 2017년의 전년 대비 사업체 수 구성비 증감률: 29세 이하 대표자 사업체 > 60세 이상 대표자 사업체

[16~17] 다음 [표]와 [그래프]는 2020년 지역별 인구와 고령인구 부양비에 관한 자료이다. 이를 바탕으로 이어지는 질문에 답하시오.

[표] 2020년 지역별 인구 및 고령인구 부양비 (단위: 천 명, 명/100명)

구분	인구	노년부양비	노령화지수
전국	51,781	21.7	129.0
서울	9,602	20.7	151.9
부산	3,344	26.5	175.2
대구	2,419	22.3	134.9
인천	2,951	18.1	108.2
광주	1,488	18.7	103.0
대전	1,500	18.6	109.6
울산	1,140	16.2	87.5
세종	349	13.1	46.3

※ 노년부양비 $=\frac{\text{고령인구}}{\text{생산연령인구}}\times 100$ (생산연령은 15세 이상 64세 미만을 의미함)

※ 노령화지수 $=\frac{\text{고령인구}}{\text{유소년인구}}\times 100$ (유소년은 14세 이하를 의미함)

[그래프] 2020년 지역별 고령인구 비율 (단위: %)

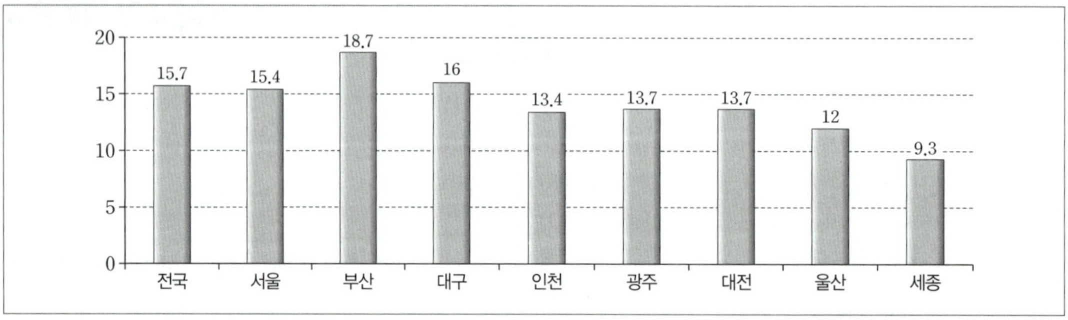

난이도 상 중 하

⊕적중예상문제 30번

16 주어진 자료에 대한 설명으로 옳지 않은 것은?

① 서울의 인구는 전국의 약 18.5%를 차지한다.
② 인천의 고령인구는 대구보다 9,000명 이상 많다.
③ 노령화지수가 가장 높은 지역의 고령인구는 60만 명 이상이다.
④ 세종은 고령인구, 노년부양비, 노령화지수 모두 가장 낮은 수치를 보인다.
⑤ 광주의 생산연령인구를 100명이라고 가정할 때, 부양해야 하는 고령인구는 18명 이상이다.

난이도 상 중 하

⊕적중예상문제 36번

17 주어진 자료에 대한 설명으로 옳은 것을 [보기]에서 모두 고른 것은?

보기

㉠ 울산의 유소년인구는 15만 명 이상이다.
㉡ 대전의 생산연령인구는 110만 명 이상이다.
㉢ 인천의 유소년인구는 전국 유소년인구의 6% 이상이다.
㉣ 부산의 생산연령인구는 유소년인구의 6배 이상이다.

① ㉠, ㉡　② ㉡, ㉢　③ ㉢, ㉣
④ ㉠, ㉡, ㉣　⑤ ㉠, ㉢, ㉣

[18~20] 다음 [표]는 어느 지역의 2022~2023년 업종별 현황을 나타낸 자료이다. 이를 바탕으로 이어지는 질문에 답하시오.

[표1] 2022~2023년 제조업 현황 (단위: 개, 명, 억 원)

구분	기업체 수		종사자 수		매출액	
	2022년	2023년	2022년	2023년	2022년	2023년
식료품	37	43	504	563	498	602
의복	108	86	223	189	290	275
철강	45	42	360	375	445	440
화학	17	35	289	301	356	368
플라스틱	208	231	1,081	1,199	1,230	1,076
합계	415	437	2,457	2,627	2,819	2,761

[표2] 2022~2023년 서비스업 현황 (단위: 개, 명, 억 원)

구분	기업체 수		종사자 수		매출액	
	2022년	2023년	2022년	2023년	2022년	2023년
부동산	860	781	4,195	3,561	6,082	4,564
도소매	409	425	3,604	3,883	3,989	3,153
정보통신	155	130	641	540	522	489
예술 및 스포츠	85	46	202	147	189	174
교육	108	90	773	739	825	828
금융	56	74	690	722	978	1,045
과학 및 기술	367	412	1,508	1,885	1,673	1,952
합계	2,040	1,958	11,613	11,477	14,258	12,205

[표3] 2022~2023년 연구개발업 현황 (단위: 개, 명, 억 원)

구분	기업체 수		종사자 수		매출액	
	2022년	2023년	2022년	2023년	2022년	2023년
의약학	27	30	210	234	348	350
반도체	12	10	68	51	103	84
IT	79	67	409	389	553	511
부동산	109	97	676	684	662	648
자동차	35	36	708	1,023	1,018	1,859
디자인	92	108	659	700	580	567
합계	354	345	2,730	3,081	3,264	4,019

난이도 상 중 하 ⊕적중예상문제 38, 47, 49번

18 주어진 자료에 대한 설명으로 옳지 않은 것은?

① 2023년 제조업 전체 기업체 수는 전년 대비 20개 이상 증가하였다.
② 2023년 서비스업 중 전년 대비 기업체 수가 증가한 업종은 3개이다.
③ 2023년 의약학의 기업체 수당 종사자 수는 전년 대비 1명 이상 증가하였다.
④ 2022년 플라스틱 업종의 종사자 수는 전체 제조업 종사자 수의 40% 이상이다.
⑤ 2023년 연구개발업 전체 종사자 수 중에서 두 번째로 많은 비중을 차지하는 업종은 디자인이다.

난이도 상 중 하 ⊕적중예상문제 39번

19 주어진 자료의 업종별 매출액에 대한 설명으로 옳은 것을 [보기]에서 모두 고른 것은?

보기

㉠ 전년 대비 2023년에 연구개발업 전체 매출액 증가율은 20% 이상이다.
㉡ 연구개발업 중 전년 대비 2023년 매출액 증가율이 가장 높은 업종은 자동차이다.
㉢ 서비스업 중 부동산과 도소매의 매출액 비중의 합은 매년 65% 이상이다.
㉣ 제조업에서 매출액이 전년 대비 2023년에 두 번째로 크게 감소한 업종은 의복이다.

① ㉠, ㉢ ② ㉠, ㉣ ③ ㉡, ㉢
④ ㉠, ㉡, ㉣ ⑤ ㉡, ㉢, ㉣

20 **주어진 자료를 변환한 그래프로 옳지 않은 것은?**(단, 증감에 관해서는 2022년 대비 2023년을 기준으로 한다.)

① 제조업 종사자 수 증감

(단위: 명)

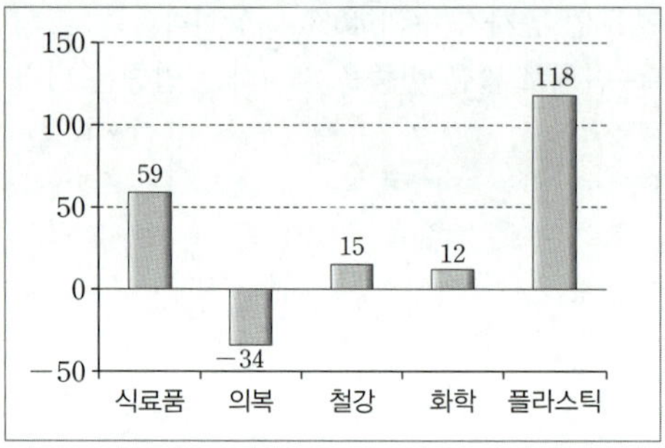

② 2022년 연구개발업 기업체 수 비중

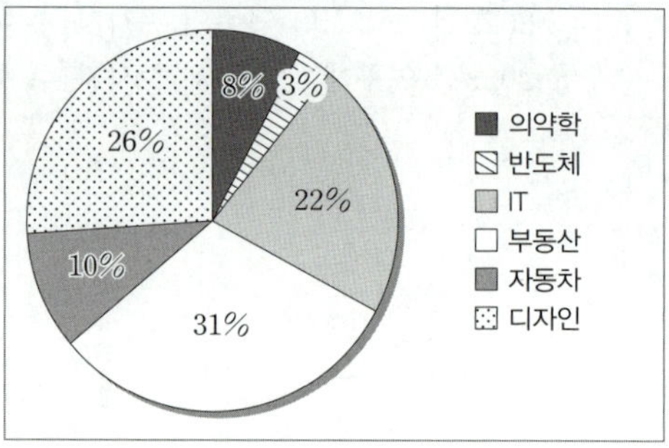

③ 정보통신, 교육, 금융 기업체 수 증감율

(단위: %)

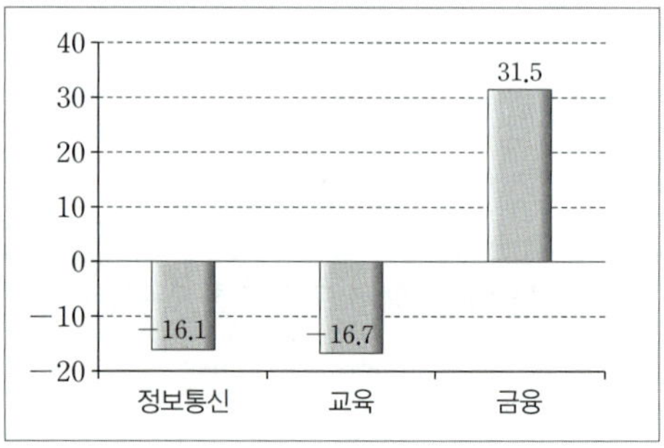

④ 2023년 제조업 매출액 비중

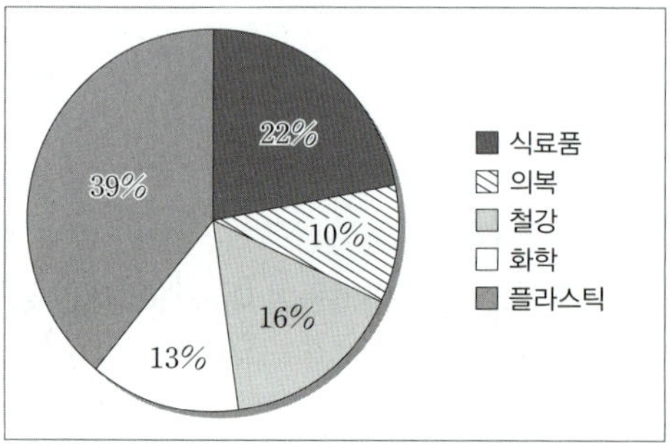

⑤ 의약학, 반도체, IT, 디자인 종사자 수 증감

(단위: 명)

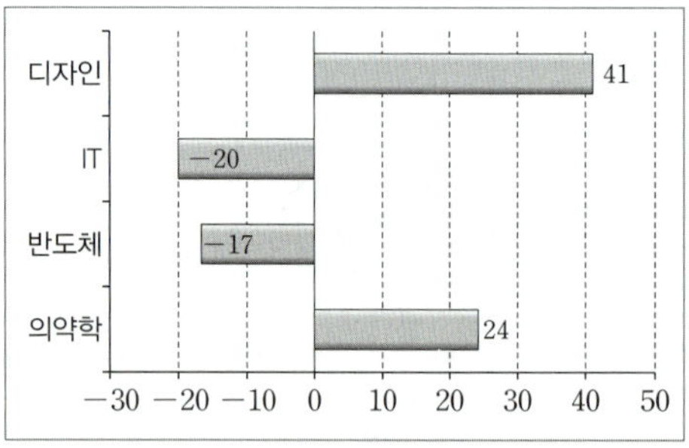

인생에 새로운 시도가 없다면
결코 실패하지 않습니다.

단 한 번도 실패하지 않은 인생은
결코 새롭게 시도해 보지 않았기 때문입니다.

– 조정민, 『인생은 선물이다』, 두란노

PART 2 영역별 문제풀이

출제비중(%)

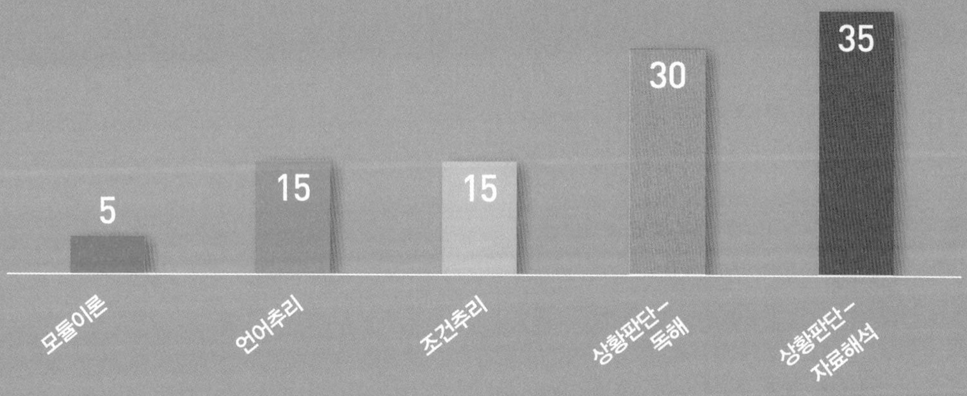

대표 출제 기업

PSAT형	한국전력공사, 국민건강보험공단, 한국토지주택공사, 인천국제공항공사, 한국공항공사, 한국도로공사, 한국수자원공사, 한국수력원자력, 예금보험공사, 근로복지공단, IBK기업은행
피듈형	한국철도공사, 서울교통공사, 부산교통공사, 한국가스공사, 한국지역난방공사, 한국도로공사, 한국수자원공사, 한국공항공사, 한국농어촌공사, 한전KPS, 한전KDN, 한국중부발전, 한국남부발전, 한국서부발전, 한국동서발전, 한국남동발전, 한국환경공단, 국민연금공단, 한국산업인력공단, 지역농협, IBK기업은행, NH농협은행, KDB산업은행, 한국수출입은행, 신용보증기금, 예금보험공사, 건강보험심사평가원

CHAPTER 03

문제해결능력

STEP 01

적중예상문제

난이도 상 중 하

고난도 실전문제 01번

01 다음은 논리적 사고에 관한 글이다. 이를 바탕으로 할 때, 다음 [상황]에서 한 씨에게 필요한 논리적 사고의 요소로 가장 적절한 것은?

논리적 사고는 직장생활 중에서 지속적으로 요구되는 능력이다. 업무 수행 중에 자신이 만든 계획이나 주장을 주위 사람에게 이해시켜 실현하기 위해서는 체계적인 설득 과정을 거쳐야 하는데, 이때 필요로 하는 것이 바로 논리적 사고이다. 논리적 사고의 요소는 다음과 같다.

첫째, 사고의 전개에 있어서 전후의 관계가 일치하고 있는가를 구체적으로 살펴야 한다.

둘째, 상대의 주장을 논리적으로 구조화시켜 평가해야 한다.

셋째, 논리적 사고를 통해 다른 사람을 공감시켜 움직일 수 있게 한다.

넷째, 짧은 시간에 헤매지 않고 사고할 수 있게 한다.

다섯째, 행동하기 전에 생각을 먼저 하게 하며, 주위를 설득하는 일이 훨씬 쉬워진다.

상황

한 씨는 기존의 아이템의 성능을 개선하기 위한 기획안을 수립하여 팀장에게 보고하였지만 거부당했다. 이런 상황에서 한 씨는 '왜 자신이 생각한 것처럼 되지 않을까, 무엇이 부족한 것일까?'라고 생각하기 쉽다. 그러나 이때 자신의 논리로만 생각하면 독선에 빠지게 된다. 반면 상대의 논리에서 약점을 찾고, 자기 생각을 재구축한다면 분명히 다른 메시지를 전달할 수 있다. 자신의 주장이 받아들여지지 않는 원인 중에 상대 주장에 대한 이해가 부족하다는 점이 있을 수 있다.

① 사고의 전개에 있어서 전후의 관계가 일치하는지 구체적으로 살핀다.
② 상대의 주장을 논리적으로 구조화시켜 평가한다.
③ 사고 과정을 통해 다른 사람을 공감시켜 움직일 수 있게 한다.
④ 짧은 시간 동안 집중적으로 사고한다.
⑤ 행동하기 전에 먼저 생각해 본다.

난이도 상 중 하 ⊕고난도 실전문제 01번

02 업무상 발생하는 문제는 그 문제가 가진 특성에 따라 창의적 문제와 분석적 문제로 구분할 수 있다. 분석적 문제에 대한 설명으로 옳은 것을 [보기]에서 모두 고른 것은?

보기

㉠ 분석, 논리, 귀납과 같은 논리적 방법을 통해 해결하는 문제
㉡ 현재 문제가 없더라도 보다 나은 방법을 찾기 위한 문제
㉢ 주관적, 직관적, 감각적 특징이 두드러지는 문제
㉣ 정답의 수가 적으며, 한정되어 있는 문제

① ㉠, ㉡ ② ㉠, ㉣ ③ ㉡, ㉢
④ ㉡, ㉣ ⑤ ㉢, ㉣

난이도 상 중 하

03 다음 중 퍼실리테이션을 진행하는 '퍼실리테이터'에 대한 설명으로 적절하지 <u>않은</u> 것은?

① 말하기보다는 듣고, 지시하기보다는 질문을 한다.
② 회의를 시작할 때 어떻게 분위기를 편안하게 만들지를 고민해 본다.
③ 예정된 합의점이나 줄거리에 맞는 결론이 도출될 수 있도록 유도한다.
④ 회의를 시작하면서 모든 참석자들이 회의 안건에 몰입할 수 있도록 돕는다.
⑤ 회의 도중 발생할지도 모를 돌발 상황을 고려해 유연하게 변경할 수 있는 준비를 잊지 않는다.

난이도 상 중 하 ⊕고난도 실전문제 01번

04 다음 사례에 나타난 장 과장의 문제해결을 위한 기본적 사고로 옳은 것은?

식자재를 생산하여 수출하는 L사는 경쟁업체인 M사에 비해 판매율과 인지도가 낮은 편에 속하는데, L사의 임직원들은 이러한 현실을 바꾸기 위해 노력하기보다는 수용하고 있는 상황이다. L사에 경력직으로 입사하게 된 장 과장은 업계의 상황을 바꾸어 보고자 L사와 M사 사이의 차이점을 객관적으로 면밀히 분석하였다. 장 과장의 분석 결과, 소비자는 위생에 대한 관심이 높아지고 있는데, L사는 위생 관리 및 교육 수준이 M사보다 미흡하다는 점을 확인하였다. 장 과장은 이 결과를 바탕으로 위생 의식 교육 강화의 필요성에 관한 보고서를 작성하여 상부에 보고하였다.

① 전략적 사고 ② 분석적 사고 ③ 과학적 사고
④ 발상의 전환 ⑤ 내 · 외부자원 활용

난이도 상 중 하

⊕고난도 실전문제 02번

05 다음 글에서 설명하고 있는 창의적 사고의 개발 방법으로 옳은 것은?

창의적 사고를 위한 발산 방법 중 가장 흔히 사용하는 방법으로 아이디어의 연쇄 반응을 일으켜 자유분방하게 사고하는 방법이 있다. 이 방법은 주제를 구체적이고 명확하게 정한 뒤 구성원들끼리 얼굴을 볼 수 있는 형태로 좌석을 배치하고, 아이디어를 적을 큰 용지를 준비해 구성원들이 자유롭게 발언할 수 있게 하여 모든 발언을 용지에 기록하는 방식으로 진행한다. 이때, 구성원들은 다양한 분야의 사람들로 구성하며, 구성원들의 의견을 다양하게 이끌어낼 수 있는 사람을 리더로 선출하는 것이 좋다.

① 6색 사고 모자 기법　② 브레인스토밍　③ 시네틱스법
④ 퍼실리테이션　⑤ 소프트 어프로치

난이도 상 중 하

⊕고난도 실전문제 02번

06 다음 [대화]에서 밑줄 친 ㉠~㉢에 해당하는 창의적 사고 개발 방법이 바르게 짝지어진 것은?

대화

영수: "취업 준비를 해야 하는데 어떤 걸 준비해야 할지 잘 모르겠어."
민규: "얼마 전에 수업 시간에 배웠는데 아이디어가 잘 떠오르지 않을 때는 창의적 사고 개발 방법을 사용하면 좋다고 하더라."
영수: "어떻게 해야 하는데?"
민규: "㉠ 노트에 취업 역량 강화라는 주제를 적어 놓고 '토익 점수 900점 이상', '전공 관련 자격증 2개 이상 취득'과 같이 생각나는 걸 다 적어 보는 거지."
영수: "생각이 잘 안 날 수도 있을 것 같은데 다른 방법은 없어?"
민규: "또 ㉡ 다른 방법으로는 '취업'이라는 주제에 대해서 '학점', '토익', '자격증', '스터디'와 같이 힌트를 연결하고 사고의 방향을 정해 놓은 다음 아이디어를 떠올리는 거야.
아니면 ㉢ 최근에 취업에 성공한 선배를 힌트로 하여 취업 전략 아이디어를 얻는 방법도 있어. 선배가 취업에 성공했던 전략을 참고로 너의 취업 성공 아이디어를 도출하는 거지."
영수: "아, 좋은 방법이네. 도움이 많이 될 것 같아. 고마워."

	㉠	㉡	㉢
①	강제연상법	자유연상법	비교발상법
②	강제연상법	비교발상법	자유연상법
③	자유연상법	강제연상법	비교발상법
④	자유연상법	비교발상법	강제연상법
⑤	비교발상법	강제연상법	자유연상법

난이도 상 중 하 고난도 실전문제 04번

07 K전자 가전제품 대리점은 매출 감소와 수익성 악화 문제를 해결하기 위해 다음 [보기]와 같은 행위들을 수행하였다. [보기]의 ㉠~㉤을 문제해결 절차에 따라 바르게 나열한 것은?

보기

㉠ 고객이 감소함에 따라 발생한 모든 문제들을 확인하고 해야 할 일이 무엇인지 과제를 선정하였다.
㉡ 매출과 수익성을 끌어올릴 수 있는 방안을 수립하였다.
㉢ 이전과 비교하여 현재의 매출과 수익성이 얼마나 악화되었는지 확인하고 도달해야 할 수익률이 얼마인지를 설정하였다.
㉣ 고객을 유치하기 위해 수립한 방안들을 실천하며, 같은 실수가 재발하지 않도록 전 직원이 주의를 기울이기로 다짐하였다.
㉤ 내방 고객이 왜 감소하였으며, 내외부의 요인이 무엇이었는지를 냉철하게 분석하였다.

① ㉠－㉢－㉡－㉣－㉤
② ㉢－㉠－㉤－㉡－㉣
③ ㉢－㉤－㉡－㉣－㉠
④ ㉣－㉠－㉤－㉡－㉢
⑤ ㉣－㉤－㉠－㉢－㉡

난이도 상 중 하

08 다음 [보기]에 나타난 논리적 오류의 유형으로 옳은 것은?

보기

폼알데하이드는 환경오염을 일으키는 대표적인 유해 물질이다. 폼알데하이드의 화학식이 CH_2O이니, H, C, O 역시 모두 유해한 물질이다.

① 결합의 오류
② 분할의 오류
③ 본말전도의 오류
④ 허수아비의 오류
⑤ 성급한 일반화의 오류

난이도 상 중 하

고난도 실전문제 05번

09 주어진 전제를 바탕으로 할 때, 빈칸에 들어갈 결론으로 항상 참인 것은?

전제1	모든 직장인은 인센티브를 받는다.
전제2	양복을 입는 모든 사람은 직장인이 아니다.
결론	( )

① 인센티브를 받지 않는 모든 사람은 직장인이다.
② 양복을 입는 모든 사람은 인센티브를 받지 않는다.
③ 인센티브를 받는 사람은 양복을 입는 사람이 아니다.
④ 양복을 입는 사람 중 인센티브를 받는 사람이 반드시 있다.
⑤ 양복을 입는 어떤 사람은 인센티브를 받을 수도 있고 받지 못할 수도 있다.

난이도 상 중 하

고난도 실전문제 05번

10 다음 중 결론이 항상 참이 되게 하는 전제로 옳은 것은?

전제1	매운 음식을 먹는 모든 사람은 떡볶이를 좋아한다.
전제2	( )
결론	매운맛에 내성이 있는 어떤 사람은 매운 음식을 먹지 않는다.

① 매운맛에 내성이 있는 모든 사람은 떡볶이를 좋아한다.
② 떡볶이를 좋아하지 않는 모든 사람은 매운맛에 내성이 있지 않다.
③ 매운맛에 내성이 있지 않은 어떤 사람은 떡볶이를 좋아하지 않는다.
④ 떡볶이를 좋아하는 어떤 사람은 매운맛에 내성이 있지 않다.
⑤ 매운맛에 내성이 있는 어떤 사람은 떡볶이를 좋아하지 않는다.

난이도 상 중 하

⊕고난도 실전문제 06번

11 직원 A, B, C가 [보기]와 같이 영어 수업을 신청할 때, 다음 중 반드시 참인 것은?

보기

- A가 영어 수업을 신청하면 B도 영어 수업을 신청한다.
- A가 영어 수업을 신청하지 않으면 C가 영어 수업을 신청한다.

① A가 영어 수업을 신청하면 C는 영어 수업을 신청하지 않는다.
② A가 영어 수업을 신청하지 않으면 B도 영어 수업을 신청하지 않는다.
③ B가 영어 수업을 신청하면 C도 영어 수업을 신청한다.
④ B가 영어 수업을 신청하지 않으면 C가 영어 수업을 신청한다.
⑤ C가 영어 수업을 신청하면 B는 영어 수업을 신청하지 않는다.

난이도 상 중 하

⊕고난도 실전문제 06번

12 다음 두 명제가 모두 참이라고 할 때, 이 두 명제로부터 명제 "봄이 오면 제비가 온다."가 참이라는 결론을 얻기 위해서 참인 명제가 하나 더 필요하다. 다음 중 필요한 명제로 적절한 것은?

- 날씨가 춥지 않으면 제비가 온다.
- 봄이 오면 꽃이 핀다.

① 날씨가 추우면 꽃이 피지 않는다.
② 날씨가 춥지 않으면 봄이 온다.
③ 제비가 오면 꽃이 핀다.
④ 꽃이 피지 않으면 춥다.
⑤ 봄이 오지 않으면 춥다.

난이도 상 중 하 ⊕고난도 실전문제 09번

13 **다음은 A회사 출퇴근 방법을 조사한 내역이다. 이를 바탕으로 할 때, [보기]에서 항상 참인 것을 모두 고른 것은?**

- 도보를 이용한 사람은 자전거도 이용하였다.
- 자가용을 이용하지 않은 사람은 도보를 이용하였다.
- 도보를 이용하지 않은 사람은 버스도 이용하지 않았다.
- 버스를 이용한 사람은 지하철도 이용하였다.

보기

㉠ 버스를 이용한 사람은 자전거도 이용하였다.
㉡ 도보를 이용한 사람은 지하철을 이용하지 않았다.
㉢ 지하철을 이용한 사람은 자가용을 이용하지 않았다.
㉣ 자전거를 이용하지 않은 사람은 자가용을 이용하였다.

① ㉠, ㉡　　② ㉠, ㉣　　③ ㉡, ㉢
④ ㉡, ㉣　　⑤ ㉢, ㉣

난이도 상 중 하 ⊕고난도 실전문제 07번

14 **A사는 임직원을 대상으로 자사에서 만든 휴대폰 사용을 권장하고 있으나, 아직 2명의 신입사원이 B사 휴대폰을 사용하고 있다. 다음 [대화]에서 5명의 신입사원 갑~무 중 한 명이 거짓을, 나머지 네 명이 참을 말하고 있다고 할 때, B사 휴대폰을 사용하고 있는 신입사원으로 옳은 것은?**(단, 거짓을 말하는 사람의 모든 진술은 거짓이다.)

대화

갑: "나는 A사 휴대폰을 사용하고 있고, 병도 A사 휴대폰을 사용하고 있어."
을: "병은 A사 휴대폰을 사용하고 있고, 무도 A사 휴대폰을 사용하고 있어."
병: "을은 B사 휴대폰을 사용하고 있고, 나와 갑은 같은 회사에서 만든 휴대폰을 사용하고 있어."
정: "나는 아직 B사 휴대폰을 사용하고 있지만, 무는 A사 휴대폰을 사용하고 있어."
무: "거짓을 말하고 있는 사람은 B사 휴대폰을 사용하고 있어."

① 갑, 병　　② 갑, 정　　③ 을, 정
④ 을, 무　　⑤ 병, 무

난이도 상 중 하 ⊕고난도 실전문제 08번

15 **영업팀의 K사원이 결혼을 하는데, 영업팀의 사원 A~E 중 2명은 출근하고, 2명은 결혼식에 참석하고, 1명은 출장을 간다. 다음 [대화]에서 출장자가 거짓을, 나머지는 참을 말하고 있다고 할 때, 결혼식에 참석하는 사원을 모두 고른 것은?**(단, 거짓을 말하는 사람의 모든 진술은 거짓이고, 모든 사원은 1가지 일정만 수행한다.)

대화

- A: "D는 출근을 해야 하고, 저는 결혼식에 참석합니다."
- B: "C는 결혼식에 참석할 수 없습니다."
- C: "D와 E는 함께 움직인다고 들었습니다."
- D: "B는 결혼식에 참석하지 않고, C는 결혼식에 참석합니다."
- E: "A는 출근을 하지 않으나, 저는 출근을 합니다."

① A, C ② A, E ③ B, C
④ B, D ⑤ D, E

난이도 상 중 하 ⊕고난도 실전문제 07번

16 **5명의 직원 A~E는 각자 등산 동호회 또는 영화 동호회 중 1곳에만 소속되어 있다. 다음 [대화]에서 등산 동호회 회원들은 항상 거짓을, 영화 동호회 회원들은 항상 참을 말한다고 할 때, 영화 동호회 회원을 모두 고른 것은?**(단, 거짓을 말하는 사람의 모든 진술은 거짓이다.)

대화

- A: "나는 B와 같은 동호회이고, C와 다른 동호회야."
- B: "나는 영화 동호회이고, E는 등산 동호회야."
- C: "나는 영화 동호회이고, D와 다른 동호회야."
- D: "나는 B와 같은 동호회야."
- E: "나는 등산 동호회가 아니고, 영화 동호회 회원은 1명이야."

① A ② B ③ A, B
④ B, D ⑤ C, E

난이도 상 중 하

고난도 실전문제 09번

17 A~F 6명은 각각 2가지 진술을 하고 있으며, 각자 말한 2가지 진술 중 하나는 참이고 다른 하나는 거짓이다. 다음 [대화]를 바탕으로 할 때, 항상 옳은 것은?

대화

- A: "물건을 훔친 사람이 2명임을 봤다. D는 물건을 훔치지 않았다."
- B: "고백하건대 나와 D 중 1명만 물건을 훔쳤다. 물건을 훔친 사람은 2명이 아니다."
- C: "F가 물건을 훔친 것을 봤다. 나와 A, E 중 물건을 훔친 사람이 최소 1명이다."
- D: "사실 내가 물건을 훔쳤다. 물건을 훔친 사람은 2명이 아니다."
- E: "B와 C가 물건을 훔친 것을 알고 있다. F는 물건을 훔쳤다."
- F: "D는 물건을 훔치지 않았다. B는 물건을 훔치지 않았다."

① A, C, E 중 물건을 훔친 사람은 없다.
② B와 D는 모두 물건을 훔쳤다.
③ 물건을 훔친 사람은 3명 이상이다.
④ 첫 번째 진술이 진실인 사람은 2명이다.
⑤ C의 두 번째 진술은 진실이다.

난이도 상 중 하

18 직원 5명 A~E의 출근 순서가 [보기]와 같을 때, 다음 중 첫 번째와 네 번째로 출근한 직원이 순서대로 바르게 짝지어진 것은?

보기

- A는 B보다 늦게 출근하였다.
- C는 B 바로 다음에 출근하였다.
- 마지막에 출근한 사람은 E가 아니다.
- D와 E는 연이어 출근하지 않았다.
- B는 가장 먼저 출근하지 않았다.
- C와 A의 출근 순서 차이는 B와 D의 출근 순서 차이와 같다.

① B, D　② C, A　③ D, E
④ E, C　⑤ E, D

난이도 상 중 하

고난도 실전문제 08번

19 ○○대학교에 입학한 설아, 유리, 지은이는 [보기]와 같이 2가지씩 진술하였다. 이들이 말한 진술은 각각 하나는 참이고, 다른 하나는 거짓일 때, 다음 중 수시입학 여부를 가장 바르게 나타낸 것은?

보기

- 설아: 나는 수시입학을 하지 않았다. 지은이도 수시입학을 하지 않았다.
- 유리: 나는 수시로 입학했다. 설아는 수시입학을 하지 않았다.
- 지은: 나는 수시입학을 하지 않았다. 설아도 수시입학을 하지 않았다.

	설아	유리	지은
①	수시입학	수시입학	알 수 없음
②	수시입학	알 수 없음	수시입학 아님
③	수시입학 아님	수시입학 아님	수시입학
④	수시입학 아님	수시입학	수시입학
⑤	알 수 없음	수시입학 아님	수시입학

난이도 상 중 하

20 어느 회사 연수에서 8명의 신입사원 A~H를 입사 성적 순위에 따라 1등과 8등은 1팀, 2등과 7등은 2팀, 3등과 6등은 3팀, 4등과 5등은 4팀에 배정하였다. 다음 [조건]에 따라 팀이 배정되었다고 할 때, F와 같은 팀인 신입사원으로 옳은 것은?

조건

- B와 C는 같은 팀이고, B가 C보다 순위가 높다.
- E는 3등이고, C는 꼴찌가 아니다.
- D는 2팀에 배정되었다.
- H는 1팀이 아니고, D보다 등수가 높다.
- G는 H보다 등수가 높고, A도 H보다 등수가 높다.
- A는 D와 같은 팀이 아니다.

① A　② D　③ E　④ G　⑤ H

난이도 상 중 하

21 **개발팀 직원 8명인 김 부장, 이 차장, 김 과장, 이 과장, 김 대리, 이 대리, 김 사원, 이 사원은 회사 기숙사에서 거주 중이다. 다음 [조건]을 바탕으로 할 때, 항상 옳은 것은?**

조건

- 기숙사는 총 5층이며, 층마다 방이 2개씩 있다. 예를 들면 1층에는 101호와 102호가 있다.
- 부장은 다른 직원들보다 낮은 층에 거주하며 이 사원 바로 아랫방에 거주한다.
- 빈방은 2개이며, 나머지 방에는 1명씩 거주한다.
- 모든 대리의 바로 아랫방에는 과장이 거주한다.
- 이 과장은 김 과장보다 낮은 층에 거주한다.
- 사원은 서로 같은 층에 거주한다.
- 차장은 5층에 거주한다.
- 101호는 빈방이다.

① 이 과장의 옆 방은 빈방이다.
② 김 사원은 202호에 거주한다.
③ 이 차장은 501호에 거주한다.
④ 이 대리의 옆 방에는 과장이 거주한다.
⑤ 이 과장의 바로 아랫방에는 이 사원이 거주한다.

난이도 상 중 하

22 **중학교에 입학한 수희, 안나, 한슬, 지영, 은별, 예지, 다래는 모두 다른 반이 되었다. 다음 [조건]이 모두 참이라고 할 때, 항상 거짓인 것은?**

조건

- 일곱 개의 학급은 중앙계단을 사이에 두고 왼쪽에 1~4반, 오른쪽에 5~7반으로 나뉘어 일렬로 위치해 있다.

1반	2반	3반	4반	중앙계단	5반	6반	7반

- 지영이는 짝수 반이 아니다.
- 은별이는 2반이 아니고, 중앙계단을 기준으로 왼편에 있다.
- 예지는 홀수 반이고, 다래와 옆 반이 아니다.
- 한슬이는 가장 마지막 반이고, 수희와 옆 반이 아니다.
- 안나는 5반이다.

① 수희는 2반이다.
② 다래는 7반이 아니다.
③ 예지는 한슬이와 옆 반이다.
④ 수희와 지영이는 옆 반이다.
⑤ 은별이와 한슬이는 옆 반이 아니다.

난이도 상 중 하

23 어느 대학교 10개의 강의동은 다음 [조건]과 같이 구름다리를 통해 연결되어 있다. 이때 지날 수 있는 강의동의 최대 개수로 옳은 것은?(단, 출발지인 1동도 개수에 포함한다.)

조건

- 동과 동 사이의 이동은 구름다리를 통해서만 가능하다.
- 1동에서 출발하여 홀수로 표기된 동과 짝수로 표기된 동을 교대로 지나가려고 한다.
- 가능한 많은 수의 건물들을 통과하려고 하며, 한 번 지나간 동은 다시 지나갈 수 없다.
- 1동은 2동과 3동에 연결되고, 2동은 3동과 4동에 연결된다.
- 4동은 2동, 3동, 5동, 6동에 연결되고, 6동은 3동, 7동, 8동에 연결된다.
- 7동은 8동에 연결되고, 8동은 5동과 9동에 연결된다.
- 9동은 5동과 10동에 연결된다.

① 6개　② 7개　③ 8개　④ 9개　⑤ 10개

난이도 상 중 하　⊕고난도 실전문제 09번

24 외부 업체를 선정하여 데이터베이스 구축에 관한 업무 전체를 일임하고자 한다. 데이터베이스 구축 공개입찰에 업체 3곳, A, B, C가 참가하였고, 업체들의 제안서, 제안 가격, 관련 실적, 투입 인력에 대하여 평가를 진행하였다. 4가지 평가 항목에 대하여 다음과 같이 합격/불합격으로 평가한 결과를 바탕으로 할 때, 다음 중 [보기]에서 항상 참인 것을 모두 고른 것은?

- A업체는 제안서 항목에서 불합격하였다.
- A업체와 C업체의 제안 가격의 평가 결과는 서로 다르다.
- A업체와 B업체는 4가지 항목 중 3가지 항목에 대하여 합격하였다.
- A업체와 B업체는 제안서와 투입 인력의 경력 중 1가지 항목만 합격하였다.
- 평가자들은 B업체와 C업체의 투입 인력의 경력에 대하여 동일한 결과를 부여하였다.

보기

㉠ 세 업체 모두 적어도 1가지 항목에 대하여 불합격하였다.
㉡ 적어도 두 업체는 제안 가격 항목에 대하여 불합격하였다.
㉢ A업체와 C업체는 관련 실적에서 똑같은 평가를 받았다.
㉣ B업체가 투입 인력의 경력 항목에서 합격하였다면, 세 업체 모두 해당 항목에 합격하였다.

① ㉠, ㉢　② ㉠, ㉣　③ ㉡, ㉢　④ ㉡, ㉣　⑤ ㉢, ㉣

난이도 상 중 하

⊕고난도 실전문제 12번

25 ▽▽전자는 다음과 같이 매년 투표를 통해 성실 사원을 선정하고 있다. 이를 바탕으로 할 때, 인턴사원 A씨의 판단으로 적절하지 <u>않은</u> 것은?

> **〈성실 사원 선정 방법〉**
>
> 1. 성실 사원 선정은 추천된 자를 대상으로 진행합니다.
> 2. 성실성의 판정은 전 직원의 투표에 의해 결정됩니다.
> 3. 임원들은 성실 사원의 선정에 대하여 이의를 제기하지 못합니다.(단, 임원이 아닌 직원은 이의를 제기할 수 있습니다.)
> 4. 선정에서 동점을 받은 사원이 2명 이상인 경우에는 추첨에 의하여 성실 사원을 선정합니다.
>
> ※ 임원은 이사 이상을 말하는 것으로 사원, 대리, 과장, 차장, 부장은 임원이 아님

> **〈성실 사원 선정 공고〉**
>
> • 성실 사원 후보 추천 기간: 2025. 7. 1. ~ 2025. 7. 30.
> • 추천 대상 평가 기간: 2025. 8. 1. ~ 2025. 8. 30.
> • 수상자: 1명
> • 부상: 현금 500만 원 및 유급휴가 10일
> • 특이사항: 작년도 성실 사원은 올해 성실 사원 후보에서 제외함

① 경우에 따라 추첨에 의해 성실 사원의 선정이 결정되는 경우도 있겠군!
② 작년에는 박 대리님이 선정되셨으니 올해는 성실 사원으로 추천할 수 없겠네.
③ 김 부장님은 성실 사원 선정에 대하여 이의를 제기할 수 있겠는걸?
④ 정 과장님이 2025년 8월 2일에 후보로 추천되었다면 성실 임직원으로 선정될 수 있겠어.
⑤ 전 직원의 투표로 성실 사원을 선정하는 것이니 임원이라 하더라도 선정에 대해 이의를 제기하지는 못하겠군.

고난도 실전문제 12번

26 다음은 N공단의 학자금 대출 규정에 관한 자료이다. 이에 대한 설명으로 옳지 않은 것을 [보기]에서 모두 고른 것은?

학자금 대출 규정

1. 대상
   – N공단에 입사 후 2년 이상 근속하고 있는 직원으로서 본인 또는 그 자녀가 국내외 고등학교, 대학교 또는 대학원에 재학 중인 직원

2. 지원 내역
   – 매 학기·매 분기 실등록금(입학금, 수업료, 기성회비 및 학교운영지원비 포함)에 해당한다. 다만, 국외 고등학교 및 국외 대학교의 경우에는 연간 미화 $10,000 이내의 금액을 대여하며, 국내 고등학교의 경우에는 매 분기 실등록금이 「공무원수당 등에 관한 규정」 제11조 제1항 별표 6에 따라 인사혁신처장이 정하는 자녀학비보조수당 지급 상한액 중 분기액을 초과하는 경우 그 초과분 이내의 금액을 대여한다.

3. 기본 이자율
   – 무이자

4. 상환
   – 학자금 상환은 대여금의 금액에 따라 월별로 균등 분할하여 대여 익월부터 다음 각 호에 의거한 기한 내에 상환하여야 하며, 대여받은 자가 그 상환 기간을 단축할 수 있다. 다만, 상환 기간은 정년 잔여 기간을 초과할 수 없다.
   ① 대여금(대여 시 대여금 잔액 누계) 500만 원 미만: 5년
   ② 대여금 500만 원 이상 1,000만 원 미만: 10년
   ③ 대여금 1,000만 원 이상 1,500만 원 미만: 15년
   ④ 대여금 1,500만 원 이상: 20년

보기

㉠ 근속연수가 8년인 직원의 자녀가 국내 대학 재학 중이며 한 학기 실등록금이 350만 원인 경우 1년에 700만 원을 지원해 준다.
㉡ 올해 초에 입사한 직원은 본인의 대학원 등록금만 지원받을 수 있다.
㉢ 자녀의 학자금 대출은 대여금의 금액에 상관없이 이자율이 동일하다.
㉣ 자녀의 학자금으로 1,200만 원을 대출 받고 정년이 19년 남은 과장은 1,200만 원에 대한 대여금을 17년 동안 상환할 수 있다.

① ㉠, ㉡　　② ㉠, ㉣　　③ ㉡, ㉢
④ ㉡, ㉣　　⑤ ㉢, ㉣

고난도 실전문제 11번

27 다음 글을 근거로 판단할 때, 이에 대한 설명으로 옳은 것은?

21년 7급

> 제○○조 ① 각 중앙관서의 장은 그 소관 물품관리에 관한 사무를 소속 공무원에게 위임할 수 있고, 필요하면 다른 중앙관서의 소속 공무원에게 위임할 수 있다.
> ② 제1항에 따라 각 중앙관서의 장으로부터 물품관리에 관한 사무를 위임받은 공무원을 물품관리관이라 한다.
> 제○○조 ① 물품관리관은 물품수급관리계획에 정하여진 물품에 대하여는 그 계획의 범위에서, 그 밖의 물품에 대하여는 필요할 때마다 계약담당공무원에게 물품의 취득에 관한 필요한 조치를 할 것을 청구하여야 한다.
> ② 계약담당공무원은 제1항에 따른 청구가 있으면 예산의 범위에서 해당 물품을 취득하기 위한 필요한 조치를 하여야 한다.
> 제○○조 물품은 국가의 시설에 보관하여야 한다. 다만, 물품관리관이 국가의 시설에 보관하는 것이 물품의 사용이나 처분에 부적당하다고 인정하거나 그 밖에 특별한 사유가 있으면 국가 외의 자의 시설에 보관할 수 있다.
> 제○○조 ① 물품관리관은 물품을 출납하게 하려면 물품출납공무원에게 출납하여야 할 물품의 분류를 명백히 하여 그 출납을 명하여야 한다.
> ② 물품출납공무원은 제1항에 따른 명령이 없으면 물품을 출납할 수 없다.
> 제○○조 ① 물품출납공무원은 보관 중인 물품 중 사용할 수 없거나 수선 또는 개조가 필요한 물품이 있다고 인정하면 그 사실을 물품관리관에게 보고하여야 한다.
> ② 물품관리관은 제1항에 따른 보고에 의하여 수선이나 개조가 필요한 물품이 있다고 인정하면 계약담당공무원이나 그 밖의 관계 공무원에게 그 수선이나 개조를 위한 필요한 조치를 할 것을 청구하여야 한다.

① A중앙관서의 물품관리에 관한 사무가 B중앙관서 소속 물품관리관에게 위임될 수는 있으나, 이 경우 물품 취득에 관한 조치는 반드시 A중앙관서 소속의 계약담당공무원이 수행하여야 한다.
② 계약담당공무원이 물품의 취득을 위하여 행하는 조치는 모두 물품수급관리계획에 정해져 있으며, 예산의 범위 이내에서 이루어져야 한다.
③ 물품을 국가의 시설 외의 장소에 보관하고자 할 경우, 물품관리관은 이에 대한 적정성을 판단할 권한이 있다.
④ 물품을 출납하기 위해서는 '중앙관서의 장 → 물품관리관 → 물품출납공무원 → 계약담당공무원'의 명령 절차를 거쳐야 한다.
⑤ 규정된 절차에 따르면, 물품출납공무원은 수선이나 개조가 필요한 물품에 대한 필요한 조치를 할 수 없다.

28 다음 자료를 바탕으로 할 때, 민원을 정해진 기간 이내에 처리한 경우를 [보기]에서 모두 고른 것은?

20년 민간

제○○조 ① 행정기관의 장은 '질의민원'을 접수한 경우에는 다음 각 호의 기간 이내에 처리하여야 한다.

1. 법령에 관해 설명이나 해석을 요구하는 질의민원: 7일
2. 제도·절차 등에 관해 설명이나 해석을 요구하는 질의민원: 4일

② 행정기관의 장은 '건의민원'을 접수한 경우에는 10일 이내에 처리하여야 한다.

③ 행정기관의 장은 '고충민원'을 접수한 경우에는 7일 이내에 처리하여야 한다. 단, 고충민원의 처리를 위해 14일의 범위에서 실지조사를 할 수 있고, 이 경우 실지조사 기간은 처리기간에 산입(算入)하지 아니한다.

④ 행정기관의 장은 '기타민원'을 접수한 경우에는 즉시 처리하여야 한다.

제○○조 ① 민원의 처리기간을 '즉시'로 정한 경우에는 3근무시간 이내에 처리하여야 한다.

② 민원의 처리기간을 5일 이하로 정한 경우에는 민원의 접수시각부터 '시간' 단위로 계산한다. 이 경우 1일은 8시간의 근무시간을 기준으로 한다.

③ 민원의 처리기간을 6일 이상으로 정한 경우에는 '일' 단위로 계산하고 첫날을 산입한다.

④ 공휴일과 토요일은 민원의 처리기간과 실지조사 기간에 산입하지 아니한다.

※ 업무시간은 9:00~18:00임(점심시간 12:00~13:00 제외)
※ 3근무시간: 업무시간 내 3시간
※ 광복절(8월 15일, 화요일)과 일요일은 공휴일이고, 그 이외에 공휴일은 없음
※ '시간' 단위로 계산할 때, 18:00와 그다음 업무일의 9:00는 동일한 시간으로 간주함
※ '시간' 단위로 계산할 때, 12:00와 13:00는 동일한 시간으로 간주함

보기

㉠ A부처는 8. 11.(금) 10시에 법령에 관한 해석을 요구하는 질의민원을 접수하고, 8. 22.(화) 17시에 처리하였다.

㉡ B부처는 8. 4.(금) 10시에 고충민원을 접수하고, 14일간 실지조사를 하여 9. 5.(화) 17시에 처리하였다.

㉢ C부처는 8. 14.(월) 18시에 기타민원을 접수하고, 8. 16.(수) 13시에 처리하였다.

㉣ D부처는 8. 30.(수) 11시에 절차에 관한 설명을 요구하는 질의민원을 접수하고, 9. 5.(화) 12시에 처리하였다.

① ㉠, ㉡　② ㉠, ㉢　③ ㉡, ㉣
④ ㉠, ㉡, ㉢　⑤ ㉡, ㉢, ㉣

난이도 상 중 하 ⊕고난도 실전문제 12번

29 다음 자료를 바탕으로 할 때, 공단의 직원이 고객 문의에 답변한 내용 중 가장 적절하지 않은 것은?

「사회적경제기업 지원사업」 참여기업 모집

Ⅰ. 모집 개요
- 사업명: 사회적경제기업 지원사업
- 사업기간: 2025. 4월 ~ 12월
- 접수기간: 2025. 4. 25.(월) ~ 5. 6.(금) 18:00 (12일간)
- 모집대상: 전라북도 내 사회적경제기업(마을기업, (예비)사회적기업, 사회적협동조합, 자활기업)
  - 총 3개 사업 이내 지원(협업 1팀: 2개 기업 이상 참여, 일반 2팀: 1개 기업 단독 참여)
  - 전북지역 소재지를 둔 사업장에 한함
- 지원한도: 90,000천 원 이내(차등 지원)
- 주최 및 주관: 국민연금공단, 전라북도경제통상진흥원
- 참여과제
  - 급변하는 대내외 환경변화에 적응하기 위한 ESG 상생경영으로 지역사회가 직면한 다양한 사회문제를 해결
  - 지역사회 문제해결을 통한 사회적가치 실현 제품 및 비즈니스 모델 발굴
  - 신기술 도입으로 지역인재 사회적 일자리 창출 기여

Ⅱ. 신청방법 및 절차
- 신청방법: '사업신청서' 및 제반서류 이메일 제출
- 제출서류

제출서류	비고
사업계획서	각 1부
사업자등록증 사본	
2024년 결산재무제표	
4대 보험 완납증명서	
지방세 국세 완납증명서	
개인정보 활용 동의서	
중복지원금지 확약서	
컨소시엄 업무협약서(해당 시)	
사회적기업 인증서	택 1
마을기업 지정서	
예비사회적기업 지정서	
사회적협동조합 설립인가증	
자활기업 확인(인정)서	

- 평가방법 : 서면평가, 현장실사, 대면심사
  (1차 심사-서면평가) 제출서류 및 신청자격 충족여부 심사(적격성평가)
  · (요건평가) 신청자격 기준에 미달할 경우 발표평가 제외
  (2차 심사-현장실사) 기업 현장방문을 통한 실사조사 및 인터뷰
  (3차 심사-대면심사)
  · (발표평가) 추진체계, 지원 필요성, 기업역량, 사업화 전략, 효과성, 예산편성 적절성 등 외부 평가위원을 통한 PPT 발표평가
  ※ 사업신청서상 활용계획서 내용 활용 자유 양식으로 PPT 제출
  (최종선발) 현장실사 내용을 토대로 대면심사 고득점순 선발

Q1: "예비사회적기업도 사업에 지원할 수 있나요?"
A1: ① "네, 예비사회적기업도 모집대상에 해당하며 신청 시 예비사회적기업 지정서를 제출해 주시면 됩니다."

Q2: "최종선발 시 동점자가 있다면 어떻게 선발하나요?"
A2: ② "현장실사 내용을 토대로 대면심사 고득점순으로 선발하나 동점 시 서면평가 점수가 높았던 기업이 선발됩니다."

Q3: "지역 내 다른 사회적경제기업과 함께 참여할 수 있나요?"
A3: ③ "네, 2개 이상의 기업이 참여하는 사업도 지원 가능합니다. 단, 협업팀은 1팀 선발되는 점 참고 부탁드립니다."

Q4: "사회적경제기업 지원사업에 참여 시 사업 기간과 지원 금액이 궁금합니다."
A4: ④ "지원사업 참여기업은 2025년 4월부터 12월까지 과제를 수행하며 최대 9천만 원까지 지원받을 수 있습니다."

Q5: "발표평가 시 사용될 PPT 자료를 제출해야 한다고 들었는데, 어떻게 작성하면 되나요?"
A5: ⑤ "PPT 자료는 첨부된 사업신청서의 활용계획서를 참고하여 자유롭게 작성하시면 됩니다."

30 **K음식점 사장은 판매 개선을 위하여 다음 조사 결과에 따라 판매 전략을 세우려고 한다. K음식점 사장이 세운 판매 목표를 고려했을 때, 판매 전략으로 옳지 않은 것은?**

[가] 판매 메뉴별 정보

메뉴	현재 가격(원산지)	주요 재료 가격
김치찌개	5,500원 (김치: 국산, 돼지고기: 수입산)	• (김치 1kg 기준) 국산 8,500원, 수입산 6,000원 • (돼지고기 1근 기준) 국산 15,000원, 수입산 10,800원
떡국	6,500원 (떡: 수입산, 소고기: 국산)	• (떡 1kg 기준) 국산 5,000원, 수입산 4,000원 • (소고기 1근 기준) 국산 72,000원, 수입산 60,000원

[나] 메뉴별 재료의 원산지에 따른 맛 블라인드 테스트

구분	김치 원산지	돼지고기 원산지	매우 맛있다	맛있다	보통	맛없다
김치찌개	국산	국산	32%	28%	32%	8%
	국산	수입산	18%	36%	39%	7%
	수입산	국산	19%	28%	37%	16%
	수입산	수입산	8%	28%	40%	24%
구분	떡 원산지	소고기 원산지	매우 맛있다	맛있다	보통	맛없다
떡국	국산	국산	28%	36%	32%	4%
	국산	수입산	23%	25%	38%	14%
	수입산	국산	25%	34%	35%	6%
	수입산	수입산	16%	23%	42%	19%

※ 응답 결과 중 '매우 맛있다'와 '맛있다'의 응답률의 합이 50%를 넘지 않으면 만족하지 않는 것으로 판단하여 선택하지 않음

[다] 소비자 설문조사 결과

문항1) 맛, 가격, 양, 재료의 원산지 중 음식 선택 시 가장 중요하게 생각하는 것 한 가지를 골라 주세요.

구분	맛	가격	양	재료의 원산지
비율	30%	34%	28%	8%

문항2) 다음 질문에 대하여 '그렇다' 또는 '아니다'로 대답해 주세요.

구분	그렇다	아니다
국산을 사용하는 게 무엇보다 중요하다.	33%	67%
가격을 올리는 것이 양이 줄어드는 것보다 낫다.	25%	75%
맛이 좋아지면 가격은 비싸져도 상관없다.	51%	49%

[라] 판매 목표

1. 손님이 만족하는 음식을 제공한다.
2. 적은 비용으로 많은 이익을 창출한다.

① 판매 목표 2와 자료 [가]만을 고려한다면 재료의 원산지는 모두 수입산으로 할 것이다.
② 판매 목표 1, 2와 자료 [가], [나]를 고려한다면 육류는 모두 수입산으로 할 것이다.
③ 판매 목표 1, 2와 자료 [가], [다]를 고려한다면 재료의 원산지는 모두 수입산으로 하고, 가격을 내릴 것이다.
④ 판매 목표 1과 자료 [나]를 고려한다면 재료의 원산지는 모두 국산으로 할 것이다.
⑤ 판매 목표 1, 2와 자료 [가], [나], [다]를 고려하되, 재료의 원산지를 모두 국산으로 한다면 양을 줄이고, 가격을 유지한다.

31 **다음은 A기관의 출장 관련 규정의 일부이다. 이를 바탕으로 할 때, 출장 규정에 부합하는 행위가 아닌 것은?**(단, 언급되지 않은 사항은 고려하지 않는다.)

제5조(출장신청) ① 국내 또는 국외출장을 하고자 하는 자는 출장신청서에 출장목적, 방문기관, 만나는 사람, 협의할 내용 및 일정 등을 구체적으로 기재하여 국내출장은 출발 전까지, 국외출장은 출발 전날까지 출장승인권자의 승인을 받아야 한다. 다만, 국외출장은 출장신청서에 국외출장계획서를 첨부하여야 한다.

①의2 제6조의2 제1항 각 호의 어느 하나에 해당하는 경우 또는 병역법 제39조에 따라 복무 중인 전문연구요원이 국외출장을 할 경우에 출장자는 출발 10일 전까지 출장담당부서에 국외출장계획서를 제출하여 국외출장심사위원회의 심사를 요청하여야 하며, 심사를 받은 후 출장승인권자의 승인을 받아야 한다.

② 출장승인권자는 제1항에 따라 출장을 승인함에 있어서 출장자의 출장목적 · 임무 등이 다른 부서와 관련되는 경우에는 사전에 충분히 협의하여야 하며, 가급적 동일 목적지 또는 유사 목적의 출장이 중복되거나 반복되지 아니하도록 하여야 한다.

제6조(국외출장계획 등) ① 국외출장은 국외출장기본계획으로 확정된 경우에 한함을 원칙으로 하며, 긴급하거나 부득이한 사유로 인하여 기본계획으로 확정되지 못한 경우 또는 기본계획으로 확정된 내용 중 일정, 목적지 등 중요한 사항의 변경이 생긴 경우에는 위임전결규칙에 의한 출장승인권자의 승인을 받아야 한다.

제6조의2(국외출장심사위원회) ① 출장담당부서장은 다음 각 호의 어느 하나에 해당하는 국외출장의 타당성을 심사하기 위하여 국외출장심사위원회를 운영하여야 한다.

1. 여행경비의 전부 또는 일부를 연구원 외의 기관 · 단체(외국 정부기관 또는 국제기구 제외) 또는 이해관계자 · 개인이 부담하는 공무국외여행
2. 연간 계획에 출장국가, 기간 등이 반영되어 있지 않은 공무국외여행(국제협력사업 등 업무 특성상 업무수행 중에 확정되는 출장으로서 위임기관의 출장의뢰 공문이 있는 경우 심사 제외)
3. 각종 시찰 · 견학 · 참관 · 자료수집 등을 주된 목적으로 하는 국외여행과 그 연간운영계획(연간운영계획에 대한 심사를 득할 경우는 제외)
4. 소속 직원에 대한 포상 · 격려 등을 위한 공무국외여행과 그 연간운영계획(연간운영계획에 대한 심사를 득할 경우 제외)
5. 연구원 소속 10명 이상의 단체 공무국외여행
6. 기타 원장이 심사위원회의 심의가 필요하다고 인정하는 공무국외여행

② 국외출장심사위원회의 구성 및 운영에 관한 사항은 원내 위원회 운영규칙의 인사위원회 구성 및 운영에 관한 규정을 준용한다. 다만 국외출장심사위원 중 국외출장 심사대상자가 본인이거나 본인이 속한 부서의 소속직원일 경우 해당 심사건의 심의 · 의결에 참여하지 못한다.

제6조의3(국외출장심사위원회 운영) 국외출장심사위원회는 다음 각 호에 해당하는 경우를 제외하고는 대면으로 운영함을 원칙으로 한다.

1. 국내외 공공기관(정부)에서 의뢰한 국외출장
2. 국제기구에서 의뢰한 국외출장
3. 기타 사안이 경미하거나 회의소집이 곤란하다고 인정하는 경우

제6조4(국외출장의 제한) 용역 · 물품 · 공사계약 업체, 연구비 지원기관, 감리대상 업체 등 이해관계가 있는 기관 · 단체 또는 개인이 초청하는 국외출장은 제한한다. 다만, 다음 각 호에 해당하는 경우는 예외로 한다.

1. 국내외 공공기관(정부)에서 의뢰한 국외출장

2. 국제기구에서 의뢰한 국외출장
3. 사업 특성상 업무추진 시 필요가 있다고 인정되는 국외출장

① 15일 미국으로 국외출장을 계획하고 있는 노 대리는 출장신청서와 국외출장계획서를 준비하여 출장승인권자인 팀장의 승인을 14일에 득하였다.
② 연구1팀 엄 대리는 오사카에서 일정을 마친 후 시장 환경 조사 차 도쿄 박람회에 참석하여 먼저 현지에 도착한 연구2팀 박 과장과 함께 조사 업무를 수행하려 하였으나, 팀장은 박 과장에게 조사 업무를 의뢰하고 엄 대리의 도쿄 이동을 승인하지 않았다.
③ 국제협력사업과 관련하여 정부로부터 출장의뢰 공문을 받았으나, 출장 예정 연구원이 12명으로 예정되어 국외출장심사위원회의 심사를 진행하였다.
④ 정부에서 의뢰한 사업과 관련한 국외여행이 중요한 사안이라고 판단되어 국외출장심사위원회에서는 출장자 전원의 출장계획에 대한 대면심사를 실시하였다.
⑤ 국외출장심사위원회의 심사위원은 소속부서의 담당자와 함께 국외출장을 계획하고 있어, 담당자의 심사에만 참여하고 본인의 출장 건에 대한 심사에서는 배제되었다.

난이도 상 중 하 고난도 실전문제 15번

32 다음은 K공단의 장애인 고용 사업주 지원 제도의 일부이다. 이를 바탕으로 장애인 고용 장려금 지원을 사업주에게 안내한 내용으로 적절한 것은?

• 고용 장려금 제도
장애인 근로자의 직업 생활 안정을 도모하고 고용 촉진을 유도하고자 의무 고용률(3.1%)을 초과하여 장애인을 고용하는 사업주에게 일정액의 지원금을 지급하는 제도

• 고용 장려금 지원 대상
월별 상시 근로자의 의무 고용률(3.1%)을 초과하여 장애인을 고용한 사업주
※ 최저 임금 이상자 또는 최저 임금 적용 제외 인가를 받은 장애인에 한해 지원

• 고용 장려금 지원 기간
월별 상시 근로자에서 의무 고용률(3.1%)을 초과하는 경우 계속 지급
※ 6급 장애인(국가 유공자 6·7급 포함)은 입사일로부터 만 4년까지만 지원

• 고용 장려금 지원금 한도

구분	경증 남성	경증 여성	중증 남성	중증 여성
한도	300,000원	450,000원	600,000원	800,000원

※ 지원금 한도와 월 임금액의 60%를 비교하여 낮은 금액으로 지급함
※ 2020년부터 적용함(그 이전 연도 발생분은 경증 남성 30만 원, 경증 여성 및 중증 남성 40만 원, 중증 여성 60만 원 적용)

• 고용 장려금 지급 제한 대상
「고용보험법」, 「산업재해보상보험법」, 「사회적기업 육성법」의 규정에 의한 지원금 및 장려금을 지급받는 장애인 근로자에 대하여는 고용 장려금을 지급하지 않음

□ 용어 설명

의무 고용률	– 민간 사업주: 3.1% – 공공기관 및 지방 공기업 등: 3.4%
사업주	근로자를 사용하여 사업을 행하거나 하려는 자를 말하며, 개인 경영인의 경우 경영주, 법인 경영인의 경우 법인 그 자체를 의미함
상시 근로자	임금 지급의 기초 일수가 매월 16일 이상인 근로자를 말하며, 상용직, 계약직, 임시직, 일용직, 아르바이트 등 명칭과는 무관함 (다만, 1개월 동안의 소정 근로 시간이 60시간 미만인 근로자는 제외)
장애인의 기준	– 「장애인복지법 시행령」 제2조에 따른 장애인 기준에 해당하는 자 – 「국가 유공자 등 예우 및 지원에 관한 법률 시행령」 제14조 제3항에 따른 상이 등급 기준에 해당하는 자

중증 장애인	–「장애인복지법 시행령」 제2조에 따른 장애인 중 2급의 장애 등급 이상인 자 –「장애인복지법 시행령」 제2조에 따른 장애인 중 3급의 장애 등급에 해당하는 뇌병변 · 시각 · 지적 · 자폐성 · 정신 · 심장 · 호흡기 · 뇌전증 장애인 및 팔에 장애가 있는 지체 장애인 –「국가 유공자 등 예우 및 지원에 관한 법률 시행령」 제14조 제3항에 따른 상이 등급에 해당하는 사람 중 3급 이상의 상이 등급에 해당하는 자
장애인 여부 확인 자료	–「장애인복지법」 제32조에 따른 장애인 등록증 –「국가 유공자 등 예우 및 지원에 관한 법률 시행령」 제101조에 따른 국가 유공자증 –「장애인복지법」 제32조에 따른 장애 진단서

① 국가 유공자 6 · 7급의 경우 입사일로부터 만 5년까지만 지원이 가능합니다.
② 최저 임금 이상을 받는 상시 근로 장애인 직원이 전체 직원의 2.9%이면 지원받을 수 있는 혜택입니다.
③ 1개월 동안의 소정 근로 시간이 60시간 이상이고 임금 지급 기초 일수가 16일 이상이면 상시 근로자로 인정받을 수 있습니다.
④「사회적기업 육성법」의 규정에 의한 지원금 및 장려금을 지급받는 장애인 근로자도 지원받을 수 있습니다.
⑤ 경증 남성 장애인이 월 100만 원의 임금을 받는다고 할 경우, 고용 기간과 상관없이 월 임금액의 60%의 지원금을 받을 수 있습니다.

[33~34] S공단은 불법 주차된 차량에 대한 견인 업무를 담당하고 있다. 다음은 이와 관련된 공단의 내부 규정 중 일부이다. 이를 바탕으로 이어지는 질문에 답하시오.

제2장 견인, 보관 및 반환

제4조(견인대상) 경찰 또는 부정주차 및 불법주차 단속원이 '견인대상차량' 표지를 부착하여 견인 지시한 차량을 견인한다.

제5조(의무) ① 업무에 따른 기본 의무로 부정주차 및 불법주차 차량의 견인은 물론 구청장, 경찰서장이 요청한 차량에 대해서도 견인하여야 한다.

② 구청장이 필요한 지시를 한 경우 이를 준수하여야 한다.

③ 견인 중 또는 피견인 차량 보관 시 피견인 차량에 손해를 발생하게 하였을 경우 배상하여야 하고 손해배상을 위한 보험에 가입하여야 한다.

제6조(책임) 공단은 견인 중 또는 견인 종료 후라도 견인과 관련하여 발생하였다고 볼 수 있는 피견인 차량의 손해에 대한 배상책임을 진다.

제7조(관리 책임) 견인된 차량의 보관 및 반환업무는 피견인 차량 보관소 관리 책임자가 관장하며, 관리책임자는 공단에서 별도 지정하여 운영할 수 있다.

제8조(접수) ① 피견인 차량 보관소에서 피견인 차량을 인수하는 때에는 견인차량의 운전자 또는 승무원에게 인수증을 교부하여야 한다.

② 전항의 인수증에는 차종, 견인장소, 인수시간, 인계자, 차량의 상태 등을 기록하여야 한다.

제9조(보관 및 반환) ① 견인된 차량은 보관소 내 보관 장소에 안전하게 보관하여야 한다.

② 견인된 차량의 소유자 또는 운전자가 차량의 반환을 요청한 때에는 견인료, 보관료 등을 징수한 후 반환하여야 한다.

③ 견인차량의 접수 및 반환을 위하여 필요한 인원을 24시간 상주시켜야 한다.

제10조(미반환 차량 조치) ① 24시간 이내에 반환되지 않은 차량은 해당 차의 사용자 또는 운전자에게 이를 등기우편으로 통지하여야 한다.

② 견인 조치 후 1개월이 경과한 차량은 차량의 소유주에게 통보 후 강제처리(매각 및 폐차)할 수 있다.

③ 구청장의 요청에 의하여 차량매각 업무를 대행할 수 있다.

④ 차량매각이 불가한 경우에 한하여 구청장에게 폐차를 요청함과 동시에 제비용에 대한 납부 조치를 요청한다.

제11조(보관료 등) ① 견인된 차량은 접수대장에 등재된 시각부터 기산하여 소정의 금전 납부의무 이행이 완료될 때까지의 보관료를 징수하여야 한다.

② 보관료, 견인료의 징수기준은 시에서 제정한 정차·주차위반 차량 견인 등에 관한 조례의 정하는 바에 따른다.

제12조(수납) ① 견인료 등 제비용의 수납은 시중은행 또는 우체국에서 수납 대행하게 할 수 있다.

② 견인료, 보관료 등의 수납은 현금, 수표, 신용카드 등으로 징수하게 할 수 있다.

③ 수납된 현금 등은 은행통장에 입금 관리한다.

제13조(견인료 및 보관료 처리) 징수한 견인료 및 보관료 전액은 구청장이 지정한 은행계좌에 매월 말을 기준으로 정산하여 익월 5일까지 월 1회 입금조치하여야 한다.

제14조(출입차량 통제) 피견인 차량 보관소 출입문에 전담 직원을 배치하여 견인된 차량의 출입 상황을 통제하여야 한다.

난이도 상 중 하

⊕고난도 실전문제 19번

33 주어진 규정을 바르게 이해하지 못한 것은?

① 견인되는 차량 중에는 경찰이나 단속원이 견인대상차량으로 견인 지시를 하지 않은 차량이 포함될 수도 있다.

② 불법 주차된 차량을 견인하는 과정에서 발생한 차량의 손해는 차량 소유주의 귀책사유가 아니다.

③ 견인된 차량을 업무 시간 이외의 시간에 반환 요청할 경우, 차량 운전자 또는 차량 소유주는 추가 보관료를 지급하여야 한다.

④ 견인 조치 후 1개월이 경과된 차량을 강제처리할 경우, 폐차 전 매각 가능 여부를 먼저 확인한다.

⑤ 인수증 교부를 통해 차량의 견인 및 보관 과정에서 발생한 차량 외관 손해 유무에 따른 공단과 차량 소유주 간 상호 책임을 따질 수 있다.

난이도 상 중 하

34 다음 S공단의 견인 업무 담당 직원과 차량 소유주의 대화 내용 중 규정에 부합하지 않는 것은?

소유주: "견인차량을 찾으러 왔습니다. 견인료, 보관료 등 납부해야 할 금액은 얼마나 나왔나요?" 직원: ① "오늘 오전에 견인된 차량이라 합계 금액이 많지는 않네요. 견인료와 보관료는 여기 적힌 구청장 지정 계좌로 다음 달 5일까지 납부하시면 됩니다."
소유주: "안내문을 보니 구청장이 허가할 경우 견인차량이 폐차 조치될 수도 있던데, 견인 업무를 구청에서 관장하고 있는 건가요?" 직원: ② "그렇지 않습니다. 견인 업무는 저희 S공단이 구청으로부터 위탁을 받아 정해진 절차에 의해 진행하고 있습니다."
소유주: "제 친구 차량이 두 달 전에 견인되었는데 제가 대신 좀 따지러 왔어요. 아무리 시간이 오래 지났다고 해도 아무 통보도 없이 남의 차를 그렇게 매각할 수 있나요?" 직원: ③ "두 달이나 되었다면 아마 한 달 전쯤에 친구 분께 통보가 되었을 겁니다. 저희 S공단은 매각 절차를 밟기 전에 차량 소유주에게 미리 통보를 하고 있습니다."
소유주: "이건 분명히 계산이 잘못된 겁니다. 견인 시점은 오후 2시경이고 이곳에 보관된 건 그로부터 10분 정도가 지난 시점인데, 왜 보관료가 그곳에 주차한 시간부터 기산된 거죠?" 직원: ④ "제가 다시 한번 확인해 보죠. 말씀하신 대로 보관료는 저희 보관소 접수대장에 차량이 등재된 시각부터 기산되는 것이 맞습니다."
소유주: "오전에 견인차량을 인수했던 사람입니다. 운전하다가 차가 좀 이상해서 혹시나 하고 CCTV를 확인해 봤더니 견인 중 차량에 무리가 가해진 사실이 있더군요. 인수증은 사실 차량 외관에 대한 이상 유무만 확인한 서류니까 이 경우는 공단에서 배상해 주셔야 할 것 같은데요." 직원: ⑤ "제가 견인 담당자와 다시 한번 확인해 보겠습니다. 만일 견인 과정에서 그런 사실이 있었다면 저희 공단에서 배상해 드리도록 하겠습니다."

난이도 상 중 하

고난도 실전문제 16번

35 **다음은 도시재생활성화지역 선정 기준에 관한 내용이다. 이를 바탕으로 할 때, 도시재생활성화 사업이 가장 먼저 진행되는 지역으로 옳은 것은?**

1. 도시재생활성화지역으로 선정되려면 인구와 총사업체 수가 감소하는 지역이어야 한다.
   - 인구가 감소하는 지역: 다음 중 어느 하나에 해당하는 지역
     - 최근 30년간 인구가 가장 많았던 시기 대비 현재 인구가 20% 이상 감소
     - 최근 5년간 3년 이상 연속으로 인구가 감소
   - 총사업체 수가 감소하는 지역: 다음 중 어느 하나에 해당하는 지역
     - 최근 10년간 사업체 수가 가장 많았던 시기 대비 현재 사업체 수가 5% 이상 감소
     - 최근 5년간 3년 이상 연속으로 사업체 수가 감소

2. 도시재생활성화지역으로 가능한 곳이 복수일 경우, 위 기준에서 인구 기준을 우선시하여 도시재생사업을 순차적으로 진행한다. 다만, 인구 기준의 하위 두 항목은 동등하게 고려하며, 최근 30년간 최다 인구 대비 현재 인구 비율이 낮을수록, 최근 5년간 인구의 연속 감소 기간이 길수록 그 지역의 사업을 우선적으로 실시한다.

[표] 도시재생활성화 후보 지역

구분		A지역	B지역	C지역	D지역	E지역
인구	최근 30년간 최다 인구 대비 현재 인구 비율	68%	80%	87%	92%	77%
	최근 5년간 인구의 연속 감소 기간	5년	4년	2년	4년	2년
사업체	최근 10년간 최다 사업체 수 대비 현재 사업체 수 비율	92%	89%	96%	97%	96%
	최근 5년간 사업체 수의 연속 감소 기간	3년	5년	2년	2년	2년

① A지역 ② B지역 ③ C지역
④ D지역 ⑤ E지역

난이도 상 중 하 ⊕고난도 실전문제 20번

36 다음 글과 [상황]을 바탕으로 할 때, 수질검사빈도와 수질 기준을 모두 충족한 검사 지점으로 옳은 것은?

19년 5급

□□법 제○○조(수질검사빈도와 수질 기준) ① 기초자치단체의 장인 시장·군수·구청장은 다음 각 호의 구분에 따라 지방상수도의 수질검사를 실시하여야 한다.

1. 정수장에서의 검사
   가. 냄새, 맛, 색도, 탁도(濁度), 잔류염소에 관한 검사: 매일 1회 이상
   나. 일반세균, 대장균, 암모니아성 질소, 질산성 질소, 과망간산칼륨 소비량 및 증발잔류물에 관한 검사: 매주 1회 이상. 단, 일반세균, 대장균을 제외한 항목 중 지난 1년간 검사를 실시한 결과, 수질 기준의 10%를 초과한 적이 없는 항목에 대하여는 매월 1회 이상
2. 수도꼭지에서의 검사
   가. 일반세균, 대장균, 잔류염소에 관한 검사: 매월 1회 이상
   나. 정수장별 수도관 노후 지역에 대한 일반세균, 대장균, 암모니아성 질소, 동, 아연, 철, 망간, 잔류염소에 관한 검사: 매월 1회 이상
3. 수돗물 급수 과정별 시설(배수지 등)에서의 검사
   일반세균, 대장균, 암모니아성 질소, 동, 수소이온 농도, 아연, 철, 잔류염소에 관한 검사: 매 분기 1회 이상

② 수질 기준은 다음과 같다.

항목	기준	항목	기준
대장균	불검출/100mL	일반세균	100CFU/mL 이하
잔류염소	4mg/L 이하	질산성 질소	10mg/L 이하

상황

갑 시장은 □□법 제○○조에 따라 수질검사를 실시하고 있다. 갑 시 관할의 검사 지점(A~E)은 이전 검사에서 매번 수질 기준을 충족하였으나, 이번 수질검사에서 다음과 같은 결과를 보였다.

검사 지점	검사 항목	검사 결과	검사 빈도
정수장 A	잔류염소	6mg/L	매일 1회
정수장 B	질산성 질소	11mg/L	매일 1회
정수장 C	일반세균	70CFU/mL	매월 1회
수도꼭지 D	대장균	불검출/100mL	매 분기 1회
배수지 E	잔류염소	2mg/L	매주 1회

※ 단, 주어진 검사 대상 외의 수질검사빈도와 수질 기준은 모두 충족한 것으로 본다.

① 정수장 A ② 정수장 B ③ 정수장 C
④ 수도꼭지 D ⑤ 배수지 E

난이도 상 중 하

고난도 실전문제 20번

37 △△회사에서는 창고를 짓기 위해 부지를 알아보고 있다. 다음 내용을 바탕으로 할 때, 후보지 (가)~(마) 중 창고 부지로 선정되는 위치로 옳은 것은?

[그림1]

	(가)				
			(나)		
					(다)
(라)					
		(마)			

[그림2]

C2	E1	I3	G3	B3	D1
G1	A2	H1	C3	G1	E3
A1	F1	B1	A1	D3	H2
I3	D2	I2	F2	C2	E1
B2	F3	E1	G3	A2	H2

[표] 용도 지역별 건폐율/연면적/대지면적

구분		용도 지역	건폐율(%)	연면적(m^2)	대지면적(m^2)
주거 지역	제2종 전용 주거지역	A	50	300	200
	제1종 일반 주거지역	B	60	600	400
	준주거지역	C	70	1,500	500
상업 지역	중심상업지역	D	90	6,000	500
	일반상업지역	E	80	1,500	300
	유통상업지역	F	80	2,800	400
공업 지역	전용공업지역	G	70	2,000	1,000
	일반공업지역	H	70	3,600	1,200
	준공업지역	I	70	2,400	800

[비고]

- [그림1]의 (가)~(마)는 각 후보지의 위치를 의미한다.
- [그림2]에서 알파벳은 용도 지역을, 숫자는 용도 지역 점수를 의미하며, 음영은 맹지를 나타낸다.
- (평가점수)=(용도 지역 점수)+(건폐율)+(용적률)로 계산하고, 평가점수가 가장 높은 후보지를 창고 부지로 선정한다. 이때, (용적률)=(연면적)÷(대지면적)이다.

  예 [그림2]에서 C2인 경우 2+0.7+3=5.7(점)이다.

  ※ 용도 지역이 맹지인 경우 평가점수에서 1점을 감점함

① (가) 후보지 ② (나) 후보지 ③ (다) 후보지

④ (라) 후보지 ⑤ (마) 후보지

난이도 상 중 하

고난도 실전문제 18번

38 다음 글을 바탕으로 할 때, 옳은 것을 [보기]에서 모두 고른 것은?(단, 급수가 낮을수록 수질이 깨끗하다.)

21년 5급

- 용도에 따른 필요 수질은 다음과 같다.
  - 농업 용수: 중금속이 제거되고 3급 이상인 담수
  - 공업 용수: 중금속이 제거되고 2급 이상인 담수
  - 생활 용수: 중금속이 제거되고 음용이 가능하며 1급인 담수
- 수질 개선에 사용하는 설비의 용량과 설치 비용은 다음과 같다.

수질 개선 설비	기능	1대당 처리 용량	1대당 설치 비용
1차 정수기	5~4급수를 3급수로 정수	5톤	5천만 원
2차 정수기	3~2급수를 1급수로 정수	1톤	1억 6천만 원
3차 정수기	음용 가능 처리	1톤	5억 원
응집 침전기	중금속 성분 제거	3톤	5천만 원
해수담수화기	염분 제거	10톤	1억 원

- 3차 정수기에는 2차 정수기의 기능이 포함되어 있다.
- 모든 수질 개선 설비는 필요 용량 이상으로 설치되어야 한다. 예를 들어 18톤의 해수를 담수로 개선하기 위해 해수담수화기가 최소 2대 설치되어야 한다.
- 수질 개선 전후 용수의 용량 변화는 없는 것으로 간주한다.

보기

㉠ 2차 정수기와 해수담수화기를 거친 중금속이 있는 3급수 해수는 공업 용수로 사용 가능하다.
㉡ 중금속이 없는 5급수 담수를 생활 용수로 정수하기 위해서는 적어도 세 번의 정수 과정을 거쳐야 한다.
㉢ 중금속이 포함되어 있는 4급수 해수 4톤을 생활 용수로 정수하기 위해서는 최소 22억 5천만 원의 설치 비용이 든다.
㉣ 중금속이 없는 3급수 담수 5톤을 공업 용수로 정수하기 위해서는 최소 8억 원의 설치 비용이 든다.

① ㉠, ㉡　② ㉡, ㉢　③ ㉢, ㉣
④ ㉠, ㉡, ㉣　⑤ ㉡, ㉢, ㉣

난이도 상 중 하

39 **다음 [표]는 A은행 고객 등급과 포인트 적립 기준을 나타낸 자료이다. 자료와 주어진 [상황]을 바탕으로 할 때, 박 씨의 고객 등급으로 옳은 것은?**(단, 언급하지 않은 상황은 고려하지 않는다.)

[표1] A은행 고객 등급표

포인트	2,000P 이상	1,500P 이상	1,000P 이상	500P 이상	500P 미만
등급	플래티넘	슈퍼골드	골드	실버	브론즈

[표2] A은행 포인트 적립 기준

구분		최소 실적	실적 단위	적립 포인트	비고
수신	입출식	2백만 원	1백만 원	30P	무제한 적립 가능
	기타 예금	5백만 원	2백만 원	20P	
	신탁	1천만 원	1백만 원	20P	
	보험	1백만 원	1백만 원	15P	
신용카드	이용 금액	1백만 원	1백만 원	30P	
	현금 서비스	1백만 원	1백만 원	5P	30P 한도
대출	가계대출	1천만 원	1백만 원	5P	무제한 적립 가능
	예금담보	2천만 원	1백만 원	5P	
외환		USD 200	USD 100	2P	
기타	급여 이체	5회 이상	1년	30P	
	전자 금융	30회 이상	1년	10P	
	거래 기간	5년 이상	1년	2P	50P 한도

※ 1) 수신과 대출 실적, 현금 서비스 실적은 최근 3개월간 평균 금액으로 함
2) 신용카드와 외환 부문은 최근 3개월 누적 실적을 기준으로 함

상황

박 씨는 10년째 A은행과 거래 중이다. 거래 시작일부터 계속 급여통장으로 사용하고 있으며 전자금융(인터넷뱅킹) 거래는 9년 동안 매일 1회씩 꾸준하게 사용했다. 최근 3개월간 평균 잔액으로 입출식 예금은 6백만 원, 정기 예금은 6천만 원이고 현금 서비스는 8백만 원이다. 신용카드는 최근 세 달 동안 한 달에 3백만 원씩 꾸준하게 사용 중이다.

① 플래티넘　② 슈퍼골드　③ 골드
④ 실버　⑤ 브론즈

난이도 상 중 하

40 E회사에서 행사 진행을 준비 중인 총무팀 이 대리는 행사용 소책자 제작을 위해 다음 [표]와 같이 네 업체 A~D의 제작 견적을 확인하였다. [보기]의 지시 사항에 따라 소책자를 주문할 때, 총제작 비용으로 옳은 것은?

[표1] 제본 방식에 따른 제작 비용 (단위: 원/부)

구분	A업체	B업체	C업체	D업체
중철 제본	270	300	290	280
무선 제본	380	370	380	370

[표2] 후가공에 따른 추가 비용 (단위: 원/부)

구분	A업체	B업체	C업체	D업체
박	50	65	45	40
타공	25	30	25	20
에폭시	75	70	55	65

[표3] 업체별 참고사항

구분	참고사항
A업체	• 기본 200부 이상 주문해야 함 • 300부 이상 주문 시 총제작 비용의 5% 할인
B업체	• 기본 100부 이상 주문해야 함 • 200부 이상 주문 시 200부당 10부 무료(후가공 포함)
C업체	• 기본 200부 이상 주문해야 함 • 400부 이상 주문 시 박(후가공) 비용 무료
D업체	• 기본 300부 이상 주문해야 함 • 500부 이상 주문 시 1부당 100원 할인함(주문량 1부당 모두 적용)

보기

[지시 사항]

이 대리, 행사 준비하느라 여러모로 수고가 많아요. 이번에 행사에 신청한 사람들은 적어도 500명이 넘을 것 같습니다. 그러니 넉넉하게 600부를 주문해 주세요. 소책자가 두꺼운 편이니, 제본 방식은 중철 제본으로는 안됩니다. 그리고 후가공으로는 박을 넣도록 합시다. 업체별로 비교해서 견적이 가장 저렴한 곳으로 주문해 주시길 부탁합니다.

① 157,400원 ② 186,000원 ③ 228,000원
④ 245,100원 ⑤ 247,900원

난이도 상 중 하

41 다음 자료와 [보기]를 바탕으로 할 때, 국가혁신클러스터 지구로 선정되는 산업단지를 모두 고른 것은?

20년 민간

'갑'국은 국가혁신클러스터 지구를 선정하고자 한다. 산업단지를 대상으로 평가 기준에 따라 점수를 부여하고 이를 통해 최종 점수를 산출한다. 지방자치단체(이하 '지자체')의 육성 의지가 있는 곳 중 최종 점수가 높은 2곳의 산업단지를 국가혁신클러스터 지구로 선정한다.

[평가 기준]

• 산업단지 내 기업 집적 정도

산업단지 내 기업 수	30개 이상	10~29개	9개 이하
점수	40점	30점	20점

• 산업단지의 산업클러스터 연관성

업종	연관 업종	유사 업종	기타
점수	2점	1.5점	1점

※ 연관 업종: 자동차, 철강, 운송, 화학, IT

※ 유사 업종: 소재, 전기전자

• 신규 투자기업 입주공간 확보 가능 여부

입주공간 확보	가능	불가
점수	20점	0점

• 최종 점수는 (기업 집적 정도)×(산업클러스터 연관성)+(입주공간 확보 가능 여부)로 산출한다.
• 최종 점수가 동일한 경우 우선순위는 다음과 같은 순서로 정한다.
  1) 산업클러스터 연관성 점수가 높은 산업단지
  2) 기업 집적 정도 점수가 높은 산업단지
  3) 신규 투자기업의 입주공간 확보 가능 여부 점수가 높은 산업단지

보기

[산업단지 A~G에 관한 정보]

산업단지	산업단지 내 기업 수	업종	입주공간 확보	지자체 육성 의지
A	58개	자동차	가능	있음
B	9개	IT	가능	있음
C	14개	철강	가능	있음
D	80개	운송	불가	없음
E	44개	바이오	가능	있음
F	27개	화학	불가	있음
G	35개	전기전자	가능	있음

① A, C　　② A, D　　③ A, G
④ B, E　　⑤ B, F

난이도 상 중 하 | ⊕고난도 실전문제 13번

42 **다음은 소아기 예방접종 프로그램에 관한 설명이다. 이를 바탕으로 옳은 것을 [보기]에서 모두 고른 것은?**(단, 52주=12개월=1년으로 본다.)

소아기 예방접종 프로그램에 포함된 백신(A~C)은 지속적인 항체 반응을 위해서 2회 이상 접종이 필요하다. 최소 접종 연령(첫 접종의 최소 연령) 및 최소 접종 간격을 지켰을 때 적절한 예방력이 생기며, 이러한 예방접종을 유효하다고 한다. 다만 최소 접종 연령 및 최소 접종 간격에서 4일 이내로 앞당겨서 일찍 접종을 한 경우에도 유효한 것으로 본다. 그러나 만약 5일 이상 앞당겨서 일찍 접종했다면 무효로 간주하고, 최소 접종 연령 및 최소 접종 간격에 맞춰 다시 접종하여야 한다.

다음은 각 백신의 최소 접종 연령 및 최소 접종 간격을 나타낸 자료이다.

종류	최소 접종 연령	최소 접종 간격			
		1, 2차 사이	2, 3차 사이	3, 4차 사이	4, 5차 사이
백신 A	12개월	12개월	–	–	–
백신 B	6주	4주	4주	6개월	–
백신 C	6주	4주	4주	6개월	6개월

※ 단, 백신 B의 경우 만 4세 이후에 3차 접종을 유효하게 했다면, 4차 접종은 반드시 생략함

보기

㉠ 생후 103주가 되기 전에 백신 A의 예방접종을 2회 모두 유효하게 실시할 수 있다.

㉡ 생후 47개월에 백신 B를 1차 접종하고 2, 3차 접종도 유효하게 실시하였다면, 4차 접종은 반드시 생략한다.

㉢ 생후 40일에 백신 C를 1차 접종했다면, 생후 70일에 한 2차 접종은 유효하다.

① ㉠　② ㉡　③ ㉠, ㉡
④ ㉡, ㉢　⑤ ㉠, ㉡, ㉢

[43~44] 다음은 K대학교의 교내 장학금 지급 규정을 나타낸 자료이다. 최근 4년 동안 등록금 및 교내 장학금 지급 기준이 바뀌지 않았다고 할 때, 이를 바탕으로 이어지는 질문에 답하시오.

1. K대학교 등록금
- 입학금: 300,000원
- 학기당 등록금: (인문계열) 3,500,000원, (자연계열) 4,200,000원, (의학계열) 5,600,000원

2. K대학교 교내 장학금 지급 기준
- 해당 학기 장학금은 직전 학기 학점 및 석차와 해당 학기 소득분위에 따라 차등 지급한다.(단, 수석입학의 경우를 제외한 입학 후 첫 학기 장학금은 해당 학기 소득분위에 따라 차등 지급한다.)
- 외부 장학금을 받을 시 외부 장학금과 교내 장학금의 합이 등록금을 초과하지 않는 범위에서 교내 장학금을 지급한다.
- 신입생의 경우, 학과 수석입학인 경우에 한해서만 입학금과 등록금의 100%를 졸업 시까지 지급한다. (단, 재학 중 직전학기 성적이 백분율 80점 이상을 유지할 시에만 유효하다.)
- 학생회 임원 및 학과 대표자의 경우 등록금의 30%를 지원한다.
- 이중수혜 대상자는 본인에게 유리한 장학금을 수혜받으며, 장학금 수혜 총액은 등록금을 초과할 수 없다.
- 학점, 석차 및 소득분위에 따른 장학금 지급액은 다음과 같다.

[지원 기준 1] 신입학 장학금

소득분위	1분위	2~3분위	4~5분위
지원율	등록금의 100%	등록금의 70%	등록금의 40%

[지원 기준 2] 직전 학기 성적 백분율 90점 이상

소득분위	1분위	2~3분위	4~5분위
지원율	등록금의 100%	등록금의 80%	등록금의 50%

[지원 기준 3] 직전 학기 성적 백분율 80점 이상 90점 미만

소득분위	1분위	2~3분위	4~5분위
지원율	등록금의 100%	등록금의 50%	등록금의 30%

[지원 기준 4] 소득분위에 상관없이 직전 학기 학과 수석은 등록금의 100%, 학과 차석은 80% 지원

난이도 상 중 하 ⊕고난도 실전문제 16번

43 **다음 [표]는 K대학교 경영학과에 재학 중인 재현의 해당 학기 학점과 석차, 소득분위, 외부 장학금 수혜 내역에 관한 정보이다. 재현이의 입학 시 석차는 중간이었으며, 2학년 때 학생회 임원으로 활동하였다. 재현이가 2년(24개월) 동안 받은 교내 장학금을 한 달 기준으로 환산한 금액으로 옳은 것은?**(단, 물가 상승률은 고려하지 않고, 계산 시 만 원 미만은 반올림한다.)

[표] 재현의 각 학기 정보

구분	학점(백분율)	석차	소득분위	외부 장학금
1학년 1학기	81.4점	46/218	2분위	없음
1학년 2학기	94.7점	22/183	3분위	50만 원
2학년 1학기	89.9점	26/194	4분위	200만 원
2학년 2학기	99.3점	2/179	2분위	100만 원

① 30만 원　② 31만 원　③ 32만 원　④ 33만 원　⑤ 34만 원

난이도 상 중 하 ⊕고난도 실전문제 16번

44 **다음 [표]는 K대학교에서 의학을 전공하는 정후의 8학기(4년) 동안의 학점과 석차, 소득분위, 외부 장학금 수혜 내역에 관한 정보이다. 정후는 수석으로 입학하였으며, 재학 기간 중 학생회 임원 또는 학과 대표를 하지 않았다. 정후는 자신이 8학기 동안 실납부해야 하는 등록금을 한국장학재단의 학자금 대출을 활용해 납부하였고, 졸업 후 이 금액을 2년(24개월)에 걸쳐 상환하려고 한다. 다음 중 정후가 한 달에 상환해야 하는 금액으로 옳은 것은?**(단, 물가 상승률 및 이자율은 고려하지 않고, 계산 시 만 원 미만은 반올림한다.)

[표] 정후의 각 학기 정보

구분	학점(백분율)	석차	소득분위	외부 장학금
예과 1학기	98.3점	3/197	5분위	없음
예과 2학기	79.6점	108/203	6분위	없음
예과 3학기	82.5점	51/201	5분위	100만 원
예과 4학기	88.6점	39/186	5분위	200만 원
본과 1학기	91.5점	42/196	5분위	없음
본과 2학기	93.2점	24/179	5분위	없음
본과 3학기	97.4점	2/187	5분위	없음
본과 4학기	94.2점	17/183	6분위	없음

① 65만 원　② 66만 원　③ 68만 원　④ 70만 원　⑤ 72만 원

[45~46] 다음은 폐기물 처분 부담금 제도에 관한 내용이다. 이를 바탕으로 이어지는 질문에 답하시오.
(단, 산정지수는 1.2이다.)

○ 폐기물 처분 부담금 부과요율

폐기물 유형		요율	
		매립 시	소각 시
생활폐기물		kg당 15원	kg당 10원
사업장폐기물(건설폐기물 제외)	불연성	kg당 10원	–
	가연성	kg당 25원	kg당 10원
건설폐기물		kg당 30원	kg당 10원

○ 폐기물 처분 부담금 산정
(폐기물 처분 부담금)(원)=(폐기물 소각·매립 처분량(kg))×(요율(원/kg))×(산정지수)

○ 폐기물 처분 부담금 감면

감면 대상		감면 비율
① 자가 매립 후 재활용	매립한 연도의 12월 31일까지 재활용	100%
	매립한 연도의 다음 연도 1월 1일부터 2년 이내에 재활용	50%
② 소각 열에너지 회수	75% 이상 회수하여 이용	75%
	60% 이상 75% 미만 회수하여 이용	60%
	50% 이상 60% 미만 회수하여 이용	50%
③ 폐기물부담금 납부 후 처분	폐기물부담금을 납부한 자가 해당 제품·재료·용기를 소각 또는 매립	100%
④ 중소기업	연간 매출액이 10억 원 미만	100%
	연간 매출액이 10억 원 이상 120억 원 미만	50%
⑤ 지정폐기물 처분	지정폐기물을 소각 또는 매립	100%
⑥ 도서지역폐기물 처분	도서 내에서 발생한 폐기물을 소각 또는 매립	100%
⑦ 재난폐기물 처분	재난으로 발생한 폐기물을 소각 또는 매립	100%
⑧ 매립시설 정비 폐기물	지방자치단체의 장이 환경오염의 방지 또는 매립시설의 사용 기간 연장 등을 위해 사용이 종료될 예정이거나 이미 종료된 매립시설을 정비하는 과정에서 굴착한 폐기물을 소각 또는 매립하는 경우	100%
⑨ 불법폐기물 처분	지방자치단체의 장이 관할 구역의 환경오염 방지 또는 지역 주민의 안전 등을 위하여 불법 투기·방치된 폐기물을 소각 또는 매립하는 경우	100%

난이도 상 중 하

고난도 실전문제 18번

45 주어진 자료에 대한 설명으로 옳지 않은 것을 [보기]에서 모두 고른 것은?

보기

㉠ 소각이 가능한 경우에 소각하는 것이 매립하는 것보다 폐기물 처분 부담금이 저렴하다.
㉡ 가연성 건설폐기물을 매립하는 경우 불연성 건설폐기물을 매립하는 것보다 폐기물 처분 부담금이 많다.
㉢ 소각하는 경우에는 100% 감면을 받을 수 없다.

① ㉠ ② ㉡ ③ ㉢
④ ㉠, ㉡ ⑤ ㉡, ㉢

난이도 상 중 하

고난도 실전문제 16번

46 다음 중 A, B, C가 지불해야 할 폐기물 처분 부담금액의 합으로 옳은 것은?

구분	폐기물 유형	처분량	처분 방식	비고
A	건설폐기물	2.8톤	소각	소각 열에너지를 70% 회수하여 이용
B	불연성 사업장폐기물	3.6톤	매립	다음 해 8월에 회수하여 재활용
C	생활폐기물	5.2톤	매립	대전 지역 발생 생활폐기물

① 107,040원 ② 115,200원 ③ 128,640원
④ 135,360원 ⑤ 140,400원

[47~48] 다음은 A국의 육아휴직급여에 관한 자료 중 일부이다. 이를 바탕으로 이어지는 질문에 답하시오.

육아휴직급여

1. 육아휴직이란?

근로자가 만 8세 이하 또는 초등학교 2학년 이하의 자녀를 양육하기 위하여 신청 · 사용하는 휴직임

2. 육아휴직기간

- 자녀 1명당 1년까지 사용 가능함. 이에 자녀가 2명이면 각각 1년씩 총 2년 사용 가능함
- 근로자의 권리이므로 부모가 모두 근로자이면 한 자녀에 대하여 아빠도 1년, 엄마도 1년 사용 가능하며, 부모가 동시에 같은 자녀에 대해 육아휴직 사용이 가능함

3. 육아휴직급여 지급대상

- 사업주로부터 30일 이상 육아휴직을 부여받아야 함
- 육아휴직 개시일 이전에 피보험단위기간(재직하면서 임금 받은 기간)이 모두 합해서 180일 이상이 되어야 함

4. 육아휴직급여 지급액

휴직 기간	일반	육아휴직급여 특례	
		아빠 육아휴직 보너스제*	한부모 근로자
1~3개월	통상임금의 80% (상한액 150만 원)	통상임금의 100% (상한액 250만 원)	
4~6개월	통상임금의 50% (상한액 120만 원)		통상임금의 80% (상한액 150만 원)
7~12개월			통상임금의 50% (상한액 120만 원)

* 아빠 육아휴직 보너스제: 같은 자녀에 대하여 부모가 순차적으로 모두 육아휴직을 사용하는 경우, 두 번째 사용한 사람에게 특례를 제공함

- 하한액은 급여 종류, 개월 수와 관계없이 70만 원으로 동일함
- 모든 육아휴직급여는 사후지급분 제도를 적용함(단, 아빠 육아휴직 보너스제가 적용된 달(1~3개월)은 제외)
  - 사후지급분 제도: 육아휴직급여의 25%는 육아휴직급여 종료 후 복귀하여 6개월 이상 근무한 경우에 지급하는 제도

5. 신청시기

육아휴직을 시작한 날 이후 1개월부터 매월 단위로 신청해야 함. 매월 신청하지 않고 기간을 적치하여 신청해도 됨(단, 육아휴직이 끝난 이후 12개월 이내에 신청하지 않을 경우 급여를 지급하지 않음)

난이도 상 중 하

⊕고난도 실전문제 18번

47 주어진 자료에 대한 설명으로 옳지 않은 것을 [보기]에서 모두 고른 것은?

보기

㉠ 육아휴직급여 신청은 육아휴직이 끝난 후라도 12개월 이내라면 언제든지 신청할 수 있다.
㉡ 자녀가 3명이라면, 부모 2명이 합하여 총 3년의 육아휴직을 사용할 수 있다.
㉢ 육아휴직급여 특례에 해당하지 않고 통상임금으로 150만 원을 받는 사람이 육아휴직을 시작한 지 1개월 후, 실제로 수령하는 첫째 달의 육아휴직급여는 90만 원이다.
㉣ 육아휴직 개시일 이전에 피보험단위기간이 총 5개월이라면 육아휴직급여를 수령할 수 없다.
㉤ 한부모 근로자이고 통상임금으로 400만 원을 받는 사람이 육아휴직을 시작한 지 3개월 후, 실제로 수령하는 셋째 달의 육아휴직급여는 250만 원이다.

① ㉠, ㉡ ② ㉠, ㉣ ③ ㉡, ㉤
④ ㉢, ㉣ ⑤ ㉢, ㉤

난이도 상 중 하

⊕고난도 실전문제 16번

48 통상임금으로 각각 200만 원, 250만 원을 받는 어느 부부 A, B가 한 자녀에 대해 순차적으로 각각 1년, 10개월의 육아휴직을 사용하였다. 각각 육아휴직을 마친 후에는 복귀하여 6개월 이상 근무했다고 할 때, 다음 중 이 부부가 육아휴직급여로 수령할 수 있는 총금액으로 옳은 것은?

① 2,550만 원 ② 2,680만 원 ③ 2,720만 원
④ 2,820만 원 ⑤ 2,940만 원

[49~50] 다음은 어느 공공기관의 사택 입주자 선정 기준을 나타낸 자료이다. 이를 바탕으로 이어지는 질문에 답하시오.

1. 근속연수 및 무주택 기간(연 미만은 절사하여 산정함)
   - 근속연수: 입사일 기준
   - 무주택 기간: 독립세대 구성일 기준
2. 사업소 근무 기간: 해당 사업소 전입일 기준
3. 동반가족: 배우자 및 직계존비속과 배우자의 직계존비속 중 실제 동거 가족
4. 청첩장 등 결혼 예정 증빙서류 제출 시 배우자를 동반가족으로 인정

[표] 사택 입주자 선정 배점기준표 (단위: 점)

항목	산정 기준	배점
동반가족	동반가족 1인당 10점(최대 30점)	30
무주택 기간	2년 초과 시 초과분에 한하여 매 1년 1점(최대 10점)	10
근속연수	실근속연수 10년까지 매 1년 2점(최대 20점)	20
사업소 근무 기간	실근속연수 10년까지 매 1년 2점(최대 20점)	20
업적 평가	업무기여도, 주택마련 노력도 등을 평가하여 점수 그대로 반영	20
가·감점	3자녀 이상 세대: 5점 가점	–
	과거 동일 사업소 사택 입주 경력자: 거주 1년당 2점 감점(최대 10점)	–
	동일 생활권역 주택자금 수혜자: 5점 감점	–
	타 권역에서 본인(배우자) 명의 주택 소유자: 5점 감점	–

※ 총점이 높은 순으로 선정함

난이도 상 중 하 | ⊕고난도 실전문제 15번

49 주어진 자료에 관한 설명으로 옳은 것은?

① 근속연수는 무주택 기간을 초과할 수 없다.
② 사택 입주자 선정 기준에 따라 받을 수 있는 최대 총점은 105점이다.
③ 주택을 소유하고 있는 경우에는 사택에 입주할 수 없다.
④ 배우자는 혼인신고를 한 경우에만 동반가족으로 인정된다.
⑤ 동거 여부와 관계없이 자녀가 4명인 경우에는 동반가족 점수는 30점이다.

난이도 상 중 하 ⊕고난도 실전문제 20번

50 다음 [표]는 사택 입주 지원자 A~E의 정보를 나타낸 자료이다. 이를 바탕으로 사택 입주자를 2명 선발한다고 할 때, 선정되는 직원이 바르게 짝지어진 것은?(단, 지원자들의 동반가족은 모두 실제 동거 가족에 해당된다.)

[표] 사택 입주 지원자 정보

직원	동반 가족	무주택 기간	근속 연수	사업소 근무 기간	업적 평가	기타
A	4인	타 권역에 본인 명의 주택 소유	16년	8년	17점	자녀 3명
B	2인	8년	8년	3년	18점	• 자녀 1명 • 타 사업소 사택 입주 경력 5년
C	4인	12년	10년	5년	19점	• 자녀 2명 • 동일 사업소 사택 입주 경력 5년
D	1인	10년	10년	10년	20점	• 무자녀 • 동일 생활권역 주택자금 수혜
E	3인	타 권역에 배우자 명의 주택 소유	13년	5년	20점	자녀 2명

① A, C ② A, E ③ B, C
④ C, D ⑤ D, E

STEP 02

고난도 실전문제

난이도 상 중 하 ⊕적중예상문제 01, 02, 04번

01 업무수행 과정 중 발생할 수 있는 탐색형 문제에 해당하는 것을 [보기]에서 모두 고른 것은?

보기
㉠ 작업자의 자발적 품질 개선 활동
㉡ 주력 제품의 시장 점유율의 저하
㉢ 기존에 사용하던 기계의 고장
㉣ 이익 창출을 위한 신규 사업 진출
㉤ 현업 부서의 업무 생산성 제고 활동

① ㉠, ㉣ ② ㉠, ㉤ ③ ㉡, ㉢
④ ㉡, ㉣ ⑤ ㉢, ㉤

난이도 상 중 하 ⊕적중예상문제 05, 06번

02 발산적인 사고가 요구되는 창의적 사고력을 개발하기 위한 방법을 다음과 같이 도식화하였다. 각 사고 방법의 사례가 바르게 짝지어진 것은?

구분	내용	사례
자유연상법	생각나는 대로 자유롭게 발상	( )
강제연상법	각종 힌트에 강제적으로 연결 지어서 발상	( )
비교발상법	주제의 본질과 닮은 것을 힌트로 발상	( )

	자유연상법	강제연상법	비교발상법
①	체크리스트	NM법	Synectics
②	체크리스트	NM법	브레인스토밍
③	Synectics	브레인스토밍	체크리스트
④	브레인스토밍	Synectics	NM법
⑤	브레인스토밍	체크리스트	Synectics

[03~04] 다음 글을 읽고 이어지는 질문에 답하시오.

> • 김 차장: "신제품 개발 방향을 잡기에 앞서 고객들의 의견을 수렴했으면 좋겠는데, 어떤 방법이 좋을까?"
> • 신 대리: "표적집단면접(Focus Group Interview)이 어떨까요? ㉠ 6~8인 정도로 그룹을 구성하여 특정 주제에 대해 논의하는데, 가이드라인에 따라 내용을 열거하고, 열거된 내용의 상호 관련성을 생각하면서 결론을 내리는 방법입니다."
> • 김 차장: "그 방법은 ㉡ 그룹 구성원들의 전문지식 보유 여부에 따라 결과가 많이 달라지는 경향이 있어서 우려가 되는데, 심층면접법은 어떨까?"
> • 신 대리: "심층면접법은 ㉢ 한 사람에게 인터뷰 시간을 집중적으로 투입해야 하고 비용이 많이 소모되는데 괜찮을까요?"
> • 김 차장: "그래도 ㉣ 다른 방법을 통해서는 포착할 수 없는 심층적인 정보를 경험적으로 얻기에는 가장 좋은 방법인 듯하네. 수집된 자료를 자기진단과 평가, 매뉴얼 및 사례로도 활용할 수 있고 말이야."
> • 신 대리: "심층면접법은 ㉤ 조사자의 인터뷰 기법 스킬이 중요하고 인터뷰 결과가 사실과 다르게 해석될 여지도 있어 조심스럽게 접근할 필요는 있을 것 같습니다."
> • 김 차장: "그럼 신 대리 말대로 이번에는 표적집단면접을 해보는 것으로 하지. 신 대리가 일전에 경험이 있으니 진행 절차는 잘 알고 있겠지?"
> • 신 대리: "네, 표적집단면접의 진행 절차는 (   )입니다."

난이도 상 중 하

03 주어진 글의 밑줄 친 ㉠~㉤ 중 가장 적절하지 않은 것은?

① ㉠　② ㉡　③ ㉢
④ ㉣　⑤ ㉤

난이도 상 중 하　⊕적중예상문제 07번

04 주어진 글의 빈칸에 들어갈 표적집단면접의 진행 절차를 순서대로 바르게 나열한 것은?

① 대상자 리크루트 – 대상자 분석 – 그룹 수 결정 – 조사 목적 수립 – 가이드라인 작성
② 가이드라인 작성 – 조사 목적 수립 – 대상자 분석 – 그룹 수 결정 – 대상자 리크루트
③ 조사 목적 수립 – 가이드라인 작성 – 대상자 분석 – 그룹 수 결정 – 대상자 리크루트
④ 조사 목적 수립 – 대상자 분석 – 그룹 수 결정 – 대상자 리크루트 – 가이드라인 작성
⑤ 조사 목적 수립 – 대상자 분석 – 대상자 리크루트 – 그룹 수 결정 – 가이드라인 작성

난이도 상 중 하

⊕적중예상문제 09, 10번

05 다음의 명제가 모두 참이라고 할 때, 결론이 반드시 참이 되도록 하는 전제2로 옳은 것은?

전제1	내일 비가 온다면 A는 우산을 가지고 출근을 한다.
전제2	( )
전제3	A가 우산을 가지고 출근하는 날에는 B는 출근을 하지 않는다.
결론	A가 내일 출근을 하면 B는 내일 출근을 하지 않는다.

① A는 비가 오는 날에만 출근을 한다.
② A는 비가 오는 날에도 출근을 한다.
③ A는 비가 오지 않는 날에도 출근을 한다.
④ B는 비가 오는 날에는 출근을 하지 않는다.
⑤ B가 출근을 하지 않으면 A가 출근을 한다.

난이도 상 중 하

⊕적중예상문제 11, 12번

06 다음의 명제가 모두 참이라고 할 때, 다음 중 반드시 참인 것은?

- 모든 영업 1팀 직원은 영업 2팀에서 가장 큰 직원보다 크다.
- 어떤 영업 3팀 직원은 영업 2팀에서 가장 큰 직원보다 작다.
- 모든 영업 2팀 직원은 영업 4팀에서 가장 큰 직원보다 크다.

① 영업 1팀에서 가장 작은 직원만 한 영업 4팀 직원이 있다.
② 영업 3팀에서 가장 작은 직원만 한 영업 4팀 직원이 있다.
③ 어떤 영업 3팀 직원은 영업 1팀에서 가장 작은 직원보다 작다.
④ 어떤 영업 1팀 직원은 영업 3팀에서 가장 큰 직원보다 작다.
⑤ 어떤 영업 1팀 직원은 어떤 영업 2팀 직원보다 작다.

난이도 상 중 하 ⊕적중예상문제 14, 16번

07 **월드컵 예선전에서 한국이 일본에 2 : 0으로 승리하였다. 경기 결과에 대해 5명의 선수가 다음 [대화]를 나누고 있고, 이 중 2명이 골을 넣었다. 5명의 선수 중 3명은 참을, 2명은 거짓을 말한다고 할 때, 골을 넣고 참을 말하는 선수로 옳은 것은?**

대화

- 인범: "주호는 골을 넣지 않았어."
- 영권: "나와 인범이는 골을 넣지 않았어."
- 현우: "인범이는 거짓을 말하고 있고, 선민이가 골을 넣었어."
- 선민: "인범이가 골을 넣었어."
- 주호: "나는 골을 넣었어."

① 인범 ② 영권 ③ 현우
④ 선민 ⑤ 주호

난이도 상 중 하 ⊕적중예상문제 15, 19번

08 **직원 A~E가 자신의 성별, 직급, 부서에 관해 다음 [대화]와 같이 이야기를 나누고 있다. 남직원은 3명, 여직원이 2명이고, 직급은 각각 부장, 차장, 과장, 대리, 사원 중 하나로 서로 다르며, 부서도 영업부, 기획부, 홍보부, 인사부, 재무부 중 하나로 서로 다르다. 이 중 한 직원의 발언은 거짓이고, 나머지 네 직원의 발언은 모두 참이라고 할 때, 거짓을 말하는 사람의 직급으로 옳은 것은?**(단, 거짓을 말하는 사람의 발언은 모두 거짓이다.)

대화

- A: "나는 홍보부와 인사부가 아니고, 차장인 남직원이야."
- B: "나는 여직원이고, 영업부 사원이야."
- C: "나는 여직원이고, 인사부 부장이야."
- D: "나는 재무부의 남직원이고, 대리 또는 부장이야."
- E: "나는 여직원이고, 기획부인데 대리가 아니야."

① 사원 ② 대리 ③ 과장
④ 차장 ⑤ 부장

난이도 상 중 하

적중예상문제 13, 17, 24번

09 **방역대책위원회를 구성하기 위하여 민간위원을 선정하려고 한다. 다음 [조건]을 바탕으로 할 때, 반드시 참인 것은?**

조건

- 방역대책위원회는 자문위원 4명, 민간위원 5명으로 총 9명으로 구성된다.
- 각 위원들의 전문 분야는 질병, 백신, 감염, 예방 중 하나이다.
- 자문위원은 각 분야별로 1명씩이다.
- 민간위원 후보자는 8명이고, 각 후보자들의 전문 분야는 질병 1명, 백신 1명, 감염 4명, 예방 2명이다.
- 민간위원 중 질병 또는 백신 전문가는 적어도 1명 구성되어야 한다.
- 민간위원 중 질병과 감염 전문가가 합하여 4명 이상으로 구성될 수 없다.
- 민간위원 중 질병과 백신 전문가는 함께 구성될 수 없다.
- 민간위원 중 질병 전문가가 선정되면 예방 전문가는 2명이 필요하다.

① 민간위원 중 예방 전문가는 2명이 구성된다.
② 민간위원 중 감염 전문가가 3명이 구성된다면 질병 전문가는 1명이 필요하다.
③ 민간위원 중 백신 전문가가 구성된다면 감염 전문가는 3명이 필요하다.
④ 민간위원 중 질병 전문가가 구성된다면 감염 전문가는 2명이 필요하다.
⑤ 민간위원 중 예방 전문가가 구성된다면 백신 전문가는 함께 구성되지 않는다.

난이도 상 중 하

10 **학생 A~E는 대학수학능력시험 과학탐구 영역에서 생명과학, 물리, 화학, 지구과학 중 2과목을 각자 선택했다. 다음 [조건]을 바탕으로 할 때, 이들의 상황을 바르게 추론한 것은?**

조건

- 모든 과목은 적어도 1명이 선택했다.
- D가 선택한 과목은 E도 선택했다.
- A는 화학을 선택하지 않았다.
- A가 생명과학을 선택하면 C는 화학을 선택한다.
- 지구과학은 2명이 선택했고, 생명과학은 4명이 선택했다.
- B는 물리를 선택하지 않았다.
- A와 C가 동시에 선택한 과목은 한 과목이다.

① A만 물리를 선택하면 B는 지구과학을 선택한다.
② C가 물리를 선택하면 물리를 선택한 사람은 3명이다.
③ C가 지구과학을 선택하면 B는 지구과학을 선택한다.
④ A가 물리, 지구과학을 선택하면 C는 화학을 선택한다.
⑤ D가 지구과학을 선택하면 B는 화학을 선택한다.

적중예상문제 27, 32번

11 다음 규정에 대한 설명으로 옳은 것을 [보기]에서 모두 고른 것은?

제○○조 ① 국가는 임기만료에 의한 지역구 국회의원 선거(이하 '국회의원 선거'라 한다.)에서 여성후보자를 추천하는 정당에 지급하기 위한 보조금(이하 '여성추천보조금'이라 한다.)으로 직전 실시한 임기만료에 의한 국회의원 선거의 선거권자 총수에 100원을 곱한 금액을 임기만료에 의한 국회의원 선거가 있는 연도의 예산에 계상하여야 한다.

② 여성추천보조금은 국회의원 선거에서 여성후보자를 추천한 정당에 대하여 다음 각 호의 기준에 따라 배분, 지급한다. 이때 제1항의 규정에 의하여 당해 연도의 예산에 계상된 여성추천보조금의 100분의 50을 국회의원 선거의 여성추천보조금 총액(이하 '총액'이라 한다.)으로 한다.

1. 여성후보자를 전국 지역구 총수의 100분의 30 이상 추천한 정당이 있는 경우 총액의 100분의 50은 지급 당시 정당별 국회의석 수의 비율만큼, 총액의 100분의 50은 직전 실시한 임기만료에 의한 국회의원 선거에서의 득표수 비율만큼 배분, 지급한다.
2. 여성후보자를 전국 지역구 총수의 100분의 30 이상 추천한 정당이 없는 경우
   가. 여성후보자를 전국 지역구 총수의 100분의 15 이상 100분의 30 미만을 추천한 정당은 제1호의 기준에 따라 배분, 지급한다.
   나. 여성후보자를 전국 지역구 총수의 100분의 5 이상 100분의 15 미만을 추천한 정당은 총액의 100분의 30을 지급 당시 정당별 국회의석 수의 비율만큼, 총액의 100분의 30은 직전 실시한 임기만료에 의한 국회의원 선거에서의 득표수의 비율만큼 배분, 지급한다. 이 경우 하나의 정당에 배분되는 여성추천보조금은 '가'목에 의하여 각 정당에 배분되는 여성추천보조금 중 최소액을 초과할 수 없다.

보기

㉠ 직전 실시한 임기만료에 의한 국회의원 선거의 선거권자 총수가 많을수록 여성추천보조금의 '총액'은 늘어난다.

㉡ 전국 지역구 총수가 늘어나도 여성추천보조금을 받는 정당의 여성추천보조금 총액은 변하지 않는다.

㉢ 최소 1개 정당이라도 여성후보자를 전국 지역구 총수의 100분의 5 이상 추천했을 경우, '총액'은 모두 소진된다.

㉣ 직전 실시한 임기만료에 의한 국회의원 선거의 선거권자 총수가 3,000만 명, 올해의 전국 지역구 총수가 250개, A~D정당의 여성후보자 추천 수가 각각 50명, 40명, 30명, 20명, 의석 수 비율이 각각 40%, 30%, 20%, 10%, 직전 실시한 임기만료에 의한 국회의원 선거에서의 득표수의 비율이 각각 40%, 30%, 20%, 10%라면 4개 정당이 받을 여성추천보조금 합계액은 13억 원보다 적다.

① ㉠, ㉡　② ㉡, ㉣　③ ㉢, ㉣
④ ㉠, ㉡, ㉢　⑤ ㉠, ㉢, ㉣

적중예상문제 25, 26, 29번

12 다음은 어느 공공기관의 학부모 독서교육 연수 운영과 관련한 공문서의 일부이다. 이에 대한 설명으로 옳은 것은?

미래를 여는 협력교육

서울특별시 교육청 △△평생학습관

수신　내부결재
(경유)
제목　2025년 학부모 독서교육 연수 운영 계획(안)

1. 관련: 서울특별시 △△교육지원청 중등교육지원과 －××××(2025. 8. 21.)
2. 서울특별시 △△교육지원청과 연계하여 지역사회 협력 체계 강화 및 책 읽는 서울 공동체 기반 조성을 위하여 2025년 학부모 독서교육 연수를 다음과 같이 운영하고자 합니다.

가. 운영기간
　－ 1차시: 2025. 9. 22.(월) 14:30~16:30
　－ 2차시: 2025. 11. 10.(월) 14:00~16:00

나. 운영대상: 학부모 50명(차시별 모집)

다. 운영장소: △△평생학습관 5층 마포리움

라. 운영강사
　－ 1차 연수: 김○○(서울△△초 교사)
　－ 2차 연수: 권○○(△△고 사서교사)

마. 운영내용

차시	운영일	강의명	강의 주제	강사
1	9. 22.(월) (14:30~16:30)	『온 가족 책 읽기 혁명』 김△△ 저자 강연회	초등교사가 알려주는 '지속 가능한 독서교육법'	김○○
2	11. 10.(월) (14:00~16:00)	『생기부 고전 필독서 30: 외국문학 편』 권△△ 저자 강연회	생기부를 완성하는 독서 전략	권○○

바. 모집기간 및 방법

차시	강의명	모집 기간	모집 방법
1	『온 가족 책 읽기 혁명』 김○○ 저자 강연회	2025. 9. 8.(월) ~2025. 9. 15.(월)	선착순 모집
2	『생기부 고전 필독서 30: 외국문학 편』 권○○ 저자 강연회	2025. 10. 27.(월) ~2025. 11. 3.(월)	

사. 세부계획: [붙임] 참조

붙임 1. 2025년 학부모 독서교육 연수 운영 계획(안) 1부. 2. 2025년 학부모 독서교육 연수(1차시) 홍보물 1부. 3. 2025년 학부모 독서교육 연수(2차시) 홍보물 1부. 끝. 협조자 주무관 한○○ 시행 정보자료과－2528 ( ) 접수 ( ) 전화 02－2137－×××× /전송 02－323－×××× /××××@sen.go.kr / 부분공개

① 해당 문서는 전체 공개되어 배포될 수 있다.
② 2차시 강의 모집은 2025년 9월 8일부터 시작한다.
③ 운영 기간은 2025년 9월 22일부터 11월 10일까지이다.
④ 해당 문서에는 구체적인 운영 계획안이 따로 첨부되어 있다.
⑤ 두 번에 걸쳐 학부모 총 50명을 대상으로 하여 강의를 진행하는 교육 연수이다.

13 21년 5급

다음은 사내 콘텐츠 공모전에 대한 설명과 평가 결과이다. 이에 대한 설명으로 옳은 것을 [보기]에서 모두 고른 것은?

[조건]
- 1등은 〈심사위원 점수〉와 〈직원참여 투표 득표수〉를 반영하여 선정한다.
- 심사위원 점수를 합한 것과 직원참여 득표수의 수치를 점수로 환산한 값을 더하여 총점을 구한다.
- 총점이 가장 높은 자가 1등이며, 그 수가 2명 이상인 경우 공동 1등이 된다.
- A, B, C 3명의 〈심사위원 점수〉와 직원 100명이 투표한 〈직원참여 투표 득표수〉는 아래와 같다.

〈심사위원 점수〉

구분	갑	을	병	정
심사위원 A	85점	82점	87점	86점
심사위원 B	86점	83점	87점	82점
심사위원 C	90점	85점	?	89점

※ 100점 만점 기준으로, 총점이 높은 순으로 선정함

〈직원참여 투표〉

구분	갑	을	병	정
득표수	20표	18표	?	?
환산점수	20점	18점	?	?

※ 1인당 1표만 투표할 수 있으며 100명 모두 투표함

보기

㉠ 을은 1등을 할 수 없다.
㉡ 정이 25표를 얻는다면 갑은 1등을 할 수가 없다.
㉢ 정이 40표를 얻어도 정의 1등을 보장할 수는 없다.
㉣ 병과 정의 환산점수가 같다면 병과 정 둘 중 한 명이 1등이 된다.

① ㉠, ㉡ ② ㉠, ㉢ ③ ㉡, ㉣
④ ㉠, ㉡, ㉣ ⑤ ㉡, ㉢, ㉣

적중예상문제 28번

14 다음 자료를 바탕으로 할 때, [보기]에서 옳은 것을 모두 고른 것은?

21년 5급

제○○조 ① 여객 자동차 플랫폼운송사업(이하 '플랫폼운송사업'이라 한다)은 운송플랫폼과 자동차를 확보하고 다른 사람의 수요에 응하여 운송플랫폼을 통해 운송계약을 여객과 체결하여 유상으로 여객을 운송하는 사업을 말한다.

② 플랫폼운송사업을 경영하려는 자는 국토교통부장관의 허가를 받아야 한다.

③ 국토교통부장관은 제2항에 따라 플랫폼운송사업을 허가하는 경우, 30년 이내에서 기간을 한정하여 허가하거나 플랫폼운송사업의 질서를 확립하기 위하여 필요한 조건을 붙일 수 있다.

④ 플랫폼운송사업자는 매출액, 허가 대수 또는 운행 횟수를 고려하여 다음 각 호에 따른 여객 자동차 운송시장안정기여금(이하 '기여금'이라 한다)을 국토교통부장관에게 납부해야 한다.

1. 기여금은 월 단위로 산정하여 해당 월의 차차 월(다음다음 달) 말일까지 납부해야 한다.
2. 기여금은 매출액의 5%, 운행 횟수당 800원, 허가 대수당 40만 원 중 사업자가 어느 하나를 선택할 수 있다. 다만 허가 대수가 총 300대 미만인 사업자는 다음과 같이 완화하여 적용한다.

허가 대수 / 기여금 산정 방식	200대 미만	200대 이상 300대 미만
매출액 대비 정률	1.25%	2.5%
운행 횟수당 정액	200원	400원
허가 대수당 정액	10만 원	20만 원

보기

㉠ 300대의 차량으로 플랫폼운송사업 허가를 받은 A가 기여금을 가능한 적게 내는 방식을 택했다고 할 때, 납부하는 기여금은 최대 1억 2천만 원이다.

㉡ 100대의 차량으로 플랫폼운송사업 허가를 받은 B가 2020년 1월에 사업을 시작하여 2020년 1월에 10,000회를 운행하여 매출이 2억 원, 2020년 2월에 12,000회를 운행하여 매출이 2억 5천만 원이었다면 2020년 4월 말일까지 납부해야 할 기여금은 최소 200만 원이다.

㉢ 400대의 차량으로 플랫폼운송사업 허가를 받은 C와 300대의 차량으로 플랫폼운송사업 허가를 받은 D의 매출액과 운행 횟수가 동일하다면 C의 기여금이 D보다 적어도 4,000만 원 더 많다.

㉣ 200대의 차량으로 플랫폼운송사업 허가를 받은 E가 1개월 동안 30,000회 운행하여 매출 5억 원을 올렸다면, E가 납부해야 할 해당 월의 기여금은 최소 1,200만 원이다.

① ㉠, ㉡　② ㉠, ㉢　③ ㉠, ㉣
④ ㉡, ㉢　⑤ ㉢, ㉣

[15~16] 다음은 S사의 정부지원 아이돌봄서비스 사업 중 시간제 서비스에 관한 자료이다. 이를 바탕으로 이어지는 질문에 답하시오.

1. 시간제 서비스 개요

종류	이용대상	정부지원 시간	이용요금	활동 내용
기본형	생후 3개월 이상 만 12세 이하 아동	연 840시간	시간당 10,040원	일반적인 돌봄 활동 ※ 가사활동은 제외
종합형			시간당 13,050원	돌봄 아동과 관련된 가사서비스 제공

- 정부지원 시간 초과 시 전액 본인부담으로 서비스 이용이 가능함
- '장애의 정도가 심한 장애인'의 경우에는 아이돌봄서비스 제공이 불가하므로 「장애아동복지지원법」상의 장애아가족 양육지원 서비스 이용 요망
- 부 또는 모가 '장애의 정도가 심한 장애인'에 해당하면 시간제 돌봄 정부 지원 시간 한도를 연 960시간으로 확대 지원함(단, 특례적용 시 시간제 80시간을 영아종일제 1개월로 환산하여 상호 공제)
- 동일 아동에 대해 영아종일제와 시간제 서비스는 중복지원이 불가함(단, 시간제와 영아종일제 간 전환 시 시간제 70시간을 영아종일제 1개월로 환산하여 상호 공제)

2. 서비스 제공 범위

기본형	• 학교, 보육시설 등·하원 및 준비물 보조, 부모가 올 때까지 임시보육, 놀이 활동, 준비된 식사 및 간식 챙겨 주기 등(단, 아동 돌봄과 무관한 설거지, 조리를 통한 식사 등 일반 가사활동은 불가) • 생후 36개월 이하 영아를 대상으로 시간제 돌봄을 제공할 경우 영아종일제 업무 병행 • 돌봄 대상 아동의 관찰사항(일상생활, 아동발달, 건강, 특이사항) 등을 매일 이용 가정에 전달
종합형	• 시간제 서비스 기본형의 돌봄 활동 범위 포함 및 아동과 관련한 가사 추가 • 아동 관련 세탁물 세탁기 돌리기 및 정리, 아동 놀이공간에 대한 정리·청소기 청소·걸레질하기, 아동 식사 및 간식 조리(종합형에서만 화기를 사용한 조리 가능)와 그에 따른 설거지 등

3. 서비스 이용요금

이용시간	(기본) 1회 2시간 이상 신청, (추가) 최소 30분 단위	
기본요금	평일 주간	(기본형) 10,040원(1명, 시간당) (종합형) 13,050원(1명, 시간당)
야간 할증	오후 10시~오전 6시	기본요금의 50% 증액
휴일 할증	일요일, 공휴일, 근로자의 날	기본요금의 50% 증액
아동 추가 할인	1명의 아이돌보미가 동일 시간대에 2명 이상의 아동을 함께 돌보는 경우	돌봄 아동 2명 시: 25% 감액 돌봄 아동 3명 시: 33.3% 감액
취소 수수료	서비스 시작 시간 기준 24시간 이내 취소 시 신청 건당 10,040원 부과	

- 서비스 종류 및 정부지원 유형에 따라 정부지원금과 본인부담금을 차등 적용함
- 시간제 서비스 이용 가정이 동일 시간대에 2명 이상 아동에 대해 아이돌봄서비스를 신청하는 경우 이용 아동 수별 할인율 차등 적용함
- 한부모 및 장애부모·아동('가'형)의 경우 정부 지원금을 5% 추가 지원함(영아종일제 및 시간제 기본형 미취학 '가'형 85% → 90%, 시간제 기본형 취학 '가'형 75% → 80%)
- 야간 할증과 휴일 할증은 중복 적용되지 않음(휴일 야간에는 기본요금의 50%만 증액)

난이도 상 중 하

➕적중예상문제 33, 49번

15 **주어진 자료에 대한 설명으로 옳은 것은?**(단, 한부모 가정 및 장애인에 해당하지 않는다고 가정한다.)

① 시간제 서비스는 연간 최대 840시간까지 이용 가능하다.
② 평일 주간에 동시 돌봄으로 쌍둥이의 시간제 서비스 기본형을 3시간 신청하면 총이용요금은 45,180원이다.
③ 시간제 서비스를 490시간 이용한 사람이 영아종일제로 전환한다면 영아종일제 잔여기간은 7개월이다.
④ 시간제 서비스 기본형에서는 화기를 이용하여 아동의 식사를 조리할 수 있다.
⑤ 생후 36개월 이하의 영아는 영아종일제 서비스만 이용 가능하다.

난이도 상 중 하

➕적중예상문제 36, 43, 44, 46, 48번

16 **다음은 맞벌이 부부인 김 씨가 4월에 이용한 아이돌봄서비스 내역과 유형별 정부 지원금에 관한 자료이다. 이를 바탕으로 할 때, 김 씨의 본인부담금을 바르게 계산한 것은?**(단, 김 씨의 아이돌봄서비스 잔여시간은 500시간이고, 김 씨 부부와 자녀는 장애인이 아니다.)

[표1] 김 씨의 아이돌봄서비스 4월 이용 내역

정부 지원 유형		다형
아동 수		미취학 아동 2명 동시 돌봄
서비스 종류		시간제 기본형
이용시간	평일 주간	3시간, 20일
	평일 야간	2시간, 10일
	공휴일/주말	3시간, 4일

[표2] 유형별 정부지원금 (단위: 원/30분당)

구분	시간제 기본형 지원금		시간제 종합형 지원금	
	미취학	취학	미취학	취학
가형	4,267	3,765	6,747	6,256
나형	3,012	1,004	5,395	4,051
다형	753	753	1,896	1,396

① 691,259원 ② 921,672원 ③ 1,349,376원
④ 1,382,508원 ⑤ 1,626,480원

[17~18] 다음은 상병수당 1단계 시범사업에 관한 규정의 일부이다. 이를 바탕으로 이어지는 질문에 답하시오.

상병수당 1단계 시범사업

1. 개요
   ○ (상병수당 제도)

• (정의) 근로자가 업무 외(外) 질병·부상으로 경제활동이 불가한 경우 치료에 집중할 수 있도록 소득을 보전하는 사회보장제도

• (필요성) 보편적 건강보장* 달성을 위해서는 의료비 보장(건강보험 보장성 강화)과 함께 근로능력 상실에 대한 소득보장 필요

* UHC(Universal Health Coverage): 모든 사람이 재정적 어려움 겪지 않으면서 양질의 필수 건강서비스를 받을 수 있도록 보장하는 것(WHO)

– 질병으로 인한 빈곤 예방, 적시 치료를 통한 건강권 확대 및 노동생산성 제고, 감염병 확산 방지에 기여

• (국제동향) OECD 38개국 중 한국, 미국(일부 州 도입) 제외하고 모두 도입, 국제사회보장협회(ISSA) 182개 회원국 중 163개국 도입

– ILO(국제노동기구)의 상병급여협약(1969년)에서 국제적인 기준* 제시

* ① 경제활동인구의 75% 이상 대상, ② 보장기간 최저 52주 이상, ③ 근로능력상실 前 소득의 60% 이상 보장, ④ 근로자 기여분 50% 이하, ⑤ 대기기간 설정 가능

– 국가별로 유급병가 제도 유무, 의료보장체계, 정책적 여건, 사회적 합의 결과 등에 따라 다양한 형태로 제도 설계·운영 중

○ (기간) '22. 7월 1일부터 12개월간 시행

○ (대상 지역) 6개 시·군·구에 3개 모형 적용(모형별 2개 지역), 공모를 통해 지역 선정 예정, 지자체 신청 현황에 따라 지역 규모 일부 변동 가능

○ (지원 대상) 대상지역 거주 취업자

○ (예산) '22년 예산 109.9억 원('22. 7~12월, 6개월분)

○ (추진 체계) 보건복지부 – 국민건강보험공단(본부·지사) – 지자체

2. 상병요건

○ (근로활동불가 모형) 입원 여부 상관없이 상병으로 근로가 어려운 기간에 대해 인정, 대기기간을 7일, 14일로 달리하여 2개 모형 설계

○ (의료이용일수 모형) 입원 발생한 경우만 인정하고 입원 및 관련된 외래일수에 대해 지급, 대기기간을 3일로 짧게 설계

[표] 상병수당 1단계 시범사업 모형

구분	모형1	모형2	모형3
입원 여부	제한 무(無)	제한 무(無)	입원
급여 기간	근로활동불가 기간	근로활동불가 기간	의료이용일수
대기기간*/최대보장	7일/90일	14일/120일	3일/90일
대상지역	부천시, 포항시	종로구, 천안시	순천시, 창원시

* 상병으로 근로가 어려운 경우 대기기간의 다음 날부터 상병수당을 지급받을 수 있음을 의미

3. 지원 내용

○ (급여지급 기간) 모형별로 근로활동이 어려운 전체 기간(모형1, 2) 또는 의료이용일수(모형3)에서 대기기간 일수를 제외한 기간

○ (지급 금액) 일 43,960원('22년 기준 최저임금의 60%)

난이도 상 중 하

17 주어진 자료에 대한 설명으로 옳지 않은 것은?

① 창원시에 거주하는 직장인은 상병수당 1단계 시범사업 대상에 해당한다.

② 상병수당 1단계 시범사업의 모형2는 모형1보다 대기기간이 짧다.

③ 국제적으로 상병수당 제도에서 보장하는 최저기간은 52주이다.

④ 상병수당 제도는 대부분의 OECD 국가에서 도입한 제도이다.

⑤ 상병수당 1단계 시범사업은 2023년 6월 30일까지 시행된다.

난이도 상 중 하

적중예상문제 39, 45, 47번

18 주어진 자료를 바탕으로 할 때, 옳은 설명을 [보기]에서 모두 고른 것은?(단, A~C는 모두 취업자다.)

보기

㉠ 천안시에 거주하는 A씨가 골절로 근로가 불가한 경우 입원하지 않았더라도 상병수당 수급 대상자에 해당한다.

㉡ 부천시에 거주하는 B씨가 좌측 늑골 골절로 입원 치료 후 퇴원하여 근로 불능 기간이 총 17일이었을 경우 총 439,600원의 상병수당 급여가 지급된다.

㉢ 순천시에 거주하는 C씨가 대상포진으로 3일 동안 병원에 입원한 경우 지급되는 상병수당 급여는 0원이다.

① ㉠　② ㉢　③ ㉠, ㉡

④ ㉡, ㉢　⑤ ㉠, ㉡, ㉢

[19~20] 다음 자료를 바탕으로 이어지는 질문에 답하시오.

제2조(인지능력 자가진단) ① 고령운전자 교통안전교육 시 실시하는 인지능력 자가진단은 운전자의 주의력, 상황 판단력 등을 확인하기 위해 실시한다.

② 제1항의 인지능력 자가진단은 선별진단, 운전능력 진단으로 구성하며, 다음 각 호의 순서에 따라 진행한다.

1. 선별진단을 통과한 경우 운전능력 진단을 실시한다.
2. 선별진단을 통과하지 못한 경우 인지선별진단(Cognitive Impairment Screening Test, 약칭 “CIST”라 한다)을 실시한다.

③ 제2항의 인지능력 자가진단은 교육대상자가 컴퓨터 등 기자재를 활용하여 스스로 수행하도록 하고, CIST는 지필 면접검사 방법으로 실시한다.

제2조의2(치매검진이 가능한 기관에 의한 치매검진) 인지능력 자가진단은 교육 실시일로부터 과거 1년 이내에 다음 각 호의 어느 하나에 해당하는 기관이나 시설에서 실시한 치매진단 결과에 따라 면제할 수 있으며, 그 결과를 제3조의 수시적성검사 대상자 선정의 기초 자료로 활용할 수 있다.

1. 「치매관리법」 제17조에 따른 치매안심센터
2. 「의료법」 제3조에 따른 의료기관

②「의료법」 제3조에 따른 의료기관에서 치매검진을 받았을 경우, 소견서 또는 진단서를 활용할 수 있다.

제3조(수시적성검사 대상자 선정 방법) ① 고령운전자 교통안전교육 결과가 안전운전에 장애가 된다고 인정할 만한 상당한 이유가 있다고 인정되는 경우에는 수시적성검사 대상자 선정의 기초 자료로 활용할 수 있다.

② 제2조 제2항에 따른 CIST를 실시한 결과가 별표1의 CIST 분류 기준표에 따라 치매의심군으로 분류(CIST를 거부한 경우도 포함한다)되는 경우에는 별도로 제2조의2의 기관에 의한 치매검진을 실시한 후, 그 결과에 따라 수시적성검사 대상자로 선정한다.

③ 제2조 제1항에 따른 인지능력 자가진단과 제3조 제2항에 따른 CIST를 실시한 결과가 [별표1]의 CIST 분류 기준표에 따라 치매의심군으로 분류되지 아니하는 경우에는 인지능력 진단을 제외한 나머지 고령운전자 교통안전교육을 실시한다.

제4조(수시적성검사 대상자 등록) 제3조 제2항에 따른 수시적성검사 대상자는 도로교통공단에서 운영하는 전산시스템(운전면허정보시스템)에 등록하여 관리하여야 한다.

[표] 인지선별검사(CIST) 분류기준표 (단위: 점)

구분	교육연수					
	비문해	무학/문해 ~5년	초졸 6~8년	중졸 9~11년	고졸 12~15년	대졸 이상 16년~
만 50~59세	–	–	22	24	26	27
만 60~69세	–	16	21	23	25	26
만 70~79세	13	14	19	22	22	25
만 80~89세	11	11	16	18	20	22

1. 인지선별검사(CIST) 분류기준표의 연령기준 및 교육년수에 따른 기준 점수 미만으로 득점할 경우, ‘인지저하(치매의심군)’로 판정한다.
2. 분류기준표의 연령기준은 실제 생년월일 기준의 만 나이를 적용한다.
3. 90세 이상일 경우 연령기준 80~89세 연령기준을 준용한다.

난이도 상 중 하 ⊕적중예상문제 34번

19 **주어진 자료를 이해한 내용으로 적절하지 않은 것은?**

① 선별진단과 운전능력 진단은 모두 컴퓨터 등을 통해 고령자가 직접 수행한다.
② 수시적성검사 대상자로 선정된 경우 운전면허정보시스템에 등록되어 별도의 관리를 받는다.
③ 인지능력 자가진단에서 치매의심군으로 분류되지 않으면 해당 운전자의 교통안전교육이 종료된다.
④ 교통안전교육 시 CIST를 필요로 하는 고령운전자는 이전의 선별진단을 통과하지 못하였을 것이다.
⑤ 교육 실시일로부터 6개월 전 치매안심센터에서 받은 검진 결과가 정상일 경우 인지능력자가진단을 따로 수행하지 않아도 된다.

난이도 상 중 하 ⊕적중예상문제 37, 38, 50번

20 **다음 [표]의 A~E 중 수시적성검사 대상자 선정을 위한 별도의 치매검진을 실시해야 하는 운전자를 모두 고른 것은?**

[표] 수시적성검사 대상자 정보

대상자	연령	교육연수	CIST 점수
A	만 65세	대졸 이상	29
B	만 52세	고졸	24
C	만 80세	초졸	16
D	만 91세	비문해	10
E	만 77세	초졸	18

① A, B, C ② A, D, E ③ B, C, E
④ B, D, E ⑤ C, D, E

PART 2 영역별 문제풀이

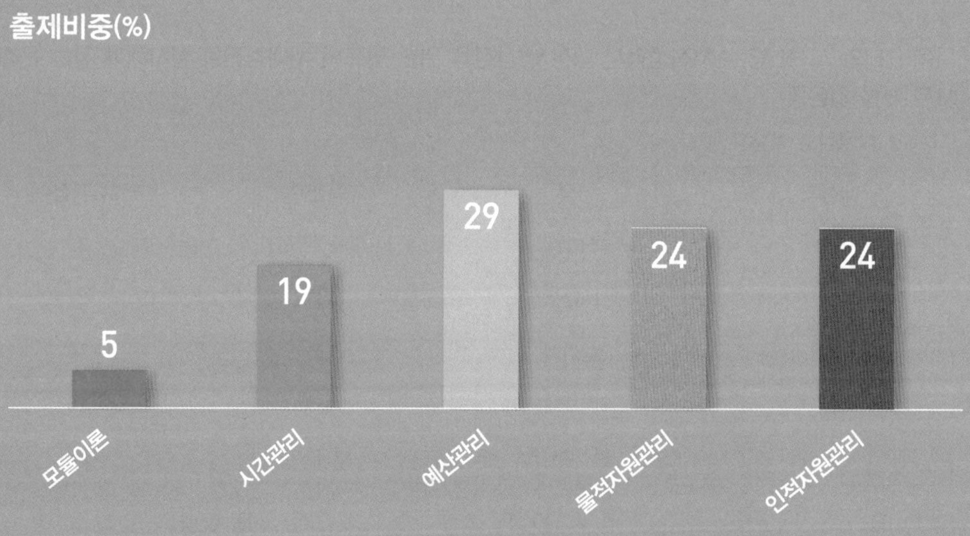

대표 출제 기업

PSAT형	한국전력공사, 한국수자원공사, 한국수력원자력, 근로복지공단
피듈형	서울교통공사, 부산교통공사, 한국가스공사, 한전KPS, 한전KDN, 한국중부발전, 한국남부발전, 한국서부발전, 한국동서발전, 한국남동발전, 국민연금공단, 한국가스안전공사, 한국전기안전공사, 한국산업인력공단, 한국장애인고용공단, 한국농어촌공사, 지역농협
모듈형	경기도 통합채용, 부산시 통합채용, 경상북도 통합채용, 전라남도 통합채용

CHAPTER 04

자원관리능력

STEP 1 적중예상문제

STEP 2 고난도 실전문제

STEP 01

적중예상문제

난이도 상 중 하

01 **다음 [보기]는 어느 회사에서 전 직원 대상으로 업무 효율화 교육을 실시하는 1박 2일 워크숍을 준비하는 데 필요한 업무 내용이다. 효과적인 자원관리 과정을 고려했을 때, 2단계에 해당하는 내용을 [보기]에서 모두 고른 것은?**

보기
㉠ 업무 효율화 전문 강사 섭외하기
㉡ 장비 사용에 따른 담당자 지정하기
㉢ 일정에 따른 강의 및 활동 진행하기
㉣ 식사 준비를 위해 업체와 계약하기

① ㉠, ㉡ ② ㉠, ㉢ ③ ㉠, ㉣
④ ㉡, ㉢ ⑤ ㉢, ㉣

난이도 상 중 하

02 **다음 사례에서 확인할 수 있는 자원 낭비 요인으로 가장 적절한 것은?**

J사원은 거주지부터 회사까지 지하철을 이용해 통근을 하고 있었다. 지하철을 이용하면 출근 시간대와 퇴근 시간대에 사람이 다소 많기는 하나 차량 정체가 없어 차량을 이용할 때보다 오히려 10분 이상 빠르게 통근이 가능했기 때문이다. 그런데 한 달 전 J사원은 너무 피곤한 나머지 택시를 타고 회사에 출근하게 되었고, 그날 이후로 비용이 좀 더 소요되더라도 편히 앉아서 갈 수 있는 택시를 이용해 매일 출근하고 있다.

① 비계획적 행동
② 편리성 추구
③ 자원에 대한 인식 부재
④ 노하우 부족
⑤ 오늘 할 일을 다음으로 미루기

난이도 상 중 하

03 다음은 시간계획의 순서를 나타낸 것이다. ㉠, ㉡, ㉢에 들어갈 용어가 바르게 짝지어진 것은?

명확한 목표 설정	→	㉠	→	㉡	→	㉢

	㉠	㉡	㉢
①	일의 우선순위 결정	시간계획서 작성	예상 소요시간 결정
②	일의 우선순위 결정	예상 소요시간 결정	시간계획서 작성
③	시간계획서 작성	일의 우선순위 결정	예상 소요시간 결정
④	예상 소요시간 결정	일의 우선순위 결정	시간계획서 작성
⑤	예상 소요시간 결정	시간계획서 작성	일의 우선순위 결정

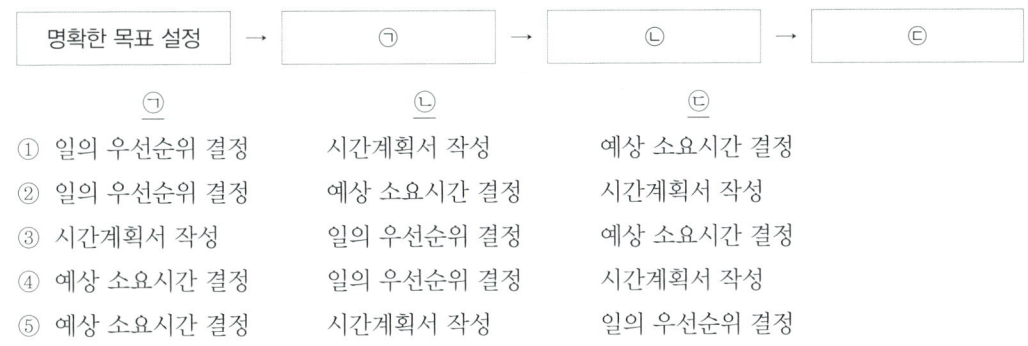

난이도 상 중 하

04 다음 사례를 통해 알 수 있는 시간자원의 특성으로 가장 적절한 것은?

- 호텔 야간 근무자인 S씨는 24시간 교대 근무를 하고 있어 하루 걸러 한 번씩 뜬눈으로 밤을 보내야 한다. 다른 직원들은 손님이 거의 없는 새벽 시간에 조금씩 수면을 취하지만 S씨는 이 시간을 활용해 평소 하지 못했던 유용한 일을 할 기회를 갖는다.
- 새벽 시간 열차 운행을 담당하는 기관사 J씨는 매일 아침 5시에 기상해야 한다. 새벽 열차 운행이 끝나고 나면 오전에 쉴 수 있는 시간이 주어지지만, J씨는 잠은 줄이면 줄어든다는 생각으로 이 시간을 자기개발에 투자하고 있다. J씨는 조금의 피곤함을 극복하여 동료나 친구들이 하지 못하는 일을 할 수 있는 여건을 마련한 것이다.

① 직업을 갖지 않으면 시간관리는 아무런 의미가 없다.
② 야간 시간을 활용하면 효율적인 시간관리가 가능하다.
③ 시간은 누구에게나 똑같은 속도로 흐른다고 볼 수 없다.
④ 잠을 줄여야 효율적인 시간관리를 할 수 있는 기본 여건이 마련된다.
⑤ 동일하게 주어지는 시간은 어떻게 쓰느냐에 따라 그 가치가 달라진다.

난이도 상 중 하

고난도 실전문제 01번

05 **총무부에서 근무하는 귀하는 회사창립기념일 행사를 진행하기 위한 예산 수립 업무를 요청받았다. 예산 수립의 절차에 따라 귀하가 할 일을 다음 [보기]에서 골라 바르게 나열한 것은?**

보기

[가] 회사창립기념일 행사 일정 중 필수적으로 진행되어야 하는 일정을 선정해 예산이 우선적으로 배정되어야 할 활동들을 정리하였다.
[나] 회사창립기념일 행사 일정을 시간 순서로 정리하여 예산 배정이 필요한 부분을 모두 확인하고, 행사 진행을 위해 구매가 필요한 물품 등을 리스트화하였다.
[다] 회사창립기념일 행사 일정 중 우선순위가 높은 활동부터 적절하게 예산을 배정하였다.

① [가]－[나]－[다]
② [가]－[다]－[나]
③ [나]－[가]－[다]
④ [나]－[다]－[가]
⑤ [다]－[가]－[나]

난이도 상 중 하

06 **다음은 A회사 영업팀의 비용 지출에 관한 [대화]이다. 이를 바탕으로 할 때, 옳은 것은?**

대화

박 대리: "상반기 우리 팀의 비용 중 직접비용이 8,200만 원으로 집계되었습니다. 예상보다 지출이 좀 많았던 것 같군요."
조 과장: "그뿐만 아니라 회계팀 장부에는 간접비용도 5,300만 원을 지출한 것으로 기재되어 있어요. 하반기에는 전체적인 비용을 좀 줄일 필요가 있습니다."
정 사원: "목록을 쭉 살펴보니, 4월에 신 대리님과 제가 출장을 길게 다녀온 것이 비용 지출의 큰 원인인 것 같아요. 그때 1,000만 원 정도 출장비를 지출했네요."
박 대리: "상반기에는 1년 치 사무실 임대료로 2,000만 원을 지불하기도 했으니 아마 하반기에는 상반기보다 비용 지출이 줄어들 것으로 보이긴 합니다."
조 과장: "하지만 하반기에는 3,000만 원에 달하는 B사 부품을 구매해야 합니다. 그 뿐만 아니라 신제품 광고비용 4,500만 원도 10월에 지출하는 것으로 예정되어 있으니, 여유 있는 상황이라고 볼 수는 없습니다."

① 사무실 임대료는 상반기 직접비용에 포함된다.
② 하반기에는 4,500만 원의 직접비용 지출이 예정되어 있다.
③ 출장비, 부품 구입비, 광고비는 모두 직접비용이다.
④ 예정된 하반기의 간접비용은 상반기 간접비용 지출액보다 더 많다.
⑤ 상반기 출장비 1,000만 원을 제외한다면, 직접비용의 30% 이상이 임대료로 지출되었다.

난이도 상 중 하 ⊕고난도 실전문제 02번

07 **자산관리팀에 근무하는 홍 대리는 재고물품 보관과 관련하여 다음과 같은 조치를 취한 후, 물품관리상 적절하지 못했던 부분에 대해 팀장에게 지적을 받았다. 홍 대리가 지적을 받았을 사항으로 가장 적절한 것은?**

> 여름철이 다가오기 전에는 항상 모든 회사의 부서가 긴장한다. 혹시라도 있을 전력 부족 사태 및 돌발 상황에 대응하기 위해 전력 확보와 자재 준비를 빈틈없이 해야 하기 때문이다. 올해는 유독 보관 물품이 많아서 기존의 확보 공간으로는 모든 물품을 관리할 수 없어 부득이 노천 야적장을 사용할 수밖에 없었다. 물품관리 담당자인 홍 대리는 발전기 터빈 등 부피가 커 공간을 많이 차지하는 핵심 부품은 창고 내에 보관하였고, 예비용 전선과 소형 부품, 작은 소모품들을 야적장으로 옮겨 두었다.

① 동일품과 유사품을 구분하지 못했다.
② 사용 물품과 보관 중인 물품을 구분하지 못했다.
③ 물품 특성에 맞는 보관 장소를 선정하지 못했다.
④ 모든 보관품의 일목요연한 보관 리스트를 준비하지 못했다.
⑤ 소형 물품을 실내로, 대형 물품을 실외로 구분해 두었어야 했다.

난이도 상 중 하

08 **자재나 재고를 보관하고 관리하는 업무에는 QR코드 시스템을 활용하는 것이 매우 유용하다고 알려져 있다. 다음 중 QR코드 사용상의 특징으로 옳은 것은?**

① QR코드는 1개의 데이터를 1개의 QR코드에만 저장할 수 있다.
② QR코드는 360도 어느 방향에서도 인식이 가능하며, 고속 인식이 특징이다.
③ QR코드의 단점은 코드의 일부가 손상되면 데이터를 복원할 수 없다는 것이다.
④ QR코드는 바코드보다 훨씬 많은 정보를 담을 수 있도록 진화된 코드 체계이나, 웹 사이트나 동영상과 같은 2차 콘텐츠로의 연결은 불가능하다.
⑤ QR코드는 20자리 정도의 정보를 저장하는 바코드의 수백 배(7,089문자) 정보를 취급할 수 있고 숫자, 영자, 한자, 한글 등의 데이터를 처리할 수 있으나, 기호화된 데이터 처리는 불가능하다.

난이도 상 중 하

09 **다음 글의 빈칸에 들어갈 원칙으로 가장 적절한 것은?**

> 인적자원관리란 기업의 경제적 효율성과 종업원의 사회적 효율성을 극대화하기 위해 인력을 대상으로 확보, 개발, 평가, 보상, 유지, 방출 활동을 계획·실천·통제하는 제반 활동을 말한다. 인적자원을 효과적으로 관리하기 위해서는 몇 가지 원칙이 필요하다.
>
> 예를 들어 (   )이란, 직원의 입장과 회사 경영자의 입장을 상호관계적인 측면에서 모두 고려하는 것을 의미한다. 즉, 인적자원을 잘 활용하기 위해서는 인적자원인 사회 구성원과의 교류와 커뮤니케이션, 개인 기량의 차이점과 특징, 장단점을 파악하여 적절히 인재를 배치하는 것이 관건이므로, 적절한 곳에 우수한 인적자원을 배치하면 그만큼 시스템의 운용 상태가 좋아질 뿐 아니라 경우에 따라서는 시스템의 허점마저 보완할 수 있게 된다. 아무리 시스템이 잘 구축되었어도 인력 배치가 적절하지 못한다면 시스템의 운용 상태가 상당히 나빠지기도 한다.

① 공정 보상의 원칙
② 종업원 안정의 원칙
③ 적재적소 배치의 원리
④ 창의력 계발의 원칙
⑤ 공정 인사의 원칙

난이도 상 중 하

10 **기업 경영에 필요한 자원 중 인적자원이 무엇보다 중요하다는 의견을 뒷받침하는 설명으로 가장 거리가 <u>먼</u> 것은?**

① 인적자원은 수동적인 예산이나 물적자원에 비해 능동적이다.
② 예산이나 물적자원을 활용하는 주체가 바로 인적자원인 사람이다.
③ 인적자원은 개발될 수 있는 많은 잠재능력과 자질을 보유하고 있다.
④ 인적자원의 행동 동기와 만족감은 경영관리에 의해 조건화되어 있다.
⑤ 인적자원은 자원이기에 앞서 평등하고 존엄한 가치를 지니는 인간이다.

난이도 상 중 하 ⊕고난도 실전문제 04번

11 다음은 H사 영업부의 여름휴가 방침과 일정표이다. 이를 바탕으로 할 때, 정 주임이 휴가를 낼 수 있는 기간으로 가장 적절한 것은?

[H사 영업부 여름휴가 방침]

- 영업부 소속 직원은 모두 8명이다.
- 주말 및 공휴일은 휴가 일수에서 제외한다.
- 사무실에 최소 6명이 근무하고 있어야 한다.
- 휴가는 8월 중에 모두 다 다녀와야 한다.
- 8월 1일은 일요일이고, 8월 15일은 공휴일이다.
- 정 주임은 휴가 4일을 모두 붙여 써야 한다.

[일정표]

- 김 부장은 8/2~8/5에 휴가를 간다.
- 이 차장은 8/10~8/13에 휴가를 가고, 8/20에 출장을 간다.
- 정 과장은 8/24~8/27에 휴가를 간다.
- 최 과장은 8/16~8/19에 휴가를 간다.
- 김 대리는 8/4~8/9에 휴가를 가고, 8/30~8/31에 출장을 간다.
- 이 대리는 8/12~8/17에 휴가를 간다.
- 박 주임은 8/25~8/30에 휴가를 간다.
- 정 주임은 8/23에 외부 업무 미팅이 있다.

① 8/5~8/10 ② 8/6~8/11 ③ 8/18~8/23
④ 8/19~8/24 ⑤ 8/20~8/25

12 **다음은 ○○센터에서 실시하는 프로그램에 대한 내용이다. K씨가 ○○센터에 방문하여 교육/체험 또는 상담을 받으려고 할 때, 9월 중 방문 가능한 일수로 옳은 것은?**

- 운영 목적
  센터에서 보유하고 있는 시설을 개방하여 지역 시민을 대상으로 무료로 기술 교육/체험 또는 상담을 지원한다.
- 운영 대상
  일반인, 고용보험 미적용자, 재직근로자, 휴업자, 직업훈련기관 훈련생 등의 지역 시민
- 운영 시간
  – 평일 9시 30분~19시 30분
  – 토요일 9시~14시(홀수 달 마지막 주 토요일은 휴무)
  – 일요일 및 공휴일은 운영 안 함
  – 당일 운영 종료 30분 전까지 입장해야 교육/체험 및 상담 가능함

조건

- K씨는 현재 재직근로자로서 평일에는 9시~18시, 첫째 주와 셋째 주 토요일에는 9~13시까지 근무한다.
- 매주 수요일과 금요일에는 퇴근 후 직업훈련기관에서 오후 8시까지 재직자 교육을 받는다.
- 9월 둘째 주 화요일에 연차를 사용할 예정이다.
- 짝수 달은 매월 둘째 주와 넷째 주, 홀수 달은 매월 첫째 주와 셋째 주 월요일에 퇴근 후 2시간가량 거래처를 순회해야 한다.
- K씨의 회사에서 ○○센터까지 40분이 소요된다.

[9월 달력]

일	월	화	수	목	금	토
		1	2	3	4	5
6	7	8	9	10	11	12
13	14	15	16	17	18	19
20	21	22 (추석연휴)	23 (추석연휴)	24 (추석연휴)	25	26
27	28	29	30			

① 총 8일　② 총 9일　③ 총 10일
④ 총 11일　⑤ 총 12일

난이도 상 중 하 ⊕고난도 실전문제 05번

13 F지역에 근무하는 김 부장과 D지역에 근무하는 이 부장은 회의를 위해 2월 15일 오후 1시 정각까지 서울에 도착해야 한다. 다음 중 두 사람이 출발해야 하는 현지 시각이 바르게 짝지어진 것은?(단, 이동 시간은 비행시간만 고려한다.)

[표1] 서울 기준 시차 (단위: 시간)

A지역	B지역	C지역	D지역	E지역	F지역	G지역	H지역
−9	−15	−1	+1	−17	−14	−8	−2

※ −는 서울보다 늦고, +는 서울보다 빠른 것을 의미함

[표2] 각 지역부터 서울까지의 비행시간

A지역	B지역	C지역	D지역	E지역	F지역	G지역	H지역
12시간	13시간	3시간 30분	10시간	10시간	14시간	12시간	5시간 40분

	김 부장	이 부장
①	2월 14일 오전 6시	2월 15일 오후 5시
②	2월 14일 오전 7시	2월 15일 오후 6시
③	2월 14일 오전 9시	2월 15일 오전 4시
④	2월 14일 오후 9시	2월 15일 오전 4시
⑤	2월 14일 오후 9시	2월 15일 오전 5시

14 **김 대리는 4월 25일 월요일 아침 9시부터 7개의 업무를 처리해야 한다. 김 대리가 다음과 같이 업무별 필요 시간과 마감 일자에 따라 계획을 세워 업무를 처리하려고 할 때, 김 대리가 마지막 업무를 끝내는 날로 옳은 것은?**

• 김 대리는 4월 25일 월요일 오전 9시부터 A~G 7개의 업무를 처리해야 한다. 각 업무를 처리하는 데 소요되는 시간과 업무 마감 일자가 다음과 같다.

업무	소요 시간	마감 날짜
A	16시간	5월 15일
B	21시간	5월 20일
C	7시간	5월 3일
D	12시간	5월 9일
E	17시간	5월 22일
F	28시간	5월 9일
G	18시간	5월 10일

• 김 대리는 다음 규칙에 따라 업무 처리 계획을 세웠다.
- 마감 일자가 빠른 업무부터 처리한다.
- 마감 일자가 동일한 업무의 경우 소요 시간이 더 짧은 업무부터 처리한다.
- 업무는 한 번에 하나씩만 처리하고, 한 업무를 모두 완료한 뒤에 다음 업무를 처리한다.
- 하나의 업무를 마무리한 시간이 16:00 이후인 경우, 다음 업무는 다음 근무일에 시작한다.
- 업무는 정규 근무 시간 내에만 처리한다. 정규 근무 시간은 9:00~12:00, 13:00~18:00이다.
- 토요일, 일요일, 공휴일에는 업무를 처리하지 않는다.
- 5월 1일, 5월 5일, 5월 8일은 공휴일이다.

① 5월 11일　② 5월 12일　③ 5월 13일
④ 5월 16일　⑤ 5월 17일

난이도 상 중 하 　　　　⊕고난도 실전문제 05번

15 **H사의 K대리는 부산 벡스코에서 열리는 전시회에 출장을 가야 한다. 회사에서 9시에 출발하며 서울역까지는 40분, 김포 공항까지는 20분 소요된다. 다음 자료를 바탕으로 할 때, 가장 빠르게 도착하는 경로와 가장 저렴한 경로 간의 도착 시각의 차이로 옳은 것은?**(단, 기차역, 공항, 버스·택시 정류소에서의 대기 시간은 고려하지 않는다.)

• 기차 및 비행기를 이용해서 가는 방법

구분	경로	출발 시각	소요 시간	요금
KTX	서울역 → 부산역	9:30	2시간 45분	59,800원
		9:50	3시간	59,800원
비행기	김포 공항 → 김해 공항	9:15	1시간	70,000원
		9:30	55분	71,000원

• 버스 및 택시를 이용해서 벡스코에 가는 방법

구분	경로	출발 시각	소요 시간	요금
셔틀버스	김해 공항 → 벡스코	매시 정각, 20분, 40분	50분	무료
버스	부산역 → 벡스코	매시 정각, 15분, 30분, 45분	50분	1,700원
택시	부산역 → 벡스코	–	30분	13,000원

① 1시간 40분 　② 1시간 50분 　③ 2시간
④ 2시간 10분 　⑤ 2시간 20분

난이도 상 중 하 　　　　　　　　　　　　　　　　　　　　　　⊕고난도 실전문제 08번

16 **다음은 G회사의 완제품 생산공정에 대한 자료이다. 이를 바탕으로 할 때, 완제품 100개를 생산하기 위해 투입되는 비용으로 옳은 것은?**

[그림] 완제품 생산공정

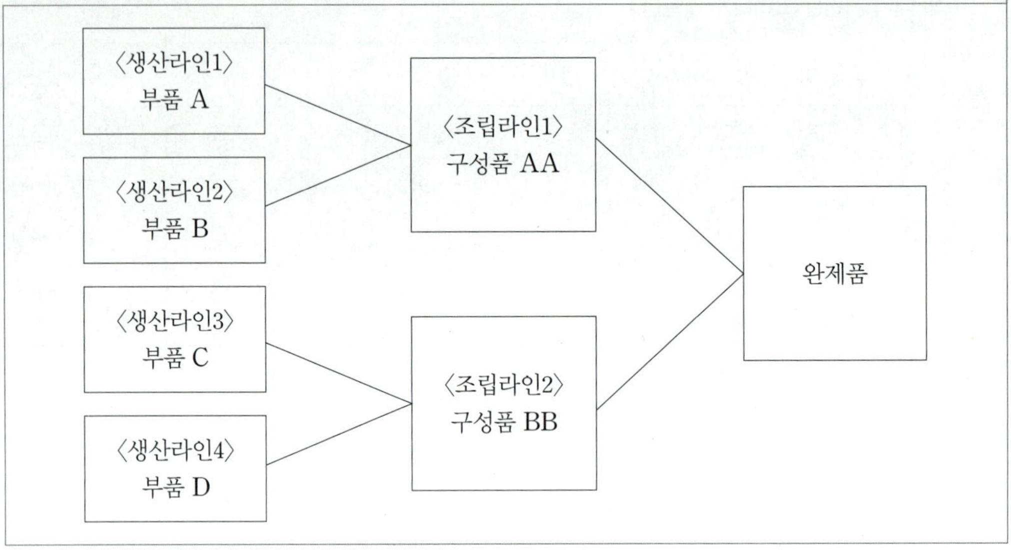

[표1] 부품별 생산공정 투입량

구분	필요 부품
구성품 AA 1개	부품 A 2개
	부품 B 1개
구성품 BB 1개	부품 C 2개
	부품 D 6개

구분	필요 구성품
완제품	구성품 AA 4개
	구성품 BB 1개

[표2] 부품 1개당 가격

구분	부품 A	부품 B	부품 C	부품 D
비용	1,500원	2,000원	5,000원	10,000원

① 820만 원　② 840만 원　③ 860만 원
④ 880만 원　⑤ 900만 원

난이도 상 중 하 ⊕고난도 실전문제 07번

17 **다음 [표]는 김 대리가 난방비를 절약하기 위해 설치하려는 태양열 집열기 A~E의 성능에 관한 자료이다. 김 대리가 현재 사용하고 있는 보일러의 열량 소비량은 월 3,000MJ이며, 김 대리는 A~E 중 난방 요금을 가장 많이 절약할 수 있는 태양열 집열기를 설치하려고 한다. 이때, 한 달 동안 절약되는 난방비를 바르게 계산한 것은?**(단, 한 달은 30일이며, 매일 태양열 집열기가 작동한다고 가정한다.)

[표] 태양열 집열기별 성능

구분	총집열면적	집열기 효율
A	$9m^2$	75%
B	$8m^2$	80%
C	$10m^2$	70%
D	$12m^2$	55%
E	$11m^2$	60%

※ 난방비(원)=(보일러의 열량 소비량−태양열 집열기의 열량 생산량)×난방 단가

※ 난방 단가: 16원/MJ

※ 일일 열량 생산량(MJ/일)=일일 전국 평균 일사량×총집열면적×집열기 효율

※ 일일 전국 평균 일사량: $12MJ/m^2$

① 33,600원 ② 36,864원 ③ 38,016원

④ 38,880원 ⑤ 40,320원

18 S공단은 직원들에게 명절 선물을 나누어 주고자 한다. 다음 [표]와 [조건]을 바탕으로 선물을 지급한다고 할 때, S공단이 지불해야 할 총비용으로 옳은 것은?

[표] 명절 선물 금액 및 수요 (단위: 만 원, 명)

품목	개당 가격	수요
굴비	12	10
전복	10	7
화장품	20	9
소고기	15	19
버섯	8	21

조건

- 예상 비용: 해당 품목의 개당 가격×수요×(1−할인율)
  ※ [표]의 수요 인원 5명마다 해당 품목의 할인율이 3%p 증가함(수요 인원 5명 미만인 품목의 할인율: 0%)
- 위의 산식에 따라 계산한 결괏값이 100만 원씩 늘어날 때마다 해당 품목의 할인율은 5%p씩 더해진다.(추가 할인율은 산식의 결괏값에 적용하며, 결괏값이 100만 원 미만인 경우 추가 할인율은 0%이다.)
- 위의 산식에 따라 계산한 결괏값이 90만 원 미만인 품목은 3만 원을 추가로 지불해야 한다.

① 7,096,390원 ② 7,118,280원 ③ 7,139,350원
④ 7,155,880원 ⑤ 7,177,930원

19 김 사원은 서울에서 부산으로 출장을 가려고 한다. 다음 [표]와 [조건]을 바탕으로 할 때, 김 사원이 선택하는 교통수단으로 옳은 것은?

[표] 교통수단별 정보

구분		소요시간	비용	화장실 유무
KTX	일반	2시간 30분	65,000원	있음
	특실		80,000원	있음
고속버스		5시간	45,000원	없음
택시		4시간	115,000원	없음
비행기		1시간	85,000원	있음

조건

- 김 사원은 효용 수치가 가장 높은 교통수단을 선택한다.
- 효용 수치=50−(0.3×소요시간×2)−(0.7×비용×2)
- 효용 수치 계산 시 소요시간의 단위는 시간이며, 비용의 단위는 만 원이다.
  (예) 1시간 30분 → 1.5, 55,000원 → 5.5)
- 김 사원은 고소공포증이 있어, 비행기를 탑승할 경우에는 효용 수치에서 5만큼 차감한다.
- 교통수단 내에 화장실이 있는 경우, 효용 수치에서 2만큼 가산한다.
- 혼자 앉을 경우 쾌적한 이동이 가능하므로 KTX 특실과 택시 이용 시에 효용 수치가 10% 증가한다. 단, 효용 수치에 덧셈이나 뺄셈을 해야 하는 경우에는 덧셈이나 뺄셈을 먼저 한 뒤에 10%를 가산한다.

① KTX 일반　② KTX 특실　③ 고속버스
④ 택시　⑤ 비행기

난이도 상 중 하 ⊕고난도 실전문제 09번

20 **김 사원은 1년 동안 수원 지사로 발령받게 되어 자동차를 렌트하려고 한다. 다음 [조건]과 [표]를 바탕으로 할 때, 김 사원이 렌트할 차량으로 옳은 것은?**

조건

김 사원은 자동차 1년 장기 렌트를 알아보고 있다. 운전 경험이 많지 않은 김 사원은 차량 후보 A~E중에서 항목별로 점수를 매겨 가장 점수가 높은 차량을 선택하려고 한다.

연식이 오래되지 않고 월 납입액이 적으며, 주행 거리는 짧은 순서대로 5점부터 1점까지 점수를 부여하였다. 옵션은 개수마다 1점씩 매겼다. 만약 총점이 동일한 경우에는 1년 동안 납입할 총금액의 단순 합을 계산하여 그중 저렴한 차량을 고르려고 한다.

[표] 차량 정보

차량	연식	주행 거리	옵션	월 납입액	선수금
A	2017년 9월식	62,060km	네비게이션, 후방카메라	44만 원	140만 원
B	2016년 12월식	74,941km	네비게이션	38만 원	200만 원
C	2018년 7월식	75,806km	네비게이션, 후방카메라, 하이패스	42만 원	150만 원
D	2016년 3월식	70,899km	네비게이션, 후방카메라	35만 원	220만 원
E	2017년 4월식	66,300km	네비게이션, 후방카메라	40만 원	180만 원

① A차량 ② B차량 ③ C차량
④ D차량 ⑤ E차량

21 **다음 [표]는 A~E제조공장의 자재별 재고량 현황과 완제품 하루 목표 생산량을 나타낸 자료이다. 이에 대한 설명으로 적절한 것을 [보기]에서 모두 고른 것은?**

[표1] A~E제조공장의 자재별 재고량 현황 (단위: kg)

구분	P자재	Q자재	R자재
A제조공장	1,000	600	270
B제조공장	890	550	240
C제조공장	920	480	300
D제조공장	900	640	330
E제조공장	850	570	360

※ 완제품 1개를 제조하는 데 P, Q, R자재는 각각 10kg, 5kg, 3kg이 필요함

[표2] 제조공장별 완제품 하루 목표 생산량 (단위: 개)

구분	목표 생산량
A제조공장	120
B제조공장	100
C제조공장	90
D제조공장	100
E제조공장	110

보기

㉠ D제조공장이 하루 목표 생산량에 도달하기 위해서는 2가지 종류의 자재를 더 구매해야 한다.
㉡ B제조공장의 목표 생산량이 현재보다 10% 더 증가한다면, 총 300kg의 자재를 더 구매해야 한다.
㉢ 모든 제조공장은 하루 목표 생산량에 도달하기 위해 Q자재를 더 구매할 필요가 없다.
㉣ 현재 하루 목표 생산량에 도달할 수 있는 제조공장은 오직 1곳뿐이다.

① ㉠, ㉡　② ㉢, ㉣　③ ㉠, ㉡, ㉢
④ ㉠, ㉢, ㉣　⑤ ㉡, ㉢, ㉣

난이도 상 중 하

고난도 실전문제 09번

22 **박 씨는 해돋이를 보기 위해 일출 장소 근처 숙소를 예약하려고 한다. 다음 [표]와 [보기]의 내용을 바탕으로 할 때, 박 씨가 예약할 숙소로 옳은 것은?**

[표] 숙소 A~E 정보

구분	종류	거리	예약 사이트 평점	취사 가능 여부	1실당 가격
A	모텔	1.4km	3점	불가능	• 기본 2인 60,000원(최대 4인) • 1인 추가 시 10,000원 추가
B	펜션	1.5km	4점	가능	• 기본 6인 300,000원(최대 12인) • 1인 추가 시 20,000원 추가
C	호텔	1.2km	3.5점	가능	• 기본 4인 220,000원
D	호텔	0.8km	4점	불가능	• 기본 3인 180,000원(최대 5인) • 1인 추가 시 10,000원 추가
E	펜션	1.8km	5점	가능	• 기본 4인 270,000원(최대 10인) • 1인 추가 시 15,000원 추가

보기

박 씨는 형의 가족과 함께 해돋이를 보러 갈 예정이다. 박 씨의 가족과 형의 가족은 각각 4인이며, 한 방에 모두 숙박하지 못할 경우에는 방 2개를 예약하여 가족끼리 숙박할 생각이다. 박 씨는 숙소 A~E에 대해 각 항목별로 점수를 매겨 총점이 가장 높은 숙소를 예약하려고 한다. 거리가 가깝고 가격이 싼 순서대로 5점부터 1점까지의 점수를 부여하였으며, 취사가 가능한 경우 가점 1점을 부여하고, 예약 사이트의 평점은 평점 그대로를 반영하여 총점을 계산하였다. 만약 총점이 동일한 경우 펜션을 가장 우선적으로 선택하고, 호텔, 모텔의 순으로 선택하려고 한다.

① A모텔　② B펜션　③ C호텔
④ D호텔　⑤ E펜션

난이도 상 중 하 고난도 실전문제 09번

23 △△사는 5개의 물류창고 A~E를 보유하고 있다. 물류창고는 도로를 따라 다음 [그림]과 같이 위치해 있으며, 5개 물류창고의 모든 물품을 1개의 물류창고로 모으기 위해 화물차를 이용한다. 각 물류창고에서 서로 다른 화물차 1대를 이용하여 한 번만 운송한다고 할 때, 다음 [표]를 바탕으로 어느 창고로 물품을 모으는 경우에 운임 비용이 가장 많이 드는지 고른 것은?

[그림] A~E물류창고 거리

A — 20km — B — 20km — C — 20km — D — 20km — E

[표1] A~E물류창고 보관 물품 현황

물품 무게	A	B	C	D	E
2.5kg	100개	150개	50개	150개	50개
5.0kg	150개	0개	100개	100개	50개
7.5kg	50개	0개	100개	50개	150개

[표2] 화물차 종류별 운임 비용

구분	운임 비용
1톤 화물차	450원/km
3톤 화물차	800원/km
10톤 화물차	2,100원/km

※ 1톤 화물차, 3톤 화물차, 10톤 화물차의 적재중량은 각각 1톤 미만, 1톤 이상 3톤 미만, 3톤 이상 10톤 미만임

① A물류창고 ② B물류창고 ③ C물류창고
④ D물류창고 ⑤ E물류창고

24 **K과장과 L대리는 코인 세탁소를 오픈하기 위해 A~F지역 중 적절한 장소를 물색하고 있다. 다음 자료와 [대화]에 따라 두 직원이 각각 선호하는 장소를 바르게 짝지은 것은?**

K과장과 L대리는 다음과 같이 A~F지역별 입지조건에 점수를 매겼다.

구분	A	B	C	D	E	F
주거 밀집도	하	중	중	상	상	상
면적(매장 크기)	상	중	상	상	하	하
층수	1층	2층	1층	1층	1층	1층
경쟁사 유무	없음	없음	없음	있음	없음	있음
비용	상	중	중	하	중	상

※ 주거 밀집도가 '상'일수록 밀집도가 높은 것이고, 면적이 '상'일수록 면적이 큰 것이고, 비용이 '상'일수록 비용이 저렴한 것임

대화

K과장: "모든 조건이 완벽한 입지는 없군요. L대리는 어디가 가장 적당하다고 생각하세요?"
L대리: "빨랫감을 가지고 다니기가 번거로울 테니 1층이 좋겠습니다."
K과장: "저도 그렇게 생각해요. 그리고 이미 코인 세탁소가 있는 지역은 피하는 게 좋지 않을까요?"
L대리: "그렇지만 코인 세탁소가 있는 지역은 주거 밀집도가 높다는 이점도 있습니다. 코인 세탁소는 인근 주민들만 이용한다는 점을 고려하면 주거 밀집도가 '상'인 곳으로 선정해야 해요."
K과장: "그렇군요. 저는 주거 밀집도가 '중' 이상이면서 경쟁사가 없는 곳이 적절하다고 생각합니다. 그리고 매장 크기가 넓으면 세탁을 하는 동안 고객들이 쉴 수 있는 공간을 만들 수 있어서 좋겠군요."
L대리: "그렇게 인테리어를 하면 고객들을 더 많이 모을 수 있지만, 예산이 늘어난다는 게 문제네요. 그래서 면적 크기보다는 비용이 저렴한 곳이 더 적절하다고 생각합니다."

	K과장	L대리
①	C	D
②	C	E
③	C	F
④	E	D
⑤	E	F

난이도 상 중 하 ⊕고난도 실전문제 09번

25 L국은 국가혁신클러스터 지구를 선정하고자 한다. 다음 평가 기준에 따라 점수를 부여하고 지방자치단체의 육성 의지가 있는 곳 중 합산 점수가 가장 높은 산업단지를 국가혁신클러스터 지구로 선정하려고 할 때, 선정되는 산업단지로 옳은 것은?

평가 기준

• 산업단지 내 기업 집적 정도

산업단지 내 기업 수	30개 이상	10~29개	9개 이하
점수	40점	30점	20점

• 산업단지의 산업클러스터 연관성

업종	연관 업종	유사 업종	기타
점수	40점	20점	0점

※ 1) 연관 업종: 자동차, 철강, 운송, 화학, IT
2) 유사 업종: 소재, 전기전자

• 신규투자기업 입주공간 확보 가능 여부

입주공간 확보	가능	불가
점수	20점	0점

• 합산점수가 동일할 경우 우선순위는 다음과 같은 순서로 정한다.
1) 산업클러스터 연관성 점수가 높은 산업단지
2) 기업 집적 정도 점수가 높은 산업단지
3) 신규투자기업의 입주공간 확보 가능 여부 점수가 높은 산업단지

산업단지	산업단지 내 기업 수	업종	입주공간 확보	지자체 육성 의지
A	38개	전기전자	가능	있음
B	9개	자동차	가능	있음
C	21개	철강	불가	있음
D	10개	운송	가능	없음
E	44개	바이오	가능	있음

① A ② B ③ C
④ D ⑤ E

26 다음 글을 바탕으로 할 때, 갑 기업에 채용되는 지원자로 옳은 것은?

갑 기업에서는 다음 기준에 따라 신입사원을 채용하려고 한다.

- 전공 성적, 토익 점수, 필기시험 점수, 자기소개서 점수를 10점 만점으로 환산하여 평가 점수를 부여한다. 기본 점수 총점은 4가지 항목의 합산으로 계산한다.
- 직무 관련 자격증은 1개당 1점이 추가되고, 직무 비관련 자격증은 1개당 0.5점이 추가된다. 총 자격증 점수는 최대 3점까지 인정하고, 직무 비관련 자격증은 2개까지만 인정한다.
- 봉사 시간 20시간당 1점이 추가되며, 최대 100시간까지 인정한다.
- 기본 점수에 가점을 더한 최종 점수가 가장 높은 지원자 2명을 선발한다. 최종 점수에 관계없이 기본 점수가 가장 낮은 지원자는 채용하지 않는다. 평가 점수의 총합이 동일한 경우 기본 점수가 더 높은 지원자를 채용한다.
- 갑 기업에 지원한 A~E의 항목별 평가 점수는 다음과 같다.

[표] A~E의 항목별 평가 점수

구분	기본 점수				가점		
					자격증		
	전공 성적	토익	필기시험	자기 소개서	직무 관련	직무 비관련	봉사 시간
A	9점	10점	8점	7점	1개	3개	60시간
B	8점	8점	7점	9점	4개	1개	120시간
C	10점	7점	10점	8점	3개	4개	50시간
D	9점	8점	9점	10점	1개	0개	20시간
E	7점	9점	8점	9점	1개	2개	90시간

① A, B ② A, C ③ B, C
④ B, E ⑤ C, E

난이도 상 중 하

고난도 실전문제 12번

27 다음은 S국의 실업급여 지급액에 대한 내용이다. 이를 바탕으로 할 때, A~E 중 실업급여 지급액이 세 번째로 많은 사람을 고른 것은?

실업급여 지급액=기준액(퇴직 전 평균일급의 50%)×소정급여일수

[표1] 실업급여 지급 기준액

퇴사일	상한액	하한액
2022년 3월 이전	45,000원	43,000원
2022년 4~12월	50,000원	46,000원
2023년 1월 이후	60,000원	54,000원

[표2] 소정급여일수

연령 \ 가입기간	1년 미만	1년 이상 3년 미만	3년 이상 5년 미만	5년 이상 10년 미만	10년 이상
30세 미만	90일	90일	120일	150일	180일
30세 이상 50세 미만	90일	120일	150일	180일	210일
50세 이상	90일	150일	180일	210일	240일

※ 연령 기준은 퇴사 당시 만 나이임

[표3] A~E 고용보험 가입정보

구분	생년월일	퇴직 전 평균일급	퇴사일	가입기간
A	1970.11.13.	180,000원	2023.01.05.	20년 2개월
B	1975.02.02.	110,000원	2022.12.18.	15년 3개월
C	1983.05.31.	150,000원	2022.04.01.	8년 6개월
D	1989.08.01.	80,000원	2022.01.01.	9년 1개월
E	1996.02.28.	120,000원	2022.05.31.	5년 4개월

① A　　② B　　③ C
④ D　　⑤ E

PART 2 CHAPTER 04 자원관리능력

고난도 실전문제 12번

28 다음 [표]는 A학원 강사들의 학원 내부 강의 일정이다. 이를 바탕으로 할 때, 부산에서 열리는 외부 강의에 참여하는 강사가 바르게 짝지어진 것은?

[표] A학원 강사별 학원 내부 강의 일정

구분	15일(월)	16일(화)	17일(수)	18일(목)	19일(금)
박 강사		○			
이 강사			○		
최 강사	○	○			
김 강사	○				○
구분	22일(월)	23일(화)	24일(수)	25일(목)	26일(금)
박 강사					○
이 강사	○			○	
최 강사		○	○		○
김 강사				○	

※ 강의는 9~18시까지 진행되며, 해당 일자 강의가 계획된 강사는 타 활동 참여 불가함

[A학원 외부 강의 일정]
1) 대전: 15일(월)
2) 대구: 17일(수)
3) 부산: 23일(화)
4) 울산: 25일(목)

※ 외부 강의에는 2명의 강사가 참여해야 하며, 2주 동안 강사 1인당 2개의 외부 강의에 참여해야 함

① 김 강사, 박 강사　② 박 강사, 이 강사　③ 이 강사, 김 강사
④ 이 강사, 최 강사　⑤ 최 강사, 박 강사

난이도 상 중 하

29 **다음 [표]는 팀별 성과급에 대한 자료이다. 성과급을 가장 많이 받는 직원과 가장 적게 받는 직원의 성과급 차이로 옳은 것은?**

[표1] 성과평가 종합점수별 성과 등급 및 등급별 성과급

성과평가 종합점수	성과 등급	등급별 성과급
95점 이상	S	기본급의 30%
90점 이상~95점 미만	A	기본급의 25%
85점 이상~90점 미만	B	기본급의 20%
80점 이상~85점 미만	C	기본급의 15%
75점 이상~80점 미만	D	기본급의 10%

[표2] 영업1~5팀의 항목별 평가 점수

구분	영업1팀	영업2팀	영업3팀	영업4팀	영업5팀
수익 달성률	90점	93점	72점	85점	83점
매출 실적	92점	78점	90점	88점	87점
근태 및 부서평가	90점	89점	82점	77점	93점

※ 성과평가 종합점수는 수익 달성률 40%, 매출 실적 40%, 근태 및 부서평가 20%의 가중치를 적용해 합산함

[표3] 직원별 기본급

직원	소속팀	기본급
갑	영업1팀	210만 원
을	영업2팀	260만 원
병	영업3팀	320만 원
정	영업4팀	300만 원
무	영업5팀	220만 원

※ 팀별 성과 등급은 해당 팀의 모든 직원에게 동일하게 적용됨

① 1만 원　② 3만 원　③ 4.5만 원
④ 7.5만 원　⑤ 8.5만 원

난이도 상 중 하

30 다음은 어느 공공기관의 연봉가급 지급 기준과 A~C직원에 관한 자료이다. 이를 바탕으로 A~C직원의 월 연봉가급의 합을 바르게 계산한 것은?

[연봉가급 지급 기준]

1. 지급 원칙
   개인별 능력, 전문성, 직무 난이도 및 실적, 근무환경 등을 반영하여 개인별 누적 포인트에 대해 환산한 금액을 매월 급여 지급일에 지급한다.
2. 지급 금액: 누적 포인트 1점당 1,000원으로 환산한 금액을 지급한다.
3. 지급 구분
   가. 능력 및 전문성 부문

<table>
<tr><th colspan="2">구분</th><th>포인트</th><th colspan="6">대상</th></tr>
<tr><td colspan="2" rowspan="5">기술자격</td><td>80</td><td colspan="6">변호사(국제변호사 포함), 변리사</td></tr>
<tr><td>60</td><td colspan="6">기술사(등록기술사 포함), 건축사, 공인회계사, 사업관리자(PMP), 세무사, 공인노무사, 방사선 취급감독자면허, 감정평가사, 공인재무분석사(CFA)</td></tr>
<tr><td>40</td><td colspan="6">직업훈련교사, 기사, 기능장, 간호사</td></tr>
<tr><td>30</td><td colspan="6">산업기사</td></tr>
<tr><td>20</td><td colspan="6">기능사, 건설기계조종사면허, 자동차운전면허(운전원에 한함), 기관사, 간호조무사</td></tr>
<tr><td rowspan="9">연구활동</td><td rowspan="3">전력연구원</td><td rowspan="3">200
~
300</td><td colspan="6">전력연구원의 연구분야 근무 직원(경제경영연구원, 설비진단처, 본사 포함)</td></tr>
<tr><td colspan="2">선임급[3직급]</td><td colspan="2">선임보급[4(갑)직급]</td><td colspan="2">일반급[4(을)직급]</td></tr>
<tr><td colspan="2">300</td><td colspan="2">240</td><td colspan="2">200</td></tr>
<tr><td rowspan="3">전문직</td><td rowspan="3">100
~
120</td><td colspan="6">전문원으로 해당 직무를 수행하는 직원
(동일 직무, 직급에서 3년 이상 근무 시 30%, 6년 이상 근무 시 40% 가산 지급)</td></tr>
<tr><td colspan="3">3직급</td><td colspan="3">4(갑)직급 이하</td></tr>
<tr><td colspan="3">120</td><td colspan="3">100</td></tr>
<tr><td rowspan="3">연구직</td><td rowspan="3">80
~
100</td><td colspan="6">연구원으로 해당 직무를 수행하는 직원</td></tr>
<tr><td colspan="3">3직급</td><td colspan="3">4(갑)직급 이하</td></tr>
<tr><td colspan="3">100</td><td colspan="3">80</td></tr>
</table>

나. 직무 및 환경 부문

<table>
<tr><th>구분</th><th>포인트</th><th colspan="8">대상</th></tr>
<tr><td rowspan="4">근무
지역</td><td>120</td><td colspan="2">–</td><td colspan="3">신태백변전소</td><td colspan="3">해남변환소,
진도변환소,
본사</td></tr>
<tr><td>80</td><td colspan="2">–</td><td colspan="3">S/C(I)</td><td colspan="3">–</td></tr>
<tr><td>50</td><td colspan="2">–</td><td colspan="3">4급지사(I),
접적지역(I)</td><td colspan="3">원자력 S/Y,
1인 근무변전소</td></tr>
<tr><td>30</td><td colspan="2">–</td><td colspan="3">4급지사(II),
접적지역(II)</td><td colspan="3">제주변환소,
서제주변환소,
765kV 변전소</td></tr>
<tr><td rowspan="5">특수
작업
실적
및
기타</td><td rowspan="3">30
~
130</td><td colspan="8">창구 수납매수 실적 기준</td></tr>
<tr><td>100건
이하</td><td>500건
이하</td><td>501건
이상</td><td>1,001건
이상</td><td>1,501건
이상</td><td>2,001건
이상</td><td>2,501건
이상</td><td>3,001건
이상</td></tr>
<tr><td>30</td><td>60</td><td>80</td><td>90</td><td>100</td><td>110</td><td>120</td><td>130</td></tr>
<tr><td>25</td><td colspan="8">3자녀 이상 시 만 20세 미만 자녀 1인당</td></tr>
<tr><td>100</td><td colspan="8">원자력 직군 관련 분야 근무자</td></tr>
</table>

※ 대상에 포함되어 있지 않은 지역은 포인트를 부여하지 않음

[표] A~C직원의 정보

직원	직급	기술 자격	연구 활동	근무 지역	기타
A	3직급	산업기사	연구직	본사	원자력 직군
B	4급(갑)	공인회계사	전문직	4급지사(I)	3자녀 (만 15세, 만 19세, 만 22세)
C	4급(을)	방사선 취급감독자면허	전력연구원	부산	원자력 직군

① 930,000원 ② 940,000원 ③ 950,000원
④ 960,000원 ⑤ 970,000원

[31~32] 다음 자료를 바탕으로 이어지는 질문에 답하시오.

G시에서 올림픽경기가 개최되어 S시와 B시에 거주하는 사람이 G시를 방문하려고 한다. S시에서는 G시를 곧장 방문할 수 있지만, B시에서 G시를 방문하기 위해서는 S시를 반드시 경유해야 하며, 교통편 및 교통비용은 다음과 같다.

구분	교통편	교통비용(편도)
S시 ↔ G시	KTX	3만 원
	우등고속버스	2만 원
B시 ↔ S시	비행기	5만 원
	KTX	4만 원
	우등고속버스	3만 원

한편 G시에서의 식사는 아침, 점심, 저녁 하루 3끼를 먹어야 하며, G시에 도착한 날과 출발하는 날에는 일부 식사를 G시에서 해결하지 않을 수도 있다. 1끼당 식사비용은 1만 원이다.

G시에서의 숙박은 일반 숙박업소 또는 게스트하우스를 이용할 수 있으며, 비용은 다음과 같다.

구분	숙박비용(1박)
일반 숙박업소	10만 원
게스트하우스	2만 원

G시에서 올림픽경기 관람 시 편익은 1개 종목당 50만 원이며, 올림픽경기 입장권 비용은 1개 종목당 20만 원이다. 총편익은 올림픽경기 종목 관람 시의 편익으로만 구성되며, 총비용은 왕복 교통비용과 G시에서의 식사비용, G시에서의 숙박비용, 올림픽경기 입장권 비용으로 구성된다.

난이도 상 중 하 ⊕고난도 실전문제 13번

31 **다음 [보기]는 A씨의 올림픽경기 관람 일정이다. A씨의 순편익을 바르게 계산한 것은?**(단, 순편익은 '총편익–총비용'이다.)

보기

B시에 거주하는 A씨는 G시에서 3박 4일 동안 올림픽경기 2개 종목을 관람하였다. 도시를 경유하여 G시로 향할 때 첫 번째 교통편은 KTX, 두 번째 교통편은 우등고속버스를 이용하였고 마지막 날 다시 B시로 돌아올 때 첫 번째 교통편은 KTX, 두 번째 교통편은 비행기를 이용하였다. 식사는 G시에 도착 첫날 점심부터 마지막 날 점심까지 G시에서 해결하였으며 3박 중 2박은 일반 숙박업소, 1박은 게스트하우스를 이용하였다.

① 14만 원 ② 15만 원 ③ 16만 원
④ 17만 원 ⑤ 18만 원

난이도 상 중 하 ⊕고난도 실전문제 14번

32 **하루에 올림픽경기를 최대 1종목씩만 관람 가능하며, G시에서 식사를 하루에 2끼 미만으로 해결한다면 당일에는 올림픽경기를 관람할 수 없다고 한다. S시에 거주하는 사람이 올림픽경기 3종목을 관람했을 때 순편익의 최댓값으로 옳은 것은?**(단, 순편익은 '총편익–총비용'이다.)

① 73만 원 ② 74만 원 ③ 75만 원
④ 76만 원 ⑤ 77만 원

[33~34] 다음 [표]는 어느 공장에서 제품P를 생산하기 위한 공정과 소요 시간 및 비용을 나타낸 자료이다. 공정은 A공정부터 시작하며 후행 작업은 반드시 선행 작업이 끝난 후에 진행된다. 이를 바탕으로 이어지는 질문에 답하시오.

[표] 공정별 필요 선행 공정 및 소요 시간 및 비용

공정	필요한 선행 공정	소요 시간	소요 비용
A공정(시작)	없음	1시간	100만 원
B공정	A공정	3시간	200만 원
C공정	A공정	5시간	400만 원
D공정	B공정	3시간	300만 원
E공정	C공정, D공정	5시간	500만 원
F공정	D공정	4시간	100만 원
G공정	E공정	3시간	200만 원
H공정	F공정	6시간	500만 원
I공정	G공정	4시간	100만 원
J공정(끝)	H공정, I공정	2시간	600만 원

난이도 상 중 하

33 **주어진 자료를 바탕으로 할 때, A공정을 시작한 후 J공정을 끝내기까지 걸리는 최소 소요 시간으로 옳은 것은?**(단, 선행, 후행 관계에 있지 않은 공정은 동시에 진행이 가능하다.)

① 21시간 ② 23시간 ③ 24시간
④ 25시간 ⑤ 26시간

34 다음은 [표]의 공정을 개선한 후 김 대리와 이 대리가 나눈 [대화]이다. 이를 바탕으로 할 때, 이 대리의 마지막 질문에 대한 답변으로 가장 적절한 것은?

대화

김 대리: "이번 공정 개선을 통해 공정 시간과 비용을 많이 줄였어요."

이 대리: "공정이 너무 오래 걸리고 불필요한 지출이 많다고 생각했는데 공정이 개선되었군요. 어느 공정에서 감소하였나요?"

김 대리: "소요 비용이 100만 원인 공정을 제외하고는 모두 공정 소요 시간 또는 비용이 줄었어요. 특히 소요 시간이 가장 길었던 공정의 소요 비용이 절반으로 감소하였고, 필요한 선행 공정이 두 가지였던 공정들은 모두 100만 원씩 감소하였어요."

이 대리: "다른 공정들은 어떤가요?"

김 대리: "A공정을 선행 공정으로 하는 공정들의 소요 비용이 감소되지는 않았지만 소요 시간이 1시간씩 감소하였어요. D공정과 G공정은 각각 소요 시간이 30분씩 감소하였고, 소요 비용은 50만 원씩 감소하였어요."

이 대리: "그렇다면 공정 개선 후 전체 공정 과정에서 소요되는 총비용은 얼마인가요?"

① 2,400만 원 ② 2,450만 원 ③ 2,500만 원
④ 2,550만 원 ⑤ 2,600만 원

[35~36] 다음은 개별부동산 A~E의 가격 산정에 관한 자료이다. 이를 바탕으로 이어지는 질문에 답하시오.

[표1] 개별부동산 A~E 조건

구분	입지조건(표준)	건물용도(표준)	단위 면적당 가격(표준)	개별부동산 입지 조건	개별부동산 건물용도	연면적(m^2)
A	일반주거지	상업시설	20만 원/m^2	역세권	주거시설	100
B	비역세권	공공시설	23만 원/m^2	비역세권	공공시설	100
C	일반주거지	주거시설	18만 원/m^2	일반주거지	상업시설	120
D	역세권	상업시설	20만 원/m^2	역세권	업무시설	100
E	역세권	공공시설	25만 원/m^2	비역세권	업무시설	100

[표2] 입지 조건 가중치

표준 \ 개별	역세권	일반주거지	비역세권
역세권	1	0.9	0.9
일반주거지	1.2	1	0.8
비역세권	1.1	0.8	1

[표3] 건물용도 가중치

표준 \ 개별	주거시설	상업시설	업무시설	공공시설
주거시설	1	1.1	0.9	0.9
상업시설	0.9	1	1.1	0.7
업무시설	0.8	0.8	1	0.8
공공시설	1.2	1.3	1.1	1

[개별부동산 가격 산정방법]

- 개별부동산 단위 면적당 가격=표준 단위 면적당 가격×입지 조건 가중치×건물용도 가중치
- 개별부동산 가격=표준 단위 면적당 가격×입지 조건 가중치×건물용도 가중치×연면적

난이도 상 중 하 ⊕고난도 실전문제 19번

35 주어진 자료를 바탕으로 할 때, 다음 중 개별부동산 단위 면적당 가격이 표준 단위 면적당 가격보다 낮은 것은?

① A부동산　② B부동산　③ C부동산
④ D부동산　⑤ E부동산

난이도 상 중 하 ⊕고난도 실전문제 20번

36 주어진 자료를 바탕으로 할 때, 다음 중 개별부동산 가격이 가장 높은 것은?

① A부동산　② B부동산　③ C부동산
④ D부동산　⑤ E부동산

[37~38] 다음은 A~E지역의 부지 정보를 나타낸 것이다. 이를 바탕으로 이어지는 질문에 답하시오.

[지역별 부지 정보]

A지역

상업	주거	자연
상업		
	상업	

B지역

자연		
자연		상업
상업		상업

C지역

	주거	
상업		자연
상업		주거

D지역

자연		주거
주거	상업	주거

E지역

주거		
주거	상업	주거
		주거

※ 각 지역에는 주거구역, 자연구역, 상업구역만 존재함

※ ━━: 구역별 인접 경계

난이도 상 중 하 ⊕고난도 실전문제 19번

37 다음 [표]를 바탕으로 할 때, A~E지역 중 부지점수가 가장 높은 지역을 고른 것은?(단, 인접하다는 것은 구역끼리 한 면 이상 맞닿아 있다는 것을 의미한다.)

[표] 부지점수 계산표

구분	기본 점수 (구역 1개당)	인접 경계 (경계 1개당)
주거구역	+3점	주거구역/자연구역(+6점) 자연구역/상업구역(+4점) 상업구역/주거구역(+2점)
자연구역	+4점	
상업구역	+2점	
비고	동일 구역의 인접 경계는 고려하지 않음	

① A지역 ② B지역 ③ C지역
④ D지역 ⑤ E지역

난이도 상 중 하 ⊕고난도 실전문제 20번

38 올해는 지역 내 비중이 가장 높은 구역에 따른 추가 점수를 부여하기로 하였다. 추가 점수를 합산했을 때, A~E지역 중 부지점수가 가장 높은 지역을 고른 것은?

[표] 구역별 추가 점수

구분	추가 점수	비고
주거구역	3	지역 내 비중이 같은 구역이 있는 경우, 가장 높은 추가 점수를 선택함
자연구역	5	
상업구역	1	

① A지역 ② B지역 ③ C지역
④ D지역 ⑤ E지역

[39~40] 다음은 T회사의 미국 전시회 참석에 관한 출장 내규를 정리한 자료이다. 이를 바탕으로 이어지는 질문에 답하시오.

[표1] 호텔별 1박 기준 비용 및 정보

호텔	숙박비	조식	주차비	셔틀 운영	Wi-Fi	제휴 할인
A	150,000원	무료	20,000원	×	20,000원	10%
B	200,000원	10,000원	무료	○	무료	15%
C	180,000원	무료	10,000원	○	10,000원	12%
D	200,000원	10,000원	무료	×	무료	20%
E	130,000원	20,000원	30,000원	○	10,000원	8%

- 5개의 호텔은 T회사와 제휴를 하여 모든 비용에 제휴 할인이 적용된다.
- 공항에서 호텔까지는 렌트카로 이동해야 하므로 숙박 기간 동안 주차비가 부과된다.
- 호텔에서 전시회장까지 이동해야 하며, 전시회장까지 셔틀을 운영하지 않는 호텔의 경우에는 택시로 이동하는 것을 원칙으로 한다. 이 경우에는 1일 20,000원의 비용이 든다.
- 조식은 반드시 먹어야 하며, 조식이 무료가 아닐 경우에는 조식 비용을 부담한다.
- 전시회 자료 정리를 위해 Wi-Fi를 사용해야 하며, Wi-Fi가 무료가 아닐 경우에는 비용을 부담한다.

[표2] 항공사별 평가 내역

항공사	가격	안전성	편의성	수하물 분실	기내식
V	3점	4점	3점	4점	5점
W	5점	5점	3점	4점	2점
X	5점	3점	2점	5점	5점
Y	2점	4점	5점	3점	5점
Z	3점	5점	4점	2점	4점

- 5개 평가 분야는 모두 점수가 높을수록 해당 분야에 대한 만족도가 높음을 의미한다.
- 5개 항공사의 가격, 안전성, 편의성, 수하물 분실, 기내식 점수에 대해 각각 0.1, 0.3, 0.25, 0.2, 0.15의 가중치를 적용한다.
- (각 분야의 점수)×(각 분야의 가중치)의 총합으로 최종 점수를 계산한다.

난이도 상 중 하 ⊕고난도 실전문제 19번

39 다음 중 1박에 드는 비용이 가장 저렴한 숙소를 고른다고 할 때, 출장 숙소로 선정되는 호텔로 옳은 것은?

① A호텔 ② B호텔 ③ C호텔
④ D호텔 ⑤ E호텔

난이도 상 중 하 ⊕고난도 실전문제 20번

40 다음 중 최종 점수가 가장 높은 항공사를 고른다고 할 때, 선정되는 항공사로 옳은 것은?

① V항공사 ② W항공사 ③ X항공사
④ Y항공사 ⑤ Z항공사

[41~42] 다음 자료를 바탕으로 이어지는 질문에 답하시오.

G공사에서는 달력을 제작하여 채용 박람회 방문자에게 배부하고자 한다. 달력 제작 업무를 담당하게 된 이 대리는 제조사별로 견적을 낸 후 상사에게 피드백을 받기로 하였다.

[표1] A사의 제작 비용 (단위: 원/개)

구분	일반탁상	대형탁상	일반벽걸이	대형벽걸이
50부 이하	11,100	14,850	15,900	18,000
51~99부	10,360	13,860	14,860	16,800
100~299부	9,620	12,870	13,580	15,600
300부 이상	8,880	11,800	12,820	14,400

[표2] B사의 제작 비용 (단위: 원/개)

구분	일반탁상	대형탁상	일반벽걸이	대형벽걸이
50부 이하	12,500	15,250	16,800	18,500
51~99부	11,630	14,560	14,860	17,200
100~299부	10,320	13,080	14,000	16,840
300부 이상	9,680	12,620	13,350	15,700

[표3] C사의 제작 비용 (단위: 원/개)

구분	일반탁상	대형탁상	일반벽걸이	대형벽걸이
50부 이하	10,800	14,000	15,550	17,800
51~99부	10,050	13,500	14,400	16,400
100~299부	9,220	12,200	13,250	15,200
300부 이상	8,500	11,300	12,000	14,000

[표4] D사의 제작 비용 (단위: 원/개)

구분	일반탁상	대형탁상	일반벽걸이	대형벽걸이
50부 이하	12,200	15,050	15,400	17,500
51~99부	11,550	14,550	14,250	16,350
100~299부	10,850	13,800	13,000	15,000
300부 이상	9,800	12,600	11,850	13,850

[표5] 제조사별 참고 사항

제조사	참고 사항
A사	모든 제품 500부 이상 주문 시 개당 1,000원 할인
B사	모든 제품 500부 이상 주문 시 전체 가격의 5% 할인
C사	• 일반탁상 달력 1,000부 이상 주문 시 전체 가격의 10% 할인 • 일반벽걸이 달력 400부 이상 주문 시 100부당 10부 추가 무료 제작
D사	• 대형탁상 달력 500부 이상 주문 시 100부당 50,000원 할인 • 대형벽걸이 달력 500부 이상 주문 시 100부당 60,000원 할인

난이도 상 중 하

고난도 실전문제 13번

41 일반벽걸이 달력 600부를 주문하려고 할 때, 가장 저렴하게 제작할 수 있는 업체와 비용이 바르게 짝 지어진 것은?

업체	비용
① A사	6,600,000원
② A사	7,092,000원
③ C사	6,600,000원
④ C사	7,092,000원
⑤ D사	6,600,000원

난이도 상 중 하

고난도 실전문제 14번

42 이 대리는 상사의 지시에 따라 달력을 주문하고자 한다. 상사의 지시가 [보기]와 같을 때, 제작 비용으로 옳은 것은?

보기

예상 방문자가 약 700여 명이니 넉넉하게 800부를 제작하세요. 이번 박람회 때는 벽걸이 달력보다는 탁상 달력을 나눠주도록 합시다. 그리고 대형탁상 달력으로 주문하세요. 그럼 업체별로 비교해서 가장 저렴한 곳을 선택하세요.

① 8,580,000원 ② 8,591,200원 ③ 8,640,000원
④ 8,829,000원 ⑤ 9,040,000원

[43~44] 어느 실린더 생산 공장에서 제작 공정을 다음과 같이 개선하였다. 이를 바탕으로 이어지는 질문에 답하시오.

[표1] 실린더 100개 제작 시 공정별 소요비용 (단위: 만 원)

구분	공정 개선 전	공정 개선 후
소재 입고	10	10
조질	12	8
1차 선반	5	5
1차 DEEP HOLE	30	27
원심 주조	25	22
냉각	14	14
2차 선반	5	5
2차 DEEP HOLE	25	20
호닝	10	6
검수	8	8
정삭 가공	20	15
출하	15	15

[표2] 실린더 100개 제작 시 공정별 소요시간 (단위: 분)

구분	공정 개선 전	공정 개선 후
소재 입고	20	18
조질	5	5
1차 선반	3	3
1차 DEEP HOLE	15	12
원심 주조	10	7
냉각	7	7
2차 선반	3	3
2차 DEEP HOLE	20	16
호닝	10	6
검수	15	15
정삭 가공	22	18
출하	10	10

※ 단, 실린더는 10개 단위로 제작 가능함

[그림] 실린더 제작 공정

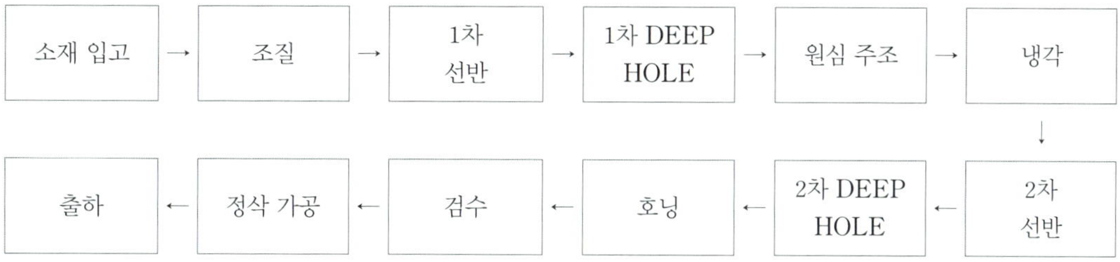

난이도 상 중 하 고난도 실전문제 16번

43 **공장에서 실린더를 8,000개 생산하려고 한다. 이때 공정 개선 전에 비해 공정 개선 후에 절감되는 소요비용으로 옳은 것은?**

① 1,600만 원 ② 1,680만 원 ③ 1,760만 원
④ 1,840만 원 ⑤ 1,920만 원

난이도 상 중 하 고난도 실전문제 15번

44 **공장에서 14시간 동안 쉬지 않고 실린더를 제작했다고 할 때, 공정 개선 전에 비해 공정 개선 후에 추가적으로 제작할 수 있는 실린더의 개수로 옳은 것은?**(단, 한 번에 하나의 공정만 진행된다.)

① 100개 ② 120개 ③ 150개
④ 180개 ⑤ 200개

[45~46] 다음은 어느 기업의 직원 및 연구원 평가 기준과 평가 대상자 A~F의 평가 점수를 나타낸 자료이다. 이를 바탕으로 이어지는 질문에 답하시오.

1. 직원 평가 기준
   — 총점 100점 만점

항목	반영 비율
업무 달성도	50%
협업 기여도	30%
자기개발	20%

2. 연구원 평가 기준
   — 총점 150점 만점

항목	반영 비율
연구성과 달성도	60%
논문/특허 성과	40%
프로젝트 기여도	30%
외부활동	20%

[표] 평가 대상자 항목별 점수 (단위: 점)

소속	이름	업무/연구성과 달성도	협업 기여도	자기 개발	논문/특허 성과	프로젝트 기여도	외부활동
사무소	A	80	60	80	—	—	—
	B	70	100	40	—	—	—
	C	70	90	65	—	—	—
연구소	D	80	—	—	50	80	65
	E	70	—	—	90	60	85
	F	90	—	—	60	70	90

※ 사무소(직원), 연구소(연구원)

난이도 상 중 하 ⊕고난도 실전문제 17번

45 다음 중 평가 점수가 가장 높은 직원과 연구원을 순서대로 바르게 짝지은 것은?

① A, D ② A, E ③ B, F
④ C, D ⑤ C, F

난이도 상 중 하 ⊕고난도 실전문제 17번

46 다음 [표]를 바탕으로 할 때, 성과 등급이 A등급 이상인 평가 대상자의 총인원수로 적절한 것은?

[표] 성과 등급 기준

S등급	A등급	B등급	C등급
80점 이상	75점 이상 80점 미만	70점 이상 75점 미만	70점 미만

※ 총점 100점 환산 기준

① 2명 ② 3명 ③ 4명
④ 5명 ⑤ 6명

[47~48] 다음은 K공사의 성과급 지급 기준에 관한 자료이다. 이를 바탕으로 이어지는 질문에 답하시오.

성과급 지급 기준

[표1] 부서 평가 등급별 성과급 지급 비율

구분	1등급	2등급	3등급	4등급	5등급
비율	120%	110%	100%	90%	80%

[표2] 개인 등급별 · 직급별 성과급 지급 비율

구분	S등급	A등급	B등급
1, 2직급	135%	115%	100%
3직급 이하	120%	105%	100%

[표3] 개인 등급 산출 방법

구분	S등급	A등급	B등급
평정 점수	90점 이상	85점 이상 90점 미만	85점 미만

※ 성과급(원) = 기본 성과급×부서 평가 등급별 성과급 지급 비율×개인 등급별 · 직급별 성과급 지급 비율

난이도 상 중 하

⊕고난도 실전문제 17번

47 영업부의 부서 평가가 2등급이며, 영업부 강 부장과 장 과장의 평정 점수 및 직급이 다음 [표]와 같을 때, 강 부장과 장 과장이 기본 성과급을 초과해서 받게 되는 성과급 비율의 합으로 옳은 것은?

[표] 개인별 평정 점수 및 직급

직원	평정 점수	직급
강 부장	92점	2직급
장 과장	87점	3직급

① 60%　② 61%　③ 62%
④ 63%　⑤ 64%

난이도 상 중 하

⊕고난도 실전문제 18번

48 기본 성과급이 300만 원이라고 할 때, 47번의 장 과장이 평정 점수를 보너스로 5점 더 획득한 경우 기본 성과급보다 더 받게 되는 성과급으로 옳은 것은?

① 48만 원　② 49만 5천 원　③ 50만 원
④ 90만 원　⑤ 96만 원

[49~50] 다음은 갑 공기업의 신입사원 채용 평가 기준과 지원자들의 성적이다. 이를 바탕으로 이어지는 질문에 답하시오.

갑 공기업에서는 다음 기준에 따라 신입사원 2명을 채용하며, 서류 전형 → 필기 전형 → 면접 전형 순으로 진행한다.

[서류 전형]

- 자기소개서, 전공 성적, 어학 성적의 환산 점수의 합을 계산한다. 각 항목의 만점은 각각 50점, 30점, 20점이다.
- 장애인인 경우 1점, 청년 인턴 경력이 있는 경우 2점, 생계곤란자인 경우 0.5점을 가점한다.
- 장애인 가점을 제외하고 가점은 중복으로 부여하지 않으며, 가장 높은 가점 한 가지만 인정된다.
- 서류 전형에서는 총점이 높은 순으로 3배수를 선발한다. 총점이 동일하면 가점을 제외한 점수가 더 높은 지원자의 순위가 더 높고, 가점을 제외한 점수도 동일한 경우 자기소개서 점수가 더 높은 지원자의 순위가 더 높다.
- 서류 전형 결과, 지원자 A~J의 평가 점수가 다음과 같다.

지원자	서류 전형(점)			가점		
	자기소개서	전공	어학 성적	장애인	청년 인턴	생계곤란자
A	38	24	15	○		
B	42	29	14			
C	36	24	20		○	○
D	43	23	17			
E	44	20	18	○	○	
F	44	26	17	○		○
G	45	28	16			
H	48	26	20			
I	40	30	15		○	
J	40	28	19			○

[필기 전형]

- NCS, 전공, 적성으로 나누어 필기시험을 본다. 각 시험의 만점은 각각 30점, 50점, 20점이다.
- 전공 관련 자격증이 있는 경우 전공 성적에서 자격증 개수당 1점이 추가되며, 최대 3개까지 인정한다.
- 필기 전형에서는 총점이 높은 순으로 2배수를 선발한다. 총점이 동일하면 전공 성적이 더 높은 지원자의 순위가 더 높다.
- 필기 전형 결과, 서류 전형에서 1~6위를 한 지원자의 점수가 다음과 같다.

서류 전형	필기 전형			
	NCS(점)	전공(점)	적성(점)	전공 자격증(개)
1위	28	36	18	0
2위	24	46	15	2
3위	21	40	20	1
4위	23	38	16	3
5위	19	39	20	5
6위	26	43	16	1

[면접 전형]

- 리더십, 창의력, 직무능력을 각각 최상, 상, 중, 하로 나누어 평가한다.
- 리더십과 창의력의 경우 최상은 30점, 상은 25점, 중은 15점, 하는 10점을 부여한다.
- 직무능력의 경우 최상은 40점, 상은 30점, 중은 20점, 하는 10점을 부여한다.
- 면접 전형에서 총점이 높은 순으로 최종 선발한다. 총점이 동일하면 필기 전형 점수의 순위가 더 높은 지원자의 순위가 더 높다.
- 면접 전형 결과, 필기 전형에서 1~4위를 한 지원자의 평가 점수가 다음과 같다.

필기 전형	면접 전형		
	리더십	창의력	직무능력
1위	최상	중	상
2위	상	최상	중
3위	최상	상	중
4위	상	상	최상

난이도 상 중 하

고난도 실전문제 17번

49 다음 중 서류 전형에서 불합격한 지원자를 고른 것은?

① B ② E ③ F
④ I ⑤ J

난이도 상 중 하

고난도 실전문제 17번

50 다음 중 갑 공기업에 최종 합격한 지원자를 바르게 짝지어진 것은?

① B, G ② B, H ③ C, H
④ E, H ⑤ G, H

STEP 02

고난도 실전문제

난이도 상 중 하

적중예상문제 05번

01 다음 자료에 대한 설명으로 옳지 않은 것은?

예산의 구성요소에는 직접비용과 간접비용이 있다. 직접비용은 제품 또는 서비스를 창출하기 위해 직접 소비된 것으로 여겨지는 비용을 말한다. 간접비용은 제품 또는 서비스를 창출하기 위해 소비된 비용 중에서 직접비용을 제외한 비용으로 생산에 직접 관련되지 않은 비용이라고 할 수 있다. 간접비용은 과제에 따라, 또는 과제가 수행되는 상황에 따라서도 다양하게 나타난다. 다음 표는 A 기관의 5월 지출명세서이다.

항목	금액
원료	3,000,000원
보험료	300,000원
기자재	1,200,000원
건물관리비	600,000원
인건비	3,800,000원
사무용품	80,000원
공과금	200,000원
통신비	100,000원

① 직접비용 항목은 3개이다.
② 직접비용 합계는 간접비용 합계의 4배 이상이다.
③ 직원이 국내출장 비용을 지출하면 간접비용이 증가한다.
④ 정규직 직원과 계약직 직원이 사용한 통신비는 모두 간접비용이다.
⑤ 간접비용의 합계 금액은 130만 원 미만이다.

난이도 상 중 하

적중예상문제 07번

02 최 사원은 해외에서 수입한 원자재와 일부 소모성 부품을 창고에 보관하여 관리하고 있다. 최근 회사 창고에 보관된 물품 관리 방식에 대한 문제점이 지적되어, 최 사원은 효과적인 물품 관리를 위한 방안을 팀장에게 제시하고자 한다. 최 사원이 고려하고 있는 물품 관리 방안 중 적절하지 않은 것은?

① '지난 분기부터 수입 원자재에 대한 예산 할당이 많아졌다고 하던데, 차체에 자주 쓰이는 부품은 대량 확보를 해 두어야 겠군.'

② '창고에서 입출고되는 물량을 살펴보면 소비자의 수요를 예측할 수 있으니, 장기 보관되는 물품 리스트를 만들어서 제출해야 겠군.'

③ '물품 출고 시 복잡한 절차 때문에 분실 및 도난이 발생하고 있으니, 입출고 절차를 효과적으로 개선할 수 있는 방안을 제시해야 겠군.'

④ '재고 관리를 제대로 하려면 우선 창고 시설부터 손을 봐야 해. 곧 우기가 닥치면 목재에 심각한 손상이 발생할 수 있으니 창고 보수 관련 비용부터 뽑아 봐야겠군.'

⑤ '매번 분기 결산을 해 보면 완제품과 원자재의 수량에 차이가 발생하고 있으니, 입고 시 물품의 정확한 적재 위치를 알 수 있도록 새로운 전산 시스템을 구축해 달라고 요청해야 겠다.'

난이도 상 중 하

03 장 과장은 화요일 또는 수요일에 런던으로 출장을 가고, 런던에 도착한 뒤 18시간 후에 서울의 김 부장과 30분 동안 화상회의를 하려고 한다. 다음 [표]를 바탕으로 장 과장이 이용할 수 있는 항공편 중 가장 저렴한 항공편을 예약한다고 할 때, 다음 중 장 과장이 예약한 항공편으로 가장 적절한 것은?(단, 런던은 서울보다 9시간이 느리고, 장 과장과 김 부장 모두 자신이 위치한 지역을 기준으로 09:00~12:00, 13:00~17:00, 18:00~20:00에 회의할 수 있다.)

[표] 인천–런던 항공편 정보

항공편	출발시각(서울 시각 기준)	소요 시간	가격
KE0907	화요일 09:00	11시간 30분	1,350,000원
BA0018	화요일 18:00	11시간 50분	1,180,000원
OZ0521	수요일 12:00	12시간	1,240,000원
AY0042	수요일 12:30	12시간 10분	1,150,000원
LH0320	화요일 11:30	11시간 40분	1,300,000원

① KE0907 ② BA0018 ③ OZ0521
④ AY0042 ⑤ LH0320

난이도 상 중 하 ⊕적중예상문제 11번

04 다음은 초과근무수당 지급 지침에 관한 자료이다. 직원 A~E의 시간당 초과근무수당이 모두 같다고 할 때, 이번 달 초과근무 수당이 가장 많은 직원으로 옳은 것은?

초과근무수당 지급 지침

1. 목적: 근로자의 초과근무에 대해 합리적이고 공정한 수당을 지급하여 근로 의욕을 높이고, 법적 기준을 준수한다.

2. 지급 대상: 정규 근무시간 외에 근무한 정규직, 계약직 직원(단, 인턴 및 아르바이트의 경우 별도 계약조건에 따름)
   ※ 정규 근무시간: 9시~18시

3. 지급 원칙
   - 매월 1일부터 말일까지 주 또는 월 최대 실시 가능 범위 이내 지급
   - 초과근무는 시간 외 및 휴일근무를 포함하여 주 12시간 이내에서 최대 월 50시간 이내 실시

4. 지급 기준
   - 1일 8~22시 내 초과근무를 1시간 이상(식사시간 제외) 근무한 직원에 대하여 1일 최대 4시간까지 근무를 인정함
   - 신청 단위: 20분 단위로 신청(예시: 00분/20분/40분/60분)

5. 지급 시간의 계산
   - 초과근무 시 식사를 하는 경우에는 식사시간 1시간 공제 적용
   - 소정 근무시간 1일 1시간 이상 초과근무를 한 경우에 실제 초과근무를 수행한 시간만큼 매분 단위까지 합산
   - 월간 초과근무 수당 계산 시 모두 합산한 후 30분 단위 이하는 수당 계산에 포함하지 않음

[표] 한 주간 직원 A~E의 출 · 퇴근시간 현황

구분		월	화	수	목	금
직원 A	출근시간	9시	9시	9시	9시	8시
	퇴근시간	20시	18시 20분	19시 40분	18시	18시
	식사 여부	○	×	○	×	×
직원 B	출근시간	9시	9시	9시	8시	9시
	퇴근시간	19시	20시	18시 40분	18시	19시 20분
	식사 여부	×	○	×	×	○
직원 C	출근시간	9시	8시	9시	8시	9시
	퇴근시간	18시	19시 40분	19시 20분	19시	19시 20분
	식사 여부	×	○	×	○	○
직원 D	출근시간	9시	9시	9시	9시	9시
	퇴근시간	19시 40분	18시	18시 40분	20시	20시 40분
	식사 여부	○	×	×	○	○
직원 E	출근시간	8시	9시	9시	9시	9시
	퇴근시간	19시 20분	18시	19시 40분	18시 40분	19시
	식사 여부	×	×	○	×	○

※ 1달(4주) 동안 직원들의 출/퇴근 시간은 동일함

① 직원 A ② 직원 B ③ 직원 C
④ 직원 D ⑤ 직원 E

난이도 상 중 하

⊕적중예상문제 13, 15번

05 **대구에서 근무하는 명 계장은 긴급 출장으로 부산에 가게 되었다. 다음 [표]와 [조건]을 바탕으로 할 때, 교통비 한도 내에서 가장 빠르게 부산역에 도착하는 방법을 고른 것은?**(단, 회사에서 지하철역 및 버스정류장까지의 이동시간은 고려하지 않는다.)

[표1] 회사 – 대구역 교통수단별 소요시간 및 금액

출발지	교통수단	소요시간	금액	도착지
회사	지하철	50분	1,000원	대구역
	버스	25분	1,500원	
	택시	10분	5,000원	

[표2] 대구역 – 부산역 기차 종류별 소요시간 및 금액

출발지	기차 종류	소요시간	금액	도착지
대구역	무궁화호	2시간 15분	15,000원	부산역
	새마을호	1시간 35분	18,000원	
	KTX	55분	26,000원	

조건

- 명 계장은 회사에서 2시에 출발하여 대구역에 도착한 후 기차를 타고 5시까지 부산역에 도착해야 한다.
- 대구역에서 기차 탑승장소까지는 15분의 이동시간이 필요하다.
- 교통비 한도는 30,000원이다.
- 무궁화호는 매시간 15분과 45분, 새마을호는 매시간 30분, KTX는 매시간 정각에 출발한다.

① 지하철－KTX ② 버스－새마을호 ③ 버스－KTX
④ 택시－무궁화호 ⑤ 택시－새마을호

06 다음 자료를 바탕으로 할 때, 가장 오랜 시간 포럼에 참석한 직원으로 옳은 것은?

A회사 인사팀 김 과장은 다음 주에 열리는 국제 포럼에 직원들을 파견하기 위해 각 부서에서 참석 가능 인원에 대한 명단을 받았다. 김 과장이 결정한 국제 포럼 참석 방식은 다음과 같으며, 참석 가능 인원의 정보 및 국제 포럼 일정은 [표]와 같다.

[국제 포럼 참석 방식]
- 월요일~금요일에 시간대별로 빠짐없이 1명씩 국제 포럼 일정에 참석한다.
- 1명의 직원이 하루에 3개의 포럼 프로그램에 참석하지는 않는다.
- 직원의 행사 참석 가능 시간이 겹칠 경우에는 경력이 긴 직원이 우선적으로 참석한다.
- 참석 가능 인원 중 배치받지 못한 직원이 있는 경우, 시간대가 겹치는 직원 중 포럼 참석 시간이 가장 긴 직원의 프로그램에 대신 참석한다.

[표1] A회사의 국제 포럼 참석 가능 인원 정보

이름	부서	경력	참석 가능 시간
김인영	마케팅	10년	월 10:00~18:00, 금 17:00~20:00
나지환	영업	7년	월 10:00~20:00, 화, 목, 금 17:00~20:00
민도희	기획	7년	화 10:00~20:00, 수 17:00~20:00, 목 10:00~18:00
구지엽	품질관리	5년	월, 금 10:00~20:00
임영우	제품개발	4년	목, 금 10:00~14:00
채연승	고객관리	3년	수, 목 10:00~18:00

[표2] 국제 포럼 일정

시간대	시간	월	화	수	목	금
1타임	10:00~14:00	스마트팩토리 패러다임	직업윤리와 의사소통	스마트팩토리 패러다임	직업윤리와 의사소통	스마트팩토리 패러다임
2타임	14:00~17:00	나노 기술의 활용 사례	나노 기술의 활용 사례	나노 기술의 활용 사례	직장에서의 젠더감수성	직장에서의 젠더감수성
3타임	17:00~20:00	5G와 재택근무	인공지능과 딥러닝	인공지능과 딥러닝	5G와 재택근무	5G와 재택근무

① 김인영 ② 나지환 ③ 민도희
④ 구지엽 ⑤ 임영우

난이도 상 중 하

⊕적중예상문제 17번

07 **다음 자료를 바탕으로 할 때, 출장 여비를 가장 많이 지급받는 직원과 가장 적게 지급받는 직원의 출장 여비의 차이로 옳은 것은?**

- P사의 출장 여비는 숙박비와 식비의 합이다.
- 숙박비는 실비로 지급하되 각 도시별, 직급별 1박 숙박비 상한액 이내에서 지급한다. 다만, 1박 숙박비가 숙박비 상한액의 60% 미만인 경우에는 숙박비 상한액의 60%를 정액 지급한다.
- 식비는 각 도시에 따라 정액으로 지급한다. 다만, 출장 기간이 4박 5일 이상인 경우에는 출장 중 식비 정액의 20%를 추가 지급한다.

[표1] 도시별, 직급별 숙박비 및 식비 상한액

구분	1박 숙박비 상한액		1일 식비 정액
	2급 이상	3급 이하	
서울특별시	12만 원	8만 원	4만 원
광역시, 제주도	10만 원	7만 원	3만 원
시, 군	10만 원	6만 원	2만 원

[표2] 직원별 출장 현황

구분	직급	출장 도시	출장 기간	1박 실지출 숙박비	1일 실지출 식비
A	3급	나주시	4박 5일	7만 원	3만 원
B	4급	부산광역시	2박 3일	6만 원	3만 원
C	2급	창원시	3박 4일	5만 원	5만 원
D	4급	서울특별시	2박 3일	4만 원	6만 원
E	5급	제주도	5박 6일	5만 원	2만 원

① 25만 원　② 25.2만 원　③ 25.4만 원
④ 25.6만 원　⑤ 25.8만 원

난이도 상 중 하

⊕적중예상문제 16번

08 **다음은 어느 회사의 해외출장 여비와 지역에 대한 자료이다. 김 본부장과 박 부장은 각각 해외출장을 갈 예정이다. 김 본부장은 영국, 박 부장은 대만에서 각각 15박 16일 동안 체류한 후 독일에서 만나 함께 10박 11일 동안 체류하고 한국으로 귀국할 예정이다. 이때, 김 본부장과 박 부장의 해외출장 여비 차이를 적절하게 계산한 것은?**(단, 항공료는 고려하지 않는다.)

[표1] 해외출장 여비 정액표 (단위: 달러)

구분	A지역			B지역		
	항공료	숙박비	일비	항공료	숙박비	일비
대표	실비	실비	실비	실비	실비	실비
전무, 상무, 본부장	실비	200	150	실비	180	120
부장, 과장	실비	180	120	실비	150	100
대리 이하	실비	150	100	실비	100	90

※식비는 1일당 100달러 지급됨

[표2] 해외출장 지역 구분표

A지역	B지역
미국, 멕시코, 브라질	기타 미주 지역
영국, 프랑스, 스웨덴, 스위스	기타 유럽 지역
일본, 홍콩, 대만, 싱가폴	기타 동남아 지역
사우디, 카타르, 나이지리아	기타 중동, 아프리카 지역

① 1,280달러 ② 1,300달러 ③ 1,310달러
④ 1,320달러 ⑤ 1,350달러

난이도 상 중 하

⊕적중예상문제 18~20, 22, 23, 25번

09 다음과 같이 3개의 공간 A, B, C에 타일을 시공하였다. 다음 [표]와 [조건]을 바탕으로 할 때, 공간별 전체 공사 비용이 큰 순서대로 바르게 나열한 것은?

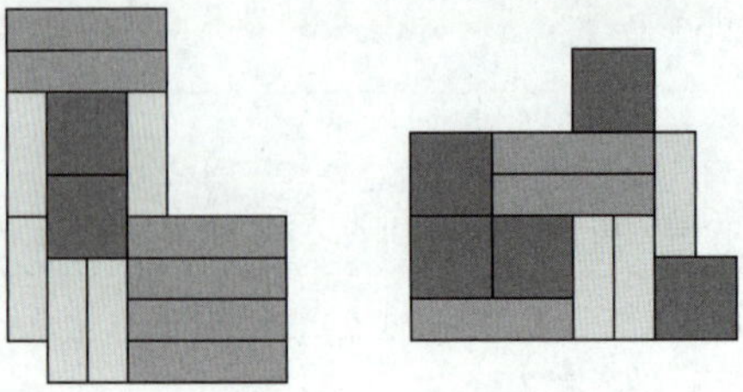

[표] 타일별 정보

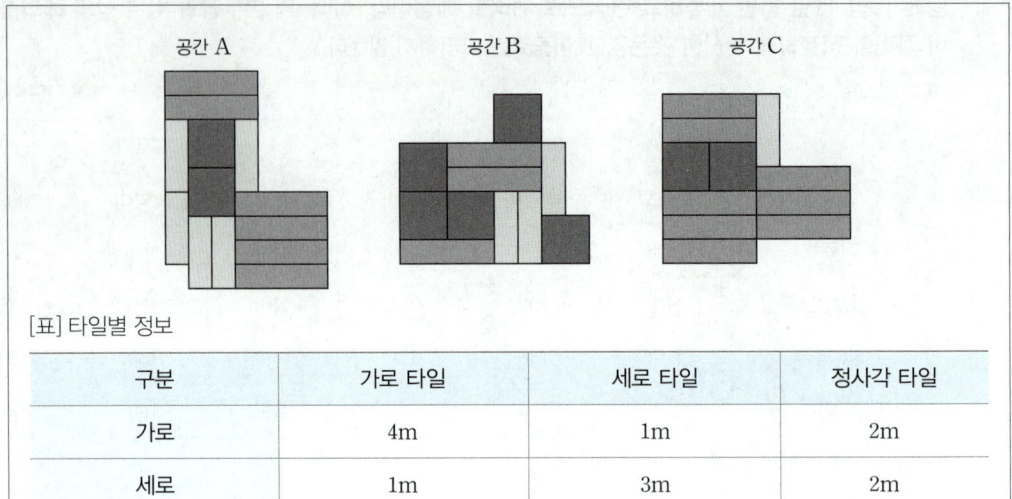

구분	가로 타일	세로 타일	정사각 타일
가로	4m	1m	2m
세로	1m	3m	2m
$1m^2$ 단가	20,000원	50,000원	30,000원
코팅 단가	15,000원	–	20,000원
도색 단가	–	35,000원	15,000원
공임 단가	20,000원	22,000원	27,000원

조건

- 타일 비용=개수×가로×세로×$1m^2$ 단가
- 코팅 비용=개수×코팅 단가
- 도색 비용=개수×가로×세로×도색 단가
- 공임 비용=개수×공임 단가
- 전체 공사 비용=타일 비용+코팅 비용+도색 비용+공임 비용

① A–B–C ② A–C–B ③ B–A–C
④ B–C–A ⑤ C–B–A

난이도 상 중 하

적중예상문제 24번

10 9명의 직원 A~I가 각자 1~9사무실을 하나씩 선택하려고 한다. A~I 순서대로 사무실 선택권이 있으며, 사무실의 배치는 [그림]과 같다. 직원들은 각자 기피하는 방이 있으며 최대한 기피하지 않는 방을 선택할 때, 다음 중 옳지 않은 것은?

[그림] 사무실 배치도

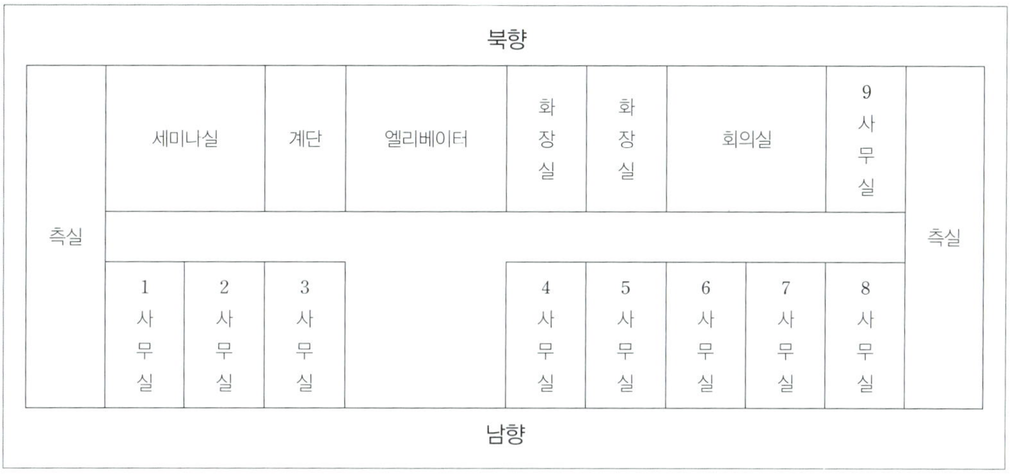

[표] 직원 A~I 정보

구분	우선 순위	부서	흡연 여부	기피하는 방 순서
A	1	기획	흡연	북향, 화장실 앞, 계단 앞, 회의실 앞, 측실
B	2	법무		화장실 앞, 북향, 계단 앞, 측실
C	3	홍보		화장실 앞, 북향, 계단 앞, 회의실 앞, 흡연자 옆 방
D	4	기획	흡연	북향, 화장실 앞, 회의실 앞, 측실
E	5	법무		북향, 화장실 앞, 흡연자 옆, 측실
F	6	기획		북향, 화장실 앞, 계단 앞, 회의실 앞 방
G	7	경리		북향, 화장실 앞, 측실
H	8	홍보		화장실 앞, 북향, 측실
I	9	경리		북향, 화장실 앞, 측실

※ 예를 들어, A의 경우 북향을 가장 기피하고 측실을 가장 덜 기피함

※ 단, 기피하는 방만 남아 있는 경우에는 가장 덜 기피하는 방을 선택함

① 흡연자들의 방은 서로 붙어 있다.

② 경리부서원들의 방은 서로 붙어 있다.

③ 기획부서원들의 방은 서로 붙어 있다.

④ 법무부서원들의 방은 서로 붙어 있다.

⑤ 홍보부서원들의 방은 서로 붙어 있다.

난이도 상 중 하

⊕적중예상문제 21번

11 **다음은 건설업에서의 안전관리자 수 산정 방법에 관한 자료이다. 공사 A~F에 안전관리자 수를 최소한으로 배치하려고 할 때, A~F공사에 선임되는 안전관리자 수의 총합으로 옳은 것은?**

> • 공사금액 50억 원 이상 120억 원 미만(토목공사업에 속하는 공사의 경우에는 150억 원 미만)으로서 유해 · 위험방지계획서 제출 대상인 공사: 1명 이상
> • 공사금액 120억 원 이상(토목공사업에 속하는 공사의 경우에는 150억 원 이상) 800억 원 미만 또는 상시근로자 300명 이상 600명 미만인 공사: 1명 이상
> • 공사금액 800억 원 이상 또는 상시근로자 600명 이상: 2명 이상
> 공사금액 800억 원을 기준으로 700억 원이 증가될 때마다 또는 상시근로자 600명을 기준으로 300명이 추가될 때마다 1명씩 추가(공사금액 기준, 상시근로자 수 기준 중 추가 인원이 더 많은 기준에 따름)한다. 다만, 다음 각 목의 어느 하나에 해당하는 공사의 경우에는 해당 목에서 정하는 안전관리자 수를 선임할 수 있다.
> 가. 공사금액이 800억 원 이상인 경우에도 상시근로자 수가 600명 미만일 때에는 전체 공사기간을 100으로 하여 공사 시작에서 15에 해당하는 기간과 공사 종료 전의 15에 해당하는 기간: 1명 이상
> 나. 공사기간이 5년 이상인 장기계속공사로서 공사금액이 800억 원 이상인 경우에도 상시근로자 수가 600명 미만일 때에는 회계연도를 기준으로 그 회계연도의 공사금액이 전체 공사금액의 5퍼센트 미만인 기간(가목에 따른 공사 시작에서 15에 해당하는 기간과 공사 종료 전의 15에 해당하는 기간은 제외한다): 전체 공사금액에 따라 선임하여야 할 안전관리자 수에서 1명을 줄인 수 이상

[표] A~F공사 진행상황

구분	A	B	C	D	E	F
토목공사업 여부	○					
유해 · 위험방지계획서 제출 대상 여부	○	○		○	○	○
공사금액	120억 원	60억 원	2,000억 원	2,500억 원	930억 원	1,500억 원
상시근로자 수	500명	200명	1,500명	500명	500명	480명
공사기간	3년	4년	2년	7년	2년	8년
공사 진행상황	60%	55%	10%	80%	92%	88%
전체 공사금액 대비 당 회계연도 공사금액	30%	20%	60%	3%	49%	4%

① 12명　② 13명　③ 14명
④ 15명　⑤ 16명

난이도 상 중 하 | ⊕적중예상문제 26~28번

12 다음은 입사지원자 A~E의 평가 결과 및 평가 기준이다. 이를 바탕으로 평가 비중을 고려한 평가 결과의 가중평균 점수가 가장 높은 입사지원자를 고른 것은?

[표1] 입사지원자 A~E의 평가 결과

지원자	필기 점수	면접 점수	자기계발 점수		태도 점수
			TOEIC 점수	자격증 개수	
A	85점	90점	595점	0개	75점
B	95점	88점	800점	1개	83점
C	88점	85점	870점	2개	76점
D	80점	90점	955점	1개	90점
E	90점	100점	900점	3개	50점

[표2] TOEIC 평가점수 부여 기준

TOEIC 점수	0~600점	601~800점	801~899점	900~950점	950~990점
평가점수	30점	50점	70점	90점	100점

[표3] 자격증 평가점수 부여 기준

자격증 개수	0개	1개	2개	3개 이상
평가점수	50점	60점	80점	100점

[표4] 평가 비중

구분	필기 점수	면접 점수	자기계발 점수		태도 점수
			TOEIC	자격증	
평가비중	30%	40%	10%	10%	10%

※ 단, 태도점수가 60점 미만일 경우, 가중평균 점수 결과에서 10점 감점

① A ② B ③ C

④ D ⑤ E

[13~14] 다음은 어느 펜션의 요금 약관이다. 이를 바탕으로 이어지는 질문에 답하시오.

[표1] 객실 정보 및 요금

객실명	인원		기본가(1박 기준)	
	기준	최대	주중	금/토
해	2명	6명	100,000원	130,000원
달	2명	6명	120,000원	160,000원
별	2명	8명	150,000원	200,000원
바다	4명	10명	250,000원	320,000원

- 기준 인원 초과 시 성인 및 36개월 이상 아동 1인당 20,000원 추가, 24개월 이상 36개월 미만 아동 1인당 10,000원 추가합니다.(24개월 미만 아동은 추가 요금 없음)
- 바비큐장 이용 비용: 바비큐장 이용 시 반드시 인원수에 맞게 신청해야 하며 참숯 추가는 별도입니다. 테이블 세팅 비용은 테이블당(개당 4인까지 이용 가능) 20,000원이며 참숯 추가 시 테이블당 10,000원입니다.

[환불 규정]
- 예약한 당일 취소하는 경우 전액 환불됩니다. 단, 해당 날짜가 숙박일 기준으로 3일 이내인 경우 아래 환불 규정이 적용됩니다.
- 예약일 변경은 숙박일 기준 7일 전까지 1회에 한하여 가능하며, 예약일을 변경한 후 취소하셨을 경우 환불금은 전액 환불 불가입니다.
- 바비큐장 이용 비용은 예약 취소일에 관계 없이 전액 환불되며 환불 수수료는 숙박비에 한해 적용됩니다.

[표2] 예약 취소일에 따른 환불 수수료

예약 취소일	환불 수수료
숙박일 기준 14일 전	계약금 전액 환급
숙박일 기준 10~13일 전	숙박비의 5% 공제 후 환급
숙박일 기준 7~9일 전	숙박비의 10% 공제 후 환급
숙박일 기준 4~6일 전	숙박비의 30% 공제 후 환급
숙박일 기준 2~3일 전	숙박비의 50% 공제 후 환급
숙박일 기준 1일 전	숙박비의 80% 공제 후 환급
숙박일 당일	환급 불가

[표3] 예약자 A~D의 예약 현황

예약자	예약 객실	인원			바비큐 이용 여부	숙박일	예약일
		성인 및 36개월 이상	24개월 이상 36개월 미만	24개월 미만			
A	해	4명	1명	1명	○ (참숯 추가)	5월 8일	5월 1일
B	별	4명	–	–	×	5월 16일	5월 14일
C	바다	5명	3명	2명	○	5월 25일	5월 8일
D	달	2명	–	–	○ (참숯 추가)	5월 10일	4월 23일

※ 단, 5월 1일은 토요일이며, A, B, C, D 모두 1박을 함

난이도 상 중 하

적중예상문제 31, 41번

13 다음 중 A가 지불해야 하는 총요금으로 옳은 것은?

① 200,000원 ② 210,000원 ③ 220,000원
④ 230,000원 ⑤ 240,000원

난이도 상 중 하

적중예상문제 32, 42번

14 D는 5월 1일에 숙박일을 5월 21일로 변경하였다. B, C, D가 모두 5월 14일에 예약을 취소했다고 할 때, B, C, D가 환급받는 금액의 총합으로 옳은 것은?

① 380,000원 ② 467,400원 ③ 470,000원
④ 565,000원 ⑤ 582,000원

[15~16] R공사의 임원 3명과 직원 17명은 행사 참여로 뉴욕에 방문할 예정이다. 뉴욕 현지에 6월 20일(수)부터 6월 27일(수)까지 7박 8일간 머무르며, 현지 도착일, 출국일 및 주말을 뺀 4일은 행사에 참여한다. 다음 자료를 바탕으로 이어지는 질문에 답하시오.

[숙소 선정 기준]

구분	행사장과의 거리	호텔 등급	예산 접근성	조식 제공	Wi-Fi 제공
A호텔	15km	★★★	+10만 원	○	○
B호텔	5km	★★★★★	+15만 원	×	×
C호텔	12km	★★★	-12만 원	○	○
D호텔	16km	★★★★	+6만 원	×	○
E호텔	8km	★★★★	-8만 원	×	×

- 평가 항목 중 행사장과의 거리, 호텔 등급, 예산 접근성에 대하여 순위별로 5점, 4점, 3점, 2점, 1점씩을 부여한다.(단, 순위가 같을 경우 같은 점수를 부여하며, 다음 순위에 대해 그만큼의 점수를 감점한다. 예를 들어, 공동 1위가 두 업체인 경우 두 업체 모두에게 5점을 부여하고, 그다음 순위는 3위가 되며 3점을 부여한다.)
- 행사장과의 거리는 짧을수록, 호텔 등급은 높을수록, 예산 접근성은 +, -에 상관없이 0에 가까울수록 높은 점수를 준다.(단, 예산 접근성은 정해진 예산을 기준으로 각 호텔별 가장 저렴하게 계산한 총숙박 요금 예산보다 초과인 경우 +, 미달인 경우 -로 나타낸다.)
- 조식 및 Wi-Fi가 가능한 경우에는 각 1점씩을 가점하고 불가능한 경우에는 1점씩을 감점한다.
- 총점은 행사장과의 거리, 호텔 등급, 예산 접근성의 세 가지 평가 항목에서 부여받은 점수와 가·감점을 합산하여 산출한다.
- 총점이 가장 높은 호텔을 선정하되, 동점인 경우 가점이 많은 호텔을 선정한다.

[선정된 호텔의 요금(1박 기준)]

구분	주말		주중	
	스위트	스탠다드	스위트	스탠다드
2인실	150,000원	120,000원	90,000원	80,000원
4인실	280,000원	160,000원	160,000원	140,000원

- 주말은 금요일, 토요일 숙박을 기준으로 한다.
- 숙박 시 기준 인원에 최대 1인 추가 가능하며, 추가요금은 1만 원이다.

난이도 상 중 하

적중예상문제 44번

15 **다음 중 호텔 선정 기준에 따라 7박 8일간 머무를 호텔을 고른 것은?**

① A호텔 ② B호텔 ③ C호텔
④ D호텔 ⑤ E호텔

난이도 상 중 하

적중예상문제 34, 43번

16 **선정된 호텔에서 임원은 스위트룸, 직원은 스탠다드룸을 가장 저렴하게 이용하기로 하였다. 다음 중 R공사에서 정한 숙박비 예산으로 옳은 것은?**(단, [숙소 선정 기준]의 예산 접근성 기준을 반영한다.)

① 4,670,000원 ② 4,730,000원 ③ 4,790,000원
④ 5,230,000원 ⑤ 5,290,000원

[17~18] 다음은 어느 편의점의 아르바이트 공고문과 아르바이트 지원자에 관한 정보이다. 이를 바탕으로 이어지는 질문에 답하시오.

GU ○○점 평일 스태프 모집

[모집 조건]
- 지원 자격: 경력, 성별, 연령 무관
- 업무 내용: 카운터, 진열, 재고관리
- 고용 형태: 아르바이트

[근무 조건]
- 급여: 신입의 경우 희망 시급에 관계없이 시급 8,800원(경력직인 경우 희망 시급 적용)
- 근무 기간: 1년
- 근무 요일: 월~금
- 근무 시간: 07:00~22:00 중 매일 최소 5시간 이상 근무 가능자

[표] 지원자 정보

지원자	나이	경력	근무 가능 시간	희망 시급
A	28세	3년	07:00~16:00	9,200원
B	35세	6년	12:00~19:00	9,400원
C	23세	신입	13:00~22:00	8,900원
D	42세	2년	07:00~13:00	9,000원
E	22세	신입	07:00~11:00	8,800원
F	39세	4년	12:00~17:00	9,200원
G	30세	3년	15:00~22:00	9,100원
H	27세	신입	09:00~18:00	8,800원

난이도 상 중 하

적중예상문제 45~47, 49, 50번

17 **GU 편의점 매장에는 같은 시간대에 경력직 1명 이상을 포함한 2명 이상의 직원이 함께 상주해야 한다. 최소한의 인원을 고용한다고 할 때, 고용되는 지원자를 모두 고른 것은?**(단, 근무시간은 각 지원자들의 근무 가능 시간에서 연속해서 최소 5시간 일하도록 고용한다.)

① A, C, D, G
② A, C, E, G
③ A, B, C, E, H
④ A, C, D, G, H
⑤ A, B, C, D, H, G

난이도 상 중 하

적중예상문제 48번

18 **GU 편의점 매장에는 같은 시간대에 경력직 1명 이상을 포함한 2명 이상의 직원이 함께 상주해야 한다. 최소한의 비용으로 고용한다고 할 때, GU 편의점 사장이 아르바이트생들에게 지급해야 하는 총 일당으로 옳은 것은?**(단, 근무시간은 각 지원자들의 근무 가능 시간에서 연속해서 최소 5시간 일하도록 고용한다.)

① 269,300원
② 270,300원
③ 270,400원
④ 270,800원
⑤ 271,300원

[19~20] 다음 [표]는 김 씨가 P제품 판매 대리점을 열기 위하여 A~E 다섯 곳의 상가를 비교한 자료이다. 이를 바탕으로 이어지는 질문에 답하시오.

[표] A~E상가별 정보

상가	보증금	월세	월 판매 수량
A	2억 원	300만 원	480개
B	1억 8천만 원	200만 원	460개
C	2억 2천만 원	400만 원	520개
D	1억 9천만 원	300만 원	480개
E	2억 1천 5백만 원	250만 원	500개

※ P제품의 개당 판매 이익은 4만 원이고, (순이익)=(누적 판매 이익)−(누적 월세)−(보증금)으로 계산함

난이도 상 중 하

⊕적중예상문제 35, 37, 39번

19 김 씨는 3년 동안 운영하였을 때 순이익이 가장 큰 곳에 대리점을 열려고 한다. 이때, 김 씨가 대리점을 여는 상가로 옳은 것은?

① A상가 ② B상가 ③ C상가
④ D상가 ⑤ E상가

난이도 상 중 하

⊕적중예상문제 36, 38, 40번

20 김 씨는 순이익이 가장 빨리 흑자가 되는 곳에 대리점을 열려고 한다. 이때, 김 씨가 대리점을 여는 상가로 옳은 것은?(단, 대리점은 월초에 열고, 판매 이익은 월말에 계산한다.)

① A상가 ② B상가 ③ C상가
④ D상가 ⑤ E상가

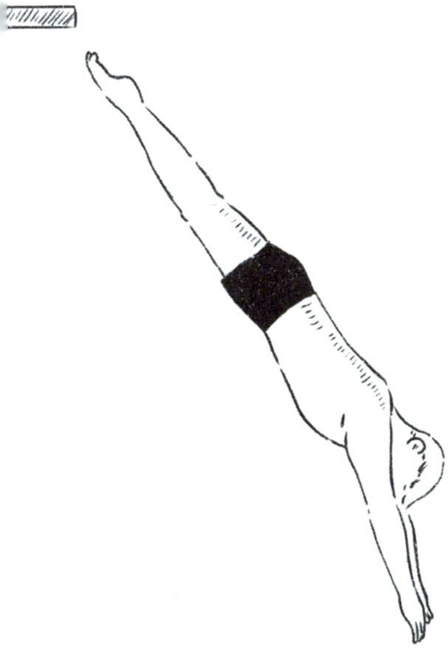

한 글자로는 '꿈'

두 글자로는 '희망'

세 글자로는 '가능성'

네 글자로는 '할 수 있어'

– 정철, 『머리를 구하라』, 리더스북

PART 2 영역별 문제풀이

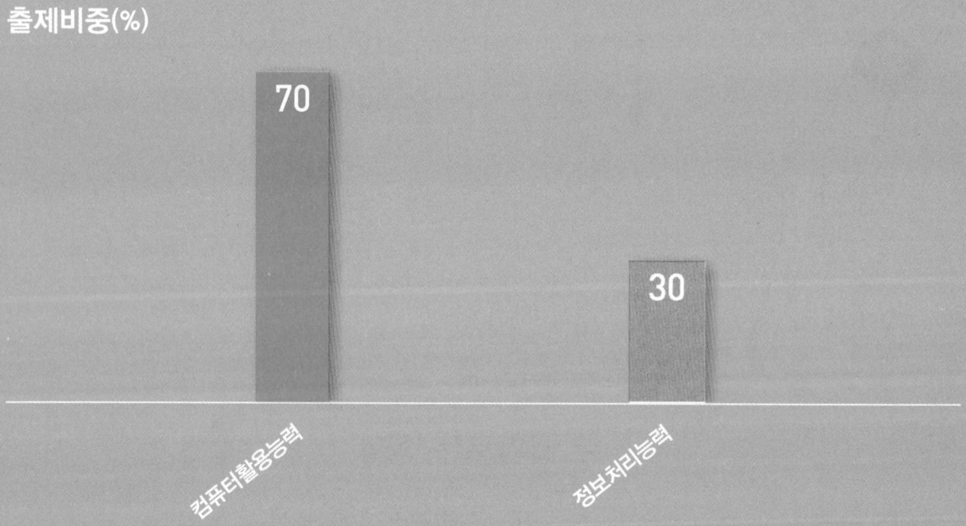

대표 출제 기업

피듈형	서울교통공사, 부산교통공사, 한국도로공사, 한국지역난방공사, 국민연금공단, 한전KDN, 한전KPS, 한국전기안전공사, 한국가스안전공사, 한국교통안전공단, KDB산업은행
모듈형	대구교통공사, 대전광역시 공공기관 통합채용

CHAPTER 05

정보능력

STEP 1 적중예상문제

STEP 01

적중예상문제

난이도 상 중 하

01 **다음 중 필요한 정보를 효과적으로 수집하기 위하여 가져야 하는 정보 인식 태도에 대한 설명으로 적절하지 않은 것은?**

① 중요한 정보를 수집하기 위해서는 우선적으로 신뢰관계가 전제가 되어야 한다.
② 정보는 빨리 취득하는 것보다 항상 정보의 질과 내용을 우선시하여야 한다.
③ 단순한 인포메이션을 수집할 것이 아니라 직접적으로 도움을 줄 수 있는 인텔리전스를 수집할 필요가 있다.
④ 수집된 정보를 효과적으로 분류하여 관리할 수 있는 저장 툴을 만들어두어야 한다.
⑤ 정보의 수집원이 신뢰할 수 있는 곳인지를 확인하고 무비판적인 신뢰를 지양한다.

난이도 상 중 하

02 **다음은 자료, 정보, 지식에 관한 자료이다. 이에 대한 설명으로 옳은 것을 [보기]에서 모두 고른 것은?**

- 자료(Data): 단순한 사실의 나열
- 정보(Information): 의미 있는 자료(데이터)
- 지식(Knowledge): 가치 있는 정보

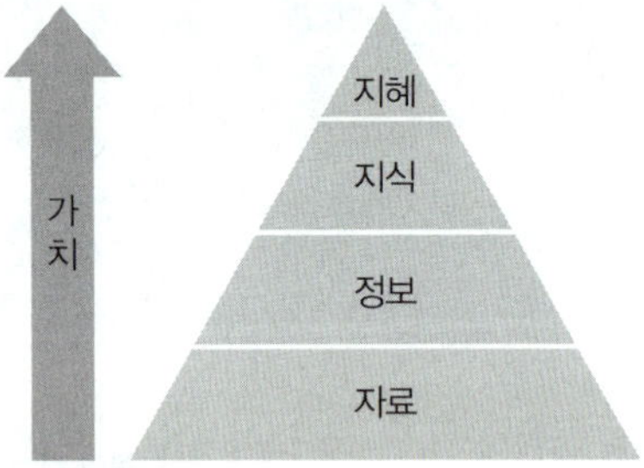

보기

㉠ 자료와 정보는 메시지가 담고 있는 가치가 평가되었는지 여부에 따라 구분된다.
㉡ 스마트폰 사용 고객의 인적사항을 담은 것은 단순한 자료이나, 특정 고객층의 스마트폰 활용 횟수에 관한 데이터는 정보이다.
㉢ 자료를 가공하여 특정한 목적을 달성하는 데 필요하거나 특정한 의미를 가진 것으로 재생산한 것을 지식이라고 한다.
㉣ 정보에 체계화와 보편성이 가미되어 이론적으로 정립이 되면 지식이 탄생된다.

① ㉠, ㉡　　② ㉡, ㉢　　③ ㉠, ㉡, ㉢
④ ㉠, ㉡, ㉣　　⑤ ㉡, ㉢, ㉣

난이도 상 중 하

03 다음은 프로그래밍 언어 중 하나인 자바(JAVA)에 관한 설명이다. 밑줄 친 ㉠~㉤ 중 옳지 않은 것은?

> 자바는 미국의 선 마이크로시스템즈사가 개발한 객체 지향 프로그래밍 언어이다. 1995년 5월에 발표, 1996년 1월부터 정식 버전의 배포를 개시하였다. 자바는 C++를 바탕으로 언어 규격을 규정하였으며, ㉠ 버그의 원인이 되기 쉬운 기능, 예를 들면 포인터 연산을 생략하였다. 또한 ㉡ 자동 쓰레기 수집 기능 대신, 사용이 끝난 객체를 명시적으로 폐기하도록 프로그램에 기술하였다. 자바는 ㉢ 객체 클래스의 계승(inheritance) 관계를 컴파일 시점에 확정하는 정적 모델을 채용하며, 메서드 호출 시에는 동적 바인딩을 통해 실제 객체의 메서드를 실행한다. C++에서는 컴파일 시에 확정하기 때문에 상위 클래스에 새로운 기능을 추가하면 그 클래스와 계승 관계가 있는 모든 클래스를 재컴파일해야 한다. 자바에서는 클래스의 계승 관계를 실행할 때 확정하기 때문에, 하위의 클래스를 재컴파일할 필요가 없다. 자바로 작성한 프로그램의 원시 코드는 자바 컴파일러(Java compiler)로 컴파일한다. 자바 컴파일러는 바이트 코드라는 중간 코드를 생성한다. 이 ㉣ 중간 코드를 자바 가상 머신이라는 소프트웨어로 해석해서 실행한다. 이 소프트웨어를 실장한 컴퓨터라면 컴퓨터의 명령 집합 아키텍처나 운영 체계에 관계없이 같은 바이트 코드를 변경하지 않고 실행할 수 있으며, 플랫폼이 달라도 재컴파일할 필요가 없다. 그렇기 때문에 ㉤ 자바는 기종이나 운영 체계와 무관한 응용 프로그램의 개발 도구로 각광받고 있다. 자바 가상 머신의 실현 방법으로는 현재 바이트 코드를 해석하여 실행하는 인터프리터 방식과, 실행 중에 기계어로 변환하는 JIT(Just In Time) 컴파일러 방식이 있다. 초기에는 자바 칩(전용 마이크로프로세서)도 연구되었으나 현재는 소프트웨어 기반 JVM이 주류이다.

① ㉠　② ㉡　③ ㉢　④ ㉣　⑤ ㉤

난이도 상 중 하

04 다음 중 PC의 업그레이드에 관한 설명으로 옳은 것을 [보기]에서 모두 고른 것은?

보기

㉠ 소프트웨어를 업그레이드할 때는 CMOS Setup 프로그램을 사용한다.
㉡ 하드웨어를 업그레이드할 때는 컴퓨터 전원을 끄고 작업한다.
㉢ RAM을 업그레이드할 때는 메인보드와 운영체제의 지원 사항을 먼저 확인한다.
㉣ 하드디스크를 업그레이드할 때는 용량과 RPM, 전송속도도 함께 고려한다.

① ㉠, ㉡　② ㉠, ㉢　③ ㉢, ㉣
④ ㉠, ㉡, ㉣　⑤ ㉡, ㉢, ㉣

난이도 상 중 하

05 MS Excel을 활용하여 다음과 같은 표를 작성하였다. 국어, 영어, 수학, 과학, 사회의 평균값을 구하고자 할 때, [F2] 셀에 들어갈 수 있는 AVERAGE 함수식을 모두 고른 것은?

	A	B	C	D	E	F
1	국어	영어	수학	과학	사회	평균
2	85	92	90	86	77	

㉠ =AVERAGE(A2:E2)
㉡ =AVERAGE(A2,B2,C2,D2,E2)
㉢ =AVERAGE(A2,B2,C2:E2)
㉣ =AVERAGE(A2:B2,C2,D2:E2)

① ㉠, ㉡, ㉢　② ㉠, ㉡, ㉣　③ ㉠, ㉢, ㉣
④ ㉡, ㉢, ㉣　⑤ ㉠, ㉡, ㉢, ㉣

난이도 상 중 하

06 MS Excel을 활용하여 다음과 같은 표를 작성하였다. 이에 대한 함수식 ㉠~㉢의 결괏값을 모두 더한 값으로 옳은 것은?

	A	B	C	D	E
1	성명	직급	회비	입금액	참석여부
2	김 회장	회장	100,000	100,000	참석
3	이 총무	총무	40,000	X	참석
4	박 회원	회원	30,000	30,000	불참
5	장 회원	회원	20,000	X	참석
6	서 회원	회원	20,000	30,000	불참

㉠ =COUNTIF(C2:C6,">20000")
㉡ =COUNTA(D2:D6)
㉢ =COUNT(D2:D6)

① 8　② 9　③ 10　④ 11　⑤ 12

난이도 상 중 하

07 MS Excel을 활용하여 갑~무 5개 지역의 예상전력과 사용전력을 비교한 자료를 작성하였다. IF 함수를 사용하여 '초과여부' 란을 입력하였을 때, 이에 대한 설명으로 옳은 것을 [보기]에서 모두 고른 것은?

	A	B	C	D
1				(단위: kWh)
2	지역명	예상전력	사용전력	초과여부
3	갑 지역	12,000	11,500	
4	을 지역	10,000	10,500	초과
5	병 지역	11,500	10,200	
6	정 지역	9,500	10,000	초과
7	무 지역	10,400	9,800	

보기

㉠ [D3] 셀에 '=IF(C3>B3,"초과")'를 입력한 후 [D7] 셀까지 드래그하여 얻은 자료이다.
㉡ '초과여부' 란에 '초과' 또는 '미초과'를 모두 표시하고자 할 때에는 두 가지의 IF 함수식을 구분하여 사용해야 한다.
㉢ [D4] 셀에는 '=IF(C4>B4,"초과")'가 입력되어도 '초과'의 값을 얻을 수 있다.
㉣ [D6]과 [D7] 셀에는 모두 조건에 맞지 않을 때의 변환값을 입력할 수 있다.

① ㉠, ㉡ ② ㉡, ㉢ ③ ㉢, ㉣
④ ㉠, ㉡, ㉢ ⑤ ㉡, ㉢, ㉣

난이도 상 중 하

08 MS Excel을 활용하여 다음과 같은 표를 작성하였다. 거래처별 품목의 거래금액을 계산하지 않은 채로 [E10] 셀에 합계 금액을 산출하고자 할 경우, [E10] 셀에 입력해야 할 함수식으로 옳은 것은?

	A	B	C	D	E
1	거래처	품목	단가(원)	수량	거래금액(원)
2	A상사	케이블	5,000	4	
3	B상사	볼트	3,500	3	
4	C상사	너트	2,500	4	
5	D상사	니퍼	1,000	3	
6	A상사	드라이버	5,000	6	
7	B상사	케이블	4,500	10	
8	C상사	볼트	4,000	5	
9	D상사	너트	3,000	5	
10	합계	−	−	40	

① =SUBTOTAL(C1:C9,D1:D9,3,4)
② =SUBTOTAL(C2:C9,D2:D9)
③ =SUMPRODUCT(C2:C9,2,D2:D9)
④ =SUMPRODUCT(C1:C9,D1:D9,3,4)
⑤ =SUMPRODUCT(C2:C9,D2:D9)

난이도 상 중 하

09 MS Excel을 활용하여 다음과 같이 스파크라인을 작성하였다. 이를 바탕으로 할 때, 스파크라인 작업에 대한 설명으로 옳지 <u>않은</u> 것은?

지점별 1사분기 판매량

지점명	1월	2월	3월
강동점	630	430	570
강서점	280	340	510
강남점	310	230	320
강북점	450	560	470
판매량 비교	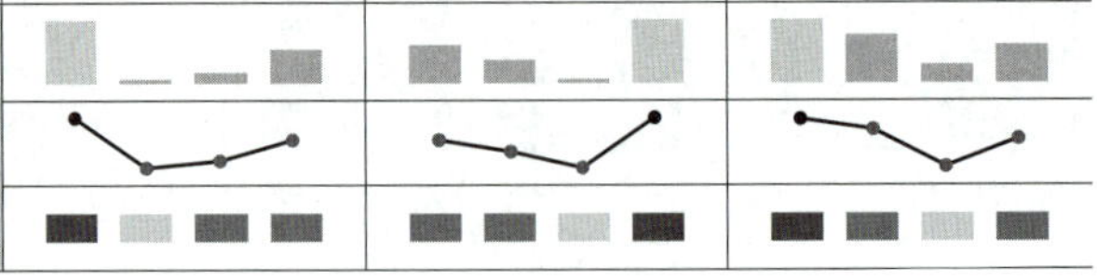		

① 위와 같은 막대 표시를 나타내려면 그래프 종류 중 '열'을 선택한다.

② 스파크라인은 Default로 데이터 범위를 숨기기 한다면 같이 사라져 복원할 수 없게 되므로 유의해야 한다.

③ 스파크라인을 지우고자 할 때에는 지우려는 셀을 선택한 후 마우스 오른쪽 클릭을 통하여 스파크라인 지우기 메뉴를 선택한다.

④ 스파크라인에 0의 값을 갖는 기준점을 만들고자 할 때에는 '스파크라인 도구' → '디자인' → '그룹' → '축' → '축 표시'의 순서로 메뉴를 선택한다.

⑤ 스파크라인의 최고점과 최저점을 다른 색으로 표시하고 싶은 경우, '스파크라인 도구' → '디자인' → '스타일' → '표식 색'의 순서로 메뉴를 선택하여 원하는 색을 선택한다.

난이도 상 중 하

10 다음 설명을 참고할 때, 주어진 [그림]의 빈칸에 들어갈 숫자로 알맞은 것은?

KAN 코드에서 사용되는 체크디지트(바코드의 마지막 한 자리 숫자)는 한국공업규격(KS)에 정해진 방법(modulus 10방식)에 의해 다음과 같은 단계로 계산되며, 표준형이나 단축형에 관계없이 계산법은 동일하다.

1단계	체크디지트를 포함하여 좌측에서 우측으로 일련번호를 부여한다. KAN－13의 13개 자릿수 중 처음에 오는 국가식별코드 세 자리는 1~3의 일련번호를 갖는다.
2단계	짝수 번째에 있는 숫자를 모두 더한다.
3단계	2단계의 결과치에 3을 곱한다.
4단계	나머지 숫자(체크디지트를 제외한 홀수 번째의 숫자)를 전부 더한다.
5단계	3단계의 결과와 4단계의 결과를 더한다.
6단계	5단계의 결과에 10의 배수가 되도록 더해진 최소 수치('0' 이상의 양수)가 체크디지트이다. 5단계의 결과가 10의 배수인 경우 체크디지트는 '0'이 된다.

[그림] KAN-13 예시

093123456789(　)

① 3　　② 4　　③ 5　　④ 6　　⑤ 7

[11~12] 다음은 이진 탐색에 관한 설명이다. 이를 바탕으로 이어지는 질문에 답하시오.

[이진 탐색 함수의 개요]

이진 탐색 함수는 정렬된 배열에서 절반씩 나눠 가면서 원하는 원소를 찾아 나가는 방식이다.

반복 구조와 재귀 구조로 구현할 수 있으며, 다음은 수도 코드로 작성된 이진 탐색 함수의 예시이다.

[반복 구조]

```
function bs(arr, target):
    first = 0
    last = length(arr) - 1
    while first <= last:
        mid = (first + last) // 2
        if arr[mid] == target:
            return mid
        else if arr[mid] > target:
            last = mid - 1
        else:
            first = mid + 1
    return -1
```

[재귀 구조]

```
function bs(arr, target, first, last):
    if first > last:
        return -1
    mid = (   가   ) // 2
    if arr[mid] == target:
        return mid
    else if arr[mid] > target:
        return bs(arr, target, first, mid - 1)
    else:
        return bs(arr, target,     나     )
```

난이도 상 중 하

11 재귀 구조의 수도 코드를 완성하기 위해 (가)에 들어가야 하는 코드로 적절한 것은?

① length(arr)−1
② length(arr)
③ first
④ last
⑤ first+last

난이도 상 중 하

12 재귀 구조의 수도 코드를 완성하기 위해 (나)에 들어가야 하는 코드로 적절한 것은?

① mid, last
② first, mid+1
③ first, mid
④ mid+1, last
⑤ mid−1, last

[13~14] 다음은 M사 물품 재고 창고에 적재되어 있는 제품의 보관 코드 체계이다. 이를 바탕으로 이어지는 질문에 답하시오.

예시

* 2025년 5월에 베트남 '치치야' 사에서 생산된 아웃도어 신발의 15번째 입고 제품

→ 2505 – 2E – 04011 – 00015

생산 연월	공급처				입고 분류				입고 순서
	원산지 코드		제조사 코드		용품 코드		제품별 코드		
예) 2024년 9월 – 2409 2020년 11월 – 2011	1	중국	A	All–8	01	캐주얼	001	청바지	00001부터 다섯 자리 시리얼 넘버가 부여됨
			B	2 Stars			002	셔츠	
			C	Facai	02	여성	003	원피스	
	2	베트남	D	Nuyen			004	바지	
			E	치치야			005	니트	
	3	칠레	F	Bratos			006	블라우스	
			G	Moris	03	남성	007	점퍼	
	4	한국	H	혁진사			008	카디건	
			I	K상사			009	모자	
			J	영스타	04	아웃도어	010	용품	
	5	일본	K	왈러스			011	신발	
			L	토까이			012	래쉬가드	
			M	히스모	05	베이비	013	내복	
	6	호주	N	오즈본			014	바지	
			O	Island					
	7	독일	P	Kunhe					
			Q	Boyer					

난이도 상 중 하

13 2011년 10월에 생산된 '오즈본' 사의 여성용 블라우스로 1,057번째 입고된 제품의 코드로 알맞은 것은?

① 1010 − 6O − 02006 − 00157
② 1010 − 6N − 02060 − 10570
③ 1110 − 6O − 02060 − 10570
④ 1110 − 6N − 02006 − 01057
⑤ 1110 − 6N − 02005 − 01057

난이도 상 중 하

14 제품 코드 2510 − 3G − 04011 − 00910에 대한 설명으로 옳지 <u>않은</u> 것은?

① 해당 제품의 입고 수량은 적어도 910개 이상이다.
② 중남미에서 생산된 제품이다.
③ 여름에 생산된 제품이다.
④ 캐주얼 제품이 아니다.
⑤ 아웃도어에 속한다.

[15~16] 다음은 GTIN-13 코드와 GTIN-8 코드 및 의약품 표준형 관련 코드를 설명한 글이다. 이를 바탕으로 이어지는 질문에 답하시오.

표준 상품식별코드란 상품을 식별하기 위한 고유의 번호체계로 하나의 상품에 하나의 고유한 코드가 부여되며 각 상품의 식별을 위해 필수적으로 사용해야 하는 코드이다. 이 코드를 통해 내부 시스템 간소화 및 효율성을 제고하고, 비용 및 시간을 절감할 수 있다는 장점이 있으며, 대표적인 코드는 아래와 같다.

〈GTIN-13 코드〉

GTIN은 국제거래 단품 식별코드를 의미한다. GTIN-13 코드는 소매상품에 사용되는 상품식별코드로 국가코드 3자리, 업체코드 6자리, 상품코드 3자리, 체크디지트 1자리로 구성되어 있다.
(ex. 692-120002-022-0)

〈의약품 표준형 상품식별코드 GTIN-13〉

의약품에도 표준형 상품식별코드인 GTIN-13을 부착하는데, 이는 일반적인 GTIN-13과 구성이 다르다. 의약품 표준형 상품식별코드는 국가코드 3자리, 업체코드 4자리, 상품코드 5자리(품목코드 4자리, 포장단위 1자리), 체크디지트 1자리로 구성되어 있다.
(ex. 130-1002-12341-4)

〈단축형 상품식별코드 GTIN-8〉

GTIN-8은 껌, 담배 등 소형 상품에 부여하는 8자리 상품식별코드로 국가코드 3자리, 업체코드 3자리, 상품코드 1자리, 체크디지트 1자리로 구성되어 있다.
(ex. 130-501-2-2)

※ 체크디지트는 상품식별코드의 종류와 관계없이 각 상품식별코드의 체크디지트 자리를 포함한 오른쪽 첫 번째 숫자부터 순서를 부여하여 짝수 번째 자리 숫자의 합에 3을 곱한 값과 홀수 번째 자리 중 체크디지트 자리의 숫자를 제외한 숫자의 합을 더한 후, 그 값이 10의 배수가 되기 위해 추가로 더해야 하는 최소의 음이 아닌 정수를 기입한다.

난이도 상 중 하

15 주어진 글과 아래의 항목별 특정 코드 체계에 대한 설명으로 적절하지 않은 것은?

국가코드		업체코드		상품코드	
130	미국	501	A공장	0	오렌지주스
		1001	B공장	1	민트껌
		1002	C공장	2	레몬껌
495	일본	1101	D공장	3	사과사탕
		1102	E공장	4	딸기사탕
		1103	F공장	011	우유
692	중국	12001	G공장	022	치즈
		12002	H공장	055	와인
767	스위스	1501	I공장	058	맥주
		1502	K공장	202	전복죽
880	한국	801	가 공장	12341	감기약 10정
		2101	나 공장	12352	소화제 20정
		3000001	다 공장	12363	두통약 30정

① 체크디지트로 가능한 최솟값은 0이다.
② A공장은 소형 상품을 생산하는 미국 업체이다.
③ 13자리 상품식별코드라도 소매상품과 의약품의 식별코드 기준은 다르다.
④ 상품식별코드 7671501123418은 스위스 K공장에서 생산된 감기약 10정을 의미한다.
⑤ 의약품 상품식별코드의 경우 포장된 상품의 수량을 알 수 있다.

난이도 상 중 하

16 GTIN-13 코드의 앞 12자리가 880105675112일 때, 이 코드의 체크디지트로 옳은 것은?

① 1 ② 3 ③ 5 ④ 6 ⑤ 8

[17~18] 다음 자료를 바탕으로 이어지는 질문에 답하시오.

프로그래밍을 하기 위해서는 순서도를 먼저 짜고 프로그래밍을 하는 것이 필요하다. 물론 순서도를 그리지 않고 프로그래밍을 할 수도 있겠으나, 다른 사람이 내가 만든 코드를 보거나 혹은 나중에 내가 쓴 코드를 다시 볼 때 이 순서도를 보게 되면 이해하기 훨씬 더 수월할 수 있다.
순서도의 주요 기호는 다음과 같다.

㉠	㉡	㉢	㉣	㉤	㉥	㉦
	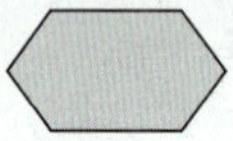	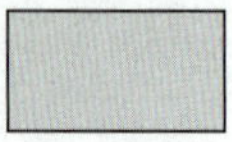	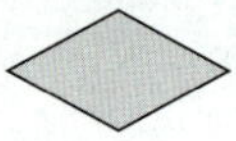			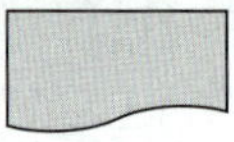

난이도 상 중 하

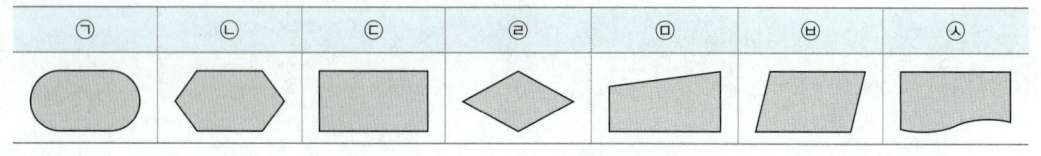

17 주어진 순서도의 주요 기능에 대한 설명으로 옳지 <u>않은</u> 것은?

① ㉠은 순서도의 시작과 끝을 표시한다.
② ㉡과 ㉢은 프로그램의 준비 및 처리 과정을 의미하는 기호이다.
③ 참과 거짓을 판단하는 'decision' 기능을 의미하는 기호는 ㉣이다.
④ ㉤은 키보드를 통한 수동입력을 의미한다.
⑤ ㉥과 ㉦은 모두 데이터의 입력에 관한 기능을 의미하는 기호이다.

난이도 상 중 하

18 다음은 라면을 끓이는 알고리즘을 순서도로 작성한 것이다. 우측 4개의 괄호 안에 들어가 있는 입력값에 공통으로 해당하는 순서도 기호로 올바른 것은?

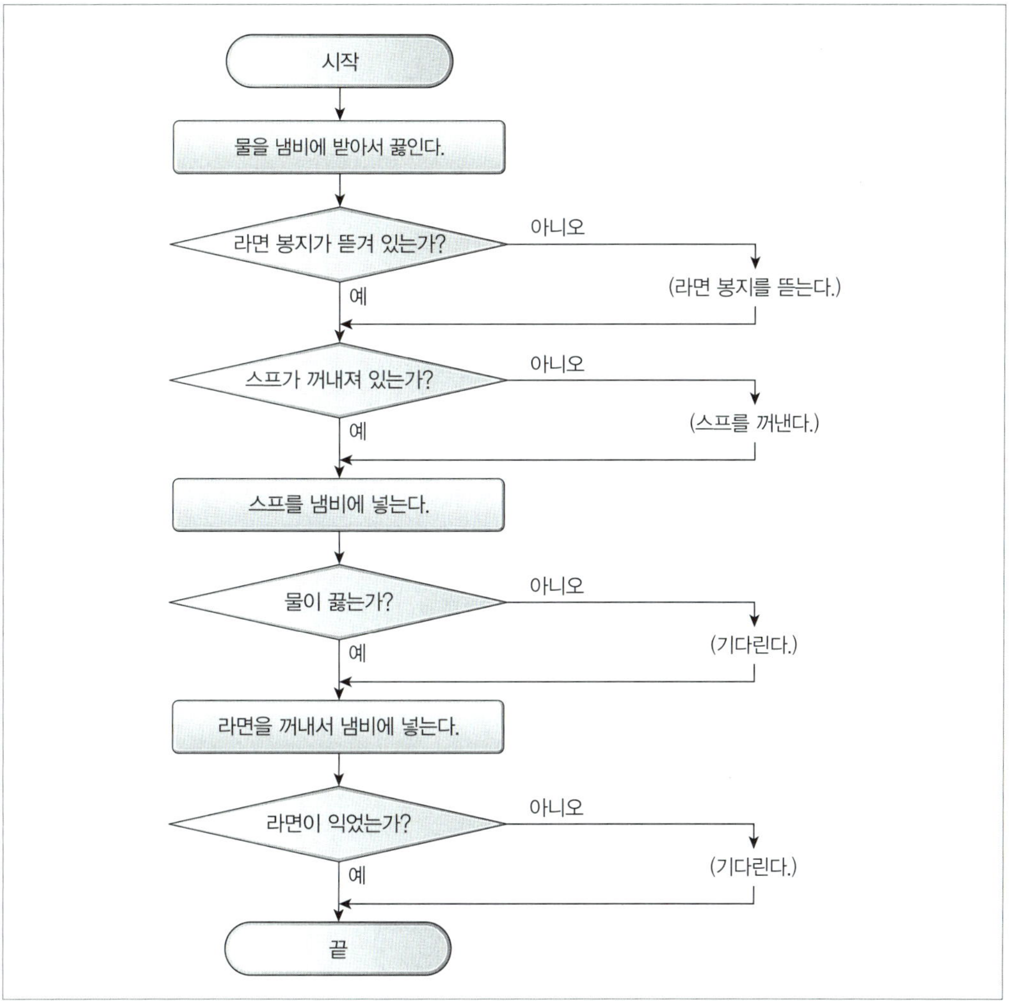

① ㉠ ② ㉡ ③ ㉢ ④ ㉥ ⑤ ㉦

[19~20] 김 사원은 다음과 같은 매뉴얼을 바탕으로 시스템을 모니터링하고 있다. 이를 바탕으로 이어지는 질문에 답하시오.

구분	세부사항
File System Type	• COP: error value들 중 가장 큰 값을 FEV로 지정 • ATO: 모든 error value들의 합을 FEV로 지정
Label Backup	• D: 기존 correcting value의 두 배에 해당하는 값을 correcting value로 사용(단, correcting value에 포함된 문자는 삭제) • Q: 기존 correcting value를 그대로 사용
Index $#$ for Factor ##	• 오류 발생 위치: $와 $ 사이에 나타나는 숫자 • 오류 유형: factor 뒤에 나타나는 숫자
Error Value	• 오류 발생 위치가 오류 유형에 포함: 해당 숫자 • 오류 발생 위치가 오류 유형에 미포함: 1 ※ FEV(Final Error Value): File System Type에 따라 error value를 이용하여 산출하는 세 자리의 수치(예시: 008, 154, 097 등)
Correcting Value	FEV와의 대조를 통하여 시스템 상태 판단

판단 기준	시스템 상태	입력코드
FEV를 구성하는 숫자가 correcting value를 구성하는 숫자에 모두 포함되어 있는 경우	안전	Green
FEV를 구성하는 숫자가 correcting value를 구성하는 숫자에 일부만 포함되어 있는 경우	경계	• correcting value에 문자 포함: Yellow • correcting value에 문자 미포함: Orange
FEV를 구성하는 숫자가 correcting value를 구성하는 숫자에 전혀 포함되어 있지 않은 경우	위험	• correcting value에 문자 포함: Red • correcting value에 문자 미포함: Black

예

```
Checking system on R_
File system type is COP.
Label backup @ D:

Checking...

error founded in index $2$ for factor 878.
error founded in index $7$ for factor 27.
sorting index...
error founded in index $13$ for factor 320.

Correcting value 527A.

Input Code: ____________
```

- step 2: error value 1, 7, 3 중 가장 큰 값인 7을 FEV로 지정 → 007
- step 3: 기존 correcting value 527A의 두 배인 1,054A를 correcting value로 사용하고, 문자 A는 삭제 → 1,054
- step1: 오류 발생 위치 '2'가 오류 유형 '878'에 포함되어 있지 않으므로 error value=1
- step1: 오류 발생 위치 '7'이 오류 유형 '27'에 포함되어 있으므로 error value=7
- step1: 오류 발생 위치 '13'의 '3'이 오류 유형 '320'에 포함되어 있으므로 error value=3
- step4: FEV는 007, correcting value는 1,054인데, FEV를 구성하는 숫자 0, 7 중 일부만(0) correcting value 1,054에 포함되고, 문자 미포함이므로 입력코드는 'Orange'

난이도 상 중 하

19 다음 상황에서 입력할 Input Code로 알맞은 것은?

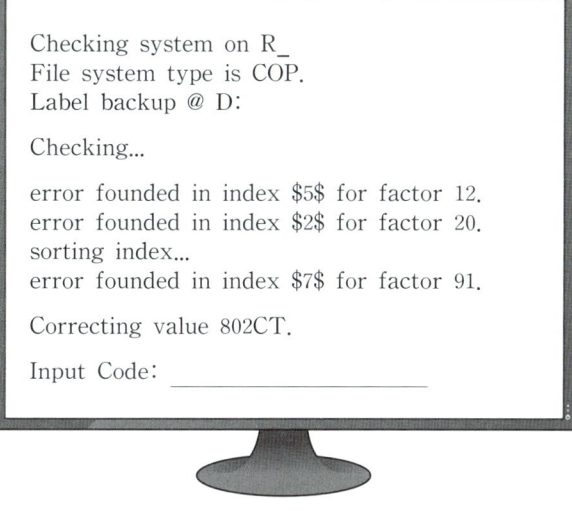

```
Checking system on R_
File system type is COP.
Label backup @ D:

Checking...

error founded in index $5$ for factor 12.
error founded in index $2$ for factor 20.
sorting index...
error founded in index $7$ for factor 91.

Correcting value 802CT.

Input Code: ____________
```

① Green ② Yellow ③ Orange
④ Red ⑤ Black

난이도 상 중 하

20 다음 상황에서 입력할 Input Code로 알맞은 것은?

```
Checking system on R_
File system type is ATO.
Label backup @ Q:

Checking...

error founded in index $3$ for factor 13.
error founded in index $7$ for factor 29.
sorting index...
error founded in index $5$ for factor 45.

Correcting value 7412A.

Input Code: ____________
```

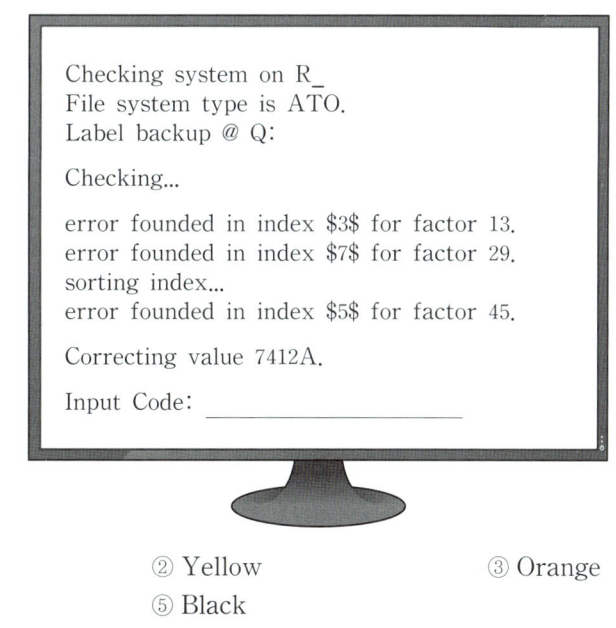

① Green ② Yellow ③ Orange
④ Red ⑤ Black

PART 2 영역별 문제풀이

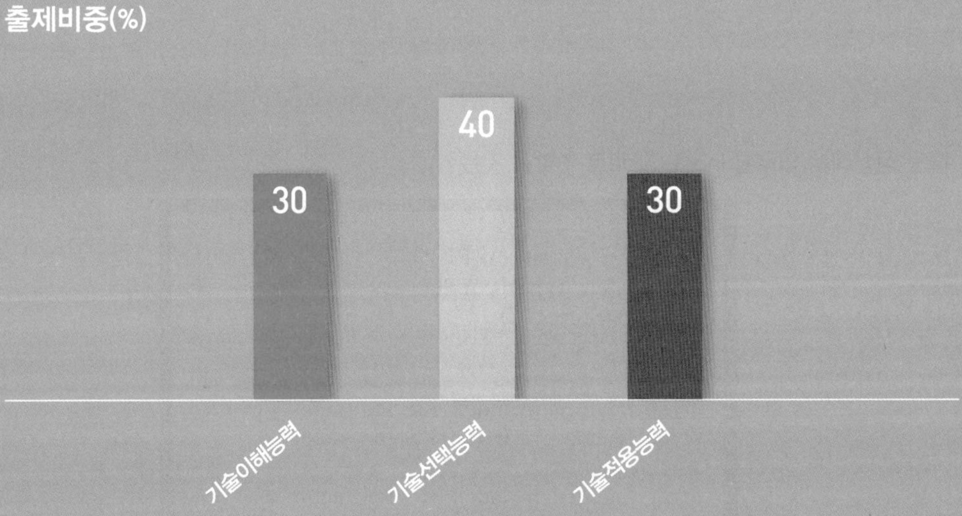

대표 출제 기업

피듈형	서울교통공사, 한전KDN, 한전KPS, 한국중부발전, 한국서부발전, 국민연금공단, 한국가스안전공사, 한국교통안전공단
모듈형	대구교통공사

CHAPTER 06

기술능력

STEP 1 적중예상문제

STEP 01

적중예상문제

난이도 상 중 하

01 다음 중 직장생활에서 필요한 기술과 기술능력에 대한 설명으로 가장 적절하지 않은 것은?

① 금융이나 보험 등의 비제조업, 비기능적 업무에 있어서는 기술적인 능력의 요구가 많지 않다.
② 기술은 인간의 능력을 확장시키기 위한 하드웨어와 그것의 활용을 뜻한다.
③ 기술능력이 뛰어난 사람은 주어진 한계 속에서 제한된 자원을 가지고 일한다.
④ 기술능력을 기르기 위해서 각 개인은 반드시 구체적인 일련의 장비 중 하나를 '수리하는 사람'으로서 전문가가 될 필요는 없다.
⑤ 기술능력은 사회 모든 직업인이 지녀야 할 능력으로 이해되어야 한다.

난이도 상 중 하

02 K사는 다양한 분야의 기술 개발이 필요한 기술 집약적인 사업을 진행하고 있다. 다음과 같은 K사의 기술 개발 사례에서 알 수 있는 기술선택을 위한 의사결정 방식에 대한 설명으로 옳은 것은?

(가) 영업 본부에서는 매번 해외영업 시 아쉬웠던 부분을 보완하기 위해 영업 직원들의 경험에서 도출된 아이디어를 종합하여 생산 설비와 관련된 기술 개발을 국내 우수 업체들과 논의하게 되었고, 그 결과 해외영업 성과에 현저한 개선이 이루어졌다.
(나) 4차 산업혁명 시대를 맞아 경영진의 경영철학이 담긴 업무를 수행하기 위해 기술본부에서는 CEO의 중점 추진사항을 직원들에게 전달하며 새로운 업무 목표를 제시하였다.

① (가)와 (나)는 모두 비대면 의사결정에 의한 기술선택이다.
② (가)는 기술관리자, (나)는 기술경영자의 의사결정에 의한 기술선택이다.
③ (가)는 기업의 이윤, (나)는 기업의 사회공헌을 중점으로 한 기술선택이다.
④ (가)는 직원의 복지 향상을, (나)는 이윤 극대화를 위한 기술선택이다.
⑤ (가)는 상향식, (나)는 하향식 의사결정에 의한 기술선택이다.

난이도 상 중 하

03 다음 중 비경쟁적 벤치마킹에 해당하는 예시로 적절한 것은?

① 항공사 A가 항공사 B의 마일리지 제도를 참고하였다.
② 한 병원이 도요타의 생산방식을 진료 시스템에 적용하였다.
③ 패스트푸드 매장이 경쟁 브랜드의 주방 설계를 벤치마킹하였다.
④ 자동차 제조사가 자사 공장 간의 품질 기준을 비교하였다.
⑤ 편의점 본사가 각 지점의 재고 시스템을 분석하였다.

난이도 상 중 하

04 다음 글에서 설명하는 A사의 벤치마킹 유형으로 옳은 것은?

> 올 하반기에 출시한 A사의 스마트폰 매출 증대는 전 세계 스마트폰 시장에 새로운 계기를 마련할 것으로 기대된다. 앞서 A사의 올해 상반기 매출은 전년 대비 약 13% 줄어든 것으로 밝혀진 반면, 경쟁사인 B사의 상반기 매출은 전년 대비 약 25% 늘어 같은 업종에서도 기업별 실적 차이가 뚜렷이 나타난 것을 볼 수 있었다. 이는 A사가 최근 치열해진 스마트폰 경쟁에서 새로운 기술을 개발하지 못한 반면 B사는 작년 말 인수한 외국의 소프트웨어 회사를 토대로 새로운 기술을 선보인 결과라 할 수 있다.
> 뒤늦게 이러한 사실을 깨달은 A사는 B사의 제품을 직접 분해하여 분석하고 기술 인력도 스카우트하는 등 적극적으로 신기술 개발을 꾀해 자사만의 독특한 제품을 올 하반기에 선보여 스마트폰 경쟁에서 재도약하겠다는 목표를 세웠다. 또한 이를 위해 기존에 있던 다수의 계열사들 중 실적이 저조한 일부 계열사를 매각하는 대신 경쟁력을 갖춘 외국의 소프트웨어 회사들을 잇달아 인수하여 신기술 개발에 박차를 가했다. 그 결과 A사는 세계 최초로 스마트폰을 이용한 결제시스템인 AK페이와 더불어 지문 인식 프로그램을 탑재한 스마트폰을 출시하였다.

① 경쟁적 벤치마킹　② 내부적 벤치마킹　③ 글로벌 벤치마킹
④ 간접적 벤치마킹　⑤ 비경쟁적 벤치마킹

난이도 상 중 하

05 다음 글에서 C금융사 직원들의 불만사항이 제기된 후, 경영진이 수행하고자 하는 활동이 벤치마킹 중 어느 단계에 해당하는지 고른 것은?

> 국내 금융업체인 C금융사의 본사에는 대형 디스플레이가 설치되어 있다. 이 디스플레이에는 C금융사 고객이 남긴 불만사항이 실시간으로 업데이트되고 있다. 이러한 방식은 뉴욕의 한 신문사에서 본사 내 설치된 모니터에 독자의 댓글이 실시간으로 나타나는 것을 본 경영진이 C금융사에도 도입한 것이다. 그러나 디스플레이 도입 후, 직원들은 디스플레이가 부담스럽고 심리적 압박감을 유발한다고 불만사항을 제기하였다. 예상치 못한 결과에 C금융사의 경영진들은 직원들의 불만을 잠재우면서도 디스플레이의 설치 목적은 그대로 유지할 수 있는 방안을 마련하고자 한다.

① 계획 단계　② 분석 단계　③ 경청 단계
④ 개선 단계　⑤ 자료 수집 단계

난이도 상 중 하

06 다음 글의 밑줄 친 ㉠에 활용되는 핵심 기술로 옳은 것은?

> ‘갑’시의 철도 운영자는 2022년까지 철도 사고 장애를 2017년 대비 50% 줄이고 사회적 가치 실현, 고객 만족도 최고 등급 유지라는 목표를 설정하고 철도 안전 관리를 위해 사물인터넷(IoT) · 인공지능(AI) · 빅데이터 등 4차 산업혁명 기반의 첨단 기술을 적용한 ㉠ 자동 검표시스템을 도입할 방침이다.
>
> 우선 IoT를 활용해 열차 내에서 자동으로 검표할 수 있는 시스템을 구축한다. CCTV 등을 통해 검표원이 승객 한 명 한 명을 찾아가 티켓을 확인하지 않고도 자동으로 탑승권 소지 여부를 알려주는 시스템이다. 이를 구축하기 위해 올해 안에 세부 계획을 마련할 예정이다.
>
> 또 IoT를 통해 사람 중심의 안전 시스템도 마련한다. 예를 들면 지금까지는 철도가 고장 났을 때 현장에 인력이 투입돼 이를 점검했다. 그러다 보니 예상하지 못한 안전사고가 발생하는 일이 종종 있었다. IoT 기술을 이용하면 현장이 아닌 내부에서도 안전 상태를 실시간으로 점검할 수 있게 된다. 이런 모니터링 시스템 구현으로 안전사고를 미연에 방지할 수 있는 셈이다.

① 생체인식
② USN(Ubiquitous Sensor Network)
③ RFID(Radio Frequency Identification)
④ 위변조 방지 기술
⑤ 유전자 검사

난이도 상 중 하

07 **다음과 같은 사례에서 공통으로 요구되는 기술 서비스로 옳은 것은?**

- A연구재단은 전 학문분야에 연구비를 지원하는 국내 최대의 연구 기관으로 지난해 총 160여 종류의 사업 형태로 32,000여 건의 신청과제를 접수했다. 이에 따라 전국 대학 및 연구기관을 대상으로 하는 온라인 과제 접수로 인해 마감일 시스템 폭주 등에 대한 대책이 필요하게 되었다.
- B기관은 2018년부터 초·중·고 SW 교육이 의무화되면서 PC기반 교육은 교사의 기기 관리 부담이 크고, 학생의 과제 수행이 쉽지 않은 단점이 있다고 판단하였다. 이에 따라 사전 수업준비, 교실 수업, 학생의 숙제, 복습 등에 동일한 SW 교육 환경을 제공하고 조별 활동에 각자의 기기로 접속해 동시 협업이 가능해야 한다고 주장하였다.
- C공공도서관은 대량의 기사, 원문 등 보존과 활용가치 높은 학술정보들이 분산 관리되어, 국민들이 학술정보를 찾고 활용하기에 불편하였다. 이에 여러 기관이 축적 관리 중인 국가의 대량 학술정보를 365일 24시간 실시간으로 검색·다운로드할 수 있는 서비스 구축이 필요함을 인식하게 되었다.
- D센터는 국가 연구개발 사업비가 연간 17조 원 규모이며, 일반적인 R&D 사업은 단기간 수행됨에도 개별 과제마다 각종 하드웨어와 소프트웨어를 구매하였던 점을 예로 들어 국가 연구개발 사업 수행 시 많은 시간이 소요되었던 IT 환경구축 시간을 단축하고 예산을 절감할 방안이 필요하다고 판단하였다.

① 빅데이터 활용 서비스
② 인공지능형 네트워크 서비스
③ 융합형 IT 서비스
④ 사물인터넷 활용 서비스
⑤ 클라우드 컴퓨팅 서비스

난이도 상 중 하

08 다음 글에서 김 이사가 보인 기술 경영자에게 필요한 능력으로 가장 적절한 것은?

S기업의 기술개발 부서 인력은 크게 연구원, 기술 개발자, 기술 경영자로 구분할 수 있다. S기업에 입사하여 기술개발 부서로 발령받은 신규 직원은 연구원 대우를 받는다. 연구원이 어느 정도 경력과 연차가 쌓이면 기술 개발자가 된다. 기술 개발자에 해당하는 직급은 책임 연구원과 각 연구팀 팀장급이다. 기술 경영자는 S기업의 CTO(Chief Technology Officer, 최고기술책임자)에 해당한다.

기술개발 부서는 인사 평가 시 기술개발 및 연구에 특화된 평가지표를 사용하고 있다. 예를 들어, 기술 개발자에 해당하는 책임 연구원과 각 연구팀 팀장은 기술을 운용하거나 문제해결을 할 수 있는 능력, 기술직과 의사소통할 수 있는 능력, 혁신적인 환경을 조성할 수 있는 능력 등에 대해 평가받는다. 또한 S기업은 기술 경영자에 해당하는 CTO를 선정할 때 대표이사뿐만 아니라 이사회의 협의를 거치게 되는데, 이때에도 각 후보가 기술 경영자로서 갖춰야 하는 역량을 다면적으로 평가하여 최종적으로 CTO를 임명한다. 특히 지난해 CTO로 임명된 김 이사는 스마트폰 부서를 성공적으로 이끌어 S기업의 매출 증대에 큰 기여를 하였다고 평가받고 있다. 그는 개발 부서와의 효과적인 협업을 통해 개발 일정을 앞당겨 경쟁사보다 빨리 신제품을 출시하여 시장을 선점할 수 있도록 하였다.

① 효과적으로 평가할 수 있는 능력
② 새로운 제품개발 시간을 단축할 수 있는 능력
③ 기업의 전반적인 전략 목표에 기술을 통합시키는 능력
④ 빠르고 효과적으로 새로운 기술을 습득하고 기존의 기술에서 탈피하는 능력
⑤ 크고 복잡하며 서로 다른 분야에 걸쳐 있는 프로젝트를 수행할 수 있는 능력

난이도 상 중 하

09 다음 설명을 바탕으로 할 때, 지식재산권이 사회적 가치와 충돌하는 상황에 대한 설명으로 옳지 않은 것은?

지식재산권(Intellectual Property)은 인간의 창조적 활동 또는 경험 등을 통해 창출하거나 발견한 지식·정보·기술이나 표현, 표시, 그 밖의 무형적인 것으로서 재산적 가치가 실현될 수 있는 지적창작물에 부여된 권리를 말한다. 이러한 지식재산권이 때로는 인간의 다른 권리나 사회적 가치와 충돌하기도 하여 많은 사회적 폐해를 유발하기도 한다.

① 의약품의 독점시장 형성으로 인한 폐해는 고스란히 대중이 감당해야 할 수도 있다.
② 특허로 인한 기술혁신의 과도한 확산과 급속도의 팽창은 잦은 기술 실패로 이어질 수 있다.
③ 생명체에 대한 특허는 윤리적, 도덕적 측면에서 생명의 고유 가치를 훼손시킬 수 있다.
④ 유전자 정보의 독점으로 비특허권자의 연구 활동이 크게 위축될 수 있다.
⑤ 지식재산권을 가진 기업과 갖지 못한 기업 간의 시장에서의 격차, 나아가 선진국과 제3세계의 격차가 심화될 수 있다.

난이도 상 중 하

10 **다음 중 기술혁신의 특성으로 옳지 않은 것은?**

① 기술혁신은 종종 예측 불가능한 결과를 낳는다.
② 기술혁신은 누적적으로 발전한다.
③ 기술혁신은 전적으로 노동집약적인 활동이다.
④ 기술혁신은 다양한 지식의 융합으로 이루어진다.
⑤ 기술혁신은 기존 기술을 바탕으로 이루어질 수 있다.

난이도 상 중 하

11 **다음 설명을 바탕으로 할 때, 문서 보관 코드 형식에 맞지 않는 것은?**

> • 문서의 보관 코드 구성: [문서 종류 코드]－[연도(4자리)]－[일련번호(3자리)].[확장자]
> • 문서 종류 코드
> － IMG: 이미지 문서(.jpg, .png, .bmp, .gif)
> － EXT: 외부 문서(.pdf, .hwp, .docx)
> － INT: 내부 문서(.docx, .xlsx, .hwp)

① IMG－2024－005.png
② EXT－2023－201.docx
③ INT－2022－051.xlsx
④ IMG－2024－007.docx
⑤ EXT－2021－099.hwp

난이도 상 중 하

12 다음 글에서 설명하는 자동화 시스템의 특징으로 가장 적절하지 않은 것은?

현대의 생산 공정에서는 자동화 기술이 핵심적인 역할을 수행하고 있다. 자동화 시스템은 다양한 센서, 제어 장치, 구동 장치, 그리고 컴퓨터 소프트웨어 등을 유기적으로 통합하여, 사람이 직접 개입하지 않아도 생산이 원활히 이루어지도록 설계되어 있다. 이러한 시스템은 특히 대량 생산이나 정밀한 반복 작업이 필요한 분야에서 매우 유용하게 활용된다. 예를 들어, 자동차 제조 공정에서는 로봇 팔이 용접, 조립, 도장, 부품 이송 등의 작업을 수행한다. 이 로봇은 보통 PLC(Programmable Logic Controller)라 불리는 프로그래머블 논리 제어기를 통해 동작을 제어받는다. PLC는 사전에 설정된 논리 회로와 제어 명령에 따라 센서에서 입력된 신호를 해석하고, 그 결과에 따라 로봇에게 동작 명령을 내린다. 예를 들어, 센서가 특정 부품이 지정된 위치에 정확히 도달했는지를 감지하면, PLC는 이를 확인한 후 다음 공정으로 넘어가도록 제어한다. 이처럼 센서와 제어기의 실시간 상호작용은 공정의 정확성과 안전성을 크게 높여 준다.

자동화 시스템의 장점은 무엇보다도 생산 효율성 극대화와 인적 오류 최소화에 있다. 사람의 개입 없이도 시스템이 정확한 절차에 따라 일관된 품질의 제품을 생산할 수 있으며, 작업자에 따라 생길 수 있는 편차도 줄일 수 있다. 특히 동일한 작업을 반복적으로 수행하는 경우에는 인간보다 훨씬 더 빠르고 정확하게 작업을 수행할 수 있어, 불량률 감소와 비용 절감 효과도 기대할 수 있다. 또한, 자동화 시스템은 24시간 연속 가동이 가능하므로 생산량을 크게 늘릴 수 있으며, 근무 교대나 인력 부족 문제로 인한 생산 지연도 예방할 수 있다.

그러나 자동화의 단점도 존재한다. 대표적으로는 초기 구축 비용이 매우 크다는 점이다. 고성능 로봇, 센서, 제어 장치, 소프트웨어 개발 등에는 상당한 비용이 소요되며, 설치 이후에도 지속적인 유지관리 비용이 발생한다. 또한, 시스템에 장애가 발생할 경우 단일 기계의 고장으로 인해 전체 생산 라인이 멈출 수 있는 리스크도 존재한다. 이를 방지하기 위해서는 정기적인 유지보수, 시스템 상태 모니터링, 예방 정비 체계 구축이 반드시 필요하다. 이와 더불어 자동화 시스템을 운용하는 작업자 및 관리자 역시 일정 수준 이상의 기술 지식을 갖추고 있어야 한다. 예기치 않은 상황에 대처하기 위해서는 응급 정지 장치의 위치와 사용법을 숙지하고 있어야 하며, 간단한 오류 진단 및 복구 방법도 알고 있어야 한다. 따라서 기술 인력에 대한 정기적인 교육과 훈련은 자동화 시스템의 안정적 운영을 위한 중요한 요소이다.

자동화 시스템은 현대 산업의 경쟁력을 결정짓는 핵심 인프라 중 하나이며, 이를 효과적으로 활용하기 위해서는 기술적 투자뿐 아니라 사람과 기술이 조화롭게 작동하는 체계를 마련하는 것이 중요하다.

① 반복 작업에서 인간보다 더 정확한 결과를 낼 수 있다.
② 시스템 장애 시 전체 공정이 중단될 수 있다.
③ 24시간 작동이 가능하여 생산량을 높일 수 있다.
④ 자동화 시스템은 유지보수를 위한 인력이 필요하지 않다.
⑤ 센서를 통해 현재 상태를 감지하여 제어 장치가 동작한다.

난이도 상 중 하

13 **다음은 에어컨 실외기 설치 시 주의사항이다. 이를 바탕으로 에어컨을 설치할 때 고려해야 할 점으로 적절하지 않은 것은?**

- 실외기 토출구에서 발생하는 뜨거운 바람 및 실외기 소음이 이웃에 영향을 미치지 않는 장소에 설치하세요.(주거지역에 설치 시 운전 시간대에 유의하여 주세요.)
- 실외기를 도로상에 설치 시, 2m 이상의 높이에 설치하거나, 토출되는 열기가 보행자에게 직접 닿지 않도록 설치하세요.(건축물의 설비 기준 등에 관한 규칙으로 꼭 지켜야 하는 사항입니다.)
- 보수 및 점검을 위한 서비스 공간이 충분히 확보되는 장소에 설치하세요.
- 공기 순환이 잘되는 곳에 설치하세요.(공기가 순환되지 않으면, 안전장치가 작동하여 정상적인 운전이 되지 않을 수 있습니다.)
- 직사광선 또는 직접 열원으로부터 복사열을 받지 않는 곳에 설치하여야 운전비가 절약됩니다.
- 실외기의 중량과 운전 시 발생하는 진동을 충분히 견딜 수 있는 장소에 설치하세요.(진동 강도가 강할 경우, 실외기가 넘어져 사고의 위험이 있습니다.)
- 빗물이 새거나 고일 우려가 없는 평평한 장소에 설치하세요.
- 황산화물, 암모니아, 유황가스 등과 같은 부식성 가스가 존재하는 곳에 실내기 및 실외기를 설치하지 마세요.
- 해안지역과 같이 염분이 다량 함유된 지역에 설치 시, 부식의 우려가 있으므로 특별한 유지관리가 필요합니다.
- 히트펌프의 경우, 실외기에서도 드레인이 발생되므로 배수 처리 및 설치되는 바닥의 방수가 용이한 곳에 설치하세요.(배수가 용이하지 않을 경우, 물이 얼어 낙하 사고가 일어날 수 있고 제품이 파손될 수 있으므로 각별한 주의가 필요합니다.)
- 강풍이 불지 않는 장소에 설치하세요.
- 실내기와 실외기의 냉매 배관 허용 길이 내에 배관 접속이 가능한 장소에 설치하세요.

① 실외기를 제품 포장 시 사용된 목재 팔레트 위에 설치하지 말고 방진지지대를 사용해야 한다.
② 실외기와 기초지반 사이에 방진패드를 사용하는 것이 좋다.
③ 실외기는 주변에 충분한 공간이 확보된 곳에 설치되어야 한다.
④ 여러 대의 실외기가 설치될 경우, 토출구가 마주 볼 수 있도록 설치해야 한다.
⑤ 기초지반에 실외기의 고정을 위해 앵커볼트를 사용하는 것이 좋다.

난이도 상 중 하

14 다음은 청소기 사용 설명서의 일부이다. 이에 대한 설명으로 옳지 않은 것은?

1. 내부 세척 방법 및 주의사항
   - 청소기를 청소하거나 부품을 분리하기 전에 반드시 전원을 끄고 전원 코드를 콘센트에서 분리하십시오.
   - 전원 코드가 뽑혀 있어도 일부 부품에는 잔류 전기가 남아 있을 수 있으므로, 내부 구성품에 손을 대기 전에 충분히 시간(약 10분 이상)을 두는 것이 안전합니다.
   - 내부에 물이 들어가면 감전, 화재, 제품 손상의 위험이 있으므로, 전원 연결 여부와 관계없이 다음과 같은 부품은 절대 물에 닿지 않도록 주의하십시오.
     - 모터, 팬, 회로 기판, 배터리(무선 청소기의 경우), 센서류

   ※ 특히 무선 청소기의 경우, 배터리 팩은 전기가 통하지 않아도 화학 반응에 의해 위험할 수 있습니다. 세척 전 배터리 탈착 여부도 확인하세요.

2. 외관 세척 방법 및 주의사항
   - 청소기 외장은 기본적으로 플라스틱 또는 합성 소재로 되어 있어, 표면 손상을 줄이기 위해 다음과 같이 관리하십시오.
     - 부드러운 마른 천이나 극세사 천을 사용하세요.
     - 찌든 때나 이물질이 있는 경우, 중성세제를 물에 희석한 용액을 천에 묻힌 후, 충분히 짜낸 상태에서 가볍게 닦아냅니다.
     - 세제나 물기가 묻은 후에는 반드시 마른 천으로 닦아내어 잔여물이 남지 않도록 하세요.
   - 절대 사용하지 말아야 할 세척 도구나 물질은 다음과 같습니다.
     - 철수세미, 거친 스펀지
     - 휘발성 용제(벤젠, 신나, 알코올 등)
     - 표백제, 염소계 세제 등 부식성 화학물질

   ※ 외장 부품도 장시간 습기에 노출되면 탈색, 변형, 크랙 등이 발생할 수 있습니다. 세척 후 반드시 건조한 천으로 마무리하세요.

3. 필터 세척 방법 및 주의사항
   - 필터는 제품의 핵심 부품 중 하나로, 공기 정화 및 흡입 효율 유지에 매우 중요합니다.
   - 필터 종류에 따라 세척 가능 여부가 다릅니다.
     - HEPA 필터: 대부분 물세척 불가, 또는 물세척 가능하더라도 주의 필요
     - 스펀지/폼 필터: 대부분 물세척 가능
     - 종이 재질 필터: 물세척 금지
   - 세척 가능한 필터는 다음과 같은 순서로 관리하세요.

     1) 필터를 조심스럽게 분리합니다.
     2) 먼지나 이물질은 먼저 털어낸 후, 흐르는 미지근한 물에 세척합니다.
     3) 세제가 필요한 경우 중성세제만 소량 사용하며, 절대 비벼서 세척하지 마십시오.
     4) 물기 제거 후 직사광선이 없는 그늘진 곳에서 최소 24시간 이상 완전히 건조시키세요.
     5) 필터가 완전히 마르지 않은 상태에서 재장착하면 곰팡이 번식, 악취 발생, 내부 부품 부식 등의 문제가 발생할 수 있습니다.
     6) 완전히 건조된 필터만 장착하고, 전원을 연결하여 사용하세요.

   ※ 필터는 보통 3~6개월마다 교체하는 것이 권장되며, 사용 환경에 따라 교체 주기를 단축해야 할 수도 있습니다.

4. 물 세척 시 주의사항

- 청소기의 부품 중 일부는 물세척이 가능하나, 일부는 절대 금지입니다.
- 부품 세척 전 반드시 사용 설명서에서 물세척이 가능한지 여부를 확인하세요.
  - 물세척 가능: 먼지통, 스펀지 필터, 브러시, 연장 노즐 일부
  - 물세척 금지: 모터부, 회로 기판, 배터리, 센서, 전원부, 버튼, 충전 단자
- 세척이 금지된 부품에 물이 닿으면 다음과 같은 사고 위험이 있습니다.
  - 감전 위험: 전원 차단 여부와 관계없이 잔류 전기가 있을 수 있음
  - 화재 위험: 세척 후 물기가 남아 있는 상태에서 전원 투입 시 합선 가능성
  - 제품 고장: 회로 부식 또는 단기적인 오작동 발생 가능
- 특히 센서류(먼지 감지 센서, 장애물 인식 센서 등)에 물이 들어가면 제품 성능이 급격히 저하되며, 수리 시 비용이 발생할 수 있습니다.

※ '물세척 가능'이라는 표시는 단지 세척이 물리적으로 가능하다는 뜻이지, 모든 상황에서 안전하다는 보장은 아닙니다. 반드시 건조와 재조립 순서까지 확인하세요.

5. 스팀 기능이 있는 제품 사용 시 주의사항

- 일부 프리미엄 청소기는 스팀 살균, 고온 건조 기능을 포함합니다. 하지만 아래 사항을 반드시 지켜야 안전한 사용이 가능합니다.
  - 스팀 기능은 반드시 제품의 설정된 전용 모드에서만 사용해야 하며, 사용자가 임의로 물을 넣거나 내부에 증기를 발생시키는 행동은 매우 위험합니다.
  - 절대 내부에 직접 물을 붓거나, 물을 분사하지 마세요.
  - 스팀 탱크가 있는 경우, 사용 전후에는 지정된 위치에서만 물을 주입하고, 넘치지 않도록 주의해야 합니다.
  - 고온의 증기가 순환하는 동안에는 제품을 열거나 내부를 분해하지 마세요.
  - 스팀 사용 직후에는 부품이 뜨거울 수 있으므로, 최소 15~30분 이상 식힌 후 세척 및 필터 분리 등의 작업을 하세요.

※ 스팀 기능은 내부에 고온, 고압이 발생하므로 사용자의 조작 미숙으로 인한 화상, 화재, 폭발 등의 사고가 발생할 수 있습니다. 절대 안전 수칙을 위반하지 마십시오.

① 스팀 기능이 있다고 해도 센서류의 물세척은 불가하다.
② 물세척 후 필터는 바로 재장착해도 된다.
③ 외장 표면은 중성세제를 희석한 물로만 닦는다.
④ 전원 연결 여부와 관계없이 내부 구성품에 물이 닿는 것은 위험하다.
⑤ 물세척 가능 여부는 반드시 사용 설명서를 확인해야 한다.

[15~16] 다음은 기술시스템 발전 단계에 관한 글이다. 이를 바탕으로 이어지는 질문에 답하시오.

기술시스템은 현대 기술의 특성을 이해하는 데 매우 중요한 개념으로, 개별 기술이 네트워크로 결합해서 기술시스템을 만드는 점은 과학에서 볼 수 없는 기술의 독특한 특성이기도 하다. 산업혁명 당시 증기기관은 광산에서 더 많은 석탄을 캐내기 위해서 개발되었다. 증기기관이 광산에 응용되면서 석탄 생산이 늘었고, 공장은 수력 대신 석탄과 증기기관을 동력원으로 이용했다. 이제 광산과 도시의 공장을 연결해서 석탄을 수송하기 위한 새로운 운송 기술이 필요해졌으며, 철도는 이러한 필요를 충족시킨 기술이었다. 이렇게 광산 기술, 증기기관, 공장, 운송 기술이 발전하면서 서로 밀접히 연결되는 현상이 나타났다. 이러한 기술시스템의 발선 단계는 다음과 같이 나타낼 수 있다.

- 1단계: 발명, 개발, 혁신의 단계
- 2단계: 기술 이전의 단계
- 3단계: 기술 경쟁의 단계
- 4단계: 기술 공고화 단계

각 단계에서 핵심적인 역할을 하는 사람들이 다르다는 것이 중요하다. 1, 2단계에서는 시스템을 디자인하고 초기 발전을 추진하는 (㉠)들의 역할이 중요하다. 반면 기술시스템의 3단계 경쟁 단계에서는 (㉡)들의 역할이 더 중요하게 부상하며, 4단계 시스템이 공고해지면 (㉢)의 역할이 중요해진다. 기술시스템이 진화하는 단계에 따라, 기술과 사회가 가진 영향력의 상대적 비중이 달라지는 것으로 해석할 수 있다. 결국, 기술시스템은 기술이 사회 변화를 결정한다는 기술결정론과 사회적 이해관계가 기술을 형성한다는 사회결정론을 모두 넘어서고 있다. 사실상 기술시스템 내에 기술적인 것과 사회적인 것이 녹아 있으며, 기술과 사회는 동시에 진화하는 것이다.

난이도 상 중 하

15 주어진 글의 빈칸 ㉠~㉢에 들어갈 말이 바르게 짝지어진 것은?

	㉠	㉡	㉢
①	기술자	기업가	금융전문가
②	기업가	기술자	금융전문가
③	기술자	금융전문가	기업가
④	기업가	금융전문가	기술자
⑤	금융전문가	기술자	기업가

난이도 상 중 하

16 **다음 중 기술시스템에 의한 발전상을 보여주는 사례로 가장 적절한 것은?**

① 과거에 건설한 건축물의 수명은 매우 짧았으나, 점차 첨단 건설공법을 적용한 건축물이 늘어나면서 평균 수명이 크게 증가하였다.

② 20년 전 조그만 무역상에서 출발한 C사는 매출액이 수조 원을 넘는 다국적 무역회사로 성장하게 되었다.

③ 오늘날 자율주행 자동차가 탄생한 것은 자동차 기술뿐 아니라 인공지능, 정보통신, IoT 등의 기술이 함께 발전하며 결합된 결과이다.

④ 도심과 공항을 연결하는 자기부상열차가 상용화됨에 따라 물류비용 절감에 의한 경제 파급효과가 상상을 초월하는 단계에 이르게 되었다.

⑤ A회사는 과거 단순 제당 회사에서 현재는 식료품을 직접 개발하는 회사가 되었다.

[17~18] 다음은 건설 현장의 가스 사고 예방 대책의 일부이다. 이를 바탕으로 이어지는 질문에 답하시오.

용접기 점검을 철저하게 확인하여 가스 누출 방지	• 가스토치와 호스 연결부에 밴드로 철저하게 고정시킬 것 • 용접작업 시 주변 가연성 및 인화성 물질을 제거하고 불티 비산방지포를 설치할 것 • 가스토치를 사용하지 않을 경우, 가스통의 메인 밸브를 잠가 누설되지 않도록 할 것
화기작업 시 현장 감독 배치	• 가스 위험성에 대한 교육을 철저하게 실시할 것 • 화재의 원인이 되는 물질을 취급하는 장소에는 반드시 적절한 장소에 소화설비를 설치할 것 • 탱크 내부 및 고소 작업 시 2인 1조로 편성하여 작업을 실시할 것
화염의 역화 방지를 위한 안전기 설치	각 가스 용기 내의 압력차에 의해 발생하는 가스 역류에 의한 화염 역화를 방지하는 안전기를 가연성 가스 압력조정기 후단과 토치(취관) 사이에 설치할 것
토치의 화구 및 LPG 용기 충압 상태 확인 철저	• 토치 화구(노즐)가 막히지 않도록 관리하고, 막힌 경우 즉시 교체할 것 • 용기의 압력계를 정상 상태로 관리하고, 내부 충압 상태를 정기적으로 확인 및 점검할 것
가스폭발 방지를 위해 건설 현장 주변에 가연성 물질이 있는지 확인	• 폐드럼통 화학물질에 대한 유해·위험성 물질을 철저하게 확인하고 위험성 평가 후 작업할 것 • 위험물, 인화성 유류 등이 있는 탱크, 드럼 등의 용기 내부에는 잔재 물질, 인화성 증기 등 화재·폭발 위험요소가 없도록 가스 제거, 세척작업, 불활성화 등의 안전조치 후 작업을 실시할 것 • 가연성 물질에 근접하여 용접, 가스절단 작업 시 용접불꽃으로 인해 인화 위험성이 있을 때에는 가연성 물질을 선행 제거하는 등 방호 조치한 후 작업을 진행할 것 • 화재 및 폭발의 원인이 될 우려가 있는 물질을 취급하는 장소에는 반드시 적절한 장소에 소화설비를 설치할 것
질식 사고 방지를 위한 안전작업 표준서 작성 및 시행	• 밀폐 공간 내 아르곤 가스 충전 TIG 용접 작업 시 작업절차, 안전작업 방법 등이 포함된 안전작업표준을 작성하고 작업자에게 주지시킬 것 • 작업 시작 전 산소 및 유해가스 농도 측정, 환기 설비 가동, 공기호흡기 등 보호구 착용 등을 작업자에게 주지시킬 것 ※ 산소결핍 위험장소인 밀폐 공간 작업 시, 밀폐 공간 보건작업 프로그램을 수립·시행하여 적정 공기를 유지해 질식 사고를 예방할 것
금속의 용접, 용단 또는 가열에 사용되는 가스 등의 용기 취급 시 준수사항	• 통풍이나 환기가 잘되는 장소에 보관할 것 • 화기 사용 장소나 부근에 보관을 금지할 것 • 인화성 액체를 취급하는 장소 및 부근에 보관을 금지할 것 • 용기의 온도는 섭씨 40도 이하로 유지시킬 것 • 운반 시에는 캡을 씌워서 이동할 것 • 용기의 마개에 부착된 유류 및 먼지는 반드시 제거하고 부식 또는 마모 등의 변형 상태를 점검할 것 • 용해아세틸렌의 용기는 세워서 보관할 것 • 사용 중인 용기와 사용했던 용기를 명확히 구별하여 관리할 것

난이도 상 중 하

17 **배관라인 용접작업 중 폭발 사고가 발생하였을 경우, 사고의 원인에 대한 추론으로 적절하지 않은 것은?**

① 페드럼통의 위치
② 불티 비산방지포 설치 여부
③ 가스 용기 상태의 관리 여부
④ 공기호흡기 착용 여부
⑤ 가스토치와 호스 연결부

난이도 상 중 하

18 **가스폭발로 인한 화재의 원인이 가스용기일 경우, 같은 사고가 재발하지 않도록 주의해야 할 사항으로 가장 거리가 먼 것은?**

① 용기의 사용 여부
② 용기의 온도
③ 2인 1조의 인력 편성
④ 용기의 마개 상태 점검
⑤ 보관 장소의 환경

[19~20] 다음은 일반 가전제품의 품질보증에 관한 자료이다. 이를 바탕으로 이어지는 질문에 답하시오.

가전제품이 고장 나면 수리 서비스를 신청하는데, 제공되는 서비스에는 무상 수리와 유상 수리가 있다. 무상 수리는 제품의 품질보증기간 이내에 정상적으로 사용하다가 제품에 대한 성능, 기능, 품질에 이상이 생겼을 때 받을 수 있는 것으로 출장비를 포함한 서비스 비용이 일절 발생하지 않는다. 유상 수리는 제품의 품질보증기간이 지났거나 소비자 과실, 천재지변 등으로 인한 고장의 경우 서비스 비용이 발생하는 경우를 말한다. 보증기간 이내에 수리를 신청하더라도 사용자의 과실에 의한 경우는 최초 1회만 무상 수리가 가능하다. 특히, 기간에 상관없이 해당 제품의 판매사가 아닌 사설 서비스 업체에서 수리를 받은 적이 있는 제품은 고장 시 무상 수리가 불가능하다.

제품의 보증기간은 제품을 구입한 일자를 기준으로 보통 1년으로 책정되어 있다. 실질적으로 제품 구입 영수증 등이 없어 구입 날짜를 확인할 수 없다면 제품에 붙어 있는 보증기간 표시 기준으로 유·무상 수리가 결정된다. 제품에 부착하는 보증기간 표시 기준은 제품 생산일로부터 최대 3개월까지로 설정되어 있는 것이 일반적이다. 제품 구입 날짜가 확인된 제품의 경우, 복사기와 같이 인쇄 매수에 따라 제품의 수명이 민감하게 좌우되는 제품은 6개월의 보증기간이 적용되며, 반대로 계절성 제품은 2년의 보증기간이 적용된다.

통상적으로 제품에 한해서만 보증기간이 존재하는 것이 아니고 핵심 부품들에 대해서도 무상 수리가 가능한 보증기간이 존재하며, 최소 2년에서 최대 10년까지 다음과 같이 설정되어 있다.

구분	보증기간	관련 제품	참고
핵심 부품	2년	PDP, LCD 패널, LCD 모니터, 메인보드	노트북 LCD 패널은 제외
	3년	컴프레서(냉장고), 일반모터(세탁기), 헤드드럼, 버너(팬히터)	–
	4년	컴프레서(에어컨)	–
	10년	• 세탁 모터 – 드럼 세탁기, 전자동 세탁기 • 양문형 냉장고, 김치냉장고 인버터 컴프레서	–

일반적으로 1년이라는 보증기간이 적용되더라도 사용 환경에 따라 보증기간이 달라질 수 있다. 가전제품은 제품을 사용한다는 가정을 기준으로 그 사용 범위에 따라 1년이라는 보증기간이 정해지는 것이므로 동일한 제품이라도 다음과 같은 환경에서 사용할 경우 보증기간은 절반으로 줄어들게 되며, 이는 핵심 부품에도 동일하게 적용된다.

– 가정용 세탁기를 영업 용도나 영업장에서 사용하는 경우(사우나, 세탁소 등)
– 정상적 사용 환경이 아닌 공사장이나 선박, 차량 등에서 사용하는 경우
– TV나 VCR 등을 유선방송 전문 업체, 비디오방, 노래방 등에서 사용하는 경우
– 가정용 밥솥, 냉장고 등을 식당에서 사용하는 경우
– 편의점에서 사용하는 전자레인지의 경우

난이도 상 중 하

19 **다음 중 가전제품의 무상 수리가 가능한 경우를 고른 것은?**(단, 모두 소비자의 과실이 아니라고 가정한다.)

	제품	생산일	구입일	고장일	참고
①	세탁기	2022년 5월	2022년 7월	2023년 5월	식당 사용
②	TV	2023년 2월	모름	2023년 8월	–
③	세탁기	2023년 1월	2023년 10월	2024년 2월	사우나 사용
④	컴퓨터	2022년 12월	2023년 4월	2024년 6월	–
⑤	전자레인지	모름	2024년 2월	2025년 5월	편의점 사용

난이도 상 중 하

20 **다음 중 핵심 부품 고장에 따른 전체 무상 수리가 가능한 경우를 [보기]에서 모두 고른 것은?**(단, 언급되지 않은 내용은 고려하지 않는다.)

보기

㉠ 2년간 사용하던 노트북의 메인보드와 LCD 패널이 함께 고장
㉡ 6년 전 구입한 김치냉장고의 인버터 컴프레서가 고장
㉢ 2년간 사용하던 냉장고와 에어컨의 컴프레서가 함께 고장
㉣ 4년 전 구입한 드럼 세탁기의 세탁 모터가 고장

① ㉠, ㉡
② ㉡, ㉢
③ ㉢, ㉣
④ ㉠, ㉡, ㉢
⑤ ㉡, ㉢, ㉣

PART 2 영역별 문제풀이

출제비중(%)

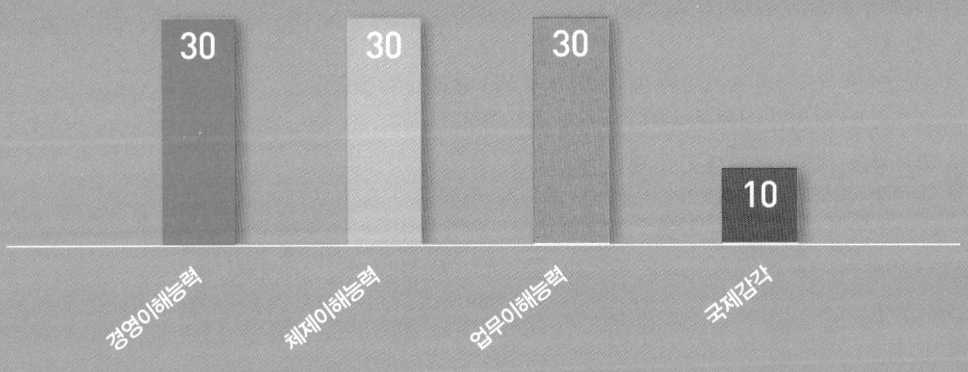

대표 출제 기업

피듈형	서울교통공사, 지역농협, 국민연금공단, 한전KDN, 한국산업인력공단, 한국지역난방공사, 한국전기안전공사, 한국가스안전공사, 한국환경공단
모듈형	경기도 공공기관 통합채용

CHAPTER 07

조직이해능력

STEP 1 적중예상문제

STEP 01

적중예상문제

난이도 상 중 하

01 **다음 중 조직목표의 기능으로 보기 어려운 것은?**

① 조직 구성원 의사결정의 기준
② 조직이 존재하는 정당성과 합법성 제공
③ 조직의 구성요소와의 상호관계
④ 조직 구성원 행동 수행의 동기 유발
⑤ 조직이 나아갈 방향 제시

난이도 상 중 하

02 **다음 [보기]는 조직 설계의 기본 요소를 도식화한 것이다. 다음 (가)~(다)에 대한 설명으로 옳지 않은 것은?**

보기

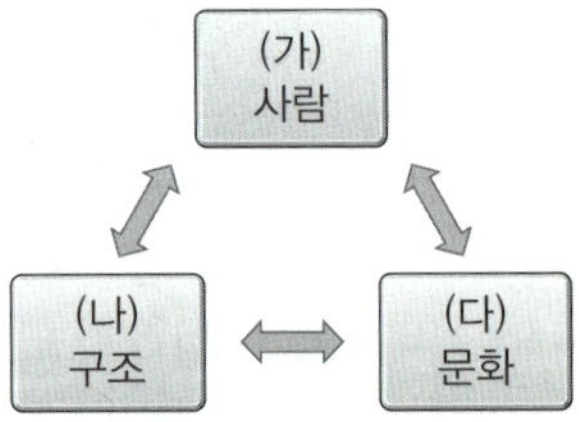

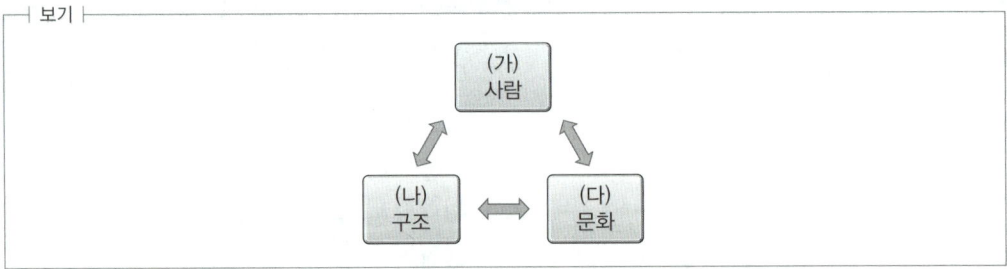

① 조직의 주체는 목표달성을 위해 과업을 수행하는 (가)이다.
② 조직 구성원들의 행동을 통제하고 조정하는 일련의 절차를 (나)라고 한다.
③ (다)는 눈에 보이지 않는 관행적 · 습관적 절차이다.
④ 조직의 규모는 (나)에 의해 결정된다.
⑤ (다)는 조직 전체와 구성원들의 행동에 영향을 미친다.

난이도 상 중 하

03 다음 글을 바탕으로 할 때, 장 상무가 주장하는 노사 협력 시스템의 목적으로 가장 적절한 것은?

> M사 경영기획본부의 장 상무는 노조를 기업 경영에 참가시키는 것이 바람직하다고 주장한다. 그는 근로자들도 근로조건의 결정과 같은 소극적인 의사표현을 넘어 자신들의 작업 방식이나 생산체계 등 전반적인 기업 활동에 발언권을 행사할 수 있어야 한다고 생각한다. 뿐만 아니라 단기적으로는 조직화되지 않은 취약 노동자들이 조합을 형성할 수 있도록 돕고, 이에 가입하는 것에 진입장벽이 없도록 하는 조직 문화를 구축할 수 있는 사회적 배경이 필요하다는 생각을 갖고 있다. 이와 함께 과거 TV에서 방영한 노동자들의 현실을 그린 드라마의 일부를 소개하며, 이미 노동자들의 목소리가 이만큼 커지고 있는 상황에서 이를 간과하는 것 역시 착취의 일환이라고 생각한다.

① 근로자를 경영과정에 참가시킴으로써 공동으로 문제를 해결하고 노사 간의 균형을 이루며 상호 신뢰로 경영의 효율을 향상시키고자 한다.
② 조직 전체에서 근로자들이 자신의 위치를 파악하고, 조직 전체의 목적 달성에 합목적적인 행동을 하도록 요구하고자 한다.
③ 조직 구성원들에게 일체감 또는 정체성 부여, 조직몰입 향상, 조직 구성원들의 행동지침 제공을 위한 종합적인 개념을 도입하고자 한다.
④ 주주로서 권리를 행사토록 하여, 고객에 대한 법적 보호가 확실하다는 점에서 기업의 신뢰를 향상시키고자 한다.
⑤ 조직 구성원들의 요구에 따라 자발적으로 집단을 형성해 업무수행능력 향상을 위해 자발적인 노력이 가능하도록 유도하고자 한다.

난이도 상 중 하

04 다음 사례에 나타난 D사의 새로운 조직 구조에서 발생할 수 있는 변화로 적절하지 않은 것은?

> 종합상사인 D사의 경영진은 내년부터 조직 개편을 통해 업무 혁신을 이루고자 한다. 여러 가지 아이템을 취급하던 D사는 다른 사업에서 손을 떼고 해외 유전이나 아프리카 금광 등의 자원 개발 사업에 집중하고자 기존의 아이템별 조직 구조이던 8팀, 4본부, 2부문 체제를 과감히 수정하여 6팀, 단일본부 체제로 조직 구조를 바꿀 계획이다.

① 과거보다 신속한 의사결정이 이루어질 것이다.
② 얇은 중간관리자 층으로 인해 다양한 검증을 거친 의견 수렴이 더 어려워질 것이다.
③ D사는 각 사업을 지원하는 지원조직이 다수 생길 것이다.
④ 산발적인 조직문화에 기인했던 조직 간 경쟁구도가 사라질 수 있을 것이다.
⑤ D사는 내년부터 조직의 단합과 업무의 효율성을 더욱 강조하는 기업이 될 것이다.

난이도 상 중 하

05 맥킨지(McKinsey & Company)는 조직의 성과와 효과성은 7가지 요소(7S)가 조화를 이룰 때 극대화 된다고 설명한다. [보기]의 사례에서 밑줄 친 ㉠~㉤과 '7S'를 연결한 것으로 적절하지 않은 것은?

보기

제조 인공지능(AI) 및 자율공장 전문 파트너 인터엑스가 4월 17일(월)부터 21일(금)까지 독일 하노버에서 개최된 세계 최대 산업 기술 전시회 '하노버 메세 2023(Hannover Messe 2023)' 참가를 성황리에 마무리했다고 밝혔다. 이번 전시 기간 동안 인터엑스는 프라운호퍼 IWU 연구소와 협력해 지능형 사물인터넷(AIoT) 플랫폼 개발과 자율 공장, 디지털 트윈 응용 분야에서의 구체적 활용 가능성을 논의하고 패널 토론을 진행했다.

또한 제조 AI 및 자율공장 플랫폼을 기반으로 △생산 조건 최적화 AI 서비스 △품질 예측·최적화 AI 서비스 △품질 검사 AI 서비스 △산업 안전 AI 서비스 △디지털 트윈 서비스를 전시 기간 내내 선보이며 뜨거운 호응을 얻었다.

인터엑스는 인공지능(AI)과 빅데이터 분석을 기반으로 제조공정 최적화 기술과 자율공장 운영 서비스를 제공하는 스타트업이다. 5년 전 빅데이터 분석과 데이터 마이닝 및 로봇 공학 박사 10명이 모여 ㉠ 실제 제조업 회사가 겪고 있는 문제를 빠르게 해결하는 혁신적인 AI 솔루션을 개발하고자 시작한 회사였다. 해당 회사 직원들은 ㉡ 매주 금요일에는 일을 하지 않고 자유로운 토론을 하거나 창의적인 아이디어를 발휘해서 새로운 시도를 한다. 또한 전문가로 구성된 조직인 만큼 ㉢ 수평적이고, 어떤 프로젝트를 진행하기에 앞서 빠른 의사소통이 가능하다. 당시 ㉣ 교육 분야에 집중되었던 AI 개발 시장에서 제조업을 대상으로 하는 서비스를 개발한 유일한 회사임에 따라 국내 제조업 분야 AI 시스템 구축 실적을 많이 보유하고 있을 뿐 아니라 대·중견·중소 기업까지 확장 가능한 기술 및 서비스 경쟁력을 갖추고 있다. 기존의 빅데이터 분석 서비스가 단순히 데이터를 나열하고 시각화하는 것에 그쳤다면 인터엑스가 자랑하는 제조 AI 및 자율공장 서비스는 기업이 보유한 빅데이터를 분석·시각화하는 것은 물론, 효과적인 생산의사결정, 빠른 실행과 문제 개선, 이슈에 대한 사전 대응이 가능하다. 또한 디지털 트윈 플랫폼 'INTERX.DT'는 가상 공간에서 설비 현황 모니터링이 가능해 더욱 정교화된 서비스를 제공한다. ㉤ 현재 20명으로 구성된 작은 회사지만 모두 책임 의식을 가지고 일을 완수하여 높은 성과를 내고 있다.

① ㉠ – Shared Value
② ㉡ – Style
③ ㉢ – Systems
④ ㉣ – Strategy
⑤ ㉤ – Staff

난이도 상 중 하

06 **다음 글을 바탕으로 할 때, 경영자의 역할로 적절하지 않은 것은?**

> 조직의 경영자는 조직의 전략, 관리 및 운영 활동을 주관하며, 조직 구성원들과 의사결정을 통해 조직이 나아갈 방향을 제시하고 조직의 유지와 발전에 대해 책임을 지는 사람이다. 또한, 조직의 변화 방향을 설정하는 리더이자, 조직 구성원들이 조직의 목표에 부합된 활동을 할 수 있도록 이를 결합하고 관리하는 관리자이다.

① 대외 협상을 주도하기 위한 자문위원을 선발한다.
② 외부환경 변화를 주시하며 조직의 변화 방향을 설정한다.
③ 우수한 인재를 뽑기 위한 구체적이고 개선된 채용 기준을 마련한다.
④ 미래전략을 연구하기 위해 기획조정실과의 회의를 주도한다.
⑤ 외국의 유사 기관 기관장 일행의 방문을 맞이하여 업무협약서 체결을 지시한다.

난이도 상 중 하

07 **다음은 C음료 회사에 대해 SWOT 분석을 한 결과이다. 이를 바탕으로 대응 전략과 그 내용을 바르게 연결한 것은?**

강점(Strengths)	약점(Weaknesses)
• 높은 브랜드 가치 • 다양한 영업 전략 보유	• 주력 제품 중심 전략의 한계 • 표준화 전략의 한계
기회(Opportunities)	**위협(Threats)**
• 유통 경로의 확대 • 스포츠 마케팅의 기회	• 다수의 경쟁 업체 등장 • 소비자의 건강 지향적 소비 성향

① SO 전략: 스포츠 경기에 음료를 협찬하여 브랜드 가치 부각
② ST 전략: 라인 유통 경로를 확대하여 영업 경쟁력을 강화
③ ST 전략: 산간 지역에 유통 경로를 확대하여 영업 경쟁력을 강화
④ WO 전략: 건강 음료를 개발하여 브랜드 가치 상승
⑤ WT 전략: 1+1 영업 전략을 통하여 경쟁 업체 사이에서 우위를 차지

난이도 상 중 하

08 B공사와 거래하는 협력 업체 H사의 생산 제품은 [보기]와 같은 특징을 가지고 있다. 이를 바탕으로 할 때, 다음 중 H사가 취할 수 있는 경영 전략으로 가장 적절한 것은?

보기

- 제품 생산 노하우가 공개되어 있다.
- 특별한 기술력이 요구되지 않는다.
- 대중들에게 널리 보급되어 있다.
- 지속적으로 사용해야 하는 소모품이다.
- 생산 방식과 공정이 심플하다.
- 특정 계층의 구분 없이 동일한 제품이 쓰인다.
- 다수의 소규모 업체들이 경쟁하며 브랜드의 중요성이 거의 없다.

① 집중화 전략　② 원가우위 전략　③ 모방 전략
④ 차별화 전략　⑤ SNS 전략

난이도 상 중 하

09 다음은 해외 출장을 앞둔 직원들의 대화 내용이다. 갑~무 중 적절하지 <u>않은</u> 의견을 개진한 사람은?

대화

갑: "해외 출장을 가면 유의해야 할 점들이 몇 가지 있어요. 예를 들면 여권이나 증명서 등은 사본을 꼭 소지하거나 핸드폰으로 사진을 찍어두어야 하죠."

을: "맞습니다. 또 출장지에 입국하기 전에 현지 화폐로 잔돈이나 동전을 미리 준비해 두는 것도 좋습니다."

병: "해외에서 낯선 외국인을 만나 어색한 경우에는 현지국의 역사적 사실이나 가치관에 대해 언급하면 분위기를 부드럽게 하는 데 매우 유용합니다."

정: "저는 현지인들의 식습관이나 특정 음식에 관한 현지의 인식 등을 알아두면 좋다는 이야기를 들은 적이 있어요."

무: "그리고 비행기를 타고 이동을 하니까 사전에 예약이 잘 되어 있는지 재확인이 꼭 필요하다는 점도 잊지 말아야 합니다."

① 갑　② 을　③ 병　④ 정　⑤ 무

난이도 상 중 하

10 다음 위임전결규칙에 대한 설명으로 옳지 <u>않은</u> 것은?(단, 전결권자가 부재중일 경우 차상위 직급자가 전결권자가 된다.)

업무 내용	전결권자				이사장
예산집행에 관한 기본품의 승인	팀원	팀장	국장	이사	
가. 공사 도급					
– 소요예산 3억 원 이상					○
– 소요예산 1억 원 이상				○	
– 소요예산 1억 원 미만			○		
– 소요예산 1,000만 원 이하		○			
나. 물품(비품, 사무용품 등) 제조, 구매 및 용역					
– 소요예산 3억 원 이상					○
– 소요예산 1억 원 이상				○	
– 소요예산 1억 원 미만			○		
– 소요예산 1,000만 원 이하		○			
다. 자산의 임(대)차 계약					
– 소요예산 1억 원 이상					○
– 소요예산 1억 원 미만				○	
– 소요예산 5,000만 원 이하			○		
라. 물품수리					
– 소요예산 500만 원 이상			○		
– 소요예산 500만 원 미만		○			
마. 기타 사업비 예산집행 기본품의					
– 소요예산 1,000만 원 이상			○		
– 소요예산 1,000만 원 미만		○			

① 국장이 부재중일 경우, 소요예산이 5,000만 원인 공사 도급은 팀장이 전결권자이다.
② 소요예산이 800만 원인 인쇄물의 구매 건은 팀장의 전결 사항이다.
③ 이사장이 부재중일 경우, 소요예산이 2억 원인 자산 임대차 계약 건은 국장이 전결권자이다.
④ 소요예산이 600만 원인 물품수리 건은 이사의 결재가 필요하지 않다.
⑤ 기타 사업비 관련 품의서는 금액에 관계없이 이사와 이사장은 결재하지 않는다.

난이도 상 중 하

11 다음 조직도에 대한 설명으로 적절하지 않은 것은?

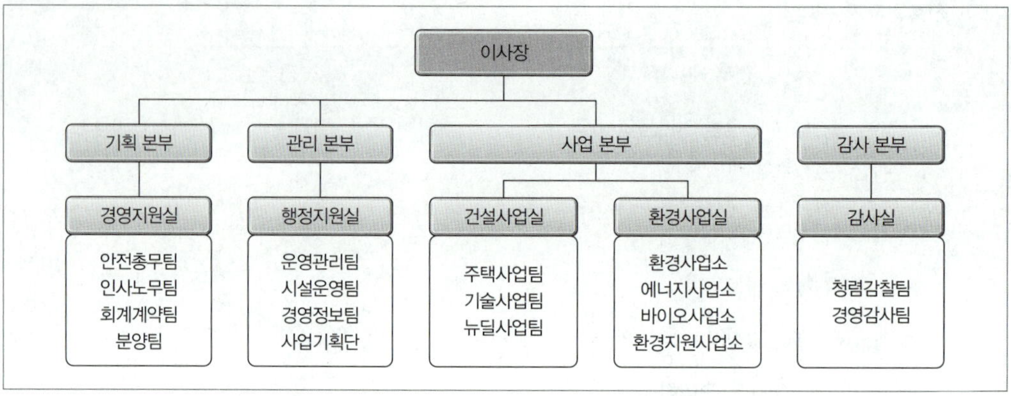

① 이사장과 4본부 5실 및 그 산하 조직으로 구성된 조직도이다.
② 감사 본부의 업무는 전체 조직 구성원을 대상으로 한다.
③ 4개 본부의 장(長) 중, 산하 단위 조직의 수가 가장 많은 사업 본부의 장이 상급자가 된다.
④ 기능적 조직 구조에 해당한다.
⑤ 사업 본부 고유의 업무는 이사장 보고 시 감사 본부의 결재를 거치지 않는다.

난이도 상 중 하

12 A사 연극동호회는 뮤지컬 관람 비용의 일부를 회사에서 지원받았다. 회사에서 제공하는 좌석은 B석이지만, 본인이 차액을 부담하면 좌석을 업그레이드할 수 있다. 다음 [표]를 바탕으로 할 때, 회원 중 해당 지역주민이 1명이고 제휴카드를 소지한 회원이 2명일 경우 동호회 회원들이 부담할 차액의 최소 금액으로 옳은 것은?

[표] 좌석 종류별 가격과 희망자 수

좌석 종류	가격	희망자 수	좌석 종류	가격	희망자 수
VIP석	20만 원	3명	A석	5만 원	5명
R석	12만 원	4명	B석	3만 원	–
S석	8만 원	4명			

※ 지역주민 할인: 1인당 4매 30% 할인
※ 제휴카드 할인: 1인당 3매 20% 할인
※ 모든 할인은 중복적용이 불가함
※ 할인은 회사 지원 비용을 제한 좌석 가격에 적용함

① 763,000원 ② 788,000원 ③ 823,000원
④ 864,000원 ⑤ 906,000원

난이도 상 중 하

13 다음은 E사의 연차휴가에 관한 규정이다. 이에 대한 설명으로 옳은 것은?

제12조(연차휴가) ① 1년간 8할 이상 출근한 직원에게 15일의 연차휴가를 준다.
② 계속근로연수가 1년 미만인 직원에게 1월간 개근 시 1일의 연차휴가를 준다.
③ 직원의 최초 1년간의 근로에 대하여 연차휴가를 주는 경우 제2항의 규정에 의한 휴가를 이미 사용한 경우에는 그 사용한 휴가 일수를 15일에서 공제한다.
④ 3년 이상 계속 근무한 직원에 대하여는 제1항의 규정에 의한 휴가에 최초 1년을 초과하는 계속근로연수 매 2년에 대하여 1일을 가산한 휴가를 주어야 한다. 이 경우 가산휴가를 포함한 총휴가 일수는 25일을 한도로 한다.
⑤ 직원이 업무상의 부상 또는 질병으로 인하여 병가 또는 휴직한 기간과 산전·산후의 직원이 휴직한 기간은 연차휴가 기간을 정함에 있어서 출근한 것으로 본다.
⑥ 연차휴가는 14시를 전후하여 4시간씩 반일 단위로 허가할 수 있으며, 반일 연차휴가 2회는 연차휴가 1일로 계산한다.
⑦ 직원의 연차 유급휴가를 연 2회(3/1, 9/1) 기준으로 부여한다.
제12조의2(연차휴가의 사용 촉진) ① 회사가 제12조 제1항, 제3항 및 제4항의 규정에 의한 연차휴가의 사용을 촉진하기 위하여 다음과 같이 조치를 하였음에도 불구하고 직원이 1년간 휴가를 사용하지 아니하여 소멸된 경우에는 회사는 그 미사용 휴가에 대하여 연차수당을 지급하지 않는다.
1. 휴가 소멸기간이 끝나기 6개월 전을 기준으로 10일 이내에 직원의 직근 상위자가 직원별로 그 미사용 휴가 일수를 알려주고, 직원이 그 사용 시기를 정하여 직근 상위자에게 통보하도록 서면으로 촉구할 것
2. 제1호의 규정에 의한 촉구에도 불구하고 직원이 촉구를 받은 때부터 10일 이내에 미사용 휴가의 전부 또는 일부의 사용 시기를 정하여 직근 상위자에게 통보하지 아니한 경우에는 휴가 소멸기간이 끝나기 2개월 전까지 직근 상위자가 미사용 휴가의 사용 시기를 정하여 직원에게 서면으로 통보할 것

① 계속근로연수가 8년인 직원에게는 19일의 연차휴가를 주어야 한다.
② 8개월간 개근한 계속근로연수가 1년 미만의 직원에게는 15일의 연차휴가를 주어야 한다.
③ 계속근로연수가 3년인 직원이 반일 연차를 6회 사용하였다면 남은 연차휴가 일수는 13일이다.
④ 직근 상위자로부터 잔여 휴가일수에 대한 서면 통보를 받지 못한 경우에는 연차수당을 지급받을 수 있다.
⑤ 회사의 연차휴가 사용 촉구에도 불구하고 휴가 사용을 원치 않을 경우 휴가 소멸기간이 2개월 연장된다.

난이도 상 중 하

14 **다음은 '대기업과 중소기업 상생협력 촉진에 관한 법률'의 일부이다. 이에 대한 설명으로 옳지 않은 것은?**

> **대·중소기업 상생협력 촉진에 관한 법률**
>
> 제21조 ① 위탁기업이 수탁기업에 물품 등의 제조를 위탁할 때에는 지체 없이 다음 각 호의 사항을 적은 약정서를 그 수탁기업에 발급하여야 한다.
>
> 1. 위탁의 내용
> 2. 납품대금(지급 방법 및 지급 기일을 포함한다)
> 3. 납품한 물품 등의 검사 방법
> 4. 납품대금 연동의 대상인 물품 등의 명칭, 주요 원재료, 조정요건, 기준 지표 및 산식 등 납품대금 연동에 관한 사항으로서 대통령령으로 정하는 사항
> 5. 그 밖에 약정서에 적어야 할 사항으로서 대통령령으로 정하는 사항
>
> ② 위탁기업은 약정서에 제1항 제4호의 사항을 적기 위하여 수탁기업과 성실히 협의하여야 한다.
>
> ③ 위탁기업은 다음 각 호의 어느 하나에 해당하는 경우 제1항 제4호의 사항을 약정서에 적지 아니할 수 있다. 다만, 제4호의 경우에는 위탁기업과 수탁기업이 그 취지와 사유를 약정서에 분명하게 적어야 한다.
>
> 1. 위탁기업이 「중소기업기본법」 제2조 제2항에 따른 소기업에 해당하는 경우
> 2. 수탁·위탁거래의 기간이 90일 이내의 범위에서 대통령령으로 정하는 기간 이내인 경우
> 3. 납품대금이 1억 원 이하의 범위에서 대통령령으로 정하는 금액 이하인 경우
> 4. 위탁기업과 수탁기업이 납품대금 연동을 하지 아니하기로 합의한 경우
>
> ④ 위탁기업은 납품대금 연동과 관련하여 수탁·위탁거래에 관한 거래상 지위를 남용하거나 거짓 또는 그 밖의 부정한 방법으로 이 조의 적용을 피하려는 행위를 하여서는 아니 된다.
>
> ⑤ 중소벤처기업부장관은 위탁기업과 수탁기업의 상생협력 및 수탁·위탁거래의 공정화를 위하여 제1항 제4호 및 제3항 각 호 외의 부분 단서에 관한 표준약정서를 제정 또는 개정하고, 그 사용을 권장하여야 한다.
>
> ⑥ 위탁기업은 수탁기업으로부터 물품 등을 받으면 물품 등의 검사 여부에 관계없이 즉시 물품 수령증을 발급하여야 한다.
>
> 제21조의2 ① 수탁기업이 위탁기업에 기술자료(비밀로 관리되는 기술자료로 한정한다. 이하 이 항에서 같다)를 제공하는 경우 위탁기업은 해당 기술자료를 제공받는 날까지 다음 각 호의 사항을 포함하는 기술자료의 비밀유지에 관한 계약(이하 "비밀유지계약"이라 한다)을 수탁기업과 서면으로 체결하여야 한다.
>
> 1. 해당 기술자료의 제공 목적 및 범위
> 2. 비밀유지 의무의 내용
> 3. 계약 위반에 따른 손해배상에 관한 사항
> 4. 그 밖에 해당 기술자료의 비밀유지를 위하여 필요한 사항으로서 대통령령으로 정하는 사항
>
> ② 중소벤처기업부장관은 공정한 수탁·위탁거래의 질서를 확립하기 위하여 비밀유지계약에 관한 표준계약서를 마련하고, 수탁기업과 위탁기업에 이를 사용하도록 권고할 수 있다.

제22조 ① 수탁기업에 위탁기업의 납품대금을 지급하는 기일은 그 납품에 대한 검사 여부에 관계없이 물품등을 받은 날부터 60일 이내의 최단기간으로 정하여야 한다.
② 납품대금의 지급기일을 약정하지 아니한 경우에는 물품 등의 수령일을 그 대금의 지급기일로 정한 것으로 보며, 제1항을 위반하여 지급기일을 정한 경우에는 물품 등의 수령일부터 60일이 되는 날을 그 대금의 지급기일로 정한 것으로 본다.
③ 위탁기업이 납품대금을 물품 등의 수령일부터 60일이 지난 후 지급하는 경우에는 그 초과기간에 대하여 연 100분의 40 이내의 범위에서 대통령령으로 정하는 이율에 따른 이자를 지급하여야 한다.
④ 위탁기업이 납품대금을 어음으로 지급하거나 어음대체결제 방식으로 지급하는 경우에는 연 100분의 40 이내의 범위에서 대통령령으로 정하는 할인료를 수탁기업에 지급하여야 한다.
⑤ 수탁기업(여러 단계의 하위 수탁기업을 포함한다)이 상생결제를 통하여 납품대금을 지급받은 경우에는 건설공사 하도급 대금의 직접지급, 수탁기업이 파산한 경우 등 대통령령으로 정하는 정당한 사유가 없으면 지급받은 총납품대금 중 상생결제가 차지하는 비율 이상으로 하위 수탁기업에게 현금결제 또는 상생결제 방식으로 납품대금을 지급하여야 한다.
⑥ 「국가재정법」 제6조에 따른 중앙관서 및 「지방자치법」 제2조에 따른 지방자치단체(「지방교육자치에 관한 법률」에 따른 특별시 · 광역시 · 특별자치시 · 도 · 특별자치도의 교육청을 포함한다. 이하 이 항에서 같다)는 「국고금 관리법」 제22조 및 제23조, 「지방회계법」 제32조 및 제33조, 그 밖의 다른 법령의 규정에도 불구하고 중앙관서 및 지방자치단체의 상생결제 방식으로 납품대금을 지급할 수 있다. 이 경우 수탁기업은 중앙관서 및 지방자치단체로부터 납품대금으로 지급받은 외상매출채권을 법률에 근거하여 설립된 금융기관에서 할인할 수 없다.

① 대기업이 중소기업에 제조를 맡길 때 납품대금의 지급 방법 및 기일을 포함한 약정서를 발급해야 한다.
② 대기업은 중소기업에게서 물품을 받고 검사가 완료되는 대로 60일 이내에 납품대금을 모두 지급해야 한다.
③ 위탁기업이 수탁기업으로부터 기술자료를 제공받을 경우 비밀유지에 관한 계약과 계약 위반에 대한 손해배상 내용도 서면으로 체결해야 한다.
④ 소기업이 다른 중소기업에 물품 등의 제조를 위탁할 때 납품대금이 1억을 넘어도 제1항 제4호의 사항을 약정서에 적지 않을 수 있다.
⑤ 위탁기업이 납품대금을 60일 안에 주지 않으면, 지연된 기간 동안 법에서 정한 높은 이자(최대 연 40%)를 지급해야 한다.

[15~16] 다음은 K사의 조직도이다. 이를 바탕으로 이어지는 질문에 답하시오.

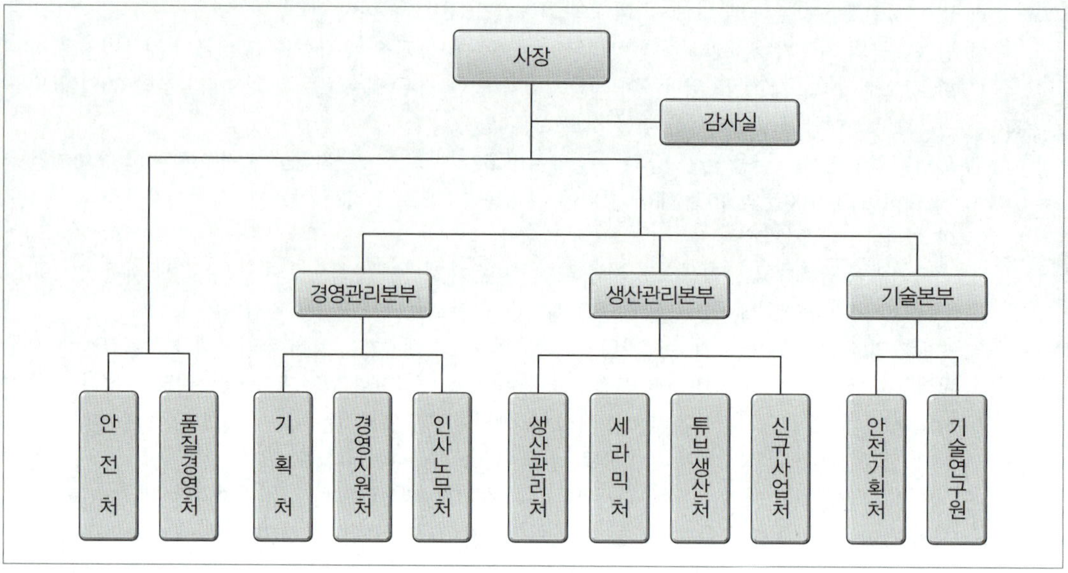

난이도 상 중 하

15 주어진 조직도에 대한 설명으로 옳은 것은?

① 품질경영처의 업무 내용을 사장에게 보고할 경우 반드시 감사실을 경유해야 한다.
② 사장이 최종 결정해야 할 사안의 경우, 안전처는 기획처보다 신속한 의사결정이 가능하다.
③ 4개의 '처'가 있는 생산관리본부장은 3개의 '처'가 있는 경영관리본부장보다 직급이 높다.
④ 감사실의 감사 업무는 3개 본부의 본부장에 대해서만 이루어진다.
⑤ 경영관리본부의 인사노무처에서는 감사실을 제외한 다른 조직의 인사노무 관련 업무를 수행한다.

난이도 상 중 하

16 신규사업처 엄 사원은 새로운 프로젝트 관련 기안문서(본부장 전결)를 작성하여 팀장에게 결재를 받고자 한다. 엄 사원이 작성한 기안문서의 결재 양식으로 옳은 것은?

①

기 안 문 서				
결재	담당	팀장	본부장	사장
			(본부장 서명)	전결

②

기 안 문 서				
결재	담당	팀장	본부장	사장
			/	(본부장 서명)

③

기 안 문 서					
결재	담당	팀장	본부장	감사실장	사장
					(본부장 서명)

④

기 안 문 서					
결재	담당	팀장	본부장	감사실장	사장
			전결	/	(본부장 서명)

⑤

기 안 문 서				
결재	담당	팀장	본부장	사장
			전결	(본부장 서명)

[17~18] 다음 글을 읽고 이어지는 질문에 답하시오.

퇴직금 제도는 근로자가 1년 이상 회사에서 일할 경우 30일분 이상의 평균임금을 퇴직 시 일시금으로 지급하는 전통적인 방식이다. 1년 이상 회사에서 근무하고, 재직 기간 동안 1주일에 평균 15시간 이상씩 근무한 근로자라면 퇴직급여를 지급해야 한다. 근무 조건을 만족할 경우에는 정규직, 계약직, 아르바이트, 일용직 등의 근로 유형과 상관없이 직원에게 퇴직금을 지급해야 한다. 또한 상시근로자 수와 상관없이 모든 사업체는 퇴사하는 직원에게 법에서 규정한 퇴직급여의 100%를 지급해야만 한다.

퇴직금 산정방식

- 퇴직금=1일 평균임금×30×직원의 총재직일수/365
- 1일 평균임금=(A+B+C)/D
  - ㉠ 퇴직 전 3개월 동안 직원이 받은 임금=A
  - ㉡ 퇴직일 전일로부터 1년 동안 직원이 지급받은 상여금×3/12=B
  - ㉢ 퇴직일 전일로부터 전년도 연차휴가를 사용하지 못해 지급받은 연차유급휴가 미사용 수당×3/12=C
  - ㉣ 퇴직 전 3개월 동안의 일수(89~91일)=D

퇴직금 제도는 1961년 법정 제도로 자리 잡아 퇴직 후 최소한의 생활을 보장하는 사실상 실업급여 역할을 해 왔다. 영세한 사업장의 경우 직원과 근로계약을 체결하면서 근로계약서에 '퇴직금을 지급하지 않는다'는 조항을 기재하는 경우가 있는데, 법에 따라 이 같은 조항은 아무런 효력을 인정받지 못한다.

퇴직금 제도의 경우 회사는 근로자의 근속연수와 평균임금을 계산해 내부 자금에서 퇴직금을 지급한다. 이에 반해 퇴직연금 제도는 회사가 근로자의 퇴직급여를 은행이나 증권사 등 외부 금융기관에 적립하는 방식이다. 납부는 회사가, 운용은 금융기관이 맡아 회사가 망해도 근로자는 안전하게 퇴직연금 지급을 보장받는다. 퇴직연금은 퇴사 시 일시금으로 받을 수도, 일정 기간 나눠 연금처럼 수령할 수도 있다. 그동안은 퇴직금 제도와 퇴직연금 제도가 병행돼 왔다. 그러나 퇴직금 제도의 단점을 보완하고 퇴직자들의 노후 생활 안정화 등을 위해 정부는 퇴직연금 의무화 제도 시행을 고민 중이다.

지난해 임금체불액의 40%는 퇴직금이라는 사실에서 알 수 있듯이, 퇴직금 제도의 가장 큰 문제는 회사가 경영악화나 부도가 나는 경우 근로자가 퇴직금을 받지 못할 수 있다는 위험이 크다는 것이다. 또 퇴직금이라는 목돈을 손에 쥔 후 체계적인 계획을 세우지 않고 모두 소진하는 경우 노후 생계가 막막해질 수 있다. 퇴직연금 제도 의무화가 아직 확정된 것은 아니지만, 진행된다면 먼저 규모가 큰 사업장부터 순차적으로 도입이 이루어질 것으로 전망된다. 정부는 300인 이상 대기업을 시작으로 100~299인, 30~99인, 5~29인, 5인 미만 사업장까지 5단계 로드맵을 검토하고 있다. 중소기업의 부담을 고려해 제도 도입 속도를 조절한다는 것이다.

또한 현재는 주 15시간 이상, 근속 1년 이상인 근로자만 퇴직금을 받을 수 있지만 앞으로는 근속기간 요건을 3개월 이상으로 완화한다. 또 플랫폼 종사자나 배달라이더 등 특수고용직까지 퇴직연금 적용 범위 안으로 편입시켜 모든 근로자가 퇴직연금 혜택을 받을 수 있도록 하겠다는 구상이다.

또한 퇴직연금 수입은 이미 47조 원을 넘어섰고 2050년 전후로 누적 적립금이 국민연금을 앞지를 것이란 전망이 나온다. 이런 상황에서 지금과 같이 개별 금융사에만 의존해 관리하면 수익률 관리가 쉽지 않아 공적 기구의 필요성이 커지고 있다.

만약 몇 년 후 받을 퇴직금을 어떻게 쓰겠다는 구체적인 계획이 있던 이들이라면 계획을 수정해야 할 필요가 있다. 퇴직연금으로 받는 경우도 연금계좌를 해지해 목돈으로 수령할 수 있지만, 그동안 받은 세제 혜택을 모두 반납하고 기타소득세를 내야 하는 불이익이 따른다.

난이도 상 중 하

17 **주어진 글을 이해한 내용으로 적절하지 않은 것은?**

① 정부가 퇴직연금 제도를 모든 사업장에 의무화하는 방안을 도입할 예정이다.
② 계약서에 퇴직금을 지급하지 않는다는 조항이 있어도 퇴직금은 지급해야 한다.
③ 퇴직연금의 안정적 운용을 위한 공적 관리 기구 설립이 논의되고 있다.
④ 더 많은 근로자가 혜택을 받을 수 있도록 제도를 확대하는 방안에 대해서도 논의가 이뤄지고 있다.
⑤ 상시근로자 수 5인 미만 소규모 사업체라고 하더라도 퇴직금을 지급해야 한다.

난이도 상 중 하

18 **주어진 글을 바탕으로 할 때, 다음 [상황]에 회사에서 지급해야 할 퇴직금으로 옳은 것은?**(단, 2024년은 윤년, 2025년은 윤년이 아니며, 원 단위 미만은 반올림하여 계산한다.)

상황

안녕하세요. 저는 2024년 1월 1일에 입사했고 2025년 3월 31일까지 근무했습니다. 제 퇴직금이 얼마인지 궁금해서 문의합니다.

급여	340만 원
1일	8시간 근무
1주	5일 40시간 근무
1년 동안 지급받은 상여금	조부상 40만 원
전년도 연차유급휴가 미사용 수당	20만 원

① 3,927,451원　② 4,310,137원　③ 5,263,741원
④ 5,997,361원　⑤ 6,473,821원

[19~20] 다음 자료를 바탕으로 이어지는 질문에 답하시오.

다음 표는 A~E 5개 지역의 1년간 에너지 생산량과 타 지역으로의 이동 현황을 지수화하여 나타낸 것이다. 각 지역은 모두 에너지 생산 설비를 갖추고 있으며, 생산된 에너지의 100%를 지역 내 소비와 타 지역으로의 공급 두 가지 경우로만 소비한다. 특정 지역에서 생산된 에너지 총량의 70% 이상을 해당 지역 내에서 소비하면 그 지역은 에너지 독립 지역으로 간주한다.

에너지는 타 지역으로 한 번만 공급될 수 있으며, 생산 및 타 지역으로 공급된 에너지는 모두 해당 지역에서 1년 내에 소비된다.

각 지역의 에너지 독립 정도(EDR)는 다음과 같이 산출한다.

EDR(%)=해당 지역의 에너지 소비량÷해당 지역의 에너지 생산량×100

[표1] 지역별 연간 에너지 생산량

A지역	B지역	C지역	D지역	E지역
500	350	500	420	600

[표2] 지역별 에너지 공급 현황

공급＼수요	A지역	B지역	C지역	D지역	E지역
A지역	—	70	0	0	120
B지역	80	—	100	0	20
C지역	0	40	—	70	30
D지역	40	0	60	—	50
E지역	100	20	100	40	—

※ 예를 들어, A지역은 연간 500만큼의 에너지를 생산하여 이 중 70만큼의 에너지를 B지역으로 공급함

난이도 상 중 하

19 주어진 자료를 바탕으로 할 때, A~E 5개 지역 중 에너지 독립 지역의 개수로 옳은 것은?

① 0개 ② 1개 ③ 2개 ④ 3개 ⑤ 4개

난이도 상 중 하

20 주어진 자료에 대한 설명으로 옳은 것을 [보기]에서 모두 고른 것은?

보기

㉠ 에너지 공급량은 B지역이 가장 많다.
㉡ 에너지 수요량이 가장 많은 지역은 에너지 공급량이 가장 적다.
㉢ 해당 지역에서 생산된 에너지 총량보다 더 많은 에너지를 소비하는 지역은 2개 지역이다.
㉣ 에너지 생산량이 5개 지역 모두 10%씩 증가해도 에너지 독립 지역의 개수는 변하지 않는다.

① ㉠, ㉡ ② ㉡, ㉢ ③ ㉢, ㉣
④ ㉠, ㉡, ㉢ ⑤ ㉡, ㉢, ㉣

PART 2 영역별 문제풀이

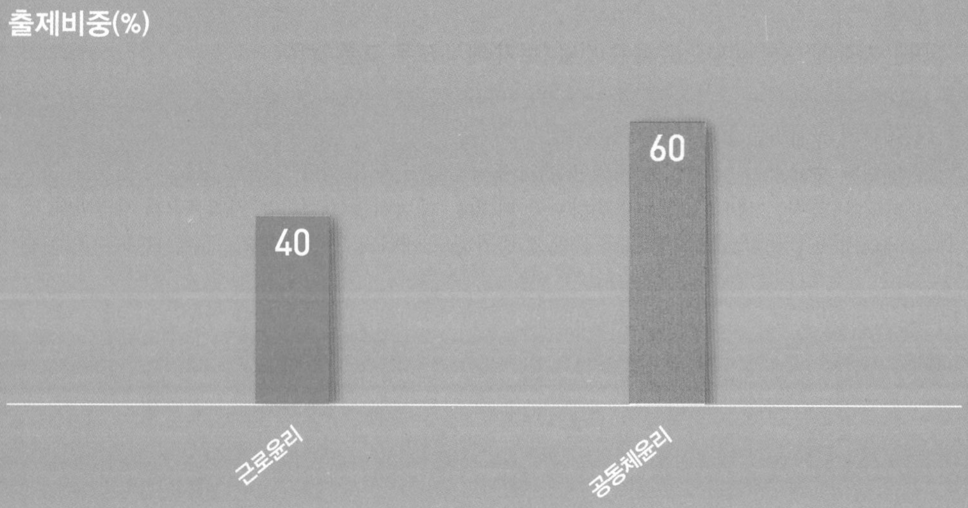

대표 출제 기업

피듈형	서울교통공사, 국민연금공단, 한전KDN, 한국남부발전, 한국서부발전, 한국산업인력공단, 한국마사회, 한국장애인고용공단
모듈형	대구교통공사, 수원시 공공기관 통합채용

CHAPTER 08

직업윤리

STEP 1 적중예상문제

STEP 01

적중예상문제

난이도 상 중 하

01 **개인은 다양한 직업 환경에서 자신의 직무를 수행할 때 공통적으로 준수해야 할 윤리원칙이 있다. [보기]에서 가장 강조하고 있는 윤리원칙으로 적절한 것은?**

보기

- 기업의 감사 또는 위원회는 감사 직무를 수행할 때 독립된 위치에서 투명하게 감사하여야 한다.
- 기업 회계사는 합리적으로 건실한 전문가로서의 분별력과 공평무사함을 바탕으로 업무에 임하여야 한다.
- 방송사는 방송의 기획, 편성 및 제작 등이 공정하고 투명하게 이루어지도록 노력하여야 한다.

① 객관성의 원칙
② 고객중심의 원칙
③ 전문성의 원칙
④ 정직과 신용의 원칙
⑤ 공정경쟁의 원칙

난이도 상 중 하

02 **다음 중 직업윤리의 의미에 대한 설명으로 적절하지 않은 것은?**

① 전문화된 분업체계로서의 직업생활에서 요구되는 덕목과 규범은 개인윤리와 동일하다.
② 직업윤리는 개인윤리의 연장선에 있다고 할 수 있다.
③ 모든 사람은 직업의 성격에 따라 각기 다른 직업윤리를 갖게 된다.
④ 직업에 종사하는 현대인으로서 누구나 공통적으로 지켜야 할 윤리 기준을 직업윤리라고 한다.
⑤ 직업적 활동이 개인적 차원에만 머무르지 않고 사회 전체의 질서와 안정에 중요한 역할을 수행하기 때문에 직업윤리가 강조된다.

난이도 상 중 하

03 다음 글을 바탕으로 할 때, '윤리규범'이 형성되는 조건에 대한 설명으로 옳은 것은?

> 주관적 규범은 인간의 내부에서 나의 의지와는 상관없이 명하는 것으로서 인간이 마땅히 따라야 할 법이다. 우리는 이것을 양심(良心)이라 한다. 이 양심의 기준은 '행선피악(行善避惡)', 즉 '선을 행하고 악을 피하라'이다. 자신이 어떤 행동을 하고자 할 때 양심은 항상 선을 택하고 악을 피하도록 알려준다. 따라서 인간의 양심은 주관적 규범의 기준이 된다. 양심은 내심에서 무엇이 선인지 악인지를 가르쳐 주는 '실천이성'의 판단 기준이라고 할 수 있다. 양심은 본래 선천적인 것이며 인간 자신의 참 모습을 찾고 참된 가치를 실현하고 자기완성을 향해 나아가는 마음의 빛의 역할을 한다.

① 주관적 규범이 객관적 규범과 일치할 때 올바른 윤리규범이 형성된다.
② 윤리규범은 어느 시대에나 변하지 않는 진리로 존재한다.
③ 윤리적 행위에서는 사회 공동생활의 규칙이나 룰보다 주관적 규범을 더 우선한다.
④ 인간의 양심이 올바르게 형성되기 위해서는 객관적 규범이 주관적 규범보다 더 우선시되어야 한다.
⑤ 윤리규범은 타인과의 관계를 고려하지 않은, 모든 인간의 내면에 존재하는 가치이다.

난이도 상 중 하

04 다음 중 직장에서의 예절로 가장 적절한 것은?

① 급한 일이라도 업무가 종료되기 5~10분 전에는 전화하지 않는다.
② 상대방이 회신을 기다리지 않게 하기 위해서 메일은 자동답신을 해 놓는다.
③ 상대방이 기다리지 않게 하기 위해서 전화 벨소리가 울리면 한 번에 재빨리 받는다.
④ 명함을 주고받을 때 훼손되는 것을 방지하기 위하여 받은 명함은 바로 정리해 넣어 둔다.
⑤ 첫 인사 시 직장 내에서 서열과 나이를 고려하여 연장자를 어린 사람에게 우선적으로 소개한다.

난이도 상 중 하

05 다음은 국민권익위원회에서 규정한 공무원 행동강령의 일부이다. [보기]의 행위 중 주어진 규정을 적용할 수 있는 위반 사례를 모두 고른 것은?

제14조(금품 등 수수(授受) 행위의 제한) ① 공무원은 직무관련자로부터 금전, 부동산, 선물 또는 향응(이하 "금품 등"이라 한다)을 받아서는 아니 된다. 다만, 다음 각 호의 어느 하나에 해당하는 경우에는 그러하지 아니하다.

1. 채무의 이행 등 정당한 권원에 의하여 제공되는 금품 등
2. 통상적인 관례의 범위에서 제공되는 음식물 또는 편의
3. 직무와 관련된 공식적인 행사에서 주최자가 참석자에게 일률적으로 제공하는 교통·숙박 또는 음식물
4. 질병·재난 등으로 어려운 처지에 있는 공무원을 돕기 위하여 공개적으로 제공되는 금품 등
5. 그 밖에 원활한 직무수행 등을 위하여 중앙행정기관의 장 등이 허용하는 범위에서 제공되는 금품 등

② 공무원은 직무관련공무원으로부터 금품 등을 받아서는 아니 된다. 다만, 다음 각 호의 어느 하나에 해당하는 경우에는 그러하지 아니하다.

1. 제1항 각 호의 어느 하나에 해당하는 경우
2. 통상적인 관례의 범위에서 제공되는 소액의 선물
3. 직원 상조회 등에서 공개적으로 제공되는 금품 등
4. 상급자가 하급자에게 위로, 격려, 포상 등 사기를 높일 목적으로 제공하는 금품 등

③ 공무원은 직무관련자였던 자나 직무관련공무원이었던 사람으로부터 당시의 직무와 관련하여 금품 등을 받아서는 아니 된다. 다만, 제1항 각 호와 제2항 각 호의 어느 하나에 해당하는 경우는 제외한다.

④ 공무원은 배우자나 직계 존속·비속이 제1항부터 제3항까지의 규정에 따라 수령이 금지되는 금품 등을 받지 아니하도록 하여야 한다.

보기

㉠ 공공 조합의 예산기획부에 소속된 공무원 A와 B는 본부 임직원만 참석할 수 있는 체육 행사를 추진하면서 소속 기관장들로부터 행사 찬조금 명목으로 10~20만 원 상당의 현금과 양주 등의 물품을 제공받았다.

㉡ 스승의 날을 맞아 국립 ○○초등학교에 재학 중인 아이의 학부모가 담임 교사를 찾아가 케이크 1개와 함께 백화점 상품권 10만 원권 2매를 감사의 뜻으로 전달하였고, C교사는 거절하는 듯한 태도를 취하다가 결국 이를 받았다.

㉢ 공무원 D는 하절기 방역 작업에 사용하다 남은 작업용 휘발유를 방역 요원으로 하여금 20리터 통에 가득 담아 가져오게 한 후 자신의 차량에 주유하였다.

㉣ 모 기관의 공무원 E는 체육대회 시 필요한 경품에 대하여 관내 금융기관에게 협찬을 강요하여 가전제품 등 1천여만 원어치의 물품을 받아 직원들에게 경품으로 나눠주었다.

① ㉠, ㉣ ② ㉢, ㉣ ③ ㉠, ㉡, ㉢
④ ㉠, ㉡, ㉣ ⑤ ㉡, ㉢, ㉣

난이도 상 중 하

06 다음 글을 참고하여 직업윤리의 덕목과 그 사례를 연결한 것으로 적절하지 않은 것은?

> 특정 직업을 선택하는 것도 중요하지만 어떠한 의식과 태도를 가지고 자신의 직업에 최선을 다하느냐가 개인이 삶의 질을 결정하는 데 매우 큰 영향을 미친다. 1912년, 영국의 초호화 유람선 타이타닉호가 침몰한 이야기는 지금까지도 많은 사람들에게 기억되고 있다. 특히 타이타닉호와 관련된 여러 인물 중 선장이었던 에드워드 존 스미스의 대처 행동은 직업윤리의 올바른 모습을 잘 보여준다. 스미스 선장은 배가 침몰할 위기에 처하자, 어린이와 여성을 먼저 구출할 것을 승무원들에게 지시했고, 마지막 순간까지 키를 놓지 않고 배와 운명을 같이했다. 그 결과 타이타닉호 침몰 시 어린이와 여성을 구조한 비율은 78%로 남성의 구조율 20%보다 훨씬 높았다. 스미스 선장이 자신의 목숨을 잃어가면서 책임을 다한 것은 명성, 신분, 직위에 걸맞은 행동을 해야 한다는 노블레스 오블리주의 도덕의식과 직업윤리 의식을 잘 보여주는 사례이다.
>
> 이 일화는 상황판단을 할 수 있는 충분한 시간이 주어지지 않았음에도 불구하고 선장이라는 자신의 직분에 대한 '소명의식', 자신을 희생하고 남을 먼저 생각하는 '봉사정신', 마지막까지 배의 키를 놓지 않은 '책임의식'까지 보여주어 직업윤리를 잘 발휘한 사례로 볼 수 있다.
>
> 인간은 직업을 통해 행복한 삶을 영위할 기본 토대를 마련하며, 직업은 생계유지를 위한 경제적 수단일 뿐 아니라 자아실현과 사회적 역할에도 기여한다. 또한 사회와 국가의 유지 및 발전, 필요한 자원과 기능을 제공하기에 직업의 유기적인 구조가 원활하게 작동할 때 사회와 국가도 건전하게 유지되고 발전할 수 있다. 최근 제4차 산업혁명에 따른 실업, 정부의 R&D 투자 확대, 초고령 사회 진입 등은 우리를 둘러싼 직업 환경에도 큰 영향을 미치고 있으며 이러한 시대적 흐름에 따라 직업은 빠른 속도로 변화할 것이다.
>
> 이러한 변화 속에서 사회적 직분을 원활하게 수행하려면 능력뿐만 아니라 직업인으로서 직업윤리를 올바르게 실천해야 한다. 직업윤리는 직업인에게 요구하는 직업적 양심, 사회적 규범과 관련된 것으로, 크게 소명의식과 천직의식, 직분의식과 봉사의식, 책임의식과 전문가 의식으로 나눌 수 있다.

① 천직의식: 한 교사가 학생 개개인의 학습 수준에 맞춘 맞춤형 수업을 위해 끊임없이 연구하고, 성실하게 수업을 진행하며, 방과 후에도 학생 상담을 자발적으로 진행한다.

② 책임의식: 은행 직원이 고객의 금융 거래를 처리할 때, "내가 처리하는 일 하나가 회사 신뢰와 고객 재산을 지키는 중요한 역할"이라 여기며 정확하게 업무를 수행한다.

③ 전문가 의식: 건축사가 고객의 건물을 설계하면서 구조 안전, 환경 규제, 최신 건축 기술 등을 철저히 검토하고 설계안을 제출한다.

④ 봉사의식: 공무원이 복지 사각지대에 놓인 이웃을 위해 추가 업무를 수행하고, 주민에게 필요한 지원을 직접 연결해 주며 공동체에 기여한다.

⑤ 소명의식: 한 간호사가 새벽 근무 중 응급실로 위급한 환자가 들어오자, "내가 맡은 일은 생명을 지키는 것"이라며 긴급 수술 준비를 주도한다.

난이도 상 중 하

07 **다음 중 고객접점서비스(MOT, Moment of Truth)에 대한 설명으로 옳지 않은 것은?**

① 전체 만족도는 서비스 개별 만족도의 합으로 산정된다.
② 15초 동안의 짧은 순간에 고객과 서비스 요원 사이에 이루어지는 서비스이다.
③ 종업원의 용모와 복장으로 서비스의 첫인상이 결정된다.
④ 요원에게 강화된 서비스 교육을 실시함과 동시에 서비스 제공 권한을 부여해야 한다.
⑤ 서비스 전달 시스템을 갖춰 신속하게 서비스가 제공될 수 있도록 노력하는 것도 포함된다.

난이도 상 중 하

08 **다음 (가)와 (나)의 사례에서 알 수 있는 근로윤리의 덕목이 바르게 짝지어진 것은?**

(가) A씨는 급한 상황으로 인해 택시에서 하차할 때 가방을 두고 내렸다. 돈을 잃어버리는 것은 어쩔 수 없다고 해도 가방 안에 있던 중요 서류는 반드시 찾아야 하는 상황이라 매우 난감해하고 있었다. 하지만 다행히도 택시기사는 가방 안에 든 A씨의 연락처를 확인하고, A씨에게 연락하여 가방을 그대로 전해 주었다.

(나) B씨는 단기간에 많은 부를 축적할 수 있는 일보다 시간이 오래 걸리더라도 자신이 하고자 하는 일을 찾아 묵묵히 수행하는 길을 택했다. 스스로 선택한 일에 최선을 다한 결과 B씨는 남들보다 오랜 시간이 걸렸지만, 자신의 분야에서 몇 안 되는 '명인(名人)'의 반열에 오르게 되었다.

	(가)	(나)
①	정직	성실
②	근면	인내
③	준법	성실
④	준법	근면
⑤	봉사	성실

난이도 상 중 하

09 다음 (가), (나)를 통해 알 수 있는 '윤리적 가치'에 대한 설명으로 가장 적절한 것은?

> (가) 농업 기반의 사회에서 근면은 미덕이었다. 남보다 부지런하면 일을 잘하는 것으로 여겼고, 남들이 일할 때 가만히 있으면 그 자체를 악덕으로 보았다. 이러한 '농업적 근면성'이 우리의 일상생활과 일을 지배해 온 것이다. 현대 사회는 일하는 양보다 일의 질이 중요하다. '농업적 근면성'에서 비롯한 양 중심 사고는 지식사회 적응에 발목을 잡을 수도 있다.
>
> (나) 유교의 전통적 가치는 우리 사회에 덕행을 실천할 수 있는 규범적 틀을 마련했다는 점에서 긍정적 영향을 지니고 있다. 하지만 관계에 기초한 가치를 강조함에 따라 가족주의와 연고주의, 집단주의의 배타적 이익 추구 행태, 더 나아가 부정부패와 비리 행위로까지 연결되기도 한다. 관계 지향적인 유교의 전통 가치는 근본적으로 사적 윤리이다. 그렇기에 친밀 관계에 있는 사람의 위법이나 부정을 용인 또는 묵인하는 행위를 부도덕하다고 인식하지 않으며, 이에 대한 죄책감을 둔화시킨다. 이렇게 유교의 전통적 가치는 '정직'이라는 규범적 의미를 이해하는 행위와 '정직 행동'을 선택하는 행위 사이에서 괴리를 발생하게 하는 요소로 작용할 수 있다.

① 과거의 윤리적 가치보다 현재의 새로운 가치가 더욱 중요하다.
② 새로운 윤리적 가치는 항상 과거의 가치에 반하는 모습으로 변모한다.
③ 사회가 발전하고 합리화되어 갈수록 윤리적 가치는 개인주의적 성향을 갖게 된다.
④ 자발적인 근면과 책임의식을 수반한 정직은 과거 우리 사회에서는 찾아볼 수 없던 것이었다.
⑤ 윤리적 가치는 만고불변의 진리가 아니라 시대와 사회 상황에 따라 조금씩 다르게 변화된다.

난이도 상 중 하

10 다음 [대화]에서 직원의 상사가 직원에게 할 피드백으로 가장 적절한 것은?

대화
고객: "안녕하세요. 제가 지난달에 산 노트북의 화면이 자꾸 자동으로 어두워져서 너무 불편해요. 확인 좀 해 주시겠어요?"
직원: "고객님, 노트북 사실 때 제대로 확인 안 하셨어요? 대부분 그런 문제는 사용자가 잘못해서 생기는 경우예요. 특별한 문제는 아닙니다."
고객: "저는 설명서대로 사용했는데 계속 화면이 어두워져서 업무에도 지장이 있어요."
직원: "(친절하게) 음… 뭐 이상한 프로그램을 노트북에 다운로드하신 것은 아닌가요? 그게 아니면 사용하실 때마다 조금 어둡게 쓰시면 될 듯한데요. 그리고 화면 밝기를 낮추는 게 피부에도 좋고 눈 건강에도 좋습니다."
고객: "(불쾌하게) 지금 제 말을 제대로 듣고 계신 건가요? 계속 화면이 어두워져서 불편하다고 말씀드리는 건데요."
직원: "(말을 끊으며) 영수증은 있으세요? 여기서 사신 건 맞나요?"
고객: "영수증을 제가 잃어버렸어요. 그렇지만 지난달 18일에 이 카드로 결제했으니까 카드번호를 조회하면 기록을 찾으실 수 있을 거예요."
직원: "(한숨 쉬며) 제가 고객님 카드 결제 기록까지 찾아야 하나요? 영수증도 없고, 한달이나 지났으면 어차피 무상수리 대상도 아니고 환불 대상도 아니에요. 그러니까 그냥 쓰시거나, 사설 업체에 가서 고치시는 게 나을 거예요."
고객: "(화를 내며) 이런 식으로 대응하실 거면 매니저부터 불러 주세요. 다시는 여기서 안 삽니다!"

① 정직, 예의 그리고 존중은 고객을 응대하는 가장 기본적인 자세입니다.
② 불만 고객에게는 고객 응대 매뉴얼에 근거하여 공정하고 친절하게 응대해야 합니다.
③ 고객을 응대할 때 신뢰감 있는 말투로 진심을 다해 고객에게 응대하는 것이 필요합니다.
④ 고객의 요구사항을 잘 해결할 수 있는 전문성을 갖추고 봉사정신에 근거한 태도를 보여야 합니다.
⑤ 다른 무엇보다도 서비스 정신에 입각하여 고객을 대할 때 고객 만족을 통해 재구매로 이어질 수 있습니다.

난이도 상 중 하

11 다음 [대화]의 밑줄 친 ㉠~㉤과 직업윤리 중 SERVICE의 7가지 의미를 연결한 것으로 적절하지 않은 것은?

| 대화 |

고객: "안녕하세요. 신규 통장을 만들고 싶은데요. 그리고 기존 계좌에 대해서도 몇 가지 확인하고 싶습니다."

직원: "안녕하세요, ○○은행 고객센터 김△△입니다. 방문해 주셔서 감사합니다. 오늘 모두 도와드리겠습니다."

고객: "네, 먼저 신규 통장을 만들고 싶습니다."

직원: "(미소 지으며) ㉠ 알겠습니다. 고객님께 맞는 통장을 빠르게 안내해 드릴게요. 간단히 몇 가지 정보를 여쭤봐도 될까요?"

고객: "네, 괜찮습니다."

직원: "㉡ 고객님, 신규 통장을 선택하시면서 궁금하신 점이나 특별한 요구 사항 있으신가요?"

고객: "네, 모바일 뱅킹이 가능하고 할인 혜택이 많은 통장이 좋을 것 같습니다."

직원 : "㉢ 그럼 저희 은행의 □□통장이 모바일 뱅킹에 최적화되어 있습니다. 또한 함께 제공되는 체크카드는 고객님께 가장 많은 할인 혜택을 제공합니다."

고객: "좋아요. 그럼 그 통장으로 할게요."

직원: "㉣ 감사합니다, 고객님. 양식을 작성하시는 동안 제가 안내해 드리겠습니다. 그리고 기존 계좌 관련 문의도 확인해 드릴게요."

고객: "기존 계좌의 최근 거래 내역도 알고 싶습니다."

직원: "㉤ 네, 고객님 계좌 정보를 확인해 보니 최근 입출금 내역과 이체 기록을 모두 정리해 드릴 수 있습니다. 출력물로 드릴까요, 아니면 이메일로 받으시겠습니까?"

고객: "이메일로 받을게요."

직원: "알겠습니다. 고객님 이메일로 보내드리겠습니다. 오늘 방문해 주셔서 감사합니다. 즐거운 하루 되세요!"

① ㉠ – S　　② ㉡ – C　　③ ㉢ – V
④ ㉣ – R　　⑤ ㉤ – E

난이도 상 중 하

12 **다음 글에서 설명하는 공동체윤리가 적용된 사례로 적절하지 않은 것은?**

> 이 윤리 덕목은 '모든 결과는 나의 선택으로 말미암아 일어난 것'이라는 식의 태도를 말한다. 이는 피해를 입고 있다는 생각을 지니는 것과 같이 어떤 일에 대해서 선택할 수 있는 태도 중의 하나이다. 누구의 잘못이든지 상관없이 어떤 상황에 있어서 나는 주체이다. 이러한 태도는 일에 대해서 누구의 잘못을 들먹이거나 비난하면서 쓰게 될 에너지를 다른 일을 위해 저축할 수 있다.

① 본인이 선택한 일이니 누구의 탓도 하지 않으려 하는 이 과장
② 부서장의 지시가 없어도 주말에 출근하여 다음 주 있을 행사 일정을 점검하는 김 대리
③ 실적 부진의 원인을 찾다가 결국 스스로의 추진력과 영업력 부재를 과감히 인정한 유 부장
④ 하루도 거르지 않고 출근시간 한 시간 전에 나와 운동을 하고 상쾌하게 업무에 임하는 최 과장
⑤ 거래처와의 중요한 상담을 앞둔 상황이라 아내의 출산 소식에도 끝까지 업무를 수행한 오 대리

난이도 상 중 하

13 **다음 중 소개예절에 대한 설명으로 옳지 않은 것은?**

① 성과 이름을 함께 말한다.
② 동료나 임원을 고객이나 손님에게 소개한다.
③ 정부 고관의 직급명은 퇴직한 경우에도 사용한다.
④ 타 회사 관계자를 내가 속해 있는 회사의 관계자에게 소개한다.
⑤ 상대방이 항상 사용하는 경우라면 Dr. 또는 Ph.D. 등의 칭호를 함께 언급한다.

난이도 상 중 하

14 **기업의 사회적 책임(Corporate Social Responsibility, CSR)을 실천하는 사례로 적절한 것을 [보기]에서 모두 고른 것은?**

보기

㉠ 등반가들에게 자사의 로고가 부착된 점퍼를 무상 제공하여 홍보 및 매출 상승효과를 함께 거둔 A기업
㉡ 불우이웃에게 연료를 제공하기 위하여 금일봉을 쾌척한 B기업
㉢ 많은 학생들에게 장학금이 지원되도록 사내 기부금 책정 금액을 늘린 C기업
㉣ 멸종 위기에 처한 동물을 보호하기 위하여 동물 가죽 의류 사용을 지양하는 캠페인을 벌인 D기업

① ㉠, ㉡
② ㉠, ㉣
③ ㉢, ㉣
④ ㉠, ㉡, ㉢
⑤ ㉡, ㉢, ㉣

난이도 상 중 하

15 **다음 중 '직장 내 괴롭힘'에 해당하는 사례가 <u>아닌</u> 것은?**

① 신입사원 A씨는 업무상 특별히 긴급하지도 않은 일을 매우 바쁜 기간에 억지로 떠맡게 되어, 부득이 주말에 회사에 나와 잔업을 할 수밖에 없게 되었다.
② 부서의 막내인 B씨는 매번 막내라는 이유로 회식 자리에 필수 참석하여 팀장으로부터 술을 마시도록 강요받았다.
③ C대리는 팀장으로부터 출근 전에 개인 차량을 대신 서비스센터에 맡기고 와 달라는 강압적인 지시를 받게 되었다.
④ 새로운 업무를 담당하게 된 D대리는 팀장으로부터 현재 하고 있는 업무 프로세스가 비효율적인 것 같으니 남들처럼 효율적으로 업무를 할 수 있는 방법을 강구해 보라는 메시지를 받게 되어 수치스러움을 느꼈다.
⑤ 홍보팀 E대리는 프로젝트를 수행하는 과정에서 팀원들이 고의로 회의 날짜를 알려주지 않아서 중요 회의에 참석하지 못해 업무적으로 곤란한 상황에 처하였다.

난이도 상 중 하

16 **다음은 '직장 내 성희롱'에 관한 규정 중 일부를 발췌한 것이다. 이를 바탕으로 할 때, 직장 내 성희롱 문제에 관한 사업주의 의무에 해당하지 <u>않는</u> 것은?**

> 제13조(직장 내 성희롱 예방 교육 등) ① 사업주는 직장 내 성희롱을 예방하고 근로자가 안전한 근로환경에서 일할 수 있는 여건을 조성하기 위하여 직장 내 성희롱의 예방을 위한 교육을 매년 실시하여야 한다.
> ② 사업주 및 근로자는 제1항에 따른 성희롱 예방 교육을 받아야 한다.
> ③ 사업주는 성희롱 예방 교육의 내용을 근로자가 자유롭게 열람할 수 있는 장소에 항상 게시하거나 갖추어 두어 근로자에게 널리 알려야 한다.
> ④ 사업주는 고용노동부령으로 정하는 기준에 따라 직장 내 성희롱 예방 및 금지를 위한 조치를 하여야 한다.
> ⑤ 제1항 및 제2항에 따른 성희롱 예방 교육의 내용, 방법 및 횟수 등에 관하여 필요한 사항은 대통령령으로 정한다.
> 제14조(직장 내 성희롱 발생 시 조치) ① 누구든지 직장 내 성희롱 발생 사실을 알게 된 경우 그 사실을 해당 사업주에게 신고할 수 있다.
> ② 사업주는 제1항에 따른 신고를 받거나 직장 내 성희롱 발생 사실을 알게 된 경우에는 지체 없이 그 사실 확인을 위한 조사를 하여야 한다.
> ③ 사업주는 제2항에 따른 조사 기간 동안 피해근로자 등을 보호하기 위하여 필요한 경우 해당 피해근로자 등에 대하여 근무 장소의 변경, 유급휴가 명령 등 적절한 조치를 하여야 한다. 이 경우 사업주는 피해근로자 등의 의사에 반하는 조치를 하여서는 아니 된다.
> ④ 사업주는 제2항에 따른 조사 결과 직장 내 성희롱 발생 사실이 확인된 때에는 피해근로자가 요청하면 근무 장소의 변경, 배치 전환, 유급휴가 명령 등 적절한 조치를 하여야 한다.
> ⑤ 사업주는 제2항에 따른 조사 결과 직장 내 성희롱 발생 사실이 확인된 때에는 지체 없이 직장 내 성희롱 행위를 한 사람에 대하여 징계, 근무 장소의 변경 등 필요한 조치를 하여야 한다. 이 경우 사업주는 징계 등의 조치를 하기 전에 그 조치에 대하여 직장 내 성희롱 피해를 입은 근로자의 의견을 들어야 한다.
> ⑥ 사업주는 성희롱 발생 사실을 신고한 근로자 및 피해근로자 등에게 불리한 처우를 하여서는 아니 된다.
> ⑦ 제2항에 따라 직장 내 성희롱 발생 사실을 조사한 사람, 조사 내용을 보고받은 사람 또는 그 밖에 조사 과정에 참여한 사람은 해당 조사 과정에서 알게 된 비밀을 피해근로자 등의 의사에 반하여 다른 사람에게 누설하여서는 아니 된다. 다만, 조사와 관련된 내용을 사업주에게 보고하거나 관계 기관의 요청에 따라 필요한 정보를 제공하는 경우는 제외한다.

① 성희롱 예방 교육 실시 및 이수의 의무
② 성희롱 피해근로자에 대한 불리한 처우 금지의 의무
③ 성희롱 가해자 징계 전 피해자 의견 청취의 의무
④ 성희롱 예방 교육 내용 및 방법상 필요 사항 선정의 의무
⑤ 성희롱 피해자 의사에 따른 개선된 근무 여건 제공의 의무

[17~18] 다음 글을 읽고 이어지는 질문에 답하시오.

어려서부터 아버지를 따라 화초 가꾸는 일에 재능을 보이던 A는 원예에 취미를 갖고 있다. A는 온 집안에 각양각색의 화초를 키우며, 계절별로 대표적인 화초를 선정해 동호회 모임에 나가 소개하기도 한다.

B는 유명 커피 전문점에서 바리스타 일을 한다. 브라질에서 학창 시절을 보낸 B는 커피 맛에 관한 한 타의 추종을 불허할 정도로 감별력이 뛰어나며, 커피 제조 기술 관련 서적도 출간한 바 있다. ㉠ B는 자신의 일이 아무나 할 수 있는 것이 아니라고 여기며, 스스로의 능력에 큰 자부심을 갖고 있다.

얼마 전 동네 편의점에서 아르바이트를 시작하게 된 C는 졸업 후 오랜 기간 취업문을 두드렸지만, 자신을 고용해 주는 곳이 없어 사회에 불만이 많다. 하지만 편의점 아르바이트 일을 시작하면서 사회에 대한 인식이 바뀌게 되었다. 언제까지 계속할 수 있을지 알 순 없지만, 일정한 수입을 올릴 수 있는 아르바이트 일을 열심히 해 보고자 한다.

중년의 나이로 다니던 직장을 그만둔 D는 어느 기업체 대표의 출퇴근 차량 운전기사 일을 한다. 직장에서 귀빈을 태우고 이리저리 운전을 한 경험이 많아 운전기사 일이 어렵진 않다. D의 운전이 마음에 든 기업체 대표는 D가 스스로 그만두지 않는 한 끝까지 D를 운전기사로 두겠다고 약속해 주었지만, 생각했던 것보다 보수가 적어 고민하고 있다.

난이도 상 중 하

17 A~D 네 명의 인물 중 직업인이라고 할 수 있는 사람을 모두 고른 것은?

① A, B ② B, C ③ B, D
④ C, D ⑤ A, B, D

난이도 상 중 하

18 다음 중 밑줄 친 ㉠을 의미하는 직업윤리 덕목으로 적절한 것은?

① 소명의식 ② 천직의식 ③ 직분의식
④ 책임의식 ⑤ 전문가의식

[19~20] 다음은 전화응대 매뉴얼에 관한 내용이다. 이를 바탕으로 이어지는 질문에 답하시오.

전화 받기	• 벨소리가 3회 이상 울리기 전에 받으며, 늦게 받았을 경우 적절한 사과하기 • 소속과 이름 밝히기 • 상대방 확인과 용건 묻기 • 대화 내용을 재확인하고 필요사항은 반드시 메모해 두기 • 상대방이 먼저 끊는 것 확인 후 통화 완료하기
담당 부서를 잘못 찾은 전화 받기	• 친절함 유지하기 • 전화를 잘못 걸었음을 정중하게 안내하기 • 올바른 부서의 담당자와 연락처 안내하기 → 통화 대기 후 자동 연결 시에도 반드시 안내하기
전화 걸기	• 이름과 소속을 밝히고 통화가 가능한 상황인지 먼저 문의하기 • 담당자 부재중일 경우 복귀시간을 문의하고 메모 요청하기 • 간결하고 명확하게 의사 전달하기
민원 전화 응대하기	• 민원인의 입장에서 통화하기 • 항의에 정중히 사과하고 어떠한 경우에도 민원인에 화내지 않기 • 민원인의 요구사항을 파악하여 긍정적인 해결방법 제시하기 • 본인의 권한 이외의 사항일 경우 책임자와 상의 후 회신 약속하기 • 이름과 소속 밝히기

난이도 상 중 하

19 주어진 전화응대 매뉴얼에 따른 응대법으로 적절하지 않은 것은?

① "제가 전화 연결해 드리겠습니다. 상담원 ○○○였습니다."
② "홍보팀 박 과장님이시죠? 상담실 ○○○인데요, 지금 통화 가능하신가요?"
③ "안녕하십니까, 고객님? 고객지원팀 상담원 ○○○입니다. 무슨 일을 도와드릴까요?"
④ "죄송합니다만 제가 답을 드릴 수 없는 사항입니다. 책임자와 상의 후 다시 전화를 드려도 될까요?"
⑤ "안녕하세요? 홍보팀 ○○○입니다. 영업팀 박 과장님 자리에 계신가요? 몇 시에 복귀하시나요? 중요한 전달 건이 있는데 메모 하나 부탁드립니다."

난이도 상 중 하

20 **가전제품을 생산하는 L사는 주어진 전화응대 매뉴얼을 매장 직원들에게 배포하고 숙지할 것을 지시하였다. 다음 중 [보기]와 같은 고객 문의사항에 대한 응대로 적절한 것은?**

> 보기
>
> "이 브랜드가 좋다고 해서 김치냉장고를 하나 구입하려고 하는데요. 크기와 색상이 저희 집하고는 너무 안 맞네요. 좀 작고 화사한 색상의 제품은 왜 없는 거죠?"

① "저희 제품에 관심을 가져 주셔서 감사합니다. 원래 김치냉장고는 화사한 색상으로 생산하지 않습니다."

② "크기는 모두 정해진 사이즈대로 생산되는 겁니다. 고객님이 원하시는 크기는 아마 타사에도 없을 겁니다."

③ "전화 주셔서 감사합니다. 원하시는 크기와 색상을 알려주시겠습니까? 제품개발팀에 전달해서 다음 시즌 개발 시에는 고객님 의견이 반영될 수 있도록 도와드리겠습니다."

④ "아유 고객님, 김치냉장고를 누가 색상 보고 구입하시나요? 다른 고객님들 모두 저희 제품 색상에 아주 만족해 하고 계세요."

⑤ "고객님 의견 전달해 주셔서 감사합니다. 1인 가구가 늘어나고 있어 작은 사이즈의 김치냉장고를 문의주신 것 같은데요, 냉장고는 클수록 생활이 더욱 편리해집니다."

PART 2 영역별 문제풀이

출제비중(%)

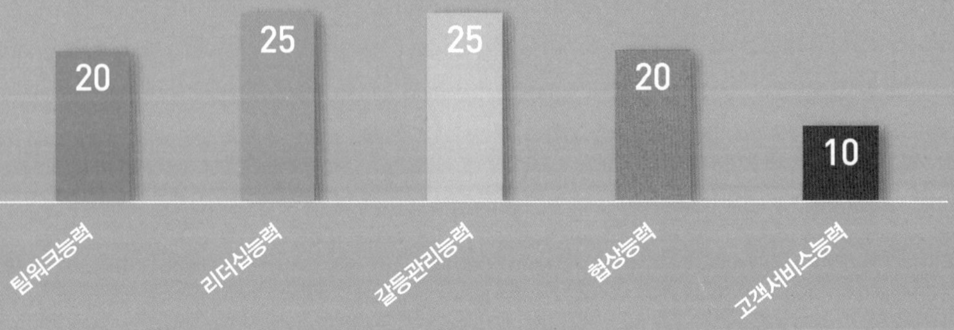

대표 출제 기업

피듈형	서울교통공사, 한전KDN, 공무원연금공단, 한국장애인고용공단
모듈형	대구교통공사, 대전광역시 공공기관 통합채용

CHAPTER 09

대인관계능력

STEP 1 적중예상문제

STEP 01

적중예상문제

난이도 상 중 하

01 **대인관계능력이란 직업생활에서 협조적인 관계를 유지하고, 조직구성원들에게 도움을 줄 수 있으며, 조직 내부 및 외부의 갈등을 원만히 해결하고 고객의 요구를 충족시켜 줄 수 있는 능력을 말한다. 대인관계능력은 일반적으로 두 가지 차원에 따라 8가지 유형으로 구분하는데, 다음은 그 특징과 보완점을 정리한 표이다. ㉠~㉤에서 설명하는 유형을 바르게 연결한 것은?**

구분	특징	보완점
㉠	• 이해관계에 예민하고 치밀하며 성취 지향적임 • 자기중심적이고 경쟁적이며 자신의 이익을 우선적으로 생각하기 때문에 타인에 대한 관심과 배려가 부족함 • 타인을 신뢰하지 못하고 불공평한 대우에 예민하며 자신에게 피해를 입힌 사람에게는 보복하는 경향성 보임	• 타인의 이익을 배려하는 노력이 필요 • 타인과의 신뢰를 형성하는 일에 깊은 관심을 갖는 것이 바람직함
㉡	• 수동적이고 의존적이며 타인의 의견을 잘 따르고 주어진 일을 순종적으로 잘함 • 자신감이 없고 타인의 주목을 받는 일을 피함 • 자신이 원하는 바를 타인에게 잘 전달하지 못함 • 어떤 일에 대한 자신의 의견과 태도를 확고하게 지니지 못하며 상급자의 위치에서 일하는 것을 매우 부담스러워함	• 자기표현, 자기주장이 필요함 • 대인관계에서 독립성을 키우는 것이 바람직함
㉢	• 외향적이고 쾌활하며 타인과 함께 대화하기를 좋아하고 타인으로부터 인정받고자 하는 욕구가 강함 • 혼자서 시간 보내는 것을 어려워하며 타인의 활동에 관심이 많아 간섭하며 나서는 경향이 있음 • 흥분을 잘하고 충동적인 성향이 있으며 타인의 시선을 끄는 행동을 많이 하거나 자신의 개인적인 일을 타인에게 너무 많이 이야기하는 경향이 있음	타인에 대한 관심보다 혼자만의 내면적 생활에 좀 더 깊은 관심을 가지고 타인으로부터 인정받으려는 자신의 욕구에 대해 숙고해 볼 필요가 있음
㉣	• 대인관계에 자신이 있으며 자기주장이 강하고 타인에 대해 주도권을 행사하려 함 • 지도력과 추진력이 있어서 집단적인 일을 잘 지휘함 • 강압적이고 독단적, 논쟁적이어서 타인과 잦은 마찰을 빚음 • 윗사람의 지시에 순종적이지 못하고 거만하게 보일 수 있음	• 타인의 의견을 잘 경청하고 수용하는 자세를 기를 것 • 타인에 대한 자신의 지배적 욕구를 깊이 살펴보는 시간이 필요함
㉤	• 단순하고 솔직하며 대인관계에서 너그럽고 겸손한 경향 • 타인에게 잘 설득당해 주관 없이 너무 끌려다닐 수 있으며 잘 속거나 이용당할 가능성 높음 • 원치 않는 타인의 의견에 반대하지 못하고 화가 나도 타인에게 알리기 어려움	• 타인의 의도를 좀 더 깊게 들여다보고 행동하는 신중함이 필요함 • 자신의 의견을 표현하고 주장하는 노력을 해야 함

① ㉠: 친화형　② ㉡: 사교형　③ ㉢: 지배형
④ ㉣: 실리형　⑤ ㉤: 순박형

난이도 상 중 하

02 다음 중 직원 A와 B의 성격을 보완할 수 있는 방법으로 바르게 짝지어진 것은?

팀장은 연말 인사평가서를 다음과 같이 작성하여 인사팀에 제출하고자 한다.

구분	담당 업무	평소 성격
직원 A	원자재 구매영업	단순하고 솔직하며 겸손한 경향이 있음. 하지만 타인에게 잘 설득당하고 주관 없이 타인에게 너무 끌려 다닐 수 있으며 잘 속거나 이용당할 가능성이 높음
직원 B	계약서 검토	따뜻하고 인정이 많으며 타인을 잘 배려하여 도와주고 자기희생적인 태도를 취함. 타인을 즐겁게 해주려고 지나치게 노력하며 타인의 고통과 불행을 보면 도와주려고 과도하게 나서는 경향이 있음

	직원 A	직원 B
①	자신의 의견 표출 노력 필요	타인의 이익만큼 나의 이익도 중요함을 인식
②	대인관계의 독립성 향상 필요	자기표현과 자기주장이 필요
③	타인의 감정에 대한 관심 필요	타인의 이익을 배려하는 모습 필요
④	타인과의 신뢰 형성 필요	타인의 감정에 대한 관심 필요
⑤	타인의 의견 경청 자세 필요	타인에 대한 자신의 지배적 욕구 성찰 필요

난이도 상 중 하

03 다음 글의 빈칸에 들어갈 말로 가장 적절한 것은?

조직에서는 조직 구성원 간의 협동심이 무엇보다도 강조된다. 리더는 팀원과 함께 체력을 안배해서 목표를 결정해야 하고, 팀원들은 목표지점인 결승점에 도달하기 위해 리더의 지시에 충실히 따라야 능력을 배가할 수 있다. 우리는 혼자서 하기 어려운 일을 합심해서 성취한 성공 사례를 주위에서 종종 본다. 성공 사례의 면면을 들여다보면 팀원들 간의 협동심과 희생정신이 바탕을 이루어 시너지 효과를 나타낸 경우가 대부분이다. 이와 같이 (   )은(는) 목표달성을 위한 지름길이다.

① 팀워크　② 리더십　③ 갈등관리
④ 협상능력　⑤ 조직관리능력

난이도 상 중 하

04 다음 세 조직의 특징에 대한 설명으로 적절하지 않은 것은?

> • A팀: 직원들 사이가 그다지 좋지 않으며 갈등 상황이 자주 발생한다. 팀 실적도 좋지 않아 팀장과 팀원들은 늘 어두운 분위기 속에서 하루하루를 보낸다.
> • B팀: 직원들의 목표 의식과 책임감이 강하고 직원들 상호 간 협동심이 뛰어나다. 지난달 최우수 팀으로 선정된 만큼 자신이 팀의 일원이라는 것에 자부심이 강하며 매사에 자발적으로 업무를 수행한다.
> • C팀: 팀의 분위기가 아주 좋으며 모두들 C팀에서 근무하기를 희망한다. 사내 체육대회에서 1등을 하는 등 직원들 간의 끈끈한 유대 관계가 장점이나, 지난 2년간 조직의 평가 성적이 만족스럽지 못하여 팀장은 내심 걱정거리가 많다.

① B팀은 우수한 팀워크를 가진 조직이다.
② A팀은 자아의식이 강하고 자기중심적인 조직으로 평가할 수 있다.
③ A팀은 세 팀 중 팀워크가 가장 좋지 않은 팀이다.
④ C팀은 응집력이 좋은 팀으로 평가할 수 있다.
⑤ C팀은 팀원이 공동의 목적을 달성하기 위해 협력하여 일을 진행한다.

난이도 상 중 하

05 다음 사례에서 팀장 A가 팀워크를 촉진하기 위해 취할 수 있는 행동으로 가장 적절한 것은?

> 팀장 A는 사원 B, C에게 함께 시장 조사를 하라고 지시했다. 그로부터 일주일 뒤, 팀장 A는 B와 C에게 지난번 지시한 시장 조사는 어떻게 되었냐고 물었다. 그러자 사원 B는 "제 부분은 모두 끝냈으나, 사원 C가 본인의 몫을 끝내지 못했습니다."라고 대답했다. 이에 옆에 있던 사원 C는 발끈하며 "처음 시작할 때부터 사원 B보다 제가 해야 할 일이 월등히 많았습니다."라고 말했다. 사원 C의 말에 사원 B는 "분량은 서로 합의해서 결정한 것이니 문제없습니다."라고 덧붙였다.

① 창의력 조성을 위한 협력적인 환경을 조성한다.
② 참여적으로 의사를 결정하는 분위기를 조성한다.
③ 두 사람이 원만하게 해결할 수 있도록 기다려 준다.
④ 팀원이 창의적 아이디어를 개발할 수 있도록 고무시킨다.
⑤ 팀원 사이에 개입하여 갈등을 중재하며, 의견을 교환한다.

난이도 상 중 하

06 **다음은 로버트 켈리의 팔로워십 유형이다. [보기]의 (가)~(마)의 사례에 해당하는 유형으로 바르게 짝지어진 것은?**

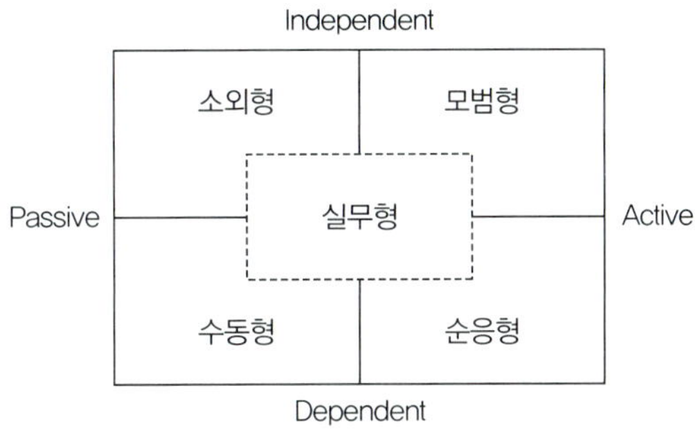

보기

(가) 조 대리는 문제해결능력이 부족하고 리더에 대해 무비판적이며 의존적이다.

(나) 엄 대리는 때때로 뛰어난 능력을 보여주기도 하지만 비판과 불만이 많아 리더와 조직으로부터 배척당하기 쉽다.

(다) 민 대리는 상사로부터 지시받은 일을 수행하지만, 그 이상의 일을 하거나 도전을 즐기지 않는다. 적당한 수준에서 상사와의 관계를 맺으며 적당히 주어진 일을 수행한다.

(라) 강 대리의 업무 스타일은 솔선수범과 거리가 멀며, 상사가 모든 상황을 통제하고 지휘해 주기를 바란다. 상사가 지시한 일만 수행하고 맡겨진 업무 이상은 절대로 하지 않는다.

(마) 백 대리는 리더의 지시만을 기다리지 않고, 의존적이기보다 독립적으로 사고하며 스스로 더 나은 방안을 강구한다.

	(가)	(나)	(다)	(라)	(마)
①	순응형	소외형	모범형	수동형	실무형
②	순응형	모범형	소외형	실무형	수동형
③	순응형	소외형	실무형	수동형	모범형
④	수동형	모범형	실무형	소외형	순응형
⑤	수동형	소외형	순응형	실무형	모범형

난이도 상 중 하

07 다음 글의 밑줄 친 ㉠~㉤ 중 최 팀장의 리더십 유형에 부합하지 않는 것은?

> 올해 진급한 최 팀장은 비교적 젊은 나이에 팀장을 맡게 되었다. 그녀는 자신의 팀에 있는 팀원들 모두 나름대로의 능력과 경험을 가지고 있으며 ㉠ 자신도 그들 중 하나에 불과하다고 생각한다. 따라서 다른 팀의 팀장들과 같이 ㉡ 일방적으로 팀원들에게 지시를 내리거나 팀원 일부의 의견만 청취하지 않고, 평등한 입장에서 팀원들을 대한다. 최 팀장은 ㉢ 팀원 모두가 제시한 의견을 들은 후 최종 결정은 반드시 리더인 자신이 한다. 또한 최 팀장은 자신의 ㉣ 팀원들에게 의사결정 및 팀의 방향을 설정하는 데 참여할 수 있는 기회를 부여함으로써 팀 내 ㉤ 행동에 따른 결과 및 성과에 대해 책임을 공유해 나가고 있다. 이는 모두 팀원들의 능력에 대한 믿음에서 비롯된 것이다. 회사에서는 최 팀장의 이러한 특징을 보고 그녀를 파트너십 유형의 리더라고 평가한다.

① ㉠　② ㉡　③ ㉢　④ ㉣　⑤ ㉤

난이도 상 중 하

08 다음 글을 통해 알 수 있는 핵심적인 리더십에 대한 설명으로 가장 적절한 것은?

> 리더 K는 팀원 A와 B 각각에게 지난 몇 달 동안의 판매 수치를 정리해 달라는 동일한 업무를 지시하였다. 그런데 팀원 A에게는 추가로 데이터베이스를 업데이트하고, 회계부서에서 받은 수치를 반영한 새로운 보고서를 만들라는 지시를 내렸다. 하지만 팀원 A는 전혀 열의를 보이지 않은 채 업무를 처리했다.
>
> 반면 팀원 B에게 내린 추가 업무지시는 판매 수치를 자세하게 살핀 다음, 판매 향상에 도움이 될 만한 마케팅 계획을 직접 개발하도록 그를 격려한 것이었다. 팀원 B는 막중한 책임감을 느끼고, 새로 맡은 프로젝트에 대해 책임감을 갖는 한편 자신의 판단에 따라 효과적인 해결책을 만들었다.

① 업무지시는 간단하고 짧을수록 효과적이다.
② 단순히 업무를 위임하는 것보다 권한을 위임하는 것이 더욱 효과적이다.
③ 여러 사람에게 동일한 업무지시를 내리면 절반의 효과만 얻는다.
④ 권한위임은 반드시 직급을 고려해야 한다.
⑤ 권한위임은 아무나 하는 것이 아니며, 일정한 자격을 갖춘 관리자가 해야 한다.

난이도 상 중 하

09 **주어진 [보기]의 내용을 바탕으로 할 때, 팀의 리더로서 다음 [상황]에서 제시할 수 있는 해결책으로 적절하지 <u>않은</u> 것은?**

보기

임파워먼트(empowerment)란 '조직구성원들을 신뢰하고 그들의 잠재력을 믿으며, 그 잠재력의 개발을 통해 고성과(high performance) 조직이 되도록 하는 일련의 행위'로 정의할 수 있다. 임파워먼트는 개인, 대인, 관리, 조직의 4가지 차원의 장애요인을 가지고 있으며, 리더는 이에 대하여 대처할 수 있어야 한다.

상황

팀원 A의 업무 처리 속도가 점점 나빠지고 있다. 업무에 눈곱만큼도 관심이 없는 것 같고, 업무 자체를 지겨워하는 것처럼 보이기도 한다. 팀원 B는 부서에서 최고의 성과를 올리는 영업사원으로 명성이 자자하지만, 서류 작업을 정시에 마친 적이 한 번도 없다. 그가 서류 작업을 지체하기 때문에 팀 전체의 생산성에 차질이 빚어지고 있다.

① 팀원 A를 대신할 수 있는 신규 직원을 채용한다.
② 팀원 A에게 새로운 업무를 맡겨서 업무 태도를 변화시키도록 유도한다.
③ 팀원 A에게 새로 입사한 직원을 직접 교육할 수 있는 기회를 부여한다.
④ 팀원 B에게 서류 업무를 능숙하게 처리하는 직원과 팀을 이루어 일을 진행하도록 한다.
⑤ 팀원 B에게 서류 작업을 지체함으로써 팀 전체의 생산성에 어떠한 차질이 빚어지는지 자세히 설명하고 해결책을 제시하도록 한다.

난이도 상 중 하

10 **다음 글에서 서 팀장에게 나타나는 리더십 유형으로 옳은 것은?**

> 우리는 직장생활에서 어느 한 가지 유형의 리더십을 고수하기보다는 다양한 형태의 리더십을 유연하게 적용하는 것이 필요하다. 성공적인 리더는 이끌고 나가야 할 집단에 따라 리더십의 한 가지 유형을 엄격히 고수하거나 여러 상황에서 다양한 유형의 리더십을 혼용할 것이다. 일반적으로 리더십의 유형은 독재자 유형, 민주주의에 근접한 유형, 파트너십 유형 그리고 변혁적 리더십 유형 등으로 구분할 수 있다. 당신은 전체 조직의 문화 속에서 당신의 그룹이 도전적인지, 성공적인지, 변화지향적인지에 따라서 어떠한 유형을 활용할 것인지 결정하여 실행해야 한다. 자신의 상황과 목표에 맞는 리더십을 발휘할 때 그 효과는 더 크게 나타날 것이다. 다음 사례는 효과적인 리더십의 발휘가 얼마나 큰 성과를 거둘 수 있는지를 보여준다.
>
> 비료 회사 영업팀 서 팀장은 그동안 자신의 팀이 유지해 온 업무수행 상태에 문제가 있다고 생각하였다. 이를 개선하기 위해 그는 팀에 '업계 판매 1위'라는 명확한 목표를 제시하고, 팀원들로 하여금 업무에 몰두할 수 있도록 격려하였다. 또한 판매실적을 높이기 위해 영업 경력이 7년 이상인 팀원들과 함께 마라톤 회의를 거쳐 VR 마케팅을 기획하였다. 비료 업계에서 누구도 생각하지 못했던 VR 마케팅이라는 획기적인 마케팅은 모두를 의아하게 하였다. 그러나 서 팀장은 VR 인프라를 도입하여 적극적으로 추진했으며, 힘들어하는 팀원에게 파격적인 인센티브 제공을 약속하여 사기를 높였다. 서 팀장의 리더십으로 영업팀은 6개월 만에 전년 대비 50% 이상의 판매량을 올리게 되었다. 업무를 수행하는 동안 서 팀장과 팀원들은 스스로의 혁신성과 창의성을 깨닫게 되었고, 또한 회사의 성공에 기여하게 되었다.

① 독재자 유형　② 민주주의에 근접한 유형　③ 파트너십 유형
④ 변혁적 리더십 유형　⑤ 토론 및 참여 유형

난이도 상 중 하

11 **다음 사례에 해당하는 갈등의 과정으로 옳은 것은?**

> 김 씨는 최근 이 씨와 회의 중에 크게 다투었다. 이미 이전에도 이와 비슷한 상황이 몇 번 있었는데, 그때마다 두 사람은 항상 의견이 맞지 않아 서로 언성을 올렸고 심지어 회의가 중단되기도 했었다. 며칠 전에는 두 사람이 탕비실에서 회의 내용에 대해 다시 한번 언쟁하는 일이 생겼다. 이제 그들은 주변 동료들의 눈치도 보지 않는 수준에 이르렀고, 서로 욕설을 하며 싸우는 상황에까지 이른 것이다.
>
> 김 씨 입장에서는 이 씨가 지난 회식 때에도 괜히 면박을 주었던 것이 앙금으로 남아 있던 터라 말싸움하면서 이와 관련한 내용까지 덧붙였는데, 이를 들은 이 씨도 이전에 있었던 여러 사례를 끄집어내어 언급하였다. 그들은 전혀 서로의 입장을 헤아리려고 하지 않는 듯 보였다.

① 의견 불일치　② 대결 국면　③ 격화 국면
④ 진정 국면　⑤ 갈등의 해소

난이도 상 중 하

12 **토마스-킬만(Thomas-Kilmann)은 갈등 대응 유형을 자신의 목표나 상대와의 관계에 따라 경쟁형, 협력형, 타협형, 회피형, 수용형으로 구분하였다. 다음 [상황]의 A와 같은 유형에 대한 설명으로 가장 적절한 것은?**

상황

A는 고등학교 2학년 마지막 기말고사 중 수학 과목에서 기대에 미치지 못한 점수를 받았다. 이제 곧 고등학교 3학년이 되어 대학교 입시 준비를 해야 하는데, 이번에 나온 수학 점수로는 원하는 대학교에 지원하기 어려웠다. A는 담임선생님인 B와 상담을 하였다.

B: "A야, 이번 점수는 조금 아쉽지만 그래도 너무 크게 낙담하지는 않았으면 좋겠구나."
A: "글쎄요... 조금 아쉬운 정도는 아닌 것 같아요."
B: "혹시 공부할 때 어려움이 있었니? 이유를 알면 다음 시험에 도움이 될 수 있을 것 같아."
A: "모르겠어요. 생각하고 싶지 않아요."
B: "선생님이 같이 도와줄게. 조금 더 공부하면 충분히 원하는 대학에 갈 수 있는 성적이 나올거야."
A: "아니요. 그냥 저는 공부에 소질이 없는 것 같아요."
B: "기운 내렴. 넌 충분히 잘할 수 있어. 조금 더 공부해서 다음 중간고사 때 좋은 성적을 내 보자."
A: "그냥 저는 다른 진로를 찾아야 하나 봐요."

① 상대방이 거친 요구를 해 오는 경우에 전형적으로 나타나는 반응이다.
② 상호 간의 관계를 해치지 않으며 서로의 목표를 적당히 충족하는 데 관심을 둔다.
③ 원인에 대하여 알아볼 생각이 없으며, 당장 겪고 있는 불편으로부터 도망치려고 한다.
④ 자신의 주장이 가장 합리적이고 정당하다고 생각하며, 한번 정한 입장을 잘 바꾸지 않는다.
⑤ 상대방 감정이 상할까 봐 크게 싫은 소리를 하지 못하며, 갈등의 쟁점에 대해 신경 쓰고 싶지 않아 한다.

난이도 상 중 하

13 **다음 (가), (나)의 갈등 사례에서 전형적으로 선택하는 갈등 해결 방법으로 바르게 짝지어진 것은?**

(가) 해외사업 1팀은 미국의 유명 오토바이 제조사와 독점 계약을 맺어 국내 판권을 확보할 프로젝트를 계획 중이다. 그리고 해외사업 2팀은 유럽의 가구 회사와 역시 독점 계약을 통해 국내 가구 유통 시장을 석권하겠다는 야심찬 프로젝트를 계획 중이다. 하지만 해외사업 본부장은 회사의 경영 방침상 두 프로젝트 중 어느 한 가지만 승인해야 하며, 독점 사업을 계획하고 있는 두 팀장들은 서로 자신들의 사업 계획이 사업성과 수익성 측면에서 더 우수하다는 점을 강조하며 전혀 물러설 뜻을 보이지 않고 있다. 그리하여 해외사업 1팀과 2팀 사이에는 심각한 갈등 분위기가 고조되고 있다.

(나) 생산 1팀과 생산 2팀은 생산라인 효율화를 위해 각각 봉재 인원과 재단 인원을 추가로 배치하고자 한다. 하지만 생산 2팀은 이미 작년에 인원을 보충한 바 있어, 이번 추가 인원 요구에서는 상대적으로 생산 1팀의 눈치를 보게 되었다. 그뿐만 아니라 생산 1팀의 이번 인원 보충 요구는 경쟁 관계에 있는 생산 2팀이 판단할 때에도 무리한 요구가 아니며, 효율적인 라인 가동을 위해 필요한 부분이라고 인정하지 않을 수 없다. 두 팀은 모두 인원 보충을 요구하고 있어 생산본부 내에서 적지 않은 갈등 요소가 되고 있지만, 생산 2팀장은 무리한 인원 보충보다 생산 1팀장과의 원활한 업무 협조가 더 중요하다고 보고 있다.

	(가)	(나)
①	경쟁형	회피형
②	경쟁형	타협형
③	경쟁형	수용형
④	수용형	경쟁형
⑤	수용형	회피형

난이도 상 중 하

14 다음 사례의 4차 협상에서 나타난 A사 경영진의 협상전략으로 옳은 것은?

> A사는 얼마 전부터 노조에서 처우 개선과 임금 인상을 요구하며 파업을 벌이고 있어, 공장 가동이 모두 중단되었다. 경영진은 노조 대표와 3차에 걸친 협상을 진행하였으나 별다른 진전이 없었으며, 오늘 오전 4차 협상을 갖게 되었다.
>
> 경영진은 2시간에 걸쳐 진행된 4차 협상에서 계속해서 파업이 장기화될 경우 처우 개선과 임금 인상에 따르는 비용 부담보다 공장 가동 중단에 따르는 영업 손실이 더 클 것으로 보고, 이를 우려하여 노조의 요구를 전격 수용해 주기로 합의하였다.

① 강압 전략 ② 회피 전략 ③ 협력 전략
④ 유화 전략 ⑤ 무행동 전략

난이도 상 중 하

15 다음 사례의 A가 취한 협상전략을 사용하기에 적절한 경우가 아닌 것은?

> 대기업 영업부장인 A는 기존 재고를 처리할 목적으로 하청업체 B사와 협상 중이다. 그러나 B사 담당자는 자금 부족을 이유로 A의 추가 구매 요청을 거절하였다. 이에 A는 자신의 회사에서 물품을 공급하지 않으면 B사는 매우 곤란한 지경에 빠진다는 사실을 알고 있었으며, 이런 사실을 앞세워 앞으로 B사와 거래관계 유지가 힘들 것이라고 엄포를 놓았다. 결국 B사는 어쩔 수 없이 A의 요청을 받아들이게 되었고, A는 자신이 원하는 성공적인 협상 결과를 얻을 수 있었다.

① 일방적인 의사소통으로 일방적인 양보를 받아내고자 할 경우
② 인간관계를 중요하게 여기지 않는 경우
③ 자신의 이익을 극대화해야만 하는 경우
④ 상대방에 비해 자신의 힘이 강한 경우
⑤ 협상 당사자 간에 신뢰가 쌓여 있는 경우

난이도 상 중 하

16 **다음은 R기업 소속인 A대리가 거래처인 T기업의 B과장과 협상한 내용을 일부 발췌한 것이다. [대화]에서 나타난 A대리의 설득 전략으로 옳은 것은?**

대화

A대리: "B과장님, 안녕하세요. 별일 없으시죠?"
B과장: "네, 잘 지내고 있습니다."
A대리: "혹시 지난번에 저희가 말씀드린 제안에 대해 생각해 보셨을까요?"
B과장: "아, ◇◇부품 단가에 관한 것이요."
A대리: "네. 저희가 현재 ◇◇부품 1개당 120원으로 납품받고 있는데, 아시다시피 올해 저희 회사 사정이 너무 안 좋은 상황입니다. 그래서 혹시 올해만 납품가를 110원으로 어떻게 안 될까요?"
B과장: "사정이 안 좋은 건 저희도 마찬가지라서요."
A대리: "과장님도 아시다시피 저희가 T기업과 거래한 지 10년이 넘었잖습니까. 그동안 대금이 밀린 적도 없고요. 저희 부장님께서 올해 위기만 넘기면 다시 가격을 기존대로 올리신다고 하셨습니다. 그리고 작년에 T기업에서 현금 사정이 급해 저희가 부품을 인수받기 전에 대금을 결제한 적도 있잖아요. 서로서로 돕다 보면 두 기업 모두 잘되지 않겠습니까."
B과장: "그건 저도 잘 알고 있습니다. 그러면 제가 저희 부장님께 한번 말씀드려 보겠습니다."
A대리: "◇◇부품은 과장님 담당이 아니었나요?"
B과장: "네. 그런데 판매 가격과 관련된 사항은 부장님의 결재가 필요해요."

① 호혜 관계 형성 전략
② 헌신과 일관성 전략
③ 희소성 해결 전략
④ 상대방 이해 전략
⑤ 연결 전략

난이도 상 중 하

17 **○○식당을 찾은 한 손님은 사소한 것을 트집 잡아 여러 불만을 토로한다. 원하는 바를 들어주었지만 또다시 새로운 문제를 제기하며 트집을 잡는다. 이러한 유형의 손님에 대한 주인의 응대법으로 가장 적절한 것은?**

① 분명한 증거나 근거를 제시하여 스스로 확신을 갖도록 유도한다.
② 이야기를 경청하고, 맞장구치고, 추켜세우며 설득해 간다.
③ 의외로 단순한 면이 있으므로 일단 손님의 호감을 얻도록 노력한다.
④ 만사를 시원스럽게 처리하는 모습을 보인다.
⑤ 책임자가 응대하는 것도 좋은 방법이다.

난이도 상 중 하

18 **홍보팀장은 효과적인 고객 응대와 서비스를 위해 고객 불만 처리 프로세스를 직원들에게 교육하고자 한다. 다음 중 각 단계에서 수행해야 할 고객 응대 방법으로 적절하지 <u>않은</u> 것은?**

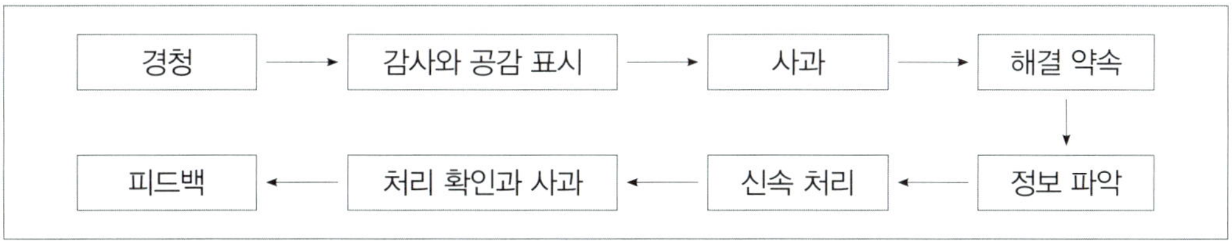

① 경청: 고객님 입장에서는 그러실 수 있다는 생각이 드는군요. 우선 고객님 의견부터 끝까지 들어보도록 하지요.
② 감사와 공감 표시: 그냥 지나치시지 않고, 이렇게 지적을 해 주시니 오히려 저희가 감사하다는 말씀을 드려야겠군요.
③ 해결 약속: 저희가 생각하지 못했던 부분이군요. 지적하신 바에 동의합니다. 유관 부서에 전달하여 시정할 수 있도록 조치하겠습니다.
④ 정보 파악: 고객님의 기본 인적 사항과 저희 매장 방문 빈도에 관해 몇 가지만 여쭙겠습니다.
⑤ 피드백: 팀장님, 지난번 고객의 의견을 전사에 공유하여 동일한 문제가 재발하지 않도록 해야겠습니다.

난이도 상 중 하

19 **다음은 고객 불만 처리 프로세스 및 고객 불만 사례에 관한 글이다. 이를 바탕으로 할 때, 옳지 않은 것은?**

고객의 불만을 해결하는 과정을 제대로 이해하는 것은 고객 서비스를 향상시키는 데 매우 중요한 역할을 한다. 일반적으로 고객 불만 처리 프로세스는 8단계로 나타낼 수 있는데, 이를 체득하고 있으면 고객의 불만을 쉽게 해결할 수 있다. 다음은 고객 불만 사례이다.

[사례 1]

A씨는 며칠 전 인터넷을 통해 구매한 C사의 공기청정기를 택배로 받았다. 품질과 가격, 후기를 꼼꼼히 따져 가며 본인에게 필요한 최적 사양의 물건을 합리적인 가격에 구매했다는 사실에 기쁨을 느낀 것도 잠시, 공기청정기에서 제품 사양과 달리 소음이 크게 나 매우 불쾌하였다. 그는 바로 후기를 작성하여 소음 문제에 대해서 다른 소비자들에게 알렸으며, 고객센터에 전화하여 C사의 제품을 믿을 수 없다며 환불을 요구하였다.

[사례 2]

졸업을 앞둔 B씨는 취업 면접을 위해 매장에서 마음에 드는 정장을 한 벌 구입하였다. 그런데 집에 돌아와서 다시 입어 보니 매장에서 본 것과 달리 옷이 자신에게 잘 어울리지 않았다. 어떻게 할지 고민하다가 며칠 후 다시 매장을 방문하였다. B씨가 옷을 교환하러 왔다고 하자, 종업원은 짜증을 내면서 그냥 다른 것으로 바꾸어 가라며 못마땅한 표정을 지었다.

처음 찾아온 손님에게는 친절하게 이야기도 하고, 옷도 추천해 주던 종업원이 옷을 교환하러 오니까 전혀 다른 태도를 보였다. B씨는 매장에서 자신이 원하던 대로 옷을 바꾸어 왔지만, 그 종업원과 매장에 대한 씁쓸한 마음을 지울 수가 없었다. 그래서 B씨는 그 매장을 다시는 찾지 않겠다고 다짐했다.

① 고객 불만 처리 프로세스에서 '사과'는 가장 먼저 이행되어야 한다.
② 고객의 불만을 해결하기 위해서는 고객이 어떠한 점에서 불만이 있는지 정확히 파악해야 한다.
③ [사례 2]는 고객으로 하여금 불쾌한 마음을 갖게 하여 고객의 불만을 제대로 해결하지 못하였다.
④ [사례 1]에서는 회사 제품에 대한 신뢰를 잃은 A씨의 실망감에 공감해 준 뒤에 신속한 해결을 약속할 필요가 있다.
⑤ 고객 불만 처리 프로세스에서 고객 불만 사례를 회사에 공유하여 동일한 문제가 발생하지 않도록 피드백을 진행해야 한다.

난이도 상 중 하

20 **다음 A부장과 B과장의 특성을 바탕으로 할 때, 이들이 가진 대인관계의 '대인동기' 유형이 바르게 짝지어진 것은?**

> • 인사팀 A부장: 항상 타인이 나에게 호감을 갖고 친밀하게 대할 것이라는 기대를 갖고 있다.
> • 홍보팀 B과장: 하급자와 일할 때는 하급자의 주도적인 역할을 기대하며, 상사나 윗사람과 일을 할 때는 상급자의 순종적인 역할을 기대한다.

	A부장	B과장
①	비현실적 대인동기	부적절한 대인동기
②	부적절한 대인동기	비현실적 대인동기
③	부적절한 대인동기	불균형적 대인동기
④	극단적인 대인동기	불균형적 대인동기
⑤	불균형적 대인동기	극단적인 대인동기

PART 2 영역별 문제풀이

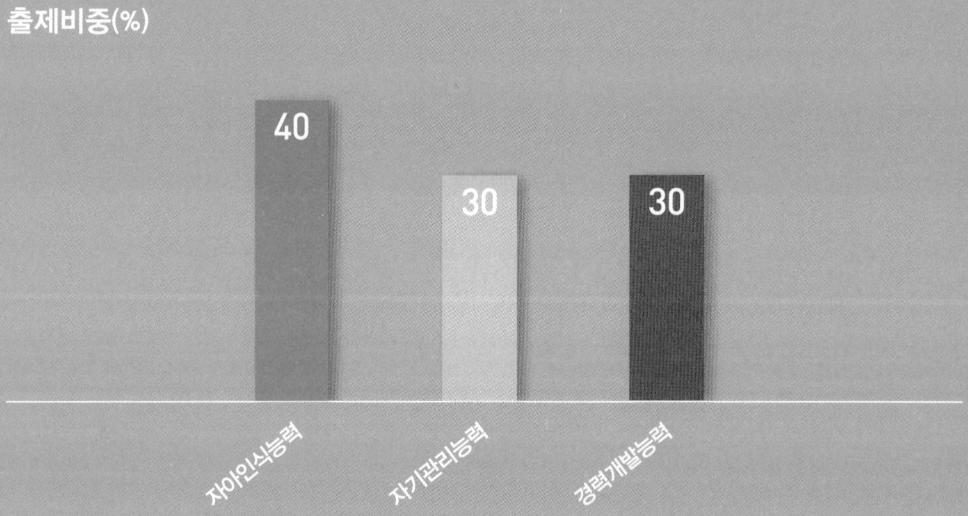

대표 출제 기업

피듈형	서울교통공사, 한전KDN
모듈형	한국석유공사, 대구시설공단

CHAPTER 10

자기개발능력

STEP 1 적중예상문제

STEP 01

적중예상문제

난이도 상 중 하

01 다음 중 자기개발의 필요성에 대한 설명으로 적절하지 않은 것은?

① 자기개발은 업무를 효과적으로 처리하기 위한 것이다.
② 각자가 가진 목표를 이루기 위해서 자기개발은 필수적이다.
③ 자기개발을 통하여 주변 사람들과 긍정적인 인간관계를 형성할 수 있다는 점 역시 중요하다.
④ 자기개발은 꼭 본인에게만 유익한 행위는 아니며, 자기개발을 통해 지역 사회에 이바지하려는 목적도 중요하다.
⑤ 자기개발을 게을리하면 변화하는 환경에 적응하기가 어려워지기 때문에 끊임없이 자기개발을 해야 한다.

난이도 상 중 하

02 다음 중 자기개발의 방법과 특징에 대한 설명으로 옳지 않은 것은?

① 자기개발은 생활 속에서 이루어져야 한다.
② 자기개발은 직장 생활을 시작하면서 시작되어 은퇴하는 날까지 지속된다.
③ 자기개발은 개별적인 과정으로서 사람마다 자기개발을 통해 지향하는 바와 선호하는 방법 등이 다르다.
④ 직업인으로서 자신의 능력, 적성, 특성 등의 이해를 기초로 자기 발전 목표를 스스로 수립하고 성취해 나가는 능력이다.
⑤ 자신의 능력, 적성 및 특성 등에 있어서 강점과 약점을 찾아 강점은 강화시키고 약점은 관리하여 성장을 위한 기회로 활용하는 것이다.

난이도 상 중 하

03 다음 글에서 최 과장이 보인 자기개발을 위한 태도를 [보기]에서 모두 고른 것은?

레스토랑 프랜차이즈 기업인 B사에서 영업을 담당하고 있는 최 과장은 높은 성과와 원활한 대인관계 덕분에 최우수 영업사원으로 수년간 선정되며 능력을 인정받고 있다. 최 과장은 각종 교육 및 진단 참여를 통해 얻은 결과를 바탕으로 소통능력과 학습에 대한 끊임없는 열정이 자신의 강점이라는 것을 명확하게 인식하고 있으며, 자신의 경력목표 계획서를 만드는 데 활용하고 있다. 또한 해마다 목표를 보완하고 있으며 자신의 비전과 노력, 성공사례를 사내강사 활동을 통해 신입사원에게 공유하고 있다. 개인적으로는 영업 관리를 계속하는 것도 좋지만 언젠가는 영업 트레이너가 되겠다는 목표도 가지고 있다.

그런 이유로 지난 몇 년간 가맹주 트레이닝 팀에 가고 싶었고 담당 팀장에게 의사를 표시했지만, 조직 전체의 이익이나 팀 실적을 위해서 당분간은 이동하지 말라는 의견을 받았다. 매사에 긍정적이고 희망적인 최 과장은 이런 의견에 실망하지 않고 충실하게 직무를 수행하면서도, 자신의 목표를 놓지 않기 위해 교육훈련과 관련된 사내외 교육에 꾸준히 참석하고 야간대학원에서 인재개발을 전공해 석사학위를 취득하였다.

회사의 프랜차이즈 사업은 날로 확장되었고, 가맹주 트레이닝 팀장이 새로운 사업팀으로 이동하게 되면서 최 과장은 새로운 가맹주 트레이닝 팀의 팀장이 되었다. 새로운 팀을 맡은 후에도 지속적인 노력을 기울여 최 팀장은 몇 년 후 가맹사업을 총괄하는 이사로 진급하게 되었다.

보기

ㄱ 개인과 팀 성과를 위한 노력
ㄴ 업무를 대하는 긍정적인 태도
ㄷ 자신의 강점에 대한 명확한 인식
ㄹ 자신의 약점에 대한 보완

① ㄱ, ㄹ
② ㄱ, ㄷ
③ ㄴ, ㄹ
④ ㄱ, ㄴ, ㄷ
⑤ ㄴ, ㄷ, ㄹ

난이도 상 중 하

04 다음 글을 읽고 K씨에게 해 줄 수 있는 조언으로 가장 적절한 것은?

> 2024년에 입사한 K씨는 일을 통한 자기개발과 구체적인 실행계획을 세워 왔으나, 몇 년 전 코로나 19로 인해 생각했던 직장생활과 달라진 업무환경에 실망할 수밖에 없었다. 신입사원이다 보니 선배들한테 조언도 구하고, 여러 회식 자리에도 참석해서 여러 선배와 교류해 보고 싶었던 것이다. 그러나 코로나 19의 여파로 인해 신입사원 연수를 원격강의를 통해 받아야 했다. 그리고 OT 또한 앞으로는 계속해서 비대면으로 이뤄진다고 공고되었다. 그에 따라 조언을 구할 동료와 선배를 대면하여 만날 기회가 적어 업무 적응에 어려움을 겪고 있음을 토로하며, 퇴사를 고민한 적도 있었다.

① 자기개발은 개인적으로 보람된 삶을 살기 위해서 해야 해.
② 자기개발은 업무의 성과를 향상시키기 위하여 이루어져야 해.
③ 자기개발은 변화하는 환경에 적응하기 위해서 이루어져야 해.
④ 자기개발은 자신이 달성하고자 하는 목표를 성취하기 위해서 해야 해.
⑤ 자기개발은 어떠한 상황이 주어지더라도 끊임없이 이루어져야만 해.

난이도 상 중 하

05 다음 글을 통해 알 수 있는 B씨의 자기개발 장애 요인으로 가장 적절한 것은?

> B씨는 현재 대학교를 졸업하고 취업 준비를 위해 자신의 부족한 부분인 외국어 능력을 키우기로 결심하고 외국어 학원에 등록하였다. 현재 취업 준비 겸 물류 이송 아르바이트를 하고 있는 B씨는 힘든 아르바이트 일과 친구들과의 잦은 약속 때문에 피곤하다는 이유로 공부를 미루고 학원에 가지 못하였다. 생각해 보니 이래저래 공부에 소홀한 지 2주일이 되었다. 어제는 마음먹고 공부하려 했지만 일 때문에 몸이 녹초가 되어서 집에 들어서자마자 그대로 잠들었다.
>
> 일주일 전부터는 친구들과의 약속 때문에 학원에 가지 못하였고, 그로 인해 수업 진도를 따라가지 못하겠다는 생각이 들자, 계속 주저하게 되었다. 갑자기 위기감을 느낀 B씨는 자신이 목표했던 공부를 하지 못한 원인을 적어 보고 앞으로 다시 열심히 준비하리라 다짐하였다.

① 부적절한 대인관계를 맺기 때문이다.
② 욕망과 감정을 제어하지 못했기 때문이다.
③ 제한적으로 사고하였기 때문이다.
④ 문화적인 장애에 부딪혔기 때문이다.
⑤ 자기개발의 방법을 잘 몰랐기 때문이다.

난이도 상 중 하

06 **A씨는 다음과 같이 진로에 대해 고민하고 있다. 밑줄 친 ㉠~㉤과 관련하여 자기개발을 위해 스스로에게 던질 수 있는 질문으로 가장 적절한 것은?**

> A씨는 ㉠ 어릴 때부터 말을 잘한다는 이야기를 많이 들어서인지 방송 쪽, 특히 아나운서 한 가지 진로만 생각했었다. 학교 다닐 때도 그 한 가지만 생각했었다. 그러나 ㉡ 아나운서가 되려면 4년제 대학을 나와야 한다든지, 공인어학시험을 응시해야 한다든지, 원고 작성도 해야 한다든지와 같은 현실적인 여건 때문에 고민이 많이 되었다. 요즘은 도대체 어떻게 해야 할지 모르겠고 생각이 너무 많다. ㉢ 지금 하는 일은 어떻게 하다 보니 하게 되었다. A씨는 자기만의 일을 가지고 싶지만 어렵게 느껴지기도 한다. ㉣ 나이도 많으니까 결정을 함부로 할 수가 없을 것 같다. 컴퓨터나 기계 관련 일은 맞지 않는다고 여겨진다.
>
> ㉤ 방송 쪽 학원에 3개월 정도 다닌 적이 있지만, 기계와 관련된 일이라 맞지 않는 것 같아서 중간에 그만두었다. 2년 전에 병원 사무직으로 6개월 정도 일한 적이 있지만, 그 역시도 적성에 맞지 않아 그만두었다. A씨는 다른 사람하고는 달리 자신에게 꼭 들어맞지 않는 일은 견디지 못하는 경향이 있다.

① ㉠ – 나는 어떤 능력을 개발해야 하는가?
② ㉡ – 나에게 부족한 능력은 무엇인가?
③ ㉢ – 이 능력은 어떻게 개발할 수 있는가?
④ ㉣ – 나의 장기적인 경력에서 이 능력은 어떻게 활용될 수 있는가?
⑤ ㉤ – 일을 그만두게 된 계기는 무엇인가?

난이도 상 중 하

07 다음 글에서 A씨가 B씨와의 상담을 통해 새롭게 인식해야 하는 점으로 적절하지 않은 것은?

> 3년 차 자동차 영업사원인 A씨는 매월 5대 내외의 판매실적을 올렸다. 최근 경기 상황이 나빠지기는 했지만, 같은 팀 선후배들은 실적이 조금 안 좋아졌을 뿐 큰 변동 사항은 없었다. 다만 자신의 실적은 3개월째 곤두박질을 치고 있었고, 급기야 이번 달에는 한 대도 판매하지 못하는 지경에 이르렀다. 평소 자신이 적극적이고 능동적이라고 생각하여 좀 어려워도 시간이 지나면 해결되리라 생각한 A씨에게도 고민이 생기기 시작했다.
>
> 어느 날 3년간 자신을 많이 도와주던 고객에게 지인 소개를 부탁하려고 전화했던 A씨는 고객으로부터 너무 소극적으로 영업을 한다는 지적과 함께 요즘 어려워지는 경기를 감안하면 영업하는 스타일을 많이 바꿔야겠다는 충고를 들었다. 고객과의 통화 이후 며칠을 고민하던 A씨는 자신의 멘토이자 같은 팀 선배인 판매왕 B씨에게 자신의 일과 소통 방식에 대하여 상담하게 되었다.

① 고객이나 선후배들이 보는 자신에 대해 묻고 이야기를 나눈다.
② B씨로부터 자신의 평소 영업 방식에 대한 개선점을 확인한다.
③ 자신의 행동에 대해 다른 사람이 어떻게 보고 판단하고 있는지 이야기를 나눈다.
④ 상담을 통해 자신이 관계와 소통에 있어 간과하고 넘어갔던 부분에 대해 알아본다.
⑤ 자신을 스스로 아는 것이 가장 중요한 것을 알고, 질문을 통해 내가 아는 나를 재확인한다.

난이도 상 중 하

08 다음 글에서 밑줄 친 '몰랐던 나를 찾기 위한 노력'에 해당하는 B씨의 행위와 가장 가까운 것은?

> 특별히 가진 재능 없이 전업주부로 생활하던 B씨는 2년 전 부동산 중개사무소를 열어 주변에서 가장 큰 수익을 올리는 이른바 '유명 부동산' 사장이 되었다. 처음 부동산업을 시작할 때는 큰 기대 없이 용돈이나 벌자고 마음먹었으나, B씨는 자신이 생각했던 것 이상으로 맡은 일을 성실하게 수행해 나가고 있는 자신을 발견하기 시작하였다. 자신을 찾아온 고객에게는 계약 성사 여부를 떠나 집을 찾고자 하는 고객의 입장에서 최대한 좋은 거처를 마련해 주려고 노력하였다. 그런 B씨의 노력은 본인을 포함하여 가족이나 주변 사람들에게도 매우 놀라운 일이었으며, 처음엔 누구도 B씨가 부동산 일에 그런 열정을 보여 줄 것으로 기대하지 않았다. 지금의 B씨가 있기까지는 몰랐던 나를 찾기 위한 노력이 있었으며, 그 결과 지금처럼 변신에 성공한 훌륭한 부동산 사장님이 존재하게 된 것이다.

① 부동산업에 일가견이 있는 인물을 찾아가 타인을 설득하는 방법과 남들이 듣고 좋아할 수 있는 화술 등에 대하여 집중 연구하였을 것이다.
② 주변 지역의 부동산 물건에 대한 깊은 연구를 통하여 해당 물건의 장단점과 특징을 누구보다 열심히 습득하였을 것이다.
③ 다른 사람과의 대화를 통하여 자신이 모르고 있던 장점을 알게 되고, 다른 사람들이 나의 행동을 어떻게 보고 있는지 보다 객관적으로 알아보았을 것이다.
④ 다른 일자리에 대한 세밀한 분석을 통하여 부동산 중개인으로서의 자신의 모습이 가장 많은 수익을 낼 수 있다는 점을 알아냈을 것이다.
⑤ 효과적인 대인관계를 유지하기 위하여 발표력, 표현 능력, 화술, 보디랭귀지 기술, 설득의 방법 등 다양한 실질적 기술들을 익혀 왔을 것이다.

난이도 상 중 하

09 다음 글의 밑줄 친 ㉠에 해당하는 자기관리 과정의 단계로 옳은 것은?

> 국내 R전자 회사 공장에 다니는 C씨는 특성화 고등학교를 졸업 후 바로 입사하였다. C씨는 요새 대학 진학을 놓고 고민 중이다. C씨는 감독관 자리로 승진하고 싶지만, ㉠ 감독관 자리로 승진하는 사람들은 대부분이 대학 졸업자들로 구성되어 있으며, 감독관 자리는 생산품 및 공장 관리 등 전문적인 지식을 요구하는 자리로 고졸 출신인 C씨가 감독관으로 승진하기 어려운 상황이다. C씨는 대학 진학과 회사 생활을 동시에 하고 싶어 회사 근처 야간 대학교를 알아보았다. 다행히 회사와 연계된 야간 대학이 있어 대학에 진학하였다.

1단계		2단계		3단계		4단계		5단계
비전 및 목적 정립	→	과제 발견	→	일정 수립	→	수행	→	반성 및 피드백
①		②		③		④		⑤

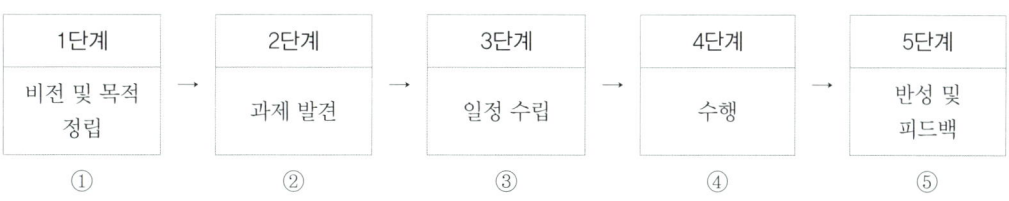

난이도 상 중 하

10 **다음 글에서 이 과장의 업무 수행성과를 향상시킨 요인을 [보기]에서 모두 고른 것은?**

A상사 해외영업팀에 근무 중인 이 과장은 영업본부 내에서도 우수 성과자로 손꼽힌다. 2024년에도 최우수 성과자로 선발되며 3년 연속 인사고과에서 A등급을 받았다. 이 과장은 해외영업에서 협력사와의 신뢰를 지키며 회사의 규정대로 일을 꼼꼼히 처리하기로 정평이 나 있다. 국내 회의와 해외 출장 등 빡빡한 일정 속에서도 기안서나 보고서 등의 제출 기한을 한 번도 어긴 적이 없고, 아침에 다른 직원들보다 30분 일찍 출근하여 업무 단위별로 수첩에 정리하고 수행함으로써 업무 효율을 높이는 것으로도 유명하다. 또한, 사내의 인맥을 활용하여 자신이 목표로 하는 것을 꼭 달성하고자 하는 영리한 모습도 보인다.

얼마 전 같은 팀 후배가 저지른 실수에 대해서도 함께 문제를 해결하여 본부에 손실이 발생하는 것을 막았고, 본부에서도 이 과장은 언제나 일과 관계 두 마리의 토끼를 잡는 사냥꾼이라는 평을 듣고 있다.

보기

㉠ 자원　　㉡ 상사 및 동료의 지지
㉢ 업무 지침　　㉣ 개인의 능력

① ㉠, ㉡, ㉢　② ㉠, ㉡, ㉣　③ ㉠, ㉢, ㉣
④ ㉡, ㉢, ㉣　⑤ ㉠, ㉡, ㉢, ㉣

난이도 상 중 하

11 **합리적인 의사결정은 자신의 목표를 정해 몇 가지 대안을 찾아보고 실행 가능성이 높은 최상의 방법을 선택하여 행동하는 것으로, 7단계로 이루어진다. 다음 중 합리적인 의사결정 과정의 5단계에서 해야 할 행동으로 가장 적절한 것은?**

① 의사결정에 필요한 정보를 수집한다.
② 최적안을 선택한다.
③ 가능한 모든 대안을 탐색한다.
④ 의사결정 기준과 가중치를 정한다.
⑤ 각 대안을 분석 및 평가한다.

난이도 상 중 하

12 **다음 글을 바탕으로 할 때, 주어진 [사례]에 해당하는 자기관리 단계에서 천 사원이 할 수 있는 행동으로 가장 적절한 것은?**

자기관리를 잘하는 것은 보다 나은 미래를 영위할 수 있는 추진력이 된다. 자기관리를 잘하는 사람은 자신의 비전과 목표를 잘 알고, 이에 따라 자신이 수행해야 하는 과제를 잘 알고 있으며, 효과적으로 수행하는 사람이다. 우리는 자기관리를 통해 직장생활에서 직업인으로서 자신의 역할과 목표를 정립하고, 이를 위한 행동과 업무 수행을 관리하고 통제할 수 있게 된다. 여기서 자기관리란 자신을 이해하고 목표를 성취하기 위해 자신의 행동 및 업무 수행을 관리하고 조정하는 것이며, 자기관리능력은 이러한 자기관리를 잘할 수 있는 능력을 의미한다.

자기관리를 위한 과정은 다음과 같다. 우선 자신의 비전과 목표를 정립하고, 자신의 역할 및 능력을 분석하여 과제를 발견하며, 이에 따른 일정을 수립하여 시행하는 절차로 이루어진다. 이렇게 시행된 결과는 지속적인 자기관리를 위하여 반성하고 피드백한다. 따라서 자기관리를 잘하는 사람은 목표를 설정하고 이를 성취하기 위해 중요한 업무를 우선으로 하여 명확한 업무 정의를 내린다. 이후 일정을 장단기로 계획하여 우선순위에 따라 수행하고, 일한 후에는 자신의 결정을 되돌아보는 시간을 갖는다. 이제 나 자신에게 물어보자. '나는 직장에서 자기관리를 잘하기 위해서 어떻게 하면 될까?'

사례

천 사원은 이번 달부터 TF팀에 참여하게 되었다. 전략분석원으로서 할 수 있는 일이 무엇인지, 어떤 업무를 수행해야 하는지 업무 지침서를 미리 보면서 자신의 역할을 명확히 인지하였다. 그 후 자신이 해야 할 업무의 목표가 무엇인지 파악하였고, 이를 이루기 위한 과제를 설정하였다.

① 프로젝트 수행 결과를 분석하여 보고서를 작성한다.
② 긴급하게 끝내야 할 일을 가장 높은 우선순위에 둔다.
③ 조사, 면접, 분석 등 업무 수행방법을 찾아 설정한다.
④ 마지막으로 도달해야 할 정확한 목표 지점을 설정한다.
⑤ 지금 하려는 일은 무엇인지, 이를 관리하기 위한 어떤 방법이 있는지 찾는다.

난이도 상 중 하

13 **다음 글에서 김 팀장이 자기관리를 통해 긍정적인 마음가짐을 갖는 방법으로 적절하지 않은 것은?**

> 대기업에서 인사 업무 담당자로 근무하다가 얼마 전 중소기업에 경영관리팀장으로 이직한 김 팀장은 지난 3개월 동안 몸무게가 10kg이나 줄었다. 모임에 나가면 다들 다이어트에 성공했다며 비결이 뭐냐고 물어보지만, 속사정은 따로 있다. 김 팀장은 이직 후 인사, 교육, 총무 업무까지 도맡아 하고 있고, 대기업에 있을 때와는 달리 팀원 수도 절반밖에 되지 않는다. 거기에 대표이사 비서실장까지 겸직해야 하니 이만저만 힘든 일이 아니다. 업무 역량이 잘 갖추어지지 않아 하루하루 육성이 필요한 팀원들을 일정 수준 이상으로 만들어야겠다는 생각과 자신이 무엇을 하는 팀장인가에 대한 생각이 수면장애와 식욕부진을 불러와 강제 다이어트 효과를 가져왔다.
>
> 이전 직장에서는 다혈질이라는 얘기도 많이 들었는데, 막상 작은 팀이지만 팀장이 되고 나니 예전만큼 구성원들에게 화를 내지도 못하겠다. 또 화를 내면 나쁜 사람이라고 느낄 만큼 팀원들이 자신의 말을 잘 따르고 성실하게 업무에 임해 주고 있다. 업무 능력이 다소 부족할 뿐이지 인간적으로는 참 괜찮은 팀원들을 만났다는 생각이 든다. 다만 일이 생각한 수준에 미치지 못해 속에서는 울화가 치미는데, 스트레스에 쓰러지지 않으려면 마인드 관리가 필요하다는 생각이 든다.

① 고난이나 역경을 통해 성장할 수 있다는 가능성을 믿어야 한다.
② 자신의 능력과 가치를 신뢰하고 있는 그대로의 자신을 수용해야 한다.
③ 일정 부분은 타인의 탓이라고 생각하고, 원망하는 방법을 배워야 한다.
④ 동료나 선후배들을 통해 도움을 받고 있다고 생각하며 팀원들이 힘이 된다고 생각한다.
⑤ 해야 할 일이 너무 많다면 그만큼 자신이 뛰어나고 인정을 받고 있다고 생각해야 한다.

난이도 상 중 하

14 **급변하는 경력 환경 속에서 경력개발을 위한 조직 구성원의 학습은 일회성이 아니라 지속적인 학습 활동을 추구하는 흐름으로 변화하고 있다. 다음 중 지속적인 학습 활동의 의미에 대한 설명으로 적절하지 않은 것은?**

① 개인 경력목표와 조직 성과의 요구를 통합한다.
② 업무의 차원에서 직무 경험을 통한 학습을 포함한다.
③ 학습 내용의 차원에서 개인적 성장 및 전문성 향상을 목적으로 한다.
④ 바람직한 수준의 역량에 비춰 개인 수준의 역량을 평가하는 자기 평가 과정이 수반되어야 한다.
⑤ 체계적이고 공식적인 학습 활동을 의미하므로, 비공식적인 스터디나 동호회는 포함되지 않는다.

난이도 상 중 하

15 **현대사회의 지식정보는 매우 빠른 속도로 변화하고 있어 직업인들은 개인의 진로에 대해 단계적 목표를 설정하고 목표 성취에 필요한 능력을 개발해야 한다. 이때, 경력개발의 필요성은 크게 환경 변화, 조직 요구, 개인 요구로 나눌 수 있다. 다음 중 개인 요구에 따른 경력개발의 필요성으로 적절한 것을 [보기]에서 모두 고른 것은?**

보기

㉠ 발달 단계에 따른 가치관 변화	㉡ 승진 적체
㉢ 직무환경 변화	㉣ 삶의 질 추구
㉤ 개인의 고용 시장 가치 증대	㉥ 능력주의 문화

① ㉠, ㉢　　② ㉠, ㉤　　③ ㉡, ㉣

④ ㉢, ㉤　　⑤ ㉣, ㉥

난이도 상 중 하

16 **다음 글을 바탕으로 할 때, A씨의 경력개발 과정에서 환경의 변화 요인으로 보기 <u>어려운</u> 것은?**

30대 초반 늦은 나이에 대학을 졸업한 A씨는 여러 곳에 입사를 지원하던 중 유일하게 합격한 B그룹에서 운영하는 계열사의 고객센터 사업부에 입사하게 되었다. 상담원으로 4년 정도 일을 하다 보니 조직 내 승진에 한계가 있다는 것도 알게 되었다. 자신보다 1~2년 먼저 입사한 선배들도 진급이 되지 않아 고민하는 모습을 쉽게 볼 수 있었다. 또한, 급여체계도 달라 자신과 같이 상담원으로 입사를 한 사람은 4년 차 이상이 되면 열심히 일하더라도 급여 인상이 적다는 것을 알게 되었다. 그 사이 그룹의 경영전략이 바뀌어 A씨가 있는 계열사는 B그룹 내부 사업 운영을 주로 하게 되었고, 그룹의 매출이 계열사 매출의 90% 이상을 차지하는 구조로 바뀌었다. 결국, B그룹 내에서 A씨가 속한 계열사는 내부 지원 회사의 위치가 되었다. A씨는 자신의 능력이나 성과와 관계없이 조직구조로 인한 경력개발의 한계가 있다는 것을 알게 되었고 대안을 찾고 싶었다.

자신의 경력에 대해 고민하던 A씨는 평소 관심이 있었던 데이터 분석과 품질개선에 대해 더 공부하기 위하여 졸업한 대학의 대학원에서 빅데이터를 더 공부하게 되었다. 그 사이 4차 산업혁명 열풍과 함께 기업의 필요 인력도 변화하여 빅데이터 관련 인력의 수요가 폭발적으로 증가하게 되었다. 고용시장에서는 신입사원보다는 직장생활의 경험을 가진 중견 사원에 대한 인력 수요가 높아졌다. 이로 인해 5년 이상의 업무 경력을 가진 중견 사원의 이직이 활발한 상황이 되었다. 2년간의 과정을 거쳐 석사 학위를 취득한 A씨는 그간 일한 경력과 전문 지식을 가지고 C그룹 본사의 빅데이터 분석팀으로 이직을 할 수 있었다.

① 삶의 질을 추구하는 문화

② 조직구조의 변화

③ 지식정보의 빠른 변화

④ 빅데이터 분야 인력 수요 증가

⑤ 중견 사원에 대한 선호 증가

[17~18] 다음 글을 읽고 이어지는 질문에 답하시오.

> 요즘은 자기관리의 시대이다. 연예인도 아닌데 얼마만큼 자신을 관리했느냐에 따라 직장인의 몸값도 달라지는 시대가 되었다. 당신은 지금 어떤 분야에서 자기관리가 필요하다고 생각하는가?
> 아마 사람마다 다를 것이다. 젊을 때라면 외모에 신경 쓰는 학생들도 많으리라. 연예인들이야 몸이 생명인 만큼 '몸짱'을 만들기 위해 광적으로 노력을 기울이면 되겠지만, 굳이 나까지 왜 그래야 하나 생각하는 사람들도 있을 것이다. 그러나 최근에는 평범한 학생뿐 아니라 나이 든 중년들도 더 젊게 보이려고 몸매 관리에 애쓴다. 이런 외적관리에 치중하다 보니 성형수술까지 붐을 이루고 있다. 상대가 혐오감을 느낄 정도라면 불가피한 경우도 있겠지만 대다수의 경우 성형만으로는 문제가 해결될 수 없다. 외적인 관리도 중요하지만, 보다 근본적으로는 보이지 않는 <u>내적인 자기관리</u>가 더 중요하기 때문이다.

난이도 상 중 하

17 **주어진 글의 밑줄 친 부분에 해당하는 것으로 가장 적절하지 <u>않은</u> 것은?**

① 지원 희망 직무와 유관한 아르바이트
② 학점관리
③ 다양한 분야의 사람들과 인맥관리
④ 면접을 위한 다이어트
⑤ 자격증 취득

난이도 상 중 하

18 **다음 중 내적인 자기개발을 설계하기 위한 전략으로 적절하지 <u>않은</u> 것은?**

① 대략적으로 계획을 세워 실천한다.
② 현재 자신이 처한 환경을 고려한다.
③ 주변 지인 등 인간관계를 고려한다.
④ 장 · 단기 목표를 구분하여 수립한다.
⑤ 자기 자신을 브랜드화할 수 있도록 한다.

[19~20] 다음 글을 읽고 이어지는 질문에 답하시오.

> 직장생활 10년 차로 중소기업에서 재무팀장을 맡고 있는 윤 팀장은 얼마 전부터 빅데이터에 대해 공부하기 위해 야간대학원에 다니고 있다. 과거에는 주로 엑셀 프로그램만 잘하면 업무를 수행하는 데 별 문제가 없었는데, 몇 년 전부터 스마트기기와 관련된 소프트웨어가 급격히 늘어나면서 자신이 일을 처리하는 방식이 좀 구닥다리 같다는 생각이 들었다. 또 재무팀을 총괄하게 되면서 회사의 투자 등 업무를 더 맡다보니 예전처럼 단순히 자금을 잘 관리하는 수준에 머무르면 계속 직장생활을 하는 것도 어려울 것이라는 생각이 들었다.
>
> 위기감 반, 새로운 것에 대한 기대감 반으로 1년째 대학원에 다니고 있는데 '좀 더 일찍 시작할걸.'이라는 생각과 함께 이제 새로운 것이 나오면 꾸준히 배워야 한다는 생각도 갖게 되었다.

난이도 상 중 하

19 **주어진 글과 연관 있는 경력개발과 관련된 이슈로 가장 적절한 것은?**

① 일과 삶의 균형(Work Life Balance)
② 창업 경력
③ 투잡스(Two-jobs)
④ 평생학습사회
⑤ 청년 실업

난이도 상 중 하

20 **윤 팀장이 실천하고 있는 경력개발과 관련된 현재 사회 환경의 변화로 적절하지 <u>않은</u> 것은?**

① 노동 방식과 노동 시간 등에 대한 결정권이 개별 근로자에서 고용주 및 조직으로 넘어오고 있다.
② 지식과 정보의 폭발적인 증가로 새로운 기술개발에 따라 직업에서 요구되는 능력도 변화하고 있다.
③ 평생직장이라는 말은 사라진 지 오래이며, 평생 동안 여러 개의 직업 경력을 가지는 사람도 증가하고 있다.
④ 현재 개인이 가진 능력보다 개인의 학습하는 능력과 이에 대한 자기개발 노력이 더욱 중요시되고 있다.
⑤ 기술 발전 등으로 새로운 분야가 급증하고 동시에 고용 불안정도 해소하고자 창업하려는 사람이 늘고 있다.

공기업 NCS | 직업기초능력평가

PART 3

NCS 실전모의고사

CHAPTER 01 실전모의고사 1회 의수문자 피듈형

CHAPTER 02 실전모의고사 2회 전 영역 피듈형

CHAPTER 03 실전모의고사 3회 전 영역 피듈형

CHAPTER 04 실전모의고사 4회 의수문자 PSAT형

모바일 OMR
자동채점 & 성적분석 무료

정답만 입력하면 채점에서 성적분석까지 한번에!

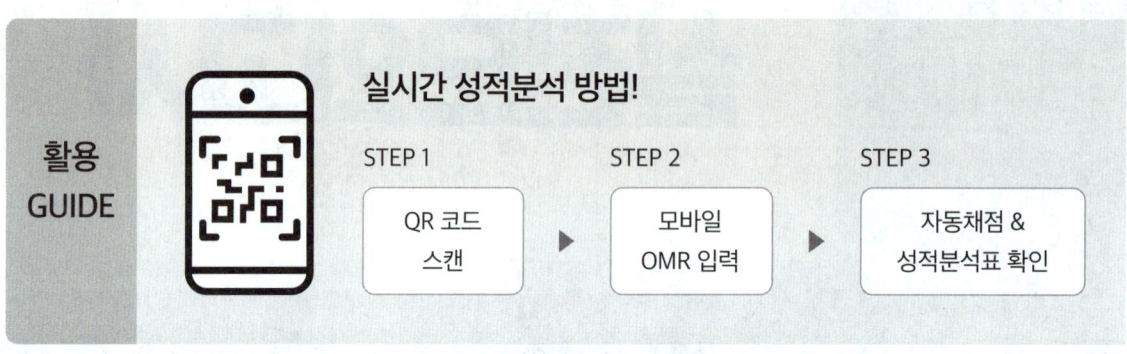

활용 GUIDE

실시간 성적분석 방법!

STEP 1 — QR 코드 스캔 ▶ STEP 2 — 모바일 OMR 입력 ▶ STEP 3 — 자동채점 & 성적분석표 확인

STEP 1

교재 내 QR 코드 스캔

실전모의고사 1회
모바일 OMR 바로가기

https://eduwill.kr/2mZp

- 위 QR 코드를 모바일로 스캔 후 에듀윌 회원 로그인
- QR 코드 하단의 바로가기 주소로도 접속 가능

STEP 2

모바일 OMR 입력

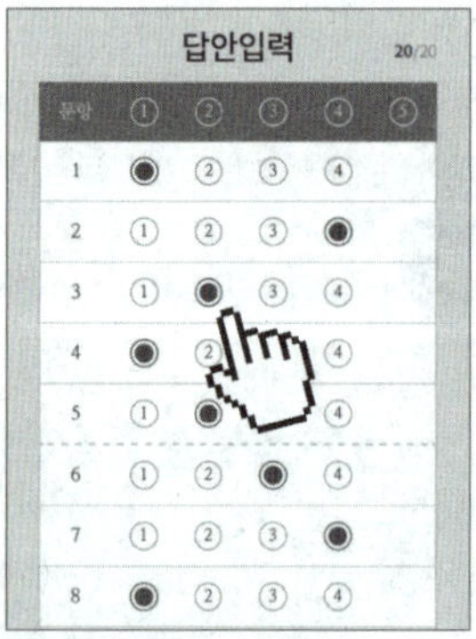

- 회차 확인 후 '응시하기' 클릭
- 모바일 OMR에 답안 입력
- 문제풀이 시간까지 측정 가능

STEP 3

자동채점 & 성적분석표 확인

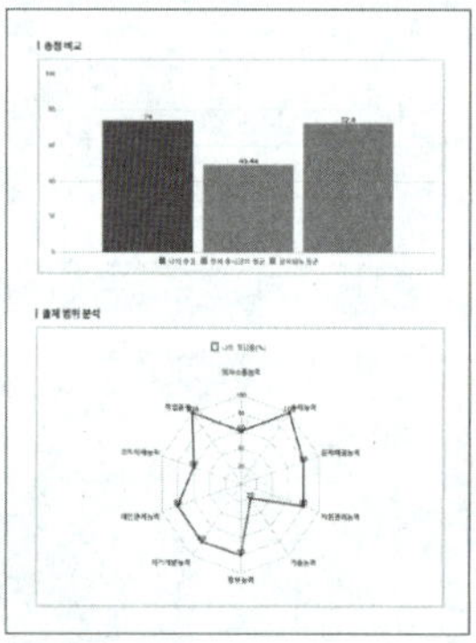

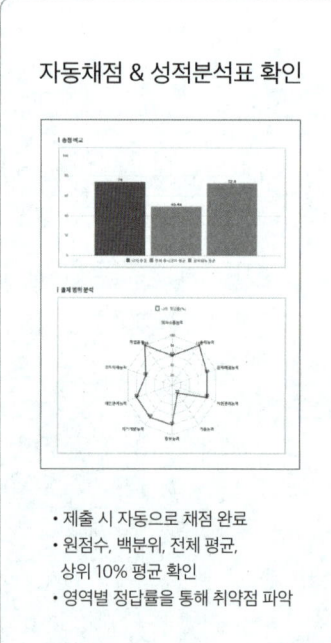

- 제출 시 자동으로 채점 완료
- 원점수, 백분위, 전체 평균, 상위 10% 평균 확인
- 영역별 정답률을 통해 취약점 파악

※ 본 회차의 모바일 OMR 채점 서비스는 2027년 01월 31일까지 유효합니다.

CHAPTER 01

실전모의고사 1회

의사소통능력, 수리능력, 문제해결능력, 자원관리능력

피듈형 40문항 구성 / 50분 내 풀이 권장

01 **갑의 태도와 관련이 <u>없는</u> 의사소통 전략으로 알맞은 것은?**

> 신입사원 갑은 입사 초기부터 업무 수행 과정에서 여러 어려움을 겪고 있다. 갑은 회의에서 상사의 지시 사항을 제대로 이해하지 못한 채 메모조차 하지 않아, 실제 업무 수행 단계에서 엉뚱한 결과물을 내놓는 경우가 잦았다. 동료들이 그를 배려하여 긍정적인 면과 부정적인 면을 균형있게 피드백을 전달하였는데도 그는 방어적인 태도를 보이기도 했다. 또한 보고서를 작성할 때에는 전문용어를 과도하게 사용하여 고객이나 타 부서 직원들이 내용을 이해하기 어려워하는 상황이 자주 발생하였다. 대화에서도 상대방의 말을 끝까지 경청하기보다 중간에 끊고 자기 주장만 강조하는 버릇 때문에 협업이 원활하지 않았다. 특히 프로젝트 진행 중 갈등이 발생했을 때 감정을 조절하지 못해 목소리를 높이는 경우도 있었다. 이로 인해 팀 분위기가 경직되고, 상사와 동료들은 갑을 배려해야 하는 상황에 놓였다. 결국 갑의 의사소통 문제는 개인의 성과를 넘어 팀 전체의 효율성에도 부정적 영향을 주게 되었다.

① 피드백을 수용하여 개선의 기회로 활용한다.
② 고객과 협력 부서를 고려해 쉬운 언어를 선택한다.
③ 감정에 몰입하지 않고 평정을 유지하며 대화한다.
④ 상사의 지시 사항을 경청하며 필요한 내용을 기록한다.
⑤ 설득력 있는 논리 전개보다 데이터 분석으로 문제 원인을 규명한다.

02 **다음은 회사에서 흔히 작성하는 문서의 종류이다. 이에 대한 설명으로 옳지 <u>않은</u> 것은?**

㉠ 공문서	㉡ 기안서	㉢ 출장보고서
㉣ 제품설명서	㉤ 보도자료	

① 일반적으로 회사의 외부로 발송되거나 공개되지 않는 문서는 ㉡과 ㉢이다.
② ㉠은 반드시 엄격한 규격과 양식에 따라 정당한 권리를 가진 사람이 작성해야 한다.
③ ㉣은 독자가 친근하게 읽고 내용을 쉽게 이해할 수 있어야 한다.
④ 회사 내 특정 조직의 결재를 거쳐야 하는 문서는 3개이다.
⑤ ㉤은 작성자의 주관적인 의견이 바탕이 되어서는 안 된다.

03 다음 [대화] 중 의사소통 저해 요인의 사례로 적절한 것을 모두 고른 것은?

대화

(가) 김 과장: "박 대리, 지금까지 내가 요청한 서류를 하나도 빠짐없이 빨리 준비하도록 하세요. 지금 나가야 하니까 질문은 나중에 하고, 지시한 대로만 준비하면 됩니다."
박 대리: "네, 일단 시작해 보긴 하겠습니다만..."

(나) 윤 과장: "업무가 그렇게 밀렸다면 자네는 행사에 참석하지 않는 게 좋을 것 같군. 하지만 참석 인원이 부족하면 제품 홍보에 문제가 생길 텐데..."
심 과장: "어, 그래? 좀 생각해 보아야겠군."

(다) 이 대리: "그 거래처 담당자는 업무와 관련 없는 말을 너무 많이 해. 아마 대부분 정 사원이 이미 알고 있는 내용일 거야."
정 사원: "그래도 일단 모두 수첩에 기록은 해 두고 나중에 따로 요점을 확인해 보겠습니다."

(라) 조 대리: "과장님, 내일 등반대회의 정확한 참석 인원을 다시 한 번 확인하는 것이 좋지 않을까요? 차량 문제도 그렇고 비가 온다는데 비상연락망도 점검해야 할 것 같습니다."
최 과장: "그럴 필요 없네. 부서 모임이 어디 한두 번 있는 일인가? 사정 있는 사람은 알아서 이미 연락들을 했겠지."

① (가), (나)　② (가), (다)　③ (다), (라)
④ (가), (나), (라)　⑤ (나), (다), (라)

04 다음은 직원 A~C의 [대화]이다. 밑줄 친 ㉠~㉤ 중 문서적인 의사소통 또는 언어적인 의사소통의 특징으로 옳지 <u>않은</u> 것은?

대화

A: "어제 강의에서 새삼 느꼈던 점은 직장 생활에서 의사소통은 말로만 하는 것이 아니라는 사실입니다. 특히 문서로 하는 의사소통의 의미가 참 중요하다는 점을 되새기게 되었습니다."
B: "맞습니다. ㉠ <u>문서로 하는 의사소통은 권위감도 있고 보존성도 크다는 장점</u>이 있는 것 같아요."
C: "뿐만 아니라 ㉡ <u>전달성이 높다는 장점</u>도 있습니다."
A: "하지만 ㉢ <u>문서적인 의사소통이 반드시 필요한 경우가 있지만 혼란과 곡해를 일으키기가 쉽다는 문제</u>가 있어요."
C: "반면, ㉣ <u>언어로 의사소통을 하면 그 자리에서 상대방을 설득시키기가 어렵다는 단점</u>이 있지요. 물론 ㉤ <u>상대방의 감정을 살펴가면서 의사를 전달할</u> 수는 있지만 말입니다."

① ㉠　② ㉡　③ ㉢
④ ㉣　⑤ ㉤

PART 3 CHAPTER 01 실전모의고사 1회

05 다음 글의 중심 내용으로 가장 적절한 것은?

> 근대 철학의 포문을 연 데카르트와 그 후예들의 문제 설정의 중심에는 '주체'라는 개념이 자리 잡고 있었다. 그러나 근대 철학은 헤겔 이후 도전에 직면하였으며, 특히 인간을 모든 것의 중심에 놓는 근대 철학의 지배적 이념이 그 비판의 대상이 되었다.
>
> 근대 철학에 대한 대표적인 비판으로 환경론자들의 주장을 들 수 있다. 환경론자들에 의하면 근대 철학은 이분법적 사고방식에 근거하여 인간을 주체로, 자연을 인간에 의해 인식되고 지배되는 대상으로 파악하였다. 그 결과 인간이 자연의 지배자라는 부당한 이념을 유포시켰다고 주장한다.
>
> 환경론자들은 근대를 주도하고 지배하던, 그리고 오늘날에도 여전히 그 위세를 떨치고 있는 과학기술주의에 주목하였다. 과학기술주의는 근대 철학의 영향으로 자연을 수량화와 계산을 통해 언제나 이용할 수 있는 자원의 창고로 바라보았다. 그 결과 자연 파괴는 물론 그 속에 존재하는 인간의 삶에 전반적인 위기를 초래하였다는 것이 환경론자들의 주장이다.
>
> 이러한 환경론자들의 비판에 철학적 기초를 제공한 현대 철학자는 하이데거이다. 그에 의하면 근대 철학의 근본적 특징은 인간 중심주의이자 이성 중심주의이다. 이는 존재하는 모든 것을 인간에 의해 인식되고 파악되고 지배될 수 있는 대상으로 만드는 계산적 사유에 근거한다. 즉 계산적 사유로서의 이성은 모든 '존재하는 것(존재자)'을 '주체'인 인간의 지배 대상으로 전락시켰으며, 이로 인해 존재자의 본원적인 존재 의미는 사라져 버렸다는 것이다.
>
> 하이데거는 존재자 본연의 존재 의미를 성찰하면서 새로운 사유의 지평을 열었다. 그는 존재자들이 전체 속에서 의미 있게 결합되어 있는 관계로 존재한다고 하면서, 존재자는 그러한 관계로부터 분리될 수 없으며 또한 그 전체 연관성 속에서 그 어떤 것으로도 대체될 수 없는 유일성을 갖는다고 주장하였다.

① 근대 철학의 명과 암
② 근대 철학과 현대 철학의 차이
③ 근대 철학에 대한 환경론자들의 비판
④ 근대 철학을 계승하여 발전시킨 하이데거
⑤ 근대 철학이 자신의 한계점을 극복한 방법

06 다음 글의 빈칸에 들어갈 문장을 [보기]에서 골라 바르게 짝지은 것은?

우리는 일상생활이나 학문 활동에서 '진리' 또는 '참'이라는 말을 자주 사용한다. 예를 들어 '그 이론은 진리이다.'라고 말하거나 '그 주장은 참이다.'라고 말한다. 그렇다면 우리는 무엇을 '진리'라고 하는가? 이 문제에 대한 대표적인 이론에는 대응설, 정합설, 실용설이 있다.

대응설은 어떤 판단이 사실과 일치할 때 그 판단을 진리라고 본다. '내 말을 믿지 못하겠거든 가서 보라.'라는 말에는 이러한 대응설의 관점이 잘 나타나 있다. 감각을 사용하여 확인했을 때 그 말이 사실과 일치하면 참이고, 그렇지 않으면 거짓이라는 것이다. 대응설은 일상생활에서 참과 거짓을 구분할 때 흔히 취하는 관점으로, 우리가 판단과 사실의 일치 여부를 알 수 있다고 여긴다. 우리는 특별한 장애가 없는 한 대상을 있는 그대로 정확하게 지각한다고 생각한다. 예를 들어 책상이 네모 모양이라고 할 때 감각을 통해 지각된 '네모 모양'이라는 표상은 책상이 지니고 있는 객관적 성질을 그대로 반영한 것으로 생각한다. 그래서 '그 책상은 네모이다.'라는 판단이 지각 내용과 일치하면 그 판단은 참이 되고, 그렇지 않으면 거짓이 된다는 것이다. 이러한 대응설은 (　　A　　)

정합설은 어떤 판단이 기존의 지식 체계에 부합할 때 그 판단을 진리라고 본다. 진리로 간주하는 지식 체계가 이미 존재하며, 그것에 판단이나 주장이 들어맞으면 참이고, 그렇지 않으면 거짓이라는 것이다. 예를 들어 어떤 사람이 '물체의 운동에 관한 그 주장은 뉴턴의 역학의 법칙에 어긋나니까 거짓이다.'라고 말했다면, 그 사람은 뉴턴의 역학 법칙을 진리로 받아들여 그것을 기준으로 삼아 진위를 판별한 것이다. 이러한 정합설은 (　　B　　)

실용설은 어떤 판단이 쓸모 있는 결과를 낳을 때 그 판단을 진리라고 본다. 어떤 판단을 실제 행동으로 옮겨 보고, 그 결과가 만족스럽거나 이용할 만하다면 그 판단은 참이고, 그렇지 않다면 거짓이라는 것이다. 예를 들어 어떤 사람이 '자기 주도적 학습 방법은 창의력을 기른다.'라고 판단하여 그러한 학습 방법을 실제로 적용해 보았다고 하자. 만약 그러한 학습 방법이 실제로 창의력을 기르는 등 만족스러운 결과를 낳았다면 그 판단은 참이 되고, 그렇지 않다면 거짓이 된다. 이러한 실용설은 (　　C　　)

보기

㉠ 새로운 주장의 진위를 판별할 때 결과의 유용성을 중시한다.
㉡ 새로운 주장의 진위를 판별할 때 기존 이론 체계와의 무모순성을 중시한다.
㉢ 새로운 주장의 진위를 판별할 때 관찰이나 경험을 통한 사실의 확인을 중시한다.

	A	B	C
①	㉠	㉡	㉢
②	㉡	㉠	㉢
③	㉡	㉢	㉠
④	㉢	㉠	㉡
⑤	㉢	㉡	㉠

[07~08] 다음 글을 읽고 이어지는 질문에 답하시오.

자기부상열차는 바퀴와 선로의 마찰로 전진하는 기존의 열차와 달리 자기력을 이용해서 열차를 선로 위에 낮은 높이로 부상시켜 움직이는 열차를 말한다. 자기부상열차가 움직이기 위해서는 열차를 선로 위로 띄우는 힘과 열차를 원하는 방향으로 진행시키는 두 가지 힘이 필요하다.

자기부상열차는 같은 극끼리 미는 힘이 작용하는 자석의 원리를 이용한다. 열차 바닥과 선로를 같은 극의 자석으로 만들어 열차가 뜨게 하는 것이다. 열차가 선로 위를 뜬 채로 움직이면 마찰이 없으므로 매우 고속으로 달릴 수 있다. 하지만 수백 톤이 넘는 열차를 띄우려면 엄청나게 강한 자석이 필요하다. 이렇게 강한 자석을 만들려면 쇠막대를 코일로 감아서 높은 전류를 흘려보내야 한다. 그러나 이렇게 높은 전류를 흘려보내면 코일이 모두 녹아 버린다. 이러한 문제를 해결하기 위해 사용하는 것이 초전도 자석이다. 초전도 자석에 사용된 코일은 저항이 거의 0에 가깝다. 아무리 높은 전류를 흘려보내도 저항이 거의 없으므로 코일에 열이 발생하지 않아 열차를 띄울 수 있는 강한 전자석을 만들 수 있다.

자기부상열차를 선로에서 띄우는 방식은 두 가지로, 반발식 자기부상과 흡인식 자기부상이 대표적이다. 반발식 자기부상은 자석의 같은 극끼리 서로 밀어내는 힘을 이용해서 열차를 띄우는 방식이다. 반발식 자기부상열차는 보통 열차에 장착한 강한 자석과 궤도에 연속적으로 배치한 코일로 구성된다. 궤도코일의 윗면을 열차의 자석이 이동하게 되면 전자기 유도원리에 의해 코일의 자기극은 이동하는 자석과 같은 극이 되어, 두 극 사이에 반발력이 발생하게 된다. 열차의 자석이 N극일 때 레일의 전자석도 같은 N극이어서 서로 밀어내게 되고, 이때 그 앞의 전자석은 S극이므로 열차가 앞으로 가는 동안 전자석의 전류 방향을 반대로 하여 N극으로 바꾸게 되면 열차의 부상은 계속 유지되게 된다. 이와 같이 반발식 자기부상열차는 열차와 레일 간격이 작아지면 자동으로 반발력이 증대하여 부상하게 되므로 별도의 자기력 제어를 하지 않기도 한다. 하지만 차량운동을 제어할 수 없기 때문에 승차감이 떨어진다.

흡인식 자기부상은 자석의 다른 극끼리 서로 끌어당기는 힘을 이용해 열차에 설치된 전자석을 잡아당기는 힘으로 열차가 부상한다. 흡인식 자기부상열차는 주로 열차에 있는 전자석이 철제의 레일 아래에서 위쪽으로 달라붙는 구조를 갖고 있다. 여기서 전자석에 전류가 흐르면 철판에 붙으려는 힘, 즉 레일 쪽으로 흡인력이 발생하여 전자석과 함께 차체가 위쪽 방향으로 올라감으로써 부상되는 것이다. 이때 전자석에 전류가 계속 흐르면 흡인력이 계속 유지되고, 전자석은 결국 레일 아래에 붙게 되는데, 이렇게 되면 열차는 움직일 수 없게 된다. 따라서 레일에 붙기 전에 전류를 끊으면 전자석의 흡인력이 없어지고 부상이 정지되어, 열차 무게 때문에 아래 방향으로 내려가게 된다. 또한 전류가 계속 끊어져 있으면 흡인력이 없기 때문에 열차는 레일 위에 닿아 올려져 있는 모양이 되어 역시 움직일 수 없게 된다. 따라서 열차가 완전히 레일 위로 내려앉기 전에 다시 전류를 흘려 흡인력을 발생시키고, 열차가 부상되도록 한다. 이와 같은 전자석의 동작을 반복함으로써 열차가 레일과 일정 간격을 유지하면서 부상되어 있도록 한다. 흡인식 자기부상열차는 항상 부상제어를 해야 하는 단점이 있지만 차량의 운동을 제어할 수 있기 때문에 승차감이 좋고 속도에 상관없이 부상할 수 있다.

07 주어진 글의 내용과 일치하는 것은?

① 코일을 쇠막대에 감아 낮은 전류를 흘려보내면 강한 자석을 만들 수 있다.
② 흡인식 자기부상열차는 열차 쪽으로 흡인력이 발생하여 부상하는 방식이다.
③ 반발식 자기부상은 자석의 같은 극끼리 서로 당기는 힘을 이용하는 방식이다.
④ 반발식 자기부상과 흡인식 자기부상은 자기부상열차의 대표적인 부상 방식이다.
⑤ 자기부상열차가 선로로부터 부상하기 위해서는 같은 방향의 두 가지 힘이 필요하다.

08 주어진 글을 읽고 추론한 내용으로 적절하지 않은 것은?

① 자기부상열차는 초전도 자석 기술력이 필요하다.
② 열차의 속도는 선로와 열차의 마찰에 영향을 받는다.
③ 흡인식 자기부상열차의 전자석에 흐르는 흡인력이 줄어들면 열차와 레일의 간격은 줄어든다.
④ 자석의 다른 극끼리 서로 끌어당기는 힘을 이용하면 전자기 유도원리를 활용하여 항상 부상할 수 있다.
⑤ 반발식 자기부상은 레일 전자석의 전류 방향을 바꾸면서 열차의 부상을 유지한다.

[09~10] 다음 글을 읽고 이어지는 질문에 답하시오.

현대 사회에서 대기 오염은 인간의 건강과 직결되는 중요한 문제로, 그중에서도 미세 먼지는 대표적인 유해 물질로 지적된다. 미세 먼지는 지름이 수십 마이크로미터에 불과한 작은 입자로, 호흡기를 거쳐 혈관까지 침투할 수 있어 다양한 질환을 유발한다. 이러한 특성 때문에 미세 먼지의 농도를 정확하게 측정하는 일은 정책적 대응뿐 아니라 개인의 생활 안전을 위해서도 필수적이다.

미세 먼지는 입자의 크기, 성분, 발생 원인이 다양하기 때문에 이를 효과적으로 측정하기 위해서는 여러 방식이 동원된다. 그중 가장 전통적인 방법은 무게 농도법이다. 이 방식에서는 공기를 여과지에 통과시켜 미세 먼지를 포집한 뒤, 여과지의 무게 증가량을 측정하여 농도를 계산한다. 무게 농도법은 측정 과정이 비교적 단순하며 결과가 절대적 기준으로 활용될 수 있다는 장점이 있다. 실제로 국제적으로 공인된 표준 측정 방식 역시 무게 농도법을 기반으로 하고 있다.

(㉠) 무게 농도법은 일정한 시간 동안 시료를 채취한 후 분석해야 하므로 실시간 측정이 어렵다는 한계가 있다. 따라서 일상적인 대기 질 정보 제공에는 적합하지 않다. 이러한 한계를 보완하기 위해 도입된 것이 광학적 측정법이다. 이 방법은 공기 중의 입자에 빛을 조사하고, 산란되거나 흡수된 빛의 강도를 분석하여 미세 먼지 농도를 추정한다.

광학적 측정법은 결과를 거의 즉각적으로 얻을 수 있어 실시간 모니터링에 널리 활용된다. 또한 소형화가 가능해 휴대용 기기나 간이 측정기에도 적용된다. (㉡) 빛의 산란 특성은 입자의 크기와 성분에 따라 달라지므로, 실제 농도와 차이가 발생할 수 있다. 특히 수분이나 다른 오염 물질이 함께 존재할 경우 오차가 커질 가능성이 있다는 점은 이 방법의 한계로 지적된다.

이처럼 무게 농도법과 광학적 측정법은 각각의 장단점을 지니며, 상호 보완적 성격을 띤다. 현재 대기 오염 관리 체계에서는 무게 농도법을 표준으로 삼아 신뢰성을 확보하고, 동시에 광학적 측정법을 활용해 실시간 데이터를 제공하는 방식을 병행한다. 나아가 최근에는 인공지능과 빅데이터 분석 기술을 접목하여 측정 결과의 정확성을 높이고, 지역별·시간대별 오염 특성을 정밀하게 파악하려는 시도가 이어지고 있다. 미세 먼지 농도의 측정은 단순한 수치 확인을 넘어, 대기 환경을 체계적으로 이해하고 인류의 건강을 보호하기 위한 과학적 기반을 마련하는 과정이라 할 수 있다.

09 주어진 글의 내용과 일치하지 않는 것은?

① 무게 농도법은 국제적으로 공인된 표준 측정 방식이다.
② 미세 먼지는 크기가 매우 작아 인체 내부 깊숙이 침투할 수 있다.
③ 광학적 측정법은 측정 결과를 얻기까지 오랜 시간이 소요되는 단점이 있다.
④ 광학적 측정법은 입자의 성분이나 수분의 영향을 받아 오차가 발생할 수 있다.
⑤ 현재 대기 오염 관리 체계에서는 무게 농도법과 광학적 측정법을 병행하여 활용한다.

10 빈칸 ㉠과 ㉡에 공통으로 들어갈 단어로 적절한 것은?

① 그러나 ② 그래서 ③ 따라서
④ 그러므로 ⑤ 예를 들어

11 다음은 일정한 규칙에 따라 수를 나열한 것이다. 빈칸에 공통으로 들어갈 수로 알맞은 것은?

수열1: 3 5 8 13 ( ) 39 72
수열2: 2 4 6 12 ( ) 40 74

① 21 ② 22 ③ 26 ④ 27 ⑤ 28

12 다음 [표]는 직원 A~F의 사내 업무 평가 점수의 평균을 구한 뒤 편차를 나타낸 자료이다. 이를 바탕으로 구한 분산과 표준편차로 옳은 것은?

[표] 직원 A~F의 사내 업무 평가 점수 편차

직원	A	B	C	D	E	F
편차	3	−1	( )	2	0	−3

	분산	표준편차
①	4	1
②	6	2
③	9	3
④	9	2
⑤	4	2

13 다음은 D사의 인사팀에 재직 중인 귀하가 2025년 신입사원 모집을 위해 현재 회사에 재직 중인 사원 수에 대한 정보를 간략히 정리한 것이다. 이를 바탕으로 할 때, 현재 재직 중인 여자 사원 수로 옳은 것은?

- 재직 중인 전체 사원 수: 478명
  ※ 작년 대비 2명 감소함
- 남자 사원은 작년 대비 15% 감소하였으며, 여자 사원은 작년 대비 10% 증가하였음

① 280명 ② 288명 ③ 292명
④ 296명 ⑤ 308명

14 다음 자료를 바탕으로 할 때, 중앙값과 상·하위 25%값의 핵심적인 의미를 [보기]에서 골라 바르게 짝지은 것은?

중앙값이란 정확하게 중간에 있는 값을 의미한다. 이는 관찰값을 최솟값부터 최댓값까지 크기에 의하여 배열하였을 때 순서상 중앙에 위치하는 관찰값을 말한다. 예를 들어 체중이 46.0kg, 46.9kg, 48.2kg, 48.5kg, 50.4kg인 학생 5명 중 가운데, 즉 세 번째에 있는 학생의 체중인 48.2kg이 중앙값이 되며, 이는 평균값과는 다르다.

하위 25%값과 상위 25%값은 원자료를 크기순으로 배열하여 4등분한 값을 의미한다. 백분위 수의 관점에서 제25백분위 수, 제75백분위 수로 표기할 수도 있다. 예를 들어 가구당 월평균 생활비가 다음과 같이 조사되었다면, 160~180만 원 정도의 생활비를 지출하는 가구는 상·하위 25% 범위에 포함되지 않는다는 사실을 알 수 있다.

가구당 월평균 생활비

(단위: 만 원)

141	143	145	147	149	151	153	155	157	159
161	163	165	167	169	171	173	175	177	179
181	183	185	187	189	191	193	195	197	199

보기

㉠ 주어진 자룟값의 최대치와 최소치를 비교 확인할 수 있다.
㉡ 원자료의 대푯값으로 활용되므로 평균값보다 중요도가 높다.
㉢ 상위의 자룟값과 하위의 자룟값의 경계선을 파악할 수 있다.
㉣ 자룟값 중 어느 하나가 너무 크거나 작을 때 자료의 특성을 잘 나타낸다.

	중앙값	상·하위 25%값
①	㉠	㉢
②	㉠	㉣
③	㉢	㉡
④	㉣	㉡
⑤	㉣	㉢

15 **A사원은 다음 [보기]와 같이 보고서를 작성하여 팀장에게 제출하였다. 이를 본 팀장은 보고서의 내용을 문장 형식이 아닌, 도표 위주로 수정할 것을 지시하였다. 팀장이 내린 지시사항의 의도로 가장 적절한 것은?**

보기

D기업은 올해 상반기 신입사원 채용을 실시하였고, 총 200명이 지원하였다. 지원자의 학력은 전원 학사 또는 석사 이상이었으며, 전공은 자연 계열과 인문, 상경 계열 순으로 많은 것으로 확인되었다. 전체 지원자 중 학사는 64명, 석사 이상은 136명이었으며, 자연 계열의 지원자는 78명, 인문 계열과 상경 계열의 지원자는 각각 68명과 54명이었다.

① 보고서의 올바른 형식을 알려주고자 하였다.
② 대외비인 자료이므로 보안을 유지하고자 하였다.
③ 보고서의 분량을 최소화하고자 하였다.
④ 경제 분석 보고서에는 도표만 유효하기 때문이다.
⑤ 시각적 자료를 통하여 한눈에 내용을 확인하고자 하였다.

16 다음 [표]는 5개 산업의 매출액 및 부가가치액에 관한 자료이다. 이에 대한 설명으로 옳지 않은 것은?

[표] 5개 산업의 매출액 및 부가가치액 (단위: 십억 원)

구분	출판	만화	음악	게임	영화
매출액	20,766	976	5,308	10,895	5,256
부가가치액	8,815	393	1,913	4,848	1,780

※ 부가가치율(%)$=\frac{\text{부가가치액}}{\text{매출액}}\times 100$

① 5개 산업 중 부가가치율이 가장 높은 산업은 게임 산업이다.
② 출판 산업의 부가가치율은 영화 산업의 부가가치율보다 높다.
③ 게임 산업과 만화 산업에 대한 부가가치율의 차는 4%p 이상이다.
④ 5개 산업 중 부가가치율이 두 번째로 낮은 산업은 음악 산업이다.
⑤ 5개 산업 중 부가가치율이 두 번째로 높은 산업의 부가가치율은 43% 이상이다.

[17~18] 다음은 2017~2024년 성별 평균 근로소득 및 사회보험료와 연도별 사회보험 평균 가입인원을 나타낸 자료이다. 이를 바탕으로 이어지는 질문에 답하시오.

[표] 성별에 따른 평균 근로소득 및 사회보험료 (단위: 만 원, 천 원)

구분	평균 근로소득(연봉)		평균 사회보험료(월)	
	남성	여성	남성	여성
2017년	3,180	2,460	265	205
2018년	3,240	2,844	270	237
2019년	3,600	3,048	300	254
2020년	3,648	3,264	304	272
2021년	3,840	3,300	320	275
2022년	4,008	3,360	334	280
2023년	4,560	3,540	380	295
2024년	4,680	3,600	390	300

[그래프] 연도별 사회보험 평균 가입인원 (단위: 만 명)

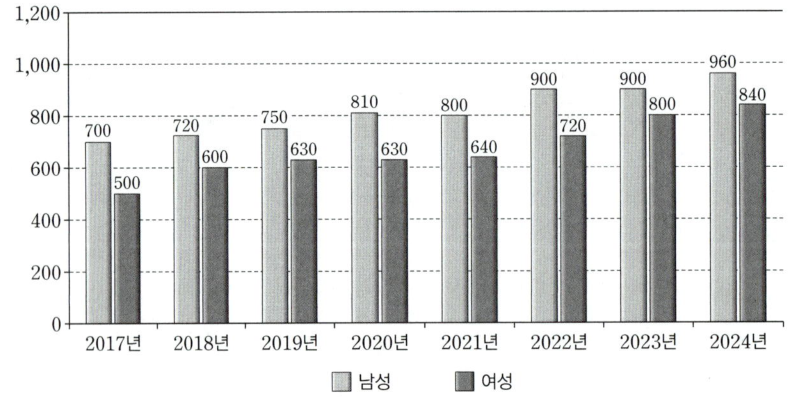

※ 1) 사회보험료 총액=평균 사회보험료×평균 가입인원
2) 평균 사회보험료=평균 근로소득×사회보험료율
3) 남성과 여성의 사회보험료율은 동일함

17 주어진 자료에 대한 설명으로 옳지 않은 것은?

① 2024년 사회보험료율은 6년 전과 동일하다.
② 주어진 기간 동안 사회보험 총가입인원이 증가하지 않았던 해가 있다.
③ 2020~2024년 동안 남성과 여성의 평균 근로소득 차이는 지속적으로 증가했다.
④ 주어진 기간 동안 2017년을 제외하고 여성의 사회보험료 총액이 전년보다 낮았던 적은 없다.
⑤ 남성과 여성의 평균 사회보험료 차이는 2019년 대비 2020년에 증가했다.

18 주어진 정보를 정리하여 다음 [표]를 완성하려고 한다. 이때, 빈칸에 들어갈 값으로 적절한 것은?

[표] 2020~2024년 전체 평균 사회보험료 (단위: 천 원/월)

구분	전체 평균 사회보험료
2020년	( )
2021년	300
2022년	310
2023년	340
2024년	348

※ 전체 평균 사회보험료 $=\frac{\text{남녀 사회보험료 총액}}{\text{남녀 총가입인원}}$

① 289 ② 290 ③ 291
④ 292 ⑤ 293

[19~20] 다음 [표]는 2020~2024년 연도별 반도체 산업의 국내 판매와 수출 규모를 나타낸 자료이다. 이를 바탕으로 이어지는 질문에 답하시오.

[표1] 연도별 반도체 산업의 국내 판매 규모 (단위: 백만 원)

구분	2020년	2021년	2022년	2023년	2024년
메모리	650,000	720,000	780,000	830,000	890,000
시스템반도체	280,000	300,000	320,000	350,000	380,000
파운드리	180,000	200,000	220,000	240,000	260,000
센서/아날로그	105,000	110,000	125,000	130,000	140,000
기타	85,000	90,000	105,000	110,000	125,000
합계	1,300,000	1,420,000	1,550,000	1,660,000	1,795,000

[표2] 연도별 반도체 산업의 수출 규모 (단위: 백만 원)

구분	2020년	2021년	2022년	2023년	2024년
메모리	850,000	950,000	980,000	920,000	1,050,000
시스템반도체	220,000	250,000	270,000	240,000	280,000
파운드리	195,000	205,000	225,000	205,000	240,000
센서/아날로그	80,000	90,000	95,000	100,000	105,000
기타	65,000	70,000	80,000	75,000	85,000
합계	1,410,000	1,565,000	1,650,000	1,540,000	1,760,000

※ 반도체 총매출 규모=국내 판매 규모+수출 규모

19 주어진 자료에 대한 설명으로 옳지 않은 것은?

① 2021년 이후 기타를 제외한 반도체 산업은 모두 국내 판매 규모가 매년 증가하였다.
② 2021~2024년 동안 전체 반도체 산업 국내 판매 규모의 전년 대비 증가율은 10%를 넘지 못했다.
③ 수출 규모가 지속적으로 증가한 반도체 산업은 센서/아날로그뿐이다.
④ 메모리 반도체 산업은 전체 수출 규모의 50% 이상을 매년 차지했다.
⑤ 주어진 기간 동안 반도체 산업 총매출 규모는 지속적으로 증가했다.

20 **주어진 자료를 그래프로 변환한 것으로 옳지 <u>않은</u> 것은?**(단, 소수점 첫째 자리에서 반올림한다.)

① 2023~2024년 반도체 국내 판매 규모

(단위: 십억 원)

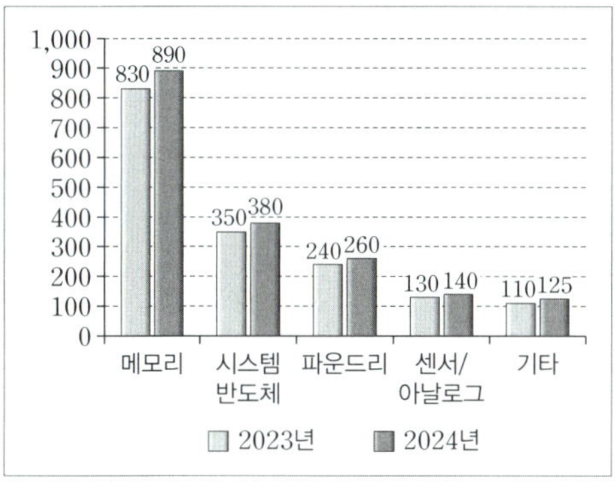

② 2020~2022년 전체 반도체 산업 국내 판매 규모와 수출 규모

(단위: 십억 원)

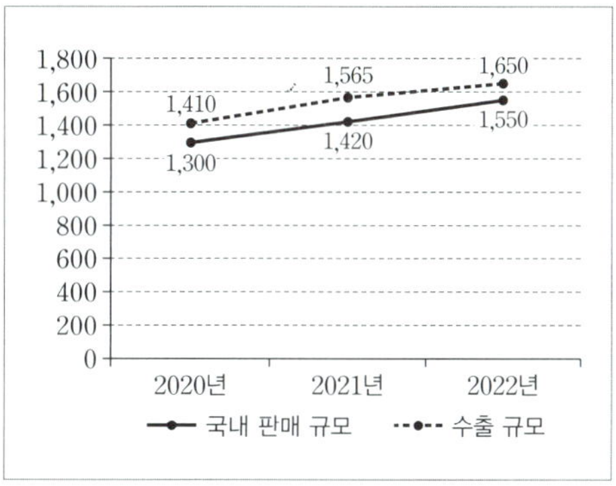

③ 2020년 반도체 산업 수출 규모 비중

(단위: %)

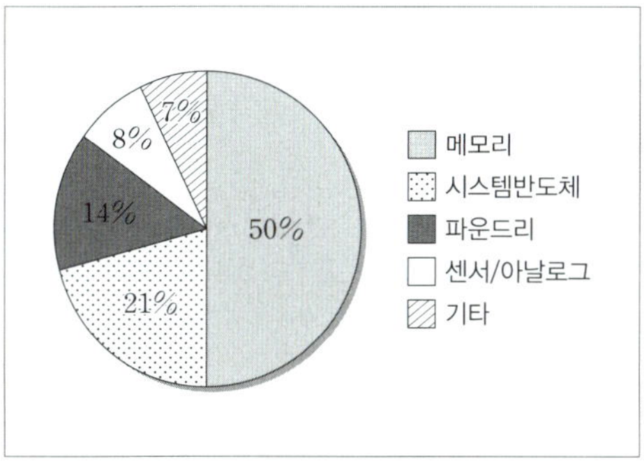

④ 2021~2024년 전체 반도체 산업 수출 규모의 전년 대비 증감률

(단위: %)

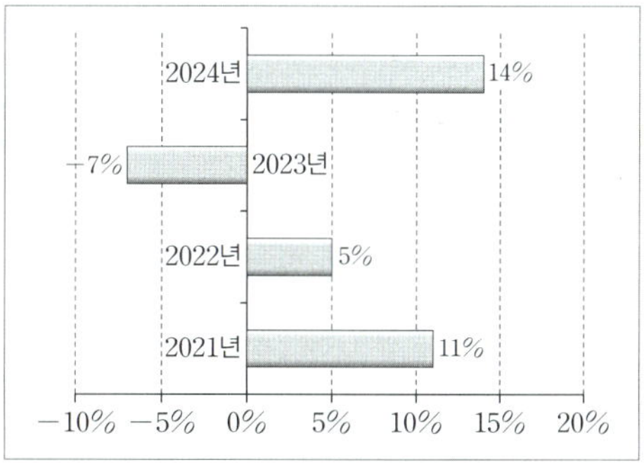

⑤ 2023년 반도체 국내 판매 규모와 수출 규모

(단위: 십억 원)

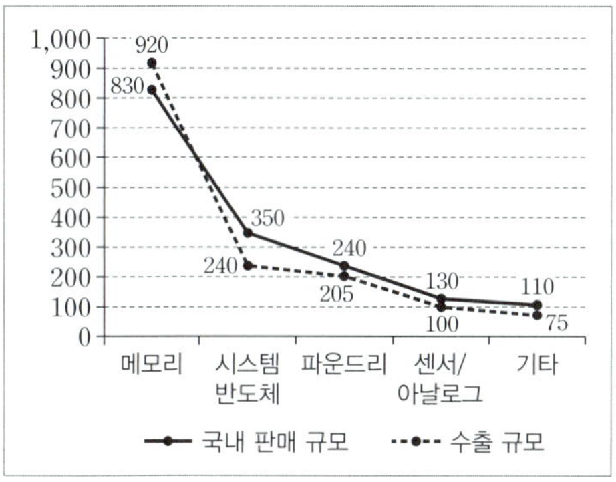

21 **다음 두 명제가 모두 참일 때, 빈칸에 들어갈 결론으로 항상 참인 것은?**

> • 액션 영화는 흥미롭다.
> • 액션 영화를 제외한 모든 영화는 외국영화이다.
> • 그러므로 (   )

① 외국영화가 아닌 영화는 액션 영화가 아니다.
② 흥미로운 영화는 외국영화이다.
③ 흥미롭지 않은 영화는 모두 외국영화이다.
④ 액션 영화는 외국영화이다.
⑤ 흥미로운 영화는 모두 액션 영화이다.

22 **영업사원 김 씨는 거래처 A~H에서 상품 P, Q, R 중 하나를 거래한다. 김 씨가 주어진 [조건]에 따라 거래처를 한 곳씩 방문한다고 할 때, 옳지 않은 것은?**(단, 한 거래처는 하나의 상품만 취급한다.)

조건

> • P와 Q는 세 곳과 거래하고, R은 두 곳과 거래한다.
> • P를 거래하는 거래처 바로 다음에만 Q를 거래하는 거래처에 방문할 수 있다.
> • Q를 거래하는 거래처는 연속해서 방문할 수 없다.
> • R을 거래하는 거래처는 연속해서 방문한다.
> • B는 R을 거래한다.
> • G와 H는 P를 거래하지 않고, G 바로 다음으로 H에 방문한다.
> • E는 P를 거래하고, A보다 늦게 방문한다.
> • 여섯 번째로 방문하는 거래처는 C이다.
> • D는 B 바로 다음으로 방문한다.

① D는 다섯 번째로 방문한다.
② H는 상품 R을 거래한다.
③ 가장 마지막으로 방문하는 거래처는 E이다.
④ F는 상품 Q를 거래한다.
⑤ A 바로 다음에 G를 방문한다.

23 다음 [조건]을 참고할 때, 좌우로 나란히 놓여 있는 된장찌개, 김치찌개, 시금치, 멸치볶음, 계란말이, 깍두기의 6개 메뉴 중 좌측에서 두 번째에 놓인 메뉴로 옳은 것은?

조건

- 된장찌개의 오른쪽에는 멸치볶음이 놓여 있다.
- 김치찌개와 멸치볶음 사이에는 1개의 메뉴가 놓여 있다.
- 김치찌개와 계란말이 사이에는 3개의 메뉴가 놓여 있다.
- 계란말이의 오른쪽에는 메뉴가 1개 놓여 있다.

① 김치찌개 ② 된장찌개 ③ 계란말이
④ 멸치볶음 ⑤ 시금치

24 다음은 ○○기관 내부 규정의 일부이다. 이에 대한 설명으로 옳지 <u>않은</u> 것은?

제3조(징계위원회의 구성 등) ① 징계위원회는 위원장 1인을 포함하여 내부위원 및 외부위원으로 총 5명 이상 구성하고, 위원장은 사무총장이 된다. 다만, 부득이한 사유로 사무총장이 위원장을 할 수 없을 경우에는 위원장은 위원 중에서 호선한다.
② 외부위원의 수는 위원장을 제외한 위원 수의 2분의 1 이상이어야 한다. 다만, 기밀을 요하는 사항에 대해서는 외부위원의 수를 최소화할 수 있다.
③ 징계 사유가 성희롱 또는 성폭력범죄에 해당하는 사건을 처리하는 징계위원회를 구성하는 경우에는 피해자와 같은 성별의 위원이 위원장을 제외한 위원 수의 3분의 1 이상 포함되어야 한다.
제5조(징계위원회의 의결) ① 징계위원회는 과반수의 찬성으로 의결하되, 파면 및 해임 처분에 대한 사항은 재적위원 3분의 2 이상의 찬성으로 의결한다.

① 징계 사유에 관계없이 여성 위원장 1인과 여성 위원 5인, 남성 위원 4인으로 된 징계위원회가 구성될 수 있다.
② 기밀을 요하는 사항이며, 성희롱 또는 성폭력범죄가 징계 사유가 아닐 경우, 위원 중 1명의 징계위원장과 3명의 내부위원, 1명의 외부위원으로 징계위원회가 구성될 수 있다.
③ 기밀을 요하지 않는 사항이며, 사무총장이 징계위원장일 경우, 외부위원 전원의 찬성만으로 징계를 의결하지 못할 수도 있다.
④ 총 12인으로 구성된 징계위원회의 위원 7인이 찬성할 경우에도 해임 처분을 의결할 수 없다.
⑤ 기밀을 요하지 않는 사항이며, 남성이 피해자인 성폭력범죄가 징계 사유일 경우, 총 10인으로 구성된 징계위원회의 외부위원 5명이 모두 여성일 수 없다.

25 **다음 글의 [사례1]에서 K씨에게 결여된 사고력과 [사례2]의 주장에서 드러나는 사고력으로 바르게 짝 지어진 것은?**

> [사례1]
> 펜벤다졸은 몸속 특정 세포의 사멸을 목적으로 사용하는 구충제이다. 국내에서 펜벤다졸은 개, 고양이의 회충 등 동물의 내부기생충 감염 예방 및 치료제로 허가돼 사용되고 있다. 동물 의약품으로 허가된 이 펜벤다졸이 현재 암 치료에 효능이 있다는 소문이 퍼지고 있다. 폐암 투병 중인 K씨는 최근 펜벤다졸을 4주째 복용하고 있으며 통증이 반으로 줄었다고 주장하면서 다시 한번 펜벤다졸 논란이 수면 위로 떠올랐다. 유튜브에는 공개 임상을 하겠다며 4주째 약 먹는 모습을 촬영해 올리는 암환자도 나타났다. 이어 온라인상에서 펜벤다졸이 품절되는 현상도 나타났으며 해외에서 직접 배송을 받아 사용하겠다며 해외 직구를 요청하는 글도 늘어났다.
>
> [사례2]
> 저소득층 암환자는 보건소에 국가지원을 등록할 경우 진료비를 추가로 지원받을 수 있지만 이를 알지 못해서 신청하지 못하는 경우가 많다. 게다가 지원금을 받더라도 대부분 환자가 선납하고 정산받는 방식으로 진행되기 때문에 병원비 마련에도 어려움이 많다. 보건소의 저소득층 암환자의 진료비 추가 지원에 필요한 정보는 국민건강보험공단에서 보유하고 있다. 보건소에서 신청받는 저소득층 암환자 의료비 지원 업무를 국민건강보험공단에 위탁하여 공단에서 의료비 지원 대상의 확인과 지원 업무를 수행한다면 저소득층 암환자에 대한 지원이 누락되는 것을 방지할 수 있고 환자들의 진료비 선납 시 부담을 덜어줄 수 있을 것이다.

	[사례1]	[사례2]
①	논리적 사고	비판적 사고
②	논리적 사고	논리적 사고
③	비판적 사고	창의적 사고
④	비판적 사고	비판적 사고
⑤	창의적 사고	비판적 사고

26 **다음 중 창의적인 사고력을 개발할 수 있는 방법으로 옳지 <u>않은</u> 것은?**

① 집단의 효과를 살려서 아이디어의 연쇄반응을 일으켜 자유분방한 아이디어를 창출한다.
② 피라미드 구조법을 이용하여 하위의 사실이나 현상부터 사고함으로써 상위의 주장을 이끌어 낸다.
③ 주제와 본질적으로 닮은 것을 힌트로 하여 새로운 아이디어를 얻어 낸다.
④ 각종 힌트에서 강제적으로 연결지어서 다음 사고를 떠올려 보도록 유도한다.
⑤ 어떤 생각에서 다른 생각을 계속해서 떠올리는 작용을 통해 어떤 주제에서 생각나는 것을 계속해서 열거해 본다.

[27~28] 다음 글을 읽고 이어지는 질문에 답하시오.

> 중소기업인 D사는 부동산개발 사업을 통해 업계에서 경험과 신뢰를 쌓았다. 경쟁력 있는 견적과 우수한 인력을 보유한 D사는 이미 다수의 입찰에 참여하여 낙찰을 받은 바 있다. 이번에 참여한 입찰에서도 D사는 경쟁 업체들이 따라오기 어려운 견적가를 제시하였다는 평가를 받고 있어, 오늘 오후 2시까지 관련 서류만 제출하면 무난히 사업을 따낼 것으로 기대하고 있다. 이번 사업에서 개발사로 낙찰된다면 D사는 올해 초 목표했던 실적과 수익률을 단번에 달성하는 쾌거를 이루게 된다.
>
> 관련 서류는 EDI 시스템을 통해 전산으로 제출하도록 되어 있어, 담당자는 점심 식사를 마치고 들어와 서류를 확인한 후 전산망을 통해 서류를 제출하려고 하였다. 하지만 어쩐 일인지 평소엔 아무 문제가 없던 전산망에 오류가 발생하여 서류가 발송되지 못하였으며, 결국 2시 30분이 되어서야 D사의 전산팀 직원이 관리상의 실수를 저질렀다는 사실을 밝혀냈다. 담당자는 급히 입찰 사업자에 연락하여 사정을 이야기하였지만, 입찰 사업자는 안타깝지만 정해진 규정을 어길 수 없음을 통보하였고, D사는 사소한 내부의 실수 때문에 결국 입찰에 참여하지 못하고 큰 피해를 입게 되었다.

27 주어진 글에 나타난 '문제'와 '문제점'을 [보기]에서 골라 바르게 짝지은 것은?

보기
- ㉠ 입찰 사업자의 냉정한 규정 준수
- ㉡ 입찰 실패
- ㉢ 입찰 관련 서류 미제출
- ㉣ 전산팀 직원의 관리상 실수

	문제	문제점
①	㉠	㉢
②	㉠	㉣
③	㉡	㉣
④	㉢	㉡
⑤	㉣	㉡

28 주어진 글과 같은 상황이 발생한 직후 문제해결 절차에 따라 D사에서 가장 먼저 해야 할 일로 적절한 것은?

① 전산팀의 관리상 실수가 무엇이었는지를 밝혀낸다.
② 입찰 사업자와의 서류 제출 방식을 개선하기 위한 방안이 무엇인지를 고민한다.
③ 직원들의 실수가 조직의 업무에 어떠한 영향을 주는지 자료를 만들어 배포한다.
④ EDI 시스템에 장애가 재발되지 않을 방법이 무엇인지를 찾아 대책을 수립한다.
⑤ 입찰에 참여하지 못하였으며, 그에 따라 회사에 큰 피해가 예상된다는 사실을 제대로 인식한다.

[29~30] 다음은 ○○기업의 신입사원 채용공고문이다. 이를 바탕으로 이어지는 질문에 답하시오.

2025년 상반기 신입사원 채용

○○기업은 전국 14개 공항을 관리·운영하는 공항운영 전문기업입니다. 이번 2025년 상반기에 아래와 같이 신입사원을 채용하고자 하오니 많은 지원 바랍니다.

1. 채용분야 및 인원

일반전형		장애인 전형	
행정(경영/회계/항공교통)	15명	행정(경영/회계/항공교통)	6명
시설(토목/건축/기계/조경)	13명	시설(토목/건축/기계)	2명
기술(전기/통신전자)	18명	기술(전기/통신전자)	2명
전산	2명	–	–

2. 지원자격
- 학력 및 전공: 제한 없음
- 연령 및 성별: 제한 없음(단, 연령의 경우 우리 공사 규정에 따른 정년(만 60세) 이내)
- 병역: 남자의 경우 병역필 또는 병역 면제자
- 자격(증): 제한 없음

3. 인사규정: 제19조(임용결격 사유)

1. 피성년후견인 또는 피한정후견인
2. 파산자로서 복권되지 아니한 자
3. ⓐ 금고 이상의 형을 받고 그 집행이 종료되거나, 집행을 받지 아니하기로 확정된 후에 5년을 경과하지 아니한 자
4. ⓑ 금고 이상의 형을 받고 그 집행유예의 기간이 완료된 날로부터 2년을 경과하지 아니한 자
5. ⓒ 금고 이상의 형의 선고유예를 받은 경우에 그 선고유예 기간에 있는 자
6. 법원의 판결 또는 법률에 의하여 자격이 상실 또는 정지된 자
   6의 2. 「성폭력 범죄의 처벌 등에 관한 특례법」 제2조에 규정된 죄를 범한 사람으로서 100만 원 이상의 벌금형을 선고받고 그 형이 확정된 후 3년이 지나지 아니한 사람
   6의 3. 미성년자에 대한 다음 각 목의 어느 하나에 해당하는 죄를 저질러 파면·해임되거나 형 또는 치료감호를 선고받아 그 형 또는 치료감호가 확정된 사람(집행유예를 선고받은 후 그 집행유예 기간이 경과한 사람을 포함한다.)
7. 전직 근무 기관에서 징계에 의하여 해고의 처분을 받은 날로부터 3년을 경과하지 아니한 자
8. 병역법에 의한 병역을 기피한 자
9. ⓓ 개인 신상에 관한 이력 사항을 허위로 기재하거나 은폐하여 위장한 자
10. 채용 신체검사 결과 불합격 판정을 받은 자
11. 「부패 방지 및 국민권익위원회의 설치와 운영에 관한 법률」에 의한 비위 면직자 등의 취업 제한 적용을 받는 자
12. ⓔ 타 공공기관에서 채용 비리로 면직된 때로부터 5년이 지나지 아니한 자

4. 전형절차

구분	전형단계	평가내용	배점	선발 배수
1단계	서류전형	공인 어학성적 및 우대사항	100점	30배수 (행정－경영 일반: 60배수) (기계 및 전기 일반: 60배수)
2단계	필기전형	직무수행능력평가	50점	3배수 (장애인 전형: 5배수)
		직업기초능력평가	50점	
		인성검사	적·부	
3단계	1차 면접전형	직무역량면접	100점	2배수
4단계	2차 면접전형	심층면접	100점	1배수
5단계	신체검사 및 신원조사	－	적·부	－

5. 전형방법: 원서 접수는 채용홈페이지를 통한 온라인 접수만 가능함

29 주어진 채용공고에 관한 내용으로 옳지 않은 것을 [보기]에서 모두 고른 것은?

보기

㉠ 이전 근무지에서 해고된 지 3년이 지났다면 지원할 수 있다.
㉡ 남자의 경우 병역을 면제받거나 기피했더라도 지원이 가능하다.
㉢ 서류 접수는 온라인으로만 가능하고, 직업기초능력평가 또는 심층면접을 통과하더라도 불합격될 수 있다.
㉣ ○○기업은 2025년 상반기에 총 58명을 채용하고, 서류전형에서 이의 30배인 1,740명을 선발할 예정이다.

① ㉠, ㉡ ② ㉠, ㉢ ③ ㉡, ㉣
④ ㉠, ㉢, ㉣ ⑤ ㉡, ㉢, ㉣

30 다음 [상황]에서 인사 담당자 B씨가 ⓐ~ⓔ 중 선택해야 하는 항목으로 적절한 것은?

상황

인사 담당자 B씨는 최종선발을 앞두고 A씨가 교통사고를 일으켜 작년에 집행유예 6개월을 선고받은 것을 알게 되었다. 인사 담당자 B씨는 인사규정에 따라 A씨의 임용 취소 사유를 써내야 한다.

① ⓐ ② ⓑ ③ ⓒ ④ ⓓ ⑤ ⓔ

31 **다음 중 시간을 계획하는 순서로 가장 적절한 것은?**

① 예상 소요시간 결정 → 일의 우선순위 확정 → 명확한 목표 설정 → 시간 계획서 작성
② 일의 우선순위 확정 → 예상 소요시간 결정 → 명확한 목표 설정 → 시간 계획서 작성
③ 예상 소요시간 결정 → 명확한 목표 설정 → 일의 우선순위 확정 → 시간 계획서 작성
④ 명확한 목표 설정 → 일의 우선순위 확정 → 예상 소요시간 결정 → 시간 계획서 작성
⑤ 명확한 목표 설정 → 예상 소요시간 결정 → 일의 우선순위 확정 → 시간 계획서 작성

32 **다음은 예산 관리 방안을 설명하는 글이다. 빈칸에 들어갈 말로 적절한 것은?**

> 과제를 수행함에 있어서 필요한 활동을 구명하는 데 아래와 같은 (　　　　)를 활용하는 것이 효과적이라고 할 수 있다.
>
> 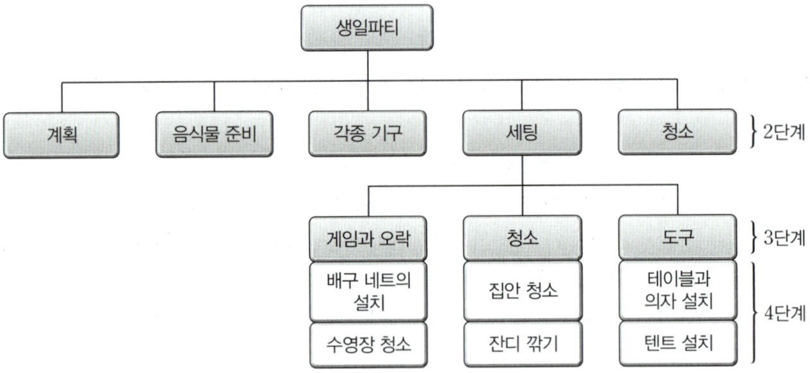
>
>
> 이것은 과제 및 활동의 계획을 수립하는 데 가장 기본적인 수단으로 활용되는 도구로서 필요한 모든 일들을 중요한 범주에 따라 체계화하여 구분해 놓은 그래프를 말한다. 이것은 구체성에 따라 2단계, 3단계, 4단계 등으로 구분할 수 있으며, 각 단계별 과업에 따라 활동에 대한 예산을 배정한다.

① 간트 차트
② SCEPTIC 체크리스트
③ MMMITI 체크리스트
④ 과업세부도
⑤ 업무흐름도

[33~34] 다음 [표]는 B연구원이 작성한 1분기 예산기획서이다. 이를 바탕으로 이어지는 질문에 답하시오.

[표] B연구원의 1분기 예산기획서 (단위: 만 원)

구분	산출 내역	금액
인건비	책임연구원 월 300만 원×1명×3개월	900
	공동연구원 월 200만 원×2명×3개월	1,200
광고비	포스터 제작 20만 원×1건	20
	현수막 제작 40만 원×1건	40
관리비	사무실 관리비 50만 원×1건	50
재료비	재료비 20만 원×10건	200
사무비품비	사무용품 및 비품 40만 원×1건	40
여비	시내교통비 5만 원×10회	50
	국내여비 20만 원×3명×5회	300
시설비	연구시설 구입 및 임차료 300만 원×2건	600
합계		3,400

33 주어진 예산기획서 내 예산 항목에 대한 내용으로 옳지 않은 것은?

① 직접비 항목이 간접비 항목보다 1개 더 많다.
② 직접비는 3,200만 원 이상이다.
③ 연구시설 구입 비용이 감소하면 간접비가 줄어든다.
④ 교통비가 증가한다면 직접비가 늘어난다.
⑤ 직접비 총액은 간접비 총액의 20배가 넘는다.

34 예산팀장은 위 예산기획서를 통해 직접비가 과하다는 것을 확인하고, 2분기에는 전체 예산을 1분기와 동일하게 유지하되 직접비를 전 분기의 80% 이하로 낮추어야 한다는 의견을 개진하였다. 이때, 2분기에 예산팀장의 의견대로 예산이 지출되기 위한 방안으로 적절한 것은?

① 책임연구원의 한 달 인건비를 10% 삭감한다.
② 간접비가 1분기의 3배가 되도록 조절하고 나머지 예산을 직접비로 지출한다.
③ 시내교통비를 없애고 국내여비 횟수를 최대 3명, 3회로 제한한다.
④ 시설비 지출을 3분기로 이월하고 국내여비 지출을 250만 원으로 줄인다.
⑤ 인원 감축을 통해 공동연구원을 1명으로 줄인다.

35 다음은 각 제조 공장에서 제품을 생산하는 데 필요한 비용을 나타낸 자료이다. 각 공장에서 제품 720개를 생산하여 판매처로 보낼 때, 총비용이 가장 적게 드는 공장과 그때의 총비용이 바르게 짝지어진 것은?

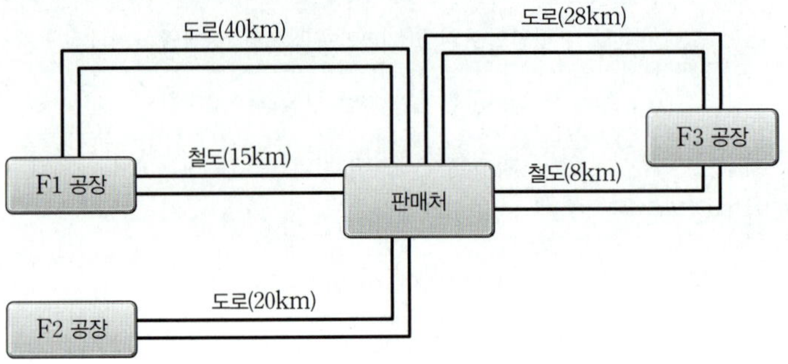

[표1] 제조 공장별 생산 비용

구분	생산 비용(원/시간)	생산 속도(개/시간)
F1 공장	200,000	60
F2 공장	250,000	80
F3 공장	280,000	90

[표2] 운송 수단별 비용

종류	운송 단가(원/km)	
트럭	0km 이상 ~ 20km 이하	12,000
	20km 초과	15,000
기차	0km 이상 ~ 10km 이하	35,000
	10km 초과	70,000

※ 도로 이동 시 트럭, 철도 이동 시 기차를 이용함

※ 예를 들어, 트럭을 이용하여 30km를 이동할 경우 0～20km까지는 km당 12,000원의 비용이 들고 20km 초과～30km까지는 km당 15,000원의 비용이 든다.

① F1 공장, 2,940,000원
② F2 공장, 2,490,000원
③ F2 공장, 2,520,000원
④ F3 공장, 2,490,000원
⑤ F3 공장, 2,520,000원

36 **영업팀의 이 대리는 회사에서 출발하여 차를 타고 A~E 지점을 거쳐 다시 회사로 돌아오려고 한다. 한 번 방문한 지점은 다시 방문하지 않고, 각 지점에서 20분간 머무른다. 회사에서 오전 9시에 출발한다고 할 때, 가장 빨리 회사로 돌아오는 시간으로 옳은 것은?**(단, 차로 이동하는 시간과 각 지점에 머무르는 시간 외에는 고려하지 않고, 분 단위까지만 계산한다.)

[그림] 지도

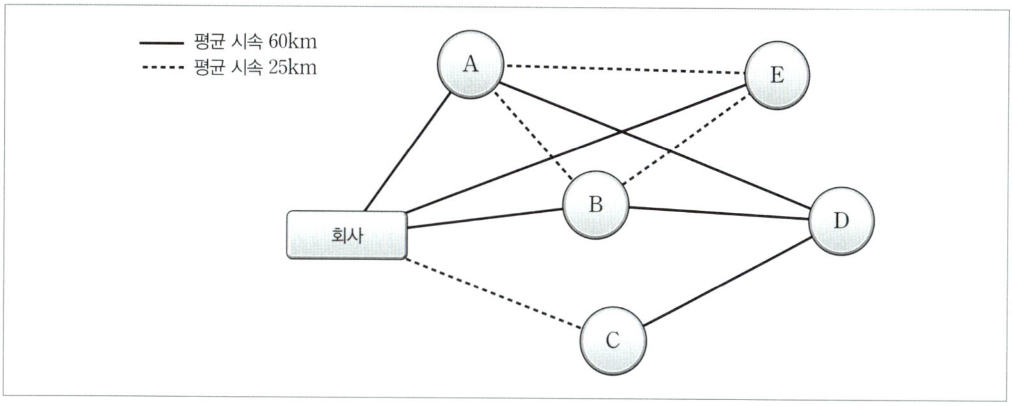

[표] 회사와 각 지점 간 거리

(단위: km)

구분	A	B	C	D	E
회사	8	10	14		20
A		7		18	15
B	7			8	9
C				10	

① 오후 12시 31분　② 오후 12시 35분　③ 오후 12시 37분
④ 오후 12시 39분　⑤ 오후 12시 41분

37 **총무팀에서 직원들의 노트북에 대한 전수조사를 실시하여 10년 이상 사용한 제품을 같은 사양의 새 노트북으로 교체할 예정이다. 각 노트북 사양에 맞추어 모두 구매하고자 할 때, 최소 구매 비용으로 옳은 것은?**

[표1] 팀별 노트북 현황

구분	10년 이상 사용한 노트북	
	16/32코어, 5.2GHz	24/32코어, 5.8GHz
디자인팀	2대	6대
개발팀	3대	5대
영업팀	3대	1대
인사팀	4대	3대

[표2] 노트북 종류별 판매 정보

노트북	1대당 정가	프로모션 정보	CPU 사양
A	1,100,000원	4대 구매 시 동일 상품 1대 추가 증정	16/32코어, 5.2GHz
B	1,400,000원	1,500만 원 이상 구매 시 구매 비용의 10% 할인	24/32코어, 5.8GHz
C	1,200,000원	10대 이상 구매 시 구매 비용의 30% 할인	16/32코어, 5.2GHz
D	1,500,000원	14대 이상 구매 시 1대당 20만 원 즉시 할인	24/32코어, 5.8GHz

① 2,108만 원 ② 2,898만 원 ③ 2,958만 원
④ 2,990만 원 ⑤ 3,050만 원

38 **다음 [그래프]와 [표]는 A사 4개 팀의 지출 내역을 비교한 자료이다. 이를 바탕으로 할 때, 간접비의 지출 총액이 가장 큰 팀부터 순서대로 바르게 나열한 것은?**(단, 언급되지 않은 비용은 고려하지 않는다.)

[그래프] 팀별 지출 구성비 (단위: %)

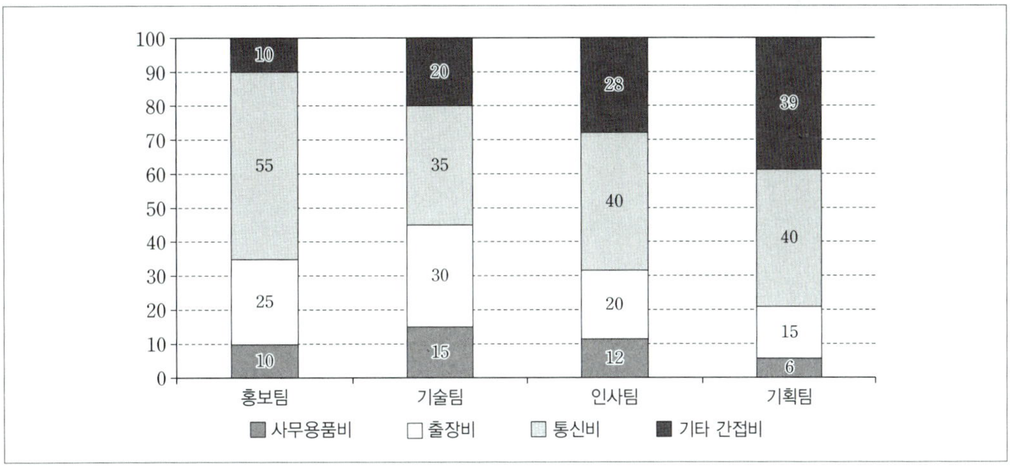

[표] 팀별 통신비 지출 내역 (단위: 만 원)

홍보팀	기술팀	인사팀	기획팀
30	45	40	55

① 기획팀－기술팀－인사팀－홍보팀
② 기획팀－기술팀－홍보팀－인사팀
③ 기획팀－인사팀－기술팀－홍보팀
④ 홍보팀－기술팀－인사팀－기획팀
⑤ 기술팀－기획팀－인사팀－홍보팀

39 **다음 [표]는 H기업 기획팀과 개발팀 팀원들의 금주 업무 일정을 나타낸 자료이고, [보기]는 제품 개발 회의 일자를 확인하기 위해 영업팀에서 보낸 전자우편 내용이다. 이를 바탕으로 할 때, 회의 가능 일자와 회의록 작성자가 바르게 짝지어진 것은?**

[표] 팀별 금주 업무 일정

구분		월	화	수	목	금
기획팀	박 부장	간부 회의		출장	출장	
	최 차장				휴가	
	경 과장		휴가			외근
	민 대리	TF 회의		외근	외근	
	석 사원	TF 회의		출장		
개발팀	장 부장			휴가		간부 회의
	황 차장		휴가	휴가		외근
	연 과장				휴가	
	정 대리	출장	출장	출장		
	한 사원			외근	휴가	

보기

안녕하십니까, 영업팀 정 대리입니다.

S전자에서 신제품 의뢰가 들어와 해당 제품 개발을 위해 세부 스펙 협의를 진행하려 합니다. 차주 월요일에 S전자에 콘셉트 공유가 필요하므로 금주 내에 회의가 진행되어야 합니다. 영업팀에서는 저와 저희 팀장님이 참석할 예정입니다. 이번 신제품 콘셉트가 결정되면 앞으로 기획팀과 개발팀에서 계속 업무를 진행해야 하므로 아래와 같이 회의 인원이 구성되어야 할 것 같습니다. 그리고 기획팀 또는 개발팀에서 참석하는 대리 또는 사원급 중에서 한 명이 회의록을 작성해 주시기 바랍니다.

1) 해당일에 회의 참석이 가능하신 분은 전원 참석
2) 회의에는 반드시 의사결정을 할 수 있는 각 팀의 부장 또는 차장급 직원 1명 이상 반드시 참석
3) 프로젝트를 담당할 각 팀의 과장급 인원은 반드시 참석

	회의 가능 일자	회의록 작성자
①	월요일	민 대리
②	월요일	한 사원
③	화요일	민 대리
④	금요일	정 대리
⑤	금요일	한 사원

40 **다음은 ○○사의 성과급 산정기준과 직원 A~E의 기본급 및 판매실적 현황을 나타낸 자료이다. 이를 바탕으로 할 때, 당월 급여를 가장 많이 지급받는 직원으로 옳은 것은?**

[표1] 성과급 산정기준

당월 판매실적	성과급 지급률
500만 원 이상 ~ 1,200만 원 미만	3%
1,200만 원 이상 ~ 1,700만 원 미만	5%
1,700만 원 이상	7%

[표2] 전월 성과급 지급률에 따른 당월 등급

전월 성과급 지급률	등급(당월 가중치)
7%	S등급(1.5)
5%	A등급(1.2)
3%	B등급(0.8)

※ 당월 급여=기본급+성과급
※ 성과급=당월 판매실적×성과급 지급률×당월 가중치

[표3] 직원별 기본급 및 판매실적 현황 (단위: 만 원)

구분	기본급	당월 판매실적	전월 판매실적
직원 A	250	500	1,187
직원 B	200	1,200	1,391
직원 C	200	1,500	947
직원 D	210	1,000	1,919
직원 E	150	2,000	828

① 직원 A ② 직원 B ③ 직원 C
④ 직원 D ⑤ 직원 E

모바일 OMR
자동채점 & 성적분석 무료

정답만 입력하면 채점에서 성적분석까지 한번에!

활용 GUIDE

실시간 성적분석 방법!

STEP 1 — QR 코드 스캔 ▶ STEP 2 — 모바일 OMR 입력 ▶ STEP 3 — 자동채점 & 성적분석표 확인

STEP 1

교재 내 QR 코드 스캔

실전모의고사 2회
모바일 OMR 바로가기

https://eduwill.kr/DmZp

- 위 QR 코드를 모바일로 스캔 후 에듀윌 회원 로그인
- QR 코드 하단의 바로가기 주소로도 접속 가능

STEP 2

모바일 OMR 입력

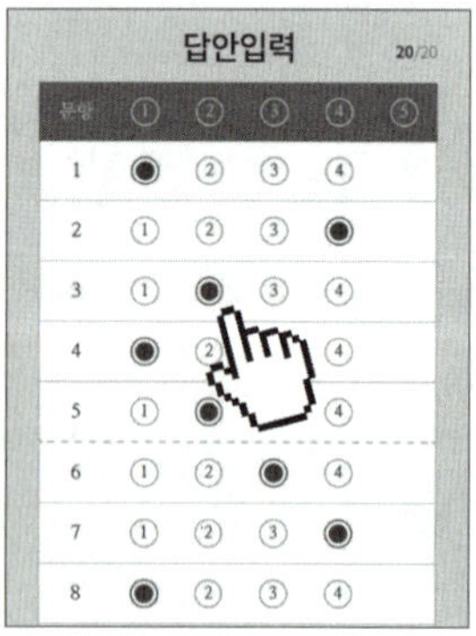

- 회차 확인 후 '응시하기' 클릭
- 모바일 OMR에 답안 입력
- 문제풀이 시간까지 측정 가능

STEP 3

자동채점 & 성적분석표 확인

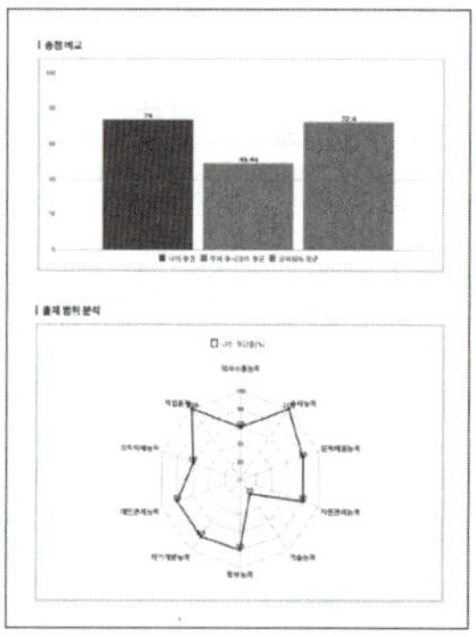

- 제출 시 자동으로 채점 완료
- 원점수, 백분위, 전체 평균, 상위 10% 평균 확인
- 영역별 정답률을 통해 취약점 파악

※ 본 회차의 모바일 OMR 채점 서비스는 2027년 01월 31일까지 유효합니다.

CHAPTER 02

실전모의고사 2회

NCS 10개 전 영역

피듈형 50문항 구성 / 60분 내 풀이 권장

01 **다음 글의 밑줄 친 ㉠, ㉡과 같은 의미 관계를 이루는 단어를 바르게 짝지은 것은?**

> 기후 변화는 산업화 이후 온실가스 배출이 급격히 늘어나면서 전 세계적으로 심각한 사회문제로 떠올랐다. 전통적인 산업구조에서는 화석연료 사용을 기반으로 한 경제성장이 가능했으나, 이 과정에서 대기오염과 탄소배출이 누적되어 지구 온난화와 기후 불안정이라는 문제를 초래하였다. 특히 해수면 상승, 폭염, 이상기후와 같은 현상은 단순한 환경 문제가 아니라 인류의 생존과 직결된 위기로 인식되고 있다. 반면 국제사회는 파리협정을 비롯한 다양한 협약을 통해 각국이 자발적으로 감축 목표를 설정하고 온실가스 배출을 ㉠ 억제하기 위한 노력을 기울이고 있다. 이러한 노력은 1990년대 교토의정서를 시작으로 제도화되었으며, 이후 재생에너지 확대, 탄소세 도입, 탄소배출권 거래제 시행 등 구체적 정책으로 발전하였다. 그러나 일부 국가는 자국의 산업 성장과 고용 안정을 이유로 환경 규제를 완화하거나, 화석연료 사용을 ㉡ 조장하는 정책을 펼치기도 하였다. 이처럼 국제사회의 공조와 갈등은 여전히 병존하며, 기후위기 대응의 실질적 성과는 각국의 정치·경제적 이해관계 속에서 좌우되고 있다. 따라서 기후위기를 해결하기 위해서는 단순한 기술적 접근을 넘어 정치적 합의와 사회적 연대가 필요하다. 이는 각국 정부와 시민사회의 적극적인 참여 없이는 달성하기 어려운 과제이다.

① 위로(慰勞) : 격려(激勵)
② 비난(非難) : 질책(叱責)
③ 분석(分析) : 해석(解釋)
④ 노력(努力) : 정진(精進)
⑤ 절제(節制) : 방종(放縱)

02 다음 글을 읽은 후의 반응으로 적절하지 않은 것은?

> 오페라의 탄생은 르네상스 시기 피렌체의 인문학자, 작곡가, 시인, 화가, 예술 애호가로 구성된 '카메라타'라는 그룹에서 비롯되었다. 이들은 당대의 음악이 너무 타락했다는 것에 공통된 생각을 가지고 있었다. 당시에는 여러 성부가 동시에 다른 리듬과 선율을 노래한 다성 성악곡이 크게 유행했는데, 그들은 내용을 전달하기보다는 외형적 화려함에 치우친 다성음악에 회의감을 느끼고 있었다. 이에 대한 대안으로 생각해 낸 것이 고대 그리스의 음악 양식으로 돌아가자는 주장이었다. 이런 생각은 카메라타가 생기기 이전부터 르네상스 시대 사람들 사이에 널리 퍼져 있었던 것으로, 카메라타는 그 생각을 실천에 옮긴 모임이라고 할 수 있다.
>
> 카메라타의 일원인 지롤라모 메이는 그리스 비극이 노래와 춤을 담당하는 코러스뿐만 아니라 등장인물의 대사도 노래와 비슷한 방식으로 공연했을 가능성이 높다고 주장했다. 그들은 노래에서 가사의 정확한 전달을 무엇보다 중요시했다. 그래서 여러 성부가 동시에 다른 리듬과 선율을 노래하여 가사 전달이 어려운 다성음악에 대해 회의를 품었던 것이다. 그리하여 그들은 극음악에 적합한 새로운 양식을 창안하게 된다. 바로 레치타티보이다. 레치타티보는 '말하듯이 하는 노래'를 가리키는 말로, 말과 리듬, 강세를 자연스럽게 살려 노래하는 양식을 가리킨다. 카메라타 회원들은 고대 그리스 비극이 이런 방식으로 공연되었으리라 믿었다. 이러한 확신을 바탕으로 그들은 그리스 비극을 재현하고자 노력했고, 레치타티보는 후에 오페라의 중요한 구성 요소가 된다.
>
> 1597년, 카메라타의 후원자인 바르디 백작의 궁정에서 그리스 신화를 소재로 한 음악극 『다프네』가 공연되었다. 이 작품은 작곡가 페리와 시인 리누치니가 합작하여 만든 것으로, 오늘날 최초의 오페라로 평가받고 있다. 그러나 최초의 오페라 『다프네』는 악보가 유실되어, 구체적인 내용이 알려진 바가 없다. 악보가 전해지는 최초의 오페라는 1600년, 작곡가 페리와 시인 리누치니가 프랑스 앙리 4세와 마리아 데메디치의 결혼식을 위해 쓴 『에우리디체』이다. 그 후 카메라타의 음악극은 다른 작곡가들에게도 영향을 주었고, 17세기로 들어서면서부터는 다양한 작품이 등장하게 된다. 그 중 가장 중요한 인물은 이탈리아 베니스를 중심으로 활동한 몬테베르디로, 그는 1607년 『오르페오』를 작곡했는데, 이 작품을 오페라의 효시로 보는 것이 일반적이다. 몬테베르디의 작품들은 이전까지 볼 수 없었던 변화가 풍부한 관현악을 구사했고, 당시 사람들에게 선풍적인 인기를 끌며 하나의 장르로서 정착하게 된다. 이렇게 '오페라'가 하나의 장르로 탄생하게 된다.

① 카메라타 회원들은 다성 성악곡이 가사보다 선율을 더 강조한 것에 비판적이었군.
② 카메라타 그룹이 오페라를 처음 만들었고, 실질적으로 정착시킨 사람은 몬테베르디로군.
③ 르네상스 시대 피렌체 사람들은 고대 그리스의 예술과 문화에 대한 동경을 가지고 있었군.
④ 그리스 비극 공연에서 코러스가 하는 역할은 노래를 부르고 춤을 추는 것으로 알려져 있었군.
⑤ 카메라타를 통해 재탄생된 그리스 비극은 후에 오페라가 되어 하나의 장르로서 정착되게 되었군.

[03~04] 다음 글을 읽고 이어지는 질문에 답하시오.

지대는 토지를 빌려주고 얻는 대가를 말한다. 지대의 개념과 성격에 관한 논의는 고전경제학파인 리카도로부터 이론적으로 정교화되기 시작했다. 그의 차액지대론은 지대가 발생하는 이유를 다음과 같이 설명하고 있다.

가령 어떤 나라에 토지가 쌀 생산에만 쓰이는 A, B, C지역이 있는데 그 비옥도에 차이가 있어 각 지역 토지에서의 쌀 한 가마당 생산비가 차례로 5만 원, 6만 원, 8만 원이라고 하자. 여기서 생산비는 투입한 노동과 자본에 대한 대가로, 쌀의 가격은 생산비와 일치하는 것으로 본다. 이 나라의 쌀 수요량이 적어서 A지역 토지의 일부만 경작해도 그 수요를 충당할 수 있을 때 전국의 쌀 한 가마당 가격은 5만 원에서 결정될 것이다. 그런데 쌀 수요량이 증가하면 어느 순간 A지역 토지로 모자라 B지역 토지도 경작되기 시작할 것이다. 이때 B지역 토지를 한계지라고 부른다. B지역 토지가 한계지가 되면 쌀 한 가마당 1만 원의 소득을 추가로 얻게 된다. 이 소득은 사람들로 하여금 A지역 토지에 대한 경쟁을 유발하고 지주에게 땅을 빌리기 위해 경쟁적으로 더 높은 지대를 제시함으로써, 지대는 결국 기존의 A지역 토지 경작자들의 추가 소득인 1만 원으로 결정될 것이다. 쌀 수요량이 더 늘어나서 C지역 토지가 한계지가 되면 (　　　　㉠　　　　) 결국 쌀의 가격은 한계지에서의 쌀 생산비가 되고, 한계지보다 비옥도가 높은 토지들의 지대는 그 토지에서의 쌀 생산비와 한계지에서의 쌀 생산비의 차액이 되는 것이다. 이와 같이 리카도는 지대를 토지 생산물의 가격에 영향을 미치는 비용이 아니라 토지 생산물의 가격이 오름으로써 얻게 되는 불로소득에 불과하다고 보았다.

초기 신고전경제학파인 클라크는 토지를 노동이나 자본과 같은 생산요소의 하나로 보고, 지대를 '한계생산이론'에 입각하여 새롭게 정의했다. 이 이론은 공급자와 수요자가 다수인 완전경쟁시장을 전제로 생산요소의 가격은 그것의 한계생산가치를 반영한다는 것이다. 이에 따르면 토지의 임대 가격인 지대도 토지로부터 얻게 되는 생산물의 생산량 증가분만큼의 가치를 반영한 것이라는 결론을 이끌어 낼 수 있으며, 이로써 지대를 토지가 생산에 기여한 정도를 반영한 정당한 대가로 보고 토지를 노동이나 자본과 별개로 취급하는 고전경제학파의 관점을 비판했다.

신고전경제학파인 마셜은 생산요소를 생산량이 변함에 따라 투입량을 변화시킬 수 있는 가변 생산요소와 그렇지 않은 고정 생산요소로 나누고 그에 대한 비용을 각각 가변비용, 고정비용이라 정의했다. 이 정의에 따르면 생산량을 늘리거나 줄이기 위해 즉각적으로 투입량을 조절할 수 있는 노동이나 자본은 가변 생산요소이다. 그러나 토지의 경우에는 일반적으로 큰 규모의 필지를 특정 시기에 목돈을 지불하여 빌리기 때문에 단기적으로는 투입량을 즉각적으로 조절하기 어렵고 장기적으로는 토지를 빌려 생산량을 늘리는 것이 가능하다. 따라서 토지는 단기적으로는 고정 생산요소이지만 장기적으로는 가변 생산요소로 볼 수 있다. 한편 마셜은 생산자의 행위는 이윤을 극대화하기 위한 것이라고 전제하고, 한계비용이 생산물 한 단위의 가격과 같아지도록 생산량을 결정해야 한다고 보았다. 그렇다면 한계비용은 생산량을 결정하는 데 관여하는 비용이므로 즉각적으로 변할 수 있는 가변비용에 한해서만 논의될 수 있다. 이렇게 본다면 지대는 단기적으로 생산량에 관여하는 한계비용으로 볼 수 없지만, 장기적으로는 그렇게 볼 수도 있다는 결론을 이끌어 낼 수 있다. 이와 같은 방법으로 마셜은 지대를 생산에 기여하는 비용으로 보는 초기 신고전경제학파의 관점을 자신의 이론 안으로 수용할 수 있었다.

03 주어진 글의 내용과 일치하지 않는 것은?

① 클라크는 토지를 노동이나 자본과 별개로 취급하지 않았다.
② 리카도는 지대가 생산물의 가격에 영향을 주지 않는다고 생각한다.
③ 리카도는 클라크와 다르게 지대를 토지 생산물의 가격과 관련이 없다고 생각한다.
④ 마셜은 한계비용이 생산물 한 단위의 가격과 같아지도록 생산량을 결정해야 한다고 주장하였다.
⑤ 마셜은 토지를 관점에 따라 가변 생산요소로 볼 수도, 고정 생산요소로 볼 수도 있다고 생각한다.

04 주어진 글의 빈칸 ㉠에 들어갈 말로 가장 적절한 것은?

① A지역의 지대와 B지역의 지대는 각각 2만 원이 된다.
② A지역의 지대와 B지역의 지대는 각각 3만 원이 된다.
③ A지역의 지대는 1만 원, B지역의 지대는 2만 원이 된다.
④ A지역의 지대는 3만 원, B지역의 지대는 2만 원이 된다.
⑤ A지역의 지대는 2만 원, B지역의 지대는 3만 원이 된다.

05 다음 글의 제목으로 가장 적절한 것은?

지구 온난화와 기후 변화는 전 세계가 직면한 가장 심각한 환경 문제 중 하나이다. 이에 따라 국제 사회는 '2050 탄소중립'을 목표로 설정하고, 에너지 구조 전환과 온실가스 감축에 총력을 기울이고 있다. 재생에너지 확대, 수소 경제 도입, 전기차 보급과 같은 다양한 방안이 논의되고 있으나, 여전히 화석 연료 의존도가 높고 산업 활동에서 발생하는 이산화탄소 배출을 단기간에 줄이기는 쉽지 않다. 이 문제를 해결하기 위한 핵심 기술로 탄소 포집 · 저장(Carbon Capture and Storage, CCS) 기술이 주목받고 있다.

CCS는 발전소, 제철소, 시멘트 공장 등에서 배출되는 이산화탄소를 직접 포집한 뒤, 이를 압축 · 수송하여 지하 심층 구조에 주입해 장기간 격리하는 기술을 말한다. 즉, 배출 자체를 근본적으로 없애기 어렵다면, 배출된 이산화탄소를 대기 중으로 방출되지 않도록 막는 방식이다. 대표적인 저장 장소로는 고갈된 유전 · 가스전, 깊은 염수층, 탄층 등이 있으며, 안정성이 확보될 경우 수백 년 이상 안전하게 저장할 수 있다는 연구 결과도 있다.

이 기술의 장점은 분명하다. 첫째, 기존 화석 연료 기반 산업의 탄소 배출 문제를 크게 완화할 수 있다. 둘째, 재생에너지로의 전환 과정에서 불가피하게 발생하는 과도기를 보완하는 역할을 한다. 셋째, 포집된 이산화탄소를 화학 원료나 인공 연료로 재활용하면 경제적 부가가치를 창출할 수도 있다. 실제로 일부 기업은 이산화탄소를 활용해 합성 연료, 탄산음료, 건축 자재를 생산하는 연구를 진행 중이다.

하지만 CCS에는 단점과 한계도 존재한다. 우선 막대한 설치 비용과 운영 비용이 문제로 지적된다. 또한 장기적으로 지하 저장소의 안정성을 완전히 보장하기 어렵다는 우려도 있다. 만약 저장된 이산화탄소가 누출될 경우 환경과 안전에 심각한 피해를 줄 수 있다. 아울러 CCS가 과도하게 활용되면, 오히려 화석 연료 사용을 정당화하는 '면죄부'로 작용할 수 있다는 비판도 있다. 결국 CCS는 탄소중립을 위한 보조적 수단으로서, 재생에너지 확대와 에너지 효율 개선 등 근본적 전환과 함께 종합적으로 추진되어야 한다.

① 재생에너지 확대의 필요성과 한계
② 전기차 보급을 통한 온실가스 저감
③ 탄소 포집 · 저장 기술의 의의와 과제
④ 화석 연료 산업의 지속 가능성 논의
⑤ 신재생에너지를 활용한 에너지 자립 방안

06 다음 글의 문단 [가]~[마]를 논리적 순서에 맞게 배열한 것은?

[가] 우리말 음절은 기본적으로 음운들이 결합해 이뤄지기 때문에 음절 내에서 공명도 변화가 나타난다. 음운들이 각각의 공명도를 지니기 때문이다. 예를 들어 '먹'은 세 개의 음운, 즉 초성에 비음 'ㅁ', 중성에 모음 'ㅓ', 종성에 파열음 'ㄱ'이 모여 음절을 이루므로 음절 내에서 공명도 변화가 비교적 크게 나타난다. '물'은 비음 'ㅁ', 모음 'ㅜ', 유음 'ㄹ'이 결합하고 있으므로 '먹'보다는 음절 내의 공명도 변화가 상대적으로 작다.

[나] 그런데 '먹'과 '물' 두 음절이 이어지면 자음동화 현상이 일어난다. 그 결과 선행 음절 종성에 있는 파열음 'ㄱ'이 비음 'ㅇ'으로 변해 [멍물]로 발음되는데, 이는 선행 음절 종성의 공명도에 변화가 나타났다는 것을 의미한다.

[다] 소리의 공명성은 소리가 멀리까지 울리는 성질을 의미한다. 동일한 길이, 강세, 높이로 소리를 낼 경우 공명성이 큰 말소리는 그렇지 않은 말소리보다 더 멀리까지 정확하게 들린다. 입이나 코 또는 성문(聲門)이 더 많이 열리면서 소리를 동반하는 공기의 흐름이 방해를 덜 받기 때문이다.

[라] 음운 중에는 모음이 자음에 비해 공명성이 훨씬 크다. 자음 중에는 혀 주변이나 코로 공기가 흐르며 소리가 나는 유음(ㄹ), 비음(ㅁ, ㄴ, ㅇ)이 공명성이 크다. 혀, 치아, 입술 등에 의해 공기가 막혔다 터지거나 좁은 곳을 흐르며 심한 장애를 받는 마찰음(ㅅ), 파찰음(ㅈ), 파열음(ㅂ, ㄷ, ㄱ)은 공명성이 작다. 공명성의 크기를 측정해 공명도를 나타낼 수 있는데, 유음과 비음은 공명음, 나머지는 장애음이라고 한다.

[마] '먹물 → [멍물]'에서 나타나는 음운 변동 현상을 '비음화'라고 하는데, 이는 공명도 변화로 설명할 수 있다. 음절과 음절이 만날 때에는 발음의 편의를 위해 특정 음운이 변동되면서 음절 간의 공명도 차이를 최소화하려는 경향이 있다. 특히 '먹물'처럼 장애음과 비음이 음절 경계에서 만나 선행 음운의 공명도가 후행 음운보다 낮은 경우에는, 후행 음운이 선행 음운보다 높은 공명도로 시작하는 것을 회피하려는 경향이 강하게 나타난다. 이때 선행 음운인 장애음이 비음으로 바뀌면 선행 음운의 공명도가 높아지면서 음절 간 공명도 차이를 줄일 수 있게 되는 것이다.

① [가]－[나]－[다]－[라]－[마]
② [가]－[다]－[라]－[마]－[나]
③ [다]－[가]－[나]－[라]－[마]
④ [다]－[라]－[가]－[나]－[마]
⑤ [마]－[다]－[나]－[라]－[가]

07 다음은 일정한 규칙으로 알파벳을 나열한 것이다. 빈칸에 들어갈 알파벳으로 알맞은 것은?

D ( ) F E J I R Q

① A ② C ③ G
④ H ⑤ K

08 다음 [조건]과 같이 물건을 판매할 때, 물건의 정가로 옳은 것은?

조건
- 정가는 원가에 10%의 이익을 붙인 가격이다.
- 정가에서 15%를 할인하여 판매하면 2,275원의 손실이 발생한다.

① 31,500원 ② 35,000원 ③ 38,500원
④ 40,000원 ⑤ 41,500원

09 다음 [표]는 2022~2025년 연금 수급자 지급건수 및 급여액, [그래프]는 2020~2025년 국민연금 가입자 수 및 평균 수령액에 관한 자료이다. 이에 대한 설명으로 옳은 것은?

[표] 2022~2025년 연금 수급자 지급건수 및 급여액 (단위: 천 건, 억 원)

구분		총계	노령연금	유족연금	장애연금	장애일시금	반환일시금	사망일시금
2022년	지급건수	6,965	5,800	900	55	3	202	5
	급여액	395,000	350,000	30,000	3,200	300	11,000	500
2023년	지급건수	7,245	6,000	950	80	4	205	6
	급여액	430,000	380,000	33,000	3,990	400	12,000	610
2024년	지급건수	7,500	6,200	980	85	5	220	10
	급여액	454,000	400,000	35,000	4,500	450	13,400	650
2025년	지급건수	8,000	6,600	1,060	84	6	235	15
	급여액	510,000	450,000	40,000	4,800	500	14,000	700

[그래프] 2020~2025년 국민연금 가입자 수 및 평균 수령액 (단위: 만 명, 만 원)

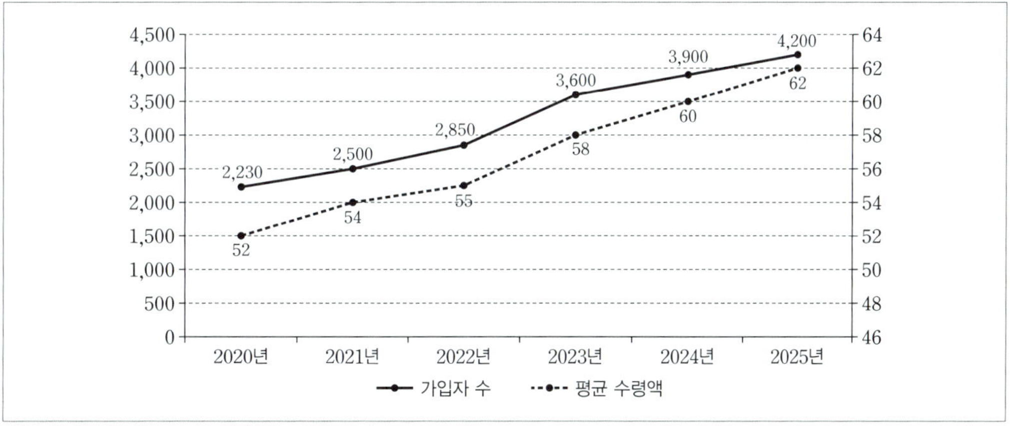

※ 1) 12월 기준으로 특례, 분할연금은 산정 시 제외함

2) 평균 수령액 $=\dfrac{\text{국민연금 총수령액}}{\text{국민연금 수급자 수}}$

① 주어진 기간 동안 모든 항목의 연금 지급건수는 매년 증가하였다.

② 2024년 국민연금 가입자 수의 전년 대비 증가율은 평균 수령액의 전년 대비 증가율보다 더 낮다.

③ 주어진 기간 동안 노령연금 급여액은 매년 36조 원 이상이다.

④ 2023~2025년 동안 국민연금 가입자 중 수급자가 20%에 해당한다면, 총수령액의 전년 대비 증가액은 2024년보다 2025년이 더 크다.

⑤ 2023~2025년 동안 연금 지급건수 대비 급여액이 가장 큰 항목은 매년 동일하다.

PART 3 CHAPTER 02 실전모의고사 2회

[10~11] 다음 [표]는 2020~2024년 △△회사의 신입사원 전공 및 부서 배치 현황을 나타낸 자료이다. 이를 바탕으로 이어지는 질문에 답하시오.

[표1] 2020~2024년 신입사원 전공 현황 (단위: 명)

구분	어문계열	상경계열	예술계열	공학계열
2024년	25	59	11	86
2023년	18	55	28	76
2022년	18	57	25	71
2021년	19	61	20	77
2020년	20	66	22	70

[표2] 2020~2024년 신입사원 부서 배치 현황 (단위: 명)

구분	본부			영업소		
	경영기획본부	영업본부	연구소	경인 지역	호남 지역	영남 지역
2024년	33	22	55	50	12	9
2023년	19	32	65	41	8	12
2022년	24	32	45	31	15	24
2021년	26	28	61	45	8	9
2020년	28	31	50	35	16	18

10 **주어진 자료에 대한 설명으로 옳은 것은?**

① 2022년 신입사원 수는 161명이다.
② 주어진 기간 동안 공학을 전공한 신입사원 수는 평균 75명이다.
③ 2023년 본부에 배치된 신입사원 수는 영업소에 배치된 신입사원 수보다 55명 더 많다.
④ 2021년 본부에 배치된 신입사원 중 영업본부에 배치된 신입사원의 비중은 25% 이상이다.
⑤ 2022년부터 2024년까지 호남 또는 영남 지역 영업소에 배치된 신입사원 수는 80명이 넘는다.

11 **다음 [그래프]는 2024년 신입사원의 전공 및 부서 배치 비중을 나타낸 자료이다. ㉠과 ㉡에 들어갈 수치가 바르게 짝지어진 것은?**(단, 소수점 둘째 자리에서 반올림하여 계산한다.)

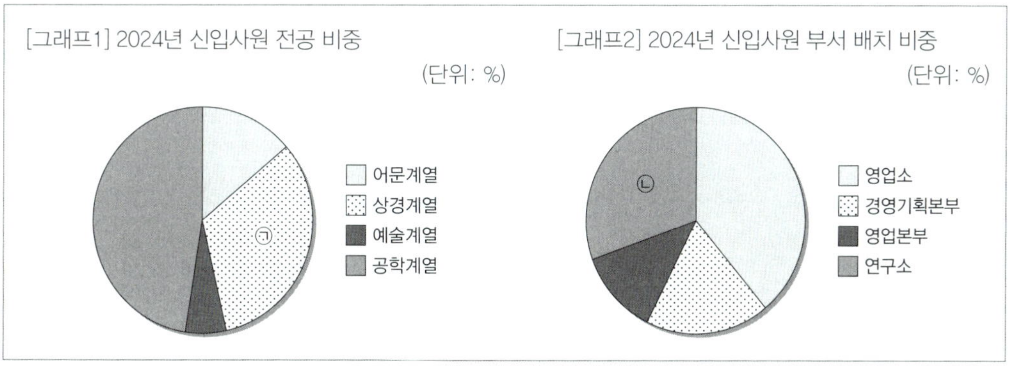

	㉠	㉡
①	30.4	32.6
②	30.4	31.8
③	32.6	30.4
④	32.6	31.8
⑤	31.8	32.6

12 **다음 [표]는 1995~2024년 혼인 및 출생아에 관한 자료이다. 이에 대한 설명으로 옳은 것은?**

[표1] 1995~2024년 혼인 유형별 건수 및 비중 (단위: 천 건, %, %p)

구분			1995년	2000년	2005년	2010년	2015년	2020년	2021년	2022년	2023년	2024년	1995년 대비	
													증감	증감률
총혼인건수			398.5	332.1	314.3	326.1	302.8	213.5	192.5	191.7	193.7	222.4	−176.1	−44.2
혼인건수	남자	초혼	356	288.2	252.5	273	256.4	180.1	161.2	160.1	161.6	190.6	−165.4	−46.5
		재혼	39.8	43.4	59.7	53	46.4	33.3	31.1	31.2	31.6	31.3	−8.5	−21.4
	여자	초혼	355.8	283.4	245.2	268.5	250	175	156.5	156	157.4	187	−168.9	−47.5
		재혼	39.8	48.1	66.6	57.5	52.7	38.1	35.6	35	35.2	34.3	−5.5	−13.9
구성비	남자	초혼	89.3	86.8	80.3	83.7	84.7	84.3	83.7	83.5	83.5	85.7	−3.6	−
		재혼	10	13.1	19	16.3	15.3	15.6	16.1	16.3	16.3	14.1	4.1	−
	여자	초혼	89.3	85.3	78	82.3	82.5	82	81.3	81.4	81.3	84.1	−5.2	−
		재혼	10	14.5	21.2	17.6	17.4	17.8	18.5	18.3	18.2	15.4	5.4	−

[표2] 1995~2024년 외국인과의 혼인 건수 및 비중 (단위: 천 건, %, %p)

구분		1995년	2000년	2005년	2010년	2015년	2020년	2021년	2022년	2023년	2024년	1995년 대비	
												증감	증감률
총혼인건수		398.5	332.1	314.3	326.1	302.8	213.5	192.5	191.7	193.7	222.4	−176.1	−44.2
외국인과의 혼인 건수		13.5	11.6	42.4	34.2	21.3	15.3	13.1	16.7	19.7	20.8	7.3	53.9
혼인건수	한국남자+외국여자	10.4	6.9	30.7	26.3	14.7	11.1	9	12	14.7	15.6	5.3	50.7
	한국여자+외국남자	3.1	4.7	11.6	8	6.6	4.2	4.1	4.7	5	5.1	2	64.2
외국인과의 혼인 비중		3.4	3.5	13.5	10.5	7	7.2	6.8	8.7	10.2	9.3	5.9	−

[표3] 1995~2024년 출생아 수, 조출생률 및 합계 출산율 (단위: 천 명, %, 인구 1천 명당 명, 가임 여자 1명당 명)

구분	1995년	2000년	2005년	2010년	2015년	2020년	2021년	2022년	2023년	2024년	1995년 대비	
											증감	증감률
출생아 수	715.0	640.1	438.7	470.2	438.4	272.3	260.6	249.2	230.0	238.3	−476.7	−66.7
조출생률	15.7	13.5	9.0	9.4	8.6	5.3	5.1	4.9	4.5	4.7	−11.0	−70.2
합계 출산율	1.63	1.48	1.09	1.23	1.24	0.84	0.81	0.78	0.72	0.75	−0.89	−54.2

① 주어진 기간 동안 조출생률과 합계 출산율의 증감 추이는 항상 일치한다.
② 주어진 기간 동안 총혼인건수와 출생아 수의 증감 추이는 항상 일치한다.
③ 남자 초혼 구성비는 2015년 이후 꾸준히 감소하였다.
④ 1995년을 제외하면 남녀 재혼 건수 및 구성비는 여자가 항상 높다.
⑤ 외국인과의 혼인 비중이 가장 높은 해와 가장 낮은 해의 외국인과의 혼인 건수 차이는 3만 건 이상이다.

13 **학생 A~E가 수학, 국어, 영어, 사회, 과학의 5개 과목에 대하여 시험을 치렀다. 다음 [조건]을 바탕으로 할 때, 항상 옳은 것은?**

조건

- E는 사회에서만 1등급을 받았다.
- C는 세 과목에서 1등급을 받았다.
- D는 B와 같은 과목에서 1등급을 받지 않았다.
- 5명은 각각 1등급을 받은 과목이 1개 이상 있다.
- 과목별로 1등급을 받은 학생의 조합은 모두 다르다.
- 사회 1등급은 3명이고, 과학 1등급은 1명, 나머지 과목은 1등급이 2명씩이다.
- A와 B는 서로 다른 과목에서 2개씩 1등급을 받았고, 둘 다 사회는 1등급이 아니다.

① A는 수학에서 1등급을 받았다.
② B는 과학에서 1등급을 받았다.
③ C는 영어에서 1등급을 받았다.
④ A와 E는 같은 과목에서 1등급을 받았다.
⑤ D는 E와 같은 과목에서 1등급을 받지 않았다.

14 **어느 지하철역 출구 근처에 A~F카페가 다음 [조건]에 따라 늘어서 있다고 할 때, 왼쪽에서 네 번째에 위치한 카페로 옳은 것은?**(단, 카페 이외의 다른 장소는 고려하지 않으며, 카페는 모두 일정한 간격으로 위치해 있다고 가정한다.)

조건

㉠ 모든 카페는 좌우로 나란히 위치해 있다.
㉡ B카페와 C카페의 거리는 두 번째로 멀다.
㉢ C카페와 E카페 사이에는 한 개의 카페가 있다.
㉣ 왼쪽에서 두 번째에 위치한 카페는 F카페이다.
㉤ B카페의 바로 오른쪽에는 D카페가 있다.

① A카페 ② B카페 ③ C카페
④ D카페 ⑤ E카페

15 **○○공사는 사무실을 이전하면서 건물의 한 층을 모두 사용하기로 결정하였다. ○○공사는 총무부, 인사부, 기획부, 회계부, 영업부, 설계부, 품질관리부, 구매부의 총 8개의 부서로 구성되어 있다. [보기]를 바탕으로 할 때, 각 부서 사무실 배치와 관련된 설명 중 옳지 않은 것은?**(단, A와 E, B와 F, C와 G, D와 H는 복도를 사이에 두고 서로 마주 보고 있으며, '인접하다'는 것은 복도를 사이에 두지 않고 붙어 있는 경우를 의미한다.)

보기

[○○공사의 새로운 사무실 배치 현황]

A	B	C	D
복도			
E	F	G	H

※ 위의 배치도에서 오른쪽과 왼쪽 기준의 예를 들면 C의 오른쪽은 D이고 C의 왼쪽은 B이다.

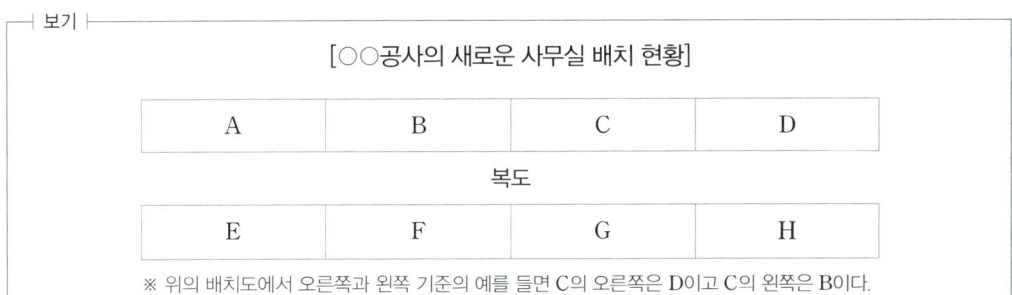

- 설계부는 회계부의 왼쪽에 인접해 있다.
- 구매부와 총무부는 서로 마주 보고 있다.
- 인사부에서 왼쪽으로 두 번째 사무실에 구매부가 위치한다.
- 기획부에서 오른쪽으로 두 번째 사무실에 품질관리부가 위치한다.
- 기획부와 영업부는 서로 마주 보고 있으며 영업부는 사무실 F에 위치한다.

① 구매부는 사무실 A에 위치한다.
② 품질관리부와 회계부는 서로 마주 보고 있다.
③ 복도를 기준으로 구매부, 설계부는 같은 라인에 위치한다.
④ 영업부는 총무부와 설계부의 사이에 위치한다.
⑤ 복도를 기준으로 총무부, 인사부는 다른 라인에 위치한다.

16 다음 글을 바탕으로 할 때, [보기]에서 옳은 것을 모두 고른 것은?

- A시는 차량 통행은 많지만 사람의 통행이 적어 횡단보도에 보행자 자동인식 시스템을 설치하였다.
- 보행자 자동인식 시스템은 횡단보도 앞에 도착한 보행자를 인식하면 1분 30초간 대기 후에 보행 신호를 30초간 점등하며, 이후 차량 통행을 보장하기 위해 2분간 보행 신호는 점등되지 않는다.
- 점등 대기와 보행 신호 점등, 차량 통행 보장 시간 동안에는 보행자를 인식하지 않는다.

점등 대기	→	보행 신호 점등	→	차량 통행 보장
1분 30초		30초		2분

- 보행 신호가 점등되기 전까지 횡단보도 앞에 도착한 사람만 모두 건넌다.
- 다음은 17시 50분부터 20시까지 횡단보도 앞에 도착한 사람 수와 도착 시각을 정리한 자료이다.

도착 시각	인원	도착 시각	인원
18:25:00	1명	18:44:00	3명
18:27:00	3명	18:59:00	4명
18:30:00	2명	19:01:00	2명
18:31:00	5명	19:48:00	4명
18:43:00	1명	19:49:00	2명

보기

㉠ 18시 30분에서 19시 30분 사이에 보행 신호가 점등된 횟수는 5회이다.
㉡ 18시 34분에 횡단보도 앞에 사람이 도착하는 경우 보행 신호는 1회 더 점등된다.
㉢ 19시 50분에 횡단보도 앞에 사람이 도착하는 경우 보행 신호는 1회 더 점등된다.
㉣ 19시에서 20시 사이에 횡단보도를 건넌 사람은 8명이다.

① ㉠, ㉡　② ㉠, ㉢　③ ㉡, ㉢
④ ㉠, ㉡, ㉣　⑤ ㉡, ㉢, ㉣

[17~18] 다음은 2025년에 실시된 청년내일채움공제에 관한 안내문이다. 이를 바탕으로 이어지는 질문에 답하시오.

2025 청년내일채움공제 안내

1. 사업 내용

— 중소·중견기업에 정규직으로 취업한 청년들의 장기근속을 위하여 고용노동부와 중소벤처기업부가 공동으로 운영하는 사업

— 청년·기업·정부가 공동으로 공제금을 적립하여 2년 또는 3년간 근속한 청년에게 성과보상금 형태로 만기공제금 지급

2. 청년내일채움공제 지원 내용

구분		내용
청년	2년형	청년 본인이 2년간 300만 원(매월 12만 5천 원)을 적립하면 정부(취업지원금 900만 원)와 기업(400만 원, 정부 지원)이 공동 적립+@
	3년형	청년 본인이 3년간 600만 원(매월 16만 5천 원)을 적립하면 정부(취업지원금 1,800만 원)와 기업(600만 원, 정부 지원)이 공동 적립+@
기업	2년형	2년간 채용유지지원금 450만 원 지원 (이중 400만 원은 청년의 장기근속 지원을 위해 적립)
	3년형	3년간 채용유지지원금 670만 원 지원 (이중 600만 원은 청년의 장기근속 지원을 위해 적립)

3. 청년내일채움공제 적립 구조

구분	적립 구조							
청년	[2년형] 월 12.5만 원 24개월 납입 [3년형] 월 16.5만 원 36개월 납입							
기업	월	1M	6M	12M	18M	24M	30M	36M
	2년형	45만 원	70만 원	95만 원	95만 원	95만 원	–	–
	3년형	50만 원	50만 원	75만 원	100만 원	100만 원	100만 원	125만 원
고용노동부	월	1M	6M	12M	18M	24M	30M	36M
	2년형	75만 원	150만 원	225만 원	225만 원	225만 원	–	–
	3년형	150만 원	175만 원	225만 원	250만 원	325만 원	325만 원	350만 원

4. 지원 대상

구분		내용
청년	2년형	• (연령) 만 15세 이상 34세 이하 – 군필자의 경우 복무기간에 비례하여 참여제한 연령을 연동하여 적용하되 최고 만 39세로 한정 • (고용보험 이력) 정규직 취업일 현재 고용보험 가입이력이 없거나 최종학교* 졸업 후 고용보험 총가입기간이 12개월 이하. 단, 3개월 이하 단기 가입이력은 총가입기간에서 제외 • 다만, 고용보험 총가입기간이 12개월을 초과하더라도 최종 피보험자격 상실일로부터 실직기간이 6개월** 이상인 자는 가능 * 방송 · 통신 · 방송통신 · 사이버(원격대학), 학점은행제, 야간대학, 대학원은 제외 ** 실직기간: 단기취업, 일용 등 실제 근무기간을 제외한 실제 실직기간을 의미 • (학력) 제한은 없으나, 정규직 취업일 현재 고등학교 또는 대학 재학 · 휴학 중인 자는 제외(졸업예정자 가능)
	3년형	• (연령) 2년형과 동일 • (고용보험 이력) 정규직 취업일 현재 고용보험 가입이력이 없거나 최종학교*** 졸업 후 고용보험 총가입기간이 12개월 이하. 단, 3개월 이하 단기 가입이력은 총가입기간에서 제외 *** 방송 · 통신 · 방송통신 · 사이버(원격대학), 학점은행제, 야간대학, 대학원은 제외 • (학력) 2년형과 동일
기업	2년형	고용보험 피보험자 수 5인 이상 중소 · 중견기업(2022~2024년 평균 매출액 3천억 원 미만, 소비향락업 등 일부 업종 제외) ※벤처기업, 청년 창업기업 등 일부 1인 이상 5인 미만 기업도 참여 가능
	3년형	5인 이상 중소 · 중견기업(2022~2024년 평균 매출액 3천억 원 미만) 중 「뿌리산업 진흥과 첨단화에 관한 법률」에 따른 '뿌리기업'만 가입 가능

17 다음 중 주어진 안내문에 대한 설명으로 옳지 않은 것은?

① 고용보험 총가입기간이 12개월 이하가 아니더라도 지원받을 수 있다.
② 기업 입장에서는 청년내일채움공제에 지원한 직원이 많을수록 잉여금이 많다.
③ 청년내일채움공제 3년형에 가입한 직원이 3년 뒤에 받는 금액은 자신이 낸 전체 금액의 5배 이상이다.
④ 청년내일채움공제 2년형에 가입한 직원에 대해 18개월까지 기업이 적립한 금액의 합계는 305만 원이다.
⑤ 기업이 청년내일채움공제 사업을 진행하려면 고용보험 피보험자 수가 5인 이상이어야 하고 평균 매출액이 3천억 원 미만이어야 한다.

18 주어진 안내문과 다음 [보기]를 바탕으로 할 때, K씨의 청년내일채움공제 신청 유형과 만기공제금을 바르게 나타낸 것은?

보기

- S회사는 2022년 2월에 설립된 금속 열처리 관련 중소기업으로 100여 명의 직원이 근무하고 있으며, 지난해까지 3년 평균 매출 2천 700억 원을 달성했다.
- 뿌리기술 활용 업종에 해당하는 S회사는 지난해 뿌리기업 확인서를 발급받았다.
- K씨는 첫 직장에서 정직원으로 13개월 근무했으며, 퇴직 후 7개월 동안 재취업을 준비한 끝에 올해 3월 S회사에 정식 사원으로 입사하게 되었다.(단, 일을 그만둔 시점에 고용보험 피보험자격을 상실한 것으로 간주한다.)

① 2년형 – 1,300만 원+@
② 2년형 – 1,600만 원+@
③ 3년형 – 2,400만 원+@
④ 3년형 – 3,000만 원+@
⑤ 신청할 수 없다.

[19~20] 다음 자료를 바탕으로 이어지는 질문에 답하시오.

서울 ○○사무소에서 근무하는 A부장은 부산 본사에서 실시하는 전체 회의에 참석해야 한다. 회의는 10시 30분에 시작하여 17시 30분에 마치고, 서울로 복귀할 예정이다. 단, 비용 절감을 위해 최소한의 비용을 고려해야 한다.

[표1] 교통수단별 출발/도착 시각 및 운임

KTX 열차			비행기			고속버스		
출발	도착	운임(원)	출발	도착	운임(원)	출발	도착	운임(원)
서울역 6:10	부산역 9:25	58,000	김포 8:25	김해 9:25	62,000	서울 터미널 4:00	부산 터미널 8:50	57,000
서울역 6:40	부산역 9:40	60,000	김포 8:35	김해 9:35	60,000	서울 터미널 5:10	부산 터미널 9:20	48,000
서울역 6:55	부산역 9:45	61,000	김포 8:40	김해 9:40	63,000	서울 터미널 4:05	부산 터미널 9:25	37,000

[표2] 이동수단별 소요시간 및 운임

구분	교통수단	소요시간	배차 간격	운임(원)
부산역 ↔ 본사	택시	30분	바로 탑승	15,000
	리무진 버스	50분	매시 정각부터 15분 간격	12,000
김해공항 ↔ 본사	택시	20분	바로 탑승	11,000
	리무진 버스	40분	매시 정각부터 30분 간격	10,000
부산터미널 ↔ 본사	택시	50분	바로 탑승	25,000
	리무진 버스	1시간 20분	매시 정각부터 20분 간격	15,000

※ 이동수단 변경 및 수속시간 등은 고려하지 않음

19 **A부장은 회의 시작 20분 전까지 부산 본사에 도착해야 한다. 이때, A부장이 선택할 교통편-이동수단으로 적절한 것은?**(단, 서울 ○○사무소에서 서울역, 김포공항, 서울터미널까지 이동시간과 비용은 고려하지 않는다.)

① KTX – 택시
② 비행기 – 택시
③ 비행기 – 리무진 버스
④ 고속버스 – 택시
⑤ 고속버스 – 리무진 버스

20 **음향 문제로 인해 예정되어 있던 회의 시간이 과도하게 지체되어 A부장은 부산에서 하루 숙박을 한 후 다음 날 서울 ○○사무소에 복귀할 예정이다. 예정된 미팅 때문에 12시까지는 사무소에 도착해야 할 때, A부장이 지급받게 될 출장비 총액을 적절하게 계산한 것은?**(단, 왕복 교통비를 모두 지급받으며, 본사에서 숙소, 숙소에서 부산역, 김해공항, 부산터미널까지 이동시간과 비용은 고려하지 않는다.)

[표1] 출장비 규정

구분	교통비	일비(1일 기준)	식비(1일 기준)	숙박비(1박 기준)
대표, 본부장	실비 정산	80,000원	80,000원	150,000원
부장, 차장		60,000원	70,000원	120,000원
과장, 대리, 사원		50,000원	60,000원	100,000원

※ 출장지에서 체류 시간이 1일(00:00~24:00) 기준 5시간 이상일 때, 일비와 식비를 모두 지급받음

[표2] 복귀 교통편

KTX 열차			비행기			고속버스		
출발	도착	운임(원)	출발	도착	운임(원)	출발	도착	운임(원)
부산역 08:40	서울역 11:40	60,000	김해 10:00	김포 11:00	70,000	부산 터미널 07:00	서울 터미널 11:50	50,000

※ 서울 ○○사무소에서 서울역까지 25분, 김포공항까지 55분, 서울터미널까지 15분 소요(단, 서울 ○○사무소로 이동하는 교통수단은 바로 탑승하며, 이때의 비용은 고려하지 않음)

① 451,000원
② 482,000원
③ 521,000원
④ 532,000원
⑤ 533,000원

[21~22] 다음은 H사 내부 승진기준 및 직원 A~D의 승진 관련 정보를 나타낸 자료이다. 이를 바탕으로 이어지는 질문에 답하시오.

• H사는 사원, 대리, 과장, 부장 직급이 있으며, 직급별 승진에 필요한 최소 소요 연수는 다음과 같다.
  - 사원 → 대리: 2년
  - 대리 → 과장: 4년
  - 과장 → 부장: 6년

  예를 들어 대리가 과장이 되려면 대리 직급으로 최소한 4년을 근무해야 한다.

• 최소 소요 연수를 채운 사람에 한하여 승진 심사가 이루어지며, 승진 심사는 상사평가 부문, 실적 부문, 사내행사 참여 부문 3가지 기준을 모두 충족한 경우에 승진이 결정된다. 부문별 연간 승진 기준 점수는 다음과 같다.

[표1] 부문별 연간 승진 기준 점수 (단위: 점)

구분	사원 → 대리	대리 → 과장	과장 → 부장
상사평가 부문	200	200	200
실적 부문	400	300	200
사내행사 참여 부문	0	100	200

※ 위 표는 연간 기준이므로 재직기간을 곱한 총점을 기준으로 평가해야 함
※ 실적 부문 점수의 최소 50%는 핵심 실적이어야 함

• 사내행사 참여 부문 점수가 부족할 경우, 부족한 사내행사 참여 부문 점수의 2배에 해당하는 실적 부문 초과 점수로 부족한 사내행사 참여 부문 점수를 대체할 수 있다. 단, 실적 부문 초과 점수 중 핵심 실적의 초과 점수로만 대체 가능하다.

• 직원 A~D의 올해 승진 관련 정보는 다음과 같다.

[표2] 직원 A~D의 올해 승진 관련 정보 (단위: 년, 점)

<table>
<tr><th colspan="3">구분</th><th>A</th><th>B</th><th>C</th><th>D</th></tr>
<tr><td colspan="3">현재 직급</td><td>사원</td><td>대리</td><td>대리</td><td>과장</td></tr>
<tr><td colspan="3">현재 직급에서의 재직기간</td><td>2</td><td>3</td><td>4</td><td>6</td></tr>
<tr><td rowspan="4">현재 직급에서의 재직기간 중 점수 총점</td><td colspan="2">상사평가 부문</td><td>500</td><td>700</td><td>900</td><td>1,200</td></tr>
<tr><td rowspan="2">실적 부문</td><td>핵심</td><td>300</td><td>700</td><td>1,000</td><td>850</td></tr>
<tr><td>일반</td><td>700</td><td>700</td><td>800</td><td>500</td></tr>
<tr><td colspan="2">사내행사 참여 부문</td><td>100</td><td>400</td><td>350</td><td>1,050</td></tr>
</table>

21 주어진 자료를 바탕으로 할 때, A~D 중 올해 승진이 가능한 사람의 인원수로 옳은 것은?

① 0명 ② 1명 ③ 2명
④ 3명 ⑤ 4명

22 인력적체 문제로 올해는 전 직원 승진을 보류하였다. [표2]를 기준으로 1년이 지난 후 A~D의 각 부문 점수가 모두 20%씩 증가한다면 내년에 A~D 중 승진이 가능한 사람의 인원수로 옳은 것은?

① 0명 ② 1명 ③ 2명
④ 3명 ⑤ 4명

[23~24] 다음 [그림]과 [표]는 K공사의 수돗물 정수 처리 공정과 그에 따른 비용을 나타낸 자료이다. 이를 바탕으로 이어지는 질문에 답하시오.

[그림] 수돗물 정수 처리 공정

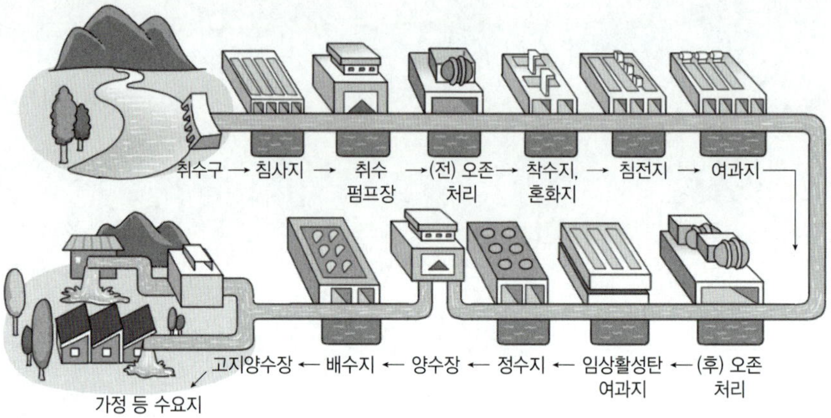

[표] 수돗물 정수 과정별 소요 비용 (단위: 원/1,000L)

구분	공정 개선 전	공정 개선 후
취수구	50	50
침사지	100	90
취수펌프장	200	180
(전) 오존처리	400	350
착수지, 혼화지	300	280
침전지	250	240
여과지	300	270
(후) 오존처리	500	450
임상활성탄 여과지	400	360
정수지	350	320
양수장	300	260
배수지	200	180
고지양수장	100	100
가정 등 수요지	50	50

23 **주어진 자료를 바탕으로 할 때, 4,500만 L의 수돗물을 생산할 시 공정 개선 전후의 비용 차이로 옳은 것은?**

① 1,350만 원　② 1,395만 원　③ 1,440만 원
④ 1,485만 원　⑤ 1,500만 원

24 **K공사에서는 공정 개선을 위해 4,000만 원을 투자하였다. 투자비를 회수하기 위해 생산해야 할 수돗물 양의 최솟값으로 옳은 것은?**(단, 수도요금은 공정 개선 전후에 항상 같다.)

① 12,500만 L　② 12,600만 L　③ 12,700만 L
④ 12,800만 L　⑤ 13,000만 L

25 MS Excel을 활용하여 문서 작업을 하던 중 [A1], [B1], [C1] 셀에 쓰인 문자를 함수식을 활용하여 [A4], [B4], [C4] 셀과 같이 수정하였다. 각 셀에 들어갈 함수식으로 바르게 짝지어진 것은?

	A	B	C
1	CLOUD	빅 data	ubiquitous
2			
3		⬇	
4	cloud	빅 DATA	Ubiquitous

	[A4] 셀	[B4] 셀	[C4] 셀
①	=PROPER(A1)	=UPPER(B1)	=LOWER(C1)
②	=UPPER(A1)	=LOWER(B1)	=PROPER(C1)
③	=UPPER(A1)	=PROPER(B1)	=LOWER(C1)
④	=LOWER(A1)	=PROPER(B1)	=UPPER(C1)
⑤	=LOWER(A1)	=UPPER(B1)	=PROPER(C1)

26 회계팀 조 사원은 여러 부서의 손익을 비교해 보기 위해 모든 부서의 손익 실적 파일을 화면에 열어 두었다. 그러던 중 갑자기 이번 달 비용 집행 현황을 급하게 확인할 일이 생겨 열어 둔 각 부서의 손익 실적 파일을 모두 내리고 바탕화면에 있는 윈도우탐색기 아이콘을 클릭하고자 한다. 이때 조 사원이 사용해야 할 단축키로 가장 적절한 것은?

① 파일명 클릭 → F2

② Ctrl+W

③ 윈도우+L

④ 윈도우+D

⑤ F11

[27~28] 다음 글을 바탕으로 이어지는 질문에 답하시오.

주민등록번호는 앞의 6자리와 뒤의 7자리로 구성되어 있다. 앞의 6자리는 생년월일을 나타내며 뒤의 7자리는 숫자별로 의미하는 바가 다르다.
뒤의 7자리 중 첫 번째 숫자는 흔히 성별을 구분하여 남자는 1, 여자는 2라고만 알려져 있지만 실은 다음과 같이 더 세분화되어 있다.

9: 1800~1899년에 출생한 한국인 남자
0: 1800~1899년에 출생한 한국인 여자
1: 1900~1999년에 출생한 한국인 남자
2: 1900~1999년에 출생한 한국인 여자
3: 2000~2099년에 출생한 한국인 남자
4: 2000~2099년에 출생한 한국인 여자
5: 1900~1999년에 출생한 외국인 남자
6: 1900~1999년에 출생한 외국인 여자
7: 2000~2099년에 출생한 외국인 남자
8: 2000~2099년에 출생한 외국인 여자

다음 두 번째와 세 번째 숫자는 출생 신고가 이루어진 지방자치단체 번호이며, 네 번째와 다섯 번째 숫자는 출생 신고가 이루어진 동의 주민센터 고유번호로 행정자치부에 의하여 부여된 주민센터의 고유 코드이다. 여섯 번째 숫자는 동일한 날짜에 주민센터에서 출생 신고를 한 순서이다. 마지막 일곱 번째 숫자는 검증번호로 사람마다 다르게 부여되는 주민등록번호의 오류 여부를 확인하며, 특수한 규칙으로 생성된다.
마지막 숫자를 제외한 앞 12자리의 숫자에 각각 순서대로 2, 3, 4, 5, 6, 7, 8, 9, 2, 3, 4, 5를 곱하고 곱한 값의 합을 구한다. 이 합을 11로 나눈 뒤 나머지를 구하고 11에서 나머지를 뺀 수가 바로 마지막 숫자인 검증번호가 되는 것이다.

27 다음 중 주민등록번호가 661023-202382(　)인 갑과 020223-302122(　)인 을에 대한 설명으로 옳지 않은 것은?

① 두 사람이 태어난 '일(日)'은 동일하다.
② 두 사람의 성별은 동일하지 않다.
③ 두 사람이 출생 신고를 한 지방자치단체는 동일하다.
④ 두 사람의 출생 신고 순서는 동일하다.
⑤ 두 사람의 검증번호는 동일하다.

28 27번에서 언급한 값은 MS Excel의 A1 셀에 자신의 주민등록번호를 입력한 후 출생 신고가 이루어진 동의 주민센터 고유번호를 포함한 이후의 숫자를 모두 '*'를 활용하여 블라인드 처리하고자 한다. 값이 사용할 함수식으로 올바른 것은?(예를 들어, 검증번호가 4일 경우 값은 '661023-2023824'로 입력된 주민등록번호를 블라인드 처리하고자 한다.)

① =SUBSTITUTE(A1,11,4,"****")

② =REPLACE(A1,11,4,"****")

③ =REPLACE(A1,"3824","****")

④ =SUBSTITUTE(A1,"3824",4,"****")

⑤ =REPLACE(A1,4,"3824","****")

29 다음 글을 바탕으로 할 때, 트로이 목마 바이러스의 주요 특징으로 옳지 않은 것은?

A기업의 시스템 관리자 김 대리는 최근 사내 네트워크에서 이상 징후를 발견하였다. 일부 직원의 PC에서 알 수 없는 프로그램이 은밀히 실행되고 있었으며, 외부 서버와의 통신 흔적도 포착되었다. 겉으로는 정상적인 소프트웨어처럼 보였지만, 실제로는 보안 정책을 우회하며 비정상적인 기능을 수행하고 있었다. 김 대리는 이 프로그램이 사용자의 인지 없이 설치되었고, 겉모습을 위장하여 의심을 피한다는 점에서 '트로이 목마' 유형의 악성 프로그램일 가능성이 높다고 판단하였다.

이러한 프로그램은 사용자의 중요 자료나 계정 정보를 빼내어 외부로 전달하거나, 내부 시스템에 은밀히 '백도어'를 심어 제3자가 원격에서 접근할 수 있도록 만든다. 경우에 따라서는 감염된 장비를 봇넷(botnet)의 일부로 편입시켜 분산 서비스 거부(DDoS) 공격 등 대규모 사이버 공격의 도구로 활용되기도 한다. 트로이 목마의 유포 경로는 매우 다양하다. 실행 파일로 가장해 배포되거나, 이메일 첨부 파일 · 불법 소프트웨어 · 가짜 업데이트 프로그램 등을 통해 사용자의 부주의를 노리고 침투한다.

특히 이 악성 프로그램의 위험성은 초기 감염 시 눈에 띄는 징후가 거의 없다는 데 있다. 사용자는 오랫동안 이상을 감지하지 못해 피해가 누적되며, 문제를 발견했을 때는 이미 내부 정보가 상당 부분 외부로 유출된 뒤일 수 있다. 따라서 기업과 개인 모두 출처가 불분명한 파일 실행을 피하고, 최신 보안 패치를 적용하며, 주기적으로 시스템을 점검하는 것이 중요하다.

① 정당한 프로그램으로 위장하여 사용자의 동의를 얻어 설치된다.
② 사용자 정보 유출이나 원격 제어 기능을 수행할 수 있다.
③ 감염되면 다른 컴퓨터로 자동 전파되어 확산된다.
④ 백도어 설치를 통해 해커의 접근 통로를 만든다.
⑤ 실행 파일, 이메일 첨부 파일 등을 통해 유포될 수 있다.

30 다음 사례에서 알 수 있는 기술혁신에 수반되는 특성으로 가장 적절한 것은?

A사는 자사 브랜드에 대한 기존 신뢰도만 믿고 최근 신제품의 작은 불량을 간과했다. 담당 부서는 이를 상급자에게 보고하지도 않고 언론 공개가 회사의 이미지에 부정적인 영향을 끼칠까 우려하여 시장의 반응에 적극적으로 대응하지도 않았다. 하지만 동일 불량으로 인한 소비자의 불만 사항이 증가하기 시작했고, 급기야 결함 제품으로 인해 심각한 인명 피해가 발생한 소식이 언론에 보도되어, A사는 이미지 타격은 물론 불량 보상으로 막대한 손실을 입었다.

① 기술혁신을 위해서는 항상 타 조직이나 외부의 전문가로부터 도움이 필요하다.
② 기술혁신은 유관 조직 간 기술 개발의 대안을 놓고 상호 대립하게 하여 갈등을 일으킬 수 있다.
③ 기술혁신은 그것이 성공하지 못했을 경우, 항상 조직 구성원 대부분을 잃게 된다.
④ 기술혁신이 항상 삶을 윤택하게 만드는 것만은 아니며, 실패한 기술은 사회적 악영향을 낳을 수 있다.
⑤ 성공한 기술혁신에는 기술과 지식의 손실이 크게 발생하여 기술 개발을 지속할 수 없는 경우가 종종 발생한다.

31 **다음 중 새로운 기술을 기업 경영에 적용할 때에 고려해야 할 사항으로 적절하지 않은 것은?**

① 아무리 자신의 직장에 적합하면서 성과를 높일 수 있는 기술이라고 할지라도 기술 적용에 따른 비용이 성과보다 더 크다면 좋은 기술이라고 할 수 없으므로 비용이 합리적인지를 따져보아야 한다.
② 해당 기술이 자신의 기업 경영의 성과 향상에 전략적으로 얼마나 중요한가를 확인하는 활동은 무엇보다 중요하다.
③ 새롭게 받아들여 활용하고자 하는 기술이 단순한 기술인지, 아니면 가까운 미래에 다른 발전된 기술로 응용 가능성이 있는지를 검토해 보아야 한다.
④ 기술 적용에 실패했을 경우 사회적 영향력과 자사의 손실이 얼마나 큰지를 미리 파악하여 적정 수준의 투자와 효과를 기대하는 것이 바람직하다.
⑤ 기술은 항상 경쟁업체에게 노출될 것이며 신기술에 정복될 수밖에 없으므로 수명 주기가 짧고 신기술 대체가 용이할수록 바람직하다.

32 **다음 글에서 설명하는 기술에 해당하는 예시로 가장 적절한 것은?**

> 기술이 발전하고 자동화가 보편화된 오늘날에도 여전히 "노하우(Know−how)"는 중요한 기술 자산으로 간주된다. 노하우란 단순한 지식이나 이론이 아니라, 직접적인 경험과 반복적인 실습을 통해 체득한 실천적 기술이나 숙련을 의미한다. 예를 들어, 기계 조립이나 용접, 정밀 가공 등은 설명서만 읽는다고 능숙하게 수행할 수 없다. 오히려 손으로 직접 조작하고 여러 차례의 실패와 수정을 거쳐야만 익힐 수 있는 기술이 대부분이다.
> 노하우는 종종 언어로 명확히 설명하거나 문서화하기 어려우며, 특정 작업자가 가진 "암묵지(暗默知)" 형태로 존재하는 경우가 많다. 이 때문에 노하우는 기술 전수가 어려운 분야 중 하나로 꼽히며, 인력 양성을 위해 현장 실습, 체험 중심의 교육, 멘토링 등이 강조된다. 특히, 동일한 장비라도 작업 환경이나 부품의 미세한 차이에 따라 다른 조작법이 필요할 수 있기 때문에 경험을 통해 체득한 감각이 중요하다. 따라서 노하우는 단기간에 익히기 어려우며, 반복 학습과 현장 적응을 통해 지속적으로 향상된다.

① 회계 프로그램의 세무 규정 입력 방식 이해
② 비행 시 바람의 방향과 세기에 따른 드론 조종 감각
③ 통계 소프트웨어에서 상관관계 분석 함수 사용
④ 산업안전보건법상 유해 물질 목록 숙지
⑤ 기술 경영 이론에서 핵심 역량 분석 방법 학습

[33~34] 다음은 공기청정기 사용설명서의 일부이다. 이를 바탕으로 이어지는 질문에 답하시오.

1. 설치 위치 및 주변 환경

공기청정기의 설치 위치는 공기 흐름과 필터 성능에 큰 영향을 미칩니다. 다음 조건을 반드시 확인하세요.

1) 설치 간격

- 벽면으로부터 최소 10~30cm 이상 거리 확보
  제품의 흡입구 또는 배기구가 벽, 커튼, 가구 등과 가까우면 공기 순환이 제대로 되지 않아 정화 성능이 크게 저하됨
- 천장 및 바닥과의 간격 유지
  바닥에 밀착된 상태에서는 먼지 흡입 효율이 떨어지고, 천장과 너무 가까우면 배기 공기가 천장에 반사되어 순환을 방해함

2) 주변 정리

- 전원 코드는 바닥에 방치하지 말고 정리
  사용자 안전은 물론 로봇청소기 등 가전제품과의 충돌 방지를 위해 전선은 벽 쪽에 정리하거나 케이블 커버 사용 권장
- 습기 많은 공간 설치 금지
  화장실, 세탁실 등 습기가 많은 공간에 설치 시 필터에 수분이 침투하여 곰팡이 발생 또는 전기 부품 고장 가능

※ 공기청정기는 실내 중앙부 또는 공기 이동이 많은 곳(창문 부근, 환기구 주변 등)에 설치하는 것을 권장

2. 전원 연동 및 초기 작동

1) 전원 연결 시 주의 사항

전원을 연결한 후 즉시 작동하지 않더라도 당황하지 마세요. 대부분의 제품은 내부 센서 및 회로 초기화 과정으로 인해 약 1~2분의 예열 시간이 필요합니다.

2) 작동 모드 설정

- 초기에 작동 시 "AUTO(자동 운전)" 모드 사용 권장
  센서 정보를 기반으로 실내 공기 오염도를 감지하여 팬의 회전 속도와 정화 강도 자동 조절
- 특별한 오염 상황에서는 수동 설정도 가능
  – "TURBO" 모드: 단기간 내 강력한 정화 필요시
  – "SLEEP" 모드: 야간 사용 시 소음 최소화

3) 주기적 리셋

일부 제품은 장시간 작동 후 성능 저하 방지를 위해 내부 전자 회로의 리셋(초기화)을 권장합니다. 전원을 완전히 차단한 후 5~10분 후 재가동하여 센서 감지 오류를 방지하세요.

3. 필터 관리

공기청정기의 성능은 필터의 상태에 크게 좌우됩니다. 각 필터 종류별로 다음과 같이 관리하세요.

1) 프리 필터(먼지망)

- 역할: 큰 먼지, 머리카락, 반려동물 털 등 1차 오염물 제거
- 2주 간격으로 세척 권장
  – 진공청소기 또는 부드러운 솔로 털어내기
  – 심하게 더러워진 경우, 미지근한 물에 헹군 후 그늘에서 완전 건조하여 재장착

※ 젖은 상태로 장착하면 내부 부품에 결로나 곰팡이 발생 위험이 있음

2) HEPA 필터

- 역할: 초미세먼지(PM2.5 이하), 알레르기 유발 물질, 박테리아 등 제거

• 물세척 금지, 물에 닿으면 미세 섬유 구조가 손상되어 정화 성능이 급격히 저하됨
• 6개월 주기로 교체 권장
– 오염이 심한 환경(공사장 인근, 흡연 공간 등)은 3개월 이내 교체 필요
– 필터 교체 알림 기능이 있는 제품은 표시등 확인
※ 필터 교체 주기는 제품 사용 시간과 환경에 따라 달라지므로 냄새 또는 공기 정화 속도 저하로 판단

3) 활성탄 필터
• 역할: 유해 가스(VOCs), 담배 냄새, 음식 냄새 등 흡착
• 물세척 금지, 정기적으로 햇빛 건조로 성능 복원 가능
– 3개월마다 직사광선 아래에서 2시간 정도 건조
– 건조 후에는 냄새 제거 능력이 일부 회복됨
• 교체는 보통 6~12개월 주기이나, 냄새가 전혀 사라지지 않을 경우 즉시 교체 권장

4. 센서 관리
1) 센서 종류
• 미세먼지(PM) 센서
• VOC(휘발성 유기 화합물) 센서
• 온도/습도 센서
2) 관리 방법
센서 성능은 오염되면 정확도가 급격히 떨어지므로, 1개월마다 다음 지시에 따라 청소하세요.
• 청소 전 반드시 전원을 끄고 5분 이상 대기 후 작업 실시
• 마른 면봉으로 센서 부위의 표면 먼지만 살살 닦기
• 물기 있는 도구, 세척제, 에어 블로어 등 사용 금지
※ 센서 위치는 보통 제품 옆면 또는 후면 하단에 위치(설명서 참조)

5. 성능 점검 및 이상 유무 확인
1) 필터 제거 후 점검
• 모든 필터를 제거한 후 팬을 단독으로 작동시켜 특이 소음, 떨림, 흡입력 이상 여부 점검
• 이상이 없으면 다시 필터를 순서대로 조립
2) 재조립 시 주의사항
필터를 순서대로 정확히 장착하지 않으면 공기 흐름 이상, 흡입 효율 저하, 센서 오작동 등이 발생할 수 있습니다.

6. 전원 종료 및 청정 후 관리
1) 전원 차단 요령
• 작동 종료 후 즉시 플러그를 뽑지 말 것
팬 작동이 멈춘 직후 미세먼지가 일시적으로 다시 공기 중에 분산될 수 있음
• 1분 정도 대기 후 전원 코드 분리
• 전원 코드 손잡이 부분을 잡고 분리, 코드가 꺾이거나 눌리지 않도록 정리

7. 이상 징후 및 문제 발생 시 조치
다음과 같은 현상이 발생하면 즉시 전원을 차단하고 제품 사용을 중지하십시오.
1) 이상 증상
• 제품 내부 또는 배기구에서 플라스틱 타는 냄새 발생
• 모터 작동음이 평소보다 매우 크거나 불규칙함
• 공기 흐름이 거의 없거나, 필터를 교체해도 정화가 느려짐

- 조작이 되지 않거나, 전원이 꺼지지 않음
- 작동 중 본체가 과도하게 뜨거워짐

2) 조치 사항
- 즉시 전원 스위치 OFF
- 플러그를 뽑고 5분 이상 대기 후 재확인
- 증상이 지속될 경우 제품 A/S 센터에 문의(모델명, 증상 상세 기록 필요)

33 주어진 사용설명서를 바탕으로 할 때, 공기청정기가 정상적으로 작동하는지 확인하는 방법으로 적절한 것은?

① 필터를 순서대로 조립한 후 작동시켜 흡입력을 확인한다.
② 필터를 모두 제거한 상태에서 팬만 가동해 특이 소음 여부를 점검한다.
③ 모든 필터를 물로 세척해 조립한 후 팬이 잘 돌아가는지 확인한다.
④ 전원을 끈 직후 즉시 코드를 뽑는다.
⑤ 센서를 세척하지 않고 바로 재가동한다.

34 다음 중 활성탄 필터를 관리하는 방법으로 올바른 것은?

① 물에 씻은 후 바로 재장착한다.
② 최소 3개월마다 교체해야 한다.
③ 햇빛에 약 2시간 건조해 재사용할 수 있다.
④ 건조기를 사용해 고온 상태에서 말린다.
⑤ 세척이 불가능하므로 즉시 폐기한다.

35 **조직구조는 조직마다 다양하며 효과적인 조직목표 달성에 영향을 미친다. 다음 중 조직구조의 결정 요인에 대한 설명으로 옳지 않은 것은?**

① 조직의 전략은 조직의 목적을 달성하기 위하여 수립한 계획으로, 조직이 자원을 배분하고 경쟁적 우위를 달성하기 위한 주요 방침이며 조직의 전략이 바뀌면 구조도 바뀔 수 있다.
② 조직 규모에 따라서도 조직구조가 달라지는데 대규모 조직은 소규모 조직에 비해 업무가 전문화, 분업화되어 있고 많은 규칙과 규정이 존재한다.
③ 조직이 투입요소를 산출물로 전환하는 지식과 기계, 절차 등을 기술이라 하는데 소량생산기술을 가진 조직은 기계적 조직구조를, 대량생산기술을 가진 조직은 유기적 조직구조를 따른다.
④ 조직은 환경의 변화에 적절하게 대응해야 하므로 환경에 따라 조직의 구조를 달리한다.
⑤ 안정적이고 확실한 환경에서는 기계적 조직이 적합하고, 급변하는 환경에서는 유기적 조직이 적합하다.

36 **다음과 같은 기업 경영 활동에 해당하는 경영 전략으로 옳은 것은?**

- 모든 고객을 만족시킬 수는 없다는 것과 회사가 모든 역량을 가질 수는 없다는 것을 전제로 선택할 수 있는 전략이다.
- 기업이 고유의 독특한 내부 역량을 보유하고 있는 경우에 더욱 효과적인 전략이다.
- 사업 목표와 타당한 틈새시장을 찾아야 한다.
- 다양한 분류의 방법을 동원하여 고객을 세분화한다.

① 차별화 전략　② 집중화 전략　③ 비교우위 전략
④ 원가우위 전략　⑤ 고객본위 전략

37 다음은 C사의 해외 시장 진출을 계기로 진행된 조직 개편에 따른 변경 전후의 조직도를 나타낸 자료이다. 이에 대한 설명으로 옳지 <u>않은</u> 것은?

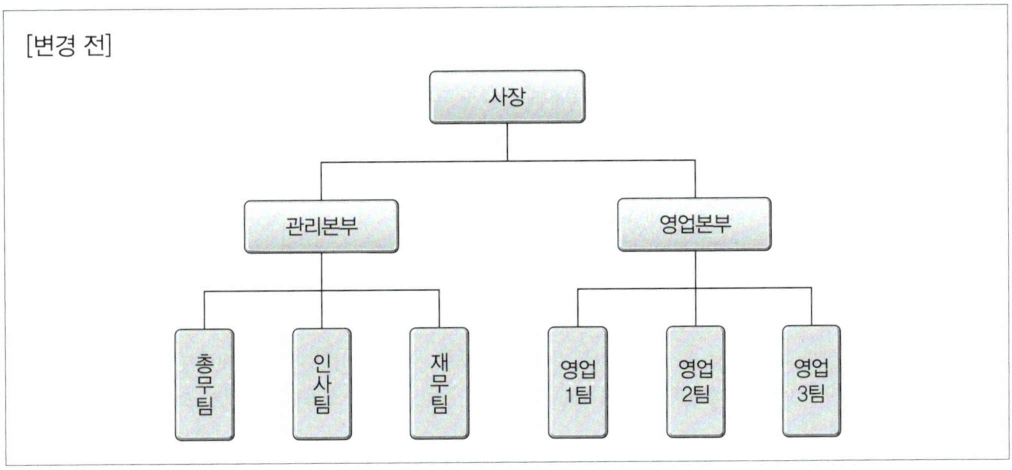

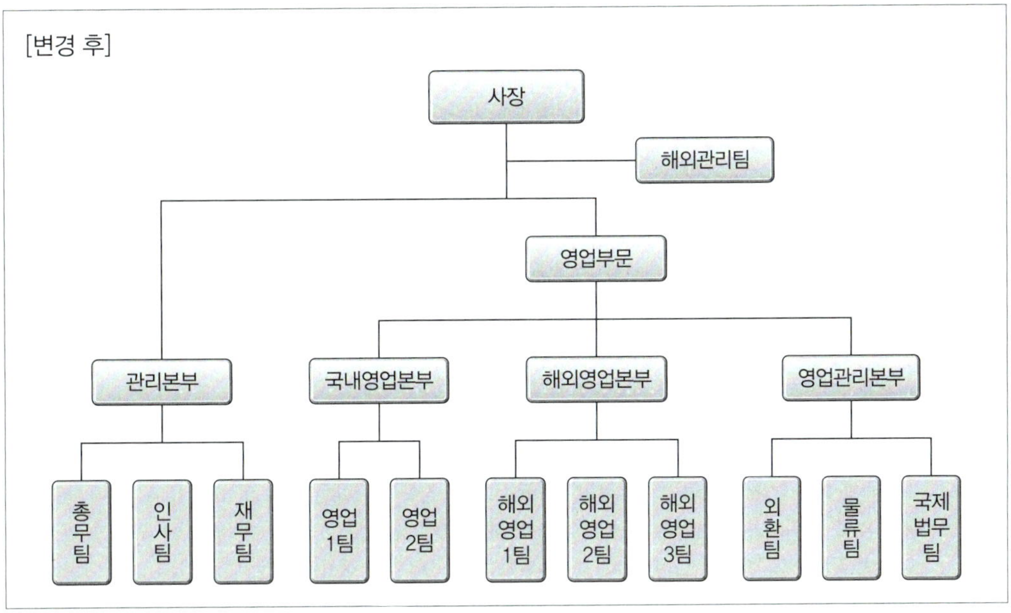

① 변경 후에는 1부문 2본부 6팀이 추가되었다.
② 변경 전 영업본부의 인원이 감소되어 국내영업본부로 변경되었다.
③ 해외관리팀의 주요 업무는 부문장을 거치지 않고 사장에게 직접 보고된다.
④ 팀장급 이상의 직원 수가 많아졌다.
⑤ 해외영업을 시작함에 따라 본부 내 해외영업을 전담하는 팀은 3개가 되었다.

38 다음은 전자결재에 관한 규정이다. 이를 바탕으로 할 때, [보기]에 따라 작성한 전자결재의 형태로 옳은 것은?

전자결재 규정

- 모든 전자결재는 기본적으로 최고 결재권자(원장)를 포함한 이하 직책자의 결재를 받아야 한다.
- 정식 결재자와는 별도로 문서의 승인이 필요한 사람을 '협조자'라고 하며, '협조자'의 결재가 있어야 다음 결재권자가 결재를 할 수 있다.
- 결재와는 별도로 해당 문서를 열람할 필요가 있는 사람을 '참조자'라고 하며, '참조자'는 결재가 완료된 문서를 열람할 수 있다.
- 사업의 규모가 협소하거나 그 중요도가 경미한 사항에 대해서는 최고 결재권자(원장)의 결재를 생략하고 하위 결재권자의 책임하에 '전결' 처리한다.
- 전결사항에 대해서도 최종 결재를 위임받은 자를 포함한 이하 결재자 및 협조자의 결재를 받아야 하며, 전결자의 서명란에는 '(전결)'이라고 표시하고 최고 결재권자(원장)의 서명란은 우상향 대각선으로 표시한다.
- 최고 결재권자의 결재사항 및 최고 결재권자로부터 위임된 전결사항은 아래 기준을 따른다.

구분	기준		부장	실장	원장
사업품의서	사업 기간	6개월 미만	○		
		2년 미만		○	
		2년 이상			○
지출결의서	지출액	100만 원 미만	○		
		500만 원 미만		○	
		500만 원 이상			○

보기

이번에 새로 추진할 1년 6개월짜리 사업에 대한 품의 기안을 P대리가 작성하여 올리도록 하게. 나중에 우리 팀원이 모두 볼 수 있도록 참조자에 전략기획실을 모두 걸고, 법적인 문제가 발생하지 않도록 법무실장을 협조자로 반드시 넣어야 한다네. 최종 결재가 2월 21일까지는 완료되어야 일정에 차질이 없으니 최종 결재까지 완료되는 시간을 넉넉히 일주일 정도로 잡아 기안을 상신하도록 하게.

①

구분	담당자	결재자	협조자	결재자	결재자
소속	전략기획실	전략기획실	법무실	전략기획실	임원실
직급	대리	부장	실장	실장	원장
날짜	2025. 02. 17.				/
서명	(인)			(전결)	
참조	전략기획실				

②

구분	담당자	결재자	결재자	결재자	결재자
소속	전략기획실	전략기획실	법무실	전략기획실	임원실
직급	대리	부장	실장	실장	원장
날짜	2025. 02. 12.				
서명	(인)				(전결)
참조	전략기획실				

③

구분	담당자	결재자	협조자	결재자	결재자
소속	전략기획실	전략기획실	법무실	전략기획실	임원실
직급	대리	부장	실장	실장	원장
날짜	2025. 02. 21.				
서명	(인)			(전결)	
참조	법무실				

④

구분	담당자	결재자	협조자	결재자	결재자
소속	전략기획실	전략기획실	법무실	전략기획실	임원실
직급	대리	부장	실장	실장	원장
날짜	2025. 02. 12.				
서명	(인)			(전결)	
참조	전략기획실				

⑤

구분	담당자	결재자	결재자	결재자	결재자
소속	전략기획실	전략기획실	법무실	전략기획실	임원실
직급	대리	부장	실장	실장	원장
날짜	2025. 02. 10.				
서명	(인)				(전결)
참조	법무실				

39 다음 사례에 드러나는 L씨의 직업윤리로 가장 적절하지 않은 것은?

> L씨는 벽화를 그리는 일을 한다. 미술을 전공하지는 않았으나 벽화 그리기를 우연히 해 보고 본인의 능력과 적성에 부합하는 일이라고 여겨 벽화 그리는 일을 생업으로 삼고 있다. L씨는 벽화를 그리는 일을 굉장히 좋아하기 때문에 주말에는 주기적으로 벽화를 그리는 봉사활동에도 참여하고 있다. 본인이 그리는 벽화가 많은 사람에게 행복을 줄 수 있다고 믿는 L씨는 본인이 사회를 위해 중요한 역할을 하고 있다고 생각한다. L씨는 벽화 그리는 일을 하는 것이 대단히 행복하여, 벽화를 그리는 것은 하늘이 본인에게 맡긴 일이라고 여기고 있다.

① 천직의식
② 소명의식
③ 전문가의식
④ 직분의식
⑤ 봉사의식

40 다음 중 '직업'의 의미를 구성하는 속성에 대한 설명으로 적절하지 않은 것은?

① 직업은 현재 하고 있는 일을 계속할 의지와 가능성이 있어야 한다.
② 체계적이고 전문화된 일을 수행하는 것은 모두 직업이라고 할 수 있다.
③ 모든 직업 활동은 사회 공동체적 맥락에서 의미 있는 활동이어야 한다.
④ 무급 자원봉사자나 전업 학생을 직업으로 보지 않는 이유는 경제적 거래 관계가 성립되지 않기 때문이다.
⑤ 노력이 전제되지 않는 자연 발생적인 이득의 수취나 우연하게 발생하는 경제적 과실에 전적으로 의존하는 활동은 직업이라고 하지 않는다.

41 **다음과 같은 상황에서 상사에게 반대 의견을 제시할 수 있는 현명한 방법으로 적절하지 않은 것은?**

> 기획팀은 다음 달에 있을 월간 회의 일정을 정하고자 한다. 모든 팀원들의 의견을 반영하여 가장 적합한 날을 정하기로 하였으나, 팀장은 개인적인 사정을 이유로 팀원들 다수가 동의한 의견에 반대하며 은근히 팀장으로서의 권위를 내세운다. 팀원들은 팀장에게 다수 팀원들의 의견을 존중해 줄 것을 강력히 요구하려고 한다.

① 완곡한 질문의 형태로 의견을 제시한다.
② 나이와 세대 간의 인식 차이를 명확히 짚어 주며 설득한다.
③ 반대 의견을 제시하기 전에 긍정적인 말로 대화를 시작한다.
④ 의견을 제시하는 시간과 장소를 적절하게 선택한다.
⑤ 최종 결론인 상사의 의견을 존중하는 태도를 보인다.

42 **다음 사례에서 A부장이 공익신고를 통하여 이끌어 낸 조치의 배경이 되는 윤리 덕목으로 가장 적절한 것은?**

> H사가 제조한 자동차의 엔진 결함으로 미국에서 화재가 발생한 사건이 있었다. 미국 도로교통안전국에서 리콜을 요청하자 H사는 조사보고서에 적힌 문제를 축소해 문제 차량의 일부만 리콜 대상에 포함시켰다. 그럼에도 이는 국내에 비하면 훨씬 나은 처사였다. 국내의 경우 부품 결함이 발생하더라도 공개적인 강제 무상 수리인 리콜 대신 보증수리 연장이나 비공개 무상 수리로 처리하는 게 관례였다.
> 당시 품질관리팀에서 리콜 관련 업무를 맡고 있던 A부장은 부품 결함 문제가 발생할 때마다 회사에서는 비용 절감을 위해, 담당자는 책임 회피를 위해 공공연히 문제를 축소하거나 은폐하는 것에 상당한 문제의식을 갖고 있었다. 미국에서 리콜이 이루어지는 경우는 발생한 문제의 20~30%, 국내는 10%도 안 되는 것은 물론, 그마저도 중요 결함이 아니라 미국에서 리콜을 해야 하기 때문에 어쩔 수 없이 하거나, 언론에 노출되어 리콜 이외의 방법이 없는 경우에만 리콜을 실시하는 것을 A부장은 도저히 묵과할 수 없었다. 하지만 회사 내부에서 이러한 문제를 적발하여 바로잡는 것은 현실적으로 어려움이 있다고 판단한 A부장은 32건의 부품 결함 은폐 사건을 공익신고하게 되었고, 그중 8건에 대해 리콜 조치, 2건에 대해서는 공개 무상 수리를 이끌어 내었다.

① 성실　　② 책임　　③ 근면
④ 봉사　　⑤ 준법

43 다음 글에서 알 수 있는 최 사원과 박 사원의 팔로워십 유형이 바르게 짝지어진 것은?

> 홍보팀 최 사원은 어떤 업무를 수행해도 조직은 항상 자신의 성과를 인정해 주지 않는다고 생각한다. 또한 적절한 보상도 없으며 타 구성원에 비해 불공정한 처우를 받고 있으므로 이러한 점은 큰 문제라고 여긴다.
>
> 한편, 기획팀 박 사원은 지시가 있을 때에만 행동을 하며, 하는 일이 많지 않아 업무 수행을 위한 감독이 필요한 경우도 많다. 박 사원은 조직이 자신을 필요로 하지 않으며, 자신의 노력은 아무 소용이 없다고 생각한다.

	최 사원	박 사원
①	소외형	수동형
②	순응형	수동형
③	주도형	소외형
④	소외형	실무형
⑤	수동형	소외형

44 상대방과 협상할 때 흔히 저지르는 실수의 몇 가지 형태가 있다. 다음 중 대표적인 실수의 형태로 옳지 않은 것은?

① "일단 시간이 충분하지 않으니 자료는 나중에 준비하고 미팅 시간에 늦지 않도록 서둘러 움직이도록 하세요."

② "무슨 소린가? 실무 담당자와 본부장을 만나는 것보다 그쪽 사장을 직접 만나는 것이 당연히 효과적인 것 아닌가?"

③ "이번 협상의 상대방 담당자가 축구를 매우 좋아하는 직원이라고 합니다. 우리 측에서도 대학 시절 축구 선수로 활약하던 정 사원을 참석시키면 어떨까 합니다."

④ "김 과장, 이번 협상에서는 반드시 우리의 의견을 모두 관철해야 하네. 적절한 선에서 타협할 생각은 아예 버리고 협상에 임하도록 하게."

⑤ "처음부터 협상의 주도권을 우리가 가지고 있어야 합니다. 참석 인원도 보강하고 협상 장소도 우리 회사로 결정되어야 합니다."

45 **다음 [대화]에서 알 수 있는 대인관계 향상 방법으로 적절하지 않은 것은?**

대화

직원 A: 정말 고맙습니다. 항상 그러시긴 하지만, 바쁘신 와중에도 제가 부탁드린 업무를 기한 내에 책임지고 처리해 주셔서 프로젝트가 원활히 마무리될 수 있었습니다. 감사합니다.

직원 B: 아닙니다. 평소에도 저 많이 도와주셨잖아요. 그리고 부탁하신 업무 외에도 눈코 뜰 새 없이 바쁘셨다는 것 압니다. 그리고 제가 그때까지 업무를 끝내겠다고 말했지 않습니까. 말한 것은 지켜야지요.

① 직원 A는 직원 B에게 감사하는 마음을 표현하였다.
② 직원 B는 본인이 한 말에 책임을 지고 약속을 지켰다.
③ 직원 A는 평소 감정 은행 계좌를 통해 신뢰를 구축하였다.
④ 직원 A는 이번 사건에서 신용을 잃어 감정 은행 계좌에서 인출이 발생하였다.
⑤ 직원 B는 직원 A에 대한 이해와 배려 차원에서 부탁받은 업무를 처리하였다.

46 **다음 사례를 통해 오 부장과 같은 리더십 유형에서 찾아볼 수 있는 특징 두 가지를 [보기]에서 모두 고른 것은?**

영업팀 오 부장은 팀의 중요한 일을 결정할 때 모든 구성원이 참여하는 회의를 반드시 거친다. 회의를 통해 모두가 당면한 사안을 이해할 수 있도록 하며, 각자가 해야 할 일을 스스로 찾아내도록 유도한다. 또한 직급에 따라 의견의 중요도를 부여하지 않고, 누구의 의견이라도 나름의 가치가 있다는 것을 강조한다. 그리고 모두의 의견을 청취하여 마지막 결론을 내는 것은 늘 자신의 몫으로 생각하고 있다.

보기

㉠ 리더는 다른 조직 구성원들보다 경험이 더 풍부하겠지만 다른 구성원들보다 더 비중 있게 대우받아서는 안 된다.
㉡ 집단의 모든 구성원은 의사결정 및 팀의 방향을 설정하는 데 참여한다.
㉢ 리더는 경쟁과 토론의 가치를 인식하여야 하며, 팀이 나아갈 새로운 방향의 설정에 팀원들을 참여시켜야 한다.
㉣ 집단의 모든 구성원은 집단의 행동에 따른 결과 및 성과에 대해 책임을 공유한다.
㉤ 팀원들이 동등함을 확신시켜 주며, 최종 결정권은 리더에게 있음을 강조한다.

① ㉠, ㉡　　② ㉠, ㉢　　③ ㉡, ㉤
④ ㉢, ㉣　　⑤ ㉢, ㉤

47 경력을 개발하기 위해서는 다음과 같은 단계별 과정을 거쳐야 한다. 이를 참고할 때, 주변 지인과 대화해 보거나 직업 관련 다양한 기관의 홈페이지를 방문해 보는 등의 활동이 속하는 단계로 옳은 것은?

단계	내용
1단계 직무 정보 탐색	• 관심 직무에서 요구하는 능력 파악 • 고용이나 승진 전망 파악 • 직무 만족도 파악
2단계 자신과 환경 이해	• 자신의 능력, 흥미, 적성, 가치관 파악 • 직무 관련 환경의 기회와 장애요인 분석
3단계 경력 목표 설정	• 단기 목표 수립: 2~3년 • 장기 목표 수립: 5~7년
4단계 경력개발 전략 수립	• 현재 직무의 성공적 수행 계획 수립 • 역량 강화 계획 • 인적 네트워크 강화
5단계 실행 및 평가	• 실행 및 피드백 • 경력 목표, 전략의 수정

① 1단계 ② 2단계 ③ 3단계
④ 4단계 ⑤ 5단계

48 양 과장은 평소 업무를 효율적으로 수행한다고 사내에 정평이 나 있어, 동료 직원들은 양 과장의 업무 습관이나 태도를 살펴보고 이를 체득하고자 한다. 동료들이 살펴본 양 과장의 업무 습관 중 바람직하지 <u>않은</u> 것은?

① 동일한 시간을 투자해도 양 과장은 항상 남보다 많은 결과물을 만들어 낸다.
② 양 과장은 비슷한 종류의 업무라도 한데 묶어 처리하는 법이 없고, 항상 개별 업무로 구분하여 하나씩 처리한다.
③ 남들과는 다른 새로운 업무수행 방법을 자주 시도하며, 이를 통해 창의적이고 참신한 방법을 발견하곤 한다.
④ 항상 조직의 업무 규정과 지침을 따르는 가운데 개성 넘치는 업무 방식을 지향한다.
⑤ 양 과장은 2년 전 퇴사한 엄 상무가 입사 시절부터 보고 배운 스승 같은 존재라며 아직도 엄 상무에게 배운 업무 지침을 실천하고 있다.

49 직원 A~E는 동료 직원 H에 대해 대화를 나누고 있다. 올바른 성찰의 개념 측면에서 가장 적절하지 않은 발언을 한 직원을 고른 것은?

> 동료 직원 H는 평소에 직장 동료들 사이에서 잘못을 저지르거나 실수를 했을 때 성찰하지 않고 지나쳐 버리는 인물로 유명하다.
>
> 직원 A: "직원 H를 보면 앞으로 회사 업무를 잘 해낼 수 있을지가 걱정돼요. 성찰을 통해 부족한 점을 보완하고 같은 실수를 반복하지 않아야 하는데, 직원 H는 성찰 없이 항상 똑같은 실수를 반복하잖아요."
>
> 직원 B: "맞아요. 매번 성찰 없이 같은 실수를 반복하다 보니 직원 H에 대한 신뢰가 사라진 지 오래 됐죠. 중요한 업무는 직원 H에게 맡기지 않는 것만 봐도 알 수 있어요."
>
> 직원 C: "또한 직원 H는 큰 잘못을 저질렀을 때만 성찰을 하는 것이라고 착각하고 있어요. 잘못이 없더라도 개선할 점에 대해 지속적으로 성찰하면 다른 일을 하는 데 필요한 노하우가 축적된다는 걸 모르는 거죠."
>
> 직원 D: "그래도 너무 걱정하지 마세요. 성찰이 꼭 지속적인 연습이나 훈련을 필요로 하는 건 아니니, 성찰의 필요성만 일깨워 주면 직원 H도 금방 바뀔 수 있을 거예요."
>
> 직원 E: "문제는 누군가가 떠먹여주는 것으로는 성찰이 불가능하다는 데 있어요. 직원 H가 주체가 되어 스스로 해야 하는데, 빨리 직원 H가 성찰의 중요성을 느끼고 성장할 수 있었으면 좋겠네요."

① 직원 A
② 직원 B
③ 직원 C
④ 직원 D
⑤ 직원 E

50 다음 글에서 조 대리가 일을 효과적으로 처리하기 위하여 수행해야 할 과제 ㉠~㉣을 우선순위에 맞게 배열한 것은?

> 영업팀 조 대리는 다음 주에 있을 팀 단합대회 준비를 위해 바쁜 하루를 보내고 있다. 성수기에 동해안 ㉠ 펜션을 예약해야 하기 때문에 몇 군데 견적을 받고 장소를 골라 예약을 완료해야 하며, 팀원들의 이동 계획을 파악하여 유류비 지원 등의 비용을 최소화할 수 있는 ㉡ 차량 이용 방안도 마련해야 한다. 비록 크게 중요하지는 않은 일이지만 비용 계획을 빨리 마무리하여 총무팀에 신청해야 되기 때문에 서둘러 준비해야 한다. 또한 현지에서 외부 강사를 초빙하여 중요한 간담회를 진행할 예정이므로 ㉢ 박 사원이 준비하고 있는 관련 자료도 다시 한 번 확인해야 한다. 뿐만 아니라 조 대리는 ㉣ 현지 맛집을 미리 찾아 두어 팀원들에게 맛있는 점심식사를 할 수 있는 기회를 제공하고자 한다.

① ㉠-㉡-㉢-㉣
② ㉠-㉡-㉣-㉢
③ ㉠-㉢-㉡-㉣
④ ㉢-㉠-㉡-㉣
⑤ ㉢-㉠-㉣-㉡

모바일 OMR
자동채점&성적분석 무료

정답만 입력하면 채점에서 성적분석까지 한번에!

활용 GUIDE

실시간 성적분석 방법!

STEP 1: QR 코드 스캔 ▶ STEP 2: 모바일 OMR 입력 ▶ STEP 3: 자동채점 & 성적분석표 확인

STEP 1

교재 내 QR 코드 스캔

실전모의고사 3회
모바일 OMR 바로가기

https://eduwill.kr/NmZp

- 위 QR 코드를 모바일로 스캔 후 에듀윌 회원 로그인
- QR 코드 하단의 바로가기 주소로도 접속 가능

STEP 2

모바일 OMR 입력

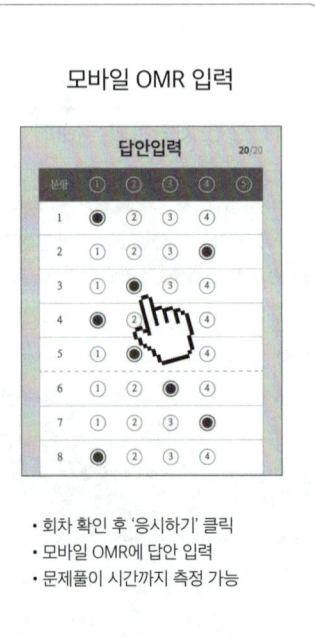

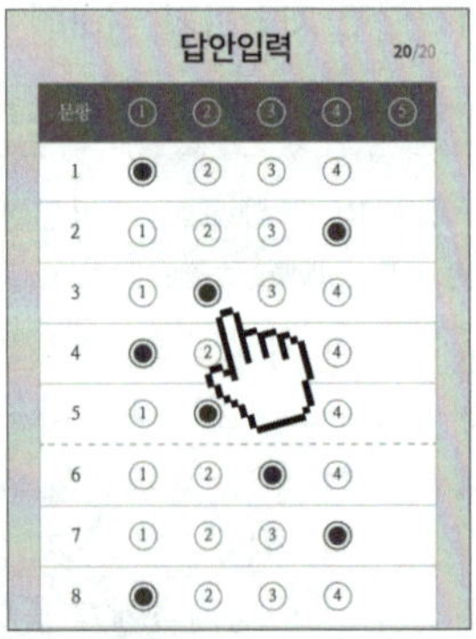

- 회차 확인 후 '응시하기' 클릭
- 모바일 OMR에 답안 입력
- 문제풀이 시간까지 측정 가능

STEP 3

자동채점 & 성적분석표 확인

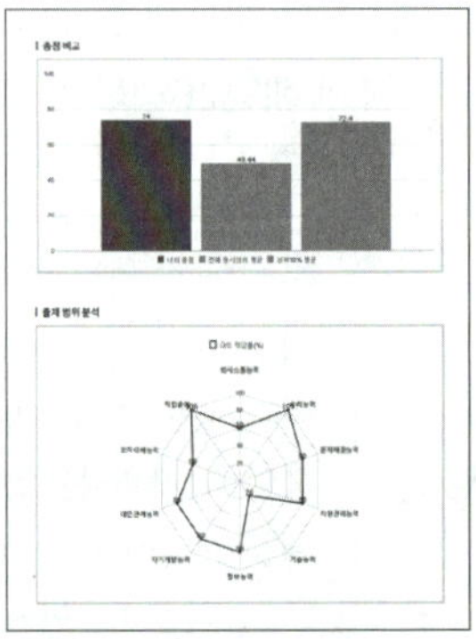

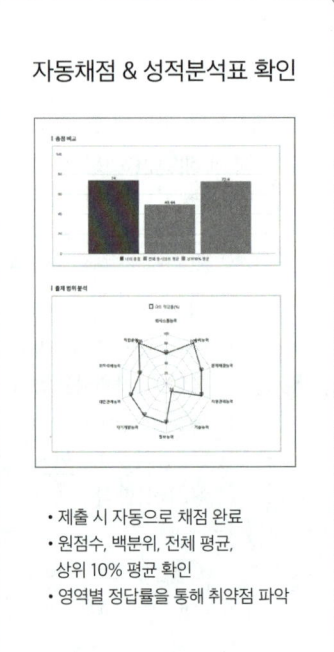

- 제출 시 자동으로 채점 완료
- 원점수, 백분위, 전체 평균, 상위 10% 평균 확인
- 영역별 정답률을 통해 취약점 파악

※ 본 회차의 모바일 OMR 채점 서비스는 2027년 01월 31일까지 유효합니다.

03

CHAPTER

실전모의고사 3회

NCS 10개 전 영역

피듈형 60문항 구성 / 70분 내 풀이 권장

01 다음 글의 빈칸 ㉠에 들어갈 말로 가장 적절한 것은?

> 현대 도시가 직면한 교통 혼잡, 에너지 낭비, 환경 오염 문제를 해결하기 위한 대안으로 스마트시티가 주목받고 있다. 스마트시티는 정보통신기술(ICT)을 활용해 도시의 다양한 자원을 효율적으로 관리하고, 시민에게 더 나은 생활 환경을 제공하는 도시를 말한다. 스마트시티에서는 교통, 전력, 상하수도, 안전 관리 등 주요 기능이 데이터 기반으로 통합 운영된다. 예컨대 교통 센서와 카메라가 실시간으로 차량 흐름을 파악해 신호등을 조절하면, 교통 혼잡을 완화할 수 있다. 또한 전력망에 스마트 미터를 도입하면 소비 패턴을 분석해 전력 사용을 최적화할 수 있다.
>
> 스마트시티의 핵심은 데이터를 활용한 의사 결정이다. 방대한 데이터를 수집·분석해 필요한 곳에 자원을 배분하고, 예측 가능한 문제를 사전에 대응할 수 있다. 그러나 스마트시티가 성공적으로 운영되기 위해서는 기술적 측면뿐 아니라 사회적 측면도 고려해야 한다. 특히 개인의 위치 정보나 생활 습관이 포함된 데이터가 수집되는 만큼, (㉠   ) 보호 문제가 중요하다. 따라서 시민들이 안심하고 스마트시티 서비스를 이용할 수 있도록 제도적 장치와 기술적 보안 시스템을 동시에 강화해야 한다.

① 환경　② 인권　③ 자원
④ 통화량　⑤ 개인정보

02 다음 글의 밑줄 친 ㉠~㉤ 중 어법에 맞지 <u>않는</u> 것을 모두 고른 것은?

> 경제 성장률은 한 나라의 경제 성과를 측정하는 중요한 지표로 사용된다. 일정 기간 동안 생산된 재화와 서비스의 총량이 증가하면 경제가 성장한다고 본다. 그러나 성장률 수치가 높다고 해서 반드시 모든 국민이 혜택을 ㉠ <u>누리는것은</u> 아니다. 소득 분배가 불평등하다면, 일부 계층은 성장의 과실을 충분히 얻지 못할 수 있다. 또한 지나친 성장 추구는 환경 파괴나 사회적 불평등을 심화시킬 위험이 있다. 이러한 부작용을 ㉡ <u>최소화함으로서</u>, 경제 발전의 지속 가능성을 확보해야 한다는 주장이 제기된다. 각국 정부는 교육, 의료, 복지에 대한 투자를 확대하는 등 포용적 성장을 ㉢ <u>추진해야</u> 한다고 강조한다. 그러나 재정 지출이 과도하게 늘어나면 국가 부채가 빠르게 늘어날 것이라는 지적도 있다. 이처럼 경제 성장은 단순한 수치의 증가가 아니라 사회 전반에 긍정적 효과를 미칠 수 있도록 ㉣ <u>설계되어야</u> 하며, 이를 위해 정책은 ㉤ <u>수익율뿐만</u> 아니라 형평성도 고려해야 한다. 실제로 OECD 보고서는 성장의 질을 높이기 위해 사회 안전망 강화와 고용 안정 정책을 병행해야 한다고 강조한다. 따라서 경제 성장에서는 단순히 속도를 높이는 것보다 방향과 균형이 더 중요한 과제가 된다.

① ㉠, ㉡　② ㉠, ㉣　③ ㉡, ㉢
④ ㉠, ㉡, ㉤　⑤ ㉠, ㉢, ㉣

03 **외국인과의 의사소통에 반드시 언어적인 수단만 필요한 것은 아니며, 특히 외국어 능력이 부족한 경우 비언어적인 수단을 적절히 활용하면 의외로 많은 효과를 거둘 수 있다. 다음 중 외국인과의 비언어적인 의사소통 수단을 활용하는 방법으로 가장 적절한 것은?**

① 가급적 상대방의 얼굴을 보지 않고 테이블 위에 놓인 서류에 시선을 집중한다.
② 한숨이나 기침 등의 표현을 자주 하여 자신의 심리 상태를 알 수 있도록 해 준다.
③ 다른 일을 동시에 하면서 대화에 참여함으로써 바쁜 상황임을 알려 준다.
④ 상대방 음성의 크기나 어조, 표정 등을 파악하여 웃음과 찡그림 등에 동조해 준다.
⑤ 상대방의 이름을 보고 재미있는 애칭을 지어 불러 준다.

04 **다음 글의 빈칸 ㉠에 들어갈 내용으로 적절하지 않은 것은?**

> 경청이란 다른 사람의 말을 주의 깊게 듣고 공감하는 능력을 말한다. 즉, 귀를 기울여 듣는 것을 의미한다. 사전적 의미로 경청은 상대방의 의사소통을 지각하고 이를 나타내 보이는 태도이다. 다시 말해 경청이란, 의사소통의 기본적 과정으로서 상대방이 전달하고자 하는 메시지 내용에 주의를 기울이고 이해하려고 노력하는 행동을 말한다.
> 의사소통은 본인이 상대방에게 메시지를 전달하는 과정만을 말하는 것이 아니라, 상대방과의 상호작용을 통해 메시지를 다루는 과정 전체를 일컫는다. 효과적인 의사소통을 위해서는 본인이 가진 정보를 상대방이 이해하기 쉽도록 표현하는 것 또한 중요하지만, 상대방의 입장에서 전달된 정보를 어떻게 받아들일 것인가에 대한 고민이 필요하다. 의사소통을 잘하기 위해서는 무엇을 해야 할까? 그것은 바로 경청이다.
> 그런데 경청을 잘하기 위해서는 그에 맞는 훈련이 필요하다. 자신의 이야기를 진지하게 들어주는 사람이 있다는 것은 고맙고 기쁜 일인 만큼 상대방에게 호감을 얻기 위한 첫째 조건이기도 하다. 좋은 경청자가 되기 위해서는 마음이 편안한 상태로 듣는다거나, 듣고 있다는 것을 맞장구로 표현하여 상대가 알도록 한다거나, 질문을 활용하는 등 평소에 경청 훈련을 해 두어야 한다. 이를테면 (㉠   )와 같은 방법들은 경청 능력을 배양하는 데 효과적인 방법이 될 수 있다.

① 개방적인 질문하기
② 정확성을 위해 요약하기
③ '왜?'라는 질문을 자주 하여 궁금증 표현하기
④ 바라보고 따라하는 등 주의를 기울이기
⑤ 상대방의 경험을 인정하고 더 많은 정보를 요청하기

05 다음 글을 읽고 추론한 내용으로 가장 적절한 것은?

많은 사람이 책상 앞에서 머리를 쥐어짤 때보다는 지하철을 타고 가면서 멍하니 있을 때 불현듯 좋은 아이디어가 떠오르는 경험을 한 적이 있을 것이다. 실제로 미국의 발명 관련 연구기관이 조사한 바에 의하면 미국 성인의 약 20%는 자동차 안에서 가장 창조적인 아이디어를 떠올린다고 한다. 또한 한 언론사에서는 'IQ를 높일 수 있는 생활 속 실천 31가지 요령' 중 하나로 '멍하게 지내라'를 꼽기도 했다.

이와 관련해 미국의 뇌과학자 마커스 라이클 박사는 2001년 뇌영상 장비를 통해 사람이 아무런 인지 활동을 하지 않을 때 활성화되는 뇌의 특정 부위를 알아낸 후 그와 관련한 논문을 발표했다. 그 특정 부위는 생각에 골몰할 경우 오히려 활동이 줄어들기까지 했다. 뇌의 안쪽 전전두엽과 바깥쪽 측두엽, 그리고 두정엽이 바로 그 특정 부위에 해당한다. 라이클 박사는 뇌가 아무런 활동을 하지 않을 때 활성화되는 이 특정 부위를 '디폴트 모드 네트워크(Default Mode Network, 이하 DMN)라고 명명했다. 마치 컴퓨터를 리셋하면 초기 설정(Default)으로 돌아가는 것처럼 아무런 생각을 하지 않고 휴식을 취할 때 바로 뇌의 DMN이 활성화된다는 의미이다.

DMN은 하루 일과 중에서 몽상을 즐길 때나 잠을 자는 동안, 즉 외부 자극이 없을 때 활발한 활동을 한다. 이 부위의 발견으로 우리가 눈을 감고 가만히 누워 있기만 해도 뇌가 여전히 몸 전체 산소 소비량의 20%를 차지하는 이유가 설명되기도 했다. 그 후 여러 연구를 통해 뇌가 정상적으로 활동하는 데 있어서도 DMN이 매우 중요한 역할을 한다는 사실이 밝혀졌다. 이는 자기의식이 분명치 않은 사람들의 경우 DMN이 정상적인 활동을 하지 못한다는 것을 뜻한다. 스위스 연구진은 알츠하이머병을 앓는 환자들에게서는 DMN 활동이 거의 없으며, 사춘기의 청소년들도 DMN이 활발하지 못하다는 연구 결과를 발표했다.

또한 일본 도호쿠 대학 연구팀은 기능성자기공명영상(fMRI)을 이용해 아무런 생각을 하지 않을 때의 뇌 혈류 상태를 측정했다. 그 결과 백색질의 활동이 증가하면서 혈류의 흐름이 활발해진 실험 참가자들이 새로운 아이디어를 신속하게 내는 과제에서 높은 점수를 받은 것으로 나타났다. 이는 뇌가 쉴 때 백색질의 활동이 증가하면서 창의력 발휘에 도움이 된다는 것을 의미한다.

미국 코넬 대학 연구팀은 유명인과 일반인의 얼굴 사진을 차례대로 보여 준 후 현재 보고 있는 사진이 바로 전 단계에서 보았던 사진의 인물과 동일한지를 맞히는 'n-back' 테스트를 실시했다. 그 결과 대부분의 실험 참가자들은 DMN이 활성화될 때 유명인의 얼굴을 보다 빠르고 정확하게 일치시킨다는 사실을 확인했다. 즉 멍하게 아무런 생각 없이 있을 때 집중력이 필요한 작업의 수행 능력이 떨어진다고 생각한 기존의 인식을 뒤엎은 연구 결과였다.

① 두정엽은 인지 활동이 활발할수록 활성화될 것이다.
② 바쁘게 업무를 수행하는 시간대에는 DMN이 활동하지 않는다.
③ 알츠하이머병 환자의 DMN은 수면 중에만 활성화될 것이다.
④ DMN이 활성화되면 백색질의 활동도 증가할 것이다.
⑤ 청소년은 성인보다 'n-back' 테스트에서의 평균 점수가 높을 것이다.

06 다음 글의 빈칸에 들어갈 내용으로 가장 적절한 것은?

> 인터넷과 모바일, 디지털 기술이 발전하면서 21세기는 모바일 소셜 미디어의 시대로 바뀌고 있다. 이전의 매체는 기존의 전문가들과 언론이 제작한 메시지를 익명의 대중에게 무차별적으로 보내는 일방향성이 특징이었지만, 인터넷과 소셜 미디어는 쌍방향성과 개인화, 맞춤화가 특징이다. 성장 과정에서 모바일과 스마트폰을 익숙하게 접해 온 세대가 늘어가면서 이런 미디어의 이용 성향은 더 강화될 것이다.
>
> 기술 발달과 사회 변화에 따라 미디어가 진화하면서 오늘날 세대별 선호 미디어에 차이가 극명하게 나타난다. 종이신문은 50대 이상이 주로 보고, 10대들은 인터넷과 소셜 미디어에 크게 의존한다. 요즘 초등학생들은 검색마저 동영상 플랫폼인 유튜브로 한다는 것은 매우 흥미롭다. 미디어에 따라 접하는 메시지의 종류와 내용도 달라진다. 세계적인 석학 마셜 맥루한은 그의 저서 『미디어의 이해』에서 "미디어는 곧 메시지다."라고 말하기도 했다.
>
> 사람들이 미디어 이용에 많은 시간을 쓰고 다양한 미디어를 직접 만들어 유통하면서 미디어의 영향력은 점점 커지고 있지만, 동시에 미디어 이용은 갈수록 더 개인화, 맞춤화되고 있다. 세대별로 선호하는 미디어가 다르고 개인에 따라 접속하는 소셜 미디어도 달라지면서 사람들은 서로 다른 내용의 미디어 콘텐츠를 접하고 있다. 이러한 현상은 인간에게 대중 매체가 도입된 이후 역사적으로도 전무후무한 일이다.
>
> 이처럼 미디어에 더 많이 의존하면서도 각자가 미디어로부터 받는 영향이 제각각이라는 점은 현대 사회를 살아가는 우리에게 새로운 과제를 던진다. 왜냐하면 기존 관습과 문화의 많은 영역은 사람들이 매스 미디어를 통해 얻은 공통된 정보를 기반으로 판단하고 행동한다는 것을 전제로 해서 형성되었는데, 앞으로 개인화된 쌍방향 소셜 미디어 위주의 사회에서는 이러한 과거의 관습과 문화가 제대로 작동하지 않을 것이기 때문이다. 이용자에게 맞춤화된 소셜 미디어 환경의 정보 유통이 확대되면서 우리 사회의 세대 간, 개인 간 소통과 공감 형성도 달라질 것이 충분히 예상된다. 그만큼 현대 사회에서는 (   )하는 능력이 갈수록 중요해지고 있다.

① 세대별로 선호하는 미디어를 통합
② 소셜 미디어 플랫폼별 콘텐츠를 제작
③ 개인화, 맞춤화된 미디어의 이용 성향을 강화
④ 대중 매체의 장점과 단점을 분석해 정보를 도출
⑤ 변화하는 미디어의 다양한 속성을 파악 및 활용

07 다음 글의 빈칸에 들어갈 내용으로 가장 적절한 것은?

> 신화는 삶과 자연, 초자연 세계를 향한 인간의 정서를 그대로 담고 있다. 신화 속에는 신비로운 상상력을 자극하는 여러 가지 상징이 존재하는데, 여러 신화에 빠지지 않고 등장하는 상징 중 하나가 물이다. 가장 단순하면서도 완전한 상징인 물은 실제 지구 생명의 탄생에 가장 중요한 역할을 했으며 생명체의 생존 열쇠이기도 하다. 인류가 물을 얼마나 중요하게 인식했는지는 신화 속 이야기를 들여다보면 알 수 있다. 이집트의 창조 신화에 따르면 원초적 혼돈 '눈(nun)'은 물속에서 출현했고, 인도 신화 속 창조신 비슈느 역시 바다에 잠들어 있는 존재이다.
>
> 대부분의 신화의 시작이 물과 관련된 이유는 단순하다. 채집생활에서 정착생활, 나아가 완전한 국가로 발전하게 하는 원동력이 바로 물이기 때문이다. 인류는 농작물을 경작하는 농업사회로 진입하면서 거대한 문명을 일구어 왔다. 따라서 그 무엇보다 물의 중요성을 인식하고 있었으며 그 정신은 신화에 고스란히 형상화되어 있다.
>
> 서양 문명의 문화와 예술의 시발점이 된 그리스 로마 신화에도 물은 신과 영웅의 삶에 지대한 영향을 끼치는 매개체이다. 호메로스는 자신의 시에서 대지를 물 위에 떠 있는 평평한 원판으로 설명하고 있고, 올림포스의 12신 중 하나인 포세이돈은 물을 관장한다. 미의 여신으로 불리는 아프로디테는 물의 생명력 자체를 나타낸다.
>
> 물은 치유와 정화의 의미도 내포한다. 이슬람교, 유대교, 힌두교, 기독교 등 여러 종교에서는 물을 이용한 세례의식을 통해 죄를 씻어낸다. 특이한 점은 물이 귀한 지역의 종교에서 이러한 특징이 부각되는 경우가 많다는 점이다. 희소 가치가 높은 자원인 물을 귀하게 여기는 인간의 무의식이 담겨 있다고 볼 수 있다.
>
> 앞서 살펴본 물의 상징은 동양 신화에도 고스란히 용해되어 있다. 중국 신화 속 여신 여와는 물에서 탄생했으며 대홍수를 겪는 인류를 구원했다. 우리나라 신화에도 물은 비슷한 이미지이다. 고대 국가를 형성하는 시초가 된 인물 뒤에는 물이 있다. 익히 알려진 주몽 신화 속 유화 부인은 물의 신인 하백의 딸이다. 고구려를 세운 주몽에게 신성성과 당위성을 실어 주는 매개체가 물이다. 이러한 물의 이미지는 오늘날까지 이어지고 있다.
>
> 과학기술의 발달로 물 성분 자체에 대한 신비감은 사라졌지만 물은 여전히 하나의 상징으로 남아 있다. 역사적으로 강물은 대문명의 바탕이 되었다. 물이 없는 낙원은 존재하지 않으며 지금도 지구 생명체는 물을 통해 생명을 영위해 나간다. 인간심리 분석학의 기초를 세운 칼 융은 '상징은 인류의 심리에 깊이 뿌리박고 있어서 우리가 본능적으로 반응하게 된다'고 해석했다. (　　　　　　　　)

① 물은 문명 발전의 원동력이자 심리적으로 치유와 정화를 상징하기 때문에 동양과 서양의 신화에서 영웅의 삶에 지대한 영향을 끼치는 매개체로 언급된다.

② 이집트의 창조 신화와 그리스 신화에 공통적으로 물이 등장하는 이유는 가장 단순하면서도 완전한 상징인 물이야말로 실제 지구 생명의 탄생에 가장 중요한 역할을 했으며 생명체의 생존 열쇠이기 때문이다.

③ 신비스러운 물의 이미지가 오늘날에도 이어지는 이유는 물이 만물의 근원이자 농경사회의 풍요를 결정짓는 주요 요인이기 때문이다.

④ 동서양의 신화 속에 물이 공통적으로 등장하는 이유는 신화가 때로 종교나 법 대신 사회를 통합하고 통제하는 도구로 사용되었기 때문이다.

⑤ 신화 속에 드러난 다양한 물의 상징이 반복적이고 공통적인 것은 인류가 물을 실용적인 가치로만 인식하지 않고 감성적, 심리적, 종교적으로 중요하게 받아들였음을 의미한다.

08 다음 글의 ㉠~㉢에 들어갈 접속어가 바르게 짝지어진 것은?

> 국제화된 현대사회에서 비행기는 우리 생활에 친숙하지만 언제 테러리스트들의 목표물이 되어 우리의 안전을 위협할지 모른다. 9·11 테러 사건으로 대변되는 항공 테러리즘은 현대를 살아가는 우리에게 상상을 초월한 공포를 안겨주고 있다. 1931년 페루에서 세계 최초의 항공기 납치 사건이 발생한 이래, 세계 각국의 보안당국은 항공 테러리즘을 차단하기 위해 다양한 예방조치를 취해 왔다. 항공 테러를 예방할 수 있는 가장 현실성 있는 조치는 항공기 탑승객들의 신체와 화물을 검색하여 폭발물 등 위해물품을 적발함으로써 테러리스트의 접근을 통제하는 보안검색 활동이다.
>
> (㉠) 우리나라의 보안검색 활동은 9·11 테러 이후 테러의 위험에 따른 공공성을 더욱 강화한 선진 각국의 보안검색 활동과 달리 공항 운영의 효율성을 기하기 위한 민간경비 중심의 보안검색 활동으로 전환하였다. 즉 2001년 3월 인천공항이 개항된 이후 경찰 중심의 보안검색 체제가 공항 운영자인 공항공사가 보안검색 업무를 지도·감독하며, 현실적인 보안검색 활동은 민간 경비요원이 담당하도록 변경된 것이다. 그러나 이와 같은 검색 체제는 민간 경비요원의 직무만족도 저하와 감독체계의 혼선으로 인해, 갈수록 조직화·지능화되고 있는 테러리스트들의 테러 활동을 차단하는 데 한계가 있다.
>
> (㉡) 민간기업의 경영관리전략 중의 하나인 위험관리 기법을 보안검색 활동에 도입하여 정기적으로 항공 테러의 위험요소를 확인·분석하고, 우선순위 설정, 위험감소 활동, 보안성 평가의 각 과정을 거침으로써 테러 활동을 예방할 수 있을 것이다. 테러의 위협이 심각한 경우에는 경찰관을 검색대에 배치하는 등 테러 위협의 정도에 따라 보안검색의 수준을 적절히 변경하는 노력도 필요하다. (㉢) 현장의 보안검색 활동과 감독 기능의 원활한 소통을 위해서 항공 보안검색을 전담할 국가경찰기구를 설립하여 항공보안 업무의 체계화와 전문화를 도모한다면 항공 테러라는 거대 위험에 대한 두려움을 감소시켜 비행기 이용의 안전을 보장할 수 있을 것이다.

	㉠	㉡	㉢
①	그러나	그리고	따라서
②	그러나	따라서	또한
③	그리고	따라서	한편
④	하지만	또한	한편
⑤	하지만	그러나	따라서

09 어떤 작업 시 기계 X만 사용하면 12시간이 걸리고, 기계 Y만 사용하면 20시간이 걸린다. 두 기계 X, Y를 함께 사용하여 4시간 동안 작업하다가 기계 Y가 고장 나서 기계 X만으로 3시간 동안 작업하였다. 그리고 다시 기계 Y가 고쳐져서 두 기계를 함께 사용해 작업을 마무리하였을 때, 전체 작업을 완료할 때까지 걸린 시간으로 옳은 것은?

① 8시간 37분 30초 ② 8시간 39분 45초 ③ 8시간 41분 15초
④ 9시간 6분 15초 ⑤ 9시간 11분 30초

10 다음 두 수열의 빈칸에 공통으로 들어갈 수로 알맞은 것은?

• 수열1:	35	46	24	57	13	(　)	2
• 수열2:	6	7	14	17	(　)	73	438

① 21 ② 36 ③ 45
④ 54 ⑤ 68

11 다음 [조건]과 같이 동아리의 대표단을 뽑을 때, 대표단에 경영학과 학생이 2명 포함될 확률로 옳은 것은?

조건
- 동아리에는 경영학과 3명, 경제학과 4명, 행정학과 5명이 있다.
- 대표단은 대표 1명, 부대표 2명으로 구성된다.
- 대표단을 뽑을 때, 대표를 먼저 뽑고 그다음으로 부대표를 뽑는다.

① $\frac{9}{110}$ ② $\frac{9}{220}$ ③ $\frac{27}{110}$
④ $\frac{27}{220}$ ⑤ $\frac{31}{220}$

12 다음 [그래프]와 [표]는 2024년 수도권 지역 온라인쇼핑 매출액에 관한 자료이다. 이에 대한 설명으로 옳지 않은 것은?

[그래프] 2024년 수도권 지역별 온라인쇼핑 매출액 (단위: 억 원)

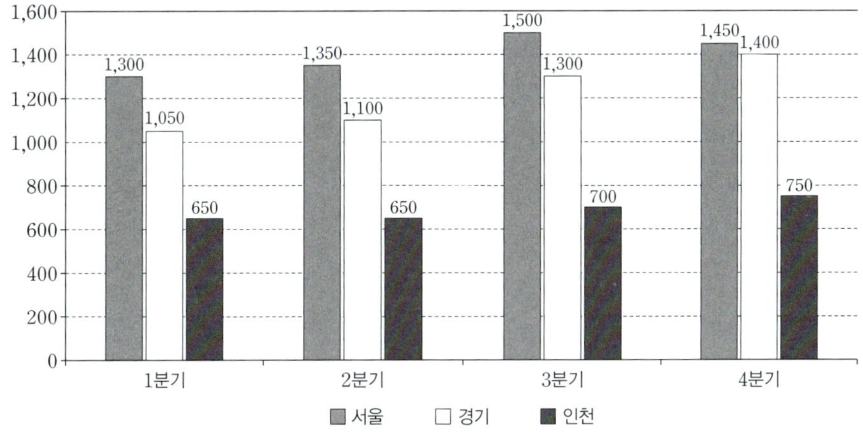

※ 수도권 지역: 서울, 경기, 인천

[표1] 2024년 수도권 지역 상품군별 온라인쇼핑 매출 비중 (단위: %)

구분	1분기	2분기	3분기	4분기
식품	35	30	30	32
가전제품	27	25	26	25
의류	23	23	21	23
기타	15	22	23	20

[표2] 2024년 수도권 지역 온라인쇼핑 총매출액 (단위: 억 원)

구분	1분기	2분기	3분기	4분기
총매출액	3,000	3,100	3,500	3,600

① 2024년 수도권 지역 식품군 온라인쇼핑 매출은 전체의 31% 이상을 차지한다.
② 2024년 온라인쇼핑 매출액은 서울 지역이 인천 지역의 2배 이상이다.
③ 2024년 수도권 지역 가전제품군 온라인쇼핑 매출은 2분기가 1분기보다 더 많다.
④ 2024년 수도권 지역 온라인쇼핑 총매출액은 13,200억 원이다.
⑤ 2024년 서울 지역 온라인쇼핑 매출액이 가장 크게 감소한 시기에 수도권 온라인쇼핑 매출액이 가장 많았다.

13 **다음 [표]는 2021년 상반기 서울특별시의 연령대별 응급실 이용 현황에 관한 자료이다. 이에 대한 설명으로 옳은 것은?**

[표] 2021년 상반기 서울특별시의 연령대별 응급실 이용 현황 (단위: 명)

구분		1월	2월	3월	4월	5월	6월	합계
1세 미만	남자	1,452	1,232	1,349	1,542	1,669	1,560	8,804
	여자	1,180	960	1,089	1,200	1,289	1,315	7,033
1~9세	남자	8,237	7,473	8,724	10,359	10,460	10,397	55,650
	여자	6,068	5,623	6,788	8,126	8,093	7,830	42,528
10~19세	남자	3,428	3,119	4,084	4,538	4,857	4,510	24,536
	여자	2,959	2,739	3,368	3,623	3,644	3,528	19,861
20~29세	남자	5,898	5,440	5,753	5,887	6,247	6,175	35,400
	여자	8,628	7,610	8,444	8,532	8,943	8,607	50,764
30~39세	남자	6,017	5,806	5,982	5,689	6,223	6,049	35,766
	여자	7,751	6,777	7,068	7,143	7,499	7,313	43,551
40~49세	남자	5,932	5,747	5,842	5,762	6,217	6,181	35,681
	여자	6,191	5,731	5,713	5,824	6,296	6,383	36,138
50~59세	남자	7,719	7,356	7,652	7,422	7,819	7,666	45,634
	여자	7,782	7,601	7,464	7,384	8,041	8,075	46,347
60~69세	남자	7,852	7,371	7,661	7,532	8,112	7,957	46,485
	여자	7,226	6,921	6,839	6,985	7,474	7,409	42,854
70~79세	남자	7,258	6,857	7,253	7,186	7,455	7,172	43,181
	여자	6,143	5,769	6,007	5,946	6,457	6,025	36,347
80세 이상	남자	3,708	3,420	3,674	3,833	3,922	3,859	22,416
	여자	5,288	4,770	5,000	4,980	5,552	5,067	30,657

① 1월 중 응급실을 가장 많이 이용한 연령대는 50대이다.
② 2021년 상반기에 응급실을 가장 많이 이용한 연령대는 50대이다.
③ 2021년 50대의 응급실 이용자 수는 1월 대비 2월에 약 4.5% 감소하였다.
④ 2021년 상반기 20대의 응급실 이용자 수에서 4월 이용자가 차지하는 비율은 16% 미만이다.
⑤ 2021년 상반기 30대 남자의 응급실 이용자 수에서 1월 이용자가 차지하는 비율은 6월 이용자가 차지하는 비율보다 높다.

14 **다음은 A기관의 2025년 7월 1일 기준 인원 및 2025년 예산 현황에 관한 자료이다. 2025년 7월 1일 현재 근무 중인 인원을 기준으로 2025년 1인당 평균 인건비를 바르게 계산한 것은?**(단, 소수점 이하 둘째 자리에서 반올림하여 계산한다.)

[표1] 2025년 7월 1일 기준 A기관 인원 현황 (단위: 명)

구분	원장	사무처장	1급	2급	3급	4급	5급	공무직	합계
정원	1	1	2	6	13	18	39	69	149
현원	1	0	1	7	13	18	38	64	142

※ 1) 현원: 휴직자 3명 포함, 계약직 제외
2) 2025년 계약직: 총 16명(휴직 대체 8명, 일반 계약직 7명, 전문 계약직 1명)

[표2] 2025년 A기관 예산 현황 (단위: 백만 원)

구분		2024년 결산	2025년 예산	증가액	
					증가율(%)
수입	국고	96,135	(　　)	(　　)	3.8
	기금	290	297	7	2.4
	지방교육재정	29,591	30,479	888	3.0
	자체 수입	32	(　　)	(　　)	6.3
	기부금	(　　)	246	59	31.6
지출	인건비	(　　)	(　　)	(　　)	110
	경상비	3,125	3,484	359	11.5
	사업비	120,120	(　　)	(　　)	0.8

※ 2024년 결산 지출 총액과 수입 총액은 일치함

① 39.5백만 원　② 40.5백만 원　③ 41.5백만 원
④ 42.5백만 원　⑤ 43.5백만 원

[15~16] 다음은 20세 이상 성인을 대상으로 조사한 노후 준비 현황에 관한 보고서의 일부이다. 이를 바탕으로 이어지는 질문에 답하시오.

△△연구원에서 20세 이상 성인 20만 명을 대상으로 노후 준비 현황에 관하여 설문을 진행하였다. 남녀 각각 10만 명씩 설문한 결과, 남자의 70.7%가 노후를 준비하고 있다고 답하였고, 여자는 64.2%가 준비하고 있다고 답하였다. 연령대별로는 20대가 40.9%, 30대가 74.1%, 40대가 78.5%, 50대가 80.0%, 60대가 73.1%, 70대가 58.3%, 80세 이상이 36.0%가 노후를 준비하고 있다고 답하였다. 다음 [표]와 [그래프]는 노후 준비 현황에 대한 응답을 분석한 결과이다.

[표] 연령대별 노후 준비 현황 (단위: %)

구분	준비하고 있음				준비하고 있지 않음			
	국민연금	직역연금	퇴직연금	기타	아직 생각하고 있지 않음	앞으로 준비할 계획	준비능력 부족	자녀에게 의탁
20~29세	61.2	7.6	3.6	27.6	40.4	41.9	17.6	0.1
30~39세	60.1	7.7	3.8	28.4	21.0	56.5	22.4	0.1
40~49세	59.5	8.2	3.8	28.5	11.1	58.5	30.0	0.4
50~59세	62.7	8.1	3.8	25.4	10.2	42.0	45.9	1.9
60~69세	59.6	9.5	3.7	27.2	7.1	24.4	60.7	7.8
70~79세	46.8	10.1	4.2	38.9	2.5	6.5	64.7	26.3
80세 이상	37.3	15.4	2.7	44.6	1.8	1.6	50.1	46.5

[그래프1] 남자의 노후 준비 현황 (단위: %)

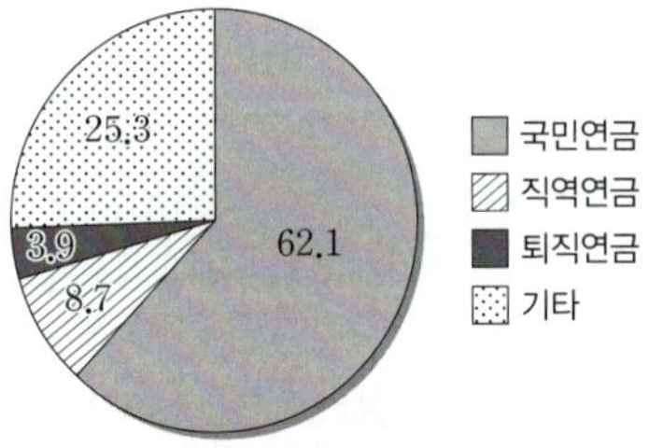

[준비하고 있음]

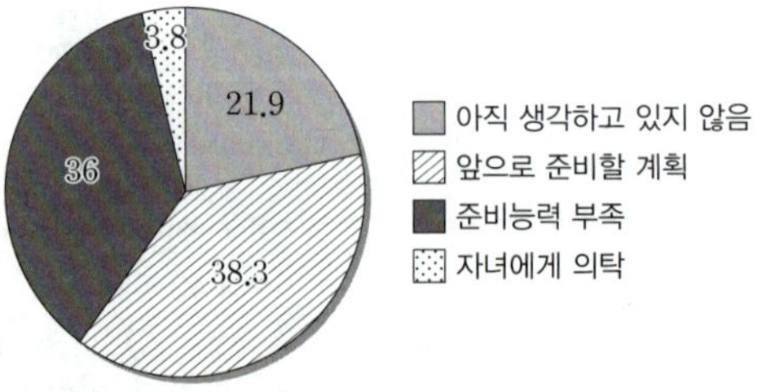

[준비하고 있지 않음]

[그래프2] 여자의 노후 준비 현황 (단위: %)

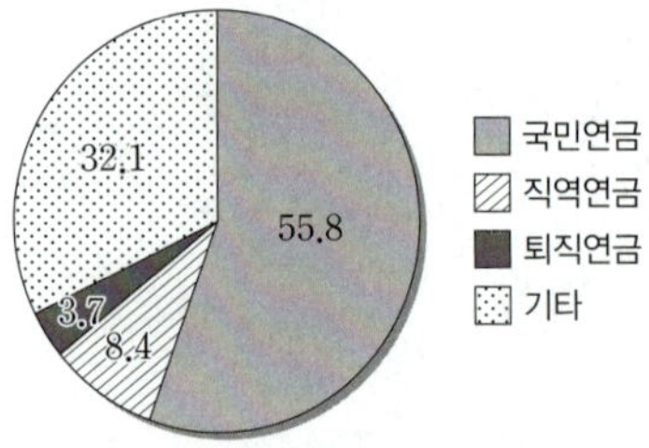

[준비하고 있음]

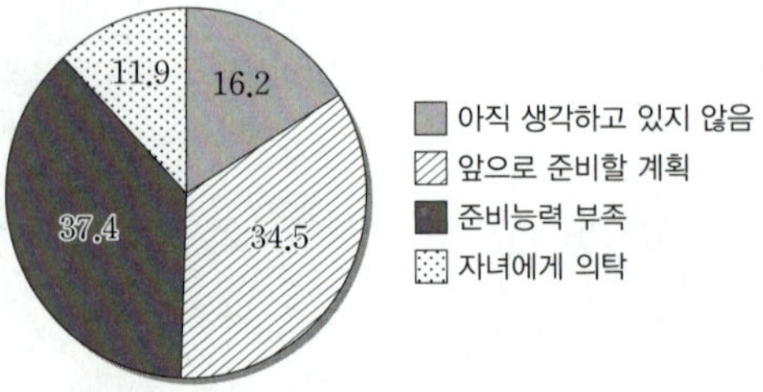

[준비하고 있지 않음]

15 주어진 자료에 대한 설명으로 옳은 것은?

① 80세 이상에서 '자녀에게 의탁'이라고 응답한 사람 수는 5,000명 이상이다.
② 연령대가 높아질수록 자녀에게 의탁하고자 하는 사람 수가 많아진다.
③ 20대에서 '앞으로 준비할 계획'이라고 응답한 사람 수는 10,000명 이상이다.
④ 남자 중 '직역연금'으로 노후를 준비하고 있다고 응답한 사람 수는 6,000명 이상이다.
⑤ 노후를 준비하고 있는 응답자 중 준비 수단을 '국민연금'이라고 답한 사람의 비중은 모든 연령대에서 가장 높다.

16 다음 중 남녀의 노후 준비 현황에 따른 인원수를 나타낸 그래프로 옳지 않은 것은?(단, 계산 시 소수점 이하 첫째 자리에서 반올림한다.)

① 남자 중 노후를 준비하는 방법에 따른 인원수
(단위: 명)

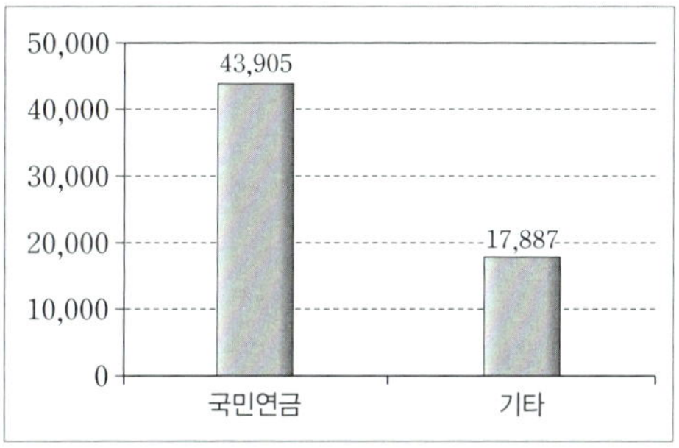

② 남자 중 노후를 준비하지 않은 사유에 따른 인원수
(단위: 명)

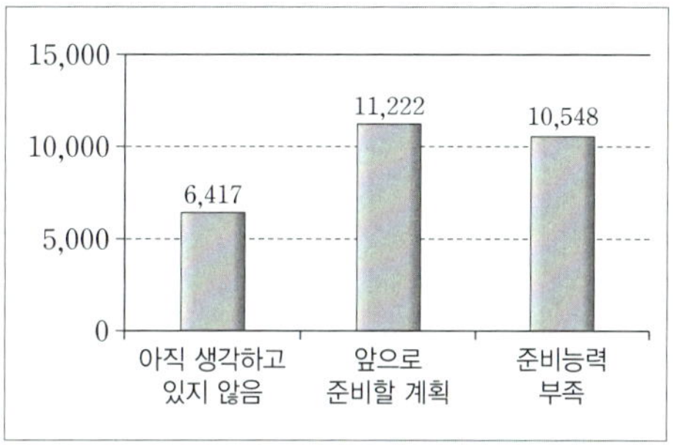

③ 여자 중 노후를 준비하는 방법에 따른 인원수
(단위: 명)

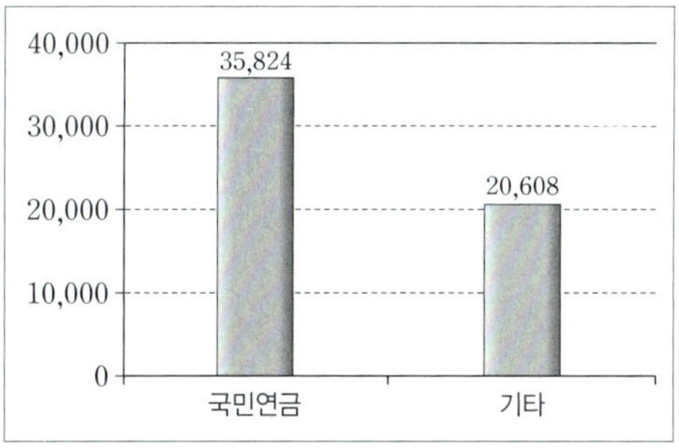

④ 여자 중 노후를 준비하는 방법에 따른 인원수
(단위: 명)

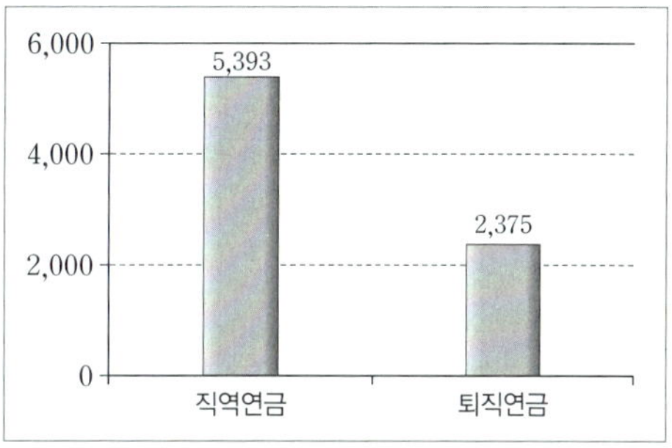

⑤ 여자 중 노후를 준비하지 않은 사유에 따른 인원수
(단위: 명)

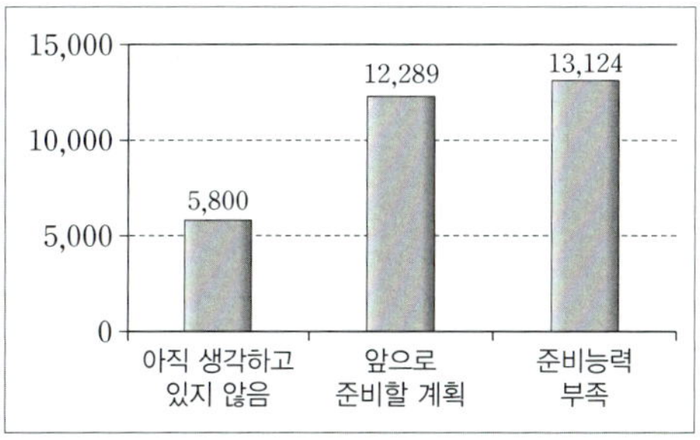

17 다음 명제들이 모두 참일 때, 반드시 참이라고 할 수 없는 것은?

㉠ 미국을 가봤으면 영국도 가봤다.
㉡ 미국을 가봤으면 독일도 가봤다.
㉢ 프랑스를 가봤으면 독일도 가봤다.
㉣ 호주를 가봤으면 영국도 가봤다.
㉤ 프랑스를 가보지 않았으면 영국도 가보지 않았다.

① 미국을 가봤으면 프랑스도 가봤다.
② 미국을 가봤으면 호주도 가봤다.
③ 프랑스를 가보지 않았으면 호주도 가보지 않았다.
④ 독일을 가보지 않았으면 영국도 가보지 않았다.
⑤ 독일을 가보지 않았으면 프랑스도 가보지 않았다.

18 A, B, C 세 사람은 J호텔에 있는 카지노에 방문하여 게임을 즐기기 위해 현금을 칩으로 교환하였다. 교환소에서 이들에게 교환해 준 칩에 관한 정보가 다음 [조건]과 같을 때, 옳은 것은?

조건

- A가 받은 칩 전체의 무게는 14g이다.
- B가 받은 칩 전체의 무게는 15g이다.
- 1달러, 5달러, 10달러 칩의 무게는 차례로 2g, 3g, 4g이다.
- 세 명 모두는 1달러, 5달러, 10달러 칩을 각각 적어도 1개 이상씩 받았다.
- 세 명이 받은 칩을 모두 모으면 1달러, 5달러, 10달러짜리가 각각 5개씩이다.
- A가 받은 칩 전체의 액수가 가장 작고, C가 받은 칩 전체의 액수가 가장 크다.

① A는 B, C보다 1달러 칩을 더 많이 가졌다.
② A, B, C 순서대로 가지고 있는 칩의 무게가 가볍다.
③ 가지고 있는 칩의 무게가 가장 무거운 사람은 B이다.
④ 세 사람 중 어느 두 명이 가진 칩의 무게는 서로 같다.
⑤ 세 사람 중 어느 한 명은 한 종류의 칩을 3개 갖고 있다.

19 어느 회사의 공채 필기시험장에서 수험번호가 1011~1018인 지원자들의 자리 배치가 다음과 같고, 이 시험장에서 A~H가 필기시험을 친다고 한다. 각 지원자들의 자리 배치가 다음 [조건]과 같을 때, 옳지 않은 것은?

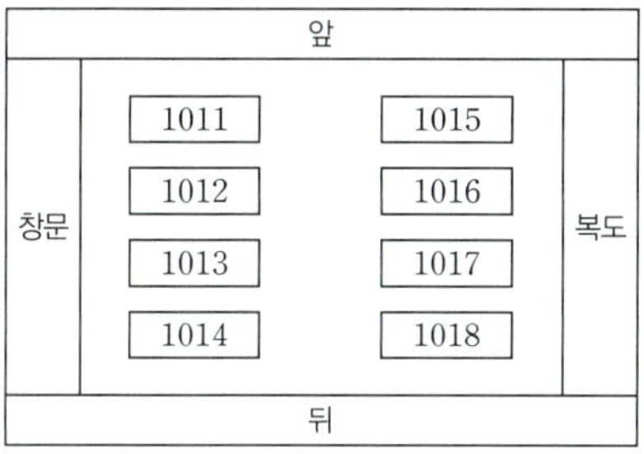

조건

- 지원자들은 사무 직렬, 전기 직렬, 건축 직렬 중 하나를 지원하였고, 사무 직렬 지원자가 3명, 전기 직렬 지원자가 3명, 건축 직렬 지원자가 2명이다.
- 건축 직렬의 자리는 모두 복도 쪽이다.
- 전기 직렬 지원자의 바로 앞자리는 사무 직렬이다.
- 가장 앞자리는 모두 사무 직렬이다.
- A는 건축 직렬이다.
- C의 수험번호는 1013이다.
- D는 창가 자리에 앉고, 사무 직렬이 아니다.
- F는 G의 바로 뒷자리이다.
- B는 건축 직렬이고, H의 오른쪽 자리이다.

① A는 C의 오른쪽에 앉는다.
② B는 가장 뒷자리에 앉는다.
③ D의 수험번호는 1014이다.
④ E는 사무 직렬이다.
⑤ F는 전기 직렬이다.

20 다음은 온실가스 배출권의 할당 및 거래에 관한 법률의 일부이다. 이에 대한 설명으로 옳지 않은 것은?

제12조(배출권의 할당) ① 주무관청은 계획 기간마다 할당계획에 따라 할당대상 업체에 해당 계획 기간의 총배출권과 이행연도별 배출권을 할당한다. 다만, 신규 진입자에 대하여는 해당 업체가 할당대상 업체로 지정, 고시된 해부터 남은 계획 기간에 대하여 배출권을 할당한다.

② 제1항에 따른 배출권 할당의 기준은 대통령령으로 정한다.

③ 제1항에 따른 배출권의 할당은 유상 또는 무상으로 하되, 무상으로 할당하는 배출권의 비율은 국내 산업의 국제경쟁력에 미치는 영향, 기후변화 관련 국제협상 등 국제적 동향, 물가 등 국민경제에 미치는 영향 및 직전 계획 기간에 대한 평가 등을 고려하여 대통령령으로 정한다.

④ 제3항에도 불구하고 무역집약도가 대통령령으로 정하는 기준보다 높거나 이 법 시행에 따른 온실가스 감축으로 인한 생산비용이 대통령령으로 정하는 기준 이상으로 발생하는 업종에 속하는 할당대상 업체에 대하여는 배출권의 전부를 무상으로 할당할 수 있다.

제13조(배출권 할당의 신청) ① 할당대상 업체는 매 계획 기간 시작 4개월 전까지(할당대상 업체가 신규 진입자인 경우에는 배출권을 할당받는 이행연도 시작 4개월 전까지) 다음 각 호의 사항이 포함된 배출권 할당신청서(이하 '할당신청서'라 한다)를 작성하여 주무관청에 제출하여야 한다.

1. 계획 기간의 배출권 총신청 수량
2. 이행연도별 배출권 신청 수량
3. 할당대상 업체로 지정된 연도의 직전 3년간의 온실가스 배출량
4. 계획 기간 내 시설 확장 및 변경 계획
5. 계획 기간 내 연료 및 원료 소비 계획
6. 계획 기간 내 온실가스 감축설비 및 기술 도입 계획
7. 제4호부터 제6호까지 규정된 계획 실행 등에 따른 온실가스 배출량 증감 예상치
8. 제24조에 따라 작성된 직전 연도 명세서(최초로 할당대상 업체로 지정된 경우에는 기본법 제44조 제1항에 따른 명세서를 말한다)

② 제1항에 따른 배출권 할당의 신청 방법 및 절차 등에 관하여 필요한 세부 사항은 대통령령으로 정한다.

제17조(배출권 할당의 취소) ① 주무관청은 다음 각 호의 어느 하나에 해당하는 경우에는 제12조 및 제16조에 따라 할당, 조정된 배출권(무상으로 할당된 배출권만 해당한다)의 전부 또는 일부를 취소할 수 있다.

1. 제5조 제3항에 따른 할당계획 변경으로 배출 허용 총량이 감소한 경우
2. 할당대상 업체가 전체 시설을 폐쇄한 경우
3. 할당대상 업체가 정당한 사유 없이 시설의 가동 예정일부터 3개월 이내에 시설을 가동하지 아니한 경우
4. 할당대상 업체의 시설 가동이 1년 이상 정지된 경우
5. 거짓이나 부정한 방법으로 배출권을 할당받은 경우

② 제1항에 따른 배출권 취소의 세부 기준과 절차는 대통령령으로 정한다.

제18조(배출권 예비분) 주무관청은 신규 진입자에 대한 배출권 할당 및 제23조에 따른 시장 안정화 조치를 위한 배출권 추가 할당 등을 위하여 계획 기간의 총배출권의 일정 비율을 배출권 예비분으로 보유하여야 한다.

① 기존 배출권 할당대상 업체는 계획 기간 시작 4개월 전까지 주무관청에 배출권 할당신청서를 제출해야 한다.
② 무상으로 할당하는 배출권의 비율은 국제적 동향과 물가 등을 고려한 후에 대통령령으로 결정한다.
③ 시설 가동 예정일로부터 3일 후에 시설을 가동한 경우 무상 배출권의 일부가 취소될 수 있다.
④ 주무관청은 신규 진입자가 있을 경우를 대비하여 총배출권의 일부를 예비분으로 보유하고 있어야 한다.
⑤ 새로 지정된 신규 진입자는 이행연도의 남은 계획 기간에 대해서만 배출권을 할당받는다.

21 **▽▽시는 종합경기장 건설에 입찰한 A~E업체를 다음과 같은 기준에 따라 평가하여 계약을 맺으려 한다. ▽▽시에서 선정할 업체로 적절한 것은?**

[계약기준]

- 서류심사를 통과한 업체 중 계약심사를 통해 가장 높은 평가를 받은 업체 하나를 최종적으로 선정한다.
- 서류심사: 업체별 평가항목의 점수와 가중치를 곱한 값을 합한 평가 총점이 40점 이하인 경우 탈락 처리한다.
- 계약심사: 서류심사 통과 업체 중 안전성 점수가 가장 높은 업체를 우선순위로 선정하며, 안전성 지수가 동일할 경우 완료 예상시점이 가장 빠른 업체를 우선순위로 선정한다.
- 사업 착수일은 1월 1일이며 사업 기간은 4개월(완료 시점 4월 30일) 내로 제한된다.

[표1] 서류심사 점수

평가항목	가중치(%)	업체별 점수(점)				
		A	B	C	D	E
입찰가격	30	20	50	40	40	50
안전성	50	40	50	70	50	30
디자인	20	50	60	40	70	80

[표2] 계약 관련 정보

구분	A	B	C	D	E
사업비용(억 원)	5	6	8	4	3
완료 예상시점	4월 9일	4월 27일	5월 3일	4월 11일	4월 11일

① A업체 ② B업체 ③ C업체
④ D업체 ⑤ E업체

22 다음 글과 [상황]을 바탕으로 할 때, 옳은 것을 [보기]에서 모두 고른 것은?

□□부서는 매년 △△사업에 대해 사업자 자격 요건 재허가 심사를 실시한다.

- 기본심사 점수에서 감점 점수를 뺀 최종심사 점수가 70점 이상이면 '재허가', 60점 이상 70점 미만이면 '허가 정지', 60점 미만이면 '허가 취소'로 판정한다.
  - 기본심사 점수: 100점 만점으로, ㉮~㉱의 4가지 항목(각 25점 만점) 점수의 합으로 한다. 단, 점수는 자연수이다.
  - 감점 점수: 과태료 부과의 경우 1회당 2점, 제재 조치의 경우 경고 1회당 3점, 주의 1회당 1.5점, 권고 1회당 0.5점으로 한다.

상황

사업자 A~C의 기본심사 점수 및 감점 사항은 아래와 같다.

사업자	기본심사 항목별 점수				과태료 부과 횟수	제재 조치 횟수		
	㉮	㉯	㉰	㉱		경고	주의	권고
A	20	23	17	15	?	–	1	4
B	22	21	18	?	3	–	2	2
C	23	18	21	16	5	1	2	1

보기

㉠ A가 과태료를 1회만 부과받았다면 재허가를 받을 수 있을 것이다.
㉡ B의 ㉱ 항목 점수가 20점이라면 B는 재허가를 받을 수 있다.
㉢ C가 제재 조치를 받지 않았다면 기존과 다른 판정을 받을 수 있다.
㉣ 과태료 부과 횟수가 1년에 최대 6회라 할 때, 기본심사 점수와 최종심사 점수 간의 차이가 가장 큰 사업자는 C이다.

① ㉠, ㉡　② ㉠, ㉢　③ ㉡, ㉢
④ ㉡, ㉣　⑤ ㉢, ㉣

23 S사의 신입사원 A씨는 채용설명회를 위해 모교에 방문하여 오전 9시부터 오후 5시까지 8시간 동안 상담을 쉬지 않고 진행하였다. 다음 [표]는 상담인원을 특정 시점마다 [조건]의 규칙대로 작성한 자료이다. 이에 대한 설명으로 옳은 것을 [보기]에서 모두 고른 것은?

[표] 시간대별 상담인원 현황 (단위: 명)

기록 시간	누적 방문인원	대기자 수
09:00	0	0
10:00	10	7
11:00	25	12
12:00	39	11
13:00	41	1
14:00	53	3
15:00	66	5
16:00	74	1
17:00	84	0

조건

- 상담은 1:1로만 가능하며 상담 중인 사람이 있는 경우에는 대기하였다가 먼저 온 사람 순으로 상담을 진행한다.
- 대기하다가 상담을 진행하지 않고 중간에 떠나는 사람은 없다.
- 기록 시간은 매시 정각이며, 해당 시점에 누적 방문인원과 대기자 수를 기록한다.
- 누적 방문인원은 기록 시점까지 방문한 사람들의 누적인원이다(상담을 위하여 방문은 하였지만 아직 상담을 완료하지 못하고 대기 중인 사람까지 모두 포함).
- 대기자 수는 기록 시점인 매시 정각에 상담을 위하여 대기 중인 사람의 수이다(매시 정각에 상담을 진행 중인 사람까지 포함).

보기

㉠ 10시까지 상담을 완료한 사람은 3명이다.
㉡ 9시 직후부터 12시까지 방문한 인원이 13시 직후부터 17시까지 방문한 인원보다 더 많다.
㉢ 9시 직후부터 매 1시간 단위로 따졌을 때 가장 많은 인원이 방문한 시간대는 10시 직후부터 11시까지이다.
㉣ 9시 직후부터 매 1시간 단위로 따졌을 때 가장 많은 인원이 상담을 완료한 시간대는 11시 직후부터 12시까지이다.

※ '~까지'는 그 시점을 포함하는 것으로, 예를 들어 12:00까지는 12:00 정각을 포함함
※ '~직후'는 그 시점을 포함하지 않는 것으로, 예를 들어 12:00 직후는 12:00 정각을 포함하지 않음

① ㉠, ㉣ ② ㉡, ㉢ ③ ㉡, ㉣
④ ㉠, ㉡, ㉢ ⑤ ㉠, ㉢, ㉣

24 **다음은 ○○서점 온라인몰 도서 소득 공제 안내문이다. 이를 바탕으로 ○○서점 온라인몰에서 구입한 도서의 소득 공제를 신청하려고 할 때, 확인한 내용으로 옳지 않은 것은?**

○○서점 온라인몰 도서 소득 공제 안내문

1. 도서 소득 공제란?
   - 근로소득자가 신용카드 등으로 도서 구입 및 공연 관람을 위해 사용한 금액을 추가로 공제해 주는 제도
     ※ 단, 총급여가 7,000만 원 이하인 근로소득자 중 신용카드, 직불카드 등 사용액이 25%를 초과하는 사람에게 적용함
     ※ 현재 '신용카드 등 사용금액'의 소득 공제 한도는 300만 원이고 신용카드 사용액의 공제율은 15%이지만, 도서·공연 사용분은 추가로 100만 원의 소득 공제 한도가 인정되고 공제율은 30%로 적용함
2. 도서 소득 공제 대상
   - 도서(해외 주문 도서 제외), eBook(구매)
     ※ 잡지 등 정기 간행물, 음반, DVD, 기프트, eBook(대여, 학술논문), 사은품, 선물포장, 꽃은 소득 공제 대상에서 제외
3. 도서 소득 공제 가능 결제 수단
   - 카드 결제: 신용카드(개인카드에 한함)
   - 현금 결제: 도서 상품권, 기프트카드, 실시간 계좌이체, 온라인 입금, 예치금
     ※ 현금 결제는 현금 영수증을 개인소득공제용으로 신청 시에만 추가 소득 공제 가능
4. 도서 소득 공제 금액 확인 방법
   - 주문 완료 후, '마이룸 → 주문배송 조회 → 주문 상세내역'에서 도서 소득 공제 금액 확인 가능
   - 결제 수단에 따라 도서 소득 공제 금액의 카드 결제 금액과 현금 결제 금액을 확인할 수 있으며, 현금 결제는 결제한 익일 국세청에 신고되어 2~3일 내에 발행 내역을 확인할 수 있음
5. 도서 소득 공제 불가 안내
   - 법인카드로 결제한 경우
   - 결제 당시 개인소득공제용 현금 영수증을 신청하지 않은 경우
   - 현금 영수증을 사업자 증빙용으로 신청한 경우

① 올해 총급여가 6,500만 원이니 도서 소득 공제가 적용되는지 보려면 올해 신용카드와 직불카드 등을 사용한 금액이 1,625만 원을 넘는지 확인해야겠어.
② 지난주에 현금으로 잡지를 구입하고 개인소득공제용 현금 영수증을 신청한 내역은 도서 소득 공제가 가능하겠네.
③ 3월 12일에 온라인몰에서 현금으로 도서를 결제하였다면 3월 13일에 국세청에 해당 내용이 신고되는구나.
④ 도서 소득 공제 대상자가 되면 신용카드 사용액의 소득 공제 한도가 400만 원으로 인정되네.
⑤ 개인 신용카드뿐만 아니라 도서 상품권이나 실시간 계좌이체로 도서를 구매하여도 도서 소득 공제가 가능해.

25 **A공단 제주지사에서 근무하고 있는 박 대리는 울산에 회의가 있어 교통편을 알아보고 있다. 회사 출근 후 오전 10시에 출발하여 당일 오후 1시 30분까지 회의 장소에 도착해야 할 때, 다음 중 울산 회의 장소 도착 시간이 가장 빠른 경우를 고른 것은?**(단, 이동 중 대기시간은 고려하지 않는다.)

[표1] 제주 → 김해, 제주 → 울산 항공편 출발시간

김해행(소요시간 50분)	울산행(소요시간 1시간)
10:40	10:50
10:50	
11:00	11:40
11:10	

※ 공항에는 항공편 출발 20분 전까지 도착해야 함

※ 제주지사에서 제주공항까지 소요시간은 30분임

※ '김해공항 → 울산 회의 장소', '울산공항 → 울산 회의 장소'의 두 가지 경로가 모두 가능함

[표2] 공항에서 회의 장소까지의 소요시간

구분	공항버스	택시	렌터카
김해공항	2시간	1시간 20분	1시간
울산공항	50분	20분	15분

① 김해행 항공편(10:40 출발) – 공항버스

② 김해행 항공편(11:00 출발) – 렌터카

③ 김해행 항공편(11:10 출발) – 택시

④ 울산행 항공편(10:50 출발) – 공항버스

⑤ 울산행 항공편(11:40 출발) – 택시

26 **갑 기업에서는 다음과 같은 기준에 따라 을 대학의 교수에게 연구비를 지원한다. 교수 A~N이 [표]와 같이 연구비를 신청하였다고 할 때, 교수 A~N이 받는 연구비의 합으로 옳은 것은?**

1. 지원 신청 자격

대형 국책 연구과제의 수주계획이 있는 을 대학의 전임교수로서 연구비가 다음과 같은 자(의대, 간호대, 보건대학원 제외)

- 이공계열: 10억 원 이상
- 인문사회계열: 2억 원 이상

2. 지원 금액 및 선정 절차

가. 지원 금액(이공계열은 연구비의 4%, 인문사회계열은 8% 지원)

이공계열		인문사회계열	
연구비	상한액	연구비	상한액
40억 원 이상	2억 원	10억 원 이상	1억 원
30억 원 이상	1.5억 원	6억 원 이상	0.6억 원
20억 원 이상	1억 원	3억 원 이상	0.4억 원
10억 원 이상	0.5억 원	2억 원 이상	0.2억 원

※ 연구비를 이미 지원받고 있는 연구는 지원 불가

※ 총지원액: 이공계열과 인문사회계열을 합해 10억 원

나. 선정 절차

지원 자격에 부합하는 모든 교수에게 지원 순서에 따라 지원하되 총지원액이 소진될 때까지 지원

[표] A~N의 지원 정보

구분	계열	직책	연구비	지원 순서	비고
A	이과계열	전임교수	38억 원	11	
B	인문계열	전임교수	16억 원	10	
C	공학계열	전임교수	8억 6천만 원	8	
D	사회계열	외래교수	9억 원	3	
E	인문계열	전임교수	2억 8천만 원	12	
F	인문계열	전임교수	8억 6천만 원	1	
G	이과계열	외래교수	16억 3천만 원	7	
H	의과계열	전임교수	50억 원	5	
I	공학계열	전임교수	28억 5천만 원	4	타 기관에서 연구비 지원
J	공학계열	전임교수	12억 6천만 원	13	
K	사회계열	전임교수	4억 8천만 원	2	
L	사회계열	전임교수	12억 원	14	
M	이과계열	전임교수	30억 6천만 원	6	
N	이과계열	전임교수	45억 원	9	

① 7.756억 원 ② 8.168억 원 ③ 8.86억 원
④ 9.242억 원 ⑤ 10억 원

[27~28] 다음은 제품P의 공정 순서 및 소요 기간을 나타낸 자료이다. 이를 바탕으로 이어지는 질문에 답하시오.(단, 9월 1일은 수요일이고, 9월 20일, 21일, 22일, 10월 4일, 10월 11일은 공휴일이다.)

[표] 제품P의 공정 순서 및 소요 기간

공정	필요한 선행 공정	소요 기간
A공정	없음	2일
B공정	A공정	4일
C공정	A공정	3일
D공정	B공정	1일
E공정	C공정	3일
F공정	C공정, D공정	5일
G공정	F공정	3일
H공정	E공정	5일
I공정	H공정	5일
J공정	G공정, I공정	3일

※ 소요 기간은 해당 공정의 시작부터 종료까지 걸리는 기간을 말함

※ 모든 공정은 하루 단위로 진행되고, 주말(토요일, 일요일) 및 공휴일에는 공정이 진행되지 않음

※ 공정은 A공정부터 시작하며 후행 작업은 반드시 선행 작업이 끝난 후에 진행됨

27 **K공장은 10월 8일 출하를 목표로 제품P의 생산 공정을 시작하였다. 최대한 늦게 제품P 생산을 시작하였다고 할 때, 제품P의 생산 시작 날짜로 옳은 것은?**(단, 출하는 마지막 공정이 완료된 날에 이루어진다.)

① 9월 6일　② 9월 7일　③ 9월 8일
④ 9월 9일　⑤ 9월 10일

28 **K공장은 공정을 개선하여 B공정, C공정, E공정, G공정, I공정의 소요 일수를 하루씩 단축하였다. 이때 10월 5일에 생산을 시작한 제품P의 모든 공정이 완료되는 날짜로 옳은 것은?**

① 10월 25일　② 10월 26일　③ 10월 27일
④ 10월 28일　⑤ 10월 29일

[29~31] **다음은 K대리가 신입사원 가~아를 각 팀에 배치할 때 참고할 조건과 자료를 정리한 것이다. 이를 바탕으로 이어지는 질문에 답하시오.**

K대리는 신입사원들을 두 명씩 생산팀, 홍보팀, 영업팀, 인사팀에 배치하려고 한다.

K대리

신입사원을 배치할 때 순서는 아래와 같습니다.
1. 연수 부서와 희망 부서가 일치하면 우선 배치합니다. 이때, 희망 부서의 지망 순서는 무관하게 연수 부서와 일치하는 부서로 배정합니다.
2. 직원 평가 점수가 높은 순서대로 1지망 부서에 배치하되 각 부서에 2명이 초과되는 경우에는 2지망 부서, 나머지 부서 순서대로 배치합니다.

[표] 신입사원 가~아의 평가 점수 및 희망 부서

기준 / 신입사원	직원 평가 점수	연수 부서	희망 부서(1지망)	희망 부서(2지망)
가	4점	인사팀	영업팀	인사팀
나	3점	영업팀	인사팀	영업팀
다	1점	인사팀	영업팀	홍보팀
라	4점	홍보팀	인사팀	생산팀
마	5점	생산팀	영업팀	홍보팀
바	3점	홍보팀	생산팀	인사팀
사	3점	영업팀	생산팀	인사팀
아	2점	생산팀	인사팀	영업팀

29 **다음 중 생산팀에 배치되는 사원끼리 짝지어진 것은?**

① 가, 나 ② 가, 바 ③ 바, 사
④ 바, 아 ⑤ 사, 아

30 다음 중 1지망과 2지망을 통틀어 희망 부서에 배치되지 못하는 사원은?

① 다 ② 라 ③ 바
④ 사 ⑤ 아

31 기존의 신입사원 배치 기준에서 연수 부서 기준이 삭제되고 직원 평가 점수로만 부서를 배치할 때, 다음 중 영업팀에 배치되는 사원끼리 짝지어진 것은?

① 가, 마 ② 가, 아 ③ 나, 마
④ 다, 아 ⑤ 사, 마

32 M공사의 직원들은 다음 [대화]와 같이 자기개발의 설계 전략 수립에 대하여 논의하고 있다. 다음 중 적절한 의견을 제시한 직원이 <u>아닌</u> 것은?

대화

A: "자기개발은 기간을 어떻게 설정하느냐가 중요합니다. 단기 및 장기 목표를 수립하여 개발해야 할 일들을 찾아보는 것이 좋은 방법입니다."

B: "직장 동료나 상사, 부하 직원들과의 관계를 고려하여 계획을 수립해야 한다는 것을 잊지 말아야 합니다."

C: "직장인이라면 아무래도 자신이 맡고 있는 업무와 동떨어진 자기개발은 어려울 것 같아요. 지금 나의 직무를 고려하지 않으면 안 된다고 생각합니다."

D: "자기개발은 지금의 직장에서 내가 어떤 방법으로 어디까지 승진할 수 있을지를 파악하는 것이 핵심입니다. 때문에 상사와의 관계가 무엇보다 중요합니다."

E: "자기개발 계획을 애매하게 수립하면 무엇을 해야 할지 몰라 더 많은 시간이 소요될 수 있습니다. 가급적이면 구체적으로 계획을 수립해야 합니다."

① A ② B ③ C
④ D ⑤ E

33 합리적인 의사결정을 위해서는 가장 먼저 문제의 근원을 파악한 후, 적절한 단계별 과정을 거쳐 최적의 안을 선택하여 그 결과를 평가하고 피드백하는 것이 바람직하다. 다음 중 [보기]의 단계별 과정을 순서대로 바르게 나열한 것은?

보기

[가] 의사결정에 필요한 정보를 수집한다.
[나] 각 대안을 분석 및 평가한다.
[다] 가능한 모든 대안을 탐색한다.
[라] 의사결정 기준과 가중치를 정한다.

① [가]-[라]-[다]-[나]
② [나]-[가]-[다]-[라]
③ [라]-[가]-[나]-[다]
④ [라]-[가]-[다]-[나]
⑤ [라]-[다]-[가]-[나]

34 다음 글은 경력개발 단계의 시기별 특징에 대한 설명이다. 밑줄 친 ㉠~㉤ 중 옳지 않은 것은?

> 자신의 직업을 결정한 이후에는 그 업무를 수행할 조직에 들어가게 된다. 이 단계에서는 일반적으로 학교를 졸업하고 자신이 선택한 경력 분야에서 원하는 조직의 일자리를 얻으며, 직무를 선택한다. ㉠ 직무를 선택할 때도 직업 선택 과정과 마찬가지로 자신의 환경과 특성을 고려해야 하며, 특히 자신이 들어갈 조직의 특성을 알아보아야 한다. 이 단계는 일반적으로 18~25세에 발생되나, 각각의 교육 정도나 상황에 따라 조직 입사 시기가 다를 수 있기 때문에 유동적이다.
>
> 조직에 입사하면, 직무와 조직의 규칙·규범에 대해서 배우게 된다. 특히 자신이 맡은 업무의 내용을 파악하고, 새로 들어간 조직의 규칙·규범, 분위기를 알고 적응해 나가는 것이 중요하다. 이 시기는 또한, 궁극적으로 조직에서 자신의 입지를 확고히 다져나가 승진하는 데 많은 관심을 가지는 시기이기도 하다. 경력 초기 단계는 일반적으로 25~40세까지의 성인 초기로 구분하지만, 무엇보다도 ㉡ 이 시기는 경력개발 계획을 언제쯤 완성시킬 수 있느냐로 구분될 수 있을 것이다.
>
> 경력 중기는 자신이 그동안 성취한 것을 재평가하고, 생산성을 그대로 유지하는 단계이다. 그러나 경력 중기에 이르면 직업 및 조직에서 어느 정도 입지를 굳히게 되어 ㉢ 더 이상 수직적인 승진 가능성이 적은 경력 정체 시기에 이르게 되며, 새로운 환경의 변화에 직면하게 되어 생산성을 유지하는 데 어려움을 겪기도 한다. 또한 개인적으로 현 직업이나 생활 스타일에 대한 불만을 느끼고, 매일의 반복적인 일상에 따분함을 느끼기도 한다. 이에 따라 ㉣ 자신의 경력 초기의 생각을 재검토하게 되며, 현재의 경력 경로와 관련 없는 다른 직업으로 이동하는 경력 변화가 일어나기도 한다. 이 단계는 일반적으로 40~55세의 성인 중기를 일컫는다.
>
> 경력 말기에 사람들은 조직의 생산적인 기여자로 남고 자신의 가치를 지속적으로 유지하기 위하여 노력하며, 동시에 퇴직을 고려하게 된다. 특히 ㉤ 경력 말기로 갈수록 경력 중기에 경험했던 새로운 환경 변화에 대처하는 데 더 어려움을 겪게 되며, 퇴직에 대한 개인적인 고민과 함께 조직의 압력을 받기도 한다. 경력 말기는 대부분 50대 중반에서 은퇴 시기까지를 말하지만, 평균 수명은 증가하는 데 반해 인력난은 점차 심해져서 경력 말기가 과연 성인 말기에 해당하는지는 의문시되고 있다.

① ㉠　　② ㉡　　③ ㉢
④ ㉣　　⑤ ㉤

35 다음 [그래프]를 통해 파악할 수 있는 경력개발과 관련된 최근의 이슈에 대하여 가장 적절하지 않은 발언을 한 사람은?

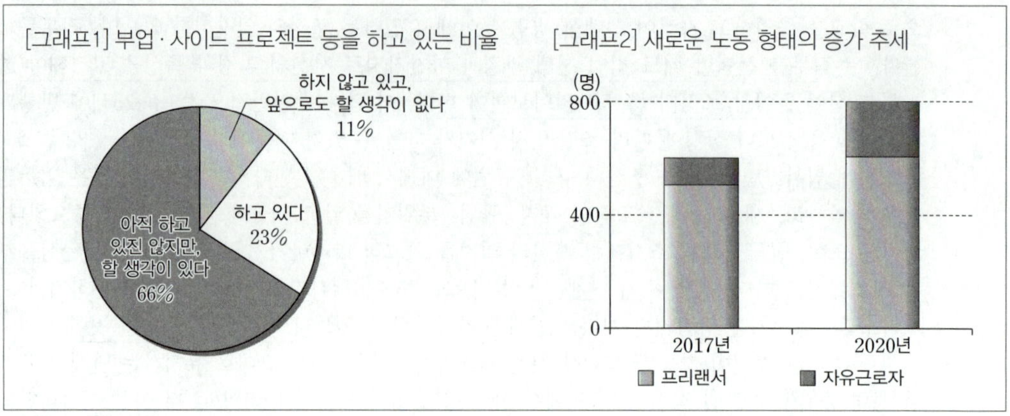

① 갑: 돈을 벌기 위해서도 있겠지만, 또 다른 실무를 체험하며 궁극적으로 자아실현을 하기 위한 목적에서 투잡을 하는 경우도 있을 것 같아.

② 을: 지속적인 경기불황에 따라 두 개, 혹은 더 많은 직업을 가지는 사람이 늘고 있겠군.

③ 병: 정보기술의 발달로 원격근무 등 근무 환경이 유연해진 것, AI · IoT 등 다양한 4차 산업분야가 성장한 것 등이 새로운 노동 형태의 성장을 가속화했을 거야.

④ 정: 새롭게 등장한 형태의 노동자들은 지속적으로 특정 조직에 고용되지 않는 성향이 있지만, 전문적인 경력개발을 위해 조직 안에 고용된 사람들과 같은 방식으로 경력을 개발할 필요성이 있겠네.

⑤ 무: 프리랜서나 자유근로자들은 고용 불안을 겪기도 하지만, 언제 일하고 언제 쉴지를 스스로 결정할 수 있다는 장점이 있어.

36 **다음 글은 경력개발에 관련된 기사의 일부이다. (가), (나)에 공통적으로 해당하는 개념으로 옳은 것은?**

> (가) 이르면 2026년부터 30~50대 직장인이 학업을 위해 일정 기간 일을 쉴 수 있는 '△△ 휴직제'가 도입될 것으로 보인다. 일반 성인들이 대학에 입학하지 않아도 다양한 비학위과정을 수강하고 이를 누적해 학위를 받을 수 있는 길도 열린다. 먼저 △△을 실질적으로 보장하기 위해 '△△ 휴가제'와 '△△ 휴직제' 도입을 검토한다. 직장인들의 재교육을 위해 휴가·휴직을 제도화해야 한다는 주장은 이전부터 제기됐다. 지속적인 교육 기회를 실질적으로 보장하려면 출산휴가·육아휴직처럼 노동자가 학습을 위해 휴가·휴직을 신청할 경우 사업주가 거부하지 못하도록 의무화해야 한다는 것이다.
>
> (나) ○○대학교 미래교육원은 평일에 시간을 내기가 어려운 직장인이나 프리랜서들을 위해 주말을 이용해 학점은행제 학사 학위 취득을 할 수 있도록 교육과정을 운영하고 있다. ○○대학교 미래교육원 관계자는 "코로나 19가 지속되면서 불안감을 느낀 직장인들이 다양한 진로를 모색하고자 주말 학사학위 취득 과정에 대한 문의가 이어지고 있다."라고 말했다.

① 평생학습 ② 투잡스(two-jobs) ③ 청년실업
④ 창업경력 ⑤ 독립근로자

37 **다음 [그래프]는 A씨가 스스로에게 질문을 던져 확인한 대인관계 양식 결과이다. 이를 바탕으로 할 때, A씨의 대인관계 양식에 대한 평가로 적절한 것은?**

[그래프] A씨의 대인관계 양식 결과

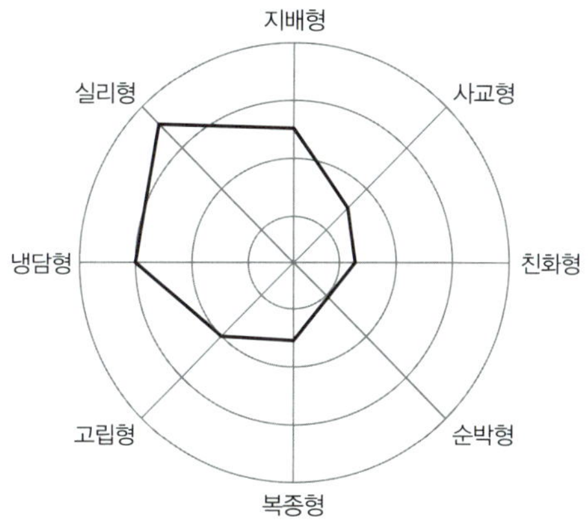

① 타인에게 쉽게 설득되거나 주관이 없어 보일 우려가 매우 적은 편이다.
② 자신의 이익을 우선으로 생각하지 않으며 타인을 위하는 마음이 강하다.
③ 타인의 감정에 관심이 많아 남에게 따뜻하고 긍정적인 감정을 잘 표현한다.
④ 대인관계에서 외향적이고 쾌활하며 타인과 대화하기를 좋아하고 인정받고자 하는 욕구가 매우 강하다.
⑤ 타인의 요구를 잘 거절하지 못하고 타인의 필요를 자신의 것보다 앞세우는 경향이 크다.

38 **H사 자재 구매팀 직원들은 하반기 물량 발주를 위해 판매업체를 방문하여 담당자와 자재의 가격, 납기 등에 대한 중요한 협상을 진행하고자 한다. 신뢰를 구축하기 위한 협상 방법으로 가장 적절한 것은?**

① 물품을 구입하는 주체가 가장 중요하므로 저돌적인 방법으로 협상을 주도한다.
② 다른 경쟁 판매업체가 다수 있음을 알리고 유리한 위치에서 의사를 관철시킨다.
③ 반드시 얻어내야 할 것과 양보할 수 있는 것을 찾아 서로가 수혜자가 될 수 있도록 유도한다.
④ 품질보다는 가격과 납기가 우선이라고 강조하며 반드시 조건을 따르도록 요구한다.
⑤ 가격이나 납기보다 담당자와의 우호적인 인간관계 구축이 더 중요하고 우선시해야 하는 과제로 여긴다.

39 **다음 [대화]에 나타난 사원A와 사원B의 팔로워십 유형을 바르게 짝지은 것은?**

대화

사원A: "어제 팀장님께서 말씀하신 보고서 작성 중인가요?"
사원B: "네, 팀장님께서 빨리 보기를 원하셔서 오늘 중으로 작성 완료하려고 합니다."
사원A: "음… 그런데 팀장님께서 주신 자료 중에 좀 이상한 부분이 있는 것 같지 않아요?"
사원B: "그런가요? 저는 주신 자료대로 작성 중이어서 특별히 이상한 점이 있는지는 잘 모르겠습니다."
사원A: "제가 보다 보니 주신 자료 중에 통계가 기존과 맞지 않는 부분이 있는 것 같아요. 보고서 양식도 한눈에 이해하기 어려워서 바꿔 봤으면 좋겠는데 어떻게 생각하세요?"
사원B: "팀장님께서 특별히 지시하신 사항이 있는 것도 아니고 늘 사용하던 양식인데 그걸 바꾸는 건 좀 어려울 것 같습니다. 일단 빨리 완성해서 보여드리고 팀장님의 지시를 따르는 것이 좋지 않을까요?"
사원A: "그래도 팀 실적과 관계있기도 하고, 이왕에 고생하는 거 더 잘 만들면 좋지요. 제가 팀장님께 한번 말씀드려 볼게요."

	사원A	사원B
①	수동형	실무형
②	실무형	소외형
③	주도형	순응형
④	주도형	수동형
⑤	순응형	소외형

40 다음 중 리더십의 유형에 대한 설명으로 옳지 않은 것은?

① 민주주의에 근접한 유형의 리더 체제하에서 중요한 업무의 최종 결정권은 직원들 모두에게 있는 것이 아니며, 리더에게 있다.
② 리더와 구성원 간의 구분이 희미하고 리더가 조직의 한 구성원이 되기도 하는 유형의 리더십을 파트너십 유형이라고 한다.
③ 변혁적 유형의 리더는 조직의 더 나은 성장과 발전을 위해 당장의 업무성과에 대한 칭찬을 아낄 줄 알아야 한다.
④ 독재자 유형의 리더에게 단점만 있는 것은 아니며, 집단이 통제가 없이 방만한 상태에 있을 때는 효과적인 리더가 될 수 있다.
⑤ 파트너십 유형의 리더는 집단의 모든 구성원들이 의사결정 및 팀의 방향을 설정하는 데 참여한다는 생각을 가지고 있으며, 변혁적 유형의 리더는 카리스마를 가지고 조직에 명확한 비전을 제시하며, 집단 구성원들에게 그 비전을 쉽게 전달할 수 있다.

41 다음은 의류 매장을 방문한 고객이 점원에게 언급한 내용의 일부이다. 이러한 유형의 고객을 접했을 때 점원이 대처할 수 있는 방법으로 가장 적절한 것은?

> "이 옷은 왜 여기 걸려 있는지 이해할 수가 없군요. 요즘 트렌드에 누가 이런 옷을 사기나 하나요? 내가 패션 업계에 좀 있어 봐서 아는데요, 이런 소재로 옷을 만들 때는 화려한 색상의 액세서리가 부착되어 있어야 해요. 더군다나 이 매장은 고급 제품을 판매하는 곳으로 유명한데 이런 옷을 걸어 놓으면 브랜드 이미지에도 타격을 입지 않겠어요? 단골손님이 끊어지기 전에 얼른 매니저한테 얘기해서 좀 바꿔 놓으세요."

① 언행을 제지하지 않고 인정해 주며, 고객의 호감을 얻을 수 있도록 노력해 본다.
② 책임자로 하여금 응대하도록 한다.
③ 이야기를 경청하고, 맞장구치고, 추켜세우고, 설득해 가는 방법이 효과적이다.
④ 만사를 시원스럽게 처리하는 모습을 보여 준다.
⑤ 분명한 증거나 근거를 제시하여 스스로 확신을 갖도록 유도한다.

42 다음 글을 읽고 추론할 수 있는 '정보'의 특징으로 적절하지 않은 것은?

> 하나의 정보가 모두에게 같은 가치를 갖는 것은 아니다. 예를 들어 원유를 정제하는 시설에 쓰이는 부품 가격이 인상될 것이라는 정보는 해당 업체와 그로 인해 주가가 민감하게 반응하는 기업체에게 중요한 정보일 뿐, 대다수 일반인들의 관심을 끄는 정보는 아니다.
> 특정 정보가 언제 대중에게 공개되는지에 따라서도 가치와 영향력은 달라질 수 있다. 환경 변화에 충분히 대응할 수 없는 긴급한 상황에서는 예상보다 큰 영향을 끼칠 수 있지만 그렇지 않은 경우 정보로서의 파급력은 미미한 수준에 그칠 수 있다.
> 또한 누구나 알고 있는 정보는 더 이상 유의미한 정보라고 보기 어렵다. TV, 신문 등에 공식적으로 발표된 정보는 주식 시장에서 정보로서의 가치가 떨어지고 경쟁력을 가질 수 없다. 반면 아주 소수만 아는 정보는 많은 사람들의 이해 부족으로 활용도가 떨어질 수 있다.

① 원하는 때에 제공되지 못하는 정보는 정보로서의 가치가 없어지게 될 것이다.
② 우리가 필요로 하는 정보는 여러 가지 상황에 따라서 그 가치가 달라질 수 있다.
③ 정보의 가치는 우리의 요구, 사용 목적, 그것이 활용되는 시기와 장소에 따라서 다르게 평가된다.
④ 정보는 비공개 정보보다는 반공개 정보가, 반공개 정보보다는 공개 정보가 더 큰 가치를 가질 수 있다.
⑤ 비공개 정보는 정보의 활용이라는 면에서 경제성이 떨어지고, 공개 정보는 경쟁성이 떨어진다.

43 다음과 같은 숫자들이 나열되어 있는 표를 참고할 때, [보기]의 두 함수식 (가), (나)를 입력한 결괏값을 순서대로 바르게 나열한 것은?

	A	B	C
1	2	3	4
2	5	6	7
3	2	4	6

보기

(가) =SUMPRODUCT(A1:A3,B1:B3,C1:C3)
(나) =SUMPRODUCT(A1:C1,A2:C2,A3:C3)

① 246, 280
② 280, 246
③ 260, 260
④ 282, 260
⑤ 260, 282

44 다음 [A1:C11] 셀은 K사에서 소속팀별로 개최한 바자회의 개인별 매출액을 입력한 자료이다. 다음 중 아래의 워크시트에서 [G2] 셀에 나타나는 교육팀의 평균 매출액을 계산하기 위한 함수식과 [보기]의 함수가 바르게 짝지어진 것은?

	A	B	C	D	E	F	G
1	성명	소속	매출액		소속	총매출액	평균 매출액
2	김종삼	교육팀	88,190		교육팀	301,590	75,397.5
3	임원장	홍보팀	80,720				
4	강성현	총무팀	69,830		주민등록번호		성별
5	김미란	홍보팀	74,990				
6	박영태	교육팀	48,750				
7	서민희	홍보팀	56,050				
8	박은영	교육팀	78,750				
9	김은정	총무팀	67,720				
10	송민수	총무팀	49,200				
11	강혁	교육팀	85,900				

보기

㉠ COUNTIF	=COUNTIF(범위, 조건)	범위에서 조건에 맞는 셀의 개수를 구한다.
㉡ LEFT	=LEFT(문자열, 문자 수)	문자열의 왼쪽 값으로부터 추출할 문자 수만큼 문자를 구한다.
㉢ RIGHT	=RIGHT(문자열, 문자 수)	문자열의 오른쪽 값으로부터 추출할 문자 수만큼 문자를 구한다.
㉣ MID	=MID(문자열, 시작 위치, 문자 수)	문자열의 시작 위치의 문자열로부터 문자 수만큼 문자를 구한다.
㉤ AVERAGEIF	=AVERAGEIF(조건 범위, 조건, 평균 범위)	조건에 만족하는 범위의 평균을 구한다.
㉥ SUMIF	=SUMIF(조건 범위, 조건, 합할 범위)	조건 범위에서 조건 사항을 찾아 합산할 범위의 값을 더한다.

	함수	함수식
①	㉠	=COUNTIF(B2:B11,E2)
②	㉡, ㉥	=LEFT(B2,6)+SUMIF(B2:B11,E2,C2:C11)
③	㉣, ㉤	=MID(B2,1,6)+AVERAGEIF(B2:B11,E2,C2:C11)
④	㉤	=AVERAGEIF(B2:B11,E2,C2:C11)
⑤	㉥	=SUMIF(B2:B11,E2,C2:C11)

[45~46] 다음 [표]는 Y문고의 도서 재고물품 코드 체계와 재고물품 창고 담당자별 관리 도서에 관한 자료이다. 이를 바탕으로 이어지는 질문에 답하시오.

[표1] 도서 재고물품 코드 체계

생산 연월 코드	출간지 코드				입고품 코드				입고 수량 코드
	출간지역 코드		출판사 코드		분야 코드		세부 코드		
2025년 12월 → 2512 2024년 3월 → 2403	1	서울	A	경원	01	아동	001	한국동화	00001부터 다섯 자리 번호 부여
			B	창명			002	세계동화	
			C	성인	02	여성	003	패션	
	2	경기	D	연호			004	여행	
			E	빛			005	육아	
	3	충청	F	사람들			006	잡지	
			G	하루	03	문화	007	수필	
	4	경상	H	창세기			008	시, 소설	
			I	홍익			009	교양서	
			J	원일	04	스포츠	010	육상	
	5	전라	K	고유			011	구기	
			L	남호			012	자전거	
			M	서원	05	교육	013	초중고	
	6	강원	N	보보스			014	대학	
			O	행원	06	취미	015	등산	
	7	제주	P	바람			016	낚시	
			Q	나무			017	당구	

※ 2025년 1월에 서울 경원 출판사에서 출간된 한국동화 관련 100번째 입고 도서의 도서 재고물품 코드
→ 2501 − 1A − 01001 − 00100

[표2] 재고물품 창고 담당자별 관리 도서

담당자	관리 도서	담당자	관리 도서
정 대리	1108 − 2D − 02004 − 00135	강 대리	1105 − 6N − 04011 − 00030
오 사원	1208 − 3F − 02006 − 01009	윤 대리	1104 − 6O − 03009 − 00045
권 사원	1109 − 3F − 02006 − 00100	양 사원	1105 − 3G − 04012 − 01182
민 대리	1210 − 7P − 03007 − 00085	박 사원	1207 − 6N − 03007 − 00030
최 대리	1211 − 4H − 06015 − 01250	변 대리	1210 − 7Q − 05013 − 00045
엄 사원	1209 − 1C − 02005 − 00835	이 사원	1109 − 1B − 01002 − 00770
홍 사원	1103 − 5L − 06017 − 01005	장 사원	1208 − 1B − 01001 − 01012

45 2019년 8월 원일 출판사에서 출간된 자전거 관련 도서로, Y문고에 25번째로 입고된 도서의 재고물품 코드로 알맞은 것은?

① 1980 − 4J − 00412 − 0025
② 1908 − 4J − 04012 − 0025
③ 20198 − 4J − 01204 − 00025
④ 20198 − 4J − 04012 − 00025
⑤ 1908 − 4J − 04012 − 00025

46 Y문고에서는 재고물품 창고 담당자 중 '여성' 분야 도서 담당자들을 따로 모아 새로운 도서 관리 규정을 안내하고자 한다. 이때 새로운 도서 관리 규정을 안내받을 담당자가 <u>아닌</u> 사람을 고른 것은?

① 정 대리
② 오 사원
③ 권 사원
④ 윤 대리
⑤ 엄 사원

47 **다음 사례를 통해 알 수 있는 기술혁신의 특성으로 가장 적절한 것은?**

> A시에서는 공항의 효율적 운용과 복잡한 내부 환경을 개선하기 위하여 첨단 기술을 활용한 무인 탑승수속을 시행하고자 한다. 시 담당 공무원은 무인 탑승수속이 시행되면 티켓팅을 위하여 대기하던 긴 줄이 획기적으로 줄어들고 공항청사 내의 환경도 크게 좋아질 것으로 기대하고 있다. 그러나 정작 A시 공항을 주로 이용하는 B항공사의 노조에서는 무인 탑승수속 시행을 반대하고 있다. 기술 활용에 위협을 느껴 일자리가 없어질 것을 우려한 기존 근로자들의 반발이 자칫 파업으로 이어질 수 있다는 가능성 때문에 실제 무인 탑승수속 시행 일자가 지연되고 있으며, B항공사는 인력 운용 방안을 놓고 경영진과 고심하고 있다.

① 기술혁신은 조직의 경계를 넘나들며 상호의존과 협력이 필요한 활동이다.
② 기술혁신은 지식 집약적인 활동이다.
③ 혁신 과정의 불확실성과 모호함은 기업 내에 많은 논쟁과 갈등을 유발할 수 있다.
④ 기술혁신은 그 과정 자체가 매우 불확실하고 단기간의 시간을 필요로 한다.
⑤ 기술혁신의 성공은 사전의 의도나 계획보다 우연에 의해 이루어지는 경우도 많다.

48 **다음 글에서 김 팀장이 컴퓨터 생산 시 선택한 기술을 그대로 적용하되, 불필요한 기술은 과감히 버리고 적용할 때 직면할 수 있는 상황으로 옳지 않은 것은?**

> 컴퓨터를 제조 및 생산하는 회사의 생산기획부 김 팀장은 기존에 판매하던 제품에 새로운 기술을 도입하여 새로운 버전의 컴퓨터를 생산하려고 한다. 기존에 판매했던 제품은 출시했을 때 안정적인 매출을 보였으나, 다른 회사에서 유사한 제품들을 잇따라 출시하면서 좋은 수익을 내지 못하였다. 따라서 김 팀장은 최초의 기술력을 기존 컴퓨터에 선보여 컴퓨터 시장 점유율 1위를 차지하려고 한다. 목표를 이루기 위해 김 팀장은 몇 가지 사항들을 고려해 적절히 기술을 도입해야 한다. 기술 발표는 10월 중순을 목표로 하고 성과를 위해 수많은 인력이 투입될 예정이다.

① 시간 절약
② 비용 절약
③ 프로세스의 효율성 증가
④ 과감히 버린 기술의 필요성이 제기될 가능성 존재
⑤ 부적절한 기술 선택 시 실패할 수 있는 위험부담 제거

49 다음은 스마트 체중계 매뉴얼의 일부이다. 스마트 체중계 매뉴얼을 이해한 것으로 적절하지 않은 것은?

[제품의 LCD 표시 사항]

1) 측정 무게 초과(err)

– 본 제품의 최대 측정 가능 용량은 180kg입니다.

2) 건전지 교체 필요(Lo)

– 만약 아무 표시도 나타나지 않고, 측정도 되지 않으면 건전지가 완전히 방전된 것입니다.

3) 지방 측정 오류(err2)

– 재측정이 필요합니다.

[스마트 체중계 사용 방법]

1) 체중계를 평평한 바닥에 놓은 뒤 체중계에 올라섭니다.
2) 3초 후 측정된 수치가 LCD 창에 표시됩니다.
3) 체중계에서 내려오면 잠시 후 작동이 자동으로 멈추고 전원이 차단됩니다.

[주의 사항]

1) 본 제품의 측정값은 의학적 소견이나 진단에 사용될 수 없습니다.
2) 제품의 모서리에 서거나 제품 위에서 뛰지 마십시오.
3) 최대 용량을 초과하여 측정하지 마십시오.
4) 제품 표면을 닦을 때는 촉촉한 천이나 유리 닦는 천을 사용하십시오.
5) 측정 시에는 단단하고 마른 평평한 바닥에서 측정하십시오.
6) 제품을 사용하지 않을 때는 건전지를 제거한 채로 보관하는 것을 권장합니다.

① 스마트 체중계에 올라선 다음 3초 후에 LCD 창에서 측정된 수치를 확인할 수 있다.
② 스마트 체중계로 측정된 수치는 의학적 진단에 이용할 수 없다.
③ 몸무게가 180kg인 사람은 해당 스마트 체중계로 체중을 측정할 수 없다.
④ LCD 창에 Lo 표시가 나타나면 건전지를 교체하는 것이 좋다.
⑤ 스마트 체중계에서 내려오면 별도의 조작을 하지 않아도 자동으로 스마트 체중계의 전원이 차단된다.

50 **다음 중 기술의 수명에 대한 설명으로 옳은 것은?**

① 기술 수명은 고정되어 있으며 외부 요인에 따라 변하지 않는다.
② 기술 수명은 해당 기술이 시장에 진입한 이후 1년으로 제한된다.
③ 기술 수명은 기술이 처음 연구되기 시작한 시점부터 상용화 후 퇴출되기까지의 기간이다.
④ 기술 수명은 기술 개발자에 의해 임의로 결정된다.
⑤ 기술 수명은 제품의 물리적 내구성과 동일한 개념이다.

51 **다음 (가)와 (나) 형태의 조직 구조에 대한 설명으로 적절하지 않은 것은?**

(가)	(나)
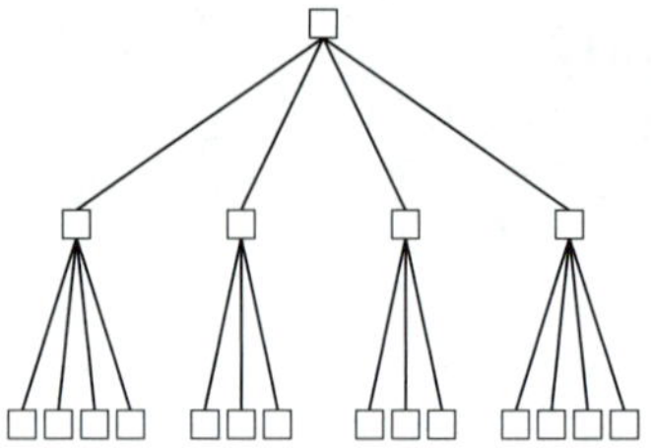	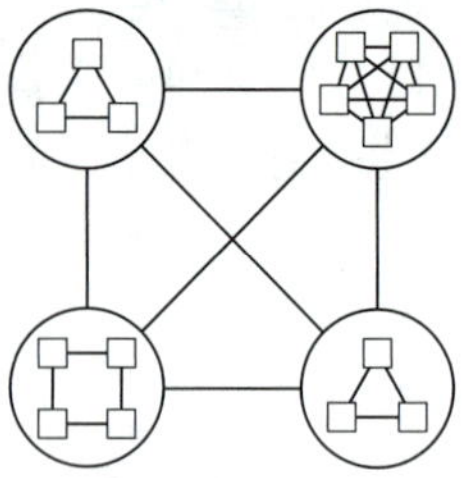

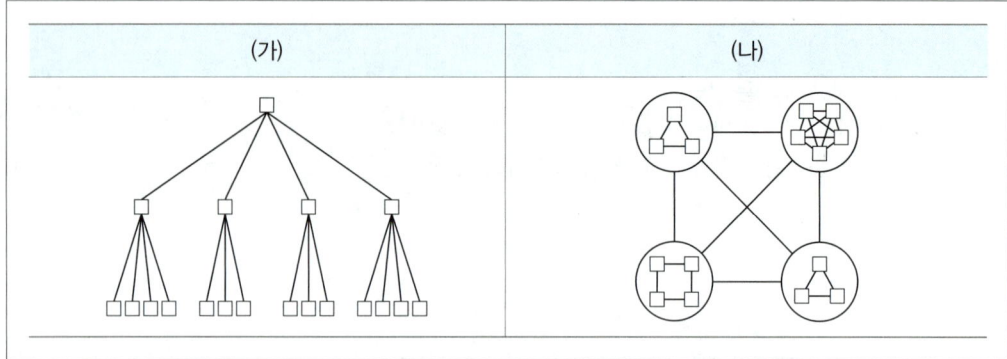

① (가)는 기계적 조직의 조직 구조이며, 보통 많은 규칙과 규제가 있다.
② (나)는 유기적 조직의 조직 구조이며, 업무 공유가 가능하다.
③ (가)는 업무 구분이 명확하고, 엄격한 위계질서가 있다.
④ (나)는 상호 의사소통이 적고, 환경 변화에 따라 쉽게 변하지 않는다.
⑤ (나)는 사장 직할 조직이 없고, 단위 조직별로 사장에게 직접 보고하는 경우가 많다.

[52~53] 다음 글을 읽고 이어지는 질문에 답하시오.

> 조직의 경영전략은 경영자의 경영이념이나 조직의 특성에 따라 다양하다. 대표적인 경영전략으로 마이클 포터(Michael E. Porter)의 본원적 경쟁전략이 있다. 본원적 경쟁전략은 해당 사업에서 경쟁우위를 확보하기 위한 전략으로 원가우위 전략, 차별화 전략, 집중화 전략으로 구분된다.
>
> 원가우위 전략은 원가 절감을 통해 해당 산업에서 우위를 점하는 전략으로, 이를 위해서는 대량생산을 통해 단위 원가를 낮춰 가격경쟁력을 확보할 필요가 있다. 차별화 전략은 조직이 생산품이나 서비스를 차별화하여 고객에게 가치 있고 독특하게 인식되도록 하는 전략이며, 집중화 전략은 특정 시장이나 고객에게 한정된 전략으로, 원가우위나 차별화 전략이 산업 전체를 대상으로 하는 것과 달리 특정 산업을 대상으로 한다.

52 주어진 글에 나타난 세 가지 경영전략에 대한 특징으로 옳지 않은 것은?

① 신기술 개발을 지양하고 가격경쟁력 확보에 주력하는 것은 원가우위 전략의 특징이다.
② 연구개발이나 광고를 통하여 기술, 품질, 서비스, 브랜드 이미지를 개선할 필요가 있는 것은 차별화 전략의 특징이다.
③ 저가 항공사들이 쓰는 대표적인 경영전략은 집중화 전략이다.
④ 온라인 소매 업체가 오프라인에 비해 저렴한 가격과 구매의 편의성을 내세워서 시장 점유율을 넓히는 것은 원가우위 전략의 특징이다.
⑤ 집중화 전략은 특정 시장에 한하여 원가우위 전략이나 차별화 전략을 활용하는 것이다.

53 다음 두 사례에서 나타난 경영전략으로 바르게 짝지어진 것은?

> [가] 세탁기를 생산하는 A전자는 부진한 매출을 극복할 방안을 세탁기의 용량에서 찾아냈다. 경쟁업체들이 많아져 더 이상 제품 기능 위주의 영업으로는 한계가 있음을 파악한 A전자는 최근 1인 가구가 증가하고 있다는 점에 착안하여 1인용 소형 세탁기를 출시하기로 하였다. 20대 젊은 층을 주 고객으로 하여 불필요한 기능을 과감히 제거하고, 비용을 낮추어 그들의 구매력을 높일 수 있는 방안을 모색한 것이다. 기존 대형 세탁기 생산은 유지하되, 20대 고객만을 위한 초저가 1인용 세탁기를 출시한 A전자는 이를 통해 매출 신장을 기대하고 있다.
>
> [나] 아웃도어 의류 생산 업체인 B사는 저가 경쟁업체들이 늘어나 시장 점유율이 낮아지고 있다. 최근 영업전략본부에 새롭게 합류한 조 이사는 B사에서 추구해야 할 경영전략은 오히려 경쟁업체들보다 더 비싸고 고급화된 아웃도어 의류를 출시하는 것임을 주장하였다. 조 이사의 전략의 핵심은 B사의 제품을 구매하는 고객에게 남과는 다른 차원의 의류를 구매한 것이라는 인식을 심어주자는 것이며, 이를 위해 고급 부자재를 사용하여 더욱 가치 있는 제품을 생산해야 한다는 의견을 제시하였다.

	[가]	[나]
①	원가우위 전략	차별화 전략
②	차별화 전략	원가우위 전략
③	차별화 전략	집중화 전략
④	집중화 전략	원가우위 전략
⑤	집중화 전략	차별화 전략

54 다음과 같은 A사의 결재 규정에 대한 설명으로 옳지 않은 것은?

[결재 규정]

- 결재를 올리는 자는 최고 결재권자로부터 전결 사항을 위임받은 자가 있는 경우 해당 결재란에 전결이라고 표시하고, 위임받은 자는 최고 결재권자란에 결재한다. 다만, 결재가 불필요한 직책자의 결재란은 상향 대각선으로 표시한다.
- 최고 결재권자로부터 위임된 전결 사항은 아래의 표에 따른다.

구분	내용	금액 기준	결재서류	팀장	본부장	대표이사
접대비	거래처 식대, 경조사비 등	20만 원 이하	• 접대비지출품의서 • 지출결의서	● ■		
		30만 원 이하			● ■	
		30만 원 초과				● ■
교통비	국내 출장비	30만 원 이하	• 출장계획서 • 출장비신청서	● ■		
		50만 원 이하		●	■	
		50만 원 초과		●		■
	해외 출장비			●		■
소모품비	사무용품		• 지출결의서	■		
	문서, 전산소모품					■
	기타 소모품	20만 원 이하		■		
		30만 원 이하			■	
		30만 원 초과				■
교육훈련비	사내외 교육		• 기안서 • 지출결의서	●		
법인카드	법인카드 사용	50만 원 이하	• 법인카드 신청서	■		
		100만 원 이하			■	
		100만 원 초과				■

※ ●: 기안서, 출장계획서, 접대비지출품의서
■: 지출결의서, 세금계산서, 발행요청서, 각종 신청서

① 25만 원의 접대비지출품의서의 결재 양식에는 본부장이 대표이사 결재란에 결재한다.
② 해외 출장계획서의 결재 양식에는 본부장 결재란에 상향 대각선을 표시한다.
③ 사무용품 지출결의서의 결재 양식에는 금액에 관계없이 팀장이 최종 결재권자이다.
④ 35만 원의 소모품비 지출결의서의 결재 양식에는 팀장, 본부장, 대표이사가 모두 결재한다.
⑤ 법인카드 사용 신청서의 결재 양식에는 금액에 관계없이 상향 대각선을 표시하지 않는다.

55 다음은 F사의 신입사원인 정 사원이 팀장으로부터 받은 지시사항이다. 정 사원이 밑줄 친 ㉠~㉤의 지시사항을 수행하기 위하여 협조를 구해야 할 부서명으로 가장 적절하지 않은 것은?

> "정 사원, 내일은 미국의 주요 거래처인 H사 일행이 내방을 할 예정입니다. 내방단 일행에는 H사 사장도 포함되어 있으니 우리 측에서도 사장님이 회의에 참석하셔야 할 것 같아요. ㉠ 사장님 일정을 알아보고 참석 여부를 확인한 뒤에 저에게 알려 주세요. 그리고 다음 달에 판매를 시작할 예정인 ㉡ 신제품 관련 판매 계약서도 체결해야 하니 유관 부서에 서류 준비에 만전을 기해 줄 것을 다시 한 번 전달해 주세요. 아, 내방단 일행의 공항 픽업에 문제가 생기지 않도록 ㉢ 차량 배차 상황도 확인해야 합니다. 또한, 다음 달부터 H사에 기술팀 직원 2명을 장기 파견할 예정인 점 기억하고 있죠? ㉣ 관련 교육 프로그램 준비가 어떻게 진행되고 있는지도 확인해서 보고해 주세요. 마지막으로 내방단 일행이 출입증을 패용하고 사옥을 이동할 수 있도록 ㉤ 출입증 준비 여부도 확인해야 합니다. 지금까지 지시한 내용 차질 없이 확인해서 결과 보고해 주세요."

① ㉠ – 비서실　② ㉡ – 영업부　③ ㉢ – 총무부
④ ㉣ – 인사부　⑤ ㉤ – 기획부

56 다음 글에서 강조하는 직업인의 태도로 가장 적절한 것은?

> 자신의 직무와 관련된 기술과 지식을 습득하여 자기 분야를 책임질 수 있어야 한다. 현재 자신이 하는 일이 어떤 일이든지 아무런 교육이나 지식 없이 할 수 있는 일이 아니라, 이 분야의 전문 지식과 전문교육을 밑바탕으로 성실히 수행해야만 해낼 수 있는 일이라 믿고 직업을 수행하는 태도를 말하는 것이다. 이것이 직업을 수행하는 태도이고, 이것을 지니고 있다면 우리 사회의 많은 사건 사고들이 일어나지 않을 것이다.

① 책임의식　② 전문가 정신　③ 협동, 봉사 정신
④ 소명의식과 천직의식　⑤ 직분의식과 봉사 정신

57 **다음 [보기]의 ㉠~㉣이 설명하는 윤리 덕목이 바르게 짝지어진 것은?**

보기
㉠ 모든 결과는 나의 선택으로 말미암아 일어난 것이라는 식의 태도 ㉡ 민주 시민으로서 기본적으로 지켜야 할 의무이자 생활 자세 ㉢ 일관된 마음과 정성 ㉣ 일정한 생활 문화권에서 오랜 생활 습관을 통해 하나의 공통된 생활 방법으로 정립되어 관습적으로 행해지는 사회계약적인 생활 규범

	㉠	㉡	㉢	㉣
①	책임	예절	성실	도덕
②	수용	준법	근면	예절
③	겸손	예절	근면	도덕
④	책임	준법	성실	예절
⑤	정직	봉사	신뢰	도덕

58 **다음 글에서 언급된 채용 비리의 문제점을 근절할 수 있는 방안으로 적절하지 <u>않은</u> 것은?**

> 공직 유관 단체 채용 비리 특별 점검 결과 272개 대상 기관 중 200개 기관에서 적발 건이 발생되었다. 적발 건수의 합계는 무려 946건으로 기관당 평균 5건에 육박하는 수치이다.
>
> 그러나 채용 비리 연루자 및 부정 합격자 등에 대한 제재 근거가 미흡하다는 지적이 제기되고 있다. 공직 유관 단체 대다수의 기관이 채용 비리 연루 직원 업무 배제, 면직, 부정 합격자 채용 취소 등에 관한 내부 규정 미비로 인하여 연루 기관장 등 임원에 대한 해임 이외의 다른 제재 수단이 없는 것으로 드러났다. 채용 비리 연루자 중 수사 의뢰(징계 요구)된 기관의 임직원에 대해 근거 규정이 없어 업무 배제가 불가하며, 범죄 사실과 징계 여부가 확정되기까지는 최소 3개월의 시간이 소요된다는 점 또한 문제를 해소하는 데 걸림돌이 되고 있다.

① 채용 비리의 징계 시효를 연장하는 규정을 마련한다.
② 채용 관리 및 면접위원 구성의 투명성과 평가 기준의 공정성을 확보한다.
③ 채용 비리 예방을 위해 부정 청탁 또는 비리 내용을 홈페이지 등에 공개한다.
④ 채용 시 적용하는 블라인드 방식을 폐지하여 내부 임직원과의 친인척 여부를 사전 확인한다.
⑤ 채용 비리로 수사 의뢰되거나 징계 의결 요구된 경우 해당 직원을 즉시 업무 배제할 수 있는 근거를 마련한다.

59 **다음 사례를 통해 알 수 있는 직업윤리와 개인윤리에 대한 설명으로 가장 적절한 것은?**

> • 증권사 펀드매니저인 신 팀장은 평소 어려움을 겪고 있는 불우이웃에게 남모르게 기부 행위를 많이 한다. 신 팀장은 더불어 사는 세상의 가치를 몸소 실천하고 있다. 그러나 직장에서는 냉철한 결단으로 실적이 부진한 기업의 주식을 가차 없이 처분한다. 신 팀장은 주식 처분으로 인해 기업의 리스크가 더욱 커지는 한이 있더라도 자신이 관리하는 자산의 수익이 극대화될 수 있는 방향으로 업무를 수행한다.
> • 정 순경은 평소 아들에게 절대 남에게 폭력을 행사하여서는 안 된다고 교육을 하지만, 정작 자신의 업무를 수행함에 있어서는 어쩔 수 없이 폭력이 행사되는 경우도 존재한다는 점을 인정한다.
> • 경제적으로 매우 어려운 손 대리는 아껴 쓰고 나눠 쓰는 습관을 매일 실천하면서 살고 있다. 그렇지만 손 대리는 백화점 명품 매장에서 제품을 판매하는 직원으로서 고객들이 더 많은 물건을 구매하도록 유도해야 한다. 평소 자신의 생활 습관과는 상반되는 물품 소비 패턴을 권하기도 하며, 그렇게 소비하는 것이 국가 경제에도 좋은 일이라는 점을 고객들에게 강조한다.

① 각각의 직무에서 오는 특수한 상황은 개인적 덕목 차원의 일반적인 상식과 기준으로 얼마든지 규제할 수 있다.
② 기업은 구성원들이 갖고 있는 개인의 상황과 신념을 중시하여 구성원 개개인의 잠재력을 극대화시켜야 할 의무가 있다.
③ 직장이라는 특수 상황에서 갖는 집단적 인간관계는 가족 관계, 개인적 선호에 의한 친분 관계와 유사한 배려가 요구된다.
④ 많은 사람이 관련되어 고도화된 공동의 협력을 요구하므로 맡은 역할에 대한 책임이 희석되고, 다소 애매하고 모호한 업무 처리가 필요하기도 하다.
⑤ 직업윤리가 개인윤리와 배치되더라도 이는 기업의 경쟁 상황에서 필요한 실천 규범일 수 있다.

60 **근로기준법에서는 '직장 내 괴롭힘'에 대하여 다음과 같이 규정하고 있다. 이를 바탕으로 할 때, 직장에서의 지위 또는 관계 등의 우위에 대한 설명으로 옳지 않은 것은?**

> 제6장의2 직장 내 괴롭힘의 금지
>
> 제76조의2(직장 내 괴롭힘의 금지) 사용자 또는 근로자는 직장에서의 지위 또는 관계 등의 우위를 이용하여 업무상 적정범위를 넘어 다른 근로자에게 신체적 · 정신적 고통을 주거나 근무환경을 악화시키는 행위(이하 "직장 내 괴롭힘"이라 한다)를 하여서는 아니 된다.
>
> [직장에서의 지위 또는 관계 등의 우위]
>
> - (우위성) 피해 근로자가 저항 또는 거절하기 어려울 개연성이 높은 상태가 인정되어야 하며, 행위자가 이러한 상태를 이용해야 함
> - (지위의 우위) 기본적으로 지휘명령 관계에서 상위에 있는 경우를 말하나, 직접적인 지휘명령 관계에 놓여 있지 않더라도 회사 내 직위 · 직급 체계상 상위에 있음을 이용한다면 지위의 우위성 인정 가능함
> - (관계의 우위) 사실상 우위를 점하고 있다고 판단되는 모든 관계가 포함될 수 있는데, 주로 개인 대 집단과 같은 수적 측면, 연령 · 학벌 · 성별 · 출신 지역 · 인종 등 인적 속성, 근속연수 · 전문지식 등 업무역량, 노조 · 직장협의회 등 근로자 조직 구성원 여부, 감사 · 인사부서 등 업무의 직장 내 영향력, 정규직 여부 등의 요소 등이 문제될 수 있음
>   행위자가 피해자와의 관계에서 우위성이 있는지는 특정 요소에 대한 사업장 내 통상적인 사회적 평가를 토대로 판단하되, 관계의 우위성은 상대적일 수 있기 때문에 행위자－피해자 간에 이를 달리 평가해야 할 특별한 사정이 있는지도 함께 확인 필요함
> - (우위성 판단 요소의 중복 가능성) 지위, 관계 중 여러 요소가 복합적으로 우위성을 형성할 수도 있으며 명확히 구분되지 않을 수도 있음
> - (우위성의 이용) 직장에서의 지위나 관계 등의 우위를 이용하여 행위한 것이 아니라면 직장 내 괴롭힘에 해당하지 않음

① 사용자가 행위자인 경우 직장에서의 지위의 우위성이 인정될 가능성이 매우 높다.
② 평소 거의 업무 관계가 없는 생산팀장과 영업팀 사원과의 사이에서도 직위의 우위가 이용될 수 있다.
③ 직장 내 괴롭힘은 동일한 직급자들 간에도 발생할 수 있다.
④ 업무상 하급자가 상급자에게 행하는 것은 직장 내 괴롭힘의 대상이 되지 않는다.
⑤ 피해자가 행위자에게 저항하거나 거절하기 어려운 상태가 인정되나 행위자가 이러한 우위를 인식하고 이용했음을 입증할 수 없다면 직장 내 괴롭힘으로 보기 어렵다.

MEMO

모바일 OMR
자동채점 & 성적분석 무료

정답만 입력하면 채점에서 성적분석까지 한번에!

활용 GUIDE

실시간 성적분석 방법!

STEP 1		STEP 2		STEP 3
QR 코드 스캔	▶	모바일 OMR 입력	▶	자동채점 & 성적분석표 확인

STEP 1

교재 내 QR 코드 스캔

실전모의고사 4회
모바일 OMR 바로가기

https://eduwill.kr/TmZp

- 위 QR 코드를 모바일로 스캔 후 에듀윌 회원 로그인
- QR 코드 하단의 바로가기 주소로도 접속 가능

STEP 2

모바일 OMR 입력

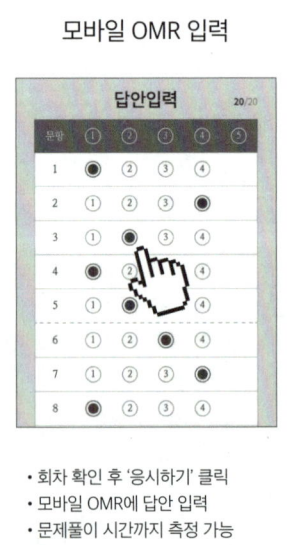

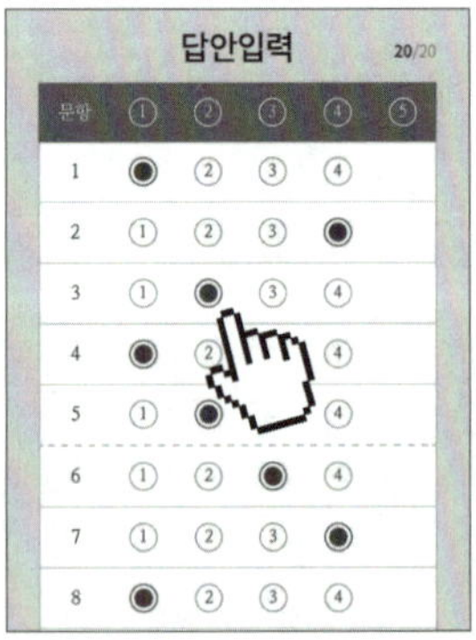

- 회차 확인 후 '응시하기' 클릭
- 모바일 OMR에 답안 입력
- 문제풀이 시간까지 측정 가능

STEP 3

자동채점 & 성적분석표 확인

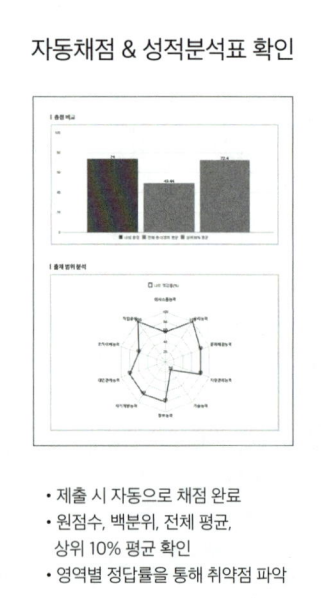

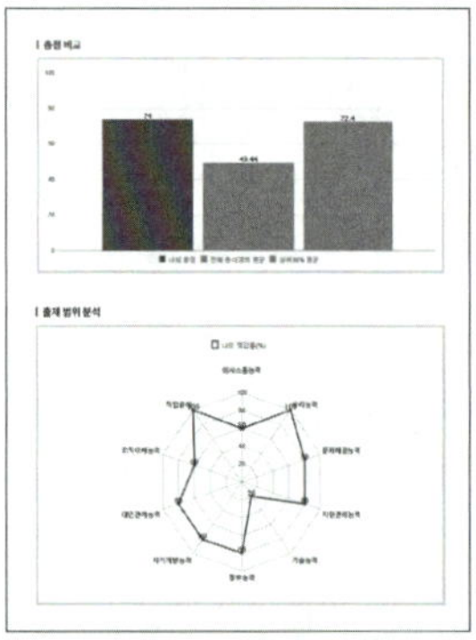

- 제출 시 자동으로 채점 완료
- 원점수, 백분위, 전체 평균, 상위 10% 평균 확인
- 영역별 정답률을 통해 취약점 파악

※ 본 회차의 모바일 OMR 채점 서비스는 2027년 01월 31일까지 유효합니다.

CHAPTER 04

실전모의고사 4회

의사소통능력, 수리능력, 문제해결능력, 자원관리능력

PSAT형 40문항 구성 / 50분 내 풀이 권장

01 다음 글을 이해한 내용으로 적절한 것은?

'수치심'과 '죄책감'의 유발 원인과 상황들을 살펴보면, 두 감정은 그것들을 발생시키는 내용이나 상황에 있어서 그다지 차이가 나지 않는다. 발달심리학자 루이스에 따르면, 이 두 감정은 '자의식적이며 자기 평가적인 2차 감정'이며, 내면화된 규범에 비추어 부정적으로 평가받는 일을 했거나 그러한 상황에 처한 것을 공통의 조건으로 삼는다. 두 감정이 다른 종류의 감정들과 경계를 이루며 함께 묶일 수 있는 이유이다.

그러나 이 두 가지 감정은 어떤 측면에서는 확연히 구분된다. 먼저, 두 감정의 가장 근본적인 차이는 부정적 자기 평가에 직면한 상황에서 부정의 범위가 어디까지인지, 그리고 이 상황을 어떻게 심리적으로 처리하는지 등에서 극명하게 드러난다. 수치심은 부정적인 자신을 향해, 죄책감은 자신이 한 부정적인 행위를 향해 심리적 공격의 방향을 돌린다. 그러다 보니 자아의 입장에서 볼 때 수치심은 자아에 대한 공격으로 충격도 크고 거기에서 벗어나기도 어렵다. 이에 반해 죄책감은 자신이 한 그 행위에 초점이 맞춰져 자아 전반의 문제가 아닌 행위와 관련된 자아의 부분적인 문제가 되므로 타격도 제한적이고 해결방안을 찾는 것도 상대적으로 용이하다.

위와 같은 두 감정의 서로 다른 자기 평가 방식은 자아의 사후(事後) 감정 상태 및 행동 방식에도 상당히 다른 양상을 낳는다. 죄책감은 부정적 평가의 원인이 된 특정한 잘못이나 실수 등을 숨기지 않고 교정, 보상, 원상 복구하는 데에 집중하며, 다른 사람에게 자신의 잘못을 상담하기도 하는 등 적극적인 방식을 통해 부정된 자아를 수정하고 재구성한다. 반면 자신의 정체성과 존재 가치 자체가 부정적으로 노출되어서 감당하기 어려울 정도의 심적 부담을 느끼는 수치심의 주체는 강한 심리적 불안 상태에 놓이게 된다. 그러므로 자신에 대한 부정적 평가를 만회하기보다 은폐나 회피 같은 심리적 방어기제를 동원하여 자신에 대한 스스로의 부정이 더 이상 진행되는 것을 차단하기도 한다.

① 수치심과 죄책감은 심리적 불안을 처리하는 방법은 같으나 유발 원인은 상이하다.
② 자신이 행한 잘못을 감추려는 사람은 드러내려는 사람보다 부정하는 자아의 범위가 좁다.
③ 수치심은 죄책감과 달리 외재적 규범에 반하는 부정적인 평가를 받았을 때도 발생한다.
④ 죄책감은 수치심에 비해 감정을 외면하지 않고 받아들여 심리적 회복이 빠른 편이다.
⑤ 수치심과 죄책감은 자신의 행동을 반추하여 앞으로 같은 실수를 반복하지 않도록 한다.

02 다음 글의 빈칸에 들어갈 내용으로 가장 적절한 것은?

> 오래전부터 인간은 식량이 부족한 시기에 적절한 방법으로 생존해 왔다. 식량이 풍부한 시기에는 포식하다가도 부족한 시기가 오면 간헐적으로 결핍에 시달려야 했던 생활 패턴은 원시시대부터 이어진 무수한 세월의 산물이다. 원시시대의 단식은 의도하지 않은 환경에 의해서 이루어진 다이어트라고 할 수 있다. 한편 과거의 단식은 종교적인 의미가 담긴, 신앙적 행위의 일종으로 여겨지기도 했다. 기독교의 사순절이나 속죄일, 라마단의 금식이 대표적이다. 하지만 현대인의 금식은 대부분 종교적 목적이 아닌 체중 감량을 위해서 시행하는 의도적 식이 회피라고 할 수 있다.
>
> 그동안 현대인은 다양한 다이어트 방법을 시도했다. 대표적으로는 고단백 저탄수화물, 저칼로리 식이 등이 있으며 최근에는 간헐적 단식이 과학적으로 입증되어 각광받고 있다. 24시간 동안 아무것도 섭취하지 않는 완전한 단식, 이틀에 한 번 꼴로 하루 1회 저칼로리 식단으로 식사하는 단식, 일주일에 5일은 평소대로 음식을 섭취하고 나머지 2일은 칼로리 섭취량을 평소의 1/4 수준으로 줄여 아침과 저녁으로 나눠 칼로리를 섭취한 후 12시간 내내 단식하는 방법이 있다.
>
> 야생동물은 대부분 일정 기간 풍족하게 먹다가 굶주림에 시달리는 기간을 겪는다. 또한 먼 과거의 조상도 하루에 네댓 번씩 먹는 일은 드물었다. 이에 인간의 몸과 유전자는 이따금 포식하고 그 밖의 시간에는 허기를 견뎌야 하는 환경에 맞춰 진화했다. 그러나 성인을 기준으로 아무것도 먹지 않는 상태로 보내는 시간이 1970년에는 약 4시간 30분이었던 것에 비해 현재는 3시간 30분 수준으로 줄어들었다. 자동차도 쉴 새 없이 몰고 다니면 탈이 나고야 만다. 따라서 (   )
>
> 그렇다 하더라도 하루 칼로리 섭취량을 500~600kcal 수준으로 줄이는 일은 결코 쉽지 않다. 성인들이 가장 현실적으로 할 수 있는 간헐적 단식 방법은 2일을 비연속적으로 단식하되, 하루에 허용된 양을 아침과 저녁으로 나눠 섭취하는 방법이다. 이때 하루 섭취량은 남성은 600kcal, 여성은 500kcal을 넘지 않는 선에서 고단백질 음식과 당 지수가 낮은 음식을 선택하는 것이 좋다. 당 지수는 탄수화물 식품을 섭취한 후 혈액에 나타나는 총포도당의 양을 100이라 했을 때 이를 기준으로 점수를 매긴 것인데, 지수가 높을수록 혈당을 빠르게 높이는 경향이 있다.

① 간헐적 단식은 현대인을 과거의 원시시대로 돌려, 보다 건강하게 만드는 방법 중 하나다.
② 식욕은 인간의 3대 기본 욕구 중 하나로, 인간의 생명을 유지하기 위해서는 필수적인 조건이다.
③ 가장 효과적이고 믿을 수 있는 방법은 건강하고 장수하는 사람들의 생활 패턴을 따라하는 것이다.
④ 만성피로에 시달리는 현대인들에게는 아침 식사를 통해 뇌에 영양분을 공급해 주는 게 좋다.
⑤ 간헐적 단식에 앞서 검사를 통해 영양 상태의 불균형 여부 등 건강 상태를 확인해야 한다.

[03~04] 다음 글을 읽고 이어지는 질문에 답하시오.

> 2019년 9월 16일부터 국내에 처음으로 '전자증권(Electronic Securities System)' 제도가 시행된다. 예탁결제원은 전자증권 시스템 구축을 위한 통합 테스트 작업에 박차를 가하고 있는 중이다.
>
> 전자증권 제도란 주권이나 채권 같은 유가증권을 종이 형태인 실물로 발행하지 않고, 전자 시스템을 통해 등록하고 발행하는 것을 말한다. 다시 말해 디지털 기기와 통신망을 사용해 증권의 양도나 담보 같은 권리를 행사하는 것이다.
>
> 전자증권 제도는 이미 OECD 국가 36개국 중 33개국이 도입한 선진 제도이다. 지난 1983년 덴마크가 세계 최초로 전자증권 제도를 도입하였고, 1990년대 들어 스페인과 영국 등 주요 유럽 국가들이 도입하였다. 아시아에서는 중국과 일본이 각각 1993년과 2001년에 도입한 상황이다.
>
> 전자증권이라고 하면 다소 생소하게 느껴지겠지만, 대다수의 사람들이 사용하는 온라인뱅킹이나 모바일뱅킹 시스템을 떠올리면 된다. 이들 시스템 모두 금융거래를 실물 화폐로 하는 것이 아니라 디지털 기기와 통신을 이용하여 거래하기 때문이다. 과거에는 금융거래를 하려면 지폐나 수표를 이용해야만 했다. 하지만 분실사고가 빈번하고 위·변조를 시도하는 경우가 많아지면서 새로운 금융거래 시스템의 필요성이 대두되었다.
>
> 때마침 디지털 기술이 발전하면서 화폐를 실물이 아닌 무형의 데이터 형태로 주고받는 기술이 개발되었고, 이 같은 기술을 기반으로 온라인이나 모바일상에서도 금융거래를 할 수 있는 길이 열렸다. 전자증권 제도의 도입 배경도 이 같은 디지털 금융거래의 도입 과정과 비슷하다. 거액의 주식을 실물로 거래하다가 발생할 수 있는 분실 위험 및 위·변조 가능성을 줄여 안전하고 편리한 증권거래 시스템을 운영하자는 취지가 반영된 것이다.
>
> 이외에도 전자증권 제도를 도입하면 '예산절감' 및 '탈세방지'와 관련된 문제도 한꺼번에 해결할 수 있다. 우선 예산의 경우 실물주식 발행에 들어가는 비용이 없어지게 되므로 소요 비용을 대폭 줄일 수 있다. 자본시장연구원의 보고서에 따르면 실물주식 발행에 사용된 비용이 최근 5년을 기준으로 연평균 870억 원에 이르는 것으로 나타났다. 또한 주식거래 시 종종 발생하는 탈세 문제도 깨끗하게 해결할 수 있다. 전산상에서 거래정보가 실시간으로 관리되기 때문에 투명성을 확보할 수 있게 되는 것이다.
>
> 이와 관련하여 예탁결제원의 관계자는 "전자증권 제도가 본격적으로 도입되면 실물주식의 발행이 불필요해진다."라고 설명하며, 이를 통해 "증권거래의 투명성을 높임과 동시에 IT강국으로서의 면모를 새롭게 갖출 수 있다."며 기대를 드러냈다.

03 주어진 글의 논지 전개 방식으로 적절하지 <u>않은</u> 것은?

① 해외의 사례를 소개하여 전달 내용의 타당성과 필요성을 뒷받침하고 있다.
② 화제를 서두에 제시한 후 이를 보완하는 세부 자료를 뒤이어 언급하고 있다.
③ 구체적인 수치를 언급하여 설명하고자 하는 내용의 객관성을 확보하고 있다.
④ 해당 분야 전문가의 말을 인용하여 소개하는 내용에 신빙성을 더하고 있다.
⑤ 대등한 문단을 병렬식으로 나열하여 언급된 내용을 반복하여 강조하고 있다.

04 주어진 글을 통해 추론할 수 있는 내용으로 가장 적절한 것은?

① 전자증권 도입에 따라 전자화폐의 위·변조 기술 또한 발전할 것이다.
② 실물증권을 전자증권으로 전환하는 절차가 더욱 까다롭고 복잡해질 것이다.
③ 전자증권 제도가 도입되면 투자자의 부재 또는 사망과 같은 상황이 발생해도 증권보유 현황을 파악할 수 있을 것이다.
④ 전자증권 제도 도입에 따라 기존의 주식거래 절차가 복잡해지며 각종 거래에 소요되는 시간이 더 늘어날 것이다.
⑤ 금리나 환율의 실시간 변동에 따른 증권 가치 등락으로 인해 전자증권 제도는 투자자들에게 다소 불리하게 작용할 것이다.

05 다음 글을 읽고 [가]~[마]를 문맥상 순서대로 바르게 배열한 것은?

> [가] 마이크로그리드는 전력망에 ICT 기술을 적용하여 전력 소비자와 생산자의 실시간 정보 교환을 통해 효율적인 에너지 관리가 가능한 차세대 전력망이라는 점에서는 스마트 그리드와 유사하지만, 발전원과 전력 소비자의 거리가 가깝고 규모가 작아 송전 설비가 따로 필요하지 않다는 점이 다르며, 스마트 그리드를 소지역 특성에 맞게 적용한 것이라고 생각할 수 있다.
>
> [나] 이와 관련된 세부 기술로는 SCADA(Supervisory Control And Data Acquisition), EMS 구축, 독립형 인버터, 유틸리티 연계형 인버터, 사이리스터, 보상기, 엔클로저, 보호 시스템, 변압기, SoC 기술, 불규칙한 신재생에너지원의 출력 변동을 최소화하기 위한 제어 기술, 평활(Smoothing) 제어 기술, 정전력(Constant Power) 제어 기술, 통신기반 IoT, IoE, 보안 기술 등이 있으며, 이러한 기술들이 활용되는 대·중·소형 신재생에너지원에 대한 사례들에 기초한 표준화가 중요하다.
>
> [다] 또한 각종 사물에 센서를 부착하여 데이터를 실시간으로 주고받는 기술이나 환경을 의미하는 사물인터넷(IoT) 기술과도 밀접한 관련이 있으며, 신재생에너지 외에 따로 한국전력공사에서 전력을 공급받는 스마트 그리드와 달리 마이크로그리드는 모든 전력을 태양광, 풍력, 수력 발전 등 신재생에너지를 통해서만 얻기 때문에 대도시보다는 오지, 사막, 도서지역 등 전력망을 갖추기 어려운 지역에 주로 추진된다.
>
> [라] 마이크로그리드 기술은 전력시스템, 전력전자, 통신 및 제어기술이 융합된 기술이다. 그리고 다양한 참조모델 개발, 자원 확보, 모델링/해석기법, 제어 및 알고리즘, 에너지 최적화 및 IT 기술에 기반을 둔 통합관리 기법들을 적용한 플랫폼 개발과 빅데이터 기술, 실시간 배전 및 발전 기술, 통신기술 등이 융·복합되어야만 완성된 하나의 시스템을 구성했다고 할 수 있다.
>
> [마] 마이크로그리드는 스마트 그리드를 구성하는 집합시설(빌딩, 아파트, 공장, 오지, 섬 등)에 신재생에너지(풍력, 태양광, 바이오매스, 전기자동차, 기타 에너지원)와 ESS 같은 분산전원을 활용하여 계통에 연동하여 독립적인 형태로 전력을 공급함으로써 다양한 전력계통상 환경 변화에 대응하여 안정적으로 전력을 공급할 수 있는 시스템을 의미한다.

① [가] – [나] – [다] – [라] – [마]
② [가] – [마] – [나] – [다] – [라]
③ [다] – [마] – [라] – [가] – [나]
④ [마] – [라] – [가] – [나] – [다]
⑤ [마] – [라] – [나] – [가] – [다]

06 다음 글의 내용과 일치하는 것은?

원자론을 담은 「화학철학의 새로운 체계」라는 책을 1808년 출간하면서 유명해진 돌턴은 원래 화학자가 아니고 대기의 성질을 연구해 왔던 기상학자였다. 당시의 화학자들이 물질의 성질을 규명하기 위해 화합물 속에 있는 각 원소들의 조성비를 구하는 데에 주로 관심이 있었던 반면, 돌턴은 물질마다 서로 다른 용해도의 차이를 규명하는 데 관심이 많았다. 그는 이 문제를 해결하기 위해 원자 모형을 설정하였는데, 이에 따르면 모든 물질은 더 이상 나눌 수 없는 궁극의 입자(원자)로 되어 있으며, 같은 원소의 원자는 모두 같은 특성을 가진다. 그러므로 화학 반응이라는 것은 원자들의 재배열이고, 물질마다 특성이 다른 이유는 원자가 다르기 때문이라는 것이다.

돌턴은 각 기체를 구성하는 원자들의 질량비를 찾기 위해 원자론을 기반으로 하나의 가설을 세웠다. 두 원소가 결합을 할 때, 각 원소의 원자가 1 : 1로 결합하여 2원자 화합물을 만드는 것이 가장 쉽다고 가정했다. 그러므로 두 원소가 결합하여 만들어지는 화합물이 하나밖에 없으면 그것은 1 : 1로 결합한다고 가정했다. 만약 두 원소가 두 가지 이상의 화합물을 만든다면 하나는 1 : 1, 다른 하나는 1 : 2, 세 가지 이상이라면 1 : 3 등 결합에 있어서 가장 단순한 정수비를 따른다고 본 것이다. 이러한 결합 규칙을 설정해 놓음으로써 돌턴은 여러 화합물을 구성하는 원소들의 질량비를 알게 되었고, 이를 통해 수소를 기준으로 한 원소들의 상대적 질량비, 즉 원자량을 찾을 수 있게 되었다.

1803년에 돌턴이 수소를 기준으로 한 몇몇 원자의 상대적 질량을 발표했을 때, 화학자들은 이 데이터에 관심을 기울이지 않았다. 돌턴은 두 가지 원소에서 단 한 가지 화합물만 얻게 된다면 각각의 원자 1개씩의 결합으로 이루어진 화합물일 것이라고 가정했다. 물(H_2O)의 화학식을 HO로, 암모니아(NH_3)를 NH로 가정하였기 때문에 산소의 원자량은 실제의 1/2로, 질소는 1/3로 구하였다. 그래서 다른 원소들의 원자량도 실제 값과 큰 차이가 날 수밖에 없었다.

그렇지만 화학자들은 돌턴의 화학 결합 모형에 대해서는 적극적인 반응을 보였다. 화학자들은 돌턴의 결합 규칙을 받아들여 돌턴이 다룬 것과는 다른 물질들에 이 모형을 적용하였다. 이들은 돌턴이 제안한 규칙이 물질의 결합을 일으키는 힘인 화학적 친화력의 문제를 해결하는 데 결정적인 열쇠를 제공해 준다고 생각했다. 당시 친화력은 자연 상태의 산화 광물에서 순수한 광물을 얻을 때나, 산과 염기를 반응시켰을 때 원소들 간의 반응 정도와 결합의 안정성을 설명하는 핵심적인 개념이었다. 화학자들은 돌턴의 원자 가설을 18세기 이후로 계속되어 온 산과 염기의 반응 연구와 긴밀하게 연결시켰다. 즉 산과 염기는 원자들의 결합이고, 원자가 다르면 물질의 성질도 달라진다는 전제하에 실험을 진행했다. 그 결과 산이 산소가 아니라 수소가 들어 있는 물질이라는 것을 알게 되었고, 원소들 중에는 음의 원소와 양의 원소가 있어서 밀거나 당기는 힘이 있다는 식으로 친화력을 설명하게 되었다.

① 돌턴의 원자론은 산과 염기의 정체를 밝히기 위해 세운 가설이다.
② 돌턴은 원자론을 통해 원소들의 상대적 질량을 정확하게 구할 수 있었다.
③ 돌턴의 영향을 받은 화학자들은 돌턴이 구한 원자량을 적극적으로 이용하였다.
④ 돌턴의 원자론의 영향으로 화학자들 사이에 친화력의 개념이 새롭게 등장하였다.
⑤ 1808년 당시 화학자들은 원소의 조성비에 따라 물질의 성질이 달라진다고 생각하였다.

[07~08] 다음 글을 읽고 이어지는 질문에 답하시오.

2021년 7월 14일 EU 집행위원회는 2030년까지 탄소 배출량을 1990년 대비 55% 수준으로 감축하기 위한 입법안이 담긴 'Fit for 55'를 발표했다. 'Fit for 55'는 온실가스 감축을 위해 국제사회가 마련한 2015년 '파리 기후변화협약' 이래로 유럽연합 차원에서 이어져 온 온실가스 및 탄소배출 감축을 위한 노력의 연장선상에서 기획된 법안 패키지이다. 여기에는 탄소 가격결정 관련 법안 4개, 감축목표 설정 관련 법안 4개, 규정 강화 관련 법안 4개와 포용적 전환을 위한 지원대책 사회기후기금에 관한 규정이 담겨 있다.

(A) 2035년부터 그동안 온실가스 배출의 주범 중 하나로 꼽혀 온 내연기관 자동차 출시를 금지하는 내용이 포함됨에 따라 친환경 차량 개발 및 상용화를 빠르게 이뤄내야 하기 때문이다. 구체적으로 2035년부터 하이브리드카를 포함하여 내연기관을 사용하는 신차 출시를 금지하고 친환경 차량의 개발, 생산 및 사용을 촉진하기 위해 대체연료 인프라 확충(충전소)에 관한 목표를 제시하고 있다. 나아가 2030년까지 승용차 부문의 탄소 감축 목표를 37%에서 55%로, 승합차 부문은 31%에서 50%로 상향하고 2035년까지 100% 감축이라는 목표를 제시하고 있다.

프랑스의 경우, 지구 평균 온도 상승을 2℃ 아래로 억제하겠다는 '파리 기후변화협약'의 목표를 실천하기 위해 2030년까지 온실가스 배출량 55% 감축을 목표로 삼고 다양한 법안 및 정책을 펼쳐왔다. 가장 대표적인 법안으로는 2015년에 제정된 '녹색성장을 위한 에너지 전환에 관한 법률(LTECV)'을 들 수 있는데 여기에는 친환경 이동수단의 개발을 통한 대기질 개선과 관련된 내용이 다수 담겨 있다. 오염배출이 심각한 차량 교체 시 보조금 지급, 정부 및 공공기관의 차량 교체 시 친환경 차량의 비중 50% 이상으로 확대, 전기 충전소 설치 확대 등의 내용이 그것이다. 2019년에는 한 발 더 나아가 차세대 모빌리티 사회 구현 비전을 담은 '모빌리티 지침법(LOM)'을 제정하면서 온실가스 감축을 위한 내용까지 담아냈다. 2022년까지 지원금을 통해 전기차 보급을 적극 장려하고 2040년까지 온실가스 배출 자동차 판매를 금지하며 전기충전소를 2022년까지 5배 증설한다는 것이다.

'Fit for 55' 발표에 따라 프랑스는 기존 목표 달성 계획을 앞당겨야 하는 상황이다. (B) 다만 EU의 발표 직후 프랑스 정부는 '환경 · 회복법(Loi Climat & Resilience)'을 입법 예고, 일상생활에서부터 산업에 이르기까지 에너지 전환을 위해 보다 구체적인 규제 법안을 발표했다. 여기에는 인구 15만 명 이상의 도시에 '배출가스 저농도 존(ZFE)'을 설정하고 이 구역 거주민에게는 2023년부터 친환경 자동차 구매 시 기존 지원금 외에도 0% 금리의 대출을 제공하는 시범 사업을 도입한다는 내용이 포함돼 있다. 이와 더불어 10개 대도시에서는 2023년부터 2025년까지 단계적으로 오염물질 배출량이 많은 자동차의 시내 출입을 금지할 예정이다.

프랑스 정부는 이처럼 전기차를 적극 장려하는 방침 외에도 오염물질 배출 기준을 더욱 엄격하게 만듦으로써 내연기관 자동차 사용의 감소를 유도하고 있다. 일례로 2020년 프랑스는 유럽연합의 결정에 따라 기존의 NEDC 연료효율 측정방식보다 훨씬 엄격한 WLTP 국제표준 자동차 연비측정 시스템을 도입했다. (C) 또한 오염물질이 많이 배출되는 SUV 등 중형차 규제를 위해 자동차의 무게에 따라 탄소세를 인상하는 방침 역시 내놓았다. 여기에 지자체별로 여러 정책을 펼치고 있으며, 파리시는 CO_2 배출 등급이 높은 차량의 시내 운행을 금지하고 있을 뿐만 아니라 2024년부터는 디젤 차량의 파리 시내 진입 금지, 2030년부터 모든 내연기관 자동차의 파리 시내 진입 금지를 예고한 바 있다.

07 주어진 글의 빈칸 (A)~(C)에 들어갈 문장을 다음 [보기]에서 골라 바르게 짝지은 것은?

보기

㉠ 연비 측정이 더욱 엄격해짐에 따라 신차 구매 시 부과되는 탄소세 역시 인상되었다.
㉡ 이러한 흐름 속에서 특히 자동차 기업들의 귀추가 주목받고 있다.
㉢ 프랑스 환경부 발표에 따르면 프랑스 정부는 'Fit for 55'에 대해 면밀히 검토 후 세부 지침을 추후에 내놓겠다는 입장이다.

	(A)	(B)	(C)
①	㉠	㉡	㉢
②	㉠	㉢	㉡
③	㉡	㉠	㉢
④	㉡	㉢	㉠
⑤	㉢	㉠	㉡

08 주어진 글을 이해한 내용으로 옳지 않은 것은?

① 프랑스에서는 탄소 배출이 심한 내연기관 자동차를 교체할 경우 보조금을 지급한다.
② 'Fit for 55'는 온실가스 감축을 위해 유럽연합 차원에서 추진되는 법안이다.
③ 'Fit for 55'에서는 2030년까지 승용차 부문의 탄소 발생을 절반 이상 줄이는 것을 목표로 한다.
④ 프랑스에서 내연기관 차량은 2030년부터 파리 시내에 진입할 수 없다.
⑤ 프랑스는 'Fit for 55'에 따라 내연기관 자동차의 출시 금지 시기를 5년 미뤄야 한다.

09 다음 글의 제목으로 가장 적절한 것은?

종교 활동이 수명과 관계 있다는 연구 결과는 많이 나와 있다. 또한 종교 활동은 음주, 흡연, 공포, 우울, 분노 등을 줄여 주고 혈압을 낮추며 암이나 심장질환 환자의 삶의 질을 높여 준다. 신앙인들은 인생이나 결혼 생활에서 비신앙인들보다 더 큰 만족감을 느끼며 이타적이고 자긍심도 높다. 신에 대한 믿음은 신이 없다면 갖지 못했을 삶에 대한 의지를 심어준다. 나이가 들고 몸이 쇠약해지면서 피할 수 없는 죽음을 향해 나아감에 따라 고통은 심해지고, 지금의 삶을 존중해야 할 필요도 커진다. 이때 절대적인 힘에 의탁하면 치료 효과도 놀랍도록 높아진다. 무한한 절대자에게 귀의하는 것은 인간 본성의 일부처럼 보인다.

카렌 암스트롱은 『신의 역사』에서 "유태인, 그리스도교, 이슬람교도들은 신에 대해 놀랍도록 비슷한 생각을 가졌고, 이들의 생각은 또한 다른 종교의 절대자에 대한 자세와 비슷하다. 인생의 궁극적인 의미와 가치를 탐구할수록 사람들의 마음은 일정한 방향을 향하는 것 같다. 이들은 누가 위협해서 이렇게 하는 것이 아니다. 이것은 자연스러운 인간의 본성인 것처럼 보인다."라고 말한 바 있다. 이런 본능으로 인해 사람들은 공통의 절대자의 전형을 만들어 냈고, 절대자에 대한 두려움과 그에 관한 경배가 모든 문화 속에 비슷하게 자리잡은 것이다. 적절한 상상인지 모르지만 우리는 '일정한 방향을 향하도록' 프로그램되어 있기 때문에 전지전능한 절대자에 대한 생각을 하게 되었는지도 모른다. 이런 생각을 확대해 보면, 종교의 시작은 인류의 삶 또는 역사의 시작과 일치한다고 말할 수 있을 것이다.

그런데 카트린 해리슨이 쓴 것처럼 현대 사회는 신앙을 과학으로 대치하고 있다. 이에 따라 대부분의 사람들에게 절대적인 신비는 점점 사라지고 신비로운 사건들만 남았으며, 인간들은 이런 신비스러움을 풀어내게 되었다. 사실상 오늘날 우리들은 모든 것을 실험적 분석에 종속시켜 미지수를 줄이고 궁극적으로는 통계와 공식으로 온 우주를 해석하려 한다. 그리고 인간은 같은 방법을 동원해 가장 잡기 어려운 변수, 즉 운명, 인간의 선택, 인간 상호 간의 관계 등을 분명하고 예측 가능한 것으로 만들려고도 한다.

그러나 새로운 것을 알고 심지어 미스터리를 풀어도 우리는 뭔가 공허하고 채워지지 않는 느낌을 받는다. 이때 신앙이 장기적으로 위안이 된다. 그 이유 중 하나는 무한한 절대자에 대한 신앙이 피할 수 없는 질병과 죽음에 대한 적절한 균형추가 되기 때문이다. 또 한 가지 이유는 신앙을 통해 보이지 않고 증명되지 않은 것을 느낄 수 있으며 이성으로는 만들어 낼 수 없는 희망이 생기기 때문이다.

이처럼 종교(절대자)와 인간의 긴밀한 관계와 지속적인 상호작용 속에서 나오는 믿음은 엄청난 힘을 발휘한다. 종교적 믿음은 마음의 안정까지 도모하며, 우리의 생각을 자주 지배하는 비생산적인 논리를 떨쳐버리게 해 준다. 인간의 몸은 자연 치유력을 갖고 있다고 하지만 부정적 사고와 그로 인한 스트레스 때문에 치유에 방해가 되기도 한다. 이때 신앙은 인간의 경험을 초월하기에 스트레스를 해소하고 희망과 기대를 불어넣는 데 특효가 있다. 희망과 기대감이 있으면 유효성분이 없는 약물을 투여한다 해도 뇌가 인체의 저항력과 반응을 동원하여 치유 명령을 내려 건강 상태로 복원시킨다.

① 종교적 믿음이 가져다주는 효과
② 인간 질병의 치료에 나서는 종교와 의학
③ 현대 의학과 과학이 공동으로 탐구하는 종교
④ 미스터리와 같이 신비한 종교와 믿음의 세계
⑤ 신앙을 과학으로 대치한 현대 사회의 무모함

10 다음 글의 주제로 가장 적절한 것은?

카페인은 비교적 안전한 물질로, 적당량을 섭취하면 졸음과 피로감이 덜해지는 등의 효과가 있다. 그러나 허용량을 초과하여 섭취하면 불면증, 신경과민 등 각종 부작용을 일으킬 수 있다. 특히 청소년은 성인보다 부작용이 심하게 나타날 수 있으므로 카페인 섭취에 유의해야 한다.

청소년의 하루 카페인 섭취 허용량은 어느 정도일까? 식품의약품안전처에서는 하루 카페인 섭취량이 체중 1kg당 2.5mg을 넘지 않도록 권하고 있다. 체중 50kg인 청소년의 경우 카페인 섭취량이 하루에 125mg을 넘지 않도록 하라는 것이다.

그렇다면 125mg은 어떤 식품을 얼마나 먹으면 섭취하게 되는 양일까? 식품의약품안전처의 조사에 따르면 청소년들이 카페인을 주로 섭취하게 되는 식품은 탄산음료와 커피류이다. 이들 식품의 카페인 평균 함유량을 살펴보면, 에너지 음료 한 캔(250mL)에는 62.5mg, 콜라 한 캔(250mL)에는 23mg, 커피 한 캔(175mL)에는 84.4mg이 들어 있다. 체중이 50kg인 청소년이 하루에 에너지 음료 두 캔을 마시면 식품의약품안전처의 섭취 허용량에 이르게 되는 셈이다.

그런데 탄산음료나 커피류뿐만 아니라 청소년이 즐겨 먹는 초콜릿이나 과자, 사탕 등에도 카페인이 들어 있다는 점에 유의해야 한다. 초콜릿 30g짜리 한 개에는 16mg의 카페인이 들어 있어서 체중이 50kg인 청소년이 커피 한 캔과 콜라 한 캔을 마시고 초콜릿 두 개를 먹으면 섭취 허용량을 초과하게 된다. 청소년들이 일상생활에서 무심코 간식을 먹고 음료를 마시다가 자신도 모르는 사이에 카페인의 하루 섭취 허용량을 넘길 수 있다는 것이다.

요컨대 하루에 섭취하는 식품에 들어 있는 카페인의 총량이 중요하다. 이제부터라도 자신의 하루 카페인 섭취량이 허용량을 넘기지 않도록 각별히 유의하여 건강을 스스로 지켜야 한다.

① 청소년의 카페인 섭취 문제는 사회적 문제로 확장될 위험이 있다.
② 청소년의 카페인 섭취는 학업 성적 하락과 학업 능력 저하를 유발한다.
③ 청소년이 카페인을 주로 섭취하는 경로는 탄산음료보다 초콜릿이 더 많다.
④ 청소년의 카페인 섭취는 과체중 문제를 야기하며 청소년의 건강을 저해한다.
⑤ 청소년의 카페인 섭취는 자신도 모르게 허용량을 초과할 수 있으므로 유의해야 한다.

11 주어진 그림의 각 칸에는 일정한 규칙에 의해 수가 쓰여 있다. 다음 중 빈칸에 들어갈 수로 알맞은 것은?

123	6
198	18

292	13
5	5

965	20
135	

① 9 ② 10 ③ 11
④ 12 ⑤ 13

12 기획부 직원 세 명, 영업부 직원 두 명, 홍보부 직원 두 명, 재무부 직원 한 명이 하나의 원탁에 둘러 앉아 회의하고 있다. 같은 부서의 직원들끼리 서로 이웃하여 앉았다고 할 때, 가능한 경우의 수로 옳은 것은?

① 144가지 ② 150가지 ③ 169가지
④ 208가지 ⑤ 216가지

13 G공사의 신입사원 채용은 서류전형, 필기전형, 면접전형이 순차적으로 진행된다. 이번 신입사원 채용에서는 전체 지원자의 20%만이 서류전형을 통과하여 필기전형을 치렀다. 서류전형을 통과한 남녀의 비율이 3 : 2이고, 그중 필기전형을 통과한 남녀의 비는 5 : 3, 필기전형을 통과하지 못한 남녀의 비는 4 : 3이었다. 필기전형 합격자가 총 160명일 때, 서류전형에 통과한 남자 지원자 수로 옳은 것은?

① 120명 ② 150명 ③ 180명
④ 200명 ⑤ 210명

14 다음 [표]와 [그래프]는 2012~2020년 연도별 학교 수와 학생 수에 관한 자료이다. 이에 대한 설명으로 옳은 것을 [보기]에서 모두 고른 것은?

[표] 2012~2020년 연도별 학교 수 (단위: 개교)

구분	2012년	2013년	2014년	2015년	2016년	2017년	2018년	2019년	2020년
전체	20,137	20,336	20,540	20,729	20,835	20,938	20,967	20,809	20,740
유치원	8,538	8,678	8,826	8,930	8,987	9,029	9,021	8,837	8,705
초등학교	5,895	5,913	5,934	5,978	6,001	6,040	6,064	6,087	6,120
중학교	3,162	3,173	3,186	3,204	3,209	3,213	3,214	3,214	3,223
고등학교	2,303	2,322	2,326	2,344	2,353	2,360	2,358	2,356	2,367

※ 전체 학교 수는 '유치원+초등학교+중학교+고등학교+특수학교' 수를 의미함

[그래프] 2012~2020년 연도별 학생 수 (단위: 천 명)

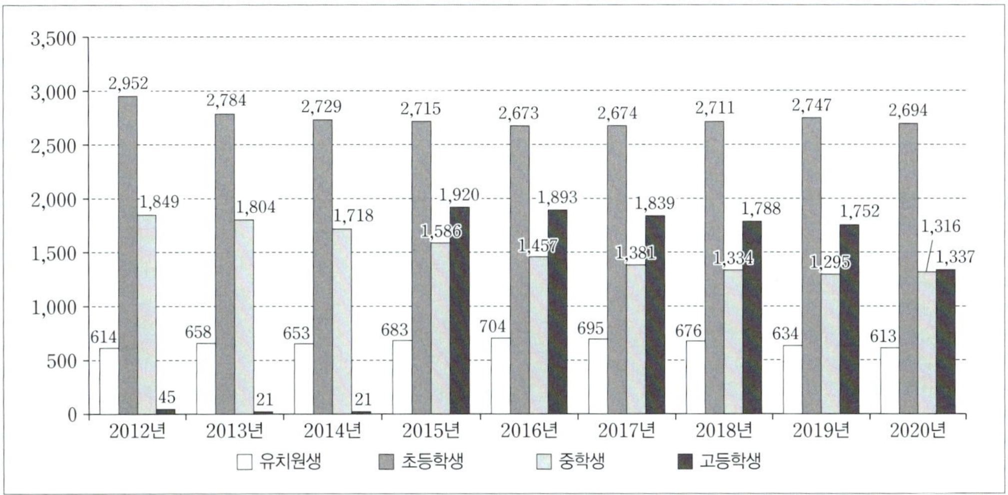

보기

㉠ 2020년의 유·초·중학교 수의 합은 전년 대비 0.33% 감소하였다.
㉡ 2013~2020년 동안 특수학교 수는 매년 증가하였다.
㉢ 2015년 중학교 교원 1인당 학생 수가 14.3명이라고 할 때, 2015년 중학교 담당 교원 수는 약 110,909명이다.
㉣ 2017년 고등학교 학급당 학생 수가 28.2명일 때, 2017년 고등학교 학급 수는 약 65,213개이다.

① ㉡, ㉣ ② ㉢, ㉣ ③ ㉠, ㉡, ㉢
④ ㉠, ㉢, ㉣ ⑤ ㉡, ㉢, ㉣

15 다음 [표]는 2020년 기준 전기차 시장 점유율 상위 10개 업체의 2015~2020년 전기차 판매량에 관한 자료이다. 이에 대한 설명으로 옳은 것을 [보기]에서 모두 고른 것은?

[표] 2020년 기준 전기차 시장 점유율 상위 10개 업체의 전기차 판매량 및 시장 점유율 (단위: 대, %)

업체 \ 연도	2015년	2016년	2017년	2018년	2019년	2020년
T사	43,840 (15.9)	63,479 (14.4)	81,161 (10.8)	227,066 (17.4)	304,353 (19.8)	458,385 (22.1)
G사	2,850 (1.0)	3,718 (0.8)	39,454 (5.2)	56,294 (4.3)	87,936 (5.7)	218,626 (10.6)
V사	5,190 (1.9)	12,748 (2.9)	18,424 (2.5)	24,093 (1.8)	69,427 (4.5)	212,959 (10.3)
R사	60,129 (21.8)	78,048 (17.7)	85,308 (11.3)	140,441 (10.8)	143,780 (9.4)	184,278 (8.9)
H사	1,364 (0.5)	6,460 (1.5)	26,841 (3.6)	53,138 (4.1)	98,737 (6.4)	146,153 (7.1)
B사	9,623 (3.5)	46,909 (10.6)	42,715 (5.7)	103,263 (7.9)	147,185 (9.6)	130,970 (6.3)
S사	412 (0.1)	1,495 (0.3)	10,490 (1.4)	34,105 (2.6)	52,547 (3.4)	68,924 (3.3)
P사	1,543 (0.6)	5,054 (1.1)	4,640 (0.6)	8,553 (0.7)	6,855 (0.4)	67,446 (3.3)
A사	–	–	–	15 (0.0)	40,272 (2.6)	60,135 (2.9)
W사	–	–	–	5,245 (0.4)	38,865 (2.5)	56,261 (2.7)

※ 괄호 안의 수치는 전기차 시장에서 해당 업체의 판매량 기준 시장 점유율임

보기

㉠ 2017년까지는 전기차 시장에 8개 업체만 존재했었다.
㉡ 자료에 주어진 업체 중 2019년 대비 2020년에 시장 점유율이 증가한 업체는 총 8곳이다.
㉢ 2020년 전기차 시장 전체 판매량은 전년 대비 25% 이상 증가하였다.
㉣ T사의 2020년 전기차 판매량은 5년 전 대비 1,000% 이상 증가하였다.

① ㉢ ② ㉠, ㉡ ③ ㉡, ㉢
④ ㉢, ㉣ ⑤ ㉠, ㉡, ㉣

16 다음 [표]와 [그래프]는 2015~2017년 여성의 경력 단절 사유별 인원수 및 비중과 연령대별 경력 단절 인원수를 나타낸 자료이다. 이에 대한 설명으로 옳은 것을 [보기]에서 모두 고른 것은?

[표] 여성의 경력 단절 사유별 인원수 및 비중 (단위: 천 명, %)

구분	2015년		2016년		2017년	
	인원수	비중	인원수	비중	인원수	비중
합계	2,052	100.0	1,906	100.0	1,813	100.0
결혼	757	36.9	659	34.6	625	34.5
임신·출산	501	24.4	502	26.3	451	24.9
육아	613	29.9	574	30.1	581	32.0
자녀교육	80	3.9	79	4.1	75	4.1
가족돌봄	101	4.9	92	4.9	81	4.5

※ 조사 대상은 15~54세 여성임

[그래프] 여성의 연령대별 경력 단절 인원수 (단위: 천 명)

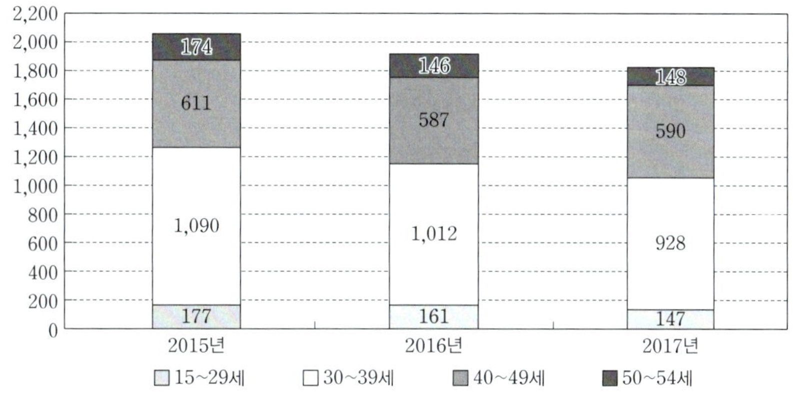

보기

㉠ 2015~2017년에 결혼과 임신·출산에 의한 경력 단절 인원수의 합은 매년 60% 이상을 차지한다.

㉡ 2017년 전체 여성 경력 단절 인원수 중 40~49세가 차지하는 비중은 2015년 대비 3%p 이상 증가하였다.

㉢ 2017년 여성의 경력 단절 사유 중 전년 대비 인원수가 증가한 사유의 인원수 합은 전년 대비 2% 이하로 증가하였다.

㉣ 2016년 여성의 연령대별 경력 단절 인원수의 전년 대비 감소율이 가장 높은 연령대의 2015~2017년 경력 단절 인원수 총합은 500천 명 이하이다.

① ㉠, ㉢ ② ㉠, ㉣ ③ ㉡, ㉢
④ ㉡, ㉣ ⑤ ㉢, ㉣

17 다음 [그래프]는 2022~2024년 교통사고 발생 및 사망자 현황을 나타낸 자료이다. 이에 대한 설명으로 옳은 것은?

[그래프1] 인구 10만 명당 교통사고 발생 건수, 부상자 수 (단위: 건, 명)

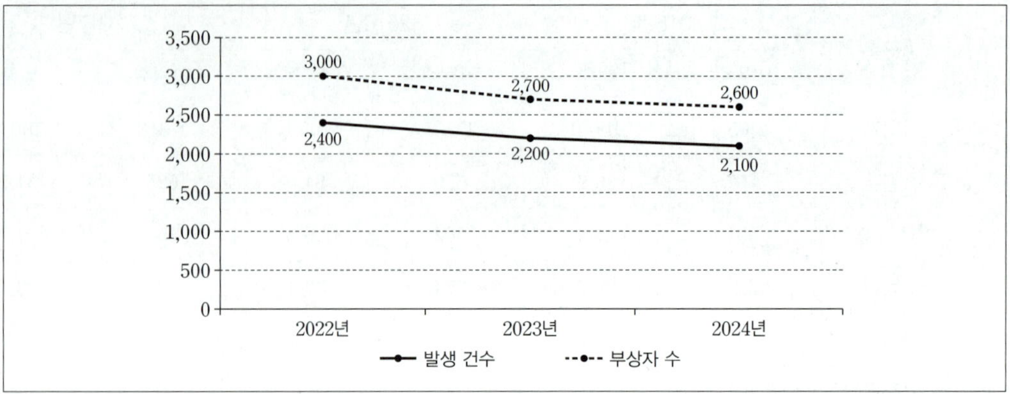

[그래프2] 유형별 교통사고 사망자 현황 (단위: 명)

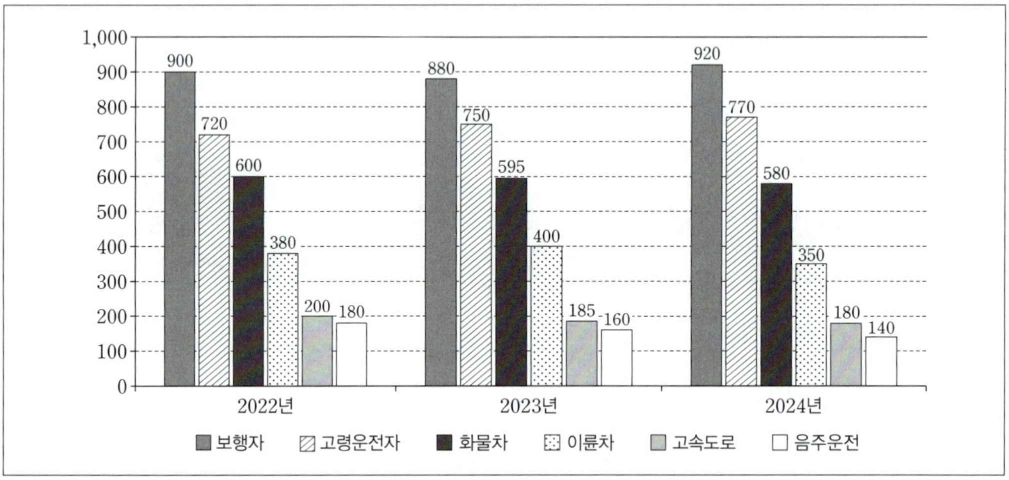

① 전년 대비 고속도로 사망자 수 증감률은 2023년보다 2024년이 더 크다.
② 주어진 기간 동안 전체 교통사고 부상자 수는 지속적으로 감소했다.
③ 2022~2024년 동안 전체 교통사고 사망자 수는 지속적으로 감소했다.
④ 2024년 인구 10만 명당 교통사고 발생 건수는 전년 대비 5% 이상 감소했다.
⑤ 유형별 교통사고 사망자 수가 가장 적은 항목이 매년 동일한 것은 아니다.

18 다음 [표]는 2020~2024년 의료급여 수급권자 진료 현황을 나타낸 자료이고, [보고서]는 이를 토대로 작성한 것이다. [보고서]의 밑줄 친 내용 중 옳지 않은 것을 모두 고른 것은?

[표] 2020~2024년 의료급여 수급권자 진료 현황 (단위: 천 명, 천 일, 백만 원, %)

구분		2020년	2021년	2022년	2023년	2024년	2023년 대비 2024년 증감률
수급권자 수	전체	1,508	1,527	1,517	1,524	1,545	1.3
	65세 미만	934	924	891	870	855	−1.7
	65세 이상 (비율)	574 (38.0)	603 (39.5)	625 (41.2)	655 (42.9)	689 (44.6)	5.3
입내원 일수	전체	118,571	119,032	122,365	124,595	126,368	1.4
	65세 미만	62,457	61,425	61,833	61,754	60,822	−1.5
	65세 이상 (비율)	56,115 (47.3)	57,607 (48.4)	60,533 (49.5)	62,841 (50.4)	65,546 (51.9)	4.3
총진료비	전체	9,048,869	9,767,914	10,334,306	11,196,944	11,871,153	6.0
	65세 미만	4,502,632	4,777,558	4,937,097	5,189,646	5,356,363	3.2
	65세 이상 (비율)	4,546,237 (50.2)	4,990,356 (51.1)	5,397,208 (52.2)	6,007,298 (53.7)	6,514,790 (54.9)	8.5
의료 급여비	전체	8,829,036	9,502,153	10,047,874	10,880,876	11,547,829	6.1
	65세 미만	4,391,013	4,637,979	4,786,856	5,028,308	5,194,927	3.3
	65세 이상 (비율)	4,438,024 (50.3)	4,864,174 (51.2)	5,261,017 (52.4)	5,852,568 (53.8)	6,352,902 (55.0)	8.6

[보고서]

㉠ 2024년 의료급여 수급권자 수는 1,545천 명으로 전년 대비 1.3% 증가하였다. 이 중 65세 미만은 전년보다 감소하였는데, ㉡ 65세 이상 수급권자 수가 지난해보다 32천 명 더 늘어 5% 이상 크게 증가하였다.

㉢ 2024년 65세 이상 입내원 일수는 65,546천 일로 전년 대비 4.3% 증가하였다. 이는 전체의 51.9%에 해당하는 것이며, 2년 전 대비 2.4%p 증가한 것이다. 그리고 ㉣ 2024년 65세 이상 의료급여비는 약 6조 3,529억 원으로 전년 대비 8.6% 증가하였고, 이는 전체 의료급여비의 55.0%를 차지하며 3년 전과 비교했을 때 약 1조 488억 원 증가한 것이다.

총진료비 또한 전반적으로 증가하였다. 65세 이상이 2020년에는 전체의 50.2%를 차지했었는데, ㉤ 2024년에는 전체의 55%에 육박하면서 6조 5,147억 원을 넘어섰다. 이는 전년 대비 8.5% 증가한 수치로, 전체 수급권자 총진료비 증가율보다 높은 증가율을 보이고 있다.

① ㉠, ㉤　② ㉡, ㉣　③ ㉠, ㉢, ㉤
④ ㉡, ㉢, ㉣　⑤ ㉢, ㉣, ㉤

[19~20] 다음 [표]는 2020~2024년 재생에너지 발전 비중 및 2024년 주요 5개 지역 재생에너지 발전 비중을 나타낸 자료이다. 이를 바탕으로 이어지는 질문에 답하시오.

[표1] 2020~2024년 재생에너지 발전 비중 (단위: 억 kWh, %)

구분	재생에너지 발전량	재생에너지 총비중	태양광 비중	풍력 비중	수력 비중	바이오 비중
2020년	540	10	5	2	2	1
2021년	750	12.5	7	2.5	2.5	0.5
2022년	930	15	8	3	3	1
2023년	1,170	18	9	4.5	3.5	1
2024년	1,800	24	12	6	4	2

※ 1) 재생에너지: 태양광, 풍력, 수력, 바이오
2) 재생에너지 발전량=전체 발전량×재생에너지 총비중(%)

[표2] 2024년 주요 5개 지역별 재생에너지 발전 비중 (단위: %)

구분	태양광	풍력	수력	바이오
수도권	12	8	5	5
충청권	15	10	12	12
호남권	25	12	15	30
영남권	18	18	18	15
강원권	10	25	30	10

※ 발전 비중: 각 재생에너지 발전량에서 해당 지역이 차지하는 비중

19 주어진 자료에 대한 설명으로 옳은 것은?

① 전체 발전량은 2022년이 2023년보다 더 많다.
② 강원권은 2024년 재생에너지 발전량 중 수력 에너지 발전량이 가장 많다.
③ 2021년 태양광을 제외한 재생에너지 발전량은 300억 kWh 이상이다.
④ 2024년 호남권은 주요 5개 지역 중 각 재생에너지 발전량이 모두 가장 많다.
⑤ 주어진 기간 동안 바이오 에너지 발전량은 지속적으로 증가했다.

20 **주어진 자료를 변환한 그래프로 옳지 않은 것은?**(단, 소수점 이하 첫째 자리에서 반올림한다.)

① 2023년 전체 에너지 중 재생에너지 발전 비중

(단위: %)

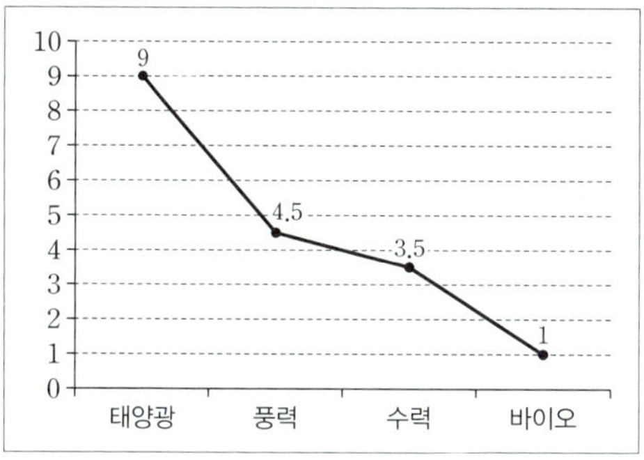

② 2024년 재생에너지 중 주요 5개 지역 태양광 에너지와 풍력에너지 총발전 비중

(단위: %)

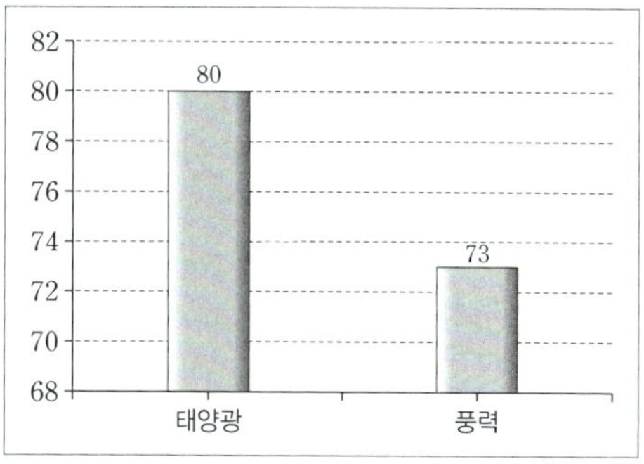

③ 2020년 재생에너지 발전량

(단위: 억 kWh)

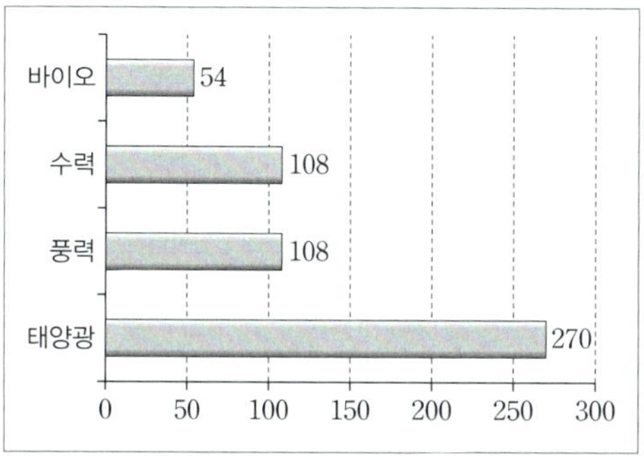

④ 2024년 주요 5개 지역 수력에너지 발전 비중

(단위: %)

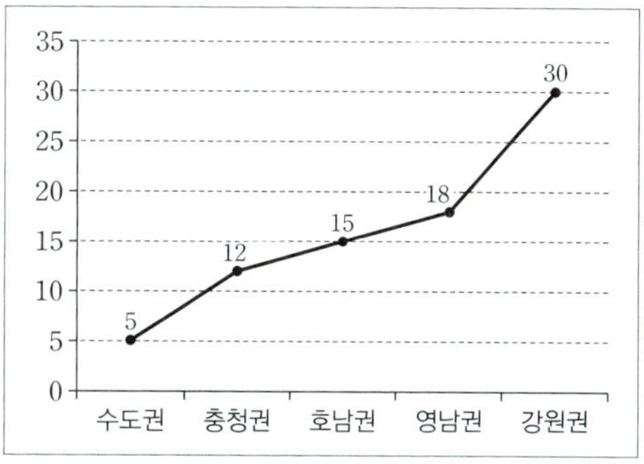

⑤ 2024년 재생에너지 발전량 비중

(단위: %)

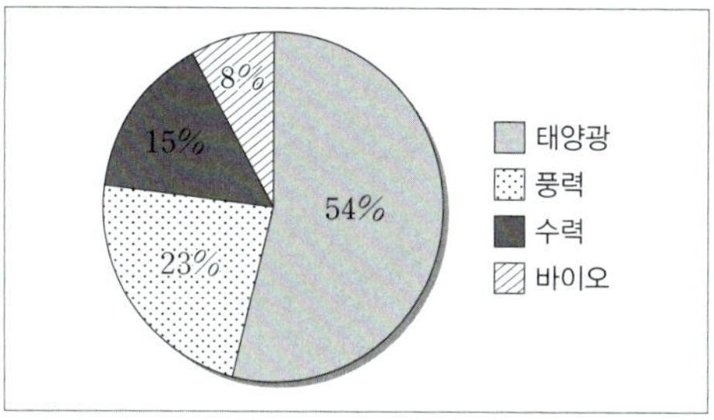

21 다음 세 명제가 모두 참일 때 항상 참인 것은?

- 겨울은 날씨가 춥다.
- 더위를 많이 타면 두꺼운 옷을 입지 않는다.
- 날씨가 추우면 두꺼운 옷을 입는다.

① 두꺼운 옷을 입지 않으면 더위를 많이 탄다.
② 겨울이 아니면 두꺼운 옷을 입지 않는다.
③ 날씨가 추우면 더위를 많이 탄다.
④ 두꺼운 옷을 입으면 겨울이다.
⑤ 더위를 많이 타면 겨울이 아니다.

22 직원 A~C가 다음 [대화]와 같이 업무 완료 여부를 보고하고 있다. A~C가 각자 진실과 거짓을 한 가지씩 말했다고 할 때, [보기]의 설명 중 옳은 것만을 모두 고른 것은?

대화

A: "나는 업무를 완료하지 않았고, C도 업무를 완료하지 않았다."
B: "나는 업무를 완료하였지만, A는 업무를 완료하지 않았다."
C: "나는 업무를 완료하지 않았고, A도 업무를 완료하지 않았다."

보기

㉠ 한 사람만 업무를 완료한 경우는 없다.
㉡ 두 사람만 업무를 완료한 경우는 없다.
㉢ 모든 사람이 업무를 완료한 경우는 없다.

① ㉠ ② ㉡ ③ ㉢
④ ㉠, ㉢ ⑤ ㉠, ㉡, ㉢

23 **A부장, B차장, C과장, D과장, E대리, F대리, G대리, H사원, I사원 9명이 다음 [조건]에 따라 휴가를 떠나기로 하였을 때, 항상 옳지 않은 것은?**

조건

- 대리는 과장보다 휴가를 늦게 떠난다.
- 부장은 과장보다 빨리 휴가를 떠난다.
- 서로 휴가 일자가 겹치는 직원은 없다.
- 다섯 번째로 휴가를 떠나는 사람은 D과장이다.
- I사원이 휴가를 떠난 직후에 H사원이 휴가를 떠난다.
- 차장이 휴가를 떠나기 바로 직전과 직후에 대리가 휴가를 떠난다.
- G대리는 F대리보다 빨리 휴가를 떠나고, E대리보다는 늦게 휴가를 떠난다.

① 과장 2명이 연달아 휴가를 떠날 수 있다.
② 사원이 가장 빨리 휴가를 떠날 수 있다.
③ A부장은 두 번째로 휴가를 떠날 수 있다.
④ C과장은 D과장보다 빨리 휴가를 떠난다.
⑤ D과장이 휴가를 떠난 직후에 E대리가 휴가를 떠난다.

24 **가은, 나은, 다은, 라은이가 놀이공원에서 바이킹, 롤러코스터, 범퍼카, 회전목마 중 각각 2개의 놀이기구를 탔다. 다음 [조건]을 바탕으로 할 때, 항상 옳은 것은?**(단, 아무도 타지 않은 놀이기구는 없다.)

조건

- 가은이와 다은이가 탄 놀이기구는 1개만 같다.
- 나은이는 롤러코스터를 탔다.
- 다은이는 회전목마를 탔다.
- 3명 이상이 탄 놀이기구는 없다.
- 가은이는 롤러코스터와 회전목마를 타지 않았다.

① 가능한 경우의 수는 5가지이다.
② 라은이는 롤러코스터를 탔다.
③ 나은이는 회전목마를 타지 않았다.
④ 다은이는 바이킹을 탔다.
⑤ 나은이와 라은이가 탄 놀이기구는 모두 같다.

25 다음은 어느 공기업의 출장여비 규정이다. [대화]에서 규정에 대해 잘못 설명하고 있는 사람의 수로 옳은 것은?

> **출장여비 규정**
>
> **제1조(이동)**
> 출장지까지의 이동, 출장지 내에서의 이동, 출장지에서 귀사(귀가)할 때까지의 이동 경로는 일반적이고 합리적인 경로를 통하여 이동한다.
>
> **제2조(여비 사용 원칙)**
> 1. 모든 여비는 부득이한 경우를 제외하고 회사 법인카드를 사용하는 것을 원칙으로 하고, 여의치 않을 경우 지출 계획을 제출한다.
> 2. 여비는 영수증을 첨부한 경우에 한하여 비용으로 인정하는 것을 원칙으로 한다.(단, 시내버스비, 전철비, 자가용 유류대, 일비 등 일부 비용은 예외로 할 수 있다.)
>
> **제3조(동행 출장)**
> 1. 임직원 2인 이상이 동일 목적으로 동행하여 출장할 경우에도 각 직급에 해당하는 여비 기준에 따라 여비를 사용한다.
> 2. 직원이 회사 업무로 외부인과 동행하여 출장하는 경우에는 외부인에게 그 직원과 동일한 여비를 사용하게 할 수 있다.
> 3. 2인 이상이 동일 목적으로 동행하여 출장할 경우 어느 1명이 다른 1명 비용의 전액 또는 일부를 기준 금액으로 보지 아니한다.
> 4. 임원(상급자)과 함께 출장을 갈 경우에는 상급자와 동일하게 차비와 식대를 지급한다. 그 외에는 차상위 계층과 동일하게 제공한다.
>
> **제4조(출장비 신청 및 지급)**
> 1. 출장자는 '출장비 사전 신청서'(첨부 양식2)를 작성하여 출장비를 사전에 신청, 수령할 수 있다.
> 2. 출장비를 사전에 신청할 경우에는 자금관련 부서에서 통상적으로 업무를 처리할 수 있는 최소한의 기일 전에(통상 근무일 기준 3일 전) 신청하는 것을 원칙으로 하며, 사정상 여의치 않을 경우에는 출장자의 소속 부서 전도금을 수령할 수 있다.
> 3. '출장비 사전 신청서'는 전자결재의 기본 양식인 '출장 계획서'에 첨부하여 결재 상신하거나 일반 '보고서'에 첨부하여 결재 상신할 수 있다.
>
> **제5조(출장 종료)**
> 출장이 종료되면 출장자는 '출장 보고서'를 작성하여 보고한다. 단, 일반적인 출장이거나 사소한 출장일 경우에는 출장 보고서를 생략하거나 구두보고로 대신할 수 있다.

대화

- A: "출장비를 사전에 받으려면 근무일 기준 3일 전에는 신청해야겠군."
- B: "이번 출장에서 사용하는 금액의 영수증을 모두 첨부해야만 출장비를 전부 받을 수 있겠어."
- C: "이번 출장은 이사님이 동행하니 이사님과 출장비를 똑같이 받겠군."
- D: "이번 출장에서는 현금을 많이 사용할 것 같으니 지출 계획을 작성하여 제출해야겠군."
- E: "사원과 과장이 함께 출장을 간다면 모든 경비를 동일하게 지원받을 수 있어."

① 1명　② 2명　③ 3명
④ 4명　⑤ 5명

26 다음 글과 [상황]을 근거로 판단할 때, [보기]에서 옳은 것을 모두 고른 것은?

○ 지방자치단체는 공립 박물관·미술관을 설립하려는 경우 □□부로부터 설립 타당성에 관한 사전평가(이하 '사전평가')를 받아야 한다.
○ 사전평가는 연 2회(상반기, 하반기) 진행한다.
  – 신청 기한: 1월 31일(상반기), 7월 31일(하반기)
  – 평가 기간: 2월 1일~4월 30일(상반기), 8월 1일~10월 31일(하반기)
○ 사전평가 결과는 '적정' 또는 '부적정'으로 판정한다.
○ 지방자치단체가 동일한 공립 박물관·미술관 설립에 대해 3회 연속으로 사전평가를 신청하여 모두 '부적정'으로 판정받았다면, 그 박물관·미술관 설립에 대해서는 향후 1년간 사전평가 신청이 불가능하다.
○ 지방자치단체별로 한 번에 한 개의 공립 박물관·미술관만을 평가받을 수 있다.
○ 사전평가 결과 '적정'으로 판정되는 경우, 지방자치단체는 부지 매입비를 제외한 건축비의 최대 40%를 국비로 지원받을 수 있다.(단, 지원금은 20억 원을 넘길 수 없다.)

상황

다음은 지방자치단체 가~다가 설립하려는 공립 박물관·미술관과 건립비를 나타낸 것이다.

지방자치단체	설립 예정 공립 박물관·미술관	건립비(억 원)	
		부지 매입비	건물 건축비
가	A미술관	30	40
	B박물관	40	60
나	C미술관	40	70
다	D박물관	10	80

보기

㉠ A미술관과 B박물관은 같은 해 사전평가에서 '적정'을 받을 수 있다.
㉡ A미술관이 2025년의 모든 사전평가에서 '부적정'으로 판정이 되었다면 지방자치단체 가는 2026년에 A미술관에 대해 사전평가를 신청할 수 없다.
㉢ C미술관과 D박물관이 '적정' 판정을 받았다면 지방자치단체 나와 다가 받을 수 있는 국비는 동일하다.

① ㉠　② ㉠, ㉡　③ ㉠, ㉢
④ ㉡, ㉢　⑤ ㉠, ㉡, ㉢

27 **다음은 국민건강보험공단의 금연치료 지원에 관한 자료이다. 이를 바탕으로 할 때, [대화]의 밑줄 친 ㉠~㉤ 중 옳지 <u>않은</u> 것은?**

1. 지원 대상: 금연치료 참여 기관에 방문하여 등록한 금연치료를 희망하는 모든 흡연자(최대 연 3회 참여 가능)
 - 1인당 최대 18회 진료/상담 및 36주 처방 가능
 - 예정된 진료일로부터 1주 이상 의료기관 미방문으로 진료받지 않은 경우 1회차 지원 종료

2. 지원 내용
 1) 진료/상담: 8~12주간 6회의 범위에서 의료진이 적정한 주기로 니코틴 중독 평가 등 금연을 위한 상담 제공
 2) 금연 진료/상담료: 최초 상담료와 금연 유지상담료로 구분하고, 건강보험공단에서 80% 지원(참여자 20% 부담)

구분	금연(단독) 진료		금연(동시) 진료	
	공단	본인	공단	본인
최초 상담	18,000원	4,500원	12,000원	3,000원
유지상담	10,800원	2,700원	7,200원	1,800원

※ 의료급여수급자 및 저소득층(건강보험료 하위 20% 이하)은 진료 및 상담료 전액 지원

 3) 금연치료의약품/금연보조제: 1회 처방당 4주 이내의 범위(총 12주)에서 구입 비용 지원
 ① 금연치료의약품: 약가 상한액의 80%를 공단에서 지원

구분		금연치료 의약품	
		부프로피온	바레니클린
약가 상한액		정당 530원	정당 1,100원
본인부담금	건강보험	정당 100원	정당 220원
	의료급여/저소득층	(없음)	(없음)

 ② 금연보조제: 1일 지원액을 초과하는 경우 본인 부담

구분		금연보조제 (니코틴패치, 껌, 사탕)	비고
지원금	건강보험	1일 1,500원	지원액을 초과하는 비용은 본인이 부담
	의료급여/저소득층	1일 2,940원	

3. 이수 인센티브
 1) 금연프로그램을 모두 이수한 경우 본인이 부담한 비용의 100% 지급
 2) 이수 조건: ①을 충족하면서 ②~⑤ 중 하나를 충족해야 함
 ① 6회 상담 완료 ② 치료제별로 투약일수 만족 ③ 부프로피온 56일 이상 투약 완료
 ④ 바레니클린 84일 투약 완료 ⑤ 금연보조제 84일 투약 완료

대화

지원자: "금연을 하고 싶어서 왔습니다. 제가 올해 신청해서 한 번은 참여를 하였고 한 번은 신청하고 미방문으로 참여하지는 않았는데, 금연프로그램에 다시 참여할 수 있을까요?"

상담원: "네, 가능합니다. ㉠ 다만 프로그램 접수 후 의료기관에 방문하지 않아 진료를 받지 않으신 경우에는 1회차 지원을 종료하기 때문에 현재 2번을 참여하신 겁니다. 따라서 이번이 3번째 프로그램으로 올해 받으실 수 있는 마지막 기회입니다."

지원자: "네, 알겠습니다. 그럼 먼저 상담을 받고 싶은데요."

상담원: "이번에도 금연치료만 받으시는 거죠?"

지원자: "네."

상담원: "㉡ 그럼 6회까지 받으실 수 있고, 상담료는 매번 2,700원을 본인 부담하시면 됩니다."

지원자: "혹시 금연보조제도 지원받을 수 있을까요?"

상담원: "네, 혹시 의료급여수급자나 저소득층이신가요?"

지원자: "아니요."

상담원: "그러시다면 ㉢ 패치, 껌과 같은 금연보조제를 구입하는 데에 하루 1,500원씩 지원받으실 수 있습니다."

지원자: "저번 프로그램에 참여할 때 인센티브에 대한 내용이 있었던 것 같은데 맞나요?"

상담원: "이수 인센티브를 말씀하시는 것 같은데요. ㉣ 금연프로그램을 모두 이수하신다면 부담하신 모든 비용을 다시 돌려드리고 있습니다."

지원자: "매우 좋은 제도네요. 아, 이게 이수 조건인가 봐요. ㉤ 그럼 제가 6번의 상담을 받고 금연보조제를 12주 동안 매일 투약한다면 인센티브를 받을 수 있겠네요."

① ㉠ ② ㉡ ③ ㉢
④ ㉣ ⑤ ㉤

28 **다음은 가축분뇨의 관리 및 이용에 관한 법률의 일부이다. 이에 부합하는 행위를 [보기]에서 모두 고른 것은?**

> 제7조의2(타인 토지에의 출입 등) ① 농림축산식품부장관, 환경부장관, 시 · 도지사, 특별자치시장 또는 특별자치도지사는 가축분뇨실태조사를 위하여 필요하면 관계 공무원에게 해당 지역 또는 그 지역에 인접한 타인의 토지에 출입하게 하거나 조사에 필요한 최소량의 시료(試料)를 채취하게 할 수 있으며, 특히 필요한 경우에는 수목, 그 밖의 장애물(이하 "장애물 등"이라 한다)을 제거하거나 변경할 수 있다.
>
> ② 제1항에 따라 타인의 토지에 출입하려는 사람은 미리 해당 토지의 점유자에게 통지하여야 하며, 타인의 토지를 사용하거나 장애물 등을 제거 또는 변경하려는 경우에는 미리 소유자 및 점유자에게 통지하고 그 의견을 들어야 한다. 다만, 미리 통지하기 곤란한 때에는 해당 토지를 관할하는 읍 · 면사무소 또는 동 주민센터의 게시판, 「신문 등의 진흥에 관한 법률」에 따른 일반 일간신문, 공보 또는 방송 등을 통하여 공고하고, 인터넷 홈페이지에도 공고하는 방법에 따라 통지할 수 있다.
>
> ③ 해 뜨기 전 또는 해 진 후에는 해당 토지의 점유자의 승인 없이 택지 또는 담장이나 울타리로 둘러싸인 타인의 토지에 출입할 수 없다.
>
> ④ 토지의 점유자는 정당한 사유 없이 제1항에 따른 출입 또는 사용을 거부 또는 방해하여서는 아니 된다.
>
> ⑤ 제1항에 따라 타인의 토지에 출입하려는 사람은 그 권한을 표시하는 증표를 지니고 토지 점유자의 요구가 있을 때에는 이를 보여주어야 한다.

보기

ㄱ 관할 읍 · 면사무소 또는 동 주민센터의 장(長)은 필요한 경우 관계 공무원에게 타인의 토지 내에 있는 수목을 제거하도록 명할 수 있다.

ㄴ 미리 토지 점유자에게 통지한 경우, 공무원은 농기계 보유 현황 파악을 위하여 타인의 토지에 출입할 수 있다.

ㄷ 토지 점유자에게 토지 출입에 대해 통지한 것을 확인했더라도 항상 공무원의 출입이 가능한 것은 아니다.

ㄹ 타인의 토지에 출입하고자 하는 공무원이 증표를 지니고 있지 않더라도 가축분뇨실태조사의 목적인 경우에는 출입이 가능하다.

① ㄷ　② ㄹ　③ ㄱ, ㄷ
④ ㄴ, ㄹ　⑤ ㄱ, ㄴ, ㄷ

[29~30] 다음은 LH 한국토지주택공사의 주요 사업 중 하나인 도시재생뉴딜에 관한 자료이다. 이를 바탕으로 이어지는 질문에 답하시오.

도시재생뉴딜의 목표

- **주거복지 실현**: 환경이 열악한 노후 주거지를 정비하여 생활 인프라를 확충하고, 저렴한 공적 임대주택 공급
- **도시 경쟁력 회복**: 쇠퇴한 구도심에 혁신 거점공간을 조성하고 도시기능을 재활성화시켜 도시의 경쟁력 회복
- **사회 통합**: 주민참여 거버넌스를 구축하여 이익의 선순환 구조를 정착시키고 소유주와 임차인, 사업주체와 주민 간 상생 유도
- **일자리 창출**: 업무, 상업, 창업 등 다양한 일자리 공간을 제공하고, 도시재생 경제 조직 등 지역 기반의 지속 가능한 일자리 창출

[표1] 사업 유형

사업 유형	사업 내용
우리동네 살리기 (소규모 주거)	생활권 내에 도로 등 기초 기반 시설은 갖추고 있으나 인구 유출, 주거지 노후화로 활력을 상실한 지역에 대해 소규모 주택 정비 사업 및 생활편의 시설 공급 등으로 공동체 회복
주거지 지원형 (주거)	원활한 주택 개량을 위해 골목길 정비 등 소규모 주택 정비의 기반을 마련하고, 소규모 주택 정비 사업 및 생활편의 시설 공급 등으로 주거지 전반의 여건 개선
일반근린형 (준주거)	주거지와 골목상권이 혼재된 지역 대상으로 주민공동체 활성화와 골목상권 활력 증진을 목표로 주민 공동체 거점 조성, 마을가게 운영, 보행 환경 개선 등을 지원하는 사업
중심시가지형 (상업)	원도심의 공공서비스 저하와 상권의 쇠퇴가 심각한 지역을 대상으로 공공기능 회복과 역사·문화·관광과의 연계를 통한 상권의 활력 증진 등을 지원하는 사업
경제기반형 (산업)	국가·도시 차원의 경제적 쇠퇴가 심각한 지역을 대상으로 복합앵커시설 구축 등 신(新)경제거점을 형성하고 일자리를 창출하는 사업

[표2] 사업 유형별 특징

구분	주거재생형		일반근린형	중심시가지형	경제기반형
	우리동네 살리기	주거지 지원형			
법정 유형	–	근린재생형			경제기반형
기존 사업 유형	(신규)	일반근린형		중심시가지형	경제기반형
사업추진·지원 근거	국가균형발전 특별법	도시재생 활성화 및 지원에 관한 특별법			
활성화 계획 수립	필요시 수립	수립 필요			
사업 규모 (권장 면적)	소규모 주거 (5만 m^2 이하)	주거 (5만~10만 m^2)	준주거/골목상권 (10만~15만 m^2)	상업, 지역상권 (20만 m^2 내외)	산업, 지역경제 (50만 m^2 내외)

대상 지역	소규모 저층 주거밀집지역	저층 주거밀집지역	골목상권과 주거지	상업, 창업, 역사, 관광, 문화 예술	역세권, 산단, 항만 등
국비지원 한도/집행 기간	50억 원/3년	100억 원/4년	100억 원/4년	150억 원/5년	250억 원/6년
기반 시설 도입	주차장, 공동 이용 시설 등 생활편의 시설	골목길 정비, 주차장, 공동 이용 시설 등 생활편의 시설	소규모 공공·복지·편의 시설	중규모 공공·복지·편의 시설	중규모 이상 공공·복지·편의 시설

29 다음 [대화] 중 도시재생뉴딜 정책의 목표에 대한 설명으로 옳지 않은 것은?

대화

A: "혹시 도시재생뉴딜 정책이라고 들어본 적 있어?"

B: "당연하지."

A: "난 이번에 처음 들어봤는데 너무 좋더라고. ㉠ 요즘 지방의 쇠퇴한 구도심들이 많잖아. 그곳을 거점공간으로 되살린다면 지방 도시들의 경쟁력을 다시 확보하는 데 큰 도움이 될 것 같아. 그리고 ㉡ 거점공간이 활성화되면 많은 일자리가 생길 거고 도시재생뉴딜이 끝난 후에도 지속적인 관리를 위한 경제 조직 일자리도 창출 가능할 것 같아."

B: "그것뿐만이 아니야. ㉢ 새롭게 조성될 신도시 기획에 동참하여 주민 편의형 신도시 개발에도 도시뉴딜 정책이 앞장서고 있고, 이와 더불어 ㉣ 낡아서 살기 어려운 주거지들을 고쳐서 살기 좋은 환경으로 만들고 여기에 시세보다 저렴하게 임대주택을 공급하기도 한대. 그리고 이 과정에서 ㉤ 해당 지역 주민들의 참여를 높일 수 있는 장치를 마련하여 소유주, 임차인 등 다양한 이해관계로 묶여 있는 사람들이 상생할 수 있는 구조를 만들기도 한대."

A: "오, 그렇구나. 들으면 들을수록 정말 도시재생뉴딜 정책은 좋은 취지의 제도인 것 같아. 이러한 내용이 잘 드러날 수 있도록 사업이 추진되면 좋을 것 같아."

① ㉠　② ㉡　③ ㉢
④ ㉣　⑤ ㉤

30 다음 [보기]를 바탕으로 할 때, (가)와 (나)의 사업유형이 바르게 짝지어진 것은?

보기

예산군은 지난 2019년 상반기와 하반기 각각 [(가)]와(과) [(나)] 도시재생뉴딜 사업 공모에 선정돼 다양한 사업을 추진해오고 있다. 우선 상반기에 예산군 주교1리를 대상지로 하는 [(가)] 도시재생사업은 총사업비 92억 원 규모로 커뮤니티 센터, 게스트하우스 및 이음 창작소 등의 거점시설을 조성할 계획이다. 국비는 총사업비의 54% 수준으로 지원 한도를 채워서 지원하는 것으로 결정되었다. 예산3리의 [(나)] 도시재생사업은 군과 LH가 공동으로 시행하는 '(구)예산군청 행복주택 건립사업'과 커뮤니티 센터, 돌봄문화종합센터 및 청년창업소 등의 거점시설 조성 사업이 총 8만 m^2 규모로 추진 중에 있다. 지난해 행복주택 건립이 완료됐으며, 커뮤니티 센터 조성사업은 지난해 10월 착공했다. 돌봄문화종합센터 및 청년창업소 조성사업은 실시설계와 함께 제반되는 행정절차를 이행 중에 있으며, 4월 착공해 2023년 상반기 내 완료할 계획이다. 예산3리도 마찬가지로 예산3리 도시재생현장지원센터가 주도해 주민들의 자생력 강화를 위해 역량강화 교육 및 주민공모 사업 등을 진행하고 있다.

	(가)	(나)
①	우리동네 살리기	주거지지원형
②	우리동네 살리기	일반근린형
③	일반근린형	중심시가지형
④	일반근린형	주거지지원형
⑤	중심시가지형	경제기반형

31 **L기업의 인사팀은 신입사원을 대상으로 행사를 진행하려고 한다. 다음 [조건]과 [표]에 따라 가장 저렴한 케이터링 업체를 선정하고자 할 때, 선정될 업체로 적절한 것은?**

조건

- 입사 예정인 신입사원은 250명이며, 이 중 90%가 행사에 참석하여 식사한다.
- 신입사원을 제외하고 인사팀 직원 12명과 행사에서 강사를 맡은 기타 임직원 8명이 행사에 참석한다.
- 케이터링 주문은 참석 인원을 기준으로 20%를 여유분으로 하여 주문한다.
- 필요한 총비용은 (인당 재료비×주문 인원수)+(인당 인건비×출장 인원수)이며, 업체의 할인율을 반영하여 계산한다.

[표] 업체별 현황

업체	인당 재료비	출장 인원 인당 인건비	출장 인원	할인 조건
A	15,000원	150,000원	3명	250인분 이상 주문 시, 재료비 5% 할인
B	14,000원	180,000원	5명	200인분 이상 주문 시, 총비용의 8% 할인
C	13,000원	200,000원	4명	300인분 이상 주문 시, 총비용의 10% 할인
D	15,500원	200,000원	3명	200인분 이상 주문 시, 재료비 10% 할인
E	16,000원	120,000원	5명	230인분 이상 주문 시, 인건비 받지 않음

① A업체　② B업체　③ C업체
④ D업체　⑤ E업체

32 다음 글을 근거로 판단할 때, 뉴욕에 가는 승객이 K서비스를 이용할 수 있는 항공사와 수속 시각이 바르게 짝지어진 것은?

K서비스는 국제선을 이용하는 고객이 인천국제공항 외 서울 도심에서 탑승 수속과 출국 심사를 먼저 받을 수 있는 서비스이다. 인천국제공항에서 수속하면 사람이 많을 경우 시간이 오래 걸리지만, K서비스를 이용한다면 시간을 단축할 수 있다는 장점이 있다.

다만 아직 모든 항공사에 적용되는 것은 아니므로 아래 표를 참고하여 이용해야 한다. 서비스를 제공하는 항공사가 계속해서 증가하고 있으므로 조만간 더 많은 고객들이 이용할 수 있을 것이다.

K서비스 이용 항공사

- 1터미널: v항공사, w항공사, x항공사, y항공사, z항공사
- 2터미널: a항공사, b항공사, c항공사

K서비스의 탑승 수속은 24시간 운영하지 않는다. a항공사와 b항공사의 경우 05:20~18:30, 나머지의 경우에는 05:10~18:00 운영한다. 또한 K서비스가 서울 도심에서 이뤄지기 때문에 1터미널의 경우 비행 출발 5시간 전에 수속이 시작되어 3시간 전 마감, 2터미널의 경우 5시간 20분 전에 시작되어 3시간 20분 전에 수속이 마감된다.

[표] 항공사별 뉴욕행 비행기 출발 시각

항공사	출발 시각
a	21:10
b	08:50
c	08:50
v	08:10
w	22:00
x	20:50
y	22:00
z	08:00

	항공사	수속 시각
①	v항공사	05:00
②	a항공사	17:45
③	w항공사	16:30
④	b항공사	05:40
⑤	y항공사	19:00

33 **다음은 주택용 전력에 관한 자료이다. 주어진 내용과 [조건]을 바탕으로 할 때, △△이네 7월의 전기 요금으로 옳은 것은?**

주택용 전력(저압)

- 주거용 고객(아파트 고객 포함), 계약전력 3kW 이하의 고객
- 독신자 합숙소 또는 집단 주거용 사회복지시설로서 주택용 전력의 적용을 희망하는 경우 적용
- 주거용 오피스텔 고객
- 전기 요금: (기본 요금)+(사용 전력량)×(전력량 요금)

■ 하계(7. 1.~8. 31.)

구간		기본 요금(원/호)	전력량 요금(원/kWh)
1	300kWh 이하 사용	910	98.1
2	301~450kWh	1,600	192.7
3	451~1,000kWh	7,300	285.4
4	1,000kWh 초과	7,300	704.5

※ 301kWh 사용 시 요금: 1,600+(98.1×300)+(192.7×1)

■ 기타 계절(1. 1.~6. 30., 9. 1.~12. 31.)

구간		기본 요금(원/호)	전력량 요금(원/kWh)
1	200kWh 이하 사용	910	93.2
2	201~400kWh	1,600	187.8
3	400kWh 초과	7,300	280.5

조건

1. △△이네 6월 소비 전력량
   - 냉장고/김치냉장고: 35.9kWh/12.9kWh
   - 에어컨/선풍기: 77.4kWh/9.2kWh (에어컨, 선풍기 같은 시간 사용)
   - 전기밥솥: 32.5kWh (하루 3시간, 30일 사용)
   - 세탁기: 9.8kWh (하루 1시간, 30일 사용)
   - TV: 21.3kWh
   - 청소기: 9.1kWh
   - 기타: 12.8kWh
2. 7월 소비 전력량은 에어컨과 선풍기가 각각 20%, 30% 증가하였으며 전기밥솥은 10% 감소하였다. 나머지는 동일하다.
3. 소비 전력량과 전기 요금 계산 시 소수점 이하 첫째 자리에서 반올림한다.

① 23,451원　② 23,659원　③ 24,062원
④ 24,439원　⑤ 25,720원

34 H사 영업팀에서는 다음 자료를 바탕으로 해외 출장 인원을 선정하려고 한다. 해외 출장 인원으로 선정된 직원이 <u>아닌</u> 것은?

- 해외 출장에 다녀올 인원은 총 4명이다.
- 영업 실적 점수가 높은 직원 순으로 선발하되, 아래 조건을 모두 만족해야 한다.
  - 적어도 한 명의 과장이 출장 인원에 포함되어야 한다.
  - 대리가 선정되는 경우 해당 팀의 과장이 함께 출장을 가야 한다.
  - 같은 팀의 과장 이상 직원이 2명 이상 출장을 갈 수 없다.
  - 어학 능력이 '중' 이상인 경우에만 출장을 갈 수 있고, 출장을 가는 직원 중 적어도 한 명의 어학 능력은 '상'이어야 한다.
  - 영업팀의 과장, 대리급 직원의 정보는 다음과 같다.

직원	부서	직위	영업 실적	어학 능력
A	영업1팀	과장	85점	중
B	영업2팀	대리	89점	하
C	영업2팀	과장	94점	중
D	영업1팀	과장	82점	상
E	영업1팀	대리	86점	중
F	영업3팀	대리	90점	상
G	영업1팀	대리	91점	중
H	영업2팀	대리	95점	하
I	영업3팀	과장	93점	중
J	영업3팀	과장	92점	중

① A ② C ③ D
⑤ G ⑤ I

[35~36] 다음 [표]는 A, B지역의 교통수단별 소요시간 및 교통비에 관한 자료이다. 이를 바탕으로 이어지는 질문에 답하시오.

[표1] A, B지역 내 교통수단별 소요시간 및 교통비

A지역				B지역			
구간	이동방법	소요시간(분)	교통비(원)	구간	이동방법	소요시간(분)	교통비(원)
본사~기차역	ⓐ	40	1,700	지사~기차역	ⓐ	25	1,600
	ⓑ	30	1,900		ⓑ	20	1,500
	ⓒ	15	7,000		ⓒ	15	3,200
본사~버스터미널	ⓐ	30	1,600	지사~버스터미널	ⓐ	20	1,400
	ⓑ	25	1,400		ⓑ	20	1,600
	ⓒ	20	3,600		ⓒ	25	4,000
본사~공항	ⓐ	20	1,400	지사~공항	ⓐ	15	1,100
	ⓑ	15	1,400		ⓑ	15	1,300
	ⓒ	15	2,800		ⓒ	10	2,500

[표2] A, B지역 간 교통수단별 소요시간 및 교통비

구간	교통수단	소요시간(분)	교통비(원)	비고
A지역~B지역	기차	120	45,000	—
	버스	250	27,000	상시 정체로 1시간 지연
	비행기	65	60,000	탑승 수속에 35분 소요

35 **A지역 본사에 근무 중인 정 사원이 오전 10시에 본사에서 출발하여 오후 3시에 B지역 지사에서 진행하는 회의에 참석하고자 한다. 최단 시간으로 이동할 수 있는 방법으로 옳은 것은?**(단, 소요시간이 같을 경우 교통비가 적게 드는 방법을 우선으로 한다.)

① ⓐ 방법으로 기차역 도착, 기차로 이동한 후 ⓑ 방법으로 지사 도착
② ⓑ 방법으로 버스터미널 도착, 버스로 이동한 후 ⓒ 방법으로 지사 도착
③ ⓒ 방법으로 공항 도착, 비행기로 이동한 후 ⓑ 방법으로 지사 도착
④ ⓑ 방법으로 공항 도착, 비행기로 이동한 후 ⓒ 방법으로 지사 도착
⑤ ⓒ 방법으로 공항 도착, 비행기로 이동한 후 ⓐ 방법으로 지사 도착

36 **정 사원이 B지역 지사에서 오후 3시부터 1시간 동안 회의를 한 후 오후 7시까지 A지역 본사로 돌아올 때, 최저 교통비로 옳은 것은?**

① 34,600원
② 48,200원
③ 48,800원
④ 50,400원
⑤ 51,000원

[37~38] 다음은 장기요양급여 비용에 관한 자료이다. 이를 바탕으로 이어지는 질문에 답하시오.

장기요양급여 비용의 재가급여는 월 한도액 안에서 제공되며, 시설급여는 월 한도액이 없다. 또한 수급자 유형과 급여 종류에 따라 장기요양급여 비용 일부를 본인이 부담해야 한다. 수급자 유형에 따른 본인부담률과 등급별 월 한도액 및 급여비용은 다음과 같다.

[표1] 수급자 유형별 본인부담률 (단위: %)

수급자 유형	일반	40% 감경	60% 감경	기초생활
재가급여	15	9	6	0
시설급여	20	12	8	

※ (본인부담금)=(총급여비용)×(본인부담률)

[표2] 등급별 재가급여([표3]~[표6] 해당)의 월 한도액 (단위: 원)

구분	1등급	2등급	3등급	4등급	5등급	인지등급
월 한도액	1,672,700	1,486,800	1,350,800	1,244,900	1,068,500	597,600

※ 월 한도액을 초과할 경우 초과 금액은 전액 수급자 본인이 부담

[표3] 방문요양급여 비용(방문당) (단위: 원)

구분	30분 이상	60분 이상	90분 이상	120분 이상	150분 이상	180분 이상	210분 이상	240분 이상
급여비용	15,430	22,380	30,170	38,390	44,770	50,400	56,170	61,950

[표4] 방문목욕급여 비용(방문당) (단위: 원)

구분	방문목욕차량 이용 (차량 내 목욕)	방문목욕차량 이용 (가정 내 목욕)	방문목욕차량 미이용
급여비용	78,580	70,850	44,240

[표5] 방문간호급여 비용(방문당) (단위: 원)

구분	30분 미만	30분 이상 60분 미만	60분 이상
급여비용	37,840	47,450	57,090

※ 수급자 유형에 관계없이 본인부담률 15% 적용
※ 방문간호급여 비용은 월 한도액 산정 시 제외

[표6] 주 · 야간보호급여 비용(1일당) (단위: 원)

구분	1등급	2등급	3등급	4등급	5등급	인지등급
3시간 이상	36,950	34,210	31,580	30,140	28,700	28,700
6시간 이상	49,530	45,880	42,350	40,910	39,450	39,450
8시간 이상	61,600	57,070	52,690	51,250	49,790	49,790
10시간 이상	67,870	62,870	58,080	56,620	55,180	49,790
13시간 초과	72,780	67,420	62,280	60,840	59,400	49,790

[표7] 시설급여 비용(1일당) (단위: 원)

구분	1등급	2등급	3~5등급
노인요양시설	74,850	69,450	64,040
공동생활가정	65,750	61,010	56,240

[표8] 의사소견서 및 방문간호지시서 발급 비용(1회당) (단위: 원)

구분	의사소견서	치매 진단	방문간호지시서	
			대상자가 의료기관 방문	의사가 가정 방문
의료기관	39,640	55,730	21,080	66,480
보건소	24,800	44,820	5,610	12,110

※ 본인부담금 없음

37 **다음 [보기]를 바탕으로 할 때, C씨의 8월 본인부담금으로 옳은 것은?**

보기

C씨의 장기요양등급은 2등급, 일반 수급자이며 1월부터 매일 시설급여(노인요양시설)를 받고 있다. 또한 8월 중 의료기관에 방문하여 방문간호지시서를 1회 발급받았다.

① 312,525원
② 322,943원
③ 416,700원
④ 430,590원
⑤ 431,712원

38 **다음 [보기]를 바탕으로 할 때, D씨의 8월 본인부담금으로 옳은 것은?**

보기

D씨의 장기요양등급은 4등급, 60% 감경 수급자이며 재가급여를 받고 있다. D씨는 8월 한 달 동안 5시간짜리 방문요양 10회, 방문목욕차량 내에서 방문목욕 10회, 방문간호 1시간짜리 10회를 이용하였다.

① 118,572원
② 160,329원
③ 169,953원
④ 269,348원
⑤ 320,729원

39 **다음 [보기]를 바탕으로 할 때, 3분기에 추가 생산 시 A사와 B사의 수익의 합이 가장 큰 제품으로 바르게 짝지어진 것은?**

보기

A사와 B사는 동일한 제품을 생산하는 경쟁사로서 각 기업이 추가로 제품을 생산할 때, 각 기업의 이익과 손실이 어떻게 분배되는지를 예측할 수 있다. 즉, 기업들이 동시에 어떤 제품을 생산할지를 결정했을 때, 그 선택이 서로의 수익에 영향을 준다는 것이다.

예를 들어, A사와 B사가 동시에 X제품을 추가 생산했을 때, A사는 6억의 손실(−6억), B사는 8억의 수익(+8억)이 발생한다. 한마디로 시장에서 X제품은 A사가 불리하고, B사가 유리한 상황임을 알 수 있다.

[표1] 추가 생산 제품 수익체계 (단위: 억 원)

구분		B사		
		X제품	Y제품	Z제품
A사	X제품	(−6, 8)	(6, −5)	(7, −4)
	Y제품	(5, −7)	(−1, 3)	(5, −3)
	Z제품	(9, −6)	(−2, 4)	(−13, 13)

A사와 B사는 각 시기별로 제품에 따라 매출의 증감률이 달라질 수 있다. 즉, 제시된 시기에 각 제품의 현재 손실 또는 수익인 상태에 따라 증감률만큼 손실이 증가하거나 수익이 증가한다는 것이다.

예를 들어 1분기에 A사와 B사가 동시에 X제품을 추가 생산했을 때, A사는 9억의 손실(−6억 ×1.5), B사는 12억의 수익(8억×1.5)이 발생한다.

[표2] 분기별 매출 증감률 (단위: %)

구분	1분기	2분기	3분기	4분기
X제품	50	50	50	0
Y제품	0	50	100	0
Z제품	100	0	50	100

	A사	B사
①	X제품	Y제품
②	Y제품	X제품
③	Z제품	Y제품
④	Y제품	Z제품
⑤	Y제품	Y제품

40 다음 [보기]에서 수익을 최대로 하기 위해 재배할 수 있는 원두 A와 원두 B의 양으로 적절한 것은?

보기

어느 도시의 커피 농장에서는 원두 A와 원두 B를 수확한다. 원두를 재배하는 데 수확비용은 300만 원, 노동시간은 60시간을 초과할 수 없다. 이때, 원두 A 1포대(100kg)와 원두 B 1포대(100kg)를 수확하는 데 드는 수확비용과 노동시간, 예상되는 수익은 다음과 같다.

구분	수확비용(만 원)	노동시간(시간)	예상 수익(천 원)
원두 A	20	6	50
원두 B	30	4	60

	원두 A	원두 B
①	500kg	600kg
②	600kg	500kg
③	600kg	600kg
④	700kg	600kg
⑤	600kg	700kg

MEMO

내가 꿈을 이루면
나는 누군가의 꿈이 된다.

– 이도준

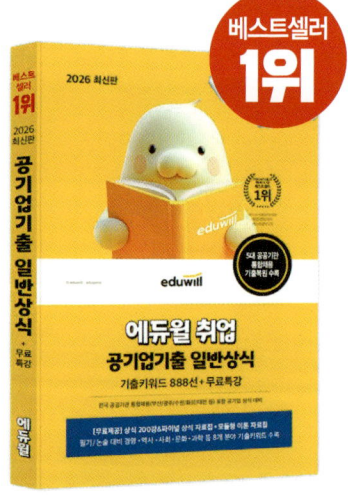

2026 최신판

eduwill

에듀윌 공기업
[2주완성] NCS 통합 기본서

실전모의고사 5회분+무료특강

정답과 해설

에듀윌 공기업

[2주완성]
NCS 통합 기본서

정답과 해설

eduwill

PART 0

실력진단 테스트

실력진단 테스트									1권 P. 30
01	③	02	③	03	③	04	⑤	05	②
06	②	07	③	08	③	09	③	10	③
11	①	12	③	13	③	14	②	15	④
16	②	17	①	18	③	19	②	20	③

01 의사소통능력(주제/제목 찾기) 정답 | ③

오오타 크리에이티브 타운은 연대와 협력을 통해 쇠퇴하는 공업 지역을 되살린 사례이고, 호스텔 첼리차는 감옥일 때의 건물 모습과 역사성을 최대한 살려 청년들을 위한 문화 공간과 호텔을 만든 사례이다. 필자는 이처럼 오래된 것을 되살리는 일을 가치 있게 보고 있으므로, 두 사례를 바탕으로 오래된 건물과 장소를 되살리는 일이 진정한 건축이자 도시 설계라는 주제를 이끌어 낼 수 있다.

오답풀이

① 두 가지 사례만으로는 오래된 건물과 장소를 없애면 안 된다는 주장을 이끌어 내기 어려우며, 오래된 건물과 장소를 되살리는 것에 초점이 있으므로 적절하지 않다.

② 오래된 구조물을 잘 살려서 오래 쓰고 있는 사례만 제시되어 있을 뿐 새로 지은 건물에 대해서는 언급하고 있지 않으므로 적절하지 않다.

④ 주어진 두 가지 사례 모두가 아니라 군대 감옥을 개조하여 호스텔 첼리차를 만든 사례만을 바탕으로 이끌어 낼 수 있는 주제이다.

⑤ 도시 재개발이라는 사회적 문제가 제시되어 있지 않으므로 글을 통해 이끌어 낼 수 없는 주제이다.

02 의사소통능력(어휘/어법) 정답 | ③

정보를 손상시킨다는 의미로 '훼손'이 쓰이는 것이 옳다. 방화벽과 침입탐지 시스템은 여러 가지 보안 시스템이므로 어느 것이 선택되어도 차이가 없는 일이다. 따라서 보조사 '든지'를 사용하는 것이 옳다. 몇 개의 날이라는 의미로 '며칠'이 옳으며, '몇일'은 '며칠'의 잘못된 표현이다.

오답풀이

- '–던지'는 지난 일을 회상할 때 쓰는 연결 어미이다. 여기서 '수정하던지'는 나열된 동작이나 상태, 대상들 중에서 어느 것이든 선택될 수 있음을 나타내는 '–든지'와 결합하여 '수정하든지'로 쓰여야 한다.
- '웬지'는 '왜 그런지 모르게 또는 뚜렷한 이유도 없이'라는 의미인 '왠지'의 잘못된 표현이다.
- '바램'은 '색이 바래다'의 명사형이다. 주어진 글에서는 접근하길 원한다는 의미로 쓰였으므로 '바람'이라고 써야 적절하다.
- '어떡게'는 '어떻게'의 잘못된 표현이다.

03 의사소통능력(문단 배열) 정답 | ③

주어진 글에서는 신재생에너지 중에서도 태양광 에너지에 대해 다루고 있다. 따라서 태양광 시장에 대해서 언급한 다음 태양전지의 추세를 수치를 들어 상세하게 설명하는 순서로 연결되는 것이 자연스럽다. 따라서 '[다] 태양광발전 시스템의 설치량 증가 추세와 더불어 향후 세계 태양광 시장은 꾸준히 증가할 것–[마] 발전용 태양광 시장뿐만 아니라 신규시장 창출도 확대된 것으로 예측됨–[나] 2011년 시장 성장률 감소가 발생하였으나 해소되는 조짐을 보이고 있음–[가] 구체적인 태양전지 시장 전망(결정질 실리콘 태양전지 중심, 박막 태양전지 시장은 서서히 성장 예측)–[라] 박막 태양전지가 갖고 있는 과제'의 순서로 연결된 ③이 정답이다.

오답풀이

①, ② 태양광 시장에 대한 내용이 가장 포괄적인 부분이므로 [다]가 첫 문단으로 들어가는 것이 적절하다. 첫 번째 문단으로 시장 성장률 감소가 언급되는 것은 적절하지 않다.

④ 태양광 시장의 증가 추세를 언급한 다음 바로 신규시장을 연결하여 언급하는 것이 적절하다.

⑤ 박막 태양전지에 대한 내용을 가장 서두에 언급하는 것은 글의 짜임상 맞지 않다.

04 의사소통능력(일치/불일치) 정답 | ⑤

[가] 문단의 '폴리실리콘 가격의 하락 및 수급 불균형에 따라 결정질 실리콘 태양전지/모듈의 가격이 급락하면서 박막 태양전지 시장 규모가 다시 축소되고 있

는 상황이다.'를 통해 폴리실리콘 가격의 하락과 수급 불균형이 나타나면서 박막 태양전지 시장 규모가 축소되었음을 알 수 있으므로 적절하지 않다.

오답풀이

① [나] 문단의 '2011년을 기점으로 한 시장 성장률 감소의 원인은 태양광 시장의 수요-공급 불일치에 따른 구조조정과 최근 발생한 유럽발 경제 위기이다.'를 통해 확인할 수 있다.
② [가] 문단의 내용을 통해 확인할 수 있다.
③ [라] 문단의 '박막 태양전지는 비정질 실리콘계, CIGS계, CdTe, DSSC, OPV 등으로 구분된다.'를 통해 확인할 수 있다.
④ [다] 문단의 '태양광 시장은 최근 폭발적인 연간 성장률(85% 이상)을 나타내며 급성장하여 왔고 2013년 들어 약 40GW의 시장규모에 이르렀다. 2012년의 일시적인 설치량 감소를 제외하고는 2006년부터 시작된 태양광발전 시스템의 설치량 증가 추세는 여전히 지속되고 있다.'를 통해 확인할 수 있다.

05 의사소통능력(빈칸 추론) 정답 | ②

주어진 글에서는 다윈의 '진화론'에 관한 일반적인 오해를 소개한 뒤 그러한 오해를 반박하면서 다윈이 주목한 변이의 다양성을 소개하고 있다. 다윈은 생물체의 변이가 점차 환경에 더 잘 적응된 방식으로 변화하는 방향으로 이루어진다고 하며, 갈라파고스 핀치 연구를 통해 생물체가 살아남은 원동력이 환경에 적응하며 얻게 된 다양성임을 주장하고 있다. 따라서 이 글의 결론 부분에 해당하는 빈칸에는 진화의 가장 큰 무기는 경쟁이 아니라 다양성의 증가라는 내용이 들어가야 한다.

오답풀이

① 생물체가 살아남은 원동력을 환경에 적응하며 얻게 된 다양성이라고 볼 수 있을 뿐, 공생이 진화의 원동력임을 추론할 만한 근거는 주어진 글에 제시되어 있지 않으므로 빈칸에 들어갈 내용으로 적절하지 않다.
③ 진화의 가장 큰 무기가 경쟁이 아니라는 점을 말하고는 있지만, 이것만으로는 진화론이 공존의 논리에 바탕을 두고 있다는 결론을 이끌어 내기 어려우므로 빈칸에 들어갈 내용으로 적절하지 않다.
④ 생물 종이 경쟁을 피할 수 없는 것은 맞지만 이 글에서는 갈라파고스 핀치의 사례에서 알 수 있듯 생물체가 최대한 경쟁을 피하기 위해 다양성을 추구했다는 점에 초점을 맞추고 있으므로 빈칸에 들어갈 내용으로 적절하지 않다.
⑤ 다윈은 진화론을 근거로 변이의 다양성을 설명한 것이 아니라, 변이의 다양성과 관련된 사례를 근거로 진화론을 주장한 것이므로 빈칸에 들어갈 내용으로 적절하지 않다.

시간관리 TIP

빈칸에 들어갈 내용을 추론하는 문제를 풀 때는 빈칸이 글의 어느 부분에 위치하고 있는지를 주목해야 한다. 빈칸이 글의 서두 부분에 있다면 글에서 다루게 될 내용을, 빈칸이 글의 끝부분에 있다면 글의 주제나 결론에 해당하는 내용을 우선적으로 찾으면 된다.

06 수리능력(응용수리) 정답 | ②

첫 번째 소금물의 소금의 양은 $\frac{25}{100}\times300=75$(g)이다. 두 번째 소금물은 첫 번째 소금물에서 물의 양만 50g 줄어들어 소금물의 양은 250g, 소금의 양은 75g이다. 세 번째 소금물에서 첨가한 소금물의 소금의 양은 $\frac{30}{100}\times150=45$(g)이므로 세 번째 소금물의 양은 $250+150=400$(g), 소금의 양은 $75+45=120$(g)이다.
네 번째 소금물은 세 번째 소금물에 물 100g을 첨가한 것이므로 소금물의 양은 $400+100=500$(g), 소금의 양은 120g이 되어 농도는 $\frac{120}{500}\times100=24$(%)이다.

시간관리 TIP

소금의 양과 소금물의 양을 분리하여 생각하면, 네 번째 소금물의 소금의 양은 첫 번째 소금물에 들어 있는 75g에서 세 번째 소금물에서 45g이 추가된 $75+45=120$(g)이다. 소금물의 양은 $300-50+150+100=500$(g)이다. 따라서 네 번째 소금물의 농도는 $\frac{120}{500}\times100=24$(%)이다.

07 수리능력(응용수리) 정답 | ③

김 대리가 평균 80km/h의 속력으로 이동하였으므로 김 대리가 K지점에 도착한 시간은 출발한 후 $\frac{200}{80}=2.5$(시간)이다. 한편, 이 대리는 김 대리보다 30분 늦게 도착하였으므로 이 대리가 K지점에 도착한 시간은 출발한 후 3시간이고, 이 대리가 이동한 거리는 $500-200=300$(km)이다. 따라서 이 대리가 이동한 평균 속력은 $\frac{300}{3}=100$(km/h)이다.

08 수리능력(응용수리) 정답 | ③

주요 스포츠 종목별 2014년과 2018년의 좌석점유율 변화량은 다음과 같다.

- 야구: 57.4% → 47.3%
- 축구: 20.7% → 20.2%
- 농구(남): 62.2% → 58.5%
- 농구(여): 41.0% → 37.9%
- 배구: 26.1% → 54.2%

따라서 배구를 제외한 나머지 4개 종목의 좌석점유율이 모두 낮아진 것을 알 수 있다.

오답풀이

① 전체 관중 수는 경기 수×경기당 평균 관중 수를 통해 구할 수 있다. 2018년 전체 관중 수가 100만 명을 넘는 종목은 720×11,668≒8,400,000(명)인 야구와 228×6,502≒1,480,000(명)인 축구 2개 종목이다.

② 상대적으로 경기 횟수가 적은 축구, 농구(여), 배구를 살펴보면 축구가 266+229+228+228+228=1,179(경기), 농구(여)는 113+112+111+112+112=560(경기)이며, 배구가 210+227+227+229+229=1,122(경기)이므로 5년간 경기 횟수 합계가 가장 적은 두 종목은 농구(여)와 배구이다.

④ 매년 증가하는 배구를 제외한 나머지 종목은 모두 경기당 평균 관중 수의 변동 추이가 증가와 감소를 반복하고 있다.

⑤ 좌석점유율 $=\frac{\text{경기당 평균 관중 수}}{\text{경기장당 평균 수용규모}}\times 100$이다. 따라서 경기장당 평균 수용규모=경기당 평균 관중 수÷(좌석점유율÷100)이다. 따라서 2018년 야구 종목과 농구(남) 종목의 경기장당 평균 수용규모를 계산하면 다음과 같다.

- 2018년 야구 종목의 경기장당 평균 수용규모=11,668÷0.473≒24,668(석)
- 2018년 농구(남) 종목의 경기장당 평균 수용규모=3,188÷0.585≒5,450(석)

농구(남) 종목의 경기장당 평균 수용규모의 5배는 약 27,250석이므로, 야구 종목의 경기장당 평균 수용규모가 이에 미치지 못함을 알 수 있다. 따라서 2018년 야구 종목의 경기장당 평균 수용규모가 농구(남) 종목에 비해 5배 이상 크다는 설명은 옳지 않다.

09 수리능력(자료 계산) 정답 | ③

종목별 4년간 경기당 평균 관중 수와 좌석점유율의 증감 추이를 정리하면 다음과 같다.

구분		2015년	2016년	2017년	2018년
야구	경기당 평균 관중 수	증가	감소	증가	증가
	좌석점유율	감소	감소	감소	증가
축구	경기당 평균 관중 수	증가	감소	증가	감소
	좌석점유율	증가	감소	감소	감소
농구(남)	경기당 평균 관중 수	증가	감소	감소	감소
	좌석점유율	증가	감소	감소	감소
농구(여)	경기당 평균 관중 수	증가	증가	감소	감소
	좌석점유율	증가	감소	증가	감소
배구	경기당 평균 관중 수	증가	증가	증가	증가
	좌석점유율	증가	증가	감소	증가

따라서 2015~2018년 중 경기당 평균 관중 수와 좌석점유율의 증감 추이가 동일한 종목은 농구(남)이다.

10 수리능력(자료 변환) 정답 | ③

③의 경우 2019년 3명 가구 어업경영비가 전년 대비 증가했으나, 그래프에서는 감소했으므로 옳지 않다.

시간관리 TIP

그래프에 자세한 수치가 기재되어 있지 않으므로 증감 추이를 우선적으로 확인하고, 증감 추이가 모두 같을 경우 세로축을 기준으로 수치를 대략적으로 비교한다.

11 문제해결능력(언어추리) 정답 | ①

A가 비가 오는 날에만 출근을 할 경우 A는 내일 비가 온다면 우산을 가지고 출근을 한다. A가 우산을 가지고 출근하는 날에는 B는 출근을 하지 않으므로 A가 내일 출근을 하면 B는 내일 출근을 하지 않는다.

오답풀이

② A가 비가 오는 날에도 출근을 한다면 비가 오지 않는 날에도 출근을 하는 경우가 가능하다. 따라서 A가 출근을 한다고 해서 반드시 비가 오는 것이 아니고, 비가 오지 않는 날에 우산을 가지고 출근하는지는 알 수 없다. 따라서 A가 내일 출근을 한다고 해서 B가 내일 출근을 하지 않는지는 알 수 없다.

③ A는 비가 오지 않는 날에도 출근을 한다면 내일 비가 오지 않고, 우산을 가지지 않고 출근을 하는 경우가 가능하다. 이때 B가 내일 출근을 하지 않는지는 알 수 없다.

④ 내일 비가 오지 않고, A가 비가 오지 않는 날에 출근을 한다면 A가 출근을 한다고 해서 B가 출근을 하지 않는지는 알 수 없다.

⑤ B가 출근을 하지 않은 날 A가 출근을 한다는 것의 대우는 A가 출근을 하지 않으면 B가 출근을 한다이고, 역은 A가 출근한 날 B가 출근을 하지 않는다는 것이다. 명제와 대우는 항상 참, 거짓이 동일하지만 역은 참, 거짓을 알 수 없으므로 옳지 않다.

12 문제해결능력(언어추리) 정답 | ③

A와 E가 모두 1층에 산다고 진술하고 있으므로, 둘 중 최소한 한 사람은 거짓을 말하고 있다. 이에 따라 크게 세 가지 경우로 나누어 살펴볼 수 있다.

1) A, E 모두 거짓을 말하는 경우 나머지 B, C, D는 모두 참을 말할 것이다. 즉 B는 3층, D는 5층, C는 엘리베이터를 타므로 4층인데, 이 경우 A가 C 바로 아래층에 있을 수 없다. 따라서 A, E 모두 거짓일 수는 없다.

2) A가 참, E가 거짓을 말하는 경우 A가 1층에 산다. 만약 C가 참을 말한다면 C는 2층에 사는데, 2층은 엘리베이터를 탈 수 있는 층이 아니므로 모순이다. 즉 C가 거짓, 나머지 B, D는 참이다. A, B, D의 진술을 정리하면 다음과 같다.

1층	2층	3층	4층	5층
A		B		D

C가 2층에 살면 모순이 발생하므로 2층에는 E, 4층에 C가 살아야 한다. 그런데 이 경우에도 E의 일부 진술(한 층 위에 B가 산다)과 C의 일부 진술(나는 엘리베이터를 탄다)이 참이 되므로, 거짓을 말하는 사람의 진술은 모두 거짓이라는 전제에 어긋난다. 따라서 A가 참, E가 거짓을 말한다고 가정할 때는 가능한 경우가 없다.

3) A가 거짓, E가 참을 말하는 경우 E는 1층, B는 2층에 산다. 따라서 B가 거짓이고, 나머지 C, D는 참이다. 가능한 결과를 정리하면 다음과 같다.

1층	2층	3층	4층	5층
E	B	A	C	D

모순이 발생하지 않으므로 4층에 거주하는 사람은 C이다.

13 문제해결능력(상황판단) 정답 | ③

평일에 D과장을 제외한 나머지 세 명의 의사 모두 오전에 진료하는 날이 3일, 오후에 수술하는 날이 3일씩이다. 따라서 오전의 진료 일정과 오후의 수술 일정은 동일하다.

오답풀이

① 평일은 점심시간 이전 3시간 30분, 점심시간 이후가 4시간이며, 접수 가능 시간은 각각 이보다 30분씩 짧은 3시간, 3시간 30분이다.

② 기타 안내사항에 따라 예약 또는 재진 환자의 경우 진료실로 곧바로 찾아가 진료를 받을 수 있다.

④ 이번 달 15일이 수요일이므로 1일도 수요일이다. 따라서 이번 달의 토요일은 4일, 11일, 18일, 25일이다. D과장의 토요일 휴무일은 셋째 주인 18일이므로 15~18일인 병원 내부 공사 일정과 겹친다.

⑤ 둘째 주 토요일에는 B과장이 휴무이므로, A, C, D과장만 출근한다. A, C과장은 진료 또는 수술 일정이 있지만, D과장은 수술 일정만 있으므로 진료가 가능한 의사는 A, C과장 두 명이다.

14 문제해결능력(상황판단) 정답 | ②

이번 달 15일이 수요일이라 했으므로 '이번 달'의 달력을 그려 A과장과 C과장의 오전 수술 일정을 확인해 보면 다음과 같다.

일	월	화	수	목	금	토
			1	2	3	4 C ×
5	6 C	7 A	8 ×	9 A, C	10 ×	11
12	13 C	14 A	15 공사	16 공사	17 공사	18 공사
19	20 C	21 A	22 ×	23 A, C	24 ×	25 A ×
26	27 C	28 A	29 ×	30 A, C	(31)	

수요일과 금요일은 A과장과 C과장이 모두 오전 수술 일정이 없으므로 K씨가 원하는 시간에 수술을 받을 수 없다.

오답풀이

① 공사가 예정되어 있는 18일을 제외하고 4일, 11일, 25일이 수술 가능한 토요일이다.

③ 월요일, 목요일뿐만 아니라 화요일에도 A과장에게 수술을 받을 수 있다.

④ 24일은 금요일로 A과장이나 C과장의 오전 수술 일정이 없으므로 수술을 받을 수 없다.

⑤ 수술인 경우, 진료 후 원무과에 수술 또는 영상 촬영 여부를 알려준 다음 H창구에서 입원 수속을 해야 한다.

15 자원관리능력(물적자원관리능력) 정답 | ④

계란판이 방음벽으로 활용되고, 진흙이 머드팩으로 활용된 것은 원래의 제품에 있던 기능, 모양, 소리, 색상 등을 변형한 것이 아니며, 용도를 다른 것으로 바꾸어 본 아이디어가 적용된 것으로 'Put to other uses'에 해당하는 사례로 볼 수 있다.

오답풀이

① 원료를 다른 것으로 대체하여 탄생한 아이디어이므로 Substitute의 방법을 활용한 것이다.
② 후드티는 티셔츠와 모자가 결합되어 탄생한 아이디어이므로 Combine의 방법을 활용한 것이다. 복사, 프린팅, 팩스, 스캔 등의 기능이 결합된 복합기의 탄생 역시 Combine의 사례로 볼 수 있다.
③ 새가 나는 원리를 이용하여 비행기를 개발한 것은 Adapt의 방법을 활용한 것이다. 민들레 씨의 낙하 모습으로 낙하산을 개발한 것 역시 같은 사례로 볼 수 있다.
⑤ Reverse, Rearrange 방법은 발상의 전환이 필요할 때 유용하다. 사무실이 아닌 곳에서 비대면 방식으로는 업무를 할 수 없을 것이라는 고정관념을 깨고 재택근무의 활성화를 통해 사무실 대신 집에서 사무를 보는 것 등은 재배치 방법이 활용된 것이다.

16 자원관리능력(예산관리능력) 정답 | ②

직접비용과 간접비용의 예시가 모두 옳게 주어진 선택지는 ②뿐이다.

오답풀이

① 시설비는 직접비용의 예이다.
③ 인건비는 직접비용의 예이다.
④ 보험료는 간접비용의 예이다.
⑤ 통신비는 간접비용의 예이다.

찐 모듈이론 TIP

- 직접비용: 재료비, 원료와 장비, 시설비, 여행(출장) 및 잡비, 인건비
- 간접비용: 보험료, 건물관리비, 광고비, 통신비, 사무비품비, 각종 공과금 등

17 자원관리능력(예산관리능력) 정답 | ①

두 지역에 물류창고를 세울 경우의 이동비용을 계산해 보면 다음과 같다.

1) 갑 지역에 세울 경우
A는 5+2=7, B는 4+2×4=12, C는 2+2=4, D는 1+2×2=5, E는 2+2×2=6, F는 3+2×3=9이다. 따라서 이동비용 합계는 7+12+4+5+6+9=43이다.

2) 을 지역에 세울 경우
A는 2+2=4, B는 1+2×2=5, C는 1+2×3=7, D는 2, E는 5+2×4=13, F는 6+2=8이다. 따라서 이동 비용 합계는 4+5+7+2+13+8=39이다.

㉠ 을 지역에 물류창고를 세울 때 39의 이동비용이 들어, 43이 드는 갑 지역에 세울 때보다 A~F의 이동비용 총합이 더 적다.
㉢ B매장의 경우 갑의 이동비용은 12, 을의 이동비용은 5로 차이 7이 발생하며, E매장 역시 갑의 이동비용 6, 을의 이동비용 13으로 차이 7이 발생하므로 최대 이동비용 차이는 7이다.

오답풀이

㉡ 갑 지역에 물류창고를 세울 경우 을 지역에 세우는 것보다 이동비용이 더 적게 드는 매장은 C매장과 E매장으로 총 2곳이다.
㉣ A~C의 이동비용 총합은 갑 지역이 7+12+4=23, 을 지역이 4+5+7=16으로 을 지역일 때는 20 미만이다.

18 자원관리능력(물적자원관리능력) 정답 | ③

대학		총합	결과
갑 권역	A	81	선정
	B	88	선정
	C	78	
을 권역	D	84	선정(전국)
	E	87	선정
	F	92	선정
병 권역	G	90	선정
	H	85	선정
	I	84	
정 권역	J	84	선정(전국)
	K	90	선정
	L	93	선정

계산 결과 갑 권역에서 A, B, 을 권역에서 E, F, 병 권역에서 G, H, 정 권역에서 K, L이 선정된다. 나머

지 C, D, I, J 중 D, I, J의 점수가 동일한데 '수업 및 교육과정 운영, 학생 지원' 항목에서 D, J의 점수가 더 높으므로 D, J가 선정된다.
따라서 우수 대학으로 선정되지 않는 곳은 C, I이다.

19 자원관리능력(인적자원관리능력) 정답 | ②

협조성, 전문지식, 직무의 양은 배점의 만점이 5점이고, 각 등급 간의 점수 차이는 5÷5=1(점)이므로 A등급은 5점, B등급은 4점, C등급은 3점, D등급은 2점, E등급은 1점이다. 성실성, 창의력, 판단력, 직무의 질은 배점의 만점이 10점이고, 각 등급 간의 점수 차이는 10÷5=2(점)이므로 A등급은 10점, B등급은 8점, C등급은 6점, D등급은 4점, E등급은 2점이다. 실적은 배점의 만점이 15점이고, 각 등급 간의 점수 차이는 15÷5=3(점)이므로 A등급은 15점, B등급은 12점, C등급은 9점, D등급은 6점, E등급은 3점이다. 기획력은 배점의 만점이 20점이고, 각 등급 간의 점수 차이는 20÷5=4(점)이므로 A등급은 20점, B등급은 16점, C등급은 12점, D등급은 8점, E등급은 4점이다.
승진 대상자는 가, 다, 마, 아이고, 가, 다, 마, 아의 근무평정점수는 다음과 같다.

(단위: 점)

직원	근태		직무수행능력				근무실적			총점
	성실성	협조성	전문지식	기획력	창의력	판단력	직무의 질	직무의 양	실적	
가	10	4	3	16	4	8	10	4	9	68
다	10	3	2	16	6	10	8	4	15	74
마	6	4	4	12	10	10	6	5	12	69
아	10	4	4	16	10	6	8	3	15	76

따라서 총점이 75점 이상인 직원은 '아'가 유일하므로 '아'만 승진한다.

20 자원관리능력(인적자원관리능력) 정답 | ③

가의 총점은 68점, 다의 총점은 74점, 마의 총점은 69점, 아의 총점은 76점이다. 승진대상자가 아닌 직원들의 근무평정점수는 다음과 같다.

(단위: 점)

직원	근태		직무수행능력				근무실적			총점
	성실성	협조성	전문지식	기획력	창의력	판단력	직무의 질	직무의 양	실적	
나	10	5	4	8	6	10	10	4	9	66
라	8	3	4	16	10	8	8	2	12	71
바	6	5	1	16	8	10	4	4	9	63
사	4	4	5	20	8	6	8	4	12	71

라와 사의 총점이 동일하고, 근무실적 점수는 라가 8+2+12=22(점), 사가 8+4+12=24(점)으로 사가 더 높다.
1위는 아(76점), 2위는 다(74점), 3위는 사(71점), 4위는 라(71점), 5위는 마(69점), 6위는 가(68점), 7위는 나(66점), 8위는 바(63점)이다. 따라서 아는 기본급의 3배, 다와 사는 기본급의 2배, 라와 마는 기본급의 1.5배, 가, 나, 바는 기본급과 동일한 성과급을 지급한다.
승진대상자가 아닌 직원들의 성과급의 합은 420+380×1.5+410+370×2=2,140(만 원)이다.

PART 2

영역별 문제풀이

CHAPTER 01 의사소통능력

STEP 01 | 적중예상문제 2권 P. 12

01	②	02	④	03	②	04	④	05	②
06	④	07	②	08	④	09	③	10	⑤
11	③	12	②	13	⑤	14	①	15	①
16	④	17	③	18	④	19	④	20	①
21	②	22	①	23	④	24	⑤	25	④
26	③	27	⑤	28	⑤	29	③	30	③
31	⑤	32	⑤	33	⑤	34	①	35	①
36	②	37	⑤	38	②	39	④	40	③
41	④	42	②	43	④	44	①	45	④
46	③	47	①	48	④	49	①	50	④

01 모듈이론 정답 | ②

공문서에서 날짜를 작성하여야 할 경우 연월일의 글자는 생략하고 그 자리에 마침표를 찍어 표시한다. 종종 날짜 뒤에 괄호가 사용되는 경우에도 마침표는 표시되어야 하며 이러한 경우 마침표는 괄호 앞에 표시된다. 따라서 ㉡ 2025년 3. 29(월)은 '2025년 3. 29(월).'이 아닌 '2025. 3. 29.(월)'로 수정해야 한다.

오답풀이

① 공문서에서 문서 내용을 둘 이상으로 구분해야 할 경우 8개의 항목으로 나누어 내용을 기재하는 것이 일반적인데, 첫째 항목의 경우 1, 2, 3, 4, …으로 나누어 표시한다.

③ 공문서에 시간을 표기해야 할 경우, 24시각제에 따라 시, 분을 생략하고 그 사이에 쌍점(:)을 찍어 표시한다. 따라서 11:00~18:00으로 표기하는 것이 옳다.

④ 공문서에 금액을 표기해야 할 경우 아라비아 숫자로 표기하되 변조 방지를 위해 숫자 뒤 괄호 안에 한글로 기재해야 한다. 따라서 금1,150,000원(금일백일십오만원)으로 표기하는 것이 옳다.

⑤ 공문서 작성 시 문서의 내용을 마칠 때에는 본문 마지막 글자에서 2타를 띄우고 '끝'이라고 표시를 해줘야 한다. 따라서 '「기획안 평가·보고회」 개정 설명회 개최 계획. 끝.'으로 표기하는 것이 옳다.

02 모듈이론 정답 | ④

보고서 작성 시 반복적인 내용이 있을 경우 삭제하는 것이 바람직하다. 하지만 주어진 보고서에는 반복적인 내용이 담겨 있지 않으므로 이를 삭제하라는 조언은 적절하지 않다. 오히려 시장 규모와 관련된 불필요한 내용들이 있으므로 해당 부분에 대해 삭제하라는 조언이 좀 더 적절하다.

오답풀이

① 보고서의 분석 기반인 데이터에 대한 출처가 나타나 있지 않다. 이에 대한 보충이 필요하므로 적절한 조언이다.

② 육아용품 A에 대한 마케팅 전략에 대한 보고서이므로, 경쟁사 및 자사 전략에 대한 분석 자료가 추가되어야 한다. 따라서 적절한 조언이다.

③ 마케팅 전략에는 앞선 고객 분석에 대한 내용이 반영되어 있지 않으므로, 적절한 조언이다.

⑤ 고객 분석과 시장 분석의 비율을 수치로 제시하고 있으므로, 도표를 활용하는 것이 내용 전달에 효과적이다. 따라서 적절한 조언이다.

03 모듈이론 정답 | ②

㉡ 문서를 작성할 때 문장은 긍정문의 형식으로 써야 하며, 부정문이나 의문문의 형식은 되도록 피해야 하므로 적절하지 않다.

㉣ 문서 작성 시 저작권을 고려하여 작성 시 참고한 자료의 위치, 링크 등의 출처를 문서 내에 기입할 수 있지만 별도의 자료로 첨부해야 하는 것은 아니며, 문서의 첨부자료는 반드시 필요한 자료 외에는 첨부하지 않아야 하므로 적절하지 않다.

찐 모듈이론 TIP

문서작성의 원칙

- 문서의 내용을 바로 파악할 수 있도록 간단한 표제를 붙인다.
- 문서의 주요 내용(결론)을 먼저 쓴다.
- 문장은 육하원칙에 맞추어 짧고 간결하게 작성한다.
- 행과 단락을 적절하게 배분하여 문서가 체계적으로 되도록 한다.
- 중요하지 않은 경우 한자 사용 등은 자제한다.
- 공문서에서 부정문이나 의문문의 형식은 피하고 긍정문으로 작성한다.

- 문서 작성 시기를 정확하게 기입한다.
- 문서 작성 후 반드시 다시 한 번 내용을 검토해야 한다.
- 문서의 첨부자료는 반드시 필요한 자료 외에는 첨부하지 않는다.
- 문서 내용 중 금액, 수량, 일자 등은 정확히 기재하여야 한다.

04 모듈이론

정답 | ④

지록위마(指鹿爲馬)는 의사 결정권을 가진 사람이 자신의 의견을 강제적으로 관철하려는 잘못된 의사소통 분위기를 표현하는 사자성어이다. 회사에서는 이와 같은 경우가 종종 존재하며, 이러한 폐쇄적인 분위기는 바람직한 의사소통을 저해하는 요인이 된다.

찐 모듈이론 TIP

바람직한 의사소통을 저해하는 요인

1. '일방적으로 말하고', '일방적으로 듣는' 무책임한 마음
   ⇨ 의사소통 기법의 미숙, 표현능력의 부족, 이해능력의 부족
2. '전달했는데', '아는 줄 알았는데'라고 착각하는 마음
   ⇨ 평가적이며 판단적인 태도, 잠재적 의도
3. '말하지 않아도 아는 문화'에 안주하는 마음
   ⇨ 과거의 경험, 선입견과 고정관념
4. 그밖의 의사소통 저해 요인
   ⇨ 정보의 과다, 메시지의 복잡성과 경쟁, 신뢰 부족, 상이한 직위와 과업 지향성, 의사소통을 위한 구조상의 권한, 잘못된 의사소통 매체, 폐쇄적 분위기 등

05 모듈이론

정답 | ②

비언어적 의사소통은 말로 부호화되지 않는 의사소통이며 몸짓, 자세, 표정, 시간, 공간 등을 이용하여 의사를 표현하는 행위이므로, 언어적 의사소통과 독립적으로 기능하여 그 자체로 의사를 표현할 수 있는 도구로 볼 수 있다.

오답풀이

① 표정과 같은 비언어적 의사소통을 통해 상대방에게 함께 기뻐해주거나 가만히 놔두라는 등의 행동을 요구할 수 있다.
③ 표정이나 행동 등을 통해 감정을 전달해 줄 수도 있다.
④ 언어를 통한 분명한 의사 전달이 아니므로 애매모호한 정보가 전달될 수 있다.
⑤ 동일한 정보를 제공하는 비언어적 의사소통 행위도 문화적인 환경에 따라 매우 상이하게 나타날 수 있다.

06 모듈이론

정답 | ④

㉣의 '네'는 '놀람'의 감정을 나타내는 의미로 사용된 맞장구 표현이다.
'네'라는 맞장구는 상황에 따라 다른 의미를 가질 수 있다. 2차 시험이 더 어려울 것이라는 오 부장의 말에 놀란 박 대리는 '네'라는 맞장구를 통해 '놀람'의 감정을 나타내고 있으므로, 상대방의 말에 대한 동의를 의미하는 '네'와는 다르다.

오답풀이

① 오 부장은 ㉠을 통해 시험 결과의 발표를 묻는 박 대리의 물음에 흔쾌히 답변하며 동일한 관심사에 흥미가 있음을 나타내고 있다. 또한 박 대리는 ㉡을 통해 오 부장에게 합격에 대한 공감과 적극적인 호응의 의미를 전달하고 있다.
② ㉢과 같은 '아하', '와우' 등 맞장구를 통해 상대방이 마음을 열어 더욱 활기찬 대화를 이어나갈 수 있다.
③ 말을 중간에서 끊으며 말끝을 흐리고 있으나, 생략된 의미가 제대로 전달될 수 있는 상황이다. 이는 목소리의 크기, 빠르기, 높낮이, 말투 등으로 의사를 표현하는 비언어적인 표현이다.
⑤ 2차 시험이 어렵다는 오 부장의 말을 이해한다는 납득의 의미가 포함되어 있다.

07 모듈이론

정답 | ②

효과적인 의사표현을 위해서는 전달하고자 하는 내용을 적절한 메시지로 바꾸어야 하는데, 이때 메시지를 전달하는 매체와 경로를 신중하게 선택해야 한다. 같은 내용의 메시지라도 직접 얼굴을 보고 이야기하는 것과 전화나 이메일로 이야기하는 것은 듣는 이에게 다른 의미로 전달될 수 있기 때문에 전달하고자 하는 메시지의 성격에 맞추어 전달 매체를 달리 선택하여야 하는데, 때로는 직접 얼굴을 보고 이야기하는 것이 더 효과적인 전달 방법일 수 있으므로 얼굴을 보고 이야기하는 것을 피해야 한다는 말은 옳지 않다.

오답풀이

① 올바른 의사소통을 위해서는 자신의 의도, 생각, 감정을 효과적으로 상대방에게 전달하는 동시에 상대방의 메시지를 정확하게 전달받는 것이 중요하다. 그중에서도 의사표현은 자신의 메시지를 상대방에게 전달하는 중요한 능력으로 메시지를 효과적으로 전달하기 위해서는 말하는 이가 전달하고자 하는 내용이 무엇인지 분명하게 인식을 하고 있는 상태여야 한다.
③ 의사표현을 할 때 전달한 내용이 듣는 이에게 어떻게 해석되었는지 확인하기 위해서는 피드백을 받는 것이 중요하다.
④ 한 번의 의사표현으로는 말하는 이의 의도가 충분히 전달되기 어려우므로 확실한 의사표현을 위해서는 반복적으로 메시지를 전달하는 것이 중요하다.

⑤ 의사표현을 할 때 말하는 이의 표정, 음성적 특징, 몸짓 등 비언어적인 방식을 활용하면 내용을 더욱 강력하게 전달할 수 있다.

08 모듈이론 정답 | ④

주어진 항목들은 대화를 통해 할 수 있는 경청 훈련 방법이다. 경청이란 다른 사람의 말을 주의 깊게 들으며, 공감하는 능력이다. 경청은 대화의 과정에서 신뢰를 쌓을 수 있는 최고의 방법이다. 우리가 경청하면 상대는 안도감을 느끼고, 무의식적으로 믿음을 갖게 된다. 그리고 반대로 당신이 말을 할 때, 상대는 자신도 모르게 더 집중하게 된다. 이런 심리적 효과로 인해 우리의 말과 메시지, 감정은 더욱 효과적으로 상대에게 전달된다.

찐 모듈이론 TIP

올바른 경청을 방해하는 10가지 요인

1. 짐작하기	6. 조언하기
2. 대답할 말 준비하기	7. 언쟁하기
3. 걸러내기	8. 옳아야만 하기
4. 판단하기	9. 슬쩍 넘어가기
5. 다른 생각하기	10. 비위 맞추기

09 모듈이론 정답 | ③

㉡ 경청은 상대방과의 관계에서 느낀 감정과 생각 등을 긍정적이든 부정적이든 솔직하고 성실하게 표현하는 태도를 말하므로 수정되어야 한다.

㉢ 적극적 경청은 자신이 상대방의 이야기에 주의를 집중하고 있음을 행동을 통해 외적으로 표현하며 듣는 것을 의미하므로 수정되어야 한다. 상대방의 말에 특별한 반응을 표현하지 않고 상대방의 이야기를 수동적으로 따라가는 것은 소극적 경청에 해당한다.

오답풀이

㉠ 성공적인 의사소통을 위해서는 내가 가진 정보를 상대방이 이해하기 쉽게 표현하는 것도 중요하지만, 상대방이 어떻게 받아들일 것인가에 대한 고려가 있어야 하므로 적절하다.

㉣ 적극적 경청은 상대가 무엇을 느끼고 있는가를 상대방의 입장에서 받아들이는 공감적 이해, 자신이 가지고 있는 고정관념을 버리고 상대방의 태도를 받아들이는 수용의 정신, 자신의 감정을 솔직하게 전하고 상대방을 속이지 않는 성실한 태도가 필수적이므로 적절하다.

10 모듈이론 정답 | ⑤

이 과장의 마지막 발언을 보면, 최 대리에 대한 부정적 판단을 이미 내린 상태에서 첫 번째 질문을 하고 있음을 알 수 있다. 이는 잘못된 경청 습관 중 하나인 '판단하기'에 해당한다.

오답풀이

선택지는 모두 '올바른 경청을 하는 데 있어서 방해를 하는 10가지 나쁜 습관' 중 일부이다.

① 이 과장은 최 대리에게 힘든 이유에 대해 묻고, 부서 이동에 대해 미리 알고 있었는지 확인하는 등 상대방의 메시지를 회피하거나 무시하고 있다고 보기 어렵다.

② 이 과장은 최 대리가 가진 고민(부서 이동으로 인한 업무 적응 부족)에 대한 조언을 하고 있지 않다.

③ 이 과장은 최 대리를 위로하거나 비위를 맞추기 위해 그의 말에 빠르게 동의하는 등의 행동을 하고 있지 않다.

④ 이 과장은 최 대리와 단지 논쟁을 위해 대화를 하고 있는 것은 아니다.

11 어휘/어법 정답 | ③

㉢이 포함된 문장은 경찰청과 도로교통공단이 제공하는 서비스는 C-ITS 인프라를 활용하지 않고도 자율주행차량과 이어져 서비스를 제공한다는 의미이므로, '갈래갈래 찢어짐'을 의미하는 단어인 '결렬(決裂)'이 아닌 '사물과 사물을 서로 잇거나 현상과 현상이 관계를 맺게 함'이라는 의미의 단어인 '연결(連結)'을 사용하는 것이 적절하다.

오답풀이

① ㉠이 포함된 문장은 내비게이션에서 신호등의 신호가 바뀌기까지 남은 시간에 대한 정보를 확인할 수 있다는 내용이므로, '남아 있음 또는 그런 나머지'를 의미하는 단어인 '잔여(殘餘)'를 사용한 것은 적절하다.

② ㉡이 포함된 문장은 도시교통정보센터에서 교통신호정보를 모으고 있다는 내용이므로, '취미나 연구를 위하여 여러 가지 물건이나 재료를 찾아 모음 또는 그 물건이나 재료'를 의미하는 단어인 '수집(蒐集)'을 사용한 것은 적절하다.

④ ㉣이 포함된 문장은 카카오모빌리티에서 신호정보를 나타내는 서비스를 제공하기 위한 기술 테스트를 완료했다는 내용이므로, '겉으로 나타냄'을 의미하는 단어인 '표출(表出)'을 사용한 것은 적절하다.

⑤ ㉤이 포함된 문장은 안드로이드와 iOS 카카오내비 앱에서 동시에 서비스를 시작한다는 내용이므로, '행동이나 일 따위를 시작함'을 의미하는 단어인 '개시(開始)'를 사용한 것은 적절하다.

> **시간관리 TIP**
>
> 문맥상 적절한 어휘를 판단하는 문항의 경우, 주어진 글을 모두 읽을 필요 없이 밑줄 친 단어를 중심으로 앞뒤 문맥만 간단하게 확인하면 된다. 밑줄 친 단어가 서술어일 경우, 서술어에 걸리는 주어와 목적어만 파악하여 아래와 같이 간단한 어구로 만들면 훨씬 빠르게 정답을 고를 수 있다.
>
> • 신호등 잔여 시간
> • 교통신호정보 수집
> • 해당 시스템은 자율주행차량과 결렬하여 → (×) 문맥상 어색하므로 정답
> • 신호정보를 표출
> • 서비스를 개시

12 어휘/어법 정답 | ②

㉠이 포함된 문장은 영양제가 다른 음식이나 약물과 혼합되었을 때 인체에 미칠 영향이 연구를 통해 완전히 드러나거나 알려진 것이 아니라는 내용이다. 따라서 ㉠과 바꾸어 쓸 수 있는 단어로 가장 적절한 것은 '사물의 본질, 원인 따위를 깊이 연구하여 밝힘'이라는 의미를 갖는 단어인 '구명(究明)'의 동사형을 활용한 '구명(究明)된'이다.

오답풀이

① 폭로(暴露): 알려지지 않았거나 감춰져 있던 사실을 드러냄. 흔히 나쁜 일이나 음모 따위를 사람들에게 알리는 일을 이른다.
③ 단정(斷定): 딱 잘라서 판단하고 결정함.
④ 조명(照明): 어떤 대상을 일정한 관점으로 바라봄.
⑤ 한정(限定): 어떤 개념이나 범위를 명확히 하거나 범위를 확실히 함.

13 어휘/어법 정답 | ⑤

'줍다'는 모음으로 시작하는 어미 앞에서 끝소리 'ㅂ'이 탈락하는 'ㅂ' 불규칙 용언으로 '주워'가 어법상 올바른 표현이다.

오답풀이

① '푸다'는 모음으로 시작하는 어미 앞에서 어간의 끝음절 'ㅜ'가 탈락하여 '퍼'로 활용하는 '우' 불규칙 용언이다.
② '짓다'는 모음으로 시작하는 어미 앞에서 끝소리 'ㅅ'이 탈락하는 'ㅅ' 불규칙 용언이다.
③ '흐르다'는 어간의 끝음절 '르'가 모음으로 시작하는 어미 앞에서 'ㄹㄹ'로 바뀌는 '르' 불규칙 용언이다.
④ '누르다'는 '누르고, 누르니, 누르며'와 같이 규칙적인 활용도 하지만 모음으로 시작하는 어미 앞에서 '-어'가 '-러'로 바뀌는 '러' 불규칙 용언이다.

> **시간관리 TIP**
>
> 주어진 글을 반드시 읽지 않아도 선택지만 확인하여 어법이 잘못된 것을 골라낼 수 있다.

14 주제/제목 찾기 정답 | ①

주어진 글은 산불을 비롯한 기후 재난의 심각성을 제시한 뒤, 구체적인 피해 양상을 설명하고 있다. 이어서 조기 경보 시스템, 소방 인력과 장비 확충, 드론·위성 감시 체계, 주민 교육 등 대응 체계의 필요성을 강조하며, 나아가 탄소 배출 저감, 산림 복원, 친환경 에너지 전환과 같은 근본적인 기후 정책의 중요성을 짚고 있다. 마지막으로 피해 이후 지역 공동체의 회복력 강화를 과제로 제시하면서 재난 대응이 단순히 현장 대처에 그치지 않고 전주기적·종합적 접근이 필요함을 보여준다. 따라서 글 전체의 핵심은 기후 재난 시대에 대비해 지속적이고 체계적인 산불 대응 체계가 필요하다는 점에 있으며, 이를 가장 잘 드러내는 제목은 ①이 적절하다.

오답풀이

② 경제적 피해는 일부 내용일 뿐, 지문의 핵심인 종합적 대응 과제를 담지 못한다.
③ 산불 발생 원인과 대기 오염의 관계는 언급되지만, 글의 주제는 인과 분석이 아니라 대응 전략이다.
④ 드론·위성 모니터링은 대응책 중 하나일 뿐, 전체 논지를 대표할 수 없다.
⑤ 주민 대피와 교육은 여러 산불 대응 과제 중 일부에 불과해, 글 전체에서 다루는 전주기적 과제를 포괄하지 못한다.

> **시간관리 TIP**
>
> 문제를 풀 때는 제시문의 전개 흐름과 핵심 주제를 파악한 뒤, 지엽적인 내용에 치우치지 않고 글 전체의 요지를 가장 잘 드러내는 선택지를 제목으로 고르는 것이 중요하다.

15 주제/제목 찾기 정답 | ①

주어진 글에서는 공간 컴퓨팅의 개념과 특징, 다양한 활용 분야(산업·의료·교육), 사용자 중심의 강점, 그리고 확산을 가로막는 과제(장비 비용·콘텐츠 부족·개인정보 문제)까지 포괄적으로 다루고 있다. 즉, 공간 컴퓨팅이 제공하는 혁신적 경험과 함께 대중화 과정에서 해결해야 할 제약을 균형 있게 제시하고 있

으므로 '공간 컴퓨팅은 혁신적 기술이지만 확산에 과제가 따른다'는 ①이 주제로 가장 적절하다.

오답풀이

② 교육 분야의 활용은 일부 사례일 뿐, 글 전체의 주제를 대표하지 않는다.
③ 비용과 개인정보 보호 문제 등으로 인한 활용 확산의 제약은 주어진 글의 네 번째 문단에서 언급되었으나, 글의 전체 내용을 포괄하지 못한다.
④ AR · VR · MR 통합은 공간 컴퓨팅의 개념적 특징에 해당하나, 글 전체를 포괄하는 주제로는 적절하지 않다.
⑤ 다양한 분야에서의 활용은 공간 컴퓨팅의 장점 중 하나일 뿐, 한계와 과제를 포함한 균형적 설명을 포괄하지 못한다.

시간관리 TIP

글 전체의 전개와 핵심 메시지를 종합적으로 파악하고, 세부 내용에 한정된 선택지가 아닌 글의 주요 논지를 가장 포괄적으로 드러내는 선택지를 주제로 고른다.

16 일치/불일치

정답 | ④

세 번째 문단에서 고려의 건국으로 하나의 한국어인 중세 국어로 수렴되었다는 것에 대해서는 남한과 북한의 학계가 대립된 입장을 보이지 않는다고 하였으므로 남북한 학계 모두 고려의 건국이 중세 국어 수렴의 시기로 일치함을 알 수 있다.

오답풀이

① 두 번째 문단에서 천손 신화 연구는 인류학적 연구의 예시로 제시되고 있으므로 적절하지 않다.
② 첫 번째 문단에서 비교언어학적 근거의 한계로 인해 한국어의 알타이어족설은 알타이 어군과 한국어 사이의 친족 관계 및 공통 조상어로부터의 분화 과정을 설명하기 어렵다고 하였으므로 적절하지 않다.
③ 첫 번째 문단에서 기초 어휘와 음운 대응의 규칙성에서 튀르크어, 몽고어, 만주 · 퉁구스어 어군과 한국어 간의 차이가 나타나고 있다고 하였으므로 적절하지 않다.
⑤ 세 번째 문단에서 고구려어는 원시 부여어에 소급되는 것과 달리 백제어와 신라어는 원시 한어로부터 왔다고 하였으므로 적절하지 않다.

17 일치/불일치

정답 | ③

두 번째 문단에 따르면 적란운의 내부는 양전하, 외부는 음전하를 띠는데 강한 상승 기류와 와류에 의해 외부가 뜯겨 나가면서 전하의 분리가 이루어진다. 이때 구름의 상부는 양전하, 하부는 음전하를 띠게 된다고 하였으므로, 강한 상승 기류와 와류가 발생하면 적란운의 상부와 하부가 띠는 전하는 달라진다.

오답풀이

① 네 번째 문단에 따르면 선도 낙뢰가 떨어지는 시간은 0.02초이며, 귀환 낙뢰가 올라가는 시간은 0.00007초로 광속의 3분의 1에 해당한다고 하였으므로 옳지 않다.
② 여섯 번째 문단에 따르면 천둥은 번개로 인한 엄청난 고온의 열에 의해 공기가 팽창, 수축함을 반복하면서 생기는 진동이 소리가 되어 들리는 것이므로 옳지 않다.
④ 다섯 번째 문단에 따르면 번개의 삐뚤삐뚤한 경로는 양전하와 음전하의 전위차로 인해 형성된다.
⑤ 네 번째 문단에 따르면 우리가 보는 번개는 귀환 낙뢰, 즉 지면에서 구름으로 양전하가 위로 치솟는 현상이다.

18 일치/불일치

정답 | ④

마지막 문단에서 자본 조달 순서 이론에 따르면 기업은 투자가 필요할 경우 내부 여유 자금을 우선적으로 쓴다고 하였다. 부채는 기업의 필요한 자금이 부족한 경우 주식의 발행보다 선호할 뿐이지 우선적으로 사용하는 것은 아니다.

오답풀이

① 첫 번째 문단에서 모딜리아니–밀러 이론은 현실적으로 타당한 이론을 제시한 것은 아니라고 나와 있다.
②, ③ 세 번째 문단에서 상충 이론에서 부채의 사용은 기업의 가치를 증가시키기도 하지만 감소시키기도 하므로 이를 바탕으로 기업의 가치를 가장 크게 하는 최적 부채 비율을 결정한다고 하였다.
⑤ 첫 번째 문단에서 모딜리아니–밀러 이론은 자본 시장에 불완전성을 가져올 수 있는 모든 마찰 요인이 전혀 없는 완전 자본 시장을 전제로 하고 있음을 알 수 있다. 그리고 두 번째 문단에서 상충 이론과 자본 조달 순서 이론은 파산 비용, 정보의 비대칭 등을 감안하는 불완전 자본 시장을 가정하는 이론임을 알 수 있다.

시간관리 TIP

핵심 키워드가 여러 개로 나눠지는 지문은 각각의 특성을 구분하여 정리하는 것이 관건이다. 공통점에 대해 묻는 경우도 있지만 대부분은 그 차이점에 주안을 두고 묻는다. 더불어 각 키워드별로 문단이 구분되어 주어지므로 선택지에서 키워드별로 내용을 구성하는 경우 문단별로 끊어서 옳고 그름을 판단하는 것이 효율적이다.
주어진 글의 경우 자본 구조 이론을 완전 자본 시장을 가정한 '모딜리아니–밀러 이론'과 불완전 자본 시장을 가정하는 '상충 이론'과 '자본 조달 순서 이론'으로 구분하여 설명하고 있다. 정답인 ④의 '자본 조달 순서 이론' 역시 관련 내용이 네 번째 문단에 국한되어 있으므로 해당 문단의 내용만으로 풀이가 가능하다. 물론 여러 이론을 접속 조사로 잇는 경우 각 문단에 등장한 이론들의 내용을 통해 각각 확인해야만 실수를 줄일 수 있다.

㉑ A이론과 B이론은 C이다. → A이론에 C가 있는지, B이론에 C가 있는지 각각 확인해야 한다.

19 일치/불일치

정답 | ④

네 번째 문단에서 많은 유럽 국가의 지하철역은 역사가 오래되어 낡고 좁지만 사이사이 구역을 지정하여 지하철역에서 공연을 하도록 배려하여 삭막한 환경을 개선하고 있다고 하였으므로 적절하지 않다.

오답풀이

① 세 번째 문단에서 야외에서 진행되는 작품일지라도 무대 세트를 그대로 옮겨와 극장과 같은 환경을 갖추어 진행하는 작품들은 거리 예술의 범주에 포함되지 않는다고 하였으므로 적절하다.

② 두 번째 문단에서 거리 예술은 삶과 밀접한 소재를 다루며 사회적 메시지를 담아내기도 하는데, 우리나라 거리극의 시초라 할 수 있는 마당극이 시대정신을 담은 것처럼 현대 거리 예술도 대중에게 삶과 사회에 대한 질문을 던진다고 하였으므로 적절하다.

③ 세 번째 문단에서 거리 예술은 예술가와 관객의 상호작용을 전제하므로 관객의 참여를 이끌어내는 것이 매우 중요하다고 하였으므로 적절하다.

⑤ 첫 번째 문단에서 거리 예술은 예술이 주로 공연장, 전시관 등 정형화된 장소에서 소수의 특권층에게만 전유되던 시기에 예술을 즐길 기회를 갖지 못하는 대중에게 예술을 제공한다는 명분으로 시작되었다고 하였으므로 적절하다.

20 일치/불일치

정답 | ①

이더리움이 NFT 덕분에 비트코인보다 가격이 급등했다는 내용은 찾을 수 없다.

오답풀이

② 두 번째 문단에 따르면, NFT는 기존에 존재하지 않았던 큰 시장이 새로 형성될 가능성을 열어 주었다고 언급하며 디지털 자산이 고가에 팔린 몇 가지 사례를 나열하고 있다. 이를 통해 NFT는 기존에 존재하지 않았던 새로운 돈벌이가 될 가능성이 있음을 알 수 있다.

③ 첫 번째 문단에 따르면 디지털 자산은 원본과 복제본의 구별이 불가능하고 무한 복제 가능하다고 나와 있다.

④ 네 번째 문단에 따르면, NFT 기술의 열풍이 식더라도 NFT 기술 자체는 다양한 용처를 찾아 확산될 것으로 보이며, 이러한 이유로 장기적인 시각에서 NFT를 주목해야 한다고 나와 있다.

⑤ 세 번째 문단에 NFT는 장기적으로 메타버스 등과 연계되어 그 파급력이 폭발적일 수도 있다는 시각과 왜곡된 소유욕과 신기술에 대한 집착이 만들어낸 일시적인 현상이라는 시각을 모두 제시하고 있다.

21 일치/불일치

정답 | ②

세 번째 문단에서 이마티닙은 신호 전달 억제제로, 신호 전달 억제제는 암세포의 증식을 유도하는 신호 전달 과정 중 특정 단계의 진행을 방해한다고 하였고, 신호 전달 경로는 암의 종류에 따라 다르므로 신호 전달 억제제는 특정한 암에만 치료 효과를 나타낸다고 되어 있다. 또한 이마티닙이 만성골수성백혈병 환자의 조혈모세포에서 발생되는 특정 단백질인 Bcr−Abl 단백질에 붙어 그 작용을 방해한다고 하였다. 따라서 이마티닙은 Bcr−Abl 단백질이 아닌 다른 종류의 단백질에 작용하는 것은 아니며, Bcr−Abl 단백질이 발생하는 다른 암에서도 효과가 있을 것이다.

오답풀이

① 첫 번째 문단에서 세포 독성 항암제는 암세포뿐 아니라 정상 세포 중 빈번하게 세포 분열하는 종류의 세포도 손상시킨다고 하였다. 즉, 분열하는 정상 세포를 손상시키는 것이 세포 독성 항암제의 부작용인 것을 알 수 있다.

③ 세 번째 문단에서 만성골수성백혈병 환자의 95% 정도는 조혈모 세포의 염색체에서 돌연변이 유전자가 형성되어 변형된 형태의 효소인 Bcr−Abl 단백질을 만들어낸다고 하였다.

④ 네 번째 문단에서 베바시주맙은 인공적인 항체로서 혈관내피 성장인자를 항원으로 인식하여 결합함으로써 혈관 생성을 방해한다고 하였다.

⑤ 두 번째 문단에서 표적 항암제는 암세포가 증식하고 종양이 자라는 과정에서 어느 단계에 개입하느냐에 따라 신호 전달 억제제와 신생 혈관 억제제로 나뉜다고 하였다.

22 일치/불일치

정답 | ①

'을'의 두 번째 의견을 보면, "A시의 유명 공공 건축물을 활용해서 A시를 홍보하고 관심을 끌 수 있는 주제의 강의가 추가되었으면 좋겠다."라고 되어 있다. '을'의 의견은 주제의 추가이지 전면 교체가 아니므로 이 의견을 반영하여 계획안을 수정한 것은 적절하지만 기존 계획안에 있던 주제를 삭제할 필요는 없다.

오답풀이

②, ③, ④ '을'의 첫 번째 의견이 반영되었다. 코로나19 상황을 고려해 대면 교육보다 온라인 교육으로 변경하는 것과 방역 활동에 모범을 보이는 차원에서 온라인 강의로 진행한다는 점

을 강조하는 것이 모두 그렇다.(③) 그리고 온라인 강의는 편안한 시간에 접속하여 수강이 가능하므로 수강 가능 기간을 정확하게 명시하고 있다.(②) 마지막으로 대상 역시 '을'이 말한 대로 공공 건축에 관심 있는 모든 사람으로 확대하였다.(④)

⑤ '병'의 두 번째 의견이 반영되었다. '병'은 현재의 계획안에 있는 방법도 좋지만 A시 공식 애플리케이션에서 바로 신청서를 작성하고 제출할 수 있도록 하기를 원했다. 따라서 이 두 가지 방법 모두를 사용하는 것으로 수정되었다.

시간관리 TIP

회의를 통한 계획안 수정 문제에서 가장 주의해야 하는 것은 '변경'인가 '추가'인가의 문제이다. 이전의 계획안이 문제가 있어서 변경하는 경우에는 이전의 계획안은 사라지고 회의에서 나온 의견으로 대체되어야 한다. 그러나 이전의 계획안이 부족하여 추가하는 경우에는 이전의 계획안에 새로운 내용이 추가되어야 한다.

23 내용 이해 정답 | ④

세 번째 문단에 따르면 한계 편익이 한계 비용보다 큰 경우에는 선택을 늘리고, 그 반대의 경우에는 줄이는 것이 바람직하다. 또한 한계 편익과 한계 비용이 같아지는 지점이 최적의 선택을 나타낸다고 언급되어 있다. 즉, 한계 편익과 한계 비용이 일치하는 지점까지 선택을 늘리는 것이 바람직하다.

오답풀이

① 첫 번째 문단에 따르면 기회비용은 실제 얻은 만족감이 아니라 포기한 선택에서 얻을 수 있었던 최대 이익을 말한다.

② 마지막 문단에 따르면 합리적 의사결정은 기회비용의 고려만으로는 부족하며, 한계 비용과 한계 편익의 비교가 필요하다.

③ 세 번째 문단에 따르면 정부 역시 공공재의 제공 수준을 결정할 때 한계적 사고를 적용해야 한다. 이때 한계 비용만이 아니라 한계 편익까지도 고려해야 한다.

⑤ 두 번째 문단에 따르면 한계 비용과 한계 편익은 추가적인 변화에 따른 값이지 총합이 아니다.

시간관리 TIP

생소한 개념이 많이 등장하는 글에서는 주어진 개념을 먼저 확실하게 이해하고 문제에 접근하는 것이 필요하다.

24 내용 추론 정답 | ⑤

네 번째 문단에서 브로민 함유 밀가루는 보통 브로민산염을 추가하여 글루텐이 발전하는 것을 돕고, 밀가루 표백제와 비슷한 역할을 한다고 하였다. 그러나 완전 밀가루인지의 여부는 알 수 없다.

오답풀이

① 첫 번째 문단에서 밀가루의 글루텐 섭취로 인해 일부 사람들은 소장 내벽이 파괴되는 소아 지방변증을 앓기도 한다고 하였으므로 옳은 내용이다.

② 첫 번째 문단에서 대부분의 빵과 페이스트리의 재료이기도 한 밀가루는 유럽과 미국권 문화에서 가장 중요한 식량 중 하나이기 때문에 수급이 매우 중요하다고 하였으므로 옳은 내용이다.

③ 마지막 문단에서 그레이엄 밀가루는 특별한 종류의 통밀가루이고, 그레이엄 크래커의 재료라고 하였으므로 옳은 내용이다.

④ 다섯 번째 문단에서 케이크 밀가루는 연질밀을 곱게 갈아 만든 박력분 밀가루라고 하였으므로 옳은 내용이다.

시간관리 TIP

정보량이 많은 지문의 경우, 선택지에서 주요 키워드를 먼저 확인하는 것이 시간 절약에 도움이 된다. 해당 문제의 경우 '그레이엄 밀가루', '케이크 밀가루', '브로민 함유 밀가루'라는 제재로 구분되어 있으므로 해당 제재가 나올 때 집중해서 확인하는 식으로 풀이하는 것이 효율적인 접근법이다. 실제로 '브로민 함유 밀가루'에 대한 내용은 네 번째 문단에 등장하고, 이 부분만 확인하면 쉽게 정답을 도출할 수 있다. 선택지에서 거론하지 않은 제재는 아무리 많은 정보를 제시하고 있더라도 무시하면 된다.

25 내용 추론 정답 | ④

첫 번째 문단에 따르면 운석은 우주물질 중 센티미터 크기 이상의 것이다. 또한 두 번째 문단에서 지구상의 모든 운석은 국제운석학회의 데이터베이스에 등록하여 정식으로 이름을 부여받는다고 하였다. 따라서 지구상에서 발견된 센티미터 이상의 우주물질은 모두 고유의 이름을 가질 것임을 추론할 수 있다.

오답풀이

① 두 번째 문단에 따르면 남극은 기후적 특성상 운석이 군집하는 지역이 있어 많은 운석이 발견되었으나, 이를 통해 남극이 가장 많은 운석이 떨어지는 지역이라고는 볼 수 없다.

② 첫 번째 문단에서 지표면에 도달하는 우주물질은 행성 간 먼지와 미운석이 대부분이라고 하였으나 어느 것의 비중이 더 많은지는 추론할 수 없다.

③ 첫 번째, 세 번째 문단을 보면 아폴로 미션에 의해 채집된 우주물질은 우주탐사를 통해 지구로 유입된 것으로, 그 이전에도 지구 중력에 의해 달에서 기원한 우주물질이 존재할 것이므로 적절하지 않은 추론이다.

⑤ 첫 번째 문단에서 지구 중력에 의해 유입되는 우주물질은 대부분 대기권을 통과하면서 마찰열에 의해 증발해 사라진다고 하였다. 즉, 운석은 대기권을 통과하면서 남은 물질이므로 대기권의 영향을 받지 않았다고 볼 수 없다.

26 내용 추론

정답 | ③

혈액 내 비결합 빌리루빈의 양이 정상치보다 적을 때가 아니라 높을 때 의심해 봐야 한다. 비결합 빌리루빈을 결합 빌리루빈으로 바꾸는 것이 간이기 때문이다.

오답풀이

① 세 번째 문단에서 혈액으로 이동한 유로빌리노겐의 일부분은 혈액이 신장을 통과할 때 혈액으로부터 여과되어 신장으로 이동한 후 소변으로 배설된다고 하였으므로 소변 내에 유로빌리노겐이 포함되어 있음을 알 수 있다.

② 세 번째 문단에서 결합 빌리루빈은 간세포에서 분비된 담즙을 통해 소장으로 들어온 후, 그 절반이 소장에서 흡수되지 않고 대변에 포함되어 배설된다고 하였다. 그런데 대변 내에 결합 빌리루빈이 발견되지 않으면 담즙이 배출되지 않았다고 추측할 수 있으므로 간에 이상이 있음을 의심해 볼 수 있다.

④ 첫 번째~세 번째 문단에 따르면 적혈구가 파괴되면 빌리루빈이 생성되고, 간에서 결합 빌리루빈으로 변환된다. 또한 결합 빌리루빈의 절반이 소장에서 흡수되어 유로빌리노겐으로 전환되므로, 유로빌리노겐은 적혈구가 파괴된 결과물이라고 할 수 있다. 즉, 소변 내 유로빌리노겐의 양이 정상치보다 많을 경우 적혈구가 어떤 질병이나 병균에 의해 정상보다 더 파괴되고 있음을 의심해 볼 수 있다.

⑤ 두 번째, 세 번째 문단에 따르면 간은 혈액 내 빌리루빈을 결합 빌리루빈으로 변환해 배출시키는 역할을 하므로, 혈액 내 빌리루빈의 농도가 높다면 간 기능의 이상을 의심해 보아야 한다. 태어난 지 얼마 안 된 신생아가 높은 빌리루빈 농도를 보일 때는 신생아의 간 기능이 미성숙하여 잉여의 빌리루빈을 다 처리하지 못했기 때문이라고 추측해 볼 수도 있다.

시간관리 TIP

생물(과학)에 관한 지문은 일련의 과정이 잘 드러나거나 유사한 명칭을 가진 낯선 대상들이 대거 등장하는 것이 특징이다. 따라서 과정에 따라 어떠한 대상이 변화하는지를 잘 따라가는 것이 관건이다. 주어진 글 역시 파괴된 적혈구에서 분리된 '빌리루빈'은 지용성의 비결합 빌리루빈이고, 간에서 간세포에 흡수되고 글루쿠론산과 결합하여 수용성이 되면 결합 빌리루빈이 된다고 하였다. 그리고 이 결합 빌리루빈은 소장에 흡수되어 혈액으로 이동하는 유로빌리노겐이 된다고 했다. 즉 대상이 3가지로 구분됨을 알 수 있으므로, 각각의 이동 경로 및 특성을 정리해야 한다. 선택지에서도 '소변 내 유로빌리노겐', '대변 내 결합 빌리루빈', '혈액 내 비결합 빌리루빈' 등을 제시하고 있으므로, 각 대상들이 어떤 부위에 있는지에 따라서도 구분할 수 있어야 한다. 이처럼 과정이 드러나는 생물(과학) 제재의 지문은 글의 흐름을 따라서 정리하는 것이 내용을 파악하는 데 효율적인 접근법일 수 있다.

27 내용 추론

정답 | ⑤

마지막 문단에 따르면 예금보험공사에 예금보험을 드는 주체는 '은행이나 저축은행' 등이다. 즉, 예금자들이 주체가 되어 예금보험을 드는 것이 아니므로 주어진 글에 대한 반응으로 적절하지 않다. 보장 금액 또한 최대 5천만 원이다.

오답풀이

① 두 번째와 세 번째 문단에서 뱅크런 사태는 은행의 부실이 심각하지 않은 경우에도 일어나고, 은행이 부실해질지도 모른다는 소문만 돌아도 실제 부실 여부와 관계없이 일어나기도 한다고 하였다. 즉, 예금주들이 가진 은행에 대한 정보가 부실할 경우 발생할 수 있으므로 옳은 반응이다.

② 세 번째 문단에서 한 은행의 파산이 다른 은행에까지 퍼져 한꺼번에 위기에 몰릴 수도 있다고 하였다. 즉 금융권 전체의 위기로 번질 수도 있으므로 이는 금융시장의 공황 상태를 유발할 수도 있음을 추론할 수 있으므로 옳은 반응이다.

③ 두 번째 문단에서 은행은 통상 예금자가 맡긴 예금 중에서 일정 비율(지급준비율)만큼만 예금 지급을 위해 남겨 놓고 나머지는 대출로 사용한다든가 주식·채권 등에 투자하고 있어 대규모 인출 사태에 바로 지급할 현금이 없을 수 있다고 하였다. 즉 대출금 회수와 주식이나 채권을 판매하는 데 일정 시간이 소요됨을 알 수 있으므로 옳은 반응이다.

④ 세 번째 문단에서 최종대부자 기능과 예금보험제도는 뱅크런 사태를 방지해 주는 기능을 수행한다고 하였다. 뱅크런 사태가 일어나는 이유 중 하나가 은행에 대한 예금자들의 불안이므로 옳은 반응이다.

시간관리 TIP

출제자는 정보들 간의 연결고리를 왜곡하는 것을 선호한다. ⑤의 경우도 보험을 드는 주체를 '은행이나 저축은행' 아닌 '예금자'로 제시함으로써 매력적인 오답을 형성하고 있다.

28 내용 추론

정답 | ⑤

두 번째 문단에 따르면 입양이 일시적으로만 유지되는 경우는 하층민에게서 나타나는 현상이다. [보기]에서 변담은 양부 변해석이 죽은 후, 호적에 생부인 변해달이 친부로 기록되었다. 즉 변담과 변해석의 입양 관계는 일시적으로 유지되었으므로, 이들 가계가 양반가가 아니었음을 알 수 있다. 따라서 경상도 단성현 법물야면 호적에는 하층민의 가계 기록도 있었음을 추론할 수 있다.

오답풀이

① 세 번째 문단에 따르면 하층민들 또한 부계의 아들 항렬을 입양하기도 했으며, 양부모 봉양 때문에 이루어진 하층민의 친족 입양은 그 목적이 사라지면 입양 관계가 종결되었다. 변해석이 죽은 후 입양 관계도 종결되었으므로, 변해석이 노후 봉양을 위해 변담을 양자로 들였음을 추론할 수 있다.

②, ③ 변해석이 사망한 후 입양 관계가 종료되었으므로, 가계 계승이 목표인 입양으로 볼 수 없다. 또한 양반가의 입양과 같이 재산을 물려받고, 매년 제사를 지내야 하지도 않았을 것이다.

④ 세 번째 문단에 따르면 적자는 없지만 서자가 있는 양반가에서도 가계 계승을 위해 양자를 들였다고 하였으므로, 서자가 있어도 양자를 들이는 경우는 양반가의 입양에 해당함을 알 수 있다.

29 내용 추론 정답 | ③

㉠에 대한 대답은 글의 마지막 문단에서 확인할 수 있다. 사피엔스의 정복 원인 중 '유연성 이론'과 '담화 이론'은 부분적일 뿐, 직접적인 원인은 사피엔스의 언어가 존재하지 않는 것에 대한 정보를 공유할 수 있게끔 해 주었다는 것이다. 이와 가장 긴밀한 것은 존재하지 않는 것을 공유한 '신화'를 제시한 ③이다.

오답풀이

① '유연성 이론'에 해당하는 내용으로 ㉠의 부분적인 내용일 뿐 직접적인 원인은 아니다.

② 매체의 발전이 의사소통을 원활하게 해 주는 것은 맞으나, ㉠의 대답과는 연관성이 없다.

④ '유연성 이론'에 따르면 막대한 정보의 공유가 성공의 한 이유이므로 정보의 차단은 발전을 가로막는 근거로 작용될 수 있다. 하지만 이 역시 부분적인 내용일 뿐 직접적인 원인은 아니다.

⑤ '담화 이론'에 해당하는 내용으로 ㉠의 부분적인 내용일 뿐 직접적인 원인은 아니다.

30 주제/제목 찾기 정답 | ③

3문단의 주제는 '플랫폼 노동의 법적 · 제도적 한계와 불안정성의 심화'이다.

상세해설

3문단에서는 '플랫폼 노동자의 사회적 보호 강화와 안정성 확대'가 아닌, 플랫폼 노동이 처한 제도적 공백과 문제점을 중심으로 서술하고 있다. 구체적으로는 플랫폼 기업이 노동자를 '고용'이 아닌 '위탁'으로 규정해 전통적 노동법과 사회보험의 보호를 받지 못하는 현실, 알고리즘에 의한 통제 등 불안정성과 불평등의 심화 문제를 지적한다. 따라서 이 문단의 주제는 '플랫폼 노동의 법적 · 제도적 한계와 불안정성의 심화'로 요약할 수 있다.

31 내용 추론 정답 | ⑤

2문단에서는 자율성 · 시장 접근 확대라는 장점을, 3문단에서는 알고리즘 통제를 통한 기업의 통제 문제를 언급하므로 적절한 추론이다.

상세해설

2문단에서는 노동의 자율성을 보장하고 개인의 시장 접근이 확대된다는 장점을 언급하였으나, 3문단에서 노동자가 알고리즘에 의해 일감의 배정과 평가를 받으면서 실질적으로 기업의 통제를 받는다고 하였으므로 적절한 추론이다.

오답풀이

① 3문단에서 플랫폼 노동은 제도적 공백 속에 놓여 있다고 하였으며 4문단에서는 여러 국가에서 제도적으로 규율하려는 시도를 보여주고 있으므로 플랫폼 노동의 제도적 보완은 이미 여러 국가에서 충분히 마련되어 사회적 논의가 필요하지 않다는 추론은 적절하지 않다.

② 4문단에 따르면 유럽연합은 일정 요건 충족 시 근로자 인정하는 방안을 추진하고 있으며 한국도 산재보험 적용을 확대하는 중이다. 따라서 유럽연합과 한국은 모두 플랫폼 노동자를 원칙적으로 자영업자로 규정하며, 사회보험 확대는 고려하지 않고 있다는 추론은 적절하지 않다.

③ 주어진 글에서 플랫폼 노동은 혁신성과 보호의 균형이 이미 달성된 사례로, 디지털 경제의 규범 논의와는 직접적인 연관이 없다는 내용은 나타나지 않는다.

④ 주어진 글에서 플랫폼 노동자가 겪는 불안정성은 개인의 선택 문제이므로, 제도적 보완보다는 노동자의 자율적 대응이 근본적 해결책이라는 내용은 나타나지 않는다.

32 내용 추론 정답 | ⑤

'회의실 이용 안내'에 따르면 결제는 무통장입금으로만 가능하고, '사용료'에 의하면 대강당의 1시간 추가 임대료는 50만 원이 맞다. 하지만 '회의실 예약 흐름도'에 따르면 '대강당'은 반드시 전화 예약을 해야 하므로 '홈페이지에서 로그인 후 예약 현황을 확인'하라는 것은 적절한 응대가 아니다. 전화를 통해 예약 신청을 해야 하므로 이를 안내해 주어야 한다.

오답풀이

① '회의실 이용 안내'에 따르면 음식물은 반입할 수 없다고 하였으므로 적절한 응대이다.

② '기타 사항'에 따르면, 숙소와 구내식당은 모두 '시설장비사무소'에만 해당하는 사항이므로, 해당 시설을 모두 활용하려면 '시설장비사무소'인 오송 제1미래관을 임대해야 하고, 담당자의 연락처 역시 홈페이지를 통해 확인할 수 있으므로 적절한

응대이다.

③ '회의실 이용 안내'에 따르면 취소 수수료는 이용일 기준 3~6일 이내에는 10%이다. 이에 따라 '이용 요금'에 따르면 대회의실 3시간 이용료는 75만 원이므로, 취소 수수료는 7만 5천 원이다.

④ '회의실 이용 안내'에 따르면 각 시설별 계좌번호가 다르다는 점을 확인할 수 있다. 따라서 각기 다른 시설을 예약하면서 같은 계좌로 송금했을 경우 예약 승인이 되지 않을 수 있고, 그에 대해 적절히 응대하고 있다.

시간관리 TIP

주어진 자료를 바탕으로 한 Q&A 형태의 문제는 내용 일치 유형이라고 할 수 있다. 따라서 선택지에서 묻고 있는 바를 명확히 한 후에 주어진 자료에서 해당 내용과 관련된 것을 되도록 빨리 찾는 것이 관건이다. 더불어 '다만' 혹은 '※'에서 설명하는 예외 규정을 선택지로 제시하는 경우가 많으므로 유의해서 확인해야 한다.

33 내용 추론 정답 | ⑤

첫 번째 문단에서 A는 한 사람의 임금으로 가족 전부를 부양할 수 있을 만큼의 급여를 확보한 특권적인 노동자를 정규직으로 보았으며, 두 번째 문단에서 B는 혼자 벌어 가정을 유지할 만큼의 급여를 확보하는 정규직 노동자를 핵심부에 속하는 노동자들이라고 하였으므로 A는 정규직 노동자가, B는 핵심부 노동자가 한 사람의 노동자 급여로 가족을 부양할 수 있다고 보았음을 알 수 있다.

오답풀이

① 첫 번째 문단에서 A는 산업화가 지속적으로 진전되면 모든 사람들이 정규직 임금노동자가 된다고 예측하였다. 이때 A에 따르면 정규직은 가족 전부를 부양할 수 있을 만큼의 급여를 확보한 특권적인 노동자이므로 모든 사람들이 정규직 임금노동자가 되면 실질 급여 수준이 상승할 것임을 알 수 있으므로 적절하지 않다.

② 두 번째 문단에서 B는 산업화가 진전됨에 따라 노동자들이 크게 핵심부, 반주변부, 주변부로 나뉜다고 주장하였을 뿐 새로운 형태의 주변부 노동자가 생겨날 것이라고는 언급하지 않았으므로 적절하지 않다.

③ 선임자 특권과 청년 실업률의 관계에 대한 A나 B의 견해는 제시되지 않았으므로 적절하지 않다.

④ 두 번째 문단에서 B는 노동자들의 분류에 따라 급여가 다르다고 하였으나, 첫 번째 문단에서 A는 산업화가 지속적으로 진전되면 모든 사람은 정규직 임금노동자가 될 것이라고 예측하여 노동자들의 급여가 다양한 수준에서 결정된다고 주장한 것으로 보기 어려우므로 적절하지 않다.

34 빈칸 추론 정답 | ①

㉠이 있는 문장 앞에서 논리실증주의자들이나 포퍼가 증거와 가설 간의 관계를 논리적으로 정확하게 판단 가능하고 이를 통해 가설을 정확히 검증할 수 있다고 생각했지만, 증거가 의미하는 것이 무엇인지 파악하는 게 선행되어야 하기 때문에 증거와 가설이 상충하면 가설이 퇴출된다는 생각은 너무 단순한 것이라고 하였다.
따라서 ㉠에는 발룽엔의 존재를 염두에 두면 과학적 가설과 증거의 논리적 관계를 정확하게 판단할 수 있다는 생각은 잘못된 것이라는 내용이 들어가야 한다.

오답풀이

②, ③ 첫 번째 문단에서 과학적 이론이나 가설을 검사하는 과정에는 우리의 감각적 경험을 표현하는, 매우 불명료하고 엄밀하게 정의될 수 없는 일상적 언어인 발룽엔이 사용될 수밖에 없다고 하였으므로 적절하지 않다.

④ 첫 번째 문단에서 과학적 이론이나 가설을 검사하는 과정에는 물리학적 언어 외에 일상적 언어도 사용된다고 하였다는 점에서 적절한 내용이지만, 빈칸 ㉠이 있는 문단의 내용과 관련이 없으므로 적절하지 않다.

⑤ 첫 번째 문단에서 발룽엔에 대하여 정의하고 있으며, 빈칸 ㉠이 있는 문단의 내용과 관련이 없으므로 적절하지 않다.

시간관리 TIP

빈칸 완성 문제를 풀 때 가장 중요한 점은 빈칸이 포함된 문단의 내용을 정확히 파악하는 것이다. 해당 문단의 주제와 빈칸 앞뒤 문장의 내용을 바탕으로 논리적 흐름을 파악하면 문제 풀이 시간을 단축할 수 있다.

35 빈칸 추론 정답 | ①

첫 번째 문단을 통해 유전자가위 기술이 새로운 유전 정보를 도입해 절단된 DNA를 복구하게 하는 것임을 알 수 있다.

상세해설

첫 번째 문단에 따르면 유전자가위는 절단효소와 가이드물질의 융합을 통해 특정 DNA 서열의 변화를 유도한다. 유전자가위가 DNA 이중나선의 절단을 유도하면, 살아 있는 세포가 이를 복구하는 시스템을 가동하는 원리이다. 따라서 마지막 과정을 설명하는 빈칸에는 절단된 DNA가 복구된다는 내용이 포함되어야 한다.

오답풀이

② 새로운 유전 정보가 들어간 DNA를 추가로 포함시키는 것이 아니라 새로운 유전 정보를 도입할 수 있도록 재조합하는 것이다.

③ DNA 틀에 포함된 유전 정보를 추가하여 DNA의 본래 기능을 회복시키는 것이 아니라 새로운 유전 정보를 만들어 내는 것이다.
④ 같은 서열의 DNA를 만드는 것이 아니라 특정 DNA 서열의 변화를 유도하는 것이다.
⑤ 크리스퍼 유전자가위 기술은 면역시스템을 응용한 방식으로 여러 작물의 품종 개발에 활용되고 있는 것은 맞으나 DNA 틀을 절단 부위에 넣는다고 절단된 만큼 작은 작물이 개발된다는 내용은 지문에서 찾을 수 없다.

36 빈칸 추론

정답 | ②

빈칸의 앞에서 마이야르 반응에 관여하는 당과 아미노산의 종류가 많음을 말하고 있으며, 빈칸의 뒤에서 산도, 온도, 수분의 양에 따라서도 반응과 그에 따라 생성되는 화학 물질이 달라진다고 하였다. 따라서 빈칸에는 마이야르 반응에 관여하는 당과 아미노산의 종류에 따라 생성되는 화학 물질의 종류가 다르다는 내용이 들어가야 한다.

오답풀이

① 빈칸의 앞에서 마이야르 반응에 관여하는 당과 아미노산의 종류가 많음을 말하고 있으므로 온도와 환경에 따라 같은 재료가 다르게 생성된다는 내용이 들어가기에는 적절하지 않다.
③, ④ 마이야르 반응의 초기 반응에 관여한 아미노산과 당의 특성에 따라 다음에 일어날 일이 달라짐을 말하고 있으므로, 마이야르 반응이 진행될수록 일어나는 일이나 마이야르 반응의 영향에 관한 내용은 빈칸에 들어가기에 적절하지 않다.
⑤ 마이야르 반응이 어떤 조건에서 어떻게 일어나는지에 관해 이야기하고 있으므로, 마이야르 반응이 일어날 광범위한 가능성에 대한 내용은 빈칸에 들어가기에 적절하지 않다.

시간관리 TIP

빈칸 추론 문제는 먼저 빈칸을 중심으로 앞뒤 내용의 맥락과 관계를 파악해야 한다. 그다음 접속어가 사용되었다면 이를 통해 빈칸에 들어갈 내용을 추론하면 된다. 주어진 문제의 경우 '따라서'라는 접속어가 사용되었으므로 빈칸에 들어갈 내용이 빈칸 앞의 내용과 인과관계로 이어져 있음을 알 수 있다.

37 빈칸 추론

정답 | ⑤

심리적 성향에 따른 행위는 도덕적 차원의 문제가 아닐 뿐이므로 좋고 나쁨을 판단하지 않는다는 내용이 되어야 하므로, 빈칸에는 '인정하지 않는'이 들어가는 것이 적절하다.

오답풀이

① 빈칸이 포함된 문단은 인간이 동물과 달리 이성을 가지고 욕구와 감정에 맞서는 행동을 한다는 내용이므로 ㉠에 '본능적 욕구'가 들어가는 것은 적절하다.
② 이어지는 문장에서 이성의 명령, 즉 도덕적 명령에 따른 것이 아닐 경우 의무에서 나온 행위가 아니라고 하였으므로 ㉡에는 '의무에서 비롯된 행위'가 들어가야 한다.
③ 이어지는 내용에서 심리적 성향에 따라 행동한 것은 도덕적 행위일 수 없다고 하였으므로 ㉢에 '도덕성과 무관하다'는 내용이 들어가는 것은 적절하다.
④ 선행하는 내용은 심리적 성향이 상대적, 주관적이므로 모든 인간에게 적용될 수 없다는 내용이므로 ㉣에 '보편적인 도덕의 원리'가 들어가는 것은 적절하다.

38 비판적 독해

정답 | ②

글쓴이는 자동화 기술이 일자리를 대량으로 대체할 것이라는 우려에 반박하면서, 장기적으로는 데이터 분석가, 로봇 유지보수 전문가, 인공지능 윤리 담당자 등 새로운 일자리가 더 많이 창출될 것이라 예측한다. 따라서 대량 실업으로 인해 일자리를 잃게 되는 기존 노동자들이 고도의 전문성을 요구하는 새로운 직종에 종사하기 어려울 것이라는 반박은 적절하다.

오답풀이

① 자동화 기술의 순기능을 언급하고 있으므로 글쓴이의 주장과 일치한다.
③ 자동화 기술의 위험성을 시스템 의존도의 측면에서 비판하고 있으나, 글쓴이는 생산성 향상과 인건비 절감의 측면에서 자동화 기술을 긍정적으로 평가하고 있다. 따라서 주어진 글의 논점과 다르므로 글쓴이의 주장을 직접적으로 반박한다고 보기 어렵다.
④ 자동화 기술에 따른 고용 감소 효과가 제한적이라는 주장은 글쓴이의 주장과 일치한다.
⑤ 글쓴이 역시 산업혁명의 예시를 들면서 새로운 기술의 도입이 일시적으로 기존의 일자리를 줄일 수 있음을 언급한다. 즉 단기적인 실업은 발생할 수 있으나 장기적으로는 신규 일자리가 창출될 것이라고 주장하고 있으므로, 단기적 고용 충격을 근거로 반박하는 것은 적절한 비판이 되지 못한다.

시간관리 TIP

글쓴이의 논점과 입장을 빠르게 파악한 후 글쓴이의 주장을 가장 효과적으로 비판하는 것을 골라야 한다.

39 비판적 독해 정답 | ④

주어진 글은 기본소득 제도에 대해 찬성하는 논지의 글이다. ④는 기본소득 제도가 복잡한 복지 시스템을 간소화하고 통합형 복지 제도를 운영하여 행정 비용을 절감할 수 있다는 내용이므로, 기본소득 제도에 대해 비판적인 입장이 아니다.

오답풀이

① 기본소득이 근로 의욕을 감소시켜 생산성에 영향을 미칠 수 있다는 비판이다.
② 기본소득 제도는 결국 국가 재정 부담을 가중시킬 것이라는 비판이다.
③ 기본소득이 고소득층에게도 지급되는 재정 낭비로 이어질 수 있다는 비판이다.
⑤ 모든 국민에게 일정 금액을 지급하려면 막대한 재원이 필요하고, 이를 마련하기 위해 세금 인상이 초래될 수 있다는 비판이다.

40 주제/제목 찾기 정답 | ③

주어진 글은 최저임금 제도의 개념과 목적(생활 안정, 불평등 완화), 긍정적 효과(소득 보장, 소비 확대, 내수 진작), 부정적 효과(인건비 부담, 고용 감소, 물가 상승), 그리고 사회적 논란과 정책적 조정 필요성까지 포괄적으로 다루고 있다. 또한 최저임금 제도는 긍정적·부정적 효과가 공존하므로 신중한 접근이 필요하다고 하며 글을 마무리하고 있다. 즉, 최저임금 제도가 사회·경제적으로 미치는 효과를 균형 있게 설명하면서 상황에 따른 신중한 접근이 필요함을 강조하고 있으므로 ③이 가장 적절하다.

오답풀이

① 최저임금 제도를 폐지하자는 주장은 언급되지 않는다.
② 네 번째 문단에 따르면 선진국 대부분이 최저임금 제도를 시행하고 있으므로 옳지 않다.
④ 경제 성장에 기여한다는 진술은 긍정적 효과의 일부만 강조한 것으로 글 전체를 대표하지 못한다.
⑤ 최저임금 인상에 관한 갈등이 네 번째 문단에 언급되어 있으나 글 전체를 포괄하지 못한다.

시간관리 TIP

글 전체가 한쪽 입장만 강조하는지, 아니면 장점과 단점을 균형 있게 다루는지를 먼저 확인하면 정답을 빠르게 찾을 수 있다.

41 비판적 독해 정답 | ④

최저임금 제도가 저임금 근로자의 소득 보장과 노동시장 불평등 완화에 기여한다는 주장은 최저임금 제도를 비판하는 것이 아니라 찬성하는 논거이다.

오답풀이

① 두 번째 문단에 따르면 최저임금의 인상은 영세 자영업자와 중소기업에 경영 압박으로 작용할 수 있으므로 최저임금 제도에 대한 비판으로 적절하다.
② 두 번째 문단에 따르면 최저임금의 인상이 고용 감소로 이어질 가능성을 지적하는 연구 결과가 있으므로 최저임금 제도에 대한 비판으로 적절하다.
③ 세 번째 문단에 따르면 최저임금 제도가 물가 상승 압력을 가중시켜 소비자 부담이 커질 수 있다는 점을 고려해야 한다. 따라서 물가 상승과 소비자 부담 증가는 최저임금 제도에 대한 비판의 근거로 적절하다.
⑤ 두 번째 문단에 따르면 최저임금의 인상은 기업의 인건비 부담을 가중시킬 수 있다. 따라서 생산성이 낮은 근로자는 해고될 위험이 커질 수 있으므로 최저임금 제도에 대한 비판의 근거로 적절하다.

42 비판적 독해 정답 | ②

고체 전해질 배터리가 복잡한 생산 공정으로 인해 상용화까지 최소 10년 이상 걸릴 수 있다는 내용은 배터리 기술 혁신의 전망을 부정적으로 진단하고 있으므로 ㉠의 논지를 약화시키는 진술이다.

오답풀이

① 리튬황 배터리 개발의 진행 상황을 기술한 내용으로, 논지를 약화시키지 않는다.
③ 리튬이온 배터리가 꾸준히 개선되어 당분간 주류 배터리로 활용될 전망이라는 내용은 배터리 기술 혁신의 필요성 자체를 부정한다기보다 새로운 배터리 기술과의 병행 발전을 시사한다. 또한 배터리 기술 발전이 전기차 산업에 긍정적이라는 ㉠의 관점과 크게 충돌하지 않으므로, 논지를 직접적으로 약화시키지 않는다.
④ 차세대 배터리 연구 투자 확대는 산업의 미래에 대한 긍정적인 전망을 뒷받침하므로 ㉠의 논지를 더욱 강화하는 진술이다.
⑤ 차세대 배터리 기술의 상용화가 가까워지고 있다는 내용은 ㉠의 논지를 더욱 강화하는 진술이다.

43 문단 배열 정답 | ④

주어진 글에서는 블랙스완에 이어 최근 등장한 개념인 그린스완에 대해 전반적으로 서술하고 있다. 먼저 블랙스완의 유래에 대해 언급하고 있는 [라]로 글이 시작되는 것이 자연스러우며, 이후 블랙스완이 사회에서 발생하는 갑작스러운 사고나 경제 충격을 지칭하는 단어로 통용된다는 내용의 [다]가 이어져야 한다. 다음으로 최근 불확실한 사건의 발생이 늘어남에 따라 새로 등장한 개념인 '그린스완'에 대해 설명하고 있는 [가]와, 그린스완의 위험을 물리적 위험과 이행 위험으로 나누어 설명하고 있는 [나]가 차례로 와야 한다. 마지막으로 한국이 그린스완의 위험국임을 언급하며 그린스완의 위험성에 대해 강조하고 있는 내용의 [마]로 글이 마무리되어야 한다. 따라서 논리적 순서에 맞게 배열하면 [라]-[다]-[가]-[나]-[마]이다.

44 문단 배열 정답 | ①

주어진 글은 인공지능 확산에 따른 위험성과 이에 대한 대응 방안을 설명하고 있다. 먼저 [가] 문단에서 AI가 산업과 일상 전반에 활용되면서, 금융 · 의료 · 국방 등 핵심 분야에서 잘못된 의사결정으로 인한 피해 우려가 커지고 있음을 제시한다. 이어 [라] 문단에서는 이러한 우려가 최근 초거대 AI 모델의 등장으로 더욱 심화되어, 단순 오류를 넘어 통제 불가능성 문제로 확대되고 있음을 강조한다. 그다음 [다] 문단에서는 전문가들의 견해를 바탕으로 AI가 인간의 가치와 윤리를 벗어나지 않도록 설명 가능성, 데이터 검증, 거버넌스 마련 등 구체적인 과제가 제시된다. 마지막으로 [나] 문단에서는 실제 각국이 제도적 장치를 강화하고 국제 협력 체계를 마련하고 있음을 소개하며 글을 마무리한다. 따라서 논리적 순서에 맞게 배열하면 [가]-[라]-[다]-[나]이다.

시간관리 TIP

글은 보통 현상을 제시한 뒤 문제가 심화되는 과정을 설명하고, 이어 해결 방안을 제시한 다음 제도적 대응을 설명하는 흐름으로 전개된다. 따라서 이 전형적인 구조에 맞춰 문단을 배열하면 빠르고 정확하게 답을 찾을 수 있다.

45 문단 배열 정답 | ④

주어진 글은 도덕적 지위의 인정 기준에 관한 글이다. [나]는 도덕적 지위의 개념을 설명하고, 동물이 도덕적 지위를 갖기 위한 조건을 어떻게 보느냐에 따른 입장 차이를 설명하고 있으므로 글의 맨 앞에 위치해야 한다. 다음으로는 동물이 도덕적 지위를 가질 수 없으므로 동물을 도덕적으로 고려할 필요가 없다는 계약론적 도덕관의 주장을 제시하고 있는 [라]와 계약론적 도덕관에 대한 플루하르의 비판, 그의 비판에 대한 계약론자의 반박, 계약론자의 반박에 대한 플루하르의 재반박 내용이 담긴 [마]가 와야 한다. 다음으로는 감응력을 갖는 존재라면 동물이라도 도덕적 지위를 지닌다는 플루하르의 주장이 제시된 [다]가 와야 하고, 마지막 문단으로 고통을 못 느끼는 동물들에게까지 도덕적 지위를 부여할 필요가 없다는 윤리학자들의 일반적인 견해를 제시하고 있는 [가]가 와야 한다. 따라서 논리적 순서에 맞게 배열하면 [나]-[라]-[마]-[다]-[가]이다.

시간관리 TIP

문단 배열 유형은 선택지를 단서 삼아 첫 문단을 찾는 것이 효율적인 풀이법의 시작이다. 주어진 문제의 경우 선택지를 단서 삼으면 첫 문단의 후보는 [가]와 [나]가 된다. [가]는 첫 문장의 주어 '윤리학자들도'의 보조사 '도'를 통해 첫 문단이 아님을 알 수 있으므로 자연스럽게 첫 문단은 [나]가 된다. 대부분의 첫 문단은 앞으로 글이 나아갈 방향을 제시해 주므로, 이를 통해 주어진 글의 내용을 미루어 짐작할 수 있게 된다. [나]의 마지막 문장에서 '동물에 대해서는 도덕적 지위를 갖기 위한 조건을 어떻게 보느냐에 따라 입장이 다르다'라고 했으므로, 앞으로 동물이 도덕적 지위를 갖기 위한 조건에 대해 상충되는 견해가 나온다는 것을 알 수 있다. 즉 A견해가 나오고 그에 반박하는(반하는) B견해가 나오는 식임을 추론할 수 있는 것이다.
문단 배열 유형의 두 번째 단계는 선택지를 단서 삼아 핵심어의 연결고리를 찾는 것이다. 주어진 문제의 경우 선택지를 통해 [나] 이후 두 번째 문단의 후보가 [가], [라], [마]임을 알 수 있고, [가]는 보조사 '도', [마]는 역접 접속사 '그러나'를 통해 [나]의 내용과 연결되지 않음을 알 수 있다. [라]의 경우 '도덕관'이 나오고, '이 입장에 따르면 동물들은 도덕적 지위를 갖지 못한다'고 하였으므로, [나]와 긴밀하게 연결됨을 알 수 있어 정답은 ④가 된다.

46 문단 배열 정답 | ③

이 글은 카라바조 작품의 특징과 의의에 대해서 설명하고 있다. [가]는 카라바조의 혁신적 성향, [나]는 카라바조의 미술 기법 중 '극적인 효과 추구', [다]는 카라바조의 미술 기법 중 명암 대조법, [라]는 카라바조 작품의 의의, [마]는 카라바조의 미술 기법 중 사실적 묘사를 설명하고 있다.
먼저, 카라바조의 작품 성향에 대한 설명이 나와야 하므로 [가]가 맨 처음에 나와야 한다. 그다음으로는 카라바조의 미술 기법에 대한 설명이 나와야 하므로 [나], [다], [마]가 나와야 한다. 그리고 [라]의 맨 처음에 카라바조의 명암법에 대해 다시 설명하고, 이어서 카라바조 작품의 의의에 대해 설명하고 있으므로 마지막 문단은 [라]가 되어야 한다.
따라서 논리적 순서에 맞게 배열하면 [가]-[마]-[나]-[다]-[라]이다.

47 서술 방식 정답 | ①

글 전체에서 이광수, 최명익, 이태준, 채만식의 문학 작품 및 『오리엔트 특급 살인』이라는 작품을 예시로 들어 당시 '기차'에 대한 여러 인식을 설명하고 있으므로 적절하다.

48 서술 방식 정답 | ④

주어진 글의 첫 번째 문단에서 생체 인식 시스템의 개념과 종류를 포괄적으로 언급한 다음, 두 번째부터 네 번째 문단에서 홍채 인식, 지문 인식, 정맥 인식의 세부 개념으로 나누어 설명하고 있다.

시간관리 TIP

논지 전개 방식 유형은 크게 적절한 것을 고르는 유형과 적절하지 않은 것을 고르는 유형으로 나눌 수 있다. 적절한 것을 고르는 경우 글 전체 흐름에 대한 설명이 정답이 된다. 반면 적절하지 않은 것을 고르는 경우는 세부적인 내용 전개 방식까지 모두 확인해야 하므로, 선택지의 내용을 우선 확인한 후 하나씩 찾는 식으로 접근해야 한다. 해당 문제의 경우 전자에 해당하므로 선택지를 확인하지 않은 상태에서 전체 내용을 훑어 내려가며 전체 흐름을 담고 있는 전개 방식을 확인하면 된다.

49 내용 추론 정답 | ①

세 번째 문단에 따르면 지문은 그 형태가 개인마다 다르다고 언급되어 있다. 따라서 일란성 쌍둥이라 하더라도 각각의 개인이므로 지문의 형태가 다르다고 추론할 수 있다.

오답풀이

② 네 번째 문단에서 정맥 인식 시스템은 인증 장치 아래 손등을 갖다 대면 적외선 카메라가 정맥 패턴을 촬영하는 방식으로 작동된다고 하였다.
③ 생체 검사는 개인이 고유하게 가지고 있는 생체적 특성을 이용해 본인임을 입증하는 것이다. 즉, 생체 검사가 더욱 일반화되면 개인의 신분증을 대신하는 시대가 조만간 도래할 수 있음을 추론할 수 있다.
④ 마지막 문단에 따르면 영화에서처럼 다른 사람의 안구를 뽑아 홍채 인식을 하는 것은 불가능하다. 왜냐하면 안구를 뽑으면 시신경이 끊어져 홍채가 제 역할을 하지 못하기 때문이다. 여기서 홍채의 역할은 두 번째 문단에서 언급하였는데, 홍채는 동공의 개폐를 조절하는 근육으로 구성되어 있고, 이 근육이 수축하거나 이완하면 눈동자가 커지거나 작아져서 외부로부터 안구 내에 입사하는 빛의 양을 조절한다. 즉, 홍채 인식 시스템은 동공의 축소·확대를 감지하여 살아 있는 눈임을 알아챌 수 있다.
⑤ 마지막 문단에서 일본에서 가짜 지문을 이용하여 지문 인식 시스템을 속이는 데 성공했다고 언급되어 있다. 그러나 살아 있는 손의 지문에서만 볼 수 있는 부가적인 정보를 정교하게 감지해 내는 기술이 지속적으로 연구되는 중이라고 하였다.

50 서술 방식 정답 | ④

[라]는 우리나라의 여론조사 결과가 부정확한 원인이 무응답 비율이 높기 때문이라고 설명하고 있다. 즉, 원인을 다각도로 분석한 것이 아니라 주요 원인 하나를 제시하고 있으므로 적절하지 않다.

오답풀이

① [가]는 점쟁이와 달리 여론조사 회사에 대해 사람들이 가진 높은 신뢰도에 의문을 제기하며 독자의 호기심을 유발한다. 참고로 통념은 '일반적으로 널리 통하는 개념'으로 흔히 대상에 대해 일반 사람들이 가지는 생각을 이른다.
② [나]는 1948년 미국의 대통령 선거에 대한 여론조사 결과가 빗나간 것을 계기로 미국의 여론조사 회사들이 이를 교훈 삼아 12년 만에 신뢰도를 회복한 사례를 설명한다.
③ [다]는 우리나라 여론조사 회사들이 오보 여부보다는 빠른 보도에 더욱 집중하여 무분별하게 여론조사 결과를 보도하는 현황과 그로 인해 신뢰도가 떨어진다는 문제점을 지적한다.
⑤ [마]는 여론조사의 부정확성의 원인이 높은 무응답 비율에 있다는 [라]의 결론에 따라 무응답 비율을 줄이는 방안을 소개한다.

STEP 02 | 고난도 실전문제

2권 P. 60

01	②	02	③	03	③	04	③	05	②
06	③	07	③	08	⑤	09	①	10	⑤
11	②	12	④	13	②	14	②	15	③
16	③	17	①	18	①	19	①	20	②

01 주제/제목 찾기

정답 | ②

주어진 글은 개인정보 유출의 심각성과 피해 확산 가능성을 제시하면서, 기업의 자율 개선만으로는 부족하다는 점을 강조한다. 따라서 정부의 규제 · 처벌 강화, 피해자 보상 절차 제도화, 신기술 환경에 맞는 보안 기준 강화, 사회적 인식 제고가 필요함을 주장한다. 또한 국경을 초월하는 사이버 범죄에 대응하기 위해 국제적 협력의 중요성까지 언급하며, 개인정보 보호는 더 이상 선택이 아닌 공동의 필수 과제임을 강조한다. 따라서 글쓴이의 주장을 종합하면 ②가 가장 적절하다.

오답풀이

① 기업 내부의 관리만 강조했으나, 정부 규제 · 국제 공조까지 필요하다고 하였으므로 불충분하다.

③ 개인정보는 한번 유출되면 회수하기 어렵다고 했으므로, 피해자의 주의와 노력만으로 해결된다는 주장은 주어진 글과 반대된다.

④ 개인정보 유출이 불가피하다는 관점은 주어진 글과 상반되며, 필자는 오히려 정부 규제와 제도화를 강조한다.

⑤ 개인정보 보호 투자 비용을 효율성 차원에서 최소화해야 한다는 주장은 주어진 글과 정반대이며, 글쓴이는 보안을 신뢰를 지키는 핵심 자산으로 강조했다.

시간관리 TIP

글쓴이가 제시한 근거와 논지를 종합하여 궁극적으로 주장하는 바가 무엇인지 파악하고, 전체 주장을 가장 잘 대변하는 선택지를 고른다.

02 주제/제목 찾기

정답 | ③

㉠ 갑과 병은 과학이 성장한다고 결론을 내리고 있지만 그 근거로 갑은 과학 지식의 수가 증가했다는 점을 들고 있으며 병은 과학에서 해결된 문제의 수 증가를 제시하고 있으므로 적절하다.

㉢ 정은 병이 제시한 결론의 근거인 과학에서 해결된 문제의 수 증가에 대해 어떤 과학 이론을 받아들이냐에 따라 해결해야 할 문제가 달라지고, 해결된 문제의 수가 증가했는지 판단할 수 없게 된다는 점을 지적하며 병의 의견을 비판하고 있으므로 적절하다.

오답풀이

㉡ 을은 과거에 과학 지식이었던 것이 과학 지식이 아닌 것으로 판정된 사례가 많다고 하였으므로 과학 지식의 불변성이 아닌 가변성을 근거로 들고 있다.

시간관리 TIP

대화를 분석하는 문제는 인물 간의 관계에 집중하여 문제를 해결해야 한다. 먼저 각 인물의 주장에 대한 결론과 근거를 요약하고 이를 바탕으로 의견에 대한 찬성과 반대의 관점으로 분석하면 쉽게 문제를 해결할 수 있다. 이때, 앞선 인물의 주장에 대해 뒤의 인물이 찬성/반대하는 경우도 다수 있으므로 지시어를 꼼꼼히 확인하며 주장을 파악하도록 한다.

03 주제/제목 찾기

정답 | ③

주어진 글은 부정적 정서에 대해 전반적으로 서술하고 있다. 먼저 부정적 정서가 생존에 중요한 정보를 전달하기 때문에 과장되어 나타날 수 있음을 설명하면서, 부정적 정서를 대할 때는 구체적으로 감정을 파악하여 이해하고 당장 할 수 있는 일을 찾아 행동하는 것만으로 이를 해소할 수 있다고 하였다. 따라서 '감정 파악과 행동하기는 과장된 부정적 정서를 해소하는 핵심'이라는 내용이 글의 주제임을 알 수 있다.

04 일치/불일치

정답 | ③

세 번째 문단에서 르베리에는 천왕성−해왕성의 경우처럼 수성의 궤도에 미지의 행성이 영향을 끼쳤다고 보고 이 미지의 행성에 '불칸'이라는 이름을 붙였다고 하였다.

오답풀이

① 두 번째 문단에서 르베리에가 죽을 때까지 불칸의 존재를 확신했다고 하였으나, 세 번째 문단에 따르면 아인슈타인의 상대성 이론에 따라 수성의 궤도가 정확히 설명되면서 불칸은 존재하지 않는 것으로 밝혀졌다.

② 첫 번째 문단에서 당시의 천문학자들은 르베리에가 불칸을 예측하는 데 사용한 방식 때문에 불칸의 존재를 확신했다고 하였다.

④ 첫 번째 문단에 따르면 르베리에는 태양과 수성 사이에 불칸이 존재한다고 보았다.
⑤ 두 번째 문단에 따르면 천왕성의 궤도와 중력 법칙에 따라 해왕성의 위치를 예측한 것은 르베리에이다.

05 내용 추론 정답 | ②

두 번째 문단에 따르면 태극 문양을 그린 기는 개항 이전에도 조선 수군이 사용한 깃발 등 여러 개가 있는데, 태극 문양과 4괘만 사용한 기는 개항 후에 처음 나타났다고 서술되어 있다. 이는 개항 이전에는 태극 문양만 그린 기뿐만 아니라 태극 문양에 4개 이상의 괘를 그린 기를 사용했을 수도 있음을 함의하고 있다. 즉, 조선 수군이 개항 전에 4괘 없이 태극 문양만 그려진 기를 사용했는지 주어진 글에서는 알 수 없다.

오답풀이

① 두 번째 문단에 따르면 조미수호조규는 1882년 5월에 회담이 이루어졌고, 세 번째 문단에서는 조선이 국기를 공식적으로 처음 정한 것은 1883년이라고 나와 있다. 즉, 조선이 국기를 공식적으로 처음 정한 것은 조미수호조규 이후의 일이다.
③ 세 번째 문단에 따르면 『해상 국가들의 깃발들』에 실린 '조선의 기'와 고종이 국기로 채택한 기의 차이점이 나와 있는데 바로 괘의 위치가 서로 다르다는 것이다.
④ 첫 번째 문단에 따르면 태극기 태극 문양의 좌측 하단에 있는 이괘는 불, 우측 상단에 있는 감괘는 물, 좌측 상단에 있는 건괘는 하늘, 우측 하단에 있는 곤괘는 땅을 각각 상징하는데, 4괘가 상징하는 바는 그것이 처음 만들어질 때부터 오늘날까지 변함이 없다. 태극기의 좌측 하단에 있는 괘와 고종이 조선 국기로 채택한 기의 좌측 하단에 있는 괘는 모두 불을 상징한다.
⑤ 두 번째 문단에 따르면 조미수호조규 체결을 위한 전권대신으로 임명된 이응준은 태극 문양을 활용해 기를 만들고 그것을 회담장에 걸어두었다고 나와 있다. 그리고 그 문양은 2004년 『해상 국가들의 깃발들』이라는 책에서 알 수 있는데, 기의 중앙에는 태극 문양이 있고 네 모서리에 괘가 하나씩 있다고 나와 있다.

시간관리 TIP

추론 유형에서 특정 대상의 변천이 나타나면 시기별로 구분하여 정리할 필요가 있다. 해당 문제의 경우
1) 오늘날의 '태극기': 태극 문양(만물 음양조화), 좌측 하단 이괘(불), 우측 상단 감괘(물), 좌측 상단 건괘(하늘), 우측 하단 곤괘(땅)
2) 이응준의 '조선의 기': 1882년 5월 조미수호조규 체결 시 국기, 『해상 국가들의 깃발들』, 중앙에는 태극 문양, 좌측 상단 감괘, 우측 상단 건괘, 좌측 하단 곤괘, 우측 하단 이괘
3) 공식 조선 국기: 1882년 9월 고종의 명령으로 박영효 제작, 1883년 통리교섭사무아문을 통해 공사관 배포, 가운데 태극 문양, 좌측 상단 건괘('조선의 기' 우측 상단), 우측 상단 감괘('조선의 기' 좌측 상단), 좌측 하단 이괘('조선의 기' 우측 하단), 우측 하단 곤괘('조선의 기' 좌측 하단)으로 정리할 수 있다. 이러한 정리가 명확히 되면 비교적 쉽게 풀이가 가능하다.

06 내용 추론 정답 | ③

관점 B는 위험에 대한 태도가 객관적 요소뿐만 아니라 위험에 대한 주관적 인지와 평가에 의해 좌우된다고 보고 있다. 그런데 ③에서는 위험에 대한 태도가 객관적 요소와 상관없다고 언급하고 있으므로 적절하지 않다.

오답풀이

①, ② 관점 A는 위험 요소들이 보편타당한 기준에 따라 계산이 가능하고 예측이 가능하기 때문에, 각각의 위험에 대해 개인이나 집단이 취하게 될 태도 역시 객관적 정보에 의해서 결정된다는 관점이다.
④ 관점 B는 위험이 발생할 객관적인 가능성은 크지 않더라도, 그 위험의 발생을 스스로 통제할 수 없는 경우 더욱 민감하게 반응한다는 관점이다. 즉, 벼락을 맞는 사고는 객관적으로 발생할 가능성이 크지 않지만 사람들은 벼락을 스스로 통제할 수 없다고 생각하기 때문에 더욱 민감하게 반응한다는 것이다.
⑤ 관점 C는 관점 B의 한계, 즉 동일한 위험에 대해 서로 다른 문화와 가치관을 가지고 있는 사회나 집단이 다른 태도를 보이는 것을 보완한 것으로, 위험에 대한 태도가 개인의 심리적인 과정에 의해서만 결정되는 것이 아니라 개인이 속한 집단의 문화적 배경에도 의존한다고 주장하는 관점이다.

07 내용 추론 정답 | ③

모비우스 학설은 주먹도끼의 발견 지역을 기준으로 라인을 형성하고 있다. 그런데 우리나라 연천 전곡리에서 주먹도끼가 발견되었다. 이는 해당 학설에 대한 반박 근거가 마련되었다고 볼 수 있는 것이지 바로 해당 학설의 폐기를 단정할 수는 없다.

오답풀이

① 두 번째 문단의 '주먹도끼를 제작할 수 있다는 것은 추상적 사고를 할 수 있으며 그런 추상적 개념을 언어로 표현하고 대화할 수 있다는 것을 의미한다'를 통해 추론할 수 있다.
② 두 번째 문단을 통해 주먹도끼의 제작 과정을 바탕으로 해당 도구를 사용한 구석기인들의 지적 수준을 추측하고 있음을 알 수 있다.

④ 두 번째 문단의 '주먹도끼는 양쪽 면을 갈아 만든 거의 완벽에 가까운 좌우대칭 형태의 타원형 도구이다. 사냥감의 가죽을 벗겨 내고, 구멍을 뚫고, 빻거나 자르는 등 다양한 작업에 사용된 다용도 도구였다'를 통해 주먹도끼가 좌우대칭의 형태이면서, 다양한 작업을 수행하기 위해서는 양쪽의 모양이 다르게 제작되었을 것으로 추론할 수 있다.
⑤ 세 번째 문단의 '모비우스 라인 동쪽 지역은 서쪽 지역보다 인류의 지적·문화적 발전 속도가 뒤떨어졌다고 추측하였다'를 바탕으로 추론할 수 있다.

시간관리 TIP

추론 유형에서 주의해야 할 사항은 확대 해석이다. 추론은 어디까지나 주어진 글을 바탕으로 미루어 짐작할 수 있는 부분까지만 허용된다. 해당 문제의 정답 역시 그러한 맥락에서 파악할 수 있다. 즉 하나의 근거를 바탕으로 이론이 '폐기'될 수 있다는 것은 적절한 추론이 아니다. 추론의 과정을 따라가 보면, '모비우스 학설은 주먹도끼가 동쪽 지역에서 발견되지 않았다는 것을 근거로 한다. → 우리나라 연천 전곡리에서 주먹도끼가 발견되었다. → 따라서 모비우스 학설은 폐기된다.'로 정리할 수 있다. 하지만 모비우스 학설의 근거를 좀 더 촘촘하게 살펴보면, '전기 구석기의 대표적 석기인 주먹도끼가 발견되지 않았다'는 사실을 근거로 두고 있음을 알 수 있다. 즉 전기 구석기의 주먹도끼는 형식적 조작기 수준의 인지 능력을 바탕으로 두고 있는데, 서쪽 지역은 이러한 주먹도끼를 전기 구석기 시대에 사용했던 것으로 보이지만 동쪽은 그렇지 않다. 따라서 서쪽 지역의 인류들은 동쪽 지역에 비해 지적, 문화적 발전 속도가 빠르다'로 정리할 수 있다. 나아가 주어진 내용에서 연천 전곡리의 주먹도끼가 전기 구석기의 유물이라고 전제한다고 하여도, 하나의 사례를 바탕으로 학설이 폐기되었다고 보는 것은 지나치다. 아주 특별한 예외의 경우로 볼 수도 있기 때문이다.

08 내용 추론 정답 | ⑤

주어진 글의 네 번째 문단에 따르면 블록체인은 다양한 정보와 가치 거래를 저장할 수 있다. 따라서 블록체인을 활용하여 보험금을 청구하게 된다면 실물 서류가 필요하지 않다. 병원 서류를 모두 블록체인상에 기록하여 사용자는 종이 서류를 뗄 필요가 없고 보험사 입장에서도 문서를 검증할 필요가 없다. 블록체인상에 기록된 정보는 위·변조가 불가능하기 때문이다.

오답풀이

① 세 번째 문단에서 NFT는 암호화폐에 자신을 결부해 유일무이한 코인을 만들어 자산과 함께 거래할 수 있도록 해준다고 하였고, 네 번째 문단에서 블록체인이 기존 시스템을 넘어 다양한 정보와 가치 거래를 저장하는 수단으로 활용되고 있다고 하였다. 따라서 NBA 카드나 MLB 카드를 NFT화하여 가치를 인정받으면 온라인상에서 거래가 가능한 것을 알 수 있다.
② 네 번째 문단에서 분산원장이 암호화폐 그 자체의 거래 목적이 아닌 부동산 거래, 무역 거래, 환경 보호나 탄소 저감 등의 사회공헌 내역 등에 대해 기록을 함으로써 투명성과 신뢰성을 확보하는 데 이용되고 있다고 하였으므로 식품의 원산지나 유통 정보 등을 확인할 수 있는 식품 안전망 시스템으로 사용할 수 있다.
③ 세 번째 문단에서 블록체인의 운영을 위한 보상 기제로 작동되는 암호화폐가 글로벌 금융 서비스를 구현하는 데 본격적으로 이용되기 시작했으며 NFT는 암호화폐에 자신을 결부해 유일무이한 코인을 만들어 자산과 함께 거래할 수 있도록 해 준다고 하였다. 즉 암호화폐를 이용하면 특정 지역에서만 쓸 수 있는 지역 화폐를 만들 수 있을 것이다.
④ 첫 번째 문단에서 '블록체인=암호화폐'라는 인식이 지배적이어서, 고삐 풀린 망아지처럼 질주하던 암호화폐의 가격 상승과 가치에 대한 냉정한 심판이 이루어져 함께 추락했다고 하였고, 마지막 문단에서 블록체인이 갖는 고유한 기술에 대한 재평가가 이루어질 것이라고 하였으므로 옳은 설명이다.

09 내용 추론 정답 | ①

화원이 되면 종9품에서 종6품 사이의 벼슬을 받는 하급 관료가 되는 것은 맞다. 하지만 두 번째 문단의 '고된 노역과 적은 녹봉'이라는 내용을 통해 관료가 되어도 경제적 풍요를 누릴 만큼의 녹봉을 받지 못했음을 알 수 있다. 또한 화원들의 수입 대부분이 사적 주문에 의한 그림 제작에서 나왔다고 하였으므로 ①과 같은 반응을 보이는 것은 적절하지 않다.

오답풀이

②, ④ 화원이 된다는 것은 국가가 인정한 20~30명의 최상급 화가 중 한 사람이 된다는 것을 의미했다는 내용을 통해 당시 화원의 정원이 20~30명 정도였음을 짐작할 수 있다. 또한 화원들이 왕실 및 조정이 필요로 하는 모든 종류의 회화를 제작하고 여러 도화 작업을 담당했다고 한 것을 통해 보일 수 있는 반응이다.
③ 화원들이 퇴근 후 사적으로 주문받은 그림을 제작함으로써 수입 대부분을 얻었다는 내용을 통해 민간의 그림 수요가 상당했음을 추론할 수 있다.
⑤ 화원 집안에서 대대로 화원 배출을 위해 노력했으며 조선 후기에는 몇몇 가문이 화원 직을 거의 독점하게 되었다는 내용에서 추론할 수 있다.

10 내용 추론 정답 | ⑤

두 번째 문단에서 계획적 진부화를 통해 새로운 제품을 출시하면, 중고품 시장에서 판매되는 기존 제품은 진부화되고 그 경쟁력도 하락한다고 하였다. 따라서 계획적 진부화가 잦은 제품일수록 기존 제품이 빠르게 진부화될 것이므로 중고품 시장에서 기존 제품과의 경쟁이 치열해질 것이라는 추론은 적절하지 않다.

오답풀이

① 두 번째 문단에서 기업은 제품의 가격을 인상하기 위해 제품의 기능은 거의 변함없이 디자인만 약간 개선한 신제품을 출시하기도 한다고 하였다.
② 두 번째 문단에서 소비자들의 빠르게 변화하는 다양한 요구를 만족시키기 위해 기업에서 계획적 진부화를 수행하기도 한다고 하였으며, 세 번째 문단에서 계획적 진부화로 소비자들의 수요가 자극된다고 하였으므로 계획적 진부화와 소비자의 심리적 특성은 서로 영향을 주고받음을 알 수 있다.
③ 두 번째 문단에서 자동차처럼 사용기간이 긴 제품의 경우, 기존 제품과의 경쟁을 피하기 위해 계획적 진부화를 사용한다고 하였다.
④ 첫 번째 문단에서 계획적 진부화는 의도적으로 수명이 짧은 제품이나 서비스를 생산하여 소비자들이 새로운 제품을 구매하도록 하는 마케팅 전략이라고 하였다.

11 내용 추론

정답 | ②

㉠ 우대용 교통카드 적용 대상자 중 유공자는 관할 보훈지청에서 신용카드나 체크카드로 발급받을 수 있다.
㉣ 정기권은 한 번 구입 후 원하는 종류의 정기권 운임을 충전해 계속 사용이 가능하다. 다만, 충전 후 30일을 경과하면 횟수가 남아 있더라도 사용할 수 없으므로 재충전 후 사용해야 한다.

오답풀이

㉡ 중증 장애인, 유공자 상이 등급 1급, 유공자 장해 등급 1급의 동승 보호자 1인은 우대용 카드 적용 대상자에 포함되므로 무임승차가 가능하다.
㉢ 정기권은 충전일로부터 30일 이내 60회까지 사용 가능하므로, 서울 전용 정기권을 충전한 경우 사용 가능 구간에서 한 달(30일) 동안 총 60회까지 사용이 가능하다.
㉤ 거리 비례용 정기권의 경우 공항 철도 독립 구간인 청라국제도시~인천공항2터미널 구간을 제외한 수도권 전철 전 구간에서 종별 운임 수준에 따라 사용이 가능하다.

시간관리 TIP

개조식 문서의 내용 일치 유형은 선택지에서 키워드를 확인한 후, 소제목을 통해 발췌독을 하는 것이 효율적인 접근법이다. 하지만 때에 따라서는 모든 내용을 훑어야만 정답을 찾을 수 있는 문항도 출제된다. 해당 문항은 후자에 해당하므로 일정 시간을 소요할 수밖에 없다. 다만, 선택지에서 기호를 두 개씩 제시하고 있으므로, 하나의 옳지 않은 기호를 골라냈다면, 선택지를 통해 확인해야 할 사항을 줄일 수 있다.

12 내용 추론

정답 | ④

'최저가 보장 조항'은 불공정 거래 행위이지만, 카르텔의 예시로 보기는 어렵다.

오답풀이

① 카르텔의 종류 중 하나인 가격담합의 사례로 적절하다.
② 카르텔의 종류 중 하나인 생산제한의 사례로 적절하다.
③ 카르텔의 종류 중 하나인 입찰담합의 사례로 적절하다.
⑤ 카르텔의 종류 중 하나인 가격담합의 사례로 적절하다.

13 빈칸 추론

정답 | ②

빈칸 ㉡에 이어지는 문장에서 선행하는 문장의 사례로 중국어의 '공부'라는 말에 학습의 의미가 포함되어 있지 않다는 내용을 제시하고 있으므로 ㉡에는 '포함되지 않는다'가 들어가는 것이 적절하다.

오답풀이

① 배움을 통해 세계와의 관계를 형성하고 개인의 존재를 확인한다는 내용이므로 ㉠에 '가장 근원이 되는'의 내용이 들어가는 것은 적절하다.
③ 빈칸에 선행하는 내용은 공부와 배움의 차이에 대한 내용이며, ㉢에 이어지는 내용은 배움의 중요성에 대한 내용이므로 빈칸에 '공부가 아닌 배움에 매진해야 한다는' 내용이 들어가는 것은 적절하다.
④ 빈칸에 선행하는 문장에서 배움이 '기지의 세계에서 미지의 세계로 떠나는 여행'이라는 존 듀이의 말을 인용하고 있으므로, ㉣에는 그 구체적인 내용을 설명하기 위해 '미지의 세계'가 들어가는 것이 적절하다.
⑤ 배움의 대상, 친구, 의미를 상실한 문제를 극복해야 한다는 내용이 이어지므로, ㉤에 '배움으로부터 소외된 것이다'가 들어가는 것은 적절하다.

14 빈칸 추론

정답 | ②

㉠ ㉠이 있는 문장 뒤에서 한 사건을 설명하기 위해 그 사건 이전에 일어났던 사건에서 원인을 찾지만 빅뱅의 경우에는 그 이전에 아무것도 없었으므로 어떠한 설명도 찾을 수 없다고 하였다.
따라서 ㉠에는 어떤 변화가 생겨나기도 전에 영겁의 시간이 있었다고 가정하면 '왜 우주가 탄생하게 되었는지를' 설명할 수 없다는 내용이 들어가야 한다.

ⓛ ⓛ이 있는 문장 앞에서 빅뱅 이전에 아무 일도 없었다는 말을 다르게 해석하는 방법도 있다고 하였으며, ⓛ이 있는 문장 뒤에서 ⓛ이라고 해석할 경우 빅뱅 이전이라는 개념 자체가 성립하지 않아 그 이전에 아무 일도 없었던 것은 당연하며 빅뱅이 0년을 나타낸다고 하였다.
따라서 ⓛ에는 '빅뱅 이전에는 시간도 없었다'는 내용이 들어가야 한다.

15 빈칸 추론 정답 | ③

빈칸은 알고리즘에 대한 결론으로 처칠의 말과 마찬가지라고 했으므로, 그의 말을 분석해야 한다. 처칠은 민주주의가 결점을 갖고 있기에 '가장 나쁜 체제'라고 말하지만, 이 나쁘다는 것의 기준은 '다른 모든 체제를 제외하면' 그러하다고 보고 있다. 즉, 다른 대안보다는 그나마 나은 체제가 민주주의이므로 결점을 가지고 있더라도 이를 선택할 수밖에 없음을 역설하고 있다고 볼 수 있다. 따라서 이를 알고리즘에 대입하면 알고리즘 역시 결점을 가지고 있지만 다른 것에 비해 신뢰할 만한 대안이 될 수 있다는 내용이 빈칸에 들어갈 내용으로 가장 적절하다.

오답풀이

① 알고리즘에 대한 두려움과 관련된 내용은 주어진 글에 나와 있지 않다. 두 번째 문단에 따르면, 알고리즘은 실수를 범할 수밖에 없음을 인정하고 있으므로 '최상의 선택'을 하는 것은 불가능하다.
② 두 번째 문단에 따르면, 사람들은 대부분 자신에 대해 잘 모르고, 그렇기에 인생의 중요한 결정에 끔찍한 실수를 저지르기도 한다고 하였다. 그렇기에 알고리즘은 평균적으로 인간보다 낫다고 평하고 있다. 이를 종합하면 어떠한 결정에 있어 알고리즘이 인간보다 평균적으로 좀 더 나은 선택을 할 수 있음을 알 수 있다. 하지만 이러한 정보에서 알고리즘이 모르는 사항을 인간 역시 모른다는 결론을 내릴 수 없으며, '앎과 모름'에 대한 정보는 주어진 글에 나와 있지 않다.
④ 알고리즘이 실수가 있는 것은 맞으나, 그렇기에 다른 선택지와 비교하라는 결론은 내리기 어렵다. 주어진 글에서는 알고리즘 외의 다른 선택지에 대한 정보가 없으며, 처칠의 말과 같은 결론에 이르기 위해서는 다른 선택지와의 '비교' 자체가 아닌 알고리즘을 선택하는 것이 더 낫다는 정보가 있어야 한다.
⑤ 두 번째 문단에 따르면, 사람은 자신을 모르고, 그래서 인생의 중요한 결정에서 실수를 하기도 한다. 따라서 이를 보호하기 위한 장치로 알고리즘을 선택한다는 내용은 적절하다. 하지만 빈칸은 처칠의 말과 같은 결론을 내려야 하므로, '보호 장치'가 아닌 다른 대안과 비교했을 때 알고리즘을 선택할 수밖에 없음과 관련된 내용이 들어가야 한다.

시간관리 TIP

빈칸 추론 문제는 앞뒤에 나오는 정보들을 단서로 풀이해야 한다. 빈칸의 앞 문장에서 "알고리즘에 대해서도 마찬가지로 다음과 같은 결론을 내릴 수 있다."고 하였으므로 무엇과 '마찬가지'인지를 확인해야 한다. 처칠의 말을 분석하면, '민주주의는 다른 모든 체제를 제외하면 나쁜 정치 체제'라는 것인데, 이를 알고리즘에 빗대면, '나쁜'은 '결점이 많은, 실수가 많은'이고, '다른 모든 체제를 제외하면'은 '다른 대안을 제외하면' 혹은 '인간이 결정한 사항을 제외하면' 정도로 정리할 수 있다. 그리고 마지막 문단의 첫 문장인 "우리는 알고리즘을 둘러싼 많은 문제를 열거하고 나서, 그렇기 때문에 사람들은 결코 알고리즘을 신뢰하지 않을 거라고 결론 내릴 수도 있다." 역시 좋은 단서이다. 해당 내용에 '하지만'이라는 역접 접속사를 통해 반박의 내용이 이어질 것임을 알 수 있으므로 알고리즘은 신뢰할 수 있다는 결론을 이끌어 낼 수 있다.

16 빈칸 추론 정답 | ③

공기 덩어리가 산을 넘을 때 고도가 올라갈수록 단열 팽창 현상 때문에 온도가 내려간다. 이때, 온도가 이슬점 온도보다 내려가면 수증기가 응결하여 구름이 생성되거나 비가 내리게 된다. 비가 내려 공기 속 수증기가 소모된 후 공기가 산을 넘어 하강할 때는 공기의 수증기가 불포화 상태이므로 건조 기온감률이 적용되며, 기압이 높아지면서 공기의 온도는 올라가게 된다.

시간관리 TIP

과학 지문과 같이 상승, 하강, 증가, 감소 등 익숙하지 않은 용어와 복잡한 내용이 제시되면, 한눈에 볼 수 있도록 지문의 중요한 키워드 근처에 화살표, 부등호 등을 표시해 두도록 한다. 이러한 방법을 통해 문제 풀이 시간을 단축할 수 있고 정확도도 높일 수 있다.

17 비판적 독해 정답 | ①

A를 지지하는 입장에서는 소수집단 우대 정책을 과거의 잘못을 보상하고 바로잡는 행위로 본다. 그래서 입학 허가라는 중요한 혜택을 과거 차별을 보상하는 차원에서 나누어 주어야 한다고 보는 것이다. 이를 반대하려면, 대학 입학 허가라는 혜택이 과거에 대한 보상이라는 주장에 대해 반론해야 한다. 그런데 '대학 입학은 너무 가벼운 보상'이라는 점은 A를 지지하는

입장의 논거를 그대로 유지하고 있으므로 반대하는 의견으로 볼 수 없다.

오답풀이

② A를 지지하는 입장에서는 소수집단 우대 정책을 과거의 잘못을 보상하고 바로잡는 행위로 본다. 그래서 입학 허가라는 중요한 혜택을 과거 차별을 보상하는 차원에서 나누어 주어야 한다고 보는 것이다. 그런데 소수집단 우대 정책의 대상자가 과거 고통을 겪지 않은 학생들로 구성되어 있다면 그 취지에 어긋난 것이므로 A를 반대하는 입장의 의견으로 적절하다.

③, ④ B를 지지하는 입장에서는 입학 허가가 수혜자에 대한 보상이 아니라 사회적으로 가치 있는 목적을 실현하기 위한 수단으로 여긴다. 즉 다양한 출신 배경이 모여 있을 때 서로에게 많은 것을 배울 수 있고, 나아가 소수집단 학생들을 교육하여 그들이 사회에서 영향력을 발휘하도록 하는 것이 대학의 시민사회적 목적을 실현하고 공동선에 기여하는 일이라고 보는 것이다. 따라서 이에 대해 반대하는 의견으로는 대학의 시민사회적 목적 실현을 위해 역차별이 일어난 경우를 제시할 수 있다.

⑤ A와 B를 지지하는 입장에서는 대학 입학 심사에서 소수집단의 우대 정책을 옹호하고 있으므로, 이를 반박하는 기본 입장은 소수집단, 즉 개인의 인종이나 민족과 같은 특성을 고려하여 혜택을 주는 것이 바람직하지 않다고 보는 것이다.

시간관리 TIP

주장에 대한 반박이 아닌 것을 고르는 문제는 해당 주장에 대해 옹호하거나, 주어진 내용과 일치하지 않거나, 상관없는 내용이 정답이 될 수 있다. 해당 문제의 ①도 A의 주장에 반박하려면 '과거 보상'에 대해 비판해야 하는데, 오히려 그를 옹호하고 있으므로 반박으로 적절하지 않은 내용이 되는 것이다. 여기서 주의해야 할 점은 옹호를 한 뒤 부정하는 진술, 즉 부분적인 옹호 역시 옹호로 보아야 한다는 점이다.

18 빈칸 추론

정답 | ①

주어진 글에서 ㉠은 '간식을 눈에 보이지 않는 곳에 두는 행동'처럼 유혹의 단서를 사전에 제거해 상황을 바꾸는 전략이 단순한 충동 억제보다 더 효율적이라는 설명과 연결된다. 한편 ㉡은 이어서 제시된 '사회적 지지, 안정적 환경, 긍정적 정서' 등의 예시가 가리키듯 자기통제력에 큰 영향을 미치는 환경적 요인을 뜻한다. 따라서 ㉠에는 '충동 억제', ㉡에는 '환경적 요인'이 들어가는 것이 적절하다.

오답풀이

② 주어진 글에서는 감정 억압이 아니라 상황을 조절하는 전략을 강조하며, 자기통제력을 선천적 특성으로 보지 않고 학습과 환경을 통한 발달 가능성을 시사한다.

③ 주어진 글에서는 단기 보상이 아니라 장기적 목표 지향을 강조했고, 단순한 의지로만 설명하지 않았기 때문에 '단기적 보상'과 '무조건적 의지'는 적절하지 않다.

④ 주어진 글에서는 '욕구를 충족'하는 것이 아니라 억제하거나 환경을 바꾸는 전략을 제시했으며, '긍정적 사고'는 예시로 제시된 환경적 요인과도 일치하지 않는다.

⑤ 주어진 글에서는 '스트레스 회피'가 아니라 환경을 바꾸는 전략을 강조했고, '개인적 취향'은 통제력과 무관하다.

시간관리 TIP

빈칸 앞뒤 문맥을 통해 설명이나 예시에 해당하는 핵심 개념을 파악하고, 주어진 선택지 중 글의 논리와 가장 정확히 대응되는 단어를 찾아 넣는 것이 중요하다.

19 서술 방식

정답 | ①

주어진 글은 자기통제력의 개념을 정의한 뒤 마시멜로 실험과 자기 고갈 이론, 최근 연구와 환경적 요인을 순차적으로 설명하며, 마지막에는 학습과 환경을 통한 발달 가능성을 결론으로 제시하고 있다.

오답풀이

② 자기통제력의 장점과 단점을 비교·대조하는 대립적 시각은 나타나지 않는다.

③ 학자들의 상반된 견해를 소개하거나 대조하는 내용은 없다. '마시멜로 실험'과 '자기 고갈 이론' 등은 상반된 견해가 아니라, 동일한 주제를 다양한 각도에서 보완적으로 설명하는 사례이다.

④ 자기통제력의 문제점을 중심으로 생활 속 사례를 들어 비판하는 구조가 아니다. 주어진 글은 문제 제기보다 개념, 연구, 전략, 영향 요인을 체계적으로 제시하며 설명한다.

⑤ 일상적 사례에서 출발해 일반적 결론을 도출하는 귀납적 방식이 아니다. 주어진 글은 정의를 먼저 제시하고, 사례와 이론, 요인을 통해 결론에 이르는 연역적 전개이다.

시간관리 TIP

글의 전개 방식 문제는 글의 처음·중간·끝 구조를 빠르게 파악한 뒤, 선택지를 비교하여 전체 흐름과 일치하는 답을 고르는 것이 중요하다.

20 문단 배열

정답 | ②

주어진 글은 재생에너지의 비용 경쟁력에 관한 글이다. 따라서 가장 먼저 와야 하는 문단은 재생에너지가 화석에너지에 비해 비용 경쟁력이 낮았으나 최근에는 경쟁력 있는 사업 분야가 될 것이라는 전망이 담긴

[나]이다. 뒤이어 풍력과 태양에너지의 비용 경쟁력 향상에 관한 구체적 수치가 담겨 있는 [가]와 풍력과 태양에너지가 세계 에너지 소비량을 우수하게 충당할 수 있다는 [라]가 순서대로 이어져야 한다. 마지막으로 재생에너지에 대한 관심이 선진국에만 국한되어 있지 않으며 앞으로 경쟁원칙에서도 화석에너지를 앞지를 수 있다고 전망하는 [다]가 이어져야 한다. 따라서 논리적 순서에 맞게 배열하면 [나]－[가]－[라]－[다]이다.

오답풀이

③ [다]가 [나] 뒤에 오게 되면 전체 글의 맥락이 어색해진다. [다]의 '이제 재생에너지는 단순히 친환경이라는 이유로 에너지 산업의 구색을 갖추기 위한 존재가 아니라 경쟁원칙에 의해 당당히 기존 화석에너지원들을 대체해 나가게 될 것이다'라는 서술은 전체 글의 맥락상 마무리 서술로 볼 수 있다. 더구나 [라]와 [가]의 순서도 적절하지 않다.

④ [가]와 [라]는 앞서 주장한 재생에너지가 비용 경쟁력에서 우수한 사업 분야가 될 것이라는 전망에 대한 구체적 근거이다. [가]는 비용 면에서 [라]는 에너지 충당 능력에서 그 근거를 찾을 수 있는데, 전체 글의 흐름상 [가]가 [라]보다 먼저 오는 것이 적절하며 [라] 문단 앞에 '나아가'라는 접속어도 이 두 문단의 순서를 배열하는 데 결정적인 역할을 한다.

CHAPTER 02 수리능력

STEP 01 | 적중예상문제

2권 P. 82

01	④	02	③	03	②	04	②	05	①
06	②	07	③	08	③	09	③	10	①
11	③	12	②	13	④	14	②	15	④
16	②	17	①	18	②	19	③	20	②
21	⑤	22	⑤	23	③	24	②	25	④
26	④	27	②	28	①	29	②	30	②
31	①	32	④	33	②	34	⑤	35	①
36	①	37	④	38	④	39	⑤	40	⑤
41	③	42	④	43	①	44	⑤	45	①
46	④	47	②	48	④	49	③	50	④

01 응용수리

정답 | ④

공학 계열 신입사원 수를 크기가 작은 순서대로 나열하면 17, 18, 19, 21, 21, 24이다. 이때, 자료의 개수가 짝수 개이므로 중앙값은 가운데에 있는 두 자료의 값의 평균이다. 즉, 공학 계열 신입사원 수에서 중앙값은 $\frac{19+21}{2}=20$이다.

또, 공학 계열 신입사원 수 중 24가 가장 크므로 최댓값은 24이고, 평균은 $\frac{17+18+19+21+21+24}{6}=20$이다.

따라서 중앙값은 20, 최댓값은 24, 평균은 20이다.

찐 모듈이론 TIP

평균
- 집단의 특성을 요약하기 위해서 가장 빈번하게 활용하는 값으로 변량의 총합을 변량의 개수로 나눈 값을 의미한다.
- 평균＝변량의 총합÷변량의 개수

중앙값
- 변량을 크기순으로 나열하였을 때 순서상 정확하게 중간에 있는 값을 의미한다.
- 변량의 개수가 짝수일 때는 중앙에 위치하는 2개의 변량 값의 평균이 중앙값이다.

02 응용수리 정답 | ③

주어진 자료의 평균은

$\frac{142+148+151+157+162}{5}=\frac{760}{5}=152$이다.

각각의 자료에서 평균을 뺀 값이 $142-152=-10$, $148-152=-4$, $151-152=-1$, $157-152=5$, $162-152=10$이므로 분산은

$\frac{(-10)^2+(-4)^2+(-1)^2+5^2+10^2}{5}=\frac{242}{5}=48.4$

이다.

찐 모듈이론 TIP

분산

- 자료의 퍼져 있는 정도를 구체적인 수치로 나타내는 개념이다.
- 각 자료와 평균의 차이인 편차의 제곱을 모두 더한 값을 자료의 수로 나누어 구한다.

표준편차

- 분산의 양의 제곱근 값을 의미하여 평균으로부터 얼마나 떨어져 있는가를 나타내는 개념이다.
- 표준편차가 크면 자료들이 넓게 퍼져 있고 이질성이 큰 것을 의미하며, 작으면 자료들이 집중하여 있고 동질성이 큰 것을 의미한다.

예 집단 A의 관찰값이 1, 2, 8, 9라고 하면 집단 A의 평균은 $\frac{1+2+8+9}{4}=5$이다. 따라서 집단 A의 분산은 $\frac{(1-5)^2+(2-5)^2+(8-5)^2+(9-5)^2}{4}=12.5$이고, 표준편차는 12.5의 양의 제곱근인 $\sqrt{12.5}$이다.

03 응용수리 정답 | ②

수강 학생 수를 x명이라고 하면 수입은 $25{,}000x$원이고 지출 금액은 $(8{,}000x+300{,}000)$원이다. 학원의 순이익이 10만 원 이상이 되려면

$25{,}000x-(8{,}000x+300{,}000)\geq 100{,}000$을 만족해야 한다.

식을 정리하면 $17{,}000x\geq 400{,}000$

$\therefore x\geq\frac{400{,}000}{17{,}000}=23.5\cdots$

따라서 최소 24명이 수강해야 한다.

04 응용수리 정답 | ②

6% 농도의 소금물 200g에 들어 있는 소금의 양은 $200\times\frac{6}{100}=12$(g)이다. 첨가하려던 물의 양을 xg이라 하면

$\frac{12}{200+x}\times 100=5$

$\rightarrow 1{,}200=1{,}000+5x \qquad \therefore x=40$

B비커의 3% 농도 소금물 160g에 들어 있는 소금의 양은 $160\times\frac{3}{100}=4.8$(g)이므로 물을 40g 추가하기 전 농도는 $\frac{4.8}{160-40}\times 100=4$(%)이다.

05 응용수리 정답 | ①

서울에서 부산까지의 총 480km 구간 중에서 곡선 구간이 70km이므로 직선 구간의 길이는 410km이다. KTX가 직선 구간에서 시속 205km의 일정한 속력으로 달렸으므로 걸린 시간은 $\frac{410}{205}=2$(시간)이다.

이때, 전체 3시간이 걸렸고 중간에 $3\times 6=18$(분), 즉 $\frac{18}{60}=\frac{3}{10}$(시간) 동안 정차하였으므로 곡선 구간을 운행하는 데 걸린 시간은 $3-2-\frac{3}{10}=\frac{7}{10}$(시간)이다.

따라서 곡선 구간 70km를 운행할 때의 평균 속력은

$\frac{70}{\frac{7}{10}}=100$(km/h)이다.

06 응용수리 정답 | ②

가 선물세트의 개수를 x개, 나 선물세트의 개수를 y개라고 하면, 명절 선물세트를 만드는 데 필요한 참치 통조림의 개수는 $(2x+3y)$개이고, 사용된 참치 통조림의 개수는 2,600개이므로

$2x+3y=2{,}600$ ⋯ ⓐ

또한, 명절 선물세트를 만드는 데 필요한 햄 통조림의 개수는 $(6x+5y)$개이고, 사용된 햄 통조림의 개수는 5,800개이므로

$6x+5y=5{,}800$ ⋯ ⓑ

$(3\times$ⓐ$)-$ⓑ에서 $4y=2{,}000\rightarrow y=500$, $x=550$이므로 명절 선물세트는 가 선물세트가 550개, 나 선물세트가 500개이다.

따라서 명절 선물세트를 모두 판매한 매출액은 $(28,000\times550)+(25,000\times500)=27,900,000$(원)$=$ 2,790(만 원)이다.

07 응용수리 정답 | ③

현재 두 팀에서 5년 이상 된 책상은 $12+18=30$(개)이고, 5년 미만인 책상은 $33+12=45$(개)이다. 이때 교체하는 책상의 개수를 a개라고 하면

$(30-a):(45+a)=2:8$

$\rightarrow 90+2a=240-8a \quad \therefore a=15$

즉, 새로 구입하는 책상은 15개이다. 그런데 현재의 비율대로 두 팀에 새로 구입한 책상을 분배해야 하므로 총무팀과 인사팀에 각각 $33:12=11:4$의 비율로 분배한다. 따라서 총무팀에는 새로 구입한 책상 15개 중 11개를 주어야 하므로 총무팀의 5년 미만인 책상의 수는 $33+11=44$(개)가 된다.

08 응용수리 정답 | ③

7일$\times$52주$=364$(일)이므로 모든 요일이 52번 반복될 경우 364일이 흐른다. 즉, 평년인 경우 1월 1일이 월요일이었으므로 12월 30일은 일요일이고 365번째 날인 12월 31일은 다시 월요일이다. 그러나 이 해의 화요일이 53번이라고 하였으므로 해당 해는 2월이 29일인 윤년이다. 따라서 12월 31일은 화요일이고, 6일 전인 12월 25일은 수요일이다.

시간관리 TIP

요일을 구하는 문항의 경우, 기준 날짜와 구해야 하는 날짜 사이에 2월이 포함되어 있다면 윤년인지 평년인지를 확인한다. 이후 기준이 되는 날짜와 구하고자 하는 날짜가 해당 연도의 몇 번째 날인지를 차례로 계산한다. 이때 누적 날짜 수를 7로 나누었을 때 나오는 나머지를 이용하면, 요일의 주기를 빠르게 찾을 수 있다.

예를 들어 만약 2월 1일이 월요일인 해라면, 2월 1일은 당해의 32번째 날이므로 7로 나눈 나머지가 4이고, 나머지가 5인 2월 2일은 화요일, 나머지가 6이면 수요일, 이런 방식으로 아래와 같이 7일마다 요일이 반복된다.

나머지	1	2	3	4	5	6	0
요일	금	토	일	월	화	수	목

이 규칙은 평년이나 윤년 모두 적용할 수 있으며, 누적 날짜의 7로 나눈 나머지를 통해 해당 요일을 손쉽게 구할 수 있다.

09 응용수리 정답 | ③

팀 대항전 운동 시합에 남자 직원이 2명만 출전하는 경우는 (남자, 여자), (남자, 여자), (여자, 여자), (여자, 여자)이다.

이때, 팀 내에서 (남자, 여자)가 뽑히는 경우의 수는 ${}_4C_1=4$(가지)이고, (여자, 여자)가 뽑히는 경우의 수는 ${}_4C_2=\frac{4\times3}{2}=6$(가지)이다.

또한 남자 직원이 1명 뽑히는 팀을 2개 고르는 경우의 수는 ${}_4C_2=\frac{4\times3}{2}=6$(가지)이다.

모든 경우의 수는 동시에 발생하므로 ${}_4C_2\times{}_4C_2\times{}_4C_2\times{}_4C_1\times{}_4C_1=6\times6\times6\times4\times4=3,456$(가지)이다.

10 응용수리 정답 | ①

1부터 50까지의 자연수 중 3의 배수는 3, 6, 9, 12, 15, 18, 21, 24, …, 48로 총 16개이고, 5의 배수는 5, 10, 15, 20, 25, …, 50으로 총 10개이다. 이때, 3과 5의 최소공배수인 15의 배수는 3의 배수와 5의 배수에 모두 포함되므로 중복되는 15, 30, 45 3개의 숫자는 한 번 제외되어야 한다.

따라서 3의 배수 또는 5의 배수가 적힌 숫자 카드를 뽑는 경우의 수는 $16+10-3=23$(가지)이다.

시간관리 TIP

'또는'으로 제시되는 경우의 수는 합의 법칙을 이용하여 구한다. 이때, 1부터 50까지의 자연수가 각각 하나씩 적힌 50장의 숫자 카드 중 3의 배수가 적힌 숫자 카드의 수는 $50\div3$의 몫인 16장이고, 5의 배수가 적힌 숫자 카드의 수는 $50\div5$의 몫인 10장이다.

11 응용수리 정답 | ③

1차 예선은 조별로 경기를 하며, 한 조에 4팀으로 구성되므로 한 조 안에서 경기를 치루는 경우의 수는 ${}_4C_2=\frac{4\times3}{2}=6$(가지)이다. 1차 예선에 참여한 조는 5개이므로 각 조별로 6회씩 경기를 하게 되어 총 $6\times5=30$(회)의 경기를 한다. 각 조에서 2팀씩 본 경기에 진출하므로 총 $2\times5=10$(팀)이 본 경기에 진출한다. 10팀이 토너먼트로 경기를 하는 횟수는 $10-1=9$(회)이므로 전체 경기를 하는 횟수는 $30+9=39$(회)이다.

12 응용수리 정답 | ②

주머니 안에 들어 있는 공의 전체 개수는 $(5+a+b)$개이다.

- 노란색 공을 꺼낼 확률이 $\frac{1}{3}$이라면,

$\frac{a}{5+a+b}=\frac{1}{3} \rightarrow 2a=b+5 \cdots$ ㉠

- 파란색 공을 꺼낼 확률이 $\frac{1}{2}$이라면,

$\frac{b}{5+a+b}=\frac{1}{2} \rightarrow b=a+5 \cdots$ ㉡

㉠과 ㉡을 연립하면, $2a=(a+5)+5$

$\therefore a=10,\ b=15$

따라서 $a\times b=10\times 15=150$이다.

13 응용수리 정답 | ④

총 5번의 시험에서 응시 인원 평균이 4.2명 이하가 되려면 전체 응시 인원은 총 21명 이하여야 한다. 따라서 3~5차의 응시 인원의 합은 1, 2차 응시 인원을 제외한 21−5−5=11(명) 이하여야 한다. 그러므로 여사건의 개념을 활용하여 전체 확률에서 3~5차 응시 인원의 합이 11명 초과일 확률을 빼면 정답을 구할 수 있다. 3~5차 응시 인원의 합이 11명 초과인 경우의 수를 구하면 다음과 같다.

구분	3차 또는 4차 또는 5차			경우의 수(가지)
응시 인원(명)	2	5	5	$\frac{3!}{2!}=3$
	3	4	5	$3\times 2\times 1=6$
	3	5	5	$\frac{3!}{2!}=3$
	4	4	4	1
	4	4	5	$\frac{3!}{2!}=3$
	4	5	5	$\frac{3!}{2!}=3$
	5	5	5	1
합계				3+6+3+1+3+3+1=20

이때 3~5회차 응시 인원의 가능한 모든 경우의 수는 $5\times 5\times 5=125$(가지)이므로, 총합이 11명을 초과할 확률은 $\frac{20}{125}$이다. 따라서 3~5차 응시 인원의 합이 11명 이하일 확률, 즉 전체 응시 인원의 평균이 4.2명 이하일 확률은 $1-\frac{20}{125}=\frac{105}{125}=\frac{21}{25}$이다.

시간관리 TIP

구해야 하는 경우의 수가 너무 많을 때는 여사건의 개념을 활용하면 계산할 양이 줄어들어 문제를 빠르게 풀 수 있다. 해당 문항의 경우 3~5차 응시 인원의 합이 3명 이상 11명 이하가 되는 경우의 수가 훨씬 많기 때문에, 11명이 초과되는 경우인 여사건의 확률을 구하는 편이 훨씬 간편하다.

14 응용수리 정답 | ②

첫 번째 문제를 맞힐 확률이 $\frac{1}{2}$이므로 두 번째 문제를 맞힐 확률은 $\frac{1}{2}\times\frac{2}{3}=\frac{1}{3}$이고, 두 번째 문제를 틀릴 확률은 $1-\frac{1}{3}=\frac{2}{3}$이다.

두 번째 문제를 맞히고 세 번째 문제를 맞힐 확률은 $\frac{1}{3}\times\frac{2}{3}=\frac{2}{9}$이다. 즉, 첫 번째 문제와 세 번째 문제를 맞히는 것은 다음의 두 가지로 나누어 생각할 수 있으며, 그 확률은 아래와 같다.

첫 번째 문제	두 번째 문제	세 번째 문제	확률
○	×	○	$\frac{1}{2}\times\frac{2}{3}\times\frac{1}{2}=\frac{1}{6}$
○	○	○	$\frac{1}{2}\times\frac{1}{3}\times\frac{2}{9}=\frac{1}{27}$

따라서 구하는 확률은 $\frac{1}{6}+\frac{1}{27}=\frac{9}{54}+\frac{2}{54}=\frac{11}{54}$이다.

15 응용수리 정답 | ④

앞의 항과 뒤의 항의 차를 써보면 다음과 같다.

12　8　2　(　)　−16　−28　−42

−4　−6　−8　−10　−12　−14

따라서 빈칸에 들어갈 수는 2−8=−6이다.

16 응용수리

정답 | ②

- 수열1: 첫째 항부터 $+1(=1^2)$, $+4(=2^2)$, $+9(=3^2)$, $+16(=4^2)$, $+25(=5^2)$, $+36(=6^2)$, … 과 같이 1씩 늘어나며 제곱수가 더해지는 규칙이 적용되고 있으므로 빈칸에 들어갈 알맞은 수는 12+9=21이다.
- 수열2: 첫째 항부터 −5, +0, +5, +10, +15, +20, … 과 같이 5씩 늘어나며 수가 더해지는 규칙이 적용되고 있으므로 빈칸에 들어갈 알맞은 수는 16+5=21이다.

따라서 두 수열의 빈칸에 공통으로 들어갈 알맞은 수는 21이다.

시간관리 TIP

수열 문항의 경우, 규칙이 한눈에 보이지 않는다면 앞과 뒤 항의 차이를 먼저 구해 보는 것이 좋다. 또한 1, 4, 9, 16, 25…와 같은 제곱수가 들어간 규칙이 많이 활용되므로 항상 염두에 두도록 한다.
두 개 이상의 수열에 공통으로 들어가는 수를 찾는 문항의 경우, 둘 중에 규칙이 더 쉽게 보이는 수열을 기준으로 빈칸에 들어갈 수를 유추한 후 나머지 수열로 검증하는 순서로 접근한다.

17 자료 계산

정답 | ①

(가)~(다)의 영업이익과 영업이익률을 계산하면 다음과 같다.

(단위: 억 원, %)

구분		매출액	영업이익	영업이익률
(가)	2021년	2,000	180	9.0
	2022년	2,080	190	9.1
	2023년	2,040	260	12.7
	2024년	2,120	290	13.7
(나)	2021년	3,120	570	18.3
	2022년	3,210	530	16.5
	2023년	3,180	610	19.2
	2024년	3,350	570	17.0
(다)	2021년	4,810	730	15.2
	2022년	5,150	750	14.6
	2023년	5,540	950	17.1
	2024년	5,860	960	16.4

각 조건을 확인하면 다음과 같다.

- 영업이익이 동일한 연도가 있는 회사는 B회사이다.
  → (나)회사는 2021년과 2024년 영업이익이 동일하다. 즉, (나)=B회사이다.
- 영업이익률이 매년 10% 이상인 회사는 B회사와 C회사이다.
  → (나), (다)이므로 (나)=B회사, (다)=C회사이다.
- 주어진 기간 동안 영업이익의 증감 추이가 동일한 회사는 A회사와 C회사이다.
  → (가), (다)는 모두 지속적으로 영업이익이 증가했으므로 (다)=C회사, (가)=A회사이다.

그러므로 (가)=A회사, (나)=B회사, (다)=C회사이다.

시간관리 TIP

영업이익률이 10% 이상인지를 판단할 때는 영업이익을 구한 후 매출액의 10%와 비교하면 시간을 더욱 줄일 수 있다.

18 자료 계산

정답 | ②

시설별로 수입, 지출, 수익을 정리하면 다음과 같다.

(단위: 천 원)

구분		금액
A 시설	수입	1,200,700+1,315,000+1,250,100+1,300,900+1,189,500+1,204,800=7,461,000
	지출	(212,600+10,400+304,800)×6+32,800+50,600=3,250,200
	수익	7,461,000−3,250,200=4,210,800
B 시설	수입	980,700+1,034,500+965,200+980,000+1,005,300+968,300=5,934,000
	지출	(10,500+9,800+10,400)×6+20,000+168,900=373,100
	수익	5,934,000−373,100=5,560,900
C 시설	수입	578,000+654,100+670,800+704,200+676,900+685,600=3,969,600
	지출	(12,500+19,100)×6+1,800+324,000=515,400
	수익	3,969,600−515,400=3,454,200
D 시설	수입	1,152,400+1,098,500+1,083,600+1,100,600+1,140,700+1,205,900=6,781,700
	지출	(100,400+102,700+231,800)×6+47,900+107,900=2,765,200
	수익	6,781,700−2,765,200=4,016,500

E 시설	수입	876,500+892,000+860,100+848,300 +802,900+842,800=5,122,600
	지출	(28,400+10,200+78,900)×6 +30,300+120,500=855,800
	수익	5,122,600−855,800=4,266,800

따라서 2021년 하반기 발전 수익이 가장 큰 곳은 5,560,900천 원인 B시설이다.

오답풀이

① A시설의 발전 수입은 7,461,000천 원이므로 75억 원 미만이다.
③ 발전 수입이 가장 많은 곳은 A시설이다.
④ E시설의 발전 지출은 855,800천 원이므로 10억 원 미만이다.
⑤ C시설의 발전 수익은 3,454,200천 원이므로 30억 원 이상이다.

시간관리 TIP

반드시 계산을 정확하게 하지 않아도 된다. 선택지에서도 정확한 값보다는 수의 범위 위주로 묻고 있으므로, 되도록 계산을 어림하여 옳고 그름을 판단하는 것이 좋다.

19 자료 이해 정답 | ③

E국과 F국의 원의 면적은 동일하므로 두 나라의 인구수가 같지만, F국의 원의 중심 좌표가 E국보다 위쪽에 있으므로 에너지 사용량은 F국이 더 많다. 따라서 1인당 에너지 사용량은 F국이 E국보다 많다.

오답풀이

① A~H국가 중 A국의 중심 좌표가 가장 오른쪽에 있으므로, A국의 GDP가 가장 높고, D국의 중심 좌표가 가장 왼쪽에 있으므로 D국의 GDP가 가장 낮다.
② A국의 에너지 사용량과 GDP는 각각 약 2.3억 TOE, 약 10,800십억 달러이고, B국 에너지 사용량과 GDP는 각각 약 1.6억 TOE, 약 1,800십억 달러이다. 이에 따라 대략적인 에너지 사용량 대비 GDP를 구해 보면, A국은 $\frac{10,800}{2.3}$≒4,695.7(십억 달러/억 TOE), B국은 $\frac{1,800}{1.6}$=1,125(십억 달러/억 TOE)이므로 A국이 B국보다 높다.
④ G국의 중심 좌표는 C국보다 오른쪽 아래에 있다. 오른쪽에 가까울수록 GDP가 높고, 아래에 가까울수록 에너지 사용량은 적다. 따라서 G국은 C국보다 에너지 사용량이 적고 GDP는 높다.
⑤ GDP는 G국이 B국보다 높지만 G국의 인구수가 B국보다 더 적으므로 1인당 GDP는 G국이 B국보다 높다.

시간관리 TIP

② 그래프의 x축이 GDP, y축이 에너지 사용량이므로, 에너지 사용량 대비 GDP는 $\frac{1}{\text{그래프의 기울기}}$이다.
A국보다 B국의 기울기가 더 크므로 에너지 사용량 대비 GDP는 A국이 B국보다 높다.

20 자료 이해 정답 | ②

2014년 자전거 우선도로의 노선 1개소당 길이는 1,093÷186≒5.9(km)로 6km 미만이므로 옳지 않다.

오답풀이

① 2015년 이후 자전거 도로 전체 길이는 매년 전년 대비 증가하였으므로 옳다.
③ 2021년 자전거 전용차로의 노선 수는 5년 전 대비 $\frac{527-361}{361}$×100≒46(%)로 45% 이상 증가하였으므로 옳다.
④ 2020년 자전거 전용도로의 노선 수는 전체 노선 수의 $\frac{1,640}{15,878}$×100≒10.3(%)로 10% 이상이므로 옳다.
⑤ 2014~2021년 동안 매년 자전거·보행자 겸용도로 길이는 자전거 전용도로 길이의 4배 이상이므로 옳다.

시간관리 TIP

④ 2020년 자전거 전용도로의 노선 수는 1,640개소로 전체 노선 수 15,878개소의 10%인 1,587개소 이상이므로 옳다.

21 자료 이해 정답 | ⑤

2022년 기타 제조업 고용 인원수가 전체 산업 고용 인원수에서 차지하는 비중은 $\frac{4,532}{27,341}$×100≒16.6(%)이므로 15% 이상이다.

오답풀이

① 반도체의 4년간 고용 증감률이 $\frac{158-142}{142}$×100≒11.3(%)이므로 주어진 항목 중 4년간 고용 증감률이 가장 높은 항목은 반도체이다.
② 2024년 자동차 고용 인원수 548천 명은 반도체, 전자, 철강 고용 인원수인 158+236+108=502(천 명)보다 많다.
③ 2023년 기타 제조업 고용 인원수는 4,579천 명이고 2년 전인 2021년에는 4,520천 명이므로 2023년 기타 제조업 고용 인원수는 2년 전 대비 4,579−4,520=59(천 명), 즉 5.9만 명 증가하였다.
④ '전체'를 제외하고 고용 인원수가 해마다 꾸준히 증가한 항목은 자동차, 의약품, 기타 제조업이므로 3개이다.

22 자료 이해 정답 | ⑤

ⓒ 2021년 전체 범죄피해구조금 지급액은 전년 대비 9,792,147−9,567,057=225,090(천 원) 증가하였으므로 옳은 설명이다.

ⓔ 2017년 이후 장해구조금 지급액과 중상해구조금 지급액의 전년 대비 증감 추이는 증가, 감소, 증가, 감소, 감소로 동일하므로 옳은 설명이다.

오답풀이

ⓐ 2016~2021년 중상해구조금 지급건수는 평균 (55+57+36+86+34+22)÷6≒48.3(건)으로 60건 미만이므로 옳지 않은 설명이다.

ⓑ 2018년 유족구조금 1건당 지급액은 9,234,467÷188≒49,120(천 원)으로 50,000천 원 미만이므로 옳지 않은 설명이다.

23 자료 이해 정답 | ③

ⓑ 2016년부터 2018년까지 인구 백만 명당 연구개발 인력의 수는 C국가가 가장 많지만, 첨단 기술 수출액은 C국가보다 D국가가 더 많다.

ⓔ 두 국가 모두 2017년 대비 2018년에 첨단 기술 수출액이 감소하였다.

오답풀이

ⓐ [표1]의 수치를 통해 2018년까지 인구 백만 명당 연구개발 인력의 수는 C국이 가장 많았으나, 2019년에는 5,318명으로 D국이 가장 많았음을 알 수 있다.

ⓒ [표2]의 수치를 통해 알 수 있다.

ⓜ 국가별로 2016년 대비 2019년 첨단 기술 수출액 증가율을 구하면 다음과 같다.

- A국가: $\frac{41,081-27,416}{27,416}\times 100 ≒ 49.8(\%)$
- B국가: $\frac{28,849-15,295}{15,295}\times 100 ≒ 88.6(\%)$
- C국가: $\frac{108,202-100,165}{100,165}\times 100 ≒ 8.0(\%)$
- D국가: $\frac{181,203-140,250}{140,250}\times 100 = 29.2(\%)$

따라서 2016년 대비 2019년 첨단 기술 수출액 증가율은 B국가가 가장 높다.

시간관리 TIP

ⓜ 정확하게 계산을 하지 않아도 해결할 수 있다. 눈으로 확인해볼 때, B국가의 첨단 기술 수출액이 2016년에 비해 2019년에 2배 가까이 증가하였다는 것을 알 수 있다. 그에 비해 다른 국가는 2배 가까이 증가한 경우가 없으므로, B국가의 증가율이 가장 높다는 것을 계산하지 않고도 알 수 있다. 또한, ⓜ을 풀기 전 ⓒ, ⓔ이 틀린 보기라는 것을 확인하였다면 빠르게 답을 찾을 수 있을 것이다.

24 자료 계산 정답 | ②

ⓑ 습도가 40%에서 80%로 높아졌을 때 제습기별 연간 소비전력량 증가폭은 다음과 같다.

- A: 840−550=290(kWh)
- B: 890−560=330(kWh)
- C: 880−580=300(kWh)
- D: 950−600=350(kWh)
- E: 970−660=310(kWh)

따라서 연간 소비전력량이 가장 큰 폭으로 증가하는 제습기는 D이다.

ⓒ [표]에 나온 것은 연간 소비전력량이므로 9월 소비전력량을 구하기 위해서는 [표]에 나타난 연간 소비전력량을 12로 나눈 후 계산해야 한다. 그러나 9월 소비전력량을 직접 구하는 것이 아니라 대소 비교를 하는 것이므로 이러한 공통 계산은 모두 생략한다. 습도 50%, 60%, 70%인 날이 각각 10일로 비중이 모두 같으므로 50%, 60%, 70%일 때의 연간 소비전력량을 더하기만 하면 되는데, 모든 습도에서 A의 연간 소비전력량이 가장 적으므로 9월 소비전력량이 가장 적은 제습기는 A이다.

오답풀이

ⓐ 습도가 60%일 때는 D의 연간 소비전력량이 가장 많다.

ⓔ 습도가 60%일 때 연간 소비전력량이 많은 순서는 'D−E−B−C−A'이지만, 습도가 70%일 때는 'E−D−B−C−A'이다.

시간관리 TIP

ⓑ 일일이 뺄셈을 하지 않고 두 제습기의 80%일 때 차이와 40%일 때 차이를 비교하면 눈대중만으로도 빠르게 비교할 수 있다. 예를 들어 A와 B를 비교해 보면 80%일 때 B가 A보다 50만큼 많지만, 40%일 때는 B가 A보다 10밖에 많지 않으므로 B의 증가폭이 더 크다는 것을 알 수 있다. B와 C를 비교해 보면 80%일 때 B가 C보다 10만큼 많지만 40%일 때는 오히려 C가 B보다 20만큼 많으므로 B의 증가폭이 더 클 수밖에 없다. B와 D를 비교해 보면 80%일 때 D가 B보다 60만큼 많고, 40%일 때는 D가 B보다 40밖에 많지 않으므로 D의 증가폭이 더 크다. 마지막으로 D와 E를 비교해 보면 80%일 때 E가 D보다 20만큼 많지만, 40%일 때는 E가 D보다 60이나 많으므로 D의 증가폭이 더 크다. 따라서 D의 증가폭이 가장 크다는 것을 알 수 있다. 이런 식의 계산법을 충분히

익혀 두면, 숫자가 훨씬 복잡한 계산에서도 시간을 많이 단축할 수 있다.

25 자료 이해 정답 | ④

㉡ 2025년 제품 A의 판매량은 60천 개이고 3년 전인 2022년에는 80천 개이다. 따라서 2025년 제품 A의 판매량은 3년 전 대비 $\frac{80-60}{80}\times100=25(\%)$ 감소하였다.

㉢ 제품 B의 선호도 지수가 가장 낮은 때는 2021년이다. 이때 판매량 또한 50천 개로 가장 낮다.

㉣ 제품 A의 경우 2025년에 선호도 지수가 2위이지만 판매량은 3위이며, 제품 B는 2023년에 선호도 지수가 1위이지만 판매량은 3위이다. 제품 C 역시 2021년에 선호도 지수가 1위이지만 판매량은 3위이다. 즉, 세 제품 모두 선호도 지수와 판매량이 비례하지 않으므로 선호도 지수가 높다고 해서 판매량이 많은 것은 아니다.

오답풀이

㉠ 5년간 제품 C의 총판매량은 $40+120+90+50+80=380$(천 개)이므로 평균 판매량은 $\frac{380}{5}=76$(천 개), 즉 76,000개이다.

26 자료 계산 정답 | ④

㉠ 장애인 활동 이용액이 처음으로 700억 원을 넘은 것은 7월부터이고, 12월 이용액은 739억 원을 넘었으므로 740억 원에 육박하였다고 할 수 있다. 그러나 7월 대비 12월 이용액은 $\frac{73,956-70,083}{70,083}\times100\fallingdotseq5.5(\%)$ 증가하였으므로 옳지 않은 내용이다.

㉡ 1월 대비 12월의 이용자 수의 증가율은 $\frac{66,534-60,412}{60,412}\times100\fallingdotseq10.1(\%)$이므로 옳지 않은 내용이다.

㉢ 1월 대비 12월의 이용액 증가율은 $\frac{73,956-64,692}{64,692}\times100\fallingdotseq14.3(\%)$이므로 옳지 않은 내용이다.

㉤ 20××년 한 해 동안 전월 대비 이용자 수는 한 번도 감소한 적이 없다. 그런데, 전월 대비 이용액이 감소한 것은 4월, 9월로 두 번 있었으므로 옳지 않은 내용이다.

오답풀이

㉣ 이용자 수가 가장 많이 증가한 것은 2월과 3월 사이이고, 이때 이용자 수는 $62,013-60,941=1,072$(명) 증가하였으므로 1,000명을 초과하여 증가하였고, 이용액 또한 해당 기간에 가장 많이 증가하였으므로 옳은 내용이다.

시간관리 TIP

㉠ 7월 대비 12월의 이용액이 약 4.7% 증가했다고 하였다. 7월의 이용액인 70,083백만 원에 5% 상승한 금액을 구하면 약 73,587백만 원이다. 12월 이용액인 73,956백만 원보다 부족한 금액이므로 옳지 않은 것을 알 수 있다.

㉡ 1월의 이용자 수인 60,412명의 10%는 약 6,041명이다. 즉, 1월의 이용자 수에서 10% 증가한 인원은 $60,412+6,041=66,453$(명)인데, 이는 12월 이용자 수인 66,534명보다 적다.

㉢ ㉠과 동일한 방법을 적용하면 1월의 이용액에 18% 증가한 금액은 $64,692\times1.18\fallingdotseq76,337$(백만 원)이다. 이는 12월의 이용액인 73,956백만 원보다 큰 금액이므로 증가율은 18%보다 작을 것이다.

27 자료 계산 정답 | ②

1930~1934년 미곡의 재배면적당 생산량과 전체 재배면적당 생산량은 다음과 같다.

(단위: 석/정보)

구분	1930년	1931년	1932년	1933년	1934년
미곡	13.3	12.9	13.1	13.9	16.0
전체	8.5	8.7	8.3	9.3	10.8

따라서 1930~1934년 동안 미곡의 재배면적당 생산량은 전체 재배면적당 생산량보다 항상 크다.

오답풀이

① 모든 해의 미곡 재배면적에 2배를 했을 때, 그해 전체 재배면적보다 작으므로 항상 50% 미만이다.

③ 1930~1934년 서류 생산량이 전체 생산량에서 차지하는 비율은 다음과 같다.

1930년	1931년	1932년	1933년	1934년
3.1%	5.1%	6.0%	5.7%	8.4%

따라서 1933년에는 비율이 감소하였다.

④ 두류 생산량은 1932~1934년에 전년 대비 증가했다.

⑤ 잡곡 생산량에 10배를 하면 1930~1932년은 맥류 생산량보다 크지만, 1933년과 1934년에는 맥류 생산량보다 작다. 따라서 1933년과 1934년에는 맥류 생산량이 잡곡 생산량의 10배 초과이다.

⏱ 시간관리 TIP

② 미곡의 재배면적에 2배를 하면 전체 재배면적보다 항상 작지만, 미곡 생산량에 2배를 하면 전체 생산량보다 항상 크다. 따라서 미곡의 재배면적당 생산량과 전체 재배면적당 생산량을 정확히 구하지 않아도 미곡의 재배면적당 생산량이 항상 더 크다는 것을 알 수 있다.
③ 1930~1932년 서류 생산량은 증가하고, 전체 생산량은 감소한다. 따라서 계산하지 않더라도 1930~1932년 서류 생산량이 전체 생산량에서 차지하는 비율은 계속해서 증가한다는 것을 알 수 있다. 그러므로 1933~1934년만 계산하여 비교하면 시간을 단축할 수 있다.

28 자료 계산 정답 | ①

㉠ 수도권 대학 대비 비수도권 대학의 비전임교원 담당 학점은 2020년에 $\frac{132,991}{106,403}$≒1.25(학점), 2019년에 $\frac{124,091}{101,864}$≒1.22(학점)이므로 2020년에 전년 대비 증가하였다.
㉡ 2020년 1개교당 전체 교원(전임교원+비전임교원) 담당 학점은 국공립 대학 $\frac{108,237+62,934}{40}$≒4,279(학점), 사립 대학 $\frac{371,639+176,460}{156}$≒3,513(학점)이므로 국공립 대학의 1개교당 전체 교원(전임교원+비전임교원) 담당 학점이 더 많다.

오답풀이

㉢ 2020년 국공립 대학의 비전임교원 담당 학점 중 강사의 담당 학점 비중은 $\frac{27.8}{36.8}$×100≒75.5(%), 사립 대학의 비전임교원 담당 학점 중 강사의 담당 학점 비중은 $\frac{19.2}{32.2}$×100≒59.6(%)이고, 차이는 75.5−59.6=15.9(%p)이다. 따라서 20%p 미만이다.
㉣ 전체 비전임교원의 담당 학점 중 수도권 비전임교원의 담당 학점 비중은 2020년 $\frac{106,403}{239,394}$×100≒44.4(%), 2019년 $\frac{101,864}{225,955}$×100≒45.1(%)로 전년 대비 감소하였다.

⏱ 시간관리 TIP

보기 ㉠~㉣ 중 비교적 정확한 값을 구해야 하는 ㉢을 가장 마지막으로 확인하도록 한다.
㉠ 두 분수 값을 대소 비교할 때는 분모와 분자의 증가율을 비교하면 계산하지 않고도 문제를 빠르게 해결할 수 있다. 2020년 수도권 대학 대비 비수도권 대학의 비전임교원 담당 학점은 $\frac{132,991}{106,403}$, 2019년은 $\frac{124,091}{101,864}$이다. 2019년 대비 2020년에 분모는 5% 미만으로 증가하였으나, 분자는 5% 이상으로 증가하였으므로 2020년에 증가하였음을 알 수 있다. 따라서 ㉠은 옳은 내용이므로 선택지 ③, ⑤를 소거할 수 있다.
㉢ 주어진 자료에서 수치와 비중을 함께 제시하는 경우 비중의 기준값(분모)이 동일한지 확인한다. 기준값이 같은 경우에 비중을 활용해서 대소 비교나 증감률 등을 계산하면 숫자가 훨씬 단순해지므로 쉽게 답을 고를 수 있다.

29 자료 계산 정답 | ②

2017년 10월, 2017년 9월, 2016년 10월 순위를 정리하면 다음과 같다.

구분	독일	브라질	포르투갈	아르헨티나	벨기에	폴란드	스위스	프랑스	칠레	콜롬비아
2017년 10월	1	2	3	4	5	6	7	8	9	10
2017년 9월	2	1	6	3	9	5	4	10	7	8
2016년 10월	2	3	8	1	4	10△	10△	7	6	5

2017년 9월 순위가 2016년 10월 순위보다 낮은 국가는 아르헨티나, 벨기에, 프랑스, 칠레, 콜롬비아로 5개이다. 2017년 9월 순위가 2016년 10월 순위보다 높은 국가는 브라질, 포르투갈, 폴란드, 스위스로 4개이다. 그러므로 2017년 10월 상위 10개 국가 중, 2017년 9월 순위가 2016년 10월 순위보다 낮은 국가는 높은 국가보다 많다.

오답풀이

① 2016년 10월에 순위가 상위 10위 이내인 국가 중 2017년 10월에 순위가 상위 10위 밖으로 밀린 국가는 우루과이와 스페인이다. 따라서 두 번 모두 상위 10위 이내인 국가는 8개이다.
③ 2017년 10월 상위 5개 국가의 점수 평균은 (1,606+1,590+1,386+1,325+1,265)÷5=1,434.4(점)이고, 2016년 10월 상위 5개 국가의 점수 평균은 (1,621+1,465+1,410+1,382+1,361)÷5=1,447.8(점)이다. 따라서 2017년 10월 상위 5개 국가의 점수 평균이 2016년 10월 상위 5개 국가의 점수 평균보다 낮다.
④ 2017년 10월과 2016년 10월의 점수를 비교하면 다음과 같다.

구분	독일	브라질	포르투갈	아르헨티나	벨기에	폴란드	스위스	프랑스	칠레	콜롬비아	스페인
2017년 10월	1,606	1,590	1,386	1,325	1,265	1,250	1,210	1,208	1,195	1,191	1,184
2016년 10월	1,465	1,410	1,231	1,621	1,382	1,113▽	1,113▽	1,271	1,273	1,361	1,168

점수 변화	상승	상승	상승			상승	상승				상승

상위 11개 국가 중 전년 동월 대비 점수가 상승한 국가는 독일, 브라질, 포르투갈, 폴란드, 스위스, 스페인이다. 이 중 독일, 브라질, 포르투갈, 폴란드, 스위스는 순위도 상승하였으나 스페인의 순위는 10위에서 11위로 하락하였다.

⑤ 2017년 10월 순위의 전월 대비, 전년 동월 대비 상승 여부를 정리하면 다음과 같다.

구분	독일	브라질	포르투갈	아르헨티나	벨기에	폴란드	스위스	프랑스	칠레	콜롬비아	스페인
2017년 10월	1	2	3	4	5	6	7	8	9	10	11
전월 대비	상승		상승		상승			상승			
전년 동월 대비	상승	상승	상승			상승	상승				

2017년 10월 상위 11개 국가 중 2017년 10월 순위가 전월 대비 상승한 국가는 4개이고, 전년 동월 대비 상승한 국가는 5개이다. 그러므로 2017년 10월 상위 11개 국가 중 2017년 10월 순위가 전월 대비 상승한 국가는 전년 동월 대비 상승한 국가보다 적다.

30 자료 이해 정답 | ②

연도별로 무역수지를 확인해 보면 다음과 같다.

- 2019년: 39,679,706−68,320,170 =−28,640,464(천 달러)≒−286(억 달러)
- 2020년: 38,796,057−64,363,080 =−25,567,023(천 달러)≒−256(억 달러)
- 2021년: 34,662,290−60,029,355 =−25,367,065(천 달러)≒−254(억 달러)

따라서 2021년까지 무역수지는 매년 200억 달러 이상 적자이다.

오답풀이

① 2020년 수출 건수는 653,147건이고, 2021년 수출 건수는 656,142건이다. 따라서 증가율은 $\frac{656,142-653,147}{653,147}\times100$ ≒0.46(%)이므로 0.5% 미만이다.

③ [그래프]에서 수출 건수는 해마다 꾸준히 증가하였지만, 2020년 수입 건수(902,036건)는 전년(946,410건) 대비 감소하였다.

④ 2020년부터 2023년까지 전년 대비 수출액 증감을 살펴보면 다음과 같다.

- 2020년: 38,796,057−39,679,706=−883,649(천 달러)
- 2021년: 34,662,290−38,796,057=−4,133,767(천 달러)
- 2022년: 32,183,788−34,662,290=−2,478,502(천 달러)
- 2023년: 25,576,507−32,183,788=−6,607,281(천 달러)

따라서 수출액이 두 번째로 많이 감소한 해는 2021년이다.

⑤ 2019년부터 2022년까지 수입 건수가 가장 많은 해는 2022년이고, 수입 건수가 가장 적은 해는 2020년이다. 이때의 수출액은 각각 32,183,788천 달러, 38,796,057천 달러이고, 두 금액의 차는 38,796,057−32,183,788=6,612,269(천 달러)이므로 70억 달러 미만이다.

31 자료 계산 정답 | ①

2022년 수입액은 전년 대비 10.4% 감소하였으므로 2022년 수입액은 60,029×0.896≒53,786(백만 달러)이다. 그리고 2023년 수입액은 전년 대비 14.7% 감소하였으므로 2023년 수입액은 53,786×0.853≒45,879(백만 달러), 즉 458억 7,900만 달러이다.

32 자료 이해 정답 | ④

- A: 2016년부터 2019년까지 전년 대비 금년 산불 발생 건수가 계속 증가한 계절은 '겨울'이다.
- B: 가을의 경우, 2014년부터 2020년까지 금년 산불 발생 건수가 10년 평균 발생 건수보다 적은 연도가 '2014년, 2016년, 2018년, 2019년' 4개 연도로 가장 많다.
- C: 계절별 2016년 대비 2017년 금년 산불 발생 건수의 증가율은 다음과 같다.
  - 봄: $\frac{418-223}{223}\times100$≒87.4(%)
  - 여름: $\frac{89-43}{43}\times100$≒107.0(%)
  - 가을: $\frac{58-15}{15}\times100$≒286.7(%)
  - 겨울: $\frac{127-110}{110}\times100$≒15.5(%)

  따라서 C에 해당하는 두 번째로 증가율이 높은 계절은 '여름'이다.
- D: 매년 10년 평균 산불 발생 건수가 가장 높은 계절은 최소 230건 이상인 '봄'이다.

33 자료 이해 정답 | ②

㉠: 2018년 금년 산불 발생 월평균 건수는 $\frac{174+106+25+191}{12}=\frac{496}{12}$≒41.3(건)이다.

㉡: 2014년부터 2017년까지 연도별 금년 전체 산불 발생 건수는 다음과 같다.

- 2014년: 322+24+39+107=492(건)
- 2015년: 377+100+82+64=623(건)

• 2016년: 223+43+15+110=391(건)
• 2017년: 418+89+58+127=692(건)

이 중 건수가 가장 적은 연도는 2016년이며, 그 해의 10년 평균 산불 발생 건수의 월평균은 $\frac{232+29+40+93}{12}=\frac{394}{12}≒32.8$(건)이다.

34 자료 이해 정답 | ⑤

[보기]의 ⓒ에서 7월 주택 매매 거래는 수도권 34,704건이고 비수도권 29,531건이므로 전체 34,704+29,531=64,235(건)이다. 또한, 전월세 거래는 수도권 162,786건이고 비수도권 81,197건이므로 전체 162,786+81,197=243,983(건)이다.

오답풀이

ⓐ [보기]의 ⓒ에서 7월 수도권 인허가 누적 실적이 83,838호로 제시되어 있다.
ⓑ [보기]의 ⓒ에서 서울 지역 7월 인허가 누적 실적이 26,987호로 제시되어 있고, 비수도권은 70,733호로 제시되어 있다.
ⓒ [보기]의 ⓒ에서 서울 지역 7월 착공 누적 실적은 13,508호로 제시되어 있고, 비수도권은 48,208호로 제시되어 있다.
ⓓ [보기]의 ㉠에서 전국의 7월 말 미분양 주택은 수도권 13,283호이고 비수도권 48,961호이므로 총 13,283+48,961=62,244(호)이다. 또한, 준공후 미분양 주택은 수도권 4,468호이고 비수도권 22,589호이므로 총 4,468+22,589=27,057(호)이다.

시간관리 TIP

전년/전월 대비 수치를 비교할 수 있는 자료는 [보기]에 주어져 있지 않으므로 전년 동기 대비 증감 여부나 수치에 대한 설명은 고려하지 않아도 된다.

35 자료 이해 정답 | ①

(5)번 자료를 참고하면, 광고대행업이 6조 6,239억 원으로 전체 취급액인 17조 2,119억 원의 38.5%를 차지했고, 온라인 광고대행업 취급액의 전년 대비 증가율은 $\frac{31,953-27,335}{27,335}\times100≒16.9$(%)로, 18% 미만으로 증가했다.

오답풀이

② (1)번 자료를 통해 수치를 확인할 수 있다.
③ (4)번 자료를 통해 수치를 확인할 수 있다.
④ (3)번 자료를 참고하면, 인터넷매체 취급액은 $\frac{38,804-36,406}{36,406}\times100=6.6$(%), 모바일 취급액은 $\frac{17,796-14,735}{14,735}\times100=20.8$(%) 증가한 것을 알 수 있다.
⑤ (2)번 자료를 참고하면, 간접광고(PPL) 취급액은 전년 대비 14.6% 증가하였으며, 지상파TV와 케이블TV의 비중은 각각 $\frac{573}{1,270}\times100≒45.1$(%)와 $\frac{498}{1,270}\times100≒39.2$(%)로 그 격차가 5%p 이상인 것을 알 수 있다.

시간관리 TIP

밑줄 친 문장에 해당하는 자료가 무엇인지를 먼저 찾는다. 이때 키워드 위주로 확인하면 빠르다. 예를 들어 '온라인 광고대행업'에 관한 자료는 (5)에서 확인할 수 있고, '간접광고'는 (2)에서 확인할 수 있다. 주어진 내용과 표/그래프를 비교하는 문항에서는 표/그래프의 제목과 항목을 먼저 살피는 것이 중요하다.

36 자료 계산 정답 | ①

㉠ 청년 경제활동인구=청년 취업자 수+청년 실업자 수이고, 청년 실업률(%)=$\frac{\text{청년 실업자 수}}{\text{청년 경제활동인구}}\times100$이므로 정리하면 청년 실업률(%)=$\frac{\text{청년 실업자 수}}{\text{청년 취업자 수+청년 실업자 수}}\times100$이다.

구분	2020년	2021년	2022년
청년 취업자 수(천 명)	3,840	4,077	4,048
청년 실업자 수(천 명)	x	y	z
청년 실업률(%)	20.0	9.4	8.5

2020~2022년의 청년 실업자 수를 x, y, z로 두고 x와 y, y와 z의 크기를 비교해 보면 다음과 같다.

• 2020년의 청년 실업률은 $\frac{x}{3,840+x}\times100=20.0$(%)이고, 2021년의 청년 실업률은 $\frac{y}{4,077+y}\times100=9.4$(%)이므로 절반가량 줄어들었다. 즉 2020년에 비해 2021년 청년 실업률의 분모(4,077+y)가 두 배로 늘었거나, 분자(y)가 반으로 줄었어야 한다. 그러나 2021년의 청년 취업자 수의 증가율은 $\frac{4,077-3,840}{3,840}\times100≒6.2$(%)로 두 배에 한참 못 미치게 증가했다. 따라서 분모가 두 배로 늘었다고 가정할 경우 2020년 대비

2021년의 청년 취업자 수보다 청년 실업자 수의 증가량이 더욱 커져야 하므로 청년 실업률은 증가하게 된다. 따라서 분자에 해당하는 청년 실업자 수가 감소한 것($x>y$)으로 예측할 수 있다.

- 2022년의 청년 실업률은 8.5%로 9.4%인 2021년보다 낮아졌으나, 분모에 들어가는 값인 청년 취업자 수는 2021년 4,077천 명에서 2022년 4,048천 명으로 더 감소했다. 따라서 청년 실업률이 감소하려면 분자에 해당하는 청년 실업자 수가 2021년보다 2022년에 더 적어야($y>z$) 한다.

즉, $x>y>z$이므로 2020~2022년의 청년 실업자 수는 지속적으로 감소했다.

오답풀이

㉡ 2021년 청년 인구(8,500천 명), 고용률(48%)과 2022년 청년 인구(8,450천 명), 고용률(47.6%)을 비교해 보면 2021년 청년 인구가 더 많고 고용률 역시 높다.

㉢ 청년 실업률은 2020~2024년 동안 지속적으로 낮아졌지만, 청년 취업자 수는 2021년에만 증가하고 2022년부터 지속적으로 감소했다.

㉣ 청년 취업자 수가 가장 적은 해는 2024년이고, 청년 고용률이 가장 낮은 해는 2020년이다. 그러므로 청년 취업자 수가 가장 적은 해에 청년 고용률 역시 가장 낮은 것은 아니다.

37 자료 계산 　정답 | ④

청년 경제활동인구=청년 취업자 수+청년 실업자 수이고, 청년 실업률(%)$=\frac{\text{청년 실업자 수}}{\text{청년 경제활동인구}}\times 100$이므로 정리하면 청년 실업률(%)$=$

$\frac{\text{청년 실업자 수}}{\text{청년 취업자 수}+\text{청년 실업자 수}}\times 100$이다.

2023년 청년 실업자 수를 x천 명이라 두면,

$8=\frac{x}{3,864+x}\times 100$이므로, $x=336$이다.

따라서 2023년 청년 경제활동인구=청년 취업자 수+청년 실업자 수=3,864+336=4,200(천 명)이다.

시간관리 TIP

계산이 복잡하게 느껴진다면 선택지를 청년 실업률 공식에 일일이 대입하는 것도 방법이 될 수 있다. 2023년 청년 취업자 수가 3,864천 명인 것과 청년 실업률이 8%인 것을 알고 있으므로, 청년 경제활동인구가 해당 선택지일 경우 (청년 경제활동인구)×0.08=(청년 실업자 수)와 (청년 경제활동인구−3,864)=(청년 실업자 수)를 비교해 일치하는지를 확인하면 정답을 쉽게 찾을 수 있다. 예를 들어,

① 청년 경제활동인구가 4,000천 명이라면 청년 실업자 수는 4,000×0.08=320(천 명)이어야 한다. 그러나 4,000−3,864=136(천 명)이므로 일치하지 않아 정답이 될 수 없다.

④ 청년 경제활동인구가 4,200천 명이라면 청년 실업자 수는 4,200×0.08=336(천 명)이어야 한다. 4,200−3,864=336(천 명)이므로 일치하여 정답이 된다.

38 자료 이해 　정답 | ④

조사 기간 동안 학교급별로 수면시간 비율이 가장 높은 시간대는 다음과 같다.

구분	2019년	2020년	2021년
초등학교	9시간 이상	9시간 이상	9시간 이상
중학교	7~8시간	8~9시간	7~8시간
고등학교	5~6시간	6~7시간	5~6시간

초등학교의 경우에만 매년 수면시간 비율이 가장 높은 시간대가 동일하므로 옳지 않다.

오답풀이

① 고등학생의 평균 수면시간은 2019년 6시간, 2020년 5.9시간, 2021년 5.8시간으로 0.1시간씩 감소하였다.

② 조사 기간 동안 매년 남자는 여자보다 평균 수면시간이 18분 이상 많다.
- 2019년: (7.5−7.2)×60=18(분)
- 2020년: (7.4−7.0)×60=24(분)
- 2021년: (7.3−7.0)×60=18(분)

③ 매년 조사 인원수가 같을 때, 전체 청소년 중 8시간 이상 수면하는 인원수가 가장 많은 연도는 백분율이 20.4+27.2=47.6(%)로 가장 높은 2020년이다. 2020년 초등학생 평균 수면시간은 고등학생의 $\frac{8.7}{5.9}$≒1.5(배)로 1.3배 이상이다.

⑤ 2021년 전체 청소년의 수면시간 비율이 가장 낮은 시간대는 '5시간 미만'으로 해당 시간대의 고등학생 수면시간 비율은 초등학생의 $\frac{22.0}{0.7}$≒31.4(배)로 30배 이상이다.

39 자료 이해 　정답 | ⑤

2020년, 2021년 남자 청소년의 조사 인원수가 각 5,000명이고, 여자 청소년의 조사 인원수를 각각 x명, y명이라고 하면, 남녀 청소년 전체 인원은 $5,000+x$명, $5,000+y$명이다. 수면시간이 5시간 미만인 백분율을 이용하여 연도별 여자 청소년의 조사 인원수를 구하면 다음과 같다.

• 2020년: $5,000\times0.04+x\times0.072$
$=(5,000+x)\times0.055$
$\rightarrow x=\frac{75}{0.017}\fallingdotseq4,412$

• 2021년: $5,000\times0.073+y\times0.122$
$=(5,000+y)\times0.096$
$\rightarrow y=\frac{115}{0.026}\fallingdotseq4,423$

따라서 여자 청소년 조사 인원수는 2020년에 4,412명이고, 2021년에는 4,423명이다.

40 자료 변환 정답 | ⑤

[그래프1]은 막대그래프이다. 막대그래프를 작성할 때 막대 수가 많은 경우에는 알아보기 쉽도록 눈금선을 기입하는 것이 좋다.

오답풀이

① 직원 수보다 불량품 개수가 많은 을 공장과 정 공장을 비교하면, 을 공장의 직원 수 대비 불량품 개수는 $\frac{150}{55}\fallingdotseq2.73$(개/명)이고, 정 공장은 $\frac{50}{15}\fallingdotseq3.33$(개/명)이다. 따라서 직원 수 대비 불량품 개수가 가장 많은 곳은 정 공장이다.
② [그래프1]과 같은 막대그래프는 막대를 세로 방향으로 하는 것이 일반적이다.
③ 을 공장이 불량품 개수가 가장 많지만, 그것이 직원 수가 가장 많기 때문인지는 주어진 자료만으로 확인할 수 없다.
④ [그래프2]와 같은 원그래프는 제품별 매출액 구성비 등 내용의 구성비를 분할하여 나타내고자 할 때 활용된다.

41 자료 변환 정답 | ③

주어진 자료는 연도별 인구수의 변동과 진료비의 변동을 비교하기 위한 자료이므로, 추이를 나타낼 때 가장 적절한 그래프인 꺾은선 그래프를 활용하는 것이 바람직하다. 막대그래프는 막대의 길이를 통해 각 항목 간의 많고 적음을 한눈에 비교할 때 더 유용하다.

오답풀이

① 도표 작성 시 단위 표기는 가장 기본이 되는 것으로 반드시 표시해야 한다.
② 꺾은선이 나타내는 값은 0~50,000, 150,000~300,000 사이에서 형성되어 있다. 과도하게 0~400,000의 범위를 설정하면 공백이 많아지며, 그래프 모양이 왜곡되어 나타날 수도 있다.
④ 두 개의 꺾은선을 비교하고자 할 때에는 좌우측의 두 축을 사용해 해당 값의 범위를 설정하여 나타낼 수 있다.
⑤ 연도별 데이터 값이 누락되어 있다.

찐 모듈이론 TIP

도표를 해석할 때에는 주어진 수치들의 상관관계를 파악하기 전에 형식적인 면을 우선 파악해 보아야 한다. 도표의 제목은 무엇이며, 어떤 정보를 제공하고자 하는지, 수치들이 의미하는 정확한 시기와 항목이 무엇이며, 단위는 무엇인지를 먼저 파악하고 특정 수치를 확인하는 것이 바람직하다.
도표 해석상의 대표적인 유의사항은 다음과 같다.
- 도표상의 지식을 일반 지식으로 상식화할 수 있는 능력
- 도표에 제시된 자료의 의미를 정확히 숙지
- 도표로부터 알 수 있는 것과 없는 것의 구별
- 총량의 증가와 비율 증가의 구분
- 백분위수와 사분위수의 이해

42 자료 변환 정답 | ④

도수분포표에서는 이상값을 반영하기 위해 맨 아래 또는 맨 위의 계급을 개방하기도 한다.

오답풀이

① 도수분포표를 작성하는 절대적인 원칙은 없다.
② 일반적으로 계급의 수를 잠정적으로 정한 뒤에 계급의 폭을 올림으로 소수를 정리한 후 계급의 폭을 조정한다.
③ 계급의 수는 분포의 특성이 나타날 수 있게 6개 이상 15개 미만이 바람직하다.
⑤ 도수분포표 작성의 일반적 절차에서 각 계급에 해당하는 도수를 계산하거나 기입하는 것은 가장 마지막 단계에 해당한다.

찐 모듈이론 TIP

도수분포표
전체 자료를 몇 개의 계급으로 나누고 각 계급의 도수를 구하여 나타낸 표이다.
- 계급: 변량을 일정한 간격으로 나눈 구간
- 계급의 크기: 구간의 폭
- 계급값: 계급을 대표하는 값인 계급의 가운데 값
- 도수: 각 계급에 속하는 변량의 수

43 자료 변환 정답 | ①

주어진 글에 따르면 20~30대와 60대 이상의 에너지비 지출액의 차이는 주거 형태와 생활패턴의 차이에서 비롯된 것으로, 젊은 세대는 원룸 · 오피스텔 거주 비율이 높아 상대적으로 에너지 사용량이 적었고, 고령층은 주택 또는 단독주택 비중이 커 난방과 전기 사용량이 많았기 때문이다.
그러나 그래프 ①에서 20~30대의 원룸과 오피스텔 거주 비중보다 주택 또는 단독주택 거주 비율이 상대

적으로 더 높으므로 이 주장을 뒷받침할 수 없다.

오답풀이

② 세 번째 문단을 뒷받침하는 참고 자료이다.
③, ④ 다섯 번째 문단을 뒷받침하는 참고 자료이다.
⑤ 여섯 번째 문단을 뒷받침하는 참고 자료이다.

44 자료 변환 정답 | ⑤

두 번째 각주를 이용하여 지역별로 15세 이상 인구수를 구하면 다음과 같다.

- A지역: $100 \times 50 = 5,000$(명)
- B지역: $80 \times 100 = 8,000$(명)
- C지역: $40 \times 60 = 2,400$(명)
- D지역: $120 \times 80 = 9,600$(명)

첫 번째 각주를 이용하여 지역별로 취업자 수를 구하면 다음과 같다.

- A지역: $5,000 \times 0.6 = 3,000$(명)
- B지역: $8,000 \times 0.8 = 6,400$(명)
- C지역: $2,400 \times 0.75 = 1,800$(명)
- D지역: $9,600 \times 0.7 = 6,720$(명)

따라서 네 지역의 취업자 수와 15세 이상 인구수를 바르게 나타낸 그래프는 ⑤이다.

45 자료 이해 정답 | ①

2024년 7월 전체 온라인쇼핑 거래액은 214,622억 원이고 2025년 7월 전체 온라인쇼핑 거래액은 230,335억 원이다. 따라서 2025년 7월 전체 온라인쇼핑 거래액은 전년 동월 대비 $\frac{230,335-214,622}{214,622} \times 100 \fallingdotseq 7.3(\%)$ 증가하였으므로 7% 이상 증가하였다.

오답풀이

② 2025년 7월 전체 온라인쇼핑 거래액 중 식품 분야가 차지하는 비중은 $\frac{43,666}{230,335} \times 100 \fallingdotseq 19.0(\%)$이므로 20% 미만이다.
③ 2025년 7월 생활 분야의 항목 중 가구 항목은 전년 동월 대비 감소하였다.
④ 2024년 7월 여행 및 교통 서비스 항목의 온라인쇼핑 거래액은 28,360억 원이고 가전 분야의 온라인쇼핑 거래액은 27,021억 원이다. 따라서 2024년 7월 전체 온라인쇼핑 거래액 중 여행 및 교통 서비스 항목이 차지하는 비중은 가전 분야가 차지하는 비중보다 높다.
⑤ 2025년 7월 패션 분야의 온라인쇼핑 거래액은 전년 동월 대비 $45,539-44,386=1,153$(억 원) 증가하였고, 전월 대비 $47,467-45,539=1,928$(억 원) 감소하였다. 따라서 전년 동월 대비 1,000억 원 이상 증가하였지만, 전월 대비 2,000억 원 미만으로 감소하였다.

46 자료 변환 정답 | ④

2024년 도서 분야 온라인쇼핑 거래액을 항목별로 확인해 보면 서적 항목이 25,940억 원이고 사무 · 문구 항목이 20,327억 원이다. 따라서 항목별로 비중을 구하면 다음과 같다.

- 서적: $\frac{25,940}{46,267} \times 100 \fallingdotseq 56.1(\%)$
- 사무 · 문구: $\frac{20,327}{46,267} \times 100 \fallingdotseq 43.9(\%)$

47 자료 이해 정답 | ②

직접세 납세 인원 대비 간접세 납세 인원은 대구청이 $\frac{628,690}{956,954} \fallingdotseq 0.66$(명)이고, 대전청이 $\frac{693,196}{1,092,681} \fallingdotseq 0.63$(명)이므로 대구청이 대전청보다 많다.

오답풀이

① 대전청의 양도소득세 납세 인원은 $1,092,681-708,649-80,644-637-14,245-25,818-195,618=67,070$(명)이고, 광주청의 양도소득세 납세 인원은 $942,939-593,333-89,982-319-11,700-16,926-159,434=71,245$(명)으로 광주청이 대전청보다 많다.
③ 개별소비세 총납세 인원은 $1,372+858+806+1,095+522=4,653$(명)이고, 상속세의 총납세 인원은 $2,531+637+319+608+1,011=5,106$(명)이므로 상속세의 납세 인원이 개별소비세의 납세 인원보다 많다.
④ 주어진 자료만으로 납세액은 알 수 없다.
⑤ 중부청 · 인천청을 제외한 나머지 지역청의 원천세 납세 인원의 합은 $195,618+159,434+164,509+292,896=812,457$(명)으로 중부청 · 인천청의 원천세 납세 인원인 738,151명 보다 많다. 따라서 중부청 · 인천청의 원천세 납세 인원은 전체 원천세 납세 인원의 절반 미만이다.

시간관리 TIP

① 주어진 자료에 빈칸이 있다면, 반드시 문제에 출제된다. 때문에 문제 시작 전 빈칸을 채우고 문제 풀이를 시작한다.
③ 두 값을 비교했을 때 차이가 크게 난다면 정확한 값을 계산하기보다 어림잡아 계산한다. 중부청 · 인천청의 상속세와 개별소비세를 비교하면 상속세가 약 1,200명이 더 많다. 이러한 방식으로 나머지 지역을 비교하면 대전청은 개별소비세가 약 200명, 광주청은 개별소비세가 약 500명, 대구청은 개별소비세가 약 500명, 부산청은 상속세가 약 500명 더 많다. 이에 따라 상속세는 $1,200+500=$

1,700(명), 개별소비세는 200+500+500=1,200(명)이므로 상속세의 납세 인원이 더 많을 것이다.

48 자료 변환 정답 | ④

증권거래세의 전체 납세 인원은 34,617+9,017+10,867+7,312+12,550=74,363(명)이고, 이에 따라 지역별 납세 인원 비율은 다음과 같다.

중부청·인천청	대전청	광주청	대구청	부산청
46.6%	12.1%	14.6%	9.8%	16.9%

④의 경우, 증권거래세가 아닌 부가가치세의 지역별 납세 인원 비율을 나타낸 그래프이므로 옳지 않다.

시간관리 TIP

자료변환 유형 대부분의 경우 계산 값으로 정오가 판별되지 않으므로 표에 주어진 자료의 크기를 비교하는 데 집중한다. ④의 경우 지역별 증권거래세를 나타낸 그래프이다. 전체 지역별 증권거래세는 동일하므로 지역별 단순 크기 비교를 하면 중부청·인천청－부산청－광주청－대전청－대구청 순서이다. 그러나 그래프에서는 광주청과 대구청이 동일한 비율을 차지하고 있고, 대전청이 광주청과 대구청보다 더 큰 비중을 차지하고 있으므로 잘못된 그래프인 것을 빠르게 판단할 수 있다.

49 자료 이해 정답 | ③

서울의 문화시설 개수는 107개, 면적은 692,343m^2이다. 따라서 문화 시설 1개당 면적은 $\frac{692,343}{107} \fallingdotseq$ 6,470(m^2/개)로, 7,000m^2 미만이다.

오답풀이

① 학교 수는 서울이 경북보다 많지만, 학교 면적은 경북이 더 넓다.

② 전국의 학교 면적은 355,613,750m^2이고, 학교 면적이 가장 넓은 지역은 66,202,473m^2인 경기이다.
그 비중은 $\frac{66,202,473}{355,613,750} \times 100 \fallingdotseq 18.6(\%)$로, 20% 미만이다.

④ 광주의 학교 1개당 면적은 $\frac{9,930,434}{309} \fallingdotseq 32,137$($m^2$/개)이고, 인천의 공공청사 1개당 면적은 $\frac{1,199,998}{221} \fallingdotseq 5,430$($m^2$/개)이므로, 광주의 학교 1개당 면적이 인천의 공공청사 1개당 면적보다 넓다.

⑤ 공공청사 수가 두 번째로 많은 지역은 524개인 서울이다. 서울의 체육 시설 수는 48개로 전국에서 차지하는 비중은 $\frac{48}{1,198} \times 100 \fallingdotseq 4(\%)$로 5% 미만이다.

시간관리 TIP

② 355,613,750의 10%는 35,561,375이고 20%는 그 두 배이므로 71,122,750이다. 66,202,473은 이에 미치지 못하므로 20% 미만이다.

③ 어림셈으로 계산하면 $\frac{692,343}{100} \fallingdotseq 6,923$으로 7,000보다 작은데, 이때 실제 분모는 100보다 크기 때문에 실제 결괏값은 이보다 더 작음을 알 수 있다.

④ $\frac{9,930,434}{309}$와 $\frac{1,199,998}{221}$은 반올림하여 앞자리 수만 계산해도 대소 관계를 알 수 있다. $\frac{99}{3}=33$, $\frac{12}{2}=6$이므로 $\frac{9,930,434}{309}$가 더 크다.

⑤ 1,198의 10%는 약 120이고 5%는 그 반이므로 약 60이다. 48은 이에 훨씬 미치지 못하므로 5% 미만이다.

50 자료 이해 정답 | ④

부산과 대구의 체육 시설 개수가 서로 바뀌어야 한다.

오답풀이

③ 대전의 공공·문화·체육 시설 수의 총개수는 354+93+16+15=478(개)이다. 비중을 구하면 다음과 같다.

- 학교: $\frac{354}{478} \times 100 \fallingdotseq 74.1(\%)$
- 공공청사: $\frac{93}{478} \times 100 \fallingdotseq 19.5(\%)$
- 문화 시설: $\frac{16}{478} \times 100 \fallingdotseq 3.3(\%)$
- 체육 시설: $\frac{15}{478} \times 100 \fallingdotseq 3.1(\%)$

시간관리 TIP

단순 비교를 통해 해결할 수 있는 선택지를 먼저 해결하는 것이 좋다. ③을 제외한 나머지 선택지는 단순 비교로 해결이 가능하므로 [표]의 내용과 동일한지를 먼저 확인한다.

STEP 02 | 고난도 실전문제

2권 P. 124

01	③	02	⑤	03	③	04	③	05	①
06	③	07	⑤	08	⑤	09	⑤	10	④
11	③	12	④	13	②	14	⑤	15	⑤
16	②	17	④	18	③	19	④	20	③

01 응용수리

정답 | ③

먼저 생산설비 A를 50시간 가동하면 $100 \times 50 = 5{,}000$(개)의 제품 P를 만들 수 있다.

그런데 불량률이 3%이므로 그중 97%인 $5{,}000 \times 0.97 = 4{,}850$(개)가 납품된다.

즉, 이후에는 두 생산설비 A, B를 통해 $50{,}000 - 4{,}850 = 45{,}150$(개)의 제품 P를 만들면 된다.

생산설비 A는 1시간 동안 $100 \times 0.97 = 97$(개)의 제품 P를 만들어 납품할 수 있고, 생산설비 B는 1시간 동안 $200 \times 0.9 = 180$(개)의 제품 P를 만들어 납품할 수 있으므로, 두 생산설비는 동시에 1시간 동안 277개의 제품 P를 만들어낸다.

따라서 $45{,}150 \div 277 = 162.9\cdots$이므로 두 생산설비를 적어도 163시간 동안 가동해야 한다.

02 응용수리

정답 | ⑤

방의 개수를 x개라고 하면 첫 번째 [조건]에 의해 전체 인원은 x를 6으로 나누었을 때의 나머지에 관한 식이므로 $(6x+18)$명이다. 두 번째 [조건]에 의해 마지막 한 방에 1~8명까지 가능하므로 다음과 같이 나타낼 수 있다.

$8(x-5)+1 \le 6x+18 \le 8(x-4)$

$8(x-5)+1 \le 6x+18$을 정리하면

$\rightarrow 2x \le 57 \quad \therefore x \le \frac{57}{2} = 28.5$

$6x+18 \le 8(x-4)$를 정리하면

$50 \le 2x \quad \therefore x \ge \frac{50}{2} = 25$

즉, x의 범위는 $25 \le x \le 28.5$이므로 방의 최솟값은 25이고 방의 최댓값은 28이다. 따라서 방 개수의 최솟값과 최댓값의 합은 $25+28=53$이다.

03 응용수리

정답 | ③

주어진 변량의 총합은 $165+182+159+173+172+179+177+160+161+185+178+170=2{,}061$이고, 변량의 개수는 12개이므로 평균은 $2{,}061 \div 12 = 171.75$이다. 또한, 주어진 변량을 크기 순서대로 나열하면 다음과 같다.

159	160	161	165	170	172
173	177	178	179	182	185

변량의 개수가 12개일 때 중앙값은 6번째 위치한 172와 7번째 위치한 173의 평균이므로 $\frac{172+173}{2} = 172.5$이다.

따라서 영업팀 사원 12명의 신장 평균과 중앙값을 순서대로 나열한 것은 ③이다.

찐 모듈이론 TIP

평균

- 집단의 특성을 요약하기 위해서 가장 빈번하게 활용하는 값으로 변량의 총합을 변량의 개수로 나눈 값을 의미한다.
- 평균=변량의 총합÷변량의 개수

중앙값

- 변량을 최솟값부터 최댓값까지 크기순으로 배열하였을 때 순서상 정확하게 중간에 있는 값을 의미한다.
- 변량의 개수가 짝수일 때는 중앙에 위치하는 2개 변량값의 평균이 중앙값이다.

04 응용수리

정답 | ③

색깔마다 공이 모두 2개 이상이므로 뽑은 두 공의 색이 같을 수 있다. 따라서 가능한 색의 조합은 노란색+노란색, 흰색+흰색, 검은색+검은색, 흰색+노란색, 노란색+검은색, 검은색+흰색으로 $3 \times 2 = 6$(가지)이다.

길동이가 경품에 당첨되려면 두 개의 공이 모두 노란색이어야 하는데, 우선 8개의 공 중에 2개를 뽑는 모든 경우의 수는 ${}_8C_2 = \frac{8 \times 7}{2 \times 1} = 28$(가지)이고, 노란색 공 2개 중 2개를 뽑는 경우의 수는 ${}_2C_2 = 1$(가지)이다.

따라서 구하는 확률은 $\frac{{}_2C_2}{{}_8C_2} = \frac{1}{28}$이다.

시간관리 TIP

확률이란 하나의 사건이 일어날 수 있는 가능성을 수의 값으로 나타낸 것을 말한다. 즉, 어떤 사건에 대한 확률을 구하기 위해서는 경우의 수를 먼저 구해야 하므로 확률을 구하는 문제와 경우의 수를 구하는 문제는 크게 다르지 않은 유형이다. 경우의 수를 구할 때는 항상 순서의 구분이 있는지 없는지를 중요하게 판단해야 한다.

05 응용수리 정답 | ①

주어진 [보기]의 규칙을 살펴보면 다음과 같다.

- $1★3=\frac{(1+1)\times3}{3}=2$
- $5★4=\frac{(5+1)\times4}{3}=8$
- $11★1=\frac{(11+1)\times1}{3}=4$
- $7★9=\frac{(7+1)\times9}{3}=24$

$\therefore\ (2★2)★6=\left(\frac{(2+1)\times2}{3}\right)★6=2★6$

$=\frac{(2+1)\times6}{3}=6$

06 자료 이해 정답 | ③

감염내과와 호흡기내과의 성별 구성비를 보면 남자와 여자 모두 감염내과의 비율이 높으므로 감염내과의 의료진은 호흡기내과의 의료진보다 많다.

오답풀이

① 남자 의료진이 1,500명, 여자 의료진이 500명이라면 피부과 의료진은 남자 $1{,}500\times0.04=60$(명)과 여자 $500\times0.04=20$(명)으로 총 80명이므로 옳지 않다.

② 예방의학과의 41~45세 의료진이 35.5%라는 것은 41~45세 연령대 의료진 중 예방의학과의 의료진이 가장 많다는 의미이다. 예방의학과 의료진 중 41~45세 연령대가 가장 많다는 것을 의미하진 않으므로 옳지 않다.

④ 감염내과와 호흡기내과 간호사의 합계 비율이 69.8%이나, 이는 간호사 중에서의 비율을 의미하므로 전체 인원의 절반 이상이라고 말할 수는 없으므로 옳지 않다.

⑤ 진료과별 남녀 의사 수를 비교할 자료는 주어지지 않았다.

07 자료 계산 정답 | ⑤

SD400의 샘플 수가 35개이므로 항복강도 합격 샘플 수와 인장강도 합격 샘플 수, 최종 합격 샘플 수는 모두 35개이다. SD500의 샘플 수를 a개라고 하면 항복강도 합격 샘플 수는 $0.95a$개이고, 인장강도 합격 샘플 수는 a개이다. SD600의 샘플 수가 25개이므로

항복강도 합격 샘플 수는 $25\times\frac{92}{100}=23$(개),

인장강도 합격 샘플 수는 $25\times\frac{88}{100}=22$(개),

최종 합격 샘플 수는 $25\times\frac{84}{100}=21$(개)이다.

전체 샘플 수는 $35+a+25=60+a$이고, 전체 샘플 중 항복강도 합격 샘플 수는 $35+0.95a+23=58+0.95a$이다. 이때 전체 샘플 중 항복강도 합격률이 96%이므로 $\frac{58+0.95a}{60+a}\times100=96$에서 $a=40$(개)이다.

또한, SD500의 항복강도 합격률이 95%이고, 인장강도 합격률이 100%, 최종 합격률은 95%이므로 SD500의 최종 합격 샘플 수는 38개이고, 전체 최종 합격 샘플 수는 $35+38+21=94$(개)이다.

(단위: 개)

구분 \ 종류		SD400	SD500	SD600	전체
샘플 수		35	40	25	100
평가항목별 합격 샘플 수	항복강도	35	38	23	96
	인장강도	35	40	22	97
최종 합격 샘플 수		35	38	21	94

항복강도 평가에서 합격한 전체 샘플의 수는 96개이고, 인장강도 평가에서 합격한 전체 샘플의 수는 97개로 인장강도 평가에서 합격한 전체 샘플 수가 더 많으므로 옳다.

오답풀이

① 전체 샘플 수는 100개이므로 옳지 않다.

② 항복강도와 인장강도 평가에서 모두 합격해야 최종 합격된다. 인장강도 평가에서 합격한 SD600 22개의 샘플이 모두 항복강도 평가에서도 합격하였다면, 최종 합격된 샘플 수는 22개여야 한다. 하지만 실제로 최종 합격된 샘플 수는 21개이므로 인장강도 평가에서 합격했어도 항복강도 평가에서 불합격한 샘플이 있음을 알 수 있다.

③ SD500의 최종 합격 샘플 수는 38개이므로 옳지 않다.

④ 최종 불합격한 샘플은 6개로 전체 샘플의 6%이므로 옳지 않다.

08 자료 이해 정답 | ⑤

주어진 [표]의 빈칸에 들어갈 값을 계산하면 1402년에 발생한 '짙은 안개' 건수는 41−26=15(건), 1406년에 발생한 '큰 비' 건수는 59−38=21(건), 1408년에 발생한 '짙은 안개' 건수는 23−16=7(건)이며, 1401~1418년 동안 발생한 '큰 비' 건수의 합은 234건이다.

㉡ '큰 비'가 가장 많이 발생한 해는 1405년(27건)이고, '우박'이 가장 많이 발생한 해도 1405년(9건)이다.

㉢ 1401~1418년 동안의 발생 건수 합 상위 5개 유형은 '큰 비'(234건), '벼락'(96건), '천둥번개'(83건), '우박'(76건), '짙은 안개'(64건)이다.

㉣ 1402년에 가장 많이 발생한 유형은 '짙은 안개'(15건)이고, 이는 1408년에 7건으로 가장 많이 발생한 유형이다.

오답풀이

㉠ 연도별 전체 발생 건수 상위 2개의 연도는 1405년, 1406년으로 발생 건수의 합은 74+59=133(건)이고, 하위 2개의 연도는 1404년, 1408년으로 발생 건수의 합은 29+23=52(건)이다. 따라서 상위 2개 연도의 발생 건수 합은 하위 2개 연도의 발생 건수 합의 3배 미만이다.

09 자료 이해 정답 | ⑤

- 네 번째 정보에 따르면 10개 지역의 평균 도로 포장률이 94.65%라고 하였으므로 이를 통해 (라)의 값을 알 수 있다. 주어진 값들의 합계가 946.5가 되어야 하므로 (라)에 들어가야 할 값은 92.5이다.
  (라)의 도로 포장률이 92.5%인 것을 알았으므로, 첫 번째 정보에 의한 도로 포장률이 90%에 못 미치는 지역은 I, J지역이며 G지역은 이 두 지역보다 재정자립도가 높아야 하므로 G지역의 재정자립도는 32.6%보다 높아야 한다.
- 두 번째 정보에서 10만 명당 문화 시설 수가 가장 적은 2개 지역 중 한 곳은 시가화 면적 비율이 두 번째로 높은 지역이라고 하였으므로, 언급된 지역은 10만 명당 문화 시설 수가 가장 적은 2개 지역인 B, C지역 중 한 곳을 의미한다. 그런데 B지역의 시가화 면적 비율은 이미 A, D, H지역에 의해 두 번째로 높은 지역이 될 수 없으므로 C지역이 두 번째로 높은 지역이어야 한다. 따라서 C지역의 시가화 면적 비율은 H지역의 28.8%보다 높고 61.2%보다 낮아야 한다는 것을 알 수 있다.
- 세 번째 정보에서 주택 노후화율이 10~20%인 지역 중 10만 명당 체육 시설 수가 125개 이상인 지역은 2곳이라고 하였으므로 주택 노후화율이 10~20%인 A, C, D, E, H지역 중 2곳의 10만 명당 체육 시설 수가 125개 이상이어야 한다. 따라서 D지역의 10만 명당 체육시설 수는 125개 이상이어야 한다.

따라서 위의 정보들을 모두 만족하는 값으로 바르게 나열된 것은 ⑤이다.

10 자료 계산 정답 | ④

주어진 자료의 빈칸에 값을 구하면 다음과 같다.

- 영어 모집 정원: 4,235÷15.92≒266(명)
- 수학 모집 정원: 4,452÷12.54≒355(명)
- 물리 접수 인원: 133×7.46≒992(명)
- 정보컴퓨터 접수 인원: 145×6.26≒908(명)
- 지리 경쟁률: 1,047÷150=6.98
- 생물 경쟁률: 1,535÷159≒9.65
- 기술 경쟁률: 424÷144≒2.94
- 음악 경쟁률: 2,574÷193≒13.34

㉡ 2020년 경쟁률이 일곱 번째로 높은 과목과 2021년 경쟁률이 일곱 번째로 높은 과목은 모두 생물이다.

㉢ 2021년 모집 정원이 가장 많은 과목은 체육이고, 체육의 경쟁률은 9.52이다. 모집 정원이 두 번째로 적은 과목은 지구과학이고, 지구과학의 경쟁률은 6.91이다. 따라서 체육의 경쟁률이 더 높다.

오답풀이

㉠ 2020년 경쟁률이 15.0 이상인 과목 중 역사는 2021년 경쟁률이 14.27로 15.0 미만이다.

㉣ 2021년 접수 인원이 1,000명 미만인 과목은 중국어, 물리, 지구과학, 기술, 정보컴퓨터이고, 이 중 중국어의 경쟁률은 26.42로 10.0 이상이다.

시간관리 TIP

㉠, ㉣ 내용이 옳다는 것을 확인하는 것보다 틀리다는 것을 알 수 있는 반례를 확인하는 것이 빠르다. 반례가 하나라도 있는 경우, 틀린 보기이므로 모든 자료를 확인할 필요가 없다.

11 자료 계산 정답 | ③

㉡ 2016년 팽이의 도매가와 소매가 차이는 다음과 같다.

1분기	2분기	3분기	4분기
1,250원/kg	1,353원/kg	1,282원/kg	1,400원/kg

따라서 2016년에 팽이의 도매가와 소매가가 가장 크게 벌어진 시기는 4분기이다.

㉣ 2015년 느타리의 소매가는 다음과 같다.

1분기	2분기	3분기	4분기
9,890원/kg	9,514원/kg	9,610원/kg	9,561원/kg

따라서 2015년 느타리의 소매가는 10,000원/kg을 넘지 않았다.

오답풀이

㉠ 느타리의 2016년 소매가는 1~2분기 사이에 감소했지만 도매가는 증가했다.

㉢ 2015년 새송이의 소매가는 다음과 같다.

1분기	2분기	3분기	4분기
4,760원/kg	5,167원/kg	5,207원/kg	5,318원/kg

2016년 1분기 소매가는 5,233원/kg이므로 2015년 4분기~2016년 1분기 사이에 새송이의 소매가가 감소했다.

시간관리 TIP

㉡ 2016년 4분기 팽이의 도매가와 소매가 차이는 1,400원/kg이다. 1~3분기 도매가에 1,400을 더하여 소매가를 넘는 것이 있는지 확인하면 앞자리 수만 계산하여 빠르게 구할 수 있으므로 일일이 도매가와 소매가의 차이를 구하는 방식보다 빠르게 문제를 해결할 수 있다.

12 자료 계산 정답 | ④

기본료 및 하역비를 제외한 순수운임은 1TEU당 도로운송이 446,000원, 연안해상운송이 249,000원이다. 따라서 분담률에 따라 모든 화물을 20FT 컨테이너로 운송할 때, 운송수단별 운송량과 순수운임을 곱한 금액의 규모는 다음과 같다.

- 도로운송: 446,000×4,500=2,007,000,000(천 원)
- 연안해상운송: 249,000×120=29,880,000(천 원)

따라서 도로운송이 연안해상운송의 $\frac{2,007,000,000}{29,880,000}$ ≒67.2(배)이다. 즉, 60배 이상이다.

오답풀이

① 1TEU의 화물을 운송할 때 도로운송(의왕IDC 경유)와 연안해상운송의 시간당 요금은 다음과 같다.

- 도로운송: $\frac{490,000}{32}$=15,312.5(원/시간)
- 연안해상운송: $\frac{320,000}{62}$≒5,161.3(원/시간)

따라서 2.7배 이상이다.

② 2TEU의 화물을 도로로 운송할 때 20FT 컨테이너를 사용하면 490,000×2=980,000(원), 40FT 컨테이너를 사용하면 560,000원의 요금이 발생한다. 따라서 20FT 컨테이너를 사용하면 40FT 컨테이너를 사용할 때보다 $\frac{98}{56}$=1.75(배)의 요금이 발생한다.

③ 1TEU의 화물을 연안해상운송 대신 도로운송(직송)으로 운송하면 62−12=50(시간)이 절감된다. 그러나 요금은 490,000−320,000=170,000(원)을 추가로 지불한다. 따라서 절감되는 시간당 $\frac{170,000}{50}$=3,400(원)이 추가 지불된다.

⑤ 연안해상운송으로 운송할 때, 해상운임이 차지하는 비중은 다음과 같다.

- 20FT: $\frac{249,000}{320,000}$×100≒77.8(%)
- 40FT: $\frac{298,000}{410,000}$×100≒72.7(%)

따라서 비중의 차이는 77.8−72.7=5.1(%p)로 5%p 이상이다.

13 자료 변환 정답 | ②

소형주는 상위 300위 밖이므로 소형주 종목 수=전체 종목 수−300으로 구할 수 있다. 전체 종목 수 대비 소형주 종목 수 비중은 다음과 같다.

구분	전체 종목 수	소형주 종목 수	소형주 비중
2014년	902개	602개	66.7%
2015년	884개	584개	66.1%
2016년	861개	561개	65.2%
2017년	856개	556개	65.0%
2018년	844개	544개	64.5%
2019년	858개	558개	65.0%
2020년	885개	585개	66.1%
2021년	906개	606개	66.9%

따라서 [표]를 바탕으로 작성한 그래프로 옳지 않은 것은 ②이다.

오답풀이

① 2021년 시가총액 규모별 시가총액 회전율은 다음과 같으므로 옳다.

- 10조 원 이상: $\frac{957}{470}\times 100 \fallingdotseq 203.6(\%)$
- 5조 원 이상 10조 원 미만: $\frac{602}{210}\times 100 \fallingdotseq 286.7(\%)$
- 1조 원 이상 5조 원 미만: $\frac{678}{167}\times 100 \fallingdotseq 406.0(\%)$
- 1조 원 미만: $\frac{487}{102}\times 100 \fallingdotseq 477.5(\%)$

③ 2015~2018년 말 시가총액 규모별 주가지수는 다음과 같으므로 옳다.

구분	대형주		중형주		소형주	
	주가지수 변동	주가지수	주가지수 변동	주가지수	주가지수 변동	주가지수
2013년	–	1,000	–	1,000	–	1,000
2014년	−520	480	−570	430	−470	530
2015년	170	650	220	650	30	560
2016년	−30	620	−110	540	−190	370
2017년	190	810	160	700	30	400
2018년	80	890	130	830	40	440

④ 대형주의 연간 주가지수 변동률은 다음과 같으므로 옳다.

구분	주가지수 변동	주가지수	주가지수 변동률
2013년	–	1,000	–
2014년	−520	480	−52.0%
2015년	170	650	35.4%
2016년	−30	620	−4.6%
2017년	190	810	30.6%
2018년	80	890	9.9%
2019년	470	1,360	52.8%
2020년	60	1,420	4.4%
2021년	420	1,840	29.6%

⑤ 2021년 시가총액 규모별 거래량 비중은 다음과 같으므로 옳다.

- 10조 원 이상: $\frac{140}{1,794}\times 100 \fallingdotseq 7.8(\%)$
- 5조 원 이상 10조 원 미만: $\frac{190}{1,794}\times 100 \fallingdotseq 10.6(\%)$
- 1조 원 이상 5조 원 미만: $\frac{360}{1,794}\times 100 \fallingdotseq 20.1(\%)$
- 1조 원 미만: $\frac{1,104}{1,794}\times 100 \fallingdotseq 61.5(\%)$

14 자료 계산 정답 | ⑤

종사자 100인 이상 규모의 사업체 수는 100~299인 규모의 사업체 수와 300인 이상 규모의 사업체 수를 합한 값이다. 각 사업체에 해당하는 인원수를 먼저 더하고 합한 수치를 총인원수에 대한 백분율로 계산해 보면 다음과 같다.

- 2016년: $\frac{2,292,599+3,049,394}{21,259,243}\times 100 \fallingdotseq 25.1(\%)$
- 2017년: $\frac{2,318,203+3,157,079}{21,591,398}\times 100 \fallingdotseq 25.4(\%)$

따라서 전년 대비 증가했다.

오답풀이

① 대표자가 30~39세인 사업체 수는 519,733−515,704=4,029(개), 대표자가 40~49세인 사업체 수는 1,127,456−1,127,376=80(개) 증가했다. 따라서 총 4,029+80=4,109(개) 증가했으므로 증가 수는 5,000개 미만이다.

② 종사자 규모별 사업체 증가 수는 규모별 순서대로 각각 3,224,683−3,173,203=51,480(개), 776,922−758,333=18,589(개), 14,846−14,710=136(개), 4,026−3,946=80(개)이다. 따라서 종사자의 규모가 큰 사업체일수록 사업체 수는 전년보다 더 적게 증가했다.

③ 대표자 연령대별 사업체 증가 수는 연령대별 순서대로 각각 101,706−91,941=9,765(개), 519,733−515,704=4,029(개), 1,127,456−1,127,376=80(개), 1,396,283−1,391,870=4,413(개), 875,299−823,301=51,998(개)이다. 따라서 대표자가 60세 이상인 사업체 수가 가장 많이 증가했다.

④ 종사자 규모별 사업체의 전년 대비 종사자 증가 수는 규모별 순서대로 각각 5,834,290−5,705,551=128,739(명), 10,281,826−10,211,699=70,127(명), 2,318,203−2,292,599=25,604(명), 3,157,079−3,049,394=107,685(명)이다. 따라서 종사자 규모와 증가한 종사자 수 사이에 특정한 비례 관계가 성립하지 않는다.

시간관리 TIP

계산이 복잡한 선택지 ⑤를 제외하고는 모두 어림셈하여 간단히 해결할 수 있다. 따라서 ⑤를 제외한 나머지 선택지를 먼저 확인하는 것이 좋다.

15 자료 계산 정답 | ⑤

29세 이하 연령의 대표자 사업체는 구성비가 2.3%에서 2.5%로 증가하여 $\frac{2.5-2.3}{2.3}\times 100 \fallingdotseq 8.7(\%)$의 증감률을 보이고 있으며, 60세 이상 연령의 대표자 사업체의 경우 20.8%에서 21.8%로 증가하여

$\frac{21.8-20.8}{20.8}\times 100 \fallingdotseq 4.8(\%)$의 증감률을 보이고 있다.
따라서 29세 이하 대표자 사업체>60세 이상 대표자 사업체이다.

오답풀이

선택지에 주어진 각 지표들의 수치는 다음과 같이 계산하여 비교할 수 있다.

① $\frac{3,173,203}{3,950,192}\times 100 \fallingdotseq 80.3(\%) > \frac{3,224,683}{4,020,477}\times 100 \fallingdotseq 80.2(\%)$

② $\frac{5,705,551}{21,259,243}\times 100 \fallingdotseq 26.8(\%) < \frac{5,834,290}{21,591,398}\times 100 \fallingdotseq 27.0(\%)$

③ $\frac{758,333}{3,950,192}\times 100 \fallingdotseq 19.2(\%) < \frac{776,922}{4,020,477}\times 100 \fallingdotseq 19.3(\%)$

④ $\frac{21,259,243}{3,950,192} \fallingdotseq 5.38$(명) $> \frac{21,591,398}{4,020,477} \fallingdotseq 5.37$(명)

시간관리 TIP

① 복잡하게 계산할 필요 없다. 종사자 규모 1~4인 사업체 수 구성비는 종사자 규모 1~4인 사업체 수를 전체 사업체 수로 나누어 구한다. 따라서 2016년은 $\frac{3,173,203}{3,950,192}\times 100$, 2017년은 $\frac{3,224,683}{4,020,477}\times 100$이다.

한편 전년 대비 전체 사업체 수 증감률은 1.8%, 1~4인 사업체 수 증감률은 1.6%이다. 즉, '3,950,192 → 4,020,477: 1.8% 증가, 3,173,203 → 3,224,683: 1.6% 증가'이므로 분모의 증가율이 분자의 증가율보다 크다.

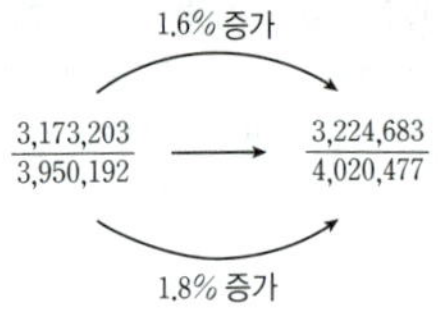

따라서 2017년의 값이 2016년의 값보다 작다.
마찬가지 방법으로 주어진 자료의 증감률을 이용하면 ②~④도 쉽게 해결할 수 있다.

16 자료 이해 정답 | ②

인천의 고령인구는 $2,951\times 0.134 \fallingdotseq 395.4$(천 명)이고, 대구의 고령인구는 $2,419\times 0.16 \fallingdotseq 387.0$(천 명)이다. 따라서 인천의 고령인구는 대구보다 $395.4-387.0=8.4$(천 명) 더 많다.

오답풀이

① 서울의 인구는 전국의 $\frac{9,602}{51,781}\times 100 \fallingdotseq 18.5(\%)$이다.

③ 노령화지수가 가장 높은 지역은 부산이다. 따라서 부산의 고령인구는 $3,344\times 0.187 \fallingdotseq 625.3$(천 명)이므로 60만 명 이상이다.

④ 주어진 [표]를 통해 세종은 노년부양비, 노령화지수가 다른 지역에 비해 낮음을 확인할 수 있다. 또한 전체 인구가 가장 적고, [그래프]를 통해 고령인구의 비율 또한 가장 낮으므로 직접 계산하지 않아도 고령인구가 가장 적다는 것을 알 수 있다.

⑤ 노년부양비의 뜻은 생산연령인구 100명당 부양해야 하는 고령인구를 의미한다. 따라서 [표]에서 광주의 노년부양비가 18.7이므로 생산연령인구를 100명이라고 가정할 때, 부양해야 하는 고령인구는 18명 이상이라고 할 수 있다.

17 자료 이해 정답 | ④

㉠ 울산의 고령인구는 $1,140\times 0.12=136.8$(천 명)이다. 이때, 노령화지수가 87.5이므로 주어진 산식에 의해 $87.5=\frac{136.8}{(\text{유소년인구})}\times 100$이 성립한다. 따라서 울산의 유소년인구는 $136.8\div 87.5\times 100 \fallingdotseq 156.3$(천 명)이다.

㉡ 대전의 고령인구는 $1,500\times 0.137=205.5$(천 명)이다. 이때, 노년부양비가 18.6이므로 주어진 산식에 의해 $18.6=\frac{205.5}{(\text{생산연령인구})}\times 100$이 성립한다. 따라서 대전의 생산연령인구는 $205.5\div 18.6\times 100 \fallingdotseq 1,104.8$(천 명)이다.

㉣ 부산의 고령인구는 $3,344\times 0.187 \fallingdotseq 625.3$(천 명)이다. 이때, 노년부양비가 26.5이므로 주어진 산식에 의해 $26.5=\frac{625.3}{(\text{생산연령인구})}\times 100$이 성립한다. 따라서 부산의 생산연령인구는 $625.3\div 26.5\times 100 \fallingdotseq 2,359.6$(천 명)이다. 또, 노령화지수가 175.2이므로 $175.2=\frac{625.3}{(\text{유소년인구})}\times 100$이 성립한다. 따라서 부산의 유소년인구는 $625.3\div 175.2\times 100 \fallingdotseq 356.9$(천 명)이다. 따라서 $2,359.6\div 356.9 \fallingdotseq 6.6$(배)이므로 부산의 생산연령인구는 유소년인구의 6배 이상이다.

오답풀이

㉢ 인천의 고령인구는 $2,951\times 0.134 \fallingdotseq 395.4$(천 명)이다. 이때, 노령화지수가 108.2이므로 인천의 유소년인구는 $395.4\div 108.2\times 100 \fallingdotseq 365.4$(천 명)이다. 한편, 전국의 고령인구는 $51,781\times 0.157 \fallingdotseq 8,129.6$(천 명)이다. 이때, 노령화지수가 129.0이므로 전국의 유소년인구는 $8,129.6\div 129.0\times 100 \fallingdotseq 6,302.0$(천 명)이다.

따라서 인천의 유소년인구는 전국 유소년인구의 $\frac{365.4}{6,302.0}\times 100 \fallingdotseq 5.8(\%)$이다.

18 자료 이해 정답 | ③

연도별 의약학의 기업체 수당 종사자 수는 다음과 같다.

- 2022년: $\frac{210}{27}$≒7.78(명/개)
- 2023년: $\frac{234}{30}$=7.8(명/개)

따라서 1명 미만으로 증가하였다.

오답풀이

① 제조업 전체 기업체 수가 2022년에 415개이고 2023년에 437개이므로 437−415=22(개) 증가하였다.

② 서비스업 중 전년 대비 기업체 수가 증가한 업종은 도소매, 금융, 과학 및 기술의 3개 업종이다.

④ 2022년 제조업 전체 종사자 수가 2,457명이므로 플라스틱 업종의 종사자 수는 전체 제조업 종사자 수의 $\frac{1{,}081}{2{,}457}\times 100$≒44.0(%)이다.

⑤ 2023년 연구개발업 중 종사자 수가 가장 많은 업종은 자동차이고, 두 번째는 디자인이다.

19 자료 이해 정답 | ④

㉠ 연구개발업 전체 매출액 증가율은 $\frac{4{,}019-3{,}264}{3{,}264}\times 100$≒23.1(%)이므로 20% 이상이다.

㉡ 연구개발업 중 매출액이 증가한 업종은 의약학과 자동차뿐이다. 이때, 의약학은 2억 원 증가하였고, 자동차는 800억 원 이상 증가하였으므로 매출액 증가율을 직접 계산하지 않더라도 두 업종의 매출액을 고려할 때 자동차의 매출액 증가율이 가장 높다는 것을 알 수 있다.

㉣ 제조업에서 매출액이 감소한 업종에 대하여 그 액수를 확인해 보면 다음과 같다.

- 의복: 290−275=15(억 원)
- 철강: 445−440=5(억 원)
- 플라스틱: 1,230−1,076=154(억 원)

따라서 두 번째로 크게 감소한 업종은 의복이다.

오답풀이

㉢ 서비스업 중 부동산과 도소매가 차지하는 연도별 비중을 확인해 보면 다음과 같다.

- 2022년: $\frac{6{,}082+3{,}989}{14{,}258}\times 100$≒70.6(%)
- 2023년: $\frac{4{,}564+3{,}153}{12{,}205}\times 100$≒63.2(%)

이때, 2023년에는 65% 미만임을 알 수 있다.

20 자료 변환 정답 | ③

금융 기업체 수는 56개에서 74개로 증가하였다. 따라서 증가율은 $\frac{74-56}{56}\times 100$≒32.1(%)이므로 잘못되었다.

CHAPTER 03 문제해결능력

STEP 01 | 적중예상문제

2권 P. 144

01	②	02	②	03	③	04	②	05	②
06	③	07	②	08	②	09	⑤	10	⑤
11	④	12	①	13	②	14	③	15	①
16	③	17	①	18	⑤	19	③	20	①
21	①	22	③	23	③	24	②	25	④
26	④	27	③	28	②	29	②	30	②
31	⑤	32	③	33	③	34	①	35	①
36	⑤	37	①	38	③	39	③	40	②
41	①	42	⑤	43	②	44	⑤	45	⑤
46	③	47	③	48	⑤	49	②	50	①

01 모듈이론 정답 | ②

주어진 [상황]에서 한 씨는 팀장의 말에서 논리의 약점을 찾고 생각을 재구축해야 한다고 나와 있다. 이는 논리적 사고의 요소 중 '상대 논리의 구조화'를 의미한다.

02 모듈이론 정답 | ②

창의적 문제와 분석적 문제의 특징은 다음과 같다.

구분	창의적 문제	분석적 문제
문제 제시 방법	현재 문제가 없더라도 보다 나은 방법을 찾기 위한 문제 탐구로 문제 자체가 불명확함	현재의 문제점이나 미래의 문제로 예견될 것에 대한 문제 탐구로, 문제 자체가 명확함
해결 방법	창의력에 의한 많은 아이디어의 작성을 통해 해결함	분석, 논리, 귀납과 같은 논리적 방법을 통해 해결함
해답	해답의 수가 많으며, 많은 답 중에서 보다 나은 것을 선택함	해답의 수가 적으며, 한정적임
주요 특징	주관적, 직관적, 감각적, 정성적, 개별적, 특수성	객관적, 논리적, 정량적, 이성적, 일반적, 공통성

따라서 ㉠과 ㉣이 분석적 문제의 특징에 해당한다.

시간관리 TIP

문제를 구분할 때 아래와 같이 서로를 비교하는 각각의 키워드를 가지고 적용하도록 한다.

- 창의적 문제=미래, 직관, 정답 없음
- 분석적 문제=현재, 분석, 정답 있음

만약 이러한 내용을 모를 경우에도 질문에서 문제를 2가지로 구분할 수 있다고 하였으므로 ㉠~㉣을 유사한 것끼리 2가지씩 분류한 후 선택지를 비교하는 것도 좋은 방법이다.

03 모듈이론 정답 | ③

퍼실리테이션(Facilitation)이란 '촉진'을 의미하며, 어떤 그룹이나 집단이 의사결정을 잘하도록 도와 주는 일을 의미한다. 퍼실리테이션을 진행하는 퍼실리테이터는 회의 설계자, 효율적인 회의 운영자, 소통의 촉진자 등의 역할을 수행하여 더욱 생산적인 결과를 가져올 수 있도록 도와 준다. 퍼실리테이션의 가장 중요한 요소는 퍼실리테이터가 미리 합의점이나 줄거리를 준비해 놓고 그에 맞추어 예정대로 결론이 도출되도록 해서는 안 된다는 점이다.

04 모듈이론 정답 | ②

문제해결을 위해서는 전략적 사고, 분석적 사고, 발상의 전환, 내·외부자원 활용에 해당하는 4가지 기본적 사고가 필요하다. 주어진 사례에서 장 과장은 L사가 M사보다 판매율과 인지도가 낮은 이유를 분석하여 구체적인 문제해결 방법을 도출하는 '분석적 사고'를 하고 있다.

05 모듈이론 정답 | ②

주어진 글에서 설명하고 있는 창의적 사고의 개발 방법은 '브레인스토밍'이다.

06 모듈이론 정답 | ③

창의적으로 사고하기 위해서는 문제에 대한 다양한 사실이나 아이디어를 창출할 수 있는 발산적 사고가 필요하다. 이러한 발산적 사고의 개발 방법으로는 자유연상법, 강제연상법, 비교발상법이 있다.

㉠은 주제에 관련된 것을 생각나는 대로 다 적어보는 자유연상법을 활용한 방식이다. 이는 어떤 생각에서 다른 생각을 계속해서 떠올리는 작용을 통해 어떤 주제에서 생각나는 것을 계속해서 열거해 나가는 발산적 사고 방법 중 하나이다. 예를 들어 '신차 출시'라는 주제에 대해서 '홍보를 통해 판매량을 늘린다.', '경쟁사의 자동차와 비교한다.' 등 자유롭게 아이디어를 창출하는 것으로, 대표적인 방법에 브레인스토밍이 있다.
㉡은 강제연상법으로, 각종 힌트에서 강제로 연결 지어 발상하는 방법이다. 예를 들어 '신차 출시'와 같은 주제에 대해서 판매 방법, 판매 대상 등의 힌트를 통해 사고의 방향을 미리 정해서 발상을 하는 방법이다. 가장 대표적인 방법에 체크리스트가 있다.
㉢은 비교발상법으로, 주제와 본질적으로 닮은 것을 힌트로 하여 새로운 아이디어를 얻는 방법인데, 대표적인 방법으로는 NM법, 시네틱스 등이 있다. 예를 들어 '신차 출시'라는 주제에 대해서 생각해 보면 먼저 새롭게 생산해 낸 제품이라는 것에서 힌트를 얻은 뒤, 과거에 판매 실적이 뛰었던 신상품이 있었다면 '과거의 그 제품의 판매 전략을 토대로 신차의 판매 전략을 어떻게 수립할 수 있을까?'와 같은 아이디어를 도출할 수 있다.

07 모듈이론 정답 | ②

문제해결 절차는 문제 인식, 문제 도출, 원인 분석, 해결안 개발, 실행 및 평가의 순으로 진행되어야 하며, [보기]의 ㉠~㉤은 각각 다음과 같은 문제해결 절차에 해당된다.

- ㉠ 문제 도출: 고객 감소에 따라 야기된 문제점들 파악
- ㉡ 해결안 개발: 매출 및 수익률 제고를 위한 방안 마련
- ㉢ 문제 인식: 매출과 수익 감소에 따른 실태를 파악하여 정상화를 위한 목표를 설정
- ㉣ 실행 및 평가: 매출 부진 탈출을 위한 방안 실천 및 관리
- ㉤ 원인 분석: 매출 감소와 수익성 저하의 근본 원인 분석

따라서 문제해결 절차에 따라 바르게 나열하면 ㉢–㉠–㉤–㉡–㉣의 순서가 된다.

08 모듈이론 정답 | ②

[보기]의 사례는 '분할의 오류'가 발생한 경우이다. 전체 또는 집합이 어떤 성질을 가지고 있기 때문에 그 부분 또는 원소도 그와 같은 성질을 가지고 있다고 추론하는 오류 또는 어떤 집합의 속성에서 원소 자체의 속성을 논증하는 오류를 말한다. 주어진 사례 외에도 다음과 같은 것들이 분할의 오류에 해당한다.

- 소금은 먹어도 탈이 안 나니 나트륨과 염소도 먹어서 탈이 안 나겠지?
- 한 트럭에 담긴 모래 더미는 매우 무거우니 모래알 한 알도 무거울 것이다.
- 중국은 독재 국가니까 중국인들도 독재와 검열을 옹호하겠지?

찐 모듈이론 TIP

논리적 오류의 유형

- 결합의 오류: 부분의 속성을 전체의 속성으로 추론하는 오류
- 성급한 일반화의 오류: 제한된 정보나 대표성이 없는 사례를 근거로 해서 성급하게 일반 원칙을 도출하는 오류
- 복합 질문의 오류: 두 가지 이상의 내용을 합쳐서 질문하여 어느 대답을 하더라도 숨겨진 질문에 동의하게 만드는 오류
- 과대 해석의 오류: 지나치게 확대 해석하거나 의미를 부풀려 해석하는 오류
- 애매성의 오류: 언어나 표현이 애매모호하여 논리적 혼란을 초래하는 오류
- 연역법의 오류: 결론이 논리적으로 타당하지 않은 연역 과정에서 발생하는 오류
- 권위나 인신공격에 의존한 논증: 논리적 근거가 아니라 권위자나 인신공격에 의존하는 오류
- 허수아비 공격의 오류: 상대방의 주장을 왜곡하여 공격하는 오류
- 흑백 논리의 오류: 중간 가능성을 무시하고 선택지가 두 가지뿐이라고 단정하는 오류
- 논점 일탈의 오류: 본래 논점과 관계없는 다른 논점으로 논의를 이끌어가는 오류
- 순환논증의 오류: 결론 자체를 논거로 사용하는 논증의 오류
- 무지의 오류: 반증되지 못함을 근거로 자신의 주장을 정당화하는 오류

09 언어추리 정답 | ⑤

직장인을 '직', 인센티브를 받는 사람을 '인', 양복을 입는 사람을 '양'이라고 표시하여 벤다이어그램을 그려 보면 다음과 같은 3가지 경우가 가능하다.

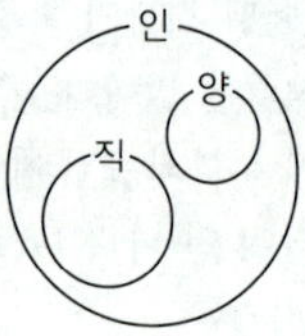

[그림1]

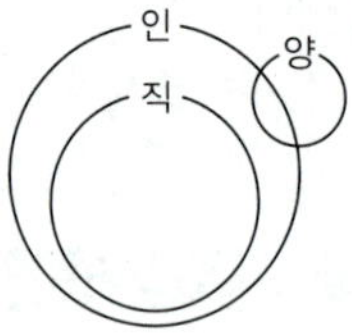

[그림2]

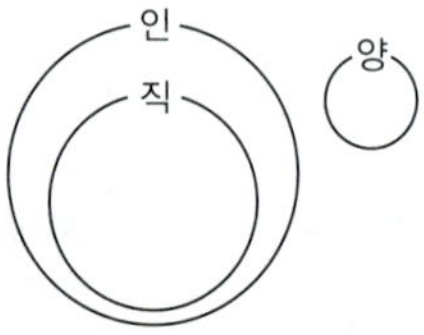

[그림3]

이때, '직'은 매개념이므로 생각하지 않고, '인'과 '양'의 관계만 보면 둘 사이에는 뚜렷한 포함관계 및 공통영역이 존재하지 않음을 알 수 있다. 즉, 양복을 입은 어떤 사람은 인센티브를 받을 수도 있고 받지 못할 수도 있다.

오답풀이

① 전제1의 대우 명제에 따라 인센티브를 받지 않는 모든 사람은 직장인이 아니다.
② [그림1], [그림2]가 반례이다.
③ [그림1]이 반례이다.
④ [그림3]이 반례이다.

시간관리 TIP

명제에 '모든'이나 '어떤' 등의 표현이 사용되면 벤다이어그램을 이용해서 푸는 것이 직관적으로 풀 수 있어 편리하다.

10 언어추리 정답 | ⑤

매운 음식을 먹는 모든 사람이 떡볶이를 좋아하고 매운맛에 내성을 가진 어떤 사람이 떡볶이를 좋아하지 않으면, 매운맛에 내성이 있으면서 매운 음식을 먹지 않는 사람이 반드시 존재하게 된다.

따라서 '매운맛에 내성이 있는 어떤 사람은 떡볶이를 좋아하지 않는다'가 타당한 전제이다.

오답풀이

① 매운 음식을 먹는 사람을 매, 떡볶이를 좋아하는 사람을 떡, 매운맛에 내성이 있는 사람을 내라고 하고 ①을 만족하도록 벤다이어그램을 그려보면 [그림]과 같다.

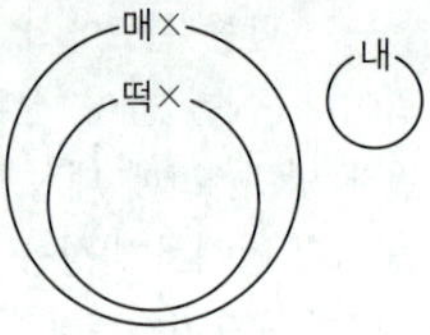

[그림]

이 경우 전제1과 전제①을 만족하지만 결론을 만족하지 못한다. 즉 반드시 결론이 도출되지 않으므로 적절한 전제가 아니다.

②, ③, ④ 위의 [그림]을 반례로 세울 수 있으므로 반드시 참이 되게 하는 전제가 아니다.

11 언어추리 정답 | ④

[보기]의 진술과 그 대우명제를 기호화하면 다음과 같다.

- a → b(∴~b → ~a)
- ~a → c(∴~c → a)

이때 첫 번째 진술의 대우명제와 두 번째 진술을 바탕으로 ~b → c 역시 참임을 알 수 있다. 따라서 명제 "B가 영어 수업을 신청하지 않으면 C가 영어 수업을 신청한다."는 항상 참이 된다.

오답풀이

① a → ~c는 두 번째 진술의 '이'이므로 항상 참은 아니다.
② ~a → ~b는 첫 번째 진술의 '이'이므로 항상 참은 아니다.
③ b → c는 항상 참은 아니다. ~b → c가 항상 참이 되는 명제이다.
⑤ c → ~b는 항상 참은 아니다. ~b → c가 항상 참이 되는 명제이다.

12 언어추리 정답 | ①

각각의 명제와 결론을 기호화하면 다음과 같다.

- 날씨가 춥지 않으면 제비가 온다: ~춥다 → 제비
- 봄이 오면 꽃이 핀다: 봄 → 꽃
- 봄이 오면 제비가 온다: 봄 → 제비

결론이 성립하기 위해서는 삼단논법에 의해 꽃 → ~춥다가 성립해야 하는데, 어떤 명제의 대우가 성립하면 그 명제도 성립하므로 춥다 → ~꽃인 '날씨가 추우면 꽃이 피지 않는다.'가 필요한 명제이다.

13 언어추리 정답 | ②

버스를 A, 지하철을 B, 도보를 C, 자전거를 D, 자가용을 E라고 하여 각각을 기호화하면 다음과 같다.

- A → B 즉, ~B → ~A
- C → D 즉, ~D → ~C
- ~E → C 즉, ~C → E
- ~C → ~A 즉, A → C

이를 바탕으로 확인하면 다음과 같다.

㉠ A → C → D가 성립하므로 버스를 이용한 사람은 자전거도 이용하였다.

㉣ ~D → ~C → E가 성립하므로 자전거를 이용하지 않은 사람은 자가용을 이용하였다.

오답풀이

㉡, ㉢ 주어진 내용만으로 알 수가 없다.

14 조건추리 정답 | ③

갑~을 중 한 명이 거짓을 말하고 있다고 하였으므로 한 명씩 거짓인 경우를 고려해보면 다음과 같다.

1) 갑이 거짓을 말하고 있는 경우
   거짓을 말하는 사람의 진술은 모두 거짓이므로 B사 휴대폰을 사용하고 있는 신입사원은 '갑'과 '병'이다. 참을 말하고 있는 '정'도 본인이 B사 휴대폰을 사용하고 있다고 하였으므로 B사 휴대폰을 사용하는 신입사원이 2명을 초과하여 모순이다.
2) 을이 거짓을 말하고 있는 경우
   거짓을 말하는 사람의 진술은 모두 거짓이므로 B사 휴대폰을 사용하고 있는 신입사원은 '병'과 '무'이다. '정'도 본인이 B사 휴대폰을 사용하고 있다고 하였으므로 B사 휴대폰을 사용하는 신입사원이 2명을 초과하여 모순이다.
3) 병이 거짓을 말하고 있는 경우
   거짓을 말하는 사람의 진술은 모두 거짓이므로 '갑'과 '병'은 서로 다른 회사에서 만든 휴대폰을 사용한다. 진실을 말하고 있는 '갑'의 '갑'과 '병' 모두 A사 휴대폰을 사용하고 있다는 진술과 모순된다.
4) 정이 거짓을 말하고 있는 경우
   거짓을 말하는 사람의 진술은 모두 거짓이므로 '정'은 A사 휴대폰을 사용하고 있다. 이 경우 거짓을 말하고 있는 사람은 B사 휴대폰을 사용하고 있다는 '무'의 진술과 모순된다.
5) 무가 거짓을 말하고 있는 경우
   거짓을 말하고 있는 '무'의 진술을 제외하고 갑~정의 진술을 고려하면 B사 휴대폰을 사용하는 신입사원은 '을'과 '정'이고, 거짓을 말하고 있는 '무'는 이미 A사 휴대폰을 사용하고 있으므로 '무'의 말이 거짓이 되어 모순이 없다.

갑	을	병	정	무
참	참	참	참	거짓
A사	B사	A사	B사	A사

따라서 B사 휴대폰을 사용하고 있는 신입사원은 '을'과 '정'이다.

시간관리 TIP

참과 거짓을 찾는 문제에서 정보만으로 압축이 어렵다면, 시간이 조금 더 걸리더라도 한 명씩 진술이 거짓인 경우의 수를 따져봐야 한다.

15 조건추리 정답 | ①

B는 C가 결혼식에 참석할 수 없다고 말하고 있으나, D는 C가 결혼식에 참석한다고 말하고 있으므로 B와 D 중 한 명은 거짓을 말하고 있다.

1) B의 말이 참인 경우
   B의 말이 참인 경우, D의 말이 거짓이므로 D가 출장을 간다. 그러나 A의 진술에 따르면 D는 출근을 해야 한다. 따라서 모순이 생긴다.
2) D의 말이 참인 경우
   B는 결혼식에 참석하지 않고 C는 결혼식에 참석한다. B는 거짓을 말했으므로 출장자이고 결혼식에 참석하지 않는다. 나머지 사원들의 말은 모두 참이다. D와 E가 함께 움직이는데 결혼식 참석자는 이미 C로 1명이 정해졌으므로, D와 E는 출근을 한다. 나머지 A는 결혼식에 참석한다.

A	B	C	D	E
결혼식	출장자 (거짓)	결혼식	출근	출근

따라서 결혼식에 참석하는 사원은 A, C이다.

16 조건추리 정답 | ③

B와 E의 진술이 모순이므로 둘 중 한 명은 거짓이다. B의 진술은 거짓, E의 진술은 참인 경우인 경우, E의 진술이 참이므로 E를 제외한 나머지는 모두 등산 동호회 회원이다.

영화 동호회	등산 동호회
E	A, B, C, D

이때, A의 진술이 거짓이므로 A와 B는 다른 동호회여야 하는데, 같은 동호회이므로 모순이다. 따라서 B의 진술은 참, E의 진술은 거짓이다. 이때, A가 B와 같이 영화 동호회인지 아닌지에 따라 경우를 나눠 본다.

1) A의 진술이 거짓인 경우

A는 등산 동호회 회원이고, A와 C가 같은 동호회이므로 C도 등산 동호회 회원이다. 따라서 C의 진술도 거짓이고, C와 D는 같은 동호회이므로 모두 등산 동호회이다.

영화 동호회	등산 동호회
B	A, C, D, E

이때, E의 '영화 동호회 회원은 1명이다.'라는 진술이 거짓이어야 하는데 실제로 1명이 됐으므로 모순이다.

2) A의 진술이 참인 경우

A와 C는 다른 동호회이므로 C는 등산 동호회 회원이고, C의 진술은 거짓이다. 따라서 C와 D는 같은 동호회이므로 D도 등산 동호회 회원이다.

영화 동호회	등산 동호회
A, B	C, D, E

따라서 정답은 ③이다.

시간관리 TIP

E의 진술을 보면 영화 동호회 회원이 1명이라고 언급하고 있는데, E의 진술이 참이라면 E 혼자만 영화 동호회 회원일 것이다. 그런데 그런 선택지는 없으므로 E의 진술은 거짓이고, ①, ②는 정답이 될 수 없다. E는 영화 동호회 회원이 아니므로 ⑤도 정답이 될 수 없다. 남은 ③, ④ 중 하나는 정답인데, 둘 다 B를 포함하고 C는 포함하지 않으므로 B의 진술은 반드시 참이고, C의 진술은 반드시 거짓이다. C의 진술은 거짓이므로 D도 C와 같은 등산 동호회 회원이다.

17 조건추리 정답 | ①

주어진 조건에 따르면 A~F 6명이 각각 이야기한 2가지 진술의 진실 여부가 서로 다르므로 2가지 진술 중 하나는 참이고, 나머지 하나는 거짓임을 알 수 있다. 먼저 B와 D는 물건을 훔치지 않았다는 F의 두 가지 진술 중 하나만 참이므로 B와 D 중 1명만이 물건을 훔친 사람이다. 따라서 자기 자신과 D 중 1명만 물건을 훔쳤다는 B의 첫 번째 진술은 참이므로 물건을 훔친 사람은 2명이 아니라는 두 번째 진술은 거짓이고, 물건을 훔친 사람은 2명이다. 따라서 D의 두 번째 진술은 거짓이고, 물건을 훔친 사람이 2명임을 봤다는 A의 첫 번째 진술은 참이므로 사실 자기가 물건을 훔쳤다는 D의 첫 번째 진술은 참이 되고, D는 물건을 훔치지 않았다는 A의 두 번째 진술은 거짓이 되어 D가 물건을 훔친 사람이고, B는 물건을 훔친 사람이 아니다. 또한 B와 C가 물건을 훔친 것을 알고 있다는 E의 첫 번째 진술은 거짓이므로 F가 물건을 훔쳤다는 E의 두 번째 진술이 참이며 F는 물건을 훔친 사람이다. 이때, F가 물건을 훔친 것을 봤다는 C의 첫 번째 진술이 참이 되므로 나와 A, E 중 물건을 훔친 사람이 최소 1명이라는 진술은 거짓이며 A, C, E 중 물건을 훔친 사람은 없게 된다. 따라서 A, C, E 중 물건을 훔친 사람은 없다는 것은 항상 옳은 설명이다.

오답풀이

② B와 D 중 1명만이 물건을 훔친 사람이므로 옳지 않다.
③ 물건을 훔친 사람은 2명이므로 옳지 않다.
④ 첫 번째 진술이 참인 사람은 A, B, C, D 4명이므로 옳지 않다.
⑤ C의 두 번째 진술은 거짓이므로 옳지 않다.

시간관리 TIP

공통적인 이야기를 하는 사람부터 이야기의 진실 여부를 확인한다. B에 대한 이야기를 하는 사람은 B, E, F이고, D에 대한 이야기를 하는 사람은 A, B, D, F이므로 B와 F의 진술을 먼저 확인하여 풀이한다.

18 조건추리 정답 | ⑤

첫 번째 조건과 두 번째 조건에 따라 B와 C는 연달아 출근하고, A는 4번째나 마지막으로 출근하였다. 다섯 번째 조건에 따라 B는 2번째 또는 3번째로 출근하였는데, 만약 B가 3번째로 출근하였다면 D와 E는 연달아 출근한 게 되므로 네 번째 조건에 위배된다. 따라서 B는 2번째로 출근하였고, 5명의 출근 순서는 ( )−B−C−( )−A로 추측할 수 있다. 마지막 조건을 고려하면 B와 D는 연달아 출근하지 않으므로 출근 순서는 E−B−C−D−A이다. 따라서 첫 번째와 네 번째로 출근한 직원을 순서대로 나열하면 E와 D이다.

19 조건추리

정답 | ③

설아, 유리, 지은이의 진술 중 하나는 참이고, 다른 하나는 거짓이므로 설아의 두 진술에 대한 참, 거짓의 경우의 수는 2가지이다. 이를 바탕으로 유리, 지은이의 진술의 참, 거짓도 같이 따져 보면 다음과 같다.

구분	첫 번째 진술	두 번째 진술	수시입학
설아	참	거짓	×
유리	거짓	참	×
지은	거짓	참	○

구분	첫 번째 진술	두 번째 진술	수시입학
설아	거짓	참	○
유리	참	거짓	○
지은	참	거짓	×

즉, 설아와 유리가 수시입학이 아니고 지은이 수시입학이거나, 설아와 유리가 수시입학이고 지은이 수시입학이 아닌 경우가 가능하다.
따라서 주어진 선택지 중에서 세 학생의 수시입학 여부를 가장 바르게 나타낸 것은 ③이다.

오답풀이

①, ② 설아와 유리가 수시입학일 때, 지은이는 반드시 수시입학이 아니다.
④ 설아와 유리는 함께 수시입학이거나, 수시입학이 아니다.
⑤ 유리가 수시입학이 아니고, 지은이가 수시입학일 때, 설아는 반드시 수시입학이다.

20 조건추리

정답 | ①

두 번째 조건과 세 번째 조건에서 E가 3등이므로 3팀, D는 2팀에 배정되었다. 이때 첫 번째 조건에서 B와 C는 같은 팀이므로 B, C는 1팀 또는 4팀이다. 두 번째 조건에 따라 C는 꼴찌가 아니므로 B, C는 4팀이고, B가 4등, C가 5등이다. D는 2팀이므로 2등 또는 7등이다. D가 2등이라면 H가 1등이 되어야 하는데, H는 1팀이 아니므로 D는 7등이고 H는 2등 또는 6등이다. G와 A가 모두 H보다 등수가 높으므로 H는 6등이고, A 또는 G가 1등 또는 2등, 남은 F는 8등이다. 이때, A가 2등이면 A와 D가 같은 팀이 되므로 모순이다. 따라서 A가 1등, G가 2등이므로 1팀인 F와 같은 팀인 신입사원은 A이다.

1등	2등	3등	4등	5등	6등	7등	8등
A	G	E	B	C	H	D	F

21 조건추리

정답 | ①

주어진 조건에 따라 101호는 빈방이고, 부장은 다른 직원들보다 낮은 층에 거주하므로 102호에 거주한다. 따라서 이 사원은 202호, 김 사원은 201호에 거주한다. 5층에는 차장이 거주하고, 모든 대리의 아랫방에는 과장이 거주한다.
네 번째 조건에서 이 과장은 김 과장보다 낮은 층에 거주한다고 하였으므로 다음과 같이 두 가지로 생각할 수 있다.

구분	1호	2호	구분	1호	2호
5층	이 차장	대리	5층	대리	이 차장
4층	대리	김 과장	4층	김 과장	대리
3층	이 과장	×	3층	×	이 과장
2층	김 사원	이 사원	2층	김 사원	이 사원
1층	×	김 부장	1층	×	김 부장

따라서 두 경우 모두 이 과장의 옆 방은 항상 빈방이다.

오답풀이

② 김 사원은 201호에 거주한다.
③ 이 차장은 5층에 거주하지만, 501호인지 502호인지 알 수 없다.
④ 이 대리의 옆방에는 이 차장 또는 김 과장이 거주하므로 항상 옳은 것은 아니다.
⑤ 이 과장의 아랫방에는 김 사원이 거주할 수도 있다.

22 조건추리

정답 | ③

지영이는 짝수 반이 아니고, 예지는 홀수 반이다. 즉, 지영이와 예지는 모두 홀수 반이고 안나가 5반, 한슬이가 가장 마지막 반인 7반이므로, 둘은 1반과 3반이다. 은별이는 복도를 기준으로 왼쪽에 있으며, 2반이 아니므로 4반이다. 이를 정리하면 다음과 같다.

1반	2반	3반	4반	중앙 계단	5반	6반	7반
지영/예지		예지/지영	은별		안나		한슬

수희는 한슬이와 옆 반이 아니므로 2반이고, 다래는 6반임을 알 수 있다. 이를 정리하면 다음과 같다.

1반	2반	3반	4반	중앙 계단	5반	6반	7반
지영/예지	수희	예지/지영	은별		안나	다래	한슬

이때, 예지는 1반 또는 3반이므로 7반인 한슬이와 옆 반일 수 없다.

23 조건추리

정답 | ③

주어진 조건에 따라 동과 동 사이를 순서대로 연결하면 길을 찾기가 용이하다. 우선 1동에서 출발하여 홀수, 짝수 교대로 강의동을 지나쳐야 한다. 그렇다면 무조건 (1 → 2 → 3)의 순서대로 지나가야 한다. 3동에서는 다음 짝수 동인 4동으로 갈 수도 있고 6동으로 갈 수도 있다.

i) (1 → 2 → 3) → 4로 가는 경우
(1 → 2 → 3) → 4 → 5 → 8 → 9 → 10과 (1 → 2 → 3) → 4 → 5 → 8 → 7 → 6으로 갈 수 있고 이때 지나가는 강의동의 수는 8개이다.

ii) (1 → 2 → 3) → 6로 가는 경우
(1 → 2 → 3) → 6 → 7 → 8 → 9 → 10과 (1 → 2 → 3) → 6 → 7 → 8 → 5 → 4로 역시 두 가지 경우가 생긴다. 이때 지나가는 강의동의 수는 8개이다.

따라서 한 번 지나간 동을 다시 지나가지 않고 홀수, 짝수의 동을 교대로 지나간다면 최대 8개의 강의동을 지나가게 된다.

24 조건추리

정답 | ②

A업체는 제안서 항목에 대하여 불합격하였는데, 4가지 항목 중 3가지 항목에 대하여 합격하였으므로 제안서를 제외한 나머지 3가지 항목에 대하여 합격한 것이다. 이때, 두 번째 내용에 의해 C업체는 제안 가격 항목에 대하여 불합격하였음을 알 수 있다. 또, B업체도 3가지 항목에 합격하였는데, 제안서와 투입 인력의 경력 중 1가지 항목만 합격하였다고 하였으므로, 제안 가격과 관련 실적 항목에 대하여 합격하였음을 알 수 있다. 이를 표로 정리하면 다음과 같다.

구분	제안서	제안 가격	관련 실적	투입 인력의 경력
A업체	불합격	합격	합격	합격
B업체		합격	합격	
C업체		불합격		

㉠ A업체는 제안서 항목에 불합격하였고, C업체는 제안 가격에 대하여 불합격하였다. 또, B업체는 4가지 항목 중 3가지 항목에 대하여 합격하였다고 하였으므로 불합격한 항목이 있다는 것을 알 수 있다.

㉣ B업체와 C업체의 투입 인력의 경력에 대한 평가 결과가 동일하므로, B업체가 투입 인력의 경력 항목에서 합격하였다면, 결국 세 업체 모두 해당 항목에 합격하였음을 알 수 있다.

오답풀이

㉡ 제안 가격 항목에 대하여 A, B 두 업체가 합격하였다.

㉢ C업체의 관련 실적 항목에 대한 평가 결과는 알 수 없다.

25 상황판단

정답 | ④

정 과장이 2025년 8월 2일에 후보로 추천되었을 경우에는 성실 사원 후보 추천 기간이 지났기 때문에 성실 사원으로 선정될 수 없다.

오답풀이

① 성실 사원 선정 방법 4번에 의하면 동점을 받은 2명의 후보가 있는 경우에 추첨을 통해 선정될 수 있다.

② 선정 공고의 특이사항에 의하면 작년도에 성실 사원이었던 자는 올해 후보에서 제외됨을 알 수 있다. 따라서 박 대리는 올해에는 성실 사원 후보에서 제외된다.

③ 임원의 경우에는 이의를 제기하지 못하지만, 김 부장의 경우에는 임원이 아니기 때문에 이의를 제기할 수 있다.

⑤ 선정 방법에서 임원들은 성실 사원의 선정에 대하여 이의를 제기하지 못한다고 하였다.

26 상황판단

정답 | ④

㉡ '1. 대상'에 따르면 공단에 입사 후 2년 이상 근속한 직원만이 학자금 대출을 받을 수 있다.

㉣ '4. 상환'에 따르면 대여금이 1,000만 원 이상 1,500만 원 미만인 경우 15년 내에 학자금을 상환해야 한다.

오답풀이

㉠ '2. 지원 내역'에 따르면 국내 대학교의 경우 매 학기 실등록금을 지원한다. 따라서 한 학기 실등록금이 350만 원인 경우, 1년에 700만 원이 지원된다.

㉢ 다른 조건이 없으므로 금액에 상관없이 무이자이다.

시간관리 TIP

선택지 ①~⑤를 분석해 보면 ㉠이나 ㉢이 옳지 않은 내용일 경우 선택지가 2가지로 좁혀진다. 만약 ㉠이나 ㉢ 모두 옳은 경우라 하면 정답을 바로 알 수 있다. 즉, 선택지 분석을 통해 확인해야 할 내용을 좁힐 수 있다.
㉠은 국내 대학의 경우 실비 지원이므로 1년에 700만 원을 지원한다는 것은 옳은 내용이고 이자율은 무이자이므로 ㉢ 또한 옳은 내용이다. 따라서 옳지 않은 것은 확인하지 않아도 ㉡, ㉣이 된다.

27 상황판단 정답 | ③

세 번째 조문에서 물품관리관이 국가의 시설에 보관하는 것이 물품의 사용이나 처분에 부적당하다고 인정하거나 그 밖에 특별한 사유가 있으면 국가 외의 자의 시설에 보관할 수 있다고 규정하고 있으므로 옳은 설명이다.

오답풀이

① 첫 번째 조문의 제1항에서 '필요하면 다른 중앙관서의 소속 공무원에게 위임할 수 있다.'고 하였으므로 A중앙관서의 물품관리에 관한 사무가 B중앙관서 소속 물품관리관에게 위임될 수는 있다. 그러나 두 번째 조문의 제1항과 제2항에서는 물품관리관이 계약담당공무원에게 물품의 취득에 관한 필요한 조치를 할 것을 청구하고, 계약담당공무원은 예산의 범위에서 해당 물품을 취득하기 위한 필요한 조치를 하여야 한다고만 규정하고 있을 뿐, 계약담당공무원의 소속이 어디인지에 대한 규정은 없으므로 옳지 않은 설명이다.

② 두 번째 조문의 제2항에서 계약담당공무원은 예산의 범위에서 해당 물품을 취득하기 위한 필요한 조치를 하여야 한다고 규정하고 있으나, 물품관리관이 계약담당공무원에게 물품의 취득에 관한 필요한 조치를 할 것을 청구할 때에는 해당 물품이 물품수급관리계획에 정해진 물품이거나 또는 그 밖의 물품이 될 수도 있으므로 계약담당공무원이 물품의 취득을 위하여 행하는 조치는 물품수급관리계획에 정해져 있지 않을 수도 있다.

④ 네 번째 조문의 제1항에서 물품관리관은 물품을 출납하게 하려면 물품출납공무원에게 출납하여야 할 물품의 분류를 명백히 하여 그 출납을 명하여야 하며, 물품출납공무원은 물품관리관으로부터의 명령이 없으면 물품을 출납할 수 없다고 규정하고 있으므로 명령 절차는 '물품관리관 → 물품출납공무원'이라고 보는 것이 적절하다. 하지만 해당 중앙관서의 장과 계약담당공무원은 물품 출납의 명령 절차와 관련이 없다.

⑤ 마지막 조문에 따르면, 수선이나 개조가 필요한 물품이 있을 경우, 이를 물품출납공무원이 물품관리관에게 보고하게 되며, 물품관리관은 계약담당공무원이나 그 밖의 관계 공무원에게 수선이나 개조에 필요한 조치를 하도록 청구하여야 한다. 따라서 '그 밖의 관계 공무원'이 물품출납공무원이 될 수도 있으므로 옳지 않은 설명이다.

28 상황판단 정답 | ②

㉠ 법령에 관한 해석을 요구하는 질의민원이므로 7일 이내에 처리해야 하며, '일' 단위로 계산하므로 시간은 의미가 없다. 8. 11.(금)에 접수하여 8. 22.(화)에 처리하였으므로 22−11+1=12(일)이 걸렸는데(첫날을 산입하므로 +1을 해 주어야 함), 그 사이에는 토요일과 일요일이 각각 2일씩 총 4일, 광복절이 1일 있으므로 이들을 모두 제외하면 12−4−1=7(일) 이내에 처리한 셈이다.

㉢ 기타민원은 즉시 처리해야 하는데, '즉시'란 3근무시간으로 업무시간 내 3시간이다. 그런데 '시간' 단위로 계산할 때, 18시와 그다음 업무일의 9시는 동일한 시간이므로 광복절을 건너뛰고 8. 16.(수) 9시에 민원을 접수한 것과 같다. 따라서 8. 16.(수) 12시까지만 처리하면 되는데, 12시와 13시는 동일한 시간이므로 8. 16.(수) 13시에 처리하여도 무방하다.

오답풀이

㉡ 고충민원은 7일 이내에 처리해야 하는데, 실지조사 기간을 고려하면 최대 21일까지 가능하며 '일' 단위로 계산한다. 8월은 31일까지 있으므로 8월에는 31−4+1=28(일)이 걸렸고(첫날을 산입하므로 +1을 해 주어야 함), 9월에는 5일이 걸려 총 28+5=33(일)이 소요되었다. 그런데 그 사이에 토요일과 일요일이 각각 5일씩 총 10일, 광복절이 1일 있으므로 이들을 모두 제외하면 33−11=22(일)이 걸린 셈이다. 따라서 21일 이내에 처리하지 못했다.

㉣ 절차에 대한 설명을 요구하는 질의민원이므로 4일 이내에 처리해야 하며, '시간' 단위로 계산하되 1일=8시간을 적용한다. '시간' 단위로 계산하지만 8. 30.(수)와 9. 5.(화) 사이의 날은 '일' 단위로 계산해도 무방하며, 8. 30.(수)와 9. 5.(화)만 '시간' 단위로 계산해도 충분하다. 8. 30.(수)와 9. 5.(화) 사이에는 8월 31일(목), 9월 1일(금), 9월 4일(월) 총 3일이 있으므로, 남은 시간은 1일=8시간뿐이다. 8월 30일(수)에는 점심시간을 제외하고 총 6시간을 사용하였고, 9월 5일에는 3시간을 사용하였으므로 총 9시간이 걸린 셈이다. 따라서 1시간을 초과하였다.

시간관리 TIP

몇 가지 내용을 공식화하여 정리하면 민원일 기준으로 처리해야 할 한도를 빠르게 구할 수 있다.

1) 일주일 단위로 계산 → 기본 일주일은 5일(주말은 제외하므로)
2) 8월 15일이 사이에 있을 경우 계산 일수 +1일
3) 6일 이상인 경우 계산 일수 −1일(첫날 산입하므로)

㉠ 8월 11일(금) 법령 해석 요구: 최대 7일 → 일주일(5일) 후 8월 18일(금) → 주말 지나고 2일 후 22일(화)
(중간에 8월 15일(+1)과 6일 이상(−1)은 서로 상계)

㉡ 8월 4일(금) 고충민원: 최대 7일(실지조사 14일 했다면 최대 21일) → 5일 단위로 4주 지나면 9월 1일(금) → 1일 지나야므로 9월 4일(월)까지 완료해야 함
(중간에 8월 15일(+1)과 6일 이상(−1)은 서로 상계)

이와 같은 방법으로 계산을 하되 ㉠은 옳고 ㉡이 틀렸다면 정답은 ②가 될 수밖에 없음을 확인하고 넘어가야 한다.

29 상황판단 　　정답 | ②

'평가방법'에서 최종선발은 현장실사 내용을 토대로 대면심사 고득점순으로 선발한다고 하였으나 동점 시의 선발방법은 알 수 없다.

오답풀이

① '모집대상'에 따르면 예비사회적기업은 지원 대상에 해당하며, '제출서류'를 통해 예비사회적기업은 예비사회적기업 지정서를 제출해야 함을 알 수 있다.

③ '모집대상'에서 2개 기업 이상이 참여하는 협업팀을 1팀 선발한다고 하였다.

④ '사업기간'은 2025년 4월에서 12월까지이고, '지원한도'는 9천만 원 이내이다.

⑤ '평가방법'에서 PPT는 사업신청서상 활용계획서 내용을 활용하여 자유 양식으로 작성하여 제출하면 된다고 하였다.

30 상황판단 　　정답 | ②

판매 목표 2를 고려한다면 적은 비용으로 많은 이익을 창출해야 하므로 모든 재료를 수입산으로 사용하는 것이 좋다. 그러나 판매 목표 1과 자료 [나]의 각주 내용을 고려하면 손님들이 만족하는 음식을 제공해야 하므로 맛에 대한 테스트에서 '매우 맛있다'와 '맛있다'의 합이 50%를 넘어야 한다. 이때 떡국의 경우 떡과 소고기가 국산일 때와 떡은 수입산, 소고기는 국산일 때 '매우 맛있다'와 '맛있다'의 합이 50% 이상이므로 육류 중 소고기는 국산을 사용해야 한다.

오답풀이

① 판매 목표 2를 고려한다면 비용만 고려하므로 재료의 원산지는 더 저렴한 수입산으로 하는 것이 적절하다.

③ 자료 [다]에서 손님이 음식 선택 시 가장 중요하게 생각하는 것은 가격이고, 재료의 원산지는 덜 중요하게 생각한다. 따라서 판매 목표 1, 2를 고려한다면 많은 이익을 창출하기 위해 수입산을 사용하고 가격을 내리는 것이 적절하다.

④ 판매 목표 1만 고려하면 손님이 가장 만족하는 음식을 제공하는 것이 중요하다. 자료 [나]에서 모든 재료의 원산지가 국산일 때, '매우 맛있다'와 '맛있다'의 합계가 가장 높으므로 재료의 원산지는 모두 국산을 사용하는 것이 적절하다.

⑤ 판매 목표 1, 2를 고려하면 손님이 만족해야 하고, 적은 비용으로 많은 이익도 창출해야 한다. 재료의 원산지가 모두 국산이라면 판매 목표 2와 자료 [가]를 고려하였을 때, 비용이 늘어나는 것이므로 동일한 양과 가격으로 제공하였을 때, 판매 목표 2를 달성할 수 없다. 따라서 양을 줄이거나 가격을 높여야 판매 목표 2를 달성할 수 있는데, 자료 [다]에서 가격을 올리는 것이 양을 줄이는 것보다 낫다는 응답이 25%에 불과하므로 양을 줄이고, 가격을 유지하는 것이 적절하다.

31 상황판단 　　정답 | ⑤

제6조의2 제2항에서 '국외출장 심사대상자가 본인이거나 본인이 속한 부서의 소속직원일 경우 해당 심사건의 심의 · 의결에 참여하지 못한다.'고 규정하고 있으므로 소속부서 담당자의 심사에서도 배제되어야 한다.

오답풀이

① 제5조 제1항에 따르면 국외출장이므로 출장신청서와 국외출장계획서를 준비하여 출장 전일까지 출장승인권자의 승인을 얻으면 된다.

② 제5조 제2항의 '가급적 동일 목적지 또는 유사 목적의 출장이 중복되거나 반복되지 아니하도록 하여야 한다.'는 규정에 부합된 행위로 판단할 수 있다.

③ 제6조의2 제1항 제2호에 따르면 국제협력사업과 관련한 출장으로서 출장의뢰 공문이 있는 경우 심사에서 제외되나, 같은 항목의 제5호에 따라 연구원 소속 10명 이상의 단체 공무국외여행에 해당되므로 심사위원회의 심사는 적절하다고 볼 수 있다.

④ 제6조3에 따르면 공공기관(정부)에서 의뢰한 국외출장의 경우는 대면심사 제외 대상이 되나, 사안이 중요할 뿐만 아니라, 대면심사 제외가 강제적인 것으로 판단할 수는 없으므로 심사위원회의 판단으로 대면심사를 진행할 수 있다고 볼 수 있다.

32 상황판단 　　정답 | ③

'용어 설명'에서 '상시 근로자' 부분을 보면, 임금 지급의 기초 일수가 매월 16일 이상인 근로자를 말하지만, 1개월 동안의 소정 근로 시간이 60시간 미만인

근로자는 제외한다고 명시되어 있다. 따라서 1개월 동안의 소정 근로 시간이 60시간 이상, 임금 지급 기초 일수가 16일 이상이면 상시 근로자로 인정받을 수 있다.

오답풀이

① 국가 유공자 6 · 7급의 경우 입사일로부터 만 4년까지만 지원이 가능하다.

② 월별 상시 근로자의 의무 고용률(3.1%)을 초과한 경우 지원받을 수 있는 제도이므로 최저 임금 이상을 받는 상시 근로 장애인 직원이 전체 직원의 2.9%인 경우에는 지원받을 수 없다.

④ 「사회적기업 육성법」의 규정에 의한 지원금 및 장려금을 지급받는 장애인 근로자는 지원받을 수 없다.

⑤ 경증 남성 장애인이 월 100만 원의 임금을 받는다고 할 경우, 월 임금액의 60%는 60만 원이다. 지원금 한도 30만 원과 비교했을 때 낮은 금액을 지급하므로 고용 기간과 상관없이 30만 원을 지원받을 수 있다.

시간관리 TIP

제도와 관련된 문제의 경우 지문이 길기 때문에 다 읽고 선택지를 보면 기억이 나지 않고 불필요한 부분까지 읽거나, 같은 부분을 여러 번 읽게 되어 시간을 낭비하게 된다. 따라서 먼저 선택지를 확인하고 그 부분에 해당하는 내용을 찾아서 읽는 것이 시간을 단축할 수 있는 방법이다. ①의 경우 지원 기간, ②는 고용률, ③은 상시 근로자의 기준, ④는 고용장려금 지급 제한 대상의 기준, ⑤는 지원 금액과 관련된 부분만 찾아 읽고 해결하면 된다.

또한 선택지의 내용이 계산이 필요한 경우(⑤)와 아닌 경우(①~④)로 나눠진 경우에는 계산이 필요한 선택지를 나중으로 미루는 것도 시간을 단축할 수 있는 한 가지 방법이다.

33 상황판단 정답 | ③

견인된 차량을 반환 요청할 수 있는 시간이 별도로 규정되어 있지 않으므로 알 수 없다.

오답풀이

① 제5조 제1항에 의하면 차량은 경찰이나 단속원이 견인대상차량으로 표지를 부착하지 않아도 구청장이나 경찰서장의 요청으로 견인될 수 있다.

② 제5조 제3항과 제6조에 의하면 견인이나 보관 과정에서 발생한 차량 손해는 S공단이 배상하여야 한다.

④ 제10조 제2항에 의하면 강제처리에는 매각과 폐차가 있다. 그런데 제10조 제4항에서 '매각이 불가한 경우에 한하여 구청장에게 폐차를 요청함'이라고 규정되어 있으므로 '매각 가능 여부 확인 → 폐차' 순으로 강제처리가 진행됨을 알 수 있다.

⑤ 제8조 제2항에서 인수증에 기재되어야 할 항목으로 '차량의 상태'를 명시하고 있으므로, 인수증은 공단과 차량 소유주 간의 차량 외관 손해에 관한 책임을 따질 수 있는 근거가 된다.

34 상황판단 정답 | ①

제13조에 따르면 구청장 지정 계좌로 입금하는 것은 개별 차량 소유주에게 해당하는 사항이 아니며, 제11~12조에 따라 징수된 견인료와 보관료를 공단이 구청으로 입금할 경우에 해당하는 절차이다.

오답풀이

② 규정의 전반적인 내용으로 볼 때, 공단의 견인 업무는 구청의 위탁을 받아 실시하는 것으로 볼 수 있다. 구청의 관할 지역 내에서 발생한 견인차량의 처리 및 견인료, 보관료의 최종 관리 등의 내용은 이러한 위탁 업무를 뒷받침하는 근거로 볼 수 있다.

③ 제10조에 따르면 24시간 경과 후 등기우편을 통한 견인 사실 통보, 매각 및 폐차 처리 전 통보 등의 절차가 이루어진다.

④ 제11조에서 보관료는 접수대장에 차량이 등재된 시각부터 기산된다고 명시하고 있다.

⑤ 제8조 제2항에서 인수증에는 '차량의 상태'를 기록한다고 하였고, 제6조에서 '견인 종료 후라도 견인과 관련하여 발생하였다고 볼 수 있는 피견인 차량의 손해' 역시 공단에서 배상한다고 규정하고 있다.

35 상황판단 정답 | ①

주어진 인구 및 사업체 감소 기준을 모두 충족하는 곳은 A, B 두 지역이다. 이 두 지역 중에서 B지역에 비해 A지역이 최근 30년간 최다 인구 대비 현재 인구 비율이 낮고, 최근 5년간 인구의 연속 감소 기간도 길기 때문에 먼저 사업이 진행된다.

36 상황판단 정답 | ⑤

수질검사결과에 의한 수질 기준과 검사 빈도를 모두 충족해야 하며, 검사 지점별로 다음과 같이 판단할 수 있다.

- 정수장 A: 수질 기준이 4mg/L 이하이므로 수질 기준을 충족하지 못한다.
- 정수장 B: 수질 기준이 10mg/L 이하이므로 수질 기준을 충족하지 못한다. 검사 빈도는 지난 1년간 수질 기준의 10%를 초과한 적이 없는 항목이므로 매월 1회 이상 실시하면 된다. 따라서 매일 1회는 검사 빈도를 충족한다.
- 정수장 C: 정수장에서의 일반세균은 매주 1회 이상 검사를 실시해야 하므로 검사 빈도를 충족하지 못한다.

- 수도꼭지 D: 수도꼭지에서의 대장균은 매월 1회 이상 검사를 실시해야 하므로 검사 빈도를 충족하지 못한다.
- 배수지 E: 배수지에서의 잔류염소는 수질 기준이 4mg/L 이하여야 하며, 매 분기 1회 이상 검사를 실시해야 하므로 두 가지 기준을 모두 충족한다.

따라서 수질검사빈도와 수질 기준을 모두 충족한 검사 지점은 배수지 E이다.

37 상황판단 정답 | ①

후보지별 평가점수를 구해 보면 다음과 같다.

(단위: 점)

구분	용도 지역 점수	건폐율	(연면적)÷(대지면적)	맹지 여부	평가점수(합)
(가)	1	0.8	1,500÷300=5		6.8
(나)	3	0.7	1,500÷500=3	−1	5.7
(다)	2	0.7	3,600÷1,200=3		5.7
(라)	3	0.7	2,400÷800=3	−1	5.7
(마)	1	0.8	1,500÷300=5	−1	5.8

따라서 점수가 6.8점으로 가장 높은 (가) 후보지를 창고 부지로 선정한다.

38 상황판단 정답 | ③

㉢ 중금속이 포함되어 있는 4급수 해수 4톤을 생활 용수로 정수하기 위해서는 1차 정수기, 3차 정수기, 응집 침전기, 해수담수화기를 거쳐야 한다. 정수하려는 용량이 4톤이므로 1차 정수기는 최소 1대, 3차 정수기는 4대, 응집 침전기는 2대, 해수담수화기는 1대가 필요하다. 따라서 최소 설치 비용은 5,000+(4×50,000)+(2×5,000)+10,000=225,000(만 원)으로, 22억 5천만 원의 설치 비용이 든다.

㉣ 중금속이 없는 3급수 담수 5톤을 공업 용수로 정수하기 위해서는 2차 정수기만 한 번 거치면 되며, 5톤이므로 2차 정수기는 5대가 필요하다. 따라서 최소 설치 비용은 5×16,000=80,000(만 원)으로 최소 8억 원의 설치 비용이 든다.

오답풀이

㉠ 중금속이 있으므로 응집 침전기도 거쳐야 사용 가능하다.

㉡ 3차 정수기에는 2차 정수기의 기능이 포함되어 있으므로 1차 정수기, 3차 정수기의 두 번의 정수 과정만 거치면 생활 용수로 활용 가능하다.

시간관리 TIP

선택지를 살펴보면 ㉡이 맞을 경우 ㉠과 ㉢ 중 하나는 무조건 맞아야 하므로 둘 중 하나만 옳은지의 여부를 확인해야 하는데 ㉡이 틀릴 경우 정답은 무조건 ③이다.
㉡의 경우, 3차 정수기는 2차 정수기 기능을 포함하고 있어 1차 정수기로 3급수로 정수한 다음 바로 3차 정수기를 돌리면 생활 용수로 정수할 수 있으므로 틀린 내용이다. 따라서 나머지 ㉠, ㉢, ㉣은 확인하지 않고도 ③을 선택할 수 있다.

39 상황판단 정답 | ③

항목별로 박 씨의 포인트 적립 현황을 살펴보면 다음과 같다.

- 거래 기간: 10년째 거래 중이므로 10×2=20(P)
- 급여 이체: 급여통장으로 10년째 사용하고 있으므로 10×30=300(P)
- 전자 금융: 인터넷뱅킹 거래는 9년 동안 매일 사용하므로 전자 금융 거래 9×10=90(P)
- 입출식: 최근 3개월간 입출식 예금 6백만 원이므로 6×30=180(P)
- 기타 예금: 정기 예금이 6천만 원으로 30×20=600(P)
- 현금 서비스: 8×5=40(P)이지만 최대 적립은 30P
- 신용카드 이용 금액: 세 달간 9백만 원을 사용했으므로 9×30=270(P)

따라서 적립 포인트는 총 20+300+90+180+600+30+270=1,490(P)이므로 박 씨의 고객 등급은 골드(1,000P 이상)이다.

40 상황판단 정답 | ②

지시 사항에 따라 무선 제본으로 주문해야 한다. 업체별 제작 비용을 계산해 보면 다음과 같다.

- A업체: 무선 제본 비용은 600×380=228,000(원)이다. 박 비용은 600×50=30,000(원)이므로 총제작 비용은 228,000+30,000=258,000(원)이다. 300부 이상 주문했으므로 5% 할인을 적용하면 258,000×0.95=245,100(원)이다.

- B업체: 200부당 10부씩 무료이므로 총 30부를 무료로 받을 수 있다. 따라서 무선 제본 비용은 570×370=210,900(원)이다. 박 비용은 570×65=37,050(원)이므로 총제작 비용은 210,900+37,050=247,950(원)이다.
- C업체: 무선 제본 비용은 600×380=228,000(원)이다. 400부 이상 주문으로 박 비용은 무료이므로 무선 제본 비용이 총제작 비용이 되어 228,000원이다.
- D업체: 무선 제본 비용은 600×370=222,000(원)이다. 박 비용은 600×40=24,000(원)이다. 따라서 총제작 비용은 222,000+24,000=246,000(원)이다. 500부 이상 주문으로 1부당 100원이 할인되므로 600×100=60,000(원)이 할인된다. 따라서 총제작 비용은 246,000−60,000=186,000(원)이다.

따라서 가장 저렴한 곳은 D사이며, 이때의 총제작 비용은 186,000원이다.

시간관리 TIP

무선 제본 비용과 박 가공 비용을 더해 부수당 제작 비용을 먼저 계산한 후에 제작 수량을 곱하는 편이 훨씬 간편하다. 또한 업체별 참고사항을 보면, 600부 이상 주문할 경우 모든 업체에서 할인 혜택을 받을 수 있다. 따라서 C업체의 경우, 무선 제본 비용 380원만 고려하면 되며, D업체의 경우, 제작 부수당 무선 제본 비용 370(원)+박 가공 비용 40(원)−100(원)=310(원)의 비용이 드는 것을 알 수 있다. 이때 D업체의 부수당 제작 비용이 C업체보다 저렴하므로, C업체의 제작 비용은 계산할 필요가 없다. D업체의 제작 비용이 310×600=186,000(원)인데, 선택지를 살펴보면 이보다 더 낮은 가격은 157,400원뿐이다. 그러나 A, B업체의 제작 비용을 어림잡아서 계산하더라도 157,400원에 가깝지는 않다는 것을 쉽게 알 수 있다. 따라서 정답은 ②임을 빠르게 판단할 수 있다.

41 상황판단 정답 | ①

산업단지 A~G의 평가 기준별 점수 및 최종 점수는 다음과 같다.

산업단지	산업단지 내 기업 수	업종	입주공간 확보	지자체 육성 의지	최종 점수
A	40점	2점	20점	○	100점
B	20점	2점	20점	○	60점
C	30점	2점	20점	○	80점
D	40점	2점	0점	×	80점
E	40점	1점	20점	○	60점
F	30점	2점	0점	○	60점
G	40점	1.5점	20점	○	80점

따라서 최종 점수가 가장 높은 A가 선정되고, 80점으로 공동 2위인 C, D, G 중에서 나머지 한 곳이 선정된다. 그런데 지자체의 육성 의지가 있는 곳 중에서 최종 점수가 높은 곳이 선정되므로, 지자체의 육성 의지가 없는 D가 일단 제외된다. 또한 최종 점수가 동일한 경우, 산업클러스터 연관성 점수가 높은 산업단지가 우선순위를 가지므로 남은 C와 G 중에서 C가 선정된다. 따라서 최종적으로 A, C가 선정된다.

42 상황판단 정답 | ⑤

㉠ 백신 A의 최소 접종 연령과 최소 접종 간격을 보면 생후 104주(생후 24개월) 만에 예방접종 2회를 유효하게 실시할 수 있다. 2차 접종까지 있으므로 최소 접종 연령에서 4일, 최소 접종 간격에서 4일을 당길 수 있다. 즉, 유효 접종일을 최대 8일, 즉 1주 이상 당길 수 있어 생후 103주가 되기 전에 백신 A의 예방접종을 2회 모두 유효하게 실시할 수 있다.

㉡ 생후 47개월에 백신 B를 1차 접종하고 2, 3차 접종도 유효하게 실시하려면 아무리 빨리 접종한다 해도 1차 접종 이후 4주+4주−8일의 시간이 필요하다. 즉, 1개월 이상의 시간이 소요되므로 생후 만 4세 이후(48개월 이상)에 3차 접종을 유효하게 실시할 수 있다. 따라서 4차 접종은 반드시 생략하게 된다.

㉢ 생후 40일은 백신 C의 최소 접종 연령인 6주(=42일)보다 2일 빠르므로 4일 이내에 포함되어 1차 접종이 유효하다. 생후 70일에 2차 접종을 실시했다면 1차 접종 이후 30일, 즉 4주 이상이 지났으므로 2차 접종도 유효하다.

43 상황판단 정답 | ②

재현이는 경영학과이므로 인문계열이고, 등록금은 학기당 350만 원이다. 즉, 교내 장학금과 외부 장학금의 합은 350만 원 이하가 되어야 한다. 학기별로 지급받은 교내 장학금 지급액은 다음과 같다.(단, 학점, 석차는 직전 학기 기준, 소득분위는 해당 학기 기준이고, 이중수혜의 경우 유리한 지원율을 적용함에 유의해야 한다.)

구분	소득분위	지원율	지급액	외부 장학금
1학년 1학기	2분위	70% (기준 1)	245만 원	없음
1학년 2학기	3분위	50% (기준 3)	175만 원	50만 원
2학년 1학기	4분위	50% (기준 2)	50% 반영 175만 원	200만 원
		30% (학생회)		
2학년 2학기	2분위	50% (기준 3)	50% 반영 175만 원	100만 원
		30% (학생회)		

2학년 1학기의 경우 교내 장학금과 외부 장학금의 합이 175+200=375(만 원)으로 350만 원보다 25만 원 초과하므로, 교내 장학금에서 25만 원을 제외하고 초과하지 않는 범위인 150만 원을 수혜받는다. 따라서 재현이가 2년 동안 받은 교내 장학금 총액은 245+175+150+175=745(만 원)이고, 이를 24개월로 나누면 약 31만 원이다.

44 상황판단

정답 | ⑤

정후는 의학계열이므로 등록금은 학기당 560만 원이다. 즉, (교내 장학금)+(해당 학기 외부 장학금)+(대출액)의 합은 560만 원이 되어야 한다. 정후는 수석으로 입학하였으므로 등록금 100%를 지원받는데, 예과 2학기 학점이 백분율 80점 미만이므로 예과 3학기부터는 수석입학 장학금을 받을 수 없다. 따라서 정후는 예과 1, 2학기에 학자금 대출을 받지 않았다. 예과 3학기부터 정후가 받은 장학금 지급액과 대출액을 나타내면 다음과 같다.(단, 학점, 석차는 직전학기 기준, 소득분위는 해당 학기 기준이고, 이중수혜의 경우 유리한 지원율을 적용함에 유의해야 한다.)

구분	소득분위	지원율	교내 장학금	외부 장학금	대출액
예과 3학기	–	–	–	100만 원	460만 원
예과 4학기	5분위	30% (기준 3)	168만 원	200만 원	192만 원
본과 1학기	5분위	30% (기준 3)	168만 원	없음	392만 원
본과 2학기	5분위	50% (기준 2)	280만 원	없음	280만 원
본과 3학기	5분위	50% (기준 2)	280만 원	없음	280만 원
본과 4학기	6분위	80% (기준 4)	448만 원	없음	112만 원

따라서 대출 총액은 460+192+392+280+280+112=1,716(만 원)이고, 이를 24개월에 걸쳐 상환한다면 한 달에 1,716÷24≒72(만 원)씩 상환해야 한다.

시간관리 TIP

매 학기 발생하는 대출액을 일일이 계산하는 것보다 6학기의 교내 장학금과 외부 장학금을 더한 액수를 6학기 등록금 총액에서 제외하는 방식이 더 계산이 빠르다. 본격적으로 계산하기 전에 계산을 간단하게 할 수 있는 식을 먼저 세우면 더욱 빠르고 정확하게 풀 수 있다.

- 6학기 등록금 총액: 560×6=3,360(만 원)
- 교내 장학금 총액: (560×0.3×2)+(560×0.5×2)+560×0.8=336+560+448=1,344(만 원)
- 외부 장학금 총액: 100+200=300(만 원)
- 총대출액: 3,360−1,344−300=1,716(만 원)

45 상황판단

정답 | ⑤

㉡ 건설폐기물의 경우는 가연성 폐기물과 불연성 폐기물을 나누지 않는다.

㉢ 폐기물 처분 부담금 감면에서 ③, ⑤~⑨의 경우 소각하더라도 100% 감면을 받을 수 있다.

오답풀이

㉠ 소각은 모두 kg당 10원이고, 매립 시는 소각이 불가능한 불연성을 제외하고 모두 kg당 10원을 초과하므로 옳은 설명이다.

46 상황판단 정답 | ③

• A: 소각 열에너지를 70% 회수하여 이용 시 감면 비율은 60%이므로 40%를 부담한다. 건설폐기물을 소각할 때 부과요율은 kg당 10원이고, 총 2,800kg, 산정지수가 1.2이므로 A의 폐기물 처분 부담금은 2,800×10×1.2×0.4=13,440(원)이다.
• B: 매립 후 다음 연도 8월에 회수하여 재활용하므로 감면 비율은 50%이다. 불연성 사업장폐기물을 매립할 때 부과요율은 kg당 10원이고, 총 3,600kg, 산정지수가 1.2이므로 B의 폐기물 처분 부담금은 3,600×10×1.2×0.5=21,600(원)이다.
• C: 대전 지역 발생 생활폐기물은 감면 대상이 아니다. 생활폐기물을 매립할 때 부과요율은 kg당 15원이고, 총 5,200kg, 산정지수가 1.2이므로 C의 폐기물 처분 부담금은 5,200×15×1.2=93,600(원)이다.

따라서 A, B, C의 폐기물 처분 부담금액의 합은 13,440+21,600+93,600=128,640(원)이다.

47 상황판단 정답 | ③

㉡ 육아휴직은 한 자녀에 대해 부모가 각각 1년씩 가능하므로 자녀가 3명이라면 총 2×3=6(년) 사용할 수 있다.
㉤ 한부모 근로자이고 통상임금을 400만 원 받는 사람은 셋째 달의 육아휴직급여로 통상임금의 100%인 400만 원을 받아야 한다. 하지만 상한액 250만 원에 사후지급분 제도를 적용하면 육아휴직을 시작한 지 3개월 후에 실제로 수령하는 육아휴직급여는 250×0.75=187.5(만 원)이다.

오답풀이

㉠ 육아휴직급여 신청은 매월 신청하지 않고 적치하여 신청해도 된다. 또한 육아휴직이 끝난 후라도 12개월 이내에는 언제든 신청할 수 있다.
㉢ 육아휴직급여 특례에 해당하지 않고 통상임금을 150만 원 받는 사람은 첫째 달의 육아휴직급여로 통상임금의 80%인 150×0.8=120(만 원)을 받아야 한다. 하지만 사후지급분 제도를 적용해야 하므로 육아휴직을 시작한 지 1개월 후에 실제로 수령하는 육아휴직급여는 120×0.75=90(만 원)이다.
㉣ 육아휴직 개시일 이전에 피보험단위기간(재직하면서 임금을 받은 기간)이 모두 합해서 180일 이상, 즉 6개월 이상이 되지 않는다면 육아휴직급여를 수령할 수 없다.

48 상황판단 정답 | ⑤

내용을 표로 정리하면 다음과 같다.

구분	A	B
육아휴직급여 특례 여부	×	아빠 육아휴직 보너스제
통상임금	200만 원	250만 원
통상임금의 80%	150만 원 (∵ 상한액)	–
통상임금의 50%	100만 원	120만 원 (∵ 상한액)
육아휴직기간	1년	10개월

육아휴직급여로 수령할 수 있는 '총금액'을 구하는 것이므로 사후지급분 제도는 고려하지 않아도 된다. A, B의 수령금액을 계산하면 다음과 같다.

• A의 수령금액: (통상임금의 80%)×(3개월)+(통상임금의 50%)×(9개월)이므로
→ 150×3+100×9=1,350(만 원)
• B의 수령금액: (통상임금의 100%)×(3개월)+(통상임금의 50%)×(7개월)이므로
→ 250×3+120×7=1,590(만 원)

따라서 A, B가 육아휴직급여로 수령할 수 있는 총금액은 1,350+1,590=2,940(만 원)이다.

49 상황판단 정답 | ②

사택 입주자 선정 기준에 따라 기본 배점 100점에 3자녀 이상인 경우, 가점 5점을 합하면 최대 받을 수 있는 총점은 105점이다.

오답풀이

① 입사 이후에 독립하였다면 근속연수가 무주택 기간을 초과할 수 있다.
③ 타 권역에 주택을 소유한 경우에 5점이 감점되지만, 지원 자체가 불가하다고 되어 있지는 않으므로 총점이 높다면 입주 가능하다.
④ 청첩장 등 결혼 예정임을 증명하는 자료가 있으면 배우자도 동반가족으로 인정된다.
⑤ 동반가족인 자녀가 4명일 경우에는 30점을 받을 수 있는 것은 맞지만, 실제로 함께 동거하지 않는다면 동반가족 점수를 받을 수 없다.

50 상황판단 정답 | ①

직원별로 점수를 계산하여 정리하면 다음과 같다.

(단위: 점)

직원	동반 가족	무주택 기간	근속 연수	사업소 근무 기간	업적 평가	기타	총점 (점)
A	30	−5	20	16	17	5	83
B	20	6	16	6	18	0	66
C	30	10	20	10	19	−10	79
D	10	8	20	20	20	−5	73
E	30	−5	20	10	20	0	75

따라서 점수가 가장 높은 A와 C가 선정된다.

STEP 02 | 고난도 실전문제

2권 P. 186

01	②	02	⑤	03	②	04	④	05	①
06	③	07	⑤	08	③	09	④	10	⑤
11	①	12	④	13	④	14	③	15	②
16	③	17	②	18	⑤	19	③	20	④

01 모듈이론 정답 | ②

㉠, ㉤ 탐색형 문제는 실제로 문제가 발생하지 않았으나 지금의 성과 수준에 불만을 가지고 더 높은 수준을 갈망하여 의식적으로 만들어진 문제로, 문제의 전체 구조를 파악하고 근원적인 해결책을 체계적으로 모색·추진할 수 있게 된다. 작업자의 품질에 문제가 있지 않지만 스스로 품질을 더 높은 수준으로 끌어올리는 것과 현업 부서의 성과 수준에 불만을 가지고 업무 생산성을 높이는 것은 '탐색형 문제'에 해당한다.

오답풀이

㉡, ㉢ '발생형 문제'에 해당한다.
㉣ '설정형 문제'에 해당한다.

찐 모듈이론 TIP

업무수행 과정 중 발생한 문제 유형

- 발생형 문제(보이는 문제): 우리 눈앞에 발생되어 당장 걱정하고 해결하기 위해 고민하는 문제
  - 일탈 문제: 어떤 기준을 일탈함으로써 생기는 문제
  - 미달 문제: 어떤 기준에 미달하여 생기는 문제
- 탐색형 문제(찾는 문제): 현재의 상황을 개선하거나 효율을 높이기 위한 문제
  - 잠재 문제: 문제가 잠재되어 있어 인식하지 못하다가 결국은 확대되어 해결이 어려워진 문제
  - 예측 문제: 지금 현재는 문제가 아니지만 계속해서 현재 상태로 진행할 경우를 가정한다면 앞으로 일어날 수 있는 문제
  - 발견 문제: 현재로서는 담당 업무에 아무런 문제가 없으나 타 기업의 업무방식이나 선진기업의 업무 방법 등의 정보를 얻음으로써 지금보다 좋은 제도나 기법, 기술을 발견하여 개선, 향상시킬 수 있는 문제
- 설정형 문제(미래 문제): 미래 상황에 대응하는 장래 경영전략의 문제로, '앞으로 어떻게 할 것인가'에 대한 문제

02 모듈이론 정답 | ⑤

창의적으로 사고하기 위해서는 문제에 대한 다양한 사실이나 아이디어를 창출할 수 있는 발산적 사고가 요구된다. 이러한 발산적 사고를 개발하기 위한 방법으로는 자유연상법, 강제연상법, 비교발상법 등이 있다. 자유연상법의 대표적인 사례로는 브레인스토밍을 들 수 있으며, 강제연상법의 사례에는 체크리스트가 있다. 비교발상법은 주제와 본질적으로 닮은 것을 힌트로 하여 새로운 아이디어를 얻는 방법으로 NM법, Synectics 등을 사례로 들 수 있다.

03 모듈이론 정답 | ②

표적집단면접법은 숙련된 사회자의 진행 관리 기술에 의해 구성원들의 의견을 도출하는 방법으로 그룹 구성원들의 전문지식의 보유 여부보다는 사회자의 기술에 영향을 받는다.

오답풀이

① 표적집단면접법은 가이드라인에 따라 내용을 열거하고, 열거된 내용의 상호 관련성을 생각하면서 결론을 얻어 나가는 방법이다.

③ 심층면접법은 조사자가 응답자와 일대일로 마주한 상태에서 응답자의 잠재된 동기와 신념, 태도 등을 발견하고, 조사 주제에 대한 정보를 수집하는 방법으로 인터뷰 시간을 집중적으로 투입해야 하며 비용이 많이 소모된다.

④ 심층면접법은 다른 방법을 통해 포착할 수 없는 심층적인 정보를 경험적으로 얻을 수 있으며, 수집된 자료를 자기진단과 평가 그리고 매뉴얼 및 사례로 활용 가능하다는 장점이 있다. 또한 성과와 관련된 실제적이고 구체적인 것을 얻을 수 있다.

⑤ 심층면접법은 조사자의 철저한 인터뷰 기법 스킬과 훈련이 요구되며, 인터뷰 결과를 사실과 다르게 해석할 수 있다는 단점이 있다.

찐 모듈이론 TIP

심층면접법

- 조사자가 응답자와 일대일로 마주한 상태에서 응답자의 잠재된 동기과 신념, 태도 등을 발견하고 조사 주제에 대한 정보를 수집하는 방법이다.
- 30분~1시간 정도의 시간이 소요되며, 편안한 분위기를 조성해야 한다.
- 첫 번째 질문을 던지고, 이에 대한 응답에 따라 면접을 진행해야 하며, 조사자는 진행 과정과 조사 문제에 대한 개략적인 윤곽을 가지고 있어야 한다.
- 장점: 심층적인 정보를 얻을 수 있으며, 수집된 자료는 자기진단과 평가, 그리고 매뉴얼 및 사례로 활용 가능하다. 성과와 관련된 실제적이고 구체적인 내용을 얻을 수 있다.
- 단점: 인터뷰 시간을 집중적으로 투입해야 하며, 비용이 많이 사용되고, 조사자의 인터뷰 기법 스킬과 훈련이 요구된다. 인터뷰 결과를 주관적으로 해석할 가능성이 있다.

표적집단면접

- 6~8인으로 구성된 그룹에서 특정 주제에 대해 논의하는 과정으로 숙련된 사회자의 컨트롤(진행) 기술에 의해 집단의 이점을 십분 활용하여 구성원들의 의견을 도출하는 방법이다.
- 주의사항
  - 인터뷰 종료 후 전체 내용에 대한 합의를 진행해야 한다.
  - 가이드라인에 따라 내용을 열거하고, 열거된 내용의 상호 관련성을 생각하면서 결론을 도출한다.
  - 가능하면 그룹으로 분석 작업을 진행한다.
  - 동의 혹은 반대의 경우 합의 정도와 강도를 중시한다.
  - 조사의 목적에 따라 결론을 이끌어 낼 수 있도록 해야 한다.
  - 흩어져 있는 정보들은 주제에 대한 연관성을 고려하여 수집한다.
  - 확실한 판정이 가능한 것만 판정 진행한다.

04 모듈이론 정답 | ④

표적집단면접의 진행 절차는 '조사 목적 수립–대상자 분석–그룹 수 결정–대상자 리크루트–가이드라인 작성'의 과정을 거친다.
먼저 조사 목적 수립 단계에서는 획득해야 하는 정보가 무엇인지 파악한다. 두 번째 순서로 대상자 분석 단계에서는 정보를 획득해야 하는 대상의 특성을 파악한다. 세 번째 순서로 그룹 수 결정 단계에서는 정보를 획득하는 가장 적절한 그룹 수가 몇 명인지 파악한다. 네 번째 순서로 대상자 리크루트 단계에서는 대상자를 어떻게 선발할 것인지 결정한다. 마지막으로 가이드라인 작성 단계에서는 일반적인 주제에서 심층적인 주제로 넘어가는 가이드라인을 작성한다.

05 언어추리 정답 | ①

주어진 결론(A 출근 → B 출근×)을 도출하려면 A가 출근하는 것과 B가 출근하지 않는 것 사이의 연결고리가 필요하다. 전제1에 따르면, 내일 비가 오면 A는 우산을 가지고 출근한다(비 → A 우산∧A 출근). 따라서 비가 온 상황이어야만 전제1과 전제3이 결합해 '비 → A 우산∧A 출근 → B 출근 ×'라는 흐름이 성립한다. 이를 위해서는 'A 출근 → 비'

라는 전제가 반드시 필요하다. 그래야 'A 출근 → 비 → A 우산∧A 출근 → B 출근×'으로 연결된다. 만약 이 전제가 없으면 A가 출근하더라도 비가 오는지 알 수 없어 전제1을 적용할 수 없다. 따라서 전제2에는 'A 출근 → 비'에 해당하는 명제가 들어가야 하며, 이것의 대우명제인 '비가 오지 않으면 A가 출근하지 않는다', 즉 'A는 비가 오는 날에만 출근을 한다'와 동치이다.

오답풀이

② 해당 전제(비 → A 출근)가 있으면, A가 출근하더라도 비가 오는지 알 수 없고, 비가 오지 않는 날에 A가 우산을 가지고 출근하는지도 알 수 없다. 따라서 A가 내일 출근을 한다고 해서 B가 내일 출근을 하지 않는지는 알 수 없다.

③ 해당 전제(비× → A 출근)가 있으면, 비가 오지 않을 때도 A는 출근할 수 있지만, 이때 A가 우산을 가지고 있는지는 알 수 없다. 전제 3에 따르면 'A 우산∧A 출근'인 날에 B는 출근하지 않으므로, A가 내일 출근을 해도 해당 전제를 통해서는 B가 출근하는지는 알 수 없다.

④ 해당 전제(비 → B 출근×)와 전제3은 A의 출근과 직접적인 관계가 없다. 비가 오지 않을 때, A는 우산 없이 출근하는 경우가 가능하며 B가 출근하는지는 알 수 없다. 즉 A가 내일 출근하고 B도 내일 출근하는 경우가 가능하므로 결론과 모순이 발생한다.

⑤ 해당 전제(B 출근×→ A 출근)로는 A가 출근해도 비가 오는지, A가 우산을 가지고 출근을 하는지도 알 수 없다. 따라서 해당 전제만으로는 전제1, 전제3와 결합해 결론을 도출할 수 없다.

06 언어추리 정답 | ③

첫 번째와 세 번째 명제를 통하여 '영업 1팀 전원>영업 2팀 전원>영업 4팀 전원'의 관계가 성립된다. 또한 일부 영업 3팀 직원이 영업 2팀 직원 중 가장 큰 직원보다 작다고 하였으므로 그 영업 3팀 직원은 영업 1팀의 가장 작은 직원보다 더 작다는 것을 의미한다.

오답풀이

① 대소 관계에 의해 영업 1팀에서 가장 작은 직원도 모든 영업 4팀 직원보다 더 크다.

② 영업 3팀의 가장 큰 직원과 가장 작은 직원에 대한 기준이 명시되지 않아 영업 3팀과 영업 4팀은 비교할 수 없으므로 반드시 참이라고 말할 수 없다.

④ 영업 1팀과 영업 3팀은 비교할 수 없으므로 반드시 참이라고 말할 수 없다.

⑤ '영업 1팀 전원>영업 2팀 전원>영업 4팀 전원'의 관계에 어긋나므로 반드시 거짓이다.

시간관리 TIP

해당 문항에서 주어진 문장이 '명제'로 표현되어 있지만, 문항 유형은 조건추리에 가깝다. 이와 같은 문항은 주어진 명제 속에서 관계를 파악해야 한다. 가장 먼저 첫 번째와 세 번째 명제를 통해 [영업 1팀 전원]>[영업 2팀 전원]>[영업 4팀 전원]임을 확인할 수 있고, 두 번째 명제를 통해 항상 참인 명제를 선택지에서 찾을 수 있다.
일반적인 명제 문항은 "~이면 ~이다."와 같이 표현되어 있다. 이때는 다음의 단계를 통해 문항을 해결할 수 있다.

- 1단계: 주어진 명제를 기호화하여 단순하게 나타낸다.
- 2단계: 각각의 명제에 대해 대우명제를 미리 파악해 둔다.

07 조건추리 정답 | ⑤

현우가 인범의 참, 거짓에 대해 발언하고 있으므로 현우의 말이 참이면 인범의 말이 거짓이고, 현우의 말이 거짓이면 인범의 말이 참이다. 현우의 발언을 기준으로 참, 거짓을 판단하면 다음과 같다.

1) 현우의 발언이 거짓인 경우
인범의 발언은 참이고, 주호와 선민은 골을 넣지 않았다. 따라서 본인이 골을 넣었다는 주호의 발언도 거짓이다. 나머지 선수들의 발언은 모두 참이어야 하는데 인범이 골을 넣었다는 선민의 발언과 본인과 인범은 골을 넣지 않았다는 영권의 발언이 모순된다.

2) 현우의 발언이 참인 경우
인범의 발언은 거짓이고, 선민과 주호는 골을 넣었다. 따라서 본인과 인범은 골을 넣지 않았다는 영권의 발언이 참이고, 본인이 골을 넣었다는 주호의 발언도 참이며, 인범이 골을 넣었다는 선민의 발언은 거짓이다. 골을 넣은 사람은 선민, 주호이고, 거짓을 말하는 사람은 인범, 선민이므로 모순이 생기지 않는다.

인범	영권	현우	선민	주호
거짓	참	참	거짓	참
			골	골

따라서 골을 넣고 참을 말하는 선수는 주호이다.

시간관리 TIP

참과 거짓을 판단하는 문제의 경우 모순되는 말을 하는 사람에게서 출발하는 것이 문제를 빨리 해결하는 방법이다. 인범과 주호의 발언은 주호의 골 여부를 바탕으로 모순을 일으키며 영권과 선민은 인범의 골 여부를 바탕으로 모순을 일으킨다. 이에 따라 각각의 그룹에서 한 명의 참과 한 명의 거짓이 나오므로 자연스럽게 현우의 발언은 무조건 참이다. 현우의 발언은 무조건 참이므로 인범의 발언은 거짓이 되고, 주호의 발언은 참이므로 골을 넣고 참을 말하는 사람은 주호이다.

08 조건추리

정답 | ③

A 또는 D의 발언이 거짓이면 여직원이 4명, 남직원이 1명이므로 조건에 위배되고, B, C, E 중 하나의 발언이 거짓이면 남직원이 3명, 여직원이 2명이므로 조건에 위배되지 않는다. 따라서 A와 D는 반드시 참인 진술이다.

A와 D를 기준으로 확인해 보면 D가 재무부이므로 A는 재무부가 아니고, 홍보부, 인사부도 아니므로 기획부 또는 영업부이다. D는 대리 또는 부장이다.

만약 B의 발언이 참이라면 B는 영업부이므로 A가 기획부이다. 따라서 본인이 기획부라고 한 E의 발언이 거짓이 되고, C의 발언은 참이다. C가 부장이므로 D는 대리이다. 따라서 E는 과장이어야 하는데, 본인이 대리가 아니라고 한 E의 발언이 참이므로 모순이 생긴다. 따라서 B의 발언은 참이 아니고, B의 발언이 거짓이라면 C와 E의 발언이 참이다. C는 인사부, D는 재무부이고, E가 기획부이므로 A는 영업부이고, B가 홍보부이다. A가 차장, C가 부장이므로 D는 대리이고, B는 사원이 아니므로 과장이며, E가 사원이다.

따라서 B가 거짓을 말하고 있고, B의 직급은 과장이다.

시간관리 TIP

주어진 조건을 표로 정리하고 확실한 내용부터 시작하여 모순점을 찾아가면 된다.

1) 문제를 표로 정리한다.

구분	성별	부서	직급
A	남자	영업부, 기획부, 재무부	차장
B	여자	영업부	사원
C	여자	인사부	부장
D	남자	재무부	대리 또는 부장
E	여자	기획부	사원, 과장, 차장, 부장

2) 확실한 내용: 인원이 남직원 3명, 여직원 2명이라고 나온 것이 확실한 내용이다. 이를 통해 A와 D는 무조건 참이다. A와 D가 참이므로 다음과 같이 정리된다.

구분	성별	부서	직급
A	남자	영업부, 기획부, ~~재무부~~	차장
B	여자	영업부	사원
C	여자	인사부	부장
D	남자	재무부	대리 또는 부장
E	여자	기획부	사원, 과장, 부장

3) 부서 및 직급 분석

A가 무조건 참이여야 하므로 부서 분석를 통해 B와 E 중에 거짓을 말한 사람이 있음을 알 수 있다. 그리고 직급을 분석해 보면 C가 부장이라는 사실을 통해 D가 대리임을 알 수 있고 E는 사원, 과장이 모두 가능하다는 점에서 무조건 B의 진술이 거짓이며 직급은 과장이란 것을 알 수 있다.

09 조건추리

정답 | ④

다섯 번째 조건에서 질병 또는 백신 전문가는 적어도 1명 구성된다고 하였고, 일곱 번째 조건에서 민간위원 중 질병 또는 백신 전문가는 함께 구성될 수 없다고 하였으므로 질병 전문가가 있는 경우와 백신 전문가가 있는 경우를 구분하여 고려한다.

1) 질병 전문가가 있는 경우

자문위원에 대해서는 이미 각 분야별로 1명씩이라고 주어졌으므로 민간위원에 대해서만 생각하면 된다. 만약 질병 전문가가 선정된다면 마지막 조건에 의해 예방 전문가 2명이 선정된다. 이에 따라 3명이 되고, 백신 전문가는 선정될 수 없으므로 나머지 2명은 감염 전문가가 선정된다.

2) 백신 전문가가 있는 경우

만약 백신 전문가가 선정된다면 예방 전문가 1명, 감염 전문가 3명으로 구성되거나, 예방 전문가 2명, 감염 전문가 2명으로 구성된다.

따라서 질병 전문가가 구성된다면 백신 전문가는 구성될 수 없고, 예방 전문가와 감염 전문가는 각각 2명이 필요하다.

오답풀이

① 민간위원 중 백신 전문가가 있는 경우, 예방 전문가는 1명만 포함할 수도 있다.

② 민간위원 중 감염 전문가가 3명이 구성되는 경우는 백신 전문가 1명과 예방 전문가 1명이 필요한 경우뿐이다.

③ 민간위원 중 백신 전문가가 있는 경우, 감염 전문가 2명과 예방 전문가 2명으로 구성할 수도 있다.

⑤ 민간위원 중 예방 전문가가 있는 경우, 백신 전문가와 함께 구성하는 방법은 2가지 있다.

10 조건추리

정답 | ⑤

A에 관한 정보가 많으므로 A를 기준으로 생각해 본다. A는 화학을 선택하지 않았으므로 생명과학, 물리, 지구과학 중 두 과목을 선택했다.

1) A가 생명과학, 물리를 선택한 경우

네 번째 조건에 따라 C는 화학을 선택하고, 여섯 번째 조건에 의해 B는 물리를 선택하지 않는다. A와 C가 동시에 선택한 과목이 한 과목인데 A는 화학을 선택하지 않았으므로 C가 생명과학 또는 물리를 선택해야 한다.

생명과학은 4명이 선택해야 하는데 B와 C가 동시에 생명과학을 선택하면 D와 E가 생명과학을 모두 선택하거나 모두 선택하지 않으므로 [조건]에 위배된다. 따라서 B와 C 중 1명이 생명과학을 선택하고, D, E가 모두 생명과학을 선택한다. 만약 B가 생명과학을 선택하면 C는 물리를 선택해야 한다. B가 지구과학을 선택하면 D와 E에 의해 지구과학을 2명이 선택할 수 없으므로 B는 화학을 선택하고, 지구과학은 D, E가 선택한다.

생명과학	물리	화학	지구과학
A, B, D, E	A, C	B, C	D, E

2) A가 생명과학, 지구과학을 선택한 경우

C가 화학을 선택하고, 생명과학을 4명이 수강하기 위해서 D, E는 생명과학을 선택해야 한다. 지구과학은 2명이 선택하므로 B 또는 C가 선택해야 한다. 만약 생명과학을 B가 선택했다면 지구과학은 C가 선택한다. B는 물리를 선택하지 않으므로 화학을 B가 선택한다. 모든 과목을 적어도 1명이 신청해야 하므로 물리를 D와 E가 선택한다. 만약 생명과학을 C가 선택했다면 지구과학은 B가 선택한다. B는 물리를 선택하지 않으므로 화학을 B가 선택한다. 모든 과목을 적어도 1명이 선택해야 하므로 물리를 D와 E가 선택한다.

생명과학	물리	화학	지구과학
A, B, D, E	D, E	B, C	A, C
A, C, D, E	D, E	B, C	A, B

3) A가 물리, 지구과학을 선택한 경우

생명과학을 4명이 선택하기 위해서는 B, C, D, E가 선택한다. 따라서 A와 C가 동시에 선택할 수 있는 과목은 C가 물리, 지구과학 중 하나를 선택하는 경우이다. C가 물리를 선택하면 B가 지구과학을 선택해야 한다. 모든 과목을 적어도 1명이 신청해야 하므로 화학을 D와 E가 선택한다. 만약 C가 지구과학을 선택하면 B는 물리를 선택하지 못하므로 화학을 선택한다. D와 E는 같은 과목을 선택해야 하므로 물리를 같이 선택하거나 화학을 같이 선택한다.

생명과학	물리	화학	지구과학
B, C, D, E	A, C	D, E	A, B
B, C, D, E	A, D, E	B	A, C
B, C, D, E	A	B, D, E	A, C

따라서 가능한 모든 경우를 정리해 보면 다음과 같다.

생명과학	물리	화학	지구과학
A, B, D, E	A, C	B, C	D, E
A, B, D, E	D, E	B, C	A, C
A, C, D, E	D, E	B, C	A, B
B, C, D, E	A, C	D, E	A, B
B, C, D, E	A, D, E	B	A, C
B, C, D, E	A	B, D, E	A, C

D가 지구과학을 선택하면 B는 화학을 선택한다.

오답풀이

① A만 물리를 선택하면 B는 생명과학과 화학을 선택한다.

② C가 물리를 선택하면 물리를 선택한 사람은 A, C 2명이다.

③ C가 지구과학을 선택하면 B는 지구과학을 선택하지 않는다.

④ A가 물리, 지구과학을 선택하면 C는 생명과학을 선택하고, 물리, 지구과학 중 하나를 선택한다.

시간관리 TIP

많은 경우의 수가 나오는 조건 추리 유형을 풀이할 때, 문제의 해설처럼 모든 경우의 수를 구한 후 문제를 풀이하면 많은 시간이 소요된다. 때문에 최소한의 조건만 표시한 후, 선택지에서 묻는 경우에 따라 그때그때 대입해가면서 확인하여 문제를 풀이한다.

11 상황판단 정답 | ①

㉠ 당해 연도 예산에 계산되는 여성추천보조금이 늘어날 것이므로 이의 100분의 50에 해당하는 '총액' 역시 늘어나게 된다.

㉡ 여성추천보조금 총액은 직전 실시한 임기만료에 의한 국회의원 선거의 선거권자 총수에 의해 정해지는 것이며, 정당별 국회의석 수, 이전 선거에서의 득표수 등에 따라 변하게 되므로 전국 지역구 총수와는 무관하다.

오답풀이

㉢ '총액'은 여성후보자를 전국 지역구 총수의 100분의 30 이상 추천한 정당이 있는 경우와 100분의 15 이상 100분의 30 미만을 추천한 정당이 있는 경우에만 모두 소진될 수 있다.

㉣ 선거권자 총수가 3,000만 명이므로 계상된 금액은 100을 곱한 30억 원이며, 이의 절반인 15억 원이 '총액'이 된다. 또한 전국 지역구 총수가 250개이므로 100분의 30, 100분의 15, 100분의 5는 각각 75개, 37.5개, 12.5개가 된다. 여성후보자를 75명 이상 낸 정당이 없으므로 여성추천보조금은 제2호의 기준에 따라 배분, 지급되며, '가' 항목에 해당하는 정당이 A, B정당, '나' 항목에 해당하는 정당이 C, D정당이다. 따라서 주어진 상황에서의 정당별 여성추천보조금을 계산해 보면 다음과 같다.

- A정당: $15 \times 0.5 \times 0.4 + 15 \times 0.5 \times 0.4 = 6$(억 원)
- B정당: $15 \times 0.5 \times 0.3 + 15 \times 0.5 \times 0.3 = 4.5$(억 원)
- C정당: $15 \times 0.3 \times 0.2 + 15 \times 0.3 \times 0.2 = 1.8$(억 원)
- D정당: $15 \times 0.3 \times 0.1 + 15 \times 0.3 \times 0.1 = 0.9$(억 원)

이때, 4개 정당이 받을 여성추천보조금 합계액은
$6 + 4.5 + 1.8 + 0.9 = 13.2$(억 원)으로 13억 원보다 많다.

12 상황판단 정답 | ④

주어진 공문서의 '사. 세부계획'에 '[붙임] 참조'라고 제시되어 있고, 그에 따라 '붙임 1. 2025년 학부모 독서교육 연수 운영 계획(안) 1부'가 첨부되어 있다. 따라서 해당 문서에는 구체적인 운영 계획안이 따로 첨부되어 있음을 알 수 있다.

오답풀이

① 해당 문서 최하단에 '부분공개'라고 되어 있다.

② 2차시 강의 모집 기간은 2025년 10월 27일부터이다.

③ 2025년 9월 22일과 11월 10일 두 차례로 진행되나 해당 기간 동안 계속 운영되는 것이 아니다.

⑤ 차시별로 학부모 50명씩을 모집하므로 총 100명의 학부모를 대상으로 강의가 진행된다.

13 상황판단 정답 | ④

㉠ 갑의 총점은 $85 + 86 + 90 + 20 = 281$(점)이고 을의 총점은 $82 + 83 + 85 + 18 = 268$(점)으로 을의 총점이 갑의 총점보다 낮으므로 을은 1등을 할 수 없다.

㉡ 정이 25표를 얻으면 $86 + 82 + 89 + 25 = 282$(점)으로 갑보다 1점이 높아지므로 갑은 1등을 할 수가 없다.

㉣ 병과 정의 환산점수가 같다면 병과 정 둘 다 31점이 된다. 이 경우 정의 총점은 $86 + 82 + 89 + 31 = 288$(점)이 되고 병이 심사위원 C에게 몇 점을 받느냐에 따라 병 또는 정이 1등이 된다.

오답풀이

㉢ 정이 40표를 얻으면 총 100표이므로 병은 22표를 얻게 된다. 이 경우 정의 총점은 $86 + 82 + 89 + 40 = 297$(점)이 된다. 병이 심사위원 C에게 100점 만점을 받아도 $87 + 87 + 100 + 22 = 296$(점)으로 정의 총점보다 낮으므로 정은 1등이 보장된다.

시간관리 TIP

문제해결영역 문항을 풀이할 때는 각주를 유의해야 한다. 각주에 따르면 심사위원 점수는 100점 만점이고, 직원참여 투표 득표수의 경우 전체 투표 참여 인원이 100명이다. 따라서 병의 심사위원 점수는 최대 100점까지 가능하며, 병과 정의 득표수의 합은 100−(갑과 을의 득표수)임을 염두에 두고 문제를 풀어야 한다.

14 상황판단 정답 | ③

㉠ 매출액과 운행 횟수에 따른 기여금은 매출액, 운행 횟수가 증가할수록 기여금 액수가 증가한다. 그러나 300대의 차량으로 허가를 받은 경우에 허가 대수에 따른 기여금을 납부한다면 기여금은 1억 2천만 원이다. A가 기여금을 가능한 적게 낼 때, 매출액과 운행 횟수에 따른 기여금이 1억 2천만 원 미만이라면 매출액과 운행 횟수에 따른 방식을 채택하고, 1억 2천만 원을 초과하면 허가 대수에 따른 기여금 1억 2천만 원을 납부하므로 A가 납부하는 기여금은 최대 1억 2천만 원이다.

㉣ 매출액에 따른 기여금은 $50{,}000\text{만} \times 0.025 = 1{,}250$(만 원), 운행 횟수에 따른 기여금은 $30{,}000 \times 400 = 1{,}200$(만 원), 허가 대수에 따른 기여금은 $200\text{만} \times 20 = 4{,}000$(만 원)이므로 E가 납부해야 할 해당 월의 기여금은 최소 1,200만 원이다.

오답풀이

㉡ 2020년 1월의 기여금은 해당 월의 차차 월인 2020년 3월 말일까지 납부해야 하고, 2020년 2월의 기여금은 2020년 4월 말일까지 납부해야 한다. 2020년 2월 매출액에 따른 기여금은 25,000×0.0125=312.5(만 원), 운행 횟수에 따른 기여금은 12,000×200=240(만 원), 허가 대수에 따른 기여금은 100×10=1,000(만 원)이므로 2020년 4월 말일까지 납부해야 할 기여금은 최소 240만 원이다.

㉢ 매출액 또는 운행 횟수에 따른 기여금이 허가 대수에 따른 기여금보다 적을 경우에는 C와 D가 지불하는 기여금이 동일할 수 있다.

시간관리 TIP

보기 ㉢의 경우, 계산이 가장 많아 보이지만 주어진 자료를 제대로 이해하였다면 ㉢은 계산을 하지 않아도 판단할 수 있다. 따라서 선택지 ②, ④, ⑤를 소거할 수 있으므로 정답은 ① 또는 ③ 중 하나이다. 선택지 구조상 ㉠은 확인하지 않아도 되고, ㉡과 ㉣ 중 하나만을 확인하면 된다.

15 상황판단 정답 | ②

'3. 서비스 이용요금'에 따르면 1명당 평일 주간 기본형은 1시간에 10,040원이며, 돌봄 아동 2명 시 25% 감액된다. 따라서 평일 주간에 동시 돌봄으로 쌍둥이의 시간제 서비스 기본형을 3시간 신청하면 총이용요금은 10,040×2×3×0.75=45,180(원)이므로 옳다.

오답풀이

① '1. 시간제 서비스 개요'에 따르면 시간제 서비스는 연 840시간까지 정부 지원이 가능하고, 초과 시간은 전액 본인부담으로 계속 이용 가능하므로 옳지 않다.

③ '1. 시간제 서비스 개요'에 따르면 시간제와 영아종일제 간 전환 시 시간제 70시간을 영아종일제 1개월로 환산하여 상호 공제한다고 하였으므로 시간제 서비스를 연 840시간 중 490시간 이용한 사람이 영아종일제로 전환한다면 영아종일제 잔여기간에서 490÷70=7(개월)이 차감되어 12−7=5(개월)이 남으므로 옳지 않다.

④ '2. 서비스 제공 범위'에 따르면 시간제 서비스 기본형에서는 조리를 하지 않고, 종합형에서는 화기를 이용하여 아동의 식사를 조리할 수 있으므로 옳지 않다.

⑤ '1. 시간제 서비스 개요'에 따르면 생후 3개월 이상~만 12세 이하 아동이 시간제 서비스를 지원받을 수 있고, '2. 서비스 제공 범위'에 따르면 생후 36개월 이하의 영아가 시간제 서비스를 지원받는 경우 영아종일제 업무를 병행한다고 하였으므로 옳지 않다.

16 상황판단 정답 | ③

미취학 아동 2명에 대한 동시 돌봄 서비스의 경우, 아동 추가 할인 대상이 되어 기본요금의 25%를 감액받는다. 이에 따라 김 씨가 4월에 이용한 아이돌봄서비스의 이용요금을 계산하면 다음과 같다.

구분	평일 주간	평일 야간	공휴일/주말
이용 시간	3×20=60(시간)	2×10+3×4=32(시간)	
이용 금액	10,040×60×2×0.75 =903,600(원)	10,040×32×1.5×2×0.75=722,880(원)	
합계	903,600+722,880=1,626,480		

[표1]에 따르면 정부지원 유형은 다형, 서비스 종류는 시간제 기본형이므로, 김씨의 미취학 아동 2명에 대한 30분당 정부지원금은 753×2=1,506(원)이다. 이용시간은 총 92시간이므로, 김 씨에게 적용될 정부지원금은 1,506×2×92=277,104(원)이다. 따라서 김 씨의 본인부담금은 1,626,480−277,104=1,349,376(원)이다.

17 상황판단 정답 | ②

상병수당 1단계 시범사업에서 모형1의 대기기간은 7일, 모형2의 대기기간은 14일이므로 모형2의 대기기간이 더 길다.

오답풀이

① 창원시는 모형3의 대상 지역이므로 상병수당 1단계 시범사업 대상에 해당한다.

③ ILO에서 제시한 국제적인 기준에 따르면 상병수당 제도에서 보장기간은 최저 52주 이상이어야 한다.

④ OECD 38개국 중 한국과 미국의 일부 주를 제외하고 모두 상병수당 제도를 도입했다고 하였으므로, 대부분의 OECD 국가가 도입하였음을 알 수 있다.

⑤ 상병수당 1단계 시범사업은 2022년 7월 1일부터 12개월간 시행되므로 2023년 6월 30일까지 시행된다.

18 상황판단 정답 | ⑤

㉠ 모형2에 해당하며, 모형2의 경우 입원 여부에 상관없이 상병으로 근로가 어려운 기간에 대해 인정하므로 적절한 내용이다.

㉡ 모형1에 해당하며, 모형1의 경우 대기기간은 7일이다. 급여는 전체 근로 불능 기간에서 대기기간을

제외한 기간 동안 일 43,960원이 지급되므로 B씨에게 지급되는 급여는 (17−7)×43,960=439,600(원)으로 적절한 내용이다.

ⓒ 모형3에 해당하며, 대기기간의 다음 날부터 상병수당을 지급받을 수 있으므로 입원기간이 3일인 경우 지급되는 급여는 0원으로 적절한 내용이다.

19 상황판단 정답 | ③

제3조에 따르면 인지능력 자가진단에 따른 결과가 치매의심군으로 분류되지 않은 경우에는 인지능력 진단을 제외한 나머지 고령운전자 교통안전교육을 실시한다. 따라서 운전자의 교통안전교육이 종료된다는 내용은 적절하지 않다.

오답풀이

① 제2조에서 선별진단, 운전능력 진단으로 구성된 인지능력 자가진단은 컴퓨터 등의 기자재를 활용하여 교육대상자가 스스로 수행한다고 하였다.

② 제4조에 따르면 수시적성검사 대상자는 운전면허정보시스템에 등록하여 관리하여야 한다.

④ 제2조에서 교통안전교육에서 선별진단을 통과하지 못한 경우 CIST를 실시한다고 하였다.

⑤ 제2조의2에 따르면 인지능력 자가진단은 교육 실시일로부터 과거 1년 이내에 치매안심센터에서 실시한 치매진단 결과에 따라 면제할 수 있다.

20 상황판단 정답 | ④

제3조에서 CIST를 실시한 결과가 '[표] 인지선별검사(CIST) 분류기준표'에 따라 치매의심군으로 분류되는 경우에는 별도로 기관에 의한 치매검진을 실시한 후, 그 결과에 따라 수시적성검사 대상자로 선정한다고 하였다. '[표] 인지선별검사(CIST) 분류기준표'에 따라 '획득점수/기준점수'로 정리하면 다음과 같다.

대상자	CIST 점수 / 분류기준표상 기준점수
A	29/26
B	24/26
C	16/16
D	10/11
E	18/19

따라서 기준점수 미만으로 득점하여 치매의심군으로 판정되는 사람은 B, D, E이다.

CHAPTER 04 자원관리능력

STEP 01 | 적중예상문제 2권 P. 204

01	③	02	②	03	②	04	⑤	05	③
06	①	07	③	08	②	09	③	10	⑤
11	②	12	③	13	③	14	⑤	15	⑤
16	⑤	17	⑤	18	⑤	19	②	20	⑤
21	⑤	22	⑤	23	①	24	③	25	②
26	②	27	③	28	③	29	⑤	30	⑤
31	①	32	③	33	①	34	②	35	⑤
36	⑤	37	①	38	③	39	⑤	40	④
41	③	42	③	43	⑤	44	①	45	⑤
46	②	47	⑤	48	⑤	49	②	50	⑤

01 자원관리능력 정답 | ③

자원을 적절하게 관리하기 위해서는 일반적으로 4단계의 자원관리 과정을 거쳐야 한다.

- 1단계: 어떤 자원이 얼마나 필요한지 확인하기
- 2단계: 이용 가능한 자원 수집(확보)하기 → ㉠, ㉣
- 3단계: 자원 활용 계획 세우기 → ㉡
- 4단계: 계획에 따라 수행하기 → ㉢

따라서 2단계에 해당하는 것은 ㉠, ㉣이다.

02 자원관리능력 정답 | ②

자원을 헛되게 하는 자원 낭비 요인은 크게 비계획적 행동, 편리성 추구, 자원에 대한 인식 부재, 노하우 부족으로 분류할 수 있다. J사원의 경우, 기존에 이용하던 지하철을 타지 않고 비용이 좀 더 소요되더라도 편히 앉아서 갈 수 있는 택시를 이용해 매일 출근하고 있으므로 자원 낭비 요인 중 '편리성 추구'의 사례에 해당한다.

03 시간관리능력 정답 | ②

시간계획의 순서는 명확한 목표 설정 → 일의 우선순위 결정 → 예상 소요시간 결정 → 시간계획서 작성 순으로 진행된다.

04 시간관리능력 정답 | ⑤

시간은 누구에게나 같은 양이 주어지지만 어떻게 사용하느냐에 따라, 얼마나 밀도 있게 사용하는지에 따라 그 가치는 달라진다. 주어진 두 사례는 특별한 일 없이 흘려보내기 쉬운 시간대를 잘 활용하여 시간의 가치를 높이는 시간관리의 모습을 보여 주고 있다.

오답풀이

① 시간자원의 의미와 시간관리의 효과는 직장생활을 하지 않는 사람들에게도 동일하게 해당된다.
② 야간 시간을 활용한다고 시간이 늘어나는 것은 아니므로, 효율적인 시간관리가 가능하다고 볼 수 없다.
③ 시간은 누구에게나 똑같은 속도로 흐르며, 자각하는 정도가 다를 뿐이다.
④ 같은 양의 수면 시간을 갖더라도 낭비되는 시간을 줄이고 활용한다면 효율적인 시간관리가 가능하다.

05 예산관리능력 정답 | ③

예산 수립의 절차는 '필요한 과업 및 활동 규명 → 우선순위 결정 → 예산 배정' 순으로 진행되어야 한다. 우선 필요한 과업 및 활동 규명에 해당하는 [나]를 하고, 그후에는 우선순위 결정에 해당하는 [가]를 해야 한다. 마지막으로 예산 배정에 해당하는 [다]를 진행한다.
따라서 예산 수립 절차대로 바르게 나열하면 [나]-[가]-[다]이다.

06 예산관리능력 정답 | ①

직접비용에 포함되는 지출 항목은 재료비, 원료와 장비, 시설비, 여행(출장) 및 잡비, 인건비 등이 있고, 간접비용에 포함되는 지출 항목은 보험료, 건물관리비, 광고비, 통신비, 사무 비품비, 각종 공과금 등이 있다. 사무실 임대료는 직접비용에 포함된다.

오답풀이

② 광고비용 4,500만 원은 간접비용이다.
③ 직접비용은 출장비와 부품 구입비로 2개 항목이며, 광고비는 간접비용이다.
④ 예정된 하반기의 간접비용은 광고비용 4,500만 원이므로 상반기 간접비용 지출액인 5,300만 원보다 적다.
⑤ 출장비는 직접비용이므로 상반기 출장비 1,000만 원을 제외하면 상반기 직접비용은 7,200만 원이다. 따라서 7,200만 원의 약 27.8%인 2,000만 원이 사무실 임대료로 지출되었다.

07 물적자원관리능력 정답 | ③

전선 등 전기와 관련된 용품은 여름철 노천 야적장에서 보관될 경우, 사고의 위험이 있다. 이는 물품의 특성에 따른 적절한 보관 장소를 선정하지 못한 행위로 볼 수 있다. 또한 물품의 크기에 따른 보관 장소의 실내외 구분은 적절한 행위로 보기 어렵다.

오답풀이

①, ⑤ 주어진 사례로는 알 수 없다.
②, ④ 주어진 사례에서 물품의 사용 여부와 보관 리스트의 미비를 팀장이 지적한 사항으로 판단할 근거가 없다.

08 물적자원관리능력 정답 | ②

QR코드 안에 3개의 위치 찾기 심벌이 있어 배경에 영향을 받지 않고 360도 어느 방향에서도 고속 인식이 가능하다. 위치 찾기 심벌을 네모난 모양으로 사용한 이유는 장부나 전표 등에 가장 출현율이 낮은 도형이기 때문이다.

오답풀이

① QR코드는 코드화하고자 하는 데이터의 분할표현이 가능해 1개의 데이터를 여러 QR코드로 나누어 저장하는 것도 가능하다.
③ QR코드는 오류 복원 기능을 가지고 있어 코드의 일부가 손상되어도 데이터를 복원할 수 있다.
④ QR코드는 바코드보다 훨씬 많은 정보를 담을 수 있을 뿐만 아니라 개인 스마트폰을 이용해 웹 사이트나 동영상과 같은 2차 콘텐츠로 연결이 가능하다.
⑤ QR코드는 숫자, 영자, 한자, 한글, 기호뿐 아니라, 바이너리(binary), 제어 코드 등의 데이터도 처리할 수 있다.

09 인적자원관리능력 정답 | ③

적재적소 배치의 원리는 적합한 인재를 적합한 장소에 배치하는 원칙으로서, 종업원의 적정배치 및 배치전환을 위한 기본 원칙이다. 이는 개인의 능력과 적성 등을 고려하여 최적의 직위에 배치함으로써 최대의 능력을 발휘할 수 있도록 하고자 하는 것이며, 직무와 인재의 유기적 결합관리를 통한 조직 성과와 개인 만족의 통합적 실현에 주요 목적을 두고 있다.

> **찐 모듈이론 TIP**
>
> **효율적이고 합리적인 인사관리 원칙**
> - 적재적소 배치의 원리: 해당 직무 수행에 가장 적합한 인재를 배치해야 한다.
> - 공정 보상의 원칙: 근로자의 인권을 존중하고 공헌도에 따라 노동의 대가를 공정하게 지급해야 한다.
> - 공정 인사의 원칙: 직무 배당, 승진, 상벌, 근무 성적의 평가, 임금 등을 공정하게 처리해야 한다.
> - 종업원 안정의 원칙: 직장에서 신분이 보장되고 계속해서 근무할 수 있다는 믿음을 갖게 하여 근로자가 안정된 회사 생활을 할 수 있도록 해야 한다.
> - 창의력 계발의 원칙: 근로자가 창의력을 발휘할 수 있도록 새로운 제안, 건의 등의 기회를 마련하고, 적절한 보상을 하여 인센티브를 제공해야 한다.
> - 단결의 원칙: 직장 내에서 구성원들이 소외감을 갖지 않도록 배려하고, 서로 유대감을 가지고 협동·단결하는 체제를 이루도록 한다.

10 인적자원관리능력 정답 | ⑤

기업체의 경우 인적자원에 대한 관리는 조직의 성과에 큰 영향을 미친다고 할 수 있다. 이는 기업에 있어서 인적자원의 특성에서 비롯되며, 그 특성은 능동성, 개발 가능성, 전략적 자원으로 나눌 수 있다. 인간의 평등함과 존엄은 당연히 존중해야 할 가치이지만, 자원의 역할로서의 인적자원의 중요성을 뒷받침하는 의견으로는 적절하지 않다.

> **찐 모듈이론 TIP**
>
> 기업에서의 인적자원관리는 기업의 목표를 달성하기 위해 기업이 필요로 하는 인적자원을 조달·개발·활용하기 위한 계획적이고 조직적인 관리 활동을 말하며, 기업에서의 인적자원관리로는 다음과 같은 것들이 있다.
> - 노사 관계 관리: 노동자와 기업 소유주, 관리자 그리고 정부와 여러 시민 단체 등이 고용 조건이나 산업 전반에 관한 의사 결정을 둘러싸고 조정하는 사회적 관계
> - 인적자원의 유지: 기업이 이미 확보하고 개발시킨 인적자원의 육체적, 정신적 상태를 지속시켜 기업에 기여하도록 유도하는 과정
> - 보상 관리: 종업원이 기업의 목표 달성에 공헌한 대가로 적정하고 공정한 급여를 제공하는 것
> - 직무 관리: 기업의 목표를 달성하는 데 필요한 직무에 대하여 분석하고 평가하여 합리적인 인적자원관리 활동이 될 수 있는 기본적인 기준을 제시
> - 고용 관리: 유능한 인적자원을 일정한 계획에 따라 기업의 외부와 내부에서 모집하거나 선발하고, 인적자원의 특성과 역량에 적합한 직무를 부여하거나 이동하여 최선의 성과를 추구하는 과정
> - 인적자원의 개발: 기업 내 인적자원이 기업의 목표 달성에 필요한 역량을 갖추도록 교육 및 훈련으로 종업원 개개인의 잠재력을 발견하여 그것을 실현하도록 만드는 과정

11 시간관리능력 정답 | ②

각 직원들이 사무실에서 근무하지 않는 일정을 달력에 나타내면 아래와 같다. 8/18~8/24에는 일정이 있는 직원이 한 명뿐이지만 정 주임이 8/23에 외부 업무 미팅이 있으므로 휴가를 가지 못한다.

일	월	화	수	목	금	토
1	2 김 부장	3 김 부장	4 김 부장 김 대리	5 김 부장 김 대리	6 김 대리	7
8	9 김 대리	10 이 차장	11 이 차장	12 이 차장 이 대리	13 이 차장 이 대리	14
15	16 최 과장 이 대리	17 최 과장 이 대리	18 최 과장	19 최 과장	20 이 차장	21
22	23 정 주임	24 정 과장	25 정 과장 박 주임	26 정 과장 박 주임	27 정 과장 박 주임	28
29	30 김 대리 박 주임	31 김 대리				

따라서 정 주임이 휴가를 낼 수 있는 가장 적절한 기간은 8/6~8/11이다.

> **시간관리 TIP**
>
> 1일이 일요일인 8월 달력을 빠르게 그려서 확인하면 간단하게 풀린다. 1명이 사무실에 부재하는 날에 동그라미 표시, 2명이 부재하는 날에 겹동그라미 표시를 하면 한눈에 확인할 수 있다. 문제에서 묻는 정 주임의 일정만 유의해서 외부 업무 미팅이 있는 날은 제외하면 된다.

일	월	화	수	목	금	토
1	2 ○	3 ○	4 ◎	5 ◎	6 ○	7
8	9 ○	10 ○	11 ○	12 ◎	13 ◎	14
15	16 ◎	17 ◎	18 ○	19 ○	20 ○	21
22	23 ×	24 ○	25 ◎	26 ◎	27 ◎	28
29	30 ◎	31 ○				

12 시간관리능력

정답 | ③

K씨는 평일 18시에 퇴근한 후 40분 걸려 ○○센터에 도착하면 운영 종료(19시 30분) 30분 전에 도착한다. 즉, 평일에는 퇴근 후 방문 가능하다.

첫째 주와 셋째 주 토요일에는 13시에 퇴근한 후 40분 걸려 ○○센터에 도착하면 운영 종료(14시) 30분 전에 도착 불가능하다. 즉, 첫째 주와 셋째 주 토요일에는 퇴근 후 방문이 불가능하다.

또한, 9월은 홀수 달이므로 첫째 주와 셋째 주 월요일에 거래처를 순회해야 하고, 매주 수/금요일에는 재직자 교육이 있으므로 ○○센터에 방문이 불가능하다. ○○센터는 일요일 및 공휴일에는 운영하지 않고, 홀수 달 마지막 주 토요일은 휴무이다.

일	월	화	수	목	금	토
		1	2 (재직자 교육)	3	4 (재직자 교육)	5 (출근)
6 (휴무)	7 (거래처 순회)	8	9 (재직자 교육)	10	11 (재직자 교육)	12
13 (휴무)	14	15	16 (재직자 교육)	17	18 (재직자 교육)	19 (출근)
20 (휴무)	21 (거래처 순회)	22 (추석 연휴)	23 (추석 연휴)	24 (추석 연휴)	25 (재직자 교육)	26 (센터 휴무)
27 (휴무)	28	29	30 (재직자 교육)			

둘째 주 화요일(8일)은 연차이므로 ○○센터에 방문할 수 있다.

따라서 9월 중 방문 가능한 날은 2, 3, 8, 10, 12, 14, 15, 17, 28, 29일로 총 10일이다.

13 시간관리능력

정답 | ③

F지역은 서울보다 14시간 느리므로 F지역 시각으로 2월 14일 23시에 서울에 도착해야 한다. 이때 F지역에서 서울까지 비행시간이 14시간 소요되므로 2월 14일 오전 9시에 F지역에서 출발해야 한다. D지역에 근무하는 이 부장은 D지역의 시각이 서울보다 1시간 빠르므로 D지역 시각으로 2월 15일 14시에 서울에 도착해야 한다. 이때, D지역에서 서울까지 비행시간이 10시간 소요되므로 2월 15일 오전 4시에 D지역에서 출발해야 한다.

따라서 김 부장과 이 부장이 출발해야 하는 시각은 현지 시각으로 각각 2월 14일 오전 9시와 2월 15일 오전 4시이다.

시간관리 TIP

시차 관련 문항을 풀 때는 24시간제로 환산하여 계산하면 더 편리하다.

14 시간관리능력

정답 | ⑤

D와 F의 마감 일자가 동일하고, D의 소요 시간이 더 짧다. 따라서 업무 처리 순서를 나열하면 C, D, F, G, A, B, E이다. 하루에 할 수 있는 업무의 양은 3+5=8(시간)이다. C는 총 7시간이 소요되며, 12:00~13:00 사이에는 업무를 하지 않으므로 4월 25일 17:00에 완료된다. 업무를 마무리한 시간이 16:00 이후이므로 D업무는 다음 날 시작한다. 4월 26일 9:00부터 D업무를 시작하고, D업무는 12시간이 소요되므로 4월 26일에 8시간만큼의 일을 하고, 4월 27일에 4시간만큼의 일을 하므로 4월 27일 14:00에 업무가 완료된다. F는 28시간이 소요된다. 하루에 8시간 일을 하므로 3일 4시간이 소요된다. 따라서 업무는 4월 30일 18:00에 완료되는데 4월 30일은 토요일, 5월 1일은 일요일이므로 5월 2일 18:00에 완료된다. G업무는 5월 3일 9:00에 시작하고, 18시간(2일 2시간)이 소요되므로 5월 5일 11:00에 완료된다. 그런데 5월 5일이 공휴일이므로 5월 6일 11:00에 완료된다. A업무는 5월 6일 11:00에 시작하고, 16시간(2일)이 소요되므로 5월 8일 11:00에 완료되어야 하는데 5월 7일, 5월 8일에는 일을 하지 않으므로 5월 10일 11:00에 완료된다. B업무는 5월 10일 11:00에 시

작하고, 21시간(2일 5시간)이 소요되므로 5월 12일 17:00에 완료된다. 업무 마무리 시간이 16:00 이후이므로 다음 업무는 5월 13일 9:00에 시작한다. 마지막으로 처리하는 업무는 E이고, E는 17시간(2일 1시간)이 소요된다. 5월 14일, 15일은 토요일, 일요일이므로 E는 5월 17일 10:00에 완료된다.

시간관리 TIP

우선 주어진 조건을 바탕으로 업무의 순서를 정한 뒤 각 업무당 소요 일수를 계산하면 간단하게 해결할 수 있다. 김 대리는 하루에 8시간 일할 수 있으므로, 각 업무의 소요시간을 8로 나눈 값이 각 업무당 소요 일수이다.

이때 하루에 6시간 이상 같은 업무를 해서 끝내면 다음 업무는 다음 날에 시작해야 한다. 즉, 소요 일수의 소수점이 6÷8=0.75 이상이면 다음 업무는 다음 날에 시작된다. 이를 바탕으로 업무 순서와 업무당 소요 일수를 계산하면 다음과 같다.

업무	C	D	F	G	A	B	E
소요 시간 ÷8	0.875	1.5	3.5	2.25	2	2.625	2.125
소요 일수	1	5		7			3

따라서 업무를 모두 마치는 데 총 1+5+7+3=16(일)이 걸리므로, 김 대리는 5월 17일에 마지막 업무를 끝낸다는 것을 알 수 있다.

15 시간관리능력

정답 | ⑤

회사에서 역과 공항으로 이동하는 시간을 고려했을 때, 기차 및 비행기를 이용해서 벡스코에 가는 방법과 소요되는 비용은 다음과 같다.

구분	경로	부산 도착 시각	이동 수단	벡스코 도착 시각	총비용
KTX	서울역 → 부산역	12:50	버스	13:50	61,500원
			택시	13:20	72,800원
비행기	김포 공항 → 김해 공항	10:25	셔틀 버스	11:30	71,000원

따라서 가장 빠르게 도착하는 방법은 비행기와 셔틀버스를 타는 방법이고, 비용이 가장 저렴한 방법은 KTX와 버스를 타는 방법이다. 따라서 도착 시각은 2시간 20분 차이가 난다.

16 예산관리능력

정답 | ⑤

완제품 1개를 만들기 위해 필요한 각 부품의 개수는 다음과 같다.

- 부품 A: 2×4=8(개)
- 부품 B: 1×4=4(개)
- 부품 C: 2×1=2(개)
- 부품 D: 6×1=6(개)

따라서 완제품 1개를 생산하기 위해 투입되는 비용은 8×1,500+4×2,000+2×5,000+6×10,000=90,000(원)이며, 100개를 생산하기 위해 투입되는 비용은 9×100=900(만 원)이다.

17 예산관리능력

정답 | ⑤

한 달 동안 김 대리가 사용하는 보일러의 열량 소비량은 월 3,000MJ 고정이므로 절약할 수 있는 난방비는 태양열 집열기의 한 달 열량 생산량×난방 단가(원)임을 알 수 있다.

태양열 집열기 A~E가 한 달 동안 생산하는 열량 생산량을 구하면 다음과 같다.

- A: 12×9×0.75×30=2,430(MJ)
- B: 12×8×0.8×30=2,304(MJ)
- C: 12×10×0.7×30=2,520(MJ)
- D: 12×12×0.55×30=2,376(MJ)
- E: 12×11×0.6×30=2,376(MJ)

A~E 중 C가 한 달 동안 가장 많은 열량인 2,520MJ를 생산하므로 김 대리는 태양열 집열기 C를 설치한다. 따라서 김 대리가 한 달 동안 절약할 수 있는 난방비는 2,520×16=40,320(원)이다.

18 예산관리능력

정답 | ⑤

[표]의 5가지 품목에 대한 비용을 구하면 다음과 같다.

- 굴비: 10명의 수요가 있으므로 3×2=6(%) 할인받는다.
  12×10×(1−0.06)=112.8(만 원)
  → 100만 원을 초과하므로 5% 추가로 할인받는다.
  112.8×(1−0.05)=107.16(만 원)
- 전복: 7명의 수요가 있으므로 3% 할인받는다.
  10×7×(1−0.03)=67.9(만 원)
  → 100만 원 미만이므로 3만 원을 추가로 지불한다.

67.9+3=70.9(만 원)

• 화장품: 9명의 수요가 있으므로 3% 할인받는다.

20×9×(1−0.03)=174.6(만 원)

→ 100만 원을 초과하므로 5%를 추가로 할인받는다.

174.6×(1−0.05)=165.87(만 원)

• 소고기: 19명의 수요가 있으므로 3×3=9(%) 할인받는다.

15×19×(1−0.09)=259.35(만 원)

→ 100만 원을 초과하므로 5×2=10(%) 추가로 할인받는다.

259.35×(1−0.1)=233.415(만 원)

• 버섯: 21명의 수요가 있으므로 3×4=12(%) 할인받는다.

8×21×(1−0.12)=147.84(만 원)

→ 100만 원을 초과하므로 5%를 추가로 할인받는다.

147.84×(1−0.05)=140.448(만 원)

따라서 107.16+70.9+165.87+233.415+140.448=717.793(만 원), 즉 7,177,930원을 지불해야 한다.

19 물적자원관리능력 정답 | ②

교통수단별 효용 수치는 다음과 같다.

• KTX 일반: 50−(0.3×2.5×2)−(0.7×6.5×2)+2=41.4

• KTX 특실: {50−(0.3×2.5×2)−(0.7×8×2)+2}×1.1=43.23

• 고속버스: 50−(0.3×5×2)−(0.7×4.5×2)=40.7

• 택시: {50−(0.3×4×2)−(0.7×11.5×2)}×1.1=34.65

• 비행기: 50−(0.3×1×2)−(0.7×8.5×2)+2−5=34.5

따라서 효용 수치가 가장 높은 KTX 특실을 선택한다.

20 물적자원관리능력 정답 | ⑤

차량별 점수를 부여하면 다음과 같다.

구분	연식	주행 거리	옵션	월 납입액	합계
A	4점	5점	2점	1점	12점
B	2점	2점	1점	4점	9점
C	5점	1점	3점	2점	11점
D	1점	3점	2점	5점	11점
E	3점	4점	2점	3점	12점

따라서 김 사원은 총점이 12점으로 가장 높은 A, E 중 하나를 선택한다. 총점이 동일한 경우는 납입할 총금액의 단순 합을 계산하여 저렴한 것을 고른다고 했다. A, E차량의 총납입액을 계산하면 다음과 같다.

• A차량: 140+44×12=668(만 원)

• E차량: 180+40×12=660(만 원)

따라서 E차량의 총납입액이 더 저렴하므로 김 사원은 E차량을 선택한다.

시간관리 TIP

항목별 점수를 부여할 때 주의할 점은 각 항목에서 1등을 한 차량에 5점이 부여되므로 등수와 점수를 반대로 기록해야 한다는 점이다. A, E차량의 납입액을 비교할 때 전체 납입액을 계산하지 않고 대소 관계를 판별할 수 있는 정도의 계산만 하도록 한다. A차량의 월 납입액은 E차량보다 4만원 더 많으므로 일 년 동안 4×12=48(만 원) 많을 것이다. 한편 선수금의 경우 A차량이 E차량보다 40만 원이 적으므로 전체적으로 A차량의 납입액이 48−40=8(만 원) 더 많다. 따라서 E차량의 납입액이 더 적다.

21 물적자원관리능력 정답 | ⑤

현재 각 자재의 재고량으로 만들 수 있는 완제품의 개수는 다음과 같다.

(단위: 개)

구분	P자재	Q자재	R자재	가능한 완제품 개수	목표 생산량
A제조 공장	100	120	90	90	120
B제조 공장	89	110	80	80	100
C제조 공장	92	96	100	92	90
D제조 공장	90	128	110	90	100
E제조 공장	85	114	120	85	110

㉡ 현재 B제조공장의 목표 생산량은 100개이고, 10% 더 증가한다면 총 110개를 제조해야 한다. 이때 P자재는 총 10×110=1,100(kg), R자재는 총 3×110=330(kg)이 필요하다. 그러므로 P자재는 1,100−890=210(kg), R자재는 330−240=90(kg)을 더 구매해야 한다. Q자재는 현재 550kg이 있으므로 더 구매할 필요가 없다. 그러므로 총 210+90=300(kg)의 자재를 더 구매해야 한다.

㉢ A~E제조공장의 Q자재 재고량은 목표 생산량에 따른 자재량보다 같거나 많으므로 Q자재를 더 구매할 필요는 없다.

㉣ 현재 재고로 제조 가능한 완제품 개수가 하루 목표 생산량보다 많은 곳은 C제조공장 1개뿐이다.

오답풀이

㉠ D제조공장이 목표 생산량 100개를 제조하기 위해선 P자재는 10×100=1,000(kg), Q자재는 5×100=500(kg), R자재는 3×100=300(kg)가 필요하다. 이때, 현재 재고가 부족한 자재는 P자재 1개뿐이다.

22 물적자원관리능력 정답 | ⑤

숙소별 점수와 가격을 구하면 다음과 같다.

구분	종류	거리	예약 사이트 평점	취사 가능 여부	가격	총점
A	모텔	3점	3점	−	(60,000+20,000)×2=160,000(원) (5점)	11점
B	펜션	2점	4점	1점	300,000+40,000 =340,000(원) (3점)	10점
C	호텔	4점	3.5점	1점	220,000×2 =440,000(원) (1점)	9.5점
D	호텔	5점	4점	−	(180,000+10,000)×2=380,000(원) (2점)	11점
E	펜션	1점	5점	1점	270,000+60,000 =330,000(원) (4점)	11점

따라서 박 씨는 총점이 11점으로 가장 높은 A, D, E 중 펜션인 E를 예약할 것이다.

23 물적자원관리능력 정답 | ①

[표1]에 따르면 각 물류창고에 보관 중인 물품 무게의 총합은 다음과 같다.

A	B	C	D	E
1,375kg	375kg	1,375kg	1,250kg	1,500kg

[표2]에 따라 물류창고에 보관 중인 물품이 1톤 미만인 B물류창고는 1톤 화물차를 이용하고, 1톤 이상 3톤 미만인 A, C, D, E물류창고는 3톤 화물차를 이용한다. 이에 따라 물류창고별 거리를 고려한 운임 비용을 계산하면 다음과 같다.

1) A물류창고로 운송할 경우
(40+60+80)×800+20×450=153,000(원)
2) B물류창고로 운송할 경우
(60+40+20+20)×800=112,000(원)
3) C물류창고로 운송할 경우
(40+20+40)×800+20×450=89,000(원)
4) D물류창고로 운송할 경우
(60+20+20)×800+40×450=98,000(원)
5) E물류창고로 운송할 경우
(80+40+20)×800+60×450=139,000(원)

따라서 운임 비용이 가장 많이 드는 물류창고는 A이다.

시간관리 TIP

몇 톤짜리 화물차를 이용해야 하는지만 파악하면 되므로, 물류창고별 보관물품의 총무게를 일일이 정확히 계산할 필요가 없고, 어림하여 1톤을 넘는지 혹은 3톤을 넘는지만 확인하면 된다. 불필요한 계산은 실전에서 금물이다.

24 물적자원관리능력 정답 | ③

K과장과 L대리는 1층을 선호한다. K과장은 경쟁사가 없는 곳 중에서 주거 밀집도가 '중' 이상인 곳을 선호하므로 C 또는 E를 선호하고, 이 중 면적이 더 넓은 C를 가장 선호한다. L대리는 경쟁사 유무에 관계없이 주거 밀집도가 '상'인 곳을 선호하므로 D, E, F를 선호하고, 이 중 비용이 가장 저렴한 F를 가장 선호한다.

25 물적자원관리능력 정답 | ②

산업단지별 평가 내용을 정리하면 다음과 같다.

구분	기업 집적 정도	산업 클러스터 연관성	입주공간 확보	지방자치 단체 육성 의지	합산 점수
A	40점	20점	20점	있음	80점
B	20점	40점	20점	있음	80점
C	30점	40점	0점	있음	70점
D	30점	40점	20점	없음	90점
E	40점	0점	20점	있음	60점

D산업단지는 지방자치단체 육성 의지가 없으므로 제외한다. 이때, A와 B산업단지의 합산 점수가 같아 첫 번째 우선순위인 산업클러스터 연관성이 높은 산업단지를 국가혁신클러스터 지구로 선정한다.
따라서 국가혁신클러스터 지구로 선정되는 지구는 B 산업단지이다.

시간관리 TIP

평가 기준에 따라 산업단지별 점수를 계산하기 전에 D산업단지는 지방자치단체 육성 의지가 없다는 점을 고려하여 후보에서 제외하고 계산하면 문제 풀이 시간을 단축할 수 있다.

26 인적자원관리능력 정답 | ②

다섯 명의 기본 점수 및 최종 점수는 다음과 같다.

구분	기본 점수	자격증 점수	봉사 시간 점수	최종 점수
A	9+10+8+7=34(점)	2점	3점	39점
B	8+8+7+9=32(점)	3점	5점	40점
C	10+7+10+8=35(점)	3점	2점	40점
D	9+8+9+10=36(점)	1점	1점	38점
E	7+9+8+9=33(점)	2점	4점	39점

B의 경우 기본 점수가 가장 낮으므로 채용하지 않는다. 남은 지원자 중 최종 점수가 가장 높은 지원자는 C이고, 그다음으로 높은 지원자는 A, E인데 A의 기본 점수가 34점으로 더 높으므로 A를 채용한다. 따라서 A와 C가 채용된다.

27 인적자원관리능력 정답 | ③

A~E의 실업급여 지급액을 구해 보면 다음과 같다.

- A: 60,000(상한액)×240(50세 이상, 10년 이상) =14,400,000(원)
- B: 50,000(상한액)×210(30세 이상 50세 미만, 10년 이상)=10,500,000(원)
- C: 50,000(상한액)×180(30세 이상 50세 미만, 5년 이상 10년 미만)=9,000,000(원)
- D: 43,000(하한액)×180(30세 이상 50세 미만, 5년 이상 10년 미만)=7,740,000(원)
- E: 50,000(상한액)×150(30세 미만, 5년 이상 10년 미만)=7,500,000(원)

따라서 실업급여 지급액이 세 번째로 많은 사람은 C이다.

시간관리 TIP

A~E의 실업급여 지급액을 일일이 계산하지 않더라도 대소 관계를 비교해서 구할 수 있다. A가 퇴직 전 평균일급의 50%로 인정받는 액수와 소정급여일수가 모두 가장 많으므로 지급액이 첫 번째로 많다. 그다음으로 일급과 일수가 많은 B가 두 번째이고, C는 D보다 일급이, E보다 일수가 많고 나머지는 같으므로, D와 E보다 지급액이 크다는 것을 알 수 있다. 따라서 지급액이 세 번째로 많은 사람은 C임을 곱셈을 하지 않아도 알 수 있다.

28 인적자원관리능력 정답 | ③

A학원의 외부 강의 일정에서 내부 강의가 한 날에 두 명씩 계획된 날을 먼저 파악하면 15일과 25일이다. 15일에 최 강사와 김 강사는 학원 내부 강의가 있고, 25일에는 이 강사와 김 강사가 학원 내부 강의가 있다. 그러므로 15일과 25일에 외부 강의에 참여하는 강사는 다음과 같다.

15일	17일	23일	25일
대전	대구	부산	울산
박 강사			박 강사
이 강사			최 강사

2개의 외부 강의가 정해진 박 강사는 더 이상 외부 강의를 나갈 수 없다. 17일에는 이 강사가 학원 내부 강의가 있으므로 이 강사는 23일 외부 강의에 참여해야 한다.

이때 23일에는 최 강사가 학원 내부 강의가 있으므로 최 강사는 17일 외부 강의에 참여해야 한다. 남은 두 자리에는 김 강사가 참여하면 된다.

15일	17일	23일	25일
대전	대구	부산	울산
박 강사	최 강사	이 강사	박 강사
이 강사	김 강사	김 강사	최 강사

따라서 부산 외부 강의에 참여하는 강사는 이 강사와 김 강사이다.

29 인적자원관리능력 정답 | ⑤

항목별 평가 점수에 가중치를 부여하여 성과평가 종합점수를 구한 후 성과급을 계산하면 다음과 같다.

구분	영업 1팀/갑	영업 2팀/을	영업 3팀/병	영업 4팀/정	영업 5팀/무
수익달성률 ×0.4	36	37.2	28.8	34	33.2
매출실적 ×0.4	36.8	31.2	36	35.2	34.8
근태 및 부서 평가×0.2	18	17.8	16.4	15.4	18.6
종합점수	90.8	86.2	81.2	84.6	86.6
성과등급	A	B	C	C	B
성과급 금액 (만 원)	210×0.25 =52.5	260×0.2 =52	320×0.15 =48	300×0.15 =45	220×0.2 =44

따라서 성과급을 가장 많이 받는 직원 갑과 가장 적게 받는 직원 무의 성과급 차이는 52.5−44=8.5(만 원)이다.

30 인적자원관리능력 정답 | ⑤

직원별 포인트는 다음과 같다.

- A: 3직급 연구직이므로 100점, 산업기사이므로 30점, 본사 근무이므로 120점, 원자력 직군이므로 100점이다.
  → 점수 합계는 100+30+120+100=350(점)이다.
- B: 4급(갑) 전문직이므로 100점, 공인회계사이므로 60점, 4급지사(I)에 근무하므로 50점, 3자녀 이상이고 만 20세 미만 자녀가 2명이므로 50점이다.
  → 점수 합계는 100+60+50+50=260(점)이다.
- C: 4급(을) 전력연구원이므로 200점, 방사선 취급 감독자면허가 있으므로 60점, 부산에서 일하므로 근무지역 포인트는 없고, 원자력 직군이므로 100점이다.
  → 점수 합계는 200+60+100=360(점)이다.

따라서 A~C직원의 포인트 총합은 350+260+360=970(점)이고, 지급 금액은 1점당 1,000원이므로 총 970,000원이다.

시간관리 TIP

다음과 같이 A~C직원의 포인트를 정리하면 총누적 포인트를 빠르게 구할 수 있다.

(단위: 점)

직원	직급	기술 자격	연구 활동	근무 지역	기타	누적 포인트
A	3직급	30	100	120	100	350
B	4급(갑)	60	100	50	50	260
C	4급(을)	60	200	−	100	360

31 예산관리능력 정답 | ①

올림픽경기 2개 종목을 관람하였으므로 총편익은 50×2=100(만 원)이다. 올림픽경기 입장권은 20×2=40(만 원), 왕복 교통비용은 4+2+3+5=14(만 원), 식사비용은 2+3+3+2=10(만 원), 숙박비용은 10×2+2=22(만 원)이다. 따라서 순편익은 100−40−14−10−22=14(만 원)이다.

32 예산관리능력 정답 | ③

순편익이 극대화되려면 총편익은 최대한 크고, 총비용은 최소여야 한다. 올림픽경기 3개 종목을 관람하였으므로 총편익은 50×3=150(만 원)이다. 올림픽경기 입장권은 20×3=60(만 원), 왕복 교통비용의 최솟값은 우등고속버스 이용 시 2+2=4(만 원)이다. 하루에 올림픽경기를 최대 1종목씩만 관람 가능하므로 3종목을 관람하면서 총비용을 최소화하려면 2박 3

일 동안 G시에 머물러야 하며, G시에 도착한 날과 G시를 떠나는 날에 최소한 2끼를 해결해야 한다. 따라서 식사비용의 최솟값은 2+3+2=7(만 원), 숙박비용의 최솟값은 게스트하우스 이용 시 2+2=4(만 원)이다. 따라서 순편익의 최댓값은 150−60−4−7−4=75(만 원)이다.

33 시간관리능력 정답 | ①

A−B−D−F−H는 연속으로 진행되므로 H공정을 끝내는 데 1+3+3+4+6=17(시간)이 걸린다.
C는 5시간이 걸리고 B−D는 6시간이 걸리므로 E는 A공정을 시작한 지 7시간 후부터 시작한다.
E−G−I는 연속으로 진행하며 5+3+4=12(시간) 진행되므로 I공정을 끝내는 데 7+12=19(시간)이 걸린다.
J공정은 I공정이 끝난 후부터 시작하며 2시간이 걸리므로 A공정을 시작한 후 J공정을 끝내기까지 걸리는 최소 시간은 21시간이다.

1	2	3	4	5	6	7	8	9	10	11	12	13	14	15	16	17	18	19	20	21
A																				
		B			D				F					H						
			C																	
									E				G				I			
																			J	

34 예산관리능력 정답 | ②

소요 시간이 가장 길었던 H공정의 소요 비용이 절반으로 감소하여 250만 원 감소하였고, 필요한 선행 공정이 두 가지인 E공정과 J공정은 소요 비용이 각각 100만 원 감소하였다. 또한, D공정과 G공정의 소요 비용은 각각 50만 원 감소하였다. 이에 따라 공정 개선 후 감소한 소요 비용은 250+100+100+50+50=550(만 원)이다.
따라서 공정 개선 후 전체 공정 과정에서 소요되는 총 비용은 기존 소요 비용 100+200+400+300+500+100+200+500+100+600=3,000(만 원)에서 550만 원이 감소한 3,000−550=2,450(만 원)이다.

시간관리 TIP

이 대리의 마지막 질문이 무엇인지 먼저 확인하여 필요한 정보가 무엇인지 파악하는 것이 우선이다. 이 대리는 비용에 대해서 물었으므로 절감한 소요 비용이 얼마인지만 [대화]에서 확인하면 된다. 소요 시간에 관한 정보까지 파악하면서 [대화]를 읽으면 불필요하게 시간을 소모하게 되므로 유의한다.

35 물적자원관리능력 정답 | ⑤

개별부동산 단위 면적당 가격은 표준 단위 면적당 가격에 입지 조건 가중치와 건물용도 가중치를 곱한 값으로 결정된다.
즉, 입지 조건 가중치와 건물용도 가중치의 곱이 1보다 크다면 표준 단위 면적당 가격보다 개별부동산 단위 면적당 가격이 큰 것이고, 1보다 적다면 표준 단위 면적당 가격보다 개별부동산 단위 면적당 가격이 낮은 것으로 판단할 수 있다.

구분	A부동산	B부동산	C부동산	D부동산	E부동산
입지 조건 가중치	(일반주거/역세) 1.2	(비역세/비역세) 1	(일반주거/일반주거) 1	(역세/역세) 1	(역세/비역세) 0.9
건물용도 가중치	(상업/주거) 0.9	(공공/공공) 1	(주거/상업) 1.1	(상업/업무) 1.1	(공공/업무) 1.1
가중치 곱	1.08	1	1.1	1.1	0.99

입지 조건 가중치와 건물용도 가중치의 곱이 1보다 적은 것은 E부동산이므로 개별부동산 단위 면적당 가격도 표준 단위 면적당 가격보다 낮다.

36 물적자원관리능력 정답 | ⑤

개별부동산 가격은 표준 단위 면적당 가격×입지 조건 가중치×건물용도 가중치×연면적이므로 **35**번에서 계산한 가중치의 곱을 이용하여 계산하면 다음과 같다.

구분	A부동산	B부동산	C부동산	D부동산	E부동산
표준 단위 면적당 가격	20만 원/m^2	23만 원/m^2	18만 원/m^2	20만 원/m^2	25만 원/m^2
가중치 곱	1.08	1	1.1	1.1	0.99
연면적	100m^2	100m^2	120m^2	100m^2	100m^2
개별 부동산 가격	2,160 만 원	2,300 만 원	2,376 만 원	2,200 만 원	2,475 만 원

따라서 개별부동산 가격이 가장 높은 것은 E부동산이다.

37 물적자원관리능력 정답 | ①

부지점수 계산표에 의한 점수는 다음과 같다.

(단위: 점)

구분	기본 점수	인접경계	부지점수
A지역	(주거1, 자연1, 상업3) 3×1+4×1+2×3=13	6+2=8	21
B지역	(자연2, 상업3) 4×2+2×3=14	4	18
C지역	(주거2, 자연1, 상업2) 3×2+4×1+2×2=14	6	20
D지역	(주거3, 자연1, 상업1) 3×3+4×1+2×1=15	2×2=4	19
E지역	(주거4, 상업1) 3×4+2×1=14	2×2=4	18

따라서 A지역의 부지점수가 가장 높다.

38 물적자원관리능력 정답 | ③

부지점수에 지역별로 가장 많은 구역에 따라 추가 점수를 합산하면 다음과 같다.

(단위: 점)

구분	부지점수	추가점수	총합
A지역	21	1(상업구역)	22
B지역	18	1(상업구역)	19
C지역	20	3(주거구역)	23
D지역	19	3(주거구역)	22
E지역	18	3(주거구역)	21

따라서 C지역의 부지점수가 가장 높다.

39 예산관리능력 정답 | ⑤

호텔별로 1박 기준 비용은 다음과 같다.

(단위: 원)

호텔	숙박비	조식	주차비	택시 비용	Wi-Fi	제휴 할인
A	150,000	0	20,000	20,000	20,000	10%
B	200,000	10,000	0	0	0	15%
C	180,000	0	10,000	0	10,000	12%
D	200,000	10,000	0	20,000	0	20%
E	130,000	20,000	30,000	0	10,000	8%

이를 바탕으로 A~E호텔의 1박 기준 총비용을 계산하면 다음과 같다.

- A: (150,000+20,000+20,000+20,000)×(1−0.1)=189,000(원)
- B: (200,000+10,000)×(1−0.15)=178,500(원)
- C: (180,000+10,000+10,000)×(1−0.12)=176,000(원)
- D: (200,000+10,000+20,000)×(1−0.2)=184,000(원)
- E: (130,000+20,000+30,000+10,000)×(1−0.08)=174,800(원)

따라서 비용이 가장 적게 드는 숙소는 E호텔이다.

40 물적자원관리능력 정답 | ④

항공사별로 가중치를 적용한 점수는 다음과 같다.

(단위: 점)

항공사	가격	안전성	편의성	수하물 분실	기내식
V	0.3	1.2	0.75	0.8	0.75
W	0.5	1.5	0.75	0.8	0.3
X	0.5	0.9	0.5	1	0.75
Y	0.2	1.2	1.25	0.6	0.75
Z	0.3	1.5	1	0.4	0.6

이를 바탕으로 V~Z항공사의 최종 점수를 계산하면 다음과 같다.

- V: 0.3+1.2+0.75+0.8+0.75=3.80(점)
- W: 0.5+1.5+0.75+0.8+0.3=3.85(점)
- X: 0.5+0.9+0.5+1+0.75=3.65(점)
- Y: 0.2+1.2+1.25+0.6+0.75=4.00(점)
- Z: 0.3+1.5+1+0.4+0.6=3.80(점)

따라서 점수의 총합이 가장 높은 항공사는 Y항공사이다.

41 예산관리능력 정답 | ③

선택지에 제시된 A, C, D사의 비용을 구하면 다음과 같다.

1) A사

일반벽걸이 달력을 300부 이상 주문하면 제작 비용이 개당 12,820원이고, 500부 이상 주문하면 개당 1,000원씩 할인되므로 개당 11,820원에 구매할 수 있다. 따라서 600부를 주문하면

11,820×600=7,092,000(원)이다.

2) C사

일반벽걸이 달력을 300부 이상 주문하면 제작 비용이 개당 12,000원이고, 400부 이상 주문하면 100부당 10부를 무료로 추가 제작해 주므로 550부를 주문하면 50부를 추가 무료 제작해 600부가 된다. 따라서 550부를 주문하면

12,000×550=6,600,000(원)이다.

3) D사

일반벽걸이 달력을 300부 이상 주문하면 제작 비용이 개당 11,850원이고, 별도의 할인 혜택이 없다. 따라서 600부를 주문하면

11,850×600=7,110,000(원)이다.

따라서 가장 저렴하게 구매하려면 C사에 주문해야 하고 비용은 6,600,000원이다.

시간관리 TIP

제작 비용과 할인을 적용하면 A사는 (11,820×600)원, C사는 (12,000×550)원, D사는 (11,850×600)원이다. D사의 비용은 A사의 비용보다 크므로 계산하지 않고 A사와 C사만 비교하면 된다. 11,820×600과 12,000×550을 각각 6,000으로 나누면 1,182와 2×550=1,100이므로 C사의 비용이 가장 적다. 이때의 비용은 1,100×6,000=6,600,000(원)이다.

42 예산관리능력

정답 | ③

상사의 지시사항에 따른 각 제조사의 달력 제작 비용은 다음과 같다.

1) A사

대형탁상 달력을 500부 이상 주문하면 개당 1,000원이 할인되므로 개당 10,800원에 구매할 수 있다. 따라서 800부를 주문하면 10,800×800=8,640,000(원)이다.

2) B사

대형탁상 달력을 500부 이상 주문하면 5% 할인이 적용되므로 800부를 주문하면 12,620×800×0.95=9,591,200(원)이다.

3) C사

대형탁상 달력에 대한 별도의 할인 혜택이 없으므로 800부를 주문하면 11,300×800=9,040,000(원)이다.

4) D사

대형탁상 달력을 500부 이상 주문하면 100부당 50,000원이 할인되므로 800부를 주문하면 12,600×800−50,000×8=9,680,000(원)이다.

따라서 A사에 주문했을 때 가장 저렴하고, 이때의 총 비용은 8,640,000원이다.

시간관리 TIP

제작 비용과 할인 사항을 적용하면 A사는 (10,800×800)원, B사는 (12,620×800×0.95)원, C사는 (11,300×800)원, D사는 (12,600×800−50,000×8)원이다. C사의 비용은 A사의 비용보다 크므로 계산하지 않고 제외한다. 한편 12,620의 10%는 1,262이고, 5%는 631이므로 12,620×0.95=12,620−631=11,989이다. 따라서 B사의 비용도 A사보다 크므로 제외한다.

마지막으로 A사와 D사의 비용을 비교하기 위해 각 비용을 800으로 나누면 A사는 10,800, D사는 12,600−500=12,100이므로 A사의 비용이 가장 적다. 이때의 비용은 10,800×800=8,640,000(원)이다.

43 예산관리능력

정답 | ⑤

공정 개선 전 100개의 실린더를 제작하는 데 소요되는 비용은 10+12+5+30+25+14+5+25+10+8+20+15=179(만 원)이고, 공정 개선 후 100개의 실린더를 제작하는 데 소요되는 비용은 10+8+5+27+22+14+5+20+6+8+15+15=155(만 원)이다. 따라서 100개의 실린더를 제작하는 데 179−155=24(만 원)이 절감되었으므로 8,000개를 생산하는 데는 80×24=1,920(만 원)이 절감된다.

시간관리 TIP

공정 개선 전과 후의 각 공정별 절감 비용의 차이를 더하면 된다. 소재 입고, 1차 선반, 냉각, 2차 선반, 검수, 출하는 비용이 절감되지 않으므로 나머지 공정에 대해서만 계산한다. 4+3+3+5+4+5=24(만 원)이므로 실린더를 100개 제작하는 데 24(만 원)이 절감된다. 따라서 8,000개를 제작하는 데는 80×24=1,920(만 원)이 절감된다.

44 물적자원관리능력 정답 | ①

공정 개선 전 100개의 실린더를 제작하는 데 걸리는 시간은 20+5+3+15+10+7+3+20+10+15+22+10=140(분)이고, 공정 개선 후 100개의 실린더를 제작하는 데 걸리는 시간은 18+5+3+12+7+7+3+16+6+15+18+10=120(분)이다. 따라서 14시간(840분) 동안 공정 개선 전에는 840÷140×100개=600(개)의 실린더를 제작할 수 있고, 공정 개선 후에는 840÷120×100개=700(개)의 실린더를 제작할 수 있다. 따라서 공정 개선 전보다 개선 후에 14시간 동안 100개의 실린더를 더 제작할 수 있다.

시간관리 TIP

공정 개선 전의 소요시간의 합을 구하고, 공정 개선 전과 후의 각 공정별 절감시간 차이의 합을 구한다. 소재 입고, 1차 선반, 냉각, 2차 선반, 검수, 출하는 소요시간이 절감되지 않으므로 나머지 공정에 대해서만 계산한다. 우선 공정 개선 전의 소요시간의 합은 140분이고, 공정 개선 전후의 절감시간 차이는 2+3+3+4+4+4=20(분)이다. 따라서 공정 개선 후의 소요시간은 140−20=120(분)이다. 따라서 14시간 동안 공정 개선 전에는 실린더 100개를 제작하는 공정이 840÷140=6(회)이고, 공정 개선 후에는 840÷120=7(회)이다. 따라서 1회를 더 제작할 수 있으므로 100개를 더 제작할 수 있다.

45 인적자원관리능력 정답 | ⑤

직원과 연구원들의 항목별 점수에 평가 기준의 반영 비율을 적용하면 다음과 같다.

(단위: 점)

구분	이름	업무/연구 성과 달성도	협업 기여도	자기 개발	논문/특허 성과	프로젝트 기여도	외부 활동	합계
사무소	A	40	18	16	−	−	−	74
	B	35	30	8	−	−	−	73
	C	35	27	13	−	−	−	75
연구소	D	48	−	−	20	24	13	105
	E	42	−	−	36	18	17	113
	F	54	−	−	24	21	18	117

따라서 직원(사무소)에는 C, 연구원(연구소)에는 F의 평가 점수가 가장 높다.

46 인적자원관리능력 정답 | ②

직원(사무소)의 평가 점수는 100점 만점이므로 그대로 성과 등급 기준에 적용할 수 있으나 연구원(연구소)의 평가 점수는 150점 만점이므로 100점으로 환산해야 한다.

$150\times\frac{2}{3}=100$(점)임을 이용하여 100점으로 환산한 점수는 다음과 같다.

소속	이름	합계(점)	100점 환산(점)	성과 등급
사무소	A	74	74	B
	B	73	73	B
	C	75	75	A
연구소	D	105	$105\times\frac{2}{3}=70$	B
	E	113	$113\times\frac{2}{3}≒75.3$	A
	F	117	$117\times\frac{2}{3}=78$	A

따라서 성과 등급이 A등급 이상인 평가 대상자는 C, E, F로 총 3명이다.

47 인적자원관리능력 정답 | ⑤

강 부장은 부서 평가가 2등급이면서 개인 등급은 S등급, 직급은 2직급이다. 따라서 기본 성과급을 P라 하면 받게 되는 성과급은 P×1.1×1.35=1.485P이다. 즉, 48.5%를 초과해서 받게 된다.

장 과장은 부서 평가가 2등급이면서 개인 등급은 A등급, 직급은 3직급이다. 따라서 기본 성과급을 P라 하면 받게 되는 성과급은 P×1.1×1.05=1.155P이다. 즉, 15.5%를 초과해서 받게 된다. 따라서 초과한 비율의 합은 48.5+15.5=64(%)이다.

48 인적자원관리능력 정답 | ⑤

장 과장이 평정 점수를 5점 더 획득하면 92점으로 S등급이 된다. 기본 성과급이 300만 원이므로 장 과장이 받게 되는 금액은 300×1.1×1.2=396(만 원)이다. 따라서 기본 성과급 300만 원보다 96만 원을 더 받게 된다.

49 인적자원관리능력 정답 | ②

먼저 서류 전형의 합산 점수를 구한다. A는 가점이 1점, C는 가점이 2점, E는 가점이 3점, F는 가점이 1.5점, I는 가점이 2점, J는 가점이 0.5점이다. 따라서 각 지원자들의 총점은 A 78점, B 85점, C 82점, D 83점, E 85점, F 88.5점, G 89점, H 94점, I 87점, J 87.5점이다. 따라서 H가 1위, G가 2위, F가 3위, J가 4위, I가 5위, B 또는 E가 6위이다. 총점이 동일한 경우 가점을 제외한 점수가 더 높은 지원자의 순위가 더 높다. B는 가점이 없고, E는 가점이 3점이므로 가점을 제외한 점수는 B가 더 높다. 따라서 B가 6위이고, E는 불합격한다.

50 인적자원관리능력 정답 | ⑤

서류 전형에서 H가 1위, G가 2위, F가 3위, J가 4위, I가 5위, B가 6위이다.
필기 전형의 합산 점수를 구한다. 2위(G)는 가점이 2점, 3위(F)는 가점이 1점, 4위(J)는 가점이 3점, 5위(I)는 가점이 3점, 6위(B)는 가점이 1점이다. 따라서 각 지원자들의 총점은 1위(H)는 82점, 2위(G)는 87점, 3위(F)는 82점, 4위(J)는 80점, 5위(I)는 81점, 6위(B)는 86점이다. 따라서 필기 전형에서는 G가 1위, B가 2위이고, H 또는 F가 3위이다. H와 F 중 전공 성적이 더 높은 지원자는 F이므로 F가 3위, H가 4위이다.
면접 전형의 합산 점수를 구한다. 필기 전형 1위(G), 2위(B), 3위(F)가 75점이고, 4위(H)가 80점이다. 따라서 필기 전형 4위인 H가 합격하고, 필기 전형의 순위가 1위인 G도 합격한다.

STEP 02 | 고난도 실전문제 2권 P. 250

01	③	02	①	03	④	04	③	05	③
06	③	07	④	08	②	09	①	10	⑤
11	①	12	④	13	⑤	14	③	15	④
16	①	17	①	18	②	19	⑤	20	②

01 예산관리능력 정답 | ③

출장비는 직접비용으로 분류되므로 국내출장 비용을 지출한다고 간접비용이 증가하는 것은 아니다.

오답풀이

① 주어진 항목에서 직접비용은 원료, 기자재, 인건비이며, 주어진 항목 외에도 재료비, 시설비, 출장비 등이 직접비용이다.
② 직접비용 합계는 3,000,000+1,200,000+3,800,000 =8,000,000(원)이며, 간접비용 합계는 나머지 금액의 합계인 1,280,000원이므로 직접비용 합계는 간접비용 합계의 4배 이상이다.
④ 통신비는 간접비용이며, 누가 지출한 비용인지에 따라 구분되지는 않는다.
⑤ 간접비용의 합계는 1,280,000원이다.

02 물적자원관리능력 정답 | ①

물적자원을 관리함에 있어 문제가 될 수 있는 대표적인 요인은 다음과 같다.

- 보관 장소를 파악하지 못하는 경우
- 훼손된 경우
- 분실한 경우
- 분명한 목적 없이 물건을 구입한 경우

①의 방안은 분명한 목적 없이 물건을 구입한 경우에 해당된다. 업무를 수행하는 데 있어 정말 필요하여 구입한 물품의 경우에는 활용도가 높아서 평상시 관리에 더욱 신경을 쓰게 되지만, 그렇지 않은 경우에는 관리에 소홀해지기 마련이다.

오답풀이

② 장기 보관 물품 리스트에 등재된 물품의 구매물량 조절을 통해 분명한 목적에 의한 물품 구입을 유도하는 경우에 해당된다.
③ 입출고 절차 개선으로 물품의 분실 및 도난을 방지하는 경우에 해당된다.
④ 창고 시설 보수를 통해 물품의 훼손을 방지하는 경우에 해당된다.
⑤ 보관 장소 파악 방법의 개선으로 관리 물품의 수량을 정확하게 관리하는 경우에 해당된다.

찐 모듈이론 TIP

물적자원관리의 원칙
- 사용 물품과 보관 물품을 구분
- 동일 및 유사 물품으로의 분류
- 물품 특성에 맞는 보관 장소 선정

물적자원관리 기법
- 회전대응 보관의 원칙
- 다량의 물적자원관리 기법
  - 바코드
  - QR코드
- 물품 관리 프로그램 사용

03 시간관리능력 정답 | ④

런던이 09:00~12:00, 13:00~17:00, 18:00~20:00일 때 서울은 런던보다 9시간 빠르므로 서울은 18:00~21:00, 22:00~다음 날 02:00, 다음 날 03:00~05:00이다. 따라서 회의가 가능한 시간은 런던 기준 09:00~11:00 / 서울 기준 18:00~20:00이다. 현재 나와 있는 출발시각이 서울 기준이므로 도착시간 및 회의 가능시간도 서울을 기준으로 확인하는 것이 편하다. 도착한 뒤 18시간 후에 회의를 하므로 '출발시각+소요 시간+18시간'을 출발시간에 더한 시각이 회의 가능 시각이다.

- KE0907: 화요일 09:00+11시간 30분+18시간
  =수요일 오후 2시 30분
- BA0018: 화요일 18:00+11시간 50분+18시간
  =수요일 오후 11시 50분
- OZ0521: 수요일 12:00+12시간+18시간
  =목요일 오후 6시
- AY0042: 수요일 12:30+12시간 10분+18시간
  =목요일 오후 6시 40분
- LH0320: 화요일 11:30+11시간 40분+18시간
  =수요일 오후 5시 10분

서울 시각을 기준으로 18:00~20:00에 회의를 해야 하고, 가능한 항공편은 OZ0521, AY0042이다. 이 중 더 저렴한 항공편이 AY0042이므로 장 과장은 AY0042를 예약할 것이다.

04 시간관리능력 정답 | ③

한 주간 직원들의 초과근무시간은 다음과 같다.

구분		월	화	수	목	금
직원 A	출근시간	9시	9시	9시	9시	8시
	퇴근시간	20시	18시 20분	19시 40분	18시	18시
	식사	○	×	○	×	×
	초과근무 시간	1시간	–	–	–	1시간
직원 B	출근시간	9시	9시	9시	8시	9시
	퇴근시간	19시	20시	18시 40분	18시	19시 20분
	식사	×	○	×	×	○
	초과근무 시간	1시간	1시간	–	1시간	–
직원 C	출근시간	9시	8시	9시	8시	9시
	퇴근시간	18시	19시 40분	19시 20분	19시	19시 20분
	식사	×	○	×	○	○
	초과근무 시간	–	1시간 40분	1시간 20분	1시간	–
직원 D	출근시간	9시	9시	9시	9시	9시
	퇴근시간	19시 40분	18시	18시 40분	20시	20시 40분
	식사	○	×	×	○	○
	초과근무 시간	–	–	–	1시간	1시간 40분
직원 E	출근시간	8시	9시	9시	9시	9시
	퇴근시간	19시 20분	18시	19시 40분	18시 40분	19시
	식사	×	×	○	×	○
	초과근무 시간	2시간 20분	–	–	–	–

한 주간 직원들의 초과근무시간은 A(2시간), B(3시간), C(4시간), D(2시간 40분), E(2시간 20분)이다. 1달(4주) 동안의 초과근무시간은 한 주간 초과근무시간×4이므로 한 주간 초과근무시간이 가장 많은 직원 C가 초과근무수당 역시 가장 많을 것이다.

05 시간관리능력 정답 | ③

KTX를 이용하면 교통비 제한으로 인해 택시를 이용할 수 없다. 버스－KTX를 이용한다면 버스 이용시간과 대구역 내 이동시간의 합이 40분인데, KTX는 매시간 정각에만 출발하므로 3시에 KTX를 탈 수 있다. 따라서 부산역 도착 시각은 3시 55분이다. 지하철－KTX는 더 느리므로 고려할 필요가 없다.
한편 새마을호를 이용하면 택시를 이용할 수 있다. 택시－새마을호를 이용한다면 택시 이용시간과 대구역 내 이동시간의 합이 25분으로, 2시 30분에 출발하는 새마을호에 탑승할 수 있다. 따라서 부산역 도착 시각은 4시 5분이다. 지하철－새마을호, 버스－새마을호는 더 느리므로 고려할 필요가 없다. 또한 무궁화호를 이용하는 것도 더 느리므로 고려할 필요가 없다.
따라서 버스－KTX를 이용해야 가장 빠르게 부산역에 도착할 수 있다.

06 시간관리능력 정답 | ③

경력이 긴 직원이 우선적으로 참석하므로, 경력이 긴 직원부터 배치하면 김인영을 월요일 1타임과 2타임, 금요일 3타임에 배치할 수 있다. 나지환과 민도희는 경력이 7년으로 같지만, 화요일을 제외하면 겹치는 시간대가 없으므로(목요일은 1시간만 겹치므로 무시) 화요일 배치에만 신경쓰면 된다. 민도희는 화요일 모든 타임에 참석할 수 있지만 1명의 직원이 하루에 3개 프로그램에는 참석하지 않으므로 민도희는 화요일 1타임과 2타임, 나지환은 화요일 3타임에 배치한다. 나지환과 민도희의 나머지 요일도 배치를 완료하면 그 결과는 다음과 같다.

<table>
<tr><th>시간대</th><th>시간</th><th>월</th><th>화</th><th>수</th><th>목</th><th>금</th></tr>
<tr><td>1타임</td><td>10:00~
14:00</td><td rowspan="2">김인영</td><td rowspan="2">민도희</td><td></td><td rowspan="2">민도희</td><td></td></tr>
<tr><td>2타임</td><td>14:00~
17:00</td><td></td><td></td></tr>
<tr><td>3타임</td><td>17:00~
20:00</td><td>나지환</td><td>나지환</td><td>민도희</td><td>나지환</td><td>김인영</td></tr>
</table>

구지엽은 금요일 1타임과 2타임에 배치하고, 채연승은 수요일 1타임과 2타임에 배치할 수 있다. 그 결과는 다음과 같다.

<table>
<tr><th>시간대</th><th>시간</th><th>월</th><th>화</th><th>수</th><th>목</th><th>금</th></tr>
<tr><td>1타임</td><td>10:00~
14:00</td><td rowspan="2">김인영</td><td rowspan="2">민도희</td><td rowspan="2">채연승</td><td rowspan="2">민도희</td><td rowspan="2">구지엽</td></tr>
<tr><td>2타임</td><td>14:00~
17:00</td></tr>
<tr><td>3타임</td><td>17:00~
20:00</td><td>나지환</td><td>나지환</td><td>민도희</td><td>나지환</td><td>김인영</td></tr>
</table>

아직 임영우가 배치받지 못했으므로, 목요일과 금요일 1타임에 배치된 민도희와 구지엽 중 참석 시간이 가장 긴 민도희를 대신하여 목요일 1타임에 배치한다. 따라서 최종 결과는 다음과 같다.

<table>
<tr><th>시간대</th><th>시간</th><th>월</th><th>화</th><th>수</th><th>목</th><th>금</th></tr>
<tr><td>1타임</td><td>10:00~
14:00</td><td rowspan="2">김인영</td><td rowspan="2">민도희</td><td rowspan="2">채연승</td><td>임영우</td><td rowspan="2">구지엽</td></tr>
<tr><td>2타임</td><td>14:00~
17:00</td><td>민도희</td></tr>
<tr><td>3타임</td><td>17:00~
20:00</td><td>나지환</td><td>나지환</td><td>민도희</td><td>나지환</td><td>김인영</td></tr>
</table>

포럼 참석 시간은 김인영 10시간, 나지환 9시간, 민도희 13시간, 구지엽 7시간, 임영우 4시간, 채연승 7시간이다. 따라서 포럼 참석 시간이 가장 긴 직원은 민도희이다.

07 예산관리능력 정답 | ④

직원별 출장 여비는 다음과 같다.

• A: 3급이고, 나주시로 출장을 가므로 1일 숙박비 상한액은 6만 원이다. 1박 실지출 숙박비가 7만 원이므로 상한액인 6만 원을 지급받아 4박 5일 숙박비는 4×6=24(만 원)이다. 시의 1일 식비 정액은 2만 원이고 출장 기간이 4박 5일이므로 1일 식비는 식비 정액의 20%를 추가한 2×1.2=2.4(만 원)이 된다. 따라서 4박 5일 동안 식비는 5×2.4=12(만 원)이다. 따라서 출장 여비는 총 24+12=36(만 원)이다.

• B: 4급이고, 부산광역시로 출장을 가므로 1일 숙박비 상한액은 7만 원이다. 1박 실지출 숙박비가 6만 원이므로 1박당 6만 원을 지급받아 2박 3일 숙박비는 2×6=12(만 원)이다. 광역시이고, 출장 기간이 2박 3일이므로 1일 식비 정액은 3만 원이다. 따라서 2박 3일 동안 식비는 3×3=9(만 원)이다. 그러므로 출장 여비는 총

12+9=21(만 원)이다.

- C: 2급이고, 창원시로 출장을 가므로 1일 숙박비 상한액은 10만 원이다. 1일 실지출 숙박비가 5만 원으로 1일 숙박비 상한액인 10만 원의 60% 미만이므로 정액인 6만 원을 지급받는다. 이에 따라 3박 4일 숙박비는 3×6=18(만 원)이다. 시이고, 출장 기간이 3박 4일이므로 1일 식비 정액은 2만 원이다. 따라서 3박 4일 동안 식비는 4×2=8(만 원)이다. 그러므로 출장 여비는 총 18+8=26(만 원)이다.
- D: 4급이고, 서울특별시로 출장을 가므로 1일 숙박비 상한액은 8만 원이다. 1일 실지출 숙박비가 4만 원으로 1일 숙박비 상한액인 8만 원의 60% 미만이므로 정액인 4.8만 원을 지급받는다. 이에 따라 2박 3일 숙박비는 2×4.8=9.6(만 원)이다. 서울특별시이고, 출장 기간이 2박 3일이므로 1일 식비 정액은 4만 원이다. 따라서 2박 3일 동안 식비는 3×4=12(만 원)이다. 그러므로 출장 여비는 총 9.6+12=21.6(만 원)이다.
- E: 5급이고, 제주도로 출장을 가므로 1일 숙박비 상한액은 7만 원이다. 1일 실지출 숙박비가 5만 원이므로 1박당 5만 원을 지급받아 5박 6일 숙박비는 5×5=25(만 원)이다. 제주도의 1일 식비 정액은 3만 원이고 출장 기간이 5박 6일이므로 1일 식비는 식비 정액의 20%를 추가한 3×1.2=3.6(만 원)이므로, 5박 6일 동안 식비는 6×3.6=21.6(만 원)이다. 그러므로 출장 여비는 총 25+21.6=46.6(만 원)이다.

따라서 출장 여비를 가장 많이 지급받는 직원은 E로 46.6만 원, 가장 적게 지급받는 직원은 B로 21만 원이다. 따라서 둘의 차이는 46.6−21=25.6(만 원)이다.

08 예산관리능력 정답 | ②

김 본부장과 박 부장은 각각 A지역(영국, 대만)에서 15박 16일을 보낸 후 둘 다 B지역(독일)에서 10박 11일을 체류했다. 각각의 숙박비와 일비를 계산하면 다음과 같다.

(단위: 달러)

구분		김 본부장	박 부장
A지역 (15박 16일)	실비	200×15=3,000	180×15=2,700
	일비	150×16=2,400	120×16=1,920
B지역 (10박 11일)	실비	180×10=1,800	150×10=1,500
	일비	120×11=1,320	100×11=1,100
합계		8,520	7,220

따라서 김 본부장과 박 부장의 해외 출장여비 차이는 8,520−7,220=1,300(달러)이다.

시간관리 TIP

김 본부장과 박 부장의 해외 출장여비 차이를 구하는 것이므로 전체를 구하지 않고, 차이 나는 액수만 계산해도 무방하다. A지역에서 둘 다 15박 16일 동안 체류하므로 해외 출장여비의 차이는 (200−180)×15+(150−120)×16=780(달러)이다. B지역 역시 둘 다 10박 11일 동안 체류하므로 해외 출장여비의 차이는 (180−150)×10+(120−100)×11=520(달러)이다. 따라서 해외 출장여비 차이는 총 780+520=1,300(달러)이다.

09 물적자원관리능력 정답 | ①

공간 A, B, C를 계산식에 맞춰 계산해 보면 다음과 같다.

- 공간 A

(단위: 원)

구분	가로 타일	세로 타일	정사각 타일
개수	6개	5개	2개
타일 비용	480,000	750,000	240,000
코팅 비용	90,000	0	40,000
도색 비용	0	525,000	120,000
공임 비용	120,000	110,000	54,000
총비용	690,000	1,385,000	454,000
비용 합산		2,529,000	

• 공간 B

(단위: 원)

구분	가로 타일	세로 타일	정사각 타일
개수	3개	3개	5개
타일 비용	240,000	450,000	600,000
코팅 비용	45,000	0	100,000
도색 비용	0	315,000	300,000
공임 비용	60,000	66,000	135,000
총비용	345,000	831,000	1,135,000
비용 합산	2,311,000		

• 공간 C

(단위: 원)

구분	가로 타일	세로 타일	정사각 타일
개수	8개	1개	2개
타일 비용	640,000	150,000	240,000
코팅 비용	120,000	0	40,000
도색 비용	0	105,000	120,000
공임 비용	160,000	22,000	54,000
총비용	920,000	277,000	454,000
비용 합산	1,651,000		

따라서 공간별 전체 공사 비용이 가장 큰 순서대로 나열하면 A−B−C이다.

시간관리 TIP

3가지 타일 중 한 가지를 기준으로 하여 낱개 금액을 x라 할 때 나머지 두 개 타일을 x로 치환하여 나타낸다면 공간 A, B, C 모두 x로 나타낼 수 있다. 이를 추후에 비교하면 공간 A, B, C 내의 타일을 세고 각각의 타일 가격을 매번 곱하는 것보다 빠르게 문제를 풀 수 있다. 적용해 보면 다음과 같다.

1) 타일 낱개 가격 구하기
- 가로 타일: $80+15+20=115$(천 원)
- 세로 타일: $150+105+22=277$(천 원)
- 정사각 타일: $120+20+60+27=227$(천 원)

2) 각각의 타일을 x로 나타내기
가로 타일을 x라고 하면, 세로 타일은 $2x+47$, 정사각 타일은 $2x-30$이다.

3) 공간의 개수를 x로 나타내기
- 공간 A: 가로 6, 세로 5, 정사각 2
$=6x+(10x+235)+(4x-6)$
$=20x+229$
- 공간 B: 가로 3, 세로 3, 정사각 5
$=3x+(6x+141)+(10x-15)$
$=19x+126$
- 공간 C: 가로 8, 세로 1, 정사각 2
$=8x+(2x+47)+(4x-6)$
$=14x+41$

따라서 A−B−C 순서임을 알 수 있다.

10 물적자원관리능력 정답 | ⑤

가장 먼저 A가 사무실을 선택하는데, 북향(9), 화장실 앞(4, 5), 계단 앞(3), 회의실 앞(6, 7), 측실(1, 8)을 기피하므로 2사무실에 위치한다. 그 다음으로 사무실을 선택하는 B는 화장실 앞(4, 5), 북향(9), 계단 앞(3), 측실(1, 8)을 기피하므로 6 또는 7사무실에 위치한다. C는 화장실 앞(4, 5), 북향(9), 계단 앞(3), 회의실 앞(6, 7)을 기피하고 흡연자 옆 방도 기피하므로 흡연자 A가 위치한 2사무실 옆인 1사무실도 기피한다. 따라서 8사무실에 위치한다. 마찬가지 원리로 D는 3사무실에 위치한다. 지금까지의 내용을 정리하면 다음과 같다.

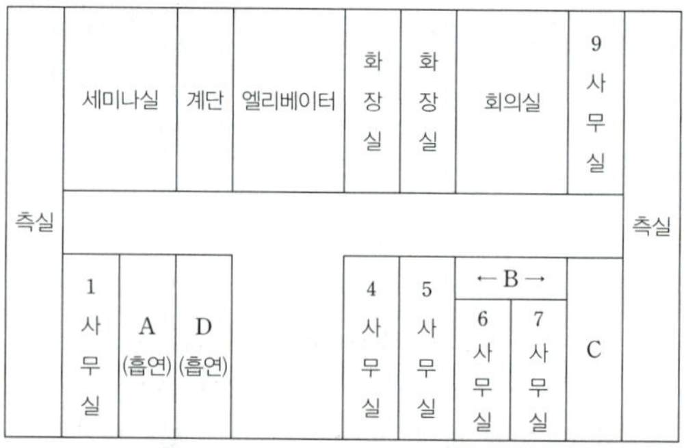

E는 북향(9), 화장실 앞(4, 5), 흡연자 옆(1), 측실(1, 8)을 기피하므로 6사무실 또는 7사무실 중 B가 위치하지 않은 곳에 위치한다. 마찬가지로 F는 1사무실에 위치한다. 지금까지의 내용을 정리하면 다음과 같다.

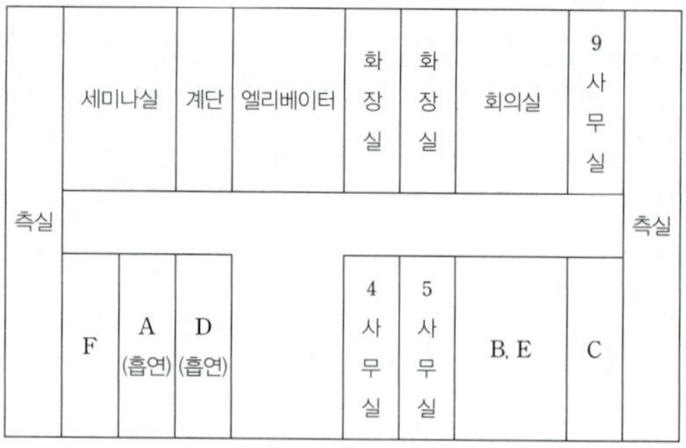

G는 북향(9), 화장실 앞(4, 5), 측실(1, 8)을 기피하는데, 남은 방이 모두 기피하는 방이므로 가장 덜 기피하는 곳인 화장실 앞 방에 해당하는 4 또는 5사무실에 위치한다. H도 남은 방이 모두 기피하는 방이므로 가장 덜 기피하는 곳인 북향 방에 해당하는 9사무실에 위치한다. 마지막으로 I는 4 또는 5사무실 중 G가 위치하지 않은 곳에 위치한다. 최종 결과를 정리하면 다음과 같다.

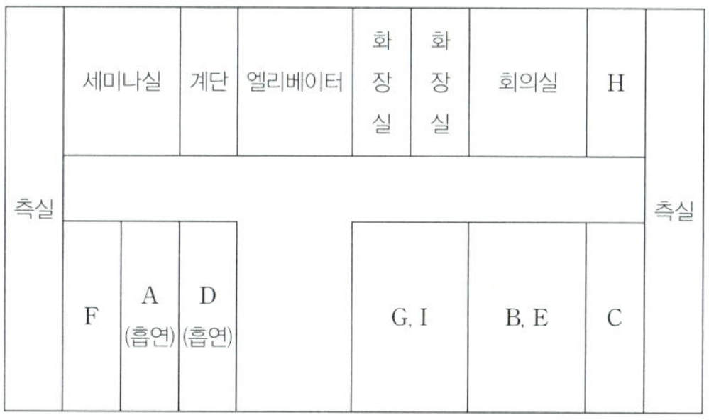

홍보부서원인 C와 H 직원의 사무실은 서로 붙어 있지 않고 마주보고 있다.

오답풀이

① 흡연자는 A, D이며, 이들은 서로 붙어 있다.
② 경리부서원은 G와 I이며, 이들은 서로 붙어 있다.
③ 기획부서원은 A, D, F이며, 이들은 서로 붙어 있다.
④ 법무부서원은 B와 E이며, 이들은 서로 붙어 있다.

11 물적자원관리능력 정답 | ①

- A: 공사금액이 150억 원 미만이고, 유해 · 위험방지계획서 제출 대상인 토목공사업에 속하는 공사이므로 안전관리자를 1명 이상 선임해야 한다.
- B: 공사금액이 50억 원 이상 120억 원 미만이면서 유해 · 위험방지계획서 제출 대상인 공사이므로 안전관리자를 1명 이상 선임해야 한다.
- C: 공사금액이 800억 원 이상이므로 안전관리자를 2명 이상 선임해야 한다. 이때, 공사금액 기준 800억 원에서 700+500=1,200(억 원)이 추가되었으므로 안전관리자를 1명 추가, 상시근로자 수 기준으로는 300×3=900(명)이 추가되었으므로 안전관리자를 3명 추가해야 한다. 이 중 추가 인원이 더 많은 상시근로자 수 기준을 따른다. 따라서 C공사는 안전관리자를 적어도 5명 선임해야 한다.
- D: 공사금액이 800억 원 이상이므로 안전관리자를 2명 이상 선임해야 하고, 2×700+300=1,700(억 원) 추가되었으므로 안전관리자가 2명 추가되어 적어도 4명 선임해야 한다. 그런데 공사기간이 5년 이상인 장기계속공사이고, 상시근로자 수가 600명 미만이면서 당 회계연도의 공사금액이 전체 공사금액의 5% 미만이고, 공사 시작 후 및 종료 전의 15에 해당하는 기간이 아니므로 전체 안전관리자 수에서 1명을 줄인 3명 이상을 선임해야 한다.
- E: 공사금액이 800억 원 이상이므로 안전관리자를 2명 이상 선임해야 하는데 상시근로자 수가 600명 미만이고, 공사 종료 전의 15에 해당하는 기간이므로 안전관리자를 1명 이상 선임해야 한다.
- F: 공사금액이 800억 원 이상이므로 안전관리자를 2명 이상 선임해야 하고, 700억 원 추가되었으므로 안전관리자가 1명 추가되어 적어도 3명 선임해야 한다. 그런데 공사 종료 전의 15에 해당하는 기간이므로 안전관리자를 1명 이상 선임해야 한다.(당 회계연도 공사금액이 전체의 5% 미만이지만 공사 종료 전의 15에 해당하는 기간이므로 나목이 아니라 가목을 적용한다.)

따라서 A~F 공사에 선임되는 안전관리자 수의 합은 1+1+5+3+1+1=12(명)이다.

12 인적자원관리능력 정답 | ④

각 입사지원자의 평가 비중을 고려한 평가 결과의 가중평균 점수는 다음과 같다.

- A: 85×0.3+90×0.4+(30+50+75)×0.1=77(점)
- B: 95×0.3+88×0.4+(50+60+83)×0.1=83(점)
- C: 88×0.3+85×0.4+(70+80+76)×0.1=83(점)
- D: 80×0.3+90×0.4+(100+60+90)×0.1=85(점)
- E: 90×0.3+100×0.4+(90+100+50)×0.1−10=81(점)

따라서 평가 비중을 고려한 평가 결과의 가중평균 점수가 가장 높은 입사지원자는 D이다.

13 예산관리능력 정답 | ⑤

5월 8일은 토요일이므로 '해'의 기본 숙박비는 130,000원이다. '해'의 기준 인원이 2명이고, 성인 및 36개월 이상 2명, 24개월 이상 36개월 미만 1명, 24개월 미만

1명이 추가 인원이다. 따라서 숙박비는 130,000+2×20,000+1×10,000=180,000(원)이다.
총 6명이므로 바비큐장은 테이블 2개를 신청해야 하고, 참숯을 추가하므로 2×(20,000+10,000)=60,000(원)이다. 따라서 A가 지불해야 하는 총요금은 180,000+60,000=240,000(원)이다.

14 예산관리능력 정답 | ③

B는 5월 16일 일요일에 '별'을 예약하였다. '별'의 기준 인원이 2명이고, 성인 및 36개월 이상 2명이 추가 인원이므로 숙박비는 150,000+2×20,000=190,000(원)이다. 바비큐장은 이용하지 않는다. 예약일이 5월 14일이고, 5월 14일에 취소하였으므로 당일 취소이지만 숙박일이 5월 16일로 숙박일 기준 2일 전이므로 숙박비의 50%를 공제하고 환급받는다. 따라서 B가 환급받는 금액은 190,000×(1−0.5)=95,000(원)이다.
C는 5월 25일 화요일에 '바다'를 예약하였다. '바다'의 기준 인원이 4명이고, 성인 및 36개월 이상 1명, 24개월 이상 36개월 미만 3명, 24개월 미만 2명이 추가 인원이므로 숙박비는 250,000+20,000+3×10,000=300,000(원)이다. 참숯은 추가하지 않고, 바비큐장만 이용하는데 총 10명이므로 테이블을 3개 신청해야 한다. 따라서 바비큐장 이용 비용은 3×20,000=60,000(원)이다. 숙박일 기준 11일 전에 예약을 취소하였으므로 숙박비 5%를 공제하고 환급받는다. 바비큐장 이용 비용은 전액 환급되므로 C가 환급받는 금액은 300,000×(1−0.05)+60,000=345,000(원)이다.
D는 5월 10일 월요일에서 5월 21일 금요일로 예약을 변경하였다. '달'의 기준 인원이 2명이고, 주말이므로 숙박비는 160,000원이다. 참숯을 추가하였으므로 바비큐장 이용 비용은 20,000+10,000=30,000(원)이다. 예약을 이미 1회 변경하였으므로 숙박비 전액 환불 불가이다. 따라서 바비큐장 이용 비용인 30,000원만 환급받는다.
따라서 B, C, D가 환급받는 금액의 총합은 95,000+345,000+30,000=470,000(원)이다.

15 물적자원관리능력 정답 | ④

호텔별 각 항목에서의 점수는 다음과 같다.

구분	행사장 거리	호텔 등급	예산 접근성	조식 제공	Wi-Fi 제공	총점
A호텔	2	2	3	+1	+1	9
B호텔	5	5	1	−1	−1	9
C호텔	3	2	2	+1	+1	9
D호텔	1	4	5	−1	+1	10
E호텔	4	4	4	−1	−1	10

D호텔과 E호텔이 총점 10점으로 가장 점수가 높다. 동점인 경우 가점이 많은 호텔을 선정하므로 D호텔을 선정한다.

16 예산관리능력 정답 | ①

우선 7박 8일 동안의 총숙박요금을 계산한다. 7박 중 2박은 주말, 5박은 주중요금으로 계산한다.
임원 3명은 2인실 스위트룸에 1인을 추가하여 계산하는 것이 가장 저렴하다. 주말요금은 1박에 150,000+10,000=160,000(원)이므로 2박은 160,000×2=320,000(원)이고, 주중요금은 1박에 90,000+10,000=100,000(원)이므로 5박은 100,000×5=500,000(원)이다. 직원 17명은 4인실 스탠다드룸에 1인을 추가하여 3개를 이용하고, 남은 2명은 2인실 스탠다드룸을 이용하는 것이 가장 저렴하다. 4인실 스탠다드룸(+1인)의 주말요금은 1박에 160,000+10,000=170,000(원)이므로 룸 3개, 2박은 170,000×3×2=1,020,000(원)이다.
주중요금은 1박에 140,000+10,000=150,000(원)이므로 룸 3개, 5박은 150,000×3×5=2,250,000(원)이다. 2인실 스탠다드룸의 주말요금은 1박에 120,000원이므로 2박은 120,000×2=240,000(원)이고, 주중요금은 1박에 80,000원이므로 5박은 80,000×5=400,000(원)이다.
따라서 총숙박요금은 320,000+500,000+1,020,000+2,250,000+240,000+400,000=4,730,000(원)이다.
선정된 호텔은 D호텔로 예산 접근성은 +6만 원이므로 R공사에서 정해진 예산은 4,730,000−60,000=4,670,000(원)이다.

시간관리 TIP

인원 추가 비용이 객실 비용보다 훨씬 저렴하므로 객실의 수를 최소화하는 것이 중요하다. 가장 저렴하게 이용하려면 임원 3명은 (2인실)+(1인 추가), 직원 17명은 (4인실)+(1인 추가)하여 최대한 하나씩 객실을 이용하고, 남는 인원을 수용할 수 있는 저렴한 객실을 추가한다.

17 인적자원관리능력 정답 | ①

최소 인원으로 고용해야 하므로 가능한 근무 시간이 겹치지 않게 고용하는 것이 좋다. 연속하여 최소 5시간 이상 근무가 가능해야 한다고 했으므로 편의상 7:00~12:00, 12:00~17:00, 17:00~22:00 세 타임으로 나누어 생각해본다.

7:00부터 근무 가능한 지원자는 A, D, E인데 E는 4시간만 근무 가능하므로 부적합하다. A, D는 7:00~12:00에 근무 가능하므로 반드시 고용되어야 한다. 22:00까지 근무 가능한 지원자는 C와 G이므로 반드시 고용되어야 한다. 연속하여 최소 5시간 이상 근무가 가능해야 하므로 17:00~22:00에 C, G가 근무한다.

즉, A, C, D, G의 근무가능 시간은 다음과 같다.

<table>
<tr><td>7</td><td>~8</td><td>~9</td><td>~10</td><td>~11</td><td>~12</td><td>~13</td><td>~14</td><td>~15</td><td>~16</td><td>~17</td><td>~18</td><td>~19</td><td>~20</td><td>~21</td><td>~22</td></tr>
<tr><td colspan="9">A(경력)</td><td colspan="7">G(경력)</td></tr>
<tr><td colspan="7">D(경력)</td><td colspan="9">C(신입)</td></tr>
</table>

18 예산관리능력 정답 | ②

연속하여 최소 5시간 이상 근무할 수 있어야 한다고 했으므로, 편의상 7:00~12:00, 12:00~17:00, 17:00~22:00로 구분한다. 이때 경력직은 1명 이상 상주해야 하고, 최소 비용으로 고용해야 한다고 했으므로 4시간만 근무 가능한 E는 제외한다.

7:00부터 근무가 가능한 경력직 A, D 그리고 22:00까지 근무가 가능한 G를 고정하였을 때 편의상 나눈 12:00~17:00에 신입 또는 희망 시급이 더 낮은 지원자를 고용할 수 있다. 12:00~17:00에 근무가 가능한 사람은 H이며, 같은 시간대에 신입만 2명 근무할 수는 없으므로, C는 17:00~22:00에만 근무 가능하다.

다른 직원들과 겹치지 않게 최소 5시간 근무하려면 B 또는 F가 12:00~17:00 사이에 근무하거나 A가 7:00~15:00에 근무하고, G가 15:00~22:00에 근무할 수 있는데 A와 G가 근무할 때 시급이 가장 저렴하다.

정리해 보면 다음과 같이 근무하는 것이 가장 최소 비용으로 근무할 수 있는 조건이 된다.

<table>
<tr><td>07</td><td>~08</td><td>~09</td><td>~10</td><td>~11</td><td>~12</td><td>~13</td><td>~14</td><td>~15</td><td>~16</td><td>~17</td><td>~18</td><td>~19</td><td>~20</td><td>~21</td><td>~22</td></tr>
<tr><td colspan="9">A(경력)</td><td colspan="7">G(경력)</td></tr>
<tr><td colspan="6">D(경력)</td><td colspan="5">H(신입)</td><td colspan="5">C(신입)</td></tr>
</table>

다만 신입의 경우 희망 시급에 관계없이 시급 8,800원이라고 하였으므로 C와 H의 시급은 8,800원으로 계산한다.

따라서 A+G+D+H+C의 하루 일당의 총액은 $8\times9{,}200+7\times9{,}100+5\times(9{,}000+8{,}800+8{,}800)$ $=270{,}300$(원)이다.

19 물적자원관리능력 정답 | ⑤

36개월 동안 운영하는 것이므로 A~E의 순이익을 구하면 다음과 같다.

- A: $36\times4\times480-20{,}000-36\times300=38{,}320$(만 원)
- B: $36\times4\times460-18{,}000-36\times200=41{,}040$(만 원)
- C: $36\times4\times520-22{,}000-36\times400=38{,}480$(만 원)
- D: $36\times4\times480-19{,}000-36\times300=39{,}320$(만 원)
- E: $36\times4\times500-21{,}500-36\times250=41{,}500$(만 원)

따라서 E상가에 대리점을 연다.

시간관리 TIP

월세와 월 판매 수량의 경우 월 단위로 누적되므로 36×{(월 판매 수량)×4−(월세)}−(보증금)으로 식을 정리하여 계산할 수 있다. 이때, 36은 모든 식에 공통적으로 계산되므로 생략하고 계산한다. 다른 판매 변수가 없으므로 결국 한 달 순이익이 가장 큰 곳이 3년 후 이익도 가장 클 것이다.

20 물적자원관리능력 정답 | ②

순이익이 흑자가 되는 개월을 x개월이라 하면 다음과 같은 식이 성립한다.

- A: $(480\times4)x-20{,}000-300x>0$

  $\rightarrow 1{,}620x>20{,}000 \rightarrow x>12.3$

  즉, 13개월 이후에 순이익이 흑자가 된다.

- B: $(460\times4)x-18,000-200x>0$
  $\rightarrow 1,640x>18,000 \rightarrow x>10.98$
  즉, 11개월 이후에 순이익이 흑자가 된다.
- C: $(520\times4)x-22,000-400x>0$
  $\rightarrow 1,680x>22,000 \rightarrow x>13.1$
  즉, 14개월 이후에 순이익이 흑자가 된다.
- D: $(480\times4)x-19,000-300x>0$
  $\rightarrow 1,620x>19,000 \rightarrow x>11.7$
  즉, 12개월 이후에 순이익이 흑자가 된다.
- E: $(500\times4)x-21,500-250x>0$
  $\rightarrow 1,750x>21,500 \rightarrow x>12.3$
  즉, 13개월 이후에 순이익이 흑자가 된다.

따라서 가장 빨리 흑자가 되는 B상가에 대리점을 연다.

시간관리 TIP

정리한 부등식을 바탕으로 x의 범위를 구하기 전, A~E의 부등식을 통해 x의 범위를 비교하면, A, D>B이고 C>E임을 알 수 있다. B의 $1,640x>18,000$과 E의 $1,750x>21,500$을 비교하면, 1,640 → 1,750의 증가율은 10% 미만인 반면, 18,000 → 21,500의 증가율은 10% 이상이므로 E>B임을 알 수 있다. 따라서 B상가를 정답으로 바르게 선택할 수 있다.

CHAPTER 05 정보능력

STEP 01 | 적중예상문제

2권 P. 272

01	②	02	④	03	②	04	⑤	05	⑤
06	④	07	③	08	⑤	09	②	10	③
11	⑤	12	④	13	④	14	③	15	④
16	⑤	17	⑤	18	③	19	③	20	④

01 정보능력 개요 정답 | ②

변화가 심한 시대에는 정보를 빨리 수집하는 것이 상당히 중요한 포인트가 된다. 때로는 질이나 내용보다는 정보를 남보다 빠르게 획득하는 것만으로도 앞설 수 있다. 더군다나 격동의 시대에는 빠른 정보 수집이 결정적인 효과를 가져올 가능성이 클 것이다.

오답풀이

③ 정보는 '인포메이션(information)'과 '인텔리전스(intelli-gence)'로 나뉜다. 인포메이션은 하나하나의 개별적인 정보를 나타내는 개념인 데 반해 인텔리전스란 무수히 많은 인포메이션 중에 몇 가지를 선별·연결하여 무엇인가를 판단하기 쉽게 도와주는 하나의 정보 덩어리라고 할 수 있다. 우리는 단순한 인포메이션을 수집할 것이 아니라 직접적으로 도움을 줄 수 있는 인텔리전스를 수집할 필요가 있다.

02 정보능력 개요 정답 | ④

㉠ 자료는 '가치가 평가되지 않은 메시지'를 의미하고, 정보는 '특정 상황에서 평가된 자료'를 의미한다.
㉡ 단순히 객관적 실제의 반영인 고객의 인적사항은 자료에 불과하며, 자료를 특정한 목적과 문제해결에 도움이 되도록 가공한 스마트폰 활용 횟수 자료는 정보이다.
㉣ 정보를 집적하고 체계화하여 장래의 일반적인 사항에 대비해 보편성을 갖도록 한 것이 지식이다.

오답풀이

㉢ 자료를 일정한 프로그램에 따라 컴퓨터가 처리·가공함으로써 특정한 목적을 달성하는 데 필요하거나 특정한 의미를 가진 것으로 다시 생산된 것을 정보라고 한다.

03 컴퓨터활용능력 정답 | ②

C++에서는 사용이 끝난 객체(object)를 명시적으로 폐기하도록 프로그램에 기술하였으나, 자바는 그 대신 자동 쓰레기 수집(garbage collection) 기능을 추가하였다. 자바는 이를 통해 자동으로 메모리 관리가 가능하며 멀티 쓰레드 기능이 있어 동시에 여러 작업을 수행할 수 있다는 높은 편의성이 하나의 특징이다.

04 컴퓨터활용능력 정답 | ⑤

ⓛ 대부분의 하드웨어(CPU, 그래픽카드 등)는 컴퓨터 전원이 들어옴과 동시에 CMOS의 설정에 따라 작동이 되기 때문에, 전원을 종료한 뒤 작업하는 것이 권장된다. 전원을 종료하지 않고 작업할 경우 전력 불안정, 오작동 등으로 인해 부품의 수명 단축, 고장의 원인이 될 수 있다.

ⓒ 메인보드의 지원(DDR버전, 대역폭 속도, 제조사 등), 운영체제의 지원(32/64비트 등)을 고려해야 한다.

ⓔ 하드디스크 역시 목적에 맞는 옵션(용량, RPM, 전송속도) 선택뿐만 아니라 메인보드 지원 여부(SATA, E−IDE 등) 등을 확인해야 한다.

오답풀이

ⓖ 소프트웨어를 업그레이드할 때에는 CMOS Setup 프로그램이 아닌, Windows 등 OS를 이용하여 업그레이드한다.

05 컴퓨터활용능력 정답 | ⑤

AVERAGE 함수는 평균을 구할 때 사용하는 함수이다. 입력식은 '=AVERAGE(셀,셀,셀,…)'과 같이 표기하나, 시작 셀과 끝 셀까지의 범위를 지정하는 방법, 특정 셀과 범위를 함께 표기하는 방법이 모두 가능하다.

따라서 ⓖ~ⓔ 모두 국어, 영어, 수학, 과학, 사회의 평균값을 구하고자 할 때 [F2] 셀에 들어갈 수 있는 AVERAGE 함수식에 해당한다.

06 컴퓨터활용능력 정답 | ④

ⓖ COUNTIF 함수는 지정된 범위에서 조건에 만족하는 셀의 개수를 구하는 함수이다. 지정된 범위 C2:C6에서 20000보다 큰 숫자가 입력된 셀의 개수를 구해야 하므로 결괏값은 3이 된다.

ⓛ COUNTA 함수는 지정된 범위에서 비어 있지 않은 셀의 개수를 구하는 함수이다. 지정된 범위 D2:D6에서 비어 있지 않은 셀의 개수는 5개이므로 결괏값은 5가 된다.

ⓒ COUNT 함수는 지정된 범위에서 숫자가 포함된 셀의 개수를 구하는 함수이다. 지정된 범위 D2:D6에서 숫자가 포함된 셀의 개수는 3개이므로 결괏값은 3이 된다.

따라서 정답은 3+5+3=11이다.

07 컴퓨터활용능력 정답 | ③

IF 함수의 함수식은 '=IF(조건식,참일 때의 변환값, 거짓일 때의 변환값)'이며, 거짓일 때의 변환값을 넣지 않을 경우 참일 때의 변환값만 표시되고, 거짓일 때에는 'FALSE'가 표시된다.

ⓒ [D4] 셀은 조건식에 맞는 참인 경우이므로 거짓일 경우의 변환값을 지정하지 않아도 원하는 '초과'의 변환값을 얻을 수 있다.

ⓔ [D6]과 [D7] 셀에는 각각 '=IF(C6>B6,"초과","")'와 '=IF(C7>B7,"초과","")'와 같이 조건에 맞지 않을 때(거짓일 때)의 변환값을 입력할 수 있다.

오답풀이

ⓖ [D3] 셀에 '=IF(C3>B3,"초과")'를 입력하여 [D7] 셀까지 드래그하면, 조건에 맞지 않는 [D3], [D5], [D7] 셀의 변환값을 지정하지 않아 [D3], [D5], [D7] 셀에 'FALSE'가 표시된다.

ⓛ IF 함수의 '중첩'을 의미하는 것으로, 참(초과)과 거짓(미초과)일 경우의 값을 한 번에 나타낼 수 있다. [D3] 셀에 '=IF(C3>B3,"초과","")'와 같이 입력하면 '초과'가 아닌 셀의 변환값을 공백으로 두게 된다.

08 컴퓨터활용능력 정답 | ⑤

SUMPRODUCT 함수는 '곱하여 더하는' 배열함수이다. 입력식은 '=SUMPRODUCT(영역1,영역2)'와 같다. 영역1 범위와 영역2 범위에서 같은 행에 해당하는 두 셀의 값을 곱한 후 곱한 모든 값을 더하여 결괏값을 도출하게 된다. 따라서 [E2:E9] 셀까지의 거래금액을 모두 계산하여 합계를 구하는 방식을 한 번에 처리할 수 있는 것이 SUMPRODUCT 함수이며, 주어진 셀에는 '=SUMPRODUCT(C2:C9,D2:D9)'와 같이 입력해야 한다.

09 컴퓨터활용능력 정답 | ②

스파크라인은 Default로 데이터 범위를 숨기기할 경우 사라지는 경우가 있으며, 이때에는 '스파크라인 도구' → '데이터 편집' → '숨겨진 셀/빈 셀'을 선택하여 숨긴 데이터 값을 다시 표시할 수 있다.

오답풀이

① 그래프 종류 중 '꺾은선형'은 꺾은선으로, '열'은 막대로, '승패'는 데이터 크기와 관계없이 양의 수치인지 음의 수치인지만을 표시해 준다.

10 정보처리능력 정답 | ③

다음과 같은 표를 만들어 계산해 보면 마지막 빈칸에 들어가야 할 체크디지트(C/D) 숫자를 알 수 있다.

구분	0	9	3	1	2	3	4	5	6	7	8	9	C/D	
1단계	1	2	3	4	5	6	7	8	9	10	11	12	13	
2단계		9	+	1	+	3	+	5	+	7	+	9	=	34
3단계										34	×	3	=	102
4단계	0	+	3	+	2	+	4	+	6	+	8		=	23
5단계										102	+	23	=	125
6단계										125	+	5	=	130

따라서 체크디지트는 5가 되며, 완성된 KAN 코드는 0931234567895가 된다.

11 컴퓨터활용능력 정답 | ⑤

반복 구조의 수도 코드를 읽고 이진 탐색 함수의 mid를 계산할 수 있다. 오답으로 ① 혹은 ④가 등장할 수 있는데, 이진 탐색 함수의 특성상 mid는 first와 last에 의해 결정되어야 하므로, 둘의 합을 2로 나누고 정수 부분만 취한 값이다. 따라서 정답은 ⑤이다.

12 컴퓨터활용능력 정답 | ④

조건에 따라 분기되는 함수를 보면, arr[mid] 값이 target보다 작은 경우에는 mid의 오른쪽에 target이 존재하게 된다. 이 분기에서는 target이 mid와 동일하지 않으므로, mid+1부터 last까지 재귀적으로 함수를 수행해야 한다.

13 정보처리능력 정답 | ④

2011년 10월 생산품이므로 1110의 코드가 부여되며, 호주 '오즈본' 사는 6N, 여성용 02와 블라우스 해당 코드 006, 1,057번째 입고품의 시리얼 넘버 01057이 제품 코드로 사용되므로 1110−6N−02006−01057이 된다.

14 정보처리능력 정답 | ③

2025년 10월에 생산되었으며, 칠레 'Moris' 사의 생산품이다. 또한, 아웃도어용 신발을 의미하며 910번째로 입고된 제품임을 알 수 있다.

시간관리 TIP

대표적인 NCS 정보능력의 모듈형으로 평소 몇 번 정도의 문제풀이 과정을 통해 표에 대한 이해도를 높인다면 전혀 복잡한 문항이 아니라는 점을 간파할 수 있다. 대개 동일한 표 구성에 세부사항(아이템, 연도, 공장명 등)만 바뀌어 출제되는 경우가 많으므로, 해당 표를 접해 본 수험생과 접해 보지 않은 수험생과의 문제풀이 시간이 크게 차이날 수 있는 유형이다.

15 정보처리능력 정답 | ④

〈의약품 표준형 상품식별코드 GTIN−13〉에 따르면 상품식별코드 7671501123418에서 국가코드 767은 스위스이고 업체코드 1501은 I공장, 상품코드 12341은 감기약 10정을 의미하므로 K공장에서 생산된 것이 아니다.

오답풀이

① 체크디지트는 10의 배수가 되기 위해 추가로 더해야 하는 최소의 음이 아닌 정수이며, 0부터 9까지의 모든 정수가 될 수 있으므로 최솟값은 0이다.

② 〈단축형 상품식별코드 GTIN－8〉에 따르면 GTIN－8은 소형 상품에 부여하는 상품식별코드로, 업체코드가 3자리라고 하였다. A공장의 업체코드는 501로 3자리임을 알 수 있으며, 소형 상품을 생산하는 미국 업체라 했으므로 올바른 설명이다.
③ 〈GTIN－13 코드〉에 따르면 소매상품에 사용되는 상품식별코드는 국가코드 3자리, 업체코드 6자리, 상품코드 3자리, 체크디지트 1자리로 구성되고, 〈의약품 표준형 상품식별코드 GTIN－13〉에서는 의약품에 사용되는 상품식별코드는 국가코드 3자리, 업체코드 4자리, 상품코드 5자리, 체크디지트 1자리로 구성된다고 하였으므로 올바른 설명이다.
⑤ 〈의약품 표준형 상품식별코드 GTIN－13〉에 의하면 상품코드 5자리는 품목코드 4자리와 포장단위 1자리로 구성되어 있다고 하였으므로 올바른 설명이다.

16 정보처리능력 정답 | ⑤

주어진 자료에 따라 체크디지트를 구하면 다음과 같다.

- $8+1+5+7+1+2=24 \rightarrow 24\times3=72$
- $8+0+0+6+5+1=20 \rightarrow 72+20=92$

따라서 92에 8을 더하면 10의 배수가 되므로 체크디지트는 8이다.

17 정보처리능력 정답 | ⑤

ⓢ은 처리된 결과를 프린터로 출력하는 의미를 지닌 기호이므로 입력에 관한 기능을 의미하지 않는다.

오답풀이

각 기호의 이름과 의미는 다음과 같다.
㉠: 단자(Terminal), 순서도의 시작과 끝을 표시
㉡: 준비(Preparation), 변수의 선언 및 초기값 부여, 배열 선언
㉢: 처리(Process), 값을 계산하거나 대입하는 기호
㉣: 판단(Decision), 참과 거짓을 판단하거나 조건에 맞는 경로로 분기함
㉤: 수동입력(Console), 키보드를 이용한 수동입력
㉥: 입출력(Input, Output), 데이터의 입력과 출력
ⓢ: 문서(Document), 처리된 결과를 데이터로 출력

18 정보처리능력 정답 | ③

라면을 끓이는 데 있어, '라면 봉지를 뜯는다.', '기다린다.'와 같은 입력값은 판단에 따라 정해진 값을 대입하는 처리 기호에 해당하므로 ㉢의 순서도가 적절하다.

19 정보처리능력 정답 | ③

error value는 각각 1, 2, 1이고, File System Type이 COP이므로 FEV=002이다. 한편 Label Backup이 D이므로 correcting value는 1,604이다. FEV를 구성하는 숫자 0, 2 중 일부만(0) correcting value 1,604에 포함되고, 문자 미포함이므로 'Orange'를 입력한다.

20 정보처리능력 정답 | ④

error value는 각각 3, 1, 5이고, File System Type이 ATO이므로 FEV=3+1+5=009이다. 한편 Label Backup이 Q이므로 correcting value는 7412A이다. FEV를 구성하는 숫자 0, 9 모두 correcting value 7412A에 포함되지 않고, 문자 포함이므로 'Red'을 입력한다.

CHAPTER 06 기술능력

STEP 01 | 적중예상문제 2권 P. 290

01	①	02	⑤	03	②	04	①	05	④
06	③	07	⑤	08	②	09	②	10	③
11	④	12	④	13	④	14	②	15	①
16	③	17	④	18	③	19	③	20	⑤

01 기술능력 개요 정답 | ①

기술을 기술 관련 직업이나 제조 관련 직업에만 필요한 것으로 생각해서는 안 된다. 또한, 기술능력이 뛰어나다는 것이 반드시 직무에서 요구되는 구체적인 기능을 소유하고 있다는 것만을 의미하지는 않는다. 기술을 사회의 모든 체계에서 필요로 하는 분야라고 이해한다면, 사회 모든 직업인이 지녀야 할 능력으로 이해할 수 있다. 이것은 모든 직업에 종사하는 사람들이 지녀야 할 직업기초능력으로서 기술능력을 지녀야 한다는 것이다.

02 기술선택능력 정답 | ⑤

기술선택이란 기업이 어떤 기술을 외부로부터 도입하거나 자체 개발하여 활용할 것인가를 결정하는 것이다. 기술선택을 위한 의사결정은 크게 다음과 같은 두 가지 방법이 있다.

- 상향식 기술선택(Bottom Up Approach)
  기업 전체 차원에서 필요한 기술에 대한 체계적인 분석이나 검토 없이 연구자나 엔지니어들이 자율적으로 기술을 선택하는 것이다.
- 하향식 기술선택(Top Down Approach)
  기술경영진과 기술기획 담당자들에 의한 체계적인 분석을 통해 기업이 획득해야 하는 대상기술과 목표기술 수준을 결정하는 것이다.

따라서 (가)는 상향식, (나)는 하향식 의사결정에 의한 기술선택임을 알 수 있다.

03 기술선택능력 정답 | ②

도요타는 자동차 회사이고, 병원은 의료기관으로 전혀 다른 산업 간 벤치마킹이므로 비경쟁적 벤치마킹에 해당한다.

오답풀이

① 동일 업종 간 비교 → 경쟁적 벤치마킹
③ 동일 업종 간 비교 → 경쟁적 벤치마킹
④ 자사 내부 공장 비교 → 내부 벤치마킹
⑤ 본사–지점 간 비교 → 내부 벤치마킹

04 기술선택능력 정답 | ①

A사와 B사는 동일 업종에서 고객을 직접적으로 공유하는 경쟁기업이다. 따라서 경쟁적 벤치마킹에 해당한다.

오답풀이

② 내부적 벤치마킹: 같은 기업 내 다른 지역, 타 부서, 국가 간의 유사한 활용을 비교 대상으로 한다.
③ 글로벌 벤치마킹: 프로세스에 있어 최고로 우수한 성과를 보유한 동일 업종의 비경쟁적 기업을 대상으로 한다.
④ 간접적 벤치마킹: 인터넷 및 문서 형태의 자료를 통해서 수행하는 벤치마킹이다.
⑤ 비경쟁적 벤치마킹: 제품, 서비스 및 프로세스의 단위 분야에 있어 가장 우수한 실무를 보이는 비경쟁적 기업 내의 유사 분야를 대상으로 한다.

찐 모듈이론 TIP

벤치마킹

1) 비교 대상에 따른 분류
- 내부 벤치마킹: 같은 기업 내의 다른 지역, 타 부서, 국가 간의 유사한 활용을 비교 대상으로 함. 관점이 제한적이고, 편중될 수 있다는 단점이 있음
- 경쟁적 벤치마킹: 동일 업종에서 고객을 직접적으로 공유하는 경쟁기업을 대상으로 함. 경영 성과와 관련된 정보 입수가 가능하며, 업무나 기술에 대한 비교가 가능하지만, 윤리적인 문제가 발생할 소지가 있음
- 비경쟁적 벤치마킹: 제품, 서비스 및 프로세스의 단위 분야에 있어 가장 우수한 실무를 보이는 비경쟁적 기업 내의 유사 분야를 대상으로 함. 혁신적인 아이디어의 창출 가능성은 높은 반면, 다른 환경의 사례를 동일하게 적용할 경우 효과를 보지 못할 가능성이 높음
- 글로벌 벤치마킹: 프로세스에 있어 최고로 우수한 성과를 보유한 동일 업종의 비경쟁적 기업을 대상으로 함. 접근 및 자료 수집이 용이하고 비교 가능한 업무/기술 습득이 상대적으로 용이한 반면, 문화 및 제도적인 차이에 대한 검토가 없을 경우, 실패할 가능성이 높음

2) 수행 방식에 따른 분류
- 직접적 벤치마킹: 벤치마킹 대상을 직접 방문하여 수행하는 방법. 정확도와 지속 가능한 점에서 장점이 있으나, 벤치마킹 대상 선정이 어렵고 수행비용 및 시간이 과다하게 소요됨
- 간접적 벤치마킹: 인터넷 및 문서 형태의 자료를 통해서 수행하는 방법. 벤치마킹 대상의 수에 제한이 없고 다양하며, 비용 또는 시간적 측면에서 상대적으로 많이 절감할 수 있다는 장점이 있음. 반면에 벤치마킹 결과가 피상적이며 정확한 자료의 확보가 어렵고, 특히 핵심자료의 수집이 상대적으로 어렵다는 단점이 있음

05 기술선택능력 정답 | ④

C금융사의 경영진은 벤치마킹 수행 후에 발생한 실제 변화사항과 예상했던 변화사항을 비교하고, 내부 구성원의 의견을 수렴한 후 이를 반영하기 위한 개선 단계를 거치고 있다.

06 기술선택능력 정답 | ③

RFID는 무선 주파수(Radio Frequency, RF)를 이용하여 물건이나 사람 등과 같은 대상을 식별할 수 있도록 해 주는 기술을 말한다. RFID는 안테나와 칩으로 구성된 RFID 태그에 정보를 저장하여 적용 대상에 부착한 후, RFID 리더를 통하여 정보를 인식하는 방법으로 활용된다. RFID는 이미 우리들의 일상생활에서 다양하게 활용되고 있다. 매일 이용하는 교통카드는 대표적인 RFID 태그 중의 하나이며, 고속도로의 하이패스도 RFID 기술을 이용하고 있다. 승차권의 자동 검표시스템 역시 이러한 RFID 기술을 활용한 대표적인 사례가 된다.

07 기술선택능력 정답 | ⑤

클라우드 컴퓨팅(Cloud Computing)이란 정보처리를 자신의 컴퓨터가 아닌 인터넷으로 연결된 다른 컴퓨터로 처리하는 기술을 말한다. 우리가 사용하고 있는 개인용 컴퓨터(PC)에는 필요에 따라 구매한 소프트웨어가 설치되어 있고 동영상과 문서와 같은 데이터도 저장되어 있다. 문서를 작성하려면 자신의 컴퓨터에 저장되어 있는 프로그램을 구동시켜야 한다. 그러나 클라우드 컴퓨팅은 프로그램과 문서를 다른 곳에 저장해 놓고 내 컴퓨터로 그곳에 인터넷을 통해 접속해서 이용하는 방식이다. 자동차를 사지 않고 필요할 때 빌려서 쓰거나 대중교통을 이용하는 것과 같다. 주어진 사례에서는 모두 이러한 클라우드 컴퓨팅 서비스의 필요성을 암시하고 있다.

08 기술적용능력 정답 | ②

주어진 글에서 김 이사는 개발 부서와의 효과적인 협업을 통해 개발 일정을 앞당겨 경쟁사보다 빨리 신제품을 출시하여 시장을 선점할 수 있었다고 하였다. 이는 기술 경영자에게 필요한 능력 중 '새로운 제품개발 시간을 단축할 수 있는 능력'에 해당한다.

09 기술선택능력 정답 | ②

특허로 인한 기술혁신의 발전이 기술 실패의 원인이 된다는 것은 근거를 찾을 수 없는 과도한 논리이다. 또한 지식재산권은 배타적 권리를 부여함과 동시에 발명의 원리는 공개한다는 것이 원칙이지만, 이러한 취지와는 반대로 기술 보안, 영업비밀 등의 이유로 기술혁신을 지연시키는 사례가 발생하게 되어 오히려 특허가 항상 기술혁신을 확산시킨다고 볼 수도 없다.

오답풀이

① 특허에 따른 독점시장 형성으로 인한 높은 의약품 가격의 문제는 일반 대중이 감당해야 한다.
③ 실제로 생명공학의 안전성에 대한 규율이 없다면 환경을 파괴할 수 있다는 반대 주장이 강력히 제기되고 있다.
④ 유전자 암호 등이 일부 기업들의 특허권으로 보호받으면 해당 유전 물질들을 사용하기 위해 연구자들이 많은 돈을 지불해야 하는 상황에 처하게 되어 적극적인 연구 활동이 위축된다.
⑤ 지식재산권 강화로 인하여 오히려 제3자에 의한 지식과 기술의 활용과 경쟁이 억제되며 개발도상국들은 기술혁신의 축적이 어려워지고 혁신의 성과를 나누지 못하게 될 것이라는 비판이 끊임없이 제기되고 있다.

10 기술이해능력 정답 | ③

기술혁신은 지식집약적 활동이며, 다양한 연구개발(R&D)과 고도의 전문성이 요구된다. 단순 노동 중심의 활동은 아니다.

오답풀이

① 기술혁신은 예기치 못한 파급효과나 실패를 낳을 수 있다.
② 기술은 이전 기술과 경험이 쌓이며 점진적으로 발전한다.
④ 기술은 다양한 학문·분야의 지식을 융합하여 발전한다.
⑤ 기술혁신은 완전히 새로운 것이 아니라 기존 기술의 개선도 포함된다.

11 기술이해능력 정답 | ④

IMG는 이미지 문서 코드이며, .docx는 외부/내부 문서 확장자로 형식에 맞지 않는다.

오답풀이

① 이미지 문서로 .png 사용은 적절하다
② 외부 문서로 .docx 사용은 적절하다.
③ 내부 문서로 .xlsx 사용은 적절하다.
⑤ 외부 문서로 .hwp 사용은 적절하다.

시간관리 TIP

헷갈리지만 않는다면 누구나 쉽게 정답을 찾을 수 있는 문항이다. 이러한 문항은 주어진 지문이나 자료에 펜으로 표시를 하며 풀이해 보는 것이 필수적이다.

12 기술이해능력 정답 | ④

주어진 글에 따르면 자동화 시스템은 유지보수가 필요하며, 시스템 장애를 예방하기 위해 정기적인 점검이 중요하다. 따라서 기술 인력에 대한 정기적인 교육과 훈련이 중요한 요소라고 하였으므로 적절하지 않은 설명이다.

13 기술이해능력 정답 | ④

토출구에서 뜨거운 바람이 발생한다고 하였으므로 마주 보게 설치할 경우 공기 흡입 및 토출에 지장이 발생할 수 있으므로 고려사항으로 적절하지 않다.

오답풀이

① 실외기의 중량과 운전 시 발생하는 진동을 충분히 견딜 수 있는 곳에 설치해야 한다고 하였으므로 방진지지대를 사용하는 것이 적절하다.
② 실외기의 진동이 기초지반에 전달되지 않도록 방진패드를 사용하는 것이 적절하다.
③ 설치 공간 부족 시, 통풍 및 서비스 작업 시 부상의 위험이 있으며, 제품 고장의 원인이 될 수도 있으므로 보수 및 점검을 위한 서비스 공간이 충분히 확보되는 장소에 설치돼야 한다.
⑤ 실외기의 진동 강도가 강할 경우, 실외기가 넘어져 사고의 위험이 있다는 점과 강풍이 불지 않는 장소에 설치해야 한다는 점으로 미루어 보아, 실외기가 기초지반에 단단히 고정되어야 할 것이므로 앵커볼트를 사용하는 것은 적절한 방법이라고 할 수 있다.

14 기술이해능력 정답 | ②

주어진 사용 설명서에서 필터는 세척 후 완전히 건조된 상태에서만 재장착하라고 명시하고 있다. 바로 재장착하는 것은 곰팡이 번식 등의 위험이 있다.

오답풀이

① 감전, 화재, 제품 손상의 위험이 있으므로 센서류의 부품에는 절대 물이 닿지 않아야 한다.
③ 외관 세척 시 중성세제를 희석한 물을 천에 묻혀 가볍게 닦는 것이 권장된다.
④ 전원 연결 여부와 상관없이 내부 부품에 물이 닿는 것은 위험하다는 점을 강조하고 있다.
⑤ '4. 물세척 시 주의사항'에서 부품 세척 전 반드시 사용 설명서를 확인하라고 하였다. 또한 사용 설명서 확인의 중요성이 주어진 글 전반에 걸쳐 강조되어 있다.

15 기술이해능력 정답 | ①

1, 2단계에서는 시스템을 디자인하고 초기 발전을 추진하는 기술자들의 역할이 중요하다. 에디슨과 같은 기술자들은 발명에도 능하고 동시에 사업에도 능한 사람이었는데, 그래서 이런 기술자들을 '발명가 겸 기업가'라고 부른다. 반면에 3단계인 기술시스템의 경쟁 단계에서는 기업가들의 역할이 더 중요하게 부상하며, 4단계에서 시스템이 공고해지면 자문 엔지니어와 금융전문가의 역할이 중요해진다.

16 기술이해능력 정답 | ③

주어진 설명에 따르면, 기술시스템은 광산 기술, 증기기관, 공장, 운송 기술이 발전하면서 서로 밀접히 연결되어 하나의 시스템으로 발전하는 현상을 말한다. 따라서 인공지능, 정보통신, IoT 등의 기술이 함께 발전하며 결합된 결과물이 자율주행 자동차인 것이며, 기술시스템의 사례로 볼 수 있다.

오답풀이

첨단 건설공법이 활용된 사례나, 다국적 무역회사로 발전한 C사의 사례, 경제 파급효과가 큰 자기부상열차, A회사가 식료품 회사로 발전한 것 등은 모두 해당 분야의 기술이나 사업이 발전한 모습을 보여주고 있으나 여러 개의 서로 다른 분야가 하나로 연결되어 시스템화된 모습을 찾아볼 수는 없으므로 기술시스템에 의한 발전상으로 볼 수는 없다.

17 기술이해능력 정답 | ④

배관라인 용접작업 중 발생한 폭발사고이므로 공기호흡기 착용 여부가 사고 원인이라고 추론하는 것은 타당하지 않다. 공기호흡기 착용은 밀폐된 공간 내에서 배관가스 충전 작업을 할 때 가스 누출로 인한 질식 사고에 대비하는 예방 수칙이다.

18 기술이해능력 정답 | ③

2인 1조의 인력 구성은 탱크 내부 및 고소 작업 등 화기작업 시 현장 감독을 배치하여 안전사고를 예방하기 하기 위한 것이다. 따라서 가스용기와 관련된 폭발 사고와의 직접적인 연관성이 있다고 볼 수 없다.

오답풀이

① 사용 중인 용기와 사용했던 용기를 구별하여 관리해야 한다.
② 용기의 온도는 섭씨 40도 이하로 유지시켜야 한다.
④ 용기의 마개가 부식 또는 마모된 상태인지 확인해야 한다.
⑤ 가스용기는 통풍이나 환기가 잘되는 장소에 보관해야 한다.

19 기술이해능력 정답 | ③

구입일자를 알고 있고 구입일이 2023년 10월이므로, 보증기간은 이로부터 1년이 적용된 2024년 10월까지이지만, 사우나에서 사용하였으므로 보증기간이 6개월로 줄어들게 된다. 따라서 2024년 4월까지가 무상 수리 기간이 되며, 2024년 2월에 고장이 난 것은 보증기간 이내이므로 무상 수리가 가능하다.

오답풀이

① 2022년 7월에 구입하였으므로 2023년 7월까지가 보증기간이지만, 식당에서 사용하였으므로 2023년 1월까지만 무상 수리가 가능하다.
② 구입일자를 모르는 경우이므로 생산일인 2023년 2월로부터 3개월 뒤인 2023년 5월까지가 무상 수리 기간이므로 무상 수리가 불가능하다.
④ 구입일 2023년 4월로부터 1년 후인 2024년 4월이 지나 고장이 발생한 경우이므로 무상 수리가 불가능하다.
⑤ 구입일로부터 1년 3개월이 경과하였고, 편의점에서 사용한 전자레인지이므로 보증기간이 6개월로 줄어들어 무상 수리가 불가능하다.

시간관리 TIP

제품의 보증기간을 확인하는 문항의 경우 기준이 되는 기간과 함께 예외 사항을 체크하면서 풀어야 실수하지 않는다. 아래와 같이 정보를 정리하면 빠르고 정확하게 풀 수 있다.

- 제품 보증기간: 구입일로부터 1년
- 구입일을 확인할 수 없는 경우: 제품 생산일로부터 3개월
- 사우나, 식당, 편의점 등 환경에서 사용할 경우: 보증기간의 절반(6개월)

20 기술이해능력 정답 | ⑤

ⓛ 김치냉장고의 인버터 컴프레서는 10년의 보증기간이 적용된다.
ⓒ 냉장고와 에어컨의 컴프레서는 각각 3년과 4년의 보증기간이 적용된다.
ⓔ 드럼 세탁기의 세탁 모터는 10년의 보증기간이 적용된다.

오답풀이

ⓐ 노트북의 메인보드는 무상 수리 기간이 2년으로 명시되어 있으나 노트북 LCD 패널은 제외되므로, 노트북 LCD 패널은 유상 수리해야 한다.

CHAPTER 07 조직이해능력

STEP 01 | 적중예상문제 2권 P. 308

01	③	02	④	03	①	04	③	05	③
06	③	07	①	08	②	09	③	10	③
11	③	12	⑤	13	③	14	②	15	②
16	⑤	17	①	18	②	19	②	20	⑤

01 조직이해능력 개요 정답 | ③

조직의 구성요소와 상호관계를 가지는 것은 조직목표의 기능이 아니라 특징이다.

찐 모듈이론 TIP

조직목표의 기능
- 조직이 존재하는 정당성과 합법성 제공
- 조직이 나아갈 방향 제시
- 조직 구성원 의사결정의 기준
- 조직 구성원 행동 수행의 동기 유발
- 조직 구성원의 수행평가 기준
- 조직 설계의 기준

시간관리 TIP

매뉴얼에 나와 있는 이론은 미리 숙지하는 것이 좋다. 만약 모른다면 빨리 넘어갔다가, 다른 문제를 푼 다음 돌아와서 실제 사례를 떠올려 가며 정답을 찾는 것이 좋다. 가령 A라는 카페가 좋은 원두를 구해서 저렴한 가격으로 고품질 커피를 고객에게 제공하겠다는 조직목표가 있다면 그것은 의사결정의 기준이 되고, 조직이 존재하는 정당성이 되며, 조직 구성원의 동기 역할을 함과 동시에 조직이 나아갈 방향을 제시하는 기능을 할 것이다.

02 조직이해능력 개요 정답 | ④

조직의 규모는 (나)인 조직의 구조나 시스템에 의해 결정되지 않는다.

오답풀이

① 조직의 목표달성은 조직 전략을 실행할 수 있는 (가)에 의해 수행된다.
② 조직 구성원들을 효과적이고 공식적으로 조직화하고 통제할 수 있는 절차는 (나)이다.
③ (다)는 눈에 보이지 않는 조직 구조나 시스템으로 관행적이고 관습적인 절차이다.
⑤ (다)는 한 조직체의 구성원들이 모두 공유하고 있는 가치관과 신념, 이데올로기와 관습, 규범과 전통 및 지식과 기술 등을 모두 포함한 종합적인 개념으로 조직 전체와 구성원들의 행동에 영향을 미친다.

찐 모듈이론 TIP

조직 체제의 구성 요소

조직 목표	• 달성하려는 장래의 상태로 조직이 존재하는 정당성과 합법성을 제공한다. • 전체 조직의 성과, 자원, 시장, 역량 개발, 혁신과 변화, 생산성에 대한 목표이다.
조직 구조	• 조직 내의 부문 사이에 형성된 관계로, 조직 목표 달성을 위한 조직 구성원들의 상호작용을 보여 준다. • 기계적 조직과 유기적 조직으로 구분된다.
업무 프로세스	조직에 유입된 인풋(Input) 요소들이 최종 산출물로 만들어지기까지 구성원 간의 업무 흐름이 어떻게 연결되는지를 보여 준다.
조직 문화	• 조직 구성원들이 공유하는 생활 양식이나 가치로 조직 구성원들의 사고와 행동에 영향을 미친다. • 조직이 안정적으로 유지되는 기능을 한다.
조직 규칙 및 규정	조직의 목표나 전략에 따라 수립하여 조직 구성원들의 활동 범위를 제약하고 일관성을 부여하는 기능을 한다.

03 경영이해능력 정답 | ①

장 상무는 중장기적으로 근로자를 경영에 참가시킬 것을 제시하고 있다. 이는 근로자의 경영참가 제도를 의미하는 것으로서, 경제민주화의 일환이다. 경영참가 제도의 목적은 '근로자를 경영과정에 참가시킴으로써 공동으로 문제를 해결하고 노사 간의 균형을 이루며 상호 신뢰로 경영의 효율을 향상하는 것'이라고 할 수 있다.

오답풀이

② 근로자의 경영참가 제도와는 관계없는 내용이다.
③ 근로자 경영참가와는 관계없는, 조직문화에 대한 설명이다.
④ 주어진 글은 근로자에 대한 경영참가 제도를 강조하는 내용으로, 주주로서의 권한을 강조하는 내용은 언급되지 않았다.
⑤ 단기적인 측면에서 조합을 결성하도록 하고 있지만, 조합의 목적은 자발적인 업무수행능력 향상보다는 노동자들의 권익 보호를 위한 단체 결성으로 보는 것이 적절하다.

04 체제이해능력 정답 | ③

D사의 조직 구조는 사업별 조직 구조에서 기능적 조직 구조로 바뀌는 것으로 볼 수 있다.
조직의 환경이 안정적이거나 일상적인 기술과 조직의 내부 효율성을 중요시하며 기업의 규모가 작을 경우에는, 업무의 내용이 유사하고 관련성이 있는 것들을 결합해서 변경 후와 같은 기능적 조직 구조 형태를 갖는 것이 일반적이다. 반면, 급변하는 환경 변화에 효과적으로 대응하고 제품, 지역, 고객별 차이에 신속하게 적응하기 위해서는 변경 전과 같이 분권화된 의사결정이 가능한 사업별 조직 구조 형태를 가질 필요가 있다. 사업별 조직 구조는 개별 제품, 서비스, 제품그룹, 주요 프로젝트나 프로그램 등에 따라 조직화된다. 즉, 제품에 따라 조직이 구성되고 각 사업별 구조 아래 생산, 판매, 회계 등의 역할이 이루어지게 되는 것이다.
따라서 각 아이템별로 나뉘어 각 사업을 지원하는 지원조직이 여러 개 존재하던 것은 변경 전의 조직 구조에 더 어울린다고 할 수 있다.

05 경영이해능력 정답 | ③

7S는 하드 요소(구조적 요소) 3가지와 소프트 요소(문화적 요소) 4가지로 나눌 수 있다. 하드 요소는 전략(Strategy), 구조(Structure), 시스템(Systems)이다. 소프트 요소는 공유 가치(Shared Values), 기술/역량(Skills), 스타일(Style), 인재/구성원(Staff)이다. 수평적이고, 어떤 프로젝트를 진행하기에 앞서 빠른 의사소통이 가능한 것은 Structure(구조)에 해당한다.

오답풀이

① 제조업 회사가 겪고 있는 문제를 빠르게 해결하는 혁신적인 AI 솔루션을 개발하고자 하는 것은 고객 문제를 빠르게 해결하는 혁신을 추구하는 것으로 볼 수 있으므로 공유 가치(Shared Values)와 연결할 수 있다.

② 매주 금요일에는 일을 하지 않고 자유로운 토론을 하거나 창의적인 아이디어를 발휘해서 새로운 시도를 한다는 것은 자유로운 토론, 창의적 아이디어를 존중하는 조직 문화의 스타일(Style)을 의미한다.

④ 교육 분야에 집중되었던 AI 개발 시장에서 제조업을 대상으로 하는 서비스를 개발한 유일한 회사라는 점에서 틈새시장을 공략하는 서비스를 개발하고자 하였음을 알 수 있다. 즉 조직의 실행 방향을 정한 것이므로 전략(Strategy)에 해당한다.

⑤ 현재 20명으로 구성된 작은 회사지만 모두 책임 의식을 가지고 일을 완수한다는 것은 소수 정예 멤버, 자율적 책임 의식을 갖고 있는 구성원에 대한 설명으로 인재/구성원(Staff)에 해당한다.

찐 모듈이론 TIP

7S는 하드 요소(구조적 요소) 3가지와 소프트 요소(문화적 요소) 4가지로 나눌 수 있다.

1) 하드 요소(구조적 요소)
- Strategy(전략): 조직의 목표 달성을 위한 장기적 계획과 실행 방향
- Structure(구조): 조직 내 역할, 책임, 권한 배분 및 조직도 형태
- Systems(시스템): 일상적인 절차, 업무 흐름, 성과 평가 방식

2) 소프트 요소(문화적 요소)
- Shared Values(공유 가치): 조직이 공통으로 추구하는 핵심 가치와 신념
- Skills(기술/역량): 조직과 구성원이 보유한 전문 지식과 능력
- Style(스타일/리더십 스타일): 리더십 방식과 조직문화적 분위기
- Staff(인재/구성원): 인적 자원, 채용, 교육, 배치 방식

06 경영이해능력 정답 | ③

우수한 인재를 채용하고자 하는 등의 기본 방침을 설정하는 일은 조직 경영자로서의 역할이라 할 수 있으나, 그에 따른 구체적인 채용 기준을 마련하는 일은 해당 산하 조직의 역할이라고 볼 수 있으므로 경영자의 역할로는 가장 적절하지 않다.

찐 모듈이론 TIP

민츠버그(Mintzberg)는 경영자의 역할을 대인적, 정보적, 의사결정적 활동의 3가지로 구분하였다. 대인적 역할은 상징자 혹은 지도자로서 대외적으로 조직을 대표하고, 대내적으로 조직을 이끄는 리더로서의 역할을 의미한다. 정보적 역할은 조직을 둘러싼 외부 환경의 변화를 모니터링하고, 이를 조직에 전달하는 정보전달자의 역할을 의미한다. 의사결정적 역할은 조직 내 문제를 해결하고 대외적 협상을 주도하는 협상가, 분쟁조정자, 자원배분자로서의 역할을 의미한다.

07 경영이해능력 정답 | ①

스포츠 경기에 음료를 협찬하여 브랜드 가치를 부각하는 것은 스포츠 마케팅의 기회를 바탕으로 높은 브랜드 가치로 살리는 SO 전략이다.

오답풀이

②, ③ 유통 경로의 확대라는 기회를 통해 다양한 영업 전략을 보유하고 있다는 강점을 살리는 SO 전략이다.

④ 높은 브랜드 가치를 이용해 건강 음료를 개발하여 소비자들의 건강 지향적 소비 성향이라는 위협을 극복하는 ST 전략이다.

⑤ 다수의 경쟁 업체라는 위협을 다양한 영업 전략을 보유하고 있다는 강점을 통하여 극복하는 ST 전략이다.

08 경영이해능력 정답 | ②

제품의 생산 기술력이 공개되어 있고 특별한 노하우가 필요하지 않다는 점, 브랜드 이미지나 생산업체의 우수성 등이 중요한 마케팅 요소로 작용되지 않는다는 점 등으로 인해 기술적 차별화를 이루기 어려우며, 모든 대중들에게 계층 구분 없이 같은 제품이 보급되어 쓰이고 있는 소모품이라는 점 등으로 인해 일부 특정 시장을 겨냥한 집중화 전략도 적절하다고 볼 수 없다. 이 경우, 원자재 구매력 향상이나 유통 단계 효율화 등을 통한 원가우위 전략이 효과적이라고 볼 수 있다.

찐 모듈이론 TIP

경영 전략의 대표 유형

원가우위 전략	• 원가절감을 통해 해당 산업에서 우위를 점하는 전략 • 대량생산을 통한 단위 원가 인하, 새로운 생산기술의 개발 등
차별화 전략	• 조직이 생산품이나 서비스를 차별화하여 고객에게 가치가 있고 독특하게 인식되도록 하는 전략 • 연구개발이나 광고를 통한 기술, 품질, 서비스, 브랜드 이미지 개선 등
집중화 전략	• 특정 시장이나 고객에게 한정된 전략 • 특정 산업을 대상으로 한 전략으로, 경쟁조직들이 소홀히 하는 한정된 시장을 원가우위나 차별화 전략을 써서 집중적으로 공략하는 방법

그 외에도 일반적으로 성장 전략, 축소 전략, 안정화 전략, 협력 전략 등 다양한 경영 전략이 있다.

09 국제감각 정답 | ③

출장국의 역사적 사실이나 가치관에 대한 언급은 나와 반대되는 견해를 가진 경우가 많고 민감한 사안이 될 수 있으므로 가급적 피하는 것이 바람직하다.

오답풀이

해외 출장 시에는 여권 등 중요 서류의 사본을 따로 보관하는 것이 바람직하며, 출장국의 기본적인 식습관에 대하여 파악해 두어야 한다. 그뿐만 아니라, 항공 일정이나 현지 교통, 숙박 등에 있어 돌발 상황이 발생할 수 있으므로 대비해 두는 것이 좋다.

10 체제이해능력 정답 | ③

차상위 직급자가 전결권자가 되어야 하므로 이사장의 차상위 직급자인 이사가 전결권자가 되어야 한다.

오답풀이

① 차상위 직급자가 전결권을 갖게 되므로 팀장이 전결권자이다.

② 소요예산 1,000만 원 이하의 인쇄물이므로 팀장의 전결 사항이다.

④ 물품수리 소요예산 500만 원 이상의 사항이므로 국장이 전결권자가 되어 이사의 결재가 필요하지 않다.

⑤ 기타 사업비 예산집행 기본품의 소요예산 1,000만 원 이상 건은 국장, 1,000만 원 미만 건은 팀장의 전결 사항이므로 모두 이사와 이사장의 결재는 필요하지 않다.

11 체제이해능력 정답 | ③

사업 본부의 산하 조직 수가 가장 많으나, 조직의 수가 많고 적음에 따라 상 · 하급자가 구분되는 것은 아니다.

오답풀이

① 기획 본부, 관리 본부, 사업 본부, 감사 본부의 4본부와 경영지원실, 행정지원실, 건설사업실, 환경사업실, 감사실 5개 실이 있으며, 실 산하 조직으로 구성되어 있음을 알 수 있다.

② 감사 본부는 조직도 구성이 별도의 조직으로 구분되어 있어, 전체 조직 구성원을 대상으로 감사 업무를 수행한다고 볼 수 있다.

④ 기획, 관리, 사업, 감사 등으로 구분되어 있어 조직의 기능적 수행 업무 기준으로 조직도가 구성되어 있다. 반면에 사업별 조직 구조는 회사의 사업별 구분, 예를 들어 주택사업, 기술사업, 뉴딜사업 등이 다른 조직으로 나뉘어 있는 형태를 말한다.

⑤ 사업 본부는 감사 본부와 대등한 별도 조직이므로 고유의 업무에 대해서는 상호 결재를 거치지 않는 관계이다.

12 체제이해능력 정답 | ⑤

가격이 비싼 좌석을 할인받아야 최소 금액이 된다. VIP석 3명과 R석 1명은 지역주민 할인으로 30% 할인을 받을 수 있으며, R석 3명과 S석 3명은 제휴카드 할인으로 20% 할인을 받을 수 있다. 따라서 다음 표와 같이 정리할 수 있다.

좌석종류	할인	차액 (좌석가격−회사 지원금)
VIP석	3명 모두 30% 할인	170,000×0.7×3 =357,000(원)
R석	4명 중 1명 30% 할인	90,000×0.7×1 =63,000(원)
	4명 중 3명 20% 할인	90,000×0.8×3 =216,000(원)
S석	4명 중 3명 20% 할인	50,000×0.8×3 =120,000(원)
	4명 중 1명 0% 할인	50,000원
A석	5명 모두 0% 할인	20,000×5 =100,000(원)

따라서 차액을 모두 더하면 906,000원인 것을 알 수 있다.

13 체제이해능력 정답 | ③

계속근로연수 3년인 직원이므로 16일의 연차휴가가 발생하며, 반일 연차 6회 사용은 3일 연차 사용이 되므로 잔여 휴가 일수는 13일이다.

오답풀이

① 3년이 지난 후부터 매 2년마다 1일씩 추가되어 3년 후 16일, 5년 후 17일, 7년 후 18일, 9년 후 19일의 연차휴가 일수가 발생한다. 따라서 계속근로연수가 8년인 직원에게는 18일의 연차휴가를 주어야 한다.

② 계속근로연수가 1년 미만인 직원에게 1월간 개근 시 1일의 연차휴가를 주므로 8월간 개근한 직원에게는 8일의 연차휴가를 주어야 한다.

④ 서면 통보를 받은 후, 잔여 휴가를 사용하지 않을 경우 연차수당이 지급되지 않으며, 1년이 지나면 소멸된다. 하지만 주어진 규정으로는 서면 통보를 받지 못한 경우에 소멸된 휴가에 대하여 연차수당을 받을 수 있다고 판단할 수는 없다.

⑤ 회사의 연차휴가 사용 촉구에도 불구하고 휴가 사용을 원치 않을 경우 휴가 소멸기간이 연장되는 것이 아니며, 이 경우 휴가 소멸기간이 끝나기 2개월 전까지 직근 상위자가 미사용 휴가의 사용 시기를 정하여 직원에게 서면으로 통보하게 된다.

14 체제이해능력 정답 | ②

주어진 법률의 제22조 제1항에 따르면 납품대금은 검사 여부에 관계없이 물품 등을 받은 날부터 60일 이내의 최단기간으로 정해야 한다.

오답풀이

① 제21조 제1항에 위탁기업이 수탁기업에 물품 등의 제조를 위탁할 때에는 지체 없이 납품대금의 지급 방법 및 지급 기일을 포함한 사항을 적은 약정서를 그 수탁기업에 발급해야 한다고 언급되어 있으므로 대기업이 중소기업에 제조를 맡길 때 납품대금의 지급 방법 및 기일을 포함한 약정서를 발급해야 한다.

③ 제21조의2 제1항에 따르면 위탁기업이 수탁기업으로부터 기술자료를 제공받을 경우 비밀유지에 관한 계약과 계약 위반에 대한 손해배상 내용도 서면으로 체결해야 한다.

④ 제21조 제3항에 따르면 위탁기업이 「중소기업기본법」 제2조 제2항에 따른 소기업에 해당하는 경우 위탁기업은 제1항 제4호의 사항을 약정서에 적지 아니할 수 있으므로, 소기업이 다른 중소기업에 물품 등의 제조를 위탁할 때 납품대금이 1억을 넘어도 제1항 제4호의 사항을 약정서에 적지 않을 수 있다.

⑤ 제22조 제3항에 위탁기업이 납품대금을 물품 등의 수령일부터 60일이 지난 후 지급하는 경우에는 그 초과기간에 대하여 연 100분의 40 이내의 범위에서 대통령령으로 정하는 이율에 따른 이자를 지급하여야 한다고 언급되어 있으므로, 위탁기업이 납품대금을 60일 안에 주지 않으면 지연된 기간 동안 법에서 정한 높은 이자(최대 연 40%)를 지급해야 한다.

시간관리 TIP

주어진 법률은 약정서, 물품 수령증, 비밀유지계약, 납품대금 지급에 관한 내용이 포함되어 있음을 통해 대기업의 중소기업에 대한 횡포를 방지하고자 만들어진 법안임을 추론할 수 있다. 제21조 제3항에서 '위탁기업은 다음 각 호의 어느 하나에 해당하는 경우 제1항 제4호의 사항을 약정서에 적지 않을 수 있다'고 하였고, 위탁기업이 소기업에 해당하는 경우가 포함되어 있다. 즉 해당 법령에서 특수한 경우를 제외하고 '위탁기업'이 가리키는 것은 대기업이다. 이와 같이 법률의 목적에 대한 이해를 한 다음 세부 법령의 내용을 잘못 설명한 것을 찾으면 된다.
법령이 나온 경우, 자료가 매우 길게 주어지는 경향이 있다. 이럴 때 자료부터 꼼꼼하게 읽고 문제를 풀면 시간을 낭비하게 된다. 가장 먼저 자료에서 큰 제목을 파악하고, 주어진 보기 중에서 숫자로 표현된 것이 있다면 그것을 자료에서 먼저 확인하면 오답을 빨리 지워낼 수 있다.

15 체제이해능력 정답 | ②

안전처는 상위 조직인 '본부'가 없이 곧바로 사장과 연결되는 결재 라인이므로 중간에 경영관리본부장을 거치는 기획처보다 의사결정이 더 신속하다는 장점이 있다.

오답풀이

① 감사실은 사장의 직할 조직으로 감사 업무를 담당하는 것이므로 일반적인 업무에 대하여 해당 조직과 사장 사이의 결재 라인에 포함된 것이 아니다.

③ 산하 조직의 개수에 따라 직급의 우위가 결정되는 것은 아니며, 주어진 조직도상으로는 동등한 직급을 갖는 것으로 유추하는 것이 합리적이다.

④ 일반적으로 감사실의 감사 업무는 전 조직의 구성원에 대하여 이루어진다.

⑤ 인사노무처는 기업의 인사노무에 관한 업무를 담당하는 조직으로, 전 조직의 구성원과 관련된 업무를 수행하는 대표적인 관리 조직이다.

16 체제이해능력 정답 | ⑤

담당자는 기안문서 작성자인 엄 사원이다. 팀장의 결재가 필요하며 본부장이 전결권자이므로 최종 결재권자가 본부장이다. 따라서 담당, 팀장, 본부장 3명의 결재로 문서의 결재가 완료된다. 새로운 프로젝트이며 감사실 관련 업무라는 단서가 없으므로 감사실을 경유하지 않는다.

그러므로 전결권자인 본부장 결재란에 '전결'을 기재하고 본부장은 가장 우측에 있는 최고 결재권자인 사장의 결재란에 서명을 하면 된다.

오답풀이

① '전결'은 본부장 결재란에 표시해야 하며, 본부장은 사장 결재란에 서명해야 한다.

② 전결권자의 결재란에는 '전결'을 표시하며 우상향 대각선은 결재가 필요 없는 직급자의 결재란에 표시한다.

③ 감사실장이 결재란에 포함될 이유가 없다.

④ 감사실장이 결재란에 포함될 이유가 없으며, 따라서 우상향 대각선 역시 적절하지 않다.

17 체제이해능력 정답 | ①

주어진 글에서 '퇴직금 제도의 단점을 보완하고 퇴직자들의 노후 생활 안정화 등을 위해 정부는 퇴직연금 의무화 제도 시행을 고민 중이다.'라는 내용을 통해 아직 도입이 확정된 것은 아님을 알 수 있다. 그러므로 도입할 예정이라는 단정적인 표현은 글을 이해한 내용으로 보기 어렵다.

오답풀이

② 주어진 글에서 '영세한 사업장의 경우 직원과 근로계약을 체결하면서 근로계약서에 '퇴직금을 지급하지 않는다'는 조항을 기재하는 경우가 있는데, 법에 따라 이 같은 조항은 아무런 효력을 인정받지 못한다.'라고 하였다. 즉, 계약서에 퇴직금을 지급하지 않는다는 조항이 있어도 퇴직금은 지급해야 함을 의미한다.

③ 주어진 글에서 '또한 퇴직연금 수입은 이미 47조 원을 넘어섰고 2050년 전후로 누적 적립금이 국민연금을 앞지를 것이란 전망이 나온다. 이런 상황에서 지금과 같이 개별 금융사에만 의존해 관리하면 수익률 관리가 쉽지 않아 공적 기구의 필요성이 커지고 있다.'라는 내용을 통해 퇴직연금의 안정적 운용을 위한 공적 관리 기구 설립도 논의되고 있음을 알 수 있다.

④ 주어진 글에서 '또한 현재는 주 15시간 이상, 근속 1년 이상인 근로자만 퇴직금을 받을 수 있지만 앞으로는 근속기간 요건을 3개월 이상으로 완화한다.'라는 내용을 통해 더 많은 근로자가 혜택을 받을 수 있도록 제도를 확대하는 방안에 대해서도 논의가 이뤄지고 있음을 알 수 있다.

⑤ 주어진 글에서 '또한 상시근로자 수와 상관없이 모든 사업체는 퇴사하는 직원에게 법에서 규정한 퇴직급여의 100%를 지급해야만 한다.'라는 내용을 통해 상시근로자 수 5인 미만 소규모 사업체라고 하더라도 퇴직금을 지급해야 함을 알 수 있다.

시간관리 TIP

위와 같이 최신 이슈를 반영한 지문의 경우, 해당 법령이 도입되었는지, 아니면 도입될 예정인지, 아직 논의 중인지를 가장 먼저 파악해야 한다. 주어진 지문의 내용을 과장하거나 잘못 읽어 내지는 않았는지 체크하며 글을 읽는 습관을 들이는 것이 좋다.

18 체제이해능력 정답 | ②

주어진 글의 '퇴직금 산정방식'에 따라 1일 평균임금 (A+B+C/D)부터 구하면 다음과 같다.

- $A=340\times3=1,020$(만 원)
- $B=40\times\frac{3}{12}=10$(만 원)
- $C=20\times\frac{3}{12}=5$(만 원)
- $D=31+28+31=90$(일)
- 1일 평균임금$=(1,020+10+5)\div90=11.5$(만 원)

퇴직금은 '1일 평균임금×30×직원의 총재직일수/365'이므로

$\{11.5\times30\times(366+90)\}\div365≒431.0137$(만 원), 즉 4,310,137원이다.

시간관리 TIP

금액 계산의 경우 다소 숫자가 복잡하게 주어지는 경우가 있다. 그럴 때는 주어진 선택지의 숫자 간 간격이 어느 정도 차이가 나는지 확인한 다음 대략적으로 계산하면서 500만 원대인지 400만 원대인지를 파악하는 식으로 접근하는 것이 좋다.

19 체제이해능력 정답 | ②

에너지 독립 정도(EDR)는 자체 에너지 생산량에서 공급한 에너지를 제외한 나머지 에너지가 해당 지역에서 소비된 비율을 의미하며, 이것이 70% 이상이어야 한다. 따라서 다음과 같이 표로 정리할 수 있다.

공급＼수요	A지역	B지역	C지역	D지역	E지역	자체 소비량	에너지 독립 정도(%)
A지역	–	70	0	0	120	310	62.0
B지역	80	–	100	0	20	150	42.9
C지역	0	40	–	70	30	360	72.0
D지역	40	0	60	–	50	270	64.3
E지역	100	20	100	40	–	340	56.7

특정 지역의 자체 소비량은 생산량에서 나머지 지역으로 공급한 양을 빼면 구할 수 있다. 따라서 에너지 독립 정도가 70% 이상인 C지역만 에너지 독립 지역인 것을 알 수 있다.

20 체제이해능력 정답 | ⑤

공급과 수요의 합계를 구하여 정리하면 다음과 같다.

공급＼수요	A지역	B지역	C지역	D지역	E지역	합계
A지역	–	70	0	0	120	190
B지역	80	–	100	0	20	200
C지역	0	40	–	70	30	140
D지역	40	0	60	–	50	150
E지역	100	20	100	40	–	260
합계	220	130	260	110	220	

㉡ 에너지 수요량이 가장 많은 지역은 260인 C지역이며, C지역은 에너지 공급량은 140으로 가장 적은 것을 알 수 있다.

㉢ 지역별 에너지 소비량은 '생산량－공급량＋수요량'의 산식으로 계산할 수 있으므로 다음과 같다.

- A지역: 500－190＋220＝530
- B지역: 350－200＋130＝280
- C지역: 500－140＋260＝620
- D지역: 420－150＋110＝380
- E지역: 600－260＋220＝560

따라서 A, C지역은 생산된 에너지 총량보다 더 많은 에너지를 소비하는 지역인 것을 알 수 있다.

㉣ 에너지 생산량이 5개 지역 모두 10%씩 증가하면 지역별 순서대로 각각 550, 385, 550, 462, 660이 되며, 이를 앞에서 정리한 표에 적용하면 다음과 같다.

공급＼수요	A지역	B지역	C지역	D지역	E지역	자체 소비량	에너지 독립 정도(%)
A지역	–	70	0	0	120	360	65.5
B지역	80	–	100	0	20	185	48.1
C지역	0	40	–	70	30	410	74.5
D지역	40	0	60	–	50	312	67.5
E지역	100	20	100	40	–	400	60.6

따라서 에너지 독립 지역은 동일하게 C지역 1개이므로 개수는 변하지 않는다.

오답풀이

㉠ 에너지 공급량이 가장 많은 지역은 260인 E지역이다.

CHAPTER 08 직업윤리

STEP 01 | 적중예상문제

2권 P. 326

01	①	02	①	03	①	04	①	05	④
06	②	07	①	08	①	09	⑤	10	①
11	②	12	④	13	④	14	⑤	15	④
16	④	17	③	18	⑤	19	①	20	③

01 직업윤리 개요 정답 | ①

모든 사람은 다양한 직업 환경에서 직업의 성격에 따라 각각 다른 직업윤리를 가지지만 모든 직업에 공통으로 요구되는 윤리원칙이 존재하며 이는 다음과 같이 정리할 수 있다.

- 객관성의 원칙: 업무의 공공성을 바탕으로 공사구분을 명확히 하고, 모든 것을 숨김없이 투명하게 처리하는 원칙
- 고객중심의 원칙: 고객에 대한 봉사를 최우선으로 생각하고 현장 중심과 실천 중심으로 일하는 원칙
- 전문성의 원칙: 자기업무에 전문가로서의 능력과 의식을 가지고 책임을 다하며, 능력을 연마하는 원칙
- 정직과 신용의 원칙: 업무와 관련된 모든 것을 숨김없이 정직하게 수행하고, 본분과 약속을 지켜 신뢰를 유지하는 원칙
- 공정경쟁의 원칙: 법규를 준수하고, 경쟁원리에 따라 공정하게 행동하는 원칙

[보기]에서는 직업 환경에서 투명성, 공평성, 공정성을 지켜야 함을 강조하고 있으므로 가장 강조하고 있는 윤리원칙은 객관성의 원칙이다.

02 직업윤리 개요 정답 | ①

개인윤리의 기본 덕목인 사랑, 자비 등과 방법론상의 이념인 공동발전의 추구, 장기적 상호이익 등의 기본은 직업윤리에서도 동일하게 적용된다. 그러나 특수한 직무 상황에서는 개인적 덕목 차원의 일반적인 상식과 기준으로는 규제할 수 없는 경우가 많다. 따라서 직업윤리에서 요구되는 덕목과 규범은 개인윤리와 동일하다고 볼 수 없다.

오답풀이

② 직업윤리란 개인윤리를 바탕으로 각자가 직업에 종사하는 과정에서 요구되는 특수한 윤리규범이다.

③ 사회를 구성하는 개체로서 각자의 목적 달성을 위해 노력하는 기업, 단체 등 특정 조직체 내부 구성원 간의 관계를 규정하고 효율을 도모하는 특수윤리가 있다.

④ 직장이라는 특정 조직체에 소속되어 동료들과 협력하여 공동으로 업무를 수행해야 하므로 공통적으로 준수해야 할 직업윤리가 존재한다.

⑤ 직업윤리의 수준이 낮을 경우 경제 행위에 근간이 되는 신뢰성이 결여되어 국가경쟁력을 가질 수 없으며 경제발전 또한 이룰 수 없게 된다.

03 직업윤리 개요 정답 | ①

양심의 판단이 정확하다는 것은 주관적인 규범이 객관적인 규범과 일치한다는 것으로, 이때 올바른 양심, 즉 올바른 윤리규범이 생기게 된다. 반대로 그릇된 양심은 윤리규범과 일치하지 않은 경우의 판단인데, 이것은 양심 판단이 어떤 오류에 영향받을 때 일어난다. 사람들은 사회의 공동목표 달성과 모든 구성원들의 욕구충족에 도움이 되는 객관적인 행위는 찬성하고, 반대되는 행위는 비난을 하게 되며, 이런 일이 반복되다 보면 어떤 행위는 '마땅히 해야 할 행위', 어떤 행위는 '결코 해서는 안 될 행위'로서 가치를 인정받게 되는 것이다. 이러한 측면에서 볼 때, 모든 윤리적 가치는 타인과의 관계에서 비롯되며, 만고불변의 진리가 아니라 시대와 사회 상황에 따라서 조금씩 다르게 변화되는 것이다.

04 근로윤리 정답 | ①

업무 종료 직전 시간은 업무를 마무리하기 위한 시간으로 중요한 논의를 하기에는 충분치 않으며 예의에 어긋나는 행동이다. 따라서 전화는 정상적인 업무가 이루어지고 있는 근무 시간에 걸도록 한다.

오답풀이

② 자동답신이 효율적으로 보이기는 하지만 그 답신이 원래 메일을 보낸 사람에게 도착하지 않을 수도 있으므로 하지 않는 것이 좋다.

③ 전화 벨소리가 들리면 바로 받기보다는 3~4번 정도 울린 뒤에 받는 것이 좋다.

④ 상대방에게 명함을 받으면 바로 호주머니에 넣지 않고 명함에 관해서 한두 마디라도 대화를 건네는 것이 예의이다.

⑤ 직장 내에서의 서열과 직위를 고려한 소개의 순서에 따라 나이가 어린 사람을 연장자에게 먼저 소개하는 것이 옳다.

05 직업윤리 개요 정답 | ④

㉠ 소속 기관의 예산 배정 등에 관한 권한을 보유하여 직무관련성이 있는 공무원이 소속 기관장들로부터 찬조금 명목의 금품을 수수한 행위에 해당된다.
㉡ 공무원인 담임 교사가 직무관련자인 학부모로부터 선물 등의 금품을 수수한 행위에 해당된다.
㉣ 본인이 직접 수수하지 않았어도 직무관련성이 있는 관내 금융기관으로부터 협찬을 강요하여 거액의 물품을 수수한 행위에 해당된다.

오답풀이

㉢ 금품 등을 수수한 행위라기보다는 공용물의 사적인 사용, 수익을 금지하는 관계 조항에 위배된다고 볼 수 있다.

06 직업윤리 개요 정답 | ②

자신의 일이 사회나 기업에 중요한 역할을 하고 있다고 여기며 정확하게 업무를 수행하는 것은 직분의식의 사례이다.
소프트웨어 엔지니어가 회사 시스템에서 오류가 발견되자, 근무 외 시간에도 문제를 해결하기 위해 코드를 점검하고 보고하는 경우 책임의식으로 볼 수 있다.

오답풀이

① 한 교사가 학생 개개인의 학습 수준에 맞춘 맞춤형 수업을 위해 끊임없이 연구하고 성실하게 수업을 진행하며, 방과 후에도 학생 상담을 자발적으로 진행하는 행위는 자신의 직업이 적성과 능력에 완벽히 맞다고 믿고 성실히 임하는 태도를 엿볼 수 있으므로 천직의식과 밀접한 관련이 있다.
③ 건축사가 고객의 건물을 설계하면서 구조 안전, 환경 규제, 최신 건축 기술 등을 철저히 검토하고 설계안을 제출하는 것은 자신의 일은 전문 지식과 경험 없이는 수행할 수 없다고 인식하고 철저히 수행하는 것이므로 전문가 의식과 밀접한 관련이 있다.
④ 공무원이 복지 사각지대에 놓인 이웃을 위해 추가 업무를 수행하고, 주민에게 필요한 지원을 직접 연결해 주며 공동체에 기여하는 것은 직업을 통해 다른 사람과 사회에 도움을 주는 태도에 해당하므로 봉사의식과 밀접한 관련이 있다.
⑤ 한 간호사가 새벽 근무 중 응급실로 위급한 환자가 들어오자, "내가 맡은 일은 생명을 지키는 것"이라며 긴급 수술 준비를 주도하는 것은 자신의 일이 단순한 직무가 아닌 세상에 꼭 필요한 사명이라고 여기는 태도, 즉 소명의식과 관련이 깊다.

찐 모듈이론 TIP

직업윤리의 덕목
- 소명의식: 자신이 맡은 일은 하늘에 의해 맡겨진 일이라고 생각하는 태도
- 천직의식: 자신의 일이 자신의 능력과 적성에 꼭 맞는다 여기고 그 일에 열성을 가지고 성실히 임하는 태도
- 직분의식: 자신이 하고 있는 일이 사회나 기업을 위해 중요한 역할을 하고 있다고 믿고 자신의 활동을 수행하는 태도
- 책임의식: 직업에 대한 사회적 역할과 책무를 충실히 수행하고 책임을 다하는 태도
- 전문가 의식: 자신의 일이 누구나 할 수 있는 것이 아니라 해당 분야의 지식과 교육을 밑바탕으로 성실히 수행해야만 가능한 것이라 믿고 수행하는 태도
- 봉사의식: 직업 활동을 통해 다른 사람과 공동체에 대하여 봉사하는 정신을 갖추고 실천하는 태도

07 근로윤리 정답 | ①

리차드 노먼이 주장하고 얀 칼슨이 실제 도입하여 성공한 고객접점서비스란 책임과 권한을 가진 서비스 요원과 고객 사이에서 15초 동안의 짧은 순간에 이루어지는 서비스로서, 진실의 순간(MOT, moment of truth) 또는 결정적 순간이라고도 한다. 고객접점서비스에서 특히 중요한 것은 소위 '곱셈법칙'의 작용인데, 고객이 여러 번의 결정적 순간에 단 한 명에게라도 0점의 서비스를 받게 되면 모든 서비스가 0이 되어 버린다는 것이다. 따라서 고객이 상품을 구매하는 과정에서 여러 번의 결정적 순간을 경험하는 동안, 직원은 최선의 서비스를 제공해야 한다.

오답풀이

② 고객접점서비스는 15초 동안의 짧은 순간에 고객과 서비스 요원 사이에 이루어지는 서비스이다.
③ 종업원의 용모와 복장으로 서비스의 첫인상이 결정되므로 이를 단정히 해야 한다.
④ 요원이 고객에게 제공할 수 있는 서비스 권한을 가지고 있을 때, 강화된 서비스 교육이 효과를 나타낸다.
⑤ 서비스 전달 시스템을 갖춰 신속하게 서비스가 제공될 수 있도록 노력하는 것도 고객접점서비스에 포함된다.

08 근로윤리 정답 | ①

사회시스템은 구성원 서로가 신뢰하는 가운데 운영이 가능한 것이며, 그 신뢰를 형성하고 유지하는 데 필요

한 가장 기본적이고 필수적인 규범이 바로 정직이다. (가)의 택시기사 사례는 정직의 태도가 나타난 것으로 볼 수 있다.
성실은 정성스럽고 참된 성품으로 일관하는 마음과 정성의 덕이다. (나)의 B씨는 성실의 태도가 자신의 삶 속으로 스며들면서 자신의 일에 최선을 다하고자 하는 마음가짐으로 연결된 것으로 볼 수 있다.

찐 모듈이론 TIP

근면
- '부지런히 일하며 힘씀'으로 고난의 극복이라는 의미를 갖는다.
- 행위자가 환경과의 대립을 극복해 나가는 과정에서 발현된다.
- 비선호의 수용 차원에서 개인의 절제나 금욕을 반영한다.
- 장기적이고 지속적인 행위 과정으로 인내를 요구한다.

정직
- 신뢰를 형성하고 유지하는 데 가장 기본적이고 필수적인 규범이다.
- 사람과 사람 사이에 함께 살아가는 사회시스템은 정직을 기반으로 둔 신뢰가 있을 때 유지가 가능하다.

성실
- 정성스럽고 참된 성품으로 일관하는 마음과 정성의 덕이다.

봉사
- 일 경험을 통해 다른 사람과 공동체에 대하여 봉사하는 정신을 갖추고 실천하는 태도를 의미한다.

준법
- 민주 시민으로서 지켜야 하는 기본 의무이며 생활 자세이다.

예절
- 일정한 생활 문화권에서 오랜 생활 습관을 통해 하나의 공통된 생활 방법으로 정립되어 관습적으로 행해지는 사회계약적인 생활 규범이다.

09 근로윤리 정답 | ⑤

(가)와 (나) 두 가지 설명을 통해 과거 우리 사회에서 인식되어 온 근면과 정직의 개념이 현재와는 다소 다른 것이었음을 알 수 있다. 이것은 '마땅히 해야 할 행위'와 '결코 해서는 안 될 행위' 등으로 각각의 가치를 인정받아 형성된 윤리 규범이 시대가 변함에 따라 시대에 어울리는 방향으로 조금씩 변해야 한다는 것을 의미한다.

10 근로윤리 정답 | ①

주어진 상황에 나타난 직원의 행동에는 정직, 예의, 존중이 빠져 있음을 알 수 있다. 그러므로 상사의 피드백으로 가장 적절한 것은 ①이다.

상세해설

반복해서 화면이 어두워진다는 점에서 실제로는 제품의 결함 가능성이 있음에도 불구하고 사용자 잘못으로만 돌리는 행위는 직원이 정직성이 부족함을 보여 준다.
직원이 응대하면서 한숨을 쉬거나, 무심한 말투로 답변하는 것, 불친절한 답변 내용에서 예의가 부족함을 알 수 있다.
또한 고객의 말을 끊고 문제를 가볍게 취급한 것에서 존중이 부족했음을 알 수 있다.

오답풀이

② 고객 응대 매뉴얼에 관한 내용은 확인할 수 없다. 또한 공정하게 응대한다는 것은 모든 고객을 차별 없이 공평하게 대우하고 불합리한 대우나 특혜를 배제한다는 의미인데 해당 사례에는 다른 고객이 나타나 있지 않으므로 피드백 내용으로 적절하지 않다.
③ 신뢰감 있는 말투로 진심을 다해 고객을 응대하는 것은 중요하나 해당 사례에 나타난 직원 행동에 대한 직접적인 피드백이라고는 볼 수 없다. 구체적으로 정직, 예의, 존중이 부족했으므로 이를 우선적으로 언급하는 것이 적절하다.
④ 전문성은 자신의 직무에 대한 충분한 지식과 기술을 갖추고, 고객에게 정확한 정보를 제공하는 태도로, 단순히 친절하기만 한 것이 아니라 신뢰할 만한 전문적인 답변을 주는 것이다. 해당 사례에서 전문성이 부족했다고 볼 수 있는 내용은 없다.
⑤ 서비스 정신은 고객의 만족과 편의를 최우선으로 생각하는 태도와 고객이 필요로 하는 것을 적극적으로 파악하고 대응하는 자세이다. 그러나 서비스 정신의 목적이 재구매는 아니므로 이러한 피드백은 불필요하다.

시간관리 TIP

고객응대 예절은 직업윤리 영역 문제로도 출제가 되지만 대인관계능력 영역에서도 자주 출제된다. 고객을 응대하는 상황에서 말 한마디, 행동 하나, 표정 하나에서도 오해를 불러일으킬 수 있으므로 시험에 들어가기 전에 기본적인 고객응대 예절에 대해서 숙지해 두는 것이 좋다.

11 근로윤리 정답 | ②

'고객님, 신규 통장을 선택하시면서 궁금하신 점이나 특별한 요구 사항 있으신가요?'라는 질문은 고객이 원하는 것을 파악하여 고객에게 맞는 통장을 제공하기 위한 것으로 고객에게 감동을 주는 행위이다. 그러므로 E(Emotion)과 연결하는 것이 적절하다.

상세해설

직원은 고객의 필요를 묻지 않고 어떤 통장을 선택할 것인지에 대한 정보를 고객에게 직접 요청할 수도 있다. 그럴 경우는 고객을 존중하고 고객이 요구하는 것을 신속하게 제공하는 방식이다. 그런데 ⓒ의 경우 고객에게 어떤 필요가 있는지를 먼저 물어보고 파악한 다음, 그 요구사항에 맞는 통장을 제공하고 있으므로 고객에게 감동을 주는 행위이다.

오답풀이

① ㉠: 신속하게 서비스를 제공하는 것이다.
③ ㉢: 고객이 원하는 내용을 파악해서 그 가치를 제공하는 행위이므로 Value가 적절하다.
④ ㉣: 고객에게 감사를 표현하며 정중하게 예의를 갖추고 고객의 다른 요구사항을 기억했다가 이를 존중하고 있으므로 Courtesy와 Respect라고 볼 수 있다.
⑤ ㉤: 고객이 원하는 정보를 탁월하게 제공하고 있으므로 Excellence가 적절하다.

찐 모듈이론 TIP

SERVICE의 7가지 의미

1. S(Smile & Speed): 서비스는 미소와 함께 신속하게 하는 것
2. E(Emotion): 서비스는 감동을 주는 것
3. R(Respect): 서비스는 고객을 존중하는 것
4. V(Value): 서비스는 고객에게 가치를 제공하는 것
5. I(Image): 서비스는 고객에게 좋은 이미지를 심어주는 것
6. C(Courtesy): 서비스는 예의를 갖추고 정중하게 하는 것
7. E(Excellence): 서비스는 고객에게 탁월하게 제공되어져야 하는 것

12 공동체윤리

정답 | ④

주어진 글에서 의미하는 윤리 덕목은 '책임'이다. 한편 ④의 사례의 경우 최 과장의 행동에서는 꾸준히 자기개발을 수행하는 성실함을 엿볼 수 있지만 이는 '책임'과는 관련이 없다.

찐 모듈이론 TIP

책임의식

직업에 대한 사회적 역할과 책무를 충실히 수행하고 책임지려는 태도이며, 맡은 업무를 어떠한 일이 있어도 수행해 내는 태도이다.

기업의 사회적 책임(CSR)

최근 기업도 단순히 이윤 추구를 하는 집단의 형태를 벗어나 자신들이 벌어들인 이익의 일부분을 사회로 환원하는 개념인 '기업의 사회적 책임'을 강조하는 형태로 변화하고 있다.

13 공동체윤리

정답 | ④

타 회사 관계자를 내가 속해 있는 회사의 관계자에게 소개하는 것이 아니라 내가 속해 있는 회사의 관계자를 타 회사 관계자에게 소개하는 것이 적절하다.

찐 모듈이론 TIP

소개예절

- 나이 어린 사람을 연장자에게 소개한다.
- 내가 속해 있는 회사의 관계자를 타 회사 관계자에게 소개한다.
- 신참자를 고참자에게 소개한다.
- 동료나 임원을 고객, 손님에게 소개한다.
- 비임원을 임원에게 소개한다.
- 소개받는 사람의 별칭은 비즈니스에서 사용되는 것이 아니라면 사용하지 않는다.
- 성과 이름을 함께 말한다.
- 상대방이 항상 사용하는 경우라면 Dr. 또는 Ph. D. 등의 칭호를 함께 언급한다.
- 정부 고관의 직급명은 퇴직한 경우에도 사용한다.
- 관심사와 최근의 성과에 대해 간단한 언급을 한다.

14 공동체윤리

정답 | ⑤

㉠과 같은 활동은 CSR이 아닌, 공유가치창출(CSV, Creating Shared Value)이다. CSV는 마이클 포터 하버드대 교수가 2011년 하버드 비즈니스 리뷰를 통해 처음으로 제시한 개념이다. 기업이 수행하는 일반적인 경영활동 자체가 해당 기업의 문제뿐 아니라 사회적 문제해결을 통해 전체적인 가치를 창출한다는 의미를 담고 있다. CSR은 기업이 이윤을 사회에 환원한다는 개념으로 지역사회나 소비자의 이익을 추구하는 기업의 의사결정과 활동이지만, CSV는 기업 이윤 극대화를 위한 전략 내에서 사회적·환경적 가치를 통합한다는 점에서 차이가 있다. [보기]의 ㉡, ㉢, ㉣ 사례에서는 모두 기업이 자사의 이윤 추구가 아닌 이윤을 사회에 환원하는 모습 즉, CSR 실천을 엿볼 수 있다.

15 공동체윤리

정답 | ④

직장 내 괴롭힘의 판단 기준은 다음과 같다.

1. 직장에서의 지위 또는 관계 등의 우위를 이용
2. 업무상 적정 범위를 넘는 행위

3. 신체적 · 정신적 고통을 주거나 근무 환경을 악화시키는 행위

직장 내 괴롭힘의 대표적인 유형으로는 회식 강요, 음주 강요, 험담, 집단 따돌림, 업무 배제, 과도한 업무 할당, 업무수행에 필요한 장비/시설 등 사용 제한, 계약과 다른 업무 할당, 개인적인 심부름 등이 있다.
④에서 D대리가 수치심을 느꼈다고는 하나 정상적인 업무 범위에서 업무 수행능력에 대한 상사의 정당한 평가라고 볼 수 있어 직장 내 괴롭힘에 해당하지 않는다.

16 공동체윤리 정답 | ④

제13조 제5항에는 성희롱 예방 교육의 내용, 방법 및 횟수 등에 관하여 필요한 사항은 사업주가 아닌 대통령령으로 정한다고 했으므로 옳지 않다.

오답풀이

① 제13조 제1항과 제2항에 따라 사업주는 성희롱 예방 교육을 실시하여야 하며 동시에 이수하여야 할 의무도 있음을 알 수 있다.
② 제14조 제6항에서 확인할 수 있다.
③ 제14조 제5항에서는 '사업주는 징계 등의 조치를 하기 전에 그 조치에 대하여 직장 내 성희롱 피해를 입은 근로자의 의견을 들어야 한다.'라고 규정하고 있다.
⑤ 제14조 제4항에서는 사업주에게 근무 장소의 변경, 배치 전환, 유급휴가 명령 등 적절한 조치를 취해야 한다는 의무를 규정하고 있으며, 이는 반드시 피해근로자의 요청에 의거해야 한다는 점을 유의해야 한다.

17 직업윤리 개요 정답 | ③

직업이 갖추어야 할 속성은 계속성, 경제성, 윤리성, 사회성, 자발성 등으로 설명할 수 있다. 계속성은 매일, 매주, 매월 등 주기적으로 일을 하거나 계속 행해지며, 현재 하고 있는 일을 계속할 의지와 가능성이 있어야 함을 의미한다. 경제성은 직업이 경제적 거래 관계가 성립되는 활동이어야 함을 의미하며, 윤리성은 비윤리적인 영리 행위나 반사회적인 활동을 통한 경제적 이윤 추구는 직업 활동으로 인정되지 않음을 의미한다. 사회성은 모든 직업 활동이 사회 공동체적 맥락에서 의미 있는 활동이어야 한다는 것이며, 자발성은 속박된 상태에서의 제반 활동은 경제성이나 계속성의 여부와 상관없이 직업으로 볼 수 없다는 것이다.
A~D 중 경제성이 결여된 채 취미 활동을 하고 있는 A와 계속성이 보장되지 않은 C의 경우 직업인으로 분류하지 않는다.
D의 경우, 보수의 크고 작음으로 직업 여부가 결정되는 것은 아니며, 계속성도 보장되었을 뿐 아니라 기업체 대표의 운전기사 행위는 사회 공동체적 맥락에서 의미 있는 활동이므로 직업인이라고 할 수 있다.

18 직업윤리 개요 정답 | ⑤

자신이 하는 일이 누구나 할 수 있는 것이 아니라 해당 분야의 지식과 교육을 밑바탕으로 성실히 수행해야만 가능한 것이라 믿고 수행하는 태도를 보인 B는 전문가의식을 가진 인물로 볼 수 있다.

오답풀이

① 소명의식: 자신이 맡은 일은 하늘에 의해 맡겨진 일이라고 생각하는 태도
② 천직의식: 자신의 일이 자신의 능력과 적성에 꼭 맞는다 여기고 그 일에 열성을 가지고 성실히 임하는 태도
③ 직분의식: 자신이 하고 있는 일이 사회나 기업을 위해 중요한 역할을 하고 있다고 믿고 자신의 활동을 수행하는 태도
④ 책임의식: 직업에 대한 사회적 역할과 책무를 충실히 수행하고 책임을 다하는 태도

찐 모듈이론 TIP

전문가 의식은 자신이 속한 직업 분야의 전문 지식과 교육을 바탕으로 성실히 수행해야만 해낼 수 있다는 자부심을 가지고 직무에 임하는 자세를 말한다.
바람직한 직업관은 천직의식과 소명의식, 직무에 대한 성실성, 전문가 정신과 창조성, 책임의식과 협동성 등을 지니는 것으로, 이러한 직업관을 지닐 때 미래 사회의 변화에 성공적으로 대처할 수 있다. 따라서 직업이 개인에게 행복한 삶의 수단이 되기 위해서는 직업을 통해 사회에 봉사하려는 건전한 직업관을 가져야 한다.

19 근로윤리 정답 | ①

담당 부서를 잘못 찾은 전화를 받은 경우 자동 연결을 해 주면서 올바른 부서의 담당자와 연락처를 반드시 알려주는 것이 올바른 전화 응대법이다. "혹시 전화가 끊기면 내선 ×××번으로 연락하시면 됩니다."라는 정보를 주게 되면 전화가 끊겼을 경우 고객이 똑같은 상황을 반복하지 않아도 된다.

오답풀이

② 통화가 가능한 상황인지 먼저 묻는 것은 전화 걸기의 기본적인 예의 중 하나로 볼 수 있다.

③ 전화를 받을 때 이름과 소속을 밝히는 적절한 응대이다.
④ 본인의 권한 이외의 사항일 경우 책임자와 상의 후 회신을 하겠다고 답변하는 것은 적절한 응대이다.
⑤ 담당자 부재중일 경우 복귀시간을 문의하고 메모를 요청하는 것은 적절한 응대이다.

20 근로윤리 정답 | ③

③과 같은 응대법은 고객의 요구사항을 파악하여 긍정적인 해결방법을 제시해 준 바람직한 응대이다. 고객에게 자신의 요구사항이 받아들여진다는 느낌을 전해 주어 자사 제품에 대한 좋은 이미지를 심어줄 수 있는 방법이다. 반면, 나머지 응대법은 고객의 요구나 불만 사항 자체가 올바르지 않다는 의미를 내포하고 있어 고객의 마음을 상하게 할 수 있는 응대법이므로 바람직하다고 볼 수 없다.

CHAPTER 09 대인관계능력

STEP 01 | 적중예상문제 2권 P. 342

01	⑤	02	①	03	①	04	⑤	05	⑤
06	③	07	③	08	②	09	①	10	④
11	③	12	③	13	③	14	④	15	⑤
16	①	17	②	18	④	19	①	20	①

01 대인관계능력 개요 정답 | ⑤

순박형 대인관계 유형은 단순하고 솔직하며 겸손하고 너그러운 경향이 있다. 하지만 이런 경향이 강할수록 타인에게 쉽게 설득되어 주관이 없어 보일 수 있으며, 잘 속거나 이용당할 수 있다. 원하지 않을 때에도 타인의 의견에 반대하지 못하고, 화가 난 감정을 타인에게 알리기가 어렵다. 이런 사람은 대인관계에서 타인의 의도를 좀 더 깊게 생각하고 신중하게 행동할 필요성이 있으며, 자신의 의견을 좀 더 강하게 표현하고 주장하는 것이 바람직하다.

오답풀이

㉠은 실리형, ㉡은 복종형, ㉢은 사교형, ㉣은 지배형의 특징 및 보완점을 각각 나타낸 것이다.

02 대인관계능력 개요 정답 | ①

- 직원 A는 순박형 대인관계 유형에 속한다. 순박형의 대인관계 유형은 원치 않는 타인의 의견에 반대하지 못하고 화가 나도 타인에게 알리기 어려운 특징이 있다. 이러한 점을 보완하기 위해서는 타인의 의도를 좀 더 깊게 들여다보고 행동하는 신중함이 필요하며, 자신의 의견을 표현하고 주장하는 노력을 해야 할 것이다.
- 직원 B는 친화형 대인관계 유형에 속한다. 타인의 요구를 잘 거절하지 못하고 타인의 필요를 자신의 것보다 앞세우는 경향이 있다. 타인과의 정서적 거리를 유지하는 노력이 필요하며, 타인의 이익만큼 나의 이익도 중요함을 인식해야 한다.

03 팀워크능력 정답 | ①

주어진 글의 가장 중요한 핵심은 팀원들이 협동하고 희생정신을 발휘하여 시너지 효과를 냈다는 것이다. 이는 곧 팀워크야말로 조직의 목표를 달성하는 데 가장 중요한 지름길임을 말해 준다.

04 팀워크능력 정답 | ⑤

조직의 분위기와 맡은 바 업무에서 성과도 거두고 있는 팀은 팀워크가 좋은 것이며, 조직의 분위기만 좋고 성과가 뒤따르지 않는다면 응집력이 좋은 것이다. 따라서 B팀은 팀워크가 좋은 팀, C팀은 응집력이 좋은 팀, A팀은 팀워크와 응집력 모두가 좋지 않은 팀이다. 팀원이 공동의 목적을 달성하기 위해 협력하여 일을 진행하는 것은 팀워크가 좋은 팀에 대한 설명이므로 ⑤의 설명은 적절하지 않다.

찐 모듈이론 TIP

효과적인 팀의 핵심적인 특징

- 팀의 사명과 목표를 명확하게 기술한다.
- 창조적으로 운영된다.
- 결과에 초점을 맞춘다.
- 역할과 책임을 명료화시킨다.
- 조직화가 잘되어 있다.
- 개인의 강점을 활용한다.
- 리더십 역량을 공유하며 구성원 상호 간에 지원을 아끼지 않는다.
- 팀 풍토를 발전시킨다.
- 의견의 불일치를 건설적으로 해결한다.
- 개방적으로 의사소통한다.
- 객관적인 결정을 내린다.
- 팀 자체의 효과성을 평가한다.

05 팀워크능력 정답 | ⑤

두 사원 B와 C는 서로 적대감과 갈등을 보이고 있다. 이때 팀장인 A는 이를 위해 갈등을 해결하는 행동을 해야 한다.

06 팀워크능력 정답 | ③

주어진 사례는 각각 (가) 순응형, (나) 소외형, (다) 실무형, (라) 수동형, (마) 모범형에 대한 내용이다.

로버트 켈리가 언급한 팔로워십 유형은 5가지가 있으며 다음과 같은 특징을 지닌다.

(가) 순응형: 적극적인 참여 측면에서는 모범형 팔로워십과 유사하지만 독립적이며, 리더에 의존적이고 무비판적이므로 무조건적으로 순응하는 유형이다. 이들은 자신의 일에 대해 책임져 줄 상사가 있음에 안정감을 느끼며 상사의 기대에 부응하는 사람이 되려는 의지가 강하다.

(나) 소외형: 자유롭고 비판적이지만 소속된 집단과 조직에 참여하지 않는다. 능력이 뛰어나도 상사와 조직에 대해 냉소적인 태도를 가지고 있으며, 상사의 의견이나 노력 등에 대해 비판하고 빈정거리지만, 정작 자신은 적극적으로 참여하지 않는다.

(다) 실무형: 리더에 대해 절대적으로 의존적이지도 독립적이지도 비판적이지도 않으며, 리더의 의사결정에 의문을 가지고 질문을 가끔 던지지만 비판은 하지 않는다. 일을 원만하게 수행하지만 위험 또는 실패를 감수하고 싶지 않아서 업무 목표를 낮게 잡는 경향이 있다. 적당한 수준에서 상사와의 관계를 맺으며 적당히 주어진 일을 수행한다.

(라) 수동형: 리더에게 의존적이다. 상사가 지시해 주기만을 기다리며, 의사결정을 하는 것은 자신의 책임이 아니라는 자세를 가지고 있어 상사가 지시한 일만 수행하고 맡겨진 업무 이상은 절대로 하지 않는다.

(마) 모범형: 적극적으로 참여하며, 자발적으로 리더를 돕고 자기가 맡고 있는 일보다 더 많은 일을 하고자 하는 정신 즉, 주인정신을 가지고 있다. 이들은 조직에 헌신하고 자신의 일에 몰입하며 다른 사람들과 원만한 대인관계를 유지한다.

07 리더십능력 정답 | ③

최 팀장은 파트너십 유형의 리더로, 파트너십 유형의 특징은 다음과 같다.

- 리더는 조직 구성원 중 한 명일 뿐이다. 리더는 다른 조직 구성원들보다 경험이 더 풍부하겠지만 다른 구성원들보다 더 비중 있게 대우받아서는 안 된다.
- 집단의 모든 구성원은 의사결정 및 팀의 방향을 설정하는 데 참여한다.

- 집단의 모든 구성원은 집단의 행동에 따른 결과 및 성과에 대해 책임을 공유한다.

㉢의 설명은 민주주의에 근접한 유형의 리더가 보이는 특징으로, 이러한 유형의 리더는 '민주주의에 근접한'이라는 말에서 알 수 있듯이, 비록 민주주의적이긴 하지만 최종 결정권은 리더에게만 있다고 생각한다.

08 리더십능력 정답 | ②

주어진 사례에서 단순히 업무를 위임하는 것보다 권한을 위임하는 것이 더욱 효과적임을 알 수 있다. 리더 K는 팀원 B에게 판매 향상에 도움이 될 만한 마케팅 계획을 직접 개발하도록 권한을 위임하였으며, 이에 따라 팀원 B는 막중한 책임감을 느끼고 효과적인 해결책을 만들어낼 수 있었다. 그러나 팀원 A는 권한이 아닌 단순한 업무만을 위임한 것이므로 동기부여가 되지 않아 효과적인 업무 처리 결과를 내지 못한 것이다.

09 리더십능력 정답 | ①

주어진 상황에서 리더는 조직구성원들을 신뢰하고 그들의 잠재성을 믿으며 팀원에게 발생한 장애요인을 해결하기 위해 노력해야 한다. 팀원을 교체하는 것은 임파워먼트를 사용한 적절한 해결책으로 보기 어렵다.

찐 모듈이론 TIP

임파워먼트에 장애가 되는 요인과 각각에 관한 내용은 다음과 같다.

1. 개인 차원: 주어진 일을 해내는 역량의 결여, 동기의 결여, 결의의 부족, 책임감 부족, 의존성
2. 대인 차원: 다른 사람과의 성실성 결여, 약속 불이행, 성과를 제한하는 조직의 규범, 갈등처리 능력 부족, 승패의 태도
3. 관리 차원: 통제적 리더십 스타일, 효과적 리더십 발휘 능력 결여, 경험 부족, 정책 및 기획의 실행 능력 결여, 비전의 효과적 전달능력 결여
4. 조직 차원: 공감대 형성이 없는 구조와 시스템, 제한된 정책과 절차

10 리더십능력 정답 | ④

주어진 글에서 서 팀장은 비료 업계에 없었던 획기적인 마케팅을 시도했으며, 팀원에게 파격적인 인센티브를 주는 등 급격한 변화를 이루어 성공하였다. 이는 변혁적 리더십 유형에 해당한다.

오답풀이

① 독재자 유형은 정책 의사 결정과 대부분의 핵심 정보를 그들 스스로에게만 국한하여 소유하고 고수하려는 경향이 있다. 독재자 유형의 리더는 팀원에게 업무를 공정히 나누어 주고, 그들 스스로가 결과에 대한 책임을 져야 한다는 것을 일깨울 수 있다.

② 민주주의에 근접한 유형은 독재자 유형보다 관대한 편이다. 리더는 그룹에 정보를 잘 전달하려고 노력하고, 전체 그룹의 구성원 모두를 목표 방향 설정에 참여하게 함으로써 구성원들에게 확신을 심어 주려고 노력한다.

③ 파트너십 유형에서는 역할 구분이 희미한 경우가 많아, 리더가 조직에서 한 구성원이 되기도 한다. 파트너십 유형은 소규모 조직이나 성숙한 조직에서 풍부한 경험과 재능을 소유한 개개인들에게 적합하다. 신뢰와 정직, 구성원들의 능력에 대한 믿음이 파트너십 유형의 핵심 요소이다.

11 갈등관리능력 정답 | ③

갈등은 [의견 불일치 → 대결 국면 → 격화 국면 → 진정 국면 → 갈등의 해소]의 단계를 거치면서 진행된다. 단계별 내용을 바탕으로 할 때, 주어진 사례는 격화 국면에 해당한다.

찐 모듈이론 TIP

갈등의 과정

1. 의견 불일치

인간은 다른 사람들과 함께 부딪치면서 살아가게 되는데, 서로 생각이나 신념, 가치관이 다르고 성격도 다르기 때문에 다른 사람들과 의견의 불일치가 생길 수 있다. 의견 불일치는 상대방의 생각과 동기를 설명하는 기회를 주고 대화를 나누다 보면 오해가 사라지고 더 좋은 관계로 발전할 수 있지만, 사소한 오해로 인한 사소한 갈등이라도 그냥 내버려 두면 심각한 갈등으로 발전하게 된다.

2. 대결 국면

의견 불일치가 해소되지 않으면 대결 국면으로 빠져들게 된다. 이 국면에서는 이제 단순한 해결 방안은 없고 제기된 문제들에 대하여 새로운 다른 해결점을 찾아야 한다. 일단 대결 국면에 이르게 되면 감정이 개입되어 상대방의 주장에 대한 문제점을 찾기 시작하고, 자신의 입장에 대해서는 그럴듯한 변명으로 옹호하면서 양보를 완강히 거부하는 상태에까지 이르게 된다. 즉, 상대방의 입장은 부정하면서 자기주장

만 하려고 한다. 서로의 입장을 고수하려는 강도가 높아지면서 서로 간의 긴장은 더욱 높아지고 감정적인 대응이 더욱 격화되어 간다.
3. 격화 국면
격화 국면에 이르게 되면 상대방에 대하여 더욱 적대적인 태도를 보이게 된다. 이제 의견일치는 물 건너가고 설득을 통해 문제를 해결하려고 하기보다는 강압적, 위협적인 방법을 쓰려고 하며, 극단적인 경우에는 언어폭력이나 신체적인 폭행으로까지 번지기도 한다. 상대방에 대한 불신과 좌절, 부정적인 인식이 확산되면서 다른 요인들에까지 불을 붙이는 상황에 빠지기도 한다. 이 단계에서는 상대방의 생각이나 의견, 제안을 부정하고, 상대방은 그에 대한 반격으로 대응함으로써 자신들의 반격을 정당하게 생각한다.
4. 진정 국면
시간이 지나면서 정점으로 치닫던 갈등이 점차 감소하는 진정 국면에 들어선다. 계속되는 논쟁과 긴장이 귀중한 시간과 에너지만 낭비하는 이러한 상태가 무한정 유지될 수 없다는 것을 느끼고 점차 흥분과 불안이 가라앉으며, 이성과 이해의 원상태로 돌아가려 한다. 그러면서 협상이 시작된다. 협상과정을 통해 쟁점이 되는 주제를 논의하고 새로운 제안을 하고 대안을 모색하게 된다. 이 단계에서는 중개자, 조정자 등의 제3자가 개입함으로써 갈등 당사자 간에 신뢰를 쌓고 문제를 해결하는 데 도움이 되기도 한다.
5. 갈등의 해소
진정 국면에 들어서면 갈등 당사자들은 문제를 해결하지 않고는 자신들의 목표를 달성하기 어렵다는 것을 알게 된다. 물론 경우에 따라서는 결과에 다 만족할 수 없는 경우도 있지만 어떻게 해서든지 서로 의견을 일치하려고 한다.

12 갈등관리능력 정답 | ③

A는 자신의 문제 상황을 해결하거나 극복하려 하지 않고, 상황을 피하려고만 하고 있다. 따라서 회피형에 해당한다.

오답풀이

①, ⑤는 수용형, ②는 타협형, ④는 경쟁형 유형에 관한 설명이다.

13 갈등관리능력 정답 | ③

갈등 해결 방법은 회피형, 경쟁형, 수용형, 타협형, 통합형(협력형) 등 다섯 가지 유형으로 구분해 볼 수 있다. 이 중 경쟁형은 지배형(dominating)이라고도 하는데, 자신에 대한 관심은 높고 상대방에 대한 관심은 낮은 경우로, '나는 이기고 너는 지는 방법(win−lose)'을 말한다. 경쟁형은 상대방의 목표 달성을 희생시키면서 자신의 목표를 이루기 위해 전력을 다하는 전략이다. 해외사업 1팀과 2팀은 서로 상대방에게 양보할 의향이 전혀 없는 상태이며, 이런 상황에서 자신의 승리를 위한 경쟁형 방법을 선택한다.
반면, 수용형은 자신에 대한 관심은 낮고 상대방에 대한 관심은 높은 경우로, '나는 지고 너는 이기는 방법(lose−win)'을 말한다. 이 방법은 상대방의 관심을 충족하기 위하여 자신의 관심이나 요구는 희생함으로써 상대방의 의지에 따르는 경향을 보인다. 생산 2팀은 이미 인원이 보충되어 생산 1팀에 비해 상대적으로 요구가 약한 상태이며, 상대방의 요구에 관심을 보이기도 하므로 전형적인 수용형 갈등 해결 방법을 선택할 가능성이 높다고 볼 수 있다.

14 협상능력 정답 | ④

협상전략은 크게 협력 전략, 유화 전략, 회피 전략, 강압 전략 등으로 구분된다. 주어진 사례에서 A사 경영진이 내보인 전략은 유화 전략이다. 유화 전략은 상대방이 제시하는 것을 일방적으로 수용하여 협상의 가능성을 높이려는 전략으로, 유화, 양보, 순응, 수용, 굴복, 요구사항의 철회 등의 전술을 주로 사용한다.

오답풀이

① 강압 전략(경쟁 전략): 자신이 상대방보다 힘에 있어서 우위를 점유하고 있을 때 자신의 이익을 극대화하기 위한 공격적 전략이다.
②, ⑤ 회피 전략(무행동 전략): 협상 철수 전략으로, 협상을 피하거나 잠정적으로 중단·철수하는 전략이다.
③ 협력 전략(문제해결 전략): 협상 참여자들이 협동과 통합으로 문제를 해결하고자 하는 협력적 문제 해결 전략으로, 문제를 해결하는 합의에 이르기 위해서 협상 당사자들이 서로 협력하는 것이다.

15 협상능력 정답 | ⑤

주어진 사례는 강압전략을 사용한 경우로, 협상 당사자 간에 신뢰가 쌓여 있는 경우에는 협력전략이 사용된다.

오답풀이

강압전략은 win−lose 전략으로, 명시적 또는 묵시적으로 강압적 위협이나 강압적 설득, 처벌 등의 무력시위 또는 카드 등을 사용하여 상대방을 굴복시키거나 순응시킨다. 자신의 주장을 확실하게 상대방에게 제시하고, 상대방에게 이를 수용하지 않으면 보복이 있을 것이며 협상이 결렬될 것이라는 등의 위협을 가하는 경우가 발생할 수 있다. 따라서 강압전략은 일방적인 의사소통으로 일방적인 양보를 받아낸다. 인간관계를 중요하게 여기지 않고 어떠한 수단 방법을 동원해서라도 자신의 입장과 이익 극대화를 관철시키는 것에만 관심이 있다. 협력전략과 반대로 강압전략은 합의도출이 어렵다. 상대방에 비해 자신의 힘이 강하고, 상대방과의 관계가 나쁘고, 상대방에 대한 신뢰가 전혀 없을 때, 자신의 실질적 결과를 극대화하고자 할 때 강압전략이 사용될 수 있다.

16 협상능력 정답 | ①

호혜 관계 형성 전략이란 협상 당사자 간에 어떤 혜택들을 주고받은 관계가 형성되어 있으면 그 협상에 용이하다는 것이다. 평소에 호혜 관계를 잘 형성해 놓으면 차후에 어떤 정책을 추진할 때 다른 사람으로부터 협조를 잘 받아낼 수 있다.
주어진 대화에서 A대리는 B과장에게 그동안의 성실한 대금 납부, 위기 시 도움 제공 등을 언급하며 협상을 진행하고 있으므로 이는 호혜 관계 형성 전략에 해당한다.

오답풀이

② 헌신과 일관성 전략: 협상 당사자 간에 기대하는 바에 일관성 있게 헌신적으로 부응하여 행동하면 협상 과정상의 갈등 해결이 용이하다는 것이다.
③ 희소성 해결 전략: 인적, 물적자원 등의 희소성을 해결하면 협상 과정상의 갈등 해결에 용이하다.
④ 상대방 이해 전략: 설득에 장애가 되는 요인들을 제거하기 위해 상대방에 대한 이해가 선행되어 있으면 협상에 유리하다.
⑤ 연결 전략: 협상 과정에서 갈등이 발생했을 때 그 갈등 문제와 갈등 관리자를 연결하는 것이 아니라 그 갈등을 야기한 사람과 관리자를 연결하면 갈등 해결이 용이해진다는 것이다.

17 고객서비스능력 정답 | ②

습관적으로 트집을 잡는 이른바 '트집형'의 손님이다. 이런 경우 주인은 '손님의 말씀이 맞습니다. 역시 손님께서 정확하십니다.' 하고 고객의 지적이 옳음을 표시한 후 '저도 그렇게 생각하고 있습니다만...' 등과 같이 설득하는 것이 바람직하다. 잘자코 고객의 의견을 경청하고 사과를 하는 것도 좋으며, 이야기를 경청하고, 맞장구치고, 추켜세우고, 설득해 가는 방법이 효과적이다.

오답풀이

① 의심형 고객에 대한 효과적 응대법이다.
③ 거만형 고객에 대한 효과적 응대법이다.
④ 빨리빨리형 고객에 대한 효과적 응대법이다.
⑤ 의심형 고객에 대한 효과적 응대법이다.

찐 모듈이론 TIP

고객 불평 대응 시 유의사항

- 불만족 고객 대부분은 불평하지 않는다.
- 불평하는 고객은 사업자를 도와주려는 생각에서 불평을 하는 경우가 많으므로 고객의 불평을 감사하게 생각해야 한다.
- 고객의 불평은 종종 거친 말로 표현되나, 그 내용이 꼭 공격적인 것은 아니다.
- 대부분의 불평 고객은 단지 기업이 자신의 불평을 경청하고, 잘못된 내용을 설명하며, 제대로 고치겠다고 약속하면서 사과하기를 원한다.
- 미리 들을 준비를 하고 침착하고 긍정적으로 고객을 대해야 한다.
- 대부분의 불평은 큰 심적 소진 없이 빠르게 해결한다.

18 고객서비스능력 정답 | ④

고객 불만 처리 프로세스에 있어 정보 파악이란 문제해결을 위해 꼭 필요한 질문만 하여 정보를 얻거나, 최선의 해결 방법을 찾기 어려울 경우 고객에게 어떻게 해 주면 만족스러운지를 묻는 것을 의미한다. 기본 인적 사항과 매장 방문 빈도는 문제해결을 위해 고객에게 얻어야 할 정보라고 보기 어렵다.

19 고객서비스능력 정답 | ①

고객 불만 처리 프로세스에서 가장 먼저 이행되어야 하는 것은 경청이다.

찐 모듈이론 TIP

고객 불만 처리 프로세스 8단계

1) 경청
- 고객의 항의에 경청하고 끝까지 듣는다.
- 선입관을 버리고 문제를 파악한다.

2) 감사와 공감 표시
- 일부러 시간을 내서 해결의 기회를 준 것에 감사를 표시한다.
- 고객의 항의에 공감을 표시한다.

3) 사과: 고객의 이야기를 듣고 문제점에 대해 인정하며 잘못된 부분에 대해 사과한다.

4) 해결 약속: 고객이 불만을 느낀 상황에 대해 관심과 공감을 보이며, 문제의 빠른 해결을 약속한다.

5) 정보파악
- 문제해결을 위해 꼭 필요한 질문만 하여 정보를 얻는다.
- 최선의 해결 방법을 찾기 어려우면 고객에게 어떻게 해 주면 만족스러운지를 묻는다.

6) 신속 처리: 잘못된 부분을 신속하게 시정한다.
7) 처리 확인과 사과: 불만 처리 후 고객에게 처리 결과에 만족하는지를 물어본다.
8) 피드백: 고객 불만 사례를 회사 및 전 직원에게 알려 다시는 동일한 문제가 발생하지 않도록 한다.

20 대인관계능력 정답 | ①

A부장은 현실 가능성이 낮은 욕구를 통해 좌절과 불만족을 느끼는 비현실적 대인동기를, B과장은 상대나 상황과 관계없이 항상 주도적이고 지배적인 역할을 하고자 하는 부적절한 대인동기를 보이고 있다.

찐 모듈이론 TIP

부적응적인 대인동기

극단적인 대인동기	• 대인동기의 강도가 너무 지나치게 강하거나 약한 경우 • 지나치게 강한 대인동기는 동기의 충족을 위해 과도하게 노력하게 되고 이로 인해 타인을 불편하게 만들어 결국 부적응적 인간관계가 나타날 수 있다.
부적절한 대인동기	• 특정한 대인관계 상황에서 타인이 기대하는 역할과 어긋나는 동기를 지닌 경우 • 인간은 다양한 대인동기를 지니고 자신이 처한 상황에 적절한 동기를 일으켜 행동하게 되는데, 이때 대인관계 상대나 상황에 맞는 대인동기를 갖는 것이 중요하다.
비현실적 대인동기	• 대인관계 상황에서 실현 가능한 욕구를 가지는 것을 '현실적 대인동기'라고 한다. 이와 반대로 이루기 어려운 대인동기를 가지는 것을 '비현실적 대인동기'라고 한다.
불균형적 대인동기	• 대인동기의 적절성과 더불어 여러 동기 간의 균형이 중요하다. • 타인에게 의존하기만 하거나, 지배하기만 하려는 등 어느 하나에 지나치게 중요성을 부여한다면 원활한 대인관계가 어려워진다.

CHAPTER 10 자기개발능력

STEP 01 | 적중예상문제 2권 P. 358

01	④	02	②	03	④	04	③	05	②
06	②	07	⑤	08	③	09	②	10	⑤
11	⑤	12	②	13	③	14	⑤	15	②
16	①	17	④	18	①	19	④	20	①

01 자기개발능력 개요 정답 | ④

자기개발이 자연스럽게 지역 사회의 발전에 이바지하게 될 수도 있으나, 일반적인 자기개발의 필요성이라고 볼 수는 없다. 자기개발의 필요성은 다음과 같다.

- 직장생활에서의 자기개발은 효과적으로 업무를 처리하기 위하여, 즉 업무의 성과를 향상시키기 위하여 이루어진다.
- 변화하는 환경에 적응하기 위해서 자기개발이 이루어진다.
- 자기개발은 주변 사람들과 긍정적인 인간관계를 형성하기 위해서도 필요하다.
- 자기개발은 자신이 달성하고자 하는 목표를 성취하기 위해서 해야 한다.
- 개인적으로 보람된 삶을 살기 위해서 자기개발을 한다.

찐 모듈이론 TIP

자기개발의 특징

자기개발은 자신의 능력, 적성 및 특성 등에서 강점과 약점을 찾아 강점을 강화하고, 약점을 관리하여 성장을 위한 기회로 활용하는 것이다. 자기개발의 특징은 다음과 같다.

- 자기개발의 주체는 타인이 아니라 자기 자신이다.
- 자기개발은 개별적인 과정이므로 지향하는 바와 선호하는 방법 등이 각자 다르다.
- 자기개발은 평생에 걸쳐서 이루어지는 과정이다.
- 자기개발은 일과 관련하여 연관되어 이루어지는 활동이다.
- 자기개발은 일상에서 이루어져야 한다.
- 자기개발은 모든 사람이 해야 하는 것이다.

02 자기개발능력 개요 정답 | ②

자기개발은 평생에 걸쳐서 이루어지는 과정이다. 사람들은 흔히 자기개발을 학교 재학 중에 이루어지는 교육이라고 생각하거나 어떤 특정한 사건이나 요구가 있을 때에 일시적으로 이루어지는 과정이라고 생각한다. 그러나 우리의 직장 생활을 둘러싸고 있는 환경은 끊임없이 변화하고 있으며 지속적으로 학습할 것을 요구한다. 우리는 날마다 조금씩 다른 상황에 처하며, 학교 교육에서는 원리, 원칙에 대한 교육이 이루어질 뿐이므로 실생활에서 적응하기 위해서는 평생 동안의 지속적인 자기개발이 필요하다.

03 자기개발능력 개요 　정답 | ④

㉠ 최 과장은 개인적인 노력뿐만 아니라 다양한 사람들과 소통하면서 신입사원들에게 여러 가지 내용을 공유하는 등 개인과 팀 성과를 위해 노력하였다.
㉡ 최 과장은 가고 싶었던 팀에 가지 못하게 되는 상황에서도 긍정적인 태도를 보였다.
㉢ 첫 번째 문단에서 최 과장은 '소통능력과 학습에 대한 끊임없는 열정이 자신의 강점이라는 것을 명확하게 인식'하고 있다고 언급하고 있다.

오답풀이

㉣ 최 과장은 자신만을 생각하지 않고 팀의 성과를 함께 생각하고 노력을 기울였으며 긍정적이고 희망적인 태도로 업무를 대했다. 또한, 자신의 강점인 소통과 학습에 대한 열정을 가지고 꾸준한 자기개발을 수행하였다. 약점을 보완하기 위한 활동은 주어진 글에서는 나오지 않는다.

04 자기개발능력 개요 　정답 | ③

주어진 글에서 K씨는 자신의 문제가 아닌, 코로나 19 시기 이후에 입사하여 달라진 업무환경에 적응하지 못해 어려워하고 있다. 변화하는 환경에 대처하는 태도가 사람마다 다르지만, 목표를 성취하기 위해서 노력하는 사람이 있는 반면에 변화에 적응하지 못하여 결국 목표를 성취하지 못하는 사람이 있을 수 있다. 우리를 둘러싸고 있는 환경은 끊임없이 변화하고 있으며, 그 변화의 속도는 점점 빨라지고 있다. 우리가 가지고 있는 지식이나 기술이 과거의 것이 되지 않도록 시시각각 변하는 환경에 따라 지속적인 자기개발 노력이 요구된다. 따라서 K씨에게 변화하는 환경에 적응하기 위해서 자기개발이 필요하다는 ③의 조언을 할 수 있다.

05 자아인식능력 　정답 | ②

B씨는 친구들과의 잦은 약속 때문에 피곤하다는 이유로 공부를 미루고 학원에 가지 못하였다고 하였으므로, 이는 자신의 욕구를 제대로 제어하지 못해 자기개발에 어려움을 겪는 것으로 볼 수 있다. 인간은 감정을 가지고 있어 긍정적 혹은 부정적 감정에 따라 적극적이거나 소극적인 태도를 보이게 된다. 이러한 욕구와 감정이 합리적으로 통제되지 않으면 자기개발이 이루어지기 쉽지 않다.

06 자아인식능력 　정답 | ②

㉡은 아나운서가 되기 위해 '4년제 대학 졸업', '공인어학시험 응시', '원고 작성 능력 개발' 등을 해야 하는 현실적인 여건을 고민하고 있다는 내용이다. 이를 해결하거나 성취하기 위해 나에게 부족한 능력이 무엇인지 질문할 수 있다.

오답풀이

① 어릴 때부터 말을 잘한다는 이야기를 많이 들었다고 하였으므로 어떤 능력을 개발해야 하는지를 묻는 것은 적절하지 않다.
③ 어쩌다 보니 일하게 된 상황에서 능력을 어떻게 개발할 수 있는지 묻는 것은 적절하지 않다.
④ 나이가 많은 상황에서 장기적인 경력을 살피며 능력이 어떻게 활용될 수 있는지 묻는 것은 적절하지 않다.
⑤ 기계와 관련된 일이어서 본인과 잘 맞지 않아 그만두었다고 하였으므로 일을 그만두게 된 계기를 묻는 것은 적절하지 않다.

07 자아인식능력 　정답 | ⑤

A씨는 평소 자신이 적극적이고 능동적이라고 생각했으나, 고객에게서 소극적으로 영업한다는 상반된 평가를 들었다. 따라서 A씨는 상담 과정을 통해서 다른 사람이 바라보는 객관적인 나의 모습을 보완해야 한다. 스스로가 아는 자신을 재확인하는 과정이 필요하다기보다는 타인이 아는 나를 확인하는 과정이 필요하다.

08 자아인식능력 　정답 | ③

주어진 사례는 처음에 알지 못했던 자신의 잠재 능력이 발휘된 경우이다. 몰랐던 나를 찾기 위해, 즉 '자아인식능력'을 갖추기 위한 부단한 노력이 지금의 B씨를 만들었다고 볼 수 있다.
자아인식은 자신에 대한 물음이나, 다른 사람과의 커뮤니케이션, 표준화된 검사 도구 등을 통해 확인할 수 있다.

오답풀이

①, ②, ④, ⑤ B씨의 성공에 대한 뒷받침이 될 수는 있으나, '몰랐던 나를 찾기 위한 노력'으로는 볼 수 없다.

찐 모듈이론 TIP

나를 알아내는 3가지 방법
- 내가 아는 나를 확인하기: 자신을 스스로 아는 것은 객관성을 확보할 수 없는 한계를 지니기도 하지만, 타인이 알 수 없는 자신의 내면이나 감정을 고려할 수 있다는 특징이 있다.
- 다른 사람과 커뮤니케이션하기: 다른 사람과 대화를 하게 되면 자신이 간과한 언행이나 스스로의 성격을 타인이 어떻게 판단하고 보고 있는지 보다 객관적으로 알 수 있다.
- 표준화된 검사 도구 활용하기: 자아 특성을 계량화할 수 있는 척도를 제공한다. 각종 검사 도구를 활용하여 자신을 객관화하면 진로를 설계하고, 직업을 구하며, 자신에게 맞는 일을 찾는 데 도움을 얻을 수 있다. 최근에는 인터넷을 통해 표준화된 검사 도구를 손쉽게 이용할 수 있다.

09 자기관리능력 정답 | ②

감독관 자리로 승진하기 위해서는 대학 졸업이라는 조건이 필요하다는 것을 발견하였기에 과제 발견 단계에 해당한다.
비전과 목표가 정립되면 과제 발견 단계에서는 현재 자신의 역할 및 능력을 검토하고, 할 일을 조정하여 자신이 수행해야 할 역할을 도출한다. 수행해야 할 역할들이 도출되고 이에 적합한 활동목표가 수립되면, 우선순위에 따라 구분한다.

10 자기관리능력 정답 | ⑤

㉠ 이 과장은 수첩이나 인맥을 활용하여 업무의 효율을 높이면서 목표를 달성하였다.
㉡ 이 과장은 해외영업에서 협력사와의 신뢰를 지키며 회사의 규정대로 일을 꼼꼼히 처리하기로 정평이 나 있고, 언제나 일과 관계 두 마리의 토끼를 잡는 사냥꾼이라는 평을 듣고 있다. 즉, 회사 내에서 상사 및 동료들에게 인정과 지지를 받고 있다.
㉢ 이 과장은 회사의 규정대로 일을 꼼꼼히 처리하며, 국내 회의와 해외 출장 등 빡빡한 일정 속에서도 기안서나 보고서 등의 제출 기한을 한 번도 어긴 적이 없다. 업무 지침을 준수하였기 때문에 업무 수행성과가 좋은 것이다.
㉣ 업무를 수첩에 정리하고 인맥을 영리하게 활용하는 등 개인의 능력을 발휘해 성과를 높이고 있다.
따라서 이 과장의 업무 수행성과를 향상시킨 요인은 ㉠, ㉡, ㉢, ㉣이다.

11 자기관리능력 정답 | ⑤

합리적인 의사결정의 과정 중 5단계는 각 대안을 분석 및 평가하는 단계이다.
따라서 합리적인 의사결정의 과정 중 5단계에서 해야 할 행동으로 가장 적절한 것은 ⑤이다.

오답풀이

① 의사결정에 필요한 정보를 수집하는 것은 합리적인 의사결정 3단계에서 해야 할 행동이다.
② 최적안을 선택하는 것은 합리적인 의사결정 6단계에서 해야 할 행동이다.
③ 가능한 모든 대안을 탐색하는 것은 합리적인 의사결정 4단계에서 해야 할 행동이다.
④ 의사결정 기준과 가중치를 정하는 것은 합리적인 의사결정 2단계에서 해야 할 행동이다.

12 자기관리능력 정답 | ②

주어진 사례에서 천 사원의 상황은 자기관리의 과정 중 '과제 발견' 단계에 해당한다. 이 단계에서는 자기 역할 정의 및 업무 목표 수립, 업무의 중요도 및 우선순위를 설정한다.

오답풀이

① 반성 및 피드백 단계에 해당한다.
③, ⑤ 수행 단계에 해당한다.
④ 비전 및 목적 정립 단계에 해당한다.

13 자기관리능력 정답 | ③

김 팀장이 긍정적인 마음을 갖기 위해서는 먼저 자신을 긍정해야 한다. 자신의 능력과 가치를 신뢰하고 있는 그대로의 자신을 받아들여 건강한 자아상을 확립한다. 그리고 과거에 받았던 상처나 고민을 털어버리고 타인을 원망하는 마음을 갖지 않도록 노력해야 한다. 또한, 고난이나 역경을 통해 자신이 성장할 수 있다는 가능성을 믿고, 어려움 속에서 자신을 개발하는 법을 터득해야 한다. 해야 할 일이 너무 많다면 그만큼 자신의 능력이 뛰어난 것이며, 인정을 받고 있다는 것으로 생각해야 한다. 그리고 이 모든 것들은 직장 동료나 선후배들을 통해 도움을 받고 있으며, 팀원들 덕분이라고 생각해야 한다. 타인을 원망하고 탓하는 것은 긍정적인 마음가짐을 갖는 데 도움이 되지 않는다.

14 경력개발능력 정답 | ⑤

경력을 개발하기 위한 조직 구성원의 학습은 직장 생활을 영위하는 전 기간에 걸쳐 이루어진다. 이러한 학습은 개인의 경력목표와 조직에서 요구하는 모습을 모두 갖출 수 있도록 조화를 이루는 것이 바람직하다. 따라서 개인의 역량을 향상시킬 수 있는 비공식적인 스터디나 동호회 활동 등의 행위도 포함되어야 한다.

찐 모듈이론 TIP

경력개발이란 개인의 경력 목표와 전략을 수립하고 실행하며 피드백하는 과정이다.

- 직업인은 한 조직의 구성원으로서 자신의 조직과 함께 상호 작용하며 자신의 경력을 개발해 나가는 특징이 있다.
- 자신과 상황을 인식하고 경력 관련 목표를 설정하여 그 목표를 달성하기 위한 과정인 경력계획과 경력계획을 준비하고 실행하며 피드백하는 경력관리로 이루어진다.

15 경력개발능력 정답 | ②

개인 요구에 따른 경력개발의 필요성은 '발달 단계에 따른 가치관 변화', '전문성 축적 및 성장 욕구 증가', '개인의 고용 시장 가치 증대'가 있다.
따라서 적절한 것은 ㉠, ㉤이다.

오답풀이

㉡, ㉢, ㉥ 조직 요구에 따른 경력개발의 필요성에 해당한다.
㉣ 환경 변화에 따른 경력개발의 필요성에 해당한다.

16 경력개발능력 정답 | ①

A씨의 경력개발 과정에서 사회 환경의 변화 요인은 4차 산업혁명 열풍으로 인한 지식정보의 빠른 변화, B그룹 조직구조의 변화, 빅데이터 분야 인력 및 중견사원 인력에 대한 수요 증가가 있었다. 그러나 삶의 질을 추구하는 문화는 주어진 글에 나타나지 않았다.

17 자기개발능력 개요 정답 | ④

다이어트를 위한 운동관리는 내적인 자기관리가 아닌 외모를 돋보이게 하기 위한 외적관리에 해당된다.

오답풀이

지원 희망 직무와 유관한 아르바이트 경험, 학점을 관리하고 인맥을 쌓는 일, 자격증 취득 등은 모두 세부 목표를 달성하기 위한 내적인 자기관리에 속하는 활동이다.

18 자기개발능력 개요 정답 | ①

내적인 자기개발을 설계하기 위해서는 장단기 목표를 구분하여 수립 후, 계획을 세워야 한다. 대략적·추상적 방법부터 세워 실천하는 것은 적절하지 않다.

찐 모듈이론 TIP

자기개발을 설계하기 위한 전략으로는 다음과 같은 것들이 필요하다.

- 장단기 목표를 수립한다.
  장단기를 구분하는 기준은 생애전환기(결혼, 취직, 이직 등)에 따라 바뀔 수 있다. 보통 장기목표는 5~20년 뒤를 설계하며, 단기목표는 1~3년 정도의 목표를 의미한다.
- 인간관계를 고려한다.
  우리는 가족, 친구, 직장동료, 부하직원, 상사, 고객 등 많은 인간관계를 맺고 살아간다. 이러한 관계를 고려하지 않고 자기개발 계획을 수립한다면 계획을 실행하는 데 어려움을 겪게 된다.
- 현재의 직무를 고려한다.
  직업인이라면 현재의 직무와 관계된 일을 계속하든, 전혀 새로운 일을 탐색하여 수행하든 현재의 직무 상황과 이에 대한 만족도가 자기개발 계획을 수립하는 데 중요한 역할을 담당하게 된다. 따라서 현 직무를 수행하거나 처한 환경을 극복하는 데 필요한 능력과 이에 대한 자신의 수준, 개발해야 할 능력, 관련된 적성 등을 고려해야 한다.
- 구체적인 방법으로 계획한다.
  애매모호한 방법으로 계획을 세우면 어떻게 실천해야 하는지 명확하게 알 수가 없어서 중간에 적당히 하게 되거나 효율적이지 못해 노력을 낭비하게 된다.
- 자신을 브랜드화한다.
  나를 브랜드화하는 방법은 단순히 자신을 알리는 것을 넘어 자신을 다른 사람과 차별화하는 특징을 밝혀내고, 이를 부각시키기 위해 지속적인 자기개발을 하며 알리는 것을 말한다.

19 경력개발능력 정답 | ④

우리나라는 최근 청년 실업의 증가와 함께 직업을 가지고 있어도 고용이 불안정하여 평생에 걸쳐 경력개발을 하지 않으면 안 되는 시대가 되었다. 이와 관련하여 최근 경력개발과 관련된 이슈에는 평생학습사회, 투잡스(Two-jobs), 청년 실업, 창업 경력, 일과 삶의 균형 등을 들 수 있는데, 윤 팀장이 야간대학원에 다니면서 꾸준히 미래를 준비하고 학습에 매진하는 것은 평생학습사회와 가장 연관이 깊다.

20 경력개발능력 정답 | ①

긱 경제가 출현하면서 개별 근로자가 노동 방식과 노동 시간에 대한 결정권을 갖게 되었고, 독립근로자와 같은 새로운 노동 형태가 등장하였다. 윤 팀장은 새로운 노동 방식이나 형태를 실천하고 있는 것은 아니므로 관련이 없다.

PART 3

NCS 실전모의고사

CHAPTER 01 실전모의고사 1회

의수문자 피듈형

2권 P. 372

01	⑤	02	④	03	④	04	④	05	③	06	⑤	07	④	08	④	09	③	10	①
11	②	12	⑤	13	⑤	14	⑤	15	⑤	16	⑤	17	⑤	18	②	19	⑤	20	③
21	③	22	③	23	②	24	⑤	25	④	26	②	27	③	28	⑤	29	③	30	②
31	④	32	④	33	③	34	④	35	②	36	③	37	②	38	①	39	②	40	②

☑ CHECK 영역별 실력 점검표

맞힌 문제와 틀린 문제를 체크해
나의 취약 영역을 한눈에 확인해 보세요!

문항	영역	O/×	문항	영역	O/×	문항	영역	O/×	문항	영역	O/×	문항	영역	O/×
01	의사소통		02	의사소통		03	의사소통		04	의사소통		05	의사소통	
06	의사소통		07	의사소통		08	의사소통		09	의사소통		10	의사소통	
11	수리		12	수리		13	수리		14	수리		15	수리	
16	수리		17	수리		18	수리		19	수리		20	수리	
21	문제해결		22	문제해결		23	문제해결		24	문제해결		25	문제해결	
26	문제해결		27	문제해결		28	문제해결		29	문제해결		30	문제해결	
31	자원관리		32	자원관리		33	자원관리		34	자원관리		35	자원관리	
36	자원관리		37	자원관리		38	자원관리		39	자원관리		40	자원관리	

맞힌 개수: 의사소통능력 (　　개) / 수리능력 (　　개) / 문제해결능력 (　　개)
자원관리능력 (　　개)

01 의사소통능력(의사소통능력 개요) 정답 | ⑤

설득력과 연관 있어 의사소통능력처럼 보이지만, 문제해결능력(데이터 분석, 원인 규명)에 해당하는 활동이다.

상세해설

피드백 수용, 언어 단순화, 감정 조절, 경청 및 기록은 모두 갑에게 부족한 의사소통능력이다.

오답풀이

① 갑은 의사소통능력 중 피드백 수용을 하지 못하고 있다.
② 갑은 의사소통능력 중 언어 단순화를 하지 못하고 있다.
③ 갑은 의사소통능력 중 감정 조절에 미숙한 모습을 보이고 있다.
④ 갑은 의사소통능력 중 경청과 기록 모두 부족한 모습을 보이고 있다.

02 의사소통능력(문서이해능력) 정답 | ④

회사 내에서 작성되는 문서는 대외로 공개되는지 여부와 관계없이 해당 조직의 정해진 결재권자까지 결재가 완료되어야 한다. 대외로 발송되는 공문서나 보도자료, 제품설명서는 물론, 내부에서 보관하는 기안서나 출장보고서 모두 결재가 필요한 문서이다.

오답풀이

① 공문서는 대외적 공무를 집행하기 위한 목적의 문서이며, 제품설명서는 소비자에게 제품에 대한 설명을, 보도자료는 언론을 상대로 기업 정보가 기사로 보도되도록 하기 위한 문서이므로 일반적으로 회사 외부로 발송되거나 공개되는 문서이다. 그러나 ㉡ 기안서는 회사의 업무에 대한 협조를 구하거나 의견을 전달할 때 작성하며 흔히 사내 공문서로 불리는 것으로, 일반적으로 회사 내부 보관을 원칙으로 한다. ㉢ 출장보고서 역시 업무로 출장을 다녀온 경우 그 결과를 보고하는 문서이므로 내부 보관용이다.
② ㉠ 공문서는 엄격한 규격과 양식에 따라 정당한 권리를 가진 사람이 작성해야 하며, 최종 결재권자의 결재까지 받아야 문서로서 기능한다.
③ ㉣ 제품설명서는 상품의 특성이나 사물의 성질과 가치, 작동 방법이나 과정을 소비자에게 설명하는 것을 목적으로 작성한 문서이므로, 일반인이 친근하게 읽고 내용을 쉽게 이해할 수 있어야 한다.
⑤ ㉤ 보도자료는 객관적인 사항에 대하여 사실을 바탕으로 작성해야 하므로 작성자의 주관적 의견은 배제되어야 한다.

03 의사소통능력(의사소통능력 개요) 정답 | ④

(가) '일방적으로 말하고', '일방적으로 듣는' 무책임한 마음이 드러나 있다. 내 메시지가 정확히 전달되었는지, 상대방이 정확히 이해했는지를 확인하지 않고 그 순간을 넘겨 버린다면 서로 엇갈린 정보를 가지게 된다.

(나) 하고자 하는 말이 무엇인지 불분명한 메시지를 전달하는 모습이 드러나 있다. 듣는 사람이 이해하기에 너무 복잡한 메시지, 서로 모순되는 내용을 가진 경쟁적인 메시지를 전달하는 것은 잘못된 의사소통으로 가는 지름길이다.

(라) '말하지 않아도 아는 문화'에 안주하는 마음이 드러나 있다. 말하지 않아도 마음이 통하는 관계는 최고의 관계이지만, 비즈니스 현장에서 필요한 것은 마음으로 아는 눈치의 미덕보다는 정확하게 업무를 처리하는 것임을 명심해야 한다.

오답풀이

(다) 아는 것도 기록해 두겠다는 정 사원의 올바른 태도를 엿볼 수 있다. 이미 알고 있다고 상대방의 말에 귀를 기울이지 않거나 기록을 하지 않고 기억에 의존하는 잘못된 대화 습관 역시 올바른 의사소통을 저해하는 요인으로 작용할 수 있다.

찐 모듈이론 TIP

의사소통을 저해하는 요소

1. '일방적으로 말하고', '일방적으로 듣는' 무책임한 마음
   → 의사소통 과정에서의 상호작용 부족
2. '그래서 하고 싶은 말이 정확히 뭐야?' 분명하지 않은 메시지 → 복잡한 메시지, 경쟁적인 메시지
3. '말하지 않아도 아는 문화'에 안주하는 마음
   → 의사소통에 대한 잘못된 선입견

04 의사소통능력(의사소통능력 개요) 정답 | ④

문서적인 의사소통은 언어적인 의사소통에 비해 권위감이 있고 정확성을 기하기 쉬우며 전달성이 높고 보존성도 크다. 문서적 의사소통은 언어적인 의사소통의 한계를 극복하기 위해 문자를 수단으로 하는 방법이다. 문서적인 방법은 상황에 따라 필수불가결한 것이기는 하지만 혼란과 곡해를 일으키는 경우도 있다.
반면, 언어적인 의사소통은 여타의 의사소통보다는 정확성을 기하기 힘든 경우가 있다는 결점이 있다. 그러나 대화를 통해 상대방의 반응이나 감정을 살필 수 있고, 그때그때 상대방을 설득시킬 수 있으므로 유동

성이 있다. 또한 모든 계층에서 관리자들이 많은 시간을 할애하는 의사소통 중에서도 듣고 말하는 시간이 상대적으로 비교할 수 없을 만큼 많다는 점에서 경청능력과 의사표현능력은 매우 중요하다.

05 의사소통능력(주제/제목 찾기) 정답 | ③

주어진 글의 첫 번째 문단은 글의 핵심 제재인 근대 철학이 비판의 대상이 되었음을 설명하고 있다. 두 번째 문단은 근대 철학에 대한 대표적인 비판으로 환경론자들의 주장을 소개하고 있으며, 세 번째 문단은 환경론자들이 근대 철학을 비판하기 위해 과학기술주의에 주목했음을 설명하고 있다. 네 번째 문단은 이러한 환경론자들의 철학적 토대를 제공한 하이데거의 철학을 설명하고, 마지막 문단은 하이데거 철학의 의의를 밝히고 있다. 이를 종합하여 볼 때 주어진 글의 중심 내용으로 가장 적절한 것은 '근대 철학에 대한 환경론자들의 비판'이다.

06 의사소통능력(빈칸 추론) 정답 | ⑤

대응설은 '관찰이나 경험을 통해 알고 있는 사실과 일치할 때 그 주장이 진리'라고 말하고, 정합설은 '어떤 판단이 기존의 지식 체계에 부합하는 경우 이를 진리'라고 말한다. 또한, 실용설은 결과의 유용성이 진리 판단의 기준이 된다. 따라서 A에는 ㉢이, B에는 ㉡이, C에는 ㉠이 들어가는 것이 적절하다.

시간관리 TIP

복수의 빈칸 추론 유형은 일반적인 빈칸 추론 유형과 같이 앞뒤 문맥을 바탕으로 적절한 문장을 추론하면 된다. 다만, 복수형 빈칸 유형은 매력적인 오답을 만들기 위해 두 군데 이상을 유사한 문맥으로 배치하는 것이 일반적이므로 순서대로 풀이할 필요는 없다. 만약 A에서 정확한 문장을 찾기 어렵다면, B를 바탕으로 소거한 후에 나머지 내용들을 살펴보는 것이 빠른 풀이 방법이 될 수 있다.

07 의사소통능력(일치/불일치) 정답 | ④

세 번째 문단에서 자기부상열차를 선로에서 띄우는 대표적 방식은 두 가지로, 반발식 자기부상과 흡인식 자기부상임을 알 수 있다.

오답풀이

① 두 번째 문단에서 강한 자석을 만들려면 쇠막대를 코일로 감아서 높은 전류를 흘려보내야 함을 알 수 있다.
② 네 번째 문단에서 흡인식 자기부상열차는 레일 쪽으로 흡인력이 발생하여 부상하는 방식임을 알 수 있다.
③ 세 번째 문단에서 반발식 자기부상은 자석의 같은 극끼리 서로 밀어내는 힘을 이용해서 열차를 띄우는 방식임을 알 수 있다.
⑤ 첫 번째 문단에서 자기부상열차가 움직이기 위해서는 열차를 선로 위로 띄우는 힘과 열차를 원하는 방향으로 진행시키는 두 가지 힘이 필요함을 알 수 있으므로 같은 방향의 두 가지 힘이 필요한 것이 아니다.

08 의사소통능력(내용 추론) 정답 | ④

네 번째 문단에서 자석의 다른 극끼리 서로 끌어당기는 힘을 이용하는 방식은 흡인식 자기부상임을 알 수 있고, 항상 부상제어를 해야 하는 단점이 있지만 속도에 상관없이 부상할 수 있음을 알 수 있다. 흡인식 자기부상은 전자기 유도원리가 아니라 흡인력에 의해 부상하는 것이므로 적절하지 않다.

오답풀이

① 두 번째 문단에서 높은 전류를 흘려보내면 코일이 모두 녹아 버리는데 초전도 자석으로 그 문제를 해결할 수 있음을 알 수 있다. 따라서 자기부상열차는 초전도 자석 기술력이 필요함을 알 수 있다.
② 두 번째 문단에서 열차가 선로 위를 뜬 채로 움직이면 마찰이 없어 매우 고속으로 달릴 수 있음을 알 수 있다. 따라서 열차의 속도는 선로와 열차의 마찰에 영향을 받음을 알 수 있다.
③ 네 번째 문단에서 흡인식 자기부상은 전자석에 흐르는 흡인력이 줄어들면 열차 무게 때문에 아래 방향으로 내려감을 알 수 있다. 따라서 전자석에 흐르는 흡인력이 줄어들면 열차와 레일의 간격이 줄어들게 됨을 알 수 있다.
⑤ 세 번째 문단에서 반발식 자기부상은 열차가 앞으로 가는 동안 전자석의 전류 방향을 반대로 하여 열차의 부상을 유지함을 알 수 있다.

09 의사소통능력(일치/불일치) 정답 | ③

광학적 측정법은 '즉각적인 결과'를 얻을 수 있다는 장점을 가진다.

상세해설

③ 네 번째 문단에서 광학적 측정법은 결과를 거의 즉각적으로 얻을 수 있어 실시간 모니터링에 널리 활용된다고 설명하고 있으므로 측정 결과를 얻기까지 오랜 시간이 소요된다는 설명은 적절하지 않다.

오답풀이

① 두 번째 문단에서 무게 농도법은 국제적으로 공인된 표준 측정 방식이라고 설명하고 있다.
② 첫 번째 문단에서 미세 먼지는 크기가 매우 작아 인체 내부 깊숙이 침투할 수 있다고 설명하고 있다.
④ 네 번째 문단에서 광학적 측정법은 입자의 성분이나 수분의 영향을 받아 오차가 발생할 수 있다고 언급한다.
⑤ 다섯 번째 문단에서 현재 대기 오염 관리 체계에서는 무게 농도법과 광학적 측정법을 병행하여 활용한다고 언급한다.

10 의사소통능력(빈칸 추론) 정답 | ①

㉠과 ㉡은 모두 앞의 내용을 반박하고 있으므로 '그러나'가 적절하다.

상세해설

㉠은 무게 농도법을 소개한 뒤, 무게 농도법의 한계에 대해 서술하고 있으므로 역접의 관계를 나타내는 '그러나'가 적절하다. ㉡도 역시 광학적 측정법을 소개하고 광학적 측정이 어려운 이유를 설명하고 있으므로 역접의 관계를 나타내는 '그러나'가 적절하다.

시간관리 TIP

접속어를 넣는 문제는 접속어의 특성상 빈칸의 앞뒤 문장의 관계에 주목하여 독해해야 한다.

11 수리능력(수추리) 정답 | ②

수열1은 2^0+2, 2^1+3, 2^2+4, 2^3+5, 2^4+6, … 규칙으로 ( )$=2^4+6=22$이다.
수열2는 1항+2항+3항=4항, 2항+3항+4항=5항, 3항+4항+5항=6항으로 앞의 세 숫자를 더하면 다음 항이 되는 규칙이므로 ( )$=4+6+12=22$이다.

12 수리능력(기초통계능력) 정답 | ⑤

분산은 자료의 퍼져 있는 정도를 구체적인 수치로 나타낸 값으로, 각 관찰값과 평균값과의 차이(편차)의 제곱을 모두 합한 값을 개체의 수로 나눈 값이다. 표준편차는 관찰값들이 평균으로부터 얼마나 떨어져 있는가를 나타내는 개념으로 분산의 제곱근이다.
편차는 각 관찰값에서 평균을 뺀 값이므로 편차들의 총합은 항상 0이 된다는 사실을 이용하여 빈칸에 들어갈 값을 계산할 수 있다. 편차를 모두 더하면 $3-1+(\quad)+2+0-3=0$이 되어야 하므로 빈칸의 수치는 -1임을 알 수 있다.
따라서 분산은 편차를 제곱한 값들의 합을 개체의 수로 나눈 값이므로 $(9+1+1+4+0+9)\div6=4$가 되어 분산은 4이고, 표준편차는 2이다.

13 수리능력(방정식의 활용) 정답 | ⑤

작년에 재직한 남자 사원 수를 x명, 작년에 재직한 여자 사원 수를 y명이라고 하면, 현재 재직 중인 전체 사원 수는 478명이고, 이는 작년 대비 2명 감소한 것이므로
$x+y=478+2=480$ … ⓐ
또한, 남자 사원은 작년 대비 15% 감소하였고, 여자 사원은 작년 대비 10% 증가하여 총인원이 작년 대비 2명 감소하였으므로
$-0.15x+0.1y=-2 \rightarrow -15x+10y=-200$
$-3x+2y=-40$ … ⓑ
(3×ⓐ)+ⓑ에서 $5y=1,400 \rightarrow y=280$, $x=200$이므로 작년에 재직한 여자 사원 수는 280명이다.
따라서 현재 재직 중인 여자 사원 수는 $280\times1.1=308$명이다.

시간관리 TIP

현재 재직 중인 사원 수를 구하는 문제이지만, 작년 사원 수를 미지수로 설정해야 식을 세우기 간편하다.

14 수리능력(기초통계능력) 정답 | ⑤

㉢ 하위 25%값과 상위 25%값은 원자료를 크기순으로 배열하여 4등분한 값을 의미하므로 주어진 수치가 어느 범위에 속해 있는지를 알 수 있게 해 준다. 매출이나 비용, 횟수, 양 등을 4등분하여 대략적인 분포를 가늠해 보는 데 유용하게 활용된다.
㉣ 중앙값과 평균값의 차이가 거의 없는 것은 각 자룟값의 편차가 적다는 것이므로 두 값 중 어느 것을 자료의 대푯값으로 결정해도 될 것이다. 그러나 중앙값과 평균값의 차이가 클 경우는 자룟값 일부가 평균값과의 차이가 너무 크거나 작다는 것을 의미하므로, 일부의 자룟값으로 인해 전체의 평균이 크게 달라지는 결과를 가져오게 된다. 따라서 중앙값은 자룟값 중 어느 하나가 너무 크거나 작을 때 자료의 특성을 잘 나타낸다.

오답풀이

㉠ 주어진 자룟값의 최대치와 최소치는 최댓값과 최솟값을 통해 비교 확인할 수 있다.
㉡ 평균값과 중앙값은 다른 개념이고, 모두 중요한 개념이므로 모든 자료에는 평균값인지 중앙값인지에 대한 명확한 표기가 있어야 한다. 정책을 결정하거나 평가를 받을 때 원자료에 대한 대푯값으로서 중요한 역할을 하기 때문이다.

15 수리능력(도표분석능력) 정답 | ⑤

도표란 선, 그림, 원 등으로 내용을 시각적으로 표현하여 다른 사람이 한눈에 자신의 주장을 알아볼 수 있게 한 것이다. 주어진 보고 내용을 수치로만 나열한 경우와 그래프로 표시한 경우의 차이는 명백하다. 따라서 시각적 자료를 통하여 한눈에 내용을 확인하고자 하는 의도가 가장 적절하다.

16 수리능력(자료 이해) 정답 | ⑤

5개 산업의 부가가치율을 계산해 보면 다음과 같다.

- 출판: $\frac{8,815}{20,766}\times 100 \fallingdotseq 42.4(\%)$
- 만화: $\frac{393}{976}\times 100 \fallingdotseq 40.3(\%)$
- 음악: $\frac{1,913}{5,308}\times 100 \fallingdotseq 36.0(\%)$
- 게임: $\frac{4,848}{10,895}\times 100 \fallingdotseq 44.5(\%)$
- 영화: $\frac{1,780}{5,256}\times 100 \fallingdotseq 33.9(\%)$

따라서 5개 산업 중 부가가치율이 두 번째로 높은 산업은 출판 산업이고, 출판 산업의 부가가치율은 약 42.4%로 43% 미만이다.

오답풀이

① 5개 산업 중 부가가치율이 가장 높은 산업은 약 44.5%인 게임 산업이다.
② 출판 산업의 부가가치율은 약 42.4%, 영화 산업의 부가가치율은 약 33.9%이다. 따라서 출판 산업의 부가가치율은 영화 산업의 부가가치율보다 높다.
③ 게임 산업의 부가가치율은 약 44.5%, 만화 산업의 부가가치율은 약 40.3%이다. 따라서 두 산업의 부가가치율의 차는 44.5−40.3=4.2(%p)로 4%p 이상이다.
④ 5개 산업 중 부가가치율이 두 번째로 낮은 산업은 약 36.0%인 음악 산업이다.

17 수리능력(자료 이해) 정답 | ⑤

⑤ 2019년, 2020년의 남성과 여성의 평균 사회보험료 차이는 다음과 같다.

(단위: 천 원/월)

구분	남성과 여성의 평균 사회보험료 차이
2019년	300−254=46
2020년	304−272=32

따라서 2019년 대비 2020년에 감소했다.

오답풀이

① 평균 사회보험료=평균 근로소득×사회보험료율이다. 평균 사회보험료는 월 기준이고, 평균 근로소득은 연 기준이므로 평균 사회보험료에 12개월을 곱한 값으로 비교해야 한다. 남성과 여성의 사회보험료율은 동일하므로 둘 중 하나를 선택해서 계산하면 된다.

구분	남성 평균 사회 보험료(월)	남성 평균 사회 보험료(연)	남성 평균 근로 소득(연)	사회보험료율 $\left(\frac{\text{평균 사회보험료(연)}}{\text{평균 근로소득(연)}}\right)$
2018년	270 천 원	270×12=3,240(천 원)	3,240 만 원	0.1
2024년	390 천 원	390×12=4,680(천 원)	4,680 만 원	0.1

따라서 2024년 사회보험료율은 6년 전인 2018년과 동일하다.
② 총가입인원은 남성과 여성 가입인원의 합을 의미한다. 이때, 2020년(810+630)과 2021년(800+640)의 총가입인원은 동일하므로 지속적으로 증가한 것은 아니다. 따라서 증가하지 않았던 해가 있다.
③ 2020~2024년 동안 남성과 여성의 평균 근로소득 차이는 다음과 같다.

(단위: 만 원/연)

구분	남성과 여성의 평균 근로소득 차이
2020년	3,648−3,264=384
2021년	3,840−3,300=540
2022년	4,008−3,360=648
2023년	4,560−3,540=1,020
2024년	4,680−3,600=1,080

따라서 2020~2024년 동안 지속적으로 증가했다.
④ 사회보험료 총액=평균 사회보험료×평균 가입인원이다. 여성의 평균 사회보험료는 지속적으로 증가했고, 평균 가입인원이 동일한 적은 있었어도 감소한 적은 없었으므로 사회보험료 총액은 지속적으로 증가했다. 따라서 여성의 사회보험료 총액이 전년보다 낮았던 적은 없다.

18 수리능력(자료 계산) 정답 | ②

전체 평균 사회보험료$=\frac{\text{남녀 사회보험료 총액}}{\text{남녀 총가입인원}}$이므로

2020년 전체 평균 사회보험료

$=\frac{810\times304+630\times272}{810+630}=290$(천 원/월)이다.

시간관리 TIP

남성과 여성의 전체 평균을 구하는 것이므로 가중평균을 이용하면 편리하다.

가중평균은 인원수가 많은 쪽에 비중이 더 크게 반영되므로, 일반적인 산술평균의 값$\left(\frac{304+272}{2}=288\right)$보다 인원수가 많은 남성 쪽으로 전체 평균 사회보험료가 치우치게 된다.

남성 대 여성 평균 가입인원 비는 810:630=9:7이고, 남성과 여성의 평균 사회보험료 차는 32(304−272)이다. 즉, 32에 대해서 남성은 $32\times\frac{7}{9+7}=14$, 여성은 $32\times\frac{9}{9+7}=18$이 차가 될 때 평균이 결정된다.

남성 평균 사회 보험료	차: $32\times\frac{7}{9+7}=14$	전체 평균 사회 보험료	차: $32\times\frac{9}{9+7}=18$	여성 평균 사회 보험료
304		290		272

그러므로 전체 평균 사회보험료는 290천 원/월이다.

19 수리능력(자료 이해) 정답 | ⑤

반도체 총매출 규모=국내 판매 규모+수출 규모이므로 주어진 기간 동안 합산하면 다음과 같다.

(단위: 백만 원)

구분	2020년	2021년	2022년	2023년	2024년
총매출 규모	2,710,000	2,985,000	3,200,000	3,200,000	3,555,000

즉, 2022년과 2023년은 총매출 규모가 동일하므로 지속적으로 증가한 것은 아니다.

오답풀이

① 메모리, 시스템반도체, 파운드리, 센서/아날로그는 2021년부터 국내 판매 규모가 매년 증가하였다.

② 2021~2024년 전체 반도체 산업 국내 판매 규모의 전년 대비 증가율은 다음과 같다.

구분	전년 대비 증가율
2021년	$\frac{1,420,000-1,300,000}{1,300,000}\times100\fallingdotseq9.2(\%)$
2022년	$\frac{1,550,000-1,420,000}{1,420,000}\times100\fallingdotseq9.2(\%)$
2023년	$\frac{1,660,000-1,550,000}{1,550,000}\times100\fallingdotseq7.1(\%)$
2024년	$\frac{1,795,000-1,660,000}{1,660,000}\times100\fallingdotseq8.1(\%)$

따라서 전년 대비 증가율은 4년간 10%를 넘지 못했다.

③ 2023년에 센서/아날로그를 제외한 메모리, 시스템반도체, 파운드리, 기타는 모두 수출 규모가 감소했다.

④ 메모리 반도체 산업의 수출 규모와 전체 수출 규모의 50%를 비교하면 다음과 같다.

(단위: 백만 원)

구분	2020년	2021년	2022년	2023년	2024년
메모리	850,000	950,000	980,000	920,000	1,050,000
합계	1,410,000	1,565,000	1,650,000	1,540,000	1,760,000
전체의 50%	705,000	782,500	825,000	770,000	880,000

따라서 전체 수출 규모의 50% 이상을 매년 차지했다.

시간관리 TIP

② 전체 국내 판매 규모의 전년 대비 증가율이 10%를 넘지 못했는지만 확인하면 되므로, 전년 대비 전체 국내 판매 규모의 차이가 전년도 국내 판매 규모의 10%를 넘는지만 확인하면 된다. 예를 들어 2021년의 경우 2020년과 2021년의 전체 국내 판매 규모의 차이는 1,420,000−1,300,000=120,000(백만 원)이고, 2020년의 전체 국내 판매 규모의 10%는 1,300,000×0.1=130,000(백만 원)이다. 따라서 2021년의 전년 대비 증가율은 10%를 넘지 못함을 쉽게 알 수 있다.

20 수리능력(자료 변환) 정답 | ③

③의 경우 2020년 반도체 국내 판매 규모 비중을 나타낸 그래프가 주어져 있다. 하지만 그래프의 제목은 '2020년 반도체 산업 수출 규모 비중'이므로 적절하지 않다.

(단위: %)

구분	국내 판매 규모	수출 규모
메모리	50	60
시스템반도체	22	16
파운드리	14	14
센서/아날로그	8	6
기타	7	5

시간관리 TIP

그래프 변환 문제의 경우 제시된 그래프의 단위가 적절한지, 제목과 제시된 그래프가 일치하는지, 가로축과 세로축이 바뀌었거나 축 간격(수치범위)이 주어진 값의 범위와 비슷한지를 먼저 체크하는 것이 좋다.

21 문제해결능력(언어추리) 정답 | ③

첫 번째 명제의 대우명제인 '흥미롭지 않은 영화는 액션 영화가 아니다'와 두 번째 명제를 연결하면 '흥미롭지 않은 영화는 모두 외국영화이다'라는 결론은 항상 참임을 알 수 있다.

22 문제해결능력(조건추리) 정답 | ③

두 번째~네 번째 조건에 의해 'P → Q' 또는 'R → R' 순서만 거래가 가능하다. 여섯 번째 조건에서 G와 H는 P를 거래하지 않고, 연속해서 방문한다. 다섯 번째 조건에서 B는 R을 거래하므로 G, H 모두 R을 거래할 수는 없고, R 다음에 Q가 올 수 없으므로 Q 다음에 R이 와야 한다. 즉, G가 Q를 거래하고, H가 R을 거래한다.

R은 연속해서 방문하므로 H 다음에 B를 방문한다. 또한 마지막 조건에서 D는 B 바로 다음으로 방문하므로 P를 거래한다.

	G	H	B	D	
P	Q	R	R	P	Q

이에 따라 가능한 상품 거래 경우는 'P−Q−R−R−P−Q−P−Q', 'P−Q−P−Q−R−R−P−Q'이다. 그런데 여덟 번째 조건에서 여섯 번째로 방문하는 거래처는 C라 했으므로 반드시 'P−Q−R−R−P−Q−P−Q'가 되어야 한다.

	G	H	B	D	C		
P	Q	R	R	P	Q	P	Q

E는 P를 거래하고, A보다 늦게 방문하므로 A를 가장 먼저 방문하고, E를 일곱 번째에 방문한다. 따라서 남은 F는 Q를 거래하고, 여덟 번째에 방문한다.

A	G	H	B	D	C	E	F
P	Q	R	R	P	Q	P	Q

따라서 가장 마지막으로 방문하는 거래처는 F이다.

23 문제해결능력(조건추리) 정답 | ②

먼저, 세 번째 조건에 의해 김치찌개와 계란말이는 첫 번째와 다섯 번째 또는 두 번째와 여섯 번째에 있다. 그런데 네 번째 조건에서 계란말이의 오른쪽에 1개의 메뉴가 있다고 하였으므로 김치찌개가 첫 번째이고 다섯 번째에 계란말이가 있다.

김치찌개				계란말이	

그리고 두 번째 조건에 의해 멸치볶음이 세 번째임을 알 수 있고, 첫 번째 조건에 의해 된장찌개가 두 번째임을 알 수 있으므로 다음과 같이 정리할 수 있다.

김치찌개	된장찌개	멸치볶음	시금치/깍두기	계란말이	깍두기/시금치

따라서 좌측에서 두 번째에 놓인 메뉴는 된장찌개이다.

24 문제해결능력(상황판단) 정답 | ⑤

기밀을 요하지 않는 사항이며, 남성이 피해자인 성폭력범죄가 징계 사유일 경우, 총 10인으로 구성된 징계위원회는 위원장을 제외한 9명 중 최소 5명 이상(2분의 1 이상)이 외부위원이어야 하며, 최소 3명 이상(3분의 1 이상)이 남성 위원이어야 한다. 외부 위원 5명이 모두 여성이라도 내부위원만으로도 '남성 위원이 3명 이상'이라는 조건을 충족할 수 있다. 따라서 올바르지 않은 설명이다.

오답풀이

① 징계 사유가 성희롱 또는 성폭력범죄일 경우 위원장을 제외한 위원의 3분의 1 이상이 피해자와 같은 성별이어야 한다. 따라서 여성 위원 5인, 남성 위원 4인인 경우 총 9명이 되어 피해자가 어느 성별이든 3분의 1인 3명 이상이 피해자와 같은 성별이므로 올바른 설명이다.

② 총 5명 이상으로 구성되어야 한다는 조건을 충족하며, 기밀을 요하는 사항에 대해서는 외부위원의 수를 최소화할 수 있다고 규정하고 있으므로 올바른 설명이다.

③ 기밀을 요하지 않는 사항이며, 사무총장이 징계위원장일 경우, 외부위원의 수는 위원장을 제외한 총인원의 2분의 1 이상이어야 한다. 이 경우, 만일 외부위원이 위원장을 제외한 총인원의 2분의 1이라면 징계위원회 위원의 과반수가 되지 않으므로 의결할 수 없는 상황이 된다. 따라서 올바른 설명이다.

④ 총 12인으로 구성된 징계위원회의 위원 7인은 재적위원 3분의 2(8인)에 미치지 못하므로 해임 처분을 의결할 수 없다.

25 문제해결능력(사고력) 정답 | ④

[사례1]의 K씨는 암 치료에 효능이 있다고 소문이 난 펜벤다졸에 대한 비판적인 사고력이 결여된 모습을 보인 것으로 볼 수 있으며, [사례2]의 주장에서는 주어진 문제에 대한 냉철한 분석과 비판 정신이 돋보이는 비판적 사고력이 드러나 있는 것을 알 수 있다.

찐 모듈이론 TIP

비판적 사고력은 어떤 주제나 주장 등에 대해서 적극적으로 분석하고 종합하며 평가하는 능동적인 사고이다. 이러한 비판적 사고는 어떤 논증, 추론, 증거, 가치를 표현한 사례를 타당한 것으로 수용할 것인가 아니면 불합리한 것으로 거절할 것인가에 대한 결정에 필요한 사고이며, 선택이나 평가를 해야 할 경우에 발휘되어야 하는 사고력의 유형이다. 비판적 사고는 시시콜콜한 문제가 아닌 문제의 핵심을 중요한 대상으로 하며, 지식, 정보를 바탕으로 객관적 근거에 기초를 두고 현상을 분석하고 평가하는 사고이다.

비판적 사고를 개발하기 위해서는 지적 호기심, 객관성, 개방성, 융통성, 지적 회의성, 지적 정직성, 체계성, 지속성, 결단성, 다른 관점에 대한 존중과 같은 합리적인 태도가 요구된다.

26 문제해결능력(사고력) 정답 | ②

피라미드 구조법은 so what 기법과 함께 논리적 사고를 개발할 수 있는 대표적인 방법이다. 보조 메시지들을 통해 주요 메인 메시지를 얻고, 다시 메인 메시지를 종합한 최종적인 정보를 도출해 내는 방법이다.

오답풀이

① 브레인스토밍을 설명하는 내용이다.
③ 비교 발상법을 통한 창의력 개발을 설명하는 내용이다.
④ 강제 연상법을 통한 창의력 개발을 설명하는 내용이다.
⑤ 자유 연상법을 통한 창의력 개발을 설명하는 내용이다.

27 문제해결능력(문제해결능력 개요) 정답 | ③

문제란 목표와 현실의 차이, 즉 원활한 업무수행을 위해 해결해야 하는 질문이나 의논 대상을 의미하며, 문제점이란 문제의 근본 원인이 되는 사항으로 문제해결에 필요한 열쇠인 핵심 사항을 말한다. 예를 들어 난폭운전으로 인해 교통사고가 발생하였다면 교통사고가 '문제'이며, 난폭운전이 '문제점'인 것이다. 따라서 D사가 입찰에 실패했다는 사실(㉡)이 '문제'이며, 이러한 문제의 원인이 된 전산팀 직원의 관리상 실수(㉣)가 '문제점'이 된다.

문제점은 개선해야 할 사항이나 손을 써야 할 사항, 개선함으로써 문제가 해결될 수 있고 문제의 발생을 미리 방지할 수 있는 사항을 말한다.

28 문제해결능력(문제처리능력) 정답 | ⑤

문제해결을 위해서는 문제해결 절차를 따르는 것이 바람직하다. 문제해결 절차는 '문제 인식 → 문제 도출 → 원인 분석 → 해결안 개발 → 실행 및 평가'의 단계로 이루어지며, 각 단계별 내용은 다음과 같다.

1) 문제 인식: 해결해야 할 전체 문제를 파악하여 우선순위를 정하고, 선정 문제에 대한 목표를 명확히 하는 단계
2) 문제 도출: 선정된 문제를 분석하여 해결해야 할 것이 무엇인지를 명확히 하는 단계
3) 원인 분석: 파악된 핵심 문제에 대한 분석을 통해 근본 원인을 도출하는 단계
4) 해결안 개발: 문제로부터 도출된 근본 원인을 효과적으로 해결할 수 있는 최적의 해결방안을 수립하는 단계
5) 실행 및 평가: 해결안 개발을 통해 만들어진 실행계획을 실제 상황에 적용하는 활동으로 당초 장애가 되는 문제의 원인들을 해결안을 사용하여 제거하는 단계

따라서 D사는 문제 인식 단계인 '입찰에 참여하지 못하여 회사에 큰 피해가 예상된다는 사실을 제대로 인식하는 것'을 가장 먼저 수행해야 한다.

29 문제해결능력(상황판단) 정답 | ③

㉡ 병역을 면제받은 자는 지원할 수 있지만, 기피한 사람에 대해서는 [3. 인사규정]에서 임용결격 사유로 규정하고 있다.
㉣ ○○기업은 2025년 상반기에 총 58명을 채용한다. 그런데 서류전형에서 행정－경영 일반전형과 기계 및 전기 일반전형은 각각 60배수를 선발하므로 서류전형에서 1,740명보다 많은 수를 선발할 예정이다.

오답풀이

㉠ [3. 인사규정]의 7에서 임용결격 사유에 '전직 근무 기관에서 징계에 의하여 해고의 처분을 받은 날로부터 3년을 경과하지

아니한 자'라고 하였으므로 이전 근무지에서 해고된 지 3년이 지났다면 지원할 수 있다.

ⓒ 서류 접수는 온라인으로만 가능하다. 그런데 2단계 필기전형은 직무수행능력평가, 직업기초능력평가와 더불어 인성검사가 진행되므로 직업기초능력평가를 통과하더라도 불합격될 수 있다. 또한 5단계 심층면접을 통과하더라도 신체검사 및 신원조사 결과에서 부적합에 해당한다면 불합격 처리될 수 있다.

30 문제해결능력(상황판단) 정답 | ②

A씨의 경우 작년 기준으로 집행유예 6개월을 선고받았으나 아직 2년이 경과하지 않았기 때문에 ⓑ에 해당한다.

31 자원관리능력(시간관리능력) 정답 | ④

시간을 효과적으로 계획하기 위해 가장 먼저 해야 할 일은 명확한 목표를 세우는 것이다. 다음으로 계획에 맞추어 각 행위별 예상 소요시간을 결정하기에 앞서 일의 우선순위를 정하는 것이 매우 중요하다. 우선순위가 잘못되면 낭비되는 시간 없이 제 때에 일을 끝마쳐도 원하는 결과를 얻지 못하는 경우가 많다. 우선순위를 확정한 후 예상 소요시간이 결정되면 그에 맞는 시간 계획서를 작성하는 순서로 시간을 관리해 나간다.

32 자원관리능력(예산관리능력) 정답 | ④

주어진 글의 빈칸에 들어갈 예산 관리 방안은 과업세부도이다. 예산을 효율적으로 활용하기 위해서 가장 중요한 것은 필요한 과업 및 활동을 모두 구명하여 우선순위를 정한 후 예산을 배정하는 것이다. 이렇게 필요한 활동을 모두 확인하기 위한 유용한 방법으로 과업세부도를 그려볼 수 있다. 그리고 이를 통해 과업세부도상의 활동과 예산을 매치할 수 있다.

33 자원관리능력(예산관리능력) 정답 | ③

주어진 1분기 예산기획서의 7개 예산 항목 중 직접비는 인건비, 재료비, 여비, 시설비이며, 나머지 광고비, 관리비, 사무비품비가 간접비이다. 따라서 직접비 중 시설비인 연구시설 구입 비용이 감소한다면 직접비가 줄어들게 된다.

오답풀이

① 직접비 항목이 4개, 간접비 항목이 3개로 직접비 항목이 간접비 항목보다 1개 더 많다.

② 직접비는 3,250만 원으로 3,200만 원 이상이다.

④ 교통비는 직접비에 해당하므로 옳은 내용이다.

⑤ 직접비 총액은 3,250만 원, 간접비 총액은 150만 원이다. 직접비는 간접비의 약 22배로 옳은 내용이다.

34 자원관리능력(예산관리능력) 정답 | ④

1분기의 직접비가 3,250만 원이므로 2분기의 직접비는 1분기의 80%인 2,600만 원 이하여야 한다. 시설비 지출을 3분기로 이월한다면 600만 원이 절약되며, 국내여비 지출을 250만 원으로 줄인다면 추가 50만 원이 절약되어 총 650만 원의 직접비가 감소한다. 따라서 직접비는 3,250−650=2,600(만 원)이 되어 예산팀장의 의견대로 예산 지출이 가능해진다.

오답풀이

① 책임연구원의 인건비는 총 900만 원이므로 10% 삭감할 경우 해당 인건비는 90만 원 감소하지만 예산팀장이 말한 2,600만 원까지 낮아지지 않는다.

② 간접비가 1분기의 3배인 450만 원이 되어도 직접비는 예산팀장이 말한 2,600만 원까지 낮아지지 않는다.

③ 시내교통비를 없애면 50만 원이 절약되며, 국내여비 횟수를 3명, 3회로 제한하면 120만 원이 절약되나, 예산팀장이 말한 2,600만 원까지 낮아지지 않는다.

⑤ 공동연구원 1명의 인건비는 600만 원이므로 예산팀장이 말한 2,600만 원까지 낮아지지 않는다.

35 자원관리능력(물적자원관리능력) 정답 | ②

각 공장에서 제품 총 720개를 생산하는 데 필요한 비용은 다음과 같다.

구분	생산 비용 (원/시간)	소요 시간 (시간)	비용(원)
F1 공장	200,000	720÷60=12	200,000×12 =2,400,000
F2 공장	250,000	720÷80=9	250,000×9 =2,250,000
F3 공장	280,000	720÷90=8	280,000×8 =2,240,000

각 공장에서 생산한 제품을 이동하는 데 드는 비용은 다음과 같다.

(단위: 원)

구분		비용
F1 공장	트럭	20×12,000+20×15,000=540,000
	기차	10×35,000+5×70,000=700,000
F2 공장	트럭	20×12,000=240,000
F3 공장	트럭	20×12,000+8×15,000=360,000
	기차	8×35,000=280,000

그러므로 총비용을 계산하면 다음과 같다.

(단위: 원)

구분		생산 비용	운송 비용	총비용
F1 공장	트럭	2,400,000	540,000	2,940,000
	기차	2,400,000	700,000	3,100,000
F2 공장	트럭	2,250,000	240,000	2,490,000
F3 공장	트럭	2,240,000	360,000	2,600,000
	기차	2,240,000	280,000	2,520,000

따라서 F2 공장이 총비용이 가장 적게 들고, 이때의 총비용은 2,490,000원이다.

36 자원관리능력(시간관리능력) 정답 | ③

가능한 이동경로로는 회사−A−E−B−D−C−회사(회사−C−D−B−E−A−회사), 회사−B−E−A−D−C−회사(회사−C−D−A−E−B−회사), 회사−C−D−A−B−E−회사(회사−E−B−A−D−C−회사), 회사−C−D−B−A−E−회사(회사−E−A−B−D−C−회사)가 있다.

- 회사−A−E−B−D−C−회사(회사−C−D−B−E−A−회사)의 경우
  평균 시속 60km로 이동하는 경로는 회사−A, B−D−C로 8+8+10=26(km)이고, 소요시간은 26(km)÷60(km/h)×60(분/h)=26(분)이다. 평균 시속 25km로 이동하는 경로는 A−E−B, C−회사로 15+9+14=38(km)이고, 소요시간은 38(km)÷25(km/h)×60(분/h)=91.2(분)이다. 따라서 총소요시간은 26+91.2=117.2(분)이다.
- 회사−B−E−A−D−C−회사(회사−C−D−A−E−B−회사)의 경우
  평균 시속 60km로 이동하는 경로는 회사−B, A−D−C로 10+18+10=38(km)이고, 소요시간은 38(km)÷60(km/h)×60(분/h)=38(분)이다. 평균 시속 25km로 이동하는 경로는 B−E−A, C−회사로 9+15+14=38(km)이고, 소요시간은 38(km)÷25(km/h)×60(분/h)=91.2(분)이다. 따라서 총소요시간은 38+91.2=129.2(분)이다.
- 회사−C−D−A−B−E−회사(회사−E−B−A−D−C−회사)의 경우
  평균 시속 60km로 이동하는 경로는 C−D−A, E−회사로 10+18+20=48(km)이고, 소요시간은 48(km)÷60(km/h)×60(분/h)=48(분)이다. 평균 시속 25km로 이동하는 경로는 회사−C, A−B−E로 14+7+9=30(km)이고, 소요시간은 30(km)÷25(km/h)×60(분/h)=72(분)이다. 따라서 총소요시간은 48+72=120(분)이다.
- 회사−C−D−B−A−E−회사(회사−E−A−B−D−C−회사)의 경우
  평균 시속 60km로 이동하는 경로는 C−D−B, E−회사로 10+8+20=38(km)이고, 소요시간은 38(km)÷60(km/h)×60(분/h)=38(분)이다. 평균 시속 25km로 이동하는 경로는 회사−C, B−A−E로 14+7+15=36(km)이고, 소요시간은 36(km)÷25(km/h)×60(분/h)=86.4(분)이다. 따라서 총소요시간은 38+86.4=124.4(분)이다.

총소요시간이 가장 적은 경우는 회사−A−E−B−D−C−회사(회사−C−D−B−E−A−회사)로 117.2분이고, 각 지점에서 20분간 머무르므로 총 20×5=100(분)을 머무른다. 따라서 회사에서 출발한 지 117.2+100=217.2(분), 즉 약 3시간 37분 뒤에 돌아오므로 오후 12시 37분에 회사로 돌아온다.

37 자원관리능력(물적자원관리능력) 정답 | ②

사양이 16/32코어, 5.2GHz인 노트북은 12대가 필요하고, 24/32코어, 5.8GHz인 노트북은 15대가 필요하다.

1. 16/32코어, 5.2GHz(총 12대 구매)

노트북	1대당 정가	할인	구매 비용
A	110만 원	8대 구매 시 2대를 더 주므로 2대를 더 구입	110×10 =1,100(만 원)
C	120만 원	10대 이상 구매 시 구매 비용의 30% 할인	120×12×0.7 =1,008(만 원)

2. 24/32코어, 5.8GHz(총 15대 구매)

노트북	1대당 정가	할인	구매 비용
B	140만 원	1,500만 원 이상 구매 시 구매 비용의 10% 할인	140×15×0.9=1,890(만 원)
D	150만 원	14대 이상 구매 시 1대당 20만 원 즉시 할인	(150−20)×15=1,950(만 원)

따라서 C노트북 12대(1,008만 원)와 B노트북 15대(1,890만 원)를 구매하는 것이 가장 저렴하므로 최소 구매 비용은 2,898만 원이다.

38 자원관리능력(예산관리능력) 정답 | ①

팀별 통신비 지출 내역을 바탕으로 총지출을 구하면 다음과 같다.

- 홍보팀: 30÷0.55≒54.5(만 원)
- 기술팀: 45÷0.35≒128.6(만 원)
- 인사팀: 40÷0.4=100(만 원)
- 기획팀: 55÷0.4=137.5(만 원)

주어진 지출 항목 중 직접비는 출장비뿐이므로 나머지는 모두 간접비이다. 따라서 간접비의 지출 총액은 다음과 같이 구할 수 있다.

- 홍보팀: $54.5\times\frac{10+55+10}{100}$≒40.9(만 원)
- 기술팀: $128.6\times\frac{20+35+15}{100}$≒90(만 원)
- 인사팀: $100\times\frac{28+40+12}{100}=80$(만 원)
- 기획팀: $137.5\times\frac{39+40+6}{100}$≒116.9(만 원)

따라서 간접비의 지출 총액이 가장 큰 팀부터 순서대로 나열하면 기획팀–기술팀–인사팀–홍보팀이다.

39 자원관리능력(시간관리능력) 정답 | ②

회의에는 반드시 각 팀의 부장 또는 차장급 직원이 1명 이상 참석해야 한다. 그러므로 기획팀 부장/차장이 모두 부재인 목요일과 개발팀 부장/차장이 모두 부재인 수요일과 금요일은 회의가 불가능하다. 그리고 화요일에는 프로젝트를 담당할 기획팀의 경 과장이, 목요일에는 개발팀의 연 과장이 부재이므로 회의 가능 요일은 월요일이다.

한편, 기획팀/개발팀에서 참석하는 대리/사원급 중 한 명이 회의록을 작성해야 한다. 회의는 월요일에 진행되므로, 월요일에 회의 참석이 가능한 대리/사원급 직원은 한 사원뿐이다.

40 자원관리능력(예산관리능력) 정답 | ②

먼저, 직원들의 전월 판매실적을 바탕으로 전월 성과급 지급률을 구할 수 있고, 전월 성과급 지급률을 통해 당월 등급을 구할 수 있다. 또한, 성과급 지급률은 당월 판매실적 범위에 의해 결정된다.

구분	성과급 지급률	등급(당월 가중치)
직원 A	0.03	B등급(0.8)
직원 B	0.05	A등급(1.2)
직원 C	0.05	B등급(0.8)
직원 D	0.03	S등급(1.5)
직원 E	0.07	B등급(0.8)

이때, 성과급과 급여를 계산하면 다음과 같다.

(단위: 만 원)

구분	기본급	성과급	급여
직원 A	250	500×0.03×0.8=12	250+12=262
직원 B	200	1,200×0.05×1.2=72	200+72=272
직원 C	200	1,500×0.05×0.8=60	200+60=260
직원 D	210	1,000×0.03×1.5=45	210+45=255
직원 E	150	2,000×0.07×0.8=112	150+112=262

그러므로 당월 급여를 가장 많이 지급받는 직원은 B이다.

CHAPTER 02 실전모의고사 2회

전 영역 피듈형

2권 P. 404

01	⑤	02	③	03	③	04	④	05	③	06	④	07	②	08	③	09	④	10	③
11	③	12	④	13	②	14	①	15	③	16	②	17	⑤	18	②	19	②	20	③
21	②	22	③	23	③	24	①	25	⑤	26	④	27	⑤	28	②	29	③	30	④
31	⑤	32	②	33	②	34	③	35	③	36	②	37	②	38	④	39	③	40	②
41	②	42	⑤	43	①	44	③	45	④	46	⑤	47	②	48	②	49	④	50	③

☑ CHECK 영역별 실력 점검표

맞힌 문제와 틀린 문제를 체크해
나의 취약 영역을 한눈에 확인해 보세요!

문항	영역	O/×	문항	영역	O/×	문항	영역	O/×	문항	영역	O/×	문항	영역	O/×
01	의사소통		02	의사소통		03	의사소통		04	의사소통		05	의사소통	
06	의사소통		07	수리		08	수리		09	수리		10	수리	
11	수리		12	수리		13	문제해결		14	문제해결		15	문제해결	
16	문제해결		17	문제해결		18	문제해결		19	자원관리		20	자원관리	
21	지원관리		22	지원관리		23	지원관리		24	지원관리		25	정보	
26	정보		27	정보		28	정보		29	정보		30	기술	
31	기술		32	기술		33	기술		34	기술		35	조직이해	
36	조직이해		37	조직이해		38	조직이해		39	직업윤리		40	직업윤리	
41	직업윤리		42	직업윤리		43	대인관계		44	대인관계		45	대인관계	
46	대인관계		47	자기개발		48	자기개발		49	자기개발		50	자기개발	

맞힌 개수: 의사소통능력 (　　개) / 수리능력 (　　개) / 문제해결능력 (　　개)

자원관리능력 (　　개) / 정보능력 (　　개) / 기술능력 (　　개)

조직이해능력 (　　개) / 직업윤리 (　　개) / 대인관계능력 (　　개)

자기개발능력 (　　개)

01 의사소통능력(어휘) 정답 | ⑤

'억제(抑制)'는 감정이나 욕망, 충동적 행동 따위를 내리눌러서 그치게 하는 것을 의미하고, '조장(助長)'은 바람직하지 않은 일을 더 심해지도록 부추김을 의미하므로 두 단어는 반의어 관계에 있다. 따라서 정도에 넘지 아니하도록 알맞게 조절하여 제한함을 뜻하는 '절제(節制)'와, 제멋대로 행동하여 거리낌이 없음을 뜻하는 '방종(放縱)'이 같은 의미 관계에 해당한다.

오답풀이

① 위로(慰勞), 격려(激勵): 힘들거나 슬픈 사람을 달래어 용기를 북돋움 → 유의어 관계
② 비난(非難), 질책(叱責): 잘못이나 허물을 꾸짖음 → 유의어 관계
③ 분석(分析), 해석(解釋): 대상을 나누어 살펴보거나 의미를 밝힘 → 유의어 관계
④ 노력(努力), 정진(精進): 어떤 일에 온 힘을 다해 애씀 → 유의어 관계

시간관리 TIP

밑줄 친 단어의 의미 관계가 유의어인지 반의어인지 먼저 파악하고, 선택지에서도 같은 관계를 찾아 답을 고르는 것이 핵심이다.

02 의사소통능력(내용 추론) 정답 | ③

첫 번째 문단에 따르면 그룹 카메라타 일원들이 당시의 음악인 다성음악에 회의감을 느끼고 그 대안으로 고대 그리스의 음악 양식으로 돌아가자는 주장을 펼쳤으며, 이러한 생각이 르네상스 시대 사람들 사이에 널리 퍼져 있었던 것임을 알 수 있다. 하지만 이를 통해 르네상스 시대의 피렌체 사람들이 '고대 그리스의 예술과 문화에 대한 동경'을 가지고 있었는지 여부는 알 수 없다.

오답풀이

① 두 번째 문단에 따르면 카메라타 회원들은 노래에서 가사의 정확한 전달을 무엇보다 중요시했다. 때문에, 여러 성부가 동시에 다른 리듬과 선율을 노래하여 가사 전달이 어려운 다성음악에 대해 회의를 품었다고 하였다. 즉 다성 성악곡이 가사보다 선율을 더 강조한 부분에서 회의감을 느꼈다고 볼 수 있으므로 그에 대해 비판적이었다는 것은 적절한 반응이다.
② 마지막 문단에 따르면 카메라타 그룹이 오페라를 처음 만들었고, 실질적으로 정착시킨 사람은 몬테베르디였음을 알 수 있으므로 적절한 반응이다.
④ 두 번째 문단에서 카메라타의 일원인 지롤라모 메이가 주장한 내용에 따르면 그리스 비극에서 코러스가 노래와 춤을 담당한다고 하였으므로 적절한 반응이다.
⑤ 마지막 문단에 따르면 카메라타를 통해 재탄생된 그리스 비극에 영향을 받은 작품들이 후에 오페라가 되어 장르로서 정착되었음을 알 수 있으므로 적절한 반응이다.

시간관리 TIP

독해에서 확대 해석은 늘 주의해서 살펴보아야 할 사안이다. A로 돌아가자는 주장이 A에 대한 동경이라고 확언할 수는 없다. 동경은 '어떤 것을 간절히 그리워하여 그것만을 생각함'을 뜻하는데, A의 추구가 '동경'이라고 볼 수는 없는 것이다.

03 의사소통능력(일치/불일치) 정답 | ③

두 번째 문단에서 리카도는 지대를 토지 생산물(쌀)의 가격과 연관지어 생각하였다. 세 번째 문단에 의하면 클라크도 지대를 토지로부터 얻게 되는 생산물의 생산량 증가분만큼의 가치를 반영한 것이라고 생각하였다. 즉, 리카도와 클라크 모두 지대를 토지 생산물과 관련지어 생각하였다.

오답풀이

① 세 번째 문단에서 클라크는 토지를 노동이나 자본과 같은 생산요소의 하나로 보았다고 하였다.
② 두 번째 문단에서 리카도에게 지대는 불로소득이므로 생산물의 가격에 영향을 주지 않았다고 하였다.
④ 마지막 문단에서 마셜은 생산자의 행위는 이윤을 극대화하기 위한 것이라고 전제하고, 한계비용이 생산물 한 단위의 가격과 같아지도록 생산량을 결정해야 한다고 하였다.
⑤ 마지막 문단에 의하면 마셜은 토지를 단기적으로는 고정 생산요소로 보았지만 장기적으로는 가변 생산요소로도 보았다.

시간관리 TIP

내용 일치/불일치 유형에서 주어진 글이 학자나 이론으로 나뉘어 전개되면, 각각의 공통점과 차이점을 기준으로 구분하는 것이 중요하다. 정답인 ③의 경우도 공통점을 차이점으로 서술함으로써 오답을 구성하고 있다.

04 의사소통능력(빈칸 추론) 정답 | ④

두 번째 문단에서 리카도의 차액지대론에 따르면 쌀의 가격은 한계지에서의 쌀 생산비가 되고, 한계지보다 비옥도가 높은 토지들의 지대는 그 토지에서의 쌀 생산비와 한계지에서의 쌀 생산비의 차액이 된다. 즉,

C지역 토지가 한계지가 되면 쌀 생산비는 8만 원이 되고 A지역의 지대는 3만 원, B지역의 지대는 2만 원이 된다.

05 의사소통능력(주제/제목 찾기) 정답 | ③

탄소중립 달성을 위한 CCS 기술의 개념, 장점과 단점을 종합적으로 다루고 있으므로 이를 모두 포괄하는 제목을 고르면 ③ 탄소 포집 · 저장 기술의 의의와 과제이다.

오답풀이

① 재생에너지 확대의 필요성과 한계는 글의 내용을 모두 포괄하지 못하므로 제목으로 볼 수 없다.

② 전기차 보급을 통한 온실가스 저감은 글의 내용과 무관하므로 글의 제목으로 볼 수 없다.

④ 화석 연료 산업의 지속 가능성 논의는 글의 내용과 무관하므로 글의 제목으로 볼 수 없다.

⑤ 신재생에너지를 활용한 에너지 자립 방안은 글에서 직접적으로 다루는 내용이 아니므로 글의 제목으로 볼 수 없다.

06 의사소통능력(문단 배열) 정답 | ④

주어진 글은 공명성을 통한 국어의 비음화를 설명하고 있다. 따라서 가장 먼저 와야 하는 것은 공명성이 무엇인지 밝히고 있는 [다]이다. 그다음에는 음운 중에서 모음이 자음보다 공명성이 더 크다는 내용의 [라]가 와야 한다. 뒤이어 구체적인 음절을 예로 들고 있는 [가]가 오고 이 공명성 때문에 자음동화가 일어난 예를 설명한 [나]가 와야 한다. 마지막으로 자음동화 중 비음화의 원리를 공명도로 설명하는 [마]가 와야 한다. 따라서 문단을 논리적 순서에 맞게 배열하면 [다]－[라]－[가]－[나]－[마]이다.

07 수리능력(수추리) 정답 | ②

알파벳을 1부터 차례대로 자연수로 나타내면 다음과 같다.

A	B	C	D	E	F	G	H	I	J	K	L	M
1	2	3	4	5	6	7	8	9	10	11	12	13
N	O	P	Q	R	S	T	U	V	W	X	Y	Z
14	15	16	17	18	19	20	21	22	23	24	25	26

이에 따라 주어진 문자열을 수로 나타내면 다음과 같다.

4	( )	6	5	10	9	18	17

이때 괄호 뒤에 제시된 수열에서 앞의 항과 뒤의 항에 대하여 규칙을 찾아보면 －1, ×2가 반복됨을 알 수 있다.

따라서 괄호 안에 들어갈 수는 4－1＝3이고, 이를 알파벳으로 나타내면 C이다.

08 수리능력(방정식의 활용) 정답 | ③

원가를 x원이라고 하면 정가는 $1.1x$원이다. 이때 정가에서 15%를 할인하여 판매했을 때, 2,275원의 손실이 발생했으므로 $x-(1.1x\times0.85)=(1-0.935)x=0.065x=2{,}275$이다. 따라서 원가 $x=35{,}000$이고, 정가는 35,000×1.1＝38,500(원)이다.

09 수리능력(자료 이해) 정답 | ④

평균 수령액＝$\frac{\text{국민연금 총수령액}}{\text{국민연금 수급자 수}}$이므로 국민연금 총수령액＝평균 수령액×국민연금 수급자 수이다. 이를 바탕으로 2024~2025년 국민연금 총수령액의 전년 대비 증가액을 계산하면 다음과 같다.

(단위: 만 명, 억 원)

구분	2023년	2024년	2025년
국민연금 가입자 수	3,600	3,900	4,200
수급자 (20%)	3,600×0.2 ＝720	3,900×0.2 ＝780	4,200×0.2 ＝840
국민연금 총수령액	720×58 ＝41,760	780×60 ＝46,800	840×62 ＝52,080
전년 대비 증가액		46,800－41,760 ＝5,040	52,080－46,800 ＝5,280

그러므로 2025년이 2024년보다 더 크다.

오답풀이

① 장애연금의 경우 연금 지급건수가 2024년 85건에서 2025년 84건으로 감소하였다.

② 2024년 국민연금 가입자 수의 전년 대비 증가율은 $\frac{3{,}900-3{,}600}{3{,}600}\times100≒8.3(\%)$이고, 평균 수령액의 전년 대비 증가율은 $\frac{60-58}{58}\times100≒3.4(\%)$이므로, 국민연금 가입자 수의 증가율이 더 높다.

③ 2022년부터 2025년까지 노령연금 급여액은 지속적으로 증가했다. 그러나 2022년 노령연금 급여액은 350,000억 원(35조 원)이므로 36조 원 이상은 아니다.

⑤ 2023년 지급건수 대비 급여액을 어림잡아 계산하면 장애일시금과 사망일시금 항목이 다른 항목에 비해 높음을 알 수 있다. 따라서 2023~2025년 장애일시금과 사망일시금의 지급건수 대비 급여액만을 계산해 보면 다음과 같다.

(단위: 십만 원)

구분	장애일시금	사망일시금
2023년	$\frac{400}{4}=100$	$\frac{610}{6}≒101.7$
2024년	$\frac{450}{5}=90$	$\frac{650}{10}=65$
2025년	$\frac{500}{6}≒83.3$	$\frac{700}{15}≒46.7$

따라서 지급건수 대비 급여액이 가장 큰 항목이 2023년에는 사망일시금, 2024~2025년에는 장애일시금임을 알 수 있다. 그러므로 매년 동일한 것은 아니다.

시간관리 TIP

④ 2024~2025년에 국민연금 가입자 수의 전년 대비 차이는 300만 명으로 동일하고, 각 연도별 평균 수령액도 차이가 2만 원으로 동일하다. 그렇다면 아래와 같이 2024년 가입자 수를 X만 명이라 두고, 국민연금 총수령액을 간단하게 생각할 수 있다.(국민연금 가입자 중 수급자가 20%에 해당하는 것은 모든 연도가 같으므로 신경 쓰지 않아도 된다.)

(단위: 억 원)

구분	2023년	2024년	2025년
국민연금 총수령액	(X−300)×58	X×60	(X+300)×62
기준과의 차이	300×58+2X	기준	300×62+2X

2025년은 2024년 대비 300×62+2X만큼 많고, 2023년은 2024년 대비 300×58+2X만큼 적다.
즉, 300×58<300×62이므로 2025년의 전년 대비 증가량이 2024년의 전년 대비 증가량보다 더 크다는 것을 알 수 있다.

10 수리능력(자료 계산) 정답 | ③

2023년 본부에 배치된 신입사원 수는 19+32+65=116(명)이고 영업소에 배치된 신입사원 수는 41+8+12=61(명)이다. 따라서 본부에 배치된 신입사원 수는 영업소에 배치된 신입사원 수보다 116−61=55(명) 더 많다.

오답풀이

① 2022년 신입사원 수는 18+57+25+71=171(명)이다.

② 2020~2024년 동안 공학을 전공한 신입사원 수의 합이 86+76+71+77+70=380(명)이므로 평균 380÷5=76(명)이다.

④ 2021년 본부에 배치된 신입사원 수는 26+28+61=115(명)이다. 따라서 영업본부에 배치된 신입사원의 비중은 $\frac{28}{115}\times 100≒24.3(\%)$이므로 25% 미만이다.

⑤ 2022년부터 2024년까지 호남 또는 영남 지역 영업소에 배치된 신입사원 수는 12+9+8+12+15+24=80(명)이므로 80명을 넘지 않는다.

11 수리능력(자료 계산) 정답 | ③

2024년 신입사원 수는 25+59+11+86=181(명)이므로 상경계열을 전공한 신입사원의 비중은 $\frac{59}{181}\times 100≒32.6(\%)$이다. 즉, ㉠=32.6이다.
또한 연구소에 배치된 신입사원의 비중은 $\frac{55}{181}\times 100≒30.4(\%)$이므로 ㉡=30.4이다.

12 수리능력(자료 이해) 정답 | ④

1995년에는 남녀 재혼 건수 및 구성비가 각각 3만 9,800건과 10%로 같다. 그리고 그 이후부터는 항상 여자의 재혼 건수 및 구성비가 남자보다 높다.

오답풀이

① 2010년에서 2015년 사이 조출생률 수치는 9.4에서 8.6으로 감소하였는데, 합계 출산율 수치는 1.23에서 1.24로 증가하였다. 따라서 조출생률과 합계출산율의 증감 추이는 일치하지 않는다.

② 2022년에서 2023년 사이 총혼인건수 수치는 191.7에서 193.7로 증가하였는데, 출생아 수 수치는 249.2에서 230.0으로 감소하였으므로 증감 추이는 일치하지 않는다.

③ 남자 초혼 구성비는 2022년과 2023년이 동일하고 2024년에는 오히려 증가하였으므로 2015년 이후 꾸준히 감소하지 않는다.

⑤ 총혼인건수 중 외국인과의 혼인 비중이 가장 높은 해는 13.5%인 2005년이고, 가장 낮은 해는 3.4%인 1995년이다. 따라서 두 해의 외국인과의 혼인 건수 차이는 42.4−13.5=28.9(천 건)이므로 3만 건 미만이다.

13 문제해결능력(조건추리) 정답 | ②

총 1등급 개수는 3+1+2+2+2=10(개)이고, A와 B는 1등급이 2개, C는 3개, E는 1개이므로 D의 1등급 개수는 2개이다. 사회에서 A와 B가 1등급이 아니고, 3명이 1등급이므로 C, D, E가 1등급이다. 나머지 네 과목에서 두 과목씩 A와 B가 1등급이어야 하므로 과학은 A 또는 B가 1등급이다.
만약 A가 과학과 국어 1등급이라고 가정하면 다음과 같다.

사회	과학	국어	수학	영어
C	A	A	B	B
D	×			
E	×	×	×	×

현재 남은 1등급은 C 2개, D 1개이다. 만약 C가 수학과 영어에서 1등급이라면 다섯 번째 조건에 위배되므로 C는 국어, 수학 또는 국어, 영어에서 1등급을 받아야 한다. 그런데 이 경우 D는 남은 한 과목을 항상 B와 같은 과목에서 1등급을 받게 되므로 세 번째 조건에 위배된다. 그러므로 A는 과학에서 1등급을 받을 수 없다.
만약 B가 과학과 국어가 1등급이라고 가정하면 다음과 같다.

사회	과학	국어	수학	영어
C	B	B	A	A
D	×			
E	×	×	×	×

만약 C가 수학과 영어에서 1등급이라면 다섯 번째 조건에 위배되므로 C는 국어, 수학 또는 국어, 영어에서 1등급을 받아야 한다. D는 수학, 영어 중 나머지 한 과목에서 1등급을 받게 되므로 모든 조건을 위배하지 않는다.
또한 B가 과학 1등급이라는 것을 고정한 채, 수학 또는 영어에서 1등급을 받은 경우에도 동일한 방법으로 배치할 수 있다. 사회는 C, D, E, 과학은 B가 1등급을 받았고, 나머지 국어, 수학, 영어 1등급 조합을 살펴보면 다음과 같다.

사회	과학	국어	수학	영어
C, D, E	B	B, C	A, C	A, D
C, D, E	B	B, C	A, D	A, C
C, D, E	B	A, C	B, C	A, D
C, D, E	B	A, C	A, D	B, C
C, D, E	B	A, D	A, C	B, C
C, D, E	B	A, D	B, C	A, C

따라서 B는 항상 과학 과목에서 1등급을 받았다.

14 문제해결능력(조건추리) 정답 | ①

㉡을 통해 B카페와 C카페 중 하나가 맨 끝에 위치하고 다른 하나는 반대쪽의 끝에서 두 번째에 위치한다는 것을 알 수 있다. ㉣을 통해 왼쪽에서 두 번째에 B카페나 C카페가 위치할 수 없다는 것을 알 수 있으므로 이 두 카페는 맨 왼쪽과 오른쪽 끝에서 두 번째에 나누어 위치해야 한다. ㉤을 통해 맨 왼쪽은 B카페가 아닌 C카페가 위치함을 알 수 있다. 동시에, 오른쪽 끝에는 D카페, 그 옆은 B카페가 위치함을 알 수 있다. ㉢을 통해 E카페는 왼쪽에서 세 번째에 위치함을 알 수 있다.
이를 종합하면 왼쪽에서부터 C−F−E−A−B−D의 순으로 위치해 있음을 알 수 있다. 따라서 왼쪽에서 네 번째에 위치한 카페는 A카페이다.

15 문제해결능력(조건추리) 정답 | ③

영업부 사무실이 F라고 하였고, 기획부가 영업부와 서로 마주 보고 있다고 하였으므로 기획부 사무실은 B이다. 그리고 기획부에서 오른쪽으로 두 번째 사무실에 품질관리부가 위치한다고 하였으므로 품질관리부 사무실은 D이다. 이를 그림으로 나타내면 다음과 같다.

A	기획부	C	품질관리부
복도			
E	영업부	G	H

설계부는 회계부의 왼쪽에 인접해 있다고 하였으므로 설계부 사무실이 G에 있어야 하고 회계부 사무실이 H여야 한다. 그리고 인사부에서 왼쪽으로 두 번째 사무실에 구매부가 위치한다고 하였으므로 인사부 사무실이 C이고 구매부 사무실은 A이다. 이때, 구매부와 총무부는 서로 마주 보고 있다고 하였으므로 총무부 사무실은 E가 되어 다음과 같이 배치가 완성된다.

구매부	기획부	인사부	품질관리부
복도			
총무부	영업부	설계부	회계부

그런데 복도를 기준으로 구매부와 설계부가 같은 라인에 위치하지 않으므로 옳지 않은 것은 ③이다.

16 문제해결능력(상황판단) 정답 | ②

점등 대기, 보행 신호 점등, 차량 통행 보장 시간을 시간대별로 나타내면 다음과 같다.

보행자 인식 시작	보행 신호 점등 시작	보행 신호 점등 끝	차량 통행 보장 끝
18:25:00	18:26:30	18:27:00	18:29:00
18:29:00	18:30:30	18:31:00	18:33:00
18:33:00	18:34:30	18:35:00	18:37:00
18:43:00	18:44:30	18:45:00	18:47:00
18:59:00	19:00:30	19:01:00	19:03:00
19:03:00	19:04:30	19:05:00	19:07:00
19:48:00	19:49:30	19:50:00	19:52:00

㉠ 18:30:30~18:31:00, 18:34:30~18:35:00, 18:44:30~18:45:00, 19:00:30~19:01:00, 19:04:30~19:05:00에 보행 신호가 점등되었으므로 18시 30분에서 19시 30분 사이에 보행 신호가 점등된 횟수는 5회이다.

㉢ 19시 50분에 보행 신호 점등이 끝나므로 19시 50분에 사람이 도착하는 경우 19시 53분 30초에 보행 신호가 1회 더 점등된다.

오답풀이

㉡ 18:34:30에 보행신호 점등이 시작되므로 18시 34분에 횡단보도 앞에 사람이 도착하더라도 보행 신호는 더 점등되지 않는다.

㉣ 18:59:00에 횡단보도 앞에 도착한 사람이 19:00:30~19:01:00에 횡단보도를 건너므로 19시에서 20시 사이에 횡단보도를 건넌 사람은 총 4+2+4+2=12(명)이다.

시간관리 TIP

문제에서 주로 묻고 있는 것은 보행 신호 점등 시간이므로 도착 시각을 기준으로 보행 신호 점등을 따져보는 것이 중요하다.(다른 시간은 필요시 계산한다.) 보행 신호 점등 시작 시간은 사람이 계속 온다는 가정이 있을 경우 4분을 간격으로 진행된다. 즉, 4분을 더해서 그 사이에 도착한 사람이 있다면 4분으로 계산하고 아닐 경우 도착 시간에서 1분 30초를 더하면 된다.

18:26:30, 18:30:30, 18:34:30(4분 간격) // 다음 인식 시간이 18:43:00이므로 18:44:30(1분 30초 더하기) // 다음 인식 시간이 18:59:00이므로 19:00:30(1분 30초 더하기), 19:04:30(4분 간격) // 다음 인식 시간이 19:48:00이므로 19:49:30(1분 30초 더하기)

이 시간만 정확히 계산되면 ㉠~㉣은 쉽게 해결할 수 있다.

17 문제해결능력(상황판단) 정답 | ⑤

[4. 지원 대상]에서 2년형의 경우 '고용보험 피보험자 수 5인 이상 중소·중견기업(2022~2024년 평균 매출액 3천억 원 미만, 소비향락업 등 일부 업종 제외)'라고 하였다. 하지만 벤처기업, 청년 창업기업 등 일부 1인 이상 5인 미만 기업도 참여 가능하다고 하였으므로 무조건 고용보험 피보험자 수가 5인 이상, 평균 매출액이 3천억 원 미만이어야 하는 것은 아니다.

오답풀이

① [4. 지원 대상]에서 2년형의 경우 '고용보험 총가입기간이 12개월을 초과하더라도 최종 피보험자격 상실일로부터 실직기간이 6개월 이상인 자는 가능'이라고 하였다.

② 2년형과 3년형 모두 기업이 정부로부터 받는 지원금이 직원에게 적립해 주는 금액보다 높으므로 기업 입장에서는 청년내일채움공제에 지원한 직원이 많을수록 잉여금이 많다.

③ 청년내일채움공제 3년형에 가입한 직원이 3년간 적립하는 돈은 600만 원이고, 최종적으로 받는 금액은 3,000만 원+@이다. 따라서 3년 뒤에 받는 금액은 자신이 낸 전체 금액의 5배 이상이다.

④ 청년내일채움공제 2년형에 가입한 직원에 대해 18개월까지 기업이 적립한 금액의 합계는 45+70+95+95=305(만 원)이다.

18 문제해결능력(상황판단) 정답 | ②

S회사는 100여 명이 근무하는 중소기업으로 3년 평균 매출액이 3천억 원 미만인 뿌리기업이다. 따라서 2년형과 3년형의 자격요건에 모두 해당한다.

K씨는 과거 13개월 동안 고용보험 피보험자였기 때문에 3년형에 지원할 수 없다. 그러나 7개월 동안의 실직 기간이 있으므로 2년형의 조건에는 충족된다. 따라서 K씨는 2년형을 신청 가능하며, 이때 만기공제금은 1,600만 원+α이다.

19 자원관리능력(예산관리능력) 정답 | ②

A부장은 부산 본사에서 실시하는 전체 회의(10시 30분) 20분 전까지 도착해야 하므로 10시 10분까지 도착해야 한다.
하지만, 비용 절감을 위해 최소한의 비용으로 교통편을 이용해야 하므로 10시 10분 전까지 도착하는 교통편 중 비용이 가장 저렴한 교통편을 선택해야 한다.

교통 수단	이동 수단	경로	운임
KTX 열차	택시	부산역 9:25 도착 후 택시로 이동(30분)	58,000+15,000 =73,000(원)
	리무진 버스	부산역 9:25 도착이어도 리무진 버스는 9:30(50분 소요)에 출발하므로 탑승 불가	
비행기	택시	김해공항 9:35 도착 후 택시로 이동 (20분)	60,000+11,000 =71,000(원)
	리무진 버스	김해공항 9:25 도착 후 9:30에 출발하는 리무진 버스로 이동 (40분)	62,000+10,000 =72,000(원)
고속 버스	택시	부산터미널 9:20 도착 후 택시로 이동 (50분)	48,000+25,000 =73,000(원)
	리무진 버스	부산터미널 8:50 도착이어도 리무진 버스는 9시 정각(1시간 20분 소요)에 출발하므로 탑승 불가	

그러므로 A부장은 운임이 가장 저렴한 비행기 – 택시를 선택할 것이다.

20 자원관리능력(시간관리능력) 정답 | ③

1. 교통비

부산행	서울행
• 가장 저렴한 비용이 드는 교통편을 선택해야 함 • 김해 09:35 도착(60,000) 후 택시 탑승(11,000) • 총 71,000원	• 서울 사무소에 늦어도 12시까지는 복귀해야 하므로 11:00 도착하는 서울행 비행기를 탑승해야 함 • 총 70,000원

2. 일비/식비/숙박비(부장 기준)
   부산에서 1일 기준 체류 시간이 5시간 이상이므로 일비/식비는 2일 기준으로 지급된다.
   • 일비: 60,000×2=120,000(원)
   • 식비: 70,000×2=140,000(원)
   • 숙박비: 120,000원

따라서 A부장이 지급받을 총출장비는 71,000+70,000+120,000+140,000+120,000=521,000(원)이다.

21 자원관리능력(인적자원관리능력) 정답 | ②

A~D 중 유일하게 B만 승진에 필요한 최소 소요 연수를 채우지 못했다. 최소 소요 연수를 채운 A, C, D의 부문별 승진 기준 점수는 다음과 같다.

(단위: 점)

구분	A(2년)	C(4년)	D(6년)
상사평가 부문	400	800	1,200
실적 부문	800	1,200	1,200
사내행사 참여 부문	0	400	1,200

• A: 3개 부문 모두 기준 점수를 넘기지만, 실적 부문에서 핵심 실적이 50%를 넘지 못하였으므로 승진할 수 없다.
• C: 사내행사 참여 부문에서 50점이 모자라지만, 핵심 실적이 100점 이상 남는다면 부족한 점수를 대체할 수 있다. 핵심 실적에서 100점을 차감하여도 실적 부문은 1,700점으로 기준 점수를 넘고, 핵심 실적의 비중도 50% 이상이므로 핵심 실적 100점으로 사내행사 참여 부문의 부족한 50점을 대체할 수 있다. 따라서 승진 가능하다.
• D: 사내행사 참여 부문에서 150점이 모자라지만, 핵심 실적이 300점 이상 남는다면 부족한 점수를 대체할 수 있다. 핵심 실적에서 300점을 차감하면 실적 부문은 1,050점으로 기준 점수를 넘지 못한다. 따라서 대체가 되지 않고, 승진할 수 없다.

따라서 올해 승진이 가능한 사람은 C 1명이다.

시간관리 TIP

'※' 표시가 있는 곳에 정답과 오답을 가르는 핵심적인 정보가 많이 담겨 있으므로 해당 부분을 주의해야 한다.

22 자원관리능력(인적자원관리능력) 정답 | ③

1년 후 A~D의 승진 관련 정보는 다음과 같다.

(단위: 년, 점)

구분			A	B	C	D
현재 직급			사원	대리	대리	과장
현재 직급에서의 재직기간			3	4	5	7
현재 직급에서의 재직기간 중 점수 총점	상사평가 부문		600	840	1,080	1,440
	실적 부문	핵심	360	840	1,200	1,020
		일반	840	840	960	600
	사내행사 참여 부문		120	480	420	1,260

A~D 모두 승진에 필요한 최소 소요 연수를 채웠으므로 승진 대상자이다. A~D의 부문별 승진 기준 점수는 다음과 같다.

(단위: 점)

구분	A(3년)	B(4년)	C(5년)	D(7년)
상사평가 부문	600	800	1,000	1,400
실적 부문	1,200	1,200	1,500	1,400
사내행사 참여 부문	0	400	500	1,400

- A: 3개 부문 모두 기준 점수를 넘기지만, 실적 부문에서 핵심 실적이 50%를 넘지 못하였으므로 승진할 수 없다.
- B: 3개 부문 모두 기준 점수를 넘기고, 핵심 실적 비중도 50% 이상이므로 승진 가능하다.
- C: 사내행사 참여 부문에서 80점이 모자라지만, 핵심 실적이 160점 이상 남는다면 부족한 점수를 대체할 수 있다. 핵심 실적에서 160점을 차감하여도 실적 부문은 2,000점으로 기준 점수를 넘고, 핵심 실적의 비중도 50% 이상이므로 핵심 실적 160점으로 사내행사 참여 부문의 부족한 80점을 대체할 수 있다. 따라서 승진 가능하다.
- D: 사내행사 참여 부문에서 140점이 모자라지만, 핵심 실적이 280점 이상 남는다면 부족한 점수를 대체할 수 있다. 핵심 실적에서 280점을 차감하면 실적 부문은 1,340점으로 기준 점수를 넘지 못한다. 따라서 대체가 되지 않고, 승진할 수 없다.

따라서 승진이 가능한 사람은 B, C 2명이다.

시간관리 TIP

1년이 지나면 각자의 점수뿐만 아니라 기준 점수도 높아진다는 점에 주의해야 한다.

23 자원관리능력(예산관리능력) 정답 | ③

모든 공정에서 공정 개선 전과 후의 소요 비용은 동일하거나 절감되었다. 1,000L의 수돗물 생산에 공정 개선 전과 후의 소요 비용 차이를 더하면 10+20+50+20+10+30+50+40+30+40+20=320(원)이다.

즉, 1,000L의 수돗물 생산에 320원을 절감한 것이므로 4,500만 L의 수돗물 생산에는 320×45,000=14,400,000(원)인 1,440만 원을 절감할 수 있다.

24 자원관리능력(예산관리능력) 정답 | ①

1,000L의 수돗물을 생산하면 소요 비용 320원을 회수할 수 있다. 즉, 1L를 생산하면 0.32원을 회수할 수 있으므로 xL를 생산하면 $0.32x$원을 회수할 수 있다.

$0.32x=40,000,000 \rightarrow x=125,000,000$이므로 최소 12,500만 L를 생산하면 투자 비용 4,000만 원을 회수할 수 있다.

시간관리 TIP

1L당 절감하는 비용을 계산하지 않고 곧장 (투자비용)÷(1,000L당 절감 비용)을 계산하면 보다 빠르게 풀이할 수 있다. 선택지에 나타난 금액의 단위는 모두 같으므로 계산 시 천 단위를 만 단위로 맞출 필요는 없다. 1,000L당 320원을 절감할 수 있으므로 40,000,000÷320=125,000(천 L)=12,500(만 L)를 생산해야 한다.

25 정보능력(컴퓨터활용능력) 정답 | ⑤

- LOWER 함수는 영문자를 모두 소문자로 변환하고자 할 때 사용하는 함수이다. 따라서 'CLOUD'를 'cloud'로 변환한다.
- UPPER 함수는 영문자를 모두 대문자로 변환하고자 할 때 사용하는 함수이다. 따라서 'data'가 'DATA'로 변환되며, 한글에는 적용되지 않는다.

• PROPER 함수는 영문자의 첫 단어를 대문자로 변환하고자 할 때 사용하는 함수이다. 따라서 'ubiquitous'를 'Ubiquitous'로 변환한다.

26 정보능력(정보처리능력) 정답 | ④

모든 창이 어지럽게 나열되어 있을 경우, '윈도우+D'를 사용해 한 번에 바탕화면으로 돌아갈 수 있다. 작업 중 급하게 바탕화면에 설치된 파일을 클릭해야 할 때 이 단축키를 활용하면 편리하고 신속하게 이동할 수 있다.

오답풀이

① 파일명을 간편하게 수정할 수 있는 단축키이다.
② 사용 중인 인터넷 창을 끌 수 있는 단축키이다.
③ 컴퓨터 화면을 잠글 수 있는 단축키이다. 업무 중 자리를 비울 경우 이 단축키를 활용하면 다른 사람이 자신의 파일을 볼 위험을 피할 수 있다.
⑤ 전체화면으로 볼 수 있는 단축키이며, 다시 한 번 누르면 원래의 화면으로 되돌아온다.

27 정보능력(정보처리능력) 정답 | ⑤

두 사람의 검증번호를 확인해 보면 다음과 같다.

• 갑: 각 번호와 지정된 숫자를 곱한 값들의 합은 138. 138을 11로 나눈 몫은 12, 나머지는 6. 따라서 검증번호는 11−6=5가 된다.
• 을: 각 번호와 지정된 숫자를 곱한 값들의 합은 98. 98을 11로 나눈 몫은 8, 나머지는 10. 따라서 검증번호는 11−10=1이 된다.

따라서 두 사람의 검증번호는 서로 다르다.

오답풀이

① 두 사람이 태어난 '일(日)'은 23일로 동일하다.
② 갑은 1966년에 출생한 여성이며, 을은 2002년에 출생한 남성이다.
③ 두 사람이 출생 신고를 한 지방자치단체는 02의 번호를 가진 곳으로 동일하다.
④ 두 사람의 출생 신고 순서에 해당하는 번호는 모두 2이므로 순서가 동일하다.

시간관리 TIP

복잡한 계산을 해야 하는 선택지는 ⑤ 하나뿐이므로, 나머지 선택지가 옳은지를 먼저 검토하면 계산을 하지 않고도 빠르게 정답을 찾을 수 있다. 헷갈리는 선택지가 있는 경우에만 ⑤를 점검하도록 한다.

28 정보능력(컴퓨터활용능력) 정답 | ②

출생 신고가 이루어진 동의 주민센터 고유번호는 뒤 7자리 숫자 중 네 번째와 다섯 번째 숫자이므로 661023−202****와 같이 블라인드 처리되어야 한다. 이를 위해 replace 함수와 substitute 함수를 모두 활용할 수 있다.

substitute 함수는 해당 셀의 번호와 함께 old text, new text의 순으로 따옴표 안에 입력해야 한다. 따라서 '=SUBSTITUTE(A1,"3824","****")'와 같이 입력하면 된다.

replace 함수는 해당 셀의 번호와 함께 좌측부터 몇 번째 문자부터인지, 대체할 문자의 개수가 몇 개인지, new text가 무엇인지를 순서대로 입력하되 new text에만 따옴표를 함께 입력한다.

따라서 선택지 ②의 경우에만 '661023−202****'의 결괏값을 얻을 수 있다.

29 정보능력(정보처리능력) 정답 | ③

③은 트로이 목마의 일반적인 동작 방식이 아니다. 주어진 글에서도 '사용자의 인지 없이 설치'된다고 했을 뿐, 스스로 전파된다는 내용은 없다. 이는 웜(worm)과의 중요한 차이점이기도 하다. 트로이 목마는 주로 사용자가 직접 설치하거나 실행하도록 유도하여 시스템에 침투한다.

시간관리 TIP

선택지에서 '자동 전파'라는 표현을 보면 곧바로 웜의 특징이라는 점을 떠올릴 수 있다. 지문을 꼼꼼히 읽는 것도 중요하지만, 핵심 개념을 빠르게 대조해 '스스로 전파되지 않는다'는 특징과 상충한다는 것을 짚어내면 시간을 절약할 수 있다.

30 기술능력(기술이해능력) 정답 | ④

새로운 기술은 유례없는 규모로 사람을 살상하고, 환경을 오염시키고, 새로운 위험과 불확실성을 만들어내고, 각종 범죄의 도구로 악용되기도 한다. 기술혁신에 수반되는 기업의 책임과 의무를 제대로 이행하지 않을 경우, 주어진 사례와 같은 사회적 부작용이 발생할 수 있으며, 실패한 기술에 의한 악영향이 초래될 수 있다.

오답풀이

① 기술혁신의 특성 중 조직의 경계를 넘나드는 특성에 관한 설명이다. 기술혁신은 연구개발 부서 단독으로 수행될 수 없으며, 마케팅·구매·생산 부서 등과의 협업이 필요하다. 또한 기술을 개발하는 과정에서 품질관리 담당자 혹은 외부 전문가들의 자문을 필요로 하기도 한다.
② 기술혁신 과정의 불확실성과 모호함은 기업 내에서 많은 논쟁과 갈등을 유발할 수 있다. 기술혁신은 기업의 기존 조직 운영 절차나 제품 구성, 생산 방식, 나아가 조직의 권력구조 자체에도 새로운 변화를 야기하므로, 조직의 이해관계자 간의 갈등이 구조적으로 발생하게 된다.
③ 기술혁신을 성공하지 못한다고 하여 항상 조직 구성원 대부분을 잃게 되는 것은 아니다.
⑤ 기술혁신은 지식 집약적인 활동으로, 기술개발에 참가한 엔지니어의 지식은 문서화되기 어렵기 때문에 다른 사람들에게 쉽게 전파될 수 없다. 따라서 연구개발에 참가한 연구원과 엔지니어들이 그 기업을 떠나는 경우 기술과 지식의 손실이 크게 발생하여 기술개발을 지속할 수 없는 경우가 종종 발생한다.

31 기술능력(기술적용능력) 정답 | ⑤

현재 자신의 업무상 요구되는 기술이라 할지라도 단기간에 기술이 진보하거나 변화할 것이라고 예상되는 기술을 적용하는 것은 바람직하지 못하다. 새로운 기술을 적용하는 데는 막대한 비용과 시간이 드는 것은 물론이고 그것을 익숙하게 활용할 수 있도록 적응하는 데에도 일정한 시간이 요구되는데, 그동안에 또 다른 새로운 기술이 등장한다면 현재 활용하고 있는 기술의 가치는 떨어지게 될 것이다.

찐 모듈이론 TIP

기술적용 시 고려사항
1. 기술적용에 따른 비용이 많이 드는가?
2. 기술의 수명 주기는 얼마인가?
3. 기술의 전략적 중요도는 어느 정도인가?
4. 잠재적으로 응용 가능성이 있는가?

32 기술능력(기술능력 개요) 정답 | ②

주어진 글에서 설명하는 노하우는 직접 체험, 반복 실습, 현장 경험을 통해 축적되는 "암묵적 기술"이다. 비행 중 바람의 방향과 세기에 따라 달라지는 드론 조작 감각은 실제 조종을 반복하면서만 익힐 수 있는 것으로, 전형적인 노하우의 예시이다.

오답풀이

① 규정 입력 방식은 설명서나 규정 해설서를 통해 학습 가능한 명시적 지식이다.
③ 분석 함수 사용은 이론과 문서를 통해 배울 수 있어 노하우보다는 지식에 가깝다.
④ 단순 암기와 문서 학습이 가능한 정보이다. 체험 기반 학습 요소가 적다.
⑤ 전략 이론에 해당하며, 경험보다는 분석과 이해 중심의 추상적 사고가 요구된다.

33 기술능력(기술이해능력) 정답 | ②

주어진 설명서에 모든 필터를 제거한 상태에서 팬만 가동해 이상 유무를 확인하라고 명시되어 있다.

오답풀이

① 흡입력 이상 여부를 점검하려면 모든 필터를 제거한 후 팬을 단독으로 작동시켜야 한다.
③ HEPA 필터와 활성탄 필터는 물세척이 금지된다.
④ 전원을 끈 직후 즉시 코드를 뽑는 것은 내부 미세먼지 분산 위험이 있어 금지된다. 또한 해당 내용은 공기청정기의 정상 작동 여부를 확인하는 방법이 아니다.
⑤ 센서 청소는 월 1회 필요하며, 생략 시 오작동의 가능성이 있다. 또한 해당 내용은 공기청정기의 정상 작동 여부를 확인하는 방법이 아니다.

34 기술능력(기술이해능력) 정답 | ③

주어진 설명서에 활성탄 필터는 약 3개월마다 햇빛에 2시간 정도 건조한 후 재사용할 수 있다고 명시되어 있다.

오답풀이

① 활성탄 필터는 물세척이 금지된다.
② 활성탄 필터의 교체 주기는 6~12개월이므로, 3개월마다 교체할 필요는 없다.
④ 고온은 변형 또는 손상 가능성이 있으며, 주어진 설명서에 언급되지 않았다.
⑤ 직사광선에 건조하면 재사용 가능하므로 즉시 폐기하지 않아도 된다.

35 조직이해능력(체제이해능력) 정답 | ③

기계적 조직구조는 대량생산기술을 보유하여 조직이 일사불란하게 움직여야 하는 조직에, 유기적 조직구조는 소량생산기술을 보유하여 소규모의 안정적인 운영이 필요한 조직에 더 적합하다.

오답풀이

① 조직의 구조는 전략을 달성하기 위한 수단의 가시적인 요소이며, 조직의 전략이 바뀌면 구조도 바뀔 수 있다.
② 조직 규모에 따라 조직구조가 달라지며, 대규모 조직은 소규모 조직에 비해 업무가 전문화, 분업화되어 있고 많은 규칙과 규정이 존재하는 사업별 조직을 선택하는 것이 바람직하다.
④ 조직의 대내외 환경에 따라 조직의 구조가 달라진다.
⑤ 기계적 조직과 유기적 조직의 특징은 다음과 같다.

기계적 조직	유기적 조직
– 분업의 원칙, 권한과 책임의 명확화 – 조직의 효율성을 위해 기계처럼 작동 – 높은 수준의 전문성과 공식화 – 경직된 계층적 관계 – 직위에 기초한 권위 – 고정된 임무 – 공식적, 수직적 소통(명령, 지시) – 엄격하고 안정적 – 안정적이고 단순한 환경에 적합	– 직무가 명확하지 않음 – 권한과 책임이 명확하지 않고 유연함 – 낮은 수준의 복잡성과 공식화 – 수평적, 수직적 협력 관계 – 개인 능력에 기초한 권위 – 탄력적, 적응적 의무 – 비공식적, 쌍방적 소통(충고, 자문) – 동태적이고 복잡한 환경에 적합

36 조직이해능력(경영이해능력) 정답 | ②

주어진 내용은 '집중화 전략'에 대한 설명이다. 집중화 전략은 산업 전체를 대상으로 하는 원가우위 전략과 차별화 전략과는 달리 특정 시장이나 고객에게 한정된 전략으로, 고객층을 세분화하여 맞춤형 전략을 세워 공략하는 방법이다.

오답풀이

① 차별화 전략: 조직이 생산품이나 서비스를 차별화하여 고객에게 가치가 있고 독특하게 인식되도록 하는 전략이다.
③ 비교우위 전략: 특정 속성은 비슷하면서 비교 대상이 되는 속성에서는 차별적인 우위를 보이는 전략이다.
④ 원가우위 전략: 원가 절감을 통해 해당 산업에서 우위를 점하는 전략이다.
⑤ 고객본위 전략: 고객을 기준으로 판단하고 결정하는 등 고객을 우선으로 생각하는 전략이다.

37 조직이해능력(체제이해능력) 정답 | ②

주어진 조직도만으로는 영업본부가 영업부문 산하 조직으로 변경되면서 영업본부의 인원이 어떻게 변동되었는지 알 수 없다. 변경 전 영업본부에서 어떠한 영업이 진행되었는지, 변경 후의 영업1팀과 영업2팀의 인원이 몇 명인지에 대한 사항을 알 수 없으므로, 변경 전 영업본부의 인원이 감소되어 국내영업본부로 변경되었다고 할 수 없다.

오답풀이

① 영업부문, 1개 영업본부, 영업관리본부가 추가되었으며, 6개 팀에서 12개 팀으로 변경되었으므로 6개 팀이 추가되었다.
③ 해외관리팀은 사장 직속 조직이므로 주요 업무 보고에 있어 영업부문장을 거치지 않는다.
④ 팀과 본부의 수가 많아졌으며, 부문도 1개 추가되었으므로 팀장급 이상의 직원 수가 많아졌다고 할 수 있다.
⑤ 해외영업본부 내 해외영업을 전담하는 팀은 해외영업1~3팀으로 총 3개이다.

38 조직이해능력(업무이해능력) 정답 | ④

1년 6개월짜리 사업에 대한 품의이므로 실장이 전결해야 하는 안건이다. 또한 참조에는 전략기획실을 걸어야 하고, 협조자로 법무실장을 포함해야 한다. 그리고 완료일인 2월 21일에서 늦어도 일주일 전인 2월 14일까지는 담당자가 서명하여 다음 결재자에게 전달해야 한다. 이를 모두 만족하는 전자결재 형태는 ④이다.

오답풀이

① 날짜가 2월 14일 이후이다.
② 법무실장이 결재자로 되어 있으며, 원장 전결이 아니다.
③ 날짜가 2월 14일 이후이며, 참조가 법무실로 되어 있다.
⑤ 참조에 법무실이, 법무실장은 결재자로 되어 있으며, 원장 전결이 아니다.

39 직업윤리(직업윤리 개요) 정답 | ③

주어진 사례에서 자신의 일이 누구나 할 수 있는 것이 아니라 해당 분야의 지식과 교육을 밑바탕으로 성실히 수행해야만 가능한 것이라고 믿고 수행하는 태도인 '전문가의식'은 나타나지 않는다.

오답풀이

① 천직의식: 자신의 일이 자신의 능력과 적성에 꼭 맞는다 여기고 그 일에 열성을 가지고 성실히 임하는 태도로, L씨는 벽화 그리기를 우연히 해 보고 본인의 능력과 적성에 부합하는 일이라고 여겨 벽화 그리는 일을 생업으로 삼고 있다고 하였으므로 적절하다.
② 소명의식: 자신이 맡은 일은 하늘에 의해 맡겨진 일이라고 생각하는 태도로, L씨는 벽화를 그리는 것은 하늘이 본인에게 맡긴 일이라고 여기고 있다고 하였으므로 적절하다.

④ 직분의식: 자신이 하고 있는 일이 사회나 기업을 위해 중요한 역할을 하고 있다고 믿고 자신의 활동을 수행하는 태도로, 본인이 그리는 벽화가 많은 사람에게 행복을 줄 수 있다고 믿는 L씨는 본인이 사회를 위해 중요한 역할을 하고 있다고 생각한다고 하였으므로 적절하다.

⑤ 봉사의식: 직업 활동을 통해 다른 사람과 공동체에 봉사하는 정신을 갖추고 실천하는 태도로, L씨는 주말에 주기적으로 벽화를 그리는 봉사활동에 참여하고 있으므로 적절하다.

40 직업윤리(직업윤리 개요) 정답 | ②

취미 활동이나 아르바이트, 강제노동 등이 포함되는 체계적이고 전문화된 일의 영역은 계속성, 경제성, 윤리성, 사회성, 자발성과 같은 속성을 갖추지 않은 경우 직업으로 포함하지 않는다. 따라서 체계적이며 전문화된 일이라고 해서 반드시 모두 직업이라고 할 수 없다.

41 직업윤리(공동체윤리) 정답 | ②

세대 간의 인식 차이를 짚어 주는 방법은 오히려 공감과 합의를 유도하는 데 방해가 되는 요인이다.
대화를 시작하기 전에 언제, 어디서 말할지 미리 생각하여 여러 사람이 있는 곳이나 바쁜 업무를 처리하는 시간 등은 피하는 것이 좋다.
또한 상사에게 비판이나 강한 어조로 말하면 그다지 좋은 반응을 얻지 못할 것이므로 "~어떻습니까?"와 같은 질문 형식의 대화가 매우 유용할 수 있다. "아, 그래서 그렇게 생각하셨군요.", "전 미처 그 생각은 못 했습니다." 등의 긍정적인 말을 먼저 꺼내면 부드러운 인상을 전달하며 대화를 시작할 수 있다. 그러나 결정은 대부분 상사의 역할이므로, 팀장의 의견이 불합리하다고 여겨진다 해도 결정된 사항에 대해서는 존중해 주는 자세 또한 필요하다.

42 직업윤리(공동체윤리) 정답 | ⑤

주어진 글에서는 회사 내부의 문제점을 공익을 위해 과감히 고발한 사례를 보여주고 있으며, A부장은 규정에 근거한 준법정신을 발휘한 것으로 볼 수 있다. 법과 규정을 준수하는 것은 시민으로서의 자신의 권리를 보장받고, 다른 사람의 권리를 보호해 주며 사회 질서를 유지하는 역할을 한다.

43 대인관계능력(팀워크능력) 정답 | ①

최 사원은 소외형, 박 사원은 수동형 팔로워십의 전형적인 모습을 보여주고 있다.
소외형 팔로워십 유형은 자립적이고 일부러 반대 의견을 제시하기도 하며, 동료들은 그를 냉소적이고 부정적이며, 고집이 세다고 평하기도 한다. 적절한 보상이 없는 조직의 불공정함에 문제가 있다고 생각한다.
수동형 팔로워십 유형은 판단과 사고를 리더에 의존하며, 제 몫을 다하지 못한다. 조직은 자신을 원하지 않으며 리더는 항상 자기 마음대로 행동한다고 여긴다.

찐 모듈이론 TIP

팔로워십 유형

구분	자아상	동료·리더의 시각	조직을 보는 시각
소외형	• 자립적인 사람 • 일부러 반대 의견 제시 • 조직의 양심	• 냉소적 • 부정적 • 고집이 셈	• 자신을 인정하지 않음 • 적절한 보상이 없음 • 불공정하고 문제가 있음
순응형	• 기쁜 마음으로 과업 수행 • 팀 플레이를 함 • 리더나 조직을 믿고 헌신함	• 아이디어가 없음 • 인기 없는 일은 하지 않음 • 조직을 위해 자신과 가족의 요구를 양보함	• 기존 질서를 따르는 것이 중요 • 리더의 의견을 거스르는 것이 어려움 • 획일적인 태도와 행동에 익숙함
실무형	• 조직 운영 방침에 민감함 • 사건을 균형 잡힌 시각으로 봄 • 규정과 규칙에 따라 행동함	• 개인의 이익을 극대화하기 위한 흥정에 능함 • 적당한 열의와 평범한 수완으로 업무 수행	• 규정 준수를 강조 • 명령과 계획의 빈번한 변경 • 리더와 부하 간 비인간적 풍토
수동형	• 판단·사고를 리더에게 의존 • 지시가 있어야 행동함	• 하는 일이 없음 • 제 몫을 하지 못함 • 업무 수행에는 감독관이 반드시 필요	• 조직이 나의 아이디어를 원하지 않음 • 노력과 공헌을 해도 소용이 없음 • 리더는 항상 자기 마음대로 함

주도형 (모범형)	• 팔로워십에서 가장 이상적인 유형임 • 조직과 팀의 목적 달성을 위해 독립적·혁신적으로 사고하고, 건설적인 비판을 함 • 자기 나름의 개성이 있고 창조적임 • 적극적으로 참여하고 솔선수범함 • 주인의식을 가지고 있으며, 기대 이상의 성과를 내려고 노력함

44 대인관계능력(협상능력) 정답 | ③

협상에서 주로 나타나는 7가지 실수는 다음과 같다.

- 준비되기도 전에 협상을 시작하는 것(①)
- 잘못된 사람과 협상하는 것(②) → 무조건 높은 지위에 있는 사람이 효과적인 협상 당사자가 될 수는 없으며, 실무를 가장 잘 이해하는 사람이 누구인가를 파악하는 것이 중요하다.
- 특정 입장만 고집하는 것(④) → 협상의 결과로 차선책을 얻게 되는 것이 협상의 실패를 의미하는 것은 아니다. 반드시 나의 의견이 완벽하게 관철되어야 한다는 태도는 그릇된 협상 태도이다.
- 협상의 통제권을 잃을까 두려워하는 것(⑤)
- 설정한 목표와 한계에서 벗어나는 것
- 상대방에 대해서 너무 많은 염려를 하는 것
- 협상 타결에 초점을 맞추지 못하는 것

③과 같은 방법은 협상 시 상대방과 우호적인 분위기를 연출할 수 있는 바람직한 전략이다.

45 대인관계능력(대인관계능력 개요) 정답 | ④

감정 은행 계좌란 인간관계에서 구축하는 신뢰의 정도를 은유적으로 표현한 것이다. 직원 A와 B는 평소에도 서로를 도와가며 신뢰를 꾸준히 구축해 왔고, 프로젝트도 원활히 함께 마무리함으로써 꾸준히 감정 은행 계좌에 신뢰를 저축하고 있음을 알 수 있다.

46 대인관계능력(리더십능력) 정답 | ⑤

오 부장은 전형적인 '민주주의에 근접한 유형'의 리더라고 할 수 있다. ㉠, ㉡, ㉣은 파트너십 유형, ㉢, ㉤은 민주주의에 근접한 유형의 리더에게 찾아볼 수 있는 특징이다. 따라서 정답은 ⑤이다.

찐 모듈이론 TIP

파트너십 유형과 민주주의에 근접한 유형은 다른 유형과 조금 다른 형태의 리더십이다. 독재자 유형과 민주주의에 근접한 유형은 리더와 집단 구성원 사이에 명확한 구분이 있다. 하지만 파트너십 유형에서는 그러한 구분이 희미하고, 리더가 조직에서 한 구성원이 되기도 한다. 또한 변혁적 유형과 달리 리더의 카리스마가 요구되지 않는다.
반면, 민주주의에 근접한 유형의 리더십은 리더가 팀원들이 한 사람도 소외됨이 없이 동등하다는 것을 확신시켜 준다. 이러한 유형의 리더는 경쟁과 토론의 가치를 인식하여야 하며, 팀이 나아갈 새로운 방향의 설정에 팀원들을 참여시켜야 한다. 민주주의에 근접한 유형의 리더들은 비록 민주주의적이긴 하지만, 최종 결정권은 리더에게만 있음을 강조하기도 한다.

47 자기개발능력(경력개발능력) 정답 | ②

주변 지인과 대화해 보거나 직업 관련 다양한 기관의 홈페이지를 방문해 보는 등의 활동은 자신의 가치관을 알고 직무 환경을 탐색하는 과정이며, 이는 2단계인 자신과 환경에 대한 이해 과정에 속한다고 볼 수 있다.

48 자기개발능력(자기관리능력) 정답 | ②

업무를 묶어서 처리하는 것은 업무수행 성과를 높이는 방법이다. 비슷한 유형의 업무를 함께 처리하면 그렇지 않은 경우보다 훨씬 시간을 절약할 수 있어 업무 효율을 높일 수 있다. 또한 한 번 움직일 때 여러 가지 일을 한 번에 처리함으로써 같은 곳을 반복해서 가지 않는 것도 업무 경로 단축에 좋은 방법이다.

오답풀이

① 기업에 해당되는 '자기자본이익률'을 개인의 업무에 대입하여 업무 효율을 높이는 방법으로, 투자 시간이나 비용 대비 결과물의 비중인 '자기자본이익률'을 높인다는 의미이다.
③ 일을 하는 순서를 반대로 해 보거나, 다른 사람이 생각하는 순서를 거꾸로 생각해 보고, 다른 사람이 하는 일에 '아니오.'라고 대답하고 일의 처리 방법을 생각해 보면 의외로 창의적인 방법을 발견할 수도 있으며 업무 성과도 높일 수 있다.
④ 자신이 속한 회사나 팀의 업무 지침을 지키며 업무를 수행하는 것은 업무수행 능력을 인정받을 수 있는 기본 요건이다.
⑤ 역할 모델을 설정한 경우로서, 엄 상무가 어떻게 일을 하는지, 어떠한 방식으로 보고하는지, 어떻게 말하는지 등을 주의 깊게 살펴보고 그 사람을 따라하도록 노력하는 태도는 그 사람과 같은 업무 성과를 낼 수 있는 방법이다.

49 자기개발능력(자아인식능력) 정답 | ④

성찰은 어느 날 갑자기 되는 것이 아니라 지속적인 연습을 통해 몸에 익혀 숙련하는 것과 같다. 그 과정은 반드시 먼저 그 일에 숙련된 사람들의 가르침이 개입되는데 자기 자신이 주체가 되어 스스로 알아가는 과정을 거쳐야만 가능하다.

찐 모듈이론 TIP

성찰의 필요성
- 다른 일을 하는 데 필요한 노하우를 축적한다.
- 지속적인 성장의 기회를 제공한다.
- 신뢰감 형성의 원천을 제공한다.
- 창의적인 사고 능력 개발의 기회를 제공한다.

50 자기개발능력(자기관리능력) 정답 | ③

㉠은 팀 단합대회 장소를 성수기에 예약하는 것이므로 중요하면서 긴급도도 높은 일이다. ㉡은 언급된 바와 같이 중요성은 크지 않으나, 긴급히 처리해야 할 일이다. ㉢은 이와 반대로 박 사원이 준비하는 일이며, 확인을 하면 되는 일이므로 크게 긴급하지는 않으나, 중요성이 큰 일로 볼 수 있다. ㉣은 긴급도와 중요성이 모두 다른 일보다 낮다고 할 수 있다. 그러므로 조 대리는 ㉠－㉢－㉡－㉣의 순서로 일을 처리하는 것이 가장 바람직하다. 수행해야 할 역할들이 도출되고 이에 적합한 활동목표가 수립되면, 각 역할 및 활동목표별로 해야 될 일을 우선순위에 따라 구분하되, 가장 중요하고 가장 긴급한 일일수록 우선순위가 높다고 판단해야 한다. 한 가지 주의할 점은 빨리 해결해야 할 긴급한 문제라고 하여 우선순위를 높게 잡고 이를 중심으로 계획을 세우면 오히려 중요한 일을 놓치는 잘못을 저지르게 된다는 것이다. 따라서 긴급도와 중요성이 충돌한다면, 긴급도보다 중요성을 더 우선시하는 것이 바람직하다.

찐 모듈이론 TIP

과제 우선순위 설정

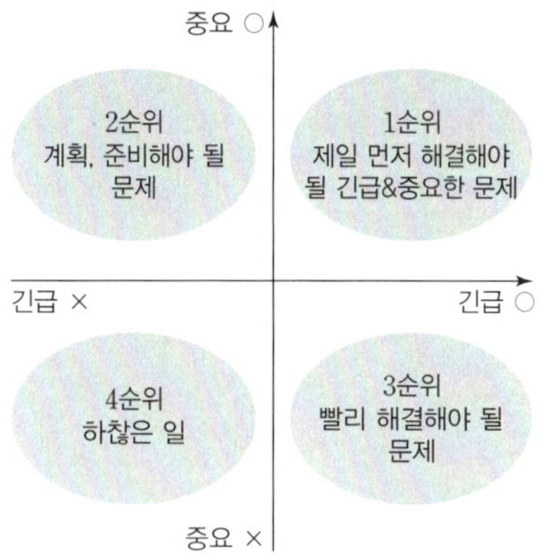

CHAPTER 03 실전모의고사 3회

전 영역 피듈형

2권 P. 448

01	⑤	02	④	03	④	04	③	05	④	06	⑤	07	⑤	08	②	09	①	10	⑤
11	④	12	③	13	①	14	②	15	④	16	⑤	17	②	18	②	19	③	20	③
21	④	22	④	23	⑤	24	②	25	④	26	②	27	①	28	⑤	29	③	30	⑤
31	①	32	④	33	④	34	②	35	④	36	①	37	①	38	③	39	③	40	③
41	①	42	④	43	④	44	④	45	⑤	46	④	47	③	48	⑤	49	③	50	③
51	④	52	①	53	⑤	54	⑤	55	⑤	56	②	57	④	58	④	59	⑤	60	④

☑ CHECK 영역별 실력 점검표

맞힌 문제와 틀린 문제를 체크해
나의 취약 영역을 한눈에 확인해 보세요!

문항	영역	O/×	문항	영역	O/×	문항	영역	O/×	문항	영역	O/×	문항	영역	O/×
01	의사소통		02	의사소통		03	의사소통		04	의사소통		05	의사소통	
06	의사소통		07	의사소통		08	의사소통		09	수리		10	수리	
11	수리		12	수리		13	수리		14	수리		15	수리	
16	수리		17	문제해결		18	문제해결		19	문제해결		20	문제해결	
21	문제해결		22	문제해결		23	문제해결		24	문제해결		25	자원관리	
26	자원관리		27	자원관리		28	자원관리		29	자원관리		30	자원관리	
31	자원관리		32	자기개발		33	자기개발		34	자기개발		35	자기개발	
36	자기개발		37	대인관계		38	대인관계		39	대인관계		40	대인관계	
41	대인관계		42	정보		43	정보		44	정보		45	정보	
46	정보		47	기술		48	기술		49	기술		50	기술	
51	조직이해		52	조직이해		53	조직이해		54	조직이해		55	조직이해	
56	직업윤리		57	직업윤리		58	직업윤리		59	직업윤리		60	직업윤리	

맞힌 개수: 의사소통능력 (개) / 수리능력 (개) / 문제해결능력 (개)

자원관리능력 (개) / 자기개발능력 (개) / 대인관계능력 (개)

정보능력 (개) / 기술능력 (개) / 조직이해능력 (개)

직업윤리 (개)

01 의사소통능력(어휘) 정답 | ⑤

스마트시티는 데이터 활용이 핵심이므로 개인정보 데이터가 적극 활용된다. 특히 위치, 생활 습관 등 민감한 개인정보가 포함되므로 유의해야 한다. 따라서 개인정보 보호 문제가 중요하다.

02 의사소통능력(내용 추론) 정답 | ④

㉠ 누리는것은 → 누리는 것은: 의존 명사 '것'은 반드시 앞말과 띄어 쓴다.
㉡ 최소화함으로서 → 최소화함으로써: 원인이나 수단을 나타낼 때는 '–함으로써'가 올바르다.
㉤ 수익율 → 수익률: '이익의 비율'을 뜻하는 올바른 표기는 '수익률'이다.

오답풀이

㉢ '추진하다'는 능동사이고, 주어가 '정부'이므로 능동형으로 쓰는 것이 옳다.
㉣ '설계하다'는 타동사이고, 주어가 '경제 성장'이므로 피동형인 '설계되다'가 자연스럽다.

시간관리 TIP

밑줄 친 어휘와 표현이 문법적 규범, 표기 원칙, 활용법에 부합하는지 검토하고, 비문법적 요소를 모두 식별하여 선택하는 것이 관건이다.

03 의사소통능력(경청능력) 정답 | ④

주어진 설명은 표정이나 음성 등으로 상대방의 의중이나 이야기하는 바를 눈치챌 수 있는 유용한 방법이 될 수 있으며, '당신의 의견에 귀를 기울이고 있다'는 신호를 전달할 수 있다.

오답풀이

① 얼굴을 쳐다보지 않는 것은 회피하거나 대화를 원치 않는다는 생각을 갖게 할 수 있다.
② 기침, 한숨, 하품 등은 상대방이 외국인인 경우뿐 아니라, 모든 의사소통 시 피해야 할 행동이다.
③ 다른 일을 하면서 대화에 참여하는 것 역시 모든 의사소통에 있어 피해야 할 행동이다.
⑤ 상대방에게 이름이나 호칭을 어떻게 할지 먼저 묻지 않고 마음대로 부르는 것은 이름에 대한 애착이나 의식이 나와 같지 않은 외국인에게 특히 주의해야 할 행동이다.

04 의사소통능력(경청능력) 정답 | ③

경청을 위해서는 '왜?'라는 질문은 가급적 삼가야 한다. '왜?'라는 질문은 보통 질문을 가장한 부정적, 추궁적, 강압적인 표현이므로 '왜요?', '왜 전화했어요?', '당신은 왜 내가 하라는 대로 하지 않지요?' 등의 표현은 사용하지 않는 것이 좋다.

오답풀이

① 개방적인 질문은 보통 "누가, 무엇을 어디에서, 언제 또는 어떻게"라는 어휘로 시작된다. 이는 단답형의 대답이나 반응보다 상대방의 다양한 생각을 이해하고 상대방으로부터 더욱 많은 정보를 얻기 위한 방법으로서, 이로 인하여 서로에 대한 이해의 정도를 높일 수 있다. "이번 주말 여행 계획에 대해 말해 주겠어요?"와 같은 것들이 있다.
② 요약하는 기술은 상대방에 대한 자신의 이해의 정확성을 확인하는 데 도움이 될 뿐만 아니라, 자신과 상대방을 서로 알게 하며 메시지를 서로 공유할 수 있도록 한다. "당신은 지금 가사 분담을 제의하였지요? 방법은 아직 결정하지 않았군요. 같이 의논하자는 것인가요?"와 같은 것들이 있다.
④ 상대방의 이야기에 주의를 기울일 때는 몸과 마음을 다하여 들을 수 있어야만 자신의 관심을 상대방에게 충분히 보여 주는 것이 된다. 따라서 산만한 행동을 중단하고 비언어적인 것, 즉 상대방의 얼굴과 몸의 움직임뿐만 아니라 호흡하는 자세까지도 주의하여 관찰해야 한다.
⑤ 다른 사람의 메시지를 인정하는 것은 당신이 그와 함께하며 그가 인도하는 방향으로 따라가고 있다는 것을 언어적·비언어적인 표현을 통하여 상대방에게 알려주는 반응이다. 또한 '요청하기'는 부드러운 지시나 진술, 질문의 형태를 취함으로써 상대방이 무엇이든지 더 많은 것을 말할 수 있도록 하는 수단이 된다.

05 의사소통능력(내용 추론) 정답 | ④

주어진 글에 따르면 DMN은 휴식을 취할 때 활성화되며, 백색질의 활동 또한 뇌를 쉬게 할 때 증가한다고 하였다. 따라서 DMN이 활성화되면 백색질의 활동도 증가할 것임을 알 수 있다.

오답풀이

① 두 번째 문단에서 두정엽은 인지 활동을 하지 않을 때 활성화되는 뇌의 특정 부위인 DMN에 해당한다고 하였다.
② 세 번째 문단에서 DMN은 하루 일과 중에서 몽상을 즐길 때나 잠을 자는 동안에 활발한 활동을 한다고 하였다. 즉, 바쁘게 업무를 수행하는 시간대에는 DMN의 활동이 줄어들 수 있겠지만 아예 활동을 하지 않는다고 판단할 수는 없다.
③ 세 번째 문단에서 알츠하이머병을 앓는 환자들에게서는 DMN 활동이 거의 없다고 하였으나, 수면 중의 활동 여부는 주어진 글을 통해 판단할 수 없다.

⑤ 세 번째 문단에서 사춘기의 청소년들은 DMN이 활발하지 못하다고 하였으므로 청소년이 성인보다 'n－back' 테스트에서의 평균 점수가 높을 것이라고 추론하는 것은 적절하지 않다.

06 의사소통능력(빈칸 추론) 정답 | ⑤

주어진 글의 빈칸은 결론에 해당하는 부분이므로 중심 내용이 들어가야 한다. 현대 사회에서는 미디어의 생태가 급격히 변화하고 있으므로 미디어의 다양한 속성을 파악하고 활용하는 능력이 갈수록 중요해지고 있다는 것이 중심 내용이므로 정답은 ⑤이다.

오답풀이

① 세대별로 선호하는 미디어를 통합하는 것은 글의 중심 내용으로 적절하지 않다.

② 소셜 미디어 플랫폼별 콘텐츠를 제작하는 것은 글의 중심 내용으로 적절하지 않다.

③ 미디어가 개인화, 맞춤화되었다고는 하지만 이용 성향을 강화해야 한다는 내용은 서술되어 있지 않다.

④ 대중 매체의 장점과 단점에 대한 내용은 서술되어 있지 않다.

시간관리 TIP

빈칸 추론 유형은 앞뒤 문맥에서 단서를 찾는 것이 관건이다. 주어진 문제의 경우 빈칸의 뒷부분에서 어떠한 능력이 중요함을 알 수 있고, 앞 문장에서 맞춤화된 소셜 미디어의 환경의 정보 유통이 확대됨에 따라 세대 간, 개인 간의 소통과 공감 형성이 달라질 것이라는 배경을 설명해 주고 있다. 따라서 이러한 배경에서 어떠한 능력이 중요한지를 도출하면 된다. 만약 이러한 정보를 바탕으로 추론이 힘들다면 해당 문단, 더 나아가 전체 글의 순서대로 읽는 범위를 늘려주면 되는데, 되도록 해당 문단의 정보만으로 정답을 도출할 수 있도록 연습하는 것이 좋다.

07 의사소통능력(빈칸 추론) 정답 | ⑤

주어진 글은 신화에 등장한 물의 다양한 의미를 찾아내어 이를 설명하고 있다. 특히 동서양의 신화에 등장하는 물의 공통점을 부각하고 있는데, 실용적인 가치뿐만 아니라 현재까지 이어져 오고 있는 신비로운 이미지와 각 종교에서의 치유의 이미지, 감성적인 이미지 등을 골고루 언급하며 물이 지닌 다양한 상징을 보여 주고 있다. 따라서 빈칸에 들어갈 내용으로는 물의 상징에 인류의 어떠한 심리가 반영되었는지 언급한 ⑤가 가장 적절하다.

오답풀이

① 물이 심리적으로 치유와 정화를 상징하는 것은 종교적인 측면에서이다. 즉 이를 동양과 서양 신화에서의 영웅의 삶과 연결 짓는 것은 주어진 글을 통해 확인할 수 없는 내용이므로 빈칸에 들어갈 내용으로 적절하지 않다.

②, ③ 글의 일부 내용을 포함하고 있지만, 빈칸 앞 부분에서 심리학자 칼 융의 말을 인용하며 인류의 심리에 깊이 뿌리박고 있는 상징을 언급하고 있으므로 빈칸에는 물이 지닌 다양한 상징에 반영된 인류의 심리가 들어가는 것이 자연스럽다. 따라서 빈칸에 들어갈 내용으로 적절하지 않다.

④ 물이 지닌 상징성에 대해 언급하는 것이 아니라 신화에 대한 일반적인 내용을 제시하고 있으므로 빈칸에 들어갈 내용으로 적절하지 않다.

08 의사소통능력(빈칸 추론) 정답 | ②

㉠ 첫 번째 문단은 세계 각국의 보안검색 활동을, 두 번째 문단은 우리나라 보안검색 활동의 차이점을 언급하고 있다. 따라서 내용이 전환되는 의미의 접속부사인 '그러나' 혹은 '하지만'이 적절하다.

㉡ 두 번째 문단에서 우리나라 검색 체제의 한계에 대해 언급하고, 마지막 문단은 예방할 수 있는 방법과 대안을 제시하고 있으므로 '따라서'가 적절하다.

㉢ 앞서 예방을 위한 노력에 대해 언급하고, 추가로 할 수 있는 노력에 대한 내용이 등장하므로 '또한'이 적절하다.

09 수리능력(방정식의 활용) 정답 | ①

기계 X가 1시간 동안 작업하는 양은 전체의 $\frac{1}{12}$이고 기계 Y가 1시간 동안 작업하는 양은 전체의 $\frac{1}{20}$이다.

두 기계가 함께 1시간 동안 작업하는 양은 전체의 $\frac{1}{12}+\frac{1}{20}=\frac{2}{15}$이다.

두 기계 X, Y가 함께 4시간 동안 작업한 양은 $4\times\frac{2}{15}=\frac{8}{15}$이고, 기계 Y가 고장 나서 기계 X가 혼자 3시간 동안 작업한 양은 $3\times\frac{1}{12}=\frac{1}{4}$이므로 남은 작업량은 $1-\left(\frac{8}{15}+\frac{1}{4}\right)=\frac{13}{60}$이다.

$\frac{13}{60}$에 해당하는 작업량을 두 기계 X, Y가 함께 마무리할 때까지 걸리는 시간이 $\frac{13}{60}\div\frac{2}{15}=\frac{13}{8}$(시간),

즉 1시간 37분 30초이므로 전체 작업을 완료할 때까지 걸린 시간은 4시간+3시간+1시간 37분 30초=8시간 37분 30초이다.

10 수리능력(수추리) 정답 | ⑤

- 수열1: 첫째 항부터 +11, −22, +33, −44, +55, −66, … 과 같이 11씩 증가한 수를 번갈아 더하거나 빼는 규칙이 적용되고 있으므로 빈칸에 들어갈 알맞은 수는 13+55=68이다.
- 수열2: 첫째 항부터 +1, ×2, +3, ×4, +5, ×6, … 과 같이 1씩 증가한 수를 번갈아 더하거나 곱하는 규칙이 적용되고 있으므로 빈칸에 들어갈 알맞은 수는 17×4=68이다.

따라서 두 수열의 빈칸에 공통으로 들어갈 알맞은 수는 68이다.

시간관리 TIP

주어진 수열의 숫자가 증가, 감소를 반복하는 경우 서로 다른 연산기호가 적용되는 규칙을 먼저 고려하여 풀이한다.

11 수리능력(확률) 정답 | ④

대표단에 경영학과 학생이 2명 포함되는 경우는 대표 1명, 부대표 1명이 경영학과 학생인 경우와 부대표 2명이 경영학과 학생인 경우로 나눌 수 있다.

- 대표 1명, 부대표 1명이 경영학과 학생일 때의 확률:

$$\frac{3}{12}\times\frac{2\times9}{{}_{11}C_2}=\frac{1}{4}\times\frac{2\times9}{\frac{11\times10}{2}}=\frac{9}{110}$$

- 부대표 2명이 경영학과 학생일 때의 확률:

$$\frac{9}{12}\times\frac{{}_{3}C_2}{{}_{11}C_2}=\frac{3}{4}\times\frac{\frac{3\times2}{2}}{\frac{11\times10}{2}}=\frac{9}{220}$$

따라서 대표단에 경영학과 학생이 2명 포함될 확률은 $\frac{9}{110}+\frac{9}{220}=\frac{27}{220}$이다.

12 수리능력(자료 이해) 정답 | ③

2024년 1~2분기의 수도권 지역 가전제품군 온라인 쇼핑 매출을 계산하면 다음과 같다.

(단위: 억 원)

구분	1분기	2분기
가전제품군 매출액	3,000×0.27=810	3,100×0.25=775

따라서 1분기가 2분기보다 더 많다.

오답풀이

① 2024년 수도권 지역 온라인쇼핑 전체 매출액은 3,000+3,100+3,500+3,600=13,200(억 원)이다. 2024년 수도권 지역 식품군 총매출액을 계산하면 다음과 같다.

(단위: 억 원)

구분	1분기	2분기	3분기	4분기	합계
식품군 매출액	3,000×0.35=1,050	3,100×0.3=930	3,500×0.3=1,050	3,600×0.32=1,152	4,182

$\frac{4,182}{13,200}\times100≒31.7(\%)$이므로 31% 이상 차지한다.

② 2024년 서울 지역의 온라인쇼핑 총매출액은 1,300+1,350+1,500+1,450=5,600(억 원)으로, 인천 지역의 총매출액인 650+650+700+750=2,750(억 원)의 2배 이상이다.

④ 2024년 수도권 지역 온라인쇼핑 총매출액은 3,000+3,100+3,500+3,600=13,200(억 원)이다.

⑤ 2024년 서울 지역 온라인쇼핑 매출액이 가장 크게 감소한 시기인 4분기에 수도권 온라인쇼핑 매출액이 3,600억 원으로 가장 많았다.

시간관리 TIP

①의 경우 가중 평균을 대략적으로 이용하면 참 또는 거짓을 빠르게 판단할 수 있다.
먼저, 1분기(35%, 3,000억 원)와 4분기(32%, 3,600억 원)를 합치면 4분기의 비중이 더 크므로(총매출액이 더 큼) 정확히는 몰라도 32%(6,600억 원)보다는 좀 더 크다는 것을 알 수 있다.
2분기(30%, 3,100억 원)와 3분기(30%, 3,500억 원)를 합치면 비중이 30%(6,600억 원)로 유지된다는 것을 알 수 있다.
이때, 6,600억 원의 32%와 6,600억 원의 30%를 합치면 적어도 32%와 30%의 중앙값인 31%는 되어야 함을 알 수 있다.(총매출액이 6,600억 원으로 같으므로 평균은 31%가 된다.)

13 수리능력(자료 이해) 정답 | ①

연령대 중 1월에 응급실을 이용한 인원이 어림으로 14,000명을 초과하는 연령대만 계산해 보면 다음과 같다.

- 1~9세: 8,237+6,068=14,305(명)
- 20~29세: 5,898+8,628=14,526(명)

• 50~59세: 7,719+7,782=15,501(명)
• 60~69세: 7,852+7,226=15,078(명)

따라서 1월 중 응급실을 가장 많이 이용한 연령대는 50대이다.

오답풀이

② 2021년 상반기에 응급실을 가장 많이 이용한 연령대는 1~9세로, 55,650+42,528=98,178(명)이 응급실을 이용하였다. 50대는 45,634+46,347=91,981(명)이 응급실을 이용하였다.

③ 2021년 50대의 응급실 이용자 수는 1월에 7,719+7,782=15,501(명), 2월에 7,356+7,601=14,957(명)이다. 따라서 $\frac{15,501-14,957}{15,501}\times 100 ≒ 3.5(\%)$ 감소하였다.

④ 2021년 상반기 20대의 응급실 이용자 수는 35,400+50,764=86,164(명)이다. 따라서 4월 이용자가 차지하는 비율은 $\frac{5,887+8,532}{86,164}\times 100 ≒ 16.7(\%)$이므로 16% 이상이다.

⑤ 2021년 1월 30대 남자의 응급실 이용자 수는 6,017명이고, 6월 30대 남자의 응급실 이용자 수는 6,049명이다. 6월 이용자 수가 더 많으므로 계산해 보지 않아도 그 비율 또한 6월 이용자가 높다는 것을 알 수 있다.

14 수리능력(자료 계산) 정답 | ②

2025년 현재 근무하는 인원은 현원 142명에서 휴직자 3명을 빼고 계약직 16명을 포함한 것이므로 142−3+16=155(명)이다.

2024년 기부금은 246−59=187(백만 원)이므로 2024년 수입 총액은 96,135+290+29,591+32+187=126,235(백만 원)이다. 이때 수입 총액과 지출 총액이 일치하므로 2024년 인건비는 126,235−(3,125+120,120)=2,990(백만 원)이다.

한편, 2025년 인건비는 2024년 인건비에 비해 110% 증가하였으므로 증가분은 2,990×1.1=3,289(백만 원)이다. 즉, 2025년 예산 중 인건비 총액은 2,990+3,289=6,279(백만 원)이다.

따라서 2025년 7월 1일 현재 근무하는 인원을 기준으로 할 때 2025년 1인당 평균 인건비는 $\frac{6,279}{155} ≒ 40.5$(백만 원)이다.

15 수리능력(자료 이해) 정답 | ④

남자 10만 명 중 노후를 준비하고 있다고 응답한 사람의 비중은 70.7%이다. 그중에서 '직역연금'으로 노후를 준비하고 있다고 응답한 사람의 비중이 8.7%이다. 따라서 남자 중 '직역연금'으로 노후를 준비하고 있다고 응답한 사람 수는 100,000×0.707×0.087≒6,151(명)이므로 6,000명 이상이다.

오답풀이

①, ②, ③ 연령대별로 조사 인원이 어떻게 분배되어 있는지 알 수 없으므로 정확한 인원수 또한 확인할 수 없다.

⑤ 80세 이상에서는 '국민연금'보다 '기타' 항목으로 노후를 준비하는 비중이 높으므로 옳지 않다.

시간관리 TIP

주어진 자료에서 남녀별 인원 비중만 제시되어 있다는 사실을 먼저 확인한다면 옳지 않은 선택지를 쉽게 제외할 수 있다.

16 수리능력(자료 변환) 정답 | ⑤

여자 10만 명 중 아직 노후를 준비하지 않은 사람의 비중은 100−64.2=35.8(%)이므로 그 인원수는 35,800명이다. 이 중 '앞으로 준비할 계획'이라고 응답한 사람은 35,800×0.345=12,351(명)이고, '준비능력 부족'이라고 응답한 사람은 35,800×0.374≒13,389(명)이다. 따라서 그래프를 바르게 나타내면 다음과 같다.

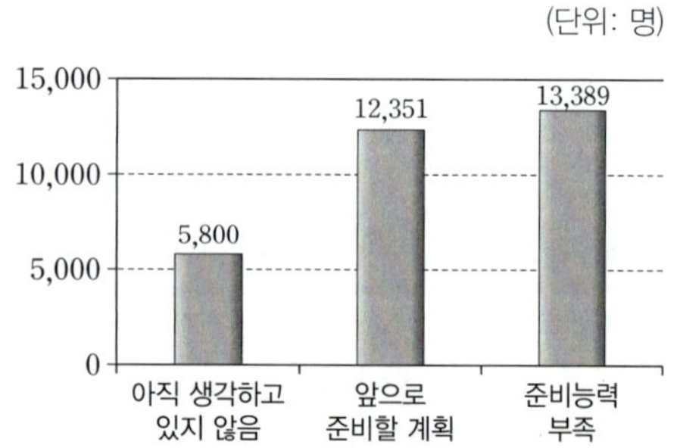

오답풀이

① 남자 중 노후를 준비하는 방법에 따른 인원수를 구하면 다음과 같다.
- 국민연금: 100,000×0.707×0.621≒43,905(명)
- 기타: 100,000×0.707×0.253≒17,887(명)

② 남자 중 노후를 준비하지 않은 사유에 따른 인원수를 구하면 다음과 같다.
- 아직 생각하고 있지 않음: 100,000×(1−0.707)×0.219≒6,417(명)
- 앞으로 준비할 계획: 100,000×(1−0.707)×0.383≒11,222(명)
- 준비능력 부족: 100,000×(1−0.707)×0.36=10,548(명)

③, ④ 여자 중 노후를 준비하는 방법에 따른 인원수를 구하면 다음과 같다.

- 국민연금: 100,000×0.642×0.558≒35,824(명)
- 기타: 100,000×0.642×0.321≒20,608(명)
- 직역연금: 100,000×0.642×0.084≒5,393(명)
- 퇴직연금: 100,000×0.642×0.037≒2,375(명)

17 문제해결능력(언어추리) 정답 | ②

주어진 명제들과 같이 여러 개의 대등한 구조의 명제가 병렬식으로 나열되어 있을 경우, 주어진 명제들과 대우명제들과의 삼단 논법을 통한 연결 고리를 빠르게 찾아내야 한다. 이를 위해 명제들을 도식화하여 대우명제를 정리하면 다음과 같다.

㉠ 미국 → 영국
(대우) ~영국 → ~미국
㉡ 미국 → 독일
(대우) ~독일 → ~미국
㉢ 프랑스 → 독일
(대우) ~독일 → ~프랑스
㉣ 호주 → 영국
(대우) ~영국 → ~호주
㉤ ~프랑스 → ~영국
(대우) 영국 → 프랑스

따라서 미국과 호주의 상호 연결 고리를 찾을 수 없으므로 ②는 반드시 참이라고 할 수 없다.

오답풀이

① ㉠과 ㉤의 대우명제를 통하여 참이라는 것을 알 수 있다.
③ ㉤과 ㉣의 대우명제를 통하여 참이라는 것을 알 수 있다.
④ ㉢의 대우명제와 ㉤을 통하여 참이라는 것을 알 수 있다.
⑤ ㉢의 대우명제를 통하여 참이라는 것을 알 수 있다.

18 문제해결능력(조건추리) 정답 | ②

B가 받은 칩 전체의 무게가 15g으로 홀수인 것은 5달러 칩이 홀수개여야 한다는 것을 의미한다. 그리고 A가 받은 칩 전체의 무게가 14g이고, 5달러 칩이 적어도 1개 이상이어야 하므로 전체 무게가 짝수가 되기 위해서는 5달러 칩이 2개 있어야 한다. 만약 5달러 칩이 4개라면 다른 한 사람이 5달러 칩을 받지 못하게 되어 모순이다. 즉, 5달러 칩은 A가 2개, B가 1개, C가 2개를 받았다.

한편, 세 명이 가진 전체 칩의 액수는 A<B<C 순인데, 만약 10달러 칩 5개 중 2개를 A가 받았다면 A가 가진 칩의 액수는 적어도 1×1+5×2+10×2=31(달러)가 된다. 이때, 전체 칩의 총액수인 80달러를 감안하면 A<B<C가 성립하지 않는다.
따라서 A는 10달러 칩을 1개 받았고 B는 A보다 칩 전체의 액수가 커야 하므로, 남은 10달러 칩을 B와 C가 각각 2개씩 받았다는 것을 알 수 있다. 이에 따라 남은 칩의 액수와 칩의 무게를 근거로 각자 받은 칩의 내역을 표로 정리하면 다음과 같다.

구분	1달러	5달러	10달러	총액수	무게
A	2개	2개	1개	22달러	14g
B	2개	1개	2개	27달러	15g
C	1개	2개	2개	31달러	16g

그러므로 칩의 무게는 A, B, C 순서대로 14g, 15g, 16g이다.

오답풀이

① B는 A와 동일하게 1달러 칩을 2개 갖고 있다.
③ 가지고 있는 칩의 무게가 가장 무거운 사람은 C이다.
④ 세 사람이 가진 칩의 무게는 14g, 15g, 16g이므로 모두 서로 다르다.
⑤ 세 사람 중 한 종류의 칩을 3개 갖고 있는 사람은 없다.

시간관리 TIP

네 번째 조건에 따라 A, B, C 각각 1달러-5달러-10달러 1세트(9g)씩 가지고 있으므로, 남은 2세트를 첫 번째~두 번째 조건에 따라 각각 나눠 가지게 된다. A의 전체 칩 무게는 14g으로 5g이 부족하다. 이에 따라 1달러(2g) 1개와 5달러(3g) 1개를 더 가져야 한다. B는 15g이고, 6g이 부족하므로 1달러(2g) 1개와 10달러(4g) 1개를 더 가졌음을 알 수 있다. 이에 따라 남은 C는 1달러(1개), 5달러(2개), 10달러(2개)를 합해 총 16g을 가지게 된다.

19 문제해결능력(조건추리) 정답 | ③

건축 직렬의 자리는 모두 복도 쪽이고, 전기 직렬 지원자의 바로 앞자리는 사무 직렬이므로 1011, 1013에는 사무 직렬, 1012, 1014에는 전기 직렬이 앉아야 한다. 또한 맨 앞자리에 사무 직렬이 앉으므로 1015에 사무 직렬이 앉고, 1016에 전기 직렬이 앉는다. 따라서 1017, 1018에는 건축 직렬이 앉는다. B가 건축 직렬이므로 1017 또는 1018에 앉는데 1017에 앉는 경우 왼쪽에 C가 있으므로 마지막 조건에 위배된다.

따라서 B는 1018에 앉고, H는 1014에 앉는다. A는 건축 직렬이므로 1017에 앉는다. D는 사무 직렬이 아니므로 전기 직렬이다. 창가 자리 전기 직렬은 1012, 1014에 앉는데 H가 1014이므로 D는 1012이다. 남은 자리는 1011, 1015, 1016인데 F가 G의 바로 뒷자리에 앉기 위해서는 G가 1015, F가 1016에 앉는다. 따라서 E는 1011에 앉는다.
그러므로 자리 배치는 다음과 같고, D의 수험번호는 1012이다.

1011 사무 E	1015 사무 G
1012 전기 D	1016 전기 F
1013 사무 C	1017 건축 A
1014 전기 H	1018 건축 B

20 문제해결능력(상황판단) 정답 | ③

제17조 제1항 제3호에 따르면 할당대상 업체가 정당한 사유 없이 시설 가동 예정일이 3개월이 지나도록 시설을 가동하지 않은 경우에 무상으로 할당된 배출권의 전부 또는 일부를 취소할 수 있다고 하였으므로, 시설 가동 예정일로부터 3일이 지난 뒤에 시설을 가동하였다고 무상으로 할당된 배출권 일부가 취소되는 것은 아니다.

오답풀이

① 제13조 제1항에 따르면, 신규 진입업체를 제외한 할당대상 업체는 매 계획 기간이 시작되기 4개월 전까지 배출권 할당신청서를 작성하여 주무관청에 제출해야 한다.
② 제12조 제3항에 따르면, 무상으로 할당하는 배출권의 비율은 국내 산업의 국제경쟁력에 미치는 영향, 기후변화 관련 국제협상 등 국제적 동향, 물가 등 국민경제에 미치는 영향 및 직전 계획 기간에 대한 평가 등을 고려하여 대통령령으로 정한다.
④ 제18조에 따르면, 주무관청은 신규 진입자에 대한 배출권 할당을 위해 총배출권의 일정 비율을 배출권 예비분으로 보유해야 한다.
⑤ 제12조 제1항에 따르면, 신규 진입자의 경우 해당 업체가 할당대상 업체로 지정, 고시된 해부터 남은 계획 기간에 대하여 배출권을 할당받는다.

21 문제해결능력(상황판단) 정답 | ④

업체별로 총점 및 완료 시점을 확인해 보면 다음과 같다.

(단위: 점)

평가 항목	가중치 (%)	A	B	C	D	E
입찰 가격	30	6	15	12	12	15
안전성	50	20	25	35	25	15
디자인	20	10	12	8	14	16
총점		36	52	55	51	46
완료 시점		점수 미달	4월 27일	기간 지남	4월 11일	4월 11일
순위		탈락	2	탈락	1	3

- A업체: 점수 미달로 탈락
- C업체: 기간 경과로 탈락

세 업체 B, D, E는 총점 및 기간을 모두 만족하므로 서류심사에 통과하였다. 두 업체 B, D의 안전성 점수는 50점이고 E업체는 30점이므로, 안정성 점수가 50점인 두 업체 B, D 중에서 완료 시점이 더 빠른 D업체의 우선순위가 더 높다. 따라서 ▽▽시는 D업체를 시공사로 선정한다.

22 문제해결능력(상황판단) 정답 | ④

㉡ B의 ㉣ 항목 점수가 20점이라면 최종심사 점수는 $(22+21+18+20)-(3\times2+2\times1.5+2\times0.5)=81-10=71$(점)이므로 재허가를 받을 수 있다.
㉣ 기본심사 점수와 최종심사 점수 간의 차이가 가장 크다는 것은 감점 점수가 가장 크다는 뜻이다. A가 과태료를 최대 한도인 6회 받았을 때 A, B, C의 감점을 구하면 다음과 같다.
- A의 최대 감점 점수: $6\times2+1\times1.5+4\times0.5=15.5$(점)
- B의 감점 점수: $3\times2+2\times1.5+2\times0.5=10$(점)
- C의 감점 점수: $5\times2+1\times3+2\times1.5+1\times0.5=16.5$(점)

따라서 A의 과태료 부과 횟수와 상관없이 C의 감점 점수가 가장 크다.

오답풀이

㉠ A에게 부과된 과태료 횟수가 1회일 때
- A의 기본심사 점수: $20+23+17+15=75$(점)
- 감점 점수: $1\times2+1\times1.5+4\times0.5=5.5$(점)
- A의 최종심사 점수: $75-5.5=69.5$(점)

따라서 재허가를 받을 수 없다.

ⓒ C의 현재 최종심사 점수는 (23+18+21+16)−(5×2+1×3+2×1.5+1×0.5)=61.5(점)이므로 허가 정지 판정을 받는다. C가 제재 조치를 받지 않았다면 1×3+2×1.5+1×0.5=6.5(점)이 증가하여 68점이 된다. 그러나 70점 미만이므로 동일하게 허가 정지 판정을 받는다.

시간관리 TIP

재허가 심사 점수 계산 시 시간을 줄이기 위해서는 위 설명을 보는 횟수를 줄여야 한다. 따라서 점수표의 과태료 부과 횟수 옆에 2, 경고 옆에 3, 주의 옆에 1.5, 권고 옆에 0.5를 적고 자료를 보지 않을 수 있도록 한다.

과태료 부과 횟수	제재 조치 횟수		
	경고	주의	권고
2	3	1.5	0.5

23 문제해결능력(상황판단)

정답 | ⑤

ⓐ 10시까지 방문한 사람은 10명이고, 이때 대기 중인 사람은 7명이다. 따라서 10시까지 상담을 완료한 사람은 10−7=3(명)이다.

ⓒ 시간대별로 방문한 인원은 다음과 같다.

(단위: 명)

기록 시간	누적 방문인원	시간대별 방문인원
09:00	0	−
10:00	10	10−0=10
11:00	25	25−10=15
12:00	39	39−25=14
13:00	41	41−39=2
14:00	53	53−41=12
15:00	66	66−53=13
16:00	74	74−66=8
17:00	84	84−74=10

따라서 가장 많은 인원이 방문한 시간대는 15명이 방문한 10시 직후부터 11시까지이다.

ⓓ 시간대별로 상담을 완료한 인원은 다음과 같다.

(단위: 명)

기록 시간	누적 방문인원	대기자 수	누적 상담 완료 인원	시간대별 상담 완료 인원
09:00	0	0	0	−
10:00	10	7	10−7=3	3−0=3
11:00	25	12	25−12=13	13−3=10
12:00	39	11	39−11=28	28−13=15
13:00	41	1	41−1=40	40−28=12
14:00	53	3	53−3=50	50−40=10
15:00	66	5	66−5=61	61−50=11
16:00	74	1	74−1=73	73−61=12
17:00	84	0	84	84−73=11

따라서 가장 많은 인원이 상담을 완료한 시간대는 15명이 상담을 완료한 11시 직후부터 12시까지이다.

오답풀이

ⓑ 9시 직후부터 12시까지 방문한 인원은 39−0=39(명)이고, 13시 직후부터 17시까지 방문한 인원은 84−41=43(명)이다. 따라서 9시 직후부터 12시까지 방문한 인원이 더 적다.

시간관리 TIP

누적 방문인원과 대기자 수에 대한 개념을 이해하여 상담 완료 인원을 유추할 수 있어야 한다.

24 문제해결능력(상황판단)

정답 | ②

'2. 도서 소득 공제 대상'에 따르면 잡지 등 정기 간행물은 도서 소득 공제 대상에서 제외하므로 옳지 않다.

오답풀이

① '1. 도서 소득 공제란?'에 따르면 도서 소득 공제는 총급여가 7,000만 원 이하인 근로소득자 중 신용카드, 직불카드 등 사용액이 25%를 초과하는 사람에게 적용한다. 따라서 올해 총급여가 6,500만 원인 사람은 올해 신용카드와 직불카드 등을 사용한 금액이 6,500×0.25=1,625(만 원)을 넘어야 하므로 옳다.

③ '4. 도서 소득 공제 금액 확인 방법'에 따르면 현금 결제는 결제한 익일 국세청에 신고되므로 옳다.

④ '1. 도서 소득 공제란?'에 따르면 신용카드 등 사용금액의 소득 공제 한도는 300만 원이고, 도서·공연 사용분은 추가로 100만 원의 소득 공제 한도가 인정되므로 도서 소득 공제 대상자가 되면 소득 공제 한도가 총 400만 원이 인정되어 옳다.

⑤ '3. 도서 소득 공제 가능 결제 수단'에 따르면 개인 신용카드뿐 만 아니라 도서 상품권이나 실시간 계좌이체로 도서를 구매하여도 도서 소득 공제가 가능하므로 옳다.

25 자원관리능력(시간관리능력) 정답 | ④

'울산행 항공편(10:50 출발) → 렌터카'를 이용할 때 울산 회의 장소에 가장 빨리 도착할 수 있지만, 이 경우는 선택지에 주어져 있지 않으므로 주어진 선택지 중 가장 빠른 도착 시간을 골라야 한다. 선택지별 회의 장소 도착 시간을 구하면 다음과 같다.

① 항공편 출발 20분 전까지 공항에 도착해야 하는데 제주지사에서 제주공항까지 30분이 소요되므로 10:30에 공항에 도착한 박 대리는 10:40에 출발하는 김해행 항공편을 이용할 수 없다.
② 11:00~11:50 제주에서 김해로 항공 이동, 11:50~12:50 렌터카로 이동을 하면 12:50에 회의 장소에 도착한다.
③ 11:10~12:00 제주에서 김해로 항공 이동, 12:00~13:20 택시로 이동을 하면 13:20에 회의 장소에 도착한다.
④ 10:50~11:50 제주에서 울산으로 항공 이동, 11:50~12:40 공항버스로 이동을 하면 12:40에 회의 장소에 도착한다.
⑤ 11:40~12:40 제주에서 울산으로 항공 이동, 12:40~13:00 택시로 이동을 하면 13:00에 회의 장소에 도착한다.

따라서 울산 회의 장소 도착 시간이 가장 빠른 경우는 ④이다.

26 자원관리능력(예산관리능력) 정답 | ②

C는 이공계열이면서 연구비가 10억 원 미만, D와 G는 외래교수, H는 의과계열 교수, I는 타 기관에서 연구비 지원을 받으므로 지원대상에서 제외된다. 선착순으로 지원하므로 지원 순서가 빠른 교수부터 지원액을 계산하면 다음과 같다.

(단위: 억 원)

구분	계열	연구비×지원율	상한액	지원액
F	인문	8.6×0.08=0.688	0.6	0.6
K	사회	4.8×0.08=0.384	0.4	0.384
M	이과	30.6×0.04=1.224	1.5	1.224
N	이과	45×0.04=1.8	2	1.8
B	인문	16×0.08=1.28	1	1
A	이과	38×0.04=1.53	1.5	1.5
E	인문	2.8×0.08=0.224	0.2	0.2
J	공학	12.6×0.04=0.504	0.5	0.5
L	사회	12×0.08=0.96	1	0.96
합계				8.168

따라서 총지원액의 합이 10억 원을 넘지 않으므로 총 8.168억 원의 연구비를 지원받는다.

시간관리 TIP

지원자격에 부합하지 않는 지원자를 먼저 제외하고, 나머지 지원자들에 대한 지원금액만 계산한다.

27 자원관리능력(시간관리능력) 정답 | ①

제품P의 생산 공정에 따른 소요 일수를 정리하면 다음과 같다.

1	2	3	4	5	6	7	8	9	10	11	12	13	14	15	16	17	18	19	20	21
A	A	B	B	B	B	D	F	F	F	F	F	G	G	G						
		C	C	C	E	E	E	H	H	H	H	H	I	I	I	I	I	J	J	J

F공정은 C공정과 D공정이 모두 완료된 후 진행되고, D공정이 C공정보다 늦게 완료되므로 D공정이 완료되면 진행된다. J공정은 G공정과 I공정이 모두 완료된 후 진행되고, I공정이 G공정보다 늦게 완료되므로 I공정이 완료되면 진행된다.

출하일인 10월 8일에 마지막 공정이 완료되므로, 나머지 공정에는 20일이 필요하다. 10월 8일에서 20일 전은 9월 18일이고, 9월 1일이 수요일이므로 9월 18일은 토요일이다. 9월 18일부터 10월 8일까지 공장을 가동하지 않는 날은 9월 18일, 19일, 20일, 21일, 22일, 25일, 26일, 10월 2일, 3일, 4일로 총 10일이다. 9월 11일, 12일도 주말인 관계로 공장을 가동하지 않으므로 9월 18일의 12일 전인 9월 6일에 생산을 시작해야 한다.

시간관리 TIP

한 주에 며칠씩 공장을 가동하는지 계산한다. 10월 8일은 10월 둘째 주이고, 이 주에는 공장을 4일 가동한다. 10월 첫째 주(9월 마지막 주)에는 공장을 5일, 9월 넷째 주에는 공장을 2일, 9월 둘째 주, 셋째 주에는 공장을 5일 가동한다. 4+5+2+5+5=21(일)이므로 둘째 주의 첫째 날인 9월 6일부터 공정을 시작한다.

28 자원관리능력(시간관리능력) 정답 | ⑤

B공정, C공정, E공정, G공정, I공정에서 하루씩 단축될 경우 생산 공정에 따른 소요 일수를 정리하면 다음과 같다.

1	2	3	4	5	6	7	8	9	10	11	12	13	14	15	16	17	18
A	A	B	B	B	D	F	F	F	F	F	G	G					
		C	C	E	E	H	H	H	H	H	I	I	I	I	J	J	J

10월 5일 화요일 이후 공장을 가동하지 않는 날은 10월 9일, 10일, 11일, 16일, 17일, 23일, 24일, 30일, 31일이다. 10월 5일을 공정 첫째 날로 하였을 때 18일째 되는 날은 10월 22일인데 9일, 10일, 11일, 16일, 17일에 공장을 가동하지 않으므로 5일이 미뤄지고, 23일, 24일도 주말인 관계로 공장을 가동하지 않으므로 2일이 더 미뤄진다.
따라서 모든 공정이 완료되는 날짜는 10월 29일이다.

시간관리 TIP

10월 5일부터 10월 둘째 주와 셋째 주에는 공장을 4일씩 가동하고, 넷째 주와 다섯 째 주에는 5일씩 가동한다. 따라서 18=4+4+5+5이므로 10월 다섯 째 주의 마지막 날인 10월 29일에 J공정이 완료된다.

29 자원관리능력(인적자원관리능력) 정답 | ③

먼저, 희망 부서와 연수 부서가 일치하는 사람을 우선 배치하므로 가는 인사팀에, 나는 영업팀에 배치한다. 다음으로 직원 평가 점수에 따라 1지망 부서에 배치하는데, 평가 점수가 가장 높은 마는 영업팀, 라는 인사팀에 배정되고, 그다음으로 높은 점수를 받은 바와 사가 생산팀에 배정된다. 이에 따라 영업팀, 인사팀, 생산팀은 인원이 2명씩이므로 남은 인원인 다와 아는 홍보팀에 배정된다. 이를 표로 정리하면 다음과 같다.

생산팀	홍보팀	영업팀	인사팀
바, 사	다, 아	나, 마	가, 라

이에 따라 생산팀에 배치되는 사원은 '바'와 '사'이다.

30 자원관리능력(인적자원관리능력) 정답 | ⑤

29번의 부서배치에 따라 희망 부서에 배치되지 못하는 사원은 '아'이다.

31 자원관리능력(인적자원관리능력) 정답 | ①

직원 평가 점수로만 부서를 배치하면 다음과 같다.

생산팀	홍보팀	영업팀	인사팀
바, 사	다, 아	가, 마	나, 라

따라서 영업팀에 배치되는 사원은 '가'와 '마'이다.

32 자기개발능력(자기개발능력 개요) 정답 | ④

직장인들에게 자기개발은 현재 다니는 직장에서의 승진과 관련된 일에만 국한되어서는 안 된다. 자기개발은 미래의 계획을 세워 앞으로 살아가기 위해 필요한 청사진을 만드는 과정이므로, 인생 전반에 걸친 스스로의 개발 계획이 포함되어야 한다.
바람직한 자기개발 설계 전략으로는 다음과 같은 방법이 있다.

- 장단기 목표를 수립한다.
- 인간관계를 고려한다.
- 현재의 직무를 고려한다.
- 구체적인 방법으로 계획한다.

33 자기개발능력(자기관리능력) 정답 | ④

합리적인 의사결정 과정은 '문제의 근원 파악 → 의사결정의 기준과 가중치 설정 → 필요한 정보 수집 → 가능한 대안 탐색 → 대안의 분석 및 평가 → 최적의 안 선택 → 평가 및 피드백'의 순으로 이루어진다. 이를 바탕으로 [보기]의 단계별 과정을 나열하면 [라]－[가]－[다]－[나] 순이다.

찐 모듈이론 TIP

합리적인 의사결정 과정

1. 의사결정에 앞서서 발생된 문제의 원인이 어떤 것인지, 문제의 특성이나 유형은 무엇인지를 파악한다.
2. 의사결정의 기준과 가중치를 정한다. 이 단계에서는 개인의 관심, 가치, 목표 및 선호에 따라 의사결정을 할 때에 무엇을 중요하게 생각하는지가 결정된다. 즉, 어떤 사람은 매우 적절하다고 생각하는 기준이나 가치가 다른 사람에게는 그렇지 않을 수 있다. 사람에 따라서는 일하는 방식이나 생활 방식이 맞지 않는 경우도 있다.
3. 의사결정에 필요한 정보를 수집한다. 의사결정을 하기 위해서는 판단할 자료가 필요하다. 그러나 이러한 자료를 너무 많이 수집할 경우에는 시간이나 비용의 소모가 크며, 너무 적게 수집하면 다각도로 검토할 수가 없으므로 적절히 수집할 필요가 있다.
4. 의사결정을 하기 위한 가능한 모든 대안을 찾는다.
5. 가능한 대안들을 앞서 수집한 자료에 기초하여 의사결정 기준에 따라 장단점을 분석하고 평가한다.
6. 최적의 안을 선택하거나 결정한다.
7. 의사결정을 내리면 결과를 분석하고 다음에 더 좋은 의사결정을 내리기 위하여 피드백한다.

34 자기개발능력(경력개발능력) 정답 | ②

25~40세의 경력 초기 단계는 이미 수립된 경력개발 계획을 실천에 옮기는 시기이며, 경력개발 계획의 완성 시점이 경력 초기 단계의 연령대를 구분하는 기준이 되지는 않는다. 경력 초기 단계의 연령대 기준은 성공 지향적인 행동을 언제까지 하느냐로 구분될 수 있다.

35 자기개발능력(경력개발능력) 정답 | ④

주어진 내용은 새롭게 등장한 노동 형태인 독립근로자와 투잡에 대해 설명하고 있다. 긱 경제의 출현은 개별 근로자들에게 노동방식과 노동시간에 대한 결정권을 갖게 하였으며, 프리랜서, 계약근로자, 자유근로자, 포트폴리오 근로자와 같은 독립근로 형태의 노동 방식의 변화를 가져왔다. 이들은 특정 조직에 지속적으로 고용되어 있는 것이 아니므로 경력개발에 대한 책임이 오로지 자신에게만 있으며, 전문성을 갖추기 위하여 특정 조직 안에 고용된 사람들과는 다른 방식으로 경력개발을 준비해야 한다. 따라서 정의 발언은 적절하지 않다.

찐 모듈이론 TIP

독립근로자 등 새로운 노동형태의 등장

- 긱 경제(Gig Economy)의 출현은 개별 근로자들에게 노동 방식과 노동 시간에 대한 결정권을 갖게 하였으며, 프리랜서, 계약근로자, 자유근로자, 포트폴리오 근로자와 같은 독립근로 형태 등 노동 방식의 변화를 가져왔다.
- 이들은 지속적으로 특정 조직에 고용되는 것이 아니므로, 자신의 경력개발에 대한 책임이 오로지 개인에게 주어지는 경향이 있다.

36 자기개발능력(경력개발능력) 정답 | ①

주어진 내용은 평생학습에 관하여 설명하는 기사이다. 지식과 정보의 폭발적인 증가로 새로운 기술개발에 따라 직업에서 요구되는 능력도 변화하고 있으며, 지속적인 능력 개발이 필요한 시대가 되었다. 평생직장이라는 말은 사라진 지 오래이며, 평생 여러 개의 직업 경력을 가지는 사람도 증가하고 있다. 각자가 자아실현, 생활 향상 또는 직업적 지식, 기술의 획득 등을 목적으로 생애에 걸쳐서 자주적, 주체적으로 학습을 계속할 수 있는 평생학습사회가 도래하였으며, 이러한 사회에서는 개인이 현재 가지고 있는 능력보다 개인의 학습하는 능력과 이에 대한 자기개발 노력이 더욱 중요시된다.

37 대인관계능력(대인관계능력 개요) 정답 | ①

주어진 [그래프]를 통해 A씨는 실리형과 냉담형의 특징을 강하게 나타내며, 상대적으로 순박형과 친화형의 특징이 매우 적다는 것을 알 수 있다. 순박형 대인관계 양식을 나타내는 사람은 타인에게 쉽게 설득되거나 주관이 없어 보일 수 있으며, 잘 속거나 이용당할 가능성이 높다. 따라서 A씨는 이 같은 우려가 매우 적은 편이라고 평가할 수 있다.

오답풀이

② 실리형 대인관계 양식이 강한 사람은 자신의 이익을 우선으로 생각하기 때문에 자기중심적이고 경쟁적이며 타인에 대한 관심과 배려가 부족할 수 있다.
③ 냉담형 대인관계 양식이 강한 사람은 타인의 감정에 무관심할 뿐만 아니라 타인에게 쉽게 상처를 줄 수 있으며, 타인에게 따뜻하고 긍정적인 감정을 표현하는 것을 어려워한다.
④ 대인관계에서 외향적이고 쾌활하며 타인과 대화하기를 좋아하고 인정받고자 하는 욕구가 강한 것은 사교형 대인관계 양

식의 특징이다. A씨는 사교형의 결과치가 높지 않으므로 적절한 평가라고 할 수 없다.
⑤ 타인의 요구를 잘 거절하지 못하고 타인의 필요를 자신의 것보다 앞세우는 경향이 큰 것은 친화형 대인관계 양식의 특징이다. A씨는 친화형의 결과치가 높지 않으므로 적절한 평가라고 할 수 없다.

38 대인관계능력(협상능력) 정답 | ③

반드시 얻어내야 할 것과 양보할 수 있는 것을 찾아서 적절히 주고받는 것은 이른바 '협력전략'을 활용하는 것으로, 협상 참여자들이 협동과 통합으로 문제를 해결할 수 있는 매우 바람직한 방법이다.

오답풀이

① 물품을 구입하는 주체가 가장 중요하다는 것은 자신의 입장만을 고려한 생각이다.
② 상대방을 위협할 수 있는 것이므로 신뢰를 바탕으로 거래 관계를 오래 지속할 수 있는 적절한 의사결정 방법이라고 보기 어렵다.
④ 가격과 납기가 적절하게 타협되더라도 물품 구매에 있어 품질을 우선시하지 않는 것은 적절한 의사결정 방법이 될 수 없다.
⑤ 업무적인 협상 자리인 만큼 인간관계보다 실질적인 업무 협의가 더 중요하다.

39 대인관계능력(팀워크능력) 정답 | ③

마인드를 나타내는 독립적 사고 축과 행동을 나타내는 적극적 실천 축을 기준으로 수동형, 실무형, 소외형, 순응형, 주도형 등으로 팔로워십 유형을 구분할 수 있다.

- 수동형: 판단과 사고를 리더에 의존하며 지시가 있어야 행동을 하는 특징을 가지고 있다. 또한 특별히 하는 일이 없는 것처럼 보이며 제 몫을 하지 못하는 유형이다.
- 실무형: 조직의 운영 방침에 민감하여 규정과 규칙에 따라 행동하며 개인의 이익을 극대화하기 위한 흥정에 능한 것처럼 보이는 유형이다.
- 소외형: 일부러 반대 의견을 제시하여 동료들로 하여금 냉소적이고 부정적이며 고집이 센 것처럼 보이는 경향이 있다.
- 순응형: 기쁜 마음으로 과업을 수행하고 리더나 조직을 믿고 헌신하는 편이다. 아이디어가 없고 기존 질서를 따르는 것을 중요하게 생각하여 리더의 의견을 좀처럼 거스르지 않는 획일적인 태도를 가지고 있다.
- 주도형: 모범형이라고도 한다. 스스로 생각하고 건설적인 비판을 하며 적극적 참여와 실천 측면에서 솔선수범하고 기대 이상의 성과를 내기 위해 노력하는 모습을 보인다.

주어진 사원 A와 사원 B의 대화를 통해 각각의 팔로워십 유형을 유추해 보면 사원 A의 경우 기존의 관행에서 머무르지 않고 좀 더 건설적인 방법을 제안하고자 하며, 적극적으로 상황을 개선하려는 노력을 하고 있다. 따라서 주도형에 해당하는 팔로워십 유형을 가지고 있다. 사원 B는 리더의 지시를 믿고 헌신하는 모습을 보이나 특별한 아이디어 없이 리더의 의견을 거스르지 않고 기존의 질서를 따르려는 획일적인 태도를 보이고 있다는 점에서 순응형에 해당하는 팔로워십 유형을 가지고 있다.

40 대인관계능력(리더십능력) 정답 | ③

변혁적 유형의 리더는 칭찬을 아끼지 않음으로써 구성원들로 하여금 한 가지 일에 대한 성공이 미래의 여러 도전을 해내게 할 수 있는 자극제라는 것을 깨닫게 한다.

오답풀이

① 민주주의에 근접한 유형의 경우, 비록 민주주의적이긴 하지만 최종 결정권은 리더에게만 있다.
② 리더와 집단 구성원 사이에 명확한 구분이 있는 것이 독재자 유형과 민주주의에 근접한 유형의 특징이며, 파트너십 유형의 리더하에서는 그러한 구분이 희미하고, 리더가 조직의 한 구성원이 되기도 한다.
④ 독재자 유형은 통제가 없어 방만한 상태에 있는 집단에, 혹은 가시적인 성과물이 보이지 않을 때 효과적일 수 있다.
⑤ 파트너십 유형의 리더는 자신이 조직 구성원들 중 한 명일 뿐이며, 리더는 다른 조직 구성원들보다 경험이 더 풍부하겠지만 다른 구성원들보다 더 비중 있게 대우받아서는 안 된다고 여긴다. 변혁적 유형의 리더는 개개인과 팀이 유지해 온 이제까지의 업무수행 상태를 뛰어넘고자 비전을 제시하고 그것을 구성원들에게 전달할 수 있는 능력을 갖추고 있다.

41 대인관계능력(고객서비스능력) 정답 | ①

주어진 유형의 고객은 이른바 '거만형 고객'에 해당한다. 거만형 고객은 자신의 과시욕을 드러내고 싶어 하며 제품을 폄하하는 유형의 고객이다. 이러한 고객에게는 정중하게 대하는 것이 좋으며, 자신의 과시욕이 채워지도록 그들의 언행을 제지하지 않고 인정해 주는 것이 좋다. 의외로 단순한 면이 있으므로 일단 그의 호감을 얻게 되면 여러 면으로 득이 될 경우가 많다.

오답풀이

②, ⑤ 의심이 많은 '의심형 고객'을 응대할 때 유용한 방법이다.
③ 사소한 것에 불만을 표하는 '트집형 고객'을 응대할 때 유용한 방법이다.
④ 애매한 화법을 사용하지 말고 시원스러운 일 처리를 보여주는 방법은 '빨리빨리형 고객'을 대할 때 좋은 응대 방법이다.

42 정보능력(정보능력 개요) 정답 | ④

정보의 핵심적인 특성은 적시성과 독점성이다. 즉, 정보는 우리가 원하는 시간에 제공되어야 하며, 원하는 시간에 제공되지 못하는 정보는 정보로서의 가치가 없어지게 된다. 또한 아무리 중요한 정보라도 공개가 되고 나면 보통 가치가 급격하게 떨어진다. 따라서 정보는 공개 정보보다는 반공개 정보가, 반공개 정보보다는 비공개 정보가 더 큰 가치를 갖는다. 그런데 비공개 정보는 정보의 활용이라는 면에서 경제성이 떨어지고, 공개 정보는 경쟁성이 떨어지게 된다. 그러므로 정보는 공개 정보와 비공개 정보를 적절히 활용함으로써 경제성과 경쟁성을 동시에 추구해야 한다.

찐 모듈이론 TIP

정보의 특징

정보는 위에서 언급된 적시성과 독점성 외에도 다음과 같은 세부적인 특성을 갖는다.
정보는 정보 사용자의 사용 목적과 관련된 것이어야 한다. 또한 정보는 당면 문제와 관련된 성질을 다루고 있어야 하며, 객관적으로 평가된 정확한 지식이어야 한다. 정보는 사실과 일치되는 성질이므로 필요한 시기에 제공되어야 하며, 정보의 제공이 너무 이르면 보안에 문제가 생길 수 있고, 너무 늦으면 시기를 잃어 정보 사용자의 의사결정에 활용할 수 없게 된다.
정보는 주제에 맞는 내용이면서 주제와 관련된 모든 사항이 포함되어야 한다. 다시 말해 정보를 해석하거나 해당 정책과 관련된 의사결정을 하는 데 있어 추가적인 정보가 필요하지 않아야 한다는 것이다. 정보의 완전성은 시간이 허용하는 한 최대로 완전한 지식이 되어야 함을 의미한다.

43 정보능력(컴퓨터활용능력) 정답 | ④

특정 배열의 대응되는 값끼리 곱한 후 그 합을 구하는 것이 SUMPRODUCT 함수이다. 따라서 (가)와 (나)의 값을 비교해 보면 다음과 같다.

(가) =SUMPRODUCT(A1:A3,B1:B3,C1:C3)
- A1:A3 → 2, 5, 2
- B1:B3 → 3, 6, 4
- C1:C3 → 4, 7, 6

대응되는 값끼리 곱하는 것이므로 2×3×4=24, 5×6×7=210, 2×4×6=48
곱한 값의 합은 24+210+48=282

(나) =SUMPRODUCT(A1:C1,A2:C2,A3:C3)
- A1:C1 → 2, 3, 4
- A2:C2 → 5, 6, 7
- A3:C3 → 2, 4, 6

대응되는 값끼리 곱하는 것이므로 2×5×2=20, 3×6×4=72, 4×7×6=168
곱한 값의 합은 20+72+168=260

따라서 정답은 ④가 된다.

44 정보능력(컴퓨터활용능력) 정답 | ④

소속이 '교육팀'인 평균 매출액을 계산하기 위한 수식이므로 [보기]의 함수 중 ㉥을 이용할 수 있고 '=AVERAGEIF(B2:B11,E2,C2:C11)'과 같이 수식을 작성한다.

45 정보능력(정보처리능력) 정답 | ⑤

2019년 8월에 출간되었으므로 생산 연월 코드는 1908이며, 경상 지역의 원일 출판사에서 출간된 도서이므로 출간지 코드는 4J이다. 스포츠 분야 자전거 관련 도서이므로 입고품 코드는 04012이며, 25번째 입고도서이므로 입고 수량 코드는 00025이다.
따라서 해당 도서의 재고물품 코드는 1908 − 4J − 04012 − 00025이다.

46 정보능력(정보처리능력) 정답 | ④

'여성' 분야 도서 담당자는 코드 체계에서 알파벳 다음에 오는 숫자가 02여야 한다. 따라서 알파벳 다음에 02003, 02004, 02005, 02006의 코드 번호가 오는 도서의 담당자가 모두 해당된다.
따라서 관리 도서 코드의 알파벳 다음에 오는 숫자가 03009인 윤 대리는 새로운 도서 관리 규정을 안내받을 담당자가 아니다.

47 기술능력(기술이해능력) 정답 | ③

기술혁신은 기업의 기존 조직 운영 절차나 제품 구성, 생산 방식, 나아가 조직의 권력구조 자체에도 새로운 변화를 야기할 수 있으며, 혁신 과정의 불확실성과 모호함은 기업 내에 많은 논쟁과 갈등을 유발할 수 있다는 특성이 있다. 주어진 사례는 무인 탑승수속 시행이라는 기술혁신 과정에서 B항공사가 기존 근로자들의 반발이라는 갈등 상황을 우려하고 있다고 하였으므로 ③과 같은 특성을 보여 주는 사례로 볼 수 있다.

48 기술능력(기술선택능력) 정답 | ⑤

선택한 기술을 그대로 적용하되 불필요한 기술은 과감히 버리는 경우, 시간을 절약할 수 있고 비용 측면에서도 절감 효과를 누릴 수 있으며, 프로세스의 효율성을 기할 수 있다. 하지만 부적절한 기술을 선택할 경우 실패로 돌아갈 수 있는 위험부담이 있으며, 과감하게 버린 기술이 과연 불필요한가에 대한 의문이 있을 수 있다.

49 기술능력(기술이해능력) 정답 | ③

'[제품의 LCD 표시 사항]−1)'에 따르면 본 제품의 최대 측정 가능 용량은 180kg이고, '[주의 사항]−3)'에서 최대 용량을 초과하여 측정하지 말라고 하였으므로 최대 용량을 초과하지 않는 몸무게 180kg인 사람의 체중은 측정할 수 있다.

오답풀이

① '[스마트 체중계 사용 방법]−2)'에 따르면 스마트 체중계에 올라선 다음 3초 후 측정된 수치가 LCD 창에 표시된다고 하였으므로 옳다.

② '[주의 사항]−1)'에 따르면 본 제품의 측정값은 의학적 소견이나 진단에 사용될 수 없다고 하였으므로 옳다.

④ '[제품의 LCD 표시 사항]−2)'에 따르면 LCD 창에 Lo 표시가 나타나면 건전지 교체가 필요한 상황이므로 옳다.

⑤ '[스마트 체중계 사용 방법]−3)'에 따르면 체중계에서 내려오면 잠시 후 작동이 자동으로 멈추고 전원이 차단되므로 옳다.

50 기술능력(기술이해능력) 정답 | ③

기술 수명은 기술이 연구되기 시작한 시점부터 상용화되어 사용되다가 더 이상 쓰이지 않게 되는 시점까지를 포함하는 개념이다. 이는 기술의 시장 내 생명주기를 의미한다.

오답풀이

① 기술 수명은 외부 요인(경쟁 기술, 시장 변화 등)에 따라 달라진다.

② 기술 수명은 기간이 정해진 것이 아니며 1년에 국한되지 않는다.

④ 기술 수명은 개발자가 결정하는 것이 아니라 시장과 기술 환경에 의해 결정된다.

⑤ 기술 수명은 제품의 내구성과는 다른, 기술적 · 경제적 관점의 개념이다.

51 조직이해능력(체제이해능력) 정답 | ④

(가)는 기계적 조직의 조직 구조, (나)는 유기적 조직의 조직 구조이다.

기계적 조직은 구성원들의 업무가 분명하게 정의되고 많은 규칙과 규제들이 있다. 또한 상하 간 의사소통이 공식적인 경로를 통해 이루어지고 엄격한 위계질서가 존재한다. 대표적인 기계적 조직으로는 군대가 있다.

유기적 조직은 의사결정 권한이 조직의 하부 구성원들에게 많이 위임되어 있으며, 업무도 고정되지 않고 공유 가능한 조직이다. 유기적 조직에서는 비공식적인 상호 의사소통이 원활히 이루어지며, 규제나 통제의 정도가 낮아 변화에 따라 쉽게 변할 수 있는 특징을 가진다.

52 조직이해능력(경영이해능력) 정답 | ①

원가우위 전략은 원가 절감을 통해 해당 산업에서 우위를 점하는 전략으로, 이를 위해서는 대량생산을 통해 단위 원가를 낮추거나 가격경쟁력 확보를 가능케 하는 새로운 생산기술을 개발할 필요가 있다.

오답풀이

② 연구개발이나 광고를 통하여 기술, 품질, 서비스, 브랜드 이미지를 개선할 필요가 있는 것은 차별화 전략의 특징이며, 차별화를 위해 추가 비용이 소요된다는 특징이 있다.

③ 저가 항공사는 집중화 전략을 통해 국내외 단거리 지역으로 비즈니스 출장이나 여행을 가는 사람들이 매우 저렴하게 비행기를 이용할 수 있도록, 새로운 시장 수요를 만들어 내고 있다.

④ 온라인 소매 업체는 매장 임대료 등을 절약하여 오프라인에 비해 저렴한 가격과 배달 서비스를 제공함으로써 구매의 편의성을 내세워 시장 점유율을 넓히는 원가우위 전략을 활용한다.
⑤ 집중화 전략은 경쟁 조직들이 소홀히 하고 있는 한정된 시장을 원가우위 전략이나 차별화 전략을 써서 집중 공략하는 방법이다.

53 조직이해능력(경영이해능력) 정답 | ⑤

[가] A전자는 특정한 시장 즉, 20대 젊은 층의 1인 가구에 주목해야 한다는 전략을 세웠으며, 그들에게 가격 경쟁력이 있는 저가 제품을 선보이고자 한다. 이는 특정 시장을 상대로 펼친 경영전략이므로 집중화 전략에 해당한다고 볼 수 있다.

[나] B사는 자사 제품을 경쟁업체와 달리 고가 제품으로 차별화하여 브랜드 이미지를 개선하고자 한다. 이는 국내 주요 가전업체들이 경쟁업체의 저가 전략에 맞서 고급 기술을 적용한 고품질의 프리미엄 제품으로 차별화를 하여, 고가 시장의 점유율을 높여 나가는 사례와 같이 차별화 전략을 사용한 경우로 볼 수 있다.

찐 모듈이론 TIP

마이클 포터의 경영전략

마이클 포터는 전체 시장을 대상으로 저렴한 가격으로 판매하는 전략을 원가우위 전략, 전체 시장을 대상으로 특색 있는 제품을 판매하는 전략을 차별화 전략, 전체 시장이 아닌 특정 세분 시장을 공략하는 전략을 집중화 전략이라고 구분하였다. 마이클 포터는 이렇게 기업이 경쟁우위를 가질 수 있는 전략을 세 가지로 나누고, 원가우위 전략과 차별화 전략은 전체 시장을 대상으로 하기 때문에 주로 대기업에 의해 수행되며, 집중화 전략의 경우에는 주로 자원이 상대적으로 부족한 중소기업이 특정 세분 시장을 타깃으로 진행하는 전략이라고 보았다.

- 원가우위 전략: 전체 시장을 대상으로 매우 낮은 비용으로 제품을 생산하여 가격 경쟁에서 우위를 점하는 전략이다. 기업은 효율적인 규모의 설비투자, 경험곡선 효과에 의한 원가 감소 등을 통해 경쟁우위를 달성한다.
- 차별화 전략: 전체 시장을 대상으로 경쟁사들이 제공하지 못하는 독특한 재화나 서비스를 제공함으로써 경쟁우위를 점하는 전략이다. 기업은 차별화된 제품 디자인이나 광고, 높은 서비스와 품질 등을 통해 경쟁우위를 달성한다. 기업은 차별화된 재화나 서비스를 공급하기 때문에 경쟁사보다 높은 가격을 부과할 수도 있으며, 그렇기 때문에 차별화 전략은 프리미엄 전략으로 불리기도 한다.
- 집중화 전략: 전체 시장이 아닌 특정 세분 시장을 대상으로 마케팅 활동을 펼치는 것을 의미한다. 앞서 언급한 원가우위 전략과 차별화 전략을 전체 시장이 아닌 특정 세분 시장에서 펼친다면 그것이 집중화 전략이다. 자원이 부족한 기업의 경우 집중화 전략을 통해 대기업과의 직접적인 경쟁을 피할 수 있다.

54 조직이해능력(체제이해능력) 정답 | ⑤

50만 원 이하인 경우 팀장 전결 사항이므로 본부장 결재란에 상향 대각선을 표시해야 하며, 100만 원 이하인 경우 대표이사 결재가 필요 없으나, 본부장이 대표이사 결재란에 결재를 하므로 상향 대각선을 표시하지 않는다.

오답풀이

① 25만 원의 접대비지출품의서는 본부장 전결 사항이므로 본부장이 최종 결재권자가 되고 최고 결재권자인 대표이사의 결재란에 결재한다.
② 해외 출장계획서는 팀장 전결 사항이므로 결재가 필요 없는 본부장의 결재란에는 상향 대각선을 표시하며, 팀장은 최종 결재권자로서 최고 결재권자인 대표이사의 결재란에 결재한다.
③ 사무용품 지출결의서는 금액에 관계없이 팀장 전결 사항이므로 팀장이 최종 결재권자이다.
④ 35만 원의 소모품비 지출결의서는 대표이사 전결 사항이므로 주어진 3명 모두 결재한다.

55 조직이해능력(체제이해능력) 정답 | ⑤

일반적으로 출입증이나 사원증 등에는 인적 사항이 내장되어 있기 때문에 인사부의 협조가 필요하며, 패용을 위한 출입증 제작 실무는 총무부의 관할하에 이루어지므로 출입증 준비 여부 확인을 기획부에 요청하는 것은 적절하지 않다.

오답풀이

① 사장의 일정 파악은 비서실을 통해 확인해야 하는 업무이므로 적절하다.
② 판매 계약서의 준비는 판매 및 구매에 관한 업무를 담당하는 영업부에 협조를 구해야 하는 업무이므로 적절하다.
③ 회사 차량 관리와 배차는 총무부에 협조를 구해야 하는 업무이므로 적절하다.
④ 교육 프로그램 준비는 인사부에 협조를 구해야 하는 업무이므로 적절하다.

56 직업윤리(직업윤리 개요) 정답 | ②

주어진 글에서 언급된 바와 같이 '자신의 직무와 관련된 기술과 지식을 습득하여 자기 분야를 책임질 수 있는 전문가가 되어야 한다'는 것은 전문가 정신을 의미한다.

오답풀이

① 책임의식은 자기 직업에 애정을 가지고 자신이 맡은 일을 자율적, 자주적으로 행하며, 성실하게 책임을 다하려는 태도를 말한다.
③ 협동, 봉사 정신은 직장 내에서 서로 협동하고 돕는 자세를 가지고, 직무 수행 과정에서 국가나 사회 및 개인을 위해 헌신하는 마음과 자세를 지니는 것을 말한다.
④ 소명의식은 개인이나 조직의 일을 의미와 목적이 있는 것으로 인식하고 자신의 일에 헌신하려는 태도를 말하고, 천직의식은 직업을 하늘이 자신에게 부여한 일로서 성스럽게 받아들여 그 일에 열성을 가지고 성실히 임하려는 직업관을 말한다.
⑤ 직분의식과 봉사 정신은 사람이 일정한 직업을 가지고 활동함으로써 조직 사회의 기능을 분담하여 직·간접적으로 직분을 수행하며 사회의 유지 및 발전에 참여하고 직업을 통해서 사회에 봉사하는 것을 의미한다.

57 직업윤리(공동체윤리) 정답 | ④

근면, 정직, 성실 등은 개인윤리에서, 봉사, 책임, 준법, 예절 등은 공동체윤리에서 강조되는 윤리의 덕목들이라고 볼 수 있다. 주어진 윤리 덕목들의 의미는 다음과 같다.

㉠ 책임: 모든 결과는 나의 선택으로 말미암아 일어난 것이라는 식의 태도
㉡ 준법: 민주 시민으로서 기본적으로 지켜야 할 의무이자 생활 자세
㉢ 성실: 일관된 마음과 정성
㉣ 예절: 일정한 생활 문화권에서 오랜 생활 습관을 통해 하나의 공통된 생활 방법으로 정립되어 관습적으로 행해지는 사회계약적인 생활 규범

58 직업윤리(직업윤리 개요) 정답 | ④

채용 비리 근절을 위하여 취할 수 있는 방법으로, 수사 결과 등으로 밝혀진 부정 합격자에 대해서는 채용 취소 근거 규정을 마련하고 응시 자격을 제한하는 조치도 고려할 수 있다. 또한 채용 과정의 투명성을 확보하고 내부 점검을 보다 강화하기 위하여 외부 시험위원을 과반수 이상 구성하도록 명시하는 것도 좋은 방법이다.
블라인드 방식은 학력이나 인적 관계 등 능력과 관련 없는 정보를 채용에 고려하지 않는 방식으로, 비리 근절을 위해서는 오히려 더욱 강화되어야 한다.

59 직업윤리(직업윤리 개요) 정답 | ⑤

주어진 사례와 같이 각 인물들의 행동은 개인윤리를 기준으로 판단할 때 직업윤리와 서로 모순되어 나타나기도 하며, 이런 점에서 개인윤리와 배치되는 직업윤리라도 이것은 기업의 경쟁 상황에서 기업이 필요로 하는 실천 규범이라고 할 수 있다.

60 직업윤리(공동체윤리) 정답 | ④

관계의 우위성이 상대적이라는 점과 업무환경의 특정 요소를 감안해야 한다는 점을 고려할 때, 반드시 하급자는 가해자가 될 수 없다고 판단할 수는 없다. 예컨대 일정한 권한을 가진 특정 소조직의 장(長)이 상급자에 대하여 부당한 조치를 취하는 경우가 해당될 것이다.

오답풀이

① 사용자라는 것 자체로 특정 상황을 고려하지 않아도 관계의 우위를 이용한 것으로 볼 개연성이 높다고 할 수 있다.
② 지휘명령 관계에 놓여 있지 않더라도 회사 내 직위·직급 체계상 상위에 있음을 이용한다면 지위의 우위성 인정이 가능하다.
③ 직급 자체의 우위보다 '우위성'이 인정되는 경우 직장 내 괴롭힘에 해당한다는 점을 언급하고 있으므로 동일한 직급자들 사이에서도 얼마든지 발생할 수 있다.
⑤ 주어진 규정에 따르면 피해 근로자가 저항 또는 거절하기 어려울 개연성이 높은 상태가 인정되어야 하며, 행위자가 이러한 상태를 이용해야 우위성이 성립된다.

찐 모듈이론 TIP

고용노동부에서는 다음과 같은 근로기준법을 통해 '직장 내 괴롭힘' 예방에 힘쓰고 있으므로 기본적인 사항을 숙지해 둘 필요가 있다.

1) 직장 내 괴롭힘의 정의

제76조의2(직장 내 괴롭힘의 금지) 사용자 또는 근로자는 직장에서의 지위 또는 관계 등의 우위를 이용하여 업무상 적정범위를 넘어 다른 근로자에게 신체적·정신적 고통을 주거나 근무환경을 악화시키는 행위(이하 "직장 내 괴롭힘"이라 한다)를 하여서는 아니 된다.

2) 직장 내 괴롭힘 행위의 각 주체

- 행위자: 사업주와 사업주로부터 사업 경영의 전부 또는 일부에 대하여 포괄적인 위임을 받아 자신의 책임 아래 근로자 채용, 해고 등 인사처분을 할 수 있고, 직무상 근로자의 업무를 지휘·감독하며 근로조건에 관한 사항을 결정하고 집행할 수 있는 자, 파견근로자에 대한 사용사업주
- 근로자: 사용자와 근로관계를 맺고 있는 근로자와 파견근로자
- 피해자: 피해자인 근로자는 고용형태, 근로계약기간 등을 불문함

3) 직장 내 괴롭힘 발생 시 사용자의 의무조치

제76조의3(직장 내 괴롭힘 발생 시 조치) ① 누구든지 직장 내 괴롭힘 발생 사실을 알게 된 경우 그 사실을 사용자에게 신고할 수 있다.

② 사용자는 제1항에 따른 신고를 접수하거나 직장 내 괴롭힘 발생 사실을 인지한 경우에는 지체 없이 그 사실 확인을 위하여 객관적으로 조사를 실시하여야 한다.

③ 사용자는 제2항에 따른 조사 기간 동안 직장 내 괴롭힘과 관련하여 피해를 입은 근로자 또는 피해를 입었다고 주장하는 근로자를 보호하기 위하여 필요한 경우 해당 피해근로자 등에 대하여 근무장소의 변경, 유급휴가 명령 등 적절한 조치를 하여야 한다. 이 경우 사용자는 피해근로자 등의 의사에 반하는 조치를 하여서는 아니 된다.

④ 사용자는 제2항에 따른 조사 결과 직장 내 괴롭힘 발생 사실이 확인된 때에는 피해근로자가 요청하면 근무장소의 변경, 배치전환, 유급휴가 명령 등 적절한 조치를 하여야 한다.

⑤ 사용자는 제2항에 따른 조사 결과 직장 내 괴롭힘 발생 사실이 확인된 때에는 지체 없이 행위자에 대하여 징계, 근무장소의 변경 등 필요한 조치를 하여야 한다. 이 경우 사용자는 징계 등의 조치를 하기 전에 그 조치에 대하여 피해근로자의 의견을 들어야 한다.

⑥ 사용자는 직장 내 괴롭힘 발생 사실을 신고한 근로자 및 피해근로자 등에게 해고나 그 밖의 불리한 처우를 하여서는 아니 된다.

⑦ 제2항에 따라 직장 내 괴롭힘 발생 사실을 조사한 사람, 조사 내용을 보고받은 사람 및 그 밖에 조사 과정에 참여한 사람은 해당 조사 과정에서 알게 된 비밀을 피해근로자 등의 의사에 반하여 다른 사람에게 누설하여서는 아니 된다. 다만, 조사와 관련된 내용을 사용자에게 보고하거나 관계 기관의 요청에 따라 필요한 정보를 제공하는 경우는 제외한다.

※ '직장 내 괴롭힘'은 '정의'에서 언급한 요건을 모두 충족해야 성립되며, '직장 내 괴롭힘' 행위 요건을 충족한다면 발생하는 장소는 반드시 사업장 내일 필요가 없음

CHAPTER 04 실전모의고사 4회

의수문자 PSAT형

2권 P. 494

01	④	02	①	03	⑤	04	③	05	⑤	06	⑤	07	④	08	⑤	09	①	10	⑤
11	①	12	①	13	③	14	⑤	15	①	16	⑤	17	③	18	②	19	③	20	⑤
21	⑤	22	③	23	③	24	②	25	③	26	③	27	②	28	①	29	③	30	①
31	②	32	②	33	③	34	①	35	④	36	②	37	④	38	⑤	39	④	40	③

☑ CHECK 영역별 실력 점검표

맞힌 문제와 틀린 문제를 체크해
나의 취약 영역을 한눈에 확인해 보세요!

문항	영역	O/×	문항	영역	O/×	문항	영역	O/×	문항	영역	O/×	문항	영역	O/×
01	의사소통		02	의사소통		03	의사소통		04	의사소통		05	의사소통	
06	의사소통		07	의사소통		08	의사소통		09	의사소통		10	의사소통	
11	수리		12	수리		13	수리		14	수리		15	수리	
16	수리		17	수리		18	수리		19	수리		20	수리	
21	문제해결		22	문제해결		23	문제해결		24	문제해결		25	문제해결	
26	문제해결		27	문제해결		28	문제해결		29	문제해결		30	문제해결	
31	자원관리		32	자원관리		33	자원관리		34	자원관리		35	자원관리	
36	자원관리		37	자원관리		38	자원관리		39	자원관리		40	자원관리	

맞힌 개수: 의사소통능력 (　　개) / 수리능력 (　　개) / 문제해결능력 (　　개)
자원관리능력 (　　개) /

01 의사소통능력(내용 추론) 정답 | ④

세 번째 문단에 따르면 죄책감을 느낀 주체는 부정적 평가의 원인이 된 특정한 잘못이나 실수 등을 숨기지 않고 교정, 보상, 원상 복구하는 데 집중하여, 적극적인 방식을 통해 부정된 자아를 수정하고 재구성한다고 하였다. 그에 반해 수치심을 느낀 주체는 강한 심리적 불안 상태에 놓이게 되어, 자신에 대한 부정적 평가를 만회하기보다는 은폐나 회피를 하는 등의 방어기제를 동원하여 스스로의 부정이 더 이상 진행되는 것을 막는다고 하였다. 다시 말해 죄책감을 느낀 주체는 부정된 자아를 복구하여 심리적 회복을 꾀하지만, 수치심을 느낀 주체는 그러한 복구를 위해 적극적인 방식을 취하지 않음을 알 수 있다. 따라서 죄책감은 수치심에 비해 심리적 회복이 빠른 편임을 알 수 있다.

오답풀이

① 첫 번째 문단에 따르면 수치심과 죄책감의 유발 원인과 상황은 그다지 차이가 나지 않는다고 하였고, 두 번째 문단에 따르면 두 감정을 심리적으로 처리하는 방법은 극명하게 차이난다고 하였다.

② 세 번째 문단에 따르면 자신이 행한 잘못을 감추려는 사람은 '수치심'을 느낀 사람이고, 드러내는 사람은 '죄책감'을 느낀 사람이다. 두 번째 문단에 따르면 수치심을 느낀 사람은 부정의 대상이 자아 전체이고 죄책감을 느낀 사람은 자아의 부분적인 범위에 타격을 받는다고 하였다. 따라서 부정하는 자아의 범위가 좁은 것은 수치심을 느낀 사람이 아니라 죄책감을 느낀 사람이다.

③ 첫 번째 문단에 따르면 수치심과 죄책감은 '내면화된 규범에 비추어 부정적으로 평가받는 일을 했거나 그러한 상황에 처한 것을 공통의 조건으로 삼는다'고 하였다. 이러한 감정들이 외재적 규범에 반하는 부정적 평가를 받았을 때도 발생하는지 여부는 주어진 글을 통해 알 수 없다.

⑤ 세 번째 문단에 따르면 죄책감을 느낀 주체는 잘못이나 실수를 숨기지 않고 교정하거나 만회하려고 하지만, 수치심을 느낀 주체는 은폐하거나 회피하려는 심리적 방어기제를 동원한다. 따라서 죄책감은 자신의 행동을 반추하고 앞으로 같은 실수를 반복하지 않도록 할 수 있으나, 수치심은 그렇지 않음을 추측할 수 있다.

시간관리 TIP

추론 유형에서 두 가지 소재가 등장할 경우, 이를 비교·대조하는 내용을 기반으로 선택지를 구성하는 것이 일반적이다. 주어진 지문도 '수치심'과 '죄책감'이라는 두 감정을 원인과 부정의 범위, 심리적 처리 방법 등을 바탕으로 비교/분석하고 있으므로, 선택지 역시 두 감정과 그 특성들을 교차 연결하는 식으로 구성되고 있다. 따라서 두 가지 소재가 등장할 경우에는 각각의 특성들을 따로 구분하여 독해하는 것이 중요하다.

02 의사소통능력(빈칸 추론) 정답 | ①

주어진 글에서 먼저 과거의 단식은 종교적인 의미의 행위였지만 현대인들은 단식을 체중 감량을 위해 시도하는 의도적 식이 회피라고 설명하면서, 최근에 과학적으로 입증되어 각광받고 있는 간헐적 단식 방법을 제시하였다. 이어 빈칸이 포함된 세 번째 문단에서는 인간의 몸은 이따금 포식하고 그 밖의 시간에는 결핍된 상태를 유지해야 하는 환경에 맞춰 진화했으나 최근 들어 공복인 상태로 지내는 시간이 줄어들었다고 하였으며, 마지막 문단에서는 간헐적 단식을 효과적으로 할 수 있는 방법에 대해 서술하고 있다. 이때 빈칸 앞에서 자동차도 쉴 새 없이 몰고 다니면 탈이 난다고 비유적으로 표현하고 있으므로, 빈칸에는 간헐적 단식을 통해 현대인을 원시시대부터 이어진 생활패턴으로 돌려 건강을 찾아야 한다는 내용이 오는 것이 가장 적절하다.

03 의사소통능력(서술 방식) 정답 | ⑤

주어진 글은 전자증권 제도의 도입 배경과 필요성 및 장점을 소개하고 있다. 이를 위해 전자증권 제도 소개, 해외의 도입 현황, 도입 배경, 장점 등을 순차적으로 설명한다. 이러한 문단의 구성을 대등한 병렬식 배열로 보는 것은 적절하지 않으며, 전자증권 제도의 도입을 반복적으로 강조하는 것이 아니라 항목별로 소개한다고 보아야 한다.

오답풀이

① OECD 국가의 전자증권 제도 도입 현황을 소개하여 우리나라에도 이를 도입해야 할 타당성과 필요성에 대한 근거를 제시하고 있다.

② 전자증권 제도 도입을 먼저 언급하고 이에 대한 세부 자료로서 해외의 상황, 도입 배경, 전문가의 의견 등을 제시하고 있다.

③ 전자증권 제도를 도입한 OECD 국가, 실물주식 발행에 들어가는 비용 등을 구체적인 수치로 언급하여 객관적인 자료를 제시하였다.

④ 예탁결제원 관계자 의견을 직접 인용하여 전자증권 제도 도입의 필요성에 한층 신빙성을 더해 주고 있다.

시간관리 TIP

논지 전개 방식 유형은 크게 두 가지로 나눌 수 있다. 적절한 것을 고르는 것과 적절하지 않은 것을 고르는 것이다. 적절한 것을 고르는 경우 전체 흐름에 대한 것이 정답이 된다. 반면, 적절하지 않은 것을 고르는 경우는 세부적인 내용 전개 방식까지 모두 확인해야 하므로, 선택지의 내용을 우선 확인한 후 하나씩 찾는 식으로 접근해야 한다. 해당 문항은 후자에 해당하므로 선택지를 우선 확인한 후 주어진 글을 읽어야 한다. 만약 논지 전개 방식에 대한 개념이 정립되지 않았다면, 따로 보충하는 것을 권한다.

04 의사소통능력(내용 추론) 정답 | ③

네 번째 문단과 여섯 번째 문단에서 기존의 거래 방식에 의하면 실물증권을 개인적으로 소지하고 있는 투자자는 실물증권의 행방을 알리지 않고 사망했거나, 또는 실물증권이 훼손되어 유가증권으로서의 가치가 없어졌는데도 그 사실을 모르는 경우가 생길 수 있음을 추측할 수 있다. 따라서 전자증권이 도입되면 이러한 문제점이 해소될 것이다.

오답풀이

① 네 번째 문단에 따르면 전자증권 제도 도입의 목적 중 하나는 실물증권의 위·변조 방지이다. 전자증권 제도가 도입된다고 해서 전자화폐의 위·변조 기술도 발전할 것으로 판단할 근거는 나타나 있지 않다.
② 주어진 글을 통해 알 수 없는 내용이다.
④ 네 번째 문단에 따르면 전자증권 제도는 디지털 기술을 기반으로 하므로 거래에 소요되는 시간을 줄여 줄 것으로 판단할 수 있다.
⑤ 주어진 글을 통해 알 수 없는 내용이다.

05 의사소통능력(문단 배열) 정답 | ⑤

주어진 글에서는 마이크로그리드의 개념과 기술을 소개하고 스마트 그리드와의 유사점과 차이점을 들어 마이크로그리드에 대한 이해를 돕고 있다. 전체 문단의 내용을 보았을 때, 가장 먼저 마이크로그리드를 정의하는 것으로 시작하여 관련된 기술을 설명한 다음 스마트 그리드와의 유사점을 밝힌 후 마이크로그리드에서만 나타나는 차별점을 강조하며 글을 마무리하는 것이 자연스럽다. 따라서 [마] 마이크로그리드의 정의－[라] 마이크로그리드의 기술－[나] 관련 세부기술－[가] 마이크로그리드와 스마트 그리드와의 유사점－[다] 마이크로그리드만의 차별점으로 연결되는 것이 자연스러우므로 ⑤가 정답이다.

06 의사소통능력(일치/불일치) 정답 | ⑤

첫 번째 문단에 따르면 1808년 당시의 화학자들은 물질의 성질을 규명하기 위해 화합물 속에 있는 각 원소들의 조성비를 구하는 데에 주로 관심이 있었다고 하였으므로 옳은 내용이다.

오답풀이

① 첫 번째 문단에 따르면 돌턴이 원자 가설을 세운 이유는 물질마다 다른 용해도의 차이를 규명하기 위해서이므로 옳지 않다.
② 세 번째 문단에 따르면 돌턴은 화학식을 잘못 예측하여 원자들의 원자량의 실제 값과 큰 차이가 나는 등 정확한 값을 구하지 못하였으므로 옳지 않다.
③ 세 번째 문단에 따르면 돌턴이 구한 원자량은 실제와 많이 달랐기 때문에 화학자들의 주목을 받지 못했으므로 옳지 않다.
④ 네 번째 문단에 따르면 친화력은 원래 화학자들이 생각하고 있던 개념으로, 돌턴의 화학 결합 모형을 활용하여 친화력의 문제를 해결하고자 하였으므로 옳지 않다.

07 의사소통능력(빈칸 추론) 정답 | ④

- (A): (A)에 이어지는 문장은 2035년부터 내연기관 자동차의 출시가 금지되어 친환경 차량 개발 및 상용화를 빠르게 이루어야 한다는 내용이므로, (A)에는 그 주체가 되는 자동차 기업들에 대해 언급하고 있는 ㉡이 오는 것이 적절하다.
- (B): (B)에 선행하는 문장은 유럽연합 차원에서 발표한 'Fit for 55'에 따라 프랑스에서 기존 목표 달성 계획을 변경해야 한다는 내용이므로, (B)에는 프랑스 정부가 'Fit for 55'에 대해 면밀히 검토한 이후에 세부 지침을 내놓을 예정이라는 내용인 ㉢이 오는 것이 적절하다.
- (C): (C)가 포함된 문단은 프랑스가 정부 차원에서 오염물질 배출 기준을 더욱 엄격하게 적용하여 내연기관 자동차 사용의 감소를 유도하고 있는 사례에 대해 서술하고 있으므로, (C)에는 그 사례 중 하나로 연비 측정이 더욱 엄격해짐에 따라 신차 구매 시 부과되는 탄소세도 인상되었다는 내용의 ㉠이 오는 것이 적절하다.

08 의사소통능력(내용 추론) 정답 | ⑤

두 번째 문단에 따르면 'Fit for 55'에는 2035년부터 내연기관 자동차의 출시를 금지하는 내용이 포함되는데, 세 번째 문단에서 프랑스의 경우 2040년까지 온실가스 배출 자동차 판매를 금지한다고 하였다. 따라서 프랑스는 유럽연합 차원에서 발표한 'Fit for 55'로 내연기관 자동차의 출시 금지 시기를 2040년에서 2035년으로 5년 앞당겨야 하는 상황이다.

오답풀이

① 세 번째 문단에서 프랑스는 오염배출이 심각한 차량 교체 시 보조금을 지급한다고 하였다.
② 첫 번째 문단에서 'Fit for 55'는 온실가스 감축을 위해 국제 사회가 마련한 2015년 '파리 기후변화협약' 이래로 유럽연합 차원에서 이어져 온 온실가스 및 탄소배출 감축을 위한 노력의 연장선상에서 기획된 법안 패키지라고 하였다.
③ 두 번째 문단에서 2030년까지 승용차 부문의 탄소 감축 목표를 37%에서 55%로 상향하였다고 하였다.
④ 마지막 문단에서 파리시는 2030년부터 모든 내연기관 자동차의 파리 시내 진입 금지를 예고한 바 있다고 하였다.

09 의사소통능력(주제/제목 찾기) 정답 | ①

글의 두 번째 문단에 종교의 연원이 인류의 삶과 궤(軌)를 같이 한다는 내용이 있지만, 종교의 연원을 살펴보는 내용은 어디까지나 종교적 믿음 또는 신앙이 여러 가지 긍정적 효과를 가져다준다는 이야기를 하기 위해 가져온 내용이다. 또한 세 번째~네 번째 문단에서 현대 과학이 신앙을 대체하면서 공허함을 느낀다고 이야기하지만, 이 역시 종교 활동이 그러한 허무감을 채워줄 수 있다는 주장을 펼치기 위해 도입된 것이다. 따라서 글 전체의 제목으로는 첫 번째 문단과 마지막 문단에서 강조한 '종교적 믿음이 가져다주는 효과'가 적절하다.

시간관리 TIP

글 전체의 내용을 포괄할 수 있는 제목을 정할 때는 부가적으로 언급한 내용 또는 핵심 내용을 말하기 위해 도입한 내용에 국한해서는 안 된다.

10 의사소통능력(주제/제목 찾기) 정답 | ⑤

주어진 글의 마지막 두 문단에서 청소년의 카페인 섭취는 자신도 모르게 허용량을 초과할 수 있기 때문에 유의해야 한다고 설명하며 글을 마무리하고 있으므로 ⑤가 주제로 적절하다.

오답풀이

① 청소년의 카페인 섭취가 사회적 문제로 확장된다는 내용은 나와 있지 않다.
② 청소년의 카페인 섭취가 유발하는 결과에 대한 내용은 나와 있지 않다.
③ 청소년이 주로 카페인을 섭취하는 경로는 탄산음료, 커피, 초콜릿 등이지만 무엇이 더 많은지는 나와 있지 않다.
④ 청소년의 카페인 섭취가 과체중 문제를 야기한다는 내용은 나와 있지 않다.

11 수리능력(수추리) 정답 | ①

주어진 각 그림의 숫자는 왼쪽 칸에 적힌 수의 각 자릿수의 합이 오른쪽 칸에 나타나는 규칙을 따른다.
즉, 첫 번째 그림에서 123 ⇒ $1+2+3=6$, 198 ⇒ $1+9+8=18$
두 번째 그림에서 292 ⇒ $2+9+2=13$, 5 ⇒ $5=5$
따라서 마지막 빈칸에 들어갈 수는 $1+3+5=9$이다.

12 수리능력(경우의 수) 정답 | ①

같은 부서의 직원들끼리 서로 이웃하여 앉으므로 각 부서를 한 묶음으로 보면, 네 묶음이 원탁에 앉는 것이다. 네 묶음이 원탁에 앉는 경우의 수는 $(4-1)!=6$(가지)이다. 기획부 직원 3명이 서로 자리를 바꿔서 앉는 경우의 수가 $3!=6$(가지), 영업부 직원 2명과 홍보부 직원 2명이 같은 부서 내에서 서로 자리를 바꿔서 앉는 경우의 수가 각각 $2!=2$(가지)이므로 구하는 경우의 수는 $6\times6\times2\times2=144$(가지)이다.

13 수리능력(방정식의 활용) 정답 | ③

필기전형 합격자가 총 160명이고, 필기전형을 통과한 남녀의 비가 5 : 3이므로 필기전형을 통과한 남자 지원자와 여자 지원자 수는 다음과 같다.

- 필기전형 통과 남자 지원자 수: $160\times\frac{5}{8}=100$(명)
- 필기전형 통과 여자 지원자 수: $160\times\frac{3}{8}=60$(명)

서류전형에 통과한 남녀의 비율이 3 : 2이므로 서류전형을 통과한 남자 지원자 수를 $3x$명, 서류전형을 통과한 여자 지원자 수를 $2x$명이라고 하면, 필기전형을 통과하지 못한 남자 지원자 수는 $(3x-100)$명, 필기전형을 통과하지 못한 여자 지원자 수는 $(2x-60)$명이다. 이때 필기전형을 통과하지 못한 남녀의 비는 4 : 3이므로 다음과 같은 비례식이 성립한다.

$(3x-100):(2x-60)=4:3$

$\rightarrow 4(2x-60)=3(3x-100)$

$\rightarrow 8x-240=9x-300$

$\rightarrow x=60$

따라서 서류전형에 통과한 남자 지원자 수는 $3\times60=180$(명)이다.

14 수리능력(자료 계산) 정답 | ⑤

㉡ 연도별 특수학교 수는 '전체−(유치원+초등학교+중학교+고등학교)'를 통해 구할 수 있다.

- 2012년: 20,137−19,898=239(개교)
- 2013년: 20,336−20,086=250(개교)
- 2014년: 20,540−20,272=268(개교)
- 2015년: 20,729−20,456=273(개교)
- 2016년: 20,835−20,550=285(개교)
- 2017년: 20,938−20,642=296(개교)
- 2018년: 20,967−20,657=310(개교)
- 2019년: 20,809−20,494=315(개교)
- 2020년: 20,740−20,415=325(개교)

따라서 특수학교 수는 매년 증가하였다.

㉢ 2015년 중학교 교원 1인당 학생 수가 14.3명일 때 2015년 중학교 담당 교원 수는 $\frac{1,586,000}{14.3}\fallingdotseq$ 110,909(명)이다.

㉣ 2017년 고등학교 학급당 학생 수가 28.2명일 때 2017년 고등학교 학급 수는 $\frac{1,839,000}{28.2}\fallingdotseq65,213$(개)이다.

오답풀이

㉠ 2019년과 2020년 유·초·중학교 수를 구하면 다음과 같다.

- 2019년: 8,837+6,087+3,214=18,138(개교)
- 2020년: 8,705+6,120+3,223=18,048(개교)

따라서 2020년 유·초·중학교 수는 전년 대비 $\frac{18,138-18,048}{18,138}\times100\fallingdotseq0.5(\%)$ 감소하였다.

15 수리능력(자료 이해) 정답 | ①

㉢ T사의 전기차 판매량을 이용하여 전기차 시장 전체 판매량을 구하면 다음과 같다.

- 2019년: $\frac{304,353}{0.198}\fallingdotseq1,537,136$(대)
- 2020년: $\frac{458,385}{0.221}\fallingdotseq2,074,140$(대)

따라서 2020년 전기차 시장 전체 판매량은 전년 대비 $\frac{2,074,140-1,537,136}{1,537,136}\times100\fallingdotseq34.9(\%)$ 증가하였으므로, 25% 이상 증가하였다.

오답풀이

㉠ 2015년 T~P사 8개 업체의 시장 점유율 합계는 15.9+1.0+1.9+21.8+0.5+3.5+0.1+0.6=45.3(%)이다. 즉, 8개 업체 외에도 [표]에 포함되지 않은 다른 업체들이 존재한다고 볼 수 있다.

㉡ 2019년 대비 2020년에 시장 점유율이 증가한 업체는 T사, G사, V사, H사, P사, A사, W사 7곳이다.

㉣ T사의 2020년 전기차 판매량은 5년 전 대비 $\frac{458,385-43,840}{43,840}\times100\fallingdotseq945.6(\%)$ 증가하였다.

시간관리 TIP

주어진 문제의 경우 ㉢의 계산이 매우 복잡하다. 따라서 전략적으로 계산을 하지 않아도 되는 선택지부터 확인한다. 이에 따라 ㉡ → ㉠ → ㉣ → ㉢의 순으로 선택지를 확인한다. 이 순서대로 풀이했다면 ㉢을 확인하지 않아도 ①이 답임을 알 수 있다.

㉠ 괄호 안의 숫자를 대략적으로만 계산해도 100%에 한참 못미치는 것을 알 수 있다.

㉢ 전체 자동차 판매량은 각 회사 (판매량)÷(시장 점유율)과 같다. 그러나 계산이 어려우므로 비율을 고려하여 판단한다. 예를 들어 2019년 T사의 판매량은 304,353대이고 점유율은 19.8%이므로, 전체 판매량은 이의 5배와 비슷할 것이다. 또한 2019년과 비교한 시장 전체 판매량을 구해야 하므로 시장 점유율이 가장 비슷한 경우를 골라 비교한다. S사의 2019년과 2020년 시장 점유율은 0.1%p 차이로 비슷하기 때문에 전체 시장 판매량을 구하지 않고 증감률을 계산해도 유의미한 값을 가질 것이다. 두 값의 증감률을 구하면 $\frac{68,924-52,547}{52,547}\times100\fallingdotseq31.2(\%)$이므로, 25% 이상 증가하였음을 알 수 있다. 숫자를 비교해서 차이가 있다면 과감하게 어림산을 하는 것도 좋은 방법이다.

㉣ 1,000% 이상 증가했다는 것은 기준 값보다 11배 이상 증가했다는 의미이다. 따라서 43,840×11=482,240>458,385이므로, 1,000% 미만으로 증가했다.

16 수리능력(자료 이해) 정답 | ⑤

㉢ 2017년 여성의 경력 단절 사유 중 전년 대비 인원수가 증가한 사유는 581−574=7(천 명) 증가한 육아이며, 전년 대비 증가율은 $\frac{7}{574}\times100≒1.2(\%)$이므로 2% 이하로 증가했다.

㉣ 2016년 여성의 연령대별 경력 단절 인원수의 전년 대비 감소율은 다음과 같다.

- 15~29세: $\frac{177-161}{177}\times100≒9.0(\%)$
- 30~39세: $\frac{1{,}090-1{,}012}{1{,}090}\times100≒7.2(\%)$
- 40~49세: $\frac{611-587}{611}\times100≒3.9(\%)$
- 50~54세: $\frac{174-146}{174}\times100≒16.1(\%)$

따라서 50~54세의 감소율이 가장 높다.
이때, 2015~2017년 50~54세의 경력 단절 인원수는 174+146+148=468(천 명)이므로 500천 명 이하이다.

오답풀이

㉠ 2015~2017년의 결혼과 임신·출산에 의한 여성의 경력 단절 인원수 비중의 합은 2015년에 36.9+24.4=61.3(%), 2016년에 34.6+26.3=60.9(%), 2017년에 34.5+24.9=59.4(%)로 2017년에는 60% 미만이다.

㉡ 전체 여성 경력 단절 인원수 중 40~49세가 차지하는 비중은 2017년에 $\frac{590}{1{,}813}\times100≒32.5(\%)$이고, 2015년에 $\frac{611}{2{,}052}\times100≒29.8(\%)$이므로 32.5−29.8=2.7(%p) 증가하였다. 따라서 2015년 대비 3%p 미만으로 증가하였다.

시간관리 TIP

㉢ 574의 1%는 5.7이고, 2%는 1%의 두 배이므로 약 11이다. 따라서 574+11>581이므로 구체적으로 계산하지 않아도 증가율이 2% 미만임을 알 수 있다.

㉣ 연령대별 경력 단절 인원수의 전년 대비 감소율 계산식을 나타내면 다음과 같다.

- 15~29세: $\frac{16}{177}\times100$
- 30~39세: $\frac{78}{1{,}090}\times100$
- 40~49세: $\frac{24}{611}\times100$
- 50~54세: $\frac{28}{174}\times100$

50~54세의 경우만 분모×0.1<분자이므로 50~54세의 감소율이 가장 큰 것을 알 수 있다.

17 수리능력(자료 이해) 정답 | ③

③ 2022~2024년 동안 전체 교통사고 사망자 수는 지속적으로 감소했다.

(단위: 명)

구분	2022년	2023년	2024년
합계	2,980	2,970	2,940

오답풀이

① 전년 대비 고속도로 사망자 수의 증감률은 2023년 $\frac{185-200}{200}\times100≒-7.5(\%)$, 2024년 $\frac{180-185}{185}\times100≒-2.7(\%)$이다. 즉, 증감률은 2023년이 더 크다.

② 주어진 기간 동안 인구 10만 명당 교통사고 부상자 수는 지속적으로 감소했으나 전체 교통사고 부상자 수를 구하려면 인구수를 알아야 한다. 그러므로 알 수 없다.

④ 2024년 인구 10만 명당 교통사고 발생 건수의 전년 대비 감소율은 $\frac{2{,}200-2{,}100}{2{,}200}\times100≒4.55(\%)$이므로 5% 미만으로 감소했다.

⑤ 2022~2024년 동안 유형별 교통사고 사망자 수는 음주운전이 매년 가장 적었다.

시간관리 TIP

증감률이 크다는 것은 증감률의 부호를 뺀 절댓값을 비교하는 것이다. 예를 들어 +5%와 −10% 중 증감률이 더 큰 것은 −10%이다.

18 수리능력(자료 이해) 정답 | ②

㉡ 65세 이상 수급권자 수가 지난해보다 689−655=34(천 명) 더 늘었다.

㉣ 2024년 65세 이상 의료급여비는 약 6조 3,529억 원으로 전년 대비 8.6% 증가하였고, 이는 전체 의료급여비의 55.0%를 차지한다. 그런데 3년 전과 비교했을 때 6,352,902−4,864,174=1,488,728(백만 원), 즉 1조 4,887억 원 이상 증가한 것이다.

오답풀이

㉠ 2024년 의료급여 수급권자 수는 1,545천 명으로 전년 대비 1.3% 증가하였다.

㉢ 2024년 65세 이상 입내원 일수는 65,546천 일로 전년 대비 4.3% 증가하였다. 이는 전체의 51.9%에 해당하는 것이며, 2년 전 대비 51.9−49.5=2.4(%p) 증가한 것이다.

㉤ 2024년 65세 이상 총진료비는 전체의 55%에 육박하면서 6조 5,147억 원을 넘어섰다. 이는 전년 대비 8.5% 증가한 수치

로, 전체 수급권자 총진료비 증가율인 6%보다 높은 증가율을 보이고 있다.

19 수리능력(자료 계산) 정답 | ③

재생에너지 발전량=전체 발전량×재생에너지 총비중(%)이므로 전체 발전량=재생에너지 발전량÷재생에너지 총비중(%)이다.

2021년의 전체 발전량은 $\frac{750}{0.125}=6,000$(억 kWh)이며, 태양광을 제외한 나머지 재생에너지의 비중은 전체의 5.5%이다. 따라서 2021년 태양광을 제외한 재생에너지 발전량은 $6,000\times0.055=330$(억 kWh)이므로, 300억 kWh 이상이다.

오답풀이

① 전체 발전량은 2022년에 $\frac{930}{0.15}=6,200$(억 kWh), 2023년에 $\frac{1,170}{0.18}=6,500$(억 kWh)이므로 2023년이 2022년보다 더 많다.

② 2024년 각 재생에너지의 발전량과 강원권이 차지하는 발전량을 구하면 다음과 같다.

(단위: 억 kWh, %)

구분	태양광	풍력	수력	바이오
발전량	$1,800\times\frac{12}{24}=900$	$1,800\times\frac{6}{24}=450$	$1,800\times\frac{4}{24}=300$	$1,800\times\frac{2}{24}=150$
강원권이 차지하는 발전량	$900\times0.1=90$	$450\times0.25=112.5$	$300\times0.3=90$	$150\times0.1=15$

따라서 2024년 강원권의 재생에너지 발전량이 가장 많은 것은 풍력 에너지이다.

④ 호남권은 주요 5개 지역 중 태양광 에너지와 바이오 에너지 발전량은 가장 많으나 풍력 에너지와 수력 에너지는 강원권이 가장 많다.

⑤ 2021년은 전년 대비 재생에너지 발전량이 증가했지만, 바이오 에너지 비중은 감소했으므로 바이오 에너지 발전량을 비교하면 다음과 같다.

- 2020년 바이오 에너지 발전량: $540\times\frac{1}{10}=54$(억 kWh)
- 2021년 바이오 에너지 발전량: $750\times\frac{0.5}{12.5}=30$(억 kWh)

따라서 주어진 기간 동안 지속적으로 증가한 것은 아니다.

20 수리능력(자료 변환) 정답 | ⑤

⑤ 2024년 재생에너지 발전량 비중은 다음과 같다.

(단위: %)

구분	태양광	풍력	수력	바이오
2024년	$\frac{12}{24}\times100=50$	$\frac{6}{24}\times100=25$	$\frac{4}{24}\times100\fallingdotseq17$	$\frac{2}{24}\times100\fallingdotseq8$

그러므로 주어진 그래프는 실제값과 일치하지 않는다.

오답풀이

① 2023년 전체 에너지 중 재생에너지 발전 비중은 [표1] 2023년에 주어져 있다.

② 2024년 재생에너지 중 주요 5개 지역 태양광 에너지와 풍력 에너지 총발전 비중은 다음과 같다.

(단위: %)

구분	태양광	풍력
수도권	12	8
충청권	15	10
호남권	25	12
영남권	18	18
강원권	10	25
합계	80	73

③ 2020년 재생에너지 발전량은 다음과 같다.

(단위: 억 kWh)

구분	태양광	풍력	수력	바이오
2020년	$540\times\frac{5}{10}=270$	$540\times\frac{2}{10}=108$	$540\times\frac{2}{10}=108$	$540\times\frac{1}{10}=54$

④ 2024년 주요 5개 지역 수력에너지 발전 비중은 [표2]에 주어져 있다.

21 문제해결능력(언어추리) 정답 | ⑤

두 번째 명제, 세 번째 명제의 대우, 첫 번째 명제의 대우를 차례로 결합한 결론은 다음과 같다.

- 두 번째 명제: 더위를 많이 타면 두꺼운 옷을 입지 않는다.
- 세 번째 명제(대우): 두꺼운 옷을 입지 않으면 날씨가 춥지 않다.
- 첫 번째 명제(대우): 날씨가 춥지 않으면 겨울이 아니다.
- 결론: 더위를 많이 타면 겨울이 아니다.

따라서 더위를 많이 타면 겨울이 아니라는 명제는 항상 참이다.

오답풀이

① 두꺼운 옷을 입지 않으면 더위를 많이 타는지는 알 수 없으므로 항상 옳은 설명은 아니다.
② 겨울이 아니면 두꺼운 옷을 입지 않는지는 알 수 없으므로 항상 옳은 설명은 아니다.
③ 날씨가 추우면 두꺼운 옷을 입고, 두꺼운 옷을 입으면 더위를 많이 타지 않으므로 항상 옳지 않은 설명이다.
④ 두꺼운 옷을 입으면 겨울인지는 알 수 없으므로 항상 옳은 설명은 아니다.

시간관리 TIP

② '겨울이 아니면'으로 시작하는 문장이 없고, '겨울이다.'로 끝나는 문장이 없으므로 정답에서 제외하고 풀이한다.

22 문제해결능력(조건추리) 정답 | ③

A가 업무를 완료하였다고 가정하면 A, B, C 진술의 참/거짓 여부는 다음과 같다.

구분	앞 문장	뒤 문장
A	거짓	참
B	참	거짓
C	참	거짓

따라서 C는 업무를 완료하지 않았고, B는 업무를 완료하였다. 이 경우 업무를 완료한 사람은 A, B 2명이므로 ㉡은 옳지 않다.
한편 A가 업무를 완료하지 않았다고 가정하면 A, B, C 진술의 참/거짓 여부는 다음과 같다.

구분	앞 문장	뒤 문장
A	참	거짓
B	거짓	참
C	거짓	참

이 경우 C는 업무를 완료하였고, B는 업무를 완료하지 않았으므로 업무를 완료한 사람은 C 1명이다. 그러므로 ㉠은 옳지 않다.
따라서 모든 사람이 업무를 완료한 경우는 없으므로 ㉢만 옳다.

시간관리 TIP

A와 C의 진술이 A와 C 모두 완료하지 않았다는 내용으로 일치하므로, 해당 진술의 참·거짓 여부 역시 항상 일치한다. 따라서 A의 완료 여부에 따른 B의 완료 여부만 파악하면 빠르게 문제를 풀 수 있다.

23 문제해결능력(조건추리) 정답 | ③

네 번째 조건에 따라 다섯 번째로 D과장이 휴가를 떠나며, 첫 번째 조건에 따라 3명의 대리는 D과장보다 늦게 휴가를 떠나야 한다. 그리고 차장은 2명의 대리 사이에 끼어 있으므로, D과장 뒤의 남은 네 자리에는 모두 대리와 차장이 위치해야 한다. 또한 마지막 조건에 따라 대리 간의 순서는 빠른 순으로 E−G−F가 된다.
이를 정리하면 다음의 두 가지 경우가 있다.

1	2	3	4	5	6	7	8	9
				D	E	B/G	G/B	F

이때, 사원 2명이 I−H 순으로 연달아 휴가를 떠나므로 사원 2명은 1−2 또는 2−3 또는 3−4에 위치할 수 있으며, A부장이 C과장보다 먼저 휴가를 떠나야 하므로 최종적으로 가능한 경우는 다음과 같다.

1	2	3	4	5	6	7	8	9
A	C	I	H	D	E	B/G	G/B	F

1	2	3	4	5	6	7	8	9
A	I	H	C	D	E	B/G	G/B	F

1	2	3	4	5	6	7	8	9
I	H	A	C	D	E	B/G	G/B	F

따라서 A부장은 두 번째로 휴가를 떠날 수 없다.

오답풀이

① 두 번째와 세 번째 경우에서 C과장과 D과장은 연달아 휴가를 떠날 수 있다.
② 세 번째 경우에서 사원이 가장 먼저 휴가를 떠나게 된다.
④ 모든 경우에 C과장은 D과장보다 빨리 휴가를 떠난다.
⑤ 모든 경우에 D과장이 휴가를 떠난 직후에 E대리가 휴가를 떠난다.

24 문제해결능력(조건추리) 정답 | ②

가은, 나은, 다은, 라은이는 각각 2개의 놀이기구를 탔고, 3명 이상이 탄 놀이기구는 없으므로 각 놀이기구는 2명씩 탔다. 나은이는 롤러코스터를 탔고, 다은이는 회전목마를 탔으며, 가은이는 롤러코스터와 회전목마를 타지 않았으므로 이를 정리하면 다음과 같다.

구분	가은	나은	다은	라은
바이킹	○			
롤러코스터	×	○		
범퍼카	○			
회전목마	×		○	

이때 가은이와 다은이가 탄 놀이기구는 1개만 같으므로 겹친 놀이기구가 바이킹인 경우와 범퍼카인 경우로 나눌 수 있다.

1) 가은이와 다은이가 바이킹을 탄 경우

구분	가은	나은	다은	라은
바이킹	○	×	○	×
롤러코스터	×	○	×	○
범퍼카	○	○/×	×	×/○
회전목마	×	×/○	○	○/×

2) 가은이와 다은이가 범퍼카를 탄 경우

구분	가은	나은	다은	라은
바이킹	○	○/×	×	×/○
롤러코스터	×	○	×	○
범퍼카	○	×	○	×
회전목마	×	×/○	○	○/×

따라서 모든 경우에서 라은이는 롤러코스터를 탔다.

오답풀이

① 가능한 경우의 수는 4가지이다.
③ 나은이는 회전목마를 탔을 수도 있다.
④ 다은이는 바이킹을 타지 않았을 수도 있다.
⑤ 나은이와 라은이가 탄 놀이기구는 롤러코스터 1개만 같다.

25 문제해결능력(상황판단) 정답 | ③

- B: 제2조에서 여비는 영수증을 첨부한 경우에 한하여 비용으로 인정하는 것을 원칙으로 하되, 일부 비용(시내버스비, 전철비, 자가용 유류대, 일비 등)은 예외로 한다고 명시되어 있다.
- C: 제3조에서 임원(상급자)과 함께 출장을 갈 경우에는 상급자와 동일하게 차비와 식대를 지급하고, 그 외에는 차상위 계층과 동일하게 제공한다고 명시되어 있다.
- E: 제3조에서 임직원 2인 이상이 동일 목적으로 동행하여 출장할 경우에도 각 직급에 해당하는 여비 기준에 따라 여비를 사용한다고 명시되어 있다.

오답풀이

- A: 제4조에서 출장비를 사전에 신청할 경우에는 자금관련 부서에서 통상적으로 업무를 처리할 수 있는 최소한의 기일 전에(통상 근무일 기준 3일 전) 신청하는 것을 원칙으로 하며, 사정상 여의치 않을 경우에는 출장자의 소속 부서 전도금을 수령할 수 있다고 명시되어 있다.
- D: 제2조에서 모든 여비는 부득이한 경우를 제외하고 회사 법인카드를 사용하는 것을 원칙으로 하며, 여의치 않을 경우 지출 계획을 제출한다고 명시되어 있다. 따라서 현금을 많이 사용할 경우에는 지출 계획을 작성하여 제출해야 한다.

26 문제해결능력(상황판단) 정답 | ③

㉠ A미술관과 B박물관이 동일한 지방자치단체에서 신청하여 한 번에 평가를 받지 못하더라도 사전평가가 연 2회에 걸쳐 진행되므로 상반기와 하반기에 사전평가를 각각 신청하면 같은 해에 둘 다 '적정'을 받을 수 있다.

㉢ 국비 지원의 경우 부지 매입비를 제외한 건물 건축비의 최대 40%이므로 C미술관은 70×0.4=28(억 원), D박물관은 80×0.4=32(억 원)을 받을 수 있다. 하지만 최대 지원금이 20억 원을 넘길 수 없으므로 둘 다 20억 원을 지원받음을 알 수 있다.

오답풀이

㉡ 3회 연속으로 사전평가 '부적정'을 받은 경우 향후 1년간 사전평가 신청이 불가능하다. 따라서 2025년에 모두 '부적정'으로 판정받았다면 아직 2회이므로 2026년 상반기에 사전평가 신청이 가능하다.

27 문제해결능력(상황판단) 정답 | ②

6회의 상담은 맞지만 상담료의 경우 최초 상담료는 4,500원이고 유지상담료가 2,700원이다. 따라서 매번 2,700원을 낸다는 내용은 옳지 않다.

오답풀이

① 지원 대상의 내용에서 미방문으로 진료받지 않은 경우 1회차 지원을 종료한다고 되어 있으므로 2번 참가했다는 내용은 옳은 내용이다.
③ 일반 건강보험 가입자는 금연보조제의 경우 1일에 1,500원의 지원금을 받을 수 있다.
④ 금연프로그램을 모두 이수한 경우 이수 인센티브에 따라 본인이 부담한 비용의 100%를 지급받을 수 있다.
⑤ '3. 이수 인센티브−2)이수 조건'의 ①과 ⑤에 해당하는 내용이다.

28 문제해결능력(상황판단) 정답 | ①

㉢ 해 뜨기 전 또는 해 진 후에는 해당 토지의 점유자의 승인 없이 택지 또는 담장이나 울타리로 둘러싸인 타인의 토지에 출입할 수 없다고 하였으므로, 토지 출입에 대해 통지되었다고 해서 항상 타인의 토지에 출입이 가능한 것은 아니다.

오답풀이

㉠ 필요한 경우 타인의 토지 내에 있는 수목을 제거하도록 명할 수 있는 사람은 농림축산식품부장관, 환경부장관, 시·도지사, 특별자치시장 또는 특별자치도지사이다.

㉡ 주어진 법률에 따르면, 미리 통지가 된 경우 가축분뇨실태조사의 목적으로만 출입이 가능한 것이며, 농기계 보유 현황 파악을 위한 목적인 경우 출입 가능 여부를 판단할 수 없다.

㉣ 가축분뇨실태조사의 목적인 경우에도 타인의 토지에 출입하고자 하는 공무원이 증표를 지니고 있지 않아 토지 점유자의 요구에 따라 증표를 보여주지 못한다면 토지 점유자는 해당 공무원의 토지 출입을 거부할 수 있는 정당한 사유가 있는 것으로 볼 수 있다. 따라서 이 경우 출입이 불가능하다.

29 문제해결능력(상황판단) 정답 | ③

도시재생뉴딜은 기본적으로 낙후되거나 좋지 않은 환경을 살리는 '재생'에 초점이 맞춰져 있음을 알 수 있다. 따라서 신도시 계획과 관련된 내용은 뉴딜정책의 목표에 맞지 않음을 알 수 있다.

오답풀이

① 지방 구도심에 거점공간을 조성하여 도시의 경쟁력을 회복한다는 점에서 정책 목표 중 두 번째인 도시 경쟁력 회복과 관련된 내용이다.

② 거점 확보 및 도시재생 경제 조직 등의 일자리를 만들 수 있다는 내용은 목표 중 네 번째인 일자리 창출과 관련된 내용이다.

④ 낡아서 살기 어려운 주거지를 고치고 임대주택을 공급한다는 내용은 목표 중 첫 번째인 주거복지 실현과 관련된 내용이다.

⑤ 주민참여 장치(거버넌스) 구축 및 다양한 이해관계자들의 상생 구조를 만드는 내용은 목표 중 세 번째인 사회 통합과 관련된 내용이다.

30 문제해결능력(상황판단) 정답 | ①

(가): 예산군 주교1리의 내용으로 총사업비 92억 중 국비지원이 54%이므로 약 50억이고 이것이 국비지원의 한도라는 점에서 우리동네 살리기 유형임을 알 수 있다.

(나): 예산군 예산3리에 대한 내용으로 '행복주택 건립과 거점시설 조성사업이 총 8만 m^2 규모로 추진 중'이라는 내용을 통해 권장 사업규모가 5만~10만 m^2인 주거지지원형임을 알 수 있다.

31 자원관리능력(물적자원관리능력) 정답 | ②

입사 예정인 신입사원은 250명이며, 이 중 행사에 참석하는 인원수는 250×0.9=225(명)이다. 여기에 추가로 인사팀 직원 12명과 행사에서 강사를 맡은 기타 임직원 8명이 참석하므로 참석 인원은 225+12+8=245(명)이다. 케이터링은 참석 인원에 20%를 여유분으로 하여 주문하므로 245×1.2=294(인분)을 주문해야 한다. 각 업체별로 294인분을 주문할 때 필요한 비용은 다음과 같다.

(단위: 원)

업체	재료비	총 인건비	할인	할인 금액	총비용
A	4,410,000	450,000	재료비 5%	220,500	4,639,500
B	4,116,000	900,000	총비용 8%	401,280	4,614,720
C	3,822,000	800,000	–	0	4,622,000
D	4,557,000	600,000	재료비 10%	455,700	4,701,300
E	4,704,000	600,000	인건비 전액	600,000	4,704,000

따라서 케이터링 비용이 가장 저렴한 업체는 B업체이다.

시간관리 TIP

금액 계산과 같이 수치의 자릿수가 많은 문제의 경우 생략 가능한 숫자의 단위를 확인한다. 주어진 문제에서는 천 원 단위까지 생략하여 문제를 풀면 훨씬 편하게 계산할 수 있다. 이때, 소수점 이하로 계산되는 값은 반올림하거나 생략한다. 또한, 할인 금액이 나올 경우 식을 세우는 단계에서 빼거나 더해 계산하도록 한다.

- A업체: (15×294)×(1−0.05)+150×3≒4,640
- B업체: (14×294+180×5)×(1−0.08)≒4,615
- C업체: 13×294+200×4=4,622
- D업체: (15.5×294)×(1−0.1)+200×3≒4,701
- E업체: 16×294=4,704

따라서 케이터링 비용이 가장 저렴한 업체는 B업체이다.

32 자원관리능력(시간관리능력) 정답 | ②

a항공사의 경우 수속 가능 시간은 05:20~18:30이고 2터미널이므로 5시간 20분 전에서 3시간 20분 전에 수속이 마무리되어야 한다. 따라서 뉴욕행 비행기 탑승 승객의 수속 가능 시간은 15:50~17:50이다. 수속을 17시 45분에 한다고 하였으므로 K서비스를 이용할 수 있는 경우이다.

오답풀이

① 1터미널 이용 항공사 대상 K서비스는 05:10~18:00에 운영하므로 수속 시각이 05:00이라면 K서비스를 이용할 수 없다.
③ w항공사는 1터미널로 비행 출발 5시간 전에 수속이 시작될 수 있으므로 17시부터 수속을 할 수 있다.
④ b항공사의 비행 출발 시각이 8시 50분이므로 수속 마감 시간은 5시 30분이다. 따라서 K서비스를 이용할 수 없다.
⑤ 1터미널 이용 항공사 대상 K서비스는 05:10~18:00에 운영하므로 수속 시각이 19:00이라면 K서비스를 이용할 수 없다.

33 자원관리능력(예산관리능력) 정답 | ③

△△이네 6월 소비 전력량은 35.9+12.9+77.4+9.2+32.5+9.8+21.3+9.1+12.8=220.9(kWh)이고 7월 소비 전력량은 220.9+77.4×0.2+9.2×0.3−32.5×0.1=220.9+15.48+2.76−3.25=235.89≒236(kWh)이다.

따라서 △△이네 7월 전기 요금은 910+98.1×236=24,061.6(원)이므로 소수점 이하 첫째 자리에서 반올림하면 24,062원이다.

34 자원관리능력(인적자원관리능력) 정답 | ①

영업 실적 점수가 높은 순으로만 선정하면 H(95점), C(94점), I(93점), J(92점)이다. 하지만 같은 팀의 과장은 2명 이상 출장을 갈 수 없으므로 영업3팀 과장인 I, J 중 점수가 높은 I만 출장을 갈 수 있다. 또한 H는 어학 능력이 '하'이므로 출장을 갈 수 없다. 따라서 영업 실적 점수가 높은 네 사람 중 출장을 갈 수 있는 사람은 C(94점), I(93점)이다.

다음으로 영업 실적 점수가 높은 G가 출장을 갈 수 있는데, G는 영업1팀의 대리이므로 영업1팀의 과장 A와 D 중 한 명이 출장을 가야 한다. 여기서 현재까지 확정된 출장 인원 C, G, I는 모두 어학 능력이 '중'이므로 영업1팀 과장 중 어학 능력이 '상'인 D가 출장을 가야 한다. 따라서 최종적으로 출장을 가는 직원은 C, D, G, I이다.

시간관리 TIP

모든 직원을 확인할 필요 없이 선택지에 주어진 A, C, D, G, I만 확인하도록 한다. 이 중 D만 어학 능력이 '상'이므로 D는 반드시 포함된다. D는 영업1팀 과장인데 같은 팀의 과장 이상 직원이 2명 이상 출장을 갈 수 없으므로 같은 팀 과장인 A는 포함될 수 없다. 따라서 정답은 ①이다.

35 자원관리능력(시간관리능력) 정답 | ④

교통비를 감안하지 않고 최단 시간만 고려한다면, 지역 간 소요시간이 가장 짧은 비행기(65분+35분)를 이용해야 한다. 따라서 본사에서 공항까지 최단 시간은 동일하게 15분이 소요되는 ⓑ 또는 ⓒ 방법을 이용하는 것이며, B지역 공항에서 지사까지의 최단 시간은 10분이 소요되는 ⓒ 방법을 이용하는 것이다.

따라서 'A지역에서 ⓑ(또는 ⓒ) 방법으로 공항 도착, 비행기로 이동한 후 ⓒ 방법으로 B지역의 지사 도착'이 최단 시간으로 이동할 수 있는 방법이 된다. 소요시간이 같을 경우 교통비가 적게 드는 방법을 우선으로 하므로, A지역에서 ⓑ 방법으로 공항에 도착해야 한다.

36 자원관리능력(예산관리능력) 정답 | ②

B지역의 지사에서 오후 4시에 출발하여 오후 7시까지 A지역의 본사로 돌아와야 하므로 이동시간은 최대 180분까지 가능하다. 따라서 소요시간이 250분 걸리는 버스는 제외하고, 기차와 비행기를 이용하는 경우를 살펴보면 다음과 같다.

1) 기차를 이용하는 경우
(기차 이동 120분을 제외하면 60분까지 소요 가능)
A, B 두 지역 내 교통수단 중 총이동시간이 60분 이내이면서 가장 저렴한 이동방법은 ⓑ−ⓐ(B지역−A지역)로 1,500+1,700=3,200(원)이다.
따라서 기차를 이용하는 경우
3,200+45,000=48,200(원)의 교통비가 든다.
2) 비행기를 이용하는 경우
(비행기 이동 100분을 제외하면 80분까지 소요 가능)
공항까지 이동하는 데 어떤 수단을 이용해도 80분 이내이므로 금액이 가장 저렴한 교통수단을 이용하면 된다. B지역의 지사에서 공항까지 ⓐ로 이동한 후 비행기를 타고, ⓐ 또는 ⓑ로 본사까지 이동하는 방법의 교통비가 1,100+1,400=2,500(원)으로 가장 저렴한 이동방법이다.

따라서 비행기를 이용하는 경우 2,500+60,000=62,500(원)의 교통비가 든다.

따라서 오후 7시까지 본사에 도착하고자 할 때 교통비가 가장 적게 드는 방법은 'ⓑ—기차—ⓐ'이며, 이때의 교통비는 48,200원이다.

시간관리 TIP

비행기와 기차의 교통비 차이가 15,000원이므로, 지역 내 교통수단 교통비 차이보다 항상 월등히 크다. 따라서 기차 이용 시 지역 내 교통수단 이용 요금이 더 저렴하더라도 항상 비행기 이용 시 전체 교통비가 더 크다. 그러므로 이동시간이 총 180분을 넘지 않는 기차 이용 경로가 있다면 해당 경로가 가장 저렴하다. 이때의 비용만 계산하면 시간을 단축할 수 있다.

37 자원관리능력(예산관리능력) 정답 | ④

방문간호지시서는 본인부담금이 없으므로 시설급여 비용만 고려한다. C씨의 장기요양등급은 2등급이고, 노인요양시설에 해당하므로 8월이 31일임을 고려하면 8월의 시설급여 총액은 69,450×31=2,152,950(원)이다. 여기에 C씨가 일반 수급자임을 고려하면 8월 본인부담금은 2,152,950×0.2=430,590(원)이다.

38 자원관리능력(예산관리능력) 정답 | ⑤

방문간호는 월 한도액 산정 시 제외되므로 방문요양급여와 방문목욕급여 비용만 계산하면 61,950×10+78,580×10=1,405,300(원)이다. 그런데 D씨의 장기요양등급은 4등급이므로, 월 한도액이 1,244,900원이어서 초과금액 1,405,300−1,244,900=160,400(원)은 전액 본인부담금이 된다. D씨가 60% 감경 수급자임을 고려하여 초과금액 외의 본인부담금을 구해보면 다음과 같다.

- 월 한도액 전액에 대한 본인부담금: 1,244,900×0.06=74,694(원)
- 방문간호 1시간짜리 10회에 대한 본인부담금: 57,090×10×0.15=85,635(원)

따라서 본인부담금은 160,400+74,694+85,635=320,729(원)이다.

39 자원관리능력(예산관리능력) 정답 | ④

3분기는 X제품 50%, Y제품 100%, Z제품 50%의 증감률만큼 손실 혹은 수익이 증가하므로 3분기 A, B사의 제품 조합별 수익을 계산하면 다음과 같다.

(단위: 억 원)

구분		B사 X제품	B사 Y제품	B사 Z제품
A사	X제품	(−9, 12)	(9, −10)	(10.5, −6)
	Y제품	(10, −10.5)	(−2, 6)	(10, −4.5)
	Z제품	(13.5, −9)	(−3, 8)	(−19.5, 19.5)

그러므로 3분기에 A사와 B사의 수익의 합이 가장 큰 제품은 각각 A사의 Y제품과 B사의 Z제품이다.

40 자원관리능력(물적자원관리능력) 정답 | ③

원두 A가 x포대, 원두 B가 y포대라 하면, 총수확비용은 $(20x+30y)$만 원이고, 총 300만 원을 초과하면 안 되므로 $20x+30y\leq300$

총노동시간은 $(6x+4y)$시간이고, 총 60시간을 초과하면 안 되므로 $6x+4y\leq60$

이때, 수익은 $(50x+60y)$천 원이고, $50x+60y=t$라 둔 후 그래프를 그리면 $50x+60y$가 최대가 되기 위해서는 교점인 (6, 6)을 지나야 한다.

즉, 원두 A, B 모두 6포대(600kg)를 수확할 때 수익이 최대가 된다.

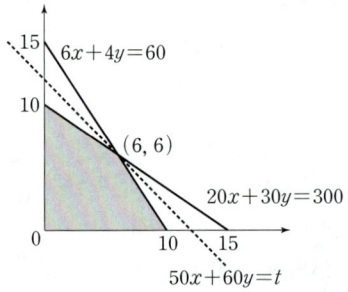

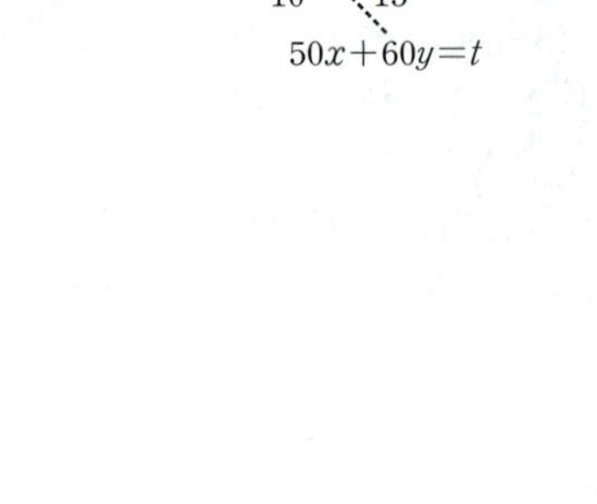

MEMO

MEMO

고객의 꿈, 직원의 꿈, 지역사회의 꿈을 실현한다

펴낸곳 (주)에듀윌 **펴낸이** 양형남 **출판총괄** 김기철 **에듀윌 대표번호** 1600-6700
주소 서울시 구로구 디지털로 34길 55 코오롱싸이언스밸리 2차 3층

에듀윌 도서몰
book.eduwill.net

- 부가학습자료 및 정오표: 에듀윌 도서몰 > 도서자료실
- 교재 문의: 에듀윌 도서몰 > 문의하기 > 교재(내용, 출간) / 주문 및 배송